求索中国

——“文革”前十年史（上）

萧冬连　等著

中共党史出版社

图书在版编目（CIP）数据

求索中国：“文革”前十年史 / 萧冬连等著 . --
北京：中共党史出版社，2011.10（2025.6 重印）
ISBN 978-7-5098-1419-2

Ⅰ . ①求… Ⅱ . ①萧… Ⅲ . ①中国共产党—党史—
1956–1966 Ⅳ . ① D232
中国版本图书馆 CIP 数据核字（2011）第 168913 号

书　　名：求索中国——“文革”前十年史
作　　者：萧冬连等

出版发行：中共党史出版社
责任编辑：吴江　申宁
责任印制：段文超
社　　址：北京市海淀区芙蓉里南街 6 号院 1 号楼　邮编：100080
网　　址：www.dscbs.com
经　　销：新华书店
印　　刷：湖北新华印务有限公司
开　　本：720mm × 1000mm　1/16
字　　数：880 千字
印　　张：56
版　　次：2011 年 10 月第 1 版
印　　次：2025 年 6 月第 7 次印刷
书　　号：ISBN 978-7-5098-1419-2
定　　价：108.00 元（上下册）

目 录

CONTENTS

第二章 沉重一页

第三章　“春潮”涌动

第四章　跃进狂澜

第五章　郑州纠“左”

第六章　庐山风云

【下册】

第七章　跌入谷底

第八章　体察民愿

第九章　走出困境

第十章　风向突变

第十一章　反修迷误

第十二章　风满危楼

PRELUDE

序 言

《求索中国——“文革”前十年史》一书，写的是中华人民共和国1956—1966年这十年的历史。它是由孙启泰创议，萧冬连为主写作的近100万字的专著。

本书原定由我和萧冬连共同撰写。但开始不久，我突然身体不佳，遵从医嘱，只得停笔，由萧冬连独自进行。后来为确保本书能在建国50周年之前面世，请中共中央党校的谢春涛教授和中共中央党史研究室朱地教授写作了部分章节。他们两位都是颇有成就的中青年学者。

萧冬连，是我开始任教时起，就同在一个教学科研集体工作的长期合作伙伴。这个集体，就是先属解放军政治学院，后属解放军国防大学的中共党史教研室社会主义时期教研组。

这个教学科研集体成立于中共十一届三中全会刚闭幕不久的1979年夏天。这时解放军政治学院正在恢复重建之中，党史教研室郝梦笔主任、段浩然副主任以很高的政治敏感，果断定下决心，抽调“精兵强将”，着手对1956—1976年20年党的历史进行全面系统的研究。以王年一为组长，丛进、张天荣、萧冬连等为组员的教学科研集体成立了，后来把头7年和新时期组与20年组合并，成为社会主义时期党史组，林蕴晖为组长。据我所知，这在全国中共党史、中国现代史学界，大概是成立较早的系统研究社会主义时期党史的集体之一。这个课题的研究，得到了政治学院林浩院长、唐亮政委、李改教育长、李方副教育长、徐遂志副教育长的大力肯定和支持。后又得到刘志坚院长兼政委、姜思毅副院长的有力支持；国防大学时期，得到了张震校长、李德生政委的关注和李曼村副政委、钱抵千副校长的具体指导和帮助。他们对中共党史的教学科研的意义有很深的理解。各位领导同志的关心，时至今日，仍难以忘怀。

形势发展之快出乎人们意料。原来准备坐三年“冷板凳”的我们，工作不仅没冷，反而甚热。得风气之先，较早形成了一批研究成果，遂使这个研究集体引起学术界的注意。林蕴晖、丛进、王年一撰写的专著，受到国内学术界的认可和国外学者的重视。而萧冬连，作为其中最年轻的成员也取得了喜人的研究成果。

星移斗转，时不待人。当年我们这个团结进取的学术集体，现在个别成员令人欣喜地站到了更重要的领导岗位，多数人则已经先后离退休。我们中的一些人仍然不会离开学术阵地，但毕竟这个当年相互砥砺的活跃的小组不复存在。每当想起，不胜感慨！

近年来，萧冬连著述颇丰。这部书，是他对广大读者奉献的一部宏篇力作，是他向我们捧出的一颗火热的心。心是热的，书的内容则是极冷静的历史反思。我通读过后，感到写得很好。萧冬连做学问的特点和优点是历史视野开阔，知识面较宽，思想活跃敏锐。这部书体现了这些特点，宏观把握得当，历史线索清晰，选材精当新颖，点评常有新意。文风也鲜活流畅，妙语迭出。我认为，此书在史学类书籍中，可属文、史皆优的上品，读它能体悟出历史智慧，体味出作品的韵味来。

我首先向广大中青年读者推荐这部书。“文革”前十年的历史曲折复杂，经验极其丰富，“文化大革命”的发生，中国特色社会主义道路的探索，上溯其源，盖出于此。若能读一读这段你们没有亲身经历，不太了解的历史，能使你清晰地了解“文化大革命”前十年曲折复杂的历史及其经验，真正弄懂“文化大革命”是怎样发生的及它的教训；还可以使你从更高层次上，加深理解党的十一届三中全会以来，作为一个时代党和亿万人民群众的实践的思想结晶的邓小平理论，它的产生，在它指导下中国走上改革开放道路的历史必然性。

我还十分乐意向各级领导干部特别是高级领导干部推荐，在百忙中读一读这部书。不系统懂得历史的领导，就不可能成为有大思维的高层次的领导，就难以适应国家发展需要和人民的重托。

我更乐意看到，从事当代历史和政治研究的工作者，能注意到这部书。它不但在史料和思想性方面具有参考价值，而且它对宏观与微观关系的把握，对历史逻辑与理论逻辑的糅合，以及文史结合的研究与写作方法，也是值得称道和借鉴的。

以上这些，是我读这部书所联想到的和想介绍给大家的。并以此代序。

从　进

前言

PREFACE

这是一个充满希望和幻想的年代。

这是一个艰苦创业、艰难探索的年代。

这是一个成功与失败交织的年代。

这是一个波澜跌宕、惊心动魄的年代。

对于上了些年纪的中国人，那是一段如火如荼、如痴如狂、如梦如幻，希望与失望、喜悦与艰辛相伴随的人生经历。

对于年轻的中国人，那是一段既陌生又亲近，既难以理解又充满魅力，心存许多难解之谜的历史。

本书将给你展示一幅全景式的波澜壮阔的历史画卷，把你带回那段永远难以忘怀的历史，去探寻那许许多多令你百思不解的答案。

20世纪50年代，中国有一个充满希望的未来。从战火中走来的干部们意气风发，人民对未来充满憧憬，知识分子努力适应社会主义。人们理想远大，信仰崇高，富有使命，为建设新生活，乐于奉献，甘于吃苦，到了60年代初，发生严重困难和灾荒，依然默默承受，为国分忧，稀有抱怨。陈云感慨地说：中国的农民真好！毛泽东自豪地说：两千万人招之即来，挥之即去，不是共产党哪个能办到。

那是一个高扬道德的年代，人们生活在理想之中，视物欲为邪恶，以奉献为崇高，说50年代路不拾遗，决非杜撰。虽然难免官僚主义，但决无时下的腐败之风。然而，人们陷于个人崇拜，缺乏独立思考，社会热衷于政治批判，处于偏激与亢奋状态。这种高扬的道德和高涨的热情，没有带来经济的繁荣，没有避免政治的动荡，更没能阻挡“文化大革命”的发生。

1956年，中国已进入了社会主义，但革命没有停止，历史的惯性继续向前。经济、政治、思想、文化，一切问题的解决直接诉诸于群众运动，一切运动都赋予了政治意义。整风运动、反右派运动、“大跃进”运动、大炼钢铁运动、人民公社化运动、反右倾运动、整风整社运动、农村“四清”运动、城市“五反”运动、文化批判运动、国际反修运动……运动串联着10年历史。社会高度政治化，政治完全运动化。不能说一切运动都毫无意义，但它造成了经济的大起大落，政治的风云莫测，社会的伤痕累积，元气渐损。

中共八大产生的第一代领导集体，群星灿烂，目标一致。渐渐地分歧显现，既而风诡云谲，最后毛泽东与中央集体分道扬镳，一段历史，包含着多少人的荣辱沉浮。刘少奇被指定为接班人又被诬为中国的赫鲁晓夫，周恩来险些失去总理职位，彭德怀受到不公正的批判，陈云三次受命又三次受贬，还有张闻天、黄克诚、谭政、周小舟、邓子恢、王稼祥、习仲勋、李维汉、罗瑞卿、彭真、陆定一、杨尚昆……还有那些右派，那些“右倾机会主义分子”“修正主义分子”……

然而，这不只是一个个人的命运史，这是一个民族的命运史，是一段中国的社会主义走向的探索史。30 年后，邓小平把历史凝聚成一句话：“要搞清楚什么是社会主义，如何建设社会主义。”

在什么是社会主义，如何建设社会主义上，第一代领袖们隐隐形成两种思路：一种思路更加强调把发展生产力放在首位，因而放慢所有制变革的步伐，放宽社会主义的条件，对非社会主义的经济因素采取更加宽容的政策；一种思路更加强调社会主义的纯洁性，不惜冒生产停止和社会动荡的风险，推进激进的政策。

毛泽东并非不希望改变中国贫穷落后的面貌，强国之梦比谁都强烈。1956 年对中国社会主义发展道路的探索，曾闪烁出智慧的火花。但是，如果把发展生产和防止“两极分化”，实现“社会公平”比作天平上的两端，他的砝码总是更多地加在后一方面。从新中国成立，特别是从 1957 年开始，毛泽东以不容拂逆的个人意志，左右着这个世界上人口最多的大国的历史进程，发动一次又一次运动，推行自己改造社会和改造人的理想。

理想远离现实就变成空想，主观脱离实际就误入歧途。在理想与现实的冲突中，毛泽东日益不满于现实，感到一种莫名的危险。此后，他依靠个人的巨大权威和强烈的个人崇拜，一次又一次改变集体的决定，引导中国走入反修防修的迷途。全党或自觉或被动跟上了毛泽东的思路。及至“文化大革命”发动，第一代领导集体对此无能为力。其中的历史意蕴，非三言两语所能言明。

历史没有空白。从八大的正确起点出发，走过 20 年的曲折历程，中国重新回到发展的正轨。70 年代末以来，中国选择的道路，包含着对 20 年历史的深刻理解，接续了八大前后萌发又被抛弃的现实主义的发展思路。

我们重温这段历史，并非要勾起人们或美好或苦涩的回忆，更不是满足人们对奇闻逸事的好奇心，而是希望能从中吸收历史的智慧，以更坚定的步伐走向未来。

萧冬连

CHAPTER 1

第一章 新路初探

1 批判右倾　城乡发动改造高潮
敲锣打鼓　跑步进入社会主义

盛大的节日

列宁说：革命是被压迫者和被剥削者的盛大节日。

1956年1月，对于中国人来说，就像是一次历史性的盛大节日，它给人们带来的喜悦和憧憬，不亚于1949年10月的开国大典。那次，毛泽东在天安门城楼上，一声“中国人民从此站起来了”，震撼了亿万中国人的心。1956年初，跑步进入社会主义的节日狂欢，从北京开始，迅速扩散到上海、天津、西安……一直蔓延到全国。

首都北京是第一个进入社会主义社会的城市。北京郊区农民首先掀起了社会主义高潮，人们争先恐后，要求入社，所有的初级社都要求转为高级社，一个多月时间里，北京郊区实现了完全社会主义合作化。

资本家坐不住了，纷纷要求公私合营。仅1956年1月8、9、10日三天内，就全部实行了全行业公私合营。一大批资本家中的积极分子，不仅拱手交出了自己的

1956 年 1 月，以同仁堂经理乐松生为首，全市 327 家国药店申请全行业公私合营

企业，还纷纷把自己的房产、现金、贵重药材、工业原料、牲畜、大车以及过去埋在地下的金银等账外财产一齐拿出来，投入企业。资本家们“家家挂红庆合营，锣鼓喧天鞭炮鸣，游行献旗感恩惠，彻夜狂欢天安门”。

紧接着，1 月 11 日和 12 日两天，社会主义的潮流就把所有手工业工匠们裹了进来。

连日来，首都北京沉浸在节日的狂欢之中。

庆祝活动到 1 月 15 日达到最高潮。这天，北京市各界 20 多万人在天安门广场举行庆祝社会主义改造胜利联欢大会。当天《人民日报》记者记载了这激动人心的场面：

为了庆祝这个伟大的胜利，连日来，处在社会主义改造高潮中的北京市人民，今天，以更高的热忱投入到节日的狂欢里。许多人穿起新年的盛装，许多人举起参加国庆节的红旗，他们打起锣鼓，向着天安门广场来了。石景山、东郊的国营工厂的工人来了，南苑、海淀的农民来了，崇文区、宣武区的手工业者来了，前门区、西单区的工商业者来了，一切为社会主义胜利而祝贺的人都来了。一队一队的人群，好像一条一条的河流，通过田野、村庄，通过大街小巷，汇集到天安门前人群的海洋里来了。

毛泽东、刘少奇、周恩来等一大批新中国的领导人走上了天安门广场，走进了这沸腾的人群之中。

公私合营企业的职工店员、郊区农民、手工业合作社的社员以及工商业者的代表，纷纷向毛泽东主席报喜。毛泽东满心喜悦，用他那宽厚的双手，亲自接过了一封封用硕大的红色信封装着的报喜信。

郊区农民的报喜信说：

自从您发出了关于农业合作化问题的指示以后，我们郊区就掀起了一个空前的社会主义高潮，没有入社的农民争先恐后地入社，所有的低级社都积极要求变为高级社。在一个多月的时间里，北京郊区就实现了完全社会主义合作化。从此，我们郊区全体农民永远脱离了小农经济的苦海，坚定地走上社会主义这条幸福、康庄的大道。

手工业合作社社员的报喜信说：

我们听到政府按行业批准所有申请入社的手工业者入社的消息，喜欢得跳了起来，互相道喜。在11、12日两天里，共有53882人被批准入社，现在我们新、老社员已经有89000多人了。

工商业者的报喜信说：

北京市资本主义工商业已于本月10日胜利地全部走上了公私合营，向着社会主义大大迈进了一步。我们要把自己的命运与祖国的社会主义前途，紧密地结合起来，贡献自己一切力量，积极地参加祖国的社会主义建设，要逐步地放弃剥削，改造自己成为一个自食其力的劳动者，最后参加到光荣的工人阶级行列中去。

最后，北京市市长彭真发表讲话。他说：

我们庆祝郊区农业的完全社会主义合作化的胜利。庆祝资本主义工商业全部公私合营的胜利。庆祝手工业全部合作化的胜利。庆祝我们已经挖掉了穷根，打下了依靠大家共同劳动、使国家富强、使大家生活共同富裕的基础，我们的首都已经进入了社会主义社会。

1956年1月，彭真和北京市领导人刘仁（右一）、张友渔（左二）查看私营工商业完成公私合营的喜报

随着彭真市长的宣布，整个天安门广场沸腾了，人们欢呼，人们跳跃，欢呼声像海洋、像风暴，响彻了全场。人们用欢呼向自己的领袖毛主席表示深切的感谢。

北京是全国的缩影。继北京之后，天津、上海、西安、沈阳、南京、重庆、广州等118个大中城市，先后宣布资本主义工商业公私合营全部完成了。

最具历史意义的是：中国近代工业的摇篮，资本主义工商业最集中的上海市，也于1月20日，全市全部批准实行了全行业公私合营。

从1955年9月起，上海就开始出现了全行业公私合营的势头，11月中华全国工商联会议后，迅速掀起高潮。到处可见“庆祝批准公私合营”的大红横幅和金黄色的大“囍”字。到处是工人和资本家们组织的报喜队，到处看到有工厂商店张灯结彩，举行庆祝仪式。全国著名的上海宝大祥绸布店，资方拿出现款3万元作为公私合营准备金；上海私营百达棉织厂的老板，把家中私藏的420两黄金卖给国家，投入企业生产。

1956年1月20日，这种热烈喜庆气氛达到高潮。记者报道：

1月20日，灯光辉煌的上海中苏友好大厦里举行着一个历史性的会议：上海市资本主义工商业公私合营大会。会场像办大喜事一样，悬挂着红色霓灯的大喜字，

1956 年 1 月，上海市各界举行集会游行，庆祝社会主义改造取得胜利

周围挂着红幔。参加大会的资本家代表和家属们，个个穿着华丽的节日礼服，胸前佩挂红花，脸上掩不住内心的激动和欢悦……

会议从一开始就淹没在连续不断的鼓掌声、欢呼声中，人们几十次地站起来，上百遍地重复地喊着“毛主席万岁”，“共产党万岁”。到了宣布自由发言的时候，扩音机旁排成了长长的队伍，私营工厂的厂长，小商店的主人、资本家的妻子、私营工厂的工人。有的是满头白发，有的只有二十多岁。

1 月 21 日，上海各界人民举行庆祝社会主义改造胜利大会。大会宣告：“上海市的资本主义工商业，今天已经公私合营了；上海全市的手工业，今天已经合作了；上海郊区农业，今天已经转为社会主义的高级社了；上海已经进入社会主义了！”

天还是那片天，地还是那块地，人还是这些人，但在人们心理上，似乎一夜之间进入了另一个世界，一切丑恶的根源已抛给了过去，一切美好的希望就在眼前，劳动者们庆祝挖掉了私有制这个“穷根”，走出了小生产的“苦海”，相信已走上了通往幸福的“康庄大道”；资本家们庆幸自己将摆脱那讨厌的剥削者的恶名，加入到神圣的工人阶级行列之中。

这是一个充满希望、充满幻想的年代！

谁是第一推动力

牛顿发现了万有引力定律，但他认为宇宙是在外来的“第一推动力”的作用下由静止开始运动的。谁给予了那神秘的“最初一推”呢？他归结为上帝。

上帝是没有的。毛泽东才是中国这场改造运动的“第一推动力”，而且总是运动加速的动力源。

高潮首先从农业开始。农业合作化高潮的出现，并不都是所谓广大农民中蕴藏着“极大的社会主义的积极性”，而与1955年的“三个会议一部书”的影响有巨大关系。“三个会议”就是5月17日毛泽东在杭州召集的15个省市自治区党委书记会议、7月31日毛泽东作《关于农业合作化问题》报告的全国省市自治区党委书记会议和10月毛泽东亲自主持的中共七届六中全会。“一部书”就是毛泽东亲自主编的《中国农村的社会主义高潮》。

从1953年通过过渡时期总路线，到1955年上半年，农业改造都还是按照15年完成合作化的步骤进行的。然而，到了1955年夏季，毛泽东改变了部署，决定加快改造步伐。毛泽东所以要加快，自有他的考虑。一方面，他对农民中的“自发倾向”和可能的两极分化的后果极为担忧；一方面他相信农民中蕴藏着极大的社会主义积极性。他还相信加快农业合作化是解决农业落后于工业化的矛盾的根本途径。

毛泽东加快改造的决策更深层的冲动来自他对创造未来社会主义社会的渴望。“毛泽东一生都是未来世界的情人”，跟随毛泽东十几年的卫士长李银桥说过这样一句话。

在7月省、市、自治区党委书记会议和10月七届六中全会上，毛泽东严厉地批判了所谓农业合作化问题上的“右倾机会主义”。他批评国务院副总理、中央农村工作部部长邓子恢是“小脚女人走路”，“被胜利吓昏了头脑”，站在资产阶级、富农、有自发倾向的富裕中农立场上，替少数人打主意。经过这两个会，尤其是七届六中全会以后，从中央到地方，直到农村基层，都批判“右倾机会主义”，形势急剧变化，合作化高潮出现了。各地各级反映农村确实出现了社会主义高潮，反映农民确有走社会主义道路的积极性，反映合作社比单干确实增产的优越性的典型材料，像雪片似的送进了中南海，总共有1000多份。

毛泽东面对这一大批材料，面对全国的高潮，兴奋不已，为了推动高潮的进一步发展，他亲自编辑了《中国农村的社会主义高潮》一书（上、中、下三册，90

多万字），并写了 104 条按语和两个序言。

在那段时间，毛泽东几乎把主要精力都倾注到这部书的编辑上了。他吩咐李银桥说：“这两个月有什么事，不要叫人再找我了。我要专心搞合作化呢，不会客。”

李银桥回忆说：

那段时间，毛泽东的办公桌上材料一摞一摞的，都是八开大的清样纸，别的什么文件也不放。他整天待在屋里，夜里写，白天上午写。下午偶尔睡几小时，起来又干。一连十几天他没同我说话，给他送茶也不看你一眼。他身体的疲劳与精神上的兴奋同样明显。他在追求心中的目标时总是这样一种表现。

暑天到了，中央统一安排首长们去北戴河。我向毛泽东报告，毛泽东说：“好吧，我们到海边去。中国社会主义建设的高潮就要到了，我们到有潮水的地方去。”他在讲这些话时，两眼闪闪发光，带着一种孩子般天真烂漫又是扑朔迷离的神情。好像在他的面前施了魔法似的，忽然展现出一个辽阔灿烂、美妙无比的世界，他在向那种神秘诱人的未来倾诉着悄悄话。毛泽东一生都是未来世界的情人。我这样说你理解吗？

在北戴河，毛泽东仍心潮澎湃，挥笔如飞。一天，台风乍起，一时间狂风大作，大海咆哮，雷电交加。毛泽东突然把笔掼在桌上，奋然起身，说：“银桥，我们游泳去。”

“啊？！”这一举动吓坏了李银桥，赶快报告罗瑞卿。罗瑞卿当时任公安部部长，负责毛泽东及中央领导人的保安工作。罗下令：“一天 24 小时，你们一分一秒也不许离开主席。要看紧，要不惜一切代价拦住他，保护他，决不许他下海。”

台风终于过去，天开云散。毛泽东又要去游泳，再也拦不住了。然而，海面仍有七级大风。刚下海，一阵海浪卷来，把所有人都拍倒在海滩。毛泽东站起来，吐出嘴里的泥沙，睥睨着大海，说：“嘿嘿，还真是个对手呢。”毛泽东已把大海视为对立面，非要征服它不可。一次次冲进大海，又一次次被海浪抛起，扔向沙滩，但毛泽东终于“征服”了对手。

“那天游泳回来，毛泽东比当年打下沙家店还要显得高兴。”李银桥说。

毛泽东以挑战的姿态面对着大海，以亢奋的心情呼唤着社会主义高潮的到来。

10 月 11 日，毛泽东在七届六中全会作结论时，不无得意地说：“我用十一天工夫，看了一百二十几篇报告，包括给文章写按语在内，我就‘周游列国’，比孔夫子走得宽，云南、新疆一概‘走’到了。”这意思是说，他说高潮已经到来，是有根据的，是经过调查的。然而这一次“调查”与以往不同，并不是亲力亲为，实地考察；而是镜中观花，纸上谈兵。

逄先知这样说：

毛泽东自己对这次合作化的“调查”是比较满意的，但我认为这次“调查”不能说是成功的。毛泽东一贯主张，要做亲身的调查，并为我们全党作出榜样，而他的这次“调查”只是看下面送来的书面材料，而其中一大部分是批判“小脚女人”以后的，他写的那些尖锐批评“右倾保守”的按语，主要就是加写在各地在7月省、市、自治区党委书记会议以后送来的那部分材料上的。尽管这些按语单独看起来可能很有道理，但就全体而论，对于合作化这个本来是合乎农民需要（但要根据自愿互利的原则逐步发展）的进程，加以人为的加速又加速，拔高又拔高，客观上是在命令主义的产物之上又加上新的命令主义。

当时的党政各级组织，行政效率很高，有一支从战争中成长起来的热情很高的纪律性极强的干部队伍，有从土改中形成的大批农村积极分子，一声令下，雷厉风行，往往是争先恐后，超额完成上面交给的任务。这样，在上面的号召和压力下，基层也获得了运动不断加快的动力。上面派下来的工作组和本地生长起来的积极分子们，走家串户，说服动员、典型示范、晓以利益，把农户引进合作社。强制和压力是存在的，但决没有如苏联20世纪30年代集体化时期那种普遍的暴力。

天津市公私合营的盛锡福帽厂挂上新招牌，职工们聚集在门前庆贺

中共与苏共不

同，在农民中有深厚的根基，新中国的各级干部绝大多数不过是经过战争洗礼的农民，土地改革运动中，又形成了农村积极分子队伍，农民对共产党有着强烈的向心力和感恩思想。中国农村地主被打倒后，富农的力量极其微弱，构不成反对力量。经过发动群众斗地主，在农民中深刻地植入了私有制是万恶之源、以富为耻、以贫为荣的观念。土改后得到土地的农民，既想个人发家致富，又怕冒尖，被划为新富农。生活和生产有困难的农民希望通过互相合作得到帮助，当然也不是“合伙平产”、想“揩油”的平均主义思想。党所描述的社会主义美好前景，在农民中也产生了一种憧憬。利用农民的这种心态党组织实行“依靠贫农、下中农，团结中农，孤立、分化、改造地主富农”的阶级路线，造成“贫下中农的优势”，这个政策十分有效。邓子恢说：“百分之六十到七十的人起来了，其他百分之二十的人就会跟着来，百分之十的人就分化了。”这被分化、跟着来的主要是顾虑重重的富裕中农。初级社时期，多数合作社确实增加了产量，这是在保护农民小私有制的前提下，集中使用有限生产资料和简单协作的效果，当然还有其他原因，如国家在技术、投资、贷款等方面的优惠待遇。这在当时合作社占农户比例很小的情况下，并不难做到，这种示范，对农民确有相当的吸引力。这，或许就是农民的社会主义积极性吧，更确切地说，这就是高潮所以掀起又没有遇到严重阻力的社会历史条件。

造成资本家非接受改造不可的形势

相对于对分散的汪洋大海般的个体农民走向合作化心中无数，资本主义工商业的改造，则完全在毛泽东的掌握之中。毛泽东早就说过：“人民手里有强大的国家机器，不怕民族资产阶级造反。”事实上，在社会主义高潮到来之前，资本主义工商业的两只脚，已经有一只半踩进了社会主义。1953 年开始实行统购统销，导致国内市场的重大改组，私营商业基本被挤出批发环节，掐断了私营工商业与农业在流通环节上的联系，它们的生存和发展取决于国家的政策。1954 年底由于私营工商业经营困难，导致把所有私营工商业（包括未公私合营的）纳入计划轨道，这就使单个企业的公私合营发展到全行业公私合营，似乎成了必要途径。

当然，工商业改造高潮的到来，是受到了农业合作化高潮的巨大影响。毛泽东采取了“两面夹击、网开一面”的政策。“两面夹击”，一是用农业合作化来促工商业改造，一是用私人企业的工人来促资本家。“网开一面”，就是实行和平赎买，安排资本家及其子女的工作，给予政治上的待遇。毛泽东在推动合作化高潮之时，就充分地估计到它对工商业改造的重大促进作用。1955 年 10 月 9 日，他在审阅彭真关于农业合作化的一篇发言稿时，加了一段话：农业合作化运动“是使城市资产阶级彻底地孤立起来，造成一种使他们非接受社会主义改造不可的形势，因而可以彻底地消灭一切资本主义痕迹的社会主义革命的运动”。

10月11日，毛泽东在七届六中全会讲话中说：一切措施，就是要孤立资产阶级，最后消灭资本主义，要使“资本主义绝种，小生产也绝种”。

资本家坐不住了，他们受到的压力不只是经济上的，而是政治上的。这种压力不仅来自工人和农民的“两面夹击”，甚至来自于自己要求进步、急切想摆脱剥削家庭的子女。资本家惶惶然，心头十五个吊桶打水，七上八下。

毛泽东洞悉资本家们的心态，他决定再推一把。10月27日、29日，他两次邀约大资本家及其头面人物到中南海颐年堂和怀仁堂，举行座谈。被邀的有民主建国会、全国工商联的领导人陈叔通、李烛尘、胡子昂、胡厥文、荣毅仁等人，以及出席全国工商联会议的全体执行委员。毛泽东作了两次谈话，给他们“指点迷津”。他说：处在大变革的时代，社会动荡不安。农民私有制要变集体所有制，资本家也要改变所有制，许多人掌握不住自己的命运。要掌握是可以掌握的，即了解趋势，站在社会主义方面，有觉悟地逐渐转变到新制度。

毛泽东说：“现在我知道，你们思想上有顾虑，现在大家都搞社会主义，你们不搞，你们心中是十五个吊桶，七上八下，你们要认清社会发展规律，走社会主义道路，自己掌握自己的命运。”

听了毛泽东的话，工商巨子李烛尘跃跃欲试，他说：“工商界也要掀起一个改造高潮。”

毛泽东说：“不要搞一阵风，要做到瓜熟蒂落、水到渠成。”

从中南海出来，工商界巨子们认清了大势，也看到了自己的归宿。11月2日，全国工商联执委会通过决议，并发表《告全国工商界书》，号召响应中共中央号召，把自己改造成社会主义社会的良好公民。

11月16日至24日，中央政治局召集各省、市、自治区党委代表会议。集中讨论对资改造问题。陈云传达了上述毛泽东同工商界代表人物的两次重要讲话，提出了全面改造的六点规划，核心是全国统筹规划，实行全行业公私合营和定息制度。周恩来、刘少奇、李维汉、毛泽东等先后在会上发表讲话。会上通过了一个对资改造的决议（草案）。

会上关注的中心不是要不要全面改造，而是改造后如何对待这批交出资产的资本家。

陈云说："对资产阶级应当网开一面，他们过去没有吃艾森豪威尔的饭，是吃的中国饭，而且就是吃他那个铺子里面的，所以还是让他们吃下去。"他说："必须让资方实职人员担任实际业务，不坐冷板凳……有许多资本家懂得技术、有经营管理能力，如果不用他们，不合理，也不近人情。"

周恩来说："消灭阶级，个人改造，最后都要变成工人，得到一个愉快的前途。"

刘少奇说："在资产阶级中培养核心分子很重要，需要资产阶级方面有一些人起来赞成共产。"

毛泽东、周恩来都以上海一工人来信为由头，严厉批评了反对对资本家实行赎买政策的"左"的倾向，周恩来说，"这封信反映了托派观点"，毛泽东说："这是一个挑战，是反马克思主义、反工人阶级的。"他说："现在资本家已是一只半脚踏进社会主义，快要变工人阶级了。"

中央的这些精神传达下去，既给资本家们指出了必由之路，又给他们吃了定心丸，抑制了党内和社会上过激思潮。各地全行业公私合营很快掀起了高潮，结果出现了本书开始描述的那种激动人心的场面。

中国的资本家们敲锣打鼓，交出自己的企业，甚至交出自己的私人财产。一场对资改造的"阶级斗争"，竟以这种大团圆的喜剧结局而告终。这是一种前所未有的社会景观，不仅局外人疑惑不解，中国人也有些难以相信。

1 月 21 日，新华社记者在上海访问了申新棉纺织印染厂总经理荣毅仁。荣毅仁讲述了自己从害怕共产到盼望早日实现共产主义的心理历程。

"作为一个资本家，为什么选择了社会主义的道路？"记者问。

荣毅仁答道："是的，我是一个资本家，但是我首先是一个中国人。我想应该先从作为一个中国人说起。"

荣毅仁把自己深深地埋在柔软的沙发里，开始了过去的回忆。

荣氏父辈们怀着办工业、救国图强的梦想开始了自己的创业史。但同其他民族资本一样，在外国资本和国内官僚资本的压榨下，在夹缝中求生存，甚至遭到过国民党特务的绑票勒索。实业救国的理想破灭。他们都希望有一个独立的强盛的祖国。谁来建设独立强盛的国家呢？国民党不行了，但开始也没有想到共产党。解放前夕，荣氏一家对共产党的到来感到惶恐，几个兄弟，有的跑到泰国，有的躲进香港，荣毅仁和父亲恨透了帝国主义和国民党，坚决不愿离开祖国当"白华"（十月革命后一批俄国旧政权分子逃到上海，被称为"白俄"，"白华"一词由此衍化）。结果留下的，摆脱了窘境，逃到泰国的破产了。惶惑解除了。

上海市工商联副主任荣毅仁（右四）和上海市工商业者座谈私营工商业改造问题

荣毅仁说：“重要的还在于解放以后六年来，国家强盛了。这是每一个从旧中国过来的中国人最感到骄傲的。”“五年计划开始了，全国兴建了许多大工厂，各地进行了大规模的建设，一切实现得比梦想还要快，多么令人鼓舞！没有共产党，不走社会主义的道路，那能有今天？”

荣毅仁接受了社会主义理论，“认识到资本主义的剥削关系非消灭不可。”

记者进一步直率地问：“消灭剥削，废除资本主义制度，对于你失去了什么？得到了什么？”

荣毅仁思索了一会儿，很快就答道：“对于我，失去的是我个人的一些剥削所得，它比起国家第一个五年计划的投资总额是多么渺小；得到的却是一个人人富裕、繁荣强盛的社会主义国家。对于我，失去的是剥削阶级人与人之间的尔虞我诈、互不信任；得到的是作为劳动人民的人与人之间的友爱和信任，而这是金钱所买不到的。”

荣毅仁的这一番谈话，真实可信，反映了一部分资本家的心态。然而，从实业救国的爱国主义者自觉地转变为社会主义者，这只是少数。他们大多是资产阶级的头面人物，靠近政府，不少受到毛泽东的亲自召见，政治上有地位。

绝大多数资本家只是出于无可奈何，随着潮流走。资本家们把主动申请合营，视为识时务的“俊杰”。有人说，资本家是“白天敲锣打鼓，晚上抱头痛哭”，这反映了资本家们的矛盾心态。自己亲手创立的家业，甚至祖辈们几代人苦心经营的企业，一朝易主，拱手交出，情感上的痛苦不难理解。周恩来说，荣毅仁是全国第一号资本家，讲他那个阶级应该消灭，可是一个人跟他说：你祖宗三代辛辛苦苦地搞了这点工厂，在你手里送出去实在可惜呀！他也眼泪直流。这很自然的，合乎情理。

也有极少数思想非常抵触，幻想“变天”。但谁也没有反抗，也无力反抗。无论如何，和平地实现赎买，没有遇到任何抵抗和破坏，这在政治上不能不说是一个巨大的成功。联想到十月革命后，列宁想用赎买的方法争取有经验的资本家的合作而不可得，反而引发了资产阶级的军事反抗的历史，更使中国人引为自豪，不得不佩服毛泽东的雄才大略。

孟子说：“虽有智慧，不如乘势。”势，有客观之势，有主观营造之势。兵家要诀，重在造势。建国后一系列的社会变革，虽难免使用强力，但与斯大林滥施暴力不同，毛泽东的高人之处就是“造势”，发动群众运动，造成有利形势。运动兴起，大势所趋。或如瓜熟蒂落，水到渠成，或如钱塘潮涌，所向披靡，使落伍者争先恐后，使怀疑者反躬自省，使反抗者偃旗息鼓。这种方法，以后屡试不爽。于国于民是利是害，全在目标和路线正确与否，目标正确，则事半功倍；一旦目标发生错误，大势造成，想转向就难了。

话说得远了。回头再看小商贩、小业主，农业合作化高潮的兴起，私人工商业公私合营的加快，使小业主们有被遗忘的感觉，他们甚至抱怨共产党“嫌贫爱富”。这些人本来本小利薄，加上国家计划范围日益扩大，经营日益困难，都强烈要求公私合营。

1956年1月25日，陈云在第六次最高国务会议上发言，谈到这种情况。他说：

商店中的大店、小店，连夫妻老婆店，统统合营了。以北京为例，私营商业共二万户，雇店员的不到一万户，50%以上是不用店员的。政府对于不雇店员的商店本来是要采取经销、代销方式，但高潮一来，他们天天敲锣打鼓，放鞭炮，递申请书，要求公私合营，没有办法，只好批准。

合营是合营了，他们统统被归入“资方”一类，尽管有的一个月只拿几元甚至几角钱定息。当时，考虑过把他们与资方人员加以区别，但考虑到资本家热情很高，公开加以区别，等于把资本家们拒之于劳动者门外，会影响他们的情绪，因此没有搞。这一来，那些小商小贩小业主们都成了资产阶级分子。直到1979年以后，重新加以区分，结果，当年全国参加公私合营的工商业者86万人中，本来应当是劳动者成分的达70万人，占80%，资本家及其代理人只有16万人，不到20%。人事沧桑，实难预料。

高潮下的隐忧

三大改造高潮一到，其发展速度，甚至超出了毛泽东本人的预料。原来设想15年实现社会主义改造的任务，仅仅用了四年，事实上主要是一年的高潮就告结束。

面对汹涌而来的社会主义高潮，毛泽东是多少有些出乎意料，却掩饰不住内心的兴奋和喜悦。

1956年1月，毛泽东亲自主编并写了大量按语和序言的《中国农村的社会主义高潮》一书出版。原先毛泽东决定发一条出版消息，田家英将拟好的稿子送给他，他咯咯地笑起来，说：“这个消息没有用了，已经过时了。”（那时全国合作化运动已经全面展开）他对田说，他很高兴，1949年全国解放时都没有这样高兴。

跟田家英一起协助毛泽东编辑《高潮》一书的逄先知写道：

> 这个话真实地反映了毛泽东当时的心态。对毛来说，全国解放是早已料到的，早有准备的，而农业合作化的胜利来得这样快，这样顺利，却出乎他的意料。他一向认为，改造五亿人口的个体农民是最艰难的事业，需要花费很长的时间和做许多细致的工作才能完成。谁知道，这么困难的问题，经过一、二次会议，作一篇报告，就如此顺利地解决了，那末，还有什么比这个更困难的问题不能解决呢？

从政治上看，三大改造的提前平稳实现，的确是一个历史性的胜利。当年苏联从1929年开始集体化，到1936年完成用了七年时间，而且引起了农民的强烈反抗导致暴力镇压，1930年仅2个月内，农民屠宰大牲畜1400万头，1929—1933年五年农业总产值下降18.5%，几百万富农及家庭被驱逐，甚至被枪毙，死人上千万。集体化造成的农业下降一直延续到战后。1953年谷物产量还低于十月革命前的1913年。南斯拉夫40年代末执行集体化也导致全面的反抗，不得不解散合作社。中国的合作化不仅比苏联快，而且农业生产连年增长，社会秩序稳定。这难道不值得骄傲吗？

东方眼镜公司庆祝公私合营

然而，从经济上看，这个胜利多少带有表面性。即使在当时，领导者也已经看出由于改变过快，工作过粗，带来了某些混乱和问题。

1956年2月8日，周恩来在国务院讨论私营工商业和手工业改造时说："不要光看到热火朝天的一面。热火朝天很好，但应小心谨慎。要多和快，还要好和省，要有利于提高劳动效率。现在有点急躁的苗头，这需要注意。"

当高潮到来之时，陈云却没有因此而感到轻松。作为财经工作的主帅，他面对着许多现实问题：小商店合并太多，合营后"干不干二斤半"，吃国家的大锅饭，积极性下降了；城市里街巷中的小商贩、服务业、修理业盲目合并，群众很不方便；合营工业企业质量下降，品种减少，管理马虎，没有竞争，没有利润刺激了，大家只愿生产大路货；国营企业出现了"大少爷办企业"；"东来顺"的涮羊肉，"全聚德"烤鸭不如以前好吃了；资方人员没有适当安排，……这种种问题引起了他的思考。他主张部分手工业小商小贩要长期保留单独经营方式，"并错了怎么办呢？要分开来，退回去。"他呼吁合理使用资本家。

情况反映到毛泽东那里，毛说："这就糟糕！""提醒你们，手工业中许多好东西，不要搞掉了。王麻子、张小泉的剪刀一万年也不要搞掉。我们民族好的东西，搞掉了的，一定要来一个恢复，而且要搞得更好一些。"听说"东来顺"的羊肉已失去特色，毛说："'社会主义'的羊肉应该比'资本主义'的羊肉更好吃。"

毛泽东的这些话很对。但这些问题在他看来，不过是一场大胜利之后打扫战场时的那种混乱。

然而，问题恰恰出在那个"大胜利"上。刚刚建立起来的那种社会主义体制模式，是否真的大大地解放了生产力。有人强调中国在向社会主义过渡道路上的独创性，这不无道理，但是从目标模式看，我们是毫不怀疑地照搬了苏联模式。20

世纪50年代初，学苏联不是屈于外部的压力和强制，而是真心诚意以苏联为模本的，在当时是很自然的。全党上下对苏联的现实钦慕不已。当时的口号是“苏联的今天就是我们的明天。”毛泽东发誓，“要使资本主义绝种，小生产也绝种”，就是从苏联接受过来的社会主义的观念。

到1956年，随着三大改造的完成和计划体制的建立，苏联模式就不止存在于观念中，而是存在于现实中，成了我们自己的东西。有趣的是，我们刚刚建立起来的这种传统社会主义模式，在它的母国苏联及东欧各国已经显露出严重的缺陷而寻求改革了。这种历史的势差，影响极其深远。

轻易到来的表面化的胜利，加强了毛泽东的自信。“曾经沧海难为水”，合作化这等困难的事情轻易解决了，其他不在话下。

美国学者莫里斯·迈斯纳说：

合作化运动加强了毛泽东对农民的革命创造性的信念，以及对创造社会现实的人的意志与意识的力量的信念。

这话说得深刻。而逄先知说得更直接，他说：

农业合作化的胜利，助长了毛泽东对个人意志的信心，深信自己的主张是正确的，而且是能够立即生效，“立竿见影”的。这不但促使过渡时期提前结束，而且成为尔后出现“三面红旗”及其一系列后果的不祥的先兆。

2 大略宏图　毛泽东倡导多快好省
进军科学　周恩来广纳知识人才

毛泽东初展建设宏图大略

1956年1月，毛泽东突然问田家英：“你看合作化完了，下一步再搞什么？”田家英被这突如其来的问话问住了，一时语塞，只感到自己的思想跟不上。毛泽东在农业合作化即将完成尚未完成之际，就想到下一步，这决非心血来潮，也不是说说而已。他正在郑重地思考下一步的问题。毛泽东总是走在时间的前面。这正是他趁热打铁、不断革命的思维惯性，在一个任务完成之后，马上就要提出新任务，不使人们松懈。这使其他人总有一种跟不上的感觉。

毛泽东在问田家英下一步干什么的时候，其实他早已有了目标，那就是组织工业化建设的高潮。

毛泽东的主要注意力开始转向建设，这是很自然的，因为过渡时期总路线规定的“一化三改造”任务，所有制改造的任务不到四年就告完成，而工业化任务远未实现。无论毛泽东对迅猛而来的社会主义高潮多么欣喜，有一点是清醒的：中国仍是一穷二白，经济落后，文化落后。

新年开初，毛泽东指示新华社：要“把地球管起来”。话只有一句，新华社的人参不透毛泽东的心思，但大家深信，毛泽东又要有一番新的宏图大略了。

中国应在世界上有所作为，然而，中国目前这种人口大国、经济小国、被人瞧不起的现状，确实使人寝食不安。尽快改变中国贫穷落后的面貌，这个中国人压抑了一个世纪的民族愿望，今天可以实现了。

1月20日，毛泽东在中共中央召开的知识分子会上讲话。他说：

> 地球虽然我们没有到处去过，可是有地图一本，看一看，就是那么一些国家，不是故意吹牛皮，考察起来，还是我们这个国家有条件，地方大，人口多，就是这两个条件。位置也不坏，中国这个国家应该搞成世界上第一个文化、科学、技术、工业各方面更好的一个国家。你这个位置、气候也好，这么长的海岸线，又听说你们这个人吹的牛皮很大呀，什么勤劳、勇敢呀！几十年，百把年以后不能是世界上第一个国家，那你就不行呀。现在有新的社会制度，社会主义加上努力，为什么不可以呀？中国是应该搞几万万吨钢，应该是可能的。我看中国现在有两条最好的事：一是穷，二是白。我们是红色，但是我们一无知识，这一点是一张白纸。我们的知识很少，经济落后，文化落后。这两个东西。它有个两面性，不是讲二重性吗？它有二重性质，不要只看到坏，它是个好东西。穷就要革命。

类似的话，以后说过多次，既是对全党的鞭策，也是个人心迹的显露。强国之梦，溢于言表。只是对“地球”的认识有些褊狭，话说得也大了。当他说要争当“世界第一个国家”时，他心中肯定没有“苏联老大哥”，美国更不在话下。在这次会上和25日最高国务会上，毛泽东都讲到：美国那点东西，一亿吨钢，几百个氢弹，不大算数，中国要超过他，第一步是接近他。

毛泽东早就开始规划未来的发展蓝图了。

1955年11月，毛泽东在杭州召集14省市自治区党委书记们座谈，共同商定了一个12年农业发展纲要（17条）。想以农村发展战略目标来推动全局，加快发展。

毛泽东对农村有着特殊的兴趣，他创立了一条农村包围城市的革命道路，他亲手推动了农业合作化高潮，现在他又要从农村开始规划未来。

这时，毛泽东已经不满于按常规走路了，认为存在着“右倾保守”思想。从杭州回到北京，他就在中央政治局会议上提出了反对“右倾保守主义”，加快发展的思想。

12月5日，刘少奇召集各省、市、自治区负责人座谈会，传达了毛泽东的指示。刘少奇传达说：

毛主席说：“我们要利用目前国际休战时间，利用这个国际和平时期，再加上我们的努力，加快我们的发展，提早完成社会主义工业化和社会主义改造。”

关于八大的准备工作，毛主席提出，“中心思想是要讲反对右倾思想，反对保守主义”。可以设想，如果不加快建设，农业和私营工商业未改造，工业未发展，将来一旦打起来，我们的困难就会更大。因此一切工作都要反对保守主义。

毛主席说：“我们可以有几条路前进，几条路比较一下，要选一条比较合理、正确的路线。”按常规走路，时间拉得长，成绩不大，这是保守路线。现在各方面的工作都落后于形势发展，我们有不少同志正在走着这条保守的路线。

这时，已在农业合作化方面反对“右倾机会主义”，在资本主义工商业改造方面反对右倾保守，现在又提出在各条建设战线反对右倾保守，这使大家的压力陡然增加。在会上，周恩来发言说：“最近政府在各方面的工作，或多或少都存在保守的倾向。”

12月21日，周恩来和陈云共同主持国务院全体会议，落实毛泽东反右倾的指示。周说：“毛主席从外地视察回来，提出了发展农业的十七条办法，这是一个推动力量。政府的各项工作都受到了推动，变化很大。”

在这之前，周恩来等人提出了“多”“快”“好”三字，毛泽东完全同意，便接过去提出了“要快、要好、要多”。李富春后来又补了一个“省”字。在这次会议上，周恩来说："毛主席提出'多、快、好'的原则中，还要加上一个'省'，要节约。一句话，要'多、快、好、省'。"

"多快好省"的方针就这样宣传起来。1956年元旦，《人民日报》发表社论：《为全面地提早完成和超额完成五年计划而奋斗》，公开提出了反对"右倾保守"的口号和"多快好省"的方针。这篇社论从标题到内容，充满了形势逼人的气息。

接着，毛泽东又亲自召集省市委书记会议，把农业发展纲要从17条扩充到40条，中央邀集在京各方面的科学家、各民主党派和人民团体负责人，以及文化教育界人士讨论，集思广益，参加者达1375人。再经中央政治局会议和最高国务会议讨论通过，1月26日，向全国公布。

这份新中国第一份长期发展蓝图，规划出了一个美好的农村未来：实现合作化，对鳏寡孤独者保吃、保穿、保烧、保教、保葬（五保），增加农作物产量，兴修水利，推广新式农具，逐步实现机械化，推广良种，改良土壤，开垦荒地，绿化荒山，改善民居，消灭流行病，除四害（老鼠、麻雀、苍蝇、蚊子），扫除文盲，普及农村广播网和电话网，建成全国地方道路网，保护妇女儿童等。

这份纲要从经济到社会描绘了一幅社会主义新农村的景象，使人一新耳目，令人神驰。这当中，肯定融入了许多人包括热衷于中国乡村建设的知识分子的理想。谁会不为之心动呢！

只是在这当中，已经显露出日后"大跃进"的先兆。别的不说，单就当时设想的粮食棉花每年以8%和10%的速度增长，12年内年总产量分别增加1.5倍和2倍，到1967年，粮食年产1万亿斤，棉花年产1亿担。这已经大大超出了实现可能。我们知道，过了40多年，直到20世纪末，全国粮食产量还没有达到1万亿斤呢！

伴随着反右倾保守和宣传农业发展纲要，一场小的跃进从此发轫了。

周恩来广纳知识人才

要加快全面建设，赶超世界先进水平，离不开知识分子的参与。

这时，"一五"计划大规模建设，在苏联的帮助下展开了。工业化对知识分子的需要与各种建设人才匮乏的矛盾日益突出。各级党政干部和企业领导干部绝大多数是从军队下去的，文化水平不高，科技知识更缺。显然，这样一种干部结构，很难适应新的任务。1955年底，我国科研、工程技术、教育、卫生、文艺界的知识分子仅仅384万人，其中高级知识分子（工程师、大学讲师以上）只有10万人。

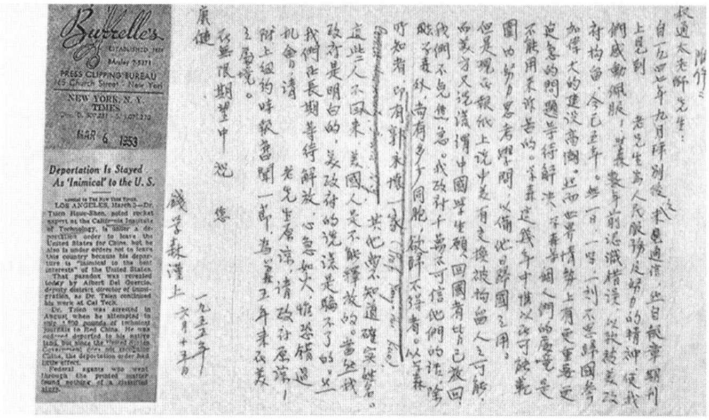
Burrelle's
PRESS CLIPPING BUREAU
NEW YORK, N. Y. TIMES
Deportation Is Stayed As 'Inimical' to the U. S.

叔通太老師先生：
自一九四七年九月拜別後，未通信，但自報章期刊上見到 老先生為人民服務及努力的精神，使我們感動佩服！學森數年前認識錯誤，以致被美政府拘留，今已五年。無一日、一時、一刻不思歸國參加偉大的建設高潮。近而世界情勢上有更重要更迫急的問題等待解決，學森等個人們的處境是不能用來訴苦的。學森這幾年中惟以可能範圍中努力思考學問，以備他日歸國之用。
但是現在報紙上說中美有交換被拘留人之可能，而美方又說謊謂中國學生願回國者皆已放回，我們不免焦急。我政府千萬不可信他們的謊話，學森等，尚有多少同胞，欲歸不得者。從學森所知者，即有郭永懷一家，其他我們不知道確實姓名。這些人不回來，美國人是不能釋放的。當然我政府是明白的，美政府的說謊是騙不了的。然我們也長期等待解放，心急如火，恐錯過機會，請 老先生原諒，請政府原諒！附上紐約時報剪報一節，為學森五年來之處境。
於無限期望中 祝您
康健
錢學森謹上
一九五五年六月十五日

1955 年钱学森为争取回国写给陈叔通的信

高校的在校生每一万人口中只有 5 个，而苏联有 86 个，波兰有 50 个，美国等西方国家就更多了。在“一五”期间，许多方面我们只能倚仗苏联专家，这种状况与毛泽东的强国愿望和民族自尊心格格不入。

没有谁比周恩来更关心人才问题。

1951 年 8 月 11 日，他会见将要启程出国的第一批 375 名赴苏留学生，对他们说：“国家目前很困难，但下决心送你们出去学习，是为了将来回国参加建设。”

从新中国成立前夕开始，周恩来就千方百计延揽滞留国外的高级知识分子回国。1954 年日内瓦会议期间，他又号召在海外的中国科学家回国参加建设。从 1949 年 8 月到 1955 年 11 月，由西方国家归来的高级知识分子多达 1536 人，其中从美国回来的就有 1041 人，他们中间包括许多著名的科学家和作家，如李四光、华罗庚、钱学森、老舍、吴阶平、汪德昭、邓稼先、吴仲华等。

著名导弹专家钱学森的回国更具戏剧性。钱学森本来在美国加利福尼亚大学工作。新中国成立后，他决心归国，投身祖国的建设事业，美国政府强行阻挠。1955 年 6 月，钱学森通过外国朋友请求中国政府帮助他回国。周恩来立刻指示在日内瓦参加中美大使级会谈的王炳南，通知美方说中国将提前释放 11 名美国战俘（飞行员），要求美国政府取消对钱学森等归国的无理限制。同年 10 月，钱学森归国，周恩来十分欣喜。后来周恩来还说：“我们要回了一个钱学森，单就这一件事来说，会谈也是有价值的。”

1954 年和 1955 年周恩来多次出国，参加重要国际会议和进行访问，在国外目睹世界范围内科学技术正在突飞猛进地向前发展，给人类的物质生活以及整个社会生活带来巨大变化，这给他留下深刻的印象，使他更深切地意识到掌握现代科学知识的知识分子在我国社会生活中的重要作用。

然而，在国内，知识分子这种“稀缺资源”，并没有很好地加以使用，有的还受到伤害。党内工农出身的许多干部，每个人都有一部光荣的历史，哪看得起对革命了无寸功的知识分子，他们当然不会知道马背上得天下不能马背上治之的古训。一些人中流行着“生产靠工人，技术靠苏联专家”的说法，对知识分子或敬而远之，或盲目排斥，甚至视为“异己分子”，加以压制和打击，这种状况使周恩来揪心。

1955 年年初，周恩来就有召开一次知识分子问题会议的想法，11 月 22 日，他向刚从外地回到北京的毛泽东汇报了这方面的情况，并且表达了他对知识分子受到伤害的忧虑。

“这是非常严重的事情，因为它危及中国的进步，”周恩来说。他提出打算在政协全国委员会会议上讨论知识分子问题。

毛泽东说：“我们应该先在党内很好地讨论，提出这个问题，解决这个问题。”

第二天，毛泽东召集中共中央书记处全体成员和中央有关方面负责人开会，进行商讨，决定召开一次大型会议，全面解决知识分子问题，会议的日期定在 1956 年 1 月。同时决定成立由周恩来负责，有彭真、陈毅、李维汉、徐冰、张际春、安子文、周扬、胡乔木、钱俊瑞参加的中共中央研究知识分子问题十人小组，下设办公室，着手筹备。

“知识分子已经是工人阶级一部分”

1956 年 1 月 14 日至 20 日，中共中央在北京召开关于知识分子问题的会议。这次会议规模相当宏大，参加会议的有所有中共中央委员和候补中央委员，有中共中央上海局（这是大区撤销后唯一保留的一个中央局）、各省市自治区党委和 26 个省辖市市委的书记或副书记，以及这些省、市、自治区党委组织部、宣传部、统战部负责人；中共中央和国务院各部门、工青妇党员负责人，还有重要高校、科研机构、工厂、矿山、设计院、医院、文艺团体、军事机关的党内负责人，总共有 1279 人。

这是一次党内会议，其重点是要解决各级党的领导人对待知识分子问题的认识和态度问题，消除“左”倾“关门主义”。

1 月 14 日下午 3 时，会议在中南海怀仁堂隆重开幕。周恩来在会上作《关于知识分子问题的报告》。这个报告最引人注目的地方就是他关于中国知识分子阶级属性及其地位的那段话。他说：

> 在社会主义时代，比以前任何时代都更加需要充分地提高生产技术，更加需要

1955 年钱学森一家在归国的“克里夫兰总统号”船上

充分地发展科学和利用科学知识。因此，我们要又多、又快、又好、又省地发展社会主义建设，除了必须依靠工人阶级和广大农民的积极劳动以外，还必须依靠知识分子的积极劳动，也就是说，必须依靠体力劳动和脑力劳动的密切合作，依靠工人、农民、知识分子的兄弟联盟。

他们（知识分子）中间的绝大多数已经成为国家工作人员，已经为社会主义服务，已经是工人阶级的一部分。

周恩来在报告中，尖锐地提出：“目前在知识分子问题上的主要倾向是宗派主义”，“低估了知识分子在政治上和业务上的巨大进步，低估了他们在我国社会主义事业中的重大作用，不认识他们是工人阶级的一部分”，“对于怎样充分地动员和发挥知识分子的力量，怎样进一步改造知识分子，扩大知识分子的队伍、提高知识分子的业务能力等迫切问题，漠不关心”。

周恩来以他对当时世界科技发展大势的敏锐认识，向与会者大声疾呼：

世界科学在最近二三十年中，有了特别巨大和迅速的进步，这些进步把我们抛在科学发展的后面很远。现代科学技术正在一日千里地突飞猛进。……这些最新的成就，使人类面临着一个新的科学技术和工业革命的前夕。

周恩来以异常紧迫的心情呼吁：

我们必须急起直追，力求尽可能迅速地扩大和提高我国的科学文化力量，而在不太长的时间里赶上世界先进水平。这是我们党和全国知识界、全国人民的一个伟大的战斗任务……只有掌握了最先进的科学，我们才能有巩固的国防，才能有强大的先进的经济力量，才能有充分的条件同苏联和其他人民民主国家一起，无论在和平竞赛中或者在敌人所发动的侵略战争中，战胜帝国主义国家。

这就是说，谁想在当今世界的经济、政治、军事的剧烈竞争中取得主动或胜利，就必须依靠科学技术的不断进步。

如此明确、尖锐和深刻地提出问题，在中国共产党的历史上还是第一次，在新中国的历史上也是第一次。

重温周恩来当年这些话，使我们联想到20世纪80年代邓小平对世界新技术革命带来的挑战和机遇讲过的那些话，甚至连语言都一样。可惜中国关起门来搞运动，曾经中断追踪世界大势30余年。好在80年代这一次的心灵震撼，引发出一场深刻的改革。

要发展科技，就必须培养和使用自己的知识分子。周恩来说："随着汹涌澎湃的社会主义建设高潮而来的，将要出现一个文化建设的高潮。""党一定能够领导知识分子在科学文化事业中取得新的更大的胜利。那种认为党不能够领导知识分子进行文化建设的想法，是毫无根据的。"

周恩来特别地批评了"生产靠工人，技术靠苏联专家"的思想，认为这是"缺乏民族自信心的依赖思想。""其结果是一辈子不能脱离依赖和模仿的状态"。针对当时面临的问题，周恩来在报告中提出了最充分地动员和发挥知识分子力量的三项措施：

第一，应该改善对于他们的使用和安排，使他们能够发挥他们对于国家有益的专长。

第二，应该对于所使用的知识分子有充分的了解，给他们以应得的信任和支持，使他们能够积极地进行工作。

第三，应该给知识分子以必要的工作条件和适当的待遇。必须保证他们至少有六分之五的工作日（即每周四十小时）用在自己的业务上。

周恩来还提出要在政治上、生活上关心知识分子，积极吸收知识分子入党，改善生活待遇和政治待遇，确定和修改升级制度，拟定关于学位、学衔、发明创造和优秀著作奖励等制度。

周恩来的报告引起与会者强烈共鸣，尤其是他传达的毛泽东关于“向科学进军”的号召，使大家振奋。会上发言踊跃，先后在大会发言者 61 人，还有 29 人因故未能到会发言，印发了书面发言稿。

1 月 20 日，会议最后一天，毛泽东到会讲话。周恩来关于赶超世界先进科技水平的紧迫感，毛泽东感同身受。周恩来关于打破缺乏民族自信心的依赖思想的话，更是反映了毛泽东的思想。毛泽东在会上说：现在叫技术革命、文化革命，革愚昧无知的命，单靠大老粗，没有知识分子是不行的。中国应该有大批知识分子。全党要努力学习科学知识，同党外知识分子团结一致，为迅速赶上世界先进科学水平而奋斗。

毛泽东说：哪怕是知识分子中间的落后分子，也是可以改变的。党要加强领导，促进他们的改变，并且要看到他们的改变。

毛泽东说：中国要培养大批知识分子，要有计划地在科学技术上赶超世界水平，先接近，后超过。

1 月 25 日，毛泽东在他召集的最高国务会议上讲话说：“我国人民应该有一个远大的规划，要在几十年内，努力改变我国在经济和科学文化上的落后状况，迅速达到世界先进水平。为了实现这个伟大的目标，决定一切的是要有干部，要有数量足够的、优秀的科学技术专家”。

毛泽东的话，给大家以很大鼓舞。

不过，当时可能没有人注意到，毛泽东没有重复周恩来报告中的一句关键词：“知识分子已经是工人阶级的一部分”。以后观之，这并非不经意的遗漏。

会后，发出了“向科学进军”的号召。

会议结束不久，中央政治局于 2 月 24 日举行会议，作出《中共中央关于知识分子问题的指示》，会议精神和文件传达下去，在全国，尤其在知识分子中，引起了热烈的反响。

旧社会过来的知识分子的心路历程

中国为数不多的知识分子，大体分为两部分，一部分早年投奔延安或在白区参加地下党，成为党内知识分子，这是一小部分，且后来大都脱离了知识界，走上了领导岗位。另一部分是自由知识分子，占多数。据统计，1956 年初十万高级知识分子中，党外知识分子占 93%。

这些知识分子，不管他们出身的阶级、所受的教育、政治信仰多么复杂，多么不同，但有一个共同的传统，就是爱国，有为祖国效力的理想和强烈愿望。虽然不见得认同共产主义，甚至存有疑惧，但都痛恨帝国主义的侵略和国民党的腐败。因此，对于人民解放军的进城和新中国的成立，表现出高度的热情。

许多滞留海外抱有科学救国理想的知识分子对新中国心往神驰，感到祖国独立，报国有门了。他们冲破西方国家政府的重重阻力，放弃在海外优裕的生活和学术条件，毅然归国。许多人后来成为新中国各类科学研究的奠基人，或学术界的泰斗。

建国之初，对旧社会过来的200万知识分子采取了“包下来”的办法。然而，从旧社会过来的知识分子，身上不免带有旧社会的东西，还有自由散漫、自视清高、文人相轻种种弱点。大多接受自由主义的教育，对马列主义、对社会主义和共产主义不熟悉，对新环境不适应。新中国成立之初，中国共产党提出了对知识分子“团结、教育、改造”的六字方针，这在当时是很自然的。知识分子的多数，真心诚意接受改造，努力适应社会主义，靠近共产党。

北京大学东方语言系主任季羡林教授回忆说：

> 我们内心是兴奋的，希望而且也觉得从此换了人间。解放初期，政治清明，一团朝气，许多措施深得人心。旧社会留下的许多污泥浊水，荡涤一清。我们都觉得从此河清有日，幸福来到了人间。
>
> 反观自己，觉得百无是处。我从内心深处认为是一个地地道道的“摘桃派”……我享受着“解放”的幸福，然而我干了什么事呢？我做出了什么贡献呢？……当中华民族的优秀儿女把脑袋挂在裤腰带上，浴血奋战，壮烈牺牲的时候，我却躲在万里之外的异邦，在追求自己的名山事业。天下可耻事岂有过于此者乎？我觉得无比地羞耻。
>
> 我处处自惭形秽。我当时最羡慕、最崇拜的是三种人：老干部、解放军和工人阶级。对我来说，他们的形象至高无上，神圣不可侵犯……是我终生学习也无法赶上的人。

1951年秋，全国知识分子思想改造运动，就是由北京大学校长马寅初首先在北大师生中发起的。北大汤用彤、张景钺、杨晦、张龙翔等12位教授自发组成“教师学习会”，并通过马寅初请周恩来来校讲演。周恩来欣然应允，并决定推而广之。9月29日，周恩来作了题为《关于知识分子的改造问题》的报告，北京、天津各高校1700多位教师听取报告。周足足讲了五个小时，但他谦虚谨慎、循循善诱，“时间虽长，听者不觉得疲倦”。尤其他坦言自己的家庭身世和自我改造的心路历程，使“听者莫不感动”。

著名哲学家金岳霖教授在他晚年所写的回忆中说：“前一时期的领导同志当中，对我这一年龄层的知识分子来说，交往最多、对我们影响最大的是周总理。”“我从来没有听见过有周总理这样地位高的人在大庭广众中承认自己犯过错误。对我们这些人来说这是了不起的大事。”

周恩来的坦诚相待，严于自剖，以身示范的人格力量，推动了知识分子的思想改造运动。他们第一次接受灵魂的严格自省，展开“新我”对“旧我”的斗争。接受批评，洗热水澡。虽感激烈，有如利箭穿心，浑身流汗，却觉洗心革面，身轻体健。

渐渐地运动激烈起来，批判电影《武训传》，批判资产阶级学术思想，批判梁漱溟的“九天九地”，批判胡适的唯心主义，批判“红学家”俞平伯，形成了政治围攻，知识界感到了压力。接着批判“胡风反革命集团”，这已是属于敌我矛盾的事件。除胡风本人以外，被牵涉到的人数不少，文艺界和学术界都有。随之进行了一次肃清历史反革命的运动。知识界陡然紧张起来，他们从旧社会来，总有复杂的社会关系，一些人有这样那样的“历史问题”，没有勇气讲出来，总觉怀里揣着个兔子，心里有鬼，惶惶然。

然而，这时，没有人怀疑党的正确。对新社会有抵触或敌对情绪者是极少数。自新中国成立以来，一路凯歌行进，国家一天天强大起来，建设全面铺开，抗美援朝战争胜利，国威大振，日内瓦会议、万隆会议，中国第一次步入世界强国之列。知识分子感觉扬眉吐气，希望一展身手，报效国家。只是因为自己在新社会地位不明，处处有做客和被冷落的感觉。知识分子会议，明确了“知识分子已经是工人阶级的一部分”。号召向科学进军，这使知识分子大为感动和兴奋。自己不仅也成了主人，而且成了即将到来的科学文化建设高潮的主力军，英雄有用武之地了。1955年反“胡风反革命集团”的紧张关系得到了缓和，不少人纷纷发表文章或讲话，表达心迹。

北大东语系主任季羡林说：“我们这些知识分子简直是愈来愈高兴，愈来愈年轻，愈来愈容光焕发，愈来愈精神抖擞。我们都仿佛吃了返老还童的仙丹，身体里时时产生着新的力量。”

北大哲学教授冯友兰说：眼看祖国几年之间，一跃而为世界强国，“真是如旭日方升，光芒万丈”，我们都是欢欣鼓舞，愿“在建设社会主义的伟大事业中，添上一份力量”。

北师大校长、历史学家陈垣为他的老友、清华大学副校长刘仙洲光荣入党而振奋不已，奔走相告。他说：“共产党是不拒绝任何人的。”他希望党“加强对知识分子的领导，不能使任何一个爱国的要求进步的知识分子向隅”。

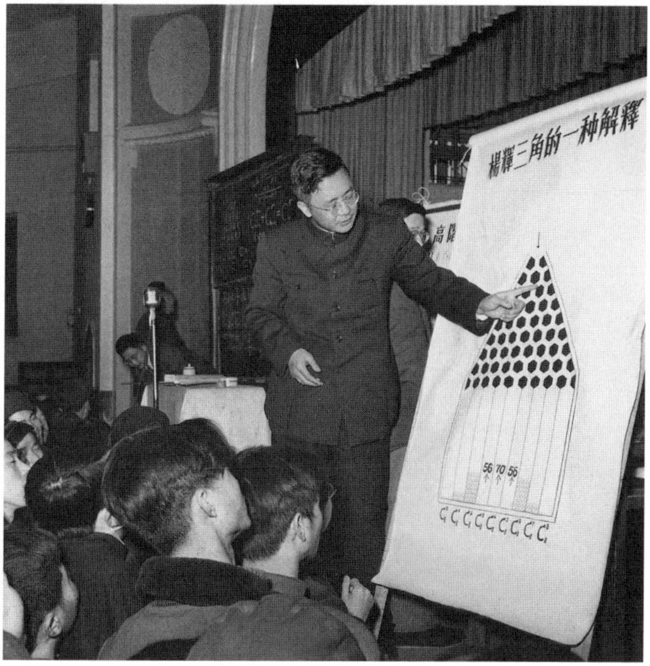

1956 年华罗庚在中国数学学会举办的报告会上作关于“杨辉三角形”的学术报告

著名数学家华罗庚激情四溢地写道：“青年们，我们幸福，无比幸福地生长在毛泽东时代里！……我们将亲眼看到黄河清，蜀道通，扬子江上架大桥，不，远不止这些。数说不清的奇迹都将在祖国出现。”他号召“青年们，为了祖国，我们一起向科学进军”。

著名桥梁专家茅以升说：他所接触的老知识分子们，“毫无例外地信任党，拥护党”，“很奇怪，（他们）身体也比以前好多了”。“都想成为劳动知识分子，在伟大的社会建设中，贡献出一切力量。”

……

这虽然是公开发言，但仍感受得到他们对共产党的信任，对新社会的热爱，对科学昌明的憧憬，对世界强国的渴望。人人跃跃欲试，愿倾其所学，报效祖国。

向科学进军的第一份远景规划

知识分子会议后，周恩来倾注了很多心血来抓落实。1956 年 2 月 22 日周恩来审阅批准了争取留学生回国工作组的报告，后以中共中央名义转发。报告提出年内至少争取 1000 人回国，重点放在美国。4—5 月，中共中央转发中组部报告，决定在知识分子中大批发展党员，尤其是吸收高级知识分子入党。5 月，国务院成立专家局，专门管理知识分子干部。中央各部委、各省市分别成立了有关办事机构，着手解决知识分子问题。

所有措施中，影响最大的是制定（1956—1967 年）12 年科学技术发展远景规划。此项工作工程浩大，涉及广泛，非集思广益不能完成。

中共中央确定由周恩来亲自挂帅，设立国务院科学规划委员会，陈毅任主任（后陈毅改抓外交，由聂荣臻接替），李富春、薄一波、郭沫若、李四光为副主任，张劲夫任秘书长。下设科学规划 10 人小组，由科学院及各部委办负责人组成。

张劲夫调任中国科学院副院长、党组书记。上任前，周恩来找他谈话：“你一到，就要马上抓科学技术发展规划。”

中央调集了 600 多名各门类和学科的科学家，并请了近 100 名苏联专家参加

1956 年 3 月，周恩来、聂荣臻、李富春、郭沫若等在中南海会见参与制定《1956—1967 科学技术发展远景规划纲要》的科技界人士

编制工作。同时接受中科院的苏联顾问拉扎连科的建议，邀请 16 名苏联著名科学家来华短期讲学，以了解当代世界科技的发展趋向。

此时中苏关系处于最密切的时期，为了共同事业，苏联“老大哥”慷慨相助。拉扎连科说：“我来中国前，得到科学院领导及其他方面的指示，中国可以从苏方得到任何援助，包括可以派出比已议定的名额多几倍的人员到苏联学习，可以从苏联得到所有的科学情报，只要中国方面提出要求来。”中国人讲究恩怨分明，20 世纪 50 年代苏联的援助，不能相忘，大可书此一笔。

5 月 26 日，周恩来在怀仁堂举行盛大酒会，招待参加规划编制工作的 300 多名科学家，6 月 14 日，毛泽东、朱德、周恩来、陈云、邓小平、林伯渠等接见科学家，这是新中国成立以来的一件科学盛事。

后来，参加编制工作的科学家增加到 787 名，经过近一年的努力，终于在 12 月编成中国第一个科技发展远景规划，其中包括 57 项国家重点任务和 616 个中心问题，并从中挑选出 12 个重点优先保证。对一些空白学科采取紧急措施，这些空白学科当时公布的有四项：计算机技术、半导体技术、无线电电子学、自动化和远程操纵技术。还有两项没有公开的绝密任务：原子弹和导弹。这六项紧张措施，构成了当时中国发展尖端科技的关键性措施。

这个科学远景规划，的确推动了“向科学进军”的进程。张劲夫回忆这段历史，感慨地说：“有了科学规划，就有了奋斗目标。”这份规划远不如农业规划那样好高骛远，原定 12 年完成的科学发展规划的主要任务，大都提前五年，到 1962 年就完成了。全国科研机构（国防系统除外）由 1956 年的 381 个增加到 1962 年的 1296 个，专门从事研究的科技人员，从 6.2 万人增加到近 20 万人。科研领域填补了不少重要空白，例如，李四光领导的地质科学队伍，揭示了中国广阔的含油前景，并相继发现了大庆、大港、胜利等大油田，使中国在 1963 年甩掉了一顶“贫油国”的帽子，实现石油自给。又如中国的“两弹一星”研究，实行苏联援助和自力更生两条腿走路的方针，在以后中苏交恶，苏联拒绝援助的情况下，中国依然研制并成功爆炸了原子弹、氢弹，发射了人造地球卫星。

20 世纪 50 年代中期，中国的科学事业的确有一个良好的有希望的开端。

3 批斯大林　赫氏揭了盖子捅了篓子 一喜一惧　毛公以苏为鉴探寻新路

赫鲁晓夫“秘密报告”打开了潘多拉盒子

1956年2月，晴空万里的中国上空，飘来一片来自西伯利亚的阴云。苏联共产党召开第20次代表大会，在会议的最后一天，赫鲁晓夫突然向全体代表作了一个“秘密报告”，揭露和批判斯大林的个人崇拜和肃反扩大化错误。这份“秘密报告”很快透露出来，成为轰动全球的爆炸性新闻，震动了整个国际共产主义运动，也给中国日后的发展带来了深远的影响。

大会是在2月14日至25日召开的，有55个国家共产党和工人党的代表团应邀来莫斯科列席会议。一个国家共产党代表大会邀请其他党派代表团列席，这已成了一个惯例，它显示国际共运的团结和一致。在战后美苏两极对峙的冷战格局里，这种团结符合各国党的共同利益。不过，这一次具有特别的意义，这是斯大林逝世、赫鲁晓夫上台后召开的第一次党代会。此前，苏共内部经历了一场权力斗争，1953年搞掉了一人之下万人之上的贝利亚，1955年又撤掉了斯大林指定的接班人马林科夫的部长会议主席之职。但赫鲁晓夫的地位还不确定。或许他想利用苏共二十大的机会来树立自己的形象。的确，大会提出了一个不同于斯大林时期的新路线，尤其是它

赫鲁晓夫在苏共二十大上

的国际政策，把不同社会制度国家的和平共处，确定为对外政策的总路线，提出“战争并不是注定不可避免的”的新论断；社会主义可以通过和平竞赛战胜资本主义；各国向社会主义过渡的形式将多样化，某些国家有可能不经过暴力革命，而是通过民主选举在议会上取得多数的方式过渡到社会主义。这条路线后来被概括为和平共处、和平竞赛、和平过渡的“三和”路线，在冷战对峙中吹出了一股暖风。

赫鲁晓夫还想利用国内党内要求揭露斯大林个人崇拜后果的压力来抬高自己的威望。因此，在主席团成员争执不下的情况下，赫鲁晓夫坚持己见，最后以中央委员会的名义作了《关于个人崇拜及其后果》的报告，即“秘密报告”。这对他本人来说，也是一次政治冒险，是祸是福还在未定之数。

报告揭露出来党内大清洗的问题，的确骇人听闻。赫鲁晓夫说：

已经查明，第 17 次代表大会上选出的 139 名党中央委员会委员和候补委员中，有 98 人，即 70%，被逮捕和枪决（大部分于 1937 年至 1938 年）。

遭到同样命运的不仅是中央委员会委员，还有第 17 次党代表大会的大多数代表。代表大会有表决权和发言权的 1966 名代表中因被控有反革命罪行而被捕的占一半以上，即 1108 人。这一事实本身表明，我们现在所看到的对第 17 次党代表大会绝大多数代表犯有反革命罪的指控是多么荒唐、野蛮和违反常识。

也许批判和揭露斯大林的错误，是苏联国内事态发展的合理要求。然而，赫鲁晓夫太过鲁莽行事，犯了两条忌讳：一是没有经过党内充分酝酿，并以组织名义作出客观全面的分析，草率地提出报告，纰漏百出；二是批判斯大林这样的国际性人物，事先不与各国共产党通气，引起巨大震荡和思想混乱，势所难免。

20 世纪 20—30 年代有一个共产国际，那是世界革命的指导中心。谁都知道，它的核心是苏联共产党，它的真正领袖是斯大林。1943 年共产国际解散后，苏联依然是世界革命的中心，斯大林仍然是公认的领袖，苏联社会主义模式被奉为唯一的楷模。现在却揭露出如此骇人听闻的内幕，使许多党不知所措。

更有甚者，这份“秘密报告”并没有保住密。有人说，在如此大规模的会上作报告，赫鲁晓夫并没有真想保密。苏共二十大结束不久，西方通讯社就陆续透露了这个报告的内容。《纽约时报》3 月 10 日发表了报告的全文，距苏共二十大结束不到半个月。这时东西方两大阵营的对峙，社会主义与资本主义尖锐对立，双方都以战胜对方的社会制度和意识形态为最终目标。“秘密报告”使西方如获至宝，掀起了一阵反苏反共的高潮。资本主义国家的共产党陷入困境，内部发生了混乱和危机，很多人脱离了党，并自问道：“怎么会发生这种事呢？”在东欧各国，也引起了波动，这些国家的党大都是由斯大林扶植起来的，不仅照搬了苏联模式，而且各国党的领导人都是在斯大林实行预防性大清洗之后上台的。斯大林神话崩塌之后，其震动之大可以想见。波兰党的总书记贝鲁特在听了赫鲁晓夫“秘密报告”后，震惊万分，猝死在莫斯科。当然，各国的波动程度不同，在罗马尼亚、保加利亚、捷克斯洛伐克和德意志民主共和国，仅仅引起了较小而短暂的混乱，但在波兰和匈牙利则不同，两国本来局势就已不稳，现在更是炸了锅。赫鲁晓夫的“秘密报告”就像打开了一个潘多拉魔盒，也许他自己也始料不及。不过，用历史眼光看，这个盖子迟早是要揭开的，但是赫鲁晓夫可以做得从容一些。

中共从容应对苏共二十大的冲击波

中共派出了以朱德为团长的代表团，参加苏共二十大。

这是新中国成立以后，朱德担任中华人民共和国副主席以来，第二次正式的外出访问。1955 年 12 月 11 日代表团起程，经苏联先后访问了罗马尼亚、民主德国、匈牙利、捷克斯洛伐克、波兰东欧五国，随访的有聂荣臻元帅和刘澜涛等。2 月 4 日，到达莫斯科访问苏联。

访问即将结束时，接到国内通知，中共中央组成参加苏共二十大的代表团，由朱德任团长，团员有邓小平、谭震林（国务院副总理）、王稼祥（中共中央对外联络部部长）、刘晓（驻苏大使）。这样，聂荣臻、刘澜涛等先行回国，朱德等人继续留下。

中共中央对苏共二十大给予了热烈的关注和支持。2 月 9 日，毛泽东签署了中共中央致苏共二十大的贺词。15 日，朱德在大会上发言，表示祝贺。对于苏共二十大的新路线给予了相当高评价，尤其对“和平共处”的外交政策和“战争并不是注定不可避免的”的论断给予了相当的肯定，1 月 2 日，《人民日报》就曾发表社论：《和平共处思想的伟大胜利》。2 月 19 日，《人民日报》再发社论《具有历史意义的文件》。其中说：“‘战争并不是注定不可避免的’这一坚定的信念，将鼓舞千千万万的和平保卫者为争取国际局势的普遍缓和而进行坚持不渝的斗争。”社论肯定赫鲁晓夫的报告，“以现实生活本身的逻辑，论证了不同社会制度的国家可以和平共处的思想”。中共是把苏共和平共处政策与自己的和平共处五项原则相联系的，这时，自万隆会议后，中国也步入谋求缓和的轨道，中国需要一个“休战”时期来加快发展。只是对赫鲁晓夫关于“和平过渡”的观点始终没有表态。这个问题太大，它正是列宁反对过的第二国际修正主义的观点。

一切似乎很和谐。然而，24 日晚至 25 日凌晨赫鲁晓夫的“秘密报告”打破了表面的宁静。

陪同朱德出访的资深翻译家师哲回忆说：

赫鲁晓夫作报告时，没有请中共代表团参加。他们事先对中共代表团解释说：我们对中共代表团没有什么秘密可保，但对其他代表团就不一样了；因为其他代表团不列席这次会议，你们也就不便参加了。

赫鲁晓夫作完“秘密报告”后，立即把这个报告的速记稿送来了。大家看了以后，议论纷纷，意见很多。

朱德说：这讲的是他们自己的事，我们到这里是来作客的。

邓小平坚定地说：斯大林是国际人物，这样对待他是胡来！不能这样对待革命领袖斯大林。

谭震林认为：我们不应该随便同意他们的意见，应有自己的态度。但这是他们的内政，我们不一定能影响他们。

28 日，赫鲁晓夫接见了中共代表团，同朱德、邓小平、谭震林、王稼祥等会见，气氛热烈而亲切，其用意是要中共大力支持他。

苏共二十大闭幕以后，谭震林留在莫斯科治病。朱德到苏联南方、高加索等地区游览访问，回国途中又访问了蒙古。4 月 2 日才回到北京，此行先后达四个月之久。

邓小平、王稼祥等先行回国。师哲多次随刘少奇、周恩来等中共领导人访问苏联，尤其 1949 年底 1950 年初随毛泽东访苏，在毛泽东与斯大林这两位东方阵营的巨人之间搭起沟通之桥。他可以就近观察斯大林。在他心目中，斯大林对东欧各国领导人是严厉的，但对中国领导人却非常客气。斯大林是通情达理的，怎么可以说斯大林是阎王，是刽子手呢？

在回国的飞机上，师哲几次想同邓小平谈谈对苏共二十大的想法和看法，但邓一直表情严肃，默不作声，脑子里显然是在思考问题。气氛很沉闷，回到北京后，邓小平立即将苏共二十大的有关情况向毛主席汇报。

师哲说：“事后我才明白，小平同志为慎重起见，闭口不谈自己对‘秘密报告’

的态度，是要先听听中央的意见，看看毛主席的态度。”

赫鲁晓夫“秘密报告”中揭出的问题及其在全世界引起的强烈反响，引起了毛泽东等中国领导人的高度重视。吴冷西主持的新华社从《纽约时报》上全文译出“秘密报告”，立即分送中央领导，同时密切关注并广泛搜集各国通讯社的电讯和报刊文章，随时报送中央，充当中央的耳目。当时，新华社每日汇集两大本《参考资料》，称为“大参考”，毛泽东每期必读，借以了解世界。

3 月 17 日，毛泽东在中南海颐年堂主持召开中央书记处扩大会议，刘少奇、周恩来、朱德、邓小平、彭真、杨尚昆、胡乔木、张闻天、王稼祥、吴冷西等人到会，商讨对策。

与会者议论纷纷，愤愤然。一是对苏共事先不向兄弟党通报不满，认为这是突然袭击；二是认为赫鲁晓夫全盘否定斯大林是严重错误。显然大家对这突如其来的事件没有思想准备。

毛泽东却显得特别冷静，并不大惊小怪。他说：赫鲁晓夫的“秘密报告”值得认真研究，特别是这个报告涉及的问题以及它在全世界所造成的影响，现在全世界都在议论，我们也要议论。

接着，毛泽东谈了他的最初看法。他说：现在看来，至少可以指出两点：一是他揭了盖子，一是他捅了篓子。说他揭了盖子，就是讲，他的“秘密报告”表明，苏联、苏共、斯大林并不是一切都是正确的，这就破除了迷信。说他捅了篓子，就是讲，他作的这个“秘密报告”，无论在内容上或方法上，都有严重错误。

毛泽东的两点意见，给赫鲁晓夫的“秘密报告”定了一个基调。

3 月 19 日和 24 日，毛泽东主持召开中央政治局扩大会议，这次会议参加的人更多些。全体政治局委员出席，还有王稼祥、杨尚昆、胡乔木、吴冷西、陆定一、陈伯达、邓拓、胡绳等人列席。

两次会议讨论十分活跃，一个重要话题是讨论了斯大林的错误，这在过去是没有过的。刘少奇系统地讲了斯大林的主要错误；周恩来说，斯大林同我党历史上几次重大错误有关；邓小平着重谈了反对个人迷信问题。

毛泽东说：斯大林抗战时支持王明，抗战结束后又要中国党不要反击国民党发动的内战，在他 1949 年底访苏期间开始不愿签订《中苏友好同盟条约》，直到中国志愿军抗美援朝后才相信中国党是国际主义的共产党。

这是毛泽东首次在这种场合谈到对斯大林的不满，尽管这些意见在他心中压了许多年。

然而，说到对斯大林总的评价时，毛泽东则给予了充分肯定。他说，无产阶级专政历史不长，斯大林犯错误是题中应有之义。他说，斯大林犯过严重错误，但他有伟大功德，他仍然是一位伟大的马克思主义者。

毛泽东对赫鲁晓夫的“秘密报告”也没有一概否定，再次重申了他的两点意见，尤其强调了对破除迷信，反对教条主义的作用。他说：至于赫鲁晓夫“秘密报告”的失误，我们要尽力加以补救。

会后，由陈伯达执笔，中宣部和新华社协助，起草《关于无产阶级专政的历史经验》，后称为“一论”。文章经过毛泽东审查修改并由中央政治局讨论通过，于4月5日在《人民日报》上发表。文章注明：“这篇文章是根据中国共产党中央政治局扩大会议的讨论，由《人民日报》编辑部写成的。”这种方式是毛泽东确定的，既表明了文章的背景和分量，又没有发表声明和作出决议那样过于正式。因为苏联还没有正式公布“秘密报告”，事态还在发展之中。

毛泽东的用意不是批判赫鲁晓夫而是为他补台的，文章以支持苏共二十大反对个人迷信的姿态出现。但对斯大林的错误作了客观分析，对斯大林一生的评价，基调是：三分错误，七分成绩，总起来还是一位伟大的马克思主义者。这些话，本来应由苏共自己来说。毛泽东曾两次当面向苏联人表示了自己的看法。一次是3月31日召见苏联驻华大使尤金。一次是4月6日接见来访的苏共领导人米高扬，毛指出：斯大林“功大于过”，“要有全面分析。”

这时的中国，正蒸蒸日上，充满自信。与其他党惊慌失措不同，面对来自苏共二十大的冲击，中国表现出了独有的从容和冷峻。文章一发表，在国际共运中反响热烈，包括在苏联，也发生了影响。

《真理报》全文转载了《人民日报》的文章。这时，苏联本身也收敛了对斯大林的批判，4—5月，一位老布尔什维克在列宁格勒大学发表了一篇关于斯大林崇拜的讲话，几天后被开除出党。6月30日，苏共中央通过了《关于克服个人崇拜及其后果》的决议。这个决议较之赫氏“秘密报告”，无论形式还是内容都退了一大步。不久，赫氏本人也被迫在很多讲话中宣布，斯大林是一位“伟大的马克思主义者”和“伟大的革命家”，党“不准许斯大林的名字受到共产主义的敌人的攻击。”

毛泽东“床上地下，地下床上”作调查

“1956年斯大林受批判，我们一则以喜，一则以惧。”1958年3月成都会议上，

毛泽东的上述讲话，坦率地表白了他对苏共二十大批判斯大林，喜惧参半的心态。

最初，这种喜惧参半心态，或许“喜”的成分占着上风。那是因为“揭掉盖子、破除迷信、去掉压力，解放思想”。

1956 年 4 月 4 日，在讨论“一论”的中央书记处会上，毛泽东说了一番话。他说：问题在于我们自己从中得到什么教益。最重要的是要独立思考，找出在中国怎样建设社会主义的道路。他说，这个问题我几年前就开始考虑，先在农业合作化问题上考虑怎样把合作社办得又多又快又好。后来又在建设上考虑能否不用或者少用苏联的拐杖。现在感谢赫鲁晓夫揭开了盖子。

新中国成立之初和“一五”时期，中国提出了“向苏联老大哥学习”的口号。这种学习出于需要，也得到了一些好处。因为自己没有经验，“懵懵懂懂”，“只能基本照抄苏联的办法”。但是，毛泽东历来不拘成规，热衷创造，老是拄着苏联的拐杖走路，这种状况使毛泽东“总觉得不满意，心情不舒畅”。

斯大林逝世以后，苏联国内开始吹出一股“解冻”之风。贝利亚的被清除，一批重要的历史冤假错案开始平反，苏共内部发生了农业政策的争论，马林科夫下台，苏联与南斯拉夫两党恢复关系。所有这些使毛泽东觉察到，斯大林和苏联并非一切正确，一切都成功。那时，中国自己在建设上已积累了一些经验，同时发现完全照搬苏联不行。据薄一波回忆，早在 1955 年底，毛泽东提出了“以苏为鉴”的问题。

恰在苏共二十大开幕的同一天，2 月 14 日，毛泽东开始听取 34 个部委的汇报。他自己称之为新中国成立后第二次“调查”。第一次是为农业合作化，看一百几十篇材料，出了一本书。仅隔了一个多月，又进行这次大规模的“汇报工程”。目的都是一个：希望走出一条自己的新路。

这次听取汇报首先是从刘少奇开始的。1955 年 12 月 7 日，刘少奇为了起草中共八大的政治报告，开始找各部门负责人个别谈话。这个谈话从 12 月 7 日至次年 5 月 28 日，先后 6 个月。

这时，毛泽东又到外地巡视，1956 年 1 月从杭州回京后。一次，国家建委主任薄一波去向毛泽东汇报，谈到刘少奇正在听取各部委汇报之事。毛泽东极感兴趣。说：“这很好，我也想听听。你能不能替我也组织一些部门汇报。”薄一波欣然应命。

毛泽东这次听取汇报前后两个多月，每天一个部或几个部，连续作战。使他神情疲惫。毛泽东风趣地说：“我现在每天是‘床上地下、地下床上’，起床就听汇报，穿插着处理日常工作，听完汇报就上床休息。”

大量材料一股脑堆来，许多汇报尽是条条和数字，听起来十分枯燥和吃力，难以消化。毛泽东紧皱眉头，说："听这种汇报，是使我强迫受训，比坐牢还厉害。坐牢脑子还有自由，现在脑子也不自由，受你们指挥。"

有些汇报比较鲜活，不时引发毛泽东的议论。

轻、纺两部负责人汇报了近几年轻纺工业为国家积累所作的贡献。"一五"时期，轻纺工业投资少，但产出高，回报快。纺织工业部建一毛纺厂，投资2070万元，投产一年后即可为国家积累4600万元，是投资的2.2倍。然而，"一五"时期，轻重工业投资比例是1∶7，已经是不成比例了，"二五"计划草案中这一比例再次降为1∶11。轻纺部门负责人心有苦衷，又不敢言，担心冲击重工业这个中心。

"你们野心不大，斗争性不强，王道太多，霸道太少，像小媳妇不敢斗争。"毛泽东指着轻、纺二部负责人说，"重工业部门都积极抓，你们也要积极搞。你们有理由，要有些霸道。"他说："凡是重工业部门不干的，你们自己干。"

"有的同志好像战争就要来的样子，准备着架子在等待战争，因此要限制沿海，这样不妥。轻工业70%在沿海，不积极利用，还靠什么来提高生产？"毛泽东说。

沿海与内地、经济与国防怎么摆，这是当时经济发展战略中的一个重要问题。一方面重工业和轻纺工业生产能力的80%和90%在沿海，它是中国现代工业的主要基地；一方面朝鲜战争后，国防形势紧张，出于国防安全考虑，严格控制了沿海地区的投资，包括扩建改建现有企业，这势必限制发展。毛泽东强调说："沿海地区要充分合理发展，不能限制。"

这里关键在对战争的估计，显然自1955年万隆会议和日内瓦会议后，毛泽东等重要领导人对推迟战争抱有谨慎乐观态度。4月25日，朱德在给中共中央和毛泽东的出访报告中，赞同苏共二十大关于国际形势已发生根本变化，世界战争是可以防止的看法。他说："我相信我们能够争取到相当长时期的和平建设的条件。""在这种局势下，我认为需要考虑怎样把最大的力量集中到和平生产方面，同时把国防建设同和平建设结合起来的问题。"他说："现在是时候了。"显然，这种估计代表了多数人的看法。

中央与地方的关系，这是毛泽东特别关心的领域。毛泽东经常巡视各地，经常以地方促中央，比较了解和倾向于地方负责人的想法。当时，各省市自治区普遍有多办工厂的愿望，不但想办轻工业，也想办重工业，但一怕中央不准搞，二怕搞成了被中央收去。

2月14日，第一天汇报还没有开始，毛泽东就讲了一番开场白。他说："我去年出去了几趟，跟地方同志谈话，他们流露不满，总觉得中央束缚他们。地方同中央有矛盾，若干事情不放手让他们管。他们是块块，你们是条条，你们无数条条往下达，而且规格不一，也不通知他们；他们的若干要求，你们也不批准；约束了他们。”

由此，毛泽东开始产生他独特的一种发展思路：发挥中央与地方两个积极性，两条腿走路，以打破按部就班的计划模式，加快速度。

尽管疲惫不堪，毛泽东余兴未尽，在听取中央各部委汇报之时，他还打算听取各省、市、自治区的汇报。3 月 30 日，他亲自代中央写通知，要求各省市作好汇报准备。又接受李富春的建议，让 200—300 个重点企业和工地写出书面汇报。于是，来自几百个企业和工地的汇报，也雪片似的飞向中南海。后来，听取各省市汇报的计划没有实现。或许由于苏共二十大以后，毛泽东的精力转到了应付“秘密报告”。

斯大林问题披露后，使毛泽东“以苏为鉴”的思想更加明确，他关于中国发展的新思路也逐渐清晰起来。

“苏联走过的弯路，你还想走吗？”

4 月 25 日，中共中央召开扩大会议，毛泽东发表讲话。他根据 34 个部委谈到的情况，对照苏联的经验教训，就中国社会主义建设问题作了全面阐述。一共讲了 10 个问题。

一、重工业和轻工业、农业的关系；

二、沿海工业和内地工业的关系；

三、经济建设和国防建设的关系；

四、国家、生产单位和生产者个人的关系；

五、中央和地方的关系；

六、汉族和少数民族的关系；

七、党和非党的关系；

八、革命和反革命的关系；

九、是非关系；

十、中国和外国的关系。

这个讲话叫《论十大关系》。前五节是说的经济问题。后五节是说的政治问题。毛泽东讲完，中央政治局扩大会议连续讨论了三天。毛泽东还邀集湖北、广东两省委和武汉、广州两市委负责人开了四天汇报会。5 月 2 日上午，毛泽东召集最高国务会议，再次作了《论十大关系》的讲话，其中吸取了中央政治局会议讨论的意见。

这个讲话当时没有全部公开，这是为了维护国际共运的大局，尤其不便公开批评斯大林和苏联。1965 年 12 月，《论十大关系》经过整理，曾作为党内文件印发到县团级。当时反修气氛热烈，全部删去了对斯大林错误、对照搬苏联的批评。1975 年由邓小平建议、胡乔木再次整理的一稿，后来收入《毛泽东选集》第五卷，恢复了“以苏为鉴”的基本精神，但仍有许多内容没有收入。幸有薄一波的回忆录可以对照。其中许多闪光的思想，有不少在反右以后绝对听不到的话。限于篇幅，不胜枚举，只列举数条。

毛泽东说：

特别值得注意的是，最近苏联方面暴露了他们在建设社会主义过程中的一些缺点和错误，他们走过的弯路，你还想走？过去我们就是鉴于他们的经验教训，少走了一些弯路，现在当然更要引以为戒。

你对发展工业究竟是真想还是假想，想得厉害一点，还是差一点？……你如果是真想，或者想得厉害，那你就要注重农业轻工业……

现在全世界都在谈论减少军事经费，发展和平经济问题，英国、法国谈得最多，美国有时候也被迫地谈一下，现在是和平时期，军政费用的比重太大不好。

现在把国防工业步子放慢，重点把冶金工业、机械工业和电子工业加强，把底子打好；另一方面，把原子弹、导弹、遥控装置、远程飞机搞起来，其他可以少搞。

中央和地方的关系也是一个矛盾。解决这个矛盾目前要注意的是，应当在巩固中央统一领导的前提下，扩大一点地方的权力，给地方更多的独立性，让地方办更多的事情。

我们不能像苏联那样，把什么都集中到中央，把地方卡得死死的，一点机动权都没有。

我国宪法规定，地方没有立法权……这一条也是学苏联的。

美国的州可以立法，州的立法是可以和联邦宪法打架，……美国这个国家很发展，它只有一百多年就发展起来了，这个问题很值得注意。我们恨美国那个帝国主义……但它搞成这么一个发展的国家总有一些原因。它的政治制度是可以研究的。

斯大林不知道是怎么想的，抓到一个杀一个，结果犯了大错误。其实，托洛茨基是可以不赶走的，季诺维也夫也可以不杀的。至少可以让他们当个政协委员吧！

特别重要的是，不割脑袋的办法可以避免犯错误，人的脑袋不像韭菜那样，割了一次还可以长起来，如果割错了，想改正错误也没有办法。

斯大林说反革命越搞越多，这个道理是不对的，反革命是越搞越少，不是越搞越多。

一切国家的先进经验都要学。要派人到资本主义国家去学技术，不论英国、法国、瑞士、挪威；只要他们要我们的学生，我们就去嘛！学习苏联也不要迷信。对的就学，不对的就不学。

总之，要打破迷信，不管中国迷信还是外国迷信，我们的后代也要打破对我们的迷信。

讲起斯大林，我们有三肚子火。可是，我们还认为他是三分错误，七分成绩，这是公正的。

上面的引述，可见此时毛泽东对斯大林的错误头脑是清醒的。他思想的活跃、视野的开阔、政治上的宽容，都给人以深刻的印象。

一位美国学者评论说:《论十大关系》“这篇讲话描绘了一种（与苏联模式）完全不同的发展战略”。这个话说得有些过，要跳出苏联模式，还要走很长的路。但是，毛泽东想避免斯大林的错误，走出一条新路来，其用心是真诚的。

据李慎之回忆:“赫鲁晓夫‘秘密报告’传出不久，就听胡乔木讲述毛泽东的心情说，‘苏联揭露的斯大林的统治，其黑暗不下于历史上任何最专制暴虐的统治。毛主席日思夜想走出一条比苏联好的路子来。’这话，我们听了都很感动。”

4 鼓励争鸣 毛泽东推动双百方针
反对冒进 周恩来主张稳步前进

艺术上百花齐放，学术上百家争鸣

毛泽东《论十大关系》的后五节，集中讲到政治问题，其中提出了一个著名的口号:“百花齐放，百家争鸣”。

据考证，“百花齐放”“百家争鸣”，都不是1956年才提出来的。

1951年，中国戏曲研究院成立，请毛泽东题词，毛写下“百花齐放，推陈出新”八个大字。

1953年，中宣部组织了中国历史研究会，陈伯达任主任。陈向毛泽东请示历史研究方针，毛泽东说：“百家争鸣。”

不过这都是针对具体问题而发的议论，把二者合二为一，成为指导科学文化事业的基本方针，只有在1956年才有可能。

一是来自1956年1月全国知识分子会议上对知识分子的“定位”和“定性”。既然要“向科学进军”，那么就必须遵循科学发展的自身规律：百家争鸣；既然知识分子已是工人阶级的一部分，百家争鸣就无大碍；既然要调动知识分子的积极性，就必须营造一种学术和创作自由的空气。

二是来自避免苏联的错误和突破苏联迷信的需要。要避免斯大林时期的错误，考虑到要扩大民主；要突破苏联模式，必须倡导一种破除迷信、解放思想、勇于独立思考的风气。

毛泽东本人就是在历史文化诸多领域信马驰骋的巨子，他从不囿于成说，独尊一派，总是博采众长，为我所用。就他的禀赋，决不满意那种万马齐喑的沉闷气氛。

1956年2月颐年堂讨论科学工作的会上，中央宣传部部长陆定一批评了苏联领导科学、文化上的教条主义。陆定一说：在遗传学界，苏联贬摩尔根学派是资产阶级的，尊米丘林学派为社会主义的，不容摩尔根学派的存在和发展。此风吹到了中国，我们应该让两派平起平坐，各自拿出成绩来。陆还说，在医学界，有人认为“中医是封建医，西医是资本主义医，巴甫洛夫是社会主义医。”他认为，应该破除对苏联的迷信，学术和政治不同，只能自由讨论。

毛泽东赞同陆定一的意见。

2月中旬，一位苏联学者不同意毛泽东在《新民主主义论》中关于孙中山世界观的论点。毛得知此事，批语道：“我认为这种自由谈论，不应当去禁止。这是对学术思想的不同意见，什么人都可以谈论，无所谓损害威信。”

3月5日，刘少奇与周扬、刘白羽谈文艺工作。他批评政治上干涉太多，粗暴，说：“以后遇到这种干涉的时候，没有正式文件，就可以当作个别人的意见，可以不听。”

3月8日，刘少奇听取文化部党组汇报时说：“我们的方针是百花齐放，推陈出新。但‘出新’不能勉强。”“百花齐放，就允许并存”“自己好的要保存、发扬，外国好的东西也要吸收。”

4月5日，《人民日报》发表的“一论”文章，批评“我们不少的研究工作者至少仍带着教条主义的习气，把自己的思想束缚在一条绳子上面，缺乏独立思考能力和创造能力，也在某些方面接受了对于斯大林个人崇拜的影响。”

由此看来，“百花齐放，百家争鸣”的口号并非一时兴致所致，也非一个人的想法，而是经过了长时间酝酿，出于许多人营造一种宽松环境和活泼氛围的真诚愿望。

4月27日，在中央政治局毛泽东讨论《论十大关系》的扩大会上，陆定一发言，提出对于学术性质、艺术性质、技术性质的问题要让它自由。28日，陈伯达发言说，在文化科学问题上，恐怕基本上要提出两个口号去贯彻，就是“百花齐放”“百家争鸣”，一个在艺术上，一个在科学上。同一天，毛泽东作总结发言，采纳了这种意见。他说：

“百花齐放，百家争鸣”，我看这应该成为我们的方针，艺术问题上百花齐放，学术问题上百家争鸣。

5月2日，毛泽东在最高国务会议，正式向党外宣布了这“双百”方针。他说：

现在春天来了嘛，一百种花都让它开放，不要只让几种花开放，还有几种花不

戏剧界座谈贯彻“双百”方针。站立发言者为梅兰芳

让它开放，这就叫百花齐放。百家争鸣是诸子百家，春秋战国时代，二千年以前那个时候，有许多学说，大家自由争鸣，现在我们也需要这个。

在中华人民共和国宪法范围内，各种学术思想，正确的，错误的，让他们去说，不去干涉他们，李森科、非李森科，我们也搞不清。有那么多的学说，那么多的自然科学，就是社会科学，也是这一派，那一派，让他们去谈，在刊物上，报纸上可以说各种意见。

“双百”方针的宣布，反响热烈，一时成为知识界谈论的热点。但如何实行“双百”方针，知识分子依然心中无底。

刘少奇指定陆定一代表中央作报告。

5月26日，陆定一在中南海怀仁堂，向来自首都学术界文艺界的一千多人作了《百花齐放，百家争鸣》报告。他首先说明了为什么提出双百方针。他说：

我们要富强，除了必须巩固人民的政权，必须发展经济，发展教育事业，加强国防以外，还必须使文学艺术和科学工作得到繁荣和发展，缺少这一条是不行的。

要使文学艺术和科学工作得到繁荣和发展，必须采取“百花齐放，百家争鸣”的政策。

“百花齐放，百家争鸣”，既是为了调动一切积极因素，所以又是一个加强团结的政策。

陆定一举出中国两千年前的春秋战国时代出现“百家争鸣”局面，成了学术发展的黄金时代。证明“有了对独立思考的鼓励，有了自由讨论，学术才能迅速发展。”他提出：

我们所主张的“百花齐放，百家争鸣”，是提倡在文学艺术工作和科学工作中有独立思考的自由，有辩论的自由，有创作和批评的自由，有发表自己的意见，坚持自己的意见和保留自己的意见的自由。

当然，陆定一也讲到，这种自由是“人民内部的自由”，“对反革命分子一定要实行专政”。但他的主题是强调“自由”的必要和可能。

陆定一的报告，在知识界反响热烈。会后，他收到郭沫若、茅盾等人的72封

·2· 人民日报 1956年6月13日 星期三

百花齐放，百家争鸣

——一九五六年五月二十六日在怀仁堂的讲话

陆定一

一、为什么提出这样的政策？为什么现在才着重提出这样的政策？

二、加强团结

1956年5月26日，中共中央宣传部部长陆定一代表中共中央向知识界作了题为《百花齐放，百家争鸣》的报告，6月13日刊登在《人民日报》上

来信。陆定一吸收各方意见，对讲稿再作修改，连同郭沫若、茅盾、何其芳、袁水拍、胡稼胎等5封来信，一并送毛泽东审阅。6月8日，毛泽东批示：“此件很好，可以发表。”6月13日，陆定一《百花齐放，百家争鸣》的讲话在《人民日报》发表。毛泽东亲自倡导的“百花运动”由此开始。

“共产党万岁，民主党派万岁”

与双百方针相对应的，毛泽东还提出了另一个著名的口号：“长期共存，互相监督”。这是关于共产党与民主党派关系的一条基本方针。

中国的民主党派有8个：中国国民党革命委员会（简称“民革”）；中国民主同盟（简称“民盟”）；中国民主建国会（简称“民建”）；中国民主促进会（简称“民进”）；中国农工民主党（简称“农工党”）；中国致公党；九三学社；台湾民主自治同盟（简称“台盟”）。

共产党与民主党派的合作关系，源远流长。新中国成立之时，中国共产党把众多的民主党派和无党派民主人士纳入新政权，曾作为新民主主义社会的一大特征。第一届中央政府，6个副主席，民主党派有其三，56个委员中也有23个民主

党派人士，占 40%。

进入社会主义改造时期，民族资产阶级处于被消灭过程中，但民主党派仍在国家政权机构中占有一席之地。1954 年全国人大选出 13 位副委员长，民主人士有 8 位，占 70%，新成立的国防委员会副主席，15 人中有 4 人是民主人士。36 位国务院部委部长主任，有 14 位民主人士。他们是：

李四光（地质部）　傅作义（水利部）
李德全（卫生部）　章乃器（粮食部）
梁　希（林业部）　何香凝（华侨事务委员会）
朱学范（邮电部）　沙千里（地方工业部）
许德珩（水产部）　史　良（司法部）
张奚若（教育部）　沈雁冰（文化部）
蒋光鼐（纺织部）　章伯钧（交通部）

新中国成立之初，民主党派人士的任职和参政，决非装点门面，而是有实质内容的。1990 年 3 月 18 日，徐铸成著文，仍流露出美好的回味：

我是 1949 年参加过一届政协的。回想起那时，共产党和民主党派人士平等相待，赤诚相见。各路英豪济济一堂，各抒己见。共商建国大计，每人都有知无不言，言无不尽之感……与刚刚结束的那个旧时代相比，我真切地感到了民主的滋味。

恢复时期的“五大运动”，“一五”建设时期的“三大改造”，民主党派与共产党合作默契。民主党派自身也得到发展，到 1955 年各民主党的成员从建国之初的 1.1 万人，发展到 3.9 万人，增加两倍多。

然而，“三大改造”完成，中国进入了社会主义，多党合作还有必要吗？民主党派还有存在的理由吗？这个问题不仅共产党内存在，民主党派自身也心存疑问。

毛泽东、刘少奇等中共领导人的思想是明确的：民主党派与共产党长期共存。这种考虑，首先是为了“调动一切积极因素”为建设社会主义服务。中国的民主党派，以文教界知识分子为主体，各民主党派的成员包括一大批拥有现代科学技术的专家学者和企业经营管理人才，是我国社会主义建设的宝贵财富。

1955 年统计，全国教授、副教授 7499 人中，其中民主党派成员共 2110 人，占总数的28%。在全国高等学校正副校长、系主任以上的领导人员中，民主党派成员更占到三分之一左右。1955年底，我国科研、工程技术、教育、卫生、文艺五个方面知识分子共384万人，高级知识分子只10有万人，其中共产党员占7%，非党知识分子占绝大多数。

调动知识分子的积极性，民主党派的中介作用不可替代。1955年底，中共中央召开知识分子会议前夕，章伯钧向周恩来提出，农工民主党拟对高级知识分子的团结改造问题进行调查研究，得到周恩来的支持。民盟通过个别串连、谈心、交朋友等方式，深入了解高级知识分子工作中存在的困难和问题，归纳为“六不”，即“估计不足、信任不够、使用不当、安排不妥、待遇不公、帮助不够”的问题。1956年1月，农工民主党中央提出了《关于知识分子团结改造问题的几点建议》，为中央筹备召开知识分子会议作了准备。

民主党派尤其是民主建国会与民族资产阶级有着密切的联系，在对资改造中发挥了积极作用。

然而，毛泽东、刘少奇在考虑民主党派的前途问题时，不只是着眼于经济科学文化建设，还着眼于政治民主建设。这个思想，在提出“以苏为鉴”以后更加明确。

1956年4月，毛泽东在听取汇报时说：少奇同志讲过，共产党有两怕，一怕老百姓哇哇叫，二怕民主人士发议论。我们搞两个万岁，共产党万岁，民主党派万岁。

4月25日，毛泽东《论十大关系》的报告，专门讲到党和非党的关系，再次说：要有两个万岁。一个是共产党万岁，另一个是民主党派万岁，资产阶级不要万岁，再有两三岁就行了。他说，在这一点上我们和苏联不同，他们是打倒一切，把其他党派搞得光光的，只剩下共产党的办法，很少能听到不同意见。弄得大家无所顾忌，这样做很不好。在我们国内是民主党派林立，我们有意识地留下民主党派，让他们有发表意见的机会，就是那些骂我们的，我们也要让他们骂，骂得无理我们反驳，骂得有理我们接受。这对党、对人民、对社会主义很有利。

在6月召开的一届全国人大三次会议上，中共中央统战部部长李维汉作《巩固和扩大人民民主统一战线》的发言。将毛泽东提出“两个万岁”的思想，概括为“共产党和各民主党派长期共存、互相监督，首先对共产党起监督作用的方针”。强调同党外人士实行民主合作，是共产党的一条“固定不移”和“永远不变”的原则。

这篇发言，事先经毛泽东、邓小平审阅同意。

周恩来对“长期共存，互相监督”方针的民主性质讲得更多。他认为，社会主义国家政治制度的一个缺点，就是单一政党体制，它使民主少了，集中多了，不容易听到不同意见，这本身就包含着它不足的一面。“一个党，就是一鼻孔出气，呼吸就不舒适，会使思想僵化，社会发展停滞起来。”

5 月 3 日，周恩来传达毛泽东报告时讲了上面这些话。他还说，民主党派联系资产阶级和上层知识分子，能听到共产党听不到的意见，求大同，存小异，保持这个作用，对共产党、对社会主义都有利。

如何扩大民主，成为这时中共中央领导集体考虑的一个重要问题。为此，在 6 月召开的全国人大三次会议上，开了一个先例，就是把所有代表的发言，包括批评政府工作的发言，不管对的、部分对的甚至错误的都发表出来。

周恩来对此非常重视，他希望把这种办法作为扩大民主的制度性措施之一坚持下去。7 月 21 日，他在上海市委第一次代表大会上讲话，明确地提出扩大民主“就要在国家制度上想一些办法”。他认为无产阶级专政的权力是相当集中相当大的，如果处理不好，就容易忽视民主。

周恩来认为，我国目前虽不能普遍实行直接的、秘密的选举，但可以改进人民代表大会制度。如加强人民代表的视察制度、检查制度，公开发表人大代表对政府工作的批评，增加人民代表大会透明度。他还特别强调了学习西方民主的某种形式的问题。他说：

资本主义国家的制度我们不能学，那是剥削阶级专政的制度。但是，西方议会的某些形式和方法还是可以学的，这能够使我们从不同方面来发现问题。

学习西方、甚至可以学习西方民主的某些有用的形式，这不是一个人的想法，先是毛泽东在《论十大关系》中提出，又有周恩来的讲话。同年 11 月，在中共八届二中全会上，刘少奇又谈到：资产阶级革命初期所采用的一些民主比我们现在的一些民主办法甚至更进步一些。“我们比那个时候不是更进步了，而是更退步了。”他说，美国的开国领袖华盛顿也算劳苦功高吧！但是他做了 8 年总统之后，退为平民，“这样的办法，我们是不是也可以参考一下，也可以退为平民吧。”

读到这些讲话，使我们很难理解此后 20 年怎么会走上把社会主义与资本主义绝对对立的“左”倾道路上去。或许胡乔木说的一段话能解开这个结。他 1989 年

3—4月访问美国时，作过一篇《中国为什么犯20年的“左”倾错误》的讲演。列举五个方面的原因。其中谈道：

形成“左”倾错误的第四个原因是1950—1970年代的国际环境恶化和对于国际环境的过火反应。“左”倾错误通常都是某种封闭状态的产物。

假如不是东西方冷战对峙，假如中国不是处于长期被封闭状态，中国领导人或许会以更现实主义的态度看待世界，有更多机会了解西方，以更加开放的心态吸取于我有用的东西。

在制度上想些办法，当时还考虑到适当扩大地方行政管理权力，中央与地方互相影响，互相监督；着手制定比较完备的法律，健全法制；在党内生活中，强调贯彻集体领导原则和扩大党内民主等。这时，的确出现了扩大社会主义民主的良好开端。

文化界吹进了一股新风

在“百花齐放，百家争鸣”方针和“扩大民主”口号的影响下，1956年夏季，出现了一种活跃的空气和踊跃探索的新风，尤其在文化界。

起初，知识分子对中共提出“百花齐放，百家争鸣”的方针，一方面感到兴奋，另一方面没有思想准备，有些不会放，不敢放。为了促成一种“放”和“鸣”的气氛，中央采取了一系列措施。

《十五贯》剧照

4月，浙江昆剧团到北京演出《十五贯》，周恩来看后给予肯定，称它“为进一步贯彻执行‘百花齐放，推陈出新’的方针树立了良好的榜样”，之后，毛泽东、刘少奇等领导人也亲自观看，给予支持。

6月，文化部召开第

一次全国戏曲剧目工作会议，会上提出“破除清规戒律，扩大和丰富传统戏曲上演剧目”，“对戏剧剧目，不能片面地和机械地要求直接的‘教育作用’和‘配合作用’”。会后，各地“开放剧目”，不到一年，发掘戏曲剧目五万个，整理上演剧目上万个，救活不少老剧种。

6月份，报刊全部公开刊登人大代表的发言，包括批评政府工作的发言，这是促进“鸣放”的重要举措。尤其是郭沫若、沈雁冰的发言的见报，对知识界推动很大。

中国科学院院长郭沫若说：“每逢社会发展达到了一个划时期的阶段，在文化活动中总要或早或迟地呈现出一个‘百家争鸣’的局面”。他说，我国战国时代，有先秦诸子的蜂起，“百家争鸣”。欧洲有意大利文艺复兴时期的百家争鸣。我们主张“百家争鸣”，既不同于诸子蜂起，也不同于文艺复兴，而是各种学术研究的社会主义竞赛。

文化部部长沈雁冰的发言，“略脱常规”，开门见山地指出：“文学艺术工作中的主要问题是质量问题”。剧场上座率不高，因为缺乏新排的好戏。“干巴巴，千篇一律。干巴巴的病源在于概念化；千篇一律的病根在于公式化，在于题材的狭窄”，在音乐、美术工作上，整理和发扬民族遗产“十分不能令人满意”。他提出，应当容许文艺上有不同的派别。自由讨论，互相竞争，不应强求一致，“异曲同工，殊途同归。”

人大会议前后，文艺界和学术界组织了多次讨论“双百方针”的座谈会。6月11日到13日，国务院科学规划委员会组织了600多位哲学和社会科学工作者座谈。中国作家协会在两个月内，连续举行多次会议，讨论如何贯彻“双百方针”，著名作家茅盾（沈雁冰）、周扬、老舍、冯雪峰、邵荃麟、吴组缃、臧克家、严文井、康濯、秦兆阳等纷纷发言。7月2日，高教部召集出席一届全国人大三次会议的来自部分高等学校的代表座谈。

7月1日，《人民日报》改版。由4版增至8版，单辟副刊版面，作为贯彻“双百”方针的园地。这天，《人民日报》的《致读者》社论中表示：改版后的《人民日报》要扩大报道范围，开展自由讨论，改进文风。8月1日，中共中央向各省市委转发《人民日报》报告的批语中强调：党报“应该发表党的指示，同时尽量反映人民群众的意见。”“而且可以允许一些作者在《人民日报》上发表同我们共产党人的见解相反的文章。”使思想界更加活跃，真理越辩越明。

新中国成立初期，受苏联的影响，在学术界任意宣布什么学说是无产阶级的，什么学说是资产阶级的，这种现象不在少数。关于遗传学的争论就是突出的一例。

在苏联，由斯大林亲自插手定论，把创立“基因”学说的孟德尔——摩尔根学派称之为“伪科学”，是“唯心的”，“反动的”，唯有否定“基因”存在的米丘林——李森科学派才是真正的生物科学。这个结论被一些留苏学者教条主义地带到中国，影响很大。

当时，北京农业大学发生了一件“小麦事件”。农大原有教师都学自欧、美、日，都是摩尔根学派。从苏联留学回来的农大第一任校长乐天宇把“唯心主义的”“反动的”帽子加在这些教师头上。于是，矛盾激化了。小麦育种栽培学家蔡旭教授培育出来的小麦新品种，既可防止小麦锈苗，又可增产，却被认定为唯心主义的产品，不准陈列展览，不让农民参观，更不准推广，甚至还要批判。蔡旭出于无奈，只得宣布：拥护米——李学派，然而，这不但未得减缓，反而加了一顶更危险的帽子：“披着米丘林外衣反米丘林”。蔡旭被压得痛哭流涕，多数教师十分反感，形成党委与教师的对立。

这一类科学问题能作出阶级分析吗？能由党委来作结论吗？更值得注意的是，它反映出学苏联中的教条主义态度。毛泽东、周恩来等指示中宣部和中科院要进行调查研究，采取措施。在这种背景下，中宣部部长陆定一布置，召开一次遗传学座谈会。

座谈会于 8 月 10 日至 25 日，在青岛召开。参加者有 130 人，包括了当时遗传学界两派的主要学者。会上发言者 56 人，打破了几年来两派对立，“一家独鸣”的僵硬局面。

这个青岛遗传学座谈会反响非凡。这种由中宣部亲自出面组织两派学者就科学问题争鸣，还未曾有过。这也是一种党“干预”科学，但它是一种好的干预，因为它不是当法官，裁定谁是谁非；而是当红娘，鼓励交流，促成争鸣。

毛泽东《同音乐工作者的谈话》，又是促成争鸣的一例。8 月，文化部和中国音协在北京举办第一届全国音乐周，这是一个贯彻“双百”方针，汇萃各种风格、题材和形式的音乐会。然而，在关于音乐的民族形式问题上，一开始就争论很大。有人批评“中西混杂”，“不中不西”“非驴非马”是一种不好的现象。有人反驳说：“不中不西”就是“又中又西”，是创作民族音乐难以避免的情形。

8 月 24 日，毛泽东接见与会代表后，让音协及有关负责人留下，发表了长篇谈话。他说：“社会主义的内容，民族的形式，在政治方面是如此，在艺术方面也是如此”。但“民族的形式可以掺杂一些外国东西”，“非驴非马也可以”。在学外国问题上“要反对教条主义，反对保守主义，这两个东西对中国是不利的”。再次表露出毛泽东此时开放宽容的心境和鼓励探索的态度。

中国共产党号召“百花齐放，百家争鸣”，在社会主义国家中是如此的标新立异，以至西方舆论误认为中国开始了“自由化运动”，赫鲁晓夫也十分不理解又有些惊慌，害怕引起思想动荡。其实1956年的“百花运动”，在很大程度上是执政党的有组织的行为，知识界还没有放开言路。他们把形势比喻为早春天气，乍暖还寒。“草色遥看近却无”，还心有余悸，与1957年的大鸣大放完全不同。但“双百”方针的提出，在中国的政治生活和文化生活中，的确吹进了一种宽松、自由的新风。

周恩来说：“作为总理，从良心上不同意这个决定”

1956年，在政治上一片探索、争鸣之声，经济工作中却出现了隐忧。自1955年底开始，一路反右倾，反保守，使一种急于求成的情绪在党内滋长起来。

高指标是从年初开始的。当时有一种设想，12年内粮食增到10000亿斤，棉花10000万担，要求每年垦荒1000万亩……这显然是无法实现的高指标。农业远景规划中的高指标，立即在工业、交通、文教等部门引起连锁反应，催逼它们纷纷修改上年确定的比较切合实际的指标。这样1955年9月22日，中央政治局会议批准的1956年计划一下子被突破，各项指标不断加码。

开始，刘少奇、周恩来等都是赞同毛泽东反对“右倾保守”的思想的。然而，面对不断升温的冒进情绪，主持经济工作的周恩来、陈云等人首先感到潜伏的危险。他们利用各种重要会议，呼吁保持冷静。

1月20日，周恩来在知识分子会议上强调：要“使我们的计划成为切实可行的、实事求是的，不是盲目冒进的计划”。

1月30日，周恩来在政协二届二次会上指出：“我们应该努力去做那些客观上经过努力可以做到的事情……也应该注意避免超越现实条件所许可的范围，不勉强去做那些客观上做不到的事情”。

2月8日，周恩来在国务院全体会议上告诫大家：“不要光看到热火朝天的一面。热火朝天很好，但应小心谨慎。”“绝不要提出提早完成工业化的口号。冷静地算一算，确实不能提。”在周的主持下，国务院常务会议对经济指标进行了尽可能的压缩，后来周恩来说这是“2月促退会议”。

这时国家计委提出的15年远景规划的各项指标仍然居高不下。3月25日，国务院下达的压缩后的当年计划，指标仍然很高。而各地的空气更难压缩，到了4月份，急于求成、齐头并进的后果就严重地显露出来：财政紧张、钢材水泥木材等建材严重不足，过多动用国家物资储备，国民经济吃紧。而在这种情况下，一些部门和地方仍旧在盲目地要求追加基建投资，普遍要求多生产、多建设。

中旬以后，周恩来、陈云的思想十分明确了：要坚决清除领导干部中的急躁冒进情绪。

但是，党内认识十分不一致。

4月下旬，毛泽东在中央政治局会议上，主张再追加20亿元的基本建设投资，与会者多数人不赞成。周恩来更是竭力劝阻，胡乔木1982年11月4日回忆说：

（1956年）4月下旬，毛主席在颐年堂政治局会议上提出追加1956年基建预算，受到与会同志的反对。……会上尤以恩来同志发言最多，认为追加预算将造成物资供应紧张，增加城市人口，更会带来一系列困难等等。毛泽东最后仍坚持自己的意见，就宣布散会。会后，恩来又亲自去找毛主席，说作为总理，从良心上不同意这个决定。这句话使毛泽东非常生气。不久，毛主席就离开了北京。

苏共二十大，揭了斯大林的盖子，思想获得解放。这一方面使毛泽东看到了社会主义仍然存在着矛盾，促使他“以苏为鉴”探索新路；一方面又增强了他的自信，感觉什么都可以比苏联干得好些干得快些，总希望加快发展，因而对众人不同意追加投资甚是不悦。

做完《论十大关系》讲话，毛泽东离京南下，去了广州，住在珠江边的小岛上。一天，毛泽东突发奇想，要到长江里去游泳。罗瑞卿、汪东兴、王任重及所有随行人员都反对，以为长江不比北戴河，江比海险，水情复杂，还可能有血吸虫，有危险。

罗瑞卿来劝毛泽东：“主席，长江不能游。”

“为什么？”毛泽东不悦。

“因为太危险，万一出点事我们负不起责任。”

毛泽东烦躁地说：“出什么事？无非你们就是怕我死在那个地方么？你怎么知道我会淹死？”

罗吓了一跳。谁也没能劝阻住毛泽东。他先从广州到长沙，游了湘江，然后

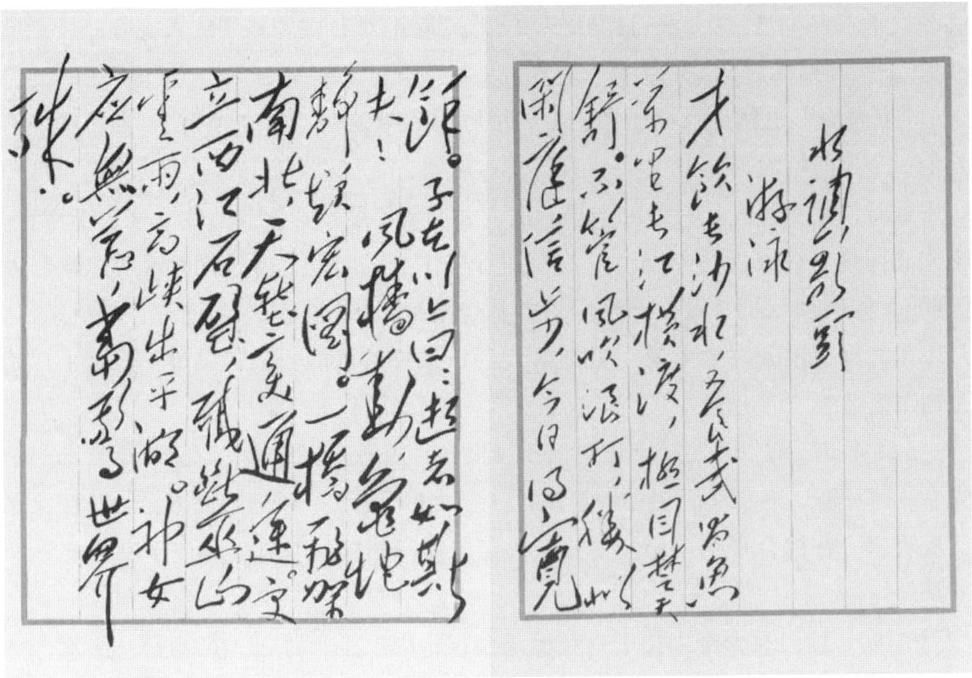

毛泽东手书《水调歌头·游泳》

上武汉，在长江中流击水，一游就是十六七里。

这时，武汉长江大桥正在修建之中，进展神速。毛泽东为即将到来的建设高潮，为自己心中的发展远景宏图而激动，诗情大发，写下一首词：

才饮长沙水，又食武昌鱼。万里长江横渡，极目楚天舒。不管风吹浪打，胜似闲庭信步，今日得宽余。子在川上曰：逝者如斯夫。

风樯动，龟蛇静，起宏图。一桥飞架南北，天堑变通途。更立西江石壁，截断巫山云雨，高峡出平湖。神女应无恙，当惊世界殊。

词中所表现出来的对困难的藐视，对建设高潮的赞美，对未来远景的憧憬，跃然纸上。

从防止急躁冒进到反对急躁冒进

然而，在北京，从 5 月起，周恩来等人从防止冒进转到了反对和纠正冒进。

5 月 11 日，周恩来在国务院全体会议上说："反保守、右倾从去年 8 月开始，已经反了八九个月，不能一直反下去了！”“既不要右，又敢于抗大流”，“只要摸（清）了实际情况，就要敢于抗大流”。

“抗大流”也就是反潮流了。有人形容周恩来这是“特立独行”。当然这并不是他一个人的行为。

这时，正在为6月召开的一届三次人大准备年度预算报告。周恩来与李富春、李先念商量，在报告稿中提出：“在反对保守主义的时候，必须同时反对急躁冒进倾向”。同时建议把2月份已经压缩的基建指标（年增长68%）进一步压下来。6月1日，周在国务院会上说：“超过客观经济条件的可能去搞，结果不是窝工，就是粗制滥造。”

6月4日，刘少奇主持会议讨论预算报告，周恩来、朱德、陈云、李富春、李先念、薄一波、李维汉、胡乔木等参加。会议上确定了一个建设新方针：既反保守又反冒进、在综合平衡中稳步前进。决定压缩高指标，基本建设应下马的要立即下马。

6月10日，刘少奇主持中央政治局会议，周恩来、陈云、彭德怀、彭真、林伯渠、董必武、张闻天、康生、邓小平等参加会议。确认了6月4日会议作出的决定，通过预算报告稿。

6月15日，一届三次全国人大会议开幕。李先念代表国务院作《关于1955年国家决算和1956年国家预算的报告》，报告提出了既反保守又反冒进的方针。第二天，各报全文刊载了这个报告，《人民日报》还配发《读一读1956年国家预算》的社论。社论提醒读者说：预算报告“最值得注意的一点，是在反对保守主义的同时，提出了反对急躁冒进的口号。”“既反保守又反冒进”的口号遂公之于众。

为了配合反冒进，6月20日，《人民日报》发表了刘少奇指示中宣部起草的《要反对保守主义，也要反对急躁情绪》的社论。社论指出，工作中出现了两方面的缺点，一方面仍然有右倾保守思想在作怪，另一方面又发生了急躁冒进的偏向。社论列举了急躁冒进的种种表现：农村工作中，有些同志心急图快，企图两三年内把12年的事情全部做好；中央要求5—7年扫除文盲，到了省里成了4—5年，到县里成了3年，愈到下面时间定得愈短；生产双轮双铧犁，南方水田不能用，造成大量积压；厂矿企业和基建工地片面强调一切打破常规，结果事故增加……接着，社论指出：

急躁情绪所以成为严重的问题，是因为它不但是存在下面的干部中，而且首先存在上面各系统的领导干部中，下面的急躁冒进有很多就是上面逼出来的。

在反对保守主义之后，特别是中央提出“又多、又快、又好、又省”的方针和发布《全国农业纲要（草案）》之后，在许多同志的头脑中就产生了一种片面性，他们以为既然要反对保守主义，既然要方针是“又多、又快、又好、又省”，既然要执行40条，于是一切工作，不分缓急轻重，也不问客观条件是否可能，一律求多求快，百废俱兴，齐头并进，企图在一个早晨即把一切事情办好。这样由一个极端到另一个极端，当然免不了要犯错误。

社论提出既反保守又反冒进，虽然两面都讲了，但其针对性是反对急躁冒进的。社论中提到，急躁冒进，来自对反保守主义，“又多、又快、又好、又省”方针和“农业40条”的片面执行，这三件东西都是毛泽东亲自提倡的。社论中指出的扫盲运动和双轮双铧犁两个例子，也是毛泽东最热心提倡的事业。这使毛泽东非常不满。社论发表前，刘少奇批示：“主席审阅后交乔木办”。毛泽东接到此稿后，批了三个字：“不看了”。当时谁也没有从中看出毛泽东的态度来。

提出既反保守又反冒进、稳步前进的方针，直接影响到即将召开的党的第八次代表大会的准备。事实上否定了1955年12月提出的把反对“右倾保守”作为八大的指导思想，而在实践中，则遏制了汹涌而来的盲目冒进势头。

回忆到1956年的反冒进，薄一波作过如下评价：

由于党中央、国务院从年初开始，大力压缩基建指标，从防止冒进到明确提出反对冒进，一股来势很猛的盲目冒进势头总算被遏制住了。

如果不是党中央、国务院及时采取正确的方针，遏止来势很猛的冒进倾向，而是一个劲地反对“右倾保守”，只讲多和快，不讲好和省，那么，1958年“大跃进”那样的大灾难，就有可能会提前到来。

5 集思广益 八大确立建设方略 广会宾朋 中共领袖直抒胸臆

精心筹备的大会

1956年9月，中共召开第八次全国代表大会。

从1945年党的七大到1956年党的八大，间隔了11年之久，这11年形势的变化之大，可谓天翻地覆。七大以后，中国共产党的事业，可以说一路凯歌行进。连续取得了三大胜利，一是抗日战争的胜利，二是解放战争的胜利，三是社会主义改造的胜利。这是中共历史辉煌的一页。同时党自身的地位和组织也发生了重大变化。它从一个非法的、地下的、战争环境的党变成了一个有6亿多人口的大国的执政党，党的组织分布到全国960万平方公里内几乎每一个城镇和乡村，党员数量也从七大时的120万，增加到八大时的近1100万，增加了8倍。

然而，八大的使命，并不是庆祝胜利而是规划未来。作为执政党，正面临从一个革命的党向一个建设的党转变。它面临的问题比它解决的问题还要多，还要复杂。能否成功实现这次历史性转变，决定着中国未来的命运。

也许八大的使命重大，因而也特别郑重，筹备时间之久，在中共历届代表大会中，只有七大可与之相比。

七大后的前五年，急风暴雨，兵荒马乱，不可能开。新中国成立头三年，集全力于经济恢复和政权巩固，又投入了三年抗美援朝战争，不可能开。在1952年底，中央政治局曾考虑过在召开一届全国人大的同时，召开八大。但考虑的结果，是先开人大，再开八大。然而，正在这时，党的核心层出了高饶问题。在处理了高饶事件之后，1955年3月，党的全国代表会议上，才作出在明年下半年召开八大的决定。此后，进入了八大的正式筹备过程。具体的组织工作，由刚刚在七届五中全会上增选的中央政治局委员的邓小平，作为中央秘书长负责。

在这一年半时间内，国内外形势发展太快了。1955年3月最初确定召开八大时，赋予它的任务自然是继续贯彻过渡时期总路线，社会主义改造是中心。到了下半年，农业合作化掀起高潮。1956年初，三大改造出现高潮，中国一举进入了社会主义。八大的任务也就相应变了。毛泽东提出，要以反对右倾保守作为准备八大的中心思想，也就是趁热打铁，把高潮从改造方面推进到建设方面。

然而，此后又发生了两个未曾料到的情况：一个是苏共二十大批判斯大林的错误，推动毛泽东和其他领导人开始探索中国式的道路。这对八大路线的确立起了重大影响。

另一个是年初以后，在反保守的空气下，出现了急躁冒进倾向，引起周恩来、陈云、刘少奇等的重视，并提出既反保守又反冒进的方针，这事实上改变了1955年底提出的以反"右倾保守"为中心准备八大的指导思想。

八大筹备指导思想的几经变化，反映了党对社会主义的认识不断深化。这具体体现在为八大准备的五个重要文件上，即政治报告、党章、修改党章的报告、第二个五年计划的建议、关于二五计划建议的报告。

1955年5月9日，中共中央就成立了三个文件写作班子。王稼祥、刘少奇、陈云、陈伯达、胡乔木、陆定一、邓小平等七人组成政治报告起草委员会；安子文、刘澜涛、宋任穷、李雪峰、胡乔木、马明方、杨尚昆、邓小平、谭震林等九人组成修改党章和修改党章报告起草委员会；第二个五年计划建议及其报告，由周恩来负责，组织国家计委人员起草，起草工作历时一年多。期间，中央政治局召集研究八大会议事宜的各种会议、约谈、会见等130余次，其中，商谈政治报告40次，修改党章33次，二五计划18次。与此同时，组织各省、市、自治区及军队大单位党委、中央国家机关党组，进行讨论。而党章修改稿发动讨论的范围更广。到1956年8月中旬，各项文件基本成形。各地选出八大代表1026名。7月30日，中央成立了由陈云、邓小平等20人组成的选举委员会。到此，八大的筹备工作基本完成。

预备会透着民主气氛

八大正式开幕之前，交叉召开了七届七中全会和八大预备会议，两个会议都是为八大作最后准备，只是与会者的范围不同。8月22日至9月13日召开七届七中全会，8月30日至9月12日召开八大预备会议。

毛泽东主持了所有6次全体会议（七届七中全会3次：8月22日、9月8日、13日；预备会议3次：8月30日、9月10日、9月12日），发表了6次讲话。

八大的开法本身就显示出民主的风气。

预备会议如果从8月22日算起，开了22天，从8月30日算也有14天。用这么长时间来作准备，目的就在于充分发扬民主，集思广益。

一是广泛讨论修改五份主要文件。尽管历时一年半，提交给八大的文件仍然不够理想，毛泽东不满意。8 月 22 日，七届七中全会一开始，毛泽东就提议：政治报告有些地方要重写，文字压缩 1/3。刘少奇也要求：大家出力，集体创作。8 月 30 日，邓小平在预备会上提出，划分三个小组平行作业，修改文件。在此前后，中央委员们，各代表团代表们对五个文件进行了广泛讨论和修改。毛泽东本人从 8 月上旬至 9 月 14 日，亲自作了 57 条批语和修改。其中对政治报告的修改批语达 51 条之多。八大文件真正是集体创作的成果。

毛泽东对这种办法十分满意，他在 9 月 13 日七届七中全会第三次会上讲：

第一次推翻你的，第二次推翻他的。推翻过来，推翻过去，这也说明我们是有民主的。不管什么人写的文件，你的道理对，就写你的，完全讲道理，不讲什么人，对事不对人。

由此，我们就澄清了“文革”中所谓刘少奇“背着毛主席”搞的政治报告的不实之词和国外学者的种种猜测。

其二,八大的民主新风，尤其表现在选举程序上。中央委员会选举的主要程序是在预备会上完成的。一开始，根据毛泽东的提议，决定中央不预提名单，由代表自己提，想提什么人就提什么人。然后由各代表团提出一个名单，中央汇总起来，由政治局同各代表团团长制定预选名单，发下去，各代表团进行预选，再由政治局汇总，制定一个向大会提出的正式候选人名单。大会选举采取无记名投票的方式。

经过自下而上，自上而下，又自下而上的几次酝酿，选出了 170 人的候选人名单，其中七届中委 67 人，新提名 103 人。这是民主集中制的一次成功的运用。

八届中央委员会名额确定为 170 名，比七大（70 名）增加了一倍多。即便如此，抗战时期培养起来的重要干部都没有安排。对此，毛泽东专门作了一次说明。

然而，在候选人名单中，有两个特殊的人物：一个李立三，一个王明，他们都曾是错误路线的代表。但细究起来，二者有重大区别，李立三真心诚意地改正了错误，而且一直在党内国内工作，时任中共中央工业交通部副部长。王明延安整风以后一直耿耿于怀，长期住在莫斯科，庇荫于斯大林。1956 年 8 月 7 日，中共中央电告其回国参加八大。9 月 8 日，他回电刘少奇，称病请假，对毛泽东始终心存戒备。要让代表选他，当然会有阻力。

为了体现党团结犯错误同志的政策，毛泽东提议仍选李立三、王明是为中央委员。为此，毛泽东多次做出说明。8 月 22 日全会上，毛泽东说，选举李立三、王明比较有利，因为不是个人的问题，而是涉及党内许多人，“还有党外的观感。觉得我们不轻易抛弃人”。8 月 30 日，毛泽东在八大筹备会上直接做代表们的工作，并对李立三、王明作了一个阶级分析，说他们代表党内 100 万知识分子党员。接着，毛泽东对知识分子党员的属性作了一番特别的议论：

这一百万知识分子，说他代表帝国主义不好讲，代表地主阶级不好讲，代表官僚资产阶级不好讲，代表民族资产阶级也不好讲，归到小资产阶级范畴比较合适……这部分知识分子党员，前怕狼后怕虎，经常动摇，主观主义最多，宗派主义不少。

毛泽东的这一番议论，直接目的是说服代表们选李立三、王明，但也流露出他关于知识分子的基本估计，把党内 100 万知识分子归于小资产阶级范畴，那从旧社会过来的党外知识分子呢？这与年初周恩来宣布“知识分子的绝大多数已经是工人阶级的一部分”，认识上有明显不同。

另一方面，毛泽东表现出造就大批知识分子的迫切愿望。他在 9 月 12 日的全会上说：

我们要造就知识分子。现在只有很少的知识分子。旧中国留下来的高级知识分子只有十万，我们计划在三个五年计划之内造就 100 万到 150 万高级知识分子。到那个时候，我们在这个方面就有了 18 年的工作经验，有了很多的科学家和很多的工程师。那时党中央委员会的成分也会改变，中央委员会应该有许多工程师，许多科学家。现在的中央委员会，我看还是一个政治中央委员会，还不是一个科学中央委员会。

八大还有一个鲜明的特点是安排大会发言多。8 月 22 日邓小平说：准备安排 8 天 36 小时作大会发言，最少要有 80 ～ 90 人发言，争取到 100 人发言更好。为了让更多的人发言，发言一般不超过 20 分钟，要有三五分钟发言的，要多样化，活泼一点。

毛泽东插话说，还可以有一部分书面发言。他特别要求，要有批评，要有丰富的批评，如果开一次会议没有批评，净讲一套歌功颂德，那就没有生气，那无非是一个“好”字就行了，还要多讲干什么？要有分析。

邓小平说：譬如像工业方面，除了比较系统的发言外，还要组织那么20多篇稿子，这样才表现出会议是在讨论建设这个重点。

毛泽东说：这一次重点是建设。

预备会议重要工作之一，就是准备大会发言。各省、市、自治区党委，中央国务院各部委党组，以及一些中央负责人，认真准备了发言稿，报送大会秘书处审阅，或分送中央领导人审阅，彭德怀、李立三的发言还经过毛泽东阅改。后来，在大会上发言的有68人，45人作了书面发言，还有70人准备了发言稿，未作口头发言，也未作为书面发言刊出。

八大大会发言之多，代表面之广，发言形式之活泼，在历届党代会中少有，它充分体现了当时民主和探索风气之盛。大会发言内容涉及经济、政治、文化、科教、外交、国防、法制、民族、统一战线、党的建设等各个方面，它们成为大会主要报告的重要补充和发展，成为党探索中国社会主义建设道路成果的一部分。

毛泽东的多次讲话，异常鲜明地突出了一个指导思想，就是“调动一切积极因素，为社会主义事业服务”。这是从年初以来一再强调的主题。尤其是他那段关于“球籍”的议论，使人们深刻地感受到他的强国的愿望是多么强烈！

> 六亿人口的国家，在地球上只有一个，就是我们。过去人家看不起我们是有理由的。因为你没有什么贡献，钢一年只有几十万吨，还拿在日本人手里，国民党蒋介石专政22年，一年只搞到几万吨。我们现在也还不多……
>
> 你有那么多人，你有那么大一块地方，资源那么丰富，又听说搞了社会主义，据说是有优越性，结果你搞了五六十年还不能超过美国，你像个什么样子呢？那就要从地球上开除你的球籍！如果不是那样，那我们中华民族就对不起全世界各民族，我们对人类的贡献就不大。

毛泽东致开幕词，刘少奇作主报告

9月15日，中共八大在北京政协礼堂正式开幕。下午2时，毛泽东、刘少奇、周恩来、朱德、陈云五大书记及全体七届中央政治局委员走上主席台。全场起立，爆发出雷鸣般掌声。

出席会议的有1021名代表，代表1073万党员。在京的党、政、军、群负责

中共八大主席台远景

人、各民主党派代表和无党派民主人士代表列席了会议。

列席会议的还有一大批应邀而来的客人。他们是来自苏联、东欧和资本主义国家、第三世界国家50多个共产党和工人党的代表团。从斯大林时期开始，一个党召开代表大会，邀请世界各国共产党派代表团出席，已成惯例。然而，在中共历史上，这还是第一次。当各国党代表团团长出现在主席台上时，代表们兴奋地感到，中国党已经成为一个具有世界影响的大党，初次感到社会主义阵营的团结和亲和。然而，物换星移，此后不久由于中苏分裂，社会主义阵营破裂，中共历次代表大会再无此景观。遂使八大成了空其前，绝其后的一例。

毛泽东致开幕词。他以其洪亮的湖南口音宣布：“中国共产党第八次全国代表大会现在开幕了。”全场再次起立，热烈鼓掌，《国际歌》声在礼堂回荡。

毛泽东说：

我们这次大会的任务是：总结从七次大会以来的经验，团结全党，团结国内外一切可能团结的力量，为了建设一个伟大的社会主义的中国而奋斗。

开宗明义，点出了八大的主题。

全场掌声此起彼伏。不到3000字的简短的开幕词，30余次被掌声所打断。

致完开幕词，毛泽东来到休息室，众人争相称赞开幕词好。毛泽东对大家说：“开幕词是谁写的？是个年轻秀才写的，此人是田家英。”田家英从延安开始就是毛泽东的三大政治秘书之一（另二位是陈伯达、胡乔木），时年才34岁。开幕词中有“虚心使人进步，骄傲使人落后”两句，后来脍炙人口，就出自这位年轻秀才之手。毛泽东不掩人之美。

又一阵热烈掌声，刘少奇作政治报告。这是八大最主要的文件。它的起草历经一年有余，数易其稿。直到刘少奇上台报告的前一天，报告稿还在修改之中，可见政治报告的准备既充分又显仓促。预备会上压缩了近一半文字，仍洋洋近五万言。这年，刘少奇已是望甲之年，但精力旺盛，站在讲台上连续作了四个小时报告，大会持续到傍晚七点多。

政治报告各节标题开列如下：

一、党在过渡时期的总路线；

二、社会主义改造；

三、社会主义建设；

四、国家的政治生活；

五、国际关系；

六、党的领导。

这里不可能也没必要详细复述政治报告的内容，只想说到三点。

一是关于国内形势和党的总任务。刘少奇指出，经过1949年和1956年两次胜利，中国的内外关系发生了根本变化。帝国主义势力被赶走了，官僚买办资产阶级消灭了，封建地主也已消灭，富农阶级正在消灭中，民族资产阶级分子正在转变，农民和其他个体劳动者已变成社会主义集体劳动者，工人阶级成为国家的领导阶级，知识界已组成了一支为社会主义服务的队伍。国内各民族团结友好，统一战线扩大和巩固，国际地位提高了。党现时的任务是团结国内外一切可能团结的力量，尽可能地迅速地把我国建成一个伟大的社会主义国家。他说：

> 现在，革命的暴风雨时期已经过去了，新的生产关系已经建立起来，斗争的任务已经变为保护社会生产力的顺利发展。

党的总任务的提出，标志着中共从革命转向建设的明确意识。报告内容的主要篇幅也是对建设的论述。为了更加突出这个主题，9月27日通过的关于政治报告的决议中，有一段更加集中和明确的论述。

我们国内的主要矛盾，已经是人民对于建立先进的工业国的要求同落后的农业国的现实之间的矛盾，已经是人民对经济文化迅速发展的需要同当前经济文化不能满足人民需要的状况之间的矛盾。这一矛盾的实质，在我国社会主义制度已经建立的情况下，也就是先进的社会主义制度同落后的社会生产力之间的矛盾。党和全国人民的当前的主要任务，就是集中力量来解决这个矛盾，把我国尽快地从落后的农业国变为先进的工业国。

这段话中有一句"先进的社会主义制度同落后的社会生产力之间的矛盾"，后来，受到来自不同方面的诟病。从义理上讲，凡"先进"的制度只能是适应现实生产力的制度。生产关系无论超越还是落后于生产力，都无"先进"可言。然而，这句话今天看并无大碍，按逻辑推论，它可以被理解为生产关系有跑到了生产力前面之嫌，因此再不要不断变革生产关系，而应专注于发展生产力。后来恰恰在这一点上走偏了方向。

二是关于扩大民主。报告提出要加强监督，开展反对官僚主义的斗争。要适当地调整中央和地方行政管理职权；要正确处理少数民族问题，反对大汉族主义；扩大和巩固统一战线，实行党同民主党派"长期共存、互相监督"的方针；强调国家工作中迫切任务之一是健全国家法制。

扩大民主体现了年初以来毛泽东一再强调的一个主题。它基于这样一种判断：阶级基本消灭以后，国家专政的职能在减少，民主的职能在扩大。八大期间，毛泽东在向外宾介绍中国情况时说：

我们胜利只有七年，基本上解决了肃反问题。我们的专政机关如公安部门、监察部门、法院、公安部队的作用，在国内范围内（不是国际范围），至少已经丧失了十分之九以上，……我们的政权，专政的职能只剩下十分之一了。即对反革命分子专政。……专政的范围缩小了。

刘少奇在报告中，关于健全法制的论述，今天读来仍感亲切。刘少奇说：过去斗争的主要方法是人民群众的直接行动，现在革命的暴风雨时期已经过去，完备的法制就完全必要了。

为了正常的社会生活和社会生产的利益，必须使全国每一个人都明了并且确信，只要他没有违反法律，他的公民权利就是有保护的，他就不会受到任何机关和任何人的侵犯；如果有人非法地侵犯他，国家就必然出来加以干涉。我们的一切国家机关都必须严格地遵守法律，而我们的公安机关、检察机关和法院，必须贯彻执行法制方面的分工负责和互相制约的制度。

关于扩大民主健全法制问题，也是八大大会发言中的一个重要话题。然而，从直接诉诸于群众行动，转到依靠法制，这种历史必要性很难说已被多数人充分理解了。

董必武在发言中就提到少数党员干部对法制不尊重的种种现象。他说，过去一切革命都是在突破旧法制中进行，“这种仇视旧法制的心理可能引起对一切法制的轻视心理。”新中国成立后发动群众运动是不完全依靠法律的，“这可能带来一种副产物，助长人们仇视一切法制的心理。”

不幸而言中。这种历史的惰性使八大期望的法制建设很快就被群众运动所打断。这又不能不令人对八大常怀历史的抱憾。

三是关于对外政策。这涉及对战争与和平形势的估计。刘少奇报告中认为，现在所处的国际环境对我有利。世界局势趋向于缓和，“世界的持久和平已经开始有了实现的可能。”“战争的危险仍然存在……。但是，世界的总的趋势是光明的。”只要共同努力，和平事业终将取得胜利。报告还说：“我们相信社会主义制度的优越性，不怕同资本主义国家进行和平竞赛。”“我们以五项原则为基础的和平共处政策不排斥任何国家”，包括美国。

从这些论述中，可以看出，中共八大的基本精神与苏共二十大和平共处路线是一致的。这并不只是一种维护苏联的外交需要，同时反映了中共这段时期对争取世界和平的信心及谋求缓和的外交策略。这还可以从大会的许多发言中得到印证。

陈毅说：国际局势肯定地趋向缓和。

张闻天说：各国之间一定要实行和平共处，这是当前国际上的主要趋势。

朱德说：只要加强团结，进行坚定的斗争，目前出现的和缓，就有可能转变为持久的和平。

陈毅又说：中国相信，社会制度不同的国家应该和平共处。我们的和平共处政策不排斥任何国家，美国也不除外。

张闻天又说：我们争取同一切国家实行和平共处和友好合作的政策是正确的。

不过，细细分析，中共八大与苏共二十大的对外政策仍有不可忽视的差异。其一，中国的和平共处政策是“互相尊重领土主权、互不侵犯、互不干涉内政、平等互利、和平共处”，五项原则之一——和平共处决不以损害主权为代价。其二，中共对苏共“三和”政策只肯定了“两和”，而对“和平过渡”政策，始终不表态，事实上有保留。和平共处并不是否认革命，放弃对他国革命的支持。相反，毛泽东在开幕词中，郑重地作出了支持亚非拉民族解放运动的承诺。在这一点上，中苏之间潜伏着分歧。

一个群星灿烂的领袖集团

9 月 16 日下午，大会举行第二次会议，听取邓小平作关于修改党章的报告和周恩来作关于“二五”计划建议的报告。

由邓小平来作修改党章的报告，多少有些越出常规，本身反映了中央领导机构的改革。

党章和修改党章的报告，同样经历了一个相当长的起草过程和更加广泛的讨论。其最重要的历史特点在于以下三点：

一是对共产党执政以后所面临的特点和问题，有清醒的认识。邓小平指出：执政党的地位最容易使党员干部产生主观主义、官僚主义和宗派主义，产生脱离实际、脱离群众的危险，甚至可能变成一个“脱离群众阶层”。因而，党章及报告强调的一个重点就是反对“三个主义”和“两个脱离”，坚持群众路线。其中的精彩论述在今天也可作警钟长鸣。

二是强调发扬党内民主，坚持集体领导，反对个人崇拜。为此，在制度上作了不少规定。这个问题的强调，不仅因为它任何时候都是党的建设的核心问题之一，也不仅是因为执政地位使这个问题显得尤其重要，而且直接地是为了吸取斯大林的教训。

邓小平报告最引人注目的地方，就是他谈到了十分敏感的领袖问题，明确地提出了反对个人崇拜。邓小平说，我们从不否认领袖的作用，但领袖“不是在群众之上，而是在群众之中；不是在党之上，而是在党之中”。他说：

对于领袖的爱护，本质上是表现了对党的利益、阶级的利益、人民的利益的爱护，而不是对于个人的神化。苏联共产党第二十次代表大会的一个重要的功绩，就是告诉我们，把个人神化会造成多么严重的恶果。……我们党也厌弃对于个人的神化。

个人崇拜是一种有长远历史的社会现象，这种现象，也不会不在我们党的生活和社会生活中，有它的某些反映，我们的任务是，继续坚持执行中央反对把个人突出及反对对个人歌功颂德的方针……

虽然主要是“以苏为鉴”，没有着重论及中国是否也存在个人崇拜，但在八大明确提出反对个人崇拜的命题，的确意义重大。只可惜，正如邓小平所说：个人崇拜有长远的历史，八大的预警并没能阻止中国重蹈苏联的覆辙。

其三，八大党章最耀眼之处，在于它对中央领导机构设置的改革，以及由此产生了一个强有力的、可谓群星灿烂的领袖集团。

中共第一代成熟领袖集团的形成，始于遵义会议，成于延安整风。他的核心是“毛刘周朱”，后来加上任弼时。1950 年任去世后，增加了陈云，称“五大书记”，相当于中央常委。只有主席，没有副主席。1956 年 4 月，最初提出的《党章》草稿，仍延续旧制，只增设副主席 1 名。谁为副主席，显然是刘少奇。刘提出增设几名副主席，毛泽东同意。4 月 28 日，毛泽东在中央政治局扩大会议上作总结讲话，特别讲到此事。他说：究竟设一个副主席还是设几个副主席，也请你们讨论。少奇同志提出中央设几个副主席。随后，中央政治局达成共识。同时确定增设中央政治局常务委员会；设立中央书记处（与原书记处不同），置于政治局及常委会领导之下。毛泽东又提议中央书记处设总书记一名，由邓小平任总书记。并且提议党章中增加“必要时设中央委员会名誉主席一职”的一款。

8 月 22 日和 9 月 13 日，毛泽东在七届七中全会第三次会议上，专门就设中央副主席和总书记问题作了两次讲话。这已是他第二次谈及此事。他说：

中央准备设四位副主席，就是少奇同志、恩来同志、朱德同志、陈云同志，另外还准备设一个书记处。书记处的名单还没有定，但总书记准备推举邓小平同志。……对于我们这样的大党，这样的大国，为了国家的安全、党的安全，恐怕还是多几个人好。

首先倡议设四位副主席的是少奇同志。一个主席，一个副主席，少奇同志感到孤单，我也感到孤单。一个主席，又有四个副主席，还有一个总书记，我这个“防风林”就有几道。“天有不测风云，人有旦夕祸福”，这样就比较好办。除非一个原子弹下来，我们几个恰恰在一起，那就要另外选举了。如果只是个别受损害，或者因病，或者因故，要提前见马克思，那末总还有人顶着，……不像苏联那样斯大林一死就不得下地了。

显然，毛泽东主要考虑的是国家安全，吸取斯大林的教训。同时，毛泽东也明确谈到他将退居二线的考虑。他说：

我说我们这些人（包括我一个，总司令一个，少奇同志半个。不包括恩来同志，陈云同志和邓小平同志，他们是少壮派），就是作“跑龙套”的工作的，我们不能登台演主角，没有那个资格了，只能维持维持，帮助帮助，起这么一个作用。……我是准备了的，就是到适当的时候就不当主席了，请求同志们委派一个名誉主席。

毛泽东特别地推举了邓小平。他说：“至于秘书长改总书记，那只是中国话变成外国话”。

邓小平说：“我还是比较安于担任秘书长这个职务。”

毛泽东说：“他愿意当中国的秘书长，不愿当外国的总书记。其实，外国的总书记就相当于中国的秘书长。中国的秘书长就相当于外国的总书记。他说不顺，我可以宣传宣传。”

邓小平说“不顺”，显然不只是名称上的不顺。

毛泽东特别地赞扬道：

我看邓小平这个人比较公道，他和我一样，不是没有缺点，但是比较公道。他比较有才干，比较能办事。……你说邓小平没有得罪过人？我不相信，但大体上说来，这个人比较顾全大局，比较厚道，处理问题比较公正，他犯了错误对自己很严格。他说他有点诚惶诚恐，他是在党内经过斗争的。

紧接着，毛泽东向大家推举陈云。他说：

至于陈云同志，他也无非是说不行、不顺。我看他这个人是个好人，他比较公

中共八大闭幕式的主席台

道、能干，比较稳当，他看问题有眼光。我过去还有些不了解他，进北京以后这几年，我和他共事，我更加了解他了。

新中国成立初期，陈云在遏制通货膨胀的野马，打胜经济战线上“三大战役”中，在组织统购统销和对资改造中，在组织实施“一五”计划建设中，显露出卓越的经济管理才能。深得毛泽东的赞誉。毛送他一个字：“能”。至于邓小平，早在淮海战役中已显露出统帅之才。

八大选举的中央领导机构名列如下：

中共中央主席：毛泽东

中共中央副主席：刘少奇、周恩来、朱德、陈云

中共中央总书记：邓小平

（以上组成中央政治局常委会）

中共中央政治局委员：毛泽东、刘少奇、周恩来、朱德、陈云、邓小平、林彪、林伯渠、董必武、彭真、罗荣桓、陈毅、李富春、彭德怀、刘伯承、贺龙、李先念。

中央政治局候补委员：乌兰夫、张闻天、陈伯达、康生、薄一波。

中央书记处书记：邓小平、彭真、王稼祥、谭震林、谭政、黄克诚、李雪峰。

毛泽东在评价邓小平和陈云时，都用了“公道”“能干”二语。这就是德与才。八大的第一代领导机构，确是群星灿烂。八大形成的毛、刘、周、朱、陈、邓

六大领袖，或德高望重，或才华横溢，众望所归。谁也不会怀疑，他们能把中国带上社会主义美好的未来。

一条积极稳妥均衡发展方针的形成

相比较而言，八大关于“二五”计划的建议和周恩来作的关于“建议”的报告，在它形成过程中，经历了较大反复；在它提出以后，也没有真正统一过认识。

前面已讲到，1956 年初开展反对右倾保守的斗争，不仅影响到当年的计划，而且直接影响到“二五”计划的编制。1955 年 8 月最初设想“二五”计划时，曾经有过一个比较冷静的指标轮廓。到 1956 年初，国家计委提出的“二五”计划初案，指标直线上升。要求到 1962 年，工农业总产值达到 2997 亿元，粮食产量 6400 亿斤，棉花产量 7000 万担，这就要求每年以 19.1%、10.3%、16.4% 的速度增长。这个方案在 4 月份向毛泽东汇报过。毛泽东主张 1962 年“把钢搞到 1500 万吨”，比 1955 年增长几倍。

这样的速度是无法实现的，使计划编制中的财政收支、物资供应无法平衡。由于得到毛泽东的肯定，领导干部中普遍存在急躁情绪，指标居高难下。从 5 月开始，周恩来、陈云等为遏制急躁冒进情绪作了不懈努力。反冒进目的之一，就是为了制定一个稳妥的实事求是的“二五”计划。这时，国家计委主任李富春已去莫斯科。从 7 月开始，周恩来亲自主持“二五”计划的编制，在起草两个文件时不断地降温，压缩指标。

鉴于“多、快、好、省”口号提出后，人们只知求多求快，没有发挥积极作用。周恩来在他的报告稿中先是在这个口号之后，加上“又安全”三个字限制词。随后，他在一份书面意见中，率直地提出:“这个口号需要斟酌”。最后，他在两个文件的稿子中全删去了“多、快、好、省”的口号。

李富春去莫斯科，是去征询苏联对“二五”计划的意见的，这不仅是尊重苏联的经验，更主要的是“二五”计划的建设规模，在一定程度上取决苏联提供的援助规模。8 月 17 日，苏方约见李富春，对中国的“二五”计划积累率从 22% 跳到 26%，“感到惊奇”，认为“二五”投资比“一五”增长两倍“太大了”，苏联供应设备很难保证，“希望中国同志了解苏联的困难”。也就是说，苏联援助不可能大幅度增长，而且有可能收缩对华援助。9 月 1 日，苏共中央正式复信中共中央，明确表示，中国要求为 109 个新建企业提供技术援助将予以满足，但所需设备，要从 1961 年起才能开始供应。

薄一波回忆说：“苏联的答复，对周总理主持修改的‘二五’计划草案被中央采纳起了有利的作用。”9月13日，毛泽东两次给周恩来写信，同意了“建议”和“建议”报告两个文件。表示：“看了一遍，很好”，“你的报告全文很好”。

于是，提交八大的“二五”计划建议，就是一个比较现实的计划。规定1962年工农业总产值2205亿元，粮食产量5000亿斤，棉花4800万担，分别比年初计划降低27%、21%、46%。

更重要的还不在具体指标，而在于周恩来在八大提出了一条积极稳妥的建设方针。他提出：

第一，应该根据需要和可能，合理地规定国民经济的发展速度，把计划放在既积极又稳妥可靠的基础上，以保证国民经济比较均衡地发展。

第二，应该使重点建设和全面安排相结合，以便使国民经济各部门能够按比例地发展。

第三，应该增加后备力量，健全物资储备制度。

第四，应该正确处理经济和财政的关系。

这条积极稳妥的建设方针，在八大得到了积极的反响，成为大会发言的主题之一。大家坦率地说到了近几年建设中的一些问题。

李富春说：国民经济各方面是一个有机整体，任何一方面过分突出和过分落后，都会引起比例失调。

薄一波说：正确地解决积累和消费的关系，是我国社会主义工业化过程中一个头等重要的问题。

李先念说：投资比例应作适当调整，既要照顾国家建设，又要照顾个人消费。

邓子恢说：没有重工业的发展，不可能实现农业现代化，但是如果农业生产赶不上工业发展的要求，结果只有使工业化速度被迫降低，或者使工农联盟关系紧张起来。

贾拓夫（国务院四办主任）说：在优先发展重工业的同时，轻工业也必须积极地相应地发展。

……

这条现实主义的建设方针在八大政治报告的决议中得到明确的肯定。决议中说：

党的任务，就是要随时注意防止和纠正右倾保守的或“左”倾冒险的倾向，积极地而稳妥可靠地推进国民经济的发展。

然而，这只是暂时的或者表面的意见一致。后来，“大跃进”发动之时，这条方针受到了严厉批评，八大确定的“二五”计划方案也被丢弃。在经历了“大跃进”严重挫折之后，毛泽东回过来想起了周恩来搞的那个计划。1960 年 6 月 18 日，他在《十年总结》中，深有感慨地说：“1956 年周恩来同志的第二个五年计划，大部分指标，如钢等，替我们留下了三年的余地，多么好啊！”

一种“大计划小自由”经济体制的构想

9 月 20 日，陈云作《关于资本主义工商业改造高潮以后的新问题》的大会发言。陈云的发言虽然也是个人发言，其意义非其他大会个人发言相比。这不只因为他是八大即将选出的六大领袖之一，更因为他发言的内容，不是讲政策，而是讲体制。这就触到了对传统社会主义模式的认识问题。

陈云的发言是经过深思熟虑的。

陈云是最早觉察到高度计划经济体制存在缺陷的一个。他的认识不是借助于某种理论，完全是对实践的观察。

从社会主义高潮，尤其是城镇对资改造和手工业改造高潮出现之时，陈云就遇到了许多新问题：改造过程中，为限制私人工商业的许多措施不能用了；由于改造过急，手工业和服务业合并过多，导致产品质量下降、品种减少，服务不周，造成居民生活不便；农业合作化过急，家庭经营减少，导致部分农副产品生产下降，公私合营和国营企业只顾生产大路货，不愿增加品种，产品货不对路……

有人说：资本主义生产大范围不合理，但小范围合理；我们现在是大范围合理，小范围不合理，陈云觉得有道理。

如何解决“小范围不合理”问题呢？他主张改变加工订货、统购包销的办法，实行选购办法；工业、手工业、农业副产品和商业应有很大一部分实行分散生产、分散经营；在坚持主要农产品统购统销的前提下，对部分农副产品实行国营商店、合作商店、合作小组和供销合作社自由收购、自由贩运，禁止互相封锁；价格政策必须有利于生产；国家计划管理办法，应有适当变更，做到“管而不死”，既要管好市场，又不把市场搞死。

在八大发言中，陈云归纳他的上述思想，提出了一个著名的“三个主体，三个补充”的总体构想：

1954 年周恩来、陈云、齐燕铭在中南海

在工商业经营方面，国家经营和集体经营是工商业的主体，但是附有一定数量的个体经营。这种个体经营是国家经营和集体经营的补充。至于生产计划方面，全国工农业产品的主要部分是按照计划生产的，但是同时有一部分产品是按照市场变化而在国家计划许可范围内自由生产的。计划生产是工农业生产的主体，按照市场变化而在国家计划许可范围内的自由生产是计划生产的补充。因此，我国的市场，绝不会是资本主义的自由市场，而是社会主义的统一市场，在社会主义的统一市场里，国家市场是它的主体，但是附有一定范围内国家领导的自由市场。这种自由市场，是在国家领导之下，作为国家市场的补充，因此它是社会主义统一市场的组成部分。

陈云自己把这种设想称之为：“大计划小自由”。

在苏联式计划经济体制刚刚在中国落户之时，陈云就觉察到它的缺陷，并试图做些改革，的确言人之所未言。正如毛泽东评价说：“他看问题有眼光”，“很尖锐”。

当然，陈云也不是独步幽谷。

在八大发言中，仍有不少人涉及所有制和经济体制问题。最值得一说的是耿介之士邓子恢。

1955年为了合作化的速度问题，邓子恢与毛泽东发生了当面的争论，后被批判为“右倾”，“小脚女人”。邓子恢作为老一辈革命家，曾与毛泽东一起创建中央根据地，双方的了解非同一般，因此有此一争。毛泽东当时也还只当是认识问题，邓子恢也没有因此而三缄其口，他对农业合作化高潮后出现的问题十分关注。

在八大发言中，邓子恢放言：不要“以为合作化以后万事大吉”，他主张农业合作社经营应采取“大的集中，小的分散”，“主要公有，次要私有”。八大以后，各地农村出现农民闹退社的风潮，引起邓子恢的高度关注，他倾注了大量心血来整顿合作社和实行责任制。此是后话。

一些省市区委书记如周小舟、李井泉、林铁、乌兰夫、王恩茂等都谈到农业合作化中过分集中统一、过分强调一切公有化、社越大越好等倾向。

还有一些部委和省市委领导对于手工业、商业过分集中，中央集权过多等问题提出了意见。

这一时期，毛泽东本人也在思考体制问题。《论十大关系》中有“中央与地方的关系”“国家、集体与个人的关系”等内容，都触及体制，他对中央计划管得太死也十分不满意。他后来逐渐形成了一种思路：下放权力，发挥中央与地方两个积极性（这就是近年所说的“行政性分权”），同时直接诉诸群众运动来弥补计划的缺陷和资本的缺口，打破计划的框框以促进高速发展。

同时毛泽东还有过“可以消灭资本主义，又搞资本主义”的惊人之论。

那是在1956年12月5日和7日，毛泽东两次约见民主建国会和全国工商联负责人谈话，与约者有陈叔通、黄炎培、盛丕华、胡厥文、荣毅仁、李烛尘等。

资本家怕定息取消太快。毛泽东说：取消定息不要来个高潮，资本家要拿多久就拿多久。

资本家担心再有两年是否会被一脚踢开。毛泽东说：现在看起来苏联消灭阶级，消灭太早了，不能使用资本家的能力。我们把资本家当成真正的财富。

毛泽东说：现在自由市场还有资本主义，虽然没有资本家。上海地下工厂也是对立物。因为社会有需要，就发展起来，要使它成为地上，合法化，可以雇工。

他说：我怀疑俄国新经济政策结束得太早，只搞两年退却就进攻，到现在社会物资还不足。

他的话转到中国，说：还可以考虑，只要社会需要，地下工厂还可以增加，可以开私营大厂，订条约，20年不没收。华侨投资20年、100年不要没收。“可以消灭资本主义，又搞资本主义。”

这是一个多么新奇的思想！这与他 1955 年讲要“使资本主义绝种，小生产也绝种”怎么相衔接呢？

或许，1955 年讲的是战略目标，这次讲的是策略上的退却。不过这一“退却”，毛泽东设想的是 20 年甚至 100 年啊！这个思想就像流星飞过，没有贯彻到底。两年之后，在向共产主义过渡的浪潮中，所有大小私有经济，真的“绝种”了。

但毛泽东“可以消灭资本主义，又搞资本主义”的话，给我们留下了思想的光芒。

毛泽东广会宾朋畅抒胸臆

八大期间，毛泽东的日程中，很大一部分是会见前来列席会议的各国代表团。宾朋如此之多，常委们不得不一齐出动，有时集体会见，有时分头会见。

这是毛泽东第一次与如此多的世界共产党首脑会晤。各国代表团中，许多都是由总书记率领。如罗马尼亚的乔治乌－德治、民主德国的乌布利希、波兰的杜克洛、西班牙的伊巴露丽、法国的雷曼等等。当然，地位最显著，人数最多的是苏共代表团，以米高扬为首。

这是一次世界共产党首脑的大聚会。

在众多代表团中，有一个代表团特别引人注目，那就是南斯拉夫共产主义者联盟代表团。南共 1948 年被斯大林革出共产党情报局以后，与苏共、与所有共产党都断了关系。斯大林逝世后，苏南关系重归于好，1955 年赫鲁晓夫访问南斯拉夫，讨好铁托，成为轰动东西方的重大事件。

当初中共对苏南冲突情况并不清楚，只是要与苏共和斯大林保持一致，1948 年批判了南共。但 1949 年情报局骂南共和铁托是刽子手、希特勒分子时，中共没有表态。新中国成立，南斯拉夫立即宣布承认中国。碍于苏联的关系，中国未予响应与南建交，但也没有断然拒绝，留有余地。苏南关系松动后，赫鲁晓夫致函并派人来华通报情况，希望中国采取一致行动。毛泽东与周恩来商议后，答应了赫氏的要求，1955 年 1 月与南建交。

9 月 24 日下午，毛泽东单独会见了南共联盟代表团，与他们进行了两个半小时的谈话。毛泽东首先对中共曾写文章批判过南共表示歉意，他说：“我们有对不起你们的地方。”同时坦诚解释说：“苏联朋友不愿意我们和你们建交……我们不同意也难办。”

毛泽东的这种坦诚态度，想必会得到维塞林诺夫带领的南共客人们的理解。其实，这时，毛泽东对南共和铁托曾受到的压力，在感情上是怀有同情的，因为有同感。他自己也是多次受共产国际压的，中国党曾经四次吃斯大林的亏。

第一次是王明“左”倾路线；第二次是王明右倾路线；第三次是战后斯大林支持蒋介石，不让中国革命；第四次是怀疑他是半个铁托。

毛泽东说：

当时有人说世界上有两个铁托，一个在南斯拉夫，一个在中国。当然没有作决议说毛泽东就是铁托。我对苏联同志讲过，你们怀疑我是半个铁托，现在他们不承认。从何时起才摘下半个铁托的帽子呢？从抗美援朝打击了美帝以后，才摘下了这个帽子。

毛泽东说：“我在见到斯大林之前，从感情上说对他就不怎么样。”同列宁不同，“斯大林站在别人的头上发号施令。”他说：

自由、平等、博爱，是资产阶级的口号，而现在我们反而为它斗争了，是父子党，还是兄弟党？过去是父子党，现在有些兄弟党的味道了，但也还有些父子党的残余。

毛泽东讲现在还有些父子党的残余，是批评苏共的，或许包含着批评米高扬的意思。米高扬这次在八大会上，仍然显示出一种大国大党心态。他 9 月 17 日的贺词有点文不对题。其他兄弟党代表的发言，以歌颂友谊，赞扬中国革命成就为主。而米高扬的发言，大量篇幅是在颂扬苏联共产党的成绩、十月革命、反法西斯战争胜利的作用，认为西欧革命的原动力来自俄国，革命中心在俄国等等。甚至认为中国共产党的每一个进步，每一项成就都是“根据苏联的经验”而来的。这使毛泽东甚为不快，借故不出席大会，以示抗议。毛泽东后来多次谈到这件事。

如果对中国共产党还只表现一点大党心态，那么对其他小党的代表，就有些倨傲无礼了。就在八大期间，同为中国的客人，米高扬对待英共总书记波立特竟粗暴地训斥，这使波立特满腹委屈，在同毛泽东、周恩来会见时，谈到这件事，竟悲伤地掉下了眼泪。

针对这件事，周恩来专程拜访了一次苏共代表团。这时，米高扬不在场。朝鲜国内发生了某种紧张情况，米高扬与彭德怀分别受各自中央的委派，赶赴朝鲜协助处理。周恩来同苏共代表团成员波诺马廖夫、卡皮托诺夫等举行了座谈。周恩来说：兄弟党之间必须要有兄弟间的平等关系，而不应是父子关系。长期以来，在大党与小党之间，或在执政的与在野的共产党之间没有建立起正当的、平等的、互帮互学的、相互信赖的关系，这是很不正常的。这对各兄弟党之间的关系的正常发展是极其有害的，是不应有的，也是不能容许的。对我们的兄弟党，不管它大小，也不管它执政与否，都应该一律平等对待。坚持以老子对儿子的态度，是不能容许的。

接着，周恩来直截了当地谈到英共总书记受到委屈的事。他说：英共代表波立特是应我党的邀请前来我国，参加我党举行的代表大会的，是来庆祝我党代表大会的客人，在我们这里他同其他各党的代表都是平等的。难道他到了我国，还要受别人欺侮么？！可是有一次，即几天前，我们同英共代表波立特交谈时，他表示在同你们（苏共代表团）来往和会谈时受到了委屈。他遇到了怎样的困难，我们不知道，但当他转述他们同你们党之间的关系时，悲伤地掉下了眼泪。使外国的同志受到这样的压力和难堪，这是极不正常、极罕见的。我们觉得这是使我们感到极其不光彩的事。所以特地转告你们，请予以注意。

波诺马廖夫和卡皮托诺夫一边听着，一边发傻似地望着周恩来，一言不发，也没有明确表态，只是支支吾吾地解释说，他们对这件事不甚了解，但是注意到了我们提的意见。

毛泽东最不满的就是这种老子党的作风。岂止不满，而且有“三肚子的火”。

1949年底毛泽东访问苏联，一见到斯大林，便说：“我是长期受打击排挤的人，有话无处说。”他想将多年积郁向斯大林诉说。然而，斯大林把话题岔开了。他高姿态地说：“胜利者是不受谴责的。”

以后，一直没有找到说明的机会，中苏友好的大局为重。苏共二十大以后，时机终于成熟。

9月18日，9月23日，毛泽东在中南海颐年堂两次会见苏共代表团，并举行会谈。刘少奇、周恩来、朱德、邓小平等人参加会见。这种会谈并非只是礼节性的，话题之一，就是斯大林和苏共对中国革命犯的错误以及父子党的不正常关系。

除上面两次集体会见外，据师哲回忆，毛泽东还有一次与米高扬的单独谈话。地点在政协礼堂小会议厅（临时餐厅），时间是晚餐后的桌旁，人员只有毛泽东、米高扬，加上师哲、马列两个翻译。

也许是这种非正式的不拘礼节的地点和方式，毛泽东更能表露自己的心迹，他一吐积郁多年的胸中块垒，话语也就十分尖锐了。

毛泽东从中共历史上各个时期“左”右倾机会主义谈起，不时涉及国际方面，包括苏联。

毛主席带着不满的口气说：

对当年共产国际和苏共的做法我们是有一些意见的，过去我们不便讲，现在就要开始讲了，甚至还要骂人了。我们的嘴巴，你们是封不住的……

中国党在它发展的各个阶段，由于最初时期的幼稚和缺少经验，老是左右摇摆，时而犯右倾错误，时而犯“左”倾错误，但“左”倾机会主义路线统治时期较长，因而它给党带来的危害和损失也最大……

这都是由于不相信自己，而一味盲听盲从盲动的结果。也由于国际共产主义运动中出现的好似老子党与儿子党之分的不正常的党与党之间的关系的结果。不管口头上怎么称作兄弟党，事实上一个党竟可以凌驾于其他党之上，形成了老子党与儿子党的局面，破坏了兄弟党之间的正常关系。我发号施令，你得听话、服从，不管我说得对不对。国际共产主义运动中这种要一个平等的兄弟党听从另一个兄弟党的话，服从另一个兄弟党的政策、策略和利益，跟着另一个兄弟党的屁股后面跑的坏习气、坏传统，是一种极为严重的不正之风……

“左”倾机会主义分子的最严重、最根本的错误是打击、排挤正确领导，否定、抛弃从实际出发制定出来的正确路线，使革命一而再、再而三地蒙受损失……

我们党的幼稚、缺乏经验，主要表现为一些人的无知、愚顽和刚愎自用。他们不相信自己而只一味听从别人的、远处的、外来的、奇异的、不切实际而耸人听闻的东西……不分青红皂白，他们都一概当做圣物接受下来，照搬、照套、照用、照行，却不管其后果如何。这种盲从行为的责任当然不能由别人来负，而应由我们自己负责。但对这种盲从、盲目听信别人所造成的后果，却不能不说清楚，讲明白。

披虎皮，拉大旗，借以吓人，是另一种幼稚无知的表现。

毛泽东越说越有些动气，接下来的话就更加尖锐了。

关于这一切，我们将要在适当的时候、适当的场合，讲明我们自己的观点和以高昂代价得来的经验教训。这就是说，我们要发言，要讲话，还要写文章，或许还要骂人。我是说，假如没有地方讲话，就写文章；假如憋不住气了，就会骂人的。我们有这个民主权利，就要使用它，谁也封不住我们的嘴。我们中国有一句古话，叫做“不平则鸣”。我们要说话，要写文章，也就是本着这个意思而来的。总之，气不平，理不顺，就要出气，就要讲道理。

米高扬没有发表任何意见，没有表明自己的态度，只是认真地倾听。师哲回忆说：“他究竟听懂了多少，明白了多少，无从知晓。不过我想，米高扬从毛泽东的一些用语和措词上，如‘老子党’、‘儿子党’、‘一方发号施令，另一方得俯首帖耳、唯命是从’、‘往往危言耸听，借以吓人’，以及‘过去我们憋了满肚子气，有气无处出；现在就要出气了’等等，总可以体会到什么的。”

毛泽东不只是对着米高扬说，他的话很可能包括了他原来想对斯大林、莫洛托夫讲的若干内容。

毛泽东讲这些话是注意场合的，对于其他众多的共产党代表团，毛泽东主要是为苏共补台的，把维护苏共视为大局。

毛泽东先后会见了几乎所有来访的代表团，其中有西班牙共产党总书记伊巴露丽，英国共产党总书记波立特等。多数场合亲切友好。这时，苏共二十大成了各国党关注的热点问题。不少国家，尤其资本主义国家共产党代表在会议中坦言，苏共二十大以后，国内、党内发生波动、混乱和危机，处境维艰。有代表直言：“赫鲁晓夫关于斯大林的报告对于我们是一个很大的打击。”

对兄弟党的困难，毛泽东表示同情和理解。他说：“有些问题我们可以写冠冕堂皇的文章，我们也已经写了。”至于谈到苏共二十大揭发斯大林的错误，毛泽东肯定的多，批评的少。他说：

对斯大林的批评，我们人民中有些人还不满意。但是这种批评是好的，它打破了神化主义，揭开了盖子，这是一种解放，是一场解放战争，大家都敢讲话了，使人能想问题了。

毛泽东说，现在有点反封建主义的味道，由父子党过渡到兄弟党，反对家长制。以前思想控制很严，深过封建统治，甚至有些君主也比他开明些。不是今天杀人，就是明天杀人。捉人、杀人、刑讯逼供均是封建主义，同志之间的猜疑也是旧社会的。

毛泽东十分不同意借口说因为受到敌人包围就得大批捉人杀人。他说：那么列宁受到的包围不比列宁去世以后更厉害吗？列宁在世时杀人就少。我们在江西、在延安时，敌人的包围也很厉害，我们那时就已经纠正了错误。毛泽东认为，斯大林犯错误，原因主要不在这里，而在于他在认识上离开了马列主义原则，离开了唯物主义，犯了主观主义错误。有人说斯大林性格粗暴。性格粗暴，就是任性。

毛泽东说，社会主义必须想些办法，避免这种现象。没有集中和统一是不行的，但缺点是使人不敢讲话，因此，要使人有机会。

对于苏共新领导，毛泽东只是提出一点批评，认为他们在批斯大林时没有承担自己的责任。他说："这是道德问题，打死人的问题。"

关于如何对待苏共二十大以后的苏联，毛泽东态度很明确：维护苏联。他对英共总书记波立特说：

苏联一般来说，总是好的。他们有四好：马列主义、十月革命、主力军、工业化。当然也有阴暗面，有些错误。但成绩是主要的，错误是次要的，尤其是我们要支持赫鲁晓夫等同志，敌人正利用对斯大林的批评在全世界展开攻势。我们应该支持苏联。

世界共产主义运动的中心在莫斯科，帝国主义怕苏联而不怕中国，列宁主义从十月革命以来已经 40 年了，二次大战时苏联是主要的反法西斯力量。苏联已经大大地工业化了，今天是唯一能对付帝国主义的强大力量。我们以苏联为中心，一个头。一个人只能有一个头，那能有两个头！一个阵营一个头，只有它有资格。在军队里也只有一个总司令，别的就是副司令，苏联就是总司令。我们支持苏联为中心，这对社会主义运动有利。

毛泽东说这些话是从大局出发的，也是真诚的。

毛泽东还向正在革命的政党介绍了中国革命的经验。

八大是一个历史起点，毛泽东从此走上世界共运的舞台。他目光远大，不仅规划着中国的未来，也关注着世界革命的前途。他希望中国能为人类作出更大的贡献，他也代表中国党为各国的革命斗争作出了更大的承诺。

6 波匈动荡　苏共集团初乱章法 克乱劝和　中共首脑两赴苏联

波苏关系恶化，毛泽东反对苏联出兵干涉波兰

1956 年 10 月 19 日，苏联驻华大使尤金紧急晋见刘少奇，将苏共中央给中共中央的一个通知交给刘少奇。通知说：波兰反苏势力嚣张，要苏军撤出波兰。苏联根据《华沙条约》有权驻兵波兰，有义务保卫东欧社会主义国家的安全。苏联不能允许反苏事件继续发展，准备调动军队来解决问题。电报中表示，想知道中共的意见。

从 10 月 17 日起，外国通讯社盛传：波兰境内苏军调动频繁，华沙空气非常紧张。

情况异常紧急。10 月 21 日和 22 日晚，毛泽东在中南海颐年堂先后召集中央政治局常委会议中央政治局会议，讨论对苏共的答复。毛泽东说：现在情况非常紧急，我们要早定方针。儿子不听话，老子打棍子。一个社会主义大国对另一个社会主义邻国武装干涉，是绝对不能允许的，这是严重的大国沙文主义。

会场议论纷纷，与会者一致赞同毛泽东的意见。

毛泽东说：事不宜迟，我们应马上警告苏方。

这时正是 23 日凌晨零点四十分。会议刚结束，毛泽东就由刘少奇、周恩来、邓小平陪同，紧急约见苏驻华大使尤金。毛泽东劈头对尤金说：我们政治局一致认为，苏联武装干涉波兰是违反无产阶级国际主义原则的，中共中央坚决反对这样做。希望你们悬崖勒马，如果你们不听劝告，中共中央和中国政府将公开谴责你们。请你立即打电话告诉赫鲁晓夫同志。

尤金满头大汗，连声“是！”“是！”，迅速退走。

此时，以赫鲁晓夫为首的苏共中央代表团正在华沙与波兰工人党中央紧张谈判。

波苏关系的恶化，冰封三尺非一日之寒。大体有两个方面的原因：一是波兰

领导人被迫照搬苏联全盘集体化和优先发展重工业的模式，导致物资匮乏，人民生产困难，激起民愤；二是长期以来苏联大国主义和苏东“父子党”的格局，使波兰国内形成了强烈的反苏民族主义情绪。两股力量汇合，在苏共二十大批斯大林的影响下，终于爆发。6月就发生了波兹南工人罢工和示威游行，军警镇压，造成流血事件。不满的浪潮迅速蔓延，演变成政治斗争。

7月，波兰统一工人党迅速召开七中全会，决定实行经济合理化和政治民主化，并改善人民生活。会后，政治改革的呼声高涨。许多人公开要求彻底改组党的领导机构，让前总书记哥穆尔卡重新上台。

哥穆尔卡是被斯大林赶下台的。1949年，开除铁托后，斯大林在东欧各党中进行了预防性大清洗，把有某种独立思考的领导人或砍了头，或下了狱。哥穆尔卡当时提出“走波兰式社会主义道路”，被指责为右倾民族主义者，关进了监狱，直至1954年才被放出来。

苏共感到，哥穆尔卡重新上台是个威胁，怀疑波兰有摆脱苏联，投奔西方的危险。更有甚者，波党中央许多人要把国防部长罗科索夫斯基等人开除出政治局。

罗科索夫斯基何许人也，他生在波兰，长在苏联。本是斯大林属下的一名苏联元帅，为了控制波兰，1947年，斯大林把他派回到波兰，担任国防部长。

10月18日，苏共中央派出由赫鲁晓夫、莫洛托夫、米高扬、卡冈诺维奇四人组成的代表团到达波兰。此时，苏联已出动了军队，对华沙形成包围之势，逼迫波党作出让步。

然而，波党态度强硬，19日召开八中全会，决定由哥穆尔卡率领代表团与苏共代表团谈判。波兰人向苏联人解释说，民主化并不是破坏《华沙条约》，波苏友好仍是波兰外交的基础。在获得哥穆尔卡“真诚地忠实于人民民主制度和波苏联盟”的承诺后，赫鲁晓夫作出让步，命令部队退回原地，随后飞回莫斯科。然而，21日的波党选举，国防部长罗科索夫斯基终于没有被选进政治局。赫鲁晓夫甚感意外。

当天，苏共中央给中共中央来电，告知苏波谈判情况。并说，波兰情况极为严重，事关重大，希望中共派一代表团到莫斯科商谈，并指名刘少奇或周恩来去。

尤金退出后，约凌晨3时，毛泽东、刘少奇、周恩来、邓小平继续开会，决定派团赴苏，由刘少奇、邓小平、王稼祥、胡乔木四人组成，师哲任翻译。

会后，毛泽东再次同尤金谈话，次日再谈。

毛泽东说，根据我们掌握的材料，波兰不像马上脱离社会主义阵营，但要改组政治局是坚决的。对这件事，有软的和硬的两手：硬的就是派军队去，把它压下去，软的就是劝他们，不听，则向他们让一步，承认哥穆尔卡的中央，经济上援助他，平等合作，争取波兰留在社会主义阵营里面。

由于苏东事态的发展，这时与八大期间相比，毛泽东对于批判斯大林的态度发生微妙变化。八大时强调的是批判的必要性，现在强调了批评的方式及其消极后果。毛泽东说：斯大林是需要批判的，但是批判的方式我们有不同意见。还有若干问题，我们是不同意的。我们认为，应在保护斯大林的前提下，批判斯大林的错误，这样不至于丢掉斯大林这个武器。毛泽东当着苏联人的面提出：责任不应推到斯大林一个人身上，其他人也应承担责任。

尤金把毛泽东的两次谈话内容，用电话报告了赫鲁晓夫。

刘少奇、邓小平赴苏劝和，毛泽东敦促苏联出兵匈牙利

10 月 23 日清晨，刘少奇、邓小平一行紧急出发，飞往莫斯科。行前确定：此行任务是调解，方针是着重批评苏共的大国沙文主义，同时劝说波党顾全大局，方式是只分别同苏共或波党会谈，不参加波苏两党会谈。

当天下午，飞机抵达莫斯科。有些蹊跷，赫鲁晓夫亲自出马到机场迎接。这已属例外，更奇怪的是机场上只有他一人。明显地，赫鲁晓夫想与中国同志谈些私房话。

这时，赫鲁晓夫遇到了不小的麻烦。波兰动荡，如脱离苏联，不仅危及苏联的利益，而且危及赫鲁晓夫本人的地位。主席团已有不少人抱怨，波兰的动乱是由赫鲁晓夫的“秘密报告”引发的。赫鲁晓夫有些乱了章法，希望得到中国党的支持，给他出主意。一上轿车，立即拉上隔音玻璃，与刘少奇咬起耳朵来，到达下榻别墅，仍未停口，话说得杂乱无章，有些慌乱。他希望中国同志劝劝波兰领导人。

刘少奇、邓小平当即表态：我们支持你们。

赫鲁晓夫心中一块石头落了地。

第二天（24 日），刘少奇一行到克里姆林宫参加苏共中央主席团会议，刘少奇在会上作长篇发言。刘说：波兰和匈牙利民族情绪高涨，同斯大林时期的大国主义有密切关系，而这种大国主义至今没有彻底克服。在社会主义国家和各国共产党之间，必须承认独立原则和平等原则。

刘少奇向赫鲁晓夫转达了毛泽东关于解决苏东关系的设想：苏联可否采取一

种根本性的政策，这就是在政治上、经济上和军事上放手，让他们自己搞，不加干涉，以巩固苏联和东欧国家的关系。接着，刘少奇建议苏联公开声明：不干涉别国内政，各国的问题如何解决由他们自己决定。

谈话中，刘少奇已对苏共有很多批评。提出苏联人总爱强加于人，随意公开批评外国党。他建议兄弟党之间应多磋商，不要自以为是，超人一等。

刘少奇的话富有感染力，赫鲁晓夫低下头只是听，所有人都在听，似乎有所触动。只有福尔采娃听不下去了，想走，被赫氏严厉的目光制止。

10 月 29 日，赫鲁晓夫、莫洛托夫、布尔加宁前来拜会中共代表团，诉其苦衷：如果苏军退出波兰、匈牙利，其他国家必会效仿，《华沙条约》就垮了。刘少奇表示赞同。但在说话间，毛泽东来电话：希望苏联更加放开些，驻军也应该撤离，让这些国家能够自主。刘少奇向苏联领导转达了毛的意见。谈话持续到深夜两点，苏方终于同意发一个声明。

毛泽东的这个设想多么具有远见！战后出现两个国家集团，以美国为首的西方集团，以苏联为首的东方集团。几十年后，东方集团土崩瓦解，西方集团虽也冲突频繁，但终究保持了盟国关系。其原因固然复杂，集团内部关系模式不同，不能说不是原因之一。盟主与盟员的关系，越是强控制，越是缺乏弹性，就越易于走向破裂。捆绑不能成夫妻。斯大林和他的后任总是只相信自己，不相信别人。总是把国内的控制手段运用到兄弟党和兄弟国家。结果包袱越背越重，国力越耗越大，积怨却越积越深。而在社会主义道路上强求一致，使东欧各国政策脱离国情，经济停滞，养成动乱的根源。

不过，在这个关键时刻，赫鲁晓夫口头表示同意毛、刘的建议。

经过中共的耐心劝和和苏波之间激烈的辩论，苏波两党终于在莫斯科达成协议：苏军可暂驻波兰，但不得干涉驻在国主权与内政；苏军调动须征得波政府同意；双方在相互平等，尊重国家主权和独立的基础上，发展友好合作关系。

10 月 30 日，苏联政府单方面发表了改进社会主义国家关系的宣言。宣言基本上是按刘少奇发言的内容起草的。宣言承认过去在处理社会主义国家的关系方面犯了错误，表示今后将遵守互相尊重主权和平等互利的原则，同有关国家改善关系。11 月 1 日，中国政府发表声明予以支持。声明指出："苏联政府的宣言是正确的"，强调了社会主义国家的相互关系更应该建立在和平共处五项原则基础上，表示支持波兰等东欧国家独立自主的要求。中国政府的这个声明，形式上是支持苏联的声明，事实上是支持波兰等国家争取国家独立主权的要求。声明发表，在东欧各国受

匈牙利事件时布达佩斯街头的苏联坦克

到普遍欢迎。然而，苏联领导人这个时候讲这个话，也是不得已而吞下的苦果。他们没有也根本不会放弃对东欧各国的控制的。

无独有偶，正当中共劝和，苏波达成和解协议之时，匈牙利局势异常紧张起来。从10月下旬起，军警同示威群众不断发生冲突。

匈牙利事件虽同波兰事件有相同的背景，但情况更加复杂。新任总理纳吉10月15日发表《告匈牙利人民书》，呼吁停止冲突，宣布释放罪犯，要求匈牙利“中立”，建立多党制政府，退出华沙条约组织，请求联合国和苏、美、英、法四国保护匈牙利“中立”。纳吉还误以为中国是站在他们一边的，误以为中国号召“百花齐放，百家争鸣”，也是“自由化”运动。国外敌对势力也大肆鼓噪。匈党第一书记卡达尔束手无策，请求驻匈苏军协助恢复秩序。这时国内敌对势力进一步策动匈牙利军队叛变。

赫鲁晓夫此时迟疑起来，举棋不定。10月30日决定从匈牙利撤出苏军。刘少奇、邓小平、王稼祥、胡乔木等人均感意外，讨论了一天，分析了两种办法：一是苏军撤出，让反革命分子在那里统治，结果多少万人头落地；二是苏军不撤，采取进攻政策，把反革命镇压下去。议来议去没有结果。当晚，刘少奇打电话报告毛泽东。

毛泽东是什么态度呢？这里出现两种说法：一种是师哲的回忆：“主席表示，可以把两种办法都向苏联提出来，跟他们商量。他倾向于进攻，但以为最好等反革命多暴露一些，在人民看得更清楚的时候再行动为好。”

另一种是当时任新华社社长、列席中常委会议的吴冷西回忆：10月30日晚，中常委开会，毛泽东决定：电告代表团，立即约见苏共中央主席团，声明受中共中央委托，反对苏军从匈牙利撤退。

两种说法有一个共同点：都肯定毛泽东主张“进攻”，但口吻大不一样，一种是协商的口吻，一种表示强硬的立场。值得注意的是，这时，毛泽东已产生一个策略思想：让反革命分子多暴露一些再行动。

刘少奇如何与苏共领导人交涉的呢？又有两种说法。吴冷西说：第二天（10月31日）刘少奇会见苏共中央主席团全体成员，“严厉地指出：苏共这个决定是对匈牙利人民的背叛。苏共中央如果抛弃社会主义匈牙利，将成为历史罪人。”

但根据师哲回忆，刘少奇、邓小平都是采取商量的口气，分析利害。但主张“进攻”，态度是鲜明的。赫鲁晓夫面有难色，说主席团一致主张退让。刘少奇只好作罢，开玩笑说：昨天我们劝说你们撤军，你们不同意；今天你们又来劝说我们非撤不可。会场上的人都笑了起来。

师哲的回忆似乎更为可信。一则他是当事人，二则符合情理。当时情况紧急，又未曾遇到，进攻与退让都会留下隐患，中、苏两国领导人都难下定断。《赫鲁晓夫》传记作家罗伊·麦德维杰夫写道：“几乎天天都召开主席团会议。无论是赫鲁晓夫还是其他主席团成员都无法作出任何坚定的决定：有一天，他们倾向于进行干涉，但第二天又改变了想法。”

最后，赫鲁晓夫决定进行武装干涉。11月1日，刘少奇、邓小平启程回国，苏共中央主席团全体成员到机场欢送，纷纷感谢中国党的帮助，赫鲁晓夫告诉刘少奇：昨晚苏共主席团已决定采取进攻方针。刘少奇笑道：你们今天的讲话又跟我们昨天的讲话一样了。

在得到中共的支持后，赫鲁晓夫在马林科夫陪同下，飞抵华沙和布加勒斯特，会晤波、罗、捷、保领导人，取得一致。接着又飞抵布里俄尼岛，与铁托会晤。苏南关系刚重归于好，赫氏极想把南拉回阵营。出人意料，铁托竟同意了苏共的决定。11月4日，苏军开进布达佩斯，镇压了匈牙利叛乱，帮助卡达尔建立了新政府。纳吉躲进南斯拉夫大使馆，后寻机逃出国境，却被苏军截获，随后转移囚禁在保加利亚，1958年被枪毙。南斯拉夫提出抗议，苏联不予理睬。刚刚修好的苏南关系由此重新恶化。

“我看有两把刀子，一把是列宁，一把是斯大林”

波匈事件使中国领导人警惕起来。

11月2日，毛泽东主持中央政治局会议，听取刘少奇、邓小平汇报。刘、邓认为，苏联人大国沙文主义由来已久，引起兄弟党的强烈不满，苏共领导人虽感到过去的一套不灵，但并未觉悟必须改辕更辙；东欧国家民族主义情绪也由来已久，于今尤烈，各自夸大民族特性，否定国际共性，出现了否定苏联的一切以至否定十月革命的倾向。

11月4日，继续召开政治局会议。周恩来说，西方世界利用匈牙利事件大肆反苏反共，东欧各国党内出现动摇分子和变节分子，苏共领导人表现软弱无力，我们党应做中流砥柱，力挽狂澜。毛泽东说，我们要硬着头皮顶住，不仅要顶住，而且要反击。

11月11日，铁托在普拉发表演说。他从匈牙利事件讲起，批判“斯大林主义”和“斯大林主义分子”，认为斯大林的错误，根源不仅仅是个人崇拜，而是使得个人崇拜得以产生的制度。他批评阿尔巴尼亚的霍查、谢胡，匈牙利的科拉西和格罗及其他东方国家领导人是“顽固的斯大林主义分子”。批评匈牙利领导人“请外国军队来教训自己的人民是一个严重的错误。”他认为，“匈牙利的事件可能是最后的一次悲剧”，因为在一切党内，一定有比斯大林分子看得更远的真正的共产党人。他号召把各国党内的“斯大林主义分子”赶下台。

铁托从制度上来寻找斯大林错误和波匈危机的根源，不能说不深刻，但他关于“斯大林主义”和“斯大林主义分子”的讲法，似乎与西方国家反苏反共相呼应，使已陷入危机的东欧各国领导人惶惶然。当时，人们还不能把社会主义基本制度与具体制度区别开来，不能把社会主义制度与斯大林式社会主义模式区别开来。因而，铁托的演讲引起了东西方共同的关注。

此时，正是中共八届二中全会开会期间（11月10日至15日），铁托的演说引起毛泽东的警惕。联系到波匈事件及国际局势，毛泽东的忧虑心情凝重起来，不无担忧地说：“斯大林问题牵涉整个国际共产主义运动，各国党都牵涉到了。”感到在批评斯大林及苏联领导人错误的同时，有必要起来保卫斯大林的总体形象和地位，保卫十月革命。相应的，毛泽东对苏共二十大也越来越持批评态度。不仅是否定斯大林问题，还有和平过渡问题。就在八届二中全会上，毛泽东说：

关于苏共二十大代表大会，我想讲一点。我看有两把刀子：一把是列宁，一把是斯大林。现在，斯大林这把刀子，俄国人丢了。哥穆尔卡、匈牙利的一些人就拿起这把刀子杀苏联，反所谓斯大林主义。欧洲许多国家的共产党也批评苏联，这个领袖就是陶里亚蒂。帝国主义也拿这把刀子杀人……我们中国没有丢，我们第一条是保护斯大林，第二条也批评斯大林的错误。

列宁这把刀子……我看也丢掉相当多了。十月革命还灵不灵？还可不可以作为各国的模范？苏共二十次代表大会赫鲁晓夫的报告说，可以经过议会道路去取得政权，这就是说，各国可以不学十月革命了。这个门一开，列宁主义就基本上丢掉了。

八届二中全会议程，当然不只是讨论波匈事件，还有“二五”计划等问题。但所有议题都贯穿着一种思考：如何吸取波匈事件的教训。在政治上，有两点比较一致：一是要镇压反革命，二是要发扬民主，正确处理人民内部矛盾。不过，细细比较起来，毛泽东与刘少奇、周恩来思考的侧重点有些不同：毛泽东比较强调阶级斗争没有搞好的教训，刘少奇则比较强调“特权阶层”同工人阶级和人民群众的矛盾，周恩来强调要处理好人民群众利益问题。

然而，在经济建设方针上，看法则大不相同。

刘少奇在《目前时局问题》报告中，总结波匈事件教训后说：

我们应该注意把工业建设速度放在稳妥可靠的基础上。什么叫稳妥可靠？就是群众总不能“上马路”，还高兴，还能保持群众的那种热情。

慢一点，右一点，还有回旋余地；过了一点，左了一点。回旋余地就很少了……快一点，慢一点不是失掉立场问题。

周恩来总结苏东教训，说：

又要重工业，又要人民。这样结合起来，优先发展重工业才有基础。

如果不关心人民的当前利益，要求人民过分地束紧裤带……那么，人民的积极性就不能很好地发挥。

应该承认，（一五计划）错误也不少……1953 年小冒了一下，今年就大冒了一下。

周恩来提出 1957 年应实行“保证重点，适当收缩”方针。周的建议，得到多数人赞同，但毛泽东不以为然。他说：“我们的计划经济，又平衡又不平衡，平衡是暂时的，有条件的”“净是平衡，不打破平衡，那是不行的”。要“有进有退，主要的还是进”，“波浪式地前进”，“要保护干部和群众的积极性”。毛泽东的这些话，委婉地批评了“反冒进”。

毛泽东更多的还是关注政治问题。八届二中全会后一段时间，他几乎每天召开常委会，关注东欧事态的发展。大家都认为，铁托反“斯大林主义”和“斯大林主义分子”，完全搬用西方资产阶级的污蔑。这种污蔑，是帝国主义分裂共产党，分裂社会主义阵营的阴谋。

毛泽东说：所谓斯大林主义，基本上是正确的；所谓斯大林主义分子，基本上也是正确的。斯大林主义非保持不可，纠正它的缺点和错误，就是好东西。

1956年12月29日，《人民日报》发表了《再论无产阶级专政的历史经验》。这篇文章与《一论》一样，由中央政治局多次讨论，毛泽东修改定稿。文章两面作战：既讲斯大林的错误，又维护斯大林主义；既反对大国沙文主义，强调各国独立自主，又反对“小国沙文主义”，提倡国际主义；既反对教条主义，又提出了反对修正主义，维护十月革命。文章旨在克服思想混乱，呼吁“要加强以苏联为中心的国际无产阶级的团结”。

这时，毛泽东在八大讲的以后要写文章、要骂人，批评斯大林和苏联的错误的想法不再提起，转而保护斯大林，维护“斯大林主义”。这一转，尤其“反对修正主义”口号的提出，也使从年初以来突破斯大林模式的探索，受到很大的限制。到后来，在“反修”的旗帜下，完全走上了反面：从“左”面突破苏联模式。

周恩来出访波匈，为赫鲁晓夫补台

此时，赫鲁晓夫可谓陷入内外交困。国际上对东欧有些失控，在党内也遇到了激烈批评，他很需要中国的支持。中国发表的“两论”对斯大林的评价，显然同赫鲁晓夫有所不同，且含有对苏联的批评之意，但赫鲁晓夫为了应付困境，对“两论”评价甚高。尤其《再论》，得到特别重视，苏联广播电台连续播放。赫鲁晓夫对斯大林的评价也趋于温和。

12月31日，克里姆林宫举行例行新年宴会，中国驻苏大使刘晓出席。赫鲁晓夫从主席台跑下来，走到刘晓身边主动与刘拥抱，并说：“我读了中国发表的文章，它写得好极了，我同意里面的每句话和每个字。”赫鲁晓夫亲自邀请刘晓上主席台，坐在自己与莫洛托夫之间。这一举动非同寻常。

赫鲁晓夫在祝酒词中说：“斯大林犯了严重的错误，但是他仍然是一个伟大的马列主义者，他同敌人进行了坚决的斗争，在对待敌人方面，我们同斯大林是完全一致的，从这个意义上说，我们都是斯大林主义者。”在谈到匈牙利事件时，他说：“现在有人想逼我们后撤，不，我们决不后撤，社会主义阵营的边界只能向前推进，决不后撤。”

赫鲁晓夫把刘大使请上主席台，然后发表强硬讲话，有着重要象征意义。他显然想向外界表明：苏联内部是团结的，中苏关系是亲密无间的，西方不要指望苏联内部和中苏之间发生分裂。

1957 年 1 月，周恩来中断他亚洲八国之行，访问苏联、波兰、匈牙利三国，是对赫鲁晓夫的一个支持。

亚洲八国的访问计划是 1956 年 7 月间就定下的。当时计划来年春天访问东欧社会主义国家。

11 月 29 日，苏驻华大使尤金提出邀请周恩来访苏。12 月初，波兰大使提出同样的要求。周恩来此时已访问过越南、柬埔寨、印度、缅甸，正在巴基斯坦访问。在取得阿富汗、尼泊尔的谅解后，决定先访苏联、波兰，再访阿、尼。

消息一公布，南斯拉夫、匈牙利、阿尔巴尼亚、民主德国的邀请接踵而至。匈牙利尤为殷切。12 月 30 日，匈驻华代办约见外交部代部长张闻天，恳切地说："(周恩来)即使在匈牙利只逗留一天，对匈牙利也是很大的支持。"

1 月 7 日，周恩来一行抵达莫斯科。赫鲁晓夫很希望周恩来能对匈牙利作一次短暂访问。这将表明中国是支持苏联镇压匈牙利叛乱和支持卡达尔新政权的。

周恩来报告中央同意后，决定答应赫鲁晓夫的要求，在访问波兰后访匈一天。赫鲁晓夫甚感欣慰。1 月 8 日，苏共中央电告匈党中央，邀其全体政治局委员赴苏，举行匈、苏、中三方会谈。后因气候异常，匈党决定由卡达尔、马罗山二人赴苏，其他人折回。

10 日，卡达尔等抵达莫斯科，周恩来首先同其单独会谈，继而举行中苏匈三方会谈。根据周恩来的意见，三方会议确定了中匈联合公报的主旨：强调社会主义国家的团结，谴责西方在匈的颠覆活动，强调镇压反革命等。这时赫鲁晓夫又提出了一个动议：邀请铁托同时访匈，由中国调解匈南关系。周恩来与毛泽东电话商议后，认为不妥。显然毛、周对铁托已有不同看法，不愿此时此地讨论。

周恩来在莫斯科期间的讲话，强调中苏团结以及各共产党国家的团结。1 月 18 日发表的中苏联合声明，强调了"中国和苏联同一切社会主义国家兄弟般友谊和相互协助的义务"，强调共同回击帝国主义的挑衅的决心。周恩来还同也在苏访问的东德代表团签署了一项联合声明强调，"以苏联为首的"各国合作。

1 月 11 日，周恩来抵达华沙，他的第一次讲话，又强调了苏联在共产主义运动中的领导地位。但哥穆尔卡在致答词时却只字未提到苏联，显然哥穆尔卡及波兰党摆脱苏联控制的意愿十分强烈。在双方最后签署的联合声明中，宣布两国支持卡

1957年1月，周恩来在访问波兰时和波兰领导人哥穆尔卡（右）、西伦凯维兹在一起

达尔政府，但未提到苏联的领导。周恩来支持波兰独立自主的立场，他重申社会主义国家之间的关系，“必须建立在相互尊重主权，互不干涉内政，平等互利的原则基础之上。”

1月16日，周恩来率团从华沙飞抵布达佩斯，在匈牙利的访问不足24小时，却具有传奇色彩。其时匈牙利大乱虽过，余波未息，国内尚不安定。为了安全起见，双方商议，周的访问不发消息，也无欢迎场面，联合公报在周离匈后发表。周恩来乘坐一辆避弹车前往市区住地，后来盛传周是乘坐苏军坦克进入布达佩斯的，这是误传。但在周下榻的小别墅门口，确实停着苏军坦克，戒备森严。周在一天时间内在不同场合先后讲话五次，与卡达尔会谈近七小时。参加了有1500人与会的匈积极分子大会，这是应赫鲁晓夫的要求召开的。周还带去了中国政府对匈牙利政府两亿卢布贷款的意向。周的来访，是匈动乱之后第一位外国政府首脑的来访，对卡达尔政权是一个巨大支持。正如卡达尔、马罗山在莫斯科对周所说：重要的不是访问时间长短，而在访问这一事实本身。

周恩来对苏联、波兰、匈牙利的访问，是对正处于困境的赫鲁晓夫的支持。在欢送周恩来的宴会上赫鲁晓夫说：我们有权利把这次聚会“叫作春天的节日，叫作我们兄弟人民之间永恒的、牢不可破的友谊加强和繁荣的节日。”

这可视作赫鲁晓夫的真情流露。然而，赫鲁晓夫的心情是复杂的，一方面对周恩来的补台心存感激，另一方面又对周恩来的直言相劝心中不快。

此时的中苏关系，表面趋于热烈，内里却渐近冷淡。双方的分歧渐显。周恩来访苏不仅是去表示中苏团结的，还包含着对苏联的批评。中苏会谈必定不都是轻松话题。

1957年1月27日，毛泽东在省、市、自治区党委书记会议上讲到中苏关系时说:“我看总是要扯皮的”，“矛盾是经常有的，有矛盾就有斗争。现在中苏之间就有那么一些矛盾。”“苏联那些顽固分子还要搞大国沙文主义那一套，行不通了”。他透露，他曾给在莫斯科的周恩来打电话说:“这些人利令智昏，对他们的办法，最好是臭骂一顿”，他说:“他们想影响我们，我们想影响他们，我们也没有一切都捅穿”，“手里还留了一把”。中苏关系“目前只要大体过得去，可以求同存异，如果他们硬是这样走下去，总有一天要统统捅出来”。可见，中苏关系徒有“亲密无间”的表象，实际上是一个“大体过得去”的状况。

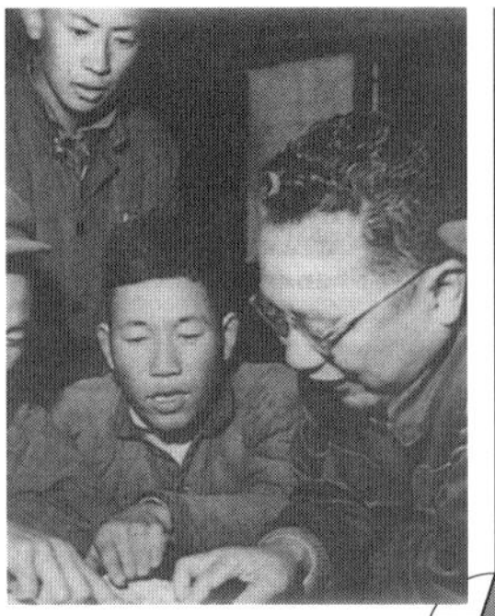

CHAPTER 2

第二章 沉重一页

1 纵观天下 毛泽东阐发“正处”宏论 应时而动 各阶层讨论内部矛盾

新中国的“多事之秋”

1957年初，毛泽东在省、市、自治区党委书记会议上的讲话中说道：

去年这一年是多事之秋，国际上是赫鲁晓夫、哥穆尔卡闹风潮的一年，国内是社会主义改造很激烈的一年。现在还是多事之秋，各种思想还要继续暴露出来，希望同志们注意。

“多事之秋”，是毛泽东对于新中国进入社会大变动的历史转折时期之后国内外形势的基本判断。

所谓赫鲁晓夫闹的风潮，是指他在苏共二十大上所作的秘密报告，反对个人迷信批判斯大林的错误。这一突发事件，在国际共产主义运动中造成了极大的思想混乱。同年6月和10月，波兰和匈牙利相继发生了严重的动乱。从此以后，国际共产主义运动就进入了大动荡的时期。这在上一章已经详述。

1956年的资本主义世界也是一个多事之秋。在诸多事件中，影响最大的就是第二次中东战争的爆发。毛泽东在省市自治区党委书记会议上特别提到了这个事件。

在国内，同样被看做多事之秋，屡屡发生群众闹事。

工人罢工请愿事件明显增多。

1956年全国总工会收到的报告和直接处理的罢工、请愿事件计86件之多，其中第一季度6起，第二季度19起，第三季度20起，第四季度41起。

总工会党组向中央报告说，在这些事件中，有共产党和青年团员带头参加，有工会基层主席参加，也有私方人员从中挑拨，在某些事件中还有反革命分子从中煽动。这些罢工请愿事件，往往都是从一些经济方面的因素挑起，一般都是由领导者的官僚主义作风引起的。

河北省定县某厂领导不同工人群众商量就变更劳动组织，工人提出意见，行政干部不仅不加以考虑，反而粗暴地威胁工人："谁不上工，就扣谁的工资！"遂引起该厂34名工人罢工。

太原石膏厂从雁北调来的工人，在9月份即向领导提出盘热炕和挂门帘的要求，领导答应了这些要求，但一直拖到11月份天已冷了，还未解决。再加上食堂管理不善，工人常吃冷饭，引起工人不满，最后酿成罢工。罢工后，该厂领导才急忙解决上述问题，工人说："火小时他们不救，火大了他们就急了。"

山西雁北马口煤矿录用临时工60人，1956年1月签订合同时，矿长对工人说："给你们订长期合同。"后来行政干部才说是临时合同，要同工人解约。工人认为解约就是集体开除，形成争议。工人们联名向国务院和全国总工会写信控告。

河北怀来县五星制砖厂总厂两个月不发给工人工资，并随意降低工资发放标准，引起工人不满，导致罢工。厂长振振有词："发了工资，工人都走了怎么办？不发工资就可以把工人巩固住。"

农村不少地区出现闹社风潮。

1957年1月，陈伯达向中央和毛泽东写了一个关于福建省莲塘乡农业合作社一些问题的调查报告，其中写到：农村干部不但握有很大的政治权力，而且握有很大的经济权力，诸如产品分配权、财政、贷款、预购款的管理、支配权等。一些干部不能正确地运用这些权力，严重脱离群众，为了自私自利的企图而滥用权力。违反党的政策，生活、思想蜕化，引起群众的反感。一些农民向调查组反映，一些干部的工分同他们差不多，或者还要少，为什么能够经常上饭馆？为什么能戴手表、用派克笔、听留声机？有的社员还说，他们根本不知道夏收余谷卖后有多少存款、用途如何。群众还反映，乡社干部是“官官相卫”，有的干部明说：“我们几个干部屁股相向，就不怕群众”，“什么人浮上来，就把他打下去”，与群众公开对立。

河北省委向中央反映：农村干部强迫命令成风，致使干群矛盾尖锐。如雄县北河口乡有的社员因对社的工作不满，要求退社，该乡党总支书记威胁说：“退社就是和国家分家，分了家，粮食局、供销社、农业社一律跟你们绝交。”昌黎县刘台庄乡农业社用强迫命令的方法“动员”社员投资打井，一夜不叫社员回家睡觉，干部明言：“不缴不行，没钱卖人也得缴”。有的社员就把家中吃的粮食、烧的柴火等卖掉来投资。有的社在搞生产竞赛时，严令社员不准赶集、不准经营副业，否则以“违反集体利益论处”。有的社员说，农业社限制副业，又不给预支借款，连买灯油的钱都没有，“农业社这种优越性实在受不了”。有的社员不愿受“制”，情愿缴纳罚款，也要享享“自由”，有的则干脆不辞而别，另谋生路了。

还有学生闹事。

据团中央办公厅统计，仅 1956 年下半年就发生学生罢课请愿事件 30 多起，参加学生达一万余名。这些事件的起因当然是多方面的，但是都和领导上的官僚主义作风有关。

例如，南京航空学院招收的学生，本来就是高中毕业生，但在大学里学的却是中专课程，所以毕业后只能担任中专毕业生的工作。学生们对此极为不满，多次提意见都没有得到答复。到 1956 年 9 月，学生们自动集会，酝酿罢课，向学校提抗议。全校陷入混乱状态。

再如北京地质学院，学生们对课程安排不满，多次反映未获解决，再加上校刊对他们在生产实习中的表现有些措辞不当的批评，遂引起学生闹事。年尾年初，学生们张贴大字报和漫画共 50 余张，并举行两次记者招待会，要“把官僚主义者赶出学校”。共有 500 余名学生参加了记者招待会。

有的领导采用简单粗暴的方式强制平息事件，使矛盾发展到了对抗的程度。例如当时影响较大的兰州林业学校罢课事件，省委派去的工作组就断定：“这些学生的行为已属‘反革命’性质，因此要以专政的手段来对付。”于是带了几十名民警威慑学生，先后逮捕了 23 人，隔离 35 人（占全校学生的 1/6）。

在新中国成立后历次政治运动中，许多部门的领导者采取简单粗暴的方式对待知识分子的思想改造，伤害了相当一部分知识分子的自尊心和积极性，致使一些非党知识分子对于执政党的党员、干部有一种潜在的抵触情绪。如北京大学教授傅鹰后来所说的：

思想改造的时候，潘光旦的思想检查十二次不被通过，也算得是个重点人物。为了整他的思想“暗流”，最后甚至动员到他的家属，想用儿女情长逼一个学者承认自己不甘心承认的错误。方法用到这一步可以说是不择手段了。前几年，大学里的萁豆相煎的局面，今天回想起来也还是让人难过。有些人是无中生有骂自己，有些人是深文周纳地骂别人。老教授上台检查思想，稍有辩说，底下拍桌辱骂之声纷纷而来，谁受得了这样的“帮助”？许多人在一些运动中自尊心被糟蹋，精神上到现在还舒不过气来。

“社会主义社会也是充满矛盾的”

偌大一个中国，发生少数群众闹事，本不足为奇。只是建国以来未曾有过，又有波匈事件的前车之鉴，格外引起领导重视。一些地方和单位的领导干部，囿于阶级斗争的思维模式，照搬习惯的阶级斗争的作法来处理这类闹事事件，从而使矛盾趋于激化。1957 年 1 月 27 日，毛泽东在省、市、自治区党委书记会议上就举了林业学校罢课风潮的例子。兰州林业学校罢课风潮平息了，但是，用那种激烈的压制手段来处理罢课事件，其政治影响却很不好。毛泽东对这种做法很不满，他说：兰州林校三百人闹得天翻地覆，无可奈何；捉了几十人，处理得简单了。他特别告诫各省、市、自治区的负责人说，必须避免使用武力，不要学习国民党的办法，除非真正是反革命暴乱，才可使用武力对付。

显然，如果不对这种群众闹事现象做出科学的解释，找出解决矛盾的新办法，就很有可能重蹈斯大林的覆辙。苏共二十大以后，以毛泽东为代表的中国共产党人就开始注意社会主义社会内部矛盾问题。

1956 年 4 月 5 日，《人民日报》编辑部发表的《关于无产阶级专政的历史经验》一文。这篇文章第一次指出：“社会主义社会也是一个充满矛盾的社会。”波匈事件，引起了毛泽东深入的思考。1956 年 11 月 15 日，他在中共八届二中全会上指出：

世界充满着矛盾。民主革命解决了同帝国主义、封建主义、官僚资本主义这一套矛盾。现在，在所有制方面同民族资本主义和小生产的矛盾也基本上解决了，别的方面的矛盾又突出出来了，新的矛盾又发生了。县委以上的干部有几十万，国家的命运就掌握在他们手里。如果不搞好，脱离群众，不是艰苦奋斗，那末，工人、农民、学生就有理由不赞成他们。我们一定要警惕，不要滋长官僚主义作风，不要形成一个脱离人民的贵族阶层。

为此，毛泽东代表中央提出，1957 年在全党开展整风运动，“整顿三风：一整主观主义，二整宗派主义，三整官僚主义”。毛泽东还提出，“以后凡是人民内部的事情，党内的事情，都要用整风的方法，用批评和自我批评的方法来解决，而不是用武力来解决”。

1956 年 12 月 4 日，毛泽东在给黄炎培的信中明确提出了正确处理两类不同性质矛盾的命题。在信中，毛泽东对中国民主建国会能够用批评和自我批评的方法解决内部矛盾表示由衷的兴奋，他说：

社会总是充满着矛盾。即使社会主义和共产主义社会也是如此，不过矛盾的性质和阶级社会有所不同罢了。既有矛盾就要求揭露和解决。有两种揭露和解决的方法：一种是对敌（这说的是特务破坏分子）我之间的，一种是对人民内部的（包括党派内部的，党派与党派之间的）。前者是用镇压的方法，后者是用说服的方法，即批评的方法。我们国家内部的阶级矛盾已经基本上解决了（即是说还没完全解决，表现在意识形态方面的，还将在一个长时期内存在。另外，还有少数特务分子也将在一个长时间内存在），所有人民应当团结起来。但是人民内部的问题仍将层出不穷，解决的方法，就是从团结出发，经过批评与自我批评，达到团结这样一种方法。

1956 年 12 月 29 日，《人民日报》发表的《再论无产阶级专政的历史经验》一文。从世界范围的角度公开提出了两类不同性质矛盾的概念。认为，分清两类不同性质的矛盾，用不同质的方法解决不同质的矛盾，这是一个根本立场问题。

文章写道：

到了剥削阶级已经消灭，反革命力量已经基本肃清以后，——当然应该在国内政治生活中逐步地发展和健全各种民主的程序，健全社会主义法制，加强人民对于国家机关的监督，发展国家管理工作和企业管理工作中的民主方法，密切国家机关和企业管理机关同广大群众的联系，撤除损害这种联系的障碍，进一步克服官僚主义的倾向，而不应该像斯大林那样，在阶级消灭以后仍然强调阶级斗争的尖锐化，因而妨碍了社会主义民主的健全的发展。

1957 年 1 月 27 日，毛泽东在省市自治区党委书记会议上再次论及人民内部矛盾问题。他说："怎样处理社会主义社会的敌我矛盾和人民内部矛盾，这是一门科学，值得好好研究。就我国的情况来说，现在的阶级斗争，一部分是敌我矛盾，大量表现的是人民内部矛盾。当前的少数人闹事就反映了这种状况。"

毛泽东阐述人民内部矛盾问题

1957 年 2 月 27 日，毛泽东在最高国务会议第十一次（扩大）会议上发表了《关于正确处理人民内部矛盾的问题》的讲话。他一共讲了 12 个问题：

1. 两类矛盾的性质；
2. 肃反问题；
3. 农业合作化；
4. 资本主义工商业改造；
5. 知识分子和青年学生；
6. 增产节约，反对铺张浪费；

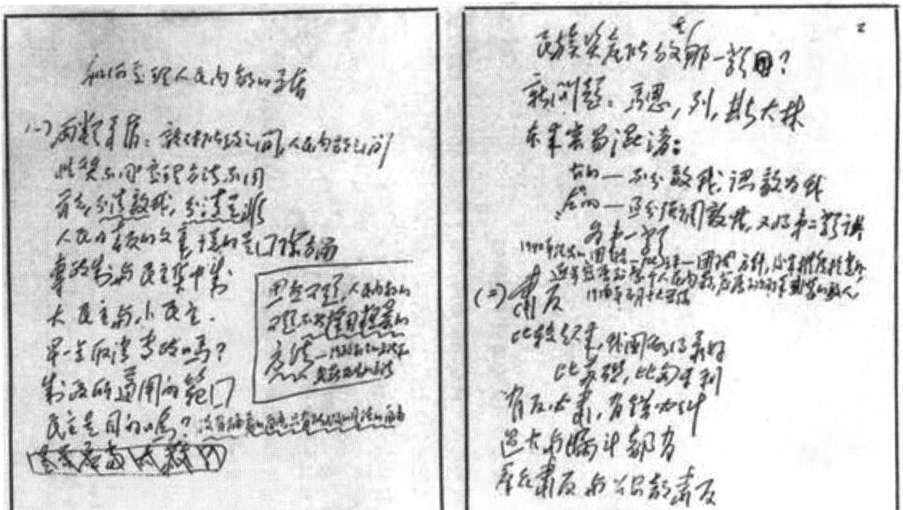

毛泽东《关于正确处理人民内部矛盾的问题》讲话提纲的手稿

7. 统筹兼顾，适当安排；

8. 百花齐放百家争鸣，长期共存互相监督；

9. 如何处理罢工罢课游行示威等问题；

10. 人民闹事出乱子是坏事还是好事；

11. 少数民族与大汉民族的关系问题；

12. 中国有可能在三四个五年计划内改变面貌。

毛泽东指出：“在社会主义社会中，基本的矛盾仍然是生产关系和生产力之间的矛盾，上层建筑和经济基础之间的矛盾。”但是，同旧社会相比，这些矛盾在社会主义社会中具有根本不同的性质和情况。“社会主义生产关系已经建立起来，它是和生产力的发展相适应的；但是，它又还很不完善，这些不完善的方面和生产力的发展又是相矛盾的。除了生产关系和生产力发展的这种又相适应又相矛盾的情况以外，还有上层建筑和经济基础的又相适应又相矛盾的情况。”于是社会主义社会基本矛盾就表现出这样一种运动规律，矛盾不断出现，又不断得到解决，社会也就在不断地前进。

毛泽东提出应该把正确处理人民内部矛盾作为国家政治生活的主题。他说：

现在的情况是，革命时期的大规模的急风暴雨式的群众阶级斗争基本结束，但是阶级斗争还没有完全结束；广大群众一面欢迎新制度，一面又感到还不大习惯；政府工作人员经验也还不够丰富，对一些具体政策的问题，应该继续考察和探索。这就是说，我们的社会主义制度还需要有一个继续建立和巩固的过程，人民群众对于这个新制度还需要有一个习惯的过程，国家工作人员也需要一个学习和取得经验的过程。在这个时候，我们提出划分敌我和人民内部两类矛盾的界线，提出正确处理人民内部矛盾的问题，以便团结全国各族人民进行一场新的战争——向自然界开战，发展我们的经济，发展我们的文化，使全体人民比较顺利地走过目前的过渡时期，巩固我们的新制度，建设我们的新国家，就是十分必要的了。

毛泽东从各地对闹事事件的处理中，总结出一条教训：“在一般情况下，人民内部矛盾不是对抗性的。但是如果处理得不适当，或者失去警觉，麻痹大意，也可能发生对抗。”

毛泽东认为，“这些人闹事的直接原因，是有一些物质上的要求没有得到满足；而这些要求，有些是应当和可能解决的，有些是不适当的和要求过高、一时还不能解决的。”毛泽东提出，“需要在群众中间经常进行生动的、切实的政治教育，并且应当经常把发生的困难向他们作真实的说明，和他们一起研究如何解决困难的办法。”

但是，毛泽东特别强调：“发生闹事的更重要的因素，还是领导上的官僚主义。”他认为，我国广大的人民群众是拥护社会主义的，他们很守纪律，很讲道理，决不无故闹事。只要领导者坚决克服官僚主义，加强思想政治教育，恰当地处理各种矛盾，一般地就不会发生闹事问题。

毛泽东指出，“凡属于思想性质的问题，凡属于人民内部的争论问题，只能用民主的方法去解决，只能用讨论的方法、批评的方法、说服教育的方法去解决，而不能用强制的、压服的方法去解决。”这种民主的方法，就是“团结——批评——团结”，“从团结的愿望出发，经过批评或者斗争使矛盾得到解决，从而在新的基础上达到新的团结。”

毛泽东提出了一系列处理人民内部矛盾的具体方针：

在人民内部的经济关系问题上，毛泽东提出了“统筹兼顾、适当安排”的方针和“兼顾国家利益、集体利益和个人利益”的方针；

在共产党与各民主党派的政治关系问题上，毛泽东主张实行“长期共存，互相监督”的方针，“共产党可以监督民主党派，民主党派也可以监督共产党”；

在科学文化工作中，毛泽东仍然强调要实行“百花齐放，百家争鸣”的方针，他指出：“艺术和科学中的是非问题，应当通过艺术界科学界的自由讨论去解决，通过艺术和科学的实践去解决，而不应当采取简单的方法去解决”；

在知识分子问题上，毛泽东指出了知识分子的世界观改造的必要性和可能性，同时又强调说，“但是世界观的彻底改变需要一个很长的时间，我们应当耐心地做工作，不能急躁”；

在民族关系问题上，既要克服大汉族主义，也要克服地方民族主义；

在肃反问题上，采取“有反必肃，有错必纠”的方针；

在大规模建设事业中，“执行厉行节约、反对浪费这样一个勤俭建国的方针”；

在工业化道路问题上，要正确处理重工业、轻工业和农业的发展关系问题，在实践中解决客观规律和主观认识之间的矛盾，等等。

出席和列席会议的1800多人听取和讨论了毛泽东关于人民内部矛盾问题的讲话。

毛泽东的这个讲话在3、4、5月间向全党作了广泛的传达，引起重大反响。毛泽东本人在3、4月份经天津，过济南，到南京，去上海，又多次发挥这个主题。大致在相同的时间，刘少奇沿京广线南下，经石家庄、郑州、长沙、上海，阐发人民内部矛盾问题。周恩来在陪同外宾到外地访问时，也向各地负责人阐发这个主题。一时形成全党竞说人民内部矛盾的热潮。

一次别开生面的政协会议

3月5日，全国政协二届三次会议在北京开幕。这次会议打破先例，在开幕之前，没有提出重要的文件或重要的议题，其用意正是为了打破限制，畅所欲言地讨论人民内部矛盾问题。

大会执行主席宋庆龄在开幕词中说：“在大会的前几天，我们参加了最高国务会议的扩大会议，听了毛泽东主席的讲话。我们将在这次全体会议中，依照他的教导，就各项重要问题加以充分讨论，展开批评和自我批评，把我们的会议开好。”

7日下午，政协会议开始大会发言，到19日上午发言结束，共进行了11天。在此期间，先后在大会讨论中发言（包括书面发言）的委员和列席人员共有406人，发言稿308篇。从这些发言的内容中可以看出，政协委员们对毛泽东的讲话是衷心拥护的。

政协常委邵力子说：“这次大会，比上两次大会更充满欢欣鼓舞的气氛。毛主席在最高国务会议上的讲话，指示了处理人民内部矛盾问题的真理；周总理关于访问亚欧11国的报告，加强了巩固社会主义阵营团结的信心。这是使大家非常兴奋的主要因素。”

原国民党十二绥靖区司令官兼行政长官陈书农列席了会议，他说：毛主席的讲话，“语重心长，使人感动。当以明辨是非，认清敌我，作为我今后做事做人的指路牌。”

许多政协委员在表示拥护的同时，对如何贯彻毛泽东讲话精神提出了一些建设性的意见，也表示了某种顾虑。

上海复旦大学历史学教授王造时说：听到毛主席的讲话，“特别感到欣幸，”但又说：

“知无不言，言无不尽”和“言者无罪，闻者足戒”的道理，大家当然懂得，实行却不太容易。拿一个或许是不伦不类的比喻来说，做唐太宗固然不易，做魏征更难。做唐太宗的非有高度的政治修养，难得虚怀若谷；做魏征的非对人民事业有高度的忠诚，更易忧谗畏讥。我想，现在党内各级干部中像唐太宗的可能很多，党外像魏征的倒还嫌其少。

不了解事实，很难提出批评和建议……如果不明白问题的真相，而随便提意见，等于无的放矢……我觉得在可能范围内，应该提供一些事实和资料，与群众协商讨论。如果在这些地方，不搞些小民主或者小小民主，那么等到闹成大民主就麻烦了。

全国人大常委张治中说：

据我们的接触，在机关、学校、企业中党员与非党人士亲同一体，水乳交融，互相推重，互相帮助的很多，但是相反的情形也不在少数。有些党员同志有时态度生硬些，言语简单些，和非党人士谈不拢，因此不能了解别人。据各方反映，有些党员与非党人士生活都不在一块，甚至连游览娱乐都分开进行。几位党员同志在一起谈话，一位非党人士进来了，谈话就马上停止，反之，几位党外人士在一起谈话，一位党员进来了，谈话也同样马上停止。有人形容这是“一鸟投林，众鸟压声”。有人反映，有些有关会议不能参加，有关文件看不到，政策纲领传达不及时，使非党负责人员掌握无分寸，容易出漏洞，还有人说，“现在党群关系有皮骨而无肉，许多知识分子想接近党而不得其门”，“党群关系如隔一堵高墙。”

耐人寻味的是，在几个月后的反右派斗争中被打成“章罗同盟”的章伯钧和罗隆基，十分凑巧地在同一天（18 日）下午发言，而且第二天的《光明日报》在头版重要位置并列作了详细报道，但他们没有结成“同盟”的任何迹象。这不仅是因为他们一直有很深的矛盾（例如 1952 年初罗隆基曾借章伯钧挪用交通部公款之事想迫使他在盟内公开检讨），还因为他们在这次会议上的发言有着明显的反差。

章伯钧发言的中心是“充分发挥民主党派的作用”，他主要对民主党派自身提出了批评和建议。章说，肃反工作对人民对于国家建设是一件极有益的不可少的事情，但一些民主党派机关干部和一些高级干部尚没有参加肃反运动，这是不可忽视的一件大事。民主党派应当自己负责选择适当时间，选择适当方式，准备工作条件来把肃反工作做完做好。

在谈到领导关系问题时，章说，民主党派的政治自由、组织独立和地位平等，与接受共产党的领导没有矛盾。

章说，自从“互相监督”问题以后，共产党特别是各级统战部进行了自我检查，但我们民主党派和无党派人士却未曾向共产党朋友要求给以批评，我们自己也好像没有进行自我检查。要做到双方互相信赖，做到有职有权，实行双方互相监督是必要的。因此我希望民主党派和无党派人士，要采取主动，要求共产党朋友，选择各种适当方式，进行批评。

可以看出，章伯钧对中国共产党更多的是拥护和赞扬，似乎没有提出什么批评意见。

相比之下，罗隆基的发言就显得有些尖锐了。罗发言的主题是党与非党知识分子的关系问题。他认为，今天的关键问题，仍然是怎样消除党与非党的隔膜。他说：

周恩来总理在一年前就指出，“隔膜常常是从双方面来的”，同时又指示党员干部“必须主动努力消除这种隔膜”。我认为这种见解是绝对正确的。

少数教授埋怨评级不公平重政治不重学术，党团员等级高，党外人等级低。扩大知识分子进修培养的机会，少数教授埋怨选拔不公开，选青年不选老年，党团员机会多，党外人机会少。

罗隆基认为，尽管这种反应是少数，但也值得领导干部主观努力，进行检查，看在行政工作中是否有协商不足，民主不够的缺点，看是否在无意中犯了宗派主义的毛病。

罗隆基接着谈到“双百”方针，他说，一年来在学术思想方面，“百花齐放”，放者不多，“百家争鸣”，鸣者太少。基本原因还在一般高级知识分子顾虑太多，猜疑太重，以致花不敢放，家不敢鸣。这种现象之所以发生，主要是因为党员干部和党外进步人士对这两个口号缺乏正确的认识和体会，他们热心于尊统卫道的工作，过急过早地倡导“不塞不流，不止不行”的议论，对思想学术的“放”者“鸣”者，不惜口诛笔伐，“包抄”“围剿”，以求正人心，息邪说，传道统。罗隆基说，“这种现象是值得领导干部和党外进步人士，认真检查，‘主动努力’来切实纠正自己的教条主义的。”

罗隆基以知识分子代言人的身份发了上述一番议论，并不是偶然的。早在1956年1月，民盟中央就向全国政协提交了一个设立“高级知识分子问题委员会”的建议。3月，全国政协设立临时性的知识分子问题研究小组，罗隆基为召集人之一。此后，他一直力争成立“高级知识分子问题委员会”，而取代原来限于研究社会知识分子失业问题的“社会知识分子问题委员会”，提出“知识分子的来信应一律交由委员会处理，而不能经过人民来信机构转请政府有关部门处理”。后来在反右派斗争中，说罗隆基与党争夺对知识分子的领导权，根据就在于此。

也许正是因为两个人的发言有着明显区别，第二天的《人民日报》全文发表了章伯钧的发言，而罗隆基的发言则拖到了会议闭幕后的23日才发表。尽管如此，全文发表这篇充满尖锐意见的发言，反映了这次会议宽松、活跃的气氛。

会上对某些问题的争辩，对某些禁区的触及，也体现了这种气氛。如邵力子在发言中主张取消对人工流产的限制，而一些女委员则坚决反对；马尔萨斯人口论，一直认为是反动透顶，但医学家钟惠澜在书面发言中说：“马尔萨斯关于人口繁殖（若不加以控制的话）以几何级数的速度增加的观察是正确的。在经济和科学落后的国家，在一定情况下，工业农业生产增加的速度是算术级数的，而不是几何级数的那样快，也似乎不无理由。”如果没有毛泽东讲话精神的鼓舞，没有宽松活跃的气氛，这种言论无论如何也不敢公开讲出来。

“知识分子的早春天气”

最高国务会议、全国政协会议，以及3月6日至13日举行的全国宣传工作会议，都着重讨论了毛泽东的讲话。会议结束后，返回各地的代表们通过各种途径，将毛泽东讲话的基本精神传遍了全国每一个角落，立刻在各阶层人士中引起强烈反响。很快地，一个全民讨论人民内部矛盾问题的热潮形成了。

说到热潮，不能不提到发表在3月24日《人民日报》上的一篇引起极大争议的文章，即费孝通的《知识分子的早春天气》。据费孝

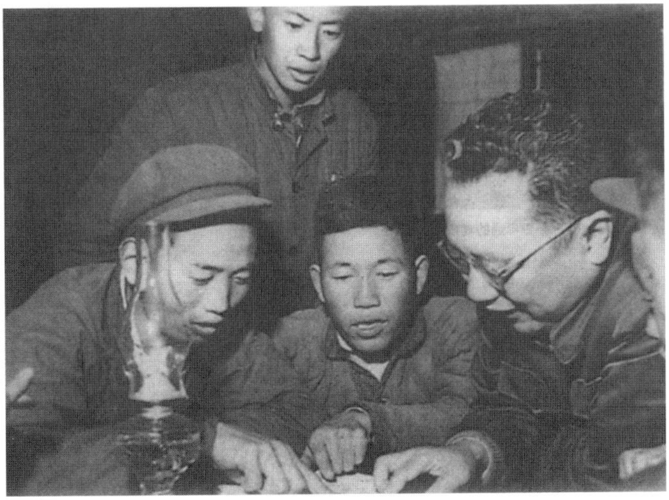

1957年，费孝通重返当年他的人类学名著《江村经济》的诞生地——太湖边的江村，乡亲们给他讲20多年间的变化

通后来讲，这篇文章从写成到发表，颇费了一番周折，待到发表，“早春确是已经过了时了”，就是说，在毛泽东2月27日讲话后，又经过全国政协会议和全国宣传工作会议的推动，乍暖乍寒的政治气候已经成为过去。尽管如此，它提出的问题仍有着明显的现实针对性，此后许多重要问题的争论都是由它而引发的。

这篇文章的主要观点可以用下面几句话来概括：

一曰“笑渐不闻声渐悄，多情却被无情恼”。这说的是1956年以前一些老知识分子的心态。在社会主义改造工作全面展开之前，许多知识分子对社会主义是比较陌生的，当他们搞清了社会主义是什么的时候，他们是倾心向往的，“但是未免发觉迟了一步，似乎前进的队伍里已没有他们的地位”，于是，就有了一种寂寞之感，即“当一个碰到一桩心爱的事而自己却又觉得没有份的时候，心里油然而生的那种无可奈何的意味”。

二曰“再度解放”。“去年1月，周总理关于知识分子问题的报告，像春雷般起了惊蛰作用，接着百家争鸣的和风一吹，知识分子的积极因素应时而动了起来。”“知识分子在新社会里的地位是肯定了，心跟着落了窠，安了。心安了，眼睛会向前看，要看出自己前途，因此，对自己也提出了新的要求。有的敢于申请入党了，有的私下计议，有余钱要买些大部头书，搞点基本建设。这种长期打算的念头正反映那些老知识分子心情的转变。”于是，就有人用“再度解放”来形容这种转变了的心情。不难看出，费孝通对1956年以后党的知识分子政策是衷心拥护的。

三曰“乍寒乍暖，原是最难将息的季节”。这就是所谓的“早春天气”了。费孝通认为，1956年以来，知识分子的积极因素应时而动了起来，“但是对一般老知识分子来说，现在好像还是早春天气。他们的生气正在冒头，但还有一点腼腆，自信力不那么强，顾虑似乎不少。早春天气，未免乍寒乍暖，这原是最难将息的时节。逼近一看，问题还是不少的。当然，问题总是有的，但当前的问题毕竟和过去的不同了。”

那么，还有些什么问题呢？费孝通也有两句话：第一，“风乍起，吹皱一池春水”。意思是说，在党发出“向科学进军”的号召之后，一些单位的领导以教条主义的态度对待这个口号，浮在表面，只要成果，而不作具体的指导，不解决任何具体问题。因此，教师和科学人员感到力量不足，也看不到用力的方向。在这里，费孝通引用成都工学院一位教授的话表达了一般知识分子的要求，这就是有名的“一间房，二本书”。后来，这句话被歪曲为不问政治、埋头业务的“一间房，二本书”主义，而实际上，费孝通引用这句话，无非是希望各级领导干部提供必要的物质条件，保证知识分子六分之五的业务时间。

第二是“草色遥看近却无”，说的是百家争鸣方针贯彻的情况。“百家争鸣”的方针贯彻得怎样了呢和“向科学进军”来比较似乎又差一些。先从知识分子方面来说：他们对百家争鸣是热心的；心里热，嘴却还是很紧，最好是别人争，自己听。要自己出头，那还得瞧瞧，等一等再说，不为天下先。依我接触到的范围来说，不肯敞开暴露思想的人还是占多数。这一年来，情况是有些好转，在一定场合之下，有些人是肯吐露些知心话了，但是还是相当腼腆的。向科学进军可以关起门来进，而百家争鸣就得抛头露面来鸣，腼腆了就鸣不成。

究竟顾虑些什么呢？对百家争鸣的方针不明白的人当然还有，怕是个圈套，搜集些思想情况，等又来个运动时可以好好整一整。这种人不能说太多。比较更多些的怕出丑。不说话，抱了书本上堂念，肚子里究竟有多少货，别人莫测高深。抛头露面，那就会现原形。说穿了这里还有个“面子问题”……

另一方面是具体领导知识分子工作的人对百家争鸣的方针是不是都搞通了呢？也不全是通的。有的是一上来就担心。“中央定的方针当然是正确的，但是我们这里具体情况还没有条件。”接着有些人想把这个方针圈个范围：先圈在学术里，再圈在教学之外，这样一来就可以不出乱子了，等到鸣了起来，闻到了一些唯心主义的气味，就有人打起警钟：“唯心主义泛滥了”，“资产阶级的思想又冒头了”，大有好容易把妖魔镇住了，这石碣一揭开，又会冲出来，捣乱人间的样子。对这方针抗拒的人固然不算多，但是对这方针不太热心，等着瞧瞧再说的人似乎并不少。

“草色遥看近却无”——这原是早春天气应有的风光。

费孝通的这篇文章，后来被当做典型的右派言论而受到严厉批判，这实在有点说不过去。即使仅仅以它揭示了一部分知识分子的真实心态，从而为执政党制定政策提供了一份有一定参考价值的资料，这篇文章的积极作用也是不可抹杀的。况且，从这篇文章发表后所起到的社会效果来看，它对于全国范围讨论人民内部矛盾问题热潮的形成，也起到了一定的促成作用。

在这场讨论中，毛泽东 2 月 27 日的讲话受到了党外人士特别是党外知识分子的一致拥护。4 月 18 日，《光明日报》发表了记者文冰（即潘文彬）写的《春天的感应》一文，其中写道：

在这些日子里，在知识分子中间，不管是南方还是北方，包括诗人在内，关心自然的季序的迟早的，恐怕是很少吧。因为大家都在为另一个季节——思想的季节，为一篇报告所激动。这篇报告，成了知识分子的共同的思想和生活的主题。大家在谈论，在为它而思索。有许多打算，有许多积蓄需要抒发，真是山泉滚滚，你无论走到哪里，团体集会，老友相逢，你都会听到这个话题。……无论抒发怎样的意见，大家都是一致拥护毛主席的讲话，热情向往这个方针的贯彻实行。

对毛泽东讲话的一致拥护，并不说明人们的认识完全统一了。

费孝通的文章发表后，在知识分子中赢得了相当多的喝彩声，如他自己所说：“朋友们看了这篇文章，很多是同意我的，还有些人觉得没有说畅，有点遗憾。”许多人借用了“早春”这个说法，一时间，“早春”这个词就流行开来。

也有人明确表示不同意。九三学社南京分社委员倪鹤笙撰文说：

尽管已是“江南草长、群莺乱飞”的时节了，但读了费孝通先生“知识分子的早春天气”，仍不禁有丝丝凉意……文中某些弦外之音，好像漠野上吹来一股冷风，乍听之下，颇使人有“倒春寒”的感觉。……就我所接触到的很多大学教授，解放以来，业务情况已有很大的提高。有力无处使的，毕竟是少数中的少数。有位搞动力的朋友告诉我：“这几年我学的东西，比过去几十年学的要多的多”……如果把书架子和大社会结合在一起，是否更有现实意义呢？

九三学社中央委员李毅也不同意费孝通的看法，他在《由“放”想起》一文中写道：

当然，几年来在几次狂风暴雨的社会改革运动中，的确也使不少知识分子头昏眼花、气衰力弱，感到北风可畏、寒气逼人。但是对于大多数知识分子来说，这几次运动与其比作凛冽的严冬，不如说初春里几阵风雪。北风虽劲，但究竟已是初春天气，非但不应阻杀生机，而且反有很大的消毒杀毒作用，为迎接即将到来的春暖花开时节，提供了有利条件。所以，在讨论中好几位教授说：“今后和风细雨的思想改造，很好，但是过去的几个大运动震动一下也是必要的。没有过去的震动，也很难有今天的和风细雨和百家争鸣。”作为一个中年以上的知识分子，仔细想想，我欢迎和煦的南风，也感激过去的几阵北风。

关于“早春天气”的争论，已经触及到了如何看待知识分子的思想改造工作这一重要问题。费孝通的文章，无疑反映了一部分老知识分子对于前几年思想改造工作的不满情绪。这样，我们也就不难理解，为什么《人民日报》要在4月6日发表一篇题为《教育者必须受教育》的社论。细读这篇社论，可以看出，这完全是按照近一个月前毛泽东在中共宣传工作会议上讲话的精神写成的。其用意可能有两个：一是面对即将涌起的“鸣”“放”大潮，提醒知识分子冷静、全面地分析问题；二是告诉读者，虽然它发表了费孝通的文章，但并不赞成文章的观点。

对于“鸣”和“放”，无一例外是拥护的，但对于如何“鸣”“放”，是有限制有条件的鸣放，还是无限制无条件的鸣放，却存在着很大的分歧。一部分党外知识分子主张突破限制，全面放开，大鸣大放，如4月10日《光明日报》登载了一篇题为《为“放”而争》的报道，介绍几个民主党派的会议讨论鸣放方针的情况，其中写道：

> “要放就应该大放。做到无所不‘放’，才能真正放得开”。这是一种论调。什么叫大放？指的是一切问题都可以在报刊上公开讨论。具体的意见是：“学术的讨论，当然是无所不能谈。政策问题，除了军事、外交之外，其他有关文教、财经、政法等政策，都是可以在报刊上争论的。事实上不是已经有很多的政策问题，在报刊上争论吗？”持有这种主张的人，还补充说：“不过，政策的讨论和学术的讨论是有区别的。区别在于：在辩论的过程中，政策还必须执行，不能因有不同的意见而中止。”

在《争鸣》月刊主办的“如何展开学术界的百家争鸣问题”座谈会上，经济学家沈志远教授发言说，他听了毛主席的讲话，“对于这个报告的基本精神的体会是一个‘放’字。就是大胆放手和全面放开。”他认为，“放”有两个重大的意义：第一，把一切好的、丑的；新的、旧的；光明的、阴暗的，都摆了出来，揭露其间的矛盾，以便大家正视这些矛盾，进行分析、研究，通过争论，来辩明是非，解决矛盾，从而使人们学会选择，锻炼人们的思想意识，培养正确而敏锐的识别能力；第二，科学的真理是在各种不同意见的长期斗争中逐渐形成、壮大和发展起来的，只有通过百家争鸣，而不是一家独鸣，不是自说自语，让各种不同的观点和理论自由地鸣起来，真正的科学真理才会从实际斗争的考验中获得阐明而被人们所掌握。

也有不少人提出了不同的看法。在《争鸣》月刊的座谈会上，邓初民教授就认为“放中有收”，后来他解释说，“放”与“收”是两个对立面，它是对立的，它同时又是统一的。毛主席说有鲜花，也有毒草，农民每年都要锄草，下一道命令禁止毒草不准长，事实上是不行的，你锄就是了。毛主席经常指示我们，任何事物都有它的两方面，我们必须全面地看问题。所以我说，有人认为毛主席只主张“放”，单说到放的一面，而根本抛弃了“收”的一面，这种体会还是值得商榷的。

由于当时正处在“放”的浪头上，邓初民的一家之言没有引起人们的重视。即使邓初民本人，当看到《光明日报》以“邓初民认为‘放’中有‘收’”的小标题报道他的发言之后，也不得不站出来解释几句：他并不是反对“放”。

后来邓初民又解释说，我划的四个圈圈，实质上只有一个圈圈——这就是不能把“百花齐放、百家争鸣”的方针与党以马克思列宁主义的思想武器在思想领域中的领导地位对立起来。有了马克思列宁主义思想的领导，“百家争鸣”的方向，就决不会是资本主义，而是社会主义；“百家争鸣”的范围就决不会让敌人乱说乱动，而是我们自己同志式的批评、互助。

还有一种看法，似乎介于上述两种认识之间。4 月 27 日的《光明日报》发表的北京图书馆研究员张申府的文章《发扬五四的精神：“放”》就有如下的说法：

> 由于以上所说对于真理的信心等等，我便觉着对于人民内部的百家争鸣，最好不提什么限制。
>
> 马克思主义的领导，辩证唯物主义的领导，不但在我们的国家，就在今日整个的世界，也是当然的，而且是必然的。但在争鸣之初，我却觉着也不必把这领导问题总挂在嘴头上。你一开头……就一定要限定接受这些主义的领导，那就不是一棍子打回去，也必然徒流于形式，对事情全无好处。

这当然是主张无限制的放了。但文尾，张申府又写道：“最后，我特别愿意重复说的也就是：我们争鸣，一定要根据宪法。”

这当然是对的。只是不知道，张申府如何将这一段议论与“不提什么限制”统一起来？根据宪法，就起码有了“人民民主专政”与“社会主义”这两条限制。

4 月份的讨论围绕着对毛泽东讲话精神的认识展开，这同 5 月份的“鸣、放”有很大的不同。但随着讨论的深入，对执政党的错误的批评也逐渐多了起来。

4 月中旬，全国人大常委会举行扩大会议，在讨论和检查政府工作时，代表和委员们提出了许多批评和建议。全国人大常委黄绍竑在讨论中谈到有些地方有虚报农业产量的情况，他请农业部注意这个问题。他还提到，为了肃清刑事犯罪现象，对一少部分国家机关的公务人员、共产党员、民主党派成员和青年团员的犯罪，应该严肃及早处理，不要拖拖拉拉。许多人对于教育部门的官僚主义也提出了批评。

4 月 27 日，中共上海市委召集部分上海作家举行座谈会。在会上，作家巴金说，领导上对文艺工作不研究，不关心，发生问题光批评。靳以说，甚至直接负责文艺领导工作的同志，和大家见面的机会也很少。翻译家傅雷说，解放前在地下时期，党和非党同志不但没有隔阂，而且非常亲切知心。可是解放以后，党群关系反不及以前了。有些党员同志不大容易亲近，在党和非党同志之间有一条有形无形的鸿沟。

到 4 月下旬，各界人士对人民内部矛盾的讨论热潮，实际上已经初步造成了共产党开门整风的局面。在毛泽东讲话精神鼓舞下，全国各界人民、尤其是知识分子的政治积极性大为高涨，这为共产党的开门整风提供了条件；然而，从旧社会过来的知识分子，在新型的民主生活方面，还有待锻炼和适应。

千百年来，除了春秋时代有过一段短暂的“百家争鸣”局面，中国封建社会从来都是“废黜百家，独尊儒术”的专制局面，中国知识界没有形成争鸣的传统和习惯。当共产党提出百家争鸣的方针以后，如何争鸣，很多人一时找不到头绪，众说纷纭，莫衷一是。

2　未雨绸缪　共产党号召开门整风
千呼万唤　各党派坦陈逆耳忠言

中央改变整风部署

4 月上旬之前，关于何时开展整风，中共中央曾有过两种考虑。

一是毛泽东在中共八届二中全会上提出的，1957 年上半年发通知，下半年正式整风。几个月后，在中共全国宣传工作会议上，毛泽东重申了这个意见，说中央已作出决定，在今年（1957 年）内开展整风。

二是在 4 月上旬，中共中央“关于整风运动的决定（草案）”中提出的，1957 年进行准备工作，同时在适当范围内试行，1958 年全面开展，大约在二至三年时间内完成。毛泽东审阅并修改了这个文件，并起草了一个党内通知，说：“现将关于整风运动的决定草案发给你们，请即试行，取得经验，报告我们，以便修改，在中央全会通过，然行（后）正式施行。”

从中可以看出，毛泽东和中共中央对于整风运动的发动是抱慎重态度的。这固然与缺乏经验有关，但更重要的是基于毛泽东的这样一个想法：经过从容的准备工作，“希望在正式整风的时候，主观主义、宗派主义和官僚主义都大为减少。”

毛泽东并不怕公开暴露共产党的错误，也不怕帝国主义者利用我们的失误。但是，他显然从苏联公开揭露斯大林错误这件事中汲取了教训：公开暴露出过多过于严重的错误，毕竟在自己阵营内造成了太大的震动。既然不能掩盖错误，最好的办法就是在公开揭露之前就尽可能多地克服这些错误。毛泽东一直主张，整风要有一个准备阶段，要给犯错误的同志一个自觉改正错误的机会，不搞“不教而诛”。

但是，这个想法并未付诸实践。这个文件及毛泽东起草的通知迟迟没有发下去。到了 4 月 27 日，中央发出了重新拟定的整风指示，宣布立即在全党展开整风运动。

是什么原因促使中央调整了原定的部署？当时中共中央和毛泽东都没有作出解释，但从一些文件和报道中，我们仍然可以找出这个问题的答案。

4 月 25 日，即整风指示发出的前两天，周恩来在杭州笕桥机场迎接苏联最高苏维埃主席团主席伏罗希洛夫一行。

苏联客人问：“听说中国现在正在大力反对官僚主义。”

周恩来说：“是的，昨天我还在这里向二千多个党内外干部作过关于如何正确处理人民内部矛盾的新的整风报告。我们现在整风是反对三个主义，这就是思想上的主观主义，组织上的宗派主义和作风上的官僚主义。”

4 月 27 日的整风指示说得也很明白：“这两个报告（指毛泽东 2 月 27 日讲话和 3 月 12 日讲话）的传达引起了党内外的热烈讨论，就我们党来说，实际上，这就是整风运动的开始。”

全国范围的讨论人民内部矛盾问题的热潮，开门整风的局势已经客观地形成了，这种局势把原来的整风计划抛到了后面，形势的迅速发展使中央不得不提前发起整风运动。然而，缺少准备阶段所造成的后果，不久就显示出来了。

“4·27”指示“打破领导与群众的局限性”

由于形势的迅速发展，4 月上旬草拟的《关于整风运动的决定（草案）》和毛泽东起草的党内通知没有下发，中央重新起草了《关于整风运动的指示（初稿）》。

4月27日，陈云主持召开了中央政治局会议，讨论通过了这一文件。

同日，毛泽东起草了《中央关于即将发出整风、党政主要干部参加体力劳动的指示和请各地分析研究党与人民群众各项具体矛盾的通知》，他写道：

党的另一通知日内也可发出，这个通知提倡县区乡三级党政主要干部，凡能劳动的，每年抽一部分时间下田参加生产，从事小部分体力劳动。县以上各级党政军主要干部（不是一般干部），凡能劳动的，也要这样做，每年以一部分时间，分别下田、下工场、下矿山、下工地或者到其他场所和工人农民一道从事可能胜任的一小部分体力劳动（哪怕是很少一点）。这样一来，党和群众就打成一片了，主观主义，官僚主义，老爷作风，就可以大为减少，面目一新。

领导干部参加体力劳动，这是毛泽东反对官僚主义的重要思想。这个思想贯穿着他晚年思想的始终。

5月1日，《人民日报》发表了《中国共产党中央委员会关于整风运动的指示》全文。文件指出，当前我国正处在一个新的剧烈的伟大的变革中，但是近几年来，在党内，脱离群众和脱离实际的官僚主义、宗派主义和主观主义，有了新的滋长。因此有必要在全党重新进行一次普遍的、深入的整风运动。

这次整风运动思想的指导是毛泽东2月27日讲话和3月12日讲话，主题是正确处理人民内部矛盾的问题。

这次整风运动，应该是一次既严肃认真又和风细雨的思想教育运动，应该是一个恰如其分的批评和自我批评的运动。坚决实行“知无不言，言无不尽；言者无罪，闻者足戒；有则改之，无则加勉”的原则，要达到“惩前毖后，治病救人”的目的。特别指出，非党员

人民日报

全党重新进行一次反官僚主义、反宗派主义、反主观主义的整風运动

整風的主題——正确处理人民内部矛盾

中国共产党中央委员会关于整風运动的指示

（一九五七年四月二十七日）

1957年4月27日，中共中央发出《关于整风运动的指示》，《人民日报》刊载了指示的全文

愿意参加整风运动，应该欢迎。但是必须完全出于自愿，不得强迫，并且允许随时自由退出。

各级领导干部以一部分时间同工人农民一起参加体力劳动，并且使这个办法逐步地形成一种永久的制度。要在实际生活中完全保持和发扬我们党的艰苦奋斗的优良传统，并且着手进一步建立党和国家的领导工作人员的脑力劳动和体力劳动相结合的根本制度，使领导者同群众打成一片，使人民内部的关系面貌一新，使官僚主义、宗派主义、主观主义、老爷架子，大大减少。

应该贯彻整风和工作两不误的原则，并且使整风运动的进行同工作的改进结合起来，同人民内部矛盾的具体解决结合起来，防止关门整风，妨害工作。

这份文件有两点具有特别的意义：一是非党群众可以自由、自愿地参加执政党的整风；二是党的各级领导干部要同人民群众一起参加一部分体力劳动。

中国共产党人逐渐形成一种观点：大量存在着的领导者与人民群众之间的矛盾，并不是双方在根本利益上的冲突，而是因为双方都存在着认识上的局限性。

中央于3月25日发出的《关于罢工、罢课问题的指示》，就指出：“人民群众是直接参加生产劳动（主要是体力劳动）而一般地难于直接行使管理权力的，他们容易着重于从当时当地的局部情况去观察问题，容易重视目前利益和局部利益，而比较难于了解建设中的困难；人民群众的领导者直接行使管理权力而一般地难于参加体力劳动，他们一般地比较能够看到长远利益和整体利益，而比较容易疏忽各部分人民群众的具体情况和切身要求。”

4月24日，在中共浙江省委的扩大会议上，周恩来也讲到，领导者，他的长处是容易看到全面，容易看到远的事情，但是容易忽视的就是最具体的事情，常常脱离眼前的事情、鼻子底下的事情，忽视了局部的事情。人民，因为多数是从事体力劳动，从事最基本的劳动，是带有局部性的，比如教书，只教这门课；从事科学研

1957年重庆钢铁公司的职工开展整风运动

究，只研究这一门自然科学，因此，他的长处就是对实际的、局部的、眼前的事情看得清楚，它的缺点是不大容易想到全面的、远大的事情。所以，各有一方面的长处和短处。

要从根本上解决领导者与群众的矛盾冲突，就必须使双方都打破自己的局限性。

要突破群众的局限性，就必须使群众“上升”。这种“上升”，既包括文化、觉悟等方面的素质，也包括了实际的政治地位。在开展大规模的文化建设的同时，最大限度地发挥群众的政治积极性，把他们吸收到国家各项事业的管理活动中来，让他们在实际的政治活动中得到锻炼和提高。领导者官僚主义的根，往往都是扎在人民群众的愚昧落后这块土壤之中，因此，要铲除官僚主义，最根本的措施就是清除这块土壤。共产党整风的大门向群众敞开，其重要的意义就在这里。

要打破自己的局限性，领导者就必须“下降”。当然，这种“下降”不是素质的下降，而是领导者走出机关，深入到群众中去，与工人农民一起参加生产劳动，使自己了解群众，也使群众了解自己。

这种领导者与人民群众的双向交流，不仅是整风的最深刻的指导思想，而且成为此后毛泽东关于反对官僚主义的一个根本思想。

毛泽东号召党外民主人士帮助共产党整风

毛泽东主张，这次整风要把门打开，欢迎各界人士对共产党展开批评。

但是，在中共中央发布“4·27”指示时，许多党外人士仍心存顾虑。

社会学家李景汉说过一番话，反映了这种心境，他说：

共产党今天是个执政党……同时，他们一向又是整人的、改造别人的人，这无论从三反、五反和肃反运动看，都是这样。但是现在，忽然要来一个运动，要从前的改造者、执政者来接受被整人的意见，接受批评，这实在是反常的事，从古今中外看，哪一个执政者会这样做呢？

说共产党一向是整人的、改造别人的，当然不失偏颇，但从这番话中仍可以看出这样一层意思：以往的执政者没有主动接受批评，而共产党这样做了，这固然说明了共产党的伟大；但是，面对这种“反常的事”，一些人心中也不免要嘀咕：共产党果真是诚心的吗？或者如某些人所断言的，是诱人陷入罗网的“圈套”？

为了打消他们的顾虑，在“4・27”指示公开发表之前，毛泽东召集了第十二次最高国务会议。

这是一次很特别的会议。时间是在五一国际劳动节的前一天，地点是在充满节日喜庆气氛的天安门城楼上，形式是融洽轻松的座谈会，到会的除了毛泽东约集的各民主党派负责人和知名无党派民主人士以外，还有刘少奇、周恩来、朱德、陈云、邓小平、彭真等，可以说中共主要领导人物全部到场了。这说明，毛泽东非常重视这次会议，并进行了精心设计和安排。中共主要领导人物和各民主党派负责人、无党派民主人士欢聚一堂，畅谈中共的整风问题，必然会给与会者留下难以磨灭的印象：中国共产党与党外民主人士的合作，已经进入了一个崭新的时期。

毛泽东在谈话中真诚以待，希望民主人士帮助共产党整风。他说，几年来都想整风，但找不到机会，现在找到了。整风需要造成空气，没有一种空气是不行的。现在已造成批评的空气，这种空气应继续下去，以处理人民内部矛盾为题目，分析各个方面的矛盾。毛泽东肯定了两个月来各界人士对政府工作、尤其是对高教部和教育部的批评意见，毛泽东说：“多攻一下，切实攻一下，在报上发表，可以引起大家的注意，不然官僚主义永远不得解决。要找出办法，党内外一起来。以往开小会不灵，要开最高国务会议第十一次扩大会和宣传会议一样的大会，党内外一道开会，两种元素合在一起起了化学作用，成了另一种东西，就灵了。各省、市都要开这样的会，在报上登一下，就可以打破沉闷的空气。”

座谈会上，毛泽东还与各民主党派负责人和无党派民主人士谈妥：几个月内不在各民主党派内和社会上号召整风，而要继续展开对中共缺点错误的批评，以使中共整风切实收到成效。气氛十分融洽。

最后，毛泽东突然通告说：他不准备继续担任下一届人民共和国主席，他还嘱咐与会人士把这个消息透露出去。如此重大的事情，事先告诉民主人士，更能表明了中共的诚意。

不过，这使一些党外人士感到突然和不安。第二天，陈叔通、黄炎培即给刘少奇、周恩来写信说：毛泽东的这个打算，“我们期期以为未可”。

这年的五一节，整风成为宣传报道和庆祝活动的主题。

4 月 30 日晚，周恩来总理在北京饭店举行盛大酒会，招待来自 40 多个国家的 1000 多位来宾。周恩来在祝酒词中说：“我们这个国家在许多方面还是很落后的，我们的工作还存在着不少缺点。目前我们正在努力改正我们工作中的缺点，注意解决在我们前进道路上所不断出现的各种矛盾。”他希望在座的各国同志和朋友对中国的工作提出批评和意见。周恩来在会见罗马尼亚客人时，又对他们说："我们正在整风，请你们多提意见，帮助我们。"

让各国来宾对中共和中国政府的工作提出批评，在建国以来的历次庆祝活动中可能还是绝无仅有的一次，这实际上是向全世界宣布了中共实行开门整风的消息。

5 月 1 日的《人民日报》头版通栏发表了关于整风运动的指示，同时报道了中央国家机关开始整风的消息。该报第 7 版刊登了北京大学教授李汝祺的题为《发展科学的必由之路——从遗传学谈百家争鸣》一文，毛泽东亲自为这篇文章加写了一段编者按，表示赞成这篇文章，并欢迎对错误作彻底的批判。

这一天，首都 50 万人在天安门广场举行盛大游行，彭真在游行大会上讲话宣布："中共中央已发出了关于整风运动的指示，要在全党重新进行一次普遍的深入的反对官僚主义、反对宗派主义、反对主观主义的整风运动。"

上述情况可以看出，在整风最初一段时期内，邀请党外各阶层人士帮助共产党整风，毛泽东和中共中央确是诚心诚意的，为了真正地把各阶层人士发动起来，作了很大的努力。

年近 80 的中央文史研究馆副馆长叶恭绰，为共产党的真诚所感动，即兴写了一首《1957 年劳动节同庆歌》，最后的四句曰：

庆祝同时即整风，春温秋肃本同功，
可知惕励忧勤意，即寓衢歌巷舞中。

各种鸣放座谈会

进入 5 月以后，毛泽东曾经设想的自由批判的环境初步实现了。

其主要表现是各种鸣放座谈会的召开。

当时影响较大的有以下几种座谈会。

1.《光明日报》编辑部在九大城市召集的座谈会。

《光明日报》是民主党派的中央报刊，整风指示发布之后，便积极行动起来，拟定了在武汉、西安、上海、沈阳、南京、广州、兰州、长春、青岛、重庆、成都等十一大城市邀请各地部分民主党派人士和高级知识分子举行座谈会的计划，总编辑储安平还拟订了一个实施方案，中心议题是如何处理人民内部矛盾、如何改善党

正确处理人民内部矛盾改善党群关系

贯彻鸣和放的方针，反对官僚主义、宗派主义、主观主义

加强互相监督 开展民主生活 改进党群关系

《光明日报》编辑部在上海、北京等九大城市召集民主人士和高级知识分子座谈正确处理人民内部矛盾问题。图为当时的有关报道。

群关系，希望参加座谈的同志，彻底敞开，畅所欲言。从 5 月 4 日到 23 日，座谈会分别在九大城市举行。重庆、成都未开。

2. 中共中央统战部召开的研究清华大学中共产党组织与民主党派关系的座谈会。

从 4 月下旬开始，中共中央统战部联合中共清华大学党委、民主同盟、九三学社等组成 10 人调查组，在清华大学进行了约两周的调查，主题是共产党组织与各民主党派组织的关系问题。调查结束后，5 月 6 日和 7 日，中共中央统战部部长李维汉主持，召集各有关方面人士举行座谈。参加座谈会的有清华大学校长、党委书记蒋南翔，民盟中央常委、组织委员会副主任委员闵刚侯，九三学社中央委员会副秘书长李毅，民主同盟清华支部负责人、清华大学副校长陈士骅，九三学社清华支社负责人张守仪，以及中宣部、北京市委、高教部等单位的代表。与会人员就高等学校的共产党党委负责制度的问题、民主党派的基层组织在高等学校的地位和作用以及要求参与学校领导工作的问题、教授在高等学校里如何参与领导工作的问题，广泛发表了意见。

3. 统战部民主人士座谈会。

5 月 8 日下午召开，统战部部长李维汉说：中共正在开展一个大规模的整风运

中共中央统战部召集民主党派负责人、无党派民主人士和工商界人士举行座谈会，听取意见

动，在这次整风运动中，我们要求各界人士给共产党提意见，对统战部提意见，对党的一切方面提出批评，帮助我们党整风。李维汉说，通过统一战线的方式来推动我们的整风，这在我们党的历史上还是第一次，我们诚恳地希望各位批评。座谈会在5月8日开始，一直开到6月3日，共举行了13次，70余人次发言。这时形势已经发生变化。李维汉在总结中虽然说提出的批评和意见，有很多是正确的，但又指出，有相当一部分是错误的。

4. 统战部召开的工商界人士座谈会。

5月15日上午，与会者是出席全国工商联秘书长会议的各地工商联正副秘书长，全国工商联和民主建国会的主要负责人，以及北京、天津两市工商联的负责人。李维汉在座谈会开始时说，邀请大家举行这个座谈会的目的只有一个，就是现在共产党在整风，诚恳地希望听取对我们的批评。

座谈会于6月8日结束。从5月15日起共举行了25次座谈，讲了话的有108位。6月8日，李维汉作总结发言。当时中央已决定发动反右派运动，李维汉着重指出：座谈会提出的和接触到的批评和意见，大多数是正确的，是善意的；有一部分是错误的；其中一部分错误的性质是严重的。但尽管此时已在一场急风暴雨的前夜，李维汉仍然承认，工商界座谈会应当说是开得好的，对共产党整风有很大帮助。

统战部的两个座谈会（民主人士座谈会与工商界座谈会），在当时产生了重大的政治影响，其效果从总体上说是积极的。后来李维汉回忆说：在中央统战部召开的两个座谈会上，党外人士对党都提出了大量的批评、意见和建议，其中大部分是正确的、很好的意见，有的批评可以说是切中时弊。这个评价是公允的。

5. 首都新闻工作座谈会。

5 月 16 日、17 日、18 日，中国新闻工作者协会研究部、北京大学新闻专业和中国人民大学新闻系联合举办了新闻工作座谈会。参加座谈会的有首都和其他地区的新闻工作者以及人大、复旦、北大新闻专业的教师和学生共 200 余人。与会人员围绕着新闻界如何鸣放的问题广泛发表了意见。

有人说：在新闻工作方面存在着严重的官僚主义、宗派主义、教条主义，这三大主义是阻碍新闻事业发展、限制新闻自由的“三座大山”；

有人说：现在的情况是上下都不满意，问题很多，例如报纸是反映下边情况，起个“耳朵”的作用？还是贯彻领导意图起个“嘴巴”的作用？

有些人对某些单位阻止记者采访表示不满，说有些单位真是“侯门深似海”，记者连传达室这一关也难过去。

最后一天，中国新闻工作者协会主席、《人民日报》总编辑邓拓作了总结发言。他说：今天的报纸很沉闷，很枯燥，《人民日报》同样如此。他说，过去阶级斗争时期，报纸为阶级斗争服务，今天形势有了根本变化，今天主要是解决人民内部的矛盾问题，报纸必须为解决人民内部的矛盾而工作。

6. 国务院党外人士座谈会。

5 月 27 日至 6 月 6 日，国务院秘书长习仲勋邀请在国务院法制局、参事室、秘书厅工作的党外人士举行了 6 次座谈会，在会议开始时，习仲勋要求参加座谈的人士消除顾虑，有什么意见提什么意见。

在这几次座谈会上，党外人士既有对国家政治生活的一些重大问题发表意见，又有相互之间的思想交锋。在 5 月 27 日的座谈会上，国务院参事李仲公在发言中表示不赞成罗隆基在统战部民主人士座谈会上提出的关于错案平反问题的看法，他认为，对错案平反这件事，应该非常慎重地来对待。针对罗隆基提出的由人大常委会和政协全国委员会直接处理平反案件的意见，李仲公指出，这两个机关起监督作用，如果司法机关办得不好，它可以监督，如果照罗隆基的办法，只要你办得不好或者不相信你能办好，就都由国家权力机关直接办理，这是否行呢？在发言中，李仲公还批评了王昆仑、龙云的一些看法。

5 月 29 日的《人民日报》，以“李仲公批评了罗隆基、王昆仑、龙云等人的意见”为标题报道了座谈会的消息。

在 5 月 30 日的座谈会上，国务院参事范朴斋对《人民日报》的这种做法表示不满，认为不应该把李仲公对三人的批评用标题标出来。同时，他也不同意《人民日报》的另一则标题，即5月23日头版头条的《讨论逐步转向深刻化》，他认为实际上是表面化。范朴斋还认为，国务院是官僚主义的根源，因为如果上面没有官僚主义，下面也不会有官僚主义。

国务院参事李一平在发言中提出，要解除人们在鸣放中的顾虑，单靠号召是不行的，还必须有法律，使人们相信有法律保障言者无罪。可以看出，在国务院党外人士座谈会上，各种意见都比较充分地发表出来了。6月6日以后，国务院党外人士座谈会还举行了几次，但主题已经变了。

除上述的几种座谈会外，各民主党派和各人民团体、各高等院校和科研机构，以及国务院各部委等，也都相继举行了鸣放座谈会。在整个的5月及6月上旬，鸣放座谈会成为中国最主要的也是最常见的政治生活形式。

起初，毛泽东对这种鸣放形式给予了肯定。5月16日，毛泽东在为中央起草的《关于对待当前党外人士批评的指示》中写道："自从展开人民内部矛盾的党内外公开讨论以来，异常迅速地揭露了各方面的矛盾。这些矛盾的详细情况，我们过去几乎完全不知道。现在如实地揭露出来，很好。"

5月25日，中国民主建国会中央委员会主任委员黄炎培在统战部工商界座谈会上作了两个多小时的长篇发言，他在发言中再次提到了他与毛泽东在1945年的那次谈话。黄炎培将这次整风运动与毛泽东在延安时提出的"民主新路"联系在一起，说道：这次党内整风运动，这样做法，我到几处地方接触一下，感觉真是必要。他说，帮助共产党整风，等于是帮助共产党"种牛痘"。我们的目的是积极的，是为了要能够更好地让党领导我们大家早日把我们的祖国建设成为一个伟大的社会主义国家。

报刊杂志：鸣放的又一渠道

报刊杂志是传达各界人士意见的又一个主要渠道。全国各大报刊杂志，尤其是报纸，在这一时期都将争鸣文章的组稿和知名人物的采访当做重要工作来抓，在报刊上占了相当大的篇幅，党外人士的许多重要意见都是通过争鸣文章和专访报道传达出来的。

5—6月上旬，《人民日报》记者采访了北京政法学院院长钱端升、人大教授李景汉、北大教授周辅成、清华教授钱伟长、科学院考古研究所考古学家陈梦家、北大教授傅鹰等许多知名的高级知识分子。

北京大学教授周辅成对反对修正主义的问题发表了看法，他说，反对教条主义的问题提出后，跟着又来了反对修正主义。修正主义和创造性的见解，二者之间的区别好像又没有一个客观标准。同意你的看法的人说，这是创造性的见解，但反对你的人又可说这是修正主义。其时，当时并没有出现什么修正主义，中国没有这种传统，过虑修正主义只是限制了思想解放。有了修正主义之后，再提反对修正主义也还不迟。

周辅成的这段话，在当时是很有见地的，在执政党内也是很不容易听到的。

考古学家陈梦家谈到了党的领导和党员个人的领导的区别。他说，党应该领导科学，这是没有问题的，但这恐怕和行政负责人是党员还是非党员没有关系。非党员担任行政领导，贯彻党的政策，也可以说是体现了党的领导。如果一个党员领导同志工作得不好，我们反对他，有人认为这就是反对党的领导，这样就把个别党员当成了党的代表。

陈梦家说的这种现象，当时带有一定的普遍性。将党员个人的领导等同于党的领导这种观念，成为阻塞言路的一大障碍，陈梦家尖锐地提出了这一问题，很能发人警觉的，在当时难能可贵。

当时其他的一些大报如由各民主党派主办的《光明日报》、上海的《文汇报》等，也都十分重视知名人物的采访工作。如《文汇报》从5月25日开始，连续发表下列人物采访报道：《筱翠花这几年》（访问著名京剧表演艺术家于连泉）、《流沙河谈“草木篇”》（访问青年诗人流沙河）、《“一下给抻了出来，就不好再钻回去了！”》（访问中国人民大学教授李景汉）、《乍暖还寒晴复雨》（访问浙江专业作家陈学昭）、《说实话要比歌功颂德好》（访问北京大学教授傅鹰）等。通过这些采访报道，我们也可以了解到各界人士的一些真实想法。

当然，各报发表的人物专访报道毕竟很有限，相比之下，报刊上各类争鸣文章，信息量更大。许多党外人士意见，经过加工整理，写成文章，观点更加系统，更有分量。

5月8日，在统战部民主人士座谈会上，民革中央常委陈铭枢谈到：“党员应向非党人士求师求友”，之后，他就此写了一篇文章，寄给《人民日报》，《人民日报》于5月12日发表了。他写道：

目前，时代演进急剧，大足惊人，负有解放全人类责任的共产党员，今后仍任重道远，必须开拓胸襟，高翥视域，岂能自封山头，囿于宗派，主观臆断，徒倚官傣？以周恩来总理之才之美，在国际舞台上，樽俎折衷，虚己下人，即敌人亦不能抹煞其美德。他在访问十一个大小国家中，同样抱着嘤鸣求友、求知识的诚挚。全国人民均应学习这种美德。一般党员怎能说不应在祖国大家庭中求师求友呢？

5月14日，《人民日报》发表民建中央副主任委员章乃器的文章，论述党与非党之间“墙”和“沟”的思想基础，他认为斯大林所说的共产党员是由特殊材料制成的这句话是党与非党之间“墙”和“沟”的一种思想基础。

几天后，北京师范大学校长陈垣也在《人民日报》上撰文，同样论述党和知识分子群众的关系，显然与章乃器的观点是对立的。他认为，既然有墙，原因怕是两方面的，责任也应该由两方面来负，想要解决问题，也应当从两方面着手，即一方面解决党组织方面的问题，对知识分子作出正确的估计；另一方面要加强知识分子的思想改造工作，“教育人的人先要受教育”。知识分子在实际工作中应当主动地争取擦掉这条线。

两种对立的观点都能刊登在中共中央的机关报上，足以说明自由批判的气氛。

《光明日报》在组稿工作上也下了很大功夫。九三学社中央宣传部副部长储安平出任《光明日报》总编辑，许多重要争鸣稿件都是由他出面约稿和动笔修改。如山西师范学院教授梁园东寄来《出版机关和“百家争鸣”的关系》一文，就是由储安平代为修改后于5月20日发表的。再如国务院参事室参事范朴斋寄来一篇《会外之音》的文章，经储安平删改后，于6月5日发表。

5月下旬，储安平起草了一封约稿信，信中写道：

我们努力的目标之一是使《光明日报》能够成为民主党派成员和高级知识分子的一个论坛。为了更好地响应并贯彻党中央和毛主席提出的“百花齐放、百家争鸣”和“长期共存、互相监督”两大方针，我们诚恳地欢迎您更多地利用《光明日报》来陈述您对于国家事务的各种意见。在一般情况下，我们不预出题目。由各位先生自由地说自己想说的话，写自己愿意写的问题。假如能结合互相监督的方针发言，更好。

6月3日前后，储安平将约稿信印发给88位自己熟悉的人士。

《光明日报》表现出一种明显的倾向性，它主张多发一些问题提得比较尖锐的批评文章。储安平到《光明日报》社后，他想把《光明日报》办成有中国民主党派特点的报纸，但并非要办成反对党的报纸。这在他是很清醒的。5月7日，他在《光明日报》编辑部大会上所作的报告中说：

个别同志有这样一种想法：既然是名副其实的民主党派的报纸，那么就应该办成“反对党”的报纸，这可能是不了解今天中国的政治制度和欧美资本主义制度其性质是有根本的不同，他们是有在朝在野之分，他们的反对党的主要政治目的是要把对方搞掉，取而代之。而我们中国的情况是不同的，我们的人民代表大会制度是新型的民主制度，我们的政党没有反对党，民主党派都是参加政权的，有事大家协商，所以，我们民主党派的报纸当然也不是反对党的报纸，这一点是需要明确的。

储安平提出，《光明日报》应该完成两方面的任务：一方面要经常宣传共产党的政策，号召大家努力学习马列主义，积极参加社会主义建设；另一方面要经常反映民主党派成员及其联系群众的要求。这一办报思想，与中共中央“长期共存，互相监督”的方针是一致的。

中央统战部部长李维汉对中宣部副部长周扬说过：“以后有人要批评储安平先生，你要为他撑腰。”

储安平之所以能够放得开手，李维汉等中共负责干部的支持也许是一个重要的原因。

因此，《光明日报》表现出来的倾向性，是在贯彻中共中央方针的过程中出现的一种偏差，决不是后来批判的是“资产阶级方向”。《光明日报》表现出来的主动性，是此时宽松的政治环境的产物。后来受到更为严厉批判的上海《文汇报》，情况也大致如此。

带刺的玫瑰：以整风为主题的文学作品

自从提出“百花齐放，百家争鸣”的方针以后，以揭露和批判现实生活中一些不良倾向为题材的文学作品逐渐多了起来。最早产生较大影响的，就是王蒙的中篇小说《组织部新来的青年人》。

毛泽东看过这篇小说，曾说过：“王蒙的小说写得相当好。”在2月16日颐年堂的一次小范围的座谈上，毛泽东指出，王蒙的小说有片面性，正面的积极力量写得不够，要批评。但他同时肯定说：小说揭发官僚主义，很好，揭发得不深刻，但很好。后来毛泽东还说过，王蒙虽有缺点，但是他讲正了一个问题，就是批评官僚主义。

毛泽东希望文艺工作者能够拿起文艺作品这个武器，攻一攻党内的官僚主义。王蒙的小说起了带头作用。

王蒙 1957 年底受批判后所摄

王蒙的小说直接以批判党内的官僚主义为题材，它一发表，就立即在文艺界引起了强烈的震动，由此引发了一场关于文艺作品能否以反对党内官僚主义为题材的争论。这种效果，当然是毛泽东所期望的。所以，尽管王蒙的小说在思想性和艺术性上都不成熟，毛泽东仍然给予了相当高的评价。

但是，以小说作为反对“三风”的武器，毕竟有局限性。杂文形式引起了毛泽东的重视。

“三风”问题能不能运用杂文予以揭露和批判，文艺界存在争论。鲁迅说杂文是“匕首”和“投枪”，那是对敌人而言，对人民内部的问题，也能够用“匕首”和“投枪”吗？

毛泽东在全国宣传工作会议的讲话中说：

鲁迅式的杂文可不可以用来对付人民内部的错误和缺点呢？我看也可以。当然要分清敌我，不能站在敌对的立场用对待敌人的态度来对待同志。必须是满腔热情地用保护人民事业和提高人民觉悟的态度来说话，而不能用嘲笑和攻击的态度来说话。

4 月中下旬，《人民日报》连续发了好几篇论述杂文的地位和作用的文章。

最先提出问题的是署名“回春”的《小品文的新危机》一文。这位作者列举了批评性小品文所面临的一系列矛盾，认为这类小品文原是萌芽于“文学革命”以至“思想革命”的，所以，它是不民主的时代的产物。现在已经是社会主义民主的时代了，这类小品文是否还有存在的理由呢？作者认为：这样的许多矛盾，就造成了小品文的新危机：消亡的危机。

《人民日报》特意为这篇文章加了一段编者按语说：“我们发表这篇文章的目的，是希望能够引起大家的讨论。”《人民日报》的编辑部提出这个问题并发起一场讨论，显然不是为了促进批评性小品文的消亡，而是为发挥这类杂文的作用扫清认识上的障碍。

回春的文章发表之后，从4月17日开始到5月3日，《人民日报》陆续发表了11篇讨论文章。在这些文章中，只有一篇完全赞同杂文“危机”说（范舟:《我说小品文要消亡》）。还有一篇似乎持折中态度，说小品文要是要的，但是应该有些分寸，可作批评的工具，少作或不作讽刺的工具。其余的9篇则完全否定了“危机”说。这足以说明《人民日报》对杂文的态度。

但是，唯一赞成“危机”说的那篇文章所提出的观点，却很值得引起我们的注意。文章说道：

> 主张小品文非要不可的人还忘记了我们所处的是什么时代：敌人还存在，并且千方百计地要破坏我们，对于他们，我们才不仅要刺，而且要刺得准，刺得狠。小品文不把这方面当成是自己的战场，反而矛头指向人民内部，不要扣上失掉立场的帽子，至少也是敌情观念不强，……我们现在的小品文很少对敌作战，多是对人民自己的讽刺，恐非一时之误，而是根本方向的错误。

这段文字，倒是当时不容易见到的“妙文”。很明显，这些人仍然用大规模阶级斗争的眼光看待当时的政治生活，仍然认为处理敌我矛盾在国家政治生活中占据着主要地位。因此，当有人主张把注意力放到人民内部矛盾上来的时候，他们就以为是“失掉立场”或“敌情观念不强”。尽管这种观点仅仅是围绕着小品文的命运而提出的，但它却实实在在地说明在当时的社会中，特别是在共产党内，仍然有一部分人从思想感情上与中共中央的鸣放方针格格不入。而关于小品文的议论，不过是借题发挥罢了。

几天后，《人民日报》刊出这次讨论的最后一篇文章《“讽刺”的危机》（5月3日），这篇文章对于“危机”说或“消亡”说的实质，作了尖锐的批评：

没有任何理由可以否认讽刺是批评的一种，且有非一般批评所能代替的特殊作用。只要你站得稳，只要不滥用讽刺，可以用以对敌，也可以用以对自己人。“人民内部需要批评，但不需要讽刺”的说法，就某些说话者的思想情绪说，后半句是真实的，但前半句大都是谎话，至少是不自觉的谎话。尤其在他自己碰到批评的时候，真相便显露得更清楚了：他不但不喜欢他所说的“讽”，也不喜欢他所说的“批评”。

这位作者实际上是在说：只有那些身上沾染了许多毛病，而又惧怕别人讽刺或批评的人，才会主张批评性小品文走向消亡。

肯定小品文或杂文作用的意见，明显地占据了上风，这样，在5月和6月上旬的开门整风运动中，小品文或杂文这种批评形式就得到了充分的发挥。

《人民日报》总编辑邓拓亲自动手，以“卜无忌”的笔名发表了一篇杂文《废弃“庸人政治”》，批评某些领导干部整天忙忙碌碌，对什么都不肯放手，都要抓得死死的现象，认为这种领导就如同“庸医司性命，俗子议文章”（陆游诗句）一般，会把事情弄得一塌糊涂。因此，要把这一套“庸人政治”彻底地反对掉。邓拓接着写道：

然而，有人会很不高兴地责问：这不是放弃领导和放任自流吗？回答：似乎是，其实不是。说它似乎是，因为我们的领导是要大胆地放手、放手、再放手；既然如此放手，原来的一套领导方法恐怕就得改，也就是说，在某意义上应该允许某种程度的放任。说它其实不是，因为在原则和方针上毕竟还有领导，决不能变成无政府状态。而我们的人民群众这些年受了革命的教育，也可以相信他们不会差到哪里去的。既然如此，就什么也不可怕了。那些天天怕出乱子，天天喊叫“放不得”的人，真是庸人自扰，瞎操心了。

这段话很明显是对中央鸣放方针的解释，而这种解释也是很准确的。顺便说一句，国际著名的中国问题专家麦克法夸尔认为，邓拓的文章是对毛泽东的“尖锐讽刺”，这完全是一种误解，他没有读懂这篇文章的含义。

5月21日的《人民日报》发表了一篇署名凡兵的杂文《有知与无知》，文章针对当时一些领导干部长期满足于当“外行”的思想，写道：一些领导干部在革命战争时期，在革命斗争方面久经锻炼，知识是极丰富的。但到了和平建设时期，却变得“无知”了。

为什么？因为现在形势变了。革命暴风雨已经过去了，现在主要是搞经济和文化建设了。这些同志不了解社会大变动的新形势，既不好好吸取新的知识，研究党的方针政策，又没有“知之为知之，不知为不知”的老实态度，特别是还有“强不知以为知”、“一旦权在手，便把令来行”的恶劣态度，这真是无知之至了。以这样的无知来领导有知，肯定地说是不可能领导下去的。

这篇杂文十分深刻，又很辛辣。

除了杂文之外，当时的政治讽刺诗与漫画也十分活跃。4 月 18 日，《人民日报》发表了该报文艺副刊部主任袁水拍的题为《摇头》的讽刺诗，讽刺了那些看不惯社会大变动时期新鲜事物的教条主义者。诗中的教条主义者说道：

满台家务事，
满纸儿女情。
不行，不行！
还有什么杂文，杂感，杂种，
讽刺，诽谤和小品文……
嘿，查查看，
是哪一个“俱乐部”发来的兵！

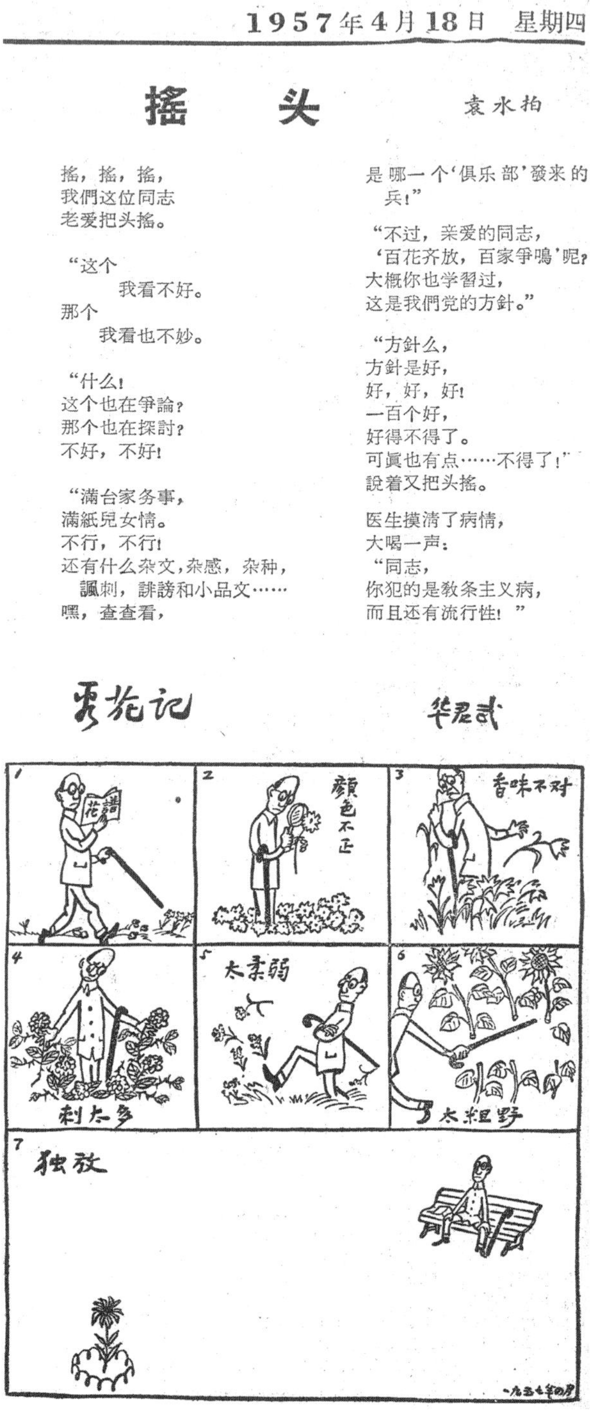
1957年4月18日　星期四

摇　头　　袁水拍

摇，摇，摇，
我們这位同志
老爱把头摇。

“这个
我看不好。
那个
我看也不妙。

“什么！
这个也在爭論？
那个也在探討？
不好，不好！

“满台家务事，
满紙兒女情。
不行，不行！
还有什么杂文，杂感，杂种，
諷刺，誹謗和小品文……
嘿，查查看，
是哪一个‘俱乐部’發来的兵！”

“不过，亲爱的同志，
‘百花齐放，百家爭鳴’呢？
大概你也学習过，
这是我們党的方針。”

“方針么，
方針是好，
好，好，好！
一百个好，
好得不得了。
可眞也有点……不得了！”
說着又把头摇。

医生摸清了病情，
大喝一声：
“同志，
你犯的是教条主义病，
而且还有流行性！”

《人民日报》登载的袁水拍的《摇头》和华君武配的漫画

短短几行，一个死抱着革命的暴风雨时期过时观念不放的教条主义者，就活现在纸上。

4月20日，毛泽东给袁水拍写了一封信，称赞这首诗，他写道：“水拍同志：你的《摇头》写得好，你应该多写。”

著名诗人、中国作协书记处书记臧克家写了《我们需要讽刺诗》一文，文章对讽刺诗的作用给予了充分的肯定。他写道：

> 同样一个喉咙，唱颂歌，同时也可以吐出火焰般的讽刺诗句，一正一反，目的只是一个。讽刺了坏的，是为了不使它损伤好的。……真正站稳了立场，爱社会主义祖国像爱自己的母亲，对于她不利的一切东西，即使很细微，也会激起从热爱出发的愤恨之情，敏感地、真实而大胆地挺身而出。一个诗人如果能够如此，那么，他会写出动人的讽刺诗。立场坚定，爱憎分明，分寸问题应该不成问题。真是为了治病，即使药味苦些那有什么关系？

1957年开门整风中的文学作品，是开展自由批判的一种重要形式。早在1942年毛泽东就指出：“文艺是从属于政治的，但又反转过来给予伟大的影响于政治。”用这句话来说明1957年的文艺作品与中国共产党整风任务的关系，再恰当不过了。

切中时弊的逆耳之言

以正确处理人民内部矛盾为主题的整风运动，虽然历时仅有5个多星期的时间，但在此期间兴起的自由批判的浪潮，对执政的共产党却是一次极其严格的锻炼和考验。当时在各种座谈会上，在各种报刊杂志上，党内外各阶层人士发表出来的种种意见，虽然如毛泽东所套用的王勃诗句那样：毒草与香花齐放，落霞与孤鹜齐飞，但是，认真分析当时的种种言论，我们不能不得出这样一个结论：这一时期的鸣放言论，大部分是正确或基本正确的，许多意见切中时弊。

举其荦荦大者，有以下五方面：

（一）关于党与政府关系的中肯建议

5月10日，民革中央常委邵力子说，党在政府部门的领导，最好是通过党组。一切重大问题，党组决定后，交由党员运用，使能贯彻执行。如果直接由党发号施令，就会差一些。特别是县以下的领导机关，党政关系问题就较大，这主要是以党代政。县长，一般是不被看重的，而县委权力极大。改善党政关系，重要的是使政府部门真正负起责任来，这对党的领导只有好处，没有坏处。

民革中央常委刘斐在5月30日说：“党和政府是两个性质不同的系统，党是领导国家事业的核心，但是，党的领导要通过国家机器去实现，党不应该代政，就像开机器的人，不能代替机器一样。”

民盟中央常委杨明轩在6月1日说：党政不分在某些地方已经违背了社会主义民主和社会主义法制的原则。……一些州、县，人民代表大会和人民委员会不能按期召开，人民不能通过自己选举出来的代表和政府委员行使自己管理国家的权力。

民革中央委员、监察部部长助理甘祠森认为，出现以党代政的原因，应该从党领导国家机关的方式方法和国家机关工作制度上去寻找。共产党领导国家机关的方式方法必须改进，才能充分发挥国家机关的职能，调动国家机关工作人员的积极性。

中国共产党执政以后，以党代政、党政不分的现象是相当普遍地存在着的，一些党外人士向中国共产党直言这种现象的危害性，这对于加强和改善共产党的领导，无疑是有益无害的。

（二）关于党群关系的尖锐批评

当时，党内相当一部分党员干部不喜欢“五湖四海”，而热衷于“清一色”；只相信共产党员，而不信任党外群众。无形中在党员干部与群众之间筑起了一道“墙”，挖了一条“沟”。这种“墙”“沟”现象，是开门整风运动中各界人士所批评的一个重点。

早在一年多以前，周恩来在《关于知识分子问题的报告》中就指出，一部分知识分子与共产党组织之间，还存在着某些“隔膜”。此后，有人用“高墙”来形容一些单位中党组与党外群众之间的关系。

1956年12月7日的《南方日报》发表了一首署名冼玉清的“潮梅视察”诗，其中有这样几句：

党群谁使隔高墙，
民主原来未发扬。
深坐公厅听汇报，
偏听偏信事堪伤！

在全国政协二届三次会议上，张治中引用了这首诗来说明当时的“墙”“沟”现象。

这种“墙”“沟”有种种表现：

部分非党干部有职无权，是其一。

卫生部妇幼司司长杨崇瑞是党外人士，一次干部司分配一个干部到妇幼司来，杨崇瑞司长要看档案，干部司的一个干部却说：“他是党员，你不能看。”党外人士反映，杨司长是有职无权。邮电部的党员负责干部对朱学范部长尊重不够，非党部长说了不算，党员处长说了算。成立教育科，朱学范批准了，劳动工资处的党员副处长不同意，结果就没有成立。“三反”时，邮电部决定开除一个干部，朱学范不同意，而监察室的党员副主任坚持要开除，结果还是开除了。有人提出：“部长领导处长，还是处长领导部长？”

民革中央委员、海关总署副署长丁贵堂说：

四位署长和副署长中，只有我不是共产党员。在解放初期（1949—1953），我是有职有权的，很多事情由我管，甚至不该我管的也管了。从海关总署成为外贸部的一部分以后，我的权与职就不相称，甚至削弱了。1953 年开全国联合查私会议，是由我领导的。可是这个会议的总结，事先并没有同我商量，草稿也不给我看。直到半年以后，全文都打印好了才给我一份。1953 年，开海关关务会，我是主席团之一，天天领导开会。会议的总结报告，是由雷副部长领导作的，根本不准我参加总结工作。……我领导三个处，也常批改一些公文。可是，我改的公文，处长马福元（共产党员）常常跑来责问我为什么要这么改。我在海关待了四年，多少也懂一些业务。可是，总署副处长陈铁保（共产党员）甚至有时对我说话声色俱厉。党员处长常常不请示报告，甚至有时候他们出差去了我也不知道。

丁贵堂感叹说：“总署的墙高而厚，沟深而宽。”

非党干部有职无权的现象，在基层也相当严重。据民进中央常委严景耀反映：有一个学校，身为共产党员的副校长因事出差，学校就出了这样的布告：“副校长因公出差，校内一切事务均由校长代理。”由此可以看出非党员校长当时在校内的地位了。

一些党员干部在政治与生活上特殊化，是其二。

当时确有一部分党员干部认为，天下是共产党打下的，共产党员理所当然享有一种特殊的权利。中国人民银行的党外人士普遍反映，银行的干部政策有严重的宗派主义情绪，有些党员干部既无德，又无才，却身居要职。1956年工业信贷局提拔的都是党员，而有个当了很长时间科长、又是先进工作者的非党人士，却没有得到提拔。

许多党外人士反映，一些党员干部在物质生活上，也是特殊的。民革外贸部支部主任委员姚日成说，部里领导干部生活特殊，司局长干部住的是高级宿舍，吃饭上小灶食堂，回家坐小汽车。粮油出口公司的食堂，单有一间小屋给处长吃饭。后来小屋被移作他用，又在群众吃饭的地方辟出一桌为“处长专席”。群众对此很不满。

民建外贸部支部副主任委员毛宗尧说：他家10口人，住33平方米的房子，而与他同级的党员干部，则住在院子里最好的房子里。一样的科员，党员干部坐转椅，非党员干部坐硬板凳，他尖锐地指出，常言说：“菩萨庙里的菩萨怎么坏的，就是被捧坏的。”这很值得警惕。

该部行情研究所副研究员李泰华说：我们是打倒封建社会的，但我们还残存着封建社会的等级观念，看病、小孩子上学也有不同，什么样的干部，他的子女就可入什么样的学校，子女靠爸爸之福，这真像封建社会中爵位的世袭权。

一些党员干部居高临下，不信任或看不起非党人士。电力部财务司会计师罗孝胥说：党群间隔膜表现很多，根本问题是党员对非党员不够信任，不放心，他在东北时，收音机的短波被卡断了，虽然正值抗美援朝，但还是不聪明的做法，对此他很不满意。

水电总局技术处处长萧季和说：党内领导同志对知识分子的进步认识不足，还认为旧知识分子思想很落后，没有考虑到几年来国家进步对他们的影响。他认为，要是哪个人亲眼看到这几年来的事实，而还对共产党不拥护，还不爱国，那这个人太没有良心了。

技术改进局的工程师郑肇基说，有一次一个党员去他家玩，他泡了一杯咖啡给这位党员喝，可一个星期后，在一次小组会上，这位党员却批评他太资产阶级化了。由一杯咖啡而想到资产阶级化，显然是戴着有色眼镜观察党外人士的结果。

中国人民大学讲师侯大乾说：有些党员领导同志不尊重老教师，甚至有的党员在下面公开对老教师讲：我们革命打游击时，你们还不过是个资产阶级学者罢了。言下颇有轻视之意。还有些党员经常随便给人扣帽子，就连群众把“爱人”叫做“太太”也要扣上一顶资产阶级思想的帽子。学校党的组织在解决教师入党问题上更是关起门来，党员多是站在群众头上看群众，宗派主义情绪很大，居功自傲。当时还有些党外人士反映说，党员往往都摆出一副“政治面孔”，党龄越长，就越发严肃，使人难以亲近，只好敬而远之。

无党派民主人士陈叔通说：有些党员总以为天下是自己打下来的，非党人士在革命胜利以后，吃现成饭，享现成福，而且高高在上，当然气不过。党员还认为非党人士不懂政治，即使有其他长处，不懂政治，也没有用处，并且在这些长处之中，都含有毒素，因之看不起非党人士。有些党员认为工人阶级同工商界、小资产阶级是阶级问题，搞在一起，就会受侵蚀，他们怕受传染，因此惹不得，还是同他们生疏些好。这样，不知不觉地就在党群之间有了墙和沟。陈叔通的分析，确实反映了客观存在的一部分党员干部进城后的思想状态。

（三）关于社会主义经济建设指导思想方面的批评和建议

我国社会主义经济建设的道路应该如何去走，这也是党外民主人士所关注的问题。在这一年整风运动中，一些党外人士针对过去经济建设中出现的问题，发表了许多宝贵的见解。

九三学社中央常委茅以升在书面发言中，谈到了社会主义建设中集中与分散的关系。他说：

社会主义制度的优越性在全盘计划和全国统一化，同时也需要高度纪律性，以求方针政策的贯彻。但是，中国是个人口众多的大国，各地情况非常复杂，经济和教育的基础都很薄弱，而科学又十分落后。因此，在制订一个计划时，由于因素太多，而且资料收集不易，就很难做得尽善尽美。纵然制定的时候是对的，等到各地实行的时候，情况又变了。这是一个高度科学性的工作，在我国现在科学水平上是很难做得完美的。……在做计划时，要分别轻重，预留伸缩，规定出哪些是必须由中央集中的，哪些是可以容许有“自由市场”的，哪些是必须要完成的，哪些是可以有伸缩的，尽量把事权下放，并且把集中和分散的比例，随着科学技术的进步而逐步加以调节。

经济学家沈志远在中共上海市委宣传会议上，对于集中与分散的关系也发表了自己的意见。他说：

社会主义是需要计划管理的，但过多的计划管理，就会损害自由，妨碍积极因素的发挥；社会主义是要求集中化的，但是过多过死过紧的集中，就会损害灵活主动，同样会妨碍群众积极性的发挥。……由于管得过多过死，一切都要国营，一切都管起来，包下来，把人们的积极性创造性都管光了，包完了。……希望通过这次整风，不但要消除寄生在党和政府肌体上的官僚主义、宗派主义、主观主义的三种歪风，而且还要把滋长这三种歪风的一些不合理的制度大刀阔斧地改革一下。

5 月 11 日、12 日的《人民日报》连载了北京大学校长马寅初的论文《联系中国实际来再谈谈综合平衡理论和按比例发展规律》。马寅初在论文中论述了我国经济建设中八方面的平衡关系，他指出：

过去，由于中央对计划指标的掌握有过多过繁的地方，这就多少束缚了地方的主动性。……中央还不可能对各个地区的情况掌握得很准确，因此，国家也不可能对各项计划指标不分主次地都采取严格控制的办法，而必须允许地方在国家统一的计划的指导下，保持必要的灵活性。

马寅初对 1956 年冒进提出了批评。他说：在社会主义高潮的推动下，1956 年国民经济各方面都有较大的发展，成绩很大。但是基本建设规模偏大，人员招收多了一些，学生也招多了，工资基金和事业费用也就必须多增加，结果，国家财政多支了一些，生产资料和消费品的供应都紧张。根据 1956 年冒进的情况，马寅初提出，1957 年的计划，在去年大发展的基础上，必须根据财力、物力的可能放慢一步，这不是冒退，而是转向正常的发展。

马寅初关于“放慢一步”的观点，陈叔通也是赞同的。他在发言中提出，希望中央检查一下八年以来的工作中，由于保守所造成的损失和由于冒进所造成的损失，究竟哪一方面大。

如果说马寅初、陈叔通对冒进的批评还比较平和和含蓄，那么无党派民主人士张奚若的话就有些刺耳了。他把这种现象总结为“四种偏差”：好大喜功，急功近利，鄙视既往，迷信将来。他说：

好大喜功的大，一种是形体之大，许多人认为，近代的东西必须是大的，大了才合乎近代的标准，而实际上有些外表看来很堂皇的东西并不太合用；另一种是组织之大，在一些人看来，社会主义等于集体主义，集体主义等于集中，集中等于大，大等于不要小的。由于这个基本思想，所以工商业组织要大，文学艺术组织要大，生活娱乐组织形式也要大。不管人民的生活和消费者的需要如何，只要组织规模大才过瘾。所谓急功近利，它的一种表现就是强调速成。……在某种情况下速成是需要的，但要把长远的事情用速成的办法去做，结果是不会好的，事情应该分长远与一时的，百年大计与十年小计自有不同。所谓鄙视既往，是说许多人忽视了历史因素，一切都搬用洋教条。他们把历史遗留下来的许多东西看做封建，都要打倒。实际上，历史是有继承性的，人类智慧是长期积累起来的。所谓迷信将来，是认为将来一切都是好的，都是机械地等速发展的。实际上将来有的发展，有的停滞，有的后退，有的消灭。……当然，不是说大的都不好，过去的都好，将来的都不好，问题在于要有区别，要有适当的比例，要有配合，生活才不单调，不要脑筋简单。

张奚若的这四句话，或者因为既简约又尖刻，引起了特别的注意，后来毛泽东多次批评张奚若。并且反其意而用之，说：我们就是要“好大喜功”。

（四）对于社会主义法制建设方面的批评与建议

5 月 16 日，民革中央常委黄绍竑说：我国立法工作是落后于客观形势的需要的，刑法、违警法、公务员惩戒法都尚未制定公布，经济方面的法规更不完备，五年计划快完成了，但度量衡条例还没有制定。……公务员惩戒法和各机关的组织条例办事规则是与整风最有密切关系的法规，必须早日制定。……应该注意那些过去因犯主观主义、官僚主义而致人民的生命财产受到重大损失的负责人，如果不及时处理，并向人民作交代，就无异给整风运动来一个极大的讽刺。

法律出版社编辑清漪批评说：刑法典的起草工作早就听说在做了，可是，“只听楼梯响，不见人下来”，至今仍未公布。据说，这是为了使立法者少犯错误，但结果呢？使得广大司法者“无法可依”，量刑幅度很难掌握，错判也在所难免。再如诉讼法典的拟订，是否还没有条件呢？不是这样的，据说也已有人在做，可是连下楼梯的响声还未听见。

在首都法学界人士座谈会上，正在中国人民大学进修的兰州大学副教授吴文翰指出：宪法虽已公布，可是至今仍有一部分领导人员对法律持虚无主义的观点。认为以党代政是当然的，党的命令高于法令，党员个人的言语自认是“金科玉律”。这都是违反法制的。

民革中央常委谭惕吾在发言中谈到了共产党遵守宪法和国家制度的问题。她说：

宪法是党制定的，可是有些事情就没有遵守宪法办事。例如，宪法规定，作为生活资料的私人住宅受宪法的保护，可是上海实行“房改”，办法由党内制定，而且作为个人生活资料的住宅也纳入了“房改”的范围。她问道：宪法是大家包括共产党在内举手通过的，堂堂宪法为什么不遵守呢？她希望中共中央作一次检查，凡有违反宪法的政策要赶快修改。她尖锐地指出，民无信不立，立法者须首先守法。在解放前不遵守法律是为了推翻反动政府，今天共产党希望国家长治久安，领导国家，对国家的法律就不能采取这样的态度……把司法、检察、律师分开，这是好的，可以起杠杆作用；可是现在三者是属于一个党委领导，这就发生了问题，失去了分开的意义。为什么不可以分开来领导呢？

一些党外人士还对纠正法制建设中“无法可依”“有法不依”的现象提出了具体的建议。

依法治国，这是中共走过了几十年的弯路以后才认识到的一条治国方略。回过头来看，当时党外人士的这些话，或许尖锐一些，但确是逆耳忠言。可惜后来被当做反话听了。

（五）对于建国后历次政治运动中“左”的偏差的批评

建国后，中国共产党发动的一些政治运动，有些运动成绩斐然，但是确实出现了一些“左”的偏差，其中比较严重的是对胡风事件的处理和几乎同时发动的肃反运动。

某学校的副院长，在肃反时被误作为对象，他对北京师范大学校长陈垣说：“我当时确是难过得很，身体健康也差了。但是，今天平心细想，经过这次运动，全国反革命基本肃清，可以安心地建设了，这就是最大的成绩，我当时虽然吃些苦头，但从结果来看，问题还是弄清楚了，也并没有冤枉我。”

陈垣听了这些话，很受感动，他在座谈会上说：群众发动起来了，很多人在大运动里受了伤，如果仅仅说是“在所难免”，未免也是说便宜话，不过能从全国着想，总可稍稍解开这些症结。他相信，今天吸取过去的教训，学会如何正确地处理人民内部矛盾，也不会再有误友为敌的错误做法了。

民革中央常委朱蕴山说，肃反运动是有成绩的，过去通过群众路线来肃反，也是正确的，要根据有反必肃有错必纠的方针，那是更无可疑义的。问题是在执行工作方面部分地方发生偏差，把肃反面扩大化了。他认为，所谓肃反遗留问题，不外四种情况：（1）根本搞错了的，应彻底平反，并赔礼道歉。（2）没有搞错，但处理不适当，就根据肃反政策纠正。（3）仅有嫌疑而无确凿证据，或仅因历史不清而发生怀疑者，均应早作结论不拖尾巴。（4）没有搞错而予以宽大处理的，应该向他说明白不能跟着嚷“平反”，不许翻案。朱蕴山建议，在1957年人大代表会议后，人大常委会和政协常委会应即召开联席会议，根据毛主席在最高国务会议的指示，迅即组织一个临时检查机构，会同有关方面分往各地检查，根据上述四种情况分别作出处理。

财政部参事室参事陈盛兰说：财政部的“三反”和肃反有些扩大化。如“三反”时预定“老虎”为25%，肃反时则定为5%。事先订百分比的作法是否科学？事实证明确有主观主义。

在当年自由批判环境中，相当多的党外人士畅所欲言，发表了许多切中时弊的批评意见。今天，当我们重新翻阅这些材料时，不能不发出感叹。如果当年中国共产党人采纳这些意见，共和国将会少走多少弯路啊！

3 言路一开　大鸣大放舆论越轨
风声渐紧　主席判定黑云压城

“左叶事件”真相

1957年5月和6月初的开门整风，也潜伏着一些隐忧。诸如：中共中央在发动开门整风运动时，将原定的比较充足的准备阶段省略了；党内有相当一部分党员干部对中央关于正确处理人民内部矛盾的方针，存在着消极抵触情绪；从旧社会过来的知识分子对于社会主义民主生活还不太适应，5月中旬后形成了一股潜在的怀疑、否定共产党的领导、非议社会主义制度的暗流。

问题在于：卷入这股暗流的有多少人，是否都抱有取共产党而代之的动机？这股暗流，是否已具备了酿成一场狂风恶浪的条件？如果分析一下当时一些不寻常的事件及部分典型错误言论，就会有一个比较清楚的了解。

“左叶事件”就是一例。

所谓“左叶事件”，指的是5月上旬和中旬发生在新闻界的一场记者风波。事件起因于4月17日农业部部长助理左叶和新闻记者的一次冲突。5月7日，《中国青年报》发表了记者洪克写的《部长助理和摄影师》一文，第一次披露了这次冲突。这篇报道说：

在刘少奇同志陪同伏老（苏联最高苏维埃主席团主席伏洛希罗夫）参观全国农业展览会的时候，跟着采访的中外电影摄影师和摄影记者，都随时准备着拍摄一些精彩的镜头，并且都想从伏老的前面拍去。当时随同采访的记者很多，还有一些参观人员，秩序比较混乱。一位矮胖的同志总是站到刘少奇同志和伏老的前面，紧紧挡着摄影机的镜头。

一次两次三次……

中央新闻纪录电影制片厂的摄影师韩德福实在没法了，便走过去轻轻地拉了那位同志一下说：“同志，请你让开一点！”……那位同志扭过头来，理直气壮地说：“怎么！你重要还是我重要！再挤就叫你们滚出去！……”他那眼睛睁得大大的，十分吓人，韩德福一时摸不着是怎么回事，只得走开了。显然，那位同志是在骂人了，骂了我们所有在场的记者，因为他的口气是“你们”。

接着，粗暴态度而成为命令，传达下来：外交部新闻司的一位同志来了，他朝着我和《北京日报》的摄影记者说：“你们别挤了，再挤就叫你们滚出去！”盛气凌人，实在难忍，我对他说：“同志，你说什么都好，可是骂人不好啊！”

“这不是我骂的！”他说，“是我传达别人的！”

他不肯告诉我们他是传达谁的骂人的命令。后来，我打听清楚了，原来那位骂人的同志就是那位挡着摄影师镜头的人，他是中央某部的部长助理。

5月8日的《文汇报》发表了记者刘光华于7日由北京发来的专电：《新闻记者的苦闷》，也报道了这一事件，并补充了这样一个细节：在听了外交部新闻司那位同志传达的“命令”后，当场有好几个记者扯下了记者证抗议说：“像这样可以不要我们采访了！”

对这一事件的过程，后来还有另一种说法。在反右派斗争发起之后，7月25日的《新闻与出版》发表了署名郑远的《“左叶事件”被右派利用说明了什么？》一文说：当时在场记者有60余人，大家忙于采访、摄影，不时往贵宾参观的地方拥挤，秩序混乱，负责维持秩序的左叶感到责任重大，精神有些紧张。正想整顿一下秩序，突然，一位摄影记者抓住他的肩膀向后一拉，要他闪开，左叶心情有些急躁，转身问这位记者：“你怎么这样态度？你这个态度对吗？你是干什么的？”“我是工作的。”“你的工作重要，还是我的工作重要？”

两种说法，哪一种更符合客观事实，现已无从考证。但是，即使没有什么

“左叶事件”，其他事情也会酿成一场记者风波。例如：

5 月 4 日《文汇报》报道：在 5 月 3 日，在中共上海市委宣传部召集的座谈会上，许多人指出，记者进行采访工作时，经常遭到很多业务部门的限制和歧视。《新民报》记者采访苏联马戏团消息时，被负责招待的同志以横蛮的态度逐出后台，发言人要求有关部门对这种无理行为加以制止，以保障今后记者的工作权利。

5 月 12 日《光明日报》报道：在 5 月 11 日首都新闻界的座谈会上，《大公报》记者萧离说：去年采访印度尼西亚总统苏加诺游览颐和园新闻的时候，我不断听到有人喊：卡住记者。使我到今天记忆犹新的是一个穿西装、系红领带的胖胖的同志在大戏台旁边说的一句话，他说：“记者真讨厌，简直像苍蝇！”后来我听人家说，他就是总理办公厅一位副主任。

5 月 10 日《文汇报》报道：《劳动报》记者在最近采访外宾活动时，被外事处代处长梁于藩一把拉下来。《新闻日报》记者去旁听第一商业局经理会议，会议开了一半，办公室主任发现记者在场，就把他赶了出来，并说：“你是《新闻日报》的吗？你们怎么知道的？去去去！”

这些都说明，当时不尊重记者工作的现象并不是个别的，已经引起许多新闻工作者的不满。加上开门整风的政治气候，“左叶事件”一经披露报端，就立即酿成了一场所谓“左叶事件”的风波。

5 月 8 日，《文汇报》在发表北京专电的同时，还发表了特邀《旅行家》主编彭子冈写的题为《尊重新闻记者》的社论。彭子冈写道：“我们人民政权是尊重新闻记者的。但是把新闻记者看做讨厌人，防范而不是合作，卑视而不是尊重，种种旧作风还是存在的，这证明了人的思想意识的改变确是落后于经济制度的改变，即上层建筑的改变落后于经济基础的改变。……这倒也是新闻工作者应该不平则鸣的时候了。”此后，新闻界就普遍开始鸣“不平”了：

《中国青年报》发表了洪克的文章后，第二天又发表了中国新闻社记者衣羊写的《“部长助理和摄影师”读后》，衣羊写道：摄影记者、摄影师在采访过程中，特别是在拍摄宴会、接见、参观游览等较紧张的场面时，常常被一些人认为是“多余的人”，“碍事的人”，总之是“不受欢迎的人”。对我们，好的是平和的劝导：“不要挤”，“不要抢”；不好的则是声色俱厉的喊叫：“你们都走开，走开！”

5 月 9 日的《工人日报》发表了署名车工的《“辛苦了”和“滚出去”》一文，文章以周恩来总理关怀和具体帮助新闻记者的事例与左叶辱骂新闻记者一事作了对比。

5月10日的《人民日报》发表了袁水拍的政治讽刺诗《官僚架子滚开！》和梁汝怀的文章《要学会尊重人》，并配了方成的一幅漫画。袁水拍的诗中写道：

滚开！对！应该滚开！
让这些官僚架子，官僚腔，
腐朽作风，老爷气派，
势利眼，对下压，对上拍……
一古脑儿都滚开，
不许它们再把我们的同志害！

著名漫画家方成为这首诗配了一幅漫画，漫画中的部长助理面对下级时挺胸凸肚，叼着烟卷，嘴里说着：“我重要，哼！”而一转过身面对上级，马上弯下腰来：“您更重要，嘻嘻……”诗与画都表现出一种辛辣的风格。

梁汝怀在“谁更重要”上做文章，指出：在那样的场合，摄影记者的工作，硬是比部长助理重要得多。没有他们，亿万人所渴望的照片就无从见到。这不是很浅显的道理吗？

5月10日的《文汇报》在“群言堂”栏目中发表了两篇讽刺短文:《谁重要？》和《谨呈部长助理》。

5月15日的《光明日报》发表了北京大学教授蒋荫恩的文章《新闻记者的职务应该得到重视》。

此外，在当时一些有关新闻、宣传工作的座谈会上，“左叶辱骂记者的事件”也成为人们议论的一个话题，许多新闻工作者从这一事件出发，对新闻工作中存在的问题提出了尖锐的批评。

这就是所谓“左叶事件”的风波。

如何看待这一事件呢？

应该肯定，“左叶事件”反映了当时党内某些负责干部看不起记者工作，甚至一些人对记者抱有一种警诫和反感。在国家政治生活中，记者的活动范围和工作性质，使他们能够对执政党和政府工作实施有效的舆论监督，并有意识地影响整个的社会舆论，从而造成一种实际的监督环境。记者的监督职能，显然给一些单位和一些领导干部造成了不便，如果他们不想让公众了解到他们失职、渎职等行为，就必然会给记者工作设置重重障碍。

官僚架子滚开！

袁水拍

报載：有同志在一个会場上無理攆走
　　攝影記者。
我們祖先做什么都要查皇曆，
如今有人做什么都要查級别。
走路站队一律按級排列，
彷佛处处有一道楚河汉界。

你該在我后，怎么在前？
你怎么不懂得高低貴賤？
一个記者算得了什么？
我的官兒要比你大半个天！

“我重要还是你重要？”
我們这位同志一时火冒，
竟不自覚地問得这末粗暴。
他忘了公民一律平等这一条。

“哼！你給我滚开！”
我們这位同志一时憤慨，
竟不自覚地駡起人来。
我們希望这只是他一时失态。

滚开！对！应該滚开！
讓这些官僚架子，官僚腔，
　　腐朽作風，老爷气派，
　　势利眼，对下压，对上拍……
一古腦兒都滚开，
不許它們再把我們的同志害！

方　成插圖

要学会尊重人

梁汝怀

农業部部長助理左叶同志，在伏老参观农業展覽会那天，当新聞記者想要攝影請他暫时讓开鏡头的时候，他說：“怎么？你重要还是我重要？再挤，就叫你們滚出去！”这还不算，外交部新聞司一位工作人員又走过来火上加油，对記者說：“你們别挤了，方才已經有一位同志有意見了。再挤，就叫記者都滚出去！”（据中国青年报、上海文匯报的报道）这件事引起了輿論界的憤慨，文匯报为此还發表了社論，題目是“尊重新聞記者”。

尊重人，是共产主义道德品質的基本表現之一，这道理，左叶同志及其他有类似思想的人，想来也是十分熟悉了的。为什么还会一

中，当天的会場上，自己縱然数不上第一、第二，大約也湊得上第三、第四号“重要”人物了。至于什么記者、攝影师，算得个啥？

我不打算同左叶同志研究記者同部長助理之間的級别，尽管那也許是他最感到兴趣的；也無需再为攝影記者工作的重要性多加解釋。这位部長助理同志似乎忘却了一个最基本的事实，即：他跟当天所有在場的人（包括他認为比他“不重要”和比他“重要”的，包括我們最敬爱的伏老在內），地位其实都是平等的。社会主义社会人与人之間的关系，正是建立在眞正的、完全平等的同志式的基础上的，誰也沒有权力說他比别人重要些。这样一說，有人也許不服气。会質問：难道部長助理的工作还比不上一个記者来得重要嗎？亲爱的同志，你說錯了，在那样的場合，攝影記者的工作，硬是比部長助理重要得多。沒有他們，亿万人所渴望的照片就無从見到。这不是很淺显的道理嗎？

《人民日报》登载的讽刺诗、漫画和配发文章

另一方面，“左叶事件”显然被新闻界小题大做，借题发挥了，一些人借以发泄平时的不满。许多批评与嘲讽，已经不能说是与人为善和和风细雨了，甚至有些批评不是就事论事，而是脱离事实极尽地发挥。如《文汇报》发表的讽刺短文《谁重要？》这样写道：“且不说在这样的欢迎场合里，究竟谁比谁重要；但我想有一点是可以肯定的：如果有人把这一事编成一出描写官僚老爷怎样仗势凌人的短剧，那么‘重要’角色总是这位部长助理同志，而决不会是那摄影记者。”由在特定场合发生的一场冲突，引申为官僚老爷仗势凌人，就未免有些随意和牵强了。

当时一部分人用资产阶级的新闻观点来看待社会主义的新闻事业，主张新闻工作的绝对自由，有摆脱党的领导的倾向。

在首都新闻工作者座谈会上，就有人说：“记者不讨厌，不是好记者，报馆不闯祸，不是好报馆”；“在教学中（指新闻教学——笔者），有五性一统，把党性、群众性、思想性、战斗性和指导性统到党性底下，这样一来，把什么生动、活泼的东西都统光了”；“应该把同仁报纸变成报纸的民主党派，这样可以和党报竞赛，可以减少报道中的主观片面性”，等等。

至于彭子冈所写的《尊重新闻记者》，却不能简单地将其归入上述的错误倾向之中。正如她本人后来在检讨中所说：“我是不是在要求什么新闻绝对自由呢？我实事求是地检查，确实不是，我要求的是：今天的领导干部和机关，不要歧视记者。记者这一行确是为某些人所不了解，《为什么要整风》中也说，‘有少数人竟至沾染国民党作风的残余’，不把群众看做自己人……我是有同感的。”彭子冈的这段话是可信的。

“左叶事件”的结论是在反右派斗争发起后作出的。7 月 13 日，中华全国新闻工作者协会召集专门座谈会，调查和分析了这一事件。在《人民日报》上发表诗、画、文的袁水拍、方成、梁汝怀，以及《中国青年报》吴一铿、洪克，《工人日报》王源，《北京日报》周游等就对这一事件的批评、报道作了检查。新闻工作者协会会长邓拓在会上指出：这件事情是被新闻界右派分子加以夸大渲染，借以发动反对人民、反对社会主义、反对共产党领导的政治进攻的一个导火线，它的严重性就在这里。他还说，《文汇报》关于这件事情的报道和社论是借题发挥，别有用心的；此外的大多数报纸对这件事情的报道也都违背了新闻必须真实这个根本的原则，并且在客观上替右派分子张目，起了推波助澜的作用。

邓拓的这个总结性发言难免受全国反右派大气候的影响，将整个事件与所谓右派进攻挂上钩，甚至估计为形成了一股在新闻界否定共产党领导的暗流，未免夸大了。

北京大学:“五一九运动”

5月中旬以后，形势变得复杂起来。不仅表现为“毒草与香花齐放”现象，而且也表现在各阶层人士越来越多地卷入到这场运动中来。

为了使全党在这种复杂的情况下始终把握住运动的方向，中共中央于5月20日发出了《关于加强对当前运动的领导的指示》。在这个指示中，除规定以后在报刊上的“鸣放”方针外，还特别指出：

为了避免因力量分散、照顾不周而出乱子，目前运动的方面千万不要太多。在最近期间，应该集中力量先在机关、文教系统内解决我们同党外人士和知识分子之间的矛盾，此外不要到处点火，特别不要同时在工厂和学校中发动工人和学生的批评运动，因为工人、学生一经发动起来，就会提出许多具体要求，没有很大精力是处理不了的。因此，在报纸上，目前不应挑起这两个方面的问题，不要登载工人、学生、农民闹事的消息，不要登载对经济政策、工资政策的争论。如果发生了工人、学生闹事的事件，应该采取说服教育、合理解决的办法，迅速处理下去。

在情况开始复杂起来的时候，中央发出指示，要求各地采取措施，避免让工人及学生整个地卷入进来，这当然是必要的。然而，这个文件下发得慢了一步，因为前一天北京大学的一部分学生已卷入到运动中来了。

据后来被称为罗隆基、浦熙修的“点火名将”、《文汇报》记者刘光华所说，起初，北大党委“一直慢条斯理地按着既定的步骤进行，即首先只在党内的负责干部中进行整风，学生和一般教员中的党员的整风则拟推迟到暑假中再进行，以免耽误了同学们的学业。但是，年轻的小伙子和姑娘们却自动地积极起来参加北大的整风运动了。”

5月19日，北京大学历史系一部分署名为“一些团员和青年”的学生，在大饭厅前的墙壁上张贴出了第一张大字报，向北大团委询问北大是不是有出席青年团全国第三次代表大会的代表，如果有，又是如何产生的，希望团委回答。接着哲学系的学生又贴出了第二张大字报，题为“一个大胆的建议”，建议开辟“民主墙”，要求党团领导支持，以帮助党整风。这两张大字报，揭开了所谓的“五一九运动”的序幕。

当晚在全校团员大会上，有人问起民主墙问题，党委副书记崔雄昆答复说，大字报不是最好的方式，我们不提倡也不反对。这个回答引起一部分人的不满。第二天清晨（20 日），大饭厅附近的墙壁上就被五颜六色的大字报糊满了。

刘光华写道：“这里有尖锐的杂文、短评，有马雅可夫斯基式的短诗，也有开门见山的口号和极尽讽刺之能事的对联与漫画，不少人针对着崔副书记的话进行批评，批评他实际上是在压制出大字报，阻止同学们放鸣。”

到下午 5 时 20 分，贴出的大字报即有 162 张。晚饭后，北大又出现了辩论会的形式，一些人把饭桌当做讲台，发表自己的见解。晚上，北大党委召开全校师生员工大会，党委第一书记江隆基代表党委讲话。他在讲话中对崔雄昆的态度表示遗憾，并认为北大的民主气氛空前高涨，思想异常活跃，而大字报则是提意见的有效方式，党委完全加以支持。他希望大家能采取多种多样的方式来协助党向三害作斗争。江隆基讲话后，北大的鸣放形势越发复杂起来。

5 月 22 日，大字报由饭厅附近扩展到宿舍和教室区，到晚上，已达 500 余张。同时多处设置了讲演台，辩论会也多了起来。刘光华写道：“不等规模的，自发或是有组织的辩论会纷纷展开了。在大膳厅前的广场上，就像是海德公园一样，成千的同学，在倾听一场接一场的激烈辩论。学生会宣布从下午 5 时到 10 时是辩论时间，专辟了两个教室并在广场上搭起讲台，装上播音器供辩论之用。”还有些学生提出，要停课参加民主运动。

5 月 23 日，法律系学生召开了一次大型辩论会。据当时北大非法刊物《广场》编辑部所写的《北京大学民主运动纪事》记载：“法律系同学邀请刘奇弟（物理系学生）等三人开辩论会，学生会特地搭了一座辩论台，并安上了麦克风。这是个大型辩论会，参加的人很多。在辩论开始不久，中国人民大学法律系四年级林希翎（程海果）同学上台发言。……她的某些观点是不够全面的，当即遭到某些人恶意的攻击，会场秩序大乱。”

5 月 25 日，西语系举行“三害”控诉会。晚上放完电影后，江隆基对同学们说：控诉会是对敌人的，不能对党，要求不再举行。第二天即有许多大字报向江隆基提出了质问。

当所谓的“五一九运动”在北京大学形成了高潮的时候，一小部分学生已经不满足于在校内活动了，他们力图将这件事的影响扩展到社会上去。5 月 26 日，北京市高等学校运动会在清华大学举行，北大一些学生到清华大学串联，要求各校互相支援，把所谓的民主运动开展起来。在这次运动中产生的非法组织“黑格尔——恩格斯学派”也派人到北京各大学进行宣传鼓动活动。

在开始几天里，各报刊对这件事却未作出任何反映，这显然是中共中央5月20日指示所起的作用。《广场》编辑部写道：“运动已经开展几天了，北京各报记者天天来北大，而迟迟不敢报道，使同学们极为不满，纷纷提出质问，有人直接到党中央和北京市委谈北大情况并要求支持同学们的正义行动。”

最先打破这种沉默的是《光明日报》。5月25日，《光明日报》总编辑储安平听说北大学生出大字报，即打电话给该报一记者，叫他去采访，写成报道后，在储安平的坚持下于26日发表。27日，《文汇报》也发表了该报记者刘光华所写的报道。这样，北大的“五一九运动”就捅向了全国，各高等院校的学生纷纷起来仿效北大学生的行动。

一时间，“大字报”成了最为时髦的事物，铺天盖地，糊满了各个高校。例如，5月27日晚，中国人民大学党委召集全校学生大会，动员学生帮助党整风。28日各班学生分别集会，向党提意见，并贴出500余张大字报。有些大字报公开提出游行、罢课口号，如：“投入整风，赶上时代！反对以校为界，到社会上去！”等。

客观地说，北京大学的绝大多数学生，是抱着一种良好的愿望而投入到“五一九运动”中去的，学生们在这场运动中发表出来的意见，不乏独到深刻之处，它们对于改善党在高等院校的领导工作，具有参考价值。但是，从总体来说，这场运动所造成的影响和带来的后果，都是消极的。这主要是因为它采取了所谓的“大民主”的方式帮助党整风，而其效果适得其反。

前面提到的几种鸣放形式，如座谈会、报刊争鸣文章等，实际上对于鸣放言论都有一定的限制，即在一定的前提、一定的范围、一定的气氛等因素的制约下的鸣放。这些“小民主”的鸣放活动，尽管也出现了一些问题，但基本上是按照既定的轨道运行的。而“五一九

天津第一结核病防治院职工开展鸣放，用大字报向领导提出改进工作意见

运动”的“大字报”“辩论会”等形式，即所谓“大民主”，极易突破任何限制。既然任何人都可以用任何名义去张贴任何内容的大字报，人们也就不必担心或者难以去追究这些言论的任何道义或法律的责任。也就是说，如果“大字报”“辩论会”成为一种合法的鸣放形式，其他的任何制度和法律都将失去效力。加上青年人激荡的旺盛热情和易流于偏激、极端的思维方式，更增加了鸣放的冲击力和不确定性。北京大学的鸣放活动，正是由此而走向混乱的。显然，如果这种现象扩展到全国，整风运动就难以有领导有步骤地达成预定目标。

“匿名信事件”

6月6日，国务院召开党外人士座谈会。民革中央委员、国务院秘书长助理卢郁文宣读了他收到的一封匿名恐吓信。这封信说：

> 在报上看到你在民革中央扩大会议上的发言，我们十分气愤。我们反对你的意见，我们完全同意谭惕吾先生的意见。我们觉得：你就是谭先生所指的那些无耻之徒的“典型”。你现在已经爬到国务院秘书长助理的宝座了。你在过去，在制造共产党与党外人士的墙和沟上是出了不少力量的，现在还敢为虎作伥，真是无耻之尤。我们警告你，及早回头吧！不然人民不会饶恕你的！

这封信还说，“共产党如果只认你这班人的话”，“总有一天会走向灭亡”。以此事为由，6月8日，《人民日报》发表了《这是为什么？》的社论，成为公开号召开展反右派斗争的第一篇有分量的言论，也提高了这一事件的重要性。

那么，卢郁文在民革中央扩大会议上究竟说了些什么呢？

原来，在开门整风运动中，一些党外人士对如何帮助共产党整风存在着这样一种看法，似乎只谈缺点不提成绩才符合整风精神。如5月16日的统战部民主人士座谈会上，民革中央常委陈铭枢就说道：“从延安整风以来，以至这次整风党与非党人士所提出的批评，都谈缺点，没有谈到优点，这是符合党的整风精神的。”这种看法后来被一些人推向极端，以至于在一些场合形成了只准谈缺点错误，不准提成绩优点的不正常现象。

在5月25日民革中央小组扩大会议上，卢郁文针对这种不正常的现象，提出了尖锐的批评。

卢郁文说：党外人士自己不整风，光帮助领导党整风，提意见很容易只看到别人的缺点，看不到自己的缺点，很容易片面。他提醒说，在提批评和建议时，不要忘记我们是搞社会主义民主。社会主义民主才刚刚形成，还是在摸索中前进，而资产阶级民主却在人们思想中根深蒂固，一不小心，很容易用旧民主观点来看新事物，这不但无益，而且有害。他举例说，最近民主人士对党的领导提了许多意见，如机关中党组如何工作，学校改变党委制，合营工厂中的公方代表撤出，基层以党代政，党中央和国务院联合发指示，以及定息二十年等问题。这些意见看来虽然承认党的领导，但恍恍惚惚又有摆脱党的领导的意思。他提醒说，我们不要忘记，共产党领导社会主义，我们走社会主义道路，这都是我们举了手的。

社論

这是为什么？

中国国民党革命委員会中央委員、国务院秘書長助理盧郁文因为5月25日在"民革"中央小組扩大会議上討論怎样帮助共产党整風的时候，發表了一些与别人不同的意見，就有人写了匿名来信恐吓他。这封信說："在报上看到你在民革中央扩大会議上的發言，我們十分气愤。我們反对你的意見，我們完全同意譚惕吾先生的意見。我們覚得：你就是譚先生所指的那些無耻之徒的'典型'。你现在已經爬到国务院秘書長助理的宝座了。你在过去，在制造共产党与党外人士的墙和溝上是出了不少力量的，现在还敢为虎作倀，眞是無耻之尤。我們警告你，及早回头吧！不然人民不会饒恕你的！"

在共产党的整風运动中，竟發生这样的事件，它的意义十分严重。每个人都应該想一想：这究竟是为什么？

盧郁文在5月25日的發言中講了些什么呢，归納起来，一是告訴人們不要混淆資产阶級民主和社会主义民主，不要削弱和取消共产党的領导；二是說国务院开会时应該有事先准备好的文件，以便討論，免得像資产阶級国家的議会一样每天爭吵，議而不决，不能說就是形式主义，就是不讓大家討論；三是說他自己同共产党員相处得很融洽，中間沒有墙和溝；如果有些人和党員中間有了墙和溝，应該"从兩面拆、塡"，双方都要主动；四是說共产党人对某些批評可以辯駁，这种辯駁不能認为是报复打击；五是对党外人士如何实现有职有权的問題提供了一些具体意見。我們和許多讀者一样不能不問：發表这样实事求是、平易近人的意見，为什么就是"为虎作倀"，"無耻之尤"，为什么要"及早回头"，否則就"不会饒恕你"，

把盧郁文的發言說成"为虎作倀"，共产党当然就是写信者們心目中的"老虎"了。共产党在領导中国人民对中国人民的死敌帝国主义和封建势力作战的时候，的确和老虎一样勇猛，沒有任何力量可以使它畏惧，屈服。但对中国人民来說，共产党却是最好的朋友：它帮助人民推翻了压着人民身上的反革命势力，帮助人民收回了土地、工厂等生产資料，使人民摆脫了剝削阶級的残酷压榨，把自己的历史命运掌握在自己手里，现在正朝着人民富裕、人民幸福的社会主义和共产主义的远大目标迈进。最广大的人民从来沒有像在共产党領导的时代这样充满光明的希望和生的乐趣。共产党也犯过錯誤，也有缺点，共产党的整風运动正是要整掉这些錯誤和缺点。一切对党和社会主义事業抱有善意的人們，都在积極地提意見帮助共产党整風，以便加强社会主义事業，巩固党对于人民群众的領导。在这样的时候，却有人把維护社会主义民主、維护共产党的領导权的言論称为"無耻之尤"，"为虎作倀"，把共产党人比作可怕的吃人的"老虎"。这种人的政治面目，难道还能不引起人們的警惕么？这些人警告盧郁文"及早回头"，請想想他們所說的，究竟是向什么地方"回头"，当然，这些人在另外的地方，口头上也会說他們怎样才是眞正拥护社会主义，拥护共产党云云。但是，难道还能相信对劳动人民的先鋒队如此仇視的人們，是在那里帮助共产党整風，是在那里拥护社会主义事業么？

我們所以認为这封恐吓信是当前政治生活中的一个重大事件，因为这封信的确是对于广大人民的一个警告，是某些人

1957年6月8日，《人民日报》发表社论《这是为什么？》

卢郁文说：党与非党之间的在墙和沟的问题上，由于工作岗位不同，接触人物不同，就有不同的感觉。就他本人而言，他没有感觉到他与党员之间有墙和沟。但他仍然承认，从一般情况看来，党与非党之间是有墙和沟的。他说，在拆墙填沟问题上，共产党员应负主要责任，但必须从两面去拆、去填。有理由要求共产党员不骄傲，不见外，民主人士也要要求自己不自卑，不自馁。要求党员先伸出手来，但不能以自己是小资产阶级知识分子，对方不伸手自己也不伸手。

他说：在帮助共产党整风中，共产党人对某些批评意见可以辩驳。最近一个时期，许多民主人士大放大鸣，向共产党提出意见，并且要求保证不报复。卢郁文

认为，在大放大鸣中，所提出的意见不一定都是正确的。越是言论自由，越应该让对方辩解。只允许自己提意见而不允许别人辩驳。这是自己堵塞进步之路。

卢郁文对于党外人士有职有权问题也发表了自己的看法。他批判了章伯钧的一个观点，即认为国务院开会不应拿出成品来让大家讨论，说这是形式主义的会议。卢郁文认为，事先把文件经过各方充分协商，准备成熟，拿出来讨论通过，这正是社会主义民主的特点，是它的优越性。

卢郁文的发言引起了民革中央常委谭惕吾的极大不满。她在发言中说：帮助共产党整风，民革成员应该是老老实实，诚诚恳恳，不能有任何虚假，知无不言，言无不尽。同志间，旧作风还是少来一点！她指出，必须坚持接受工人阶级的领导，走社会主义道路，这前提，决不能动摇，否则就不是今天中国的民主党派了。为了社会主义少些波折，对阻碍社会主义建设的事情，一定要反映出来。提意见，不一定就是不接受领导。说一切都是因社会主义制度不好而产生的，那是离经叛道。从这些话中，看不出有任何不妥之处的。

谭惕吾接着说的话，明显地走向了极端。她说：卢郁文的意见不是帮助共产党整风，卢郁文说他与党员毫无隔阂，那不是由衷之言。我们要说真话。领导党选择人也要注意，要选对党进忠言的人。她认为，很多党与非党的关系问题，常常不是因为共产党，而是由无耻的民主人士弄出来的。这些人隔离党，隔离群众，借机会向上爬。

这些话，显然是针对卢郁文而言。

本来，按照“百花齐放，百家争鸣”的精神，在座谈会上，只要不违背宪法，任何言论都应该允许发表出来。但是，谭惕吾在听了卢郁文的发言之后，却武断地认为他言不由衷，并暗指他为“借机会向上爬”的“无耻的民主人士”，这显然违背了开门整风的精神。民革中央委员甘祠森当场就对谭惕吾的说法提出批评，他说，不能认为卢郁文的意见是话不由衷，谭惕吾是太主观了。

在 5 月 29 日的民革中央小组扩大会议上，卢郁文与谭惕吾继续展开争论。

卢郁文坚持自己的看法，认为给领导党提意见是应当的，对这些意见表示不同的看法，也是应当的。为什么只许批评共产党，而不许批评批评者呢？不公平。他还指出，在拆墙问题上，共产党应该拆的是三个主义；民主党派和民主人士要拆的是旧思想、旧习惯、旧作风，要放弃过去的立场，要坚定地树立人民立场。不这样，单是共产党拆墙，是拆不了的。

谭惕吾在发言中承认，在帮助共产党整风的问题上，现在出了岔道。她说，在割治三害毒瘤的时候，确实出了些毒草，如关于定息二十年，不要公方代表，取消高等学校的党委制等意见，她是反对的。但是，她也反对从另一方面损害党。她认为，帮助共产党整风，就是要揭露矛盾，就是要敲警钟，把一些党员敲醒。她说，卢郁文是在代表抗拒整风的共产党员说话，他没有一句话是对党有帮助的，这是对党不实、对国不忠的表现。

上述的卢郁文和谭惕吾的争论情况，就是所谓匿名信事件的背景。

尽管谭惕吾对待不同意见的态度极不妥当，但她毕竟是在公开会议上发了一通议论的，而且仅就内容而言，她的一部分意见也不无道理。但是，这封匿名信给人的印象就完全不同了。在初步形成的自由批评的环境之中，信的作者却躲在暗处攻击、谩骂和恐吓替共产党辩驳的人士，这不能不引起人们的震惊和愤怒。这一事件成为发起反右派运动的导火线，也就不奇怪了。

然而，正因为这封匿名信起到了这样大的作用，当时就有人对它的真伪提出了疑问。

对外贸易部法律室顾问董士濂就发表过这样的看法:“给卢郁文的恐吓信是共产党写的，还是卢郁文写的，还是别人写的，值得怀疑。”他还举希特勒火烧国会大厦以及赫鲁晓夫在二十大“秘密报告”中所谈的基洛夫被暗杀事件为例，意思是说，这封信是共产党制造的，他认为，“这封信即使是别人写的，也不应该小题大做，大惊小怪，应该像肥皂泡那样，随其消失，否则，就会制造紧张局面，使人感到肃反又来了。”

30 年后，纪实文学作家、记者戴晴也持有这样的疑问。她在所谓的纪实文学作品《储安平与“党天下”》中的一个注解中写道:“卢郁文，民主人士，在鸣放阶段几次提醒向党提意见要实事求是，不应只讲缺点不讲成绩。后来据称为此接到漫骂威胁的匿名信，一时闹得沸沸扬扬。笔者至今倾向于这是一场类似国会纵火案式的小把戏。”

不论是当时董士濂的“怀疑”也罢，还是 30 年后戴晴的“倾向于”也罢，他们对匿名信的判断都是从一种想象出发，而缺乏客观依据。即使执政的共产党需要找一个借口来实行反击，也没有必要去制造那种“小把戏”。只要了解一下当时的鸣放情况，就会知道，匿名信事件绝不是孤立的，它仅仅是一种不良倾向的典型代表。

例如，在 5 月 27 日的国务院党外人士座谈会上，国务院参事李仲公批评了罗隆基、王昆仑、龙云等人的意见，为此，有人写匿名信骂他是“逢党之恶”。甚至还有人写匿名信威胁国务院秘书长习仲勋，要他“随时随地留意，全家留意”。

除了写匿名信这种手段外，在一些场合还出现了无理阻挠别人发言的情况，6月7日，在上海复旦大学的全校教师座谈会上，政治经济系教授笪移今在发言中说：现在党在整风，邀请党外同志提意见帮助党来整风，这正说明了党的大公无私，说明了党很重视群众的意见。他认为，我们发现党委、党员有缺点，就应该不扩大、不缩小地实事求是地提出来帮助党进行整风，应该采用和风细雨的办法。为了帮助党进行整风，还应该认真研究一下党的整风指示，特别是指示的第三段。他还说，一切言论意见，不利于团结和离开了社会主义的都是错误的。

这时，新闻系副教授舒宗侨突然站起来大声说：“我们不要听你的教训！”“不要给我们上课！”“不要浪费时间！”有几个人也同时拍手叫喊，要阻止笪移今继续发言。这时，会场秩序陷于混乱状态。笪移今坚持讲完了自己的意见，然后走过去和舒宗侨握手，说：“你的意见提得很好。”舒宗侨离开会场时说：“太不识相，无耻！无耻！”

由此可见，共产党没有必要再去制造一封给卢郁文的匿名信，上述的不正常现象，也完全可以作一篇《这是为什么？》的社论了。我们说，当时董士濂的怀疑，是站不住脚的；30年后，戴晴将这一事件比作国会纵火案式的“小把戏”，那就不是在研究历史，而是在玩弄历史了。

从“匿名信事件”，我们能得出什么结论呢？

“匿名信事件”首先说明，当时确实有极少数人，他们不是抱着与人为善的态度，而是想通过片面的过火的批评一笔抹煞共产党的成绩，以达到否定共产党的领导的目的。对于这种纯粹破坏性的批评，执政的共产党当然不能任其扩展，而必须采取必要的措施予以制止、反击。

然而，事情并不这么简单。当时主张只提缺点、不讲优点的人士，并不都是站在反对共产党的立场上的。恰恰相反，其中大多数民主人士，是从维护党的领导的善良愿望出发的。许多民主人士，特别是一些高级知识分子，他们非常崇尚中国历史上像魏征这一类敢于直谏的忠臣。早在3月份的政协会议上，王造时就发出过“党外像魏征的倒还嫌其少”的感叹；在整风运动中，又有许多人表示，要做共产党的“诤友”。何谓“诤友”？即能直言规劝的朋友。从这种观念出发，他们自然以为，帮助共产党整风，就是要直言共产党的缺点；如果在整风时还尽讲好话，就如谭惕吾所言，是对党不实、对国不忠的表现。这些人士提意见的出发点是应该肯定的。只是他们存在主观性与片面性，以及容不得不同意见的极不妥当的态度。

还应该指出，中共中央的整风部署，对于这些人士提出只讲缺点的主张，也是有着重要影响的。在 4 月 30 日天安门城楼的座谈中，毛泽东就与民主党派负责人商量好，暂时不在各民主党派内号召整风，而集中给共产党提意见，帮助共产党整风。

在 5 月 10 日统战部民主人士座谈会上，民盟副主席史良提出，各民主党派也应该参加这次整风。李维汉再次申明，现在共产党内的整风运动刚开始，在这次整风运动中，要集中地批评共产党的缺点，因此，我们已经同各民主党派和无党派民主人士商量了，在一个时期以内，不要号召民主人士整风，而着重地发动党外人士来给共产党提批评意见，帮助共产党整风。李维汉所说的“要集中地批判共产党的缺点”，当然可以理解为“只讲缺点，不提优点”了。陈铭枢正是在此之后提出只谈缺点才符合党的整风精神的。

事情就这样复杂：同一种倾向之中，包含着几种不同的情况。

对于这种复杂性，当时有的党外人士也看出来了。“匿名信事件”发生后，国务院参事万枚子在国务院党外人士座谈会上发言说：葛佩琦、王德周的发言有严重的反社会主义情绪，是极端反动的；但是储安平提出“党天下”、杨玉清提出“下轿”“下台”只是严重的思想问题。他认为，他们只是“立异为高”，语不惊人死不休，主观上不一定就是要反对党的领导，只是客观上起了很不好的影响。除了上述两种情况，万枚子还谈到了第三种情况，他说，谭惕吾、陈铭枢对党“忠心耿耿”，是“拥护党”的，只是给党提的有些意见内容不对。这要与脱离党的领导分开来。万枚子提出要区分不同情况，这在当时是很必要的。

但是，《人民日报》的社论《这是为什么？》对“匿名信事件”却做了如下的结论：

> 我们所以认为这封恐吓信是当前政治生活中的一个重大事件，因为这封信的确是对于广大人民的一个警告，是某些人利用党的整风运动进行尖锐的阶级斗争的信号。这封信告诉我们：国内大规模的阶级斗争虽然已经过去了，但是阶级斗争并没有熄灭，在思想战线上尤其是如此。

显然，这个结论将“匿名信事件”的性质和意义估计得过分严重了。

“六六六会议”

6月6日上午10时在北京南河沿全国政协文化俱乐部，中国民主同盟第一副主席章伯钧召集六位大学教授和其他几个人，举行了一次紧急会议。6月6日六教授，故称为“六六六会议”。这六位大学教授是：

曾昭抡，北京大学化学系教授，高等教育部副部长；

钱伟长，清华大学副校长、教授；

费孝通，原清华大学教授，中央民族学院副院长、教授；

陶大镛，北京师范大学政治教育系教授、政治经济学教研室主任；

吴景超，中国人民大学教授；

黄药眠，北京师范大学中文系教授。

参加会议的还有民盟办公厅主任叶笃义。此外，还邀请民盟副主席史良、民盟秘书长胡愈之、民盟中央常委闵刚侯、金若年出席了会议。胡愈之在会议开始前即离开会场。

反右派斗争发起之后，闵刚侯写了一篇题为《章伯钧召集的一次紧急会议》的揭发文章，对这次会议的情况作了详细的追述。尽管闵刚侯在文章的开头写道“这的确是一次紧张的集会，许多人激昂慷慨地发了言，这些发言不像是人民内部的共同语言，因之给我的感受极其深刻，不易磨灭。”但事隔近一个月，个人的追述与实际的发言内容难免要有所出入，特别是反右派斗争如火如荼的气氛，对闵刚侯的措辞不能不有所影响。因此，我们还必须参考一下其他人的有关回忆材料，才能比较准确地了解这次会议的真实情况。

章伯钧等人举行这次会议的动机究竟是什么？

闵刚侯断言，“章伯钧这个右派野心分子就是想通过和罗隆基的联盟（参加这次会的曾昭抡、费孝通和吴景超等都是罗隆基的小组织人物），点上火在学校里烧起来企图威胁党，以达到反对党的领导反对社会主义的狂妄目的。”

闵刚侯的这个论断——实际上也就是中共中央对此所作的结论——是很值得我们重新研究一番的。

果真是章罗结盟的会议吗？闵刚侯下这个断语时，显然忽略了民盟副主席史良一贯的政治态度。众所周知，史良一贯是站在拥护共产党的领导的立场上说话的，在整风运动刚刚发动的时候，史良就坚决反对罗隆基的观点，表示要和他争鸣一番。那么，如果“六六六会议”有任何结盟反党的迹象，史良不会觉察不到，也不会不表示反对的。事实是，史良自始至终参加了会议，并建议，他们几个人一同去向共产党的负责同志反映情况，这说明，“六六六”会议根本不可能是章罗结盟的会议。

果真是一次“点火”的会议吗？这个结论也错了。恰恰相反，这是一次“灭火”会议。章伯钧后来交代说：

6月5日下午，曾昭抡、钱伟长、费孝通、胡愈之四个人在民盟的“科学规划”工作组开会后到家里来找我，说有重要的事情要商量。钱伟长讲了清华大学学生的情况，他说：“现在是放，还是收？清华大学党委已不能维持了，如果继续放我们不管，要收我们就来收”。费孝通也谈了一下民族学院的情况。曾昭抡也说了，他说：“现在的情况是全国各地都搞起来了，上海的学生闹很厉害，今天上午，杨秀峰（时任高教部部长——笔者）到上海去处理问题，情况很严重，学生有可能上街，市民也不满意，学生同市民结合起来就是匈牙利事件”。当时，我同意他们的见解，对形势的估计是这样严重。当天我们决定：第二天再多找几个人谈谈，并由我告诉周总理。当天晚间，我曾给习仲勋、李维汉打电话，但是没有接上头。

章伯钧等人一再指出局势的严重性，无非是强调“收”的必要性。他们认为如果继续“放”，民盟不会再起什么作用了；但如果要“收”，共产党就不能离开民盟的帮助。在他们看来，局势已经严重到一触即发的程度，而这正是民盟发挥作用的时候。

第二天会议的发言，更加清楚地表明了他们主张“灭火”的动机。费孝通回忆说：中午章约史良、胡愈之、叶笃义、黄药眠……和我十二人在文化俱乐部吃午饭座谈，除胡、闵、金没有发言外，大家都谈了。在情况估计上，除吴景超觉得正常之外，都认为是紧张和严重的，有人说这是匈牙利事件前夕，所不同的就是学生还没有找到头儿，教师们和学生一联起来，上了街，就会闹大了。

民盟应当怎么办，做工作是应当的，但是这里关键是在动向问题，我在会上提出，盟的领导在帮助党整风运动中曾否和党联系过。盟的方针只是解除顾虑，有啥说啥，是不够了。章回答是没有联系过。……当时，大家都要几位副主席赶紧找党的负责同志谈一谈，其中也包含了错误的看法，就是对党中央是否已掌握了各校实际情况有怀疑。章说可以找周总理、李部长（李维汉）、康生、彭市长（彭真）。史良副主席主张在座的人一起见党的负责同志，问我们是不是愿意像会上一样都说出来，我们都说愿意。她说晚上要遇见总理，如果总理同意，当晚就可以召集大家谈，各人留下电话，由叶笃义联系。

费孝通所谈的情况和章伯钧的交代是一致的。章伯钧回忆说：

6日上午，我们又在政协文化俱乐部见面了。……大家又把头一天的情况说了一下，吴景超估计的形势没有那样严重。会后，史良的意见是请示领导，找周总理谈，并且说下午和周总理见面时说一下。

7日，国务院开会。史良对我说，前一天晚上已和周总理谈了，总理未置可否，她叫我们再和总理谈一谈。在会上，我写了条子给总理，说情况很严重，谈话的人的态度颇为诚恳等。总理也未表示可否。

想必中央已经决定了大规模反击右派的方针，周恩来不便于表态，只能“未置可否”了。

将“六六六”会议定为“点火”会议，显然难以解释这样一个问题：章伯钧等人为什么急于同周恩来等中共负责人谈谈？特别是史良在这个问题上也表现出了相当大的积极性。如果是为了“点火”，如果是为了把事情闹大以迫使共产党下台，章伯钧等人就会在这“匈牙利事件前夕”下到基层，去“呼风唤雨，推涛作浪”，而不是急于同中共的负责人取得联系。答案只能是：章伯钧等人急于向中共负责人反映局势的严重性，以促使中共下定“收”的决心，并赋予民盟更多的政治责任。所以我们说，“六六六”会议不是“点火”会议，而是“灭火”会议；把这个会议定为“章罗联盟反党反社会主义活动的顶点”，也属不实之词。

应该说，这次会议也存在着一些严重的错误。

第一，一部分人过分夸大了局势的严重性。如章伯钧在会上说，“交通部在汉口的学校，学生要请愿，其他地方也有学生罢课，形势十分严重。”“共产党内部问题也大，计委差不多都是党员，但撤换李富春的大字报贴在李的门口；这是估计不到的。”又说“学生上街，市民跟上去，事情就难办了。还有的人认为，当时的情况很像波兰统一工人党八中全会前夕。”后来章伯钧承认，他所说的计委门口贴大字报的事，是道听途说，不符合事实的。

第二，一部分人过分夸大了共产党所犯错误的严重性。如章伯钧在会上分析说，苏共二十次代表大会以后，斯大林被批判了，各国共产党员所遵循的唯一的理论和行动的教科书——苏共党史也要修改，现在已没有一个理论和实践标准了。他说，列宁死后有两个人，一个是南斯拉夫的铁托成为反对派，另一个是中国的毛公继承了列宁主义。这次整风运动，要党外的人提意见，其后果我想毛公一定是估计到的。民主党派提意见想来总是客客气气的，但估计不足，没估计到党会犯这样多的错误，现在出的问题大大超过了估计，真是“超额完成了任务”，弄得进退失措，收也不好，放也不好。还有的人认为，从运动中揭露出来的问题看，情况十分严重，主要是制度造成的，而不是个人作风问题。

第三，由于对形势以及党所犯错误的不切实际估计，使一些人过分夸大了民盟的政治作用。有的人说：在这种严重的情况下，要收也容易，只要民主党派站出来说话就可以。现在民主党派说话是有力量的。学生到处找自己的领袖，希望我们能站出来说话。

章伯钧说：在共产党进退失措、没有办法收的时候，民盟有责任要帮助党。他认为，民盟现在大有搞头，主张民主党派要大大发展，同时还要深入到县一级，这样才能真正发挥监督作用。他建议费孝通去掉专家局、民族学院和民委会的职务，多花时间搞民盟的工作。在他们看来，局势的发展超出了共产党的估计，共产党已经陷入困境，现在只有民盟站出来说话，才能控制住局势。这也是他们急于同中共负责人取得联系的根本原因。这种过分夸大民盟政治作用的观点，不仅容易在实践中产生忽视共产党的领导作用的倾向，而且在一定程度上反映了章伯钧等人利用“危机”迫使中共给民主党派更大权力的政治野心。至于这种野心膨胀到何种程度，是否已严重到从根本上反党反社会主义，要取共产党而代之的程度，当然是应该分析的。

典型“越轨”言论

在开门整风运动中，还出现了不少言辞颇为激烈、尖锐的言论，在随后的反右派斗争中均受到集中的严厉批判。比较典型的主要有以下几种：

1. 章伯钧的“政治设计院”。

这是民盟副主席、农工民主党主席、国家交通部部长章伯钧在 5 月 21 日统战部民主人士座谈会上提出来的。他说：

过去，做了许多轰轰烈烈的好事，但是，有些事情也给国家带来了损失。如果在工作进行之初，就多听听人大常委会、政协、民主党派的意见，就可以少走弯路。……现在工业方面有许多设计院，可是政治上的许多设施，就没有一个设计院。我看政协、人大、民主党派、人民团体，应该是政治上的四个设计院。应该多发挥这些设计院的作用。一些政治上的基本建设，要事先交他们讨论，三个臭皮匠，合成一个诸葛亮。现在大学里对党委制很不满，应该展开广泛的讨论，制度是可补充的，因为大家都是走社会主义的路。这样搞，民主生活的内容就会丰富起来。

2. 罗隆基的“平反委员会”。

在开门整风运动中，一些党外人士担心现在向共产党提意见，将来会遭到打击报复，因此提出要共产党作出保证。民盟副主席、国家森林工业部部长罗隆基认为，要毛主席出来讲话保证，那是笑话。在5月22日统战部民主人士座谈会上，他提出了一个具体方案。就是由人大和政协成立一个委员会，这个委员会不但要检查过去“三反”、“五反”、肃反运动中的偏差，它还将公开声明，鼓励大家有什么委屈都来申诉。这个委员会包括领导党，也包括民主党派和各方面的人士。

3. 储安平的“党天下”。

九三学社宣传部副部长、民盟盟员、《光明日报》总编辑储安平认为，几年来党群关系不好，而且成为国家政治生活中急需调整的一个问题，关键在“党天下”这个思想上。这是他在6月1日统战部民主人士座谈会上发表的看法。他说：

政党取得政权的主要目的是实现他的理想，推行他的政策。为了保证政策的贯彻，巩固已得的政权，党需要使自己经常保持强大，需要掌握国家机关中的某些枢纽，这一切都是很自然的。但是在全国范围内，不论大小单位，甚至一个科一个组，都要安排一个党员做头儿，事无巨细，都要看党员的颜色行事，都要党员点了头才算数，这样的做法，是不是太过分了一点？……这几年来，很多党员的才能和他所担当的职务很不相称。既没有做好工作，使国家受到损害，又不能使人心服，加剧了党群关系的紧张，但其过不在那些党员，而在党为什么要把不相称的党员安置在各种岗位上。党这样做，是不是“莫非王土”那样的思想，从而形成了现在这样一个一家天下的清一色局面。我认为，这个“党天下”的思想问题是一切宗派主义现象的最终根源，是党和非党之间矛盾的基本所在。

4. 陈新桂的“无产阶级专政是三大主义的根”。

民盟中央候补委员陈新桂对储安平的“党天下”说法大加赞赏，但认为还未说透。在此后几天的民盟座谈会上，他多次就这一问题发表意见。他认为，储安平提出“党天下”“一党治国”，话没有说完。在苏联以及新民主主义国家，是无产阶级专政，是通过工人阶级先锋队——共产党专政。把党外人士看成异党分子，这样不出宗派主义就很奇怪了。他还说，在延安整过主观主义，越整越厉害，无产阶级专政是个“根”，如果不从根本上解决，官僚主义宗派主义将越反越多。

5. 杨玉清的“下轿下台”。

在5月31日政治法律学会座谈会上，国务院参事、《政法研究》副总编辑杨玉清在发言中把整风运动叫作“下轿”运动。他说，有些共产党员坐轿子，脱离群众，至今还有人不愿下轿子，那些抬轿子的人也不愿放下轿杆。他认为，首先在北京的上级干部要下轿，有的还要下台。还有一种人特别应该下台，《人民日报》总编辑非下台不可，因为《人民日报》几年来都在歌功颂德，这次运动想“收”不想“放”。他还说，文人的笔杆天然是反现状的，真正的文人是反现状的，从古以来好文章都是反现状的，歌功颂德的人是不为人所称道的。他认为，“百花齐放，百家争鸣”不仅要广开言路，还要“广开贤路”，今天的事应该谁有本事谁来干。

6. 王德周的“党员有两多两少”。

据6月6日《北京日报》报道，中国人民大学工业经济系讲师王德周的发言，也颇为偏激。他说：党已经到了面临危机的时候了！老百姓开始对中央不信赖了。有些事比国民党时候更坏。共产党胜利了为什么今天垮的这样？与其说党脱离群众，不如说群众脱离党，……现在党快垮了。现在党内有百分之九十几的党员闹宗派，甚至无恶不作。他认为什么时候都是武力战胜武力。他说，现在党员有两多两少，多了特权思想和优越感，少了法律感和道德感。他建议，由民盟把所有群众组织起来，帮助党整风，监视党整风，以取消特权达到整风的最高效果。

7. 章乃器的“定息不是剥削”。

据6月9日《大公报》报道，中华全国工商联副主任委员、中国民主建国会中央常务委员会副主任委员章乃器发表了他对于定息的见解。他认为定息不是剥削，而是不劳而获的收入。其理由是：被剥削是痛苦的。如果今天的工人仍然被剥削，那就不能不对私方有对抗，那样，阶级关系就不可能是非对抗性矛盾了。既然已经肯定阶级关系是非对抗性矛盾，就没有理由说定息是剥削。他说，剩余价值、剥削和不劳而获的收入这三个名词，本来一般是可以通用的。现在既然已经明确定息不是剩余价值，那就可以进一步明确定息也不是剥削——而是不劳而获的收入。他认为也可以这样地理解：从整个阶级来说，定息是剥削的残余，而具体到个别的阶级分子来说，定息是不劳而获的收入。他说，这种说法不是咬文嚼字的末节，而是实事求是的正名。

8. 李康年的“实行赎买二十年”。

据5月17日《人民日报》报道，上海公私合营华众织造厂总经理、民建会员李康年提出“实行赎买二十年”的建议。他认为目前国家采取的定息办法，每年按股金5%发付利息，“资本家的股金应该是二十年可以得到全部代价”，如果仅仅算到1962年为止，“似觉赎买还未完成”。他要求取消定息的办法，发行一种“工商企业改造赎买存单”，把定息改名为“赎金”。存单像公债券一样，采取无记名方式，按全国私营工商企业清产核资总值22亿元的数字发行。存单一次发给资本家、资方代理人和需要照顾的资产阶级分子。存单从1958年开始每季兑现一次，到1975年为止，分20年兑清，以“赎买到底”。其主要理由是：定息有许多害处。因为定息的存在，就会被认为私方人员在合营企业中还占有股份，“尚留着剥削的残余”。因而就造成了公私之间、工人与私方之间，私方与私方之间的种种矛盾。因此，把全部资本归还资本家以“赎买到底”，则“剥削的尾巴”就完全断了，各种矛盾也不存在了。将22亿赎买存单在1958年全部发给资本家后，实际上资本主义工商业的改造已经完成。公私合营企业就可以改为国营；而“此时，资产阶级手中只多了一些赎买存单，其性质与国家公债大同小异”，因而，对资产阶级的改造也“基本完成”了。

9. 关于“改变高等学校的党委负责制”。

共产党的组织在高等院校中的地位和作用，是整风运动中一个尖锐的话题。在反右派斗争中，凡是否定党组织在高校中的领导地位、主张“共产党退出高等学校”的言论，都被定性为右派言论而遭到严厉批判，典型的言论是民盟办公厅主任叶笃义关于“改变高等学校的党委负责制”的建议。在5月7日中共中央统战部召集的研究清华大学的共产党基层组织和民主党派基层组织关系问题座谈会上，叶笃义谈了两点意见，一是他认为，共产党对知识分子的问题，应该更加重视起来。应把五百万知识分子的问题，摆在一个重要地位，并建议政协全国委员会成立一个专门机构负责处理知识分子问题。二是他认为，在学校中，不需要有党派的组织活动。他十分赞成改变高等学校的党委负责制。他说，过去党委会管得太多，如果说党与非党之间有一堵墙，墙的来源，主观上有些关系未处理好是一个原因，但是不是因为有了党的组织，无形中就形成了一堵墙呢？他认为一个人多一种关系、多一种身份就多一个矛盾，如校长就是校长，教授就是教授，两人之间关系就简单些，如加上一种党派关系，关系就复杂了。他还主张共产党员在学校中也不以党员身份进行活动。他说，党派要常开会，起码对六分之五的时间的保证就有影响。问题是在高等学校中搞这些组织，是起了推动教学的作用呢，还是抵消了教学的作用？

中国人民大学师生召开反右派斗争大会

10. 关于反苏的言论。

在鸣放中，凡发表了对苏联不满的言论的人，在反右派斗争中均受到严厉批判。在当时，对苏联的任何行为发表意见，均被视为“反苏谬论”。如民革副主席龙云曾对苏联提出四点意见：（一）抗美援朝战争的经费，全部由中国负担，不合理。（二）第一、第二两次世界大战中，美国借款给盟国，又实施租借法案，后来他们有的赖了债，有的美国不要他们还了。苏联对我国借款，十几年都还不清，还要付利息。中国为社会主义而战结果如此。（三）苏联解放我国东北时，拆走了工厂中的一些机器，有无代价？偿还不偿还？（四）我们援外预算太大，主张抓紧压缩对外的援助。由于发表了以上所谓的“反苏”言论，在反右派运动中龙云受到集中的批判。

11. 关于否定肃反和胡风案的言论。

在鸣放中，一些人士对于新中国成立后历次政治运动、尤其是肃反运动，提出了尖锐的批评意见。如陈新桂说：“三反”、“思想改造”和肃反等，这几阵暴风雨是产生人民内部矛盾的原因之一。他说，今天，有人不敢“鸣”“放”，是怕再有一阵暴风雨来临。过去几次运动，虽然取得了成绩，但成绩的取得，是付出了极大的代价。所以，仅以“成绩是主要的，缺点是个别的难免的”这个公式来作结论，未必一定正确。过去几次运动产生的副作用太大，最严重的是助长了唯心主义。譬如，不从调查研究出发，事先拟定打击的对象的数字，对运动采取宁左勿右、否定一切、大胆怀疑的办法，等等，都是与马克思列宁主义的精神不相符合，与实际情况大有出入。历次运动还是产生了一些副作用，如人为地制造了“墙”和“沟”；把人分为“积极分子”和“落后分子”。运动中涌现出的“积极分子”有的是以片面地反映和密报别人的问题而获得这个称号的，所以，有的老教授说，他们是“靠运动吃饭”。另外，在运动中也使有的人养成看行情办事。有人这样说过，在运动中“要避免挨打，就得打人”，这些人简直是败坏社会道德。

胡风案在当时是一个极为敏感的话题，但仍有不少知识分子、尤其是青年学生，触及了这一禁区。北京大学学生刘奇弟说：“反胡风运动已过三年了，胡风及其‘集团’被当做反革命分子遭到镇压，今天旧案重翻，我要为胡风说话，更精确地说，我要为真理说话。”他称胡风为“进步作家”“民主战士”，为青年所爱戴、尊敬。当然，这类翻案言论在当时无一例外地被划入右派言论。

毛泽东改变整风主题

5月中旬，毛泽东从觉察到“事情正在起变化”，因此有了反击的思想准备，但还未作出改变整风主题的决策。毛泽东这一段的思虑，表现在他于5月中旬所写的《事情正在起变化》一文中。

这篇文章的原题为《走向反面》，其含义在文章的一开头即已指明：

> 对立面的统一和斗争，是社会生活中普遍存在的。斗争的结果，走向自己的反面，建立新的统一，社会生活就前进了一步。

那么，有哪些事物在走向反面呢？毛泽东在文章中至少在三处提到了“走向反面”的情况，一是党内党外的右派。毛泽东说他们都不懂辩证法：物极必反。“他们越做得不合理，就会越快地把他们抛到过去假装合作、假装接受共产党领导的反面”，如果不改邪归正，就会自取灭亡。二是几百万资产阶级和曾为旧社会服务的知识分子。毛泽东提出，我们需要这些人为我们工作，我们必须进一步改善和他们的关系，以便使他们更有效率地为社会主义事业服务，以便进一步改造他们，使他们逐步地工人阶级化，走向现状的反面。三是民主党派整风。毛泽东提出：“共产党整风告一段落之后，我们建议各民主党派和社会各界实行整风，这样将加速他们的进步，更易孤立少数右翼分子。现在是党外人士帮助我们整风。过一会儿我们帮助党外人士整风。这就是互相帮助，使歪风整掉，走向反面，变为正风。”

尽管毛泽东说到右派“不顾一切，想要在中国这块土地上刮起一阵害禾稼、毁房屋的七级以上的台风”，“他们越猖狂，对于我们越有利益”，联系到当时党内相当一部分人对开门整风方针的消极抵触情绪，以及“从此天下多事”的担忧，毛泽东写这篇文章的目的，与其说是为了指明形势的严峻性，不如说是他想向党内的那一部分人证明：即使在开门整风中出现了右派猖狂进攻这种情况，也没有什么值得忧虑的。

毛泽东在 5 月中旬留下的其他文字材料，也能说明这个问题。5 月 14 日，毛泽东在 5 月 10 日的《解放日报》第二版（该版刊出了上海市中小学教师座谈会的发言摘要）上，写下了这样的批语：“少奇、恩来、陈云、小平、彭真同志阅。这一整版值得过细一看，不整风党就会毁了。”“请你们注意看上海《解放日报》，南京《新华日报》，上海《文汇报》，《北京日报》，《光明日报》，集中看人民内部矛盾和我党整风消息，这是天下第一大事。”

5 月 16 日，毛泽东在为中央起草的《关于对待当前党外人士批评的指示》中又指出：“党外人士对我们的批评，不管如何尖锐，包括北京大学傅鹰化学教授在内，基本上是诚恳的，正确的。这类批评占百分之九十以上，对于我党整风，改正缺点错误，大有利益。”可以看出，毛泽东对于前一阶段开门整风的基本方向和总体效果，都给予了充分的肯定，同时说明，毛泽东仍然希望整个运动能够继续下去。至于右派的挑拨性言论，毛泽东主张，“放手让他们发表，并且暂时（几个星期内）不要批驳，使右翼分子在人民面前暴露其反动面目，过一个时期再研究反驳的问题。”

可以得出结论：在这一段时间里，毛泽东的主要注意力仍然是放在正确处理人民内部矛盾这个主题上，还没有作出大规模反击的决策。他提出了右派猖狂进攻的问题，但他又认为，在几个星期之内，主动权掌握在右派手里，他们或者继续胡闹，或者改邪归正。而共产党究竟会采取什么措施，则还需要根据事情的发展变化而定。

毛泽东下决心改变整风主题，是在北京大学“五一九运动”之后。5 月 19 日以后，高等院校的学生们以大字报、大辩论的形式投入到整风运动之中，这就使开门整风的局势变得复杂起来。在“大民主”的冲击下，一些学校的党组织已经不能正常地行使自己的职权了。这种结果，完全违背了整风的初衷。而且，这种“大民主”之风如果不及时地加以控制，很有可能进一步蔓延开来。在这种情况下，毛泽东第一次公开发出了警告。

“五一九”运动兴起之时，正值青年团在北京召开第三次全国代表大会。这种巧合，赋予了这次团代会一项特殊的使命，即向广大青年学生传达党中央和毛泽东的声音。

5月25日下午，毛泽东在接见团代会的全体代表时，向开门整风运动中出现的错误言论和错误行动发出了警告。他向青年代表们指出：“中国共产党是全中国人民的领导核心。没有这样一个核心，社会主义事业就不能胜利。”“同志们，团结起来，坚决地勇敢地为社会主义的伟大事业而奋斗。一切离开社会主义的言论行动是完全错误的。”

毛泽东的这个公开警告，表明他对开门整风的态度发生了重要变化。

这一变化，也体现在毛泽东对他2月27日讲话稿的修改上。

5月24日，他在修改讲话稿时，加写道：

无产阶级思想和资产阶级思想之间的斗争，还是尖锐的，长期的，有时甚至是很激烈的。修正主义是一种资产阶级思潮。修正主义者口头上也挂着马克思主义，他们也在那里攻击所谓‘教条主义’，但所攻击的正是马克思主义的最根本的东西，即反对或者歪曲唯物论和辩证法，反对或者企图削弱人民民主专政和共产党的领导，反对或者削弱社会主义改造和社会主义建设。在我国社会主义革命取得基本胜利以后，这种思想在实质上是一部分资产阶级和一部分资产阶级知识分子梦想恢复资本主义制度的反映。修正主义比教条主义有更大的危险性，我们在批判教条主义的时候，必须同时充分注意对于修正主义的批判。

毛泽东此时关注的不再是整顿三风的问题，而是无产阶级和资产阶级在意识形态方面的阶级斗争问题，是在党内肃清修正主义思潮的问题了。

5月25日，即接见团代会全体代表的那一天，他在讲话稿中又加写了辨别香花和毒草的六条标准：

（一）有利于团结人民，而不是分裂人民；（二）有利于社会主义改造和社会主义建设，而不是不利于社会主义改造和社会主义建设；（三）有利于巩固人民民主专政，而不是破坏或者削弱这个专政；（四）有利于巩固民主集中制，而不是破坏或削弱这个制度；（五）有利于巩固共产党的领导，而不是摆脱或者削弱这种领导；（六）有利于社会主义的国际团结和全世界爱好和平人民的国际团结，而不是有损于这些团结。

同一天，毛泽东在会见苏联最高苏维埃主席团主席伏罗希洛夫时，又指出：百花齐放就是有利于团结人民，有利于社会主义事业，有利于巩固人民民主专政，有利于巩固共产党的领导，有利于巩固民主集中制，还有一条——有利于国际共产主义力量的团结和国际和平力量的团结。这算是标准，符合的就是香花，不符合的就是王八蛋。

毛泽东的态度发生重大变化之后，共产党的开门整风在某种程度或意义上成为“引蛇出洞”的手段。到了6月8日，毛泽东抓住“匿名信事件”这一契机，发动了全民的反右派运动。

整风的主题变了，鸣放的目的也发生了变化。特别是党内那些对开门整风方针持抵触情绪的干部，他们一旦了解到毛泽东和中央的反击意图，理所当然地要推波助澜，积极地将各种鸣放形式转化为“引蛇出洞”的手段。由此带来了两个结果：一是进一步加剧了紧张局势；二是为即将发起的反右派斗争制造了更多的目标。原北京农业大学党委书记施平回忆说：

反右正式开始前，北京市委主要领导人多次召开大学党委书记会议，听取各校关于民主党派、教师、学生帮助党整风“鸣放”的情况，布置各校抓紧时间，动员“鸣放”。有一天下午，市委负责同志找了清华、北大、师大和北农大四所重点大学的党委书记去谈话，听取了学校“鸣放”情况后说：你们几所大学老教师多，反党反社会主义的、翘尾巴的专家、教授、民主党派成员多，有影响的人物多，要用各种办法、制造适当气氛、“引蛇出洞”，让他们把毒都吐出来，以便聚而歼之。你们几所大学“鸣放”得还不够，因为党委力量强，党委书记要示弱……让他们敢于尽情“鸣放”，无所顾忌。最后着重交待说，时间不多了，很快就要发动全面反击，反击开始后就没有人“鸣放”了。

当时党内一些高级负责干部就这样地运用“引蛇出洞”的战术，人为地制造出“黑云压城城欲摧”的严重局势，从而为大规模的反击提供了最主要的“客观”依据。由于毛泽东此时的注意力已经返回到阶级斗争问题上，所以他对这种战术也给予了肯定和支持。6月8日，毛泽东起草了《组织力量反击右派分子的猖狂进攻》的党内指示，其中将“引蛇出洞”列为反右派斗争的主要战术。他写道：

高等学校组织教授座谈，向党提意见，尽量使右派吐出一切毒素来，登在报上。可以让他们向学生讲演，让学生自由表示态度。最好让反动的教授、讲师、助教及学生大吐毒素，畅所欲言。他们是最好的教员。到了适当时机，则立即要组织党团员分组开会，分别哪些是建设性的批评，加以接受，并改正自己的错误缺点。哪些是破坏性的批评，予以反驳。同时组织一些党外人士讲演，讲正面话。然后由较有威信的党的负责人做一个有分析有说服力的总结性演说，将空气完全转变过来……只有这样做，我党才能掌握主动，锻炼人才，教育群众，孤立反动派，使反动派陷入被动。

实际上，所谓“引蛇出洞”，就是各单位党的负责干部想方设法让自己主观认定的右派把“毒素”都吐出来，以便聚而歼之。

“引蛇出洞”战术所造成的假象，使毛泽东对当时的阶级斗争形势作出了更为严重判断。他在为《人民日报》所写的题为《这是为什么？》的社论中断言“那些威胁和辱骂，只是提醒我们，在我们的国家阶级斗争还在进行着，我们还必须用阶级斗争的观点来观察当前的种种现象，并且得出正确的结论。”从此以后，党的八大所判定的国内主要矛盾就被逐步扭曲，客观上已不是主要矛盾的阶级斗争，又被逐步抬高到不适当的地位，以致产生了一连串的逆向发展，终于把我国推入“以阶级斗争为纲”的年代。

4 主题突变　整风转向反击右派
深入挖掘　反击扩大后果惨重

依靠两种社会力量打开反击局面

从以正确处理人民内部矛盾为主题的整风运动，转向以阶级斗争为主题的反右派运动，这是一个带有战略性的重大转折。为了顺利地实现这种转折，毛泽东和中央在6月8日前后对这场斗争作了比较周密的部署。

6月6日，毛泽东为中央起草了《关于加紧进行整风的指示》。在这个指示中，毛泽东明确提出，今后的整风，要用大鸣大放的方法加紧进行。他写道：

在机关及高等学校内部出大字报，一可以揭露官僚主义等错误缺点，二可以暴露一部分有反动思想和错误思想的人的面貌，三可以锻炼党团员及中间派群众（他们应当在大字报上批评错误思想和反动思想），故利多害少，毫不足怕。

在这里，毛泽东将一些党外民主人士竭力主张的“大鸣大放”和大字报接了过来，把它们作为反击右派的主要方法。毛泽东还把反击右派看做一场战争，他说，“这是一场大规模的思想战争和政治战争，我们必须打胜仗，也完全有条件打胜仗。”第一次说明了即将发起的反击运动的性质和规模。为了使各级党组织作好思想准备，毛泽东要求各级领导将本单位人数按照左中右标准排一下队，使自己心中有数。他还说：“党内团内一部分右倾分子叛变出去，是极好的事，切记不要可惜。”

6月8日，即《人民日报》发表《这是为什么？》的社论这一天，毛泽东还为中央起草了《组织力量反击右派分子的猖狂进攻》的党内指示，对反右斗争的过程和方式作了具体的说明，他提出，“每个党报均要准备几十篇文章，从当地高潮开始跌落时起，即陆续发表。”“整个过程，做得好，有一个月左右就够了，然后转入和风细雨的党内整风。”毛泽东再次强调，“这是一个伟大的政治斗争和思想斗争”，“总之，这是一场大战（战场既在党内，又在党外），不打胜这一仗，社会主义是建不成的，并且有出‘匈牙利事件’的某些危险。”

6月10日，毛泽东又为中央起草了关于反右派斗争的步骤、策略问题的党内指示，向各地党组织通报了北京反右派斗争情况。他指出，“北京条件已成熟，《人民日报》已于6月8日开始反击反动派。”“各地情况不同，何时开始反击，要看当地情况决定。”毛泽东要求各地党组织作具体的人物分析，实事求是，看得准，打得准。“在这次运动中，一定要使反动分子在公众面前扫脸出丑。”

6月12日，毛泽东在5月中旬所写的《事情正在起变化》一文印发党内。

上述情况说明，这场大规模的反右派斗争，是中共中央有计划、有组织地发动起来的。与以往历次政治运动相比，这次的反右派运动又有一个突出的特点，即反击右派局面的公开力量，不是各级党的组织和党员，而是工农基本群众以及各民主党派、无党派民主人士中的左、中派。也就是说，反右派运动的发动，是以群众自发反击的面目出现的。这个特点，在最初几天的《人民日报》上充分体现出来了。

6月8日，是公开反击的第一天，《人民日报》第一版以“反对离开社会主义的谬论痛斥匿名恐吓的卑鄙手段”的大字标题，报道了石景山钢铁厂职工批驳储安平、葛佩琦错误言论的消息。报道说：“报纸上登载了卢郁文接到恐吓信的消息激起了石景山钢铁厂广大职工的愤怒。7 日下午 7 时，石景山钢铁厂工会召开包括工程师、职员、工人共 17 人的座谈会，会上对这种写匿名恐吓信的卑鄙行径，表示强烈的抗议。同时，对于连日报上发表的种种离开社会主义的错误言论，进行了驳斥。”

6 月 9 日，《人民日报》在第一版以“不许反社会主义的言论抬头”的大字标题报道了北京国棉二厂职工反驳错误言论的座谈会。还发表了北京广播器材厂 169 位职工的抗议信。信中写道：“我们国营北京广播器材厂的职工，在看到报上登的葛佩琦、储安平等人的发言后，大伙都火起来了，这哪叫提意见！这是诬蔑党，我们决不允许他们诬蔑我们工人阶级的政党——共产党！……我们抗议储安平把现在人民的天下叫做党天下。他把毛主席叫做老和尚，太不像话了。我们工厂一些老工人听了他的发言都说，他还是个知识分子呢，怎么说话还没我们老粗文雅。”

6 月 10 日，《人民日报》发表题为《工人说话了》的社论。社论驳斥了两种论调：其一是资产阶级已经没有两面性了，再不需要改造了，工人阶级应向资本家学习优良品质；其二是认为既然让资产阶级思想“鸣”，就不能同时也让工人阶级“鸣”。社论指出，事实的考验，对于目前种种反社会主义的言论，能够采取最坚决明确态度的是工人阶级；而在工人阶级领导的国家里，工人阶级还要等待别人给予言论自由，这种论调是无法成立的。这一天的《人民日报》还在第一版刊出了通栏标题：“对反社会主义谬论无法沉默，觉悟的工人群众起而应战”，几乎整版刊载了各地工人群众对于各种错误言论的反驳，以此表明“工人说话了”。

6 月 11 日，《人民日报》第一版又以《请听听农民的话》的标题，报道了武汉市郊区群力农业社农民举行座谈会驳斥右派言论的情况。

6 月 12 日，《人民日报》报道了北京郊区四季青农业生产合作社社员们对于右派言论的驳斥，标题是《农民和工人将团结得更紧密》。

除了工农群众这一重要的社会力量外，各民主党派和无党派民主人士中的左、中派人士，也成为打开反右派斗争局面的重要力量。如公开反击的第一天即 6 月 8 日，民革中央小组扩大会议集中批判章伯钧、储安平、王德周、葛佩琦的发言。九三学社、中国农工民主党、中国致公党也都召开座谈会，对右派言论展开了不同程度的批判。《人民日报》也用了近两版的篇幅刊登民主党派和工商界人士关于批判右派言论的发言。于是，在公开反击的第一天，传媒界就造成了两种社会力量夹击右派、右派陷于孤立无援的境地的舆论导向。

可以看出，反击右派的最初声势，从表面看，是由工农基本群众和民主党派、工商界人士自发批判造成的。由两种社会力量的自发批判来造成反击声势，显然是中央意图的体现。因为从策略上讲，各种偏离社会主义原则的言论，是以帮助共产党整风的名义发表出来的，如果中共中央直接组织反击，就不易被中间派人士理解，他们会想到：既然是帮助共产党整风，怎么又整到提意见的人了？因此，以“工人说话了”这类方式出击，就使得反击更加有理、有力，更容易被广大中间派群众所理解和接受。

确定“章罗同盟”为主攻目标

6 月 8 日毛泽东说：“这是一个伟大的政治斗争和思想斗争”。7 月中旬，毛泽东第一次明确地将反右派运动称为“政治战线上和思想战线上伟大的社会主义革命”。后来《人民日报》社论解释说，所谓政治战线上的社会主义革命，“即是对敌视社会主义的资产阶级右派进行坚决彻底的政治斗争，直到他们投降为止”；而思想战线上的社会主义革命，主要是对中间派而言，即“是要使他们在思想上同右派划清界限，克服自己在资本主义立场和社会主义立场中间动摇不定的两面性，是要在思想上进行自我改造，过好社会主义这一关，并且有一部分从中间派归入左派，壮大左派的队伍”。

既然反右派运动所要完成的任务是如此的复杂和艰巨，它也就不会停留在基本群众的“自发批判”这种水平上。在反击声势造成之后，中共中央必然要将这场批判运动引向深入。批判运动的深入展开，是从毛泽东《关于正确处理人民内部矛盾的问题》公开发表之后开始的。毛泽东的这篇讲话稿，经过多次修改之后，于 6 月 19 日在《人民日报》上公开发表。原来作为整风指导文献的这篇讲话，在增加了关于意识形态领域中阶级斗争的论述和六条政治标准，并删去了一些可能会磨损反右派斗争锋芒的词语之后，一变成为“同右派斗争的强大武器”。随后召开的全国人大一届四次会议，就是根据毛泽东这篇公开发表讲话的精神，对右派进行深刻批判的一次大会。

由此使人联想到一个耐人寻味的对比：毛泽东 2 月 27 日讲话之后，举行了全国政协二届三次会议；这篇讲话于 6 月 29 日公开发表之后，又举行了一届全国人大四次会议。这两次会议都与毛泽东 2 月 27 日的讲话有着密切的关系，但气氛恰成对照：前一次为了发动非党人士帮助党整风，而后一次则是动员反击批判右派。

6月26日，人代会召开的第一天，周恩来在《政府工作报告》中即指出了右派言论的根本错误所在。周恩来指出，“政治设计院”、“平反委员会”、“党天下”、“各党派轮流执政”等等言论，“目的都是要使人民政权脱离工人阶级政党的领导，以便按照他们的资产阶级面貌来改变我们国家的性质，”右派们“实质上是要把我们的国家从社会主义的道路拖到资本主义的道路上去”。在这里，周恩来实际上为这场批判指明了主攻的方向。

同一天，中共中央发出《关于打击、孤立资产阶级右派分子的指示》，要求对资产阶级右派分子实行内外夹击，无情地给他们以歼灭性的打击，使他们以后在国家安定的形势下，再难于组织像现在这样大规模的反共运动。指示还要求各级组织切记不要在阶级斗争的紧要关头，姑息养奸，养痈遗患。

6月29日，中央又发出《关于争取、团结中间分子的指示》，其中对于右派骨干分子情况作了这样的估计：“右派和极右派的人数，以北京三十四个高等学校及几十个机关中，需要在各种范围点名批判的，大约有400人左右，全国大约有4000人左右”。中央在人代会期间所发出的这两个指示，在质和量两个方面对这场斗争作出了规定，前者指明了这场斗争的性质，后者则规定了斗争对象的数量界限。

反右派斗争的主要目标在哪里？7月1日，毛泽东为《人民日报》起草了那篇著名的社论：《文汇报的资产阶级方向应当批判》。在社论中第一次用了“章罗同盟”这一名词，他说：民盟和农工民主党在这次惊涛骇浪中特别突出，“风浪就是章罗同盟造起来的”，“整个春季，中国天空上突然黑云乱翻，其源盖出于章罗同盟”。

根据这一具有权威性的判断，在人代会的会场内外，人们自然将批判的主要锋芒指向了章伯钧和罗隆基。例如，7月4日《人民日报》的第一版，整版刊载了两篇报道：一篇题为“全国人民代表大会进行大会和分组讨论，各地代表追击章罗联盟”；另一篇题为“农工民主党座谈会上群情激愤严词质问，章伯钧承认章罗联盟”。

在农工党的座谈会上，章伯钧承认说，“章罗联盟是有事实的，是从去年开始的。过去同罗在盟内争权夺利，从去年开始合作。先从思想联盟开始。我思想上是资产阶级右倾思想，罗有英美民主思想，我们思想一致。从思想联盟到工作一致，即工作联盟，再变为政治上的联盟。”

7月5日，“人民代表继续追击右派集团”，在这种追击下，“罗隆基吞吞吐吐承认章罗联盟”，即说他同章伯钧“只有思想联盟，没有政治联盟”。

据《现代汉语词典》的解释，所谓同盟，是指“由缔结盟约而形成的整体”；所谓联盟，是指“两个或两个以上的国家为了共同行动而订立盟约所结成的集团，也指个人、集体或阶级的联合”。按这个解释，不论是“章罗同盟”，还是“章罗联盟”，都必须具备如下的条件：一是订立盟约，二是具有根据盟约建立起来的组织联系。如果以这两个条件来衡量，所谓的“章罗联盟”并不存在。当时的所有揭发材料，没有一份可以拿出章罗二人订立任何形式的盟约的证据；而在组织联系上，二人的不合作和互相攻讦由来已久，众所周知。当时一位著名的民主人士在批判罗隆基座谈会上曾发言说：“罗当时与章伯钧是死敌，常说章排挤他。在 1952 年初三反时，他还抓住章伯钧交通部贪污的事，想通过小集团的活动造成舆论，迫使章伯钧在盟内公开检讨。”后来还是在中共中央统战部的帮助下，罗隆基才勉强在盟内工作上与章伯钧采取合作态度。由于章罗二人在历史上一直存在着尖锐对立的个人关系，如果没有确凿证据，仅仅根据他们在鸣放中放出一些具有相同政治倾向的言论，就给他们扣上“章罗联盟”的帽子，并断然认为“整个春季，中国天空上突然黑云乱翻，其源盖出于章罗同盟”，是很难令人信服的。正因为如此，即使处于被集中批判的高压之下，罗隆基也不承认有什么“章罗联盟”。8 月 12 日下午，民盟中央举行第七次扩大整风座谈会，集中批判罗隆基。罗隆基在交代中承认，他在历史上曾经有过反共的政治活动，在解放战争时期，他是坚持中间路线的。但是，在谈到他与章伯钧的关系时，他却断然否认了“章罗联盟”的说法。下面是他关于“章罗联盟”的一段交代：

今天我可以肯定地说，从旧年北戴河起直到今天，我同章伯钧两个人绝对没有在任何地方单独地谈过盟务或国家的政治。两个人除了在开会、宴会、晚会场中几乎是碰不到头，见不到面的。当然，在民盟政策上，我支持了章伯钧某些主张因而使民盟迷失了方向，走错了道路，亦绝对不是我同章伯钧事先有了什么阴谋诡计而进行的。就那以百花齐放、百家争鸣为 1958 年的中心工作来说，亦是经过工作会议领导小组的长时间辩论而决定的。支持这个主张的还有许多位中常委，不止我一个人。我不是在这里辩解，因为两个月来，在一切交代的场合中，大家总要我交代一些章罗联盟的内幕，我思前想后，实在想不出什么具体的事件来，绝对不是我隐瞒不交代。

“挖”出这个事实上并不存在的“章罗联盟”，在当时被看做反右派斗争的重大成果，它对于整个反右派斗争的战略部署，“意义”太重大了：不仅确定了反右派的主攻方向，而且向全国人民证明了中断整风而转向反击右派的必要性。

7月8日，《人民日报》发表的题为《斗争正在开始深入》的社论即认为：“右派在全国范围内最重要的指挥机关章罗联盟，在各方面的围攻之下，内幕已经开始暴露”，这是运动开始深入的一个标志。社论说，“由于斗争开始深入，由于右派的真面目进一步暴露，许多原来不相信有什么右派、或者不认为反对右派有什么必要的人们，现在在大吃一惊之后，也逐渐改变态度了。他们开始认识到，右派确实存在，确实在进行着反对社会主义革命、反对社会主义建设的活动，确实是人民事业的心腹之患。……为了提高广大群众的警惕，为了提高广大群众的革命觉悟和革命积极性，单单依靠正面的教育是不够的，还必须依靠反面的教育。右派分子的反对社会主义的言行，对于广大群众就是最好的活生生的反面教材。”

根据反右派斗争所取得的这一成果，中央于7月9日又发出了由毛泽东起草的《关于增加点名批判的右派骨干分子人数等问题的通知》，毛泽东在通知中对右派骨干情况作出了新的估计：“反右派斗争正在深入，准确的右派骨干名单扩大了一倍，全国不是4000人，而是大约有8000人。”

也就是说，相差仅仅10天，右派骨干人数即翻了一番。这种情况表明，反右派斗争此时已经无可挽回地走进了一个“怪圈”：“政治战线上和思想战线上的社会主义革命”这一理论导致了阶级斗争的扩大化，而这种扩大化的成果反过来又成为这个理论正确性的证明。

7月中旬后的“深入挖掘”

7月17日至21日，中共中央在青岛召开了省市委书记会议，进一步部署反右派斗争。在会议期间，毛泽东写了《一九五七年夏季的形势》一文，印发与会同志讨论。在这篇文章中，毛泽东提出了一些对此后的运动发生重要影响的观点。

第一，以更为严重的措词表述了反右派斗争的性质。文章一开头即写道：“在我国社会主义革命时期，反共反人民反社会主义的资产阶级右派和人民的矛盾是敌我矛盾，是对抗性的不可调和的你死我活的矛盾。”

第二，明确提出了“政治战线上和思想战线上的社会主义革命”的命题。文章说：“这一次批判资产阶级右派的意义，不要估计小了。这是一个在政治战线上和思想战线上的伟大的社会主义革命。单有一九五六年在经济战线上（在生产资料所有制上）的社会主义革命，是不够的，并且是不巩固的。匈牙利事件就是证明。必须还有一个政治战线上和一个思想战线上的彻底的社会主义革命。”

第三，强调了同资产阶级右派斗争的长期性以及此次反右派斗争的重要性。文章认为，资产阶级右派一遇机会，又会要兴风作浪的，“这个斗争，从现在起可能还要延长十年至十五年之久。做得好，可能缩短时间。”怎样才能缩短这个时间呢？毛泽东显然认为当时的反右派斗争具有重要的作用。他提出：“第一个决定性的战斗，在过去几个月，主要是最近两个月内，我们已经胜利了。但是还需要几个月深入挖掘的时间，不取得全胜，决不可以草率收兵。”

第四，提出了反右派斗争的策略。文章写道，“向工人阶级和共产党举行猖狂进攻的资产阶级右派是反动派、反革命派。不这样叫，而叫右派，一是为了便于争取中间派；二是为了便于分化右派，使一部分右派分子有可能转变过来。”在斗争方法上，“目前的斗争，在一段必要时间之后，应当由急风暴雨的形式转变为和风细雨的形式，以便从思想上搞得更深更透。”即一打一拉、先打后拉的策略。

第五，明确提出了清除党内右派的任务。文章说，“这里所说的资产阶级右派，包括混入共产党内和青年团内的一些同党外团外右派分子政治面貌完全相同的人，他们背叛无产阶级革命事业，向党猖狂进攻，因此必须充分揭露，并把他们开除出去，借以纯洁党团组织。”

第六，提出了全民整风的任务。文章提出，“民主党派，教育界，新闻界，科技界，文艺界，卫生界，工商界，工人阶级、农民阶级各阶层、手工业工人和其他城乡劳动者，都应当进行整风和社会主义教育，分期分批逐步推行。”

第七，规定了整风的目标。文章提出，“我们的目标，是想造成一个又有集中又有民主，又有纪律又有自由，又有统一意志、又有个人心情舒畅、生动活泼，那样一种政治局面，以利于社会主义革命和社会主义建设，较易于克服困难，较快地建设我国的现代工业和现代农业，党和国家较为巩固，较为能够经受风险。”

第八，指出了社会主义社会的物质基础的重要作用。文章认为，“只有经过十年至十五年的社会生产力的比较充分的发展，我们的社会主义的经济制度和政治制度，才算获得了自己的比较充分的物质基础（现在，这个物质基础还很不充分），我们的国家（上层建筑）才算充分巩固，社会主义社会才算从根本上建成了。”为此，毛泽东提出，工人阶级必须有自己的技术干部队伍，必须有自己的教授、教员、科学家、新闻记者、文学家、艺术家和马克思主义理论家的队伍。

毛泽东提出的上述观点，其中不乏正确见解，比如对于政治目标的规定，关

首都新闻界举行批判右派大会

于物质基础的论述。但是，从总体上看，这篇文章表现出的是一种“左”的倾向，即它过分地强调了阶级斗争在国家政治生活中的地位和作用，并把一些人民内部的思想认识问题夸大为敌对阶级间的阶级斗争。由于目标、任务与手段的冲突，毛泽东所向往的那种生动活泼的政治局面，就只能是一种海市蜃楼，可望而不可即。

根据毛泽东提出的再用几个月时间“深入挖掘”右派分子的精神，8月1日，中共中央发出毛泽东起草的《关于进一步深入开展反右斗争的指示》，指出，“在深入揭发右派分子的斗争中，现在一方面正向地县两级（在城市是向区级和大工矿基层）展开，另一方面又必须在中央一级和省市自治区一级各单位深入地加以挖掘。”

8月29日，针对中共四川省委关于撤销一名右派分子的人民代表资格的请示，中共中央发出《关于对右派分子不宜过早地作组织处理的指示》，认为“目前反右派斗争正在继续开展和深入，对于右派分子的斗争，应是从政治上和思想上进行彻底揭露把他们搞臭，但还不宜于过早地作组织处理，因为这样做会使斗争简单化，不利运动的深入和开展。”

9月2日，中共中央在《关于严肃对待党内右派分子问题的指示》，批评一些单位和党员对待党内右派分子“比较严重的温情主义”，对于同党外右派分子政治面貌完全相同的“党员”，往往姑息宽容，不愿意把他们划为右派，特别是对于一些应该划为右派的老党员，更加惋惜，心软，下不了手。这种现象已经影响了反右派斗争的深入和开展。中央要求，“对于那些同党外右派分子政治面貌完全相同的人，决不应该因为他们是党员而有所宽容，决不应该漏掉真正的党内右派分子。”

在青岛会议精神和中央上述指示的引导下，几个月的“深入挖掘”造成了反右派斗争严重扩大化的局面。

首先，对右派性质作出了严重脱离实际的判断，在质的方面绝对地夸大了同右派斗争的严重性。本来，右派问题并不是一个新问题，早在新中国成立前夕，毛泽东就在人民民主阵线的范围内使用了这一概念。他认为，那些头脑中还残留着许多反动的，即反人民的思想的“民主个人主义”者，不是国民党反动派，而是人民中国的中间派，或右派。毛泽东认为，对于这部分人，主要是帮助、批评、教育的问题，“争取他们站到人民大众方面来，不让帝国主义把他们拉过去，叫他们丢掉幻想，准备斗争。”

在整风运动前夕，李维汉也明确提出了右派问题，他指出，1956 年下半年有一股反社会主义制度的风，又有一股反思想改造的风，逐渐刮起来了。“这股风是从哪里来的呢？主要是从右派那里吹出来的，右派是这股风的主帅、军师。”李维汉同时指出：“这是人民内部矛盾的反映，要用处理人民内部矛盾的办法来对待这股风，右派也是人民的一部分，也只能这样对待。”

然而，随着反右派斗争的发动和逐渐深入，毛泽东和中央就逐渐背离了以往正确的判断。6 月 8 日，在反右派斗争开始时，毛泽东将右派称为“反动派”；

6 月 26 日，中央在《关于打击、孤立资产阶级右派分子的指示》中又指出：“右派分子同人民的矛盾，实际上有些已经超出了人民内部矛盾的范围”；

7 月 1 日，毛泽东使用了“反共反人民反社会主义的资产阶级反动派”这一提法；到了青岛会议期间，毛泽东断定，“反共反人民反社会主义的资产阶级右派和人民的矛盾是敌我矛盾，是对抗性的不可调和的你死我活的矛盾”。

对右派性质的这种严重脱离实际的判断，既是发动扩大化的反右派斗争的主要根据，也是扩大化的重要表现。

其次，这场运动采用具有极大主观随意性的策略方针对待批判对象，以至于打击面过宽。毛泽东在 5 月中旬曾比喻说，现在大批的鱼自己浮到水面上来了，并不要钓。在反击的最初一个月中，打击的主要对象就是这些“自己浮到水面上”的“鱼”。但是，随着斗争的深入，一些单位又发现还有隐藏得很深的右派，即“鲨鱼”。

7 月 7 日，中共中央转发了吉林省委《关于高等学校反右派斗争的情况报告》。吉林省委在《报告》中认为，先前在第一线公开向我们进攻的右派分子，主要是一些虾兵蟹将，更凶恶的“鲨鱼”多在暗地活动。中央同意这个看法，在批示中说，吉林省委报告中发现“鲨鱼”一点很重要，请各地都注意。

7月中旬后的“深入挖掘”，主要就是“挖鲨鱼”。既然“鲨鱼”没有“自已浮到水面上来”，那就需要去“钓”。所以，7月中旬后，“钓鱼”战术，或曰“引蛇出洞”战术，得到进一步的发挥。

铁道部机关整风领导小组在一份报告介绍经验说：

研究与利用怀疑分子的弱点，采取多样的方法，有意识地诱导他们把反动思想暴露出来。如计划局党员陈 ×× 过去曾流露过一些反党言论，在鸣放期间暴露的很少，计划局领导小组掌握了他又想解决认识上的问题，又怕在群众中暴露后受到批判和处分的思想矛盾，用个别谈话和党的小组会上进行思想检查的形式，让他比较自然地把错误观点吐露了出来。材料局李 ×× 过去一贯怪话连篇，对党不满，鸣放时未放。别人要他发言，他说：“现在百家争鸣，我再发言是一百零一家了”。材料局领导小组研究了他又臭又硬不肯认输，对党仇恨又不敢自己出头想利用别人向党进攻的特点，就用“激将法”促使他暴露。在“回忆会”上，群众提到肃反中对他进行审查没有错，结论也是正确的，他就沉不住气，马上起来辩论，发了很多谬论。对这类右派分子，在引导他们暴露时，都未立即进行批驳，不使他们感到压力，从而使他们把反动思想逐渐地放了出来。

运用“钓鱼”或“引蛇出洞”“战术”来“深入挖掘”“右派分子”，战果自然十分显著。在经过了7月上旬的翻一番后，被揭露的“右派”人数继续直线上升。一个月后，仅北京市已发现右派分子7511人，其中高等学校有4230人。9月2日，中央在《关于严肃对待党内右派分子问题的指示》中统计，已发现党内右派分子3000余人。据后来复查统计，全国共定了右派分子552877人。时间仅仅过了半年，而被定性为右派分子的人数较最早预定的点名批判4000人超过了一百多倍，这不能不说是大搞群众运动普遍探挖的典型性后果。

最后，对被揭露出来的右派分子，处理的分量过严过重。在青岛会议期间，根据毛泽东对右派性质的判断，中央统战部在《关于帮助各民主党派整风的意见》中提出：“资产阶级右派是资产阶级的反动派，是人民的敌人，所以必须向右派进行坚决的彻底的斗争。另一方面，在策略上仍然要把目前反击右派的斗争当做统一战线内部的斗争来进行，当做人民内部矛盾来处理（自绝于人民的分子，反革命分子和其他坏分子又当别论）。”这个策略，后来明确地称为“敌我矛盾，按人民内部矛盾处理”的政策。从表面看，这个策略似乎有利于防止阶级斗争的扩大化，实际上恰恰相反。不仅丝毫无助于防止斗争的扩大化，反而在处理两类不同性质的矛盾问题上，给了具体执行者以更大的主观随意性。李维汉后来写道：“1957 年 12 月，第九次全国统战会议提出对一百多名民主人士中的右派分子的处理意见，绝大部分人是撤职或降低职务，只有个别人免于处分。1958 年 1 月，中央统战部会同中宣部、中组部等有关部门选择了比较知名的 96 名右派分子作为标兵，提出了《对一部分右派分子处理的初步意见》，报中央转发各地参考。96 人中，绝大多数被开除公职，送劳动教养或实行监督劳动，只有 2 人，免于处分。”“全国 55 万余被划为右派分子的人半数以上失去了公职，相当多数被送劳动教养或监督劳动，有些人流离失所，家破人亡。少数在原单位留用的，也大多用非所长。”既然肯定了敌我矛盾这个性质，统战部提出的“当做人民内部矛盾来处理”的策略，也就难以切实实施了。

历史结论

以急风暴雨式的群众阶级斗争来反击右派，并不是毛泽东的初衷。确切地说，由整风转向反右派，是毛泽东在形势的压力下所作出的一种看来主动实质被动的抉择。所以也才有了反右派高潮过后的重返整风主题的努力。这说明，在这一段历史时期，毛泽东虽然重视阶级斗争，但在什么范围内斗，以及斗到什么程度，他还是有所限制的，这与“文化大革命”时期所提出的“八亿人口，不斗行吗？”的思想还是有着质的区别的。毛泽东这种有限制的阶级斗争思想在反右派斗争的高潮中即有所反映。

1957 年 7 月 9 日，毛泽东在上海干部会议上指出：

对右派是不是要一棍子打死？打他几棍子是很有必要的。你不打他几棍子他就装死。对这种人，你不攻一下，不追一下？攻是必要的。但是我们的目的是攻得他回头。我们用各种方法切实攻，使他们完全孤立，那就有可能争取他们，不说全部，总是可以争取一些人变过来。他们是知识分子，有些是大知识分子，争取过来是有用的。争取过来，让他们多少做一点事。而且这一回他们帮了大忙，当了反面教员，从反面教育了人民。我们并不准备把他们抛到黄浦江里头去，还是用治病救人这样的态度。也许有一些人是不愿意过来的。像孙大雨这种人，如果他顽固得很，不愿意改，也就算了。我们现在有许多事情要办，如果天天攻，攻他五十年，那怎么得了呀！

毛泽东此时的提法，与五年之后即在1962年9月中共八届十中全会上所提出的阶级斗争要年年讲、月月讲，显然有着重大差别。在1962年，毛泽东念念不忘的是阶级斗争；而在1957年，毛泽东念念不忘的仍然是社会主义的各项建设事业，至于阶级斗争，攻一下是必要的，但天天攻是不行的，更不能攻50年。在1957年下半年，不论是在毛泽东个人的头脑中，还是在全党的指导思想里，关于阶级斗争问题上的“左”的倾向，虽然有所发展，但远没有占据支配地位。

在反右派斗争结束后不久，毛泽东即提出了右派摘帽问题。1959年8月，毛泽东给刘少奇写信，提出要给右派分子分期分批摘掉帽子，予以宽大处理。9月15日，毛泽东邀集各民主党派、各人民团体的负责人，著名无党派民主人士和著名文化教育界人士举行会议，就总路线和对确已改恶从善的战争罪犯、反革命罪犯、普通刑事罪犯实行特赦，以及对确实表现改好了的右派分子摘掉右派帽子等问题进行了座谈。毛泽东还就上述问题发表了讲话。

同年9月17日，中共中央发出《关于摘掉确实悔改的右派分子的帽子的指示》。认为已经有20%到30%的右派分子低头认罪，确实悔改，并且在工作、学习和劳动中表现较好、愿意向党和人民靠近。鉴于这种情况，“党中央根据毛泽东同志的建议，决定在庆祝建国十周年的时候，摘掉一批确实改好了的右派分子的帽子。”“今后，根据右派分子的表现，对那些确实改好了的人，还准备分批分期摘掉他们的帽子。”文件提出摘掉帽子的人必须具备三个条件：“（1）真正认识错误，口服心服，确实悔改；（2）在言论、行动上积极拥护党的领导和社会主义道路，拥护总路线、大跃进和人民公社；（3）在工作和劳动中表现好，或者在工作和劳动中有一定的贡献。”

之后，中共中央和国务院联合发布了《关于确实表现改好了的右派分子的处理问题的决定》，指出：两年以来，“大部分右派分子在目前都有了不同程度的悔改表现。其中一部分人，确实认识到了自己的错误，在言论和行动上都表现出确实是改好了。”“现在决定：凡是已经改恶从善，并且在言论和行动上表现出确实是改好了的右派分子，对于这些人，今后不再当做资产阶级右派分子看待，即摘掉他们的右派的帽子。他们所在的单位，应当根据他们在工作和学习中的表现，作出结论，在群众中予以宣布。”

这个决定刊登在1959年9月18日《人民日报》的第一版。同一天，《人民日报》还发表了题为《改恶从善　前途光明》的社论。社论提出了右派改造好了的标准：“这就是真正认识错误、确实悔改；在言论上、行动上积极拥护党的领导和社会主义道路，拥护总路线、大跃进和人民公社；在工作和劳动中表现好，或者对人民事业有一定的贡献。”

中央国家机关和各民主党派中央机关公布了第一批摘掉右派帽子的名单，他们是：黄琪翔、费孝通、叶恭绰、林汉达、潘光旦、浦熙修、向达、薛愚、袁翰青、陶大镛、陈铭德、谢家荣、费振东、谭志青、金芝轩、吴文藻、刘瑶章、曾彦修、王曼硕、范澄川、雷天觉、彦涵、董守文、陈明绍、裘祖源等142人。在共和国成立十周年大庆的日子里，一个大赦，一个摘帽，这两件事使节日祥和喜庆的气氛更为浓厚。显然，中央的意图是，尽量缓和阶级斗争的紧张形势，进一步增强共和国内部的凝聚力；也通过“人的改造”的成功范例向全世界显示中国共产党人的执政能力和信心。

到1964年，又有四批约30万右派分子先后被摘掉帽子。

按照1959年中央指示的设想，绝大部分右派分子的帽子将分期分批被摘掉。如果真的沿着这个趋势发展下去，1957年反右派斗争严重扩大化的历史遗憾，将多少会得到些弥补。但是，八届十中全会重新强调阶级斗争后，打断了这一进程。

重新提出右派摘帽问题，是在“文化大革命”的后期。1975年，在特赦释放全部在押战犯的同时，毛泽东、周恩来曾指示摘掉章乃器的右派分子帽子。并且，还考虑到全部摘掉右派分子帽子的问题。由于当时全国还处在“文化大革命”的内乱之中，极左思潮还在党内占据统治地位，所以这一设想未能实施。

“文化大革命”结束后，右派摘帽问题成为拨乱反正的一项重要内容。1978年4月4日，中共中央统战部和国家公安部向中央呈送了《关于全部摘掉右派分子帽子的请示报告》。4月5日，中央发出通知，批准了这个报告，是为11号文件。

但是，在经历了十年浩劫之后，许多有识之士已深刻认识到了阶级斗争严重扩大化的惨痛教训，仅仅摘帽不能解决1957年的问题。原中央统战部部长李维汉给胡耀邦写信表示了这种看法。他后来回忆：“一九七八年四月，中央统战部协同公安部、中组部等有关部门召开了烟台会议，产生了中央55号文件，决定全部摘掉右派分子的帽子。我看到文件后感到不解决问题。因此写信给胡耀邦同志，主张对错划为右派分子的要复查平反，并提到一九六二年中央统战部当时的意见。中央采纳了我的建议。当年九月十七日，中央又批发了《关于全部摘掉右派分子帽子决定的实施方案》，指出：对过去错划的人，要做好改正工作，恢复政治名誉，恢复原来的工资待遇。”关于 1962 年中央统战部的意见，李维汉写道：“一九六二年，我们在《关于右派分子工作几个问题的报告》中进一步提出：如果领导上认为需要和右派本人或家属申请甄别的，可以甄别。对于确实错划的，予以平反；对于可划可不划而划了的，可以从宽摘掉他们的右派帽子。由于‘左’的影响，这一案当时未能解决，以后又经过十年‘文化大革命’，一拖就是十六年。”由此可见，平反、改正右派错案的想法，李维汉是由来已久的。

不过李维汉不满意的那个文件应是 11 号文件。

1978 年 6 月 14 日至 22 日，中央组织部、中央宣传部、中央统战部、公安部、民政部共同组织召开烟台会议，研究落实方案。8 月 25 日向中央呈报《贯彻中央关于全部摘掉右派分子帽子决定的实施方案》，9 月 17 日中央就此方案发出通知，是为 55 号文件。55 号文件中，未用“平反”的提法，而用“改正”一词。此后一直沿用“改正”的提法。不论是 11 号文件，还是 55 号文件，都提到对右派问题一般不搞甄别平反。55 号文件只是明确提出，对于过去错划了的人，要做好改正工作。

根据 55 号文件精神，中央组织部成立了审查改正右派工作办公室，领导全国的右派改正工作。到 11 月，全国右派摘帽工作全部完成。到 1980 年，错划右派的改正工作也基本结束。

1981 年 6 月，中共十一届六中全会通过的《关于建国以来党的若干历史问题的决议》对 1957 年事件作了这样的结论：

> 这一年（1957 年）在全党开展整风运动，发动群众向党提出批评建议，是发扬社会主义民主的正常步骤。在整风过程中，极少数资产阶级右派分子乘机鼓吹所谓“大鸣大放”，向党和新生的社会主义制度放肆地发动进攻，妄图取代共产党的领导，对这种进攻进行坚决的反击是完全正确和必要的。但是反右派斗争被严重地扩大化了，把一批知识分子、爱国人士和党内干部错划为“右派分子”，造成了不幸的后果。

CHAPTER 3

第三章 “春潮”涌动

1 反右过后 主席迁怒反冒进 三中全会 酝酿发动“大跃进”

一个老话题——冒进与反冒进

1957年下半年，对共和国来说似乎是一个好兆头。在国际上，波兰由于波茨南事件引起的动乱已经平息，匈牙利事件也在军队的镇压中恢复了平静。在国内，反右派斗争基本结束；“一五”计划提前超额完成，人心振奋；农业丰收已成定局，农村出现了冬季农田水利建设的热潮。

这对于延续八大以来，由于反右斗争而被中断的工作，似乎是一个好的开始。

然而此时，中央高层在经济建设方针上，再次出现重大分歧。产生分歧的问题还是那个老问题：冒进与反冒进。

如果说，1956年在八大会议和八届二中全会上，毛泽东对周恩来、陈云等人的反冒进方针持保留态度、即便是批评也是比较含蓄、委婉的话，那么到1957年初，毛泽东对反冒进就有些无法容忍了。

1957年1月，在省、自治区、直辖市党委书记会议上，毛泽东第一次对反冒进进行了明确的指责。他在会议上的讲话中指出：

“前年反右倾，去年反‘冒进’，反‘冒进’的结果又出了个右倾。我指的这个右倾，是指在社会主义革命问题上，主要是在农村社会主义改造问题上的右倾。”

这里，毛泽东把由于改造过急过快引起的人们对农业合作化运动的非议和农民闹退社风潮，以及由于官僚主义等错误引起的学生罢课、工人罢工等问题，统统归咎于1956年经济建设方面的反冒进，表明他对反冒进的不满已经到了十分严重的地步。

随后展开了整风运动。毛泽东最初是有这样一个考虑：就是1956年发生的党内对经济工作的争论并没有结束。他想“借整风统一思想”。但是事态的发展却大出人们的意料。毛泽东不得不拿出主要精力密切关注事态的发展，并发动了反右斗争。

1957年秋，反右斗争基本结束，毛泽东以及全党的注意力再次回到经济建设上来。

事实证明，反右斗争对毛泽东的思想产生了重大影响。毛泽东不但对阶级和阶级斗争的问题发生了重大改变，而且在经济建设方针上也出现了重大变化。整风运动中，一些民主人士就冒进问题向党发出了逆耳忠言；1957年经济建设速度明显慢于1956年。这一切都使毛泽东坚信，反冒进不但助长了右派分子的气焰，引出了这么一堆的麻烦事，而且在经济建设的实践上也是根本错误的。必须对1956年以来的反冒进方针进行彻底的纠正，即反反冒进。

整风运动中，对急躁冒进提出最直接、最具有代表性、也最为人们熟悉的批评，就是张奚若所讲的四句话：好大喜功，急功近利，鄙视既往，迷信将来。

还有民盟中央副主席罗隆基，他认为，从1956年以来主要是冒进，而不是保守。这不是哪个人的问题，也不是哪个部的问题，而是全部的冒进。陈叔通提出：希望领导上认真总结一下，是保守思想对社会主义建设造成的损失大，还是盲目冒进造成的损失大……

到6月份，反右斗争已经是箭在弦上，一触即发了。作为反冒进的主要领导者的周恩来，以他的睿智，不可能意识不到这些关于反冒进的所谓“右派言论”会给他在政治上造成多大的被动。1957年1月毛泽东在省、自治区、直辖市党委书记会议上首次公开指责反冒进之后，已经无人再提反对冒进。这一切都使周恩来不得不转变态度，从反冒进转而对批评冒进的“言论”进行反批评。

1957年6月26日，周恩来在第一届全国人民代表大会第四次会议上所作的《政府工作报告》中，有这样一段话：

有人认为，我国的发展国民经济计划在1956年全面冒进了，在1957年又全面冒退了。很明显，这种意见是不正确的。我国1956年的计划是在改造和建设的高潮中拟定的。社会主义革命的基本胜利，大大鼓舞了劳动人民建设社会主义的积极性，他们纷纷要求增加生产，提高工作定额。1955年农业的大丰收，又为国民经济的发展准备了物质条件。同时，基本建设发展到了五年计划的第四个年度，也确实有扩大规模的必要。这些情况，都说明我们不但需要而且有可能加快建设的速度。1956年的计划就是适应这种情况，采取了跃进的步骤，而且在各方面取得了如前所说的巨大成就。不错，某些指标是大了一些，但是，这是属于局部性质的缺点。即使以基本建设投资多了15亿元到20亿元来说，也只占去全部支出的百分之五到百分之六，仍然是局部性质的缺点。因此，决不能说1956年的建设是全面冒进。1957年，由于去年农业收成的情况不好，同时国家的财政和物资的后备力量也有减少，在这种情况下，适当地放慢建设的步骤，积蓄力量，准备今后更好的前进，是完全必要的，这决不是全面冒退。

周恩来后来回想起这次讲话时说：“这是我最早抛弃反冒进的开始。”不过，那时他没有认为这是“方针性”的错误。他说：“我当时的中心思想是维护社会主义，反击右派，从建设的实绩上，肯定了1956年的建设是跃进的发展，抛弃了对1956年建设是‘冒进’的错误估计。”

虽然周恩来的这段讲话主要是针对右派分子的，对作为经济建设方针的“反冒进”应当如何评价还有所保留，但这毕竟是他抛弃反冒进的开始。

以周恩来态度的转变为标志，党内高层在1956年的大部分时间内存在的关于经济建设方针问题的意见分歧已经基本结束。

但是，在毛泽东看来，事情远没有那么简单。反冒进反了近一年时间，坚决进行反冒进的，除了周恩来，还有陈云、李先念、李富春、薄一波等一批主抓经济工作的领导人。要使社会主义经济建设取得突飞猛进的发展，就必须彻底肃清党内这股“右倾保守主义”。这是反右斗争之后，毛泽东批反冒进不断升级的重要原因。

毛泽东关于主要矛盾的新论断

“大跃进”开始酝酿，始于1957年秋天召开的八届三中全会。

1957年9、10月间，整风和反右运动刚刚告一段落，中共中央即在北京召开了八届三中全会，主要议题是总结前一阶段整风反右的经验，部署下一段的整风反右工作，以及研究改进国家行政管理体制等问题。出席这次会议的，除了中央委员和候补委员外，还有中央各部门和各省市以及地县的领导干部，实际上是一次扩大的中央全会。

在会上，邓小平作了关于整风运动的书面报告和会议的总结发言，陈云作了关于改进国家行政管理体制问题和关于农业增产问题的报告，周恩来作了关于劳动工资和劳保福利问题的报告。会议讨论通过了上述报告，并基本上通过了中央政治局提出的《1956年至1967年全国农业发展纲要修改（草案）》《关于改进工业管理体制的规定（草案）》《关于改进商业管理体制的规定（草案）》《关于改进财政体制和划分中央与地方对财政管理权限的规定（草案）》。

八届三中全会之所以引起后人学者极大兴趣，并不是这些会议原定的议题，而恰恰是这些议题之外的“议题”。最重要的有两个：一个是国内主要矛盾论断的改变，另一个是毛泽东对反冒进的严厉指责。

9月19日，即全会正式召开的前一天，毛泽东在中央同志讨论有关三中全会的问题时，就提出了“国内主要矛盾”这个事关全局的重大问题。他在谈话中指出：

整个过渡时期，总的矛盾是社会主义与资本主义，即工人阶级与资产阶级的矛盾。……去年所有制（指资本主义私有制——作者注）是革掉了，但人并没有革掉，没有改造。工人阶级与资产阶级的矛盾、社会主义与资本主义的矛盾是整个过渡时期的主要矛盾。

毛泽东提出这个问题，当时许多人感到难以理解。

党对国内主要矛盾的判断，大体经历了这样几个阶段：1949年七届二中全会提出：“资产阶级民主革命完成之后，中国内部的主要矛盾就是无产阶级与资产阶级之间的矛盾”；1956年八大认为：“我们国内的主要矛盾，已经是人民对于建立先进的工业国的要求同落后的农业国的现实之间的矛盾，已经是人民对于经济文化迅速发展的需要同当前经济文化不能满足人民需要的状况之间的矛盾。”“我国无产阶级同资产阶级的矛盾已经基本上解决。”

然而，就在开始反右时，毛泽东的观点开始变化。1957 年 7 月在青岛会议上，在毛泽东所写的《一九五七年夏季的形势》一文中又提出，城市和农村还有社会主义和资本主义两条道路的斗争，到八届三中全会毛泽东则进一步提出了两个阶级、两条道路的斗争是过渡时期的主要矛盾。距八大仅仅一年的时间，对如此重大的问题却来了个 180 度大转弯，难怪许多与会者思想跟不上。

9 月 24 日，华北组首先反映说：“过渡时期，国内的主要矛盾是人民内部矛盾还是敌我矛盾？许多人觉得毛主席讲的七个问题，又把七届二中全会的提法提出来了，这是和八大决议和一些整风文件的提法不一样，希望中央负责同志再解释一下。”会议随即对过渡时期的主要矛盾究竟是什么，展开了热烈讨论。

基本上有两种看法。一种看法认为，应该说资产阶级与无产阶级的矛盾是主要矛盾。例如，有的发言说：“七届二中全会决议指出，革命胜利后国内的基本矛盾是无产阶级与资产阶级的矛盾。但这一点有时被忽视了。1956 年三大改造胜利，使我们产生了错觉，以致强调人民内部矛盾多，对无产阶级与资产阶级的矛盾是基本矛盾强调不足。这一点在八大也讲得不够。只提出大规模的阶级斗争已经基本结束，没有更明确地指出所有制虽已解决，但人的改造，意识形态上的斗争却没有解决。因此在今后 15 年 20 年内，资本主义与社会主义的矛盾仍将是国内的基本矛盾。”

但仍有不少与会者坚持八大结论的基本观点。河南、湖北、江西分组有人认为：“1956 年三大改造以前是资产阶级和无产阶级为主要矛盾，三大改造以后是人民内部矛盾为主要矛盾。”国务院副秘书长杨放之认为：“反右派斗争是很重要的敌我矛盾，但这只是少数的，而大量的经常的则是人民内部矛盾。因此敌我矛盾不是主要的，八大决议对当前国内矛盾的分析仍是正确的，不能因为这次反右派斗争而改变这种估计。”中南组的多数人认为：“虽然目前的重要任务是反右派，但不应把国内政治生活中一个时期的主要问题，作为整个过渡时期的主要矛盾。从思想战线上可以说主要矛盾是阶级斗争，但从经济基础看，则不能说阶级矛盾是主要的，过渡时期矛盾的性质是按后者而不是按前者决定的。”会议讨论的前期，这一种意见的人数比较多一些。

10 月 7 日，毛泽东表明了自己的见解，对改变八大论断的原因作了说明，对在策略上如何处理这种改变，提出了意见。他说：

三年半以来，给资产阶级以严重打击，对个体经济给了打击，因此反映到八大会议上说资产阶级与无产阶级的矛盾基本上解决了。基本解决不等于完全解决。政治问题解决了，所有制问题基本上解决了，但经济上和政治上没有完全解决。资产阶级及资产阶级知识分子、民主党派中的右派、一部分富裕中农，站在人民中反对人民，不是完全看得那么清楚，但也不是完全没有看到（那时还提了改造）。当时他们服服帖帖，所以说基本解决了。今天强调这个矛盾，是因为他们要造反，到今年青岛会议时就看清楚了，提出了城市和农村还有两条道路的斗争，这种阶级斗争并没有熄灭，这次右派分子疯狂进攻，就应该说资产阶级与无产阶级的矛盾是主要的。但策略上还是按青岛文件上那样讲好（即暂时只讲在城市和农村仍然有两条道路斗争，不马上公开重提两个阶级斗争是主要矛盾），到会的人晓得主要次要就行了。很长时间不讲了，如果现在加上去，闹得天翻地覆，这不好。现在应再按青岛的讲法说它 3 个月。两条道路——资产阶级和无产阶级、社会主义与资本主义——是过渡时期的主要矛盾，暂不在报上讲，讲了有可能把大量人民内部矛盾冲淡了。劳动人民内部的矛盾，目前正在大鸣大放、大辩论中解决，一提起阶级矛盾是主要的，将影响整改。总之，第一条：在过渡时期肯定主要矛盾是资产阶级与无产阶级的矛盾。第二条：在一定时期内报纸上不讲，继续宣传两条道路的斗争不加（阶级）这两个字，免得引起许多麻烦。

10 月 9 日，毛泽东在会议结束时作出进一步结论。他说：“无产阶级和资产阶级的矛盾，社会主义道路和资本主义道路的矛盾，毫无疑问，这是当前我国社会的主要矛盾。”“现在的主要矛盾是什么呢？现在是社会主义革命，革命的锋芒是对着资产阶级，同时变更小生产制度即实现合作化”，主要矛盾“就是社会主义和资本主义两条道路的矛盾。”他还说，七届二中全会指出国内基本矛盾是资产阶级与无产阶级的矛盾，现在看来是非常正确的。全会的看法统一到了毛泽东的论点上，从而先在内部改变了对主要矛盾的看法。

作革命的促进派

如果说关于主要矛盾的改变，还引起了认识上的争论，那么毛泽东对反冒进的批评就使会议气氛紧张起来了。

10 月 9 日是会议的最后一天，毛泽东在闭幕会上作了一个题为《作革命的促进派》的长篇发言，他说：

第五点，去年这一年扫掉了几个东西。一个是扫掉了多、快、好、省。不要多了，不要快了，至于好、省，也附带扫掉了。好、省我看没有哪个人反对，就是一个多、一个快，人家不喜欢，有些同志叫“冒”了。本来，好、省是限制多、快的。好者，就是质量好；省者，就是少用钱；多者，就是多办事；快者，也是多办事。这个口号本身就限制了它自己，因为有好、省，既要质量好，又要少用钱，那个不切实际的多，不切实际的快，就不可能了。我高兴的就是在这个会议上有个把同志讲到这个问题。还有，在报纸上我也看见那么一篇文章，提到这个问题。我们讲的是实事求是的合乎实际的多、快、好、省，不是主观主义的多、快、好、省。我们总是要尽可能争取多一点，争取快一点，只是反对主观主义的所谓多、快。去年下半年一股风，把这个口号扫掉了，我还想恢复。有没有可能？请大家研究一下。

毛泽东批评的语气越来越尖锐。他继续说：

还扫掉农业发展纲要四十条。这个“四十条”去年以来不吃香了，现在又“复辟”了。

还扫掉了促进委员会。我曾经谈过，共产党的中央委员会，各级党委会，还有国务院，各级人民委员会，总而言之，“会”多得很，其中主要是党委会，它的性质究竟是促进委员会，还是促退委员会？应当是促进委员会。我看国民党是促退委员会，共产党是促进委员会。去年那股风扫掉的促进委员会，现在可不可以恢复？如果大家说不赞成恢复，一定要组织促退委员会，你们那么多人要促退，我也没有办法。但是，从这次会议看，大家都是想要促进，没有一篇演说是讲要促退的。要促退我们的，是那个右派章罗同盟。至于某些东西实在跑得快了，实在跑得不适合，可以有暂时的、局部的促退，就是要让一步，缓一步。但是，我们总的方针，总是要促进的。

毛泽东为什么讲这番话，他究竟是在批评谁，他自己当然是十分清楚的；被批评者当然也是十分清楚的。1956 年提出反冒进何许人也？周恩来、陈云是也。但当时与会的大多数人都不清楚，更没有意识到这个问题的严重性。会上没有人对这个问题发表多少意见。大家更没料到的是这样尖锐、直接地批评反冒进，还只是个开始，更严厉的批评和指责还在后头。

毛泽东讲，“四十条”又“复辟”了，就是指《1956 年到 1967 年全国农业发展纲要（草案）》。

说起这个《纲要》，也是一波三折。

1955年11月中旬，毛泽东先后同15个省市区党委书记共同商定的“农业十七条”，最重要的一条是：到1967年，粮食亩产，在黄河、秦岭、白龙江、黄河（青海境内）以北地区，由1955年的150多斤增加到400斤；黄河以南、淮河以北地区，由208斤增加到500斤；淮河、秦岭、白龙江以南地区由400斤增加到800斤。这就是著名的“四、五、八”。

1956年1月初，经各省市区党委书记会议补充修改，将“农业十七条”扩展为40条。

增加了一些新内容，如：7年到12年内，基本消灭普通水灾、旱灾和水土冲刷灾害；5年、7年或12年内，基本消灭老鼠、麻雀、苍蝇、蚊子；5年或7年内基本扫除文盲，等等。

周恩来起初对“农业十七条”也是赞同的，但是1956年初一股来势很猛的冒进倾向，使周恩来等不得不进行反冒进。

1956年7月周恩来在主持讨论“二五”计划的两个方案时指出，确定粮食产量在1962年达到5500亿斤是很不可靠的，有虚假的、危险的，就是确定为5300亿斤也值得考虑的。他说，有的同志认为如果不写上5300亿斤，四、五、八就没有保证了，似乎有道理。我可以答复，我们说四、五、八，不是说灾荒地方也要达到。真正算起来，不可能全国到处都是四、五、八……即使到第三个五年计划也不可能。

在八大会上，周恩来作《关于发展国民经济的第二个五年计划的建议报告》，只有一处提到“农业40条”纲要，那还是批评冒进偏向时提到它。这就是“吹掉了农业40条”的由来。

八届三中全会对这个《纲要（草案）》只是作了一些修改，主要是在序言中增写了农业发展两条道路的斗争和我国的正确选择；在条文中增加了巩固农业合作化制度和农业增产措施等方面的内容；将原草案中要求5年或7年内实现的指标（例如基本扫除文盲等），改为12年实现。但是，最关键的粮食单产指标，即“四、五、八”没有修改。

由于批评反冒进的压力，会上再没人说这个《纲要（修正草案）》是个冒进的东西了。

10月25日，修改后的《1956年到1967年全国农业发展纲要》公开发表。10月27日，《人民日报》发表社论：《建设社会主义农村的伟大纲领》，要求“有关农业和农村的各方面的工作在十二年内都按照必要和可能，实现一个巨大的跃进。”

这是党中央通过报纸正式发出“大跃进”的号召，也是第一次以号召形式使用“跃进”一词。修改后的“农业 40 条”实际上成为发动农业“大跃进”的纲领。

“大跃进”的帷幕已经徐徐拉开了。

2 莫城盛会 毛泽东出语惊世界 东风劲吹 中苏间攀比赶英美

“你是党魁么，还得去”

八届三中全会闭幕之后，1957 年 11 月 2 日，毛泽东率领中共中央代表团和中国政府代表团，乘专机飞赴莫斯科，参加社会主义各国和工人党代表会议——12 个社会主义国家共产党和工人党代表大会和 64 个国家共产党和工人党的代表会议（莫斯科会议），以及庆祝十月革命胜利 40 周年活动。代表团主要成员有宋庆龄、邓小平、李先念、乌兰夫、杨尚昆、胡乔木、陆定一等。同机前往的，还有彭德怀、叶剑英率领的中国军事友好访苏代表团。这是毛泽东一生第二次出访苏联。

起初，毛泽东对参加这两个会议有些犹豫。

毛泽东第一次访苏，是在 1949 年 12 月。当时，新生的人民共和国刚刚成立。作为新中国的领袖，毛泽东率领中国政府代表团到达莫斯科，一为庆贺斯大林 70 大寿，二为中苏谈判签订《中苏友好同盟互助条约》。

在中国革命的过程中，斯大林对中国共产党是心存猜忌和误解的，但中国革命毕竟胜利了，事实证明了中国共产党所走的道路是正确的。“历尽劫波兄弟在，相逢一笑泯恩仇”，当斯大林、毛泽东的两双大手握在一起的时候，过去岁月中的不愉快往事已经显得无足轻重了。毕竟，两个社会主义国家的友好合作才符合两国和整个社会主义阵营的最高利益。

因此，会谈取得了圆满的成功。

物换星移，到毛泽东第二次访苏，整整八年过去了。

在这八年中，国际国内风云变幻，中苏两党在一些重大问题上意见有所不一，两党的关系已经发生了某些微妙的变化。在 1956 年这个多事之秋的一年里，赫鲁晓夫在苏共二十大上所作的《关于个人崇拜及其后果》的“秘密报告”，引起轩然大波；又在苏共二十大的正式报告里大讲“和平过渡”理论；随后在波兰问题上，动辄以武力相威胁，大国沙文主义思想严重。对此，中国党是有很大意见的。中国党的主要观点，除了“和平过渡”问题，都通过《论无产阶级专政的历史经验》和《再论无产阶级专政的历史经验》两篇文章向苏方公开、向世界公开了。而在刘少奇、周恩来访苏时，在内部对苏共的批评就更加严厉了。赫鲁晓夫忍而不发，这时他需要中共的支持。

在这种情况下，去苏联做些什么？毛泽东是有些疑虑的。对这种情形，李银桥回忆道：

开始，毛泽东不想去参加这次会议。那天在汽车上，周恩来对毛泽东说：“赫鲁晓夫来电报了，约请主席去莫斯科。”

毛泽东听了，没有作声。

周恩来劝道：“你是党魁么，还得去。”接着，周恩来又告诉毛泽东：“铁托也要到莫斯科参加会议。”

“嗯，那就去吧。”毛泽东说。

“那就定下吧？”

“好。”

上午8时，毛泽东率领中国党政代表团乘坐苏联政府派出的一架图–104大型客机起飞了。

苏联专机的机组人员都是第一流的，飞行很平稳；空姐也是精选的，个个都很漂亮、热情、庄重，服务周到。毛泽东先去看望了宋庆龄，回到自己的机舱，请人把同机的苏联驻华大使尤金找来。尤金进来落座，毛泽东开玩笑似地问道：“你是哲学家，又是我的老朋友，对不对？”

尤金点头：“是的，我是研究哲学的，跟您也够得上是老相识了。”

毛泽东说：“那么，我给你出个题目，怎么样？”尤金下意识地用手指理了理头发，说：“那好吧，争取及格。”

毛泽东问道：“你说说，方才我们在机场，现在上了天，再过一会儿又要落地，这在哲学上该怎么解释？”

这下可把尤金难住了，他想了好一会儿，无可奈何地说：“这个问题我还没有研究过。”

毛泽东笑着说：“那好，我来答答试试看，请你鉴定鉴定。飞机停在机场是个肯定，飞上天空是个否定，再降落是个否定之否定……”

尤金抚掌称妙：“完全可以这样说明。”

说话间，翻译李越然给毛泽东送上一份文件，这是中央办公厅为毛泽东准备的下飞机时在机场的讲话稿。毛泽东翻了一下，把中办主任杨尚昆叫到跟前说：“尚昆同志，在机场还必须讲话吗？”杨说：“做个准备吧。如果赫鲁晓夫同志致欢迎词，主席总得讲几句，礼仪上才对等。”“要讲不念稿子行不行？临时说几句。”“那当然是可以的”。

苏方对中国代表团访苏十分重视，提前两天，苏共中央派了政治局候补委员波斯别洛夫和外交部副部长费德林，专程到苏联国境的第一站伊尔库茨克准备接待工作。毛泽东率领的党政代表团在到达伊尔库茨克稍事休息，苏方招待午餐后，专机即行起飞去莫斯科。

莫斯科时间下午 3 时多一点，图 –104 专机在伏努克夫机场的候机楼前停稳。

来苏联前，毛泽东请尤金转告苏方，请他们把外交惯例上的机场迎宾仪式统统去掉，来接的人不要多，不要仪仗队，最好是下飞机就走。可现在毛泽东一出舱门，机场上立刻响起一片掌声，苏联领导人赫鲁晓夫亲率苏联党政军主要领导人来到机场迎接，先期到达的北越领导人胡志明也来了。飞机舷梯下铺上长长的红地毯，三军仪仗队肃立欢迎。

毛泽东沉稳地戴上礼帽，出现在机舱门口，面对欢迎的人群，挥手致意。然而，从容地走下舷梯。

赫鲁晓夫热情地迎上前去，胡志明跟在他后面。当赫鲁晓夫与毛泽东热情拥抱之后，第一句话说：“感谢你能够来参加莫斯科会议。”他太需要毛泽东前来为他撑撑场面。在他看来，毛泽东亲自前来赴会，是对他的国际共运盟主地位的认可，内心十分满意。

“形势起了很大变化，各国共产党应该互通声气，重新肯定十月革命的普遍意义。”毛泽东的这个回答，决不是一般应酬，是话里有话的。他说要“重新肯定十月革命的普遍意义”就是要“重新肯定”武装斗争的道路，批评赫鲁晓夫的“和平过渡”。

赫鲁晓夫没有细心去琢磨，只是附和了一句：“你说得很对。”

然后是胡志明与毛泽东拥抱、寒暄，不用翻译，亲若兄弟。赫鲁晓夫逐一介绍苏共高官给毛泽东。毛泽东用一句浓重的湖南话说：“同志们好！”“乌拉！乌拉！乌拉！”仪仗队用俄语向毛泽东喊“万岁”。

在从机场去克里姆林宫的路上，毛泽东问赫鲁晓夫：“我不是请你们不要搞什么仪式，少来人接了吗？怎么还这么隆重？”

赫鲁晓夫解释：“是的，我们收到了尤金的报告，说您有这样的请求。我们讨论了，大家认为不行。其他国家的领导人来都是按照惯例办的。您这样尊贵的客人，礼遇是不能简化的。”

毛泽东微笑着说：“谢谢你们的盛情。我看共产主义实现了，这一套也就没用了。”

这时毛泽东思想特点是：思考辩证法，力图打破常规。

毛泽东这次访苏，与前一次略受冷遇的情景大不一样，中国党介入解决波匈事件之后，中共和毛泽东本人在国际共产主义运动中的威望达到历史高峰。毛泽东及中国代表团受到隆重欢迎和特殊款待。各国代表团都被安排在宾馆下榻，只有中国代表团住进了克里姆林宫。

在庆祝苏联十月革命40周年大会上

在世界各国共产主义者心目中，十月革命不只是苏联人的节日，也是自己的节日。因此，每逢此节，各国党都派出自己的代表团赴苏参加庆典。这次，由毛泽东和宋庆龄率领的中国代表团，由彭德怀、叶剑英率领的中国军事友好访苏代表团和中国劳动人民代表团都参加了庆祝十月革命40周年纪念大会。

11月6日，十月革命40周年庆祝大会召开。东道主赫鲁晓夫第一个发表讲话，第二个讲话的便是毛泽东。他的讲话，不仅在内容上折服了听众，博得了阵阵掌声；而且他那放眼世界，对社会主义充满信心，他那领袖的风度和魅力，也赢得了与会者的敬仰。

毛泽东的讲话，高度评价了十月革命的伟大意义，他说：

苏联人民在四十年前举行的这个伟大的革命，正如革命导师列宁多次指出的，开始了全世界历史的新时代。

历史上发生过各种的革命。但是，过去的任何一次革命，都不能够同十月社会主义革命相比拟。

建立一个没有人剥削人的社会，曾经是世界上的劳动人民和进步人类千百年来

毛泽东在庆祝十月革命40周年大会上讲话

的梦想。十月革命破天荒第一次在世界六分之一的土地上，把这个梦想变成了现实。这个革命证明：没有了地主和资产阶级，人民完全能够有计划地建设自由幸福的新生活。同时又证明：没有了帝国主义的压迫，世界各民族完全能够和睦共处。

接着，毛泽东满怀激情地歌颂了苏联十月革命以来取得的伟大成就：

苏联的面貌在四十年间完全改变了。在革命以前，俄国的经济力量和技术力量曾经是比较落后的。现在苏联已经成为世界上第一等强大的工业国家。苏联人民的生活水平不断提高。苏联的教育、科学、文化事业的发展规模远远超过了资本主义国家。苏联建立了世界上第一个原子能发电站，制成了世界上第一批喷气式客机，制成了世界上第一批洲际弹道火箭，发射了世界上第一个和第二个人造卫星。全世界公认：苏联两次发射人造卫星的成就，开辟了人类征服自然界的新纪元。所有这些，不但是苏联人民的骄傲，而且是全世界无产阶级的骄傲，而且是全人类的骄傲。对此感到不高兴的，只是一些反动派。

毛泽东的讲话开始触及苏共的领导工作、社会主义国家如何对待马克思、列宁主义等敏感问题。这是毛泽东讲话的核心内容。他说：

苏联共产党创造性地运用马克思列宁主义的理论来解决实践中的任务，保证了苏联人民的建设事业不断取得胜利。苏联共产党第二十次代表大会为苏联的共产主义建设所提出的奋斗纲领，就是一个范例。苏联共产党中央委员会在克服个人崇拜，在发展农业，在改组工业和建设的管理，在扩大加盟共和国和地方机构的权限，在反对反党集团、巩固党的团结，在改善苏联陆海军中党和政治的工作等等问题上所采取的明智措施，将毫无疑问地促成苏联各种事业的进一步巩固和进一步发展。

显然，这些话赫鲁晓夫是爱听的。

实际上，中国共产党对所讲的一些问题不是没有看法的。对苏共二十大有不同意见自不必说，对苏共六月中央全会将马林科夫、卡冈诺维奇、莫洛托夫打成“反党集团”也是有看法的。据当时的驻苏大使刘晓回忆，毛泽东在访苏时就曾私下表示，赫鲁晓夫对莫洛托夫等人这样处理是不公正的。

然而，毛泽东这次赴会，主旨显然不是为了澄清分歧，而是求同存异，维护社会主义阵营的团结。很显然，毛泽东的讲话，是从大局出发的。他在公开场合支持了赫鲁晓夫，保留了自己的意见。

毛泽东在这个讲话中，也委婉地点出了各国党如何创造性地运用马克思列宁主义，以及如何处理社会主义国家之间关系的问题，他说：

事情很明显，在十月革命以后，各国无产阶级的革命家如果忽视或者不认真研究俄国革命的经验，不认真研究苏联无产阶级专政和社会主义建设的经验，并且按照本国的具体条件，有分析地、创造性地利用这些经验，那么，他就不能通晓作为马克思主义发展新阶段的列宁主义，就不能正确地解决本国的革命和建设的问题。那么，他就会或者陷入教条主义的错误，或者陷入修正主义的错误。我们需要同时反对这两种错误倾向，而在目前，反对修正主义的倾向尤其是迫切的任务。

……

我们坚决主张，一切国家实行互相尊重主权和领土完整、互不侵犯、互不干涉内政、平等互利、和平共处，这样大家知道的五项原则。

毛泽东的这段讲话，既是说给赫鲁晓夫听的，也是说给中国党自己听的，同时也对哥穆尔卡、卡德尔表示了某种程度的理解。

毛泽东的发言，赢得了与会各国代表的高度认可，会场的气氛异常热烈。尤其是赫鲁晓夫，当毛泽东讲完话从讲台回到座位的时候，赫鲁晓夫便迫不及待地要与毛泽东握手、拥抱，以表示感谢。

11 月 7 日，中国党政军代表团参加了在莫斯科红场举行的盛大阅兵典礼和群众游行活动。在主席台上，毛泽东站在极为显眼的位置上，左边站的是赫鲁晓夫，右边就是主持阅兵典礼的苏联新任国防部长马利诺夫斯基。中国代表团的宋庆龄、邓小平也在检阅台上，而其他国家的代表团只有团长一人在台上，可见苏共是承认中共的特殊地位的。当苏军方队通过检阅台的时候，当高亢的“乌拉”声不绝于耳的时候，赫鲁晓夫和毛泽东显然为社会主义阵营的强大和团结所感染。同兴旺发达的社会主义阵营相比，没落的资本主义世界又算得了什么呢?

起草《莫斯科宣言》

11 月 14 日至 16 日，在莫斯科参加十月革命 40 周年的各国共产党和工人党代表团，利用聚会莫斯科的机会，召开了 12 个社会主义国家共产党和工人党的代表会议。参加会议的各国党代表团有：阿尔巴尼亚、保加利亚、匈牙利、越南、民主德国、朝鲜、蒙古、波兰、罗马尼亚、捷克斯洛伐克、苏联和中国。

由于各国共产党的代表大多是党的主席或总书记，这次会议实际上是社会主义各国共产党的首脑会议。而毛泽东，无论就中国的大国地位而言，还是就其个人魅力而言，仍然是此次会议中引人注目的人物。

这次会议主要通过一个著名的《莫斯科宣言》。

但是，围绕着这个宣言中所阐述的问题，主要是关于和平共处与和平过渡问题，中国代表团与苏联代表团之间进行了激烈的争论。

关于资本主义如何向社会主义过渡，苏共原来提出来的宣言草案中，只提和平过渡，不提非和平过渡，而且把和平过渡解释为“在议会中争取多数，把议会从资产阶级专政的工具，变为人民政权的工具。”

这不是明摆着用“议会道路”代替十月革命的道路吗？这不是公然篡改马克思列宁主义关于国家与革命的基本原理吗？因此，中国代表团坚决不同意将这些观点写进《莫斯科宣言》中。

中国代表团的邓小平和苏联代表团的苏斯洛夫、波斯别洛夫在起草宣言的过程中，就发生了激烈的争执。邓小平多次强调，“我们不同意向社会主义和平过渡

1957 年 11 月 7 日，中国代表团的部分成员在莫斯科红场

的提法，没有先例。资产阶级当权者不会退出历史的舞台……”；而苏斯洛夫一再强调坚持这一观点。于是两人在起草宣言时进行着艰难的讨价还价工作，邓小平负责写一段，苏斯洛夫也写一段，然后再讨论、推敲。

经过艰苦的努力，会议最后通过的《莫斯科宣言》，在从资本主义向社会主义过渡的问题上，作了两点重大修改：1. 指出和平过渡的可能性的同时，指出非和平过渡道路。因为历史经验证明，统治阶级是不会自愿让出政权的。2. 谈到取得议会中稳定的多数时，同时强调展开议会外广泛的群众斗争，摧毁反动势力的反抗，为实现社会主义革命准备必要条件。

这个结果，显然是中国代表团作出重大让步的结果，中国代表团对这样的表述并不满意，所以在会议结束前，中方向苏共中央提出了一个关于和平过渡的意见提纲，明确地阐明了中共对这个问题的观点。

《提纲》指出：

提出和平和非和平的两种可能性，不是单提一种可能性，这样比较灵活些，使我们在政治上随时处于主动地位。

从策略观点出发，提出和平过渡的愿望是有益的，但不宜过多地强调和平过渡的可能。

取得议会多数，并不等于旧国家机器（主要是武力）的摧毁，新国家机器（主要是武力）的确立。

社会主义和和平过渡的含义，不应该只解释为通过议会多数。

社会党不是社会主义的党。

《提纲》阐述的这些观点，与苏共二十大的观点分歧明显，只是为了维护以苏联为首的社会主义阵营的团结，不便在起草《宣言》中坚持，只作为备忘录，立此存照，备以稽考。

在这次会议上，中共在原则问题上作出的重大妥协，主要是基于两点考虑：第一，是为了照顾苏共领导提出的希望能够同苏共二十大的提法衔接的问题，是和苏斯洛夫交换意义后达成妥协的；第二，为了维护社会主义阵营的团结。在莫斯科会议召开期间，毛泽东会见了欧洲三大党的领袖：英国共产党主席波立特和总书记高兰、法国共产党总书记多列士、意大利共产党总书记陶里亚蒂。会谈中，毛泽东都无一例外地表明了自己对和平过渡问题的看法，希望对方能接受自己的观点。但是，多列士和陶里亚蒂当场就表示不同意毛泽东的观点。法共总书记多列士说：

和平过渡是好的，但是这由不得我们，使不使用暴力不决定于我们。不仅资产阶级会竭尽全力来对付我们，帝国主义也会给我们施加多种压力。我们用多种道路的字眼来代替和平过渡。但是，我们只是在不得已的时候才使用暴力。

意共总书记陶里亚蒂说：

我们不得忘记自己的总目标，但是斗争的形式是多种多样的，选择哪条路由一定的形势和条件决定。我们应该团结工人阶级，但要让全社会知道，我们是给社会各阶层的人谋利益的。意大利是多元政治，政党很多，我们是一个大党，在政府也有一定的发言权的。

毛泽东认为陶里亚蒂的思想是典型的修正主义。后来，中国共产党在批判国际共产主义运动中的修正主义思潮时，陶里亚蒂成为一个主要靶子。

像法国、意大利这样的共产党大党，居然也赞同走议会道路，的确使毛泽东非常吃惊和愤怒。看来这是国际共产主义运动中的一股思潮，一股修正主义思潮。但是在大会上不便开展争论，为了求团结，为了顾全大局，毛泽东决定接受这个妥协、让步的结果。

毛泽东纵论天下大势："东风压倒西风"

11月14日至16日，赫鲁晓夫主持召开12个社会主义国家共产党和工人党代表大会。会议在克里姆林宫奥尔基大厅举行。毛泽东在14日和16日，两次发表讲话。

论资历和威望，赫鲁晓夫与斯大林不可同日而语，不具备当国际共运领袖的条件，但他是苏联的党政首脑，苏联是最强大的社会主义国家，国际共运必须“以苏联为首”，这就需要资历和威望都在赫鲁晓夫之上的第二大党的领袖毛泽东出面扶持。

毛泽东第一次讲话就提出了“以苏联为首的”问题。他说：

> 我们这里这么多人，这么多党，总要有一个首。就我们阵营的内部事务说，互相调节，合作互助，召集会议，需要一个首。就我们阵营的外部情况说，更需要一个首。我们面前有相当强大的帝国主义阵营，它们是有一个首的……世界范围内的谁胜谁负的问题没有解决。还有严重的斗争，还有战争的危险。要防备疯子……所以，我们必须有那么一个国家，有那么一个党，它随时可以召集会议，为首国召集会议差不多是一件事。既然需要一个首，那么，谁为首呢？苏联不为首哪个为首？……我们中国是为不了首的，没有这个资格……第一，现在承认以苏联为首有必要，承认以苏联共产党为会议召集人有必要；第二，这在现在没有害处了。

毛泽东这一番话是做其他党的工作的。他说“现在没有害处了”，是指过去“父子党”的关系大为改观了。然而，东欧一些党，尤其波兰的哥穆尔卡却心有余悸。当年斯大林在世时，以“老子党”自命，随意干涉他党事务，撤换他党领导人，东欧各党深受其害。刚刚从牢里放出来的哥穆尔卡，说什么也不愿接受“以苏联为首”的提法。

会议休息时毛泽东应哥穆尔卡的邀请，到他的别墅做客。二人坦率地交换意见。毛泽东说：“要不要有人为首，这不是我们单方面的事，帝国主义有个头，我们也要有个头，一旦有了事，总得有人召集一下。就拿这次开会来说吧，苏联不出来，我们怎么办？苏联有多少力量，你有多少力量？”哥穆尔卡被说服了。他说：“这个道理是讲得通的。”

11月18日，64个国家共产党和工人党的代表会议在莫斯科召开。赫鲁晓夫主持，毛泽东即席作了非常生动的发言。在发言的开始，毛泽东就断言，世界的形势是东风压倒西风，社会主义的力量已经超过了帝国主义的力量。他说：

现在我感觉到国际形势到了一个新的转折点。世界上现在有两股风：东风，西风。中国有句成语：不是东风压倒西风，就是西风压倒东风。我认为目前形势的特点是东风压倒西风，也就是说，社会主义的力量对于帝国主义的力量占了压倒的优势。

今年，1957年，形势大为不同了。我们的天上是一片光明，西方的天上是一片乌云。我们很乐观，而他们呢，却是惶惶不安。两个卫星上天，使他们睡不着觉。六十几国共产党在莫斯科开会是从来没有过的事，从来也没有这样大的规模。但在社会主义阵营各国中，在各国共产党中，特别是在各国人民中，还有相当多的人总是相信美国了不起。你看，它还有那么多钢，有那么多飞机大炮。我们的比他们的少。西方国家无数的报纸、广播电台天天吹，美国之音，自由欧洲电台等等吹得神乎其神，于是乎造成了一种假象，欺骗了相当多的一部分人。我们就要揭穿这种欺骗。我有七件证据来说明这个问题：究竟是他们行还是我们行，究竟是东风压倒西风，还是西风压倒东风？

………

在毛泽东列举的七件证据中，毛泽东对苏联前不久两颗卫星上升，特别地感到兴奋。他把它看做社会主义阵营力量增强的大事，他以诙谐的口吻说：

抛卫星的国家有多少钢？5100万吨。不是讲美国非常厉害吗？你为什么到现在连一个山药蛋还没有抛上去？你有一万万吨钢，牛皮吹得那么大呀！做出先锋计划，先锋计划要改名了，得改成落后计划。

由这七件事，我想可以得出一个概念：西方世界被抛到我们后面去了。抛得很近还是抛得很远？照我讲——也许我这个人有些冒险主义，我说，永远地抛下去了。

在苏联发射人造卫星以前，社会主义国家在人心归向、人口众多方面已经对于帝国主义国家占了压倒的优势；而在苏联发射人造卫星以后，就在最重要的科学技术部门方面也占了压倒优势。

紧接着，毛泽东对现代战争的结局作了一个惊世骇俗的估计。他说：

要设想一下，如果爆发战争要死多少人？全世界27亿人口，可能损失三分之一；再多一点，可能损失一半。不是我们要打，是他们要打，一打就要摔原子弹，氢弹。我和一位外国政治家辩论过这个问题。他认为如果打原子弹战争，人会死绝的。我说，极而言之，死掉一半人，还有一半人，帝国主义打平了，全世界社会主义化了，再过多少年，又会有27亿一定还多。

毛泽东历来对待战争的方针，一是反对，二是不怕，与其在核恐惧下生活，不如从最坏处考虑。然而，这时多数党对核战争心有恐惧，毛泽东此话一出，举座惊骇。西方人抓住这段话大做文章。中苏分歧后，赫鲁晓夫也抓住只言片语，攻击毛泽东“好战”。这就不是误解，而是有意曲解了。

“东风压倒西风”显然是一种战略视角，这和毛泽东一贯强调的“战略上要藐视敌人，战术上要重视敌人”是完全吻合的。

苏联15年超美，中国15年超英

毛泽东向大会宣布了中国在赶超浪潮中的目标和任务：

同志们，我讲讲我们国家的事情吧。我国今年有了520万吨钢，再过5年，可以有1000万到1500万吨钢；再过5年，可以有2000万到2500万吨钢；再过5年，可以有3500万到4000万吨钢。当然，也许我在这里说了大话，将来国际会议再开会的时候，你们可能批评我是主观主义。但是我是有相当根据的。我们有很多苏联专家帮助我们。中国人是想努力的。中国从政治上、人口上说是个大国，从经济上说现在还是个小国。他们想努力，他们非常热心工作，要把中国变成一个真正的大国。赫鲁晓夫同志告诉我们，15年后，苏联可以超过美国。我也可以讲，15年后我们可能赶上或者超过英国。因为我和波立特、高兰同志谈过两次话，我问过他们国家的情况，他们说现在英国年产两千万吨钢，再过15年，可能爬到年产3000万吨钢？中国呢？再过15年可能是4000万吨，岂不超过了英国吗？那么，在15年后，在我们阵营中间，苏联超过美国，中国超过英国。

毛泽东提出这个口号，直接受到赫鲁晓夫的鼓舞。

11月6日，赫鲁晓夫在庆祝十月革命40周年大会的讲话，在谈到苏联的前景和任务时，声调高亢而激昂：

根据有待明确规定的初步草案，约在15年内苏联的工业品产量可以达到这样的水平：铁矿——2亿5000万到3亿吨，生铁——7500万到8500万吨，钢——1亿到1亿2000万吨，煤——6亿5000万到7亿5000万吨，石油——3亿5000万到4亿吨……

苏维埃国家现在处在自己历史发展的新阶段。我们这里已经为过渡到共产主义建设的更高阶段创造了有利的条件，创造了一切物质前提和精神前提……

现在，当苏联经过40年的发展在国民经济、科学、技术和文化的提高方面取得了卓越的成就并且已经建成了社会主义的时候，我们有一切根据宣布，共产主义已经不是遥远的未来的事情，共产主义的光辉宏伟的大厦正日益清晰地在各族人民的眼前显现出来……

赫鲁晓夫所讲的“不是遥远的未来”这个不确定的时间，在苏共内部是确定的，即从1959年算起，苏联要在12年内进入共产主义。受此启发，毛泽东则在11月18日的64国共产党和工人党代表大会上宣布，中国钢产量要在15年内赶上和超过英国。

中苏赶超英美，并非毛泽东、赫鲁晓夫两位领袖的一时冲动，它是建立在赶超经济理论和发展战略上的。

早在1917年，列宁就提出：“或是灭亡，或是在经济方面也赶上并且超过先进国家。”

列宁的后继者斯大林也接受了赶超理论，他说：“我们比先进国家落后了50至100年。我们应当在10年内跑完这一段距离。”“二战”爆发前，在他主持的苏联两个五年计划，就以高指标来追求大大高于资本主义的经济增长速度。

20世纪50年代，国际环境的变化又赋予了赶超理论新的含义。

二战后，东欧出现了一批社会主义国家，苏联与英美很快由战时的盟国转入敌对状态。东西方之间由于社会制度、意识形态的根本不同以及各国利益的不同，社会主义阵营与资本主义阵营冲突、矛盾不断，彼此展开较量。但是这种较量同过去的方式有了很大不同，即以经济、科技实力的竞争为主，武力对抗居于次要地位。

进入20世纪50年代，第二次世界大战中受损的西方资本主义国家的经济，得到了迅速的恢复和发展，先后进入“起飞”阶段。朝鲜战争以后，美国为维护其霸主地位，强化了对共产主义世界的冷战。特别是波、匈事件后，以美国为首的资本主义阵营更是掀起了全世界范围的反苏、反共浪潮。在此情况下，能否迅速地发展经济，在短时间内赶上和超过资本主义世界，就成了社会主义国家能否生存和发展的重要条件。

毛泽东很早就感受到这一点。

1955年11月，在中共七届六中全会上，毛泽东就曾设想：“大约50年、70年左右即10到15个五年计划左右，可以争取赶上或超过美国；设想50年以后会出现一个共产主义的中国。”

1957年7月毛泽东在他所写的《1957年夏季的形势》一文中，再次提出“准备以8个至15个五年计划在经济上赶上并超过美国。”

不只是毛泽东，几乎所有参加莫斯科会议的共产党和工人党代表都感受到了咄咄逼人的形势。12个社会主义国家共产党和工人党会议通过的《莫斯科宣言》明确指出：“在我们的时代里，世界的发展取决于两个对立的社会制度竞赛的结果。”

64个共产党、工人党代表会议通过的《和平宣言》再次重申：“让社会制度不同的国家今后在发展和平科学、和平技术方面彼此展开竞赛吧。让它们不是在战场上，而是在争取进步、争取提高人民生活水平的竞赛中来证实自己的优越吧。”

如此自信的表述表明，社会主义阵营已经下决心与资本主义阵营打一场经济仗、技术仗。社会主义阵营中的各国都制订了各自的赶超计划，依据地位和实力，苏联赶超美国，中国赶超英国。

后人当如何品评社会主义阵营中的这股赶超浪潮呢？

意识形态之争最终要归结为生产力之争。作为一项战略，社会主义阵营下决心在经济上赶超资本主义阵营，是无可指斥的；联系到20世纪50年代中期以后的国际环境，甚至这项战略也是必需的。况且，在经济和技术上赶超英美，社会主义阵营也是有一定的基础的。苏联的重工业在这40年间发展很快，不少主要产品的产量居世界前列，科学技术尤其是空间技术与世界头号强国美国不相上下，两颗人造卫星的发射还领先于美国。

但是当时人们为一股激情所激荡，只看到了有利条件，没有看到社会主义国家经济普遍底子薄，赶超英美这样的资本主义强国将是一个相当长期的奋斗过程；也没有看到，苏联重工业所取得的巨大成就，是以牺牲农业、轻工业为代价换来的，它的成就是要打折扣的。

从中国自身情况看，新中国是在半殖民地半封建的底子上建立起来的，“底子薄”的特点尤为明显。从1956年、1957年我国和英国几种主要工业产品产量的比较看，英国平均高于我国4～5倍左右。

	中国		英国	
	1956年	1957年	1956年	1957年
钢	446万吨	524万吨	2,099万吨	2,174万吨
铁	477万吨		1,388万吨	
煤	10,592万吨	12,800万吨	22,560万吨	22,600万吨
电力	165亿度	190亿度	950亿度	960亿度
化肥		67万吨		350万吨

面对巨大的差距，如果我们励精图治，经过长期的艰苦的努力，赶上和超过英国并非不可能。问题在于我们指望通过“大跃进”这样的群众运动一蹴而就，将赶超英国看得如此轻而易举。

毛泽东在大会上提出这个口号，事先征得了在北京的中央领导人同意。毛泽东的这一番话，反映出他开始产生了以钢为纲来搞经济建设的思想。

“15年赶上和超过英国”的口号，在国内首次公开于1957年底。

12月2日，刘少奇在中国工会第八次全国代表大会上，代表中共中央致祝词时宣布：

我国工人阶级和我国人民在今后十年到十五年内的基本任务，就是要在优先发展重工业的基础上，实行工农业同时并举的方针，把我国建成为一个具有现代工业、现代农业和现代科学文化的社会主义强国。为此，就必须把社会主义革命进行到底，在经济战线上和在政治、思想战线上都取得社会主义对资本主义的彻底胜利；同时，必须继续有计划地全面地推进社会主义建设，实现国家工业化和农业现代化。

在十五年后，苏联的工农业在最重要的产品的产量方面可能赶上或者超过美国，我们应当争取在同一期间，在钢铁和其他重要工业产品的产量方面赶上或者超过英国。那样，社会主义世界就将把帝国主义国家远远地抛在后面。

一份题为《关于我国在十五年后赶上和超过英国工业水平的资料》，对15年赶超英国作了“充分”的论证，论证结果如下：

英国工业发展情况和我国工业发展情况作下列几方面的比较：

1. 在工业化的速度方面：英国花了130年的时间，我国除了国民经济恢复时期，只要花15年或者更多一点的时间。

2. 在工业生产的速度方面：我国在第一个五年计划期间，工业的总产量预计将增长1.32倍，每年平均增长速度是18.3%；而英国从1937年到1956年的19年中工业的总产量只增长了50%，每年平均的增长速度只有2%。从主要产品产量来看，我国在第一个五年计划期间，钢增加了近三倍，每年平均增长速度31.8%，煤增加近一倍，每年平均增长速度14.1%；而英国从1913年到1956年的43年中，钢只增加169%，每年平均增长速度是1.3%，煤不但没有增加反而下降了22.8%。再看，英国在1880年就生产130万吨钢，到1904年才生产511万吨钢，我国1952年生产135万吨钢，到1957年生产524万吨钢。这就是说他们用了1880—1904年24年时间所达到的水平，我们在1952—1957年5年时间就达到了。再从我国和英国同样时间的速度来比较：1949年我国钢的产量是15.8吨，英国在1948年钢的产量为1488万吨，比我国多将近100倍；1952年英国钢的产量还比我国多12倍以上；1957年英国只比我国多3倍。

3. 在资源方面：我国地大物博，有很多资源还未开发。据有关部门初步提供的材料，煤的远景储量有一万亿吨以上，铁矿有120亿吨以上，我国的水力资源也是世界上最多的国家之一，根据第一个五年计划期间估算的资料，就有五亿瓦以上的蕴藏量。英国资源贫乏，据第五届世界动力会议公布的资料，英国煤田可能总埋藏量只有1739亿吨，只及我国煤田储量的17%，英国铁矿已经探明的工业储量只有24亿吨，远景储量也只有38亿吨，只及我国已经掌握的铁矿储量31.6%。英国的水力蕴藏量也很小，枯水季节只能发电90万匹马力。英国本土资料这样贫乏，因此许多重要原料完全依靠进口，国内生产的原料只有百分之十，铁矿在本国开采的只能满足60%的需要，每年要从外国输入大量的铁砂，现在殖民地解放运动蓬勃发展，使英国丧失了许多重要原料市场。

4. 英国的市场一向依赖于海外。“二战”后英国工业产品中有20%以上是出口的。目前，民族独立运动迅速高涨，使英国失去了很多重要商品市场。特别现在资本主义世界市场的竞争日益尖锐，而西德已成为英国工业可怕的劲敌，这就不得不影响英国工业的发展速度。同时，英国的资本投资大多投向国外，对本国工业发展也受到一定的限制，资本积累也受到很大影响。我国有最广大的国内市场，市场需要的不断增加和大量增加就提供了迅速发展社会生产力的条件，同时也使我们有可能较大量地增加社会主义的积累。

随后1958年《人民日报》元旦社论——《乘风破浪》再次向全国人民宣传了用15年左右时间赶上和超过英国的口号。

如何评价这一口号？在这里，我想引用丛进在《曲折发展的岁月》中的一段评述：

实现15年赶超的目标，意味着中国将只用23年时间就走完英国102年走过的路。这对于渴望中国早日富强起来的中国人民，的确是个巨大的推动力。但恰是对这个目标的追求，使得中国社会主义建设的着眼点，发生了由从中国实际出发转向从快速赶超出发的不正确变化。

3 南宁会议　批反冒进空气凝重
成都会议　破除迷信信马由缰

“得想个办法……”

这次莫斯科会议名义上是苏共召集的，实际上由中苏两党共同主事。毛泽东在世界共运的群英会上独领风骚，他不但在会上一再否定和拒绝了苏共的意见，而且在会下各国党的领袖也纷纷找毛泽东交换意见。这使赫鲁晓夫相形见绌。毛泽东深感到中国应对国际共运肩负起更大的责任。只是中国还很落后，力不从心。他决心加快国内建设步伐。

越是要加快，毛泽东就越对反冒进十分不满。

在莫斯科会议期间，他就给国内打电话，批评1956年的“反冒进”是不对的，说以后再也不要提反冒进了，搞社会主义就要冒一点。

毛泽东亲自审定了《人民日报》1957年12月12日社论：《必须坚持多快好省的建设方针》。社论指出：

在去年秋天以后的一段时间里，在某些部门、某些单位、某些干部中间刮起了一股风，居然把多快好省的方针刮掉了。有的人说，农业发展纲要四十条订得冒进了，行不通；有的人说，一九五六年的国民经济发展计划全部冒进了，甚至第一个五年计划也冒进了，搞错了；有的人竟说，宁可犯保守的错误，也不要犯冒进的错误，等等。于是，本来应该和可以多办、快办的事情，也少办、慢办甚至不办了。这种做法，对社会主义建设事业当然不能起积极的促进作用，相反地起了消极的“促退”作用。

毛泽东在这篇社论中点出的“有的人”显然是有所指的。这个“有的人”，就是陈云。

陈云的确说过类似的话。党的八届三中全会召开前夕，陈云在国务院常务会议上提出，宁愿慢一点，慢个一年两年，到三个五年计划，每个五年计划慢一点。稳当一点，就是说“右倾”一点。“右倾”一点比“左倾”一点好。

11月21日，毛泽东乘着莫斯科会议的东风返回国内，见到的却是与赶超英美的目标相去甚远的现实。据李银桥回忆：大约是1957年12月，警卫队一位战士探家回来，不但写了调查报告，还带回一个窝头，又黑又硬，交给毛泽东说：“我们家乡的农民生活还很苦，他们就是吃这种窝头，我讲的是实话。”

毛泽东接过窝头，眼圈立刻就红了，手也有些抖。他一边掰一块放在嘴里，一边分给我们这些身边的工作人员：“吃，你们都吃一块。这就是我们农民的口粮，这就是种粮的人吃的粮食呵！……”

那天，毛泽东失眠了。嘴里不断地喃喃着：“为什么是这样呢？为什么？……人民当家做主了，不再是为地主种田，是为人民群众自身搞生产，生产力应该获得解放么……”

以后很长时间，毛泽东一直记着这件事，多次自言自语：“我们是社会主义么，不该是这样。要想个办法……”

毛泽东杭州动肝火

12月8日，毛泽东刚刚回国就离开北京到华东地区，他认为那时北京的空气沉闷，华东的空气活跃，想以地方来促北京。

12月16日，毛泽东在杭州召集会议，讨论党领导经济建设的方法问题、政治与业务的关系问题、技术革命问题等。参加会议的除部分中央领导外，还有华东五省一市的第一书记。

自八届三中全会之后，毛泽东已下决心对反冒进进行反击，因此，杭州会议理所当然地也成为批评反冒进过程中的一次重要会议。

12月17日，毛泽东写给秘书叶子龙一封信，信中说：

叶子龙同志：

请于今日上午八、九时通知舒同、曾希圣、江渭清、刘顺元、柯庆施、叶飞、周总理等七位同志看《中国共产党浙江省委员会向中国共产党浙江省第二届代表大会第二次会议的工作报告》这个文件，在下午一时以前看完。其他工作，可以移到明天上午去做。

信中说的这个报告，就是12月9日浙江省委第一书记江华向浙江省二届二次党代会所作的题为《坚持党的正确路线，争取整风运动在各个战线上全胜》的报告。《报告》基本上体现了毛泽东八届三中全会以来关于社会主要矛盾和阶级斗争的思想。12月28日，《人民日报》予以登载，为之配发的编者按指出：

“究竟什么是过渡时期的主要矛盾？怎样认识两个阶级、两条道路之间的矛盾和人民内部矛盾的关系？为什么党在一个时期强调人民内部矛盾，而在另一个时期强调阶级斗争？这些重大问题是大家所关心的。江华同志在他的报告里，根据党中央和毛主席的指示，作了正确的解答。”

在杭州会议上，毛泽东让7位同志看这个报告，显然是有意而为。

在会上，毛泽东发了脾气，对反冒进的批评十分情绪化。

毛泽东后来说：杭州会议，我在那里放火，“我是放恩来的火，有柯老为证，就在杭州，实在憋不住了。几年之气，就向薄一波发泄。我说：我不听你这一套，你讲什么呀？我几年都不看预算了，横直你是强迫签字”。毛泽东还在周恩来面前

“发了一通牢骚”，说：“农村社会主义高潮一书的序言，对全国发生了很大的影响，是‘个人崇拜’‘崇拜偶像’？不管什么原因，全国各地报纸、大小刊物都登载了，产生了很大影响。这样，我就成了‘冒进的罪魁祸首’。为什么军队多了几十万人，招收工人学徒多了一百多万人？我说各部门都有对形势估计不足的情况，反对右倾保守为什么要多加人，我不懂，我也不知道。……批右倾保守，就很舒服，愈批评愈高兴，要愉快地批评右倾保守。”

南宁会议，以批反冒进为中心的会议

1958年初，一届人大五次会议召开在即。考虑到1958年的预算和年度计划等需要研究确定，周恩来向毛泽东建议，是否在人大召开前先开一次党内会议讨论一下。毛泽东表示同意，并亲自写了准备到南宁去开会的通告：

吴冷西、总理、少奇、李富春、薄一波、黄敬、王鹤寿、李先念、陈云、邓小平、彭真、乔木、陈伯达、田家英、欧阳钦、刘仁、张德生、李井泉、潘复生、王任重、杨尚奎、陶铸、周小舟（已到）、史向生、刘建勋、韦国清、毛泽东，共27人，于11日、12日两天到齐，在南宁开10天会，20号完毕（中间休息2天到3天，实际开会7到8天）。谭震林管中央，总司令挂帅，陈毅管国务院。

1960年毛主席与吴冷西在一起

吴冷西当时看了名单感到十分吃惊，因为他当时只是《人民日报》总编兼新华社社长，论职务无论如何也排不到最前面；他又猜测是不是报纸和通讯方面出了什么问题？左思右想不知所以然。

这个谜直到南宁会议召开后才解开。

1958年1月6日，毛泽东到达南宁，11

日至22日主持召开了南宁会议。毛泽东所点的人中，陈云、邓小平、张德生、潘复生没有到会。会议的重点本来是总结第一个五年计划的执行情况和讨论第二个五年计划及长远规划等问题，但毛泽东在会上的多次讲话和听取汇报时的插话，都是集中批评反冒进的，并且指名道姓地批评反冒进的主要责任人，上纲上线的高度、语气之尖锐前所未有，会上气氛十分紧张。这使得南宁会议成了以批评反冒进为中心的会议，在“大跃进”发动过程中据有十分重要的地位。

1958年1月11日，南宁会议召开第一天的晚上，毛泽东发言，一上来就说：

关于向人代会的报告，我两年没有看了（为照顾团结，不登报声明，我不负责）。章伯钧说国务院只给成品，不让参加设计，我很同情……有些人一来就是成品，明天就开会，等于强迫签字。

毛泽东的这些话，明显是针对周恩来的，接下去，毛泽东严厉地抨击反冒进。他说：

不要提“反冒进”这个名词——这是政治问题。首先没有把指头认清楚，十个指头，只有一个长了包，多用了一些人（工人、学生），多花了一些钱，这些东西要反。当时不要提“反冒进”，就不会搞成一股风，吹掉了三条：一为好快多省，二为四十条纲要，三为促进委员会。这是属于政治，不属于业务。一个指头有毛病，整一下就好了。原来“库空如洗”、“市场紧张”，过了半年就好了，变过来了。没有搞清楚六亿人口的问题，成绩主要，还是错误主要？是保护热情，鼓励干劲，乘风破浪，还是泼冷水泄气？

毛泽东还说，“攻其一点不计其余”，历史上吃过大亏，教条主义就是这样的。

据吴冷西回忆：

为了告诉大家，什么是攻其一点不及其余，毛泽东还给大家举了一篇古文《登徒子好色赋》来说明。

这篇古文说的是战国时代楚国文人宋玉攻击登徒子大夫的故事。登徒子向楚襄王告状，说宋玉此人“体貌闲丽，口多微辞，又性好色”，意思是宋玉长得花里胡哨，惯会甜言蜜语，生性好色，建议不让他出入后宫。不料有一天楚襄公竟然把登徒子告状的事给宋玉本人说了。宋玉就争辩说：“体貌闲丽，所受于天也。口多微辞，所学于师也。至于好色，臣无有也。”也就是一口否定了自己好色。楚襄王就问他，你说你不好色，有什么根据？宋玉回答说，天下的美人都比不上楚国的美人，楚国的美人都比不上我们家那里的美人，我们家那里的美人都比不上我东边邻居家的美人。这个美人美到什么样子呢，"东家之子，增之一分则太长，减之一分则太短；着粉则太白，施朱则太赤；眉如翠羽，肌如白雪，腰如束素，齿如含贝，嫣然一笑，惑阳城，迷下蔡。"这么倾国倾城一个美人，勾引了他三年，他"莫之许也"，没有答应她，可见不是好色之徒。接着宋玉倒打一耙，说你看登徒子，他才好色，他老婆头发蓬乱，耳朵也有毛病，豁嘴尖牙，驼背弯腰，身上又是疥疮又长痔疮，难看得要命，登徒子还那么喜欢她，跟她生了五个孩子，大王比较比较，看哪个好色。毛泽东说，结果宋玉靠攻其一点，不及其余的办法赢了官司。他还得意地写了一篇《登徒子好色赋》流传世间，搞得登徒子成了好色之徒的代名词，至今不得翻身。

第二天，毛泽东从工作方法的角度继续阐述他的观点："我们要注意，最怕的是六亿人民没有劲，抬不起头来就很不好。群众观点是从六亿人口出发。看问题要分别主流、支流，本质、现象。""工作方法希望改良一下。这一次千里迢迢请同志们来一趟，是总理建议的，本来我不想多谈，有点灰心丧志。"他还说："右派的进攻，把一些同志抛到和右派差不多的边缘，只剩了五十米。"

毛泽东还把宋玉的这篇赋印发给开会的人看，以便大家了解反冒进的人用的"错误"方法，是只讲冒进的缺点，不讲冒进的"成绩。"

从批反冒进开始，毛泽东逐渐形成了"九个指头和一个指头"的思维定势，认为无论如何正确的方面总是"九个指头"，错误的方面总是"一个指头"，超出这个范围便是"右倾"，实际上是过于自信，听不得别人批评。据李锐讲：1958年，田家英和他谈起，他离开中南海时是想提三条意见：一、能治天下，不能治左右（指江青之流）；二、听不得批评；三、不要百年之后有人议论。田在主席身边十多年，对毛听不得批评的感触极深。

如果说，八届三中全会对反冒进时的批评还只是从经济工作的角度提出的，那么到了南宁会议，则把反冒进一下子提高到了政治问题的高度，使会议的气氛一开始就十分紧张。

南宁会议还印发22个参考文件。其中，李先念1956年6月5日在一届人大三次会议的报告中关于反冒进的一段话，1956年6月20日《人民日报》社论、周恩来1956年11月10日在八届二中全会上《关于1957年计划的报告》节录，是作为反面材料印发的。

针对反冒进的人所坚持的经济发展要保持“综合平衡”的观点，毛泽东批评道：

平衡是相对的、暂时的、过渡的，不平衡才是绝对的。我们一定要有一个平衡，没有一个暂时的平衡和统一也不行，但它是相对的，就是要不断地用先进的经验，在前进中把原来的平衡打破。只有把平衡打破，事业才能前进。平衡打破了就前进了，前进又达到平衡，平衡又是暂时的，然后又有好多工作前进了，又把原来的平衡打破，又前进。

平衡是革命的平衡，是积极的平衡，不是消极的平衡，不是保守的平衡。

“破消极平衡，立积极平衡”成为“大跃进”的一个重要指导思想。

毛泽东是个哲学家，他在讲辩证法。但是他有意无意地忽略了这样一个问题，即平衡与不平衡的转化，是需要条件的。条件有主观条件，有客观条件。毛泽东只强调主观条件，忽略客观条件，一味要求不断打破原有定额、指标和计划，使所谓的“积极平衡”始终无法建立起来，相反却演变成了遗笑后人的数字游戏。

毛泽东尤其对1956年6月20日《人民日报》社论:《要反对保守主义，也要反对急躁情绪》提出尖锐的批评。在这篇社论上批注：

“庸俗辩证法”

“尖锐地针对我”

“既然使干部走到了另一极端，不是方针错了吗？”

“批了右没有？”

“庸俗马克思主义”

不但如此，毛泽东还对这篇社论所持的观点逐段进行了批驳。对这个情况，参加南宁会议的吴冷西在他的《忆毛主席》一书中进行了详细的叙述：

毛主席念了社论中的一段话:“急躁情绪成为当前的严重问题，因为它不但存在于下面的干部中间，而且首先存在于上面的各系统的领导干部中间，下面的急躁冒进有很多是上面逼出来的。全国农业纲要40条一出来，各系统都不愿别人说自己右倾保守，都争先恐后地用过高的标准向下布置工作，条条下达，而且都要求很急。各部门都希望自己的工作很快做出成绩。中央几十个部，层层下达，甚至层层加重，下面便受不了。现在中央已经采取一系列措施，纠正这种不分轻重缓急、不顾具体情况的急躁情绪。”毛主席在念完这段话后说：“这是说，中央已经下决心反冒进了。”

毛主席再念了社论的一段话：“现在中央已经采取措施纠正这种情况了，各部门、各地方工作中的冒进倾向，有些已经纠正了，有些还没有纠正，或者纠正的不彻底，但作为一种思想倾向不是一下子所能彻底克服的，需要我们今后经常注意。”接着，毛主席评论说，这些话的意思是说还要继续“反冒进”。

毛主席说，急躁冒进究竟从何而来？《人民日报》的社论说，“在反对保守主义之后，特别是中央提出又多又快又好又省的方针和发布全国农业发展纲要草案后，在许多同志头脑中就产生了一种片面性（急躁冒进）。”毛主席评论说，这一段话是尖锐地针对我的。

毛主席说，这篇社论说的是既反右又反“左”。你不能说它一点马克思主义也没有，好像有一点。社论说，“右倾保守思想对我们的事业是有害的，急躁冒进思想对我们的事业也是有害的，所以两种倾向都要加以反对。今后我们当然还要继续注意批判和克服右倾保守思想的各种表现，以保证社会主义建设事业不受阻碍地向前发展。”你说这些话不对？这是对的啊！但是，这是庸俗的马克思主义。你看，这篇社论下面接着就说，“但是在反对右倾保守思想的时候，我们也不应当忽略或放松了对急躁冒进倾向的反对。只有既反对了右倾保守思想，又反对了急躁冒进思想，我们才能正确地前进。”毛主席说，这篇社论的落脚点是落在反对急躁冒进，反“左”而不是反右上面。社论的作者把文章做在“但是”后面。

毛主席还说，社论引用了我在《中国农村社会主义高潮》一书序言的话。看来作者的用意一来不要冒犯我，二来是借刀杀人。但引用时又砍头去尾，只要中间一段，不引用全文，因为一引用全文就否定作者的观点了。我写的序言全文的主要锋芒是对着右倾保守的。社论引了我说扫盲用急躁冒进的办法是不对的这些话，用来作为反对急躁冒进的根据。社论表面上既反“左”也反右，没有重点。实际上重点落在“反冒进”上面。作者引用我的话来反对我。

至此，吴冷西才明白毛泽东在会议通知中把他放在第一位的因由。

当初这篇社论在中央审阅的时候，毛泽东就只批了“不看了”三个字，现在又在会议上专门对这篇社论大加挞伐，表明毛泽东对社论中所持的反冒进的观点是完全不能接受的。

1月13日，周恩来送走也门王国的巴德尔王太子，晚两天到达南宁，同一天，上海市委第一书记柯庆施也飞抵南宁。当天晚上，毛泽东约周恩来、刘少奇谈话，直到深夜。

在会议上，柯庆施是唯一不断被毛泽东点名表扬的明星人物，也是“大跃进”中的风云人物，有外国学者称柯庆施为“中国土法炼钢的干将之一”。

柯庆施，原名柯尚惠，安徽歙县人，1920年入团，1922年入党。建国后历任南京市委书记、南京市市长、华东军政委员会委员、江苏省政府副主席，中共江苏省委书记。时任中共上海市第一书记、上海市市长、南京军区第一政委、中共中央上海局书记。

毛泽东在批评反冒进的过程中，一再提到柯庆施1957年12月25日在上海市党代会上所作的《乘风破浪，加速建设社会主义的新上海》的报告。

同江华的报告一样，柯庆施的报告也确认“无产阶级同资产阶级的矛盾，社会主义同资本主义两条道路的斗争，在整个过渡时期，仍然是国内的主要矛盾”，同时柯文浓墨重彩地对反冒进和所谓的“右倾保守思想”进行了尖锐的批判：

曾经有些人同党的看法相反，他们把这种革命态度、革命气概和革命速度，看做是冒进，看做是“好大喜功”。他们总是说这也办多了，那也办快了，这也冒进了，那也冒进了。他们就是不看一看到底是社会主义前进了，还是资本主义前进了；到底是社会主义多了、快了，还是资本主义多了、快；到底是“好”社会主义之“大”、“喜”社会主义之“功”，还是相反。试问，经过一番努力能够使社会主义前进得快一些、多一些，这难道是错误吗？难道我们能够说，经过一番努力就能够做到的也不去做，以便社会主义事业前进得慢一些、少一些，才是正确的、才是正常的吗？难道我们坚决执行多、快、好、省的方针，就叫作“好大喜功”，就要受到责备，而执行相反的方针才应当受到赞扬吗？当然，赞扬的人有的，但决不会来自渴望早日建成社会主义社会的广大人民。

1月15日，毛泽东说，这个报告把中央许多同志比下去了，中央工作的同志不用脑筋，不下去跑跑，光在那里罗列事实。“大家都要学习柯老”。

16日，毛泽东在大会上再次拿出柯文，当众对周恩来说：“恩来同志，你是总理，你看，这篇文章你写得出来写不出来？”

周恩来回答：“我写不出来。”

毛泽东接着说，上海是中国工人阶级集中的地方，没有工人阶级建设社会主义的强烈激情，是写不出这样的好文章的。

毛泽东接着对台下说：

“你不是反冒进吗？我是反反冒进的！”

听了毛泽东的批评，周恩来和到会的副总理们“坐卧不安”。大家都搞不清楚，这到底是在批评谁？刘少奇解释说，主席的批评是针对管经济工作的几个人的。当时负责领导全国经济工作是由陈云、李富春、李先念、薄一波、黄克诚组成的中央经济工作五人小组。

1月17日晚，毛泽东约李富春、李先念和薄一波谈话，明确讲到批评主要是针对陈云的。

1月17日，毛泽东的发言仍然没有离开反反冒进的主题，他说，1956年6月20日《人民日报》社论“要反对保守主义，也要反对急躁情绪”，把我撇开，又要利用我。一不麻烦我，二可利用我打别人。没有想到造成这样反冒进空气，挫伤积极性没有料到。

1月19日，毛泽东约周恩来单独谈话。

19日晚，周恩来为顾全大局，作了检讨发言，对反冒进问题承担责任，他说：反冒进这个问题，是一段时间（1956年夏季到冬季）带方向性的动摇和错误。

‘反冒进’是由于不认识或者不完全认识生产关系改变后生产力将要有跃进的发展，因而在放手发动群众进行社会主义革命和建设中表示畏缩，常常只看见物不看见人，尤其是把许多个别现象夸大成为一般现象或者主要现象，这是一种右倾保守主义思想。

他说，反冒进的结果损害了三个东西——促进会、农业四十条、多快好省，使1957年的工农业生产受到了一些影响，基本建设也减少了一些项目，而最重要的是群众和干部的劲头得不到支持，反而受到束缚，使我们建设走群众路线这一方针受到某些损害。

周恩来接着检讨说：

这个方针是与主席的促进方针相反的促退方针。实行这个方针，不管你主观想法如何，事实上，总是违背主席的方针的。越是不自觉这是方针性的违背，就越严重越危险。

他表示，“这一‘反冒进’的错误，我要负主要责任。”

1月20日，毛泽东说，冒进是全国人民烈焰冲起来的，是好事，部分是坏事，“反冒进”把前进放在第二位了。

第二天，毛泽东在大会总结发言中说，“反掉了三个东西，把一些同志抛到（同）右派似乎相近的地位。”

1月23日，使人喘不过气来的南宁会议结束。

南宁会议余波不息

1958年1月31日，毛泽东印发了他撰写的《工作方法60条》，这是他多年积累的经验总结和几次会议发言者精华的荟萃。他希望用这60条教会干部们如何工作。《工作方法60条》没有以往的严谨缜密，但通篇透着“大跃进”的气息。其中第21条，论“不断革命”可谓他的思想精华。他写道：

我们的革命是一个接一个的。从1949年在全国范围内夺取政权开始，接着就是反封建的土地改革，土地改革一完成就开始农业合作化，接着又是私营工商业和手工业的社会主义改造。社会主义三大改造……在1956年基本完成，接着又在去年进行政治战线上和思想战线上的社会主义革命……现在要来一个技术革命，以便在15年或者更多一点的时间内赶上和超过英国。中国经济落后，物质基础薄弱，使我们至今还处在一种被动状态，精神上感到还是受束缚，在这方面我们还没有得到解放。要鼓一把劲，再过5年，就可以比较主动一些了；10年后将会更加主动一些，15年后，粮食多了，钢铁多了，我们的主动就更多了。

这是毛泽东发动“大跃进”的思想动因最集中最明确的表述。毛泽东确信事物发展“不平衡性”是绝对规律，“不断革命”就是要不断地打破平衡，打破平衡就是发展；他相信经济发展也与其他事物一样是波浪式前进的，有量变有质变，有渐进有跃进；他相信人民群众有“无限的创造力”和“极大的社会主义热情”，相信主观能动性的巨大作用。他认为要保持这种旺盛的“热情”，就必须不断革命，不断提出新任务，使人们没有松懈的时间，必须鼓劲、打气，而不能泼冷水；他认为要把人民群众的创造性发掘出来，就必须大力提倡解放思想，破除迷信。

毛泽东“不断革命”思想不仅是他“大跃进”的思想来源，而且成为发动“大跃进”的强大思想武器，很快地为全党所掌握。2 月份，吴芝圃领导的河南省委就向中央写报告说：

主席不断革命的指示，给我们以敢于理想，敢于向前看的无限勇气，从理论上思想上解决了能不能跃进，敢不敢跃进的问题，打破了庸俗的“平衡论”，粉碎了“反冒进”的观点。

从南宁回到北京，2 月 13 日至 23 日，毛泽东主持中央政治局会议，传达南宁会议精神，因此这次会议的主题，还是批反冒进。

毛泽东在会上说，反冒进反得那么厉害，把群众的气泄下去了，加上右派的猖狂进攻，群众的气就不高，我们也倒霉。我们这些中央委员，你就那么舒服呀？我是不舒服的。

他说，如果说冒进是非马克思主义，或者反马克思主义，而反冒进是马克思主义，那马克思主义就在中国变了样子，把搞得少叫马克思主义，搞得多的不叫马克思主义。我不赞成反冒进叫马克思主义，赞成冒进才是马克思主义。右派把你们一抛，抛得跟他们相距不远，“大概 50 米远”。

毛泽东还说，“冒是有一点冒，而不应该提什么‘反冒进’的口号。”“今年下半年，你们就看到要有一个大冒就是了，我看是比那一年冒还要厉害。”

杭州会议和南宁会议，陈云因病都没有参加，此次政治局会议，陈云参加了。

2 月 18 日，陈云发言检讨了反冒进中的“错误”，表示要负主要责任。还检讨说，在财经工作中，材料数字一大堆，是对毛主席和政治局搞“倾盆大雨”、“本本主义”，是不让中央参与对经济工作的设计的分散主义错误。

这时，毛泽东插话说：

政治设计院究竟在哪里？章伯钧说国务院都是拿成品，他不满意，他要有权参与设计。我们政治局委员可不可以有权参与设计呢？过去这个五年计划实际上是无权参与设计。我是主席，也没有参与设计每年的年度计划，总是请你签字，叫作强迫签字。我有个办法，不看。你强迫我嘛！老是在国务院讨论，总是拿不出来。千呼万唤不出来，为什么不出来呢？说没有搞好，等到梳妆打扮一跑出来的时候，对我们说不行，时间迟了！这事实上是一种封锁。

毛泽东的批评表明，由于对反冒进极为不满，毛泽东决心要亲自抓经济工作了。

会上，李先念和薄一波也进行了自我批评，承担了各自在反冒进中所犯“错误”的责任。

2月政治局会议虽然也是以批反冒进为主题，但是气氛显然比南宁会议缓和许多。毛泽东说，南宁会议还是要放一炮的，我看不过是小炮而已，害得一些同志紧张。先念同志现在还睡不着觉，吃安眠药，何必那么紧张。今后还是靠你们这些人办事，此外没有人。

18日，毛泽东给反冒进定性时认为：

“1956年‘反冒进’这是个什么事情呢？大家都在正确的路线之下，在个别问题上意见不一致，这么一种性质。”

毛泽东虽然对反冒进十分不满，但是从他的这句定性的话看，毛泽东仍然把冒进与反冒进之争，看成是党内在经济建设方面正常的不同意见之争，政治方面并无太大的问题。至于把反冒进和反马克思主义、和右派联系在一起，语气重一些，无非是要使主张反冒进的领导人放弃其观点。但是这样的大帽子一扣，使得这些人无话可说，极不利于党内正常的不同意见的提出。

南宁会议是发动“大跃进”的一次关键性会议，也是毛泽东个人专断发展的一个重要转折点。正是在南宁会议前后，毛泽东将本是中央集体决定的反冒进当做几位领导人的“错误”，在党的高级会议上指名道姓地批评，表明毛泽东已经把自己凌驾于中央领导集体之上。

毛泽东个人专断的发展，除了某些客观原因，如制度不健全等等之外，主观原因不可回避。这个主观原因就是过于自信，不再谦虚谨慎。李锐对这一点感触颇深，他认为：“毛泽东在建国初期，由于抗美援朝战争的胜利，同美帝国主义交了手，认为美帝没有什么了不起。斯大林逝世后，苏共二十大，赫鲁晓夫上台，揭了斯大林问题的盖子，认为苏联也没有什么了不起。国内三大改造的胜利，比预料的迅速，认为中国自己有了一套经验。于是，在这种形势面前，胜利冲昏了头脑，逐渐地把中国也把自己摆在世界革命领袖的地位，忘乎所以，失去自知之明。”

成都会议破除迷信信马由缰

为了巩固反冒进的成果，毛泽东提议再到成都开一次会。

1958 年 3 月 9 日至 26 日，在成都郊外金牛坝的金牛宾馆，举行了中共中央政治局扩大会议。参加会议的除中央政治局委员外，还有中央有关各部部长和东北、华北、西北、西南各省的省委第一书记。

成都会议上，毛泽东始终处于兴奋状态。他在为期 18 天的会议中，除了在听各省汇报时不断插话之外，一连发表了 6 次长篇讲话（3 月 9 日、10 日、20 日、22 日、25 日、26 日），那气势真可谓思如泉涌，气若长虹，高屋建瓴，势如破竹。

毛泽东在会上再次对反冒进进行了批评。

3 月 9 日，会议的第一天，毛泽东就提出了反冒进的问题。他发言说：

反冒进是个方针性的错误，南宁会议提出了这个问题，有许多同志紧张，现在好了。谈清楚的目的是使大家有共同的语言，做好工作，而不是不好混，我绝无要哪个同志不好混之意。一种是马克思主义的冒进，一种是非马克思主义的反冒进，究竟采取哪一种？我看应该采取冒进。以后反冒进的口号不要提，反右倾保守的口号要提。反冒进这个口号不好，吃亏，打击群众。反右倾这个口号为什么不会打击群众呢？反右倾所打击的就是一部分人的官气、暮气、骄气，一些人的主观主义、官僚主义、宗派主义，这些东西应该加以打击。

显然，在毛泽东看来，批评反冒进，并非由于个人之争，而是建设社会主义两种方针、方法之争。批评反冒进，目的在于统一思想，统一到“跃进”的思想上来。

25 日，周恩来、陈云再次就反冒进问题进行了检讨。周恩来检讨时说：

在当时就是没有听取多方面意见，没有接触群众和实际，而只局限在会议室和办公室中，更没有看清在所有制改变后解放了的生产力要求大发展的群众运动正在起来。我们反而只看见死的物不看见生气勃勃的人，务实而不务虚。我负主要责任提出的“反冒进”报告就是对群众生产高潮这个主流泼了冷水，因而不是促进而是促退，不是多快好省，而是少慢差费，四十条也就被打入冷宫，这就是问题的本质。我也认为问题本质还不是什么战时赤字和和平赤字的问题，这两种赤字虽然有条件的不同，但对于我们共产党人来说，解决这两种赤字的方针是一个，就是只能依靠人民的力量。

当时却没有这样认识，等到右派教育了我，主席提醒了我，群众实践更启发了我，才逐渐认识这是在社会主义建设问题上方针性的错误。更深一层说也就是对社会主义革命本质的东西解放生产力，社会主义建设的主流发动群众、发展生产看不到，自然就抓不起了。

对周恩来的检讨，毛泽东说：“如果从经验上、从方法问题上作为例子，那倒不是不可以的。这个问题不是个什么责任问题，也不是老要听自我批评的问题，南宁我们都听过了，北京也听过了。”

这说明，反冒进的问题还没有完。

可以想像得出来，那一段时间一定是周恩来、陈云等人非常痛苦的时间。作为反冒进的主要责任者，周恩来、陈云不断受到毛泽东的点名批评，为了顾全大局，周、陈不断地在大会上作检讨，又无法令毛泽东满意。但是，错误究竟在哪里呢？真是难啊！

为了给大家进行“大跃进”鼓劲，毛泽东在成都会议上一口气举出十几个例子，大讲破除迷信，解放思想，其才思敏捷，大气磅礴，确非寻常人可比。他说：

从古以来创新思想、新学派的人，都是学问不足的青年人。孔子二十三岁开始。耶稣有什么学问？释迦牟尼十九岁创佛教，学问是后来慢慢学来的。孙中山青年时有什么学问？不过高中程度。马克思开始创立辩证唯物（主义）论，年纪也很轻。他的学问也是后来学来的。马克思写共产主义宣言时，不过三十岁左右，学派已经形成了。在开始著书时只有二十岁。那时马克思批判的都是一些当时的资产阶级的哲学家，如李嘉图、亚当斯密、黑格尔等。历史上总是学问少的推翻学问多的人。章太炎青年时代写的东西是比较生动活泼的，充满民主革命精神，以反满为目的。康有为亦是如此。刘师培成名时还不过二十几岁，死时才三十岁。王弼注《老子》的时候，不过十几岁，因用脑过度早死，死时才二十几岁。颜渊（二等圣人）死时方三十二岁。李世民起义时只有十几岁，当了总司令，二十四岁时登基当了皇帝。年岁不甚大，学问不甚多。问题是看你方向对不对。秦叔宝也是年轻的。年轻人抓住一个真理，就所向披靡。所有老年人是比不过他们的。罗成、王伯当都不过二十几岁。梁启超年轻时也是所向披靡。而我们在教授前就那么无力，怕比学问。

破除迷信，解放思想不能说不正确。毛泽东的讲话也的确十分的精彩，十分具有鼓动性。进行社会主义建设如果一切从教条出发，从本本出发，必然对社会主义事业有损害。

问题是，无论毛泽东本人怎么想，客观上，在反右倾保守的强大压力下，在人们渴望高速建设社会主义的急切心情的支配下，人们就是把科学、把客观规律统统当做教条，当做迷信，“泼脏水连同婴儿一同倒掉”。脱离科学、脱离客观规律的“破除迷信，解放思想”，其结果必然是主观主义、唯意志论大行其道。

这一点，在成都会议上就得到了证明。

其一，“第二本账”的各项指标已经严重脱离实际可能。

本来，1958 年 2 月 3 日薄一波向一届人大五次会议作的《1958 年关于国民经济计划的报告》，已经对 1958 年国民经济各项指标作出了安排，这个计划应当说还是比较合乎实际的（后来成为成都会议上的“第一本账”）。

成都会议上通过的《关于 1958 年度计划第二本账的报告》则对 2 月份报告的指标进行了重大修改，这种修改，完全是从主观出发，“解放思想”，而不考虑实际的可能。《报告》没有认为它是多么的脱离实际，反而认为“这确是一个多快好省的账”。

农业方面：

1958 年全国将扩大灌溉面积近 2 亿 6000 万亩，“超过解放以前我们的祖先几千年来开拓的灌溉面积”；

排水灌溉机械增加 211 万马力；

粮食总产 4316 亿斤，比 1957 年增加 616 亿斤，“大体相当于第一个五年计划期间增产的总和”；

棉花总产 4093 万担，比 1957 年增加 813 万担。

就这样，人为地将 1958 年粮食增产的速度提高到 16.6%，棉花增产的速度提高到 24.8%，并满心欢喜地认为“这是我国历史上前所未有的速度”。

工业方面：

工业总产值比“第一本账”增加 157 亿元，比 1957 年实际完成的产值增加 224 亿元，增长速度是 33%，“这也是我国历史上前所未有的速度”。

提出了 5—7 年内使地方工业的总产值赶上或者超过农业总产值，并实现农业机械化和半机械化的任务。在我国工业基础十分薄弱的条件下，这两项目标无疑是镜中花、水中月，可望而不可即。

在成都会议讲话中，毛泽东突然对个人崇拜问题，讲了一段话，他说：

对苏联的经验，一切好的应接受，不好的应拒绝。现在我们已学会了一些本领，对苏联有了些了解，对自己也了解了。要打倒个人崇拜。有些人对反对个人崇拜是很感兴趣的。个人崇拜有两种：一种是正确的，如对马克思、恩格斯、列宁、斯大林正确的东西，我们必须崇拜，永远崇拜，不崇拜不得了，真理在他们手里，为什么不崇拜呢？我们相信真理，真理是客观存在的反映，一个班必须崇拜班长，不崇拜不得了。另一种是不正确的崇拜，不加分析，盲目服从，这就不对了。反个人崇拜的目的也有两种：一种是反对不正确的崇拜，一种是反对崇拜别人，要求崇拜自己。问题不在于个人崇拜，而在于是否是真理，是真理就要崇拜，不是真理就是集体领导也不成。我们党在历史上就是强调个人作用和集体领导相结合的。打死斯大林，有些人有共鸣，有个人目的，就是为了想让别人崇拜自己。有人反对列宁，说列宁独裁。列宁回答很干脆：与其让你独裁，不如我独裁好。

这是毛泽东首次公开赞扬个人崇拜。

毛泽东关于“正确的”个人崇拜的这段表述，分析起来很复杂。

毛泽东不是笼统地称赞个人崇拜，认为盲目崇拜别人，自己站不起来。从这个意义上，他认为苏共二十大揭开斯大林的盖子未尝不是好事；但同时又把个人崇拜与真理崇拜混同起来，主张如果真理掌握在个人手中，就应当崇拜，其含义就是他自己就代表真理，这就明显地表现出毛泽东的过于自信。尤其当他的意见和中央集体不一致时，他更需要借助党内民主之外的东西来贯彻自己的主张。

在以往的长期革命生涯中，毛泽东在党内享有无与伦比的崇高威望，形成了一贯正确的形象，党内党外干部群众也很容易将真理崇拜等同于个人崇拜。在成都会议上，对毛泽东关于要有正确的个人崇拜的观点，与会者不但接受，而且有人加以发挥。中共广东省委第一书记陶铸说：“对主席就是要迷信。”中共上海市委第一书记柯庆施更说：“我们相信主席要相信到迷信的程度，服从主席要服从到盲目的程度。”从中不难想见当时的氛围。

一旦个人崇拜造就出来，并当做正确的东西加以宣扬，党内民主生活便更加不正常，“左”的东西也更加畅行无阻了。

成都会议，就经济建设方面的“左”倾错误而言，无论其深度和广度都远远超过了南宁会议。“大跃进”中的各项主要错误，成都会议都已基本存在，或者已初具雏形。因此，成都会议的文件、精神在实际工作中的传达、贯彻，就大大推进了“大跃进”运动的发动。

武昌再批反冒进

在发动大跃进的这段时间里，毛泽东始终被快速改变中国贫穷落后的前景鼓舞着、陶醉着。他不辞辛劳，奔赴大江南北，一心想让他的理想、他的追求、他的信念，能为人们所理解，所接受。

刚刚开完成都会议，就在春寒料峭里，他又不停歇地奔赴武昌，召集华东和中南一些省委书记开会。一方面要让他们了解成都会议的情况，另一方面要听取他们汇报“苦战三年”的打算。

1958 年 4 月 1—9 日，武昌会议召开。

在听汇报时，毛泽东再次提到反冒进。

4 月 5 日，湖南省委第一书记周小舟发言时，毛泽东插话说：

1956 年下半年到 1957 年来了个反冒进，搞得人不舒服。这个挫折很有益处，教育了干部和群众，是反面教育。因为受了损失，是个马鞍形，两上“高潮”之间一个低潮——反冒进。过去说 1957 年比 1956 年实在些，这个话是不合乎事实的。1957 年实际上工作差劲了，许多干部抬不起头来，上面骂冒进，下面也骂冒进，所以 1957 年劲头不大。去年揭开盖子，用整风反掉了右倾保守思想。盖子不解决，压在劳动者、干部身上，精神不振，生产力不解放。

4 月 8 日，福建省委第一书记叶飞汇报时，毛泽东插话，不但批了“稳妥可靠”，还提出两个新概念：“观潮派”“秋后算账派”。他说：

我们这样大的国家，老是稳、慢，就会出大祸，快一点就会好些。对“稳妥派”的办法就是到了一定时候提出新的口号，使他们无法稳。“冒进”是“稳妥派”反对跃进的口号，我们要用“跃进”代替“冒进”，使他们不好反对。毛主席还说有些人可能是“观潮派”“秋后算账派”，如果今年得不到丰收，还会有人出来说“我早就有先见之明，还是我的对”。到那时又要刮台风的。党内中间偏右的人是观潮派，他们是“楼观沧海月，门对浙江潮。”（宋之问《灵隐寺》诗句）

毛泽东所说的“观潮派”“秋后算账派”，无疑是指主张反冒进的这一部分人。

4 辩论开路 农村跃进紧锣密鼓 纸上谈兵 指标竞赛节节攀升

辩论开路，农业率先发动“大跃进”

1958年的“大跃进”是从农业开始的。

它的起点是八届三中全会通过《农业发展纲要（修正草案）》。

“大跃进”何以从农村开始？1957年10月13日，农业部部长廖鲁言在最高国务会议第13次会议上对这个文件作的说明中指出：

> 毛主席早在《论联合政府》一文中指出：“农民——这是中国工业市场的主体。只有他们能够提供给最丰富的粮食和原料，并吸收最大量的工业品。”世界上没有任何一个国家有我国这样大的市场。这个市场，直到现在，它的购买力还是很低的（虽然比解放前已经高了一些），但是它的潜在力量是非常巨大的。全国农业纲要一旦实现了，我们就会看到一个拥有大得惊人的购买力的市场。我国工业的发展，除了依靠国内市场以外，难道还有别的什么出路么？当然我们还可以争取工业品的出口，但是主要必须依靠国内市场。

1957年10月25日《农业发展纲要（修正草案）》公开发表后，上至各省、自治区、直辖市，下至各合作社，纷纷召开党的代表大会、生产积极分子大会，落实农业四十条，部署农田水利建设和积肥运动，修改生产指标，与此同时，舆论机器纷纷开动，不惜版面地大量报道各地区生产大辩论的情况，为农业“大跃进”大造声势。

大辩论是以落实农业四十条和冬季生产为主题进行的，辩论的内容自然是农业四十条提出的兴修水利、改良工具、开垦荒地、改良土壤、增加肥料、推广优良品种等增产措施。大辩论自始至终都鲜明地贯彻着一个指导思想，就是扫除思想障碍，克服右倾保守思想。大辩论既反映了广大农民迫切要求迅速改变落后面貌的愿望，也有通过舆论传达出来的一定的政治压力。

笔者着意翻阅了一下1957年的《人民日报》，进入1957年底，灼热的气氛立即扑面而来。报纸的报道，大小标题几乎无一例外地冠以“坚决克服保守思想”“关键在于打破保守思想”“批判右倾保守思想”“扫除思想障碍”等标题。谁有右倾保守思想、谁有思想障碍呢？含义很明确，主要是指干部。

在大辩论中，对立面就是那些对落实农业四十条没有信心的干部。

广东省召开的区党委、地委书记电话会议直截了当地点出了这个问题。11月1日《人民日报》报道了这次会议。报道说：

会议认为，当前组织冬季生产高潮的最大“敌人”，仍然是不少领导机关和领导干部的右倾保守思想。前一个时期，这个“敌人”更厉害些，经过一连串会议的批判教育，现在收敛些，但是并未彻底解决。佛山地委书记说，许多干部对待冬季生产仍然是“口硬心软”，嘴里喊说高潮高潮，心里想的仍然是低潮低潮；嘴里说，冬种能达一万亩，心里却在嘀咕完不成。毛主席曾经说过，如果不信任党，不信任群众，那么，我们便什么事也办不成了。会议指出，这部分领导机关和领导干部就是害了不信任病，一不信任党，二不信任农民群众的多数，特别不信任贫苦农民群众，所以总是劲头不足。这种不信任，是脱离实际脱离群众的结果，是工作不深入的结果。一个地委书记举例挖苦一个工作不够深入的干部说，我们有个干部到社去看冬种小麦长得好不好，社的干部不给他看长得好的小麦，长得好的小麦一亩能收二百三十斤；偏偏领着他在长得最坏的麦田里兜圈，这里的小麦一亩只能收四十斤。这个干部被骗了，但他却到处说种冬小麦种坏了，再不能种了。会议指出，我们不少干部对冬季生产缺少信心，便是因为有类似这个被骗干部的缺点所造成的。他们往往因为工作不深入，对以往冬季生产成绩和缺点，不加调查，不加具体分析，得出不符合实际和违反群众利益的错误结论。

报道接着写道：

会议一致认为，开好有十几万人参加的积极分子冬季生产誓师大会，会在相当程度上进一步解决干部思想右倾保守的问题。而积极分子大会开得好坏，又完全决定于能否采用大鸣大放大辩论的群众路线和形式。中共广东省各地委各县委，正在召开和将要召开各有一两千积极分子参加的大会，贯彻三中全会决议，讨论四十条农业发展纲要，进行冬季生产大动员。全省估计有十几万干部参加。陶铸同志在做结论时，强调地说，这个会关系很大，只许开好，不许开坏。开好的唯一办法是组织群众性的大辩论，讨论三中全会决议和四十条农业发展纲要，然后根据它的精神，辩论冬季生产应该不应该搞？大搞还是小搞？怎样搞？在大辩论中，表现和表扬先进思想先进经验先进人物和单位，揭露和批判右倾保守思想。

干部落后于群众，就是这篇报道给人们的一个明确印象。这是和毛泽东反反冒进以来一再强调的群众的干劲很高，不能给群众泼冷水的观点完全吻合的。

11 月 13 日《人民日报》社论：《发动全民，讨论四十条纲要，掀起农业生产的新高潮》，更把大辩论和反冒进挂在一起：

有些人害了右倾保守毛病，像蜗牛一样爬行得很慢，他们不了解在农业合作化以后，我们就有条件也有必要在生产战线上来一个大的跃进，这是符合于客观规律的。一九五六年的成绩充分反映了这种跃进式发展的正确性，有右倾保守思想的人，因为不懂得这个道理，不了解合作化以后农民群众的伟大的创造性，所以他们认为农业发展纲要草案是“冒进了”。他们把正确的跃进看成了“冒进”。他们不了解所谓“冒进”是没有实际条件，因而是没有成功可能的盲目行动。而我们在一九五六年的跃进却完全不是这样，是有很多可以实现的条件，因而取得了巨大的成绩。否则，就无法说明，为什么一九五六年我国遭受了严重的自然灾害，而粮食产量却超过了大丰收的一九五五年一百多亿斤。

这就说明，这场辩论也可以说是一场自下而上的反反冒进运动。

辩论中设立的另一个对立面，就是富裕中农。这样的例子也是俯拾皆是。

11 月 9 日《人民日报》一则报道，记述了江苏省靖江县鼎新一分社的一场大辩论的情形：

会上，富裕中农王永山等说：“种田要靠天老爷做主，光靠保证不能达到八百斤。”大家对靠天还是靠人的问题引起了兴趣，展开了一场辩论。

贫农陈明德说：“劳力胜于天，去年大水灾我们社里稻子全部被淹，但依靠人排水，结果每亩还收到五、六百斤。”

三队队长鞠明德说：“王永山是我的田邻，我的自留田和他的自留田是一块田分出来的，土质，肥瘦却差不多，今年种的也都是荞麦、萝卜。可是前些时天旱，他有工夫挑水抗旱，我忙于开会和队内生产，没有去浇水抗旱，结果我的庄稼发黄，他的庄稼碧绿。王永山，你说说看，这是靠人还是靠天。”

参加这个问题辩论的有20多人，议论结果一致认为：争取大面积增产、一靠人，二靠本，三也要靠天时。经过辩论，大家初步树立了人定胜天，向自然灾害作斗争，争取亩产八百斤的信心。

接着，富裕中农刘子凤、王根保等人又提出了一个问题：“增产到八百斤大家都有信心，就是怕国家还要我们吃四百斤三十斤口粮。增产的粮食都要交给政府，还不是替政府白忙。”有的人说：“今年是实行三定政策第三年，恐怕政府要改变粮食政策。”有的社员认为：“政府应该订一个死标准，照标准收购最好。增产的部分全部归自己，群众的积极性就更高。”共青团支部书记汤少桂首先解释了国家的粮食政策，他说：“国家的统购统销政策是不会变的，今年又根据实际情况提出了以丰补歉的政策，超产部分征购40%，这也是不会变的。我们应该相信政府，增产是为了我们，不会叫我们吃亏。”贫农唐发鉴说：丰收年成我们多卖一些粮食，支援国家工业建设和灾民同胞，这是应该的；碰到灾年，没有增产，国家就不要增购的粮食了。这是国家照顾我们农民，标准订死了不合理。况且，国家收购了余粮，也是“取之于民，用之于民”。国家有了钱，可造成更多的新式农具、化学肥料卖给我们。会上，大家又算了一笔账：按三定的超产部分增购40%计算，每亩若达到800斤的产量，每人就可以分到589斤粮食，而国家只征购21斤。

1957年7月毛泽东在青岛会议上提出，城市仍然存在走资本主义道路和走社会主义道路的两条道路的斗争；在随后进行的农村两条道路的大辩论把富裕中农作为走资本主义道路的对立面；农业四十条中也把在生产上“赶超”富裕中农作为一项目标。这场大辩论绝不是单纯意义上关于农业生产的讨论，也是农村两条道路大辩论的延续。

战鼓频催的冬修运动

进入1957年10月份以后，在进行大辩论的同时，落实农业四十条的各项措施也在加紧实施之中。以农田水利建设为例，10月份就投入两三千万人，11月份六七千万人，12月份八千万人，1958年1月达到1亿人。空前规模的农田水利建设运动的掀起，实际上吹响了农业“大跃进”的号角。

透过1958年2月上旬一届人大五次会议代表们的发言，我们感受到了当年在修农田水利和大搞积肥运动的空前热闹场面。

广西代表覃应机说：

自去冬开始，全省掀起了大规模的群众性的兴修水利和积肥为中心的冬季生产运动。

今年的水利建设规模空前的巨大，各族人民拿出了高度的革命干劲，千方百计设法把河水拦起来，把山水堵起来，把天水蓄起来，把地水挖出来，把低水抽上来。

经费自己筹，石灰自己烧，泥箕自己编，石料自己打，沙子自己找，木料自己砍。山藤代绳索，柴火代油灯，旧料代新料。

群众用山歌表达了自己的决心和信心：“不靠老天靠自己，兴修水利战胜它，就是老天不下雨，也叫禾苗出嫩芽。”“千年苦旱泪涟涟，只知求神和拜天，如今有了共产党，修好水利庆半年。”

山西晋宁县代表李能说：

去年是“政府修水库，群众来帮助；政府修水塘，群众来帮忙”。……今年工程比去年大，不仅不要政府给钱，口粮全部自带，而且争先恐后，白日黑夜的干……“叫荒山低头”，“叫土地翻身”，“把高山劈成两半，叫河水穿过高山”，“不修好水利不过老年”。

每天鸡叫头遍，村子里就人喊马叫，田里、沟里尽是做活的人；天大黑还点着汽油灯马灯干。

湖南代表谭保余说：

全省各地普遍开展了劳动竞赛。万千群众，冒风雨，破冰冻，开山凿石，修渠引水，入夜之后，打火把，点汽灯，人声沸腾，热火朝天……湘潭县白天有 32 万人出工，晚上有 15 万人抢修，县城、集镇的汽灯，几乎卖光借尽。

还有那冰封千里的北国农村。那里的冬修运动场景尤为壮观。

陕西代表苏资琛说：

大荔群众……提出了“苦干五载跨淮河，连战十年过长江”的英雄口号；榆林

“大跃进”中河南白渑山水库民工组成“武松队”运土断流

专区人民，目前已战胜零下20度的严寒兴修水利，真是“千里冰封，干劲沸腾”；靖边群众提出“天寒地冻工不停，增产信心比铁硬”的口号……

黑龙江肇源县去冬降了几十年来少有的三尺多深的大雪，冻地四尺多深，天气比往年冷得多，滴水成冰。然而，天寒地冻，挡不住热情四溢的干部们。县里召开了2500多人的四级干部大会。会上议定：

山河都可改，跃进也不难。要坚决的跳，狠狠的跳；今年跳到黄河北，三年跳到黄河南，十年之内过长江，粪肥不足可以多攒，种子不纯精挑细选，畜力不足开展“黄牛训练班”，时间不足起早贪黑干。

这里所说的“跳”，不是游戏，而是要使粮食产量“过黄河”“跨长江”。一时间，“能不能跳，敢不敢跳”，成为了舆论鼓动的口号。这里讲的“黄牛训练班”就是人力耕田。

肇源县代表巴彦胡代表说：

农村更加沸腾了，人心振奋了，干劲越来越大了。群众说“生产跃进人心暖，不怕风雪刺骨寒”。虽然冒着几十年来少有的三尺多深的大风雪和零下30多度的严寒，顺势进行了男女老少齐发动。高潮迅速的形成了。

冻地层四尺多深，大镐刨断了，换一个再刨，农民说：“一镐没刨动，二镐硬如钢……五、六镐后刨裂缝，八、九镐后装满筐”；“别看地冻四尺深，冻手冻脚不冻心，镐比地硬，心比镐还硬”。昼夜一齐干，农民创造了多快好省的“冰灯”，从远方沿松花江看去，好像是蜿蜒如蛇的长城，实际就是上万农民干夜班的冰灯，白天红旗招展，夜晚灯火齐明。

农村冬季生产运动的另一个中心是积肥。为了多积肥，人们充分地发挥着想象力。

云南宜良县代表张惠英说：“水利要突击，肥料要革命。”

这个县肥料来源很少，大辩论以后，发动群众动脑筋，想办法。终于找出了18种肥源。提出了“牲畜要有厩，家家有厕所，厕所要加盖，人人勤积肥，路上无粪便”的口号。很快掀起养猪改厩积肥高潮。

社员们提出：“要想庄稼像个样，粪箕要挂在肩膀上”，“冬季比粪堆，秋季比谷堆”的竞赛口号。全社不分男女老少，个个积绿肥，铲火土、扫烟筒、挖老墙土、挖沟泥、搜集乱头发，猪毛和碎皮，积小便，打扫房屋和街道卫生，真正形成了家家有尿盆，人人带尿罐的习惯。

巴彦胡说：

为了坚决完成全县的积肥计划，在许多农业社自己提出：“挖出包泡底，推倒老墙根，所有粪源大翻身，坚决实现400斤”的口号下，有的社把三尺多深的冰层刨开，从泡底挖泥取粪……开展了“粪坑挖净，粪源找净，厕所起净；大街扫光，粪蛋拣光，畜圈起光，城粪下乡；锅台、炕洞、碾台、井台、老尿窝、破房框都来个大翻身”的积肥运动。

真是极尽想象，花样繁多。

这些发言多少带有艺术的夸张。但也大体反映了1957年底开始的冬修和冬积运动的热闹场面。

农村社会主义的大辩论，农业发展纲要的全民讨论，大大激发了农村干部们的热情和想象力，唤起了亿万农民的热情。他们祖祖辈辈面朝黄土背朝天，在黄土地里播下的是年复一年的汗水和艰辛。现在，人们突然感到，从这块土地里能抱出金娃娃来，能创造出一个社会主义的新天地。农民和农村干部们怀着建设新生活的极大热情，投入到冬修农田水利的全民运动之中。

驱赶麻雀的人民战争

除了冬修水利和积肥运动，最具声势的是除四害运动。

除四害（老鼠、麻雀、苍蝇、蚊子）赫然写在“农业40条”中，毛泽东对此倾注了很大热忱，他是把它当做移风易俗，建设文明的新农村的重要目标提出来的。1957年反右派斗争后，除四害也被赋予了非同寻常的意义。

毛泽东说：

除四害也要搞大鸣、大放、大辩论、大字报。如果动员全体人民来搞，搞出一点成绩来，我看人们的心理状态是会变的，我们中华民族的精神就会为之一振。我们要使我们这个民族振作起来。

却原来，毛泽东把发动除四害的全民动员，是为了振奋民族精神！

于是，全国城乡一齐发动。形成了一场全国性的群众运动。

北京市副市长吴晗在一届五次人大会上发言，题为《首都布下天罗地网，鼠雀蚊蝇无处躲藏》。他介绍说：

以除四害为中心的爱国卫生运动从去年12月开始以来，进入了新的高潮，声势浩大、雷厉风行。在第一次突击周中，两天里就出动了15万人上街宣传。在广大群众中人人传诵除四害，家家动手大扫除。几天工夫，全市绝大部分地方做到了蚊蝇绝迹，面貌一新。

今年一月中旬，全市召开了8千人的誓师竞赛大会，城郊各地区、各机关、学校、部队都争先恐后地投入了竞赛运动。在这以前，很多单位已经制定了加快地消灭四害的计划。一浪高过一浪，一批赶过一批，接二连三的挑战应战书和决心书，像雪片一样飞到各区和市里来。

广大群众说了就做，西四区福绥境的居民捉光了麻雀老鼠以后，在零下22度的严寒里，用双手捉了9只麻雀，还找着小学生在房檐上捉了十几只。崇文区85岁的老人常德，一冬来用丝网捕捉了3万多只麻雀，他的兄弟常明，也打了两万多只，常德嫁女儿的被褥都是用雀毛絮的。农民们背着火枪下地，歇晌的时候就打麻雀。有两个农民一冬打了 1200 只麻雀。东四区一个街道的办事处，两天就出动了 1400 多人和 66 辆大车，填垫 70 多个孳生蚊子的积水坑洼，没有用国家一个钱。

除四害，后来演变为爱国卫生运动，它对于移风易俗的作用，不能否定。然而细细想来，消灭苍蝇、蚊子，虽然有利，但形不成声势，显不出成效，也就起不到振奋民心的作用。就是老鼠，它钻到地下，挖起来也格外费力。只有消灭麻雀，造成声势。因此，除四害，落到实处，就是“驱雀”运动。

对于麻雀是不是害鸟，要不要消灭，起初就有争议。毛泽东赞成把它当做害鸟。1957 年 10 月 13 日，他在最高国务会议上讲话说：

纲要里头有一个除四害：老鼠、麻雀、苍蝇、蚊子，我对这个东西很有兴趣……有人说麻雀可以吃虫子，我看把它消灭，它与人争食。

一场驱赶麻雀的人民战争开始了。这场驱雀运动一直延续了一年多。

1958 年 12 月 13 日，光这一天，仅上海一个地区，用最原始的武器就消灭近

北京西四某红十字会成员到住户家宣传“除四害”

20万只麻雀，全国知多少？

且看当天的上海报纸，标题为《全市围攻麻雀》，这则新闻写得形象生动，至今还能感受到昔日火热的战斗气氛：

12月13日，凌晨，全市性的灭雀战役开始。全市大街小巷、红旗招展，楼房上、庭院里、空地上、马路中和郊区的农田，布满了无数的岗哨、假人，大中小学生、机关干部、工人、农民、解放军战士此起彼伏地呐喊，呈现一片战斗气氛。新成区连夜赶制8万多个假人，10万多面彩旗。徐汇区斜土路居民和榆林区杨浦路居民还制作了大量活动假人。在市郊县几乎抽调了一半劳动力组织灭雀队伍，一般由青壮年负责捕、毒、打，老人小孩守住轰赶岗位。全市工厂在保证生产的原则下，也积极地投入了战斗。市区公园、公墓功辅等地广人稀之处，共设有150个火枪区。南洋女中射击队，还接受了火枪技术训练。今天，全市人民大战麻雀，据今晚8时统计，全市共消灭麻雀194432只。

上海作家沙叶新1997年写过一篇杂文《1958年的中国麻雀》。他说：

查我当年的日记，1958年我随华东师范大学中文系在嘉定县华亭乡建农四社进行教育革命，住在胡家村。12月13日这一天的日记写着：“市里决定今日打麻雀，郊区也不例外。上午三分队打，下午我们分队打。”如今看来我所亲历的这一伟大事件记录得实在是过简略了，直是愧对历史。经回忆，记得那天我和同学们分别爬在公路两边的一些大树上，不停地敲着锣鼓、脸盆和一切能发出声音的东西，使疲于奔命、惊魂未定的麻雀绕树三匝，无枝可依，然后纷纷坠地身亡；如果解剖当年千千万万铩羽就毙的麻雀，我敢说，十有九是急性心肌梗死，累死的吓死的！那天打麻雀我凑了一首打油诗：

全民齐动员，
麻雀一扫空；
蚊子跑福建，
苍蝇躲广东。

于是，沙叶新大发感慨。他写道：“每种生灵都难免有灾有难，但不论是过街之鼠、碰壁之蝇、丧家之犬、毁窟之兔、热锅之蚁、涸泽之鱼、瓮中之鳖、虎口之羊，都不如1958年的中国之雀那样的遭罪；那是一场浩劫，那是灭顶之灾。”

这场驱雀运动是在1959年中国科学院的领导反映了朱洗、郑作新等一些科学家的意见之后才终止的。科学家们解剖了麻雀的嗉囊，发现四分之三是害虫，只有四分之一是粮食，可见麻雀基本上还是益鸟。

毛泽东亲自为麻雀“平了反”，在一次会上说：麻雀不要再打了，改成臭虫。

面对 1958 年的中国麻雀，我们能说些什么呢？

节节攀升的指标运动

无论冬修水利和积肥，还是除四害，都要劳师动众，远不如节节攀升的指标来得迅速。嘴一张，指标就可青云直上。

1958 年初的指标升级，首先是从“两本账”开始的。

1958 年 1 月的南宁会议上，薄一波在会上汇报 1957 年计划执行结果和 1958 年计划。由于批评反冒进的空气十分紧张，大家的头脑热起来了。为了避免被说成保守，也为了满足地方上的要求，薄一波在汇报中提出了实行“两本账”的办法，即国家一本账，为必成数；企业一本账，为期成数。

毛泽东对薄一波的发言并不满意，批评薄是“中间派”，“假使不是偏右的话”。但是对两本账的建议还是接受了，并写进了《工作方法六十条（草案）》中，完整表述：“生产计划三本账。中央两本账，一本是必成的计划，这一本公布；第二本是期成的计划，这一本不公布。地方也有两本账。地方的第一本就是中央的第二本，这在地方是必成的；第二本在地方是期成的。评比以中央的第二本账为标准。”

两本账的工作方法毋庸置疑地是毛泽东“积极平衡论”的具体体现。第一本账是一个平衡，然后发动群众、挖掘潜力，突破第一本账的指标，形成第二本账，即第二个平衡。

事实上，“两本账”在实施中已经根本无隙顾及有多少潜力可挖了，在反保守的大气候下，全凭主观意志打破一个又一个的平衡，建立一个又一个新的所谓“平衡”。

中央如此，地方层层仿效，如法炮制，搞自己的“两本账”，对指标层层拔高，同一个指标，从中央到基层一路下来，已经远远不是两本账的问题了，而是六七本账的问题了。“大跃进”中的各种高指标，大都是通过编两本账的方法搞出来的。

在 1957 年冬季农业生产的高潮中，由于人民群众干劲空前高涨，的确取得了令人瞩目的巨大成就。

就在农田水利建设的高潮中，毛泽东在 1958 年 1 月召开的南宁会议上，提出了提前实现《农业发展纲要（修正草案）》的问题。会后正式写进了《工作方法六十条（草案）》中，即：“在今后五年内，或者六年内，或者七年内，或者八年内，完成农业发展纲要四十条的规定。各省委、直属市委、自治区党委对于这个问题应当研究一下。就全国范围来看，五年完成四十条不能普遍做到，六年或者七年可能普遍做到，八年就更加有可能普遍做到。”

即使是 8 年的最低要求，也比 12 年农业发展纲要提前了整整 4 年。

不但如此，毛泽东还对安徽省提出的三年改变面貌的目标很感兴趣，在《工作方法六十条（草案）》中规定：“十年决于三年。争取在三年内大部分地区的面貌基本改观。其他地区的时间可以略为延长。口号是：苦战三年。方法是：放手发动群众，一切经过试验。”

毛泽东还采纳了农业部部长廖鲁言的意见，提出了一种掌握时机的方法，叫作“五年看三年，三年看头年，每年看前冬。”

毛泽东提出的这几点，的确是要人们一开始就要拉开提前实现农业发展纲要的架势，掌握好时机，能提前尽量提前。

上有所好，下必甚焉。毛泽东以及中央的要求如此之急，下面当然就更加只争朝夕了。

南宁会议批评反冒进空气一紧张，浙江、广东、江苏、山东、安徽、江西等省在会后纷纷提出，五年或者稍多一点时间，粮食生产达到农业发展纲要规定的目标。河南省的计划更加离奇：河南要在当年麦收前，全省实现水利化；消灭四害：老鼠、麻雀、苍蝇、蚊子；当年实现农业发展纲要规定的粮食亩产目标；年底全省城乡消灭文盲。历年吃外调粮的工业大省的辽宁提出，当年要实现粮食、猪肉、蔬菜“三自给”。

对河南和辽宁的计划，毛泽东说，也许你辽宁是对的，我怀疑是错的，你是马克思主义，我是机会主义。河南今年办四件大事，有些可能做到，有些可能做不到，就算全都能做到，可不可以还是提五年做到。今年真的全做到了，也不要登报。各省不要一阵风，不要看河南说一年完成，你也说一年完成。就让河南今年试一试，灵了，让它当第一。你明年再搞，只差一年，有什么要紧。

对于河南和辽宁这两个看起来有点儿不着边际的计划，毛泽东觉得有必要泼一点冷水，好让他们不要头脑过热，也让其他各省不要头脑过热。但是毛泽东此时泼点冷水，局限性是很大的，因为首先肯定河南省和辽宁省的计划也是可以实现的，只是要求其他各省不要效仿，以免天下大乱，晚一点也就是一、两年的事，何必着急呢？

由于实现农业发展纲要的时间提前，农业生产的两大主要指标——粮棉指标，不得不进行修改。实现农业发展纲要时间原本是12年计划，忽而变成了8年，忽而又变成了5年。依据是什么？谁也不知道。

1957年11—12月间，全国计划会议开始编制1958年国民经济计划。农业方面，计划1958年粮食产量3920亿斤，棉花3500万担。这个计划已经贯彻了“反右倾保守”的方针，农业的两大指标已经不低，经过努力，尚有完成的可能。1958年2月，薄一波向一届人大五次会议提交的1958年计划，就是这个计划，即后来的“第一本账”。

但是南宁会议上，毛泽东提出要提前实现农业发展纲要，按照新的要求，1958年的粮、棉产量又不够了。成都会议召开前夕，国家经委又拿出了一个1958年计划，其中，1958年粮食产量为4316亿斤；棉花产量为4093万担，此即“第二本账”。两本账相比，粮、棉指标分别上涨了396亿斤和593万担。

这两项指标，已经完全超过了我国农业的生产能力，“有点玄乎了”。

争取在15年的时间内，中国的钢产量要赶上并超过英国，这是毛泽东在莫斯科会议上宣布的目标。

1958年2月3日，当时的经委主任薄一波在一届人大五次会议上，作关于1958年国民经济计划的报告，提出1958年钢的计划指标为624.8万吨，比1957年实际产量535万吨多近90万吨。由于这个计划已经考虑了15年赶超英国的目标，因此指标已经不低。这就是后来钢产量的“第一本账”。

南宁会议之后，根据“两本账”的计划方法，地方上报中央的第一本账，钢产量指标为711万吨，成都会议上经过初步平衡，提出1958年钢产量的“第二本账”为700万吨，比“第一本账”的624.8万吨增长了75万吨，比1957年的实际产量已经高出了165万吨。

此时钢产量指标尚属“缓慢攀升”。

就在成都会议前，冶金工业部部长王鹤寿首先提出了可以缩短赶超英国时间的问题。

此前，毛泽东曾找王鹤寿、吕东等人谈话、大意说，中国历来统一的时候多，因此地方不大发展。为什么我们不能一省有一、两个钢铁厂。各个部应该有百分之六十的力量帮助各省搞钢铁厂。眼光要注意到六亿人民。

根据这次谈话的精神。3月初，王鹤寿组织冶金部党组同部分大企业负责人一道，连续“务”了八天的“虚”，由王鹤寿执笔，写出了两份报告，一个是《争取有色金属的飞跃，占领有色金属的全部领域》，另一个是《钢铁工业的发展速度能否设想得更快一些》。

后一个报告认为，只要把“红”与炼钢、炼铁结合起来，意即破除迷信，解放思想，我国钢铁工业苦战三年，就可以超过八大确定的到1962年钢产量1050万—1200万吨的指标，即用3年时间完成五年计划的任务。同时报告提出，10年赶上英国、20年或者稍多一点时间赶上美国，是可能的。

依据是什么呢？

报告说，英国现在的钢产量为2200万吨，即使它以后每年增长速度是4%，10年以后，即到1967年也只能达到3300万吨；美国现在的钢产量为1.02亿吨，这一生产水平估计在以后许多年不会有太大的变化。

而我国实行大中小钢铁厂同时建设，建设时又实行投资包干，建设速度完全可以快一倍，投资可以省一半，只要有具体措施，1962年的钢产量超过1500万吨、争取2000万吨是可能的。如果1962年能达到1700万—2000万吨，则证明我国钢铁工业已经具备了相当的基础，再用5年时间，到1967年达到3500万—4000万吨，就比较现实了，只要10年内能超过英国，再用10年超过美国也是比较现实的。

毛泽东对王鹤寿的这个报告非常重视，在成都会议上三次给予表扬，稍后，还称这个报告是“一首抒情诗”。

“一穷二白，好画最新最美的图画”

人民群众被领袖的号召动员了起来，领袖被人民群众的前所未有的建设热情的焕发而激动不已，为快速改变落后面貌而喜不自禁。

1958年3月20日，中共河南省封丘县委给毛泽东的报告。介绍了这个县应举农业社依靠合作社集体的力量，战胜自然灾害，改变落后面貌的事迹，收到这个报告，毛泽东激动不已。4月15日，他在广州以饱蘸激情的笔触，写下一篇文采飞扬的文章，题为《介绍一个合作社》。毛泽东写道：

“一个苦战二年改变了面貌的合作社”，这篇文章值得一读。共产主义精神在全国蓬勃发展，广大群众的政治觉悟迅速提高。群众中的落后阶层奋发起来努力赶上先进阶层，这个事实标志着我国社会主义的经济革命（生产关系方面尚未完成改造的部分）、政治革命、思想革命、技术革命、文化革命正在向前奋进。由此看来，我国在工农业生产方面赶上资本主义大国，可能不需要从前所想的那样长的时间了。

毛泽东对蕴藏在人民群众中的极大热情十分欣喜，这正是他加速发展战略的动力所在，根据所在。他写道：

除了党的领导之外，六亿人口是一个决定的因素。人多议论多，热气高，干劲大。从来也没有看见人民群众像现在这样精神振奋，斗志昂扬，意气风发。过去的剥削阶级完全陷落在劳动群众的汪洋大海中，他们不想变也得变。至死不变、愿意带着花岗岩头脑去见上帝的人，肯定有的，那也无关大局。一切腐朽的意识形态和上层建筑的其他不适用的部分，一天一天地土崩瓦解了。彻底扫除这些垃圾，仍然需要时间；这些东西崩溃之势已成，则是确定无疑的了。除了别的特点之外，中国六亿人口的显著特点是一穷二白。这些看起来是坏事，其实是好事。穷则思变，要干，要革命。一张白纸，没有负担，好写最新最美的文字，好出最新最美的画图。大字报是一种极其有用的新式武器，城市、乡村、工厂、合作社、商店、机关、学校、部队、街道，总之一切有群众的地方，都可以使用。已经普遍使用起来了，应当永远使用下去。清人龚自珍诗云：“九州生气恃风雷，万马齐喑究可哀。我劝天公重抖擞，不拘一格降人材。”大字报把“万马齐喑”的沉闷空气冲破了。我现在向全国七十几万个合作社的同志们，以及城市里的同志们推荐一个合作社。这个合作社位于河南省封丘县，叫做应举社，很有些发人深省的东西。中国劳动人民还有过去那一副奴隶相么？没有了，他们做了主人了。中华人民共和国960万平方公里上面的劳动人民，现在真正开始统治这块地方了。

文章写好后，毛泽东意犹未尽。提笔给刘少奇等人写了一封信。

刘、邓、周、陈、乔木、吴冷西各同志：

此件请审阅。如同意，请冷西同志在《人民日报》上发表。

毛泽东

在这封信的后面，毛泽东又补上了一段话：

十年可以赶上英国，再有十年可以赶上美国，说“二十五年或者更多一点时间赶上英美”是留了五年到七年的余地的。“十五年赶上英国”的口号仍不变。

暖风熏得游人醉，此时的毛泽东，已经被自己鼓动起来的热浪而陶醉。这不只是对一个合作社的赞美，这是对亿万农民的赞美。

毛泽东的这篇文章，连同封丘县委的报告，在当年6月1日出版的《红旗》杂志创刊号上发表了。

毛泽东仍然不能忘怀那个应举社。1958年6月14日毛泽东在中南海接见了河南省封丘县应举农业社社长崔希彦。

毛泽东首先问封丘县县长张剑南：

“应举社的那篇报告是谁写的？”

张剑南马上告诉毛泽东：“是中共封丘县委第一书记韩洪绪同志写的。”

“那篇报告写得很好。”毛问：“韩洪绪同志读了多少书？”

“战前在高小毕业。”

“不容易，不容易，高小程度就能写出这样好的报告，真不容易！”

“你们的合作社，为什么叫应举社？”毛泽东同崔希彦开始了有趣的谈话。

“我们村里过去出了一名文举，这个举人，同一般的举人不一样，他不剥削人，靠自力更生维持生活。我们的合作社也是依靠自力更生进行生产渡荒的，所以就叫应举社。”

毛泽东听得笑了起来，“很有意思！”他说：“你们过去是一个穷社，经过几年的努力就改变了面貌，再过几年你们还会更好！”

“这些成绩都是由于有党中央和毛主席的正确领导才取得的。我们合作社的每一个人都非常感谢共产党，感谢毛主席！”崔希彦说。

毛摇摇手说：“不，不，这是由于你们合作社全体社员的努力，才取得了这样大的成绩。全国的事情要办好，就要依靠全国六亿人民的努力。”

毛又问：“应举社的小麦每亩收了多少斤？”

“估产是每亩一百五十斤。”

毛算了一下以后说：“你们计划每亩产八百斤，小麦每亩只能收一百五十斤，还有六百多斤，今年是不是有把握实现亩产八百斤？”

“完全有把握，而且争取超过。”崔希彦满怀信心地回答。

……

毛泽东亲切地对崔希彦说:“要戒骄戒躁,干部和群众要紧密地团结,要把红旗永远插在你们社里,让红旗越插越高。”

从亩产150斤,增加到800斤,一年之内涨4倍,这简直就是天方夜谭。应举社的社长,竟说得这样信心十足,面对国家领袖脸不红,心不跳。过去有“欺君之罪”的戒律,现在倒变成了“欺君有功”了。也许,真正相信确有把握;也许看在热情可嘉,气可鼓不可泄,毛泽东毫无愠色地接受了这种保证。

毛泽东接见应举社社长的情况,由新华社记者写成通讯《幸福的会见,巨大的鼓舞》,登在7月1日的《人民日报》上。

毛泽东《介绍一个合作社》的文章和这篇通讯的发表,为如火如荼的“大跃进”又添了一把火。

在随后的几个月里,赶超英美的时间表一提再提,钢产量指标也坐上了直升飞机,迅速提高。改变中国落后面貌的努力最终演绎成了一场毫无意义的数字戏法。

人们的头脑已经急剧地膨胀起来了。

5 五月大会 “大跃进”运动强行发动 违心检讨 周恩来陈云处境艰难

速度是总路线的灵魂

1958年5月5日至23日,中国共产党在北京召开了八大二次会议。

出席八大二次会议的有正式代表977人,列席代表389人。其中有各省、自治区、直辖市选派的部分县委书记,大城市的区委书记、省辖市市委书记、企业或基层的党委书记等。

大会听取和讨论了刘少奇所作的《中国共产党中央委员会向第八次全国代表大会第二次会议的工作报告》、邓小平所作的《关于在莫斯科举行的各国共产党和工人党代表会议的报告》、谭震林所作的《关于1956年到1967年全国农业发展纲要(第二次修正案)的说明》,并作出了相应的决议。周恩来、朱德、陈云、陈毅、李先念等117人在大会上作了发言,另有145人作了书面发言。大会发言人数超过八大，成为空前绝后的一次，毛泽东在会议期间作了多次讲话。

自八届三中全会以来，连续几个月不间断地批反冒进、批右倾保守，毛泽东下决心要“复辟”的三个东西——多快好省、农业发展纲要四十条、促进会，果真“复辟”了。在经济建设方面的“左”倾指导方针，经过几个月的准备，已经基本上确立起来了。八大二次会议开成了一次在全党正式发动“大跃进的党代表大会”。

大会的一个主要内容是确定社会主义建设总路线。

5 月 5 日，在大会召开的第一天，刘少奇代表中央向大会作《中国共产党中央委员会向第八届全国代表大会第二次会议的工作报告》,《报告》对总路线作了完整的表述：

根据几年来人民斗争的实际经验和毛泽东同志的思想的发展，党中央认为，鼓足干劲，力争上游、多快好省地建设社会主义的总路线的基本点是：调动一切积极因素，正确处理人民内部矛盾；巩固和发展社会主义的全民所有制和集体所有制，巩固无产阶级专政和无产阶级的国际团结；在继续完成经济战线、政治战线和思想战线上的社会主义革命的同时，逐步实现技术革命和文化革命；在重工业优先发展的条件下，工业和农业同时并举；在集中领导、全面规划、分工协作的条件下，中央工业和地方工业同时并举，大型企业和中小型企业同时并举；通过这些，尽快地把我国建设成为一个具有现代工业、现代农业和现代科学文化的伟大的社会主义国家。

“鼓足干劲”“力争上游”“多快好省”这些词，出现的时间早晚不一。

1956 年《人民日报》元旦社论提出“要又多、又快、又好、又省地发展自己的事业”,“多快好省”的口号就向全国发表了。“鼓足干劲，力争上游”最早出现在 1958 年《人民日报》元旦社论:《乘风破浪》。社论指出，不仅要“又多、又快、又好、又省地进行各项建设工作”，而且“必须鼓足干劲，力争上游，充分发挥革命的积极性创造性”。1 月上旬，毛泽东在同上海复旦大学教授周谷城谈话时，周谷城将其归纳为“鼓足干劲，力争上游”。毛泽东对周的这个归纳赞赏备至，认为提得好。后来在南宁会议、最高国务会议、成都会议上，毛泽东多次提到这件事。在成都会议上，毛泽东多次提到“鼓足干劲”,“力争上游”，并将它们与“多快好省”连在一起，称为总路线。

毛泽东的上述提法，在成都会议上就写进了中央提交八大二次会议的《报告草稿》之中，因此可以说，3 月的成都会议已经完整地提出了社会主义建设总路线。

总路线虽然提出来了，但是成都会议期间毛泽东对这条总路线究竟怎样，还是有点信心不足。他说，许多东西自己就是将信将疑的，比如多快好省、鼓足干劲、力争上游这些东西究竟对不对，十大关系究竟对不对，我看至少还要看 5 年。我们证明了的东西只有一条，就是革命。至于建设，还没有证明，只是有了初步的东西。

到了八大二次会议，中央的态度明显乐观了许多，认为“虽然这条总路线还需要在今后的实践中继续考验，并且使它继续发展和完备起来，但是我们认为，它的基本方向和主要原则是可以确定下来了。”

以全国党代表大会形式通过的总路线，标志着中央已经彻底否定了两年前八大会议制定的在综合平衡中稳步发展的经济方针，“左”的经济建设指导方针已经最终确立起来了。

6 月 21 日，《人民日报》发表社论《力争高速度》。这篇专讲快、慢问题的社论道出了总路线的“精髓”：

> 用最高的速度来发展我国的社会生产力，实现国家工业化和农业现代化，是总路线的基本精神。它像一根红线，贯穿在总路线的各个方面。如果不要求高速度，当然没有什么多快好省的问题；那样，也就不需要鼓足干劲，也就无所谓力争上游了。因此可以说，速度是总路线的灵魂。
>
> “快”，这是多快好省的中心环节。

经过了几年如诗如梦般的轰轰烈烈，又经历了整整十年“文革”，历史终于给这条总路线下了结论。1981 年《关于建国以来党的若干历史问题的决议》认为，这条总路线“其正确的一面是反映了广大人民群众迫切要求改变经济文化落后状况的普遍愿望，其缺点是忽视了客观的规律。”

不难理解“赶超英美”的口号对 40 年前的人有着多么大的诱惑。但是，忽视客观规律，再强烈的愿望也只是愿望而已，于实际非但无益，反而有害。因此，这条总路线，基本方面是不正确的。

敢想敢干，敢说敢做

同成都会议时的情形一样，在正式发动“大跃进”的党代会上，毛泽东就像一名指挥千军万马的统帅，既紧张又兴奋。八大二次会议期间，毛泽东先后作了五次长篇发言，其中一次（5 月 8 日）专门讲破除迷信。

毛泽东最害怕六亿人民没有朝气，像《法门寺》这出戏里面的贾桂一样，让他坐他不敢坐，一副奴隶相。生产上要“大跃进”，思想上必先大解放，培养敢说敢做、敢想敢干的精神。所以毛泽东在八大二次会议上再次大讲特讲破除迷信，他列举了古今中外的大量例证，证明年轻人要勇于胜过老年人，学问少的人可以打倒学问多的人。他指出，不要被名家权威所吓倒，不要被名人、大学问家吓倒。要敢想、敢说、敢做，要从束手束脚的现象中解放出来。“鼓舞很多小知识分子，很多工人和农民，很多老干部打掉自卑感，砍去妄自菲薄，破除迷信，振奋敢想、敢说、敢做的大无畏创造精神”。鼓励人们不要怕教授，不要怕马克思，不要怕工业，“可是我就不相信工业就是高不可攀”。“让高山低头，河水让路这句话很好。高山嘛，我们要你低头，你还敢不低头！河水嘛，我们要你让路，你还敢不让路！”

毛泽东宣传破除迷信，太过出格，讲什么“名家是最落后的、最怕事的、最无创造性”“外行领导内行是一般规律”等等。

毛泽东对于“破除迷信，解放思想”的强调和号召，尽管在一定程度上起到了鼓励人们创造发明的积极作用，但它的主要作用是消极的。在当时急于求成思想已占主导地位的情况下，“破除迷信”，实际上是破除了科学；“解放思想”，实际上是鼓励了浮夸；“外行领导内行”，实际上是支持了瞎指挥。因此，在“左”倾错误思想指导下，“破除迷信，解放思想”等号召，就直接起到了助长高指标、浮夸风和瞎指挥等错误发展的作用。在全党上下头脑已经膨胀的情况下还要破除迷信，不知将要破除的究竟是什么。

果然，本次大会上 117 人的口头发言和 140 人的书面发言，敢说敢做、敢想敢干的呼声压倒了一切。

广西来宾县提出“苦战四个月，基本实现水利化”；

河南长葛县专门介绍土地深翻经验，提出当年要把全县 112 万亩土地全部深翻一遍，争取亩产 800 斤；

安徽桐城县提出当年亩产达到 1000 斤，争取 1500 斤；广东汕头地区提出争取当年亩产达到 1000 斤，3 年左右达到 1500 斤；

机械工业部提出“二五期间产品产量年递增率要达到 50%”；

冶金部门提出“五年超过英国，十五年赶上美国”；

煤炭部门提出“两年赶上英国，十年赶上美国”；

“大跃进”中河南襄城县农民挑灯夜战，深翻土地

铁道部门提出全民大办铁路，“二五”期间修铁路3万公里，15年内全国铁路总长度要达到27万公里；

纺织部门提出5年内超过英国，赶上美国；

水电部门提出5年全国初步实现电气化。

柯庆施5月13日发言说：

以多快好省的方针进行文化革命，在15年或者更多一些的时间内，我国的小学教育、中学教育早已普及，但每个专区、每个县都办了大学或专科学校，在广大乡村中也都办了大学或专科学校，人人知书识理，个个都有比较高的科学文化知识，大家都能够读《资本论》，都懂得高等数学，什么天文学、地质学、农业学、机械学、化学、物理学、电子学等等，都会变为普通人的常识。

到那时，人们将过着极为文明、卫生的生活。苍蝇、蚊子、臭虫、老鼠、麻雀等等早已断子绝孙。孩子们读到书上关于这些东西的记载，就像谈到希腊神话里的怪物一样神秘。人们在博物馆里看到这些东西的标本，正如现在人们看恐龙化石一样感兴趣。

新的文化艺术生活，将成为工人、农民生活中的家常便饭，不但有了更好地为工农兵服务的文学艺术，而且工农兵自己也能更普遍、更高明地动手创造文化艺术。每个厂矿、农村都有图书馆、文化馆、歌咏队、演剧队；每个生产队、组都有自己的梅兰芳和郭兰英。共产主义的道德风尚，将成为人们的思想和行动的规范。

柯庆施说，那时“城市和乡村的差别，体力劳动同脑力劳动的差别，将逐渐消失，而共产主义的最后建成，也就离我们不远了”。他说，这样设想到底合不合乎实际呢？“只怕我们的眼界还是小了些，想得还不够远大”，“现在已经不是可能不可能的问题，而是我们怎样尽最大的努力”去实现的问题了。

5 月 25 日，在中央召开的八届五中全会上，柯庆施被选入政治局。

柯庆施的发言将人们脱离实际的幻想发挥到了相当高的程度。其他人虽然没有柯庆施如此丰富的想象力，但是脱离实际的幻想的确是当时人们的普遍心态。

薄一波在回顾这段历史时说：“对于创业者们的幼稚，笨拙之外以至干出的明显蠢事，不应过多地去责怪或讥笑，重要的是把它当做历史的一部分进行严肃研究，吃一堑长一智，从中得到有益的东西，并作为殷鉴，永远记取。”

周恩来、陈云处境艰难

八大二次会议上，刘少奇在《工作报告》中代表党中央对反冒进作了结论。《工作报告》认为：

在一九五六年的跃进中也曾出现了一些个别的缺点，主要是由于多招收了一部分新职工，某些人员的工资增加不适当，一度造成了市场供应情况的某些紧张。这些缺点，比之当时所取得的巨大成就，本来是很小的，经过全国人民在党的号召下进行了几个月的增产节约运动，问题就解决了。但是当时有一些同志不适当地夸大了这些缺点，对于当时所取得的伟大成绩却估计不足，因而认为一九五六年的跃进是一种“冒进”。在反对所谓“冒进”的这种空气下面，多快好省的方针、农业发展纲要四十条，竟然受到了某些人的怀疑。其结果是损害了群众的积极性，影响了一九五七年生产建设战线上特别是农业战线上的进展。……

一个马鞍形，两头高，中间低。1956 年——1957 年——1958 年，在生产战线上所表现出来的高潮——低潮——更大的高潮，亦即跃进——保守——“大跃进”，不是大家都看得很清楚了吗？

马鞍形教训了党，教训了群众。

引文最后两段话，是毛泽东修改报告时特意加上去的。

中央的这个结论认为，反冒进是由于没有处理好成绩和缺点的关系，即毛泽东所说的“九个指头和一个指头”的关系，在建设实践中影响了群众积极性，造成了"马鞍形"，使建设受到损失。这个结论体现了毛泽东多次批反冒进的基本精神。

但是在大会讨论时，许多人仍嫌不够，认为中央的结论语气偏轻，上纲上线不够，还应当彻底清算反冒进的"错误"。地方代表也在会上报告同地方"右派集团""右倾集团""反党集团"斗争的经过，大有将反冒进的人置于死地之势。

同以往党内历次过火斗争一样，人们的狂热一旦被唤起，便很难用理性控制。

在这种情况下，作为反冒进的主要责任者，周恩来、陈云在大会上做检讨是难以避免的了。5 月 15 日晚，毛泽东同周恩来、陈云分别做了长时间谈话。

就反冒进问题作检讨，周、陈的心态是很复杂的。1956 年经济工作冒进是客观存在，作为主管经济工作的领导人，进行反冒进是必须采取的措施，从实际效果看，反冒进是正确的。但是八届三中全会之后，在不断批反冒进的过程中，求多求快、急躁冒进的思想逐渐在党内上升。到八大二次会议时，上上下下已经形成了浓厚的"大跃进"气氛。对此，他们其实也难以提出异议。

另外，周恩来等人也不能不顾及毛泽东提出的"党要分裂"的警告。毛泽东在会议发言中，两次讲到要准备大灾大难，一要准备世界大战，扔原子弹；二要准备党内分裂，要准备党搞的不好，要分裂，新的分裂是可能有的，只要有党就可能有分裂，一百年后还会有。

什么样职位的人能够引起党内分裂？这是不言而喻的。

为了维护党的团结，为了维护毛泽东的威信，周恩来、陈云等人只能就反冒进问题进行检讨。

这种心态，从当时周恩来写检讨的经过中可以隐约看出来。据当时周恩来的理论秘书范若愚回忆：

> 1958 年，在成都会议期间，周恩来同志对我说，回到北京以后，要起草一个准备在八大二次会议上的发言稿，要我到总理办公室的宿舍住几天。回到北京后，我就到总理办公室宿舍去住，听候周恩来同志给我布置工作。有一天，周恩来同志对我说，他这次发言，主要是做"检讨"，因为"犯了反冒进的错误"，在南宁会议上已经被提出来了。由于我没有随他去过南宁，也不了解那次会议的内容，只是在这次谈话中，我才知道。周恩来同志指示我：过去起草文件，是由他先谈内容，由我记录下来整理成书面材料。这次发言，不能像过去那样，因为这是自己的检讨发言，不能由别人起草，只能他讲一句，我记一句。只是在文字的连接上，做一点工作。周恩来同志还说，关于他这次"犯错误"的问题，他已经和毛泽东同志当面谈过了，

主要原因在于他的思想跟不上毛泽东同志。他还说，虽然和毛主席常见面，但并不能因此在思想上就能完全一致。这说明，必须努力学习毛泽东思想。周恩来同志在讲了这些情况后，就开始起草发言稿的开头部分，他说一句，我记一句。就在这个时候，陈云同志给他打来电话，陈云同志讲的什么，我只听到一两句（他们使用的电话机有增音装置），周恩来同志讲的话，我当然听清了。打完电话之后，他就说得很慢了，有时甚至五、六分钟说不出一句来。这时，我意识到，在反冒进这个问题上，他的内心有矛盾，因而他找不到恰当的词句表达他想说的话。在这种情况下，我建议，我暂时离开他的办公室，让他安静地构思，等他想好一段再叫我来记录一段。我觉得，这时我如果守候在他的办公桌旁，对他是一种精神上的负担，会妨碍他构思和措辞。周恩来同志同意了我的意见，当时已经深夜十二时了，我回到宿舍和衣躺在床上，等候随叫随去。

在第二天凌晨二时许，邓大姐把我叫去，她说：“恩来独自坐在办公室发呆，怎么你却睡觉去了？”我把周恩来同志同意了我的建议的情况讲了以后，邓大姐说：“走！我带你去和他谈。还是由他口授内容，你整理成文字材料。”这样，我随邓大姐到了周恩来同志办公室，她和周恩来同志争论了很久，最后，周恩来同志勉强地同意，还是由他口授内容，我回到宿舍去整理记录。在整理到学习毛泽东思想问题时，我引了一句成语说：“我和毛主席‘风雨同舟，朝夕与共’，但是在思想上还跟不上毛主席。……”后来，我把整理后的记录请周恩来同志审阅时，他看到“风雨同舟，朝夕与共”这句成语时，严厉地批评了我。他说，在关于他和毛泽东同志的关系上，在整风以后，还可以引用这句成语，但是在整风以前，不能引用。“这也说明你对党史知识知道的太少！”周恩来同志讲这些话时，几乎流出了眼泪。最后，他逐字逐句地自己动笔修改一遍，又亲自补充了几段，才打印出来，送交政治局常委和书记处传阅。后来稿子退回，周恩来同志看过以后，又要我把批在稿子上的话誊写清楚，再打印一次。我看到政治局常委和书记处提的意见，把“检讨”部分中的一些话删掉了，有些话改得分量较轻了。我看了之后，心里的紧张情绪才缓和下来。但是，我发现周恩来同志在起草这个发言稿的十多天内，两鬓的白发又增添了。

关于周恩来这段痛苦的经历，还可以引证童小鹏的一段回忆：

1958 年 4 月，我从中央统战部调到国务院担任总理办公室主任时，看到中央党校教授兼总理办公室理论秘书范若愚正在为周恩来起草准备在八大二次会议上的检讨，其中谈到反冒进是十分错误的。他的思想确实“右倾保守”，“离右派差五十米远”等，使我吓了一跳。我想，周恩来对毛泽东是紧跟的，重要的事都请示主席和中央，为什么犯这么大的错误。我很不理解。这个检讨稿送给邓小平征求意见，邓小平说，写这么多干什么，他把“离右派差五十米远”划去了。后来事实证明周恩来等同志反冒进是正确的，他一再自我批评，写检讨。我觉得这不是他的本意，是为了维护党的团结而在强大压力下做出的违心的行动。

周、陈、薄、李公开检讨

5月中旬，周恩来、陈云、薄一波、李先念分别在八大二次会议的大会上分开作检讨发言。周恩来在检讨发言中说：

毛主席曾经反复地教导我们，进行社会主义建设，可以有两种方法：一种是进行得快一些，好一些；一种是进行得慢一些，差一些。前一种是多快好省的方法，也就是贯彻执行党的群众路线、依靠各级党委领导、放手发动群众、调动一切积极因素建设社会主义。后一种是少慢差费的方法，也就是违反党的群众路线、不注意保护干部和人民的积极性、不放手发动群众、主要依靠行政命令建设社会主义。这两种不同的方法，也是两种不同的方针。犯了反“冒进”错误的人，就是按照后一种方法建设社会主义，这显然是同毛主席所提出的多快好省地建设社会主义的方针相违背的。而且，在过去一段时间内，曾经减低了我国的建设速度，损害了干部和群众的生产和建设的积极性。因此，它不是个别问题上的错误，而是在一段时间内关于社会主义建设规模和速度问题上方针性的错误。对于这一点，我在相当时间没有意识到，问题的严重性就在这里。

反“冒进”的错误，不是偶然发生的。这个错误的思想根源是主观主义和形而上学。在多数问题上表现为经验主义，在某些问题上表现为教条主义，还有些问题上则表现为两者的混合。思想方法上的这些错误，结果造成了建设工作中的右倾保守的错误。这样，就违背了毛主席一贯主张的社会主义建设的总路线、总方针。

这里，应该特别讲一讲的，就是政府在指导发展国民经济的工作中，曾经错误地采取了机械和静止的平衡的方法。……当时我和担任政府工作的某些同志却错误地认为，由于基本建设规模过大，速度太快，因而造成市场供应紧张，并且出现了许多不平衡的现象。因为害怕不平衡，就采取了机械的静止的平衡方法，企图以缩小建设的规模、压缩消费的办法，只从分配方面去求平衡。这种平衡的结果，不但不能起促进生产的作用，反而妨碍了生产的发展。

除了上面所说的认识上和方法上的错误以外，还应该特别指出，反“冒进”的错误，是同政府工作中脱离党的领导的倾向分不开的。

陈云在发言中说：

从1956年下半年到1957年上半年的这一段时间内，我对于我国经过农业、手工业和资本主义工商业的三大改造以后，社会生产力的发展形势估计不足，对当时大跃进中出现的个别缺点，主要是由于新职工招收得过多和某些部分工资增加得不适当，一度造成商品供应和财政的某些紧张情况，估计得过分夸大了。我在考虑和提出问题的时候，一般的从财贸系统的情况出发，而对于中央工业、交通多数部门的情况，对于全国各地党的各方面工作，则注意不够，这种从部分情况出发来解决问题，就不会正确地理解九个指头和一个指头的问题，就不可避免地要犯错误。

因此，对于当时反“冒进”的那个方针的错误，我负有主要的责任，首先在思想影响上负有主要的责任。

薄一波在发言中说：

现在看得很清楚，1956年的反“冒进”是完全错误的，这是一个带方针性的错误。对于这个错误，我也是有责任的。因为1956年的跃进，是有重大意义的。在跃进中所出现的一些暂时的局部的困难，对于提前完成第一个五年计划，加速我国社会主义建设，本来是不可避免的，也是没有什么可怕的。但是，我对于这种形势没有很好地加以分析，没有抓住形势发展的主流，对于一度出现的材料紧张的困难，没有采取积极的措施，动员和依靠群众，千方百计地去克服，反而强调了这种困难，认为既然原材料生产赶不上去，基本建设的速度也就不能太快。在积累和消费的关系上，我看到了我国人口多，消费也多，强调提高积累比例有困难，而没有首先强调人多可以生产得更多，积累便更多。因此，对于反“冒进”的错误我是有份的。在反“冒进”错误的影响下编制的1957年计划是保守的。而且在思想没有完全解放的情况下编制出来的1958年计划的第一本账，也对当前“大跃进”的形势估计不足。今天看来，问题的严重性还不在于生产和建设的指标高一点或低一点，而在于反“冒进”大大地挫伤了人民群众和广大干部的积极性，给开始出现的群众性的生产建设高潮，泼了冷水。这是必须引为教训的。

李先念在发言中说：

几年来，财政工作在中央和各级党委领导下是有成绩的，是基本上执行了党的总方针、总路线的。但是，在工作当中确实发生了不少缺点，甚至在一个时候一个问题上也发生过带方针的错误……往往考虑平衡和稳定多，考虑建设速度少，往往一怕发生赤字，二怕市场波动。……建设事业前进当中是会发生某些供求失调现象的，看到这些一时的现象，我们就表现异常敏感，盲目叫喊紧张……当1956年建设跃进中出现了一些个别缺点的时候，我们只是抓住了事物的局部现象，没有抓住事物的本质，夸大缺点，低估成绩，把1956年的跃进说成是一种“冒进”。反“冒进”的错误给工作带来了相当大的损失，这里我是有责任的。幸而中央及时地作了纠正，否则，损失不知道会有多大。

5月20日，毛泽东在讲话时说：经过整风和批评反冒进，中央也好，地方也好，都很团结。反冒进的问题，现在也搞清楚了，我们在新的基础上团结起来了。从团结的愿望出发，经过批评和自我批评，在新的基础上达到了新的团结。

至此，批评反冒进问题终于告一段落。

历时半年多的批评反冒进，在党的民主生活、社会主义经济建设方面产生了许多消极影响。毛泽东把自己凌驾于中央领导集体之上，对主持经济工作的领导人进行严厉批评，言辞激烈，痛快淋漓，而被批评者毫无申辩的余地，只能一个劲地做检讨，甚至发一些违心之论。这种批评在很大程度上，正是他所一贯反对的以势压人，而不是以理服人。

毛泽东对反冒进的批评，造成了一股只能反右不能反左的空气，导致了从中央到地方许多人调子越唱越高，制订计划时指标越搞越高。这些言论、做法反过来又对毛泽东本人产生影响，使他更坚信反冒进的正确性。

批评反冒进，首先使作为总理的周恩来感到巨大的压力。早在南宁会议上，毛泽东就有以柯庆施代替周恩来为总理的设想。虽然没有正式提出来，但是以周恩来的敏锐，当然是感觉到的。

周恩来不在意个人的上下得失，既然认为自己犯了严重的“错误”，他可以不再担任总理。因此，在6月9日的中央政治局常委扩大会议上，周恩来委婉地提出，请大家考虑自己继续担任国务院总理是否适当？

会议挽留周恩来继续担任总理。会后，邓小平拟了个会议记录，写道：会议认为周恩来“应该继续担任现任的工作，没有必要加以改变”。并把这个记录报送了毛泽东。这样，周恩来仍然担任国务院总理不变。

但是此后，周恩来遇事发表意见就少了。

“一天等于20年”

八大二次会议的基本精神，就是“快”字当头。

刘少奇代表中央作的《工作报告》指出：

> 建设速度的问题，是社会主义革命胜利后摆在我们面前的最重要的问题。我们的革命就是为了最迅速地发展社会生产力。我国经济本来很落后，我国的外部还有帝国主义，只有尽可能地加快建设，才能尽快地巩固我们的社会主义国家，提高人民的生活水平。在我国这样一个六亿多人口的大国中，尽快地完成社会主义建设事业，又必将大大增强以苏联为首的整个社会主义阵营的优势，有利于社会主义阵营各国的互助合作，有利于世界上一切和平力量的互助合作，有利于世界和平的保障。
>
> 马克思预言过，无产阶级革命将使我们进入‘会有一天等于二十年’的伟大时期。如果说我们过去在革命经历过这样的伟大时期，那么，我们现在在社会主义的建设中，不又是在经历着这样的伟大时期吗！

不知马克思在世，对如此这般的“一天等于20年”会作何感想？

在人类历史进程中，“一天等于20年”的时刻是有的，不过它只是历史发展的非常态。历史的常态是渐进。尤其是生产力的发展是一个自然历史过程，人们可以通过革命一夜之间使政权易手，但无法在一夜之间出现生产力发展的“奇迹”。然而，在1958年，人们太希望这种“奇迹”出现了。

八大二次会议期间，讨论了“二五”计划第二本账，这第二本账是由国家计委汇总、经过中央财经小组讨论过的。第二本账的各项指标，都有两个方案。它提出的各项指标，同1957年实际完成数相比，令人惊叹。例如：

到1962年，钢2500万吨和3000万吨，增长367.8%和461.4%；

原煤3.8亿度和4.2亿吨，增长192.3%和223.1%；

发电量 900 亿度和 1100 亿度，增长 365.8% 和 469.4%；

化肥 1000 万吨和 1200 万吨，增长 1146.9% 和 1396.3%；

发电设备 500 万瓦和 600 万瓦—700 万瓦，增长 2438.1% 和 2904.5%—3453.3%；

金属切削机床 12 万台和 15 万台，增长 328.6% 和 435.7%；

棉纱 1000 万件和 1200 万件，增长 204.9% 和 247.9%；

棉布 108 亿公尺和 127 亿公尺，增长 204.8% 和 242.6%；

棉食 6000 亿斤和 7000 亿斤，增长 61.2% 和 89.2%；

棉花 6500 万担和 7500 万担，增长 98.2% 和 128.7%。

第二本账提出的上述指标，比“八大”提出的“二五”计划建议数，少则提前了 2 年，多则提前了 4 年。

李富春在会上作《赶上英国，再赶上美国，第二个五年计划是关键》的报告，对这个“二五”计划的解释是:“二五”计划第二本账，是以 7 年赶上英国，15 年赶上美国为目标的。

他说:“只要我们争取完成和超额完成上述初步设想的第二个五年计划的第二本账，我国就完全有可能在 1962 年或者更多一点时间内在钢铁和其他主要工业产品产量方面赶上或超过英国”，并“在 1972 年或者再多一点的时间内，在钢铁和其他主要工业产品产量方面赶上美国。因此，第二个五年是赶上英国和赶上美国的关键。”

钢铁是赶超英美的主要产品。冶金部门自然要更上一层楼。冶金工业部部长王鹤寿在大会发言时说：冶金部再次和各省、自治区、直辖市研究了钢产量的发展速度后，认为 1959 年可以达到 1200 万吨，1962 年 3000 万吨，1967 年 7000 万吨，1972 年 1.2 亿吨。5 年可以超过英国，15 年可以赶上美国。

5 月 7 日，毛泽东在发言时，提出了速度超过苏联的问题。他说，苏联是 20 年加半年（从实行新经济政策到苏德战争爆发），把钢产量从 400 万吨搞到 1800 万吨。1957 年是 5100 万吨。我看，我们搞到 5100 万吨，不需要这么多时间。我们的老底子是 90 万吨（1943 年的产量），到 1962 年，13 年间将搞到 3000 万吨，可能是 3500 万吨，也许是 4000 万吨。从 1949 年算起，可能只要 15 年就能搞到 5100 万吨；或者从今年算起，只要 7 年搞到 4000 万吨，再加一年，就可能搞到 5100 万吨。

5 月 18 日，毛泽东在题为《卑贱者最聪明，高贵者最愚蠢》的批语中，明确提出“七年赶上英国，再加八年或者十年赶上美国”的目标。

赶上英国的时间在不断地缩短，由 15 年到 10 年，又从 10 年跳到了 7 年，再从 7 年跳到了 5 年，“二五”计划期末的钢产量指标也在不断地提高。会后，在第 48 次政治局扩大会议上，将 1958 年的钢产量定为 800 万～ 850 万吨，成为 1958 年钢产量的第三本账。这本账又比 1958 年钢产量的第二本账 700 万吨整整多出了 100 万～ 150 万吨。三本账下来，至此，1958 年钢产量指标已经比第一本账多出 175 万～ 225 万吨，比 1957 年钢的实际产量多 265 万～ 315 万吨。

1958 年夏季刚刚来临，神州大地的热浪已灼面而来。

CHAPTER 4

第四章 跃进狂澜

1 竞放卫星 浮夸风吹遍神州 大办公社 乌托邦走近中国

体制下放，大办工业掀高潮

“大跃进”从农业开始，并不意味工业落后了。事实上从年初以来，各地就掀起了大办工业的高潮。

地方上从来就有自己办工业的强烈愿望，他们不满中央统得过多过死，毛泽东很赞成地方领导人的意见，从1956年《论十大关系》讲话以来，逐渐形成了依靠中央和地方两个积极性办工业的思路。到1958年“大跃进”兴起，这个思路变成了方针。鼓励地方放手干。

在《工作方法六十条（草案）》和成都会议上，毛泽东就提出了各地工业总产值要在5到7年内超过农业总产值的要求，八大二次会议后，中共中央又进一步提出了建立比较完整的工业体系的任务。6月初，中共中央决定把全国划分为东北、华北、华东、西南、西北等7个协作区，要求各协作区根据自己的资源等条件，尽快建立大型的工业骨干和经济中心，形成若干个具有比较完整的工业体系的经济区域。

事实上，这时各地早已出现大办工业的热潮。

工业不发达的甘肃省，1958 年 1 月到 3 月，全省办厂 1000 多个，3 月到 5 月，建厂 3500 个，5 月到 6 月，全省厂矿数目猛增到 220000 个。其中省办的 2500 多个，县办的 15000 多个，乡办的 16000 多个，社办的 185000 多个。出现了 10 多个“万厂县”，20 多个“千厂乡”，50 多个“百厂社”。全省每个乡平均有 110 个厂矿，每个农业社平均有 12 个厂矿。

河北省定县，在一个多月的时间内就建起 1530 个中、小型工厂，平均每天有 35 个工厂投入生产。

人口仅 13 万多的内蒙古呼伦贝尔盟布特哈旗，到 5 月底就建厂矿 307 座。

以上数字，存有不少浮夸成分，但也大体反映了全国范围内大上工业建设项目的基本状况。

为了加快各地建立地方工业体系的步伐，根据八大二次会议的规定，中共中央在会后的短时间内，还把原归中央管理的大部分企业和中央在许多方面的管理权限，迅速地下放给了地方。

6 月 2 日，中共中央作出关于企业、事业单位和技术力量下放的规定，要求各工业部门除一些特殊的企事业单位外，其他在 6 月 15 日前全部下放。这样，中央各部门所属的企业、事业单位 880 多个（占总数的 80% 以上），在极短的时间内就办完了下放手续，交给了地方管理。

6 月 29 日，中共中央批准劳动部的报告，决定放松国家对招收新工人的审批管理，确定今后劳动力的招收、调剂等项工作由各省、自治区、直辖市负责管理，1958 年的招工计划，经各省、自治区、直辖市确定之后就可执行，不必经过中央批准。

中央还先后作出了下放计划管理权限、下放基建项目审批权、下放财权和税收权以及下放商业、银行管理权等一系列决定，把相当一部分应由中央掌握的权力下放给了地方。

这一下放，所有计划就形同虚设了。结果，更加促使各地乱上工业基本建设项目，新建的小型企业遍地开花。

钢铁指标节节拔高，陈云心存疑虑，没有说话

陈云等人受到批评，作了检讨，然而，具体组织经济工作，没有别的人，还

得由陈云等人负责。

6月10日，中共中央发出通知，成立财经、政法、外事、科学、文教等五个中央小组。这是权力进一步由政府向党中央集中的一个标志。其中的中央财经小组由12人组成。陈云为组长，李富春、薄一波、谭震林为副组长，李先念、黄克诚、邓子恢、聂荣臻、李雪峰、贾拓夫、王鹤寿、赵尔陆为组员。

这时，一则毛泽东亲自走上前台领导经济工作，二则运动兴起，计划已难起作用。陈云领导的中央财经小组变成了一个无实权的机构，它的任务只是向毛泽东和中共中央提供经济信息和各种意见。

全国热浪翻滚，全党上下头脑发热，陈云面对节节拔高的计划指标，心存疑虑，却难讲话。

在各项指标中，上上下下情有独钟的是钢铁。

6月17日下午，陈云参加在中南海西楼召开的政治局会议。常委们除了毛泽东，全都参加了。会议听取薄一波作关于1958年计划执行情况和1959年设想的汇报。谈到钢铁生产时，薄一波说，预计今年钢产量将达到900万吨，初步安排，明年计划为2000万吨或2000万吨以上。

这已是很高的指标。然而，政治局委员们仍意犹未尽。一些人同意，另一些人还认为当年钢产量不只900万吨，明年指标还可能更高一点。没有人认为指标高了。会议从下午3点一直开到晚上11点。仍未统一认识。

6月18日晚8点到11点半，毛泽东在中南海游泳池召集谈话会。参加会议的有刘少奇、周恩来、朱德、陈云、邓小平等常委和彭真、李富春、李先念、薄一波、廖鲁言、黄克诚、王鹤寿等。谈话会上，毛泽东赞成提高钢铁指标。于是，敲定1958年钢产量预计完成数改为1000万吨，1959年钢产量指标改为2500万吨。

毛泽东对薄一波说：“现在农业已经有办法了，叫做‘以粮为纲，全面发展’，你工业怎么办？”

薄一波没有多加思索，就回答说：“工业就‘以钢为纲，带动一切’吧！”

毛泽东说：“对，就按这么办”。

他认为，机械工业也很重要，接着就议论起工业交通各行业之间的相互关系问题，提出机械工业也是纲，电力和铁路是先行。

6月19日晚上，毛泽东在游泳池召见中央一些同志，冶金部长王鹤寿也参加了，毛问他：“去年是530万吨，今年可不可以翻一番？为什么不能翻一番？”王鹤寿说：“好吧！布置一下看。”第二天他就布置了。当时内部决定1100万吨，后来公开宣布为1070万吨，即以1957年产量535万吨为基数翻一番。

从毛泽东处谈话回来，薄一波在修改《汇报提纲》时，就写下了这么一段话：“基本建设投资首先保证两个‘纲’和两个‘先行’部门的需要，两个‘纲’就是冶金工业和机械工业。两个‘先行’部门，就是电力和铁路。纲举目张，其他一切东西都带动起来了。这是工业部署上的战略问题，必须有统一的看法。”

7月1日，《人民日报》闻风发表一篇《以钢为纲》的文章。于是，“以钢为纲”、三个“元帅”（钢铁、机械、粮食）、两个“先行”（交通、电力）之说，从此传遍全国。

修改过的《汇报提纲》提出：1959年我国国民经济将比今年有一个更大的跃进，经过3年苦战，我国可以在钢铁和其他主要产品产量方面赶上和超过英国，基本建成比较完整的工业体系，农业方面将实现水利化，达到农业四十条的要求。

毛泽东已沉醉于这种指标升级的文字游戏。6月21日，他在军委扩大会议上讲话，说：“我们3年基本超过英国，10年超过美国，有充分把握。”听到这种消息，高级将领们无不为之振奋。

6月22日，毛泽东对薄一波起草的汇报提纲作了指示：“赶超英国，不是15年，也不是7年，只需要2年到3年，两年是可能的。这里主要是钢。只要1959年达到2500万吨，我们就在钢的产量上超过英国了。”

领袖与干部们相互激动，中央、地方、各部门相互较劲。三天两头变更计划，指标不断升温加热。陈云内心里是有自己的想法的，但是没有说话。他在私下谈话时说：现在热度太高，提不同意见没人听。

有一次，薛暮桥和宋劭文去见陈云，希望他找毛泽东谈谈他对“大跃进”中的一些问题的想法，陈云说：“现在不是毛主席一个人热，全国许多领导都热，不吃一点苦头，这些话是听不进去的。”

薄一波回顾这时的想法时说：“那时，我的脑子也很热，而且在八大二次会议上刚就反冒进问题作过检讨，即使有不同意见也不便坚持，因此，我也同意提高钢铁指标。”1958年7月31日到8月3日，苏联领导人赫鲁晓夫来华访问。阿尔希波夫作为他的总顾问随同来访。

赫鲁晓夫这次访问，是为了解决双方关系中所谓“长波电台”和“联合舰队”的事情。

双方会谈闹得很不愉快。

毕竟还是共产主义同志，会谈中，毛泽东把中国当年的雄心壮志给赫鲁晓夫透露了。他告诉赫鲁晓夫，中国今年要生产钢1070万吨，明年是2500万到3000万吨。

赫鲁晓夫搞过技术，中国的工业基础有多大的家底，瞒不过他。现在中国一下子搞钢铁翻番，他当然不大相信，但也不想再为这次糟糕的会谈添什么新的分歧了。他来了一句外交辞令，说："中国同志提出来的计划，我们相信大概可以完成"。

说完这句话，再无下文。明显表示冷淡和怀疑。

阿尔希波夫就不同了。他是中国人的老朋友，"一五"计划时期苏联驻华专家总顾问。

8月3日，中苏双方签署《毛泽东和赫鲁晓夫会谈公报》。陈云和阿尔希波夫进行了交谈。陈云把深藏在心底的疑问，端出来问这位老朋友："你看我们明年的钢产量计划，完成得了完成不了？"

阿尔希波夫不好正面回答陈云的问题，只是笑了一下，说："很大的计划，伟大的计划，能完成百分之八十、九十，也是很好的。"

不知是有意还是无意，在走向宴会厅时，阿尔希波夫同薄一波走在一起，他坦率地对薄一波讲："你们的计划太高了，恐怕实现不了。"薄一波机械地回答："我们有群众路线，把土法炼铁炼钢加上去，计划一定能实现。"阿尔希波夫苦笑，说了一句："土法炼钢再多也没有用。"

陈云同阿尔希波夫心照不宣。

竞放"卫星"，浮夸风席卷全国

在"大跃进"的热浪中，干部们的"创造力"旷古未有。他们总是把领袖的号召发挥到极致。

毛泽东重视的农业增产措施，除大兴水利建设之外，就是耕地深翻改土、合理密植、工具改革、养猪积肥等。著名的"农业八字宪法"（土、肥、水、种、密、保、管、工），就是毛主席在1958年致力于抓农业增产总结概括而成的。

"八字宪法"本来只是农业经验的总结。然而把它推向极致，就做出了许多劳民伤财的蠢事来。

山东有个大山农业生产合作社，因为深翻土地增产，"不多不少，增产百分之百"，毛泽东听说后就鼓励各省搞深翻。他对湖南的同志说："深翻换土，大有味道，宁可一亩地花一百个工、几百个工也要干"；又对陕西的同志说："订个五年计划，用人海战术，把耕地全部翻一遍。"

河南省长葛县县委第一书记在八大二次会议发言，专门介绍深翻地的经验，说他们县到1958年4月底，33万亩早秋地都深翻了一遍，深度在1.5尺左右，计划年内把全县112万亩土地“来一个大翻身”，使产量增加百分之几十以至一倍、几倍。

毛泽东甚是赞赏，号召在全国推广长葛县的经验。他指出：深翻一尺五寸，是一大发明。长葛县的经验向所有各县提出一个问题：如果长葛县今年一年就把全县的耕地112万亩深耕一遍，难道别的县就不能吗？农业部在长葛县召开了全国现场会议，决定大干一秋，加上明年一年，把全国所有耕地深翻一遍。于是，一场深翻土地的运动在全国展开。在一些地方变成翻得越深越好，有些地方甚至翻到3尺深。良田变成了荒地。

毛泽东发现南方某些高产地区水稻每亩植3万蔸，就号召各地根据不同情况合理密植。他在八大二次会议讲话时肯定：“所谓合理密植，在湖北、湖南、广东，就是三万蔸。”“合理密植”的要求传达下去，无限放大。在一些地方也变成越密越好，每亩水稻的蔸数密植到了4万和5万之多。徒然浪费了种子，秧苗密不透风造成严重减产，有的地方更走极端，一亩地下种几百斤的给插红旗，按农民自己的经验下种的，插白旗。结果，插红旗的土地只收一堆秕子，插白旗的土地倒真正增了产。

在农田水利建设和深翻改土运动中，出现了工具改革的苗头。毛主席对此高度重视。3月22日他在成都会议上指出：“改良农具运动应推广到一切地方去，它的意义很大，这是伟大的革命，是技术革命的萌芽，它有伟大的意义，它带有伟大革命的性质。”

在毛主席讲话的鼓舞下，广大农村掀起了工具改革的热潮。一些地方搞所谓“车子化运动”“滚珠轴承化运动”“绳索牵引机化运动”等，结果也事与愿违，造成很大的浪费。

为了放“卫星”，不顾科学的高度密植，造成倒禾烂秧，粮食歉收

在当时，只要哪个地方有了“发明”，很快就会被广为宣传，普遍推广，形成一阵风。

山西有一个和尚同一个农民合伙，在山坡上挖鱼鳞坑蓄水，这个办法合乎当地实际，后来一普遍宣传，在平原地区也加以推广，搞所谓“葡萄串”、“满天星”，给平原地区农民带来严重的灾难。

凡此种种闹笑话的事，不一而足。

然而，这些运动都要兴师动众，劳民伤财，都不如指标竞赛和放产量卫星来得快。两片嘴一张，说有多少就有多少。

6月召开的华东区农业协作会议，提出3到5年内人均粮食产量要达到2000斤以上。就连一向低产的西北地区，也提出了人均粮食产量1958年达到1100斤，1959年达到2000斤、1962年突破3000斤的任务。

伴随指标竞赛的是报产竞赛。从夏收开始，各地就不断地放出“高产卫星”。

6月底7月初国家统计局在保定召开全国统计工作现场会，提出统计工作必须“为政治服务”的方针，为虚报产量开了绿灯。此后，浮夸风刮得更加凶猛了。

在那以前，苏联发射了两颗人造地球卫星，轰动全球，这大大启发了人们的想象力，于是就把假造的高产典型叫“放卫星”，一时间“放卫星”成为全国的流行语，成为浮夸风的代名词。像遂平、襄阳、魏县、谷城、临漳、光化、商丘、辉县、安国、徐水、西平、汕头、贵溪、闽侯、麻城、孝感、繁昌、郫县、寿张，诸如此类的落后小县，都在夸耀自己的高产。粮食亩产记录每一天都在刷新。

6月12日，新华社报道，河南省遂平县卫星农业社首放小麦亩产3530斤的“卫星”。

6月30日，《人民日报》报道，河北省安国县南娄底乡卓头村社小麦亩产5103斤。

7月23日，《人民日报》发表河南省西平县和平农业社“发射”“小麦高产卫星”的消息，宣称小麦亩产达到7320斤。

8月13日，《人民日报》报道，湖北省麻城县麻溪河乡和福建省南安县胜利乡“发射”早稻和花生“高产卫星”，亩产量分别达到36900斤和10000多斤。

9月18日，《人民日报》又报道，广西环江县红旗人民公社“发射”的“中稻高产卫星”，亩产量高达13万多斤……

不要以为这是天方夜谭，这些都赫然登在最高党报《人民日报》上。当年《人民日报》此类报道不胜枚举。一天，《人民日报》刊登一幅照片：男孩坐在大田

福建英湖社再夺高产冠军
花生亩产13241斤
人民日报
麻城建国一社出现天下第一田
福建海星社创花生亩产一万零五百多斤纪录
人民日报
二亩九分小麦亩产3530斤
人有多大胆 地有多大产
向日葵异軍突起

“大跃进”高潮时期，各地纷纷以虚假的高指标高纪录相夸耀

的稻穗上，稳若童床，可见稻穗有多厚！

什么叫舆论导向的作用？看看1958年的《人民日报》吧！当年还没有电视，报纸是主要的传媒工具，《人民日报》又占其魁。日日出“奇迹”，天天放“卫星”。自己把自己陶醉了。7月23日，《人民日报》发表社论《今年夏季大丰收说明了什么》。其中说：农业发展已进入“由渐进到跃进的阶段”，“只要我们需要生产多少就可以生产出多少粮食来”。8月3日，《人民日报》又发社论《年底算账派输定了》。社论说：“地的产量由人的胆决定了的”，批判“唯条件论”。这种唯意志论的宣传达到极端，是8月27日以《人有多大胆，地有多大产》的头版通栏标题，发表了山东寿张县的丰产运动的调查报告。

各地区、各部门反映的情况、上报的数字也有很大的浮夸成分。安徽、河南等省争相宣布自己已是人均粮食千斤省。农业部发布的1958年油菜、春小麦和早稻等生产公报，也出现了总产量分别比上年增长56.5%、63%和126%这样高的数字。7月份，农业部根据各省的报告汇总的全年粮食估计总产量，竟然高达10000亿斤（1957年是3900亿斤）。这样高的数字，太过离谱了，对外宣布估产时降到了6000亿～7000亿斤。

这种全国性的造假运动，使原本有些疑惑的领导人也信以为真了。国务院副总理、外交部部长陈毅本来对此将信将疑，他到广东省番禺县转了一圈回来，信了，在《人民日报》上发表文章，证明说，自己在广东省番禺县，亲眼看到了亩产100万斤番薯、60万斤甘蔗、5万斤水稻的事实。

不过，看来还是有人在私下里流露出一丝怀疑。他们说，植物不可能无限制地生长。于是广东省委书记陶铸就在报纸上发表文章，驳“粮食增长有限论”，认为广东的粮食亩产是可以达到三四千斤以至1万斤的。一位著名科学家也撰文论证，如果植物能利用射到一亩地上的太阳光能的30%，稻麦的亩产量就有可能达到4万斤。

当然，并不是所有领导人都相信这些放卫星的产量，只是有人不敢说，有人不便说，有人不愿说，怕泼冷水。

7月份，周恩来参观一个农业展览会，看了几个亩产3000斤、亩产4000斤的小麦“卫星”，他当即问陪同的负责同志。“不知是否确实？”那个负责同志支支吾吾，说不清楚。

毛泽东本人也不见得相信，他只是为这种热情所激动。当农业部汇总全国粮食达到10000亿斤的情况报上来时，毛泽东感到有水分，一刀砍了三分之一，公布时把估产降到6000亿～7000亿斤（这个数字比后来核实的4000亿斤还多3000亿斤）。不过毛泽东和许多人都相信1958年大增产，是确定的了。

国防部长彭德怀元帅也为之激动过。8月视察东北地区，三江平原。一路上波澜壮阔的全民“大跃进”的生动图画，使他的热血也在沸腾。他向部队干部们讲话，激动地说：“过去唱歌是‘起来！饥寒交迫的奴隶’，中国人民几千年来饿肚子的问题，今年解决了！今年粮食产量是7000亿到8400亿斤，明年是1.5万亿斤。每人年平均有1吨粮，什么战争、灾害都不怕了。”

在工农业生产“大跃进”的形势下，教育、文艺等各界也不甘落后，纷纷开展了自己的“大跃进”。

在教育界，“大跃进”的主要表现是：

一是“插红旗”“拔白旗”，搞红专辩论，把那些对“大跃进”、浮夸风错误持批评、怀疑态度的专家、教授当做“白旗”拔掉，清除教育“大跃进”的障碍。

二是强调“教育为无产阶级政治服务，教育与生产劳动相结合”，使师生过多地参加生产劳动，否定课堂教学的必要性，忽视书本知识和系统的基础理论的学习。

三是大办业余教育、工农大学，大抓扫盲工作。如河南省遂平县8月底就创办红专综合大学、半耕半读综合大学、水利工矿专科学校、业余农业大学等570多所，学员10万多名，基本上做到每个社员都进大学。河南省登封县两天之内建起了44所红专大学，入学干部群众11.7万余人，占全县30万人口的1/3以上。截至7月底，全国已有639个县市基本扫除文盲，占全国县市总数的28.1%，其中基本扫除文盲的省份已有黑龙江、吉林、浙江和甘肃。有4100万人摘掉了文盲帽子，还有11200万人坚持扫盲学习。

四是下放高校和教育管理权限。为了提高地方办学的积极性，7月和9月，中共中央和国务院先后作出决定，把原由中央领导的60所高等院校的审批权下放给省、自治区、直辖市，要求各地大办教育事业。

如此教育“大跃进”，其后果不言自明：“插红旗”、“拔白旗”，打击了大批专家、教授；强调教育与生产劳动相结合，浪费了师生的大量时间；下放高校和教育管理权限，过量地增加了高校和教职工数量，降低了教学质量；至于业余教育和扫盲工作，虽然取得了一定的成绩，但更多的却是虚假浮夸。

文艺界的“大跃进”，则是一场浮夸风。1958年8月和10月，文化部先后召开了省、自治区、直辖市文化局长会议和全国文化行政会议，部署了文化工作的“大跃进”。会议要求群众文化活动要做到：人人能读书，人人能写会算，人人看电影，人人能唱歌，人人能绘画，人人能舞蹈，人人能表演，人人能创作。还要求文艺创作要行行放卫星，处处放卫星，层层放卫星，据此要求，很多地方提出了每个县出一个鲁迅和郭沫若等荒唐的口号。文艺作家在“写中心”“唱中心”的要求下，被迫制订自己的“跃进计划”，大放

“大跃进”中陕西西安雁塔区春花农业社绘制“大跃进”壁画《让高山低头，河水让路》

“创作卫星”，创作出了一大批反映“大跃进”的公式化、概念化、标语口号式的作品。特别是当时被推崇为“革命浪漫主义的典范”的新民歌，一味堆砌豪言壮语，严重脱离客观实际，如“稻粒赶黄豆，黄豆像地瓜，芝麻赛玉米，玉米有人大，花生像山芋，山芋赶冬瓜，一幅丰收图，跃进农民画”，对“大跃进”的浮夸风起了推波助澜的作用。

理论、科技、体育、卫生等各界，也都提出了各自的“跃进”目标，制订了自己的“跃进”计划，纷纷投身于“大跃进”的浪潮。

一种新社会模式的诞生

“奇迹”迭出，喜讯频传。作为这场运动的倡导者，毛泽东处在高度的亢奋和喜悦之中。

6月30日，读《人民日报》，余江县消灭了血吸虫。毛泽东浮想联翩，夜不能寐。微风拂煦，旭日临窗。遥望南天，欣然命笔。一口气写下两首七律：

绿水青山枉自多，华佗无奈小虫何！千村薜荔人遗矢，万户萧疏鬼唱歌。坐地日行八万里，巡天遥看一千河。牛郎欲问瘟神事，一样悲欢逐逝波。

春风杨柳万千条，六亿神州尽舜尧。红雨随心翻作浪，青山着意化为桥。天连五岭银锄落，地动三河铁臂摇。借问瘟君欲何往，纸船明烛照天烧。

血吸虫病，千年遗害，一朝消灭，怎能不使一心造福人民的毛泽东兴奋不已。然而，使毛泽东夜不能寐的决不仅是这一件事。他由此及彼，浮想联翩，他想起这改天换地的“大跃进”，想起那“天连五岭银锄落，地动三河铁臂摇”的动人场景，更想起他改造社会改造人使“六亿神州尽舜尧”的伟大目标。怎能不激动！

这时，一种新的社会模式的曙光正在升起，那就是人民公社。

早在1955年12月，毛泽东在为《中国农村的社会主义高潮》一书所写的按语中，就提出了办大社的思想。他指出：“小社人少地少资金少，不能进行大规模的经营，不能使用机器。这种小社仍然束缚生产力的发展，不能停留太久，应当逐步合并。有些地方可以一乡为一个社，少数地方可以几乡为一个社，当然也会有很多地方一乡有几个社的。”此后，各地办起了一起大社，但因效果不好，不久就大部分停办。1957年9月，中共中央发出《关于做好农业生产合作社生产管理工作

江苏邳县农民作的飞机撞断玉米杆的漫画

的指示》，指出：“几年来各地实践的结果，证明大社大队一般是不适合当前生产条件的。因此，除少数确实办好了的大社以外，现在规模仍然过大而又没有办好的社，均应根据社员要求，适当分小。”

1957年冬和1958年春，在进行农田水利建设的过程中，因出现了一些社与社之间的矛盾，毛泽东又提出了办大社的问题。在他的提议下，1958年3月召开的成都会议通过了《关于把小型的农业合作社合并为大社的意见》，指出：“我国农业正在迅速地实现农田水利化，并将在几年内逐步实现耕作机械化，在这种情况下，农业生产合作社如果规模过小，在生产的组织和发展方面势将发生许多不便。为了适应农业生产和文化革命的需要，在有条件的地方，把小型的农业生产合作社有计划地适当地合并为大型的合作社是必要的。”4月，文件发出后，各地开始了并社的工作，并出现了一些像河南省遂平县嵖岈山卫星社那样的由 27 个小社合并而成的大社。

以大搞农田水利建设为中心的农业生产高潮的掀起，地方工业遍地开花，带来了农村劳动力紧张。一些地方为着尽可能地腾出劳动力用到工农业生产上去，于是出现了简易的公共食堂和托儿所。为了让青年农民学习农业技术，吉林延边、河南登封、湖南浏阳等地的农村办起了“农业大学”。正是在这种情况下，中央领导同志开始酝酿新的农村基层组织结构问题。

1958 年 2、3 月间，毛泽东和陈伯达谈过一次话，说乡社合一，将来就是共产主义的雏形，什么都管，工农商学兵。

“公社”一词，显然是从巴黎公社引申过来的，它一开始就具有共产主义的色彩。最早议论“公社”的不只毛泽东一人。

按照刘少奇的回忆，“公社”一词是“吹”出来的。

1958 年 11 月 7 日，刘少奇回忆说：

公社这个名词，我记得，在这里（郑州火车站），跟吴芝圃（时任河南省委第一书记）同志谈过。在广州开会，在火车上，有我、恩来、定一（时任中央宣传部部长）、邓力群，我们四个人吹半工半读，吹教育如何普及，另外就吹公社，吹乌托邦，吹过渡到共产主义。说建设社会主义这个时候就为共产主义准备条件，要使前一阶段为后一个阶段准备条件，我们搞革命就是这样的，开始搞前一步的时候，就想到下一步，为下一步创造条件。我们现在建设社会主义，就要为共产主义创造一些顺利条件。还吹空想社会主义，还吹托儿所，集体化，生活集体化，还吹工厂办学校，学校办工厂，半工半读。要邓力群去编空想社会主义，要定一编马恩列斯论共产主义。下了火车，在这个地方，大概有十几分钟，跟吴芝圃同志说，我们有这样一个想法，你们可以试验一下。他热情很高，采取的办法也很快（吴芝圃插话：那个时候，托儿所也有了，食堂也有了，还不叫公社），工农商学也有了，就是不叫公社。乡社合并是老早就有的。

刘少奇讲到广州开会，是去广州向毛泽东汇报八大二次会议准备情况，时间约在 4 月底。到了广州，毛泽东又向他们四人谈了自己对共产主义公社的设想。回到北京，陆定一加以整理发挥，在 5 月 19 日的八大二次会上讲了一次，其中谈到：

毛主席和少奇同志谈到几十年以后我国的情景时，曾经这样说，那时我国的乡村中将是许多共产主义的公社，每个公社有自己的农业、工业，有大学、中学、小学，有医院，有科学研究机关，有商店和服务行业，有交通事业，有托儿所和公共食堂，有俱乐部，也有维持治安的民警等。若干乡村公社围绕着城市，又成为更大的共产主义公社。前人的“乌托邦”想法，将被实现，并将超过。我们的教育方针和其他教育事业，也将朝这个目标发展。

这时，“共产主义公社”还是一个几十年后的“远景”设想，也没有公开宣传。以至各地并社之初，大社只是规模大了。名称五花八门，但没有用人民公社的。

这时，党的领导人的目光都向着未来，向着共产主义。由合作社而为公社，其主要的着眼点，是在试图营造未来共产主义社会的基本单位。

中共中央宣传部部长陆定一这时发现，恩格斯已经把未来共产主义的基层组织叫作“公社”了。在把马克思和恩格斯的每一句话都视为金科玉律的时代，可以想象这一发现的价值。陆定一推荐给毛泽东，后者又向政治局里的全体同志一再推荐。这一来，大家都相信，“公社”不仅仅是空想社会主义者的幻觉，而且是科学社会主义导师的结论。

7月1日和16日，陈伯达在《红旗》杂志第3期和第4期发表题为《全新的社会，全新的人》和《在毛泽东的旗帜下》的文章，传达了毛泽东的关于办公社的思想，指出:“把一个合作社变成为一个既有农业合作又有工业合作的基层组织单位，实际上是农业和工业相结合的人民公社。”“我们的方向，应该逐步地有次序地把‘工（工业）、农（农业）、商（交换）、学（文化教育）、兵（民兵，即全民武装）’组成为一个大公社，从而构成我国社会的基本单位。”之后，河南、山东、河北等开始办起了人民公社。

几天以后，国务院里分管农业的副总理谭震林，赴河南去找吴芝圃，看看他的实验是否取得了一些成绩。他到了遂平县，看到了一个名叫“卫星”的合作社，就兴高采烈地告诉农民，他们办的正是“共产主义公社”。当然一切都是刚刚开始，农民看不出“公社”究竟好在哪里，于是，谭震林便向他们作了一番描述:

第一，有好的食物，而不仅仅是填饱肚子。每顿有肉、鸡、鱼、蛋，还有更精美的食物如猴头、燕窝、海味等，都是按需供给。

第二，衣服穿着方面，一切要求都可满足，有各种花色和品种的服装，而不是清一色的黑色和蓝色。将来，普通服装仅作为工作服使用，下班后，人们就换上皮服、呢绒和羊毛制服，当人民公社都养了狐狸，那时外套就都是狐皮的了。

第三，房屋都达到现代城市的标准。现代化是什么？人民公社。在屋子的北厢有供暖设备，南厢有空调设备，人们都住在高楼里，不用说，里面有电灯、电话、自来水、无线电和电视。

第四，除了跑步的选手外，旅客和行人都有交通工具，航班通向各个方向，每个省都有飞机场，每个地方都有飞机制造厂的日子也不远了。

第五，每个人都受高等教育，教育已经普及。

这样一幅图画真是让农民着迷，其中诸如燕窝猴头呢绒空调，又如电话电视航班无线电，在他们是闻所未闻，难以想象。这时候，任政治局候补委员的康生，编出一句好读又好记的诗来，让不通文字的农民只听一遍就会永世不忘：

共产主义是天堂，
人民公社是桥梁。

毛泽东视察华北，“还是办人民公社好”

一个是放卫星，一个是办大社，这两件事使毛泽东再也不能安坐北京，他要亲赴乡间，去体察农村的实际情况。出巡时间选在8月4日。

毛泽东由北京出发，第一站来到河北徐水县，河北省委书记解学恭、副省长张明河和徐水县委第一书记张国忠陪同毛泽东视察。

8月骄阳似火，毛泽东头戴一顶大草帽，汗流浃背，步出车站，首先映入眼帘的是一幅大标语牌，上面画着徐水县三年进入共产主义的平面规划图。毛泽东驱车视察了粮食加工厂、供销部、医院、猪场、缝纫厂，又参观了幼儿园和敬老院，最后来到丰产田——这是张国忠创造的一幅杰作。

几天后追踪采访的记者在《人民日报》上发表了毛泽东视察徐水的报道：

县委书记张国忠告诉主席说，今年全县夏秋两季一共计划要拿到12亿斤粮食，平均每亩产两千斤。张国忠又说，主要是山药高产，全县共种了春夏山药35万亩。毛主席听过以后，不觉睁大了眼睛，笑嘻嘻地看了看屋里的人，说道：

“要收那么多粮食呀！”这时候，毛主席显然是想起了张国忠在路上介绍的本县情况，就伸出又厚又大的坚强的巴掌，算账一般地说：“你们夏收才拿到9千多万斤粮食呢！秋季要收11亿呀！你们全县31万人口，怎么能吃得完那么多粮食啊？你们粮食多了怎么办啊？”

大家一时都被毛主席问住了。后来，张国忠笑道：“我们粮食多了换机器。”

毛主席说：“又不光是你们粮食多，哪一个县粮食都多！你换机器，人家不要你的粮食呀！”

李江生说：“我们拿山药造酒精。”

毛主席说：“那就得每一个县都造酒精！哪里用得了那么多酒精啊！”

毛主席呵呵笑着，左右环顾地看看大家。大家不觉都跟着笑了起来。张国忠也笑道：

“我们只是光在考虑怎么多打粮食！”

毛主席说：“也要考虑怎么吃粮食哩！”

很多人都在私下里互相小声说着：“毛主席看问题看得多远，看得多周到啊！”

“其实粮食多了还是好！”毛主席又笑道，“多了，国家不要，谁也不要，农业社员们自己多吃嘛！一天吃五顿也行嘛！”

看完河北三县，8月6日，毛泽东来到河南农村，河南省委第一书记、省长吴芝圃等人陪同，吴芝圃是1957年斗倒原省委第一书记潘复生之后，成为河南的党政两个一把手的。1958年“大跃进”，河南的发明创造居全国之首。后来，河南饿死人也居全国前几位。

6日下午，毛泽东来到新乡县的七里营乡，这个乡在全国第一个挂起了“人民公社”的牌子。

毛泽东详细地询问了这个公社的情况，参观了托儿所、“幸福院”、食堂、面粉加工厂、滚珠轴承厂。毛泽东对这个最早建立的人民公社大加赞扬。在公社的棉田里，毛泽东一边看女社员喷杀虫剂的操作，一边高兴地对河南省委第一书记吴芝圃说：“吴书记，有希望啊！你们河南都像这样就好了。”

吴芝圃说：“有这么一个社，就不愁有更多这样的社。”

毛泽东点点头道：“对，有这样一个社，就会有好多社。”

正是在七里营人民公社，当省委负责人汇报说人民公社是新生事物，有许多好处时，毛泽东欣喜地随口说道：“好么，好么，人民公社好。”第二天，被跟随采访的记者登报发表了出去。毛泽东看了报纸，连说“糟糕”，因为毕竟此事还未经中央政治局讨论过。不过，事已如此，毛泽东也只好听其自然，何况从内心深处讲，他对人民公社确实有种由衷的喜爱呢！

毛泽东视察河南的新乡、长葛、商丘三县农村后，8 月 9 日来到山东。省委书记谭启龙、裴孟飞陪同来到历城县北园乡。当省委负责人汇报说历城县北园乡准备办大农场时，毛泽东肯定地指出：“还是办人民公社好，它的好处是，可以把工、农、商、学、兵合在一起，便于领导。”

“还是办人民公社好”，这句话被记者们公布出去，惊天动地，一言“兴”邦，全国闻风而动，一场“人民公社化运动”由此兴起。这时，中央政治局还没有开会研究呢。

第四站到达天津。

农业问题过关了，吃饭问题解决了。这是毛泽东结束这次视察回京时获得的总印象。这时他心中已经激荡着“人民公社”的理想风帆。回到北京，余兴未消，专列临时停在丰台火车站，毛泽东又视察了丰台区的两个农业生产合作社。

回到中南海，已是夜里 11 点了。一路风尘仆仆，毛泽东却毫无倦意，反而精神矍铄，对卫士长李银桥说：“看来，我们这个国家还是有希望的。”

2 北戴河会　钢铁翻番全党动员
公社决议　共产主义指日期成

“粮食已接近和达到饱和”

毛泽东从河北、河南、山东、天津四省市巡视回京，稍事休整，8 月 16 日到达北戴河。

北戴河海滨，风光宜人，丛林掩映之中，坐落着一栋栋别墅。新中国以后，这里成了中共中央领导人夏季避暑和工作的固定地点，人们戏称为“夏宫”。

然而，毛泽东来此，决不只是休憩。在这里他主持召开了一次重要会议，作出了三个重大决策：一是大炼钢铁，一是实现人民公社化，一是炮击金门。每一件事都震动了世界，都载入了史册。

北戴河会议，是一次中央政治局扩大会，参加会议的有中央政治局委员，各省、市、自治区党委第一书记，以及国家机关各部门党组负责人等。会议从8月17日开到30日。开了半个月。与“大跃进”的形势相吻合，会议的议题有一长串，包括1959年的国民经济计划、第二个五年计划、当前的工业生产、农业生产和农村工作问题、商业工作问题、教育方针问题以及加强民兵工作等问题。制定和通过的文件竟达40件。举其要者有：

《中共中央关于1959年计划和第二个五年计划问题的决定》；

《1959年度国民经济计划主要指标》；

《关于第二个五年计划的意见》；

《中共中央关于改进计划管理制度的规定》；

《中共中央关于1959年农业生产安排的决议》；

《中共中央关于今冬明春在农村普遍展开社会主义和共产主义教育运动的指示》；

《中共中央、国务院关于教育工作的指示》；

《中共中央、国务院关于各级干部参加体力劳动的决定》；

《中共中央关于民兵问题的决定》；

《中共中央关于继续展开除四害运动的决定》……

半个月的会议通过40件文件，作如此众多而又重大的决定，真正是“大跃进”的速度了，充分反映出当时只争朝夕的气氛。会议最主要的文件是两个：一个是《中共中央政治局扩大会议号召全党全民为生产1070万吨钢而奋斗》的会议公报，另一个是《中共中央关于在农村建立人民公社问题的决议》。

这两个文件的诞生又都与一个基本估计有关。

“粮食已接近和达到饱和。”

这是参加北戴河会议的领导人作出的一个共同的判断。会场充满着乐观的气氛。

会议认为，“在克服了‘右倾保守思想’，打破了农业技术措施的常规之后，1958年出现了农业生产飞跃发展的形势，农产品产量有了成倍、几倍、几十倍的增长。”

会议估计：“1958年的农业生产大跃进，将使粮食作物的总产量达到6000

亿～7000亿斤，比1957年增长60%～90%，全国每人占有粮食的平均数，将达到1000斤左右。棉花将达到7000万担左右，比1957年增长1倍以上。”

会议指出，“如果说，全国男女老少平均每人1500斤到2000斤是粮食需要量的饱和点，1958年就有一部分省（区）接近或达到这个饱和点，个别省区超过这个饱和点。”

基于这种估计，会议认为，我国的农业和粮食问题已经基本解决，各级领导今后的工作重心应该由农业转移到工业上去。会议发表的公报指出：

农业战线的伟大胜利要求工业战线迅速地赶上去，而且也使得省一级党委有可能把注意的重心转移到工业方面来。因此，会议决定，全国的省和自治区党委的第一书记，从现在起，就必须首先注意工业的领导，但是同时不应当放松农业的领导。会议对工业的形势也作出了一个大胆的估计：到1959年，我国在钢和其他主要工业产品的产量方面（除发电量等外），就可以超过英国。第二个五年计划完成时（1962年），全国将建成强大的独立完整的工业体系，各协作区将建成比较完整的、不同水平和各有特点的工业体系，各省、市、自治区也将建立一定程度的工业基础，工业总产值超过农业总产值。到那时，在钢铁和其他若干重要的工业产品的产量方面能够接近美国；农业劳动能够实现半机械化和机械化，凡有条件的农村基本上实现电气化，90%以上的耕地实现水利化；主要的科学技术方面，能够赶上世界先进水平，在全国范围内普及中等教育。总之，“在1958年到1962年的第二个五年计划期间，我国将提前建成为一个具有现代工业、现代农业和现代科学文化的伟大的社会主义国家，并创造向共产主义过渡的条件”。

为1070万吨钢而奋斗

一切似乎都很顺利，唯独一件事让毛泽东焦灼不安。这就是钢铁生产。

1958年钢铁要翻番，完成1100万吨，这是6月份毛泽东亲自敲定的，而且指标出了国在7月底8月初赫鲁晓夫来华时，向赫鲁晓夫夸过海口的。然而，直到7月底，累计生产钢只有380万吨稍多一点，同1100万吨的年计划相比，相差700多万吨。时间过了三分之二，计划只完成三分之一。大国领袖，一言九鼎，有关国家声誉，岂能儿戏视之。毛泽东感到计划有完不成的危险。

8月17日开始的北戴河会议的头几天，讨论了钢铁生产问题，分析了未见起色的诸多原因。陈云把讨论的情况如实向毛泽东作了汇报。

听完汇报，毛泽东打电话给陈云，作了八点指示：

一、国家经委主要抓生产；

二、原材料调配要服从国家计划，分配钢材既要照顾重点，又要照顾农民的需要；

三、抓紧冶炼设备的生产和安装；

四、机械厂收到钢材后，第一是用来制造炼钢炼铁轧钢的设备；

五、各省市自治区常委每星期抓一次钢铁生产；

六、加大保险系数，冶金部直属钢铁厂今年增加50万吨钢的新任务；

七、要有铁的纪律，没有完成生产和调拨计划的，分别情况给予警告、记过（小过、中过、大过）、撤职留任、留党察看、撤职、开除党籍处分；

八、立即把各省、市、自治区常委主管工业的书记找来北戴河，开一次工业书记会议。

毛泽东显然着急了，他强调，钢铁指标是政治任务，少一吨也不行，下了死命令，要用“铁的纪律”来保证。

政治任务，岂敢怠慢。8月21日，陈云向参加会议的全体人员传达了毛泽东的上述指示。

陈云讲了1958年钢铁指标的来历，他还讲述了他同阿尔希波夫谈话的情况。与会者听说这位苏联顾问竟然对我们完成指标的能力表示怀疑，无不义愤填膺。

这时又发生了一件大事：炮击金门，这使群情更加振奋，为钢铁升温加了一把火。

毛泽东提出的工业书记会议8月25日在北戴河开幕，由薄一波主持。

如何完成年内这700万吨钢？大家提出：搞群众运动，上土炉子。

薄一波说：“主席指示，对土炉子要有信心，不能泄气。即使在100个土炉子中，只有一个出铁，那就很好，就算插上了红旗，其余99个都应当向它学习。”

陈云两次到会讲话。他也讲到：“要依靠党委，发动群众搞‘土炉子’，‘土炉子’在中国的命运还有一个时期。”

“统一”思想后，30日下午，薄一波领着主要钢铁产区的工业书记，鞍钢、武钢、太钢等几个大厂的党委书记，去毛泽东那里，一个一个向他当面担保。毛泽东挨个向与会者核实：1070，行不行？

首先问上海市副市长马天水行不行，马天水说可以。

问鞍山市委书记赵敏行不行，赵敏也说可以。

问武汉市委书记，也说行。

问太原市委书记行不行，他说可以。

又问主要钢铁基地重庆、北京、天津、唐山、马鞍山的工业书记，大家都说行。

问到冶金部副部长刘彬，毛泽东说："就看你拿主意啦。"刘彬说："可以，我们都做了计算了。"

袁宝华是冶金部办公厅主任，主要管建设和计划。毛泽东问："你是经常接触基层的，你说究竟有没有把握？"他说："冶金工业的生产，从矿山、冶炼、轧制到机修、运输等有 10 个环节，我们树了 10 面红旗（先进单位），只要 10 面红旗能站得住，他们的经验能够推广，我看有希望。"

然后问到冶金部部长王鹤寿。王鹤寿搞钢铁很积极。3 月 20 日他给党中央、毛泽东的两个报告，特别是有关钢铁工业的报告，提出了可以缩短赶英国的时间。

这两个报告受到毛泽东的表扬，成都会议上，三次给予表扬，5 月 29 日，在政治局扩大会议讲话中，更称赞王鹤寿报告是"一首抒情诗"。

这时毛泽东问到他，他说："主席只要下了决心，我们可以动员全国的力量实现这个目标。我们认为，实现这个目标是可以的。"

后来王鹤寿检讨说："他所以敢于向毛泽东拍胸脯，是想借毛泽东的威望把钢铁搞上去。"

最后问到薄一波，他说："主席，我建议把 1070 吨登报，登报以后，大家都看得到了，义无反顾，就会努力奋斗。"

毛泽东听了以后说："这是个好主意。根据你们刚才讲的不是 1070，是 1100 多万吨，发表 1070，那我们兜里还装有几十万吨。"

薄一波马上打电话通知起草公报的胡乔木，第二天见报。

9 月 1 日，发表会议公报，题为《中共中央政治局扩大会议号召全党全民为生产 1070 万吨钢而奋斗》，公报写道：

会议经过讨论，决定号召全党和全国人民用最大的努力，为在 1958 年生产 1070 万吨钢，即比 1957 年产量 535 万吨增加 1 倍而奋斗。

会议确定的1959年的各项指标，更高到了惊人的程度。会议通过的《中共中央关于1959年计划和第二个五年计划问题的决定》指出：

1959年国民经济计划的主要目标是：粮食产量达到8000亿斤到10000亿斤，钢产量达到2700万吨，争取3000万吨，铜40万吨，铝30万吨，机床产量达到30万吨，发电量达到550亿度，煤产量达到3.7亿吨，石油产量达到800万吨，水泥产量达到3000万吨，化肥产量达到530万吨，棉纱产量达到1000万件，新建铁路10500公里。为了实现这些指标，并且为1960年的建设做准备，在预计的1959年国家财政收支的722亿元中，用于基本建设投资将为500亿元；地方和企业的用于基本建设的自筹奖金在外。

这些指标，达到和超过了八大二次会议确定的1962年的指标。

会议确定的第二个五年计划完成时（1962年）的各项主要指标，更是天文数字了。

——钢8000万～10000万吨，比第一个五年计划完成时（1957年）的产量增长13.9～17.7倍；

——铁9000万～11000万吨，增长14.4～18倍；

——煤9亿～11亿吨，增长5.9～7.4倍；

——粮食13000亿～15000亿斤，增长2.5～3.1倍；

——棉花1.5亿担，增长3.6倍；

——工业总产值5700亿～6500亿元，增长7.4～8.5倍；

——农业总产值2300亿～2500亿元，增长2.5～2.8倍；

——基本建设总投资3850亿～4300亿元，增长6.8～7.7倍。

这些数字，均在八大二次会议确定的1962年各项主要指标的基础上翻了一番以上。

在教育方面，会议也确定了一个完全不能实现的指标。会议通过的《中共中央、国务院关于教育工作的指示》要求：

全国应在3年到5年的时间内，基本上完成扫除文盲、普及小学教育、农业合作社社社有中学和使学龄前儿童大多数都放入托儿所和幼儿园的任务，应大力发展中等教育和高等教育，争取在15年左右的时间内，基本上做到全国青年和成年，凡是有条件的自愿的，都可以受到高等教育。

为了实现这些高指标，特别是为了保证钢铁翻番，会议要求：社会主义的各项建设工作，特别是工业建设工作，一定要书记动手，全党动员，全民发动，掀起一个大规模的群众运动。要轰轰烈烈，不能冷冷清清。要破除迷信，解放思想，破除各种妨碍“跃进”的规章制度。

会议要求必须采用“拔白旗”、“插红旗”的工作方法。要对“右倾保守思想”进行严厉批判，要使“观潮派”和“秋后算账派”在思想上彻底破产；要把“白旗”、“灰旗”统统拔掉，要把“跃进红旗”普遍地插起。

对大炼钢铁不力者，会议还规定了六条严厉的处分措施：1. 警告；2. 记过；3. 撤职留用；4. 留党察看；5. 撤职；6. 开除党籍。

这些方法和措施的实行，就为强迫命令大开了方便之门，使搞浮夸者受到表彰鼓励，使实事求是者遭到批判打击。逼迫各级领导使出浑身解数，或者督促群众大炼钢铁，或者浮夸虚报产量，以“完成”根本不可能完成的钢铁产量指标。

北戴河会议把“大跃进”的狂潮推向了极端。

“共产主义已经不是遥远的将来的事情了”

北戴河会议的一项更具幻想色彩的议程，是正式作出了关于在农村建立人民公社问题的决议。而建立人民公社，又与摸索向共产主义过渡的途径相联系。

8 月 17 日，会议开始的第一天，毛泽东就把他亲自修改过的名为《嵖岈山卫星人民公社试行简章（草案）》印发给与会者。毛泽东指示：“此件请各同志讨论。似可发各省、县参考。”

8 月 17 日至 8 月 30 日，毛泽东在会上作了五次讲话，他讲得最多的是人民公社，是向共产主义过渡，是共产主义的理想社会。

8 月 19 日，毛泽东在协作区主任会议上讲：

人民公社一曰大二曰公。人多，地大，生产规模大，各种事业大；政社是合一的，搞公共食堂，自留地取消，鸡、鸭、屋前屋后的小树还是自己的，这些将来也不存在了。粮食多了，可以搞供给制……应当是社会主义制度，共产主义思想。

8 月 25 日，毛泽东在政治局扩大会议上讲：

空想社会主义的一些理想，我们要实行。

人民公社，有共产主义萌芽。产品十分丰富，粮食、棉花、油料实行共产。……如果做到吃饭不要钱，这是个大变化。大概十年左右，可能产品非常丰富，道德非常高尚，我们就可以在吃饭、穿衣、住房子上实现共产主义。公共食堂，吃饭不要钱，就是共产主义。

在8月30日的会议上，毛泽东说：

人民公社的特点，一曰大，二曰公。大公社人多，几万户，地大物博，综合经营，工农商学兵，农林牧副渔，人民公社都有。大了，了不起，人多势众。公，比合作社更要社会主义了。……看起来只要把章程搞好，全国可能很快。秋冬可能搞得差不多了。当然实行工资制和吃饭不要钱，还可能需要一个过程。二、三、四、五年，由集体所有制过渡到全民所有制。

人民公社，一下出个章程，河南卫星公社二十四条，这是它的宪法。

这个被称为“公社宪法”的章程，即《嵖岈山卫星人民公社简章》，是由陈伯达根据毛泽东的意图组织人搞出来的。其中第4条规定：

各个农业合作社并为公社，根据共产主义大协作精神，应该将一切公有财产交给公社，多者不退，少者不补。原来的债务，除了用于当年生产周转的应当各自清理外，其余都转归为公社负责偿还。

衛星人民公社試行簡章

1958年4月，河南遂平县建立全国第一个人民公社。它所制定的公社试行简章，成为全国各地农村公社化的样板这就是穷队与富队拉平。后来的“共产风”，其根源出于此。

第 5 条规定：

> 社员转入公社，应该交出全部自留地，并且将私有的房基、牲畜、林木等生产资料转为社公有，但可以留下少量的家畜和家禽，仍归个人所有。社员私有的牲畜、林木为全社公有，应该折价为本人投资。

第 13 条规定：“盈亏由社统一负责。生产队是组织劳动的基本单位”。

第 15 条规定：“实行粮食供给制”。

第 17 条规定：“社员原有住宅的砖瓦木料，由公社根据需要逐步拆用。新建的住宅归公社所有，社员居住要出租金。”

这些规定事实上剥夺了农民的个人所有制，得到的是进居民点，吃公共食堂。

毛泽东对这个“章程”很热心。他说：“嵖岈山公社章程，《红旗》杂志要登出来，各地方不一定都照此办，可以创造各种形式，要好好吹一下，一个省十来个人吹。……河北省刘子厚同志，找了十来个人吹共产主义思想作风，很有劲，你们回去也这样吹一下。”

遵照毛泽东的指示，《嵖岈山卫星人民公社章程》在 9 月 16 日出版的《红旗》杂志上公开发表。虽然毛泽东讲各地不一定照此办，由于有他的亲自推荐，它就成了各地仿照的样板。

在毛泽东的提议下，北戴河政治局扩大会议又正式作出了《中共中央关于在农村建立人民公社问题的决议》。

关于建立人民公社的历史必然性，《决议》指出：“人民公社发展的主要基础是我国农业生产在不断的跃进和五亿农民愈来愈高的政治觉悟。”在我国农村，农产品产量的飞速增长，农田基本建设的空前规模，农村地方工业的相当发展，农业机械化和电气化需求的日益迫切，农民集体主义思想和共产主义觉悟的很大提高，“都说明几十户、几百户的单一的农业生产合作社已不能适应形势发展的要求。在目前形势下，建立农林牧副渔全面发展、工农商学兵互相结合的人民公社，是指导农民加速社会主义建设，提前建成社会主义与逐步过渡到共产主义所必须采取的基本方针。”

对于人民公社的规模，《决议》指出，某些乡界辽阔、人烟稀少的地方，每社可以少于两千户，可以一乡数社。有些地方，则可以数乡一社，达到六七千户。至于达到万户或两万户以上的，也不要反对，而且，人民公社进一步发展的趋势，有可能以县为单位组成联社。

在并社、转社的方法和步骤上，《决议》虽然提出并社、转社不要性急，不要影响生产，但同时又要求最好一气呵成，要先搭起架子，要用鸣放辩论的方法发动群众。在并社过程中，应该以共产主义的精神去教育干部和群众，承认各社在财产上的差别，不要采取算细账、找平补齐的办法，不要去斤斤计较小事。一般说，自留地可能在并社中变为集体经营，零星果树和股份基金等，随着生产的发展、社员收入的增加和人们觉悟的提高，也会自然地变为公有。

《决议》影响更大的是它关于人民公社所有制性质的规定以及向全民所有制过渡的时间预期。虽然，它一方面提出，人民公社建成后，不要忙于改集体所有制为全民所有制，在目前还是采用集体所有制为好，但另一方面，又强调在人民公社的集体所有制中，就已经包含有若干全民所有制的成分。这种全民所有制，将在不断发展中继续增长，在 3、4 年或 5、6 年内逐渐代替集体所有制。

《决议》满怀信心地向世人宣布：

看来，共产主义在我国的实现，已经不是什么遥远将来的事情了，我们应该积极地动用人民公社的形式，摸索出一条过渡到共产主义的具体途径。

《决议》明显表现出来的急于过渡的思想，使人民公社化运动中的“共产风”的泛滥成为顺理成章的事情了。或者说，《决议》刮的就是一股强劲的“共产风”。

“资产阶级法权要破除”

马克思曾经不经意使用过的一个词，在北戴河会议上引起了毛泽东的极大关注，那就是“资产阶级法权”。

8 月 19 日，毛泽东在协作区主任会议上说：要破除资产阶级法权。例如争地位，争级别，要加班费，脑力劳动者工资多，体力劳动者工资少等，都是资产阶级思想的残余。“各取所值”是法律规定的，也是资产阶级的东西。将来坐汽车要不要分等级？不一定要有专车，对老年人、体弱者，可以照顾一下，其余的就不要分等级了。

8 月 21 日，毛泽东说：所有制解决以后，资产阶级的法权制度还存在，如等级制度，领导与群众的关系。要考虑取消薪水制、恢复供给制问题。过去搞军队，没有薪水，没有星期天，没有 8 小时工作制，上下一致，官兵一致，军民打成一片，成千成万地调动起来，这种共产主义精神很好。过去实行供给制，过共产主义生活，22 年战争都打胜了，为什么建设共产主义不行呢？我们已相当地破坏了资产阶级的法权制度，但还不彻底，要继续搞。不要马上提倡废除工资制度，但是将来要取消。恢复供给制好像“倒退”。“倒退”就是进步，因为我们进城后后退了。现在要恢复进步，我们要把六亿人民带成共产主义作风。人民公社大协作，自带工具、粮食，工人敲锣打鼓，不要计件工资，这些都是共产主义的萌芽，是资产阶级法权的破坏。希望大家对这些问题的看法吹一下，把实际中的共产主义道德因素在增长的情况也吹一下。

几十年以后，翻译纠正说，当年翻译有误，“资产阶级法权”应当翻译为“资产阶级权利”，一字之差造成了多少误会。

然而，我们的误会并不来自于翻译之误。

马克思于 1875 年批判拉萨尔鼓吹的“公平的分配”、“平等的权利”的观点时，把按劳分配中等量劳动的交换所体现的原则，称之为“资产阶级法权”或者“资产阶级权利”，指明它是一种形式上的平等，对于共产主义来说，又存在事实上的不平等。马克思的本意是，批评那种离开历史条件要求平等、平均思想。他说：“权利永远不能超出社会的经济结构以及由经济结构制约的社会的文化发展。”

然而，不管怎样，马克思指出按劳分配存在着事实上的不平等，这对要追求共产主义理想的 20 世纪 50 年代的中国共产党人来说，不是能对它安之若素的。更何况被冠之以“资产阶级的”呢。资产阶级权利被理解成是一种资产阶级性质的东西，并突破原来含义的特定范围，扩大到了政治、思想、人与人的一般关系方面。

毛泽东在批评“资产阶级法权”时，表现出他对建国后实行的工资等级制不满。尤其对由此引发的人们的等级观念的十分担忧，表现出对战争年代的军事共产主义生活的留恋和向往。

毛泽东说，实行供给制，这是马克思主义的作风。二万五千里长征，土地革命，解放战争，不是靠发薪水取得胜利的，而是靠政治挂帅，靠供给制取得胜利的。他认为，解放后由供给制改为工资制，是受资产阶级影响，是一个倒退。它助长了人们的资本主义思想，如争等级，争待遇等。他指出，这是资产阶级法权，应该加以批判和破除。要经过几年准备，逐步取消工资制，恢复供给制。

毛泽东认为按劳分配原则中体现的“资产阶级权利”，在社会主义阶段就应取消、破除，企图把革命战争年代起过积极作用的军事共产主义的做法搬到和平建设的年代来实行。它不但导致了我国几十年来在分配制度方面平均主义、“吃大锅饭”等错误做法，而且，也成了毛泽东日后发动、领导“文化大革命”的一个重要的思想理论根源。

基于对人们道德的强调，毛泽东还导出了对法制的否定。他认为：由于群众的共产主义觉悟大大提高，党的决议和政策就基本可以维持社会秩序，而不需要民法和刑法一类法律。基于这一认识，1959 年召开的二届人大一次会议撤销了司法部，人大常委会也撤销了法制局。此后，一直强调人治，忽视法治，其思想根源就在于此。

毛泽东关于破除资产阶级法权的讲话，由柯庆施转告给了上海市委宣传部部长张春桥。张闻风而动，加以发挥，写了一篇《破除资产阶级法权思想》一文，登在上海《解放》半月刊第 6 期。毛泽东很赞赏，指示由《人民日报》转载，并代写编者按说:“这个问题需要讨论，因为它是当前一个重要的问题。我们认为，张文基本上是正确的，但有一些片面性，就是说，对历史过程解释得不完全。但他鲜明地提出了这个问题，引人注意。”

10 月 13 日,《人民日报》转载了这篇文章，于是“破除资产阶级法权”就成为当年既生拗又流行的口号，成为急于向共产主义过渡的思想根源之一，发挥了重大影响。

北戴河会议是我党历史上具有严重“左”倾错误的一次会议。它不但不切实际地估计了国内的经济形势，制定了以钢铁翻番为中心的各项过高指标，作出了建立人民公社的错误决策，规定了完成上述任务的强制方法和措施，提出了一系列“左”倾观点。按照北戴河会议精神，会后迅速地掀起了全民大炼钢铁和大办人民公社的高潮，以高指标、瞎指挥、浮夸风和“共产风”为主要标志的“左”倾错误在全国范围内更加严重地泛滥开来。

北戴河会议，头脑发热达到巅峰。

3 大炼钢铁　九千万人上阵奋战
砍树砸锅　伤财劳民后果严重

停车让路　首先为钢

“夕阳无限好，只是近黄昏”，北戴河会议上敲定1070万吨钢的指标后，毛泽东诵出两句古词，发出感叹，表露出对时间太短、任务难以完成的担心。

的确，北戴河会议确定的1958年的钢产量翻番的指标，完全超过了现实可能。

第一，时间不够。在短短的四个月时间内必须产钢600万～700万吨，余下的1/3的时间内完成将近2/3的任务，显然不可能。

第二，钢铁工业的生产能力不足。到1957年底，我国的钢和铁的生产能力分别为648万吨和696万吨。虽然，原先确定的1958年基本建设项目中有相当一部分是钢铁工业，北戴河会议又在原有的基础上确定全国新建小高炉12507座，中型高炉142座，各种转炉设备205套，各种电炉44台，但是即使这些项目在当年全部建成投产，加上原有的生产能力，在4个月内也不可能完成600万～700万吨钢和1150万吨铁的生产任务。

第三，电力、煤炭、采矿、运输等部门的生产满足不了钢产量翻番的要求。在电力方面全国大部分地区都存在着供电紧张的状况；在煤炭方面，钢产量翻番所需要的高产指标难以完成；在采矿方面，勘探、开采等能力普遍不足；至于对完成钢产量翻番指标具有至关重要意义的交通运输，更是处于全面紧张的状态。8月底，仅铁路方面积压的亟待运输的物资，就高达650多万吨。这一切，就说明各有关部门的生产很难满足钢产量翻番的过高要求。

然而钢产量翻番这一赶超英国的最主要的指标，一经公布，就具有不同寻常的政治意义，非完成不可。

因此，在北戴河会议召开的同时，1958年8月25日—31日，中共中央就召开了各省、市、自治区党委分管工业的书记会议，决定采取强行完成1070万吨钢产量指标的一系列措施，为掀起全民大炼钢铁的高潮做了准备。

一是第一书记挂帅。要求各省、市、自治区党委第一书记从现在起，必须首先注意工业的领导，必须亲自挂帅，大抓钢铁和大抓机械。9 月 1 日，《人民日报》发表题为《立即行动起来，完成把产量翻一番的伟大任务》的社论，要求“各省、市、自治区党委的书记挂帅，采取最有效的办法，调动各方面的力量，组织各方面的协作，解决生产中的一切困难问题。”

二是一切为了保钢。确定机械制造、主要原材料、电力、交通运输的工业生产排队，首先满足冶金设备和冶金工业增产的需要，其次满足制造发电设备的需要，再次满足主要机床的需要，然后才可以顾及其他工业部门。规定除供机械铸铁所需的生铁外，其余全部拨给钢厂炼钢，把大炼钢铁当作压倒一切的中心任务。9 月 5 日，《人民日报》又发表题为《全力保证钢铁生产》的社论，进一步提出了“停车让路，首先为钢”的观点。要求“各部门、各地方都要把钢铁的生产和建设放在首要的地位。当钢铁工业的发展与其他工业的发展，在设备、材料、动力、人力等方面发生矛盾的时候，其他工业应该主动放弃或降低自己的要求，让路给钢铁工业先行。”“不管哪一个地方哪一个部门，有材料、有设备、有交通运输工具，必须首先让给钢铁工业；有制造能力的，必须首先为钢铁工业而生产；电力必须首先

钢铁工业职工为争取钢铁超额完成生产计划而奋斗

输送给钢铁工业；煤炭及其他燃料必须首先满足钢铁工业的需要；实际上就是要求不顾其他，全力保钢，不惜一切代价，把钢铁生产搞上去。”

三是强令完成指标。北戴河工业书记会议列出了一份时间表：铁，9月200万吨，10月280万吨，11月320万吨，12月350万吨；钢，9月120万吨，10月100万吨，11月200万吨，12月220万吨。在地区上，钢铁工业基础薄弱的山西省要生产68万吨铁，55万吨钢。几乎没有什么钢铁工业、“一五”期间总共才生产出1.7吨生铁的广西壮族自治区，也必须生产20万吨生铁。其他省、市、自治区承担的任务之重，则可想而知。

四是大搞土法炼铁。单纯靠正常地发展钢铁工业，其生产能力的增加速度毕竟有限，必须再行寻求其他的途径。这样，党中央就对八大二次会议后的大办地方工业的形势下出现的土法炼钢、特别是土法炼铁产生了浓厚的兴趣。要求各地大搞小高炉和土高炉，以生产炼钢所大量需要的生铁。

北戴河会议后，中共中央连续召开四次电话会议，催促各地大炼钢铁。

在9月4日的电话会议上，谭震林传达说：“主席提出，明年粮食再翻一番，又提出今年1100万吨钢一吨也不能少，少一斤也不行，少了就是失败了。这个要求也不能不完成。这就势必要逼得我们又要拿出相当的劳动力去挖铁矿、去办小高炉。”彭真说：“主席要求在9月15日钢铁有一个大跃进，因为9月是要命的一个月。”

9月24日中央书记处召开电话会，要求到30日，要达到日产钢6万吨、铁10万吨，“否则是不行的”。要求从省、地、县到乡，各级第一书记都要亲自挂帅，

“大跃进”中交通运输部门进行汽车运输“列车化”实验

“大跃进”中农民发明的木制汽车

亲临钢铁生产现场，日夜不停要指挥钢铁大会战。计划10月份在全国建起30几万座小高炉。

中央书记处要求安徽、四川、河北、湖南、山西、山东六省市力争在9月底以前达到日产生铁万吨的目标。要求全国有30个到50个日产千吨生铁的县。

全民大炼钢铁运动，使已经感到全面紧张的交通运输部门处于更加紧张的状况。9月17日和23日，交通部和中共中央分别发出了全民大办运输、保证钢产量翻番的紧急指示，要求各地成立强有力的运输指挥部，统一指挥当地的交通运输，调动机关、学校、部队等一切可以调动的力量，调集大车、汽车、轮船、飞机、人力车、兽力车、甚至小汽车等一切交通运输工具，投入全民搞运输保证出钢铁的运动。另外，为了解决煤炭、电力、矿石等供应紧张问题，中央及有关部门还相继发出了全民大办煤炭、大办电力和大办地质的指示，要求采取各种紧张措施，以保证钢产量翻番指标的完成。

毛泽东巡视大江南北

北戴河会议后，毛泽东的心情是“十五个吊桶打水，七上八下。”他也不知道钢铁翻番能不能兑现。他决定去南方数省看看。正当这时，他听到一个大好消息：新中国成立后新建的第一个大型钢铁企业——武汉钢铁公司一号高炉将在国庆节出铁。他兴奋不已。当即决定：第一站去武汉，看出铁去！

毛泽东请国防委员会副主席张治中到别墅吃饭。席间，毛泽东说：“文白先生，我想到外地去视察，你可愿同行？”张治中说：“能够有这样难得的机会，那太好了。”于是，一言为定，相约回京后一起南下。

张治中，字文白，原是蒋介石的高参，1949年国共谈判国民党方首席代表，谈判破裂，张治中有家难归，留下来成了共和国的公民，毛泽东的好朋友。毛泽东相邀同行，希望使这位前国民党高官分享“大跃进”的欢欣。

9月10日，毛泽东和张治中乘专机由北京直飞武汉。下榻东湖宾馆。住下后，毛泽东就交代：武汉大学校长李达，是我党老同志，一大代表。他比我大六岁，我叫他鹤鸣兄，他叫我润之。此人如来看我，随时可见，你们不要挡驾。

果然，李达来见。不料，他与毛泽东吵了一顿。

8月27日《人民日报》发表中共中央办公厅派往山东寿张县了解情况的干部刘西端的署名文章:《人有多大胆，地有多大产》。此后，这两句口号流行于全国。到处张贴着这两句口号。武大的学生把两句口号报给校长李达。李达认为这是唯心主义，为害不浅。闻毛泽东已到武汉，事不宜迟，决心立即去见毛泽东。

李达在书房

这时，毛泽东正在会见古巴领袖卡斯特罗，有陈毅陪同在座。李达由梅白引进东湖甲舍。稍候，毛泽东送别卡斯特罗，立即传见李达。

李达对毛泽东很敬仰，毛泽东也很尊重李达。李达是哲学家，谈话自然地涉及哲学。

“润之，‘人有多大胆，地有多大产’这句话通不通？”

故人相见，舍去一切客套，李达直达主题。

毛泽东悠然地说：“这个口号有两重性。”举长征的例子，人的主观能动性可以克服有时候看起来不可能克服的困难。人想飞敢飞，于是有了飞机，人想日行千里，于是发明了火车。

李达打断了毛泽东的话，说：“你的时间有限，我的时间也有限，你说这口号有两重性，实际上是肯定这个口号是不是？”

“肯定怎么样？否定又怎么样？”毛泽东有些不悦。

李达说：“肯定这个口号就是认为人的主观能动性是无限大，就是错误。人的主观能动性的发挥，离不开一定的条件。一个人要拼命，‘以一当十’可以，最后总有个限度，终有寡不敌众的时候。一夫当关，万夫莫开，要有一定的地形条件，人的主观能动性是不能无限大的。现在人们的胆子太大了，润之，你不要火上加油，否则可能是一场灾难。”

“你脑子发热，达到39度发高烧，下面就会发烧到40度，41度，42度，这样中国人民就要遭受大灾大难了！”李达有些无所顾忌。

“你说我发烧，我看你也有些发烧了，也有摄氏百把度的。”

卫士李银桥安排吃晚饭，想缓和一下气氛，李达在火头上，表示告辞。

送走李达后，毛泽东在屋里踱步吸烟，又坐在沙发里喝茶默想。后来毛泽东

毛泽东和张治中（右五）等参观安徽农具展览

很动感情地说：“孔子说过，六十而耳顺，我今年63年，但还不够耳顺。听了鹤鸣兄的话很逆耳。以后我要同他多谈谈。”

李达的一番话，使毛泽东清醒了许多，但很难让飞旋的思想停顿下来。而全国的大炼钢铁运动，正如火如荼、方兴未艾。

毛泽东此次出巡主要是视察大炼钢铁的。

9月13日，毛泽东来到武钢，看了武钢一号高炉第一炉出铁，第二天看了第一纱厂的小高炉出铁，看了武汉大学师生们办的许多小化学工厂，看了武汉重型机床厂。

15日，毛泽东由武昌经鄂城、大冶到黄石，沿途看了农业、矿山、特殊钢厂。

16日，毛泽东到了安庆，看了一个中学的小高炉，看了机关的小同炉群。当天到了合肥。沿途察看桐城、舒城、肥西三县的农业，看了一个人民公社。在汽车道上，他遇到了到几十里、几百里外去找铁矿石的浩荡人流。

在合肥，毛泽东又看了两个中型钢铁厂。

20日，毛泽东来到芜湖。在张治中、罗瑞卿、曾希圣及地方官员陪同下，毛泽东视察了芜湖造船厂。他健步登上227号鱼雷快艇。这是芜湖造船厂制造的，即将交付海军服役。快艇劈波斩浪，顺江而下。毛泽东不时发出感叹“好！”快艇已达20节（1节为1海里），毛泽东嫌慢，“能不能开快点？”

“能！”驾驶员加码到30节，35节。227号艇像脱弦的利箭，直驰前方。毛泽东站在驾驶室，不愿坐下。“这挺好！站在这里比坐在轿车里还要稳。”

毛泽东渴望这样的速度！

毛泽东又视察了江苏、上海。9月29日回到北京。向新华社记者发表了此次出行的观感。他说：

> 此次旅行，看到了人民群众很大的干劲，在这个基础上各项任务都可以完成的。首先应当完成钢铁战线上的任务。
>
> 到现在，我们还有一些同志不愿意在工业方面搞大规模的群众运动，他们把在工业战线上搞群众运动，说成是“不正规”，贬之为“农村作风”“游击习气”。这显然是不对的。
>
> 在大干钢铁的同时，不要把农业丢掉了，人民公社一定要把小麦种好，把油菜种好，把土地深翻好。1959年农业方面的任务，应当比1958年有一个更大的跃进。为此，应当把工业方面和农业方面的劳动力好好组织起来，人民公社应当普遍推广。

经过此行，毛泽东似乎更有信心了，行前的忧虑消除了大半，他为被动员起来的人民的热情而高兴，更加确信大搞群众运动，大搞小高炉、小土炉的效力。

处处摆开大炼钢铁的战场

毛泽东对新华社记者的谈话由10月1日《人民日报》发表了。这为全国全民大炼钢铁的熊熊烈焰再加上了一把火。毛泽东批评“还有一些同志”不愿大搞群众运动，显然是指各级工业部门的领导和专家。冶金部长王鹤寿立即行动起来。10月7日至9日，在天津召开全国地方土法炼钢促进会。11日，又到河南商城召开同类会议。《人民日报》连发社论:《土洋并举是加速发展钢铁工业的捷径》《关键在于大搞群众运动》《开展炼钢的群众运动》《让土法炼钢遍地开花》，极力宣传小（小高炉、小转炉、小平炉）、土（土法炼钢）、群（大搞群众运动）的意义。大破“保守思想”、“怀疑论”和“条件论”。10月4日至11月14日，全国工业书记会议在北京召开。指出，两个月大炼钢铁的群众运动成绩很大，表现为伟大的政治意义。

大炼钢铁的群众运动从北戴河会议以后就已掀起。前几个月聚集在水利工地上的农民，现在都涌向山头，城里的工人、干部和学生也放下手头的工作，参与到这大炼钢铁的人流之中。7 月底，大炼钢铁的劳动力还只有几十万，8 月底，增至几百万人。9 月底，猛增到 5000 万人。10 月底又增至 6000 多万人。年底，则达到 9000 多万人。加上其他战线直接和间接支援的，全国投入大炼钢铁运动的劳动力超过了 1 亿。参加大炼钢铁的人力超过了全国总人口的 1/6。满山遍野，人头攒动，人声鼎沸。炉火通明，浓烟冲天。

小高炉、土高炉的数量飞速增长。7 月间，有 3 万多座。8 月底，增至 17 万座。9 月底，猛增到 60 多万座。10 月底，达到了几百万座。这种速度并不奇怪。根据《北京周报》记者的描述，这样的炉子由兴建到投产，用一天时间已足够。又有消息说，湖北省一个名叫陈祖江的农民，创造了从建设到出铁的最小消耗，只要十个小时，八块青砖、九十块土坯和两块耐火砖。不但工厂、公社，而且部队、学校，甚至外交部和安徽省委这样的机关，也建起了土高炉，办起了炼铁厂。全国各地，处处摆开了大炼钢铁的战场。

当时建起的小高炉和土高炉，大的不过十几米高，小的容积仅一立方米多。不但砖瓦窑、瓷窑改成了小高炉、土高炉，就连侵华日军和国民党遗留下的碉堡、炮楼，也都改成了土法炼铁的炉具。炼铁用的焦煤缺乏，就用普通煤炭。煤炭不够，就砍伐树木烧成木炭代替。高品位的矿石缺乏，就用低品位的矿石代替，没有矿石的地方，甚至把家庭做饭用的铁锅（农村办起了公共食堂，暂无用处）砸碎，当成了炼铁的原料。

当年人们的勇气、热情和干劲令现在的人们难以置信。据参观过河南修武县大炼钢铁场面的人回忆，晚上，在一个炼铁点，人山人海，火光映天，人们通宵不眠，大干苦干。指挥者不断地作鼓足干劲工作，嗓子都喊哑了，说那天夜里要放“卫星”，场面蔚为壮观。

在乡下，农民是从报纸上学习怎样建造高炉和怎样炼钢的，赶着牛车运送矿石，用筐抬来煤炭，用肩膀把它们扛上山去。不久，就连矿石和煤炭也难以供足。于是组成了“伐木队”和“收铁队”。“收铁队”走村串寨，号召老百姓献出家中铁器。铁门铁锅铁壶铁勺铁皮铁自来水龙头，纷纷扔进炉中。“伐木队”专司砍树，用作燃料，很快就把靠近村庄的树林全部砍光。不过，那时候，没有人为这些树感

陕西省临潼县的土高炉群

广州钢铁厂用土法炼焦

到可惜。

人们夜以继日，不计酬劳。官员们的口号是“需要干多久，就干多久”。突击队员们真的可以四五天不睡觉。后来《人民日报》觉得有必要发表一篇社论说明休息的必要性。要求农民们每日睡六个小时，孕妇还可以睡得更多一些。即使突击队员，连续工作也不得超过48个小时。

为了大炼钢铁，还开展了其他几项全民“大办”。在大办地质方面，全国上千万人进山找矿；在大办煤炭方面，到处设法挖煤，光小煤窑就开挖了10万多个；在大办运输方面，更是组成了数以千万计的运输大军，各行各业的男女老幼，既用现代化运输车辆，也用原始的运输工具，昼夜不停地抢运大炼钢铁所需要的各种物资。

在采用机械设备的大中型钢铁企业，也强调要大搞群众运动。当时，一再号召广大职工破除迷信，解放思想，敢于破除规章制度，力争创造出奇迹般的增产速度。在这种群众运动中，片面追求产量，盲目硬拼设备，忽视质量安全，不计经济效益，结果使企业管理出现了一片混乱。

对于上述做法，有人提出了反对意见，他们认为，这样蛮干，一是搞乱了生产秩序；二是破坏了比例和平衡；三是造成了紧张；四是得不偿失。总之，是造成了经济建设方面的“天下大乱”。但是，《红旗》杂志却发表了题为《驳工业战线上群众路线的怀疑派》的评论员文章，把持上述观点的人斥为“怀疑派”，对他们进行批判。文章指出，“这种‘天下大乱’，实则是天下大治。只有‘乱’才有治。这种‘乱’，是革命的人民万分欢迎的。只有那些对革命厌倦的人，才对‘乱’害怕和不满”。公开鼓励和支持造成“天下大乱”的大炼钢铁的各种蛮干。

像夏收期间农业战线上大放“高产卫星”一样，在大炼钢铁运动中，也广泛地开展了大放“高产卫星”活动。9月14日，贵州省首放“卫星”，宣布生产生铁14000吨，提前超额完成了9月份的9000吨生铁生产计划。

吴芝圃领导的河南省也不甘示弱，马上宣布全省日产生铁千吨以上的县出现了8个，其中禹县日产生铁高达4396吨。9月29日，各种“卫星”一齐上天。全国钢的日产量近6万吨，铁的产量近30万吨，出现了9个日产生铁超过万吨的省，73个日产生铁超过千吨的县和两个日产5千吨钢、一个日产4千吨钢的省。

10月15日到21日，是中央确定的“钢铁生产高产周”，钢铁等“卫星”放得更大，升得更高。《人民日报》宣称：“在这一周内钢的平均日产量比以前14天的平均日产量增加了85%，生铁的平均日产量比以前增加了303%；其中多的最高日产量曾达到10万多吨，生铁的最高日产量曾达到37万多吨。”日采煤炭100多万吨，铁路装车日均35000多车。

毫无钢铁工业基础的广西壮族自治区，反而“后来者居上”，连放了几颗特大的“卫星”。环江县日产生铁6300多吨，忻城县日采煤炭67万多吨，鹿寨县日产生铁竟然高达 20 万吨。

这些数字，如同农业放卫星，是吹肥皂泡一样吹起来的。

没有头脑比较冷静的吗？有。作为国务院总理的周恩来，并不相信河南的“卫星”，他派工作秘书顾明去抽查一个点。顾明曾留学日本，在鞍钢干过，内行。他到放了日产生铁 102 吨的卫星的新乡，看了现场，问了干部和群众，然后带回一块生铁样品，向周恩来汇报说：“完全是弄虚作假。我们在鞍钢，炼一吨生铁，贫矿石要三四吨，炼焦用煤要两三吨，加上石灰石、辅助材料十多吨。日产 102 吨生铁，原料要 1000 多吨的运输量，新乡那里的运输能力怎么可能做得到呢？总理请看，最上乘的产品就是这种海绵铁。”

周恩来接过样品，良久无言，掂掂那块铁，说：“这哪里是铁嘛！”，这块“卫星铁”一直摆在总理办公室的书架上。

一天，某省领导人给周恩来打来电话：“总理，邻省都放了卫星，我们压力太大了。让我们也放个卫星吧。”周恩来说：“你们别放了，不要再放了！”

损失惨重的 1070

经过几个月的突击蛮干，加上相当程度的虚报浮夸，钢铁的“产量”有了迅速的增长。钢如以 1—8 月的每月平均产量为 100，9 月份则为 178，10 月份为 341，11 月份为 440。生铁如以 8 月份产量为 100，9 月份则为 198，10 月份为 1042。12 月 19 日，全国已生产钢 1073 万吨，正式宣布提前完成钢产量翻番任务。年底，则宣布钢产量为 1108 万吨，生铁产量为 1369 万吨，超额完成了 1958 年钢产量翻番的任务。

“大跃进”中贵阳市某“献钢、铜、铁”收购点收购的砸锅献铁

1958 年下半年的全民大

炼钢铁，却给国民经济的发展造成了严重的危害：

第一，极大的浪费了人力、物力和财力。

虽然由于几千万人的昼夜苦干以及各行各业的全力支援，1958 年底完成了钢产量翻番的指标，但在炼出的这些钢和铁中，有相当一部分质量低劣，不能使用，因而造成了人力、物力和财力的极大浪费。据统计，在 1108 万吨钢中，合格的好钢只有 800 万吨；在 1396 万吨生铁中，土铁占 416 万吨。这些土钢和土铁，质量很差，含硫量大大超过冶金部的规定，很难进行加工和使用。有些则完全是废钢、废铁。用小高炉和土高炉炼铁、炼钢，成本费用也高得惊人。一吨生铁的成本费，大高炉是 100 元，小高炉则为 345 元，而一吨铁的国家调拨价只有 150 元。据国家统计局估算，1958 年土法炼钢、炼铁的亏损，至少高达 50 亿元（没有炼成的土铁和烧结铁 740 万吨，亏损 31 亿元，炼成能搭配使用的土铁 300 万吨，因成本高而亏损 11 亿元，炼土钢亏损 8 亿元）。为生产土铁和土钢，还过量开采了煤炭和矿石，滥砍滥伐了大量树木，砸碎毁坏了铁锅和其他铁器，这也是一笔巨大的损失。

第二，拉长了基本建设战线。

为了实现钢产量翻番的指标，不但钢铁工业本身的基本建设规模需要扩大，而且，与钢铁工业有关的煤、电、运输等部门的建设项目也要增加，因此，急剧拉

钢产量发展图表（以 1949 年为 100）

长了1958年的基本建设战线。施工的大中型项目由原计划的1135个猛增到1587个，比上年增加595个。基建投资由1957年的138亿元猛增到279.06亿元，增加了84.5%。积累率也相应地由1957年的24.9%猛增到33.9%。这样大的建设规模超过了我国人力、物力、财力等方面的现实可能，破坏了国民经济的比例关系，给国民经济的发展带来了一系列的问题。

第三，急剧地膨胀了职工队伍。

由于以大炼钢铁为中心的全民大办工业和基本建设规模的迅速扩大，1958年我国的职工队伍也急剧地膨胀起来，职工总人数由1957年底的2451万人猛增到4532万人。一年内增加了2000万。这种状况，超过了国民经济尤其是农业的负担能力，过多地增加了国家的财政支出和商品粮销量，急剧地扩大了社会商品购买力，而社会商品生产特别是人民生活用品的生产因大炼钢铁不但没有得到较快增长反而有所下降，加剧了社会商品的供求矛盾，在相当程度上影响了人民群众的生活水平，并导致了日后的通货膨胀。

第四，严重影响了农业生产。

由于1957年冬全国范围的农田水利基本建设和大规模的积肥造肥运动，以及1958年上半年和1958年夏广大农民在农业生产方面投入了大量的辛勤劳动，在基本没有什么自然灾害的情况下，1958年秋的农业生产出现了一片大好形势，农作物普遍长势良好，丰收在望，本可以使当年的农作物收获量得到空前的增长。但是，由于9月后开始的全民大炼钢铁以及其他各种“大办”过多地抽调了农村的劳动力，使1958年秋季的农业生产特别是秋收工作受到严重的影响，出现了农作物丰产不能丰收的局面。当时，留在农村的劳动力比上年减少了3818万人，而且所减少的大多是壮劳力。农业与工业劳动者的比例由上年的13.8 ∶ 1下降到3.5 ∶ 1。大量的运输工具和牲畜也被用于大炼钢铁。结果，在许多地区，大批的粮食和棉花因无人收割而烂在地里。根据中央农村工作部的保守的看法，“1958年农产物估计有10%左右未收回。”这种状况，直接导致了1959年春粮食供应紧张局面的出现，严重影响了人民群众的生活。

第五，挤占和妨碍了轻工业的生产。

由于强调工业生产“以钢为钢”，其他工业“停车让路”，因此，1958年下半年，轻工业生产也受到了严重影响。当时，调配给轻工业部门的原料和燃料大大减少，轻工企业所需的机械设备也得不到充足的供应，部分企业被转到了为钢铁生产服务的轨道，大量职工被抽调去参加大炼钢铁。例如，8、9月份，东北三省因电力不足，减去了轻工企业电力负荷的2/3，使纸张减产10万吨左右。北京王麻子刀剪厂有300多人被抽调去炼铁、炼钢，只留下20多人生产刀剪，刀剪产量从每月3.5万把降为0.3万把，剪子由200多种减为11种，刀子由360多种减为7种。轻工业产品产量的降低，品种的减少，直接引起了1959年春人民日常生活用品的供应紧张。

4 一轰而起 人民公社一月建成 两县争先 跑步进入共产主义

“一大二公”的人民公社一轰而起

全民大炼钢铁的同时，中国大地掀起了另一场极具空想色彩的大试验：大办人民公社的高潮。在北戴河会议之后的短时间内，全国农村迅速地实现了人民公社化，原来的高级农业生产合作社全部变成了一大二公、政社合一的人民公社。

其实在一些省份，高潮早已出现。1958年8月初，毛泽东发出“人民公社好”的号召后，全国各地普遍开始了大办人民公社。行动最快的河南省，仅8月一个月时间，全省农村在原有38473个农业社、平均每社260户的基础上，就建成了大型的综合性的人民公社1378个，平均每社7200多户，入社农户占全省农户总数的99.98%。

9月10日，《中共中央关于在农村建立人民公社问题的决议》公布后，全国范围内掀起了大办人民公社的高潮。其来势之猛，速度之快，规模之大，远远超过了1955年下半年农业合作化运动的高潮。根据中共中央农村工作部9月底的统计：全国27个省、市、自治区（西藏除外）有12个省、市、自治区100%的农户加入了人民公社。10个省、区85%以上农户加入了人民公社。4个省、区（浙江、贵州、宁夏、新疆）在国庆节前也可基本实现公社化。只云南一省计划在10月完成。截至9月29日，全国共建起人民公社23384个，加入农户112174651户，占总农户的90.4%。全国农村基本实现了人民公社化。

人民公社的特点是八个字：“一大二公”，“政社合一”。

人民公社的“大”，主要是在社的规模上。

在人民公社化前，全国有740000个农业生产合作社，每社平均约有170户，2000多亩土地和350个左右的劳动力。人民公社化以后，则变成了26500个人民公社，每社平均约有5000户，60000多亩土地和10000个左右的劳动力。农业生产合作社，基本上是一村一庄，一乡数社；人民公社，则变成了一乡一社，甚至数乡一社，规模扩大了10倍以至几十倍之多。例如，河南省遂平县杨店、土山等5个乡、27个农业生产合作社，合并建立了9369户、43263人的卫星人民公社。商城县何店、丰集等10个乡，68个农业生产合作社，合并建立了20457户、98273人的超英人民公社。根据中共中央农村工作部统计，在11个省、市、区7589个人民公社中，5000户以下的5287个；5000—10000户的1718个；10000—20000户的533个；20000户以上的51个。河南、吉林等13个省，甚至还建立起了94个县人民公社或县联社。可以想见，几万乃至几十万人口，分布在几百至几千平方公里，要在这样多的人口，这样大的地盘里，统一调度以手工劳动为基础的农业生产，其混乱、浪费和洋相百出，还用得着细说吗？

人民公社的“公”，首先表现在所有制方面。农业生产合作社的土地、耕畜、农具等生产资料及其他公共财产全部转归人民公社所有，实行全社统一核算；

社员原来经营的自留地以及个人拥有的林木、牲畜等财产，被收归人民公社经营和转为人民公社所有，消除了生产资料“私有制的残余”；

国家把粮食、商业、财政、银行等部门在农村的基层机构下放给人民公社管理经营，使公社的集体所有制经济中增加了若干全民所有制的成份。

这实际上也就是“共产风”在农村的主要表现。把经济条件不同的社拉到一起统一核算，就是穷社共了富社的产；消灭所谓生产资料私有制的残余，就是集体共了个人的产；把全民所有制的部分企业下放给人民公社，就是公社共了国家的产。因此，大办农村人民公社的过程，实际就是大刮“共产风”的过程。后来，不断地反“共产风”，“共产风”的风源何在？就在人民公社化本身。

人民公社的“公”其次表现在分配方面，实行供给制和工资制相结合的制度。

农业生产合作社，实行的基本是多劳多得的按劳分配制，而人民公社，除在一定范围内仍然实行按劳分配制度外，却在相当程度上实行了以供给制为主要特点的所谓按需分配制度。当时，人民公社普遍实行的是供给制和工资制相结合的分配制度。根据人民公社不同的经济条件，供给制主要有粮食供给制、伙食供给制和生活基本需要供给制三种形式。其在社员的收入中分别占50%、60%和80%；工资制则是在供给制之外，按照多劳多得的原则支付给社员一定数额的货币，其在社员的收入中分别占50%、40%和20%。实行最为普遍的是吃饭不要钱的粮食供给制和伙食供给制，除此之外，还有相当一部分人民公社实行“七包”“十包”的生活基本需要供给制。所谓“七包”，是对人民公社全体人员的吃饭、穿衣、居住、生育、教育、看病、婚丧等生活需要部分，均由公社供给。所谓“十包”，就是除上述“七包”外，还包烤火、理发、看电影看戏等生活费用。

由此看来，人民公社的“公”，实质上就是一个“平”字，即绝对平均主义。它是党的领导人在新的形势下对战争年代的军事共产主义的套用，反映了小农的空想社会主义思想。

人民公社由“一大二公”派生出来的还有一个“统”字，即高度集中统一，不仅是生产，而且包括生活，实行军事化管理。

在管理方面，确立了政社合一，分级管理的体制。

在人民公社化运动之前，我国农村实行的是乡社分立的管理体制，乡是基层政权，社是农业经济组织。而在人民公社化运动之后，广大农村普遍确立了政权合一、分级管理的体制。人民公社既是一种经济组织，也是一级政权机构。它不但负责全社的农业生产，而且还对工、商、学、兵等统一管理。在人民公社内部，将公社划分为若干个生产大队，生产大队又划分为若干个生产小队，实行三级管理。公社统管全社的生产安排、劳力调配、物资调拨和产品分配，生产大队负责生产管理和部分经济核算，生产小队则只是一个具体组织生产的基本单位。

人民公社实行的这样一种管理体制，有着很大的弊病。政社合一，统一领导，使公社领导用行政手段直接管理经济，违反经济规律和自然规律，侵犯生产单位应有的自主权利，在生产经营上强迫命令，瞎指挥；财产劳力上“一平二调”，种种流弊应运而生。

人民公社的“创造”还不止这些。还在于它的类似军营化的组织和生活。即实行了所谓组织军事化、行动战斗化和生活集体化。

为了便于集中、调动劳动力投入各种“大办”，为了培养社员的所谓集体主义思想，在大办人民公社的过程中，各地普遍实行了组织军事化、行动战斗化和生活集体化。所谓组织军事化、行动战斗化，就是把人民公社的男女劳力，全部编成各种军事制度，实行统一的军事指挥，在各种“大办”中像参加战斗那样进行部署、调动。所谓生活集体化，就是大办公共食堂、托儿所、幼儿园、幸福院等公共事业，把以家庭为单位的传统生活方式改变为以生产队为单位的集体生活方式。当时，各地的人民公社普遍建立了以民兵为主体的劳动大军，办起了以公共食堂为主要形式的公共事业。据统计，仅到9月底为止，山西省就建立起一支429万多人的劳动大军。甘肃、四川、广西、云南等小区也都按照冶炼钢铁、兴修水利、农业生产、筑路运输等方面组织了很多“野战兵团”。河南、湖南、河北、山东等11个省区办起了145万多个公共食堂，126万多个托儿组织。此外，各地公社还普遍建立了粮食加工、缝衣洗衣等组织。

人民公社化以后，人们思想惶惑了：人民公社是集体所有制呢，还是全民所有制？既然《决议》讲了由集体所有制向全民所有制过渡只需三五年时间，那何不现在就过渡呢，于是，各地普遍出现了集体所有制急于向全民所有制过渡的倾向。怎样体现全民所有制？国家向农民无偿发放物资吗？不可能。最直接的办法是无偿抽调人民公社的人力、物力、财力。河南省一部分公社已“宣布了一切生产资料归全民所有，产品由国家统一调拨使用，上缴利润、生产开支、社员消费均由国家统一确定”。河北省的一些县也像对待全民所有制一样，对各公社的资金和土地进行无偿的调拨，在全县范围内统一安排使用。至于无偿地抽调人民公社的人力、物力和财力投入各种“大办”，更是全国各地的普遍现象。以大办交通运输为例，1958年全国新建公路15万公里，其中，由人民公社修建的就占2/3。京广、津浦铁路的复线建设工程，仅从铁路沿线的人民公社抽调劳力，就多达150万人。

徐水：一个共产主义明星的兴起和陨落

人民公社是社会主义还是共产主义呢？既然《决议》讲“共产主义在我国的实现，已经不是什么遥远将来的事情了”，既然讲要运用人民公社“摸索一条过渡到共产主义的具体途径”，那何不从现在就开始向共产主义过渡呢？

河北省徐水县的县委书记张国忠就是第一个吃螃蟹的人。

说到徐水，我们想到8月4日毛泽东的视察。然而，徐水这颗名星，早就光耀全国了。最早发现徐水，是中央农村工作部副部长陈正人，1958年3月14日，他将“河北徐水县实现农田水利化”的报告送到了中南海，21日毛泽东看了这份报告，用他那独有的酣畅恣肆的草书写下一段批语：“徐水县的经验普遍推广。”4月17日，《人民日报》隆重推出徐水经验。一个默默无闻的徐水，一夜之间成了耀眼的明星。县委书记张国忠先是在农田水利战中吹牛皮，又在粮食产量上放“卫星”，接着又在生产方式和生活方式革命上奏起了畅想曲。

7月1日，张国忠召开全县紧急电话会议，要求发动一场生产和生活方式大革命。实现“四化”：行动军事化，田间管理工厂化，思想共产主义化，领导方法群众路线化。“四化”的核心是“行动军事化”。

张国忠一声令下，各级干部闻风而动，几天之间，全县建立了93个团，229个营，1099个连，3365个排。有的乡组成了“青年火箭排”“壮年跃进排”“妇女突击排”“少年先锋排”。上下班列队，按口令行进，战前有动员，收工有讲评。76.5%的人口进食堂。一时间，徐水县成了一个大兵营。

8月4日毛泽东的视察，追踪采访的《人民日报》特约记者康濯笔底生花的烘托，徐水县的名声大震。徐水活脱脱一个毛泽东心中美好蓝图的模本。

毛泽东的高度赞扬，也引起刘少奇的注意，他派陈正人于8月6日到徐水，给张国忠带来一个振奋人心的消息：中央要在徐水搞共产主义试点。“二五”时期社会主义化，“三五”时期向共产主义过渡。陈正人号召县委同志学习《共产党宣言》《哥达纲领批判》，还带来一本康有为的《大同书》。

徐水報

第34期 1958年8月26日

中共徐水县委員会

關于加速社會主義建設向共產主義迈進的規劃草案（全文）

（一九五八年八月二十二日 不另行文）

中共徐水县委通知

1958年8月22日，中共河北徐水县委制订了《关于加速社会主义建设向共产主义迈进的规划草案》，提出“1959年基本完成社会主义建设，并开始向共产主义过渡，到1963年即进入伟大的共产主义社会”。这个草案刊载在8月26日的《徐水报》上

有了中央的意图，有了理论指导，徐水的干部们的思想长了翅膀。8月13日，经国家特准，给1100名民兵发枪。从来没有摸过枪的民兵，今天肩扛锄头手持枪、雄赳赳，气昂昂，走上生产战场，干部群众新奇兴奋，如入梦境，县委趁热打铁，把20个乡镇，合并为7个，实行大兵团作战。

8月22日，徐水县在中央、省、地工作组的帮助下，绘制了一个“向共产主义迈进”的宏伟蓝图。奋斗目标是：1960年开始向共产主义过渡，“1963年进入伟大的共产主义社会”。张国忠向社员群众说：“什么叫共产？共产就是大车、牲口全部归公。……除了生活用品和存款是自己的，其余都是公有的，这就叫共产”。“共产共产，越共越好，一共就富了”。“到那时吃什么有什么，穿什么有什么，要什么有什么”。9月1日，《人民日报》向全国人民宣布：

徐水人民公社将会在不远的期间，把社员们带向人类历史的最高仙境，这就是那各尽所能，各取所需的自由王国的时光。

此时，北戴河会议已开过，精神传达下来。徐水的试验得到高度赞扬。徐水的干部们就像穿上了“红舞鞋”，飞快地旋转着。9月15日，徐水成立了“徐水县人民总公社”，后又改称徐水人民公社，就是全县一个公社。9月20日，向全县人民公布县委的决定：全县实行供给制。吃饭不要钱，干部、工人、职工、农民不发薪金，每月只给几元补贴，服装、日用品都由公社统一发，洗澡、理发、看戏、看电影统统包起来。

既然实行了供给制，县委一声令下，集体的所有生产资料，个人的大部分生活资料全部没收归了公，农民的房屋将被拆除，公社将建若干居民点，社员都住进“新村”。随后320多栋房子一夜之间夷为平地。……

徐水的名声在外，前来参观的人络绎不绝。据统计，从3月至10月，先后有40多个国家，930多名外国人和3000多个国内单位派人前来参观。苏联《真理报》驻北京记者看了后，也伸了大拇指，赫鲁晓夫知道后，坐不住，特派塔斯社记者前来察看。原来如此！赫鲁晓夫心里有底了。后来他讥讽说：“中国的共产主义是喝大锅清水汤，苏联是土豆烧牛肉。”引起毛泽东的极大愤慨。反讥赫鲁晓夫是“土豆烧牛肉的共产主义”作词曰：“土豆烧熟了，还有牛肉。不须放屁，试看天地翻覆。”

难道中国领导人就没有人发现其中有假吗？有，就是不愿捅破这张窗户纸。

罗荣桓元帅也抑制不住好奇心，拉上贺龙、聂荣臻两位元帅，拖着抱病之躯来徐水参观，想在有生之年看看他一生为之奋斗的共产主义究竟是什么样子。结果很失望：墙上写着“人有多大胆，地有多大产”之类口号，画着硕大如牛的肥猪，几个人才抬得动的大白菜；而幼儿园里的孩子们呆板地回答着参观者的提问，敬老院空徒四壁，剩有目光痴呆的老人。罗荣桓对聂荣臻说：“这样的敬老院，我可不来住。”

据中央组织部部长安子文回忆：刘少奇曾随毛泽东之后来到徐水，结果发现这里的所谓高产全都是胡扯。刘少奇凭常识就能得出的这个结论，却埋在心里至少有三个月之久，直到后来毛泽东对粮食产量产生怀疑，才敢于说出。薄一波回忆：他到徐水，站在一片成熟的棉田当中的时候，看到棉桃枝上挂满棉花，满眼一片洁白，他的同伴拉拉他的衣服，告诉他那些挂在棉桃上的棉花全是假的。他也只把这情况放在心底。30多年后，他才说：“当时就看出假来。”

然而，徐水的败象很快就显现了，梦幻毕竟是梦幻，现实却不给情面，两个月后，放开肚皮吃的徐水人，后来连基本生活品也难以兑现了，原来张国忠幻想，徐水进入共产主义，是全民所有制了，全国6亿人口还养不活一个徐水。然而，国家哪有钱给徐水发工资。不用说15包，连每人每年两条毛巾也发不起了。搞了3个月的供给制，不得不草草收场。当时不顾财力，大办工业，建起30个工厂，小型企业1348个，大学11所，文工团、剧团、医院都一哄而起，现在不得不一哄而散。徐水人民公社也随之流产，不得不分而治之。

毛泽东对徐水渐渐失去兴趣。10月中旬，他在天津视察时指出：徐水还是全县人民的所有制，还不是6亿人民的所有制。6亿人民的所有制，要国务院发工资。

回到北京，他接到中共中央办公厅机要室的同志关于在徐水劳动中所见所闻的情况报告，报告中虽有好话，但也反映强迫命令、弄虚作假、鸡鸭无人养，乱提口号无法兑现等问题。毛泽东看过报告，没有表态，把它带到郑州。在郑州会议上，毛泽东多次批评徐水：“急急忙忙往前闯”，批评徐水“浮夸”。随后，他又批示：“以后要宣传安国，不要宣传徐水。”11月10日，毛泽东把报告批给河北省委第一书记林铁和书记张承先：“此件你们带回去，我不要了。”表达了对徐水的失望心情。

一颗共产主义的明星，从此陨落了。

范县的共产主义“是一首诗”

一颗明星陨落了，众多的明星又升起。向共产主义过渡，岂止徐水一家。

以提出“人有多大胆、地有多大产”口号而闻名全国的山东省寿张县，计划在两年后实现共产主义。

11月17日，湖北省当阳县跑马人民公社召开全体社员大会，社党委书记当众宣布：今天是社会主义的尾，明天是共产主义的头，共产主义社会已经到了。共产主义要消灭私有制，消灭家庭，除了老婆以外，什么也不私有了。这位书记没想到，一宣布散会，社员们一哄而散，纷纷上街去“共产”了：拿空了商店，就破门而入到别人家拿；你家的鸡，我抓来吃，我队里的菜，你也可以任意去挖；更有荒唐的，到了托儿所、幼儿园，认领个孩子作儿子。

这或许是闹剧。更有“郑重”的激进者。山东省范县（现属河南省）县委书记谢惠玉居然在1958年10月28日的万人大会上宣布“1960年过渡到共产主义”，而且，还具体描绘了其共产主义的美好图画。

谢惠玉作的范县二年过渡到共产主义的规划报告的摘要，郑重地登在中共中央宣传部11月4日编印的《宣教动态》上。题目十分醒目:《山东范县提出1960年过渡到共产主义》。现摘其要者，以飨读者：

一、工业。一年实现地方工业网，二年实现工业化、电气化。钢铁工业，土洋结合，内外结合；集中力量大搞机械工业；电气化，1958年建立水电站8处，60年建成黄河水利工程大型发电站一处，除供给工业用电外，农村、城镇全部达到电气化、电灯化，并开始研究和利用原子能；大搞化学工业；大力发展生活用品工业；大力发展建筑工业。完成这些规划后，我社将是：各种工厂遍地起，处处烟囱如林立，工厂机器轰轰响，大小机器自己使，生产操作按电钮，难分劳动和休息。能产钢铁能产布，能造化肥发电机，拖拉机汽车也会造，生产用品样样齐，果品罐头范县酒，何时需要何时有，电灯电话收音机，使用起来真便利，这样的日子何时到，苦干二年拿到手里。

二、农业生产万斤化。……今年的水利要实现河网化。59年全部土地田园化，灌溉自流化、标准化，60年达到灌溉电气化、自流化。到那时，田间耕作用机器，灌溉自流用电力；粮食亩产好几万，堆大敢与泰山比；棉絮开放似雪野，花生多得不用提；丰收一年顶百季，人人喜得了不得。

三、林业、渔业、畜牧业和多种经济。根据三分之一的土地种庄稼，三分之一的土地植树，三分之一的土地休闲的要求，59年在林旁、宅旁、公路旁、渠道旁、水库池塘旁、河旁、堤旁、培训基地、陵园实行绿化。

这些规划多么富有诗意，更使人陶醉的还在后头。

第四项关于共产主义乐园建设的规划。

1.根据全县农业生产布局和有利于生产，美化环境的原则，把全县993个自然村在三年内合并为25个合乎共产主义的新乐园。每个新乐园内设有：妇产院、剧院、影院、幼儿园、养老院、疗养院、休假院、公园、托儿所、卫生所、图书馆、展览馆、文化馆、理发馆、青年食堂、养老院食堂、大礼堂、会议厅、餐厅、跳舞厅、浴池、养鱼池、供应站、广播站、体育场、发电厂、自来水供应站、畜牧场等，达到八院、二所、四馆、三厅、两池、三站、四场。

2. 根据共产主义新乐园的规划，范县筑成“经三、纬五”八条宽达30公尺的大马路，贯穿到全公社25个新乐园。田间也修成笔杆条直四通八达的十二公尺宽的管理区道，除当中铺成马路外，两条培植果树和花草。总之要实现：新乐园真正强，四面八方是楼房，有大学工厂，公园街上百花香，柏油马路明又亮，汽车穿梭排成行，有电影有戏院，劳动以后去听唱，冬天室内有暖气，夏天开开电扇乘乘凉，生活真是大变样，万年幸福乐无疆。

关于文教、科学、卫生、福利，这位书记说：

1. 文教，59年普及小学教育，凡是适龄儿童全部入学。二年建成大学4至6处，师范学院一处，中学80至100处，普及中学教育。

2. 科学，59年建公社气象总站一处，分站10处，正规红专大学11处，科学院1处，分院10处，农业大学1处，党校、团校、医校各1处。各院、部、站和学校，均购买一套比较完整的工农业科学研究仪器，并应有自己的工农业试验田。

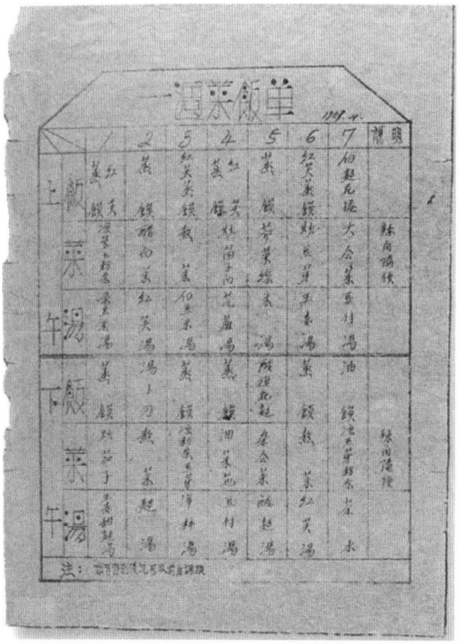
一週菜飯單

河南农村一家公共食堂的一周菜饭单

3. 卫生，今年除实行公费医疗外，59年扩建10个床位的医院、妇产院各25处，百个床位的公社医院、妇产院各1处，门诊部100个；60年除已建立的院、部进行扩建外，再兴建公社疗养院四处。

4. 福利，在58年已建戏院、图书馆、澡堂20处的基础上，59年扩建戏院、澡堂、电影院、体育场、公园、图书馆、俱乐部各25处。

5. 邮电，59年把生产队、食堂、工厂等单位均安上电话，户户有喇叭；60年生产大队建总机，托儿所、妇产院、医院、图书馆等单位均安上电话。真正达到：各种生产用机器，劳动学习娱乐“三八制”；出门坐上电汽车，到处花香真喷鼻；室内室外公路电灯化，有事摇摇电话机，定时广播有喇叭；饭前饭后开开收音机，北京上海好戏随便听听它。

这位书记最后总结说，1960 年基本实行“各尽所能，各取所需”的共产主义分配制度。到那时：

人人进入新乐园，
吃喝穿用不要钱；
鸡鸭鱼肉味道鲜，
顿顿要吃四大盘；
天天可以吃水果，
各样衣服穿不完；
人人都说天堂好，
天堂不如新乐园。

这位书记那美好的蓝图，他那诗化的语言，多么富有感染力！毛泽东读到它，极感兴趣。11 月 6 日，写下一段批示：

此件很有意思，是一首诗，似乎也是可行的。时间似太促，只三年。也不要紧，三年完不成，顺延可也。

他指示印发郑州会议的中央政治局委员们。“字体大小，文章格式，完全照文老样，较为适宜。”同时指示“陈伯达、张春桥、李友九三同志有意思前去看一看吗？行路匪遥，一周可以往返，会后出征，以为如何？”

乌托邦·“新村”·向共产主义过渡

11 月 7 日，毛泽东的批示和范县雄心勃勃的计划，参加郑州会议的中央政治局委员们都看到了。谁也不会感到突然和惊奇。因为近几个月以来，大家都在吹共产主义，都感到共产主义的脚步已越来越近了。

刘少奇与毛泽东一样，对共产主义抱着炽热的憧憬。对各地出现的托儿所、公共食堂、供给制、家务劳动社会化、妇女解放等新事物抱有极大热情。他认为这都是共产主义生活的雏形。这一时期，他的讲话，一个主题就是“吹共产主义”。6月14日，刘少奇同全国妇联党组谈话时转述了毛泽东的话，说：空想社会主义者的想法现在实现了。7月5日，他在石景山电厂发表讲话说：“搞共产主义，大家好。”7月19日，他在天津讲到盖房子，他说：“我有一个想法：搞标准的，共产主义标准的。”

9月19日至28日，刘少奇到江苏视察，走遍江南江北许多城市和乡村，行程数千里。他走到哪里，都讲如何建设共产主义生活，如何培养共产主义的精神。他批评有人说：实行粮食供给制，会增加懒人。他说：“只有彻底地实现共产主义，才能彻底的消灭懒汉。”9月30日，《人民日报》发表了《刘少奇同志视察江苏城乡》的报道。对全国发生了重要影响。

这并不奇怪，对共产主义的向往，是多少代共产党人的理想。当年马克思不愿为未来共产主义描绘完整的蓝图。然而，在《共产党宣言》《哥达纲领批判》等著作中，他还是简约地谈到了共产主义的某些特征，诸如没有商品、没有货币、没有国家，消灭分工，消灭差别，各尽所能，各取所需，实现人的全面发展，物质极大涌流……这些理想曾经倾倒过多少共产党人。

讨论何时进入共产主义，多少年来就是共产党领袖们最热心的话题。1920年，列宁说，大约是在1930年到1940年的这段时间里，他们这一代中十几岁的人们，将要亲手建设共产主义社会。过了18年，也即1938年，他的继任者斯大林保证，整个苏联过渡到共产主义的日子将是在1943年以前。到了1957年，赫鲁晓夫又说，从1959年算起，到达共产主义还要12年。中苏之间在许多方面存在分歧，然而在向共产主义过渡问题上，其急切心情是相同的。

受欧文、武者小路实笃等空想社会主义者的“新村主义”和康有为的《大同书》等的影响，毛泽东早年就与其他一些共产主义者（如蔡和森等）一道，进行过建设“新村”的空想社会主义实践。他们计划在岳麓山建设“新村”，“以新家庭新学校及旁的新社会连成一块为根本理想”，崇尚建立一个共同劳动、共同学习、财产公有、平均分配、人格独立的制度。

当年，春夏之交的岳麓山，鸟语花香，万木葱茏。毛与他的朋友们在这里野餐露宿，登山游水，半耕半读，赤脚草鞋，云麓宫观晨曦，爱晚亭看晚霞。生活清苦淡泊，精神充实愉悦。

毛泽东渴望创造一种新生活，他认为新生活须通过学校对学生的培养而渐渐创立。他深感旧学校的学生“多骛都市而不乐田园”，不熟谙社会，必须创办新学校。在新学校里，学生“一边读书，一边工作，以神圣视工作”。于是一种“新村”也即“新学校”的设计完成了。他为学校安排了每日的生活时间表：睡眠八小时，游息四小时，自习四小时，教授四小时，工作四小时。

他的“新村”计划的主要内容有：

新学校中学生之各个，为创造新家庭之各员。新学校之学生渐多，新家庭之创造亦渐多。

合若干之新家庭，即可创造一种新社会。新社会之种类不可尽举，举其著者：公共育儿院，公共蒙养院，公共学校，公共图书馆，公共银行，公共农场，公共工作厂，公共消费社，公共剧院，公共病院，公园、博物馆，自治会。

合此等之新学校，新社会，而为一“新村”。

在当年内忧外患，国破家败之时，毛泽东热心于“新村”计划，并不是想逃避尘世，退隐山林，过一种田园式生活。相反，他们计划建设“新村”，是要挽中华之颓势，创美好之未来。他们要以“新村”为模本，根本改造中国社会和改造中国人。

这种空想的“新村”计划，显然根本无法实现，不久便被毛泽东遗忘，投身于革命的洪流。然而，夺取全国政权后，似乎具备了实现“新村”计划的条件，重新燃起他早年的梦想。不过这时，已非几个人的“新村”，而是一个有 6 亿多人口 960 万平方公里的试验场。他有这个号召力。1958 年下半年的农村人民公社化运动，与毛泽东早年所受的空想社会主义影响有着紧密的联系，吃饭不要钱，供给制、公共食堂等做法，与空想社会主义者的设想有着多么惊人的相似！

当然，1958 年的人民公社化运动，并非早年“新村”计划的简单翻版。他还融入了几十年战争年代军事共产主义的经验。

毛泽东在北戴河会议上曾经说过，中国的党是很特别的党，打了几十年的仗，都是实行共产主义的，过去我们成百万的人，在阶级斗争中，锻炼成为群众拥护的共产主义战士，搞供给制，过共产主义生活，这是马克思主义作风与资产阶级作风的对立。我看还是农村作风游击习气好。22 年的战争都打胜了，为什么建设社会主义不行了呢？为什么要搞工资制？这里，很明确，毛泽东想把革命战争年代起过积极作用的军事共产主义的做法搬到和平建设的年代来实行，而人民公社化运动中实行的各种形式的供给制，也正是军事共产主义在新的历史条件下的典型再现。

1958年，向共产主义过渡似乎需要一张切近的时间表。自从1957年莫斯科世界共产主义大会开过以后，毛泽东似乎同赫鲁晓夫摽上了劲，苏联15年赶超美国，中国15年赶超英国，苏联12年内进入共产主义，中国可能比苏联早进入共产主义，只是为了国际共运的团结，让苏联先宣布。在1958年11月的武昌会议上毛泽东反复表示，要让苏联先进入共产主义社会。即使我们已经具备了进入共产主义的物质和精神条件，也应当由苏联先进入共产主义社会，你上半年过我下半年过，你过我也过，最多比他迟三年。可是一定要让他先过，否则苏联脸上无光，全世界无产阶级脸上无光，对我们也不利。如果我们先进入怎么办？还是挂社会主义的招牌，行共产主义的实际。

“共产风”席卷全国，人民公社败象渐显

人民公社，对于几亿农民来说，那可不是一首美妙的诗。

首先是他们的家庭财产全部充公，有的房子被拆掉，搬进新建“居民点”，或者搬到别人的家。公社以建立生产基地的名义，征集所属合作社和农家的财产，以为公社基地的物质来源。比如河南嵖岈山公社就是用这种办法，制定了建设“牛场”“万猪场”和“万鸡山”的计划。公社下属各村庄，均须抽出若干人员，携带树木砖瓦之类建筑材料，集合于指定地点，建起305间畜舍，然后又由农民家中牵去192头牛、赶去89头猪和2700多只鸡。诸如此类的建设过程，被当时的报纸称为“白手起家”而广为宣传，农家中之房屋桌椅、刀碗锅筷、鸡鸭猪狗，均为“共产”的对象。按照薄一波的回忆，是“见钱就要，见物就调，见屋就拆，见粮就挑”。

对于自己的财产被充公，农民们公开不敢抵抗，私下里怨言满腹。一个农民在给他海外亲戚的信中写道：“所有的房屋和家具都成了政府的财产，公社可以为所欲为，个人没有任何权利。”另一个人则告诉他的远方亲人，他正在想办法变卖家中财产以躲避公社的征用：“你知道吗？缝纫机必须归人民公社公用，我已经同五叔爷、三妹和其他家人商量，最后我们决定尽快地把缝纫机卖掉，但缝纫机的价格太便宜了，因为卖缝纫机的人太多了。”个人存在银行里的钱财大都被征用去做“投资”，据一个乡下人的解释：“把钱交给政府就是‘投资’的含义。”甚至连亲友寄来的钱也常常不能如数拿到，一个农民告诉他的海外亲戚：“寄来的钱，只有一小部分给了我们自己，其余全部拿去做公共基金。”这种情况引起海外华侨的愤怒，

以至于政府高级领导人也不能不表示关注。广东省委书记陶铸于是保证，所有银行存款和华侨的汇款是“神圣不可侵犯的”。

全国至少有 4 亿人进了公共食堂。一开始，食堂还真“红火”了一阵子，虽无大鱼大肉，但大锅饭管饱。当时有两句口号：一是“放开肚皮吃饭”，二是“吃饭不要钱”。“吃饭不要钱”的建议，是上海市委书记柯庆施提出的，那是 1958 年 8 月。

9 月中旬，毛泽东在看到安徽省一个公社的食堂之后，兴高采烈地表示：“既然吃饭可以不要钱，将来穿也就可以不要钱了。既然一个食堂可以这样，那么别的食堂也应当可以这样。”差不多同时，刘少奇在江苏省也表示他支持供给制度的重新出现。他幻想着“人们不管报酬多少，不管有没有定额，他们总是做得更多更好”的时代已经到来。报纸的社论以豪迈之情宣布说：“公共食堂前途无量。”财政部部长李先念向以谨慎著称，这时也认为实行供给制度是“一件史无前例的伟大事件”。

据薄一波回忆：“当时的甘肃省委书记告诉我，有的干部执行这个口号很积极，看到过路的人走了多远，还强拉他回来，说天晚了还不吃饭？反正不要钱，非要他吃不行。”看这种情景，好像真的到了“君子国”。

然而，好景不长，食堂渐渐地捉襟见肘。食堂有什么？不过是农民的粮食汇在一起，农民有多少家底？一算就知道了，放开肚皮吃，一年的粮食能吃几天？农民们渐渐地抱怨吃不好吃不饱。

1958 年还真是个好年景，农业丰收在望。可是几千万人正在山上、地头、村边大炼钢铁，乡下 10 人中有 4 人在铁炉子边，粮食无人收割，开始烂在地里。在家里的农民也不关心，集体的东西不心痛，“油瓶子倒了没人扶”。结果丰产不丰收。

然而，牛皮却越吹越大，“卫星”比夏收时放得更大。为的是宣传人民公社的伟大成就。当时宣传的农业生产“卫星”河南省信阳县鸡公山人民公社亩产水稻 48925 斤，商丘县宋集人民公社亩产谷子 27733 斤。河北省徐水县大寺各庄人民公社，还计划发射一棵白菜 500 斤、皮棉亩产 5000 斤、山药亩产 120 万斤、小麦亩产 12 万斤的特大高产“卫星”。按照虚报浮夸的数字，我国人均粮食拥有量已达到了 1000 斤以上，许多地方甚至超过了 3000 斤，以至于各地普遍发出了粮食多了怎么办的感叹。在感到粮食太多的情况下，河北省安国县、山西省长治地区、陕西省长安县和山东省单县还在秋种时实行了用总耕地的 1/3 种庄稼、1/3 种树草、1/3 休闲的“三三制”，搞起了所谓农业耕作制度上的革命。

高估产必然引起高征购。虽然1958年的粮食实际产量才达到4000多亿斤，比1957年增加2.5%，但1958年的粮食征购量却由上年的962亿斤猛增到1175亿斤，增长了22.23%，粮食征购量占总产量的比重，也由上年的24.6%提高到了29.4%。

秋收后，又是刮“共产风”的一次机会。安徽省城北公社古城大队，以为官员所谓“购粮”就真的是“购”，于是卖出12万公斤，竟然分文未能得到，全部粮款均为公社占有。山西省委书记陶鲁笳后来惊讶地发现，他领导的这个省，农民在这个秋天里出卖产品所得，竟被公社官员拿走一半，用以“大办钢铁”和“大办水利”。国务院副总理谭震林进一步调查的结果证明，那个冬天全国从老百姓手上收去的钱多至30亿元。“如何还清这笔帐是一件大事”，他向毛泽东报告说。事实上，不仅没有还，而且无偿剥夺农民的行动还在继续。到1961年，各人民公社欠下农民的这笔帐，就已经不是30亿，而是250亿，平均欠每一个农户250元。

此时，为了筹集大办工业、大炼钢铁的资金，银行还对以前发放给农村的各种贷款，不管是否到期，一律强行收回。

当年的人民公社食堂

“一平（平均主义）、二调（无偿调拨）、三收款（强行收回贷款）”和高征购引起了农民的极大恐慌和坚决反抗。“从1958年秋收以后全国性的粮食、油料、猪肉、蔬菜‘不足’的风潮，就是这种反抗的一个集中表现。一方面，中央、省、地、县、社五级（如果加上管理区就是六级）党委大批生产队、生产小队的本位主义，瞒产私分；另一方面，生产队、生产小队几乎普遍地瞒产私分，甚至深藏密窑、站岗放哨，以保卫他们的产品”。由于农产品收不上来，而商品粮等的销售量却随着职工队伍的扩大大量增加，因此，1958年冬天，市场上就出现了粮食、油料等供应不足的紧张状况。

真正的隐患还在农村。一个虚报产量，引来高征购，一个丰产不丰收，一个公共食堂吃饭不要钱，使人民公社的败象在1958年底就逐渐暴露出来。一些农村开始出现饥荒。

5 中苏裂痕　毛公怒拒联合舰队
中美对抗　赫氏狐疑炮击金门

苏联提出建“联合舰队”，毛泽东气得睡不着觉

现在，让我们暂时把目光从国内移到国际。

国内“大跃进”、人民公社化运动如火如荼，然而在国际上，中苏“蜜月”却遇到了麻烦。

1957年11月毛泽东二访莫斯科，是应赫鲁晓夫再三请求，到会支持赫鲁晓夫的。赫鲁晓夫给予了超乎常规的热情接待，对毛泽东寄予希望。毛泽东的确从团结的大局出发，做各国代表的工作，坚持“以苏联为首”。但在会上，中苏之间在对帝国主义力量的估计、在对现代战争的看法、在和平过渡等问题上，是存在分歧的。最后达成妥协，签署了《莫斯科宣言》。赫鲁晓夫和毛泽东都有所获。但二人心境迥异：毛泽东谈笑风生，挥洒自如；赫鲁晓夫虽是“红花”，却要“绿叶”扶持，肚里像打烂一瓶醋，不是滋味。

莫斯科会议达成的团结是脆弱的。会后，中苏之间的分歧无论在意识形态方面还是现实利害关系方面都在加深。

1957年中国开展了反右派斗争，1958年又发动了"大跃进"运动和人民公社化运动。这使毛泽东对国际共产主义运动中的一些重大问题产生了新的看法。

一方面更多地警惕"修正主义"倾向。1958年4月，毛泽东与赫鲁晓夫协调一致，决定不参加南共联盟七大。随后，中苏两党都对南共联盟七大提出的纲领进行了公开的指名批判。显然，各自的出发点不同，赫鲁晓夫更多的是对铁托抵制莫斯科会议恼火。他满心希望，苏联承认了南斯拉夫是社会主义国家，南就一定会回到社会主义阵营里来，然而，铁托不理会这一套，已经跳出了这个圈子再也不愿往里钻。他希望和东西方发展平行关系，这时，以铁托、尼赫鲁、苏加诺为首的不结盟运动正式成立，赫氏对难以驾驶的铁托恼羞成怒。而毛泽东则认为南共纲领在一系列问题上背离了马列主义，认定南共是"现代修正主义"的主要代表。批判的调子比苏联高。

在批判斯大林的个人崇拜问题上，毛泽东也从以肯定为主转向以否定为主。批评中国党内有人"对赫鲁晓夫打死斯大林这种压力"，"对反个人崇拜感兴趣"。还认为个人崇拜有正确的和错误的两种，"我是主张个人崇拜的"。

另一方面，毛泽东对苏联经验转向更加审视的眼光，强调择善而从，要有独创精神。在党内开展了反对照搬苏联的教条主义的斗争，提出"要打倒贾桂，不做奴才"，破除迷信，解放思想。党内对苏联专家的非议多起来，不可避免地影响到中苏关系。

不过，真正引起中苏冲突的还不在意识形态方面，而在国家主权问题上。

1958年4月18日，苏联国防部长马利诺夫斯基致函中国国防部长彭德怀，说：为了指挥苏联在太平洋地区活动的潜艇，迫切希望在1958—1962年，由中苏共同建设一座大功率长波发报无线电中心和一座远程通信特种收报无线电中心（即长波电台）。信中还说：造成这两座中心所需费用，苏联出大部分，中国出小部分。

在中国领土上由中苏合资共建长波电台，且资金大部分来自苏联，这就涉及电台归谁所有、由谁控制的问题，中国不能不慎重考虑。6月7日，毛泽东批示："钱一定由中国出，不能由苏方出。使用共同。""并且应当由两国政府签订正式协定。"6月12日，彭德怀据此复信苏联国防部长。可是苏方对中方要拥有电台全部所有权这一原则立场不予重视，7月11日向中方提出的协议草案中，仍坚持由中苏双方共同建设和管理，实际上要求中苏共有。这是中国所不能接受的。

正在"共建长波电台"问题发生争执和交涉之时，苏联又向中国提出建立共同潜艇舰队问题。

事情的原由是这样的：6月28日，周恩来写信给赫鲁晓夫，希望苏联在中国新型海军舰艇建设方面给予技术援助。苏联驻华顾问很热心，建议中方向苏方订购新的海军装备。

然而，在中国提出上述要求后，苏联驻华大使尤金于7月21日求见毛泽东，以赫鲁晓夫的名义提出：苏联没有出海口，中国海岸线很长，希望同中国商议建立一支共同的潜艇舰队。毛泽东听后，当即表示：首先要明确方针，是我们办，你们帮助，还是只能合办，不合办，你们就不给帮助。

毛泽东为此十分动气，一夜未睡。第二天，7月22日，毛泽东和周恩来、彭德怀等中国领导人一起同尤金谈话。

一上来，毛泽东就说："昨天你们走了以后，我一直睡不着，也没有吃饭。""看来，关于海军提出的核潜艇的请求可以撤销"。

建共同舰队，涉及主权，讲政治条件，一个指头都不行。"你们可以说我是民族主义"，"如果你们这样说，我就可以说，你们把俄国的民族主义扩大到了中国的海岸。"

毛泽东严厉质问尤金，"你们是什么意见"？尤金解释不清，毛动怒地说："你说不清，请赫鲁晓夫来讲！"

尤金给赫鲁晓夫拍去急电。

赫鲁晓夫秘密来访，毛泽东动了真火

时隔一周，7月31日赫鲁晓夫秘密来京。毛泽东等到南苑机场迎接，没有红地毯，没有仪仗队，也没有拥抱。在赫鲁晓夫在京的四天中，没有为他安排文艺活动和参观，与1954年第一次访华相比，已不可同日而语了。

会谈在颐年堂举行。赫鲁晓夫知道毛泽东为"联合舰队"的事动了真火，专程前来当面解释，他埋怨尤金没有说清楚，不承认苏联曾经建议与中国搞共同海军，否认要将自己的方针强加于人，只是同中国商量，毛泽东坚持认为：苏方是在讲政治条件，不共同建设就不给帮助。

毛泽东单刀直入："请告诉我，什么叫共同舰队？"

"嗯，嗯，所谓共同么，就是共同商量的意思"，赫鲁晓夫想避开要害，慢慢说。

"请你说明什么叫共同舰队。"毛泽东抓住要害不放。

"毛泽东同志，我们出钱给你们建立这个电台。这个电台属于谁对我们无关紧

1958 年 7 月 31 日至 8 月 3 日，苏共中央第一书记赫鲁晓夫访问中国。图为毛泽东、赫鲁晓夫在联合公报上签字

要，我们不过是用它同我们的潜水艇保持无线电联络。我们甚至愿意把这个电台送给你们，但是希望这个电台能尽快地建立起来……”

毛泽东拂袖而起，指着赫鲁晓夫的鼻子说：“你讲的这一大堆毫不切题。我问你，什么叫共同舰队？”

赫涨红了脸，不敢正面交锋，委婉地说：“我们不过是来跟你共同商量商量。”

“什么叫共同商量，我们还有没有主权了？你们是不是想把我们沿海地区都拿去？你们都拿去算了！”我们一万年不建设海军也没关系。你们去搞原子弹，我们去打游击战。我们没有原子弹，没有军舰，将来索性把全部海岸线都给你们，叫你们打好了。

赫鲁晓夫说：“不同意就不同意吧，我们不提这个建议了。为什么要这样误解我们呢？”赫鲁晓夫转守为攻，说：“苏联对你们中国做出了许多援助”。

毛泽东说：“这是另一个问题，是另一个问题。”

赫鲁晓夫建议建长波电台和联合舰队，即使如其所说是为了共同“对付美国”，没有想控制中国之意，他漠视他国主权的行事方式也是苏联固有的。

毛泽东有过同斯大林的大国主义打交道的不愉快经历，对主权问题十分敏感，他认为“斯大林的东西又来了”，赫鲁晓夫是要控制中国，中国的独立主权受到了威胁。

此时的毛泽东对拥有核武器的北方盟国也产生了戒心。他不无所指地对赫鲁晓夫说：“中国人是最难同化的。”“过去有多少个国家想打进中国，到我们中国来。结果呢？那么多打进中国来的人，最后还是站不住。”

赫鲁晓夫听这段话时面无表情。

赫鲁晓夫秘密来华，走时发表了会议公报，是公开离京的。中苏最高级会谈围绕长波电台和共同舰队问题发生的争执，当然没有丝毫流露于报端，但它却给中苏关系投下了新的阴影。

分歧很快在另一方面加深了，那就是对外政策上。

20世纪50年代后期，由于各自所处的外部环境不同，中苏之间在对待美国的问题上存在不同的看法和做法。由于美国拒绝中国的和解努力，继续敌视中国，因而，反对美国威胁仍是中国外交的一项主要斗争。而苏联虽是美国的主要对手，但有正常的外交关系和对话渠道，双方慑于日益增长的军备竞赛的威胁，都有控制风险、避免冲突的要求。自1958年以后，赫鲁晓夫开始谋求与西方国家改善关系。

1958年10月，中国炮击金门，中美再度走上军事对峙，这使中苏之间在对外政策上的分歧立时显现。

美国态度僵硬，毛泽东不能容忍台湾问题永久化

自万隆会议后，中美之间的对抗似乎有些和缓，毕竟两国开辟了大使级会谈的接触通道。然而，谈是谈了，当时的美国看不起中国，它可以与主要对手苏联讲“缓和”，而对中国的政策却十分僵硬。

就在会谈期间，美国加强了对台湾的军事援助。1955年3月3日，美台共同防御条约生效。1956年1月签订了美台军事协定。美国向台湾派驻了“协防台湾司令部”，将美军驻台军事顾问团扩充到2600人。美空军第13特种舰队进驻台湾。1957年5月7日，美驻台司令殷格索尔宣布，美国在台湾部署了可携带原子弹头的“斗牛士”导弹和电导导弹。

在外交上，美国的态度更趋强硬。杜勒斯不断地发表反华言论。1956年1月，他声称，如果中国以武力解放台湾和澎湖列岛，“那么我们将进行战斗”。1957年4月20日，美国务院发表声明：“美国将单方面禁止对共产党中国的一切贸易”。5月13日，杜勒斯在马尼拉条约理事会上重申美国对华政策三原则：不承认中华人民共和国；继续承认“中华民国”；反对中华人民共和国进入联合国。6月28日，杜勒斯在旧金山发表对华政策演说称，要尽一切可能使共产主义这种现象在中国消逝。随后，美国单方面中断中美大使级会谈。

美国虽然坚持“协防台澎”，但并不支持蒋介石固守金门马祖，这就使美蒋之间心存芥蒂。蒋介石担心中美会谈会做出不利于他的妥协。他的策略是不断地发出“反攻大陆”的叫嚣，加强对大陆的间谍活动和军事骚扰。派飞机深入云、贵、川、康、青海等内地省份空投特务，散发传单，轰炸福建。他利用中美会谈期间海峡相

对平静之机，加强了金门马祖的驻军和战备，1956 年 6 月 27 日，确定金门、马祖为战地政务区。

到 1958 年夏天，蒋介石在金门马祖的军队已达 10 万人，占他地面部队总数的 1/3。这种类似赌博的军事部署，对蒋介石来说有多重用意：一则视固守金马为“反攻大陆”的精神支柱；二则把美国进一步与自己拴在一起，使其更难劝他撤退，一有机会便把美国拉下水。

中国政府倡导的通过国际谈判和国内谈判解决台湾问题都没有得到响应而有所进展。毛泽东决不能容忍台湾问题由此沉寂而使分割之势固定化和永久化。他一直在寻找机会使台湾问题再次引起国内外关注，将美国逼回谈判桌，迫使蒋介石接受和谈方针。

美军登陆黎巴嫩，毛泽东下令炮击金门

1958 年夏，发生了中东事件，伊拉克发生政变，推翻了亲英美的哈希姆王朝，建立共和国。美国以应黎巴嫩总统夏蒙的请求为借口，派兵在黎巴嫩登陆，企图镇压伊拉克新政权。毛泽东下决心“利用这个机会在国内外搞点东西。”

毛泽东选择黎巴嫩人民反对美军入侵之机，在台湾海峡采取军事行动，其目光不仅仅局限于台湾海峡，而且注入了他的全球性战略考虑。1957 年 1 月 27 日，毛泽东对国际形势进行了总的分析，认为帝国主义国家同社会主义国家矛盾虽然很厉害，但帝国主义国家现在是在假借反共产主义之名来争夺亚洲、非洲十亿人口的地盘，重点又在中东。按毛泽东的构想，社会主义国家反对帝国主义的斗争，主要不是直接对抗，而是应该支持世界民族解放运动。把台湾问题与支持中东人民反美斗争结合起来，正可以相互策应，互为后盾，使美国四处紧张，首尾失据，既可减轻中东人民的压力，又可试

福建前线部队炮击金门

出美国在台湾问题上的底牌。

1958年8月17日，毛泽东在中共中央北戴河会议上作出炮击金门的最后决定。18日，毛泽东致信彭德怀，亲自部署打金门。

8月23日下午，台海上空天气晴朗，和风轻拂，海面一片宁静。17时，前线司令员发出命令："开始突击！"顷刻间，炮声隆隆，地动山摇，成串的炮弹倾泻而出，金门岛顿时陷入一片烟雾火海……

炮击金门既是武仗，更是文仗，因而，每一步骤都在毛泽东的直接掌握之中，渗透了他妥善处理中美蒋微妙的三角关系的策略思想。其方针是八个字："直接对蒋，间接对美"，尽量避免与美国人直接交锋。办法是只打金门，不打台湾。后来毛泽东说："我们整金门，我们是整家法，这是我们国内的事。当然整台湾也是整家法，不过，那个地方有你美国兵，那我还是暂时不去。"

中国并不想由炮击金门引发中美之战。至于炮击金门的直接军事目的，起初准备收复金门马祖。但毛泽东仍然是走一步，看一步，并未最后确定，也未公开。

把美国逼回谈判桌

金门炮响后，台湾惊恐万状。全世界也"满城风雨、烟雾冲天"。艾森豪威尔政府弄不清中国炮击金门的战略意图，迅即从地中海、美国西海岸以及菲律宾调来第六舰队的一半舰只。美军在台湾海峡集中了7艘航空母舰、3艘重巡洋舰、40艘驱逐舰。美国空军第4巡逻航空队、第一海军陆战队航空队进驻台湾、菲律宾。3800名海军陆战队员登陆台湾南部。据称，这次调动是美国战后最大的一次军事集结。中国炮击金门第四天，艾森豪威尔重申美国将不放弃它武力阻止解放台湾的"责任"，9月4日，杜勒斯发表声明，公开威胁要把美国在台湾海峡的"协防"范围扩大到金门、马祖。

实际上，美国政府在是否协防金门马祖问题上进退两难。退，则担心由金马失守而危及台澎，金马台澎丢失又将使西太平洋"反共壁垒"受到"严重的危害"；进，则要准备"冒更广泛地使用核武器的风险，甚至冒全面战争的风险。"使美国更难决策的是来自国内外的反战压力。在世界范围内，除了南朝鲜李承晚，几乎所有国家，包括日本、英国等美国的主要盟友，都明确地反对美国干涉金门之战。美国内反战空气甚浓。连赫尔利这种敌视中国的人都认为，美政府在执行一种"自杀政策"。

苏联虽不赞成中国在台湾问题上采取强硬态度，但在摸清了中国不是就要用武力解放台湾的用意后，得到中国关于不拖苏联“下水”的承诺后，公开表示：美国对中国的侵犯就是对苏联的侵犯，苏联不会“无动于衷”“袖手旁观”。苏联的态度对美国的行动起了一定的制约作用。

在这种形势下，美国政府不得不审慎行事。9 月 4 日，杜勒斯在备忘录中透露美国的底牌，一、国民党可以自己与中共交战，美国将保护运输；二、希望中共不会认真打起来；三、美国不放弃和平谈判的希望。这表明美国不想同中国直接交战。

经过两周的炮击，毛泽东的目的基本达到。周恩来说：“打炮就是试验他，这回试验出来了，杜勒斯这张牌出来了”。

根据新的情况，毛泽东确定采取边打边谈，以打促谈的方针，逼美国重新回到谈判桌旁。一方面继续炮击金门，另一方面呼吁恢复中美会谈。9 月 6 日，毛泽东在最高国务会议上讲话中说，我们这一打，打出美国想谈了，跟美国的事就大局说，还是谈判解决，和平解决。同日，周恩来发表声明公开倡议“同美国政府坐下来谈判，谋求台湾地区紧张局势的和缓和消除。”

毛的谈话和周的声明，可以看作是对杜勒斯备忘录的答复，立即引起美国政府的注意。艾森豪威尔决定，只为国民党提供护航，但避免驶入中国内海与中国发生冲突。

毛泽东同样为了避免与美国发生直接冲突，指示前方“只打蒋舰，不打美舰”，如果美舰向我开火，不要还击。9 月 7 日，我方向蒋舰发炮，美国军舰立即掉头，丢下蒋舰及运输船只，向台湾方面遁去。这更增加了毛泽东以打促谈方针的信心。

9 月 15 日，中断了 9 个月之久的中美大使级会谈复会，会址从日内瓦移席华沙。在此之前（9 月初），中共中央政治局召开会议讨论台湾海峡形势和对美关系问题。中国参加中美会谈的首席代表王炳南向政治局汇报了中美大使级会谈情况，鉴于头两年中美会谈中美方僵硬和敷衍态度，会议决定改变过去由易而难逐步取得谅解的方针，确定“一揽子”解决问题的新方针，即台湾问题不解决，其他问题都谈不上。

果然，复会之后，美方的态度毫无松动，仍然坚持先停火，再讨论各种具体措施。说什么美国不能容忍盟友的领土被武力侵犯。与此同时，杜勒斯在联合国大会上遥相呼应，要求中国先停火，然后再进行中美会谈。

鉴于此，毛泽东、周恩来指示中方代表：“应该采取积极进攻的方针”。立即提出要求美国从台湾海峡撤出它的一切武装力量，停止向中国领海领空的一切军事挑衅和干涉中国内政行为，以和缓和消除目前台湾海峡紧张局势的反建议。

9 月 19 日，毛泽东十分兴奋地致信周恩来，指出：“我们这种新方针、新策略是主动的、攻势的和有理的。高屋建瓴，势如破竹，是我们外交斗争的必须形态。”

中国的立场十分鲜明，坚决拒绝在中美会谈中讨论“停火”问题。9 月 30 日周恩来再次重申。“中国人民恢复自己的内海岛屿金门、马祖和解放自己的领土台湾、澎湖的决心是不可动摇的。”10 月 6 日，毛泽东以彭德怀名义起草的《告台湾同胞书》指出：中国与美国之间并无战争，无所谓停火。

毛泽东实施“联蒋抵美”策略

中美会谈复会之后，美国决策者开始调整对台湾的政策。

1958 年 9 月 30 日，杜勒斯在记者招待会上说，他同意人们所说的“不要只是为了金门和马祖而发生战争”，声明美国“没有保卫沿海岛屿的任何法律义务”，美国“不想承担任何这种义务”。“如果有了停火，我们的判断就是，使这些部队继续驻扎在那里是不明智的，也是不谨慎的。”

杜勒斯的这个讲话，标志着美国对金、马的政策从“协防”转为“脱身”，目的是以放弃金、马换取长期占据台湾的合法地位。美国一方面劝说蒋介石以撤退金、马换取台、澎的苟安，一面想与中共做笔交易，以放弃金、马取得中共不对台湾使用武力的承诺。

美国这种“划峡而治”，制造“两个中国”的图谋，遭到海峡两岸的共同反对。

美国显然对蒋介石固守金、马而陷美国于进退维谷之地很不满意。进入 9 月份之后，美国对蒋介石固守金、马支援的有限性日益明显了：美国的护航舰只不肯进入金门周围三海里水域，拒绝台湾要求美空军参战。

这一切都使台湾当局感到不满。中美恢复大使级会谈，顿时引起台湾当局的严重担忧，唯恐双方在牺牲台湾当局利益的基础上达成协议。台湾发言人匆匆表态：反对中美大使级会谈，声称台湾“不准备做任何退让”。

9 月 28 日，蒋介石亲自出面，向记者发表谈话称：台湾将不考虑盟邦态度如何而瞻顾徘徊，“必不至中途后退”。蒋介石最担心的是美国政府再次压其从金、马撤退。在蒋介石看来，如果放弃金、马，不仅会影响士气，而且会动摇其政权基础。9 月 30 日杜勒斯的讲话，对台湾当局来说是一个不小的冲击。次日，国民党中常委专门开会研究对策，未得出要领，同日，蒋介石在高雄对美联社记者发表谈话，与杜勒斯针锋相对，反对削减驻沿海岛屿的部队。他指名道姓地说，他的政府没有任何义务遵守杜勒斯的声明。显然，蒋介石已忍无可忍，不惜将分歧公之于世。

美国准备从金马“脱身”的动向，并没有促使毛泽东遂行收复金马的最初想法。相反，毛泽东改变初衷，决定把金马留在蒋介石手中。这确实出乎外界意料。

杜勒斯9月30日的讲话及美蒋矛盾的公开化，引起毛泽东、周恩来等中国领导人的注意。在这种情况下，是先收复金、马，联美抵蒋？还是把金、马留在蒋介石手中，联蒋反美？中共中央召开会议进行讨论，一致同意毛泽东关于联蒋抵美的想法。

毛泽东后来在各民主党派负责人座谈会上谈到了这一新方针。他说：开始我们想打金、马，后来一看形势，金、马收回就执行了杜勒斯的政治路线，还是留在蒋介石手上好，要解决，台、澎、金、马一起解决，中国之大，何必急于搞金、马？

10月5日，周恩来会见苏联驻华临时代办时解释说：“我们的方针，简单来讲就是要使台、澎、金、马仍留在蒋手里，不使之完全落到美国人手里。”中国“不能因为只谈金、马，而换来美国占领台湾的合法化，换来所谓‘两个中国’的存在”。

毛泽东调整对金、马的方针，有多重战略的和策略的考虑：

挫败美国制造“两个中国”，进而把台湾变成美国永久殖民地的阴谋，台湾留在蒋介石手中，强于完全落入美国之手，如果逼蒋撤退金、马，他就很难保住在台湾的地位。周恩来讲，清朝统治阶级的方针是“宁予外人，不给家奴”，我们则是“宁予家奴，不给外人”。此其一。

把金、马留在蒋手里可以拖住美国。这就是毛泽东提出的著名的绞索政策。毛泽东认为，美国在台湾及世界各地的一切军事基地和军事干涉，都是套在美国脖子上的绞索。美国停留越久，绞索越紧。台湾是一根绞索，但离得太远，把美国拖在金、马，绞索可以随时抓在中国手里，有利于与美国的谈判和斗争。此其二。

金、马留在蒋介石手里，必然加深美蒋之间的矛盾。这将激发蒋介石的民族性，也保留了一个大陆同台湾对话和接触的形式。逼蒋撤退金、马，双方完全隔离，既打不着，又谈不拢，不利于统一进程。此其三。

于是，毛泽东决定暂时停止炮击，转入政治攻势，以“加深美蒋之间的矛盾”。最后，“美国不劝蒋军撤走，我们就达到了目的”。10月6日，毛泽东起草，以国防部长彭德怀名义发表了《告台湾同胞书》，明确地传递了联蒋抵美的信息。文告说："我们都是中国人，三十六计，和为上计"，"美国人总有一天肯定要抛弃你们的"，"杜勒斯9月30日的谈话，端倪已见"。文告宣布从6日起，停止炮击一周，让台湾自由地输送供给品，条件是美国不得护航，如果护航，立即开炮。10月13日，彭德怀下令再停止炮击两周，条件依旧。

中国对金门的猛烈炮击和封锁戛然而止，外界摸不着头脑。美国人乐意把中国的举动与杜勒斯的声明联系起来。殊不知，毛泽东的方针与杜勒斯的想法正相对立。

正如毛泽东、周恩来所料，中国每次提出暂停炮击，都造成了美蒋关系的新波折。第一次停火的当天，美国务院就声明暗示停止护航，蒋介石急于发表谈话，意在拖住美国。10月8日，美不顾蒋的请求，宣布暂停护航。10月14日，中国决定再停火两周的第二天，杜勒斯召见台"外交部长"叶公超，要求叶公超"巧妙地向蒋介石提出撤出沿海岛屿的问题"。10月12日至14日，美国防部长麦克罗伊赴台劝说蒋介石撤退，未果。10月21日，杜勒斯亲自出马，飞赴台湾与蒋介石会谈，目的是要蒋介石同意放弃以武力进攻大陆，并"从沿海岛屿撤出几乎所有的守卫部队"，而美国则给蒋一些登机装备，一旦今后条件具备，蒋仍可以有反攻大陆的能力。这样可以避免使美国卷入与中国的直接军事冲突。

中国洞悉杜勒斯台湾之行的目的，正当杜勒斯赶赴台湾之时，下令恢复了对金门炮击和封锁，实际上是为蒋介石讨价还价、拒绝撤退增加砝码。在21日下午和22日双方的会谈中，蒋介石拒绝从金门、马祖撤退。杜勒斯没有达到把台湾与大陆完全分隔的目的，但他迫使蒋介石终于同意声明对大陆不使用武力，从而加强了对台湾的控制力。10月23日，发表了《联合公报》。

毛泽东关于拖住美蒋于金、马的目的已经达到。此后，海峡斗争从军事斗争转入政治、军事、心理斗争相配合的阶段。10月25日，彭德怀再次发表《告台湾同胞书》，宣布今后，逢单日打炮，双日不开炮。此后，福建前线出现了逢单日打，双日不打的戏剧性场面。中国的意图，与其说主要对蒋，不如说主要对美。打是为了给蒋介石一个拒绝撤退的理由；不打是为了使蒋军获得补给的时间，使其能坚持下去，而且炮击只打沙堆，不打民房与工事。西方人无法理解毛泽东这一渗透东方人智慧的政治策略。

赫鲁晓夫对炮击金门十分恼火

毛泽东炮击金门的重大举动，使赫鲁晓夫甚为恼火。这时，赫鲁晓夫正贯彻他的“和平共处”政策，谋求同西方的缓和，1958年1月，他发表讲话，表示愿与西方国家改善关系。苏联各主要报刊发表联合声明:《人民需要缓和》。1—2月间，苏联与西方政府之间的信件往来频繁，苏联建议禁止核试验，签订互不侵犯条约，虽都被西方拒绝，赫鲁晓夫仍对缓和信心十足。

美军登陆黎巴嫩，赫鲁晓夫一开始就采取了与毛泽东不同的方针。苏美之间来往的外交照会十分激烈，但赫鲁晓夫始终谨慎地把逼美撤退限于外交手段，避免直接干预。赫鲁晓夫提出“立即召开苏、美、英、法和印度五国政府首脑会议”，以结束冲突，根本没提中国。

毛泽东采取的是“进攻”策略：炮击金门，以支援阿拉伯人民的斗争，使美国面临首尾失据，全面紧张的境地。毛泽东说:“这次炮击金门，就是要整美国人一下。美国欺负我们多年，有机会为什么不整它一下。”

毛泽东炮击金门的行动，事先通过苏联在中国的军事顾问通报了苏联，但赫鲁晓夫7月31日至8月3日来华，毛泽东与他进行了四次秘密会议，却未对他透露半点信息。8月3日发表的中苏公报对国际形势特别是中东形势表示了一致意见，但引人注目地只字未提台湾问题，赫鲁晓夫对此甚为不满。8月23日炮击金门后，台海形势骤然紧张。苏联得知美国甚至开始讨论使用原子弹问题。这时，赫鲁晓夫不只是恼火，还有些恐慌。担心中国的行动会破坏他的缓和政策，甚至会被拖下水，导致苏美冲突。9月5日，他亲自打电话给苏联驻华使馆参赞苏达利柯夫，命他转告周恩来，他拟派外长葛罗米柯于当日晚乘飞机秘密访华。向中国领导人转达苏联对台湾海峡局势的估计，并商谈致美国总统艾森豪威尔信的问题。

9月5日晚，周恩来接见苏达利柯夫，表示欢迎葛罗米柯来华访问。同时说明：中国炮击金门、马祖并不是就要用武力解放台湾，只是要惩罚国民党部队，阻止美国搞“两个中国”；如果打出乱子，中国自己承担后果，不拖苏联下水。请他转告苏共中央。

9月6日葛罗米柯秘密来京，周恩来、毛泽东先后会见了葛罗米柯，重申了中国对台湾局势的看法和炮击金门的方针。双方交换了中国政府的声明和赫鲁晓夫致艾森豪威尔的信的副本。毛泽东告诉葛罗米柯：中国不怕原子讹诈，如果美国实行核打击，中国政府将退到延安，继续进行斗争。

在得到中国政府自己承担炮击金门的后果，不拖苏联下水的明确保证并且在台海局势最危急的时候过去之后，赫鲁晓夫才两次致函艾森豪威尔，表明对中国的侵犯就是对苏联的侵犯，苏联将完全履行苏中友好同盟互助条约所承担的义务的立场。在中国领导人看来，等于空放一炮。

这时，赫鲁晓夫对插手解决台海危机热心起来。

9 月 27 日和 10 月 4 日，赫鲁晓夫两次给毛泽东写信，表示苏联要承担条约义务，同时提出召开中、美、苏、印等国最高级会议，研究缓和台湾海峡国际紧张局势问题的建议。

毛泽东不希望苏联插手台海危机的处理，对赫鲁晓夫的两次来信，有意搁置了十余天。10 月 14 日，才由周恩来将毛泽东答复赫鲁晓夫的复信交给苏驻华临时代办安东诺夫，拒绝了苏方的建议，申明中国要独自处理台湾海峡危机所引起的国际问题。

这与 1955 年第一次海峡危机之时情况大不相同。那时苏联倡议由苏、英、印召集会议，邀请中、美、法等六国参加讨论消除危机问题，中国公开表示支持和响应。

炮击金门之事使赫鲁晓夫虚惊一场，他虽然公开表示支持中国，但对中国的对外政策加深了怀疑。赫鲁晓夫对炮击金门“马后炮”式的支持，也使毛泽东及中国领导人进一步看到，所谓中苏同盟并不可靠。

CHAPTER 5

第五章　郑州纠“左”

1 郑州会议　两个界限必须划清 武昌会议　高指标要压缩空气

毛泽东的隐忧

说到1958年的头脑发热，邓小平在1980年4月说过一段话：讲错误，不应该只讲毛泽东同志，中央许多同志都有错误。“大跃进”，毛泽东同志头脑发热，我们不发热？刘少奇同志、周恩来同志和我都没有反对，陈云同志没有说话。在这些问题上要公正，不要造成一种印象，别的人都正确，只有一个人犯错误。这不符合事实。中央犯错误，不是一个人负责，是集体负责。

这话符合当时的实际。当然，这并不是说大家的认识完全一致，没有不同看法。

早在1958年3月份成都会议期间，周恩来抽空参观了附近的“友谊农业社”，看到这个社提出的计划指标很高，他后来说：“当时，我不敢相信”。7月份，在“大跃进”的高潮中，周恩来在参观一个农业展览馆时，看到了几个亩产3000斤、亩产4000斤的小麦“卫星”，他当即就问陪同的负责同志：“这是否确实？”那个负责同志支支吾吾，说不清楚。可以说，周恩来从一开始就对在“大跃进”以来的高指标、浮夸风深感忧虑。

邓小平说：“陈云同志没有讲话”。“没有讲话”实际上已经表明了陈云当时的态度。

周恩来、陈云自“大跃进”发动以来，连续不断地受到批评，党内民主生活十分不正常，限于当时的处境，虽然看到了一些问题，也不便直截了当地提出。只有当毛泽东本人头脑稍微冷静下来，觉察到一些问题以后，“大跃进”和人民公社化热浪才有可能降温。

毛泽东的心态如何呢？

毛泽东为人们建设社会主义的热情而欢欣鼓舞，对“大跃进”欣赏备至，说发明“大跃进”一词的人“其功不在禹下。如果颁发博士头衔的话，我建议第一号博士赠予发明这个伟大口号（即‘跃进’）的那一位（或者几位）科学家”。

然而，大炼钢铁运动和人民公社化运动在全国掀起以后，他的内心深处也是“十五个吊桶打水，七上八下”，心中没底。毕竟这都是前无古人的大事业。8 月初和 9 月中下旬，他两次外巡，一则为了督促鼓劲，二则也是想发现些问题。

第一次出巡到了河南，专列停在郑州车站，毛泽东听取河南省委书记和中央办公厅下放干部工作团领导的汇报，对“大跃进”和人民公社化运动，他反复问：“有什么问题没有？不要只说成绩，我想知道有什么问题没有？”

问过七八遍，没有反映问题，还是说好。

于是，毛泽东决定和在河南参加土法炼钢的中央办公厅工作人员直接谈。但是令毛泽东失望的是，大家仍然一片声地说好。

不得已，毛泽东开始“点将”了。

他问中南海摄影组的胡秀云：“小胡，你说说，有什么问题没有？”

胡秀云说：“反正我看妇女挺高兴的。原来围着锅台转，现在吃大食堂，解放了。”

毛泽东不急不慢地笑着问：“你是不是吹牛呢？大锅菜炒出来就是不如小锅菜炒出来香么。”

大家一时都愣住了，谁也没料到毛泽东会说出这种在当时被视为“右倾”“保守”的话。

听毛主席这样说，胡秀云的胆子也大了起来，斗胆直言：“我就是纳闷，怎么晚上亩产还是 400 斤，到早晨就成了 1000 斤了？有些干部一个比一个能吹。”

周围人的脸色都变了，只有毛泽东仍是一脸微笑，扭头望望河南省委书记吴芝圃和谭震林、廖鲁言：“你们到底是放卫星啊还是放大炮？”

第二次出巡回京后，发表了一遍鼓动性的讲话，说明他的脑子还很热。但这次出巡他不会不察觉到一些问题。尤其是在武汉与李达的一次争吵，不会不对他有所触动。毛泽东后来对吴冷西和田家英说：“国庆节前我去大江南北走马看花，除了给你们新华社写了一条新闻外，感到还有很多问题需要认真研究。”

10月2日，毛泽东收到一封没有署名的信，反映安徽灵璧县冯庙乡、杨町乡、尹集乡由于灾情严重，已饿死500余人。毛泽东在信上批示：“请曾希圣派人调查。”安徽省委调查基本属实。这类情况不能不引起毛泽东的警觉。

要做“冷静的促进派”

毛泽东对“左”的最初认识，是从人民公社开始的，对人民公社化问题的认识，又是从调查徐水开始的。

正如上一章所说，徐水县是向共产主义过渡的试点，在国内外影响很大，全国各地到徐水参观“取经”的人络绎不绝。

为了弄清真实情况，毛泽东派出了18名中央机关工作人员到徐水深入调查，结果发现了不少问题。

10月13日至17日，毛泽东再次外出视察。16日、17日，毛泽东在天津召见了保定地委和徐水、安国、定县、唐县四个县的县委第一书记，听取他们的汇报。同时也把河北省省长刘子厚召到天津，要他立即组织人，用三天时间到徐水进行调查，“想调查什么就调查什么”。刘子厚连夜组织省委、省政府负责同志和正在参加地、市农村工作部长会议的代表70人，到徐水分别进往农户里调查了三天，随即将调查结果向已返回北京的毛泽东作了汇报。

对于刘子厚等人汇报的诸如浮夸问题、弄虚作假问题，毛泽东听了只是哈哈大笑。看来毛泽东对浮夸的危害性尚未引起足够的警觉。或者说，这不是他关注的重点。当刘子厚等人汇报到徐水所谓的实行全民所有制问题时，毛泽东态度严肃起来，发表了重要意见。

毛泽东直截了当地指出，徐水县实际上是集体所有，是扩大了范围的集体所有。是徐水的全民所有，不是全国的全民所有。它有两种不同，一是和过去合作社不同，二是和国营工业不同。

关于交换问题，他说，交换问题要向两个方向发展，一方面大范围的内部调拨要发展，另一方面社会主义市场、社会主义商业要发展，一个是调拨性质，一个是商品交换性质，还是货币交易。

关于分配问题，毛泽东不赞成把什么都包起来，多劳多得还是社会主义原则，要劳动力多的人收入多点、工资多点，不要平均主义。

为了进一步搞清楚人民公社化运动中的问题，毛泽东在自己进行调查研究的同时，也把几大秀才派下去搞调查。10 月 19 日，毛泽东两次致信陈伯达，要他和张春桥一道到大名鼎鼎的河南遂平县嵖岈山卫星人民公社进行调查。

26 日，又约吴冷西、田家英谈话，派他们带人到河南修武县和七里营人民公社进行调查。

这次谈话，明显表露出毛泽东的隐忧。他说：“大跃进和公社化，搞好了可以互相促进，使中国的落后面貌大为改观；搞得不好也可能变成灾难。你们这次下去，主要是了解公社化后的情况。北戴河会议时我说过公社的优点是一大二公。现在看来，人们的头脑发热，似乎越大越好，越公越好。你们要去的修武县，全县已成了一个公社。我还要派人去了解山东寿张县，听说那里准备苦战三年进入共产主义。”

他说，特别当记者的，不能道听途说，人云亦云，要做冷静的促进派。

吴冷西回忆道：“这是大跃进中我第一次听到毛泽东说要做‘冷静的促进派’。回想从 1958 年初的南宁会议起，毛主席的多次谈话，给我强烈的印象就是报纸要促进，不要促退。”

为了能够确实掌握真实情况，毛泽东特意交待：下去调查时不要各级领导作陪，要找生产队长就只找生产队长，不要公社书记、大队长参加；要找群众谈话就不要找干部参加；要找县委书记也只请他本人来谈，因为人多了谈话就有顾虑（同级干部如此，上级干部更如此）。找群众谈话要有各个阶层的人物，尤其要注意中农的态度。还可以找下放干部谈话，他们可能顾虑较少。总之要了解各种人的真实想法。助手中可以选一两位女同志，那样同农村妇女谈话比较方便。

如果说，“大跃进”是毛泽东探索中国超高速发展生产力的途径的话，那么人民公社则是毛泽东探索建立完美的社会组织形式，并为向共产主义社会过渡做准备的尝试。事关重大，毛泽东不能不慎重。

修武县书记问：我们是全民所有制吗？

10 月 29 日至 11 月 4 日，吴冷西、田家英各自带助手分别在修武县和七里营人民公社进行了调查。

毛泽东选中这两个地方搞调查，是费了一番心思的。

如果说人民公社的特点是“一大二公”，那么这个修武县就体现了“大”的特点，整个修武县办成了一个 13.5 万人的大公社，这个一县一社是由原来 245 个合作社合并而成的。全县统一收支，生产资料全归公有，由公社（县）统一调配，农副业和工业、手工业产品也全部由公社（县）统一调拨，生活资料的日常消费由公社供给。生产大队和生产队干部们都说，他们实行的是全民所有制。男女老少都实行低水平的供给制，办了公共食堂，敞开肚皮吃饭。但是至少有一个人还保持了清醒一些的头脑，这个人就是修武县的县委书记。

逄先知是这次调查的成员之一，他回忆说：

当时，下去的同志包括田家英在内，对人民公社都没有也不可能从根本上去怀疑它。但通过调查，却发现问题不少，有些问题使人非常焦急，例如，普遍实行“大兵团作战”，社员每天只能睡三个小时，连续一、二十天，搞得人困马乏，难以为继，劳动效率大大下降。大家都希望向毛泽东反映，越快越好。田家英还从下放干部那里了解到当地虚报产量的真实情况。当时，关于人民公社性质问题，是从中央到地方各级干部议论的重要问题之一，也是田着重调查研究的一个问题。基层干部中不少人认为人民公社是全民所有制。田家英开始没有表示自己的看法，但从修武县委书记的一席话中得到一个启发。那位书记同志说：人民公社如果是全民所有制，那么，遇到丰年，修武县的农民是不会愿意把粮食无偿调出来的；遇到歉年，国家能够无偿地调粮食给修武县吗？田家英听了觉得有理，非常重视。

逄先知继续写道：

我们还参观了大炼钢铁的场面。那是一个晚上，在一个炼铁点上，只见人山人海，火光映天，人们通宵不眠，大干特干。指挥者不断地作鼓动工作，嗓子都喊哑了，说那天夜里要放“卫星”。当时我们这些参观者尽管对那种做法抱有怀疑，但对群众的干劲不能不表示赞叹！

大炼钢铁不仅造成大量资财的严重浪费，更重要的是耽误了农业收获季节。我们亲眼看到，就要到手的丰收粮食，因无劳力收获而烂在地里。

而七里营公社则是一个“公”的典型。

这个公社的供给制给吴冷西、田家英留下了十分深刻的印象。公社实行所谓的“十六包”：衣、食、住、行、生、老、病、死、学、育、婚、乐，以至理发、洗澡、缝纫、电费，都由公社包下来。“十六包”的费用每人一年共 78 元。

在新乡，他们甚至还调查了一个要取消家庭的公社——兴宁人民公社。全社实行军事化，2 万多人编成 15 个营 50 个连，社员男女老幼分开，按连、排居住在集体宿舍。对这种荒唐的做法，吴冷西已经顾不得下来调查前“不要随便表示意见”的守则，忍不住指出这种拆散家庭的做法十分错误，共产主义不是不要家庭。那些公社干部还想不通，说河南许多地方都这样做，并说有位中央负责同志当时就说过共产主义社会也要革家庭的命。

这次调查，的确发现了不少问题。

11 月 6 日，吴冷西和田家英在郑州毛泽东的专列上，向他汇报了调查结果。

此前，陈伯达、张春桥赴遂平调查的一组已先于他们到达郑州，他们搞了一个鼓吹取消商品交换、以劳动券代替人民币的《遂平卫星人民公社章程》。吴冷西、田家英的调查则给了毛泽东很大的实际帮助，使毛泽东对“大跃进”和人民公社化运动中“左”的错误有了更清醒的认识。

毛泽东谈到修武一县一社时指出，一县一社恐怕太大了，县委管不了那么多具体的事，而且全县各地生产水平很不平衡，平均分配会损害富队富社的积极性。供给制只能搞公共食堂，而且要加强管理，粗细粮搭配，干稀搭配，农忙农闲不同，要学会勤俭过日子，不能放开肚皮大吃大喝，那样肯定维持不下去。其他只搞些公共福利事业，不要采取“包”的办法，量力而为。

修武县书记提出的疑问，给毛泽东留下了很深的印象。

毛泽东说，修武不同于鞍钢，产品不能调拨，只能进行商品交换，不能称为全民所有制，只能叫做集体所有制，千万不能把两者混同起来。国家对于县，在平常年景也不能完全保证按照县里的需要调给生产资料和生活资料，遇到灾年更加不能保证，这也是明摆着的。

他说，他提出的问题使我们想到：如果生产力没有高度发展，像北戴河会议关于人民公社的决议中指出，产品极为丰富，工业和农业都高度现代化，那么，生产关系上从集体所有制过渡到全民所有制，分配方式从按劳分配过渡到按需分配，是根本不可能的。这两种所有制的接近是一个很长的历史过程。

当听到有些公社搞集体宿舍时，毛泽东气愤地说：那种搞法不是给国民党对我们的诬蔑帮了忙吗？凡是这样胡搞的地方我都支持群众起来造反。这些干部头脑发昏了，怎么共产党不要家庭呢？要禁止拆散家庭，还是一家人大、中、小结合为好。

谈到群众大炼钢铁的干劲很大，地里庄稼没有人收时，毛泽东说，1070 万吨的指标可能闹得天下大乱。从北戴河会议到年底只有四个月，几千万人上山，农业可能丰产不丰收，食堂又放开肚皮吃，这怎么得了？这次郑州会议要叫大家冷静下来。

郑州读书——“拿死人压活人”

11 月 2 日至 10 日，中央在郑州召开了有部分领导人和若干省委书记参加的会议，即第一次郑州会议。

会议前期，毛泽东主要是在专列上听取部分省委第一书记汇报，在汇报中一方面继续了解“大跃进”和人民公社化运动中的问题，同时也开始做“降温”工作。

为了使大家获得一个清醒的头脑，毛泽东给到会者每人发了两本书：斯大林著的《苏联社会主义经济问题》《马恩列斯论共产主义社会》，要求每个人联系实际用心读三遍。9 日，毛泽东还给中央、省市自治区、地委、县四级党委委员写了一封信：《关于读书的建议》，建议：“要联系中国社会主义经济革命和经济建设去读这两本书，使自己获得一个清醒的头脑，以利指导我们伟大的经济工作。现在有很多人有一大堆混乱思想，读这两本书就有可能给予澄清。”

读书的目的是纠“左”，一个是划不清两个界限，急于向全民所有制、向共产主义过渡，另一个是否定商品生产。

11 月 10 日，毛泽东亲自带领大家读的斯大林的《苏联社会主义经济问题》。

他说，我提倡读斯大林的《苏联社会主义经济问题》，是想用斯大林这个死人来压活人。全民所有制和集体所有制，这个界限必须分清，不能混淆。社会主义和共产主义又是一个界限，也必须分清，不能混淆。

他说，听说徐水已经把人民公社宣布为全民所有制。他们那里的人力、物力、财力，都还不能像鞍钢那样由国家来调拨。尽管他们宣布了全民所有制，实际上最多也只是大集体所有制，同全民所有制还是根本不同的。我们决不能把集体所有制同全民所有制混同起来，把人民公社同国营工厂混同起来。如果混同起来，就没有一个从集体所有制过渡到全民所有制的任务了，就没有奋斗目标了。现在不少干

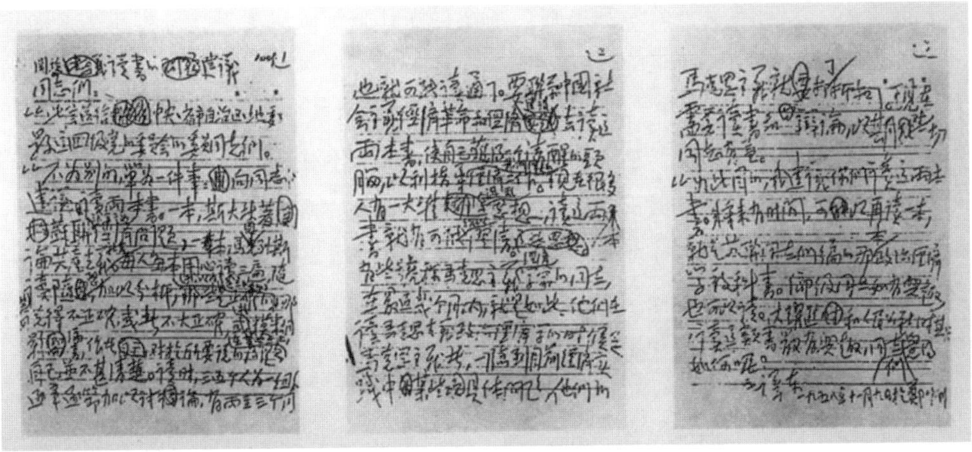

第一次郑州会议期间，毛泽东给县以上各级党委委员写信，希望他们认真阅读斯大林的《苏联社会主义经济问题》和《马恩列斯论共产主义社会》两本书，澄清党内存在的混乱思想。图为毛泽东《关于读书的建议》的手稿

部，对这个界限分不清，认识模糊。如果有人说徐水还不是全民所有制，就被批评是“右倾”。

毛泽东还记着修武书记的问题，并以此为例说：“中国有个河南省，河南省有个修武县，修武县有个第一书记，据田家英同志跟我讲，他现在考虑了两个问题，不敢宣布全民所有制：第一条，怕灾荒的时候不能发工资，国家不能给补贴。全国这么多公社，你有了灾荒，不能发工资，国家来给你发工资？第二条，是丰产。一宣布全民所有制，你是不是把我的拿去了？全民所有制，产品所有是属于全民，就得拿。这个同志是想事的同志，不那么冒进。徐水，还有什么地方，就急急忙忙往前闯。”

商品生产和商品交换问题。根据恩格斯的观点，社会如果占有全部生产资料，商品生产就将被消除。这就直接涉及我国农村的人民公社是否全民占有的问题。

所以毛泽东在划清两个界限的同时，对陈伯达提出的要消灭商品生产的观点进行了批评，语气中不无揶揄：

现在我们有些人大有消灭商品生产之势，一提商品生产就发愁，觉得这是资本主义的东西。他们向往共产主义，倾向不要商业了，至少有几十万人想不要商业了。我们有些号称马克思主义的经济学家表现得更“左”，主张现在就消灭商品生产，实行产品调拨。这种观点是错误的，是违反客观规律的。他们没有区分社会主义商品生产和资本主义商品生产的本质差别，不懂得在社会主义制度下利用商品生产的重要性，不懂得社会主义的现阶段，价值、价格和货币在商品生产和商品流通中的积极作用。这些表明，他们根本不认识无产阶级对五亿农民应该采取什么态度。……

如果不实行商品交换，把陕西的核桃拿来吃，一个钱不给，陕西的农民干吗？把七里营的棉花无代价地调出来行吗？你如果这样做，马上就要打破脑袋。……有的人虽然没有像苏联那些可怜的马克思主义者那样，直截了当地说，要剥夺农村中的中小生产者，而是说废除商品，实行调拨。如果这样做，实质上就是剥夺农民，就会使台湾高兴。

陈伯达一向工于揣摩毛主席的心理，时常向田家英打听“毛主席最近又读了什么书？注意什么问题？”却没想到在郑州受到毛泽东的严厉批评，痛苦至极。

“大跃进”和人民公社化运动是毛泽东倡导发动起来的，半年的时间就引发了许许多多的问题。但是毛泽东很快就发现了问题，而后马上开始纠正，也的确难能可贵。虽然毛泽东没有、也不可能从根本上认识“大跃进”和人民公社化运动的错误，但是第一次郑州会议划清两个界限，批判否定商品生产的错误观点，作为纠“左”的起点，还是值得记上一笔的。

“我现在的心情是‘国有流亡愧此生’”

郑州会议上初步议定了《关于人民公社若干问题的决议》，但毛泽东觉得还不够成熟。11 月 12 日，给邓小平写信说：郑州会议不要发公报，关于人民公社若干问题的决议（草案）带到武昌会上再议。同日，就相同内容致信各省、市、自治区第一书记和各协作区负责人。13 日，又致电刘少奇、邓小平，建议在北京开会为武昌会议做准备。

这几天，毛泽东在河南频繁地约集部分地、县委书记谈话。13 日，离开河南，南下湖北。他在这一路开始描述乡下的“天下大乱”，说共产党正在“无偿地占有劳动人民的成果”，“与农民之间的关系还从来没有这么的紧张”，农民正在联合起来坚决抵抗党的方针。

他给那些省委书记如火如荼的“跃进”大泼冷水，说他们是“务虚名而受实祸”，还嘲笑他们的经济建设只不过是小孩子的冒失行为。他鼓动下级把上级的命令束之高阁，说“根本不要管上级规定的那一套指标，不管这些，只管现实的可能性”，因为这些指标不过“吹牛而已”。甚至他对一向信任的吴芝圃也开始反感起来，此人仍然喋喋不休地大言共产主义就要实现。“不要一扯就扯到共产主义：你说十年过渡，我就不信。”

11 月 14 日，毛泽东的专列停在湖北孝感火车站。他先接见了 15 军的负责人。接着接见湖北省委书记王任重、副书记王延春、副秘书长梅白、还有全国劳动模范官木生、勤俭持家模范晏桃香、长风人民公社书记朱朝启等人。

梅白代表王任重汇报。毛泽东说：“现在我们的日子不好过，自己骗自己，这也许是下情不能上达。”梅白说：“彭真同志说主席对湖北年产 600 亿斤粮食要摸个底，允不允许讲真话？”毛泽东说：“就是要你讲真话。”

梅白开始如实汇报：“我刚从我的家乡黄梅回来。在黄梅我秘密调查了 60 个生产队。在端午节前的一个多月，平均每人每日只有 4 两 2 钱粮食。李家湾的支部书记说实话，平均每人每日 4 两 4 钱。黄冈地委还要从黄梅调出 40 万斤粮食，老百姓就要饿肚皮。我提议取消这个决定，经姜一和任重同时同意停止了调粮。从调粮情况看，我估计全省 1958 年能搞到 200 亿斤左右，至多 220 亿斤。”

毛泽东听后，既自责又伤感地说：“毛泽东啊毛泽东，脑子发热，决定一切呀！始作俑者，其无后乎？”

梅白讲完，孝感地委书记王家吉说：“梅白同志说的符合我们孝感的实际情况。”

孝感县委书记王振民说：“高指标是中央压省委，省委压地委，地委压县委，一级一级压来的。”

这时，指定接见的妇女代表晏桃香来了。由于连日夜战，她感冒了。一到专列前就打了个喷嚏。秘书叶子龙怕传染给毛泽东，不让她上车。正交涉时，毛泽东见了，说：“快让她上来，怕什么，少奇肝炎多年也没有传染给我。来，小姑娘，请坐。”

晏桃香怯生生坐在对面。毛泽东问：“你怎么感冒了？”

“报告主席……”

“不要报告，大家平起平坐，随便谈心”。

晏桃香说：“昨夜我开通宵夜车锄棉梗，天亮通知我开座谈会，一直打喷嚏，来之前我先吃了药的。”

“你们开夜车点灯吗？”

“300 瓦电灯，还有 20 盏汽灯。”

“你赞成开夜车吗？”

“说实话不赞成，但上面要我们开夜车，我是妇女主任，不能不开。我认为开夜车划不来，花钱很多，费力很大，第二天还打不起精神，大家都不愿意。”

“你认为你所在的生产队粮食产量能达到指标吗？”

“差十万八千里。”

“那么你想如何办呢？”

“希望上面实事求是。”

毛泽东转向劳模官木生。官木生说：“现在的生产指标，不造假不见报。省委书记都有责任，省压地委，地委压县，县压到我头上。我解放以来是劳模，都带头干，但是粮食产量我不敢带头，带这个头是无良心，老百姓就要饭。我们现在不实事求是，要求中央实事求是，事实上有的人已经开始饿饭了。老百姓担心：算盘一响，眼泪一淌。”

毛泽东动了感情，流着泪说：“你们要我实事求是，我就希望看到你们实事求是。我不该同意湖北600亿斤粮指标。600亿斤是主观主义，官僚主义，不好。这个问题不怪任重，不怪你们，怪我，怪我这个中央主席。”

基层干部和群众走后，毛泽东对省、地、县书记们说：“多好的人民啊！我们对不起人民。唐代诗人韦应物有句诗：‘邑有流亡愧俸钱’，我现在的心情是‘国有流亡愧此生’。”

破除迷信不要把科学破除了

11月15日，毛泽东到达武汉。毛泽东马不停蹄，连日约见中央和地方负责人。16、17日与谭震林、廖鲁言、王任重谈，19日，约见武汉、黄石市长，黄冈、襄阳、荆州、宜昌、恩施、孝感地委书记。20日，先约见周小舟、陶铸、李井泉、陶鲁笳，后约见陈云、邓小平、彭真、杨尚昆、王任重。

11月21日，武昌会议开幕。这是一次有各省市区第一书记、中央有关部长参加的中央政治局扩大会议。毛泽东主持会议，并且讲话。

毛泽东说：破除迷信，不要把科学当做迷信破除了。比如，人是要吃饭的，这是科学，不能废除。人是要睡觉的，这也是科学。破除这两条就要死人。自然界有个抵抗力，这是一条科学。你不承认，他就要把你整伤砸死。破除迷信以来，有一小部分破得过分了，把科学真理也破了。这是不能破的。凡迷信一定要破除，凡真理，凡科学，一定要保护。

“大跃进”发动过程中的成都会议，尤其是后来的八大二次会议，毛泽东大讲特讲破除迷信，对什么是科学、什么是迷信并没有加以限定，但是给人们的强烈印象就是一切常规都是迷信。共产风、浮夸风、高指标都与“破除迷信”有着直接的关系。

在一片乱糟糟的情况下，毛泽东在武昌会议的这段讲话明显有着重新解释“破除迷信”的含义，虽然一方面仍然肯定破除迷信，但重点在后边，即要保护科学，要尊重客观规律。

在毛泽东谈到共产风的问题时，后悔和自责溢于言表。他说，北戴河会议关于建立人民公社决议的文件有个缺点，就是年限快了一点，是受河南的影响，我们认为北方少者三四年，南方多者五六年（可以过渡到全民所有制），但办不到，要改一下。现在就是太快，我有点恐慌，怕犯什么冒险主义错误。照有人的意思是趁穷之热来过渡，认为趁穷过渡可能有利些，不然就难过渡。看来过渡还是时间长一点好，商品时期搞久一点好。

谈到向共产主义过渡，毛泽东说：谁先进入共产主义社会？苏联先进入还是我国先进入？在我们这里发生了问题，赫鲁晓夫提出12年还是准备进入共产主义的条件，他讲得很谨慎。我们在这个问题上，也要谨慎一些。有人说，2年、4年、5年、7年进入共产主义，是否可能？要进，鞍钢先进，辽宁先进（他们2400万人中有800万人在城市），而不是别的省。其次是上海。如果他们还要等别人，不能单独进，那徐水、寿张、范县就要进，那不是太快了么？整个中国要进入共产主义，要多少时间，现在谁也不知道，难以设想。10年？ 15年？ 20年？ 30年？苏联41年再加上12年，共53年，还说是准备条件，中国人就那么厉害！我们还只有9年，就起野心，这可能不可能？从全世界无产阶级利益考虑，也是苏联先进为好。有许多人想，中国可能先进入，因为我们找到人民公社这条路。这里有个不可能，也有个不应该。

彭真插话：吃白薯，怎么进入共产主义。

毛接着说，吃红薯，一块钱工资，怎么进入？这些问题不好公开讨论，但这些思想问题，要在党内讲清楚。

苏联在准备向共产主义过渡问题上很谨慎。我看，我们中国人大概包括我在内，是个冒失鬼。5亿多农民的年薪不到80元，是不是穷得要命？我们现在吹得太大了，我看不合事实，没有反映客观实际。

毛泽东的自我批评，对于降低人民头脑发热的热度，还是起作用的。

对高指标要“压缩空气”

高指标是“大跃进”的一个重要错误。毛泽东在纠正人民公社“共产风”的同时，也开始考虑把高指标降下来。首先是把钢指标降下来。但是，相对于我国当时钢铁工业的实际生产能力而言，钢指标的下降是缓慢的。

武昌会议，毛泽东一方面纠共产风，另一方面提出要对钢指标“压缩空气”。

1959年的钢指标，是1958年8月北戴河会议确定的，2700万～3000万吨。

21日，会议第一天，毛泽东首次提出要降低1959年的钢指标。他说：“要总结经验，你搞这么一点铁，这么一点钢，要6000万人，我们中国究竟有几个6000万人？这个总不妙吧？是不是这样，明年老老实实就是翻一番，如果今年搞成1070万吨，明年搞2141万吨，翻一番之外还有1万吨。我们在这一次唱个低调，把脑筋压缩一下，把空气变成固体空气。唱戏拉胡琴，转那个东西转得太紧，它就有断弦之危险。这有点泼冷水的味道，右倾机会主义了。”

毛泽东提出了1959年钢1800万～2200万吨的新指标。

对于“压缩空气”，参加会议的刘少奇、陈云、邓小平、薄一波等人是赞同的，甚至认为1800万吨的指标也根据不足。但是许多人并不赞成。

22日下午毛泽东找各大协作区组长谈话，本想说服他们，结果反而是各组长力图说服毛泽东维持3000万吨的高指标。

毛泽东提出的1800万～2200万吨新指标，于实际仍然是空中楼阁，但是许多人仍然不能接受。由此可见，“大跃进”中，绝非毛泽东一人头脑发热，在党的高级领导干部中，有相当一部分人头脑都发热，想冷下来都难。

11月23日，毛泽东在武昌会议的第二次讲话中，再次做“压缩空气”的工作。他说：

我们的脑筋正在这里压缩空气。指标问题，以钢为纲带动一切，究竟以什么指标为好？北戴河是2700～3000（万吨），那是建议性的，这一次是决定性的，问题是办得到办不到。今年翻一番是个冒险的倡议。

北戴河会议后两个半月的经验对我们是一个很好的经验，就想到恐怕明年搞2700万吨到3000万吨难得办到。我们是不是可以用另外一个办法：把指标降低，只翻一番，不翻两番？今年搞到1100万吨，明年翻一番，是2200万吨。有没有把握？前天晚上，富春、一波、王鹤寿、赵尔陆他们已经睡着了，我从被窝里头把这几位同志拖起来，就是讲，不是什么 3000 万吨有无把握的问题，而是 1800 万吨有无把握的问题。昨天晚上我跟大区和中央几个同志吹了一下（与会的有少奇、陈云、小平、彭真、谭震林、柯庆施、李井泉、王任重、陶铸、欧阳钦、张德生、林铁等同志），究竟 1800 万吨有无把握，我们所得到的根据不足。

我在这里反冒进。从前别人反我的冒进，现在我反人家的冒进。将来又搞个马鞍形，那好，就开个全国大会。昨天晚上我们说，似乎 1800 万吨是有把握的，要经过努力。但是还有好几关没有过。

在做领导干部工作的同时，毛泽东也开始抓宣传舆论。11 月 22 日，毛泽东找吴冷西、田家英谈话，要求他们赶快把他“压缩空气”的精神告诉《人民日报》和新华社的记者、编辑，要求宣传上要压缩空气，不要再鼓虚劲，要鼓实劲，自己不要头脑发热，更不要鼓动人头脑发热。

2 再会武昌　纠超阶段革命空想
二上郑州　反对两个平均主义

“不能陷入超阶段革命空想”

武昌政治局扩大会议结束后，中央紧接着又在武昌召开了八届六中全会（11 月 28 日至 12 月 10 日）。第一次郑州会议和武昌政治局扩大会议主要是为八届六中全会做准备，所以八届六中全会的主题当然也是纠“左”。八届六中全会的两个内容:《关于人民公社若干问题的决议》和《关于一九五九年国民经济计划的决议》，基本上是对已有纠“左”成果的总结和确认，同时也增加了一些新内容。

《关于人民公社若干问题的决议》是毛泽东主持起草的，贯彻了纠正人民公社共产风的主旨。

对于划清两个界限，《决议》指出：

由农业生产合作社到人民公社的转变，由社会主义的集体所有制到社会主义的全民所有制的过渡，由社会主义到共产主义的过渡，这些是互相联系而又互相区别的几种过程。

首先，农业生产合作社变为人民公社，使原有的集体所有制扩大了和提高了，并且带上了若干全民所有制的成分，但是这并不等于已经把农村中的集体所有制变成了全民所有制。现在全国农村已经公社化了，但是要在全国农村实现全民所有制，还需要经过一段相当长的时间。……

其次，由社会主义的集体所有制变为社会主义的全民所有制，并不等于由社会主义变为共产主义。农业生产合作社变为人民公社，更不等于由社会主义变为共产主义。由社会主义变为共产主义，比由社会主义的集体所有制变为社会主义的全民所有制，需要经过更长得多的时间。

对于由社会主义向共产主义过渡的问题，《决议》提醒人们不能陷入超阶段的空想：

但是每一个马克思主义者必须清醒地认识到，由社会主义过渡到共产主义是一个相当长相当复杂的发展过程，而在这整个过程中，社会的性质仍然是社会主义的。社会主义社会和共产主义社会是经济上发展程度不同的两个阶段。社会主义的原则是“各尽所能，按劳分配”；共产主义的原则是“各尽所能，按需分配”。共产主义的分配制度更合理，但是这只有在社会产品极大地丰富了以后才可能实现。没有这个条件而否定按劳分配的原则，就会妨害人们劳动的积极性，就不利于生产的发展，不利于社会产品的增加，也就不利于促进共产主义的实现。因此，在人民公社的社员收入中，按劳分配的工资部分，在长时期内，必须占有重要地位，在一段时间内并将占有主要地位，为了促进社员劳动的积极性，也为了使社员在生活中的复杂的需要比较容易满足，公社必须努力使社员所得的工资逐步增加，并且在若干年内必须比供给部分增加得更快。即使已经由集体所有制过渡到了全民所有制以后，由于社会产品还没有丰富到足以实现共产主义，人民公社在一个必要的历史时期内仍然将保留按劳分配的制度。企图过早地否定按劳分配的原则而代之以按需分配的原则，也就是，企图在条件不成熟的时候勉强进入共产主义，无疑是一个不可能成功的空想。

在由社会主义向共产主义过渡的问题上，我们不能在社会主义阶段上停步不前，但是也不能陷入超越社会主义阶段而跳入共产主义阶段的空想。

为了解决急于过渡的问题,《决议》要求自1958年12月起，至1959年4月止，在农村进行一次整社，落实《决议》的精神。

12月19日《人民日报》刊登了八届六中全会《关于人民公社若干问题的决议》，从而将中央关于人民公社的新精神向全国公开。

12月9日，邓小平在作《关于人民公社若干问题的决议》（草案）的说明时，提出了一个新概念，即“建成社会主义的高标准”。内容如下：

1. 实现社会主义的全面的全民所有制；

2. 实现国家工业化、公社工业化、农业电气化、机械化、钢的年产量至少在一亿吨以上；

3. 彻底解决衣食住问题，达到郑州会议所设想的基本生活资料消费水平，建立居民点，解决住宅问题；

4. 实现六小时工作制；

5. 普及中等教育，使有条件的人都能受到高等教育；

6. 基本上消灭了阶级；

7. 人民群众的共产主义觉悟和道德品质大大提高。

八届六中全会提出的这个“高标准”，其出发点是为了纠正急于向共产主义过渡的倾向，让人们不要把社会主义的建设想象得太容易。

贫富拉平“是掠夺，是抢劫”

从第一次郑州会议到八届六中全会，经过紧张的工作，急于向全民所有制过渡、急于向共产主义过渡的问题基本上得到解决。1958年12月30日，毛泽东返回北京。

但是农村的形势并没有像人们预期的那样很快地好起来，相反，随着时间的推移，越来越多的问题不断暴露出来。进入1959年，两个突出的问题越发显现出来，一个粮食、棉花、油料等作物收购任务完不成，销售量却大增，各地出现闹粮、油、菜不足的风潮；另一个是自秋收以来，普遍出现基层干部在农民群众支持下，搞瞒产私分。县、社一级干部在整社中对这种现象作为本位主义错误加以反对，但是却反不下去。

例如广东省雷南县，收获晚稻时，全县上报平均亩产千斤以上，但是征购任务派下去时，各生产队又纷纷改报低产，叫喊征购任务完不成，全县的平均亩产又跌至289斤，干部束手，群众埋怨，情绪低落，短短10天半月之内，形势急转直下，简直是惶惶不可终日，县委下决心要把瞒产的粮食搞出来，集中全县的生产小队长以上干部4000余人开大会，迫使交出瞒产私分粮食共7000余万斤。群众则以暴力抗征。

对于农民瞒产私分，毛泽东早有耳闻。11月间，他对吴冷西谈到：“我对隐瞒产量是寄予同情的，当然，不说实话，是不好的。但是为什么瞒产？有很多原因，最主要的原因是想多吃一点，值得同情。瞒产，除了不老实这一点以外，没有什么不好。隐瞒了产量，粮食仍然存在。瞒产的思想要批判，但是对发展生产没有大不了的坏处。”他又说：“虚报不好，比瞒产有危险性”。

对于瞒产的原因，这时只是说农民为了多吃一点，很快他就发现问题比这深刻得多。

1959年2月23日，毛泽东离开北京到河北、山东、河南、天津等地视察，在对这类普遍现象深入考察后，毛泽东很快意识到，这是人民公社所有制方面的毛病引起的。

23日，毛泽东在天津听取河北省委书记汇报时指出：瞒产“是一条客观规律，是个什么样的规律，可以分析研究一下。”“现在公社的集体所有制，实际上是公社集体所有制一小部分，生产队集体所有大部分，也就是基本上是生产队的集体所有制。”

2月25日，毛泽东在山东视察时，了解到山东省的劳动模范吕鸿宾的合作社的经验：用一张条子（开条子到生产队调东西），一把称（让人拿称去称粮食，群众普遍抵制，于是便翻箱倒柜），一顶帽子（“本位主义”）都不灵，于是，受了教育，改变主意，用一把钥匙（解决思想问题），一张布告（安民告示），一个楼梯（下决心解决所有制问题）从而解决了问题。

27日在与新乡、信阳、许昌、洛阳地委书记谈话时，毛泽东就将公社所有制的问题抽了出来。他说：现在我们对穷队富队、穷村富村拉平是无理由的，“是掠夺，是抢劫”。

毛泽东在大量的现象中抽象出本质的东西，抓住人民公社内部所有制问题，并立刻着手纠正。

“三级所有队（大队）为基础”

2月27日至3月5日，毛泽东在郑州主持召开了政治局扩大会议，即第二次郑州会议。

在郑州会议上，毛泽东作了多次讲话。他说：

现在我来说一点人民公社的问题。我认为人民公社现在有一个矛盾，一个可以说相当严重的矛盾，还没有被许多同志认识，……

究竟是什么样的一种矛盾呢？大家看到，目前我们跟农民的关系在一些事情上存在着一种相当紧张的状态，突出的现象是在1958年农业大丰收以后，粮食棉花油料等农产品的收购至今还有一部分没有完成任务。再则全国（除少数灾区外），几乎普遍地发生瞒产私分，大闹粮食、油料、猪肉、蔬菜“不足”的风潮，其规模之大，较之1953年和1955年两次粮食风潮都有过之无不及。同志们，请你们想一想，这究竟是什么一回事呢？我认为，我们应当透过这种现象看出问题的本质即主要矛盾在什么地方。这里面有几方面原因，但是我以为主要地应当从我们对农村人民公社所有制的认识和我们所采取的政策方面去寻找答案。

六中全会的决议写明了集体所有制过渡到全民所有制和社会主义过渡到共产主义所必须经过的发展阶段，但是没有写明公社的集体所有制也需要有一个发展过程，这是一个缺点，因为那时我们还不认识这个问题。这样，下面的同志也就把公社、生产大队、生产队三级所有制之间的区别模糊了，实际上否认了目前还存在于公社中并且具有极大重要性的生产队（或者生产大队，大体上相当于原来的高级社）的所有制，而这就不可避免要引起广大农民的坚决抵抗。从1958年秋收以后全国性的粮食、油料、猪肉、蔬菜“不足”的风潮，就是这种反抗的一个集中表现。一方面，中央、省、地、县、社五级（如果加上管理区就是六级）党委大批生产队、生产小队的本位主义，瞒产私分，生产队，生产小队却几乎普遍地瞒产私分，甚至深藏密窖，站岗放哨，以保卫他们的产品。

郑州会议根据毛泽东的意见，规定了整社的方针，14句话，即：

统一领导，队为基础；
分级管理，权力下放；

三级核算，各计盈亏；
分配计划，由社决定；
适当积累，合理调剂；
物资劳动，等价交换；
按劳分配，承认差别。

从人民公社内部来讲，“共产风”的主要问题就是所有制层次定得太高，定在了人民公社一级，抹煞了生产大队、生产队的贫富差别，这是“一平、二调”的根本原因所在，总而言之，就是公有制水平与农村实际生产力水平不相符。因此，第二次郑州会议规定的“三级所有，队为基础”实质就是降低公有制水平，以生产队作为基本核算单位，所谓社有，只包括公社的积累、社办工厂、社办工业的固定工人、公益金。

当然，当时还不可能认识到“家庭所有制”是最符合我国农村的生产力水平的。对于“队为基础”的“队”，会议明确是指相当于人民公社化前的高级农业生产合作社，因人民公社大小不一，这一级单位在有些地方是生产大队，有些地方则是生产队。基本核算单位定得还是高。

第二次郑州会议召开的同时，河南省也正在召开省的五级干部会议，中央郑州会议的精神传达下来，反响十分强烈。

许昌地区反映：“主席看透了农村情况，看透了农民的心。我们成天在农村，看不见问题的实质。在下边遇到很多群众怕上调东西，就是没有办法处理，老认为是群众落后，资本主义思想严重，这次听了主席指示，心理才开了窍。”

信阳地区反映：“公社化后出现的问题，到底也找不到什么原因，毛主席给找到了根啦！”

新乡地区反映：“咱想的和毛主席想的恰恰相反，咱们在批判分散主义、本位主义，嫌农民不听话。”

郑州市反映：“瞒产私分——咱认为是本位主义，没了解事情的本质，这次毛主席指出是所有制问题，应该先批评平均主义。”

郑州会议后，有的地方领导干部出于种种考虑，不敢将郑州会议要点一竿子通到生产队和群众中。为此，毛泽东接连写了几篇《党内通信》，并且连续批发了湖北、河南、湖南、广东、安徽、河北、山东、四川、山西、福建，浙江等各省市贯彻郑州会议精神的情况和经验。

3月9日，毛泽东在郑州给各省、市、自治区党委第一书记们写了第一封《党内通信》。要求“各省、市、区党委根据此次郑州会议决议精神，以讨论人民公社为主题而召开的六级干部大会，大约需要开十天。因此，应当立即召开。”

毛泽东认为，人民公社内部所有制问题，解决起来并不难，他大体判断“三月份可以基本上澄清和解决人民公社问题中一大堆糊涂思想和矛盾抵触问题。四月起，全党人民就可以一心一意地开展今年的大跃进了。”既然已经“情况明”，就应当“决心大”，没有必要拖拖拉拉。

3月9日，毛泽东批转《湖南省委关于执行郑州会议指示的简报》，他指示：“大会有公社三级干部，把方针一放，立即轰开，情况暴露，就是最好的调查。不必事先做调查，节省时间。很多同志做了几个月的调查，开过不少的大会小会，结果对于大量存在的事物，却是视而不见，听而不闻。原因是方法不对，找不到主要矛盾在什么地方。……现在有了郑州会议的方针，只须将六级几千人召集在一起，把方针一放，几天工夫，情况就会明白了，思想就会弄通了。会议早开早结于农事有利。”

生产小队要不要有部分所有制？

按照郑州会议和毛泽东的亲身部署，3月份各省、市、区迅速行动起来，召开了六级干部大会，随后各县也召开了五级干部大会。各地开会的情况纷纷以简报、报告的形式汇集到毛泽东那里。

广大干部群众对郑州会议的精神是衷心拥护的。但是一些问题在讨论辩论中各地仍有分歧。突出的问题就是人民公社的基本核算单位究竟应当放在哪一级。是应当放在生产大队（管理区），还是放在相当于原高级社的生产队？郑州会议虽然强调人民公社必须以生产队所有制为基础，但是在实际中，仍然以生产大队为基本核算单位，实行“三包一奖”的居多，即以生产大队为基本核算单位，对生产队实行包工、包产、包成本，超产奖励的分配办法，或者只把生产权下放给生产队，分配权仍然掌握在生产大队手上。不但省和省之间意见不一。就是同省之内意见也不一。

3月10日，毛泽东来到武昌，在看各地材料时发现了这一问题，3月15日写了给各省、市、区党委第一书记的第二封《党内通信》。信中说：

我到武昌已经五天，看到湖北六级干部大会的材料，同时收到一些省、市、区

1959 年 3 月 1 日，在毛泽东专列上召开中央政治局扩大会议（第二次郑州会议），右起：柯庆施、毛泽东、刘少奇、李井泉、陶铸、王任重、周小舟、谭震林、曾希圣、陶鲁笳、胡乔木

的材料，觉得有一个问题需要同你们商量一下。……这样，河南、湖南两省均主张以生产大队（管理区）为基本核算单位，湖北、广东两省均主张以生产队即原高级社为基本核算单位，究竟哪一种主张较好呢？或者是二者可以并行呢？据王任重同志说，湖北大会这几天辩论这个问题，两派斗争激烈。大体上，县委、公社党委大队（管理区）多主张以大队为基本核算单位，生产队（即原高级社）支书绝大多数，或者全体主张以生产队为基本核算单位。我感觉这个问题关系重大，关系到三千多万生产队长小队长等基层干部和几亿农民的直接利益问题，采取河南、湖南的办法，一定要得到基层干部的真正同意，如果他们觉得勉强，则宁可采用生产队，即原高级社为基本核算单位，不致使我们脱离群众，而在目前这个时期脱离群众，是很危险的，今年的生产将不能达到目的。河南虽然已经作了决定，但是，仍请省委同志在目前正在召开的县的四级干部会议上征求基层干部意见，如果他们同意省的决定，就照那样办，否则不妨改一改。“郑州会议记录”上所谓“队为基础”，指的是生产队，即原高级社，而不是生产大队（管理区）。

在这封信中，不难看出，毛泽东是倾向于维持郑州会议精神，将基本核算单位定在生产队，这符合基层干部的要求。

两天后，即3月17日，毛泽东在给各省、市、区党委第一书记的第三封《党内通信》中，又提出了要不要给生产小队部分所有制的新问题。这封信主要是部署“县的五级干部大会和人民公社第一次社员代表大会”，毛泽东提出，大会“应当讨论除公社、管理区（即生产大队）、生产队（即原高级社）三级所有、三级管理、三级核算之外，生产小队（生产小组或作业组）的部分所有制的问题，这个问题是王任重、陶鲁笳两位同志提出来的。我认为有理，值得讨论。”

所有制问题，最初是公社所有制，继而退到生产队，现在又开始考虑生产小队，在不到一个月的时间内，毛泽东连退两步。

1959年3月25日至4月1日，毛泽东在上海主持召开了中央政治局扩大会议。会议形成了《关于人民公社的十八个问题》的会议纪要，在随后召开的八届七中全会上通过。《关于人民公社的十八个问题》确认了生产小队拥有部分所有制的方针，指出：

“以生产队作为基本核算单位，生产队下面的生产小队就是包产单位。为了提高这一级组织的积极性和责任心，作为包产单位的生产小队也应当有部分的所有制和一定的管理权限。在少数地区，是以生产大队（或者管理区）作为基本核算单位，下面的生产队是包产单位。这种作为包产单位的生产队，同样应当有部分的所有制和一定的管理权限。”

“生产小队部分所有制”是什么含义呢？文件的规定是：“生产小队向生产队包产、包工、包成本，超产部分，按照过去高级社实行的办法，上缴一定的比例给生产队，其余部分归本小队所有；节约下来的生产费用，全部归本小队支配。”“归生产小队所有的全部收入，生产小队除了可以把其中的一小部分留作本小队的公积金、公益金以外，应当把绝大部分，不少于总数的百分之九十的部分，分配给社员。”

恢复家庭副业

第二次郑州会议以来，直至八届七中全会，在近2个月的时间里，毛泽东志在纠正平均主义。但是“大跃进”、人民公社化运动在农村中造成的后果并不会因为下达几纸文件就立刻消退。

进入1959年4月份，正值南方插秧，北方春耕，农业的问题开始进一步暴露。问题之一，由于1958年严重的平均主义，人们对1959年分配是否能够“多劳多得”持怀疑态度，因而出勤率高，但干劲不大；问题之二，开始出现粮食紧缺问题。5月3日李先念在财贸书记会议上讲粮食库存问题时已经承认“我们现在是既无后手，又无余地，稍稍遇着一点风险，工作就很吃力。”而农村则出现了“每日只能供半斤粮，吃白薯秧的叶子的情况”。问题之三，由于粮食紧张，养猪数量大幅度下降。

为此，5月7日中央连发两条指示：《中共中央关于分配私人自留地以利发展猪鸡鹅鸭问题的指示》和《中共中央关于农业的五条紧急指示》，6月11日又发出了《中共中央关于社员私养家禽、家畜、自留地等四个问题的指示》。规定：

1. 允许社员私人喂养家畜家禽，实行公养私养“两条腿走路”的方针；

2. 给社员一定数量的自留地，自留地的数量，可以按照人口计算，即人均不超过5%，也可以按猪计算，每头猪拨给一分或二分饲料地；

3. 鼓励社员利用空闲时间和房前屋后、水边路旁的零星土地，种植庄稼和树木，收入归己。

《指示》指出：“这种大集体当中的小私有，在一个长时期内是必要的，有利于生产的发展，也有利于人民生活的安排。允许这种小私有，实际是保护社员在集体劳动时间以外的劳动果实，并不是什么‘发展资本主义’”。

一旦经济遇到困难，自留地就恢复；一旦经济形势好转，就被视为“资本主义”。自留地的这种命运几乎是十一届三中全会前的一条普遍规律。此时恢复自留地，虽然应急色彩很浓，但也反映在人民公社所有制问题上有了进一步的认识。

3 旧账要算　不算难以教育干部
学习海瑞　要有坚持真理勇气

从“旧账一般不算”到“旧账一般要算”

人民公社化运动中乱刮共产风，原高级社大量财物被公社一级无偿占用。

第二次郑州会议时，由于刚刚认识到所有制问题是共产风的根源，但对共产风的破坏性的严重程度估计不足，当时认为“我们指出这一点，是为了说明勉强把穷富拉平，任意抽调生产队的财产是不对的，而不是为了要在群众中间去提倡算旧帐。相反，我们认为旧帐一般地不应当算。”

但是一个多月后，由于农村形势的日益严峻，毛泽东的看法变了。“共”各种“产”使农民对人民公社、对1959年的生产与分配心凉了许多。为了给广大农民一个交待，也为了教育干部，毛泽东决定要算旧帐。

3月30日，上海政治局扩大会议期间，山西省委第一书记陶鲁笳向毛泽东写了一个山西省运城县的五级干部大会贯彻“14句话”方针情况的报告。毛泽东看后觉得是一份很重要的材料，当即加了一个《介绍山西经验》的标题，并在标题下写“此件很好，很容易看。如有头昏病，还可愈头昏”的按语。

毛泽东在这份材料上写了六处批语，作为会议的文件印发了。陶的报告中谈到，山西运城县五级干部大会宣布将过去一个时期公社一级扣用原高级社的现金收入464万元全部退还给原高级社，许多社员听到了情不自禁地高兴得跳了起来。在这一段话后面，毛泽东写了一段重要批语：

旧账一般不算这句话，是写到了郑州会议讲话里面去了的，不对，应改为旧账一般要算。算账才能实行那个客观存在的价值法则，这个法则是一个伟大的学校，只有利用它，才有可能教会我们的几千万干部和几万万人民，才有可能建设我们的社会主义和共产主义。否则一切都不可能。对群众不能解怨气。对干部，他们将被我们毁坏掉。有百害而无一利。一个公社竟可以将原高级社的现金收入四百多万元退还原主，为什么别的社不可以退还呢？不要‘善财难舍’。须知这是劫财，不是善财。无偿占有别人劳动是不许可的。

4月3日，毛泽东在湖北省的一个报告上批示道：“算帐才能团结，算帐才能帮助干部从贪污浪费的海洋中拔出身来，一身干净；算帐才能教会干部学会经营管理方法，算帐才能教会五亿农民自己管理自己的公社，监督公社的各级干部只许办好事，不许办坏事，实现群众的监督，实现真正的民主集中制。”

同日，毛泽东在给谭震林的信中再次重申“郑州说的一般不算，应翻过来，一般要算。”

在这封信中，毛泽东点出了“算旧帐”实质上要算两个方面的帐：一是县、社要向生产队算清过去几个月大调大抓的帐，解决大集体与小集体的矛盾，实质是纠正“共产风”、落实价值法则的问题；二是生产队干部与生产小队干部要与社员群众算帐，解决小集体与社员的矛盾，实质是解决干部贪污、浪费问题。

八届七中全会通过的《关于人民公社的十八个问题》确认了“旧帐要算”的原则，并具体提出了算帐的八条原则。

退钱退物是个困难的过程，阻力主要来自公社一级，因为共产风主要是实行公社所有制“共”了各生产队的“产”。

许多公社党委书记虽然在口头上承认“一平二调三收款”是错误的，但是不承认有现钱。这其中，有的公社的确是把钱花光了，但大部分公社还是有不少现钱，就是舍不得拿出来。有的只想退一部分，有的根本就不想退，有的甚至倒算帐，把收入都算公社的，开支都算生产队的，算来算去，结果反而是生产队欠公社的钱。

退物也同样如此。比如大车，有的党委书记说，我是拣坏的下放了四次，比如有 1000 辆大车，下放了几十辆，都是不好的，其余都留下。

毛泽东和中央对于退赔是下了决心的，在毛泽东和中央的三令五申下，许多地方采取了强制措施。例如河北省下令，三天之内大车一定退回生产队，否则撤职。

公社将钱物退还生产队，在人民群众中引起了极大反响，湖北麻城县在万人退赔大会上，县、社当场开出支票，拿出现钱 320 万元，分别退还给生产队，以及大量的农用机械、牲畜、家畜、工具等。听到消息，60 岁的老社员刘光启说：“毛主席的话，我都听，都说得对，可是有一个问题使我想不通，五七年我没有很好干活，还分得 136 元，去年大家都讲风格，我拼命做了 5700 多分，却只分得 4 块 3 毛钱，我三日三夜没有睡觉，去问队长，队长说：搞共产主义嘛！要讲风格，你还想个人发财不成？我想，毛主席真是这样整我吗？从此以后，我把每天不离身的粪筐扔了，这次听了政策，我明白了，毛主席永远是英明的，我骂了他，对不起党。”退赔后，老头又把粪筐找回来，每天起早摸黑地拣粪。

算帐退赔过程中，暴露出大量的公社、生产队、甚至生产小队干部多吃多占、贪污的问题。

还以湖北麻城为例。这个县的宋埠公社 116 个生产队干部贪污挪用 66116 元，平均每人 570 元；

白果城关公社 116 个生产队 549 个干部，共贪污 87451 元，人均 159 元；

三合公社一个生产队的会计就贪污 816 元。

尤其是生产队一级干部，普遍手脚不干净，贪污十几块钱的已算是“清白干部”，贪污一两百块的相当普遍，多的在千元以上。宋埠公社歧亭六队共 24 名干部，有 19 个人共贪污 2400 元，五个没有贪污的都是不在家的，几乎人人有份。

河南也存在这些情况。河南省 120 万农村基层干部在算帐退赔中，批评改正的是 40 多万人，开除、处罚了 3600 人，刑事处分的 720 人。

5 月 25 日，中央的注意力转移到农业生产上来，因此对算帐和退赔作出了重新安排，提出：“从现在起，集中全力搞好农业生产。还没有召开代表大会进行算帐的公社，可以等到秋后或者其他农事间隙时间，再来清理 1958 年的帐目，开代表大会改选干部。当然，要向农民解释清楚，帐一定要算清，只是暂时停一下，以免影响当前生产。至于正在开会算帐的，也不要突然停止，而要讲清道理，以后再算，并且组织专门小组，做好核对收尾工作。”

算账退赔虎头蛇尾，不了了之。

毛泽东号召学习海瑞

共产风、浮夸风、瞎指挥风早已引起人民群众的痛恨，但各级干部们都极力维持“形势一片大好”的假象。造假成风，头脑发热的人乐此不疲，许多原本正直、诚实的干群也迫不得已违心说假话。

第二次郑州会议之后，情况发生了一些变化。例如山西省的县五级干部大会，由于宣布了言者无罪、不戴帽子、允许保留意见等宽松条件，基层干部畅所欲言，牢骚怪话都放出来了。

但是就全国范围看，客观地说出实情、说出实话仍然十分困难。

毛泽东的秘书田家英在四川的调查就生动地说明了这一点。

1959 年初春，田家英带领一个工作组来到四川省新都县崇义公社。在 1958 年的“大跃进”中，这个公社曾放出一个“亩产稻谷 24000 斤”的卫星。

“亩产稻谷 24000 斤”，这是个凭常识都可以判断出来的假“卫星”。但是要向中央和毛泽东反映这个重要情况，就不能凭常识作判断了。田家英决心把这个问题搞个水落石出。

他与崇义公社的干部社员有一段有趣的对话：

“你们每亩田能产多少斤喃？”

“去年大春，我们的卫星田亩产 24000 斤！”

“真有那么多吗？”

“四川省广播电台都广播了的，那还假得了？”

“那么，一般的呢？”

“大概两三千斤吧，少说点，总也有一两千斤吧！”

田家英又问：“产量既然这么高，为啥子公共食堂吃的稀饭涝清，还要吃连麸面呢？”

“丰收不忘节约嘛！”

田家英笑了。他问了许多人，回答都是差不多的。

产量究竟有多高，农民自然最清楚。可是在那头脑膨胀的年代里，谁要是透露出真情实话，谁就是给“三面旗”抹黑。谁不知道“左”比右好！因为说真话而摔跟头的人农村里也多的是，谁还愿意担风险呢？

要社员讲真话，谈何容易！

然而，田家英不是来走马观花的，他要了解农村的真实情况，为党中央制定政策提供可靠的依据。他心中有数，需要的是进一步落实，查出真凭实据。要群众讲真话，先得解除群众的顾虑，还要有耐心。

这一天，田家英走出了崇义场，在街口遇到了相识不久的大队书记林功谦。他抚着林功谦，边走边谈。这个年轻的共产党员终于被感动了，他沉重地说：

“田主任，说老实话，充其量只有650斤。”但当他抬头见到田家英身后还有本县的干部时，又转了弯说：“究竟是好多，我回去再查一下。”

“给三面红旗抹黑”“观潮派”“右倾保守”等一堆大帽子当空悬着呢！

干部们感受到的这种政治压力，毛泽东是不会认识到的。他认为“三面红旗”本身并无问题，之所以没有达到预期的效果，问题是工作方法问题，一部好经被念歪了。

在1959年4月2日至5日召开的八届七中全会上，毛泽东专门讲了工作方法问题，共16条：（1）多谋善断；（2）留有余地；（3）波浪式前进；（4）实事求是；（5）要善于观察形势；（6）当机立断；（7）与人通气；（8）解除封锁；（9）一个人有时胜过多数；（10）要历史地观察问题；（11）凡是看不懂的文件禁止拿出来；（12）权要集中。权力集中在常委会和书记处。由他挂帅；（13）要解放思想；（14）关于批评；（15）集体领导；（16）和各部的联系，特别是和工业部的联系要加强。

毛泽东有感于党内不敢讲话，报喜不报忧的情况，他特别地强调要提倡敢想敢说，不怕挨整的精神。

毛泽东善于借古论今。在他所倡导的工作方法十六条中，有两处引了两个古人论证敢讲真话、犯颜真谏的道理。一个是《红楼梦》中的“凤姐”王熙凤，另一个是明代名臣海瑞。

毛泽东说：列宁说过，要有反潮流的勇气，要有自己的独立见解，要把心里话说出来。有些同志生怕对自己不利，这就要提倡敢想敢说的共产主义风格。王熙凤舍得一身剐，敢把皇帝拉下马。

不要怕鬼，不要扭扭捏捏，要有骨有肉，有些同志中空气不健全，思想没解放，怕挨整，“干部要有坚持真理的勇气，不要连封建时代的人物都不如。”

毛泽东号召干部们“要有像海瑞批评嘉靖皇帝的勇气。”

关于海瑞批评嘉靖皇帝一事，人民解放军总政治部副主任肖华当时在军队干部中传达《工作方法16条》时，作过如下的说明：“我查了一下海瑞批评嘉靖皇帝的故事，大概是这样：明朝嘉靖皇帝有个大臣叫海瑞，他看到嘉靖皇帝20多年不上朝，不关心政事，只顾打猎、游乐，大兴土木，建筑宫殿，荒淫无耻，劳民伤财，搞得民不聊生。海瑞就上表批评嘉靖皇帝这样做要不得。嘉靖皇帝看表很生气，看不好，不看不好，看着看着就叫他左右的大臣看住海瑞，不要让他逃跑了。左右的大臣就说：你不要怕海瑞逃跑，他上这表时，棺材都买好了，已经与他的妻子告别了，所有的家人也都打发了，他不会跑，他准备给你杀头的。以后把海瑞送到监狱。过了好几年，有一天，监狱官买来酒菜请海瑞喝，海瑞以为喝酒就是要杀头了，他就大吃一顿。吃喝完了，监狱官就说：‘恭喜你，嘉靖皇帝驾崩啦，你快释放了。’海瑞一听就哭起来，把吃下的饭菜都吐了出来。海瑞放出来以后，还升了官。”

海瑞像

肖华在传达中还说：“在封建社会，还有海瑞这样的人，不怕杀头、敢于批评嘉靖皇帝。我们有些高级干部就是怕失掉选票，就是没有这种勇气。这个故事很深刻，后人写了海瑞传，叫做‘大红袍’，就是写海瑞的故事。主席把这本书介绍给周总理看。主席说：我们又不打击又不报复，为什么不敢大胆批评，不向别人提意见？明明看到不正确的，也不批评不斗争，这是庸俗，不打不相识嘛。只报好事不报坏事，去年的浮夸就是报喜不报忧。下面有严重问题不报上来，报上来的都是好的。如果根据报上来的情况制定方针政策，那就危险得很，就会犯大错误。”

毛泽东号召党员干部本着对党、对人民高度负责的态度，不怕撤职、降级、开除党籍、离婚、坐牢、杀头、勇于讲真话，这是对的。但问题是，为什么讲真话就会有撤职、降级的危险呢？正如张闻天在庐山会议上那篇长达8000字的发言中所指出的：“主席常说，要敢于提不同意见，要舍得一身剐，不怕杀头，等等。这是对的，但是，光要求不怕杀头还不行。人总是怕杀头的。……所以问题的另一面是要领导上造成一种空气、环境，使得下面敢于发表意见。”

毛泽东号召人们学习海瑞，他真的听得进逆耳忠言吗？彭德怀在庐山会议上，批评了“大跃进”，结果被打成“反党集团”，而这只是三个月之后的事情。对此，田家英、李锐都深有感触，认为毛泽东到了晚年，言行不一，出尔反尔，思想有时变幻莫测，令人心悸。

4 压低指标 指标高了反而泄气
纠“左”有成 可惜局面不能彻底

指标降低举步维艰

如果说毛泽东和中央自第一次郑州会议以来，对“共产风”和两个平均主义的认识比较快的话，那么，在高指标的认识上却相当迟缓。

“大跃进”中的重要生产指标，主要是四大项，即钢、煤、粮、棉。由于“大跃进”的中心思想是要在钢产量方面赶英超美，以钢为纲，带动一切，钢产量指标的政治性很强。因此，钢产量指标的调整在各项指标调整中无疑是重中之重。

1958年底钢产量指标首次打破只升不降的局面，1958年11月—12月在武昌召开的八届六中全会，讨论通过了国家计委提出的《关于1959年国民经济计划的决议》。

《决议》对1958年的国民经济发展作了不切实际的高预计，认为粮、棉、钢铁、煤炭、机械等主要产品都将比 1957 年增产 1 倍或 1 倍以上。在此基础上，修改了北戴河会议所拟议的 1959 年计划指标。规定：

钢指标 1800 万～ 2000 万吨，比北戴河会议指标降低了 900 万～ 1000 万吨。比 1958 年增长 82%；

煤 3.8 亿吨，比北戴河会议上升了 0.5 亿吨，比 1958 年将增长 56%；

粮食 10500 亿斤，比北戴河会议上升了 500 亿～ 2500 亿斤，比 1958 年预计数 7500 亿斤增长 40%；

棉花 1 亿担，比北戴河会议上升了 1000 万担或持平，比 1958 年预计数 6100 万担增长 49%。

四大指标除钢明显下降外，其余指标有的继续大幅度上升，有的基本持平，平均比水分很大的 1958 年产量估计数高出 40% ～ 50%。

《决议》要求继续反对保守，破除迷信，争取“实现比 1958 年更大的跃进”。

八届六中全会对 1959 年钢产量指标的调整幅度是很大的，表明毛泽东和党中央开始注意高指标的危害。但是由于北戴河会议初批的钢指标 2700 万～ 3000 万吨实在太离谱，降低了 900 万～ 1000 万吨仍然和实际情形相去甚远。

钢的指标虽然降下来了，陈云觉得还是难以完成，另外三大指标仍然很高，根本完不成。

为慎重起见，陈云建议四大指标以不公开为好，把这个意见向毛泽东的秘书胡乔木说了，但胡乔木没有把陈云的建议告诉毛泽东。1958 年 12 月 18 日，《人民日报》将四大指标向全国公布。

据胡乔木后来说，他这是保护陈云，否则到后来上海会议时，陈云也不能恢复名誉。

4 个月后，在上海召开的政治局扩大会议和八届七中全会上，胡乔木把此事跟毛泽东说了，受到了毛泽东的批评：“你不过是个秘书，副主席的意见敢不报告。”

1959 年 1 月，新年刚过，毛泽东请陈云和李富春、薄一波、李先念等几位主管财经工作的副总理吃饭，彭德怀出席作陪。

席间自然要谈经济问题和工业问题。陈云将自己的疑虑提了出来，表示武昌会议确定的 1959 年钢、煤、粮、棉的生产计划难以完成，提出：“1959 年钢指标问题，我倾向降到 1600 万吨。”

毛泽东停顿了一下，说：“那就拉倒。甚至于这个总路线究竟正确不正确，我还得观察。我随时准备修改总路线。”

1959年4月，彭德怀和陈云在上海期间，和前来看望他们的同志在住处合影。左起：肖华、彭德怀、陈云、肖劲光、杨成武、刘亚楼、杨勇、王尚荣

毛泽东明显地表示不悦。陈云再不多言，认为毛泽东又要他检讨。

1959年1月底至2月初，中央在北京召开省、市、区党委第一书记会议。2月1日，陈云在会上介绍了年初调铁计划的情况。他说：1月初，总理、小平叫摸一下计划，富春8号回来，10号开始讨论。在钢的问题上，一种认为可能，一种认为困难，我在计委、财经小组发言，都对困难看得多了一些，后跟主席反映过，说1800万吨好钢是不是能够完成？恐怕有点问题。

陈云讲了这些话后，就作了自我批评，检讨了一番。

在这种气氛下，北京会议基本上维持了武昌会议的指标，未能作进一步的调整。

其实，毛泽东当时是有心改变高指标的，武昌会议期间毛泽东就对1800万吨的指标信心不足，认为“不是什么3000万吨有无把握的问题，而是1800万吨有无把握的问题。”对于陈云的建议，毛泽东从内心来说是赞同的。也希望他能出来说几句话。1964年9月毛泽东提起此事仍不免遗憾：“有时真理是在少数人手里。

1959年1月，我建议开会，这是陈云跟我谈了一次话的影响。开了一个星期的会，（指标）仍然不动。我的意思是降低指标。我希望陈云出来讲几句话，谁料他讲的是自我批评。”

这也从一个侧面反映了降低指标是在急于求成的气氛十分浓厚的条件下进行的。

在这种气氛下，各部基本上都是站在高指标上要东西，互相将军，谁也不愿把完不成原订指标的责任算到自己账上，谁也不愿当“促退派”。冶金部门保证自己能完成钢指标，条件是要有煤炭和设备作保证；煤炭部门则说，煤炭产量保证上去，但得保证有足够的电力和机械设备；机械部门说，设备和采煤机械好说，可以生产得出来，不过得及时供应必需的钢材。

就这么鸡生蛋、蛋生鸡地绕圈子，谁也不说降低指标的话。

再退一步：内定指标1650

党内高级干部中的这种思想状况，到上海会议时仍然没有太大的变化。

据参加会议的山西省委第一书记陶鲁笳回忆：

会议期间，毛泽东同志召集六个大区的负责同志到他的住处座谈，通知的名单中也有我，但我接到通知晚了，去时正赶上吃午饭。在餐桌上，我正好坐在毛泽东同志的对面。由于我对分配给山西的高指标心里很不踏实，就情不自禁地说：“主席，我感到这次会议定的四大指标都过高了，特别是钢和粮两大指标，我已和在家的常委们通过电话，大家一致认为这样高的指标是无法完成的。”我的话刚说完，毛泽东同志就对着王任重说“你有同情者了。”我一时不得其解。接着，柯庆施就对着我说“要有雄心壮志嘛！共产党员不说三分大话不算数，有三分大话、七分可靠就行了嘛。”我当即回答说“不能把雄心壮志和说大话混为一谈。我们山西农民有句话，‘说大话、放空炮，亩产千斤办不到’可见群众对我们那些没有根据、办不到的大话是很不满意的。”这时，李井泉也对着我说“要跳起来摘果子嘛！不要站在那里就想把果子摘到手。”我说“现在的问题是，跳的再高也摘不到果子呀。”曾希圣说：“分配给我们安徽的指标，只要鼓足干劲，是能够实现的。因此，我们接受。指标低了，不利于调动干部和群众的积极性。”我用实例回答说“我们山西武乡县有一个党支部开党员大会，支书根据上面的意见，提出亩产要搞800斤。党员们说‘200斤低，400斤高，800斤你自己背起来好了’，说罢，党员们都走散了，只剩下支书孤家寡人。”

3月26日下午，薄一波在上海政治局的扩大会议上作了《关于第一季度工业计划执行情况和第二季度的安排》的报告。在谈到炼钢设备未能按计划完成时，毛泽东当即表示极为不满，他说：搞了10年工业，积累了10年经验，还不晓得一套一套要抓。安排了98套（指大中型轧型机），2月底还报可完成31套，结果只搞了16套，还有一部分配套不齐全，这是什么人办工业，是大少爷。现在工业要出“秦始皇”，我看你们搞工业的人不狠，老是讲仁义道德，搞那么多仁义道德，结果一事无成。搞那么多干什么？削它500项，如果不够，再削，削600项。

这时周恩来插话说：要有决心，头上要沾血。

毛泽东说：根本不要决心，干掉就完了。

周恩来说：这句话就是决心。

邓小平插话说：1000多个项目，一季度只有20多个投入生产。

毛泽东接着说：何必那么忙，急得要死，一定要搞1000多项，又搞不成。搞成我赞成，问题是你搞不成。从前讲轻重缓急，现在讲重重急急要排队，算得上一点经验了，重中有重，急中有急。

3月28日，会议听取李先念作《关于当前财贸工作的情况和意见》的报告。邓小平在发言中又提出了计划问题。

他说：问题摆得很明白，即使1500万吨钢材，也不可能完成，所以存在危险。大家一致赞成这样一个办法，把计划定在确定可靠的基础上，宁肯超过，大家心情舒畅一点。想把我们的计划放在1100万吨钢材的基础上，包1800万吨（钢）。保重点，冶金部18个企业，是1200万吨，赵尔陆的企业是100万吨，吕正操的企业是40万吨。不下这样一个决心，计划有危险。

毛泽东、周恩来都赞同邓小平的意见。毛泽东说：现在看，人心所向，横直没有东西，我们从前讲过的，钱只有这么多，现在是钢材只有这么多，看办多少事。

4月2日，八届七中全会的第一天，在刘少奇的主持下，讨论了钢、煤、粮、棉四大指标。

邓小平说：最后核定的钢的数字是1640万吨。即使搞不到1800万吨，搞1600万吨洋钢，那也比去年翻了一番，钢材1100万吨也比去年增加了80%，也并不丑。

周恩来在讲话中指出：计划一定要有保险系数，统统打满不好，要留有余地，藏一点。从北戴河会议以后步步退却，就是因为不落实；逐步提高定额，超额完成；实事求是。

会上，王任重等人曾提出，应当公开修改八届六中全会的高指标，但是多数人都不同意。因此八届七中全会没有能对高指标进行大幅度的调整。全会通过的1959年国民经济计划草案，四大指标中煤、粮、棉完全接受了八届六中全会的计划，即分别是3.8亿吨、10500亿斤和1亿担。钢指标也仍然维持1800万吨，只是对内提出“要好钢1650万吨”。

4月21日李富春向二届人大一次会议提交讨论的1959年计划，四大指标和八届六中全会相比，纹丝未动。

毛泽东对农业高指标开始警觉

八届七中全会后，由于粮、棉指标已经公布，同时农村已经开始春耕、插秧，农业已经开始了1959年的“大跃进”。但是经过1958年一年的折腾，广大农民对高指标已经领教够了，因此生产积极性不高。

4月13日，中科院经济研究所派往河北省昌黎县的工作组副组长王绍飞写了一份材料:《河北省昌黎县最近公社的工作情况及问题》。这份材料在谈到农业生产指标时反映：

包括基层干部和群众，他们对农业生产有科学的估计，人人心中有数。从果乡公社来看，1959年的农业生产用最大的努力可以比1958年增产百分之五十—七十（1958年比1957年增加百分之五十），每亩可产450～500斤（1958年308斤），再多没有可能，但上面分配产量指标是1200斤，距实际很远。公社按县的指标包产百分之七十，即亩产700多斤，基层干部和群众认为这是空想和吹牛。这种脱离实际太远的指标，非但不起鼓励作用，相反起了挫伤群众生产情绪的作用。群众认为:“累死也达不到指标要求，生产多少要多少，不干也少不了360斤的定量供应”。他们对“没有千斤思想，不打千斤粮”的说法很有意见。他们说:“那你为什么不想一万斤呢?”干部则有这样一种说法，你敢吹我也敢吹，反正我不比你差，你说1500斤，我说2000斤，“法不责众”，省得被批判右倾保守。

公社书记们研究，为了鼓起群众的干劲，必须实事求是地解决产量问题，使群众心中有数，有个明确的奋斗目标。在讨论中，我想了个意见，对上吹，对群众实事求是。上面规定的产量指标给多少，认多少。但对生产队必须是既先进而又可以达到的目标，以鼓励生产积极性。讨论了两个小时，不敢这样做，怕被发觉后受批评。最后讨论了一种和农民达成协议的办法，这就是硬着头皮包产量，但在征购数字上和农民达成协议，即把征购任务固定下来，除交征购任务外，其余粮食归生产队。实际上就是将亩产指标变成一个不起作用的东西，使它不影响群众的生产积极性。

现在看来，指标脱离实际太远，比没有指标要坏得多，因为它要伤害群众的生产积极性。

王绍飞的这封信引起了毛泽东的注意，5月2日，他把这封信批给各省市区的党委第一书记们，要求“各地党委都应注意解决，越快越好”。

在这之前，4月29日，毛泽东写了第五个《党内通信》。这是就农业问题写给省、地、县、公社、大队、生产队干部们的一封公开信。他说：“同现在流行的一些高调比较起来，我在这里唱的是低调，意在真正调动积极性，达到增产的目的。如果事实不是我讲的那样低，而达到了较高的目的，我变为保守主义者，那就谢天谢地，不胜光荣之至。”

毛泽东的信确实是在唱低调。甚至在一些人看来是在泼冷水：

包产一定要落实。根本不要管上级规定的那一套指标。不管这些，只管现实可能性。例如，去年亩产实际只有300斤的，今年能增产100斤、200斤，也就很好了。吹上800斤、1000斤、1200斤，甚至更多，吹牛而已，实在办不到，有何益处呢？……在10年内，一切大话，高调，切不可讲，讲就是十分危险的。

1958年“大跃进”中的浮夸风、高指标，说到底，还是“上有所好，下必甚焉”。现在毛泽东对“大跃进”和人民公社化运动的一些做法已经不如从前那样完全肯定了，对于浮夸风和高指标，毛泽东也越来越失去兴趣了。

陈云主持压缩钢铁指标，直言小高炉“劳民伤财”

钢1800万吨（内部1650万吨）的指标能否完成？许多人持怀疑态度。首先是国家计委自己就怀疑。

上海会议后，计委副主任贾拓夫组织人员，和国家统计局一道，核实了1958年四大指标的实际完成情况。结果发现，1958年好钢只有800万吨，煤3.7亿吨，包括一部分小煤窑的产量，粮食不到4000亿斤，棉花3938万担。

据此，1959 年钢指标比 1958 年实际产量整整高出 1000 万吨，即使按 1650 万吨算，也整整翻了一番，要完成的可能性不大。

随后，根据这个结果，计委计划局局长廖季立受宋平和贾拓夫的委托，写出了一份报告。报告认为：严重的比例失调主要是钢的指标订得过高，产生了一系列矛盾；1959 年钢产量计划是根本完不成的，大体可按 1200 万～ 1250 万吨比较合乎实际。

1959 年 4 月份后，工业问题更趋严重起来。主要是因为钢材生产上不去，使 1959 年第二季度分配钢材方案出现了 450 万吨的缺口，进而许多工业生产和基本建设被迫推迟。同时，由于计划一日三变，企业不知道自己究竟能分配到多少钢材，生产上无所适从。

本来毛泽东、周恩来、陈云就对 1959 年钢指标能否落实心中没底，廖季立的报告自然很受重视。他们意识到，如果不作及时的进一步的调整，整个经济形势会更加混乱，因此决定由陈云负责，摸清实际情况，寻求摆脱被动局面的措施。

1959 年 4 月 29 日至 30 日，中央书记处连续开会讨论经济形势，特别是钢指标问题。30 日，周恩来在会上说：总想知道一点，摸不到底，心情有些苦闷不安。去年钢的指标是不可能完成的。上海会议和人大会议，又把指标提出，还是问题。要注意党在国内外的威信，向党提出的东西，自己没有把握。

在公开场合表露自己“心情有些苦闷不安”，这对周恩来说来，是很不平常的，说明情况的确不容乐观。

这次会议责成陈云拿了 1959 年钢产量的可靠指标和争取指标。

会后，陈云连续听取了冶金部的 6 次汇报，财经小组最后决定，按钢材 900 万吨、钢 1300 万吨的方案上报中央政治局决定。

5 月 11 日，刘少奇在中南海西楼会议厅召开政治局会议，听取陈云钢铁指标的意见。

陈云报告说：“财经小组经常参加这次汇报会议的几个同志，富春、一波、赵尔陆同志和我，都同意钢材的可靠指标可以初步定为 900 万吨，钢的生产指标就是 1300 万吨。”

同许多人只凭想象就敢拍胸脯的浮躁作风相比，陈云是冷静的。在这次会上，陈云详细地论证了完成指标各方面应当保持的关系。

他分析说，要生产 900 万吨钢材，就要求生产 1300 万吨钢，2000 万吨铁，其中，炼钢用铁要 1300 万吨，铸造和增加周转用铁 550 万吨，另外还准备质量不好的次铁 150 万吨。然后，他从矿石、焦炭、耐火材料、冶炼、运输等五个方面作了说明。

他说，生产 1 万吨铁需要 3.5 万吨铁矿石，生产 2000 万吨铁就要 7000 万吨矿石。现有 14 个有机械装备和铁路运输的大型采矿企业，今年可采铁矿石 5300 万吨，现有 19 个中型采矿企业，全年可采铁矿石 800 万吨，现有 214 个小型土法生产的采矿点，全年共可采铁矿石 1000 万吨，以上大、中、小三类企业合计，可以生产铁矿石 7100 万吨，能够运用的是 7000 万吨。

炼 1 吨铁平均需要 1.5 吨焦炭；炼 1 吨焦炭平均需要 1.5 吨洗煤；1 吨洗煤平均需要 2 吨炼焦煤。因此，生产 2000 万吨生铁，就需要 3000 万吨焦炭，折合 4500 万吨洗煤，或者 9000 万至 1 亿吨炼焦煤。保证钢铁质量的关键是洗煤，当时洗煤能力的情况是，大型的机械化洗煤厂今年大约可生产 1950 万吨，新建的洗煤厂可生产 550 万吨，还要用土法生产洗煤 2000 万吨。炼焦能力的情况是，原有的大型洋法生产可以达到 1000 万吨，新建的机械化炼焦炉和简易炼焦炉如能如期建成，可以生产 1000 万吨，尚缺 1000 万吨，仍然需要用土法生产来解决。

关于耐火材料，全年需各种耐火材料 420 万吨，需原料 600 万吨。这些原料，用机械化开采的只占 20%，其余的基本上是手工操作的，因此，在开采和搬运方面都需要用很多的人力。

关于运输，为了生产 2000 万吨生铁，除了要运输炼焦煤 9000 万吨到 1 亿吨以外，矿石、耐火材料等物资的运输量也是很大的。冶金部要求：铺设铁路支线和专用线共 500 公里，铺设轻便铁路 500 公里，增加机车 150 台，增加车皮 1500 辆，还要增加一批小机车和矿车。

陈云在作了这样周密的分析之后，得出结论：从钢铁工业内部关系来看，当年生产 900 万吨钢材，相应地生产 1300 万吨钢，是有可能的，但是还需要做很大的努力，并不是轻而易举的。

陈云一口气讲了一个多小时。他的报告有根有据，不由得人不信服。参加会议的邓小平、周恩来、刘少奇都赞同钢指标定在 1300 万吨。

刘少奇在发言时反驳了“指标低了会泄气”的说法，这一说法正是许多死抱高指标不放的人的口头禅。刘少奇指出：

这个指标是不是泄气？指标高了气就足，指标低了气就不足？现在应当是泄够了，到了可靠的境地再鼓。这种气势必要泄，高了适得其反，鼓干劲要长期保持，要留有余地，不能每天 12 个小时，那样不能持久。群众的干劲要爱惜，不要浪费。指标定 80%，有 20% 可能超过，群众干劲会越大。定高了，做不到，反而会泄气。

如果说，把钢指标确定为 1300 万吨需要勇气，那么对小高炉的批评则更需要勇气。

小高炉（土高炉），是大炼钢铁中出现的“新生事物”，一直被作为人民群众的一项创举而充分肯定。实际上，土高炉不但工艺技术落后，生产出的高硫铁根本无法使用，还和大高炉争矿石、争燃料、争电力，并且成本极高，总之，“得不偿失”。但是大炼钢铁运动中，小高炉实际已经成为群众运动的代名词，对小高炉有看法就牵扯到对“大跃进”的态度，对群众运动的态度问题，因此，许多人不是不明白，但是不敢提。

陈云在这次会上毫不客气地提出：高炉建设要贯彻大中小结合的方针，以大为主。小高炉要改进技术，有些要向大中型发展。煤铁资源缺乏和运输条件困难的地区，有一部分小高炉要停止生产，条件很困难的地方，不要再建小高炉。

5 月 15 日，政治局通过了 1300 万吨的钢指标后，陈云专门给毛泽东写了一封信。信中陈云再次对小高炉的问题提出了批评。

他说：小高炉炼了的 900 多万吨铁，含硫量超过冶金部规定的 0.2% 标准的，有 40% 以上，有的说至少有 50%。这种情况不改变，将有 400 万～500 万吨生铁含硫超过标准，既不能用于铸造，也不能在炼钢后轧成有用的钢材。这是劳民伤财。

5 月 23 日，陈云主持财经小组会议，宣布中央已经接受了 1300 万吨指标的建议。钢指标的调整经历了一个多月的徘徊之后，终于敲定下来。

1300 万吨钢并不是一个保守的目标。1959 年又经过全民动员式的共同奋斗，庐山会议后“反右倾、鼓干劲”，才勉强完成了 1387 万吨钢。

纠“左”是为了更好地前进

经过几个月的纠“左”，随着问题的不断暴露，毛泽东开始试图总结“大跃进”和人民公社化运动的经验教训。

6 月 12—13 日，毛泽东在颐年堂召开了政治局扩大会议。

他在会上说：去年的大跃进，对破除迷信起了很大作用，但是，不讲时间、空间和条件，主观主义大发展，没有把主观能动性和客观现实性结合起来，只讲主观能动性，而且无限扩大，这点必须坚决纠正。

他指出：去年我们至少有三大错误：第一计划过大，指标过高，勉强去完成，必然破坏比例关系，经济失调；第二，权力下放过多，结果各自为政，政策也乱了，钱也花多了；第三，公社化过快，没有经过试验，一下子推开，大刮共产风，干部也不会当家。现在粮食供应紧张，主要是虚报产量，还有是吃饭不要钱，敞开肚皮，吃多了。

他说，多快好省还是可以做到的，但太多太快就不行。去年我们只注意多快、不注意好省。什么是多快也不甚了了。

无情的事实使毛泽东的信心有所动摇。

他说：我过去只注意人和人的关系，没有注意人和自然的关系。过去搞民主革命，忙不过来，打仗占了大部分时间。后来搞社会主义革命，主要精力是搞阶级斗争。去年北戴河会议时才开始搞经济建设，特别是抓工业。看来，我第一次抓工业，像我 1927 年搞秋收起义时那样，第一仗打了败仗。不仅我碰了钉子，在座的也碰了钉子。

自第一次会议纠“左”以来，毛泽东在不同场合多次进行了自我批评，但是像这样深刻的自我批评还是第一次。可以想见他此时的心情。他不由地慨叹：“事非经过不知难啊！”虽然毛泽东仍然执着于“三面红旗”，但是在具体问题上对“三面红旗”中“左”倾错误的认识，也走到了八个月纠“左”以来的顶点。

然而，纠“左”并不彻底。高指标迟迟不能大幅度降下来，公共食堂和部分供给制等“左”的做法仍然在坚持，更不用说触动“三面红旗”本身了。

纠“左”是从纠正两个急于过渡开始的，中心问题是过渡时间问题。第一次郑州会议和八届六中全会期间，毛泽东和党中央首先是极高地评价和肯定了“三面红旗”，认为大跃进几个月的实践，找到了以钢为纲发展工业的道路，找到了人民公社这个建设社会主义的最好组织形式，总之，“找到了一条多快好省地建设社会主义的康庄大道。”在此前提下，提出纠正两个急于过渡。

人民公社化运动中，许多地方性急得今天就实行全民所有制，明天就进入共产主义，造成严重的混乱，也打乱了毛泽东所设想的时间表。因此毛泽东纠“左”的实质，是纠正比毛泽东还性急的“左”。而他的两个过渡的时间表，也不过是 15—20 年、或者更长一点的时间而已。

对于“大跃进”，毛泽东是充分肯定的。毛泽东总结“大跃进”的经验教训，无疑是为了更好地“跃进”，超英赶美的目标并没有放弃。

1959年6月22日，即庐山会议召开前夕，毛泽东在河南视察时说过这样几段话：

> 明年钢恐怕要来一个"马鞍形"。所谓马鞍形，也是还要增加，不是不增加。今年是3000不行到2000，2000不行到上海的1650，现在是1300。假如做到，或者超过一点，那么明年搞多少呢？明年可能只能搞1700万吨，连今年人民代表大会的指标还达不到，也可能今年1300万吨，明年增加500万吨，一年的指标2年执行。第二个五年计划还有2年，后年还可以搞400万吨，就是2200万吨，再有1年，2600万吨，就超过英国了。
>
> 我看还是15年或者较少一点时间，在主要工业产品的产量上超过英国，还提这个口号。主要产品不只是钢这一项，钢锭这一项大概第二个五年计划可以超过，还有品种，还有质量，比如优质的钢、机械。机械赶不上英国就不行，煤炭现在比它多了，钢铁赶上还要几年。

对于钢产量赶上英国，毛泽东只是增加了"品种、质量、含硫量"等纯粹技术性的要求，时间上，他仍然作着4—5年赶超英国的打算。

吴芝圃说："去年大跃进不能否认，基本建设搞得很多"，毛泽东插话说："那个东西否认不得，几亿人民群众搞的，你否认他们的成绩呀？"

对当时形势的估计，其实也是对"三面红旗"怎么看的问题。

其实当时形势已经很紧张，国民经济比例失调继续加剧，各方紧张，农村已经出现了大面积浮肿、大量外出逃荒、大量非正常死亡的现象。

然而毛泽东虽然看到了问题，但并不认为形势有多严峻。他也承认有的省粮食的确紧张，例如湖北省，但"恐怕也是区域性的"，"就是这么几个省紧。其他省粮食都不紧，是副食品、日用品、工业用品比较紧张。……大家商量一下，究竟我们整个形势好不好？如果要亡国了，就当做亡国的局面来办。现在又没有亡国，这个国家还是兴旺的，有那么几个小泥鳅掀了一点浪，就以为了不起了，我就不信这个道理。"

庐山会议前这种在坚持"大跃进"的指导思想的前提下的纠"左"，当然不能从根本上解决问题，并且为后来党内矛盾的爆发，留下了深刻的根源。

朱德与毛泽东的口径不一致

1959年上半年，毛泽东带领全党纠正“左”的错误。薄一波在三十多年以后说：“他头脑清醒得比我们早。他看问题总是比我们站得高，看得远，一旦了解了弄虚作假真实情况，就毫不犹豫地果断决策，工作效率之高，行动之快，在党内是无与伦比的。”

这段评论是善意的，他讲毛泽东一旦了解真相，就果断决策，效率之高，行动之快，无与伦比，这符合事实。但是客观上说，除了毛泽东，谁有这种力量呢？假若毛泽东不觉悟，谁敢起来纠“左”呢？在有些问题上，毛泽东的确一针见血，抓住了本质。但并不是所有问题毛泽东的认识都比其他常委们看得深。关于公共食堂，供给制问题就是一例。

对于公共食堂，毛泽东的确把它看作共产主义的萌芽，而爱护有加。他对三国时的张鲁的原始共产主义政策很欣赏。1958年12月7日，他把《三国志·张鲁传》介绍给大家，他写下一段批语：

> 这里所说的群众性医疗运动，有点象我们人民公社免费医疗的味道，不过那时是神道的，也好。那时只好用神道。道路上饭铺里吃饭不要钱，最有意思。开了我们人民公社公共食堂的先河。

12月10日，毛泽东对《张鲁传》重新写了一段批语，更加鲜明地把张鲁原始共产主义与人民公社相比附：

> 我国从汉末到今一千多年，情况如天地悬隔。但是从某几点看起来，例如，贫农、中下农的一穷二白，还有某些相似。……张陵、张修、张鲁祖孙三世……行五斗米道，“民夷便乐”，可见大受群众欢迎。其法，信教者出五斗米，以神道治病；置义舍（大路上的公共食堂），吃饭不要钱（目的似乎是招来关中区域的流民）；修治道路（以犯轻微错误的人修路）；“犯法者三原而后行刑”（以说服为主要方法）；“不置长吏，皆以祭酒为治”；祭酒“各领部众，多者为治头大祭酒”（近乎政社合一，劳武结合，但以小农经济为基础）；这几条，就是五斗米道的经济、政治纲领。

然而，这时，公共食堂已经陷入了困境。年高德劭的朱德元帅十分不赞同办公共食堂。

1959年2月17日，朱德视察广东，发现问题。他在同江门地委领导人谈话时说：“农村办公共食堂，都吃一样的饭菜，像军队一样，这有点生硬。社员的生活如果这样长期搞下去，就成问题了。”

5月27日，朱德偕同国家副主席董必武、人大常委会副委员长林枫到了东三省。6月16日他在吉林视察时又对省委负责人说：“吃饭不要钱不行，要把粮食分给个人，由个人负责调剂，加点菜和薯。办食堂，就会造成很大的浪费。只有生活资料归个人所有，归个人支配，才能调动社员的积极性。有些人怕因此发展了资本主义，这是多余的。”

6月20日，朱德、董必武、林枫三人联名给中央和毛泽东写报告。反映大多数群众不愿意常年参加公共食堂。建议“把粮食分到户，允许社员自己在家里做饭，愿意入食堂者，可以自由结伙”。

当天，朱德又向黑龙江省委负责人说：“去年十几包，包不了，还是让群众自己包，……全国六亿人口谁包得了？……有了家庭各方面才能稳定巩固。”

回京后，朱德等三人又联名给毛泽东写信，建议应当鼓励群众自己修建房屋。

朱德的讲话，虽然没有文件下达，但其精神还是传开了。1959年夏天，发生了安徽省委书记处书记张恺帆下令解散无为县全部公共食堂的事件。他提出“三还原，两开放”，即吃饭还原，房屋还原，小块土地还原，自由市场开放，集体所有制的渔塘开放。亲自帮助农民拆掉公共食堂的锅灶，这个县共解散了4000多个公共食堂。

对于无为县解散公共食堂事件，毛泽东勃然大怒。1959年8月10日，亲笔写下了《对安徽省委书记处书记张恺帆下令解散无为县食堂的报告的批语》。说张恺帆：“站在资产阶级立场，蓄谋破坏无产阶级专政，分裂共产党。”这个批示发到全党，全党惊骇。分裂党指谁？8月12日，毛泽东在庐山会议常委会上讲，他担心“总司令可能闹乱子”，就是指朱德在公共食堂问题上，与毛泽东口经不一致。

1959年上半年纠“左”方向上表面一致的背后，潜伏着内在的分歧。

CHAPTER 6

第六章 庐山风云

1 同登庐山 毛彭二人心境各异 “神仙”开会 估量形势意见分歧

上庐山

1959年6月13日，毛泽东主持有部分中央领导人参加的会议决定，7月初在河南郑州召开政治局扩大会议。内容有两个：一是总结第一次郑州会议以来的纠“左”工作；二是调整修改1959年的经济计划指标。不久，又将会址改为江西庐山，目的是使会议的参加者们在紧张的工作之余，远避酷暑尘嚣，过一段神仙般的舒适生活。因此，筹划中的此次会议，便被称为“神仙会”。

在北京安排好政治局扩大会议的有关事宜后，毛泽东便启程南下。他先后视察了河北、河南、湖南、湖北四省。6月23日，回到了湖南。24日，畅游了青少年时代经常“中流击水”的湘江。25日，回到了阔别32年之久的故乡。在韶山，毛泽东看望了众位乡亲，凭吊了早年逝去的父母的坟墓，在青年水库和韶山水库游了泳。是夜，毛泽东抚今追昔，感慨万千，写下了有名的《七律·到韶山》。

别梦依稀咒逝川，
故园三十二年前。
红旗卷起农奴戟，
黑手高悬霸主鞭。
为有牺牲多壮志，
敢教日月换新天。
喜看稻菽千重浪，
遍地英雄下夕烟。

在诗中，毛泽东表达了对故乡以及为革命牺牲的亲人们的怀念，歌颂了广大人民在党的领导下进行的革命和建设斗争及其取得伟大成就。这首诗，既表现了他的改天换地的豪迈气魄和浪漫主义精神，也反映了他在经过了8个多月的纠“左”，认为问题已基本解决、困难即将过去而产生的轻松愉快的心情。

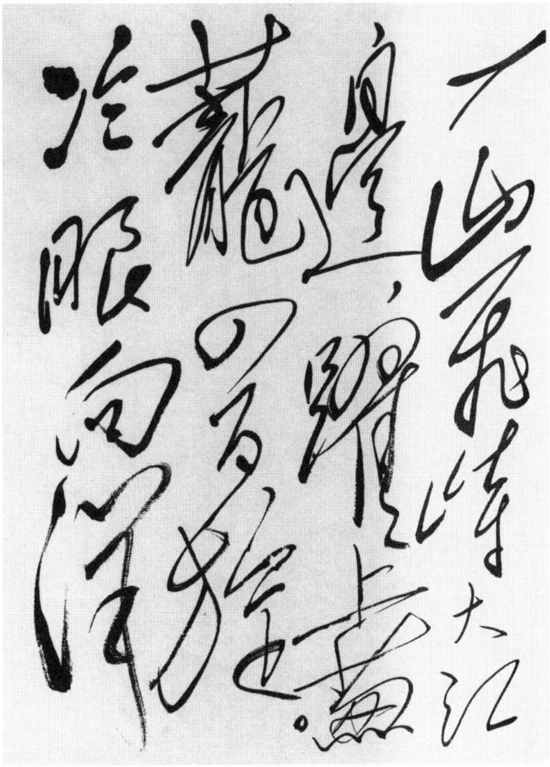

毛泽东手书《七律·登庐山》(局部)

6月28日，毛泽东到达武汉。随后，乘船到九江。29日晨，登上庐山。上山后，豪兴不减，又写成了一首《七律·登庐山》。

一山飞峙大江边，跃上葱茏四百旋。
冷眼向洋看世界，热风吹雨洒江天。
云横九派浮黄鹤，浪下三吴起白烟。
陶令不知何处去，桃花源里可耕田？

在诗中，毛泽东一改1958年底前后纠正“左”的错误时的沉痛心情，对他发动和领导的“大跃进”和人民公社化运动充满了自信，并以轻松风趣的向先贤发问的方式，将现实的他领导下的中国与陶渊明笔下虚构的桃花源联系了起来。据说，原来此诗之前还曾有一个小序：“1959年6月29日登庐山，望鄱阳湖、扬子江，千峦竞秀，万壑争流，红日方升，成诗八句。”亦足见其轻松愉快之情。

与毛泽东不同，庐山会议上的另一个重要人物彭德怀，却是带着焦虑和忧郁的心情上山的。

1958年秋，在对西北地区进行考察时，彭德怀对“大跃进”和人民公社化运动的一些做法开始产生疑虑。在甘肃敦煌，县委书记向他汇报，全县8万人组成一个人民公社，所有生产资料无偿归公，有些富农不肯交出，将毛驴都杀掉了。彭德怀就对县委书记说，一县一社不一定是发展方向，公社并非越大越好，主要是看对发展生产是否有利。

1958年12月在武昌举行的中共八届六中全会，彭德怀参加的是西北小组的讨论。在讨论公布1958年的粮食产量时，有人主张公布10000亿斤或9000亿斤。还有人甚至说粮食要多少有多少，现在是工业大大落后于农业。彭德怀则直截了当地说“粮食没有那样多”。

武昌会议后，彭德怀即到湖南考察，在省委第一书记周小舟的陪同下，考察了湘潭县和平江县。在家乡乌石公社，他亲自数计丰产田里的稻穗，估算每亩稻谷的产量。还看了学校、幼儿园和敬老院，了解了公共食堂低劣的伙食情况。在炼铁

1959年彭德怀到湖南平江县与当地农民座谈

厂（小土高炉），他给大家算了一笔账：为了炼那么一点铁，集中了社、队全部的壮劳力，丢开了农业生产，让稻谷烂在地里；为了解决燃料问题，拆毁了社员的许多房子，砍伐了大片山林；为了收集原料，还砸碎了社员的铁锅等用具，实在是很不合算。在韶山，他了解到，尽管吃了偏饭，1958 年也只增产 14%。在参观平江工农业生产展览馆时，他吃惊地发现了可怕的造假现象：竟然将 1957 年高产数字公布为 1958 年的生产数字，而将 1958 年的较低数字公布为 1957 年的生产数字。在平江，还有一位在红军时期伤残的老战士，暗中递给他一张纸条，上面写着："谷撒地，薯叶枯，青壮炼钢去，收禾童与姑。来年日子怎么过，请为人民鼓咙胡！"使彭德怀感受到了强烈的震撼。

在考察过程中，周小舟还向彭德怀介绍了湖南的一些情况。湖南全省共办起 5 万多个小土高炉，生了火的还不到一半，出了铁的就更少。农村的公共食堂，没有给农民带来什么方便，反而造成很多人力、物力的浪费。湖南的考察，对彭德怀产生了重要影响。

1959 年 4 月 24 日至 6 月 13 日，彭德怀率领中国军事代表团，到波兰、德意志民主共和国、捷克斯洛伐克、匈牙利、罗马尼亚、保加利亚、阿尔巴尼亚、蒙古八国进行友好访问。在国外期间，他在会谈时很少谈及"大跃进"和人民公社的情况，表明他对此问题的态度已有所保留。在访问匈牙利时，了解到 1956 年匈牙利事件时人民生活水平仍然比中国高得多的情况后，更增加了他对国内问题的忧虑。彭德怀专门从国外打电话给黄克诚，询问国内的经济情况。后来，他在一次中央政治局常委会和赴庐山的火车上都说过：匈牙利每人每年平均吃到 40 斤肉，还出了匈牙利反革命事件，要请苏联红军镇压。由此可以看出，中国的工人好，农民好，党的威信高，不然出了匈牙利事件，红军可没有那样多。

彭德怀是和贺龙、李富春、习仲勋、陆定一、康生、张闻天、贾拓夫等一起，6 月 29 日下午从北京出发，乘专列到武汉，换乘江轮到九江，然后坐汽车于 7 月 1 日晨登上庐山的。途中，他一直埋头阅读文件资料或凝神思考问题，一连几餐吃饭极少，工作人员不明缘由，彭德怀指着车站护栏外衣衫破烂、满面菜色的许多灾民说："这叫人怎么能吃得下去！"

彭德怀就是这样，怀着与毛泽东迥然不同的沉重心情上庐山开会的。

定基调

中共中央政治局扩大会议，是 7 月 2 日开始举行的。出席会议的有中央政治局委员，各省、市、自治区党委第一书记，中央和国家机关一些部委的负责人等，共 69 人。陈云和邓小平由于健康原因没有出席会议，彭真、陈毅、薄一波和黄克诚等人留在北京分别主持中央书记处、国务院和中央军委的工作。

关于政治局扩大会议要讨论的问题。6 月 29 日，毛泽东在与几位协作区的负责人座谈时，提出了一些。30 日，彭真在北京中南海居仁堂，向将去庐山开会的各部委负责人作了传达。7 月 2 日，在庐山召开政治局常委会议，毛泽东再次讲了政治局扩大会议要讨论的问题。在两次讲话中，毛泽东共谈了 18 个问题。根据周恩来的建议，又增加了国际形势问题。这样，就形成了政治局扩大会议要讨论的 19 个问题。

7 月 3 日上午，与会人员分成东北、华北、西北、华东、中南、西南 6 个小组，分别举行小组会议（西南组因人未到齐，未开会）。各小组组长（也是各协作区主任）欧阳钦、林铁、张德生、柯庆施、陶铸等传达了毛泽东要会议讨论的 19 个问题。其要点是：

一、读书。有鉴于去年许多领导同志，县、社干部，对于社会主义问题还不大了解，不懂得经济发展规律，有鉴于现在工作中还有事务主义，所以应当好好读书。

二、形势。国内形势是好是坏？大形势还好，有点坏，但还不至于坏到“报老爷，大事不好”的程度。八大二次会议的方针对不对？我看要坚持。总的说来，像湖南省一个同志所说的，是两句话：“有伟大的成绩，有丰富的经验”。“有丰富的经验”，说得很巧妙，实际上是：有伟大的成绩，有不少的问题，前途是光明的。

三、今年任务。

四、明年任务。

五、四年任务。

过去是重、轻、农、交、商，现在强调把农业搞好，次序改为农、轻、重、交、商。这样提还是优先发展生产资料，并不违反马克思主义。过去陈云同志提过：先市场，后基建，先安排好市场，再安排基建。现在看来，陈云同志的意见是对的。要把衣、食、住、用、行五个字安排好，这是 6 亿 5 千万人民安定不安定的问题。

六、宣传问题。去年有些虚夸，四大指标定高，今年弄得不好宣传，现在有些被动。如何转为主动？是否人大常委开个会，把指标改过来。粮食增产量是否以后不公布绝对数字，可以学习苏联，不宣传粮食指标。今后钢不要搞小转炉，铁不要搞土铁。

七、综合平衡问题。大跃进的重要教训之一，主要缺点是没有搞平衡。说了两条腿走路、并举，实际上还是兼顾。在整个经济中，平衡是个根本问题，有了综合平衡，才能有群众路线。

八、群众路线问题。群众路线有没有？有多少？

九、工业管理问题。特别要强调质量问题，能否在很短时间内解决？应该争取在一二年内解决。

十、体制。有些半无政府主义。四权下放多了一些，快了一些，造成混乱，要强调一下统一领导、集权问题。下放的权力，要适当收回，对下放要适当控制。

十一、协作关系。划区协作，倒把原来的协作关系技术改造乱了，搞了大的，挤了小的。搞体系，工厂要综合发展，公社要工业化。

十二、公共食堂。要积极办好。按人定量，分粮到户，自愿参加，节余归己。吃饭基本上要钱。在这几项原则下，把食堂办好，不要一轰而散，都搞垮，保持20%也好。

十三、学会过日子。包括农村、城市，要留有余地，富日子当穷日子过，增产节约。

十四、三定政策。定产、定购、定销。群众要求恢复，看来是非恢复不可。

十五、恢复农村初级市场。

十六、使生产小队成为半核算单位。

十七、农村党的基层组织领导作用问题。

十八、团结问题。

十九、国际形势问题。

毛泽东关于19个问题的讲话，实际上是一个基调讲话。他不仅提出了政治局扩大会议要讨论的问题，也给这些问题的讨论定下了调子。在这一讲话中，毛泽东虽然较前为多地指出了1958年以来工作中的问题，较为深刻地总结了“大跃进”等的经验教训，正确地提出了调整指标、以农轻重为序安排计划、适当收回下放过多的权力和人民公社实行“三定”等主张，但是，他对“三面红旗”得失和纠“左”成绩的估价，没有什么大的变化。他仍然认为，1958年以来的路线方针是正确的，需要继续坚持，问题只是出在工作方法上；“大跃进”和人民公社化运动的成绩是占主导地位的，应该充分肯定，缺点和错误只是一、二、三个指头的问题；第一次郑州会议以来的纠“左”工作已经取得了很大的成绩，问题已基本解决，现在的任务是统一思想，加强团结，继续“跃进”。按照这一基调，政治局扩大会议在纠“左”方面的作为，只能达到总结八个多月的纠“左”工作和调整修改部分生产计划指标的程度。特别是毛泽东对“大跃进”以来党的工作和目前形势所作的“成绩很大，问题不少，前途光明”的估计，虽然在字面上与会者不会有多大的不同意见，但一经深入讨论，在对“问题不少”的理解上，就不可能没有分歧。因此，从这一点来说，庐山会议上必然会出现一场争论。当然，这场争论后来演变成一次残酷的党内斗争，又有一些偶然因素起了作用。

“神仙会”的分歧

从7月3日下午开始，根据毛泽东提出的问题，各小组进行讨论。中央领导人分头（或派秘书）参加各小组的会议，听取意见。各组讨论的情况都及时整理成简报，印发给大家，以便于交流。

在7月16日以前，会议开得还是比较轻松的，确有“神仙会”的气氛。根据会议的安排，白天开会、读书、看文件，晚上看戏或跳舞，星期天休息。开会之余，有人游览风景名胜，有人作诗填词。特别是毛泽东的《到韶山》《登庐山》两首诗由周小舟、胡乔木二人传出后，山上更是诗风大作。

各小组讨论的气氛，总的说来，也是比较轻松的。特别是东北、华北、西北三个小组，与会者基本可以敞开思想，谈出自己的看法。在发言中，绝大多数人程度不同地指出了1958年以来工作中的缺点和错误，总结了出现问题的经验教训。还有些人检讨了自己的工作，承担了责任。

庐山会议期间，参会人员步入会场——庐山人民剧院

7月4日，刘少奇在中南组会上说，去年大跃进，吃了前年的库存，预支了今年的。凡事不要轻信，要有办法使人不说假话。一股风，批右倾保守，拔白旗，老在帽子的威胁下。说老实话的人，去年不好混。领导看好的

多，估计偏高。1958 年最大的成绩是得到教训，全党全民得到深刻教训。

7 月 6 日，朱德在中南组会上说，农民是劳动者，又是私有者，去年我们对私有者这一点估计不够。办公共食堂，对生产有利，但在消费上吃了大亏。供给制是共产，工人还要发工资，农民就如此愿意共产？食堂自负盈亏。食堂存在一部分，全垮了也不见得是坏事。家庭制度要巩固起来。原则上回到家庭过日子。

董必武在发言中强调要在党内造成说老实话的空气，建议全党学习党章，每个党员应当对党忠诚老实。

根据会议简报反映，在讨论中，多数人认为，说“成绩伟大”没有问题，问题是大跃进中有许多经验教训，值得总结，比如刮“共产风”，计划不周，忽视比例关系，不按计划办事，不注重质量，多快与好省分家，权力下放过多，百废俱兴，浪费人力财力物力，抓了重工业忽视了农业和轻工业等。

彭德怀参加的是西北组的讨论。在小组会上，他从 7 月 3 日到 10 日的 8 天时间内，一连作了 7 次发言或插话。这些发言或插话，后来在批判他时，被整理印发出来。其主要内容是：

7 月 3 日上午：1957 年整风反右以来，政治上、经济上一连串的胜利，党的威信高了，得意忘形，脑子热了一点。把这些经验总结一下，不要丢掉了，但不要埋怨。

7 月 4 日上午：要找经验教训，不要埋怨，不要追究责任。人人有责任，人人有一份，包括毛泽东同志在内“1070”是毛主席决定的，难道他没有责任！上海会议他作了自我批评，说他自己脑子也热了一下。我也有一份，至少当时没有反对。主席最伟大的地方在于能及时发现问题，弯子转得快，如果没有郑州会议，经济会被破坏。

7 月 6 日上午：从北戴河会议以后，搞了个“左”的东西，全民办钢铁这个口号究竟对不对？全民办工业，限额以下搞了 13000 多个，现在怎么办？每个协作区、省要搞个工业体系，不是一、两个五年计划的事情。

7 月 7 日上午：人民公社我认为早了些，高级社的优越性刚发挥，还没有充分发挥，就公社化，而且未经过试验，如果试上一年再搞，就好了。

7 月 8 日上午：毛泽东与党在中国人民中的威信之高，是全世界找不到的，但滥用这种威信是不行的。去年乱传主席的意见，问题不少。

7 月 9 日上午：农村 4 个月不供油，事实上办不到，这完全是主观主义。我一回国看到这个电报，就打电话提出意见，你们提了意见没有？你们抵制过没有？

什么算账派、观潮派……等帽子都有了，对于广开言路有影响，有些人不说真话，摸领导人的心理。

7 月 10 日上午：基层党组织的民主问题要注意，省、地的民主是否没有问题呢？现在是不管党委的集体领导的决定，而是个人决定，第一书记决定的算，第二书记决定的就不算，不建立集体威信，只建立个人威信，是很不正常的，是危险的。

在此期间，彭德怀还在毛泽东主持的政治局常委会议上，作过两次插话。一次是在谈到全国粮食紧张的情况时，他说，要高度重视粮食生产，东欧各兄弟国家，除阿尔巴尼亚外，其他各国人民生活水平都比中国高，可是还出了匈牙利事件。另一次是在谈到全民炼土铁，地方已补贴 20 余亿元，国家还需要补贴 20 余亿元时，他说，这个数字很大，比一年的国防开支还要多。用这笔款去购买消费物资，把它堆积起来，恐怕有像庐山这样高。毛泽东则说：不会有这样高。彭德怀接上说：那就矮一点吧，总而言之不少！

虽然大多数发言者能够冷静地指出问题。总结犯错误的经验教训，但也有一些人，特别是 1958 年热度较高、错误比较严重的地方负责人，在发言中护短。他们强调的是“大跃进”的成绩，虽然也承认工作中的一些问题，但认为并不太大，出问题的责任也不在毛泽东和党中央，而在各地区和各部门，以至基层单位，而且，问题也已经基本得到了解决。现在的问题是纠“左”泄了干部和群众的气，因此，应该强调鼓足干劲，继续跃进，不应老提过去的错误。

以上情况表明，在庐山会议初期的小组讨论中，与会人员在如何评价“三面红旗”的得失、怎样估计国民经济的困难和下一步的主要任务是纠“左”还是反右等问题上，产生了分歧。

“算总账不能说得不偿失”

针对会上出现的意见分歧，7 月 10 日晚，毛泽东召集各小组组长会议，发表了讲话。次日，组长们向全体与会人员作了传达。

毛泽东首先谈到了如何估计形势问题。他说：对形势的认识不一致，就不能团结。要党内团结，首先要思想统一。党外右派否定一切，龙云、陈铭枢说我们“人心丧尽了”，“修天安门前面的工程，如秦始皇修万里长城”，说“过去历代开创的时代，减税、薄赋，现在共产党加重负担”。天津有些局科长议论，“去年大跃进是得不偿失”。是不是这样？有些同志缺乏全面分析，要帮助他们认识，得的是什么？失的是什么？比如说，为什么大跃进之后又发生市场大紧张？不要戴帽子，不要骂一顿了事。对这些党内外的议论，我们应该怎么看法？

他指出：党内要团结，就要把问题搞清楚。有人说总路线根本不对。所谓总路线，无非是多快好省。多快好省根本不会错。过去搞 1900 项基建，现在安排 788 个，这还是合乎多快好省的方针的，3000 万吨不行，现在 1300 万吨还是多快好省。去年粮食没有翻一番，但增加 30% 是有的。多快是一条腿，好省又是一条腿。

关于成绩和缺点的关系问题，他说：我们把道理讲清楚，把问题摆开，也不戴帽子，什么观潮派、怀疑派、算账派、保守派等，都不戴，总可以有 70% 的人在总路线下面。世界上将军没有一个不打败仗的，但是在三仗中打两个胜仗，一个败仗就好，有威信，两败一胜就差些。打了败仗，取得经验。要承认缺点错误。从局部来讲，从一个问题说，可能是十个指头，九个指头七个指头或者三个指头两个指头。但从全局来说，还是九个指头和一个指头的问题。要找事情，可以找几千几百件不对头的，但是从总的形势来说就是这样，九个指头和一个指头。算总账不能说得不偿失。对这样形势的分析是关系全党、全民的问题。有无信心，这也是这次会议的重要问题。

他还说：党内有些同志不了解整个形势，要向他们说明。从具体事实来说，确实有些得不偿失的事。但是总的来说，不能说得不偿失。取得经验总是要付学费的。全国大办钢铁，赔了 20 多亿，全党全民学了炼钢铁，算是出了学费。

在这篇讲话中，毛泽东虽然也承认了 1958 年以来工作中的一些缺点、错误，但对总路线、“大跃进”和人民公社还是充分肯定的。他认为，从全局来说，缺点只是一个指头的问题，算总账不能说“得不偿失”，而且，经过郑州会议以来的多次会议，“逐步认识了这些问题，腰杆子逐渐硬起来了”。毛泽东还批驳了党内外对“三面红旗”的非议，强调把全党对形势的认识统一到“成绩是伟大的，问题是不少的，前途是光明的”三句话上面来，并指出“对这样的形势的分析是关系全党、全民的问题。有无信心，这也是这次会议的重要问题。”为了替自己的错误辩护，毛泽东还用了“付学费”、“世界上将军没有一个不打败仗的”说法。很明显，他是支持少数护短的人的意见的，与彭德怀等人对形势和任务等问题的看法有着很大的距离。

2 元帅上书　建议纠“左”更进一步
闻天发言　痛陈得失犯难直言

夭折的《议定记录》

根据毛泽东7月10日讲话的安排，会议成立了由胡乔木、杨尚昆、陈伯达、吴冷西、田家英五个人组成的文件起草小组，起草会议纪要。13日，毛泽东又提出增加陆定一、谭震林、陶鲁笳、曾希圣、周小舟等人。会议准备等纪要写出并经修改通过后，即行结束。因而，7月11日，中央办公厅的有关工作人员便开始了解与会者的会后去向，以便统一安排交通工具。

在起草小组中，胡乔木、周小舟、田家英和李锐四人，无疑属于意见分歧的多数人一方，他们对1958年以来党的工作，有着自己的不同意见。在小组讨论中，周小舟、田家英和李锐分别发言，直率地谈出了自己的看法。田家英向毛泽东报送了他在四川蹲点写的关于浮夸风问题的调查材料。李锐在庐山会议前曾三次给毛泽东写信，反映自己对工业高指标等问题的意见。周小舟则在1958年底陪同彭德怀考察时，就提出了对大炼钢铁和办公共食堂等的不同看法。胡乔木在会议初期的会外漫谈中，也与田家英、李锐等谈了自己的一些想法。

根据毛泽东提出的19个问题和各小组讨论的情况，起草小组商定，纪要共写形势和任务、读书、宣传问题、综合平衡问题、群众路线问题、加强企业管理和提高产品质量的问题、体制问题、协作关系和协作区的问题、组织农村集市贸易问题、过日子问题、公社食堂问题、加强农村党的基层组织的领导作用等12个问题。胡乔木写总纲性的形势与任务部分，周小舟和田家英写有关农村的几个问题，李锐写综合平衡与加强企业管理和提高产品质量问题。

7月11日晚，毛泽东与周小舟、周惠和李锐的轻松愉快的谈话，对写好会议纪要，也产生了积极的影响。这次聚谈，被毛泽东笑称为开“同乡会”，可见气氛之融洽。周小舟说，刮“共产风”不能怪公社书记，主要怪上面。哪里有什么万斤亩。上有好者，下必甚焉。“书记挂帅”，权力太大。去年传主席的话，有些乱传，更增加了紊乱。会议还有压力，还是不愿多谈多听缺点。周惠也说，许多问题应当摊开来谈，互相交锋，才有好处。为此，三人建议，最好将大区组打乱，各组人员互相穿插，这样更便于交流情况，交换意见，免得一个地区总是唱一个调子。这一意见，为毛泽东欣然接受。李锐等人还建议，财经工作还是由陈云挂帅为好，毛泽东也表示赞成，说陈云当总指挥好，有长处。并说，“国难思良将，家贫思贤妻”，这是《三国志》郭嘉传上的话。曹操打袁绍，吃了大败仗，于是想念郭嘉。

毛泽东在谈话中，作了自我批评。他说，提倡敢想敢干，却引起唯心主义，我这人也有胡思乱想。有些事不能全怪下面，怪各部门，否则，王鹤寿会像蒋干一样抱怨：曹营之事，难为得很。关于敢想敢干，八大二次会议是高峰，还有钱学森的文章，捷报不断传来，当然乱想起来。许多事我都要负责，有些也真负不了。

也许是同自己信得过的人在私下谈话的原因，毛泽东在接受批评和进行自我批评方面，确实比以前大进了一步。这使周小舟等人很受鼓舞。李锐在后来曾说：“毛主席这夜同我们的谈话，对纠‘左’的许多看法，比头天在组长会的讲话还要明确，关于对粮食与钢铁的增产和高指标的看法，同我们是很接近的。因此，我们三人从主席处出来，都觉得心情舒畅，真正向老人家交了心，尤其小舟大胆讲了‘上有好者，下必甚焉’这句话直接批评了主席，不仅丝毫没有引起反感，反而更加谈笑风生了。”

7 月 14 日，胡乔木等人写的定名为《庐山会议诸问题的议定记录》的会议纪要草稿下发与会者讨论。

尽管《记录》草稿还是有不少缺点和不足，明显带有当时不可能没有的“左”的色彩和印记，但它毕竟反映了大多数与会者对 1958 年以来党的工作的认识，集中了他们的进一步纠“左”的意见。可以设想，如果庐山会议的结果仅仅是像原来所计划的那样形成一个会议纪要，那么，1959 年之后几年的中国历史，就会不同于后来实际发生的那种情况。当然，历史是不能假设的。《记录》草稿下发后两天，《彭德怀同志的意见书》也印发下来讨论，会议的风向已开始发生逆转，就连纠“左”很不彻底的这一文件也遭到了非难而夭折。

彭德怀的“意见书”

对于政治局扩大会议上与会者对“左”的错误的认识状况，彭德怀是不满意的。会议可能得到的结果，与他的期望更是有着较大的距离。因此，当听过毛泽东 7 月 10 日讲话的传达，得知会议就要结束后，彭德怀非常忧虑。他认为，“问题如果得不到纠正，计划工作迎头赶不上去，势必要影响国民经济的发展速度”。鉴于小组讨论中出现的意见分歧，他想“这些问题如果由我在会议上提出来，会引起某些人的思想混乱，如果是由主席再重新提一提两条腿走路的方针，这些问题就可以轻而易举地得到纠正。正如在1958年秋，人民公社刚成立不久，曾有一些人对人民公社的所有制问题和按劳分配原则问题在认识上有些模糊，但是经过主席的开导，那个问题很快得到了纠正”。由此，他产生了当面或写信向毛泽东反映意见的念头。

后来被说成是“右倾反党集团”主要成员的周小舟和张闻天，对彭德怀向毛泽东上书，产生过重要的影响。上山后，周小舟找彭德怀谈过两次。第一次是7月5日，周小舟谈了湖南的情况和他的看法，如人心思定，农民怕变；供给制只能占1/3，这属于社会保险性质；食堂决不能大办，劳民伤财，应以自愿为主；劳动生产率下降，同供给制过大有关；去年湖南粮产还是估计过高了，今年也只能争取300亿斤；农业跃进推动了钢铁跃进；湖南“小土群”，搞了5万多个，有2万多没点火，等等。彭德怀则介绍了他在西北小组的发言，并表示对中央政治局常委之间不能自由交换意见的忧虑。他说，刘少奇当了国家主席后不好说话了，周恩来、陈云犯了错误不好说话，朱德看问题不够清楚不便讲话，林彪长期没管事，情况不熟，邓小平也不便讲话。还说，他是政治局中还可以同毛泽东讲讲话的。说错了，如果主席生气，也无关大局，顶多撤销国防部长，黄克诚同志也能当。不过，这是极而言之，他完全没有想到会导致后来那样严重的后果。第二次是7月12日上午，周小舟介绍了11日晚毛泽东同他和周惠、李锐谈话的情况，说他们讲话很随便，主席都听进去了，希望彭德怀有

庐山会议期间彭德怀的住所

机会同主席谈谈，向主席反映一些情况。彭德怀则说他同别人谈话，总是谈不完全，言词生硬，容易顶撞人，怕引起主席的误会，因此想写信。周小舟说，那你就把在西北小组的发言整理补充一下送给主席。彭德怀表示同意，并开玩笑说，你当了我的参谋了。

张闻天同彭德怀的交谈，次数则更多一些。1959 年 4 月，他在去波兰参加华沙条约缔约国和中华人民共和国的外长会议时，搭乘的就是彭德怀率领的中国军事代表团的专机，与彭德怀一起坐在前舱。在由北京来庐山的途中，又与彭德怀同在一节列车车厢。上山后，被安排在河东路 177 号别墅，恰与住 176 号的彭德怀相邻，两处相距仅几十米远。因看法相近，住处紧邻，二人常在一起散步漫谈，也相互拜访过几次。他们对“大跃进”以来的高指标、浮夸风等错误看法一致，对会议压力很大、只能说好不能说坏的情况深表忧虑，对几年来中央的集体领导原则遭到破坏也有同感。彭德怀提出要给毛泽东写信，希望会议把问题摊开，搞得深一点，张闻天表示赞成。

7 月 12 日上午，彭德怀前去毛泽东的住处——蒋介石、宋美龄住过的美庐，180 号别墅，想当面向毛泽东谈一下自己的看法。可是不巧，警卫人员告诉他，主席刚刚睡觉，彭德怀只好折返。一次面谈的机会就这样失掉了。

7 月 13 日早饭后，彭德怀拿来几页提纲，向警卫参谋王承光口授信的内容，让其记录整理。彭德怀口述完后，即去参加小组会议，而王承光则根据记录下来的要点和彭德怀拟的几页提纲，开始整理起草信稿。当天夜里，王承光边起草，彭德怀边修改，忙了几乎一夜。7 月 14 日上午，王承光把彭德怀修改的草稿，整理誊抄了一遍。之后，彭德怀利用午休时间，又对信稿作了一些修改。下午，王承光重新誊抄后，彭德怀签上了自己的名字。傍晚时

今日美庐

分，王承光先以电话联系后，当面将信交给了毛泽东的秘书高智。

后来在追问这封信的写作经过时，彭德怀为了保护身边的工作人员，一口咬定是自己用了13日一夜的工夫写成的，身边的参谋只是做了誊抄工作。王承光在抄信时，将信中的大炼钢铁“有得有失”，误抄成“有失有得”，后来毛泽东指责彭德怀将“失”放在前面、“得”放在后面，是经过仔细斟酌的，他也没作任何说明和辩解。

彭德怀的信共有3000余字，分为两个部分：一是“1958年‘大跃进’的成绩是肯定无疑的”，二是“如何总结工作中的经验教训”。他指出了1958年以来工作中存在的问题，提出了自己的改进意见。考虑到毛泽东所能接受的限度，彭德怀在写这封信时，还是有所保留的，并没有全部反映出他对“三面红旗”的看法。在信中，他仍然肯定了总路线、“大跃进”和人民公社的成绩，高估了第一次郑州会议以来的纠“左”工作，赞同了毛泽东提出的过高指标和“跃进”计划。在这些方面没有表现出与毛泽东有大的分歧。那么，在毛泽东看来，这封信究竟有什么问题？是什么方面的内容引起了他的极大不满？对于这一问题，毛泽东除在7月23日的讲话中指责过“有失有得”，“比例失调”和“小资产阶级的狂热性”外，没有作过专门的回答。但对照毛泽东关于19个问题的谈话和7月10日的讲话以及他在“大跃进”以来的所作所为，似乎又可以从彭德怀的信中找到使毛泽东不满的原因：

第一，他对1958年以来工作中缺点错误及其后果的估价超出了毛泽东所能允许的范围。对于大炼钢铁，毛泽东认为：算总账不能说“得不偿失”，而彭德怀则说是“有失有得”，“浪费了一些资源（物力、财力）和人力，当然是一笔较大损失”；对于1958年错误的后果，毛泽东认为不过是使粮食紧张一些，买不到头发卡子，而彭德怀则说：“现时我们在建设工作中所面临的突出矛盾，是由于比例失调而引起各方面的紧张。就其性质看，这种情况的发展已影响到工农之间、城市各阶层之间和农民各阶层之间的关系，因此也是具有政治性的。”彭德怀的估价，毛泽东自然是不会接受的。

第二，他对犯错误原因的分析给人以追究毛泽东的个人责任的嫌疑。对于1958年以来犯错误的原因，毛泽东和其他人都认为是由于缺乏经验，而彭德怀则说还有主观方面的原因，“过去一个时期，在我们的思想方法和工作作风方面，他暴露出不少值得注意的问题。”在谈到北戴河会议对粮食产量估计过大，感到粮食问题已经得到解决，因此就可以腾出手来大办工业，以及在对发展钢铁的认识上，有严重的片面性，没有认真地研究炼钢、轧钢等一系列配套因素和相关问题，并说

“这恐怕是产生一系列问题的起因”时，主语说的虽然是“大家”，但事实上主要是毛泽东所为。对于毛泽东提出的“少种、高产、多收”和“15年赶上英国”的号召，彭德怀虽然说这些“是属于战略性、长远性的方针，我们则缺乏研究，不注意当前具体情况，把工作安排在积极而又稳妥可靠的基础上”，但实际工作中出现的一些问题，主要是号召本身所致，并没有理解和执行方面的原因。信中指出的过早提出吃饭不要钱，提倡放开肚皮吃以及有些经济法则和科学规律轻易被否定等问题，也不同程度地与毛泽东有着一定的关系。特别是信中说的对1958年的问题认识过迟，1959年继续跃进，“国家计委虽有安排，但因各种原因难于决断”和“我们在处理经济建设中的问题时，总还没有像处理炮击金门、平定西藏叛乱等政治问题那样得心应手”等内容，更让人感觉似乎是直接对毛泽东进行批评。

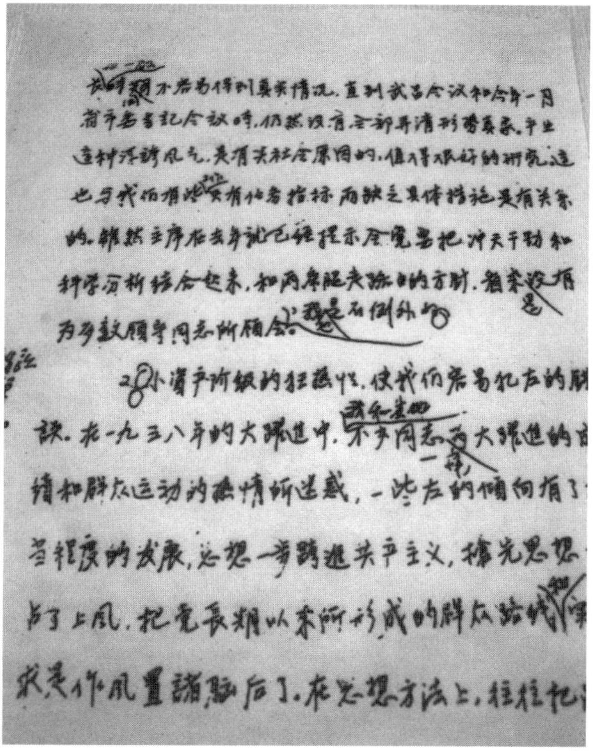
长时期不容易得到真实情况。直到武昌会议和今年一月
省市委书记会议时，仍然没有全部弄清形势真象。产生
这种浮夸风气，是有其社会原因的，值得很好的研究。这
也与我们有些同志忙于指标而缺乏具体措施是有关系
的。虽然主席在去年就已经提示全党要把冲天干劲和
科学分析结合起来，两条腿走路的方针，看来没有
为多数领导同志所领会
2、小资产阶级的狂热性，使我们容易犯左的错
误。在一九五八年的大跃进中
绩和群众运动的热情所迷惑，一些左的倾向有了
当程度的发展，总想一步跨进共产主义，抢先思想
占了上风，把党长期以来所形成的群众路线和实
求是作风置诸脑后了。在思想方法上，往往把

彭德怀的意见书

第三，他用了最容易刺激人的“小资产阶级的狂热性”的提法。这一提法，列宁曾用来指责过犯“左”派幼稚病的人们，毛泽东也以此批判过瞿秋白、李立三、王明等犯过“左”倾机会主义错误的领导人。而彭德怀在信中说：“小资产阶级的狂热性，使我们容易犯‘左’的错误”，其主要表现是“一些‘左’的倾向有了相当程度的发展，总想一步跨进共产主义，抢先思想一度占了上风；把党长期以来所形成的群众路线和实事求是作风置诸脑后了。在思想方法上，往往把战略性的布局和具体措施，长远性的方针和当前步骤、全体与局部、大集体和小集体等关系混淆起来”，这几乎等于是说1958年犯了同历史上三次“左”倾错误性质相似的错误，而犯错误的原因同样是由于“小资产阶级的狂热性”，这无论如何是不会为

毛泽东所接受的。批判者们后来猛抓住这一提法不放，似乎也证明了这一点。

不过，除了上述几方面信的内容明显会使毛泽东不满外，历史上彭德怀与毛泽东的关系以及毛泽东对此的认识，应该说也是对毛泽东的态度产生影响的重要因素。毛泽东在庐山会议前不久召开的中央政治局扩大会议和中共八届七中全会上，严厉地批评了彭德怀，说彭德怀是恨死了他的。接着，在八届七中全会讨论即将召开的二届全国人大一次会议的人事安排问题时，不知彭德怀是因为受了毛泽东的批评而有意主动消除毛泽东对他的疑忌，还是他内心深处真的想改行从事其他工作，他向毛泽东提出，希望卸去军职去搞建设，结果，反被误解，毛泽东不悦地说了一句很耐人寻味的话：“给你个副总理兼国防部长不够吗？”彭德怀不好多说，接受了毛泽东的任命。还有，黄克诚回忆：有一次，主席对彭开玩笑似地说：老总，咱们定个协议，我死以后，你别造反，行不行？可见主席对彭顾忌之深。出于这样一些看法和认识，在看到彭德怀的有刺的信和有不恭之词的发言时，便很容易不从积极意义上去考虑和理解其基本精神，而是从其他的角度作出自己的解释。特别是在亲自树立的“三面红旗”已经受到党内外各方的非议和责难、已经被事实所证明不成功时，更容易如此。所以，彭德怀这样一个特殊人物，在这样一个时候，写这样内容的信，其命运如何，便可以想见的了。

要“评论这封信的性质”

收到彭德怀的信后，毛泽东没有马上反击。而是在考虑两天之后，于7月16日给信加上了《彭德怀同志的意见书》的标题，作了“印发各同志参考”的批示，发给会议讨论。同时，他还召集刘少奇、周恩来、朱德三位政治局常委开会，提出要“评论这封信的性质”。根据毛泽东的意见，常委会决定：将会议延长一周左右，让与会者把意见都讲出来。另外，通知林彪、彭真、薄一波、黄克诚、安子文等人上山。

7月16日，根据毛泽东的意见，会议重新分组，将原来按地区分的六个小组，改为各地区穿插编配的六个小组。

第一组组长林铁，副组长宋任穷、江华；第二组组长柯庆施，副组长廖鲁言、甘泗淇；第三组组长陶铸，副组长谢富治、谭政；第四组组长李井泉，副组长王任重、萧华；第五组组长张德生，副组长舒同、黄火青；第六组组长欧阳钦，副组长江渭清、张国华。

在7月23日前的小组讨论中，赞同或者基本同意彭德怀信中意见的人还是不少的。7 月 19 日，周小舟在小组会上说，我想，庐山会议是高级干部会议，所以在肯定成绩之后（这点是大家意见一致的），应该着重总结经验。得失问题，从政治、经济、文化、思想、领导总的来讲，成绩是伟大的，是“得大大多于失”的。这个思想，在这次会议上是一致的。但对于总结经验，揭发缺点，从而克服缺点或者对于某些具体问题的看法，我看还不是完全一致的。我以为个人由于工作方面不同，接触的事务不同，因而看法有所不同，这是很自然的。大家一块讨论，就可以达到一致。从具体问题来讲，得多于失，得失相等，失多于得，我看都是有的、要分别讲。

黄克诚是 17 日上山的，在 19 日第五组的会上，发言阐述了自己的观点。黄克诚表示同意毛主席讲的三句话和刘少奇说的“成绩讲够，缺点讲透”。认为现在争论的主要点是中间“问题不少”这句话，两头是一致的。他说，检查缺点使我们前进，不会使我们后退。毛主席教育我们要天天扫地、洗脸，检讨了缺点，我们就会更加健康，就会干劲更足，更踏实。他同意《议定记录》草稿中讲的三条缺点，又补充了几条：第一，对农业生产成绩估计过高；第二，比例失调；第三，1959 年计划指标过大。对于人民公社，他说，公社制度是优越的，是进入共产主义的好形式，但我在考虑这样一个问题，对不对请大家研究，去年搞公社好还是不搞好？我想搞也好，不搞也可以，从长远说搞了好，从短期说，不搞更主动些。

7 月 20 日，李锐在小组会上发言。他说，去年“大跃进”的成绩是极其伟大的。成绩是根本的。缺点虽然是一个指头，但有些问题是比较严重的。对缺点和问题要讲透，不能讳言；目的是今后更好地跃进。去年 6 月到今年年初，确实有些反面意见很难提出来，很难展开讨论。这次庐山会议仍有不愿谈缺点不愿听缺点的情况；一谈缺点，就可能是否定成绩，这种压力还多少存在。彭总的信把一些意见提出来作为对立面，引起大家深入讨论，这种精神是好的。紧张形势是存在的，总的说来不是很快就能完全解决的。虚夸的问题也还没有完全解决。

一机部部长赵尔陆 21 日发言说，大跃进的成绩是伟大的，但过去的一个短时期经济生活上的脱节现象，不能不说已使党中央和毛主席的威信受到略微的影响，造成一定的被动。作为高级干部，由于自己缺乏经验，头脑发热，向中央反映了一些不确切的情况和资料，以至造成这种后果，应该感到沉重。从这种心情出发，对彭总的信我深表同情，彭总的精神值得学习。建议书值得斟酌的是有个别问题的提法（如说缺点的性质是具有政治性的），分析不够，容易引起误会。

同日，中共山西省委第一书记陶鲁笳说，我们目前需要彭总这样的精神，信中的某些语句容易引起误会，可以不必争论，主要应看精神。过去一个时期经济生活上的比例失调，引起各方面的紧张是相当严重的。现在虽已大体纠正了，但完全解决还要做许多工作。缺点的性质，从理论上讲，只要有缺点错误，必然非“左”即右。“大跃进”中的主要倾向肯定不能说是右，当然就是“左”。彭总并未说党的路线就是“左”了。只说缺点的性质属于“左”的范畴，这是对的。问题是处理的方法，目前可以不公开提反“左”，以免挫伤群众的积极性。但将来一定时间把执行总路线中右的和“左”的经验教训都总结出来，还是必要的。

国家计委副主任贾拓夫在发言中，表示同意彭德怀信的总的精神，认为会推动大会的讨论。他说：上山时，自己脑子装了很多问题，在西北组讨论时，感到缺点讲得不够，应该在肯定成绩下把一个指头的问题讲深讲透，从而得到教训。这些问题搞不清楚对今后的跃进是不利的。同时，既然已经分清了九个指头与一个指头的关系，把缺点讲透了不会吃亏，否则还会吃亏的。

也有人不同意彭德怀信中的意见，直接提出了批评。7 月 21 日，有人在小组会上说，目前的主要问题是干劲不足，而不是头脑发热和虚报。我们的缺点还不到一个指头。这么大国家，这么多人，工作上有一点缺点、错误，有什么奇怪的？而且缺点、错误很快纠正。这是中央和毛泽东的英明领导。既是这样，就谈不上什么小资产阶级的疯狂性和什么难于克服的错误。因此，我对彭总给主席的信，觉得在总的估计上是不恰当的，是把问题说得过于严重。有人在 7 月 22 日的会上说，彭总的信的问题，不在于个别措辞用字的不当，而在于总的看法有问题。讲成绩与缺点也是九个指头和一个指头的关系，但从通篇精神看，对缺点的看法决不只一个指头。这封信里把去年工作中的一些缺点、错误，看成好像把整个阶级关系搞翻了似的，看成为小资产阶级狂热性的表现，看成为去年一度出现的左的偏差，比反掉右倾保守思想还要困难些，是不正确的。这实际上会引导到怀疑党的总路线的正确性，怀疑去年“大跃进”和伟大的群众运动以及所取得的伟大胜利是否可靠。

此外，还有一些人，在发言中没有对彭德怀的信直接进行评论。他们有的检讨自己工作中的问题，有的提出纠正错误的办法，也有人继续大谈去年以来的伟大成绩，为一些缺点、错误进行辩解。他们各自的倾向性是很明显的。

彭德怀本人在 7 月 19 日的小组会上表示，请大家对他的信多提意见。同时，对于信的某些内容，他也作了说明。他说，这封信是仓促写成，提供主席个人参考的，文字上难免有不准确的地方。我对总路线的正确性一点也不怀疑，大家也不要误会我认为我们党是小资产阶级的党。我是就过去一个时期的思想方法和工作作风的来源提出这个问题的。

7 月 21 日，彭德怀在小组会上再次发言。他说，“大跃进”的成绩是伟大的，一些缺点也已经基本纠正，但有些思想作风上的毛病，还需要经过艰苦的努力才能克服。因此，在肯定成绩之后，就必须正视缺点，认真总结经验教训，教育全党。他还进一步解释说，信是他听说 15 日要闭会，有些意见没讲完，心里放不下，仓促写成的，文字上、逻辑上有些缺点，没能够准确地表达本意。建议会后把信收回来，中央留下几份存入档案。

张闻天的长篇发言

在赞同彭德怀意见的发言中内容最多、分量最重、影响最大受批判也最厉害的，是后来被封为反党集团“副帅”的张闻天，7 月 21 日在第二小组的会议上所作的长篇发言。

张闻天的发言共分为 13 个部分：一、“大跃进”的成绩。二、缺点。三、缺点的后果。四、对缺点的估计。五、产生缺点的原因。六、主观主义和片面性。七、政治和经济。八、三种所有制的关系。九、民主和集中。十、缺点讲透很必要。十一、光明前途问题。十二、关于彭德怀同志的意见书。十三、成绩和缺点的关系。

在发言中，关于缺点的后果，张闻天作了较多的分析，指出了《记录》草稿所讲的三个方面的缺点带来的一系列严重问题。由于指标过高、求成过急，生产和基建方面都产生了一系列问题：基建战线太长，新增工人太多，许多企业产品不配套，许多企业原材料缺乏，经常停工待料，产品质量下降，技术水平下降。在“共产风”方面，农村除受 7000 万人上山的影响，又对粮产估计过高，办起公共食堂，实行“吃饭不要钱”，而且闹了一阵“放开肚皮吃饭”，因而浪费粮食不少。“一平二调”，打击了农民积极性。生产无人负责，损失很大。以上这些问题，反映到市场上，就是供应紧张。不仅个人消费品的供应紧张，而且生产资料的供应，即生产部门内部的工业与农业之间、各工业部门之间的供应关系也紧张。问题反映到财政金融上，是结余用完。一个国家出现这样的情况，就很危险；如果再发钞票，问题就更大。还有国家的物资后备减少了。钢铁如此，粮食也如此。还有，外贸也很紧张。经济生活中这些方面的问题，应该同整个比例失调问题联系起来考察，不能夸大，但是要重视。

关于产生缺点的原因，他说，同意《记录》稿所说，主要是缺乏经验。缺乏经验既是主观的，又是客观的。但是，总结经验时，就不能满足于说缺乏经验，而应该从思想观点、方法、作风上去探讨。研究哪些缺点难以避免，哪些又可以避免。这样，今后就可以避免重犯这些错误。否则，都讲客观原因，就总结不出经验，接受不了教训。

张闻天特别强调了党内民主作风问题。他指出，主席常说，要敢于提不同意见，要舍得一身剐，不怕杀头，等等。这是对的。但是，光要求不怕杀头还不行。人总是怕杀头的，被国民党杀头不要紧，被共产党杀头还要遗臭万年。所以，问题的另一面是要领导上造成一种空气、环境，使得下面敢于发表不同意见，形成生动活泼、能够自由交换意见的局面。这个问题对我们当权的政党特别重要。我们不要怕没有人歌功颂德，讲共产党英明、伟大，讲我们的成绩，因为这些是客观存在的

庐山会议期间的张闻天

事实。怕的是人家不敢向我们提不同意见。决不能因为人家讲几句不同意见，就给扣上种种帽子。为什么不能听听反面意见呢？刀把子、枪杆子，都在我们手里，怕什么呢？真正坚持实事求是、坚持群众路线的人，一定能够听，也一定会听的。听反面意见是坚持实事求是的一个重要条件。毛主席关于群众路线、实事求是的讲话，我认为是讲起来容易做起来难，真正要培养这种风气不容易。

关于彭德怀同志的意见书，他说，这份意见书提出了一些问题，中心内容是希望总结经验，本意是很好的。至于个别说法，说得多一点少一点，关系就不大。彭德怀同志说："小资产阶级的狂热性，使我们容易犯'左'的错误"。这个问题不说可能更好一点，说了也可以。究竟怎样，可以考虑。但是，刮"共产风"恐怕也是小资产阶级的狂热性。

张闻天的这一长篇发言，既指出了1958年以来工作中的各种缺点、错误，又分析了出现这些问题的主、客观原因，而且，还从中总结出多方面的经验教训。虽是口头发言，但分析全面，论证有力，结构精当，言辞犀利。其对"大跃进"等问题的正确认识，可以说，达到了当时可能达到的最高水平。特别是发言中对搞经济建设要遵循客观规律、要进行经济核算、要学点科学技术知识、社会主义要满足个人物质文化需要，不能让各省区都搞自己的经济体系、企业要保证厂长对生产的指挥权、群众运动要适应生产的要求、党内要造成使人敢于发表不同意见的空气等问题的论述，言人所未言，有着很强的理论意义和现实意义。

但是，如同彭德怀的信一样，张闻天的发言中也有足以使毛泽东以至其他人恼火的内容：

第一，对"三面红旗"得失成败的估价，远远超出了毛泽东所能接受的范围。在发言中，张闻天虽然原则上也肯定了"大跃进"的成绩，也说"大跃进"中缺点和成绩是一比九的关系。但这部分内容在发言中占极小的比例，其他绝大部分内容讲的缺点错误和经验教训。而且，在事实上，抽象肯定的成绩也被指出的大量的各方面的缺点错误及其后果所具体否定。张闻天还明确表示了他对跃进速度的怀疑，指出："许多事情，要等待时间来证明。毛主席就讲，要证明总路线正确与否，需要10年时间。我国经济建设的速度到底怎样，还要做起来看，要等待事实来证明。现在不要吹"。这一切，不会不使人感到，张闻天对1958年以来工作的评价与毛泽东的"九个指头和一个指头"的说法有着很大的距离。

第二，明显地对毛泽东进行了直接和间接的批评。例如，毛泽东在八届二中全会上提出平衡是暂时的、相对的，不平衡是绝对的，不打破平衡是不行的，张闻天则说，在经济建设正是要找出相对平衡，利用相对平衡，按照相对平衡办事。毛泽东针对张奚若的批评，在南宁会议等场合多次说我们就是要好大喜功，张闻天则说，好大喜功也是好的，但要合乎实际，否则就会弄巧成拙，欲速则不达，好事变坏事。毛泽东在八大二次会议上批判了“观潮派”和“秋后算账派”，提出要插红旗，拔白旗，张闻天则批评过去一个时期，几句话讲得不对，就被扣上帽子，当成怀疑派、观潮派，还被拔白旗，有些虚夸的反而受奖励，被树为红旗。毛泽东在1958年8月视察天津时提出，地方应该想办法建立独立的工业体系，首先是协作区，然后是许多省，只要有条件，都应建立比较独立的但是情况不同的工业体系；9月在视察武汉时提出的像武钢这样的大型企业，可以逐步地办成综合性的联合企业，除生产多种钢铁产品外，还要办点机械工业、化学工业和建筑工业等，张闻天则说，不能让各省、区都搞自己的经济体系，甚至一个工厂也要搞成既炼钢、又搞机械的托拉斯。这样做，据说是为了方便，简单，自己要什么就有什么，结果却是搞得质量降低，资金积压。这些批评，肯定会使毛泽东感到不快。在对他的个人崇拜的气氛已经很浓的情况下，其他一些与会者也不会接受。

第三、尖锐地提出了发扬党内民主的问题。张闻天关于党内民主作风问题的论述，是直接针对毛泽东在八届七中全会上关于要敢于提出不同意见的讲话的。毛泽东强调的是下级和被领导者要不怕杀头，敢于提意见，而张闻天则认为问题的关键，是要领导上造成一种空气、环境，使得下面敢于发表不同意见。在发言中，张闻天还大谈了听取不同意见的问题，指出真正坚持实事求是、坚持群众路线的人，一定能够听，也一定会听的。听反面意见，是坚持群众路线、坚持实事求是的一个重要条件。还说，毛主席关于群众路线、实事求是的讲话，我认为是讲起来容易做起来难，真正要培养这种风气不容易。这些论述，恐怕很难不会使毛泽东和一些护短的人得出毛泽东只说不做、容不得不同意见的结论。

第四、对彭德怀的信表示了全面的支持。在发言中，张闻天不但肯定了彭德怀信的基本内容，认为提出了一些问题，中心内容是希望总结经验，本意是很好的，而且，还对信中一些敏感的、有刺激性的，在讨论中受到非难的提法进行了辩解，认为这些提法并没有什么问题。对于“小资产阶级狂热性”这样一个最容易惹祸的提法，甚至还表示了一定程度的赞同，这自然容易被人怀疑、指责为配合彭德怀的“进攻”。

另外，同彭德怀一样，毛泽东对张闻天也有不少成见。土地革命战争时期，毛泽东一度受过包括张闻天在内的“左”倾教条主义者的错误排斥和打击。虽然张闻天在遵义会议上坚定地支持了毛泽东的正确主张，毛泽东多次说过张闻天是“开明君主”，但也不免会有意见不一致和顶撞的时候。1938年王稼祥传达了共产国际关于中共中央要以毛泽东为首的指示后，张闻天就主张让毛泽东主持中央全面工作。在延安整风开始不久，张闻天主动要求在晋西、陕北作调查工作，但毛泽东对张闻天仍然是很不满的。直至1958年5月8日，毛泽东在给张闻天的信中还说：我一直不大满意你。在延安批评过你。进城后，我对陈云、恩来几次说过，你有严重的书生气，不大懂实际，现在书生气，大少爷气，还没有完全去掉，还没有完全实际化。这些看法，也不会不影响毛泽东对张闻天发言的态度。

对于发言所可能导致的后果，张闻天大概是没有完全估计到的。会后，秘书向他表示了对发言可能遭人批评的担心，张闻天说，有可能，但也不一定。发言组织得相当严密，不好攻。当天晚饭后，他让秘书把发言提纲送给彭德怀看，彭德怀也认为“讲得很全面”。他们都没有想到，一场突然而猛烈的风暴，正要向他们袭来。

3 风云突变　毛泽东发愤激之情
急转直下　揭发批判对事对人

毛泽东的反击

7月23日早晨，临时通知召开全体会议。上午，毛泽东在大会上作了一篇扭转会议方向的讲话。他开头就说：他们讲了那么多，允许我讲点吧，可以不可以？吃了三次安眠药，睡不着。

毛泽东的讲话，洋洋洒洒，历时近三个小时，讲完后即宣布散会。在这篇充满愤激之情的讲话中，毛泽东至少向他的听众们表达了以下几种意思：

第一，对彭德怀等人进行了猛烈的抨击。在讲话中，毛泽东逐一批驳了彭德怀、张闻天等人在信中和发言中用过的“有失有得”、“比例失调”、“供应紧张”和“小资产阶级的狂热性”等想法，把他们的意见与右派言论等同起来，视为“会内外结合”和“党内外夹攻”，并把他们的问题说成是“方向问题”，是“右的性质”，反映了“资产阶级的动摇性”，还说他们“自己把自己抛到右派边缘”，“距右派还有30公里”，“在关键时刻是动摇的，在历史的大风大浪中不坚定”。这就表明，毛泽东对他们的不满已经到了非常严重的态度。不过，也应该注意到，毛泽东此时的说法与后来八届八中全会决议的正式定性，还是有着相当大的一段距离的。在讲话中，毛泽东说“他们还不是右派，是中间派”（尽管也说“究竟偏左偏右，还要分析”），“他们重复了56年下半年、57年上半年犯错误的同志的道路”，还说“他们忧心如焚，想把国家搞好，这是好的”，他们与右派间的距离，也比在南宁会议上说周恩来等人的30米要远得多。由此，可以得出结论：毛泽东对彭德怀等人问题的定性是有一个发展变化过程的，后来将批判的调子大大升级，并决定召开中央全会进行处理，似乎是批判过程中揭发出的所谓非组织活动，起了很大的作用。

第二，对拥护他的意见的人表示了坚决的支持。在讲话中，毛泽东虽然首先指出了会议讨论中存在的“触不得”，“不让人家讲坏话”的倾向，劝这些人“要听坏话”，“不论什么话都让讲”，但很明显，他讲这些话的真实意图，并不是劝他们虚心听取不同意见，只不过是出于回击张闻天等人关于不让人讲缺点的批评的需要，并解释他自己在此之前既不反击也不让别人反击的策略考虑。他在讲话中说得很明白，他同某些人讲过，要“硬头皮顶住”“越讲得一塌糊涂越好，越要听”，还说用的是整风时发明的名词。他公开为地方大员们“触不得”的行为辩解，说“他们不晓得作了多少次检查了，从去年郑州会议以来，大作特作，六级会、五级会都要检讨。北京的人哇啦哇啦，他们当然听不进去”。他还为这些人撑腰鼓气，说：“我们多数派同志们腰杆子要硬起来，为什么不硬？”“我看没有什么可紧张的”。他还重申了“人不犯我，我不犯人……”的对敌斗争原则，指出：“这个原则现在也不放弃”。这里，明确地向拥护他的意见的人们发出了反击的号召。

第三，对游移于两部分人之间，态度不明朗的人们发出了严厉的警告。在讲话中，对两部分人的界限，毛泽东划得是很清楚的。在他看来。在党的领导层，在全体与会者中，只有两种选择：一种是加入他为首的“多数派”，一种是支持彭德怀等人，不允许有态度暧昧的第三种人。他尖锐地提出：“假如办十件事，九件是坏的，都登在报上，一定灭亡，应当灭亡。那我就走，到农村去，率领农民推翻政府。你解放军不跟我走，我就找红军去。我看解放军会跟我走的。”而且，他还重提1956年周恩来、陈云等人的反冒进，并再次提出了党、人民和民族的团结问题。这里，实际上向发言不多的解放军将领们和态度不很明朗的一些人提出了到底跟谁走的问题，迫使他们尽快表明态度，作出抉择。

第四，为自己工作指导上的错误进行了辩解。对于出问题的责任，他不仅推卸了一些给李富春、柯庆施、谭震林、王鹤寿等人，还用孔子也有错误、列宁的手稿改得一塌糊涂、马克思对欧洲革命高潮的预见不准、巴黎公社要讲经济核算也划不来、不能说现在的经济工作像 1927 年和 1934 年那样的失败，刮“共产风”使全国人民受了教育等说法，为自己的错误进行辩解和开脱。虽然，他也说自己有两条罪状，1958、1959 年主要责任在他身上，但在说这些话时，又一再用“始作俑者，其无后乎”的典故，说“始作俑者，应该断子绝孙”，“其无后乎”等等，明显是负气之词。而且，这些话，必然会增加人们对他的同情和对彭德怀等人的不满，一直因为毛泽东的爱子毛岸英抗美援朝时在自己身边牺牲而感到内疚的彭德怀，也一定会感受到极大的压力。

对于彭德怀等人来说，毛泽东的讲话简直是如雷轰顶。散会时，彭德怀匆匆离开了会场，但刚刚走出不远，就被周恩来派人叫去开会。他回过头，看到毛泽东正与其他人一起向这边走来，彭德怀迎上前去，对毛泽东说：主席，那封信是我写给你作参考的，为什么把它印发了？毛泽东回答：你也没有讲不要印发嘛。彭德怀无言以对，默默地走开了。

黄克诚对毛泽东的讲话也感到十分震惊。他回忆：“我对主席的讲话，思想不通，心情沉重；彭德怀负担更重。我们两人都吃不下晚饭，虽然住在同一栋房子里，但却避免交谈。我不明白主席为什么忽然会来一个大转弯，把纠左的会议，变成了反‘右’。反复思索，不得其解。”

张闻天从会场回到住处，情绪也很激动。他一半忧虑，一半激愤地对秘书说：这样以后还有谁敢说话？

李锐、田家英、陈伯达和吴冷西四人，在散会后沿山漫步，半天也没有一个人讲一句话。走到半山腰的一个石亭中，远望长江天际流去，近听山中松涛阵

在庐山通往龙首崖的路上，过了天池塔，路边有一石亭，内有石刻王阳明夜宿天池题诗：昨夜月明峰顶宿，隐隐雷声在山麓。晓来却问山下人，风雨三更卷茅屋。（图为编辑专门拍摄的题诗石刻）

阵，大家仍无言相对。亭中有一块大石，上刻王阳明一首七绝，亭柱却无联刻。有人提议：写一首对联吧。李锐拣起地下烧焦的松枝，欲书未能时，田家英抢着写下了一首名联：四面江山来眼底，万家忧乐到心头。写完了，四个人依旧默默无声，沿着来时的道路，各自归去。

听完毛泽东的讲话后，情绪最为冲动的，大概要算是周小舟。由于他的坚持，7 月 23 日晚，他同李锐、周惠三人前往黄克诚（黄克诚曾任中共湖南省书记，是他们共同的上级领导）住处，与黄克诚和偶然遇到的彭德怀进行了一段短时间的交谈。这次谈话，日后竟成了被反复追逼查问的他们进行所谓“反党集团”活动的重要罪证。

表明态度和立场

在毛泽东 7 月 23 日讲话以后，会议气氛急转直下，讨论的主题也在事实上由纠“左”变成了反右。原来对“左”的错误认识不足、甚至护短的人，在得到毛泽东的坚定支持后，更加理直气壮，批判彭德怀等人的言辞日趋激烈；原来对彭德怀的信持同情态度，甚至在一定程度上抱有同感的人，在毛泽东表明了对彭德怀等人的态度后，不得不检讨以前的言论，在支持毛泽东还是支持彭德怀之间作出不容犹豫和彷徨的抉择；至于彭德怀和张闻天等人，身为毛泽东所激烈指责的对象，面临巨大的压力，不管觉得自己的意见有多少道理，也只能被迫低头认错。

从 7 月 24 日下午开始，六个小组即分别举行会议，讨论毛泽东的讲话。与会者纷纷发言，表明了各自的态度和立场。

有人在发言中对彭德怀的信进行了批评。他说，彭总信本质上的错误，是没有站在 1 亿 5 千万至 3 亿 5 千万的贫苦农民和 9000 万办钢铁群众的感情与要求方面来看问题。在执行总路线中出现的群众性的两件大事（一是大办钢铁运动，一是公社化运动），是历史上空前没有过的，而彭总信中批评的锋芒恰好针对着这方面。

另有人在发言中说，我认为主席所说大炼钢铁和人民公社的两大“罪状”，是从反面来讲的，是从敌人、右派、党内反党分子的看法来讲的。从我们、从全党、从全国人民来讲，这不仅不是“罪状”，而是两次伟大的功绩。这不仅是对加速中国社会主义建设的两大贡献，而且，历史将会证明，这对世界社会主义阵营和共产主义运动，也是重大的贡献。

还有人在发言中说，主席讲“始作俑者，其无后乎”，这句话听了确实使我们心里难过。工作中产生的缺点，这是我们的责任，账不能算在主席的身上。主席对形势的三点估计（成绩伟大，问题不少，前途光明），应该三位一体来看。有人衷心高兴“问题不少”一句，到处扩大缺点，有人说成绩伟大问题大家已经说得差不多了，我并没有这种感受，我认为成绩说得不够。对于彭德怀的信，他认为，这封信的整个内容，应当肯定是错误的。实质上否定了“大跃进”，否定了总路线的正确，他特别指出，从党的历史上看，只要路线错误，就非要改造党的领导机关不可，因为历史证明，凡是路线错误自己是不能改正的。

除上述比较有代表性的重要发言外，还有一些人的发言，也表明了坚决拥护毛泽东讲话的态度，对彭德怀的信进行了严厉的批判。主要言论有：

主席讲话是给几百万干部几亿人民撑了腰，给党内少数不坚定分子敲了警钟。

当前资产阶级动摇性，其实质是阶级斗争在党内的反映。右倾保守是主要倾向，要长期同右倾保守作斗争。

有人对炼钢补贴40亿很心痛，他们只看到40个亿，看到黑暗那么多，而看不到积极的后果。

这样大规模的群众运动，出些偏差是不可避免的，问题是采取什么态度，是肯定成绩、纠正错误、巩固胜利、继续跃进呢？还是泼冷水？

彭总的信，属于大是大非、路线之争的重大问题。彭总和张闻天都是一味批评责难，有意夸大缺点错误的程度和性质。彭总不只一次地说，主席也热过，不过他比我们都冷得早。就是说主席也有小资产阶级狂热性。这就必然得出结论，“大跃进”和人民公社化运动不是群众自觉基础上发展起来的，而是从上而下依靠小资产阶级狂热性人为地搞起来。

以上，就是7月26日毛泽东批彭的调子进一步升级以前，各小组的会上发表的比较激烈的批彭言辞。从这些言辞看，尽管也有人将信的问题提到了路线之争的高度，但总体上还是把它看作是党内的不同认识的（当然认为这种认识是错误的）。谈彭德怀的问题，也仅仅是限于信的内容本身，基本没有提及其他一些因素。

在这几天的讨论中，多数人的发言，语气是比较和缓的，只能算是一种转弯子性质的表态。下面摘引的几段话，就很有代表性：

对于彭总的信，开始只觉得观点有些不对头，说过啦，讲歪啦。现在看清楚了，彭总的信是有代表性。

对彭总的意见书，开始只当作一般文件看待。并未引起重视，只看出一些错误提法。经大家讨论，特别是主席报告后，越看问题越多。

对彭总意见书的认识，有个变化过程。初读，觉得过火，但大胆指责缺点，精神是好的，听主席讲话以后，才明确认识这个意见书是方向问题。

还有人在发言中，虽然不同意彭德怀等人的意见，但对他们写信和发言的动机，还是给予肯定的。例如说：

上次发言，我已说过，彭总的信不是词句的问题，而是总的精神上有问题，不同意信中说小资产阶级狂热性。当然彭总的信，对于此次会议有贡献，推动了讨论。提出意见还是为了搞好工作的。有些同志忧心忡忡，但是问题的方法不对，他们的某些错误思想应该检讨。但他们还是好意，是为了积极解决问题。

彭德怀同志是一个忠心耿耿、为党为国的好同志。他为革命事业立下了不朽的功劳。这些是谁都无法否定的。他的为人也是正直无私的。他勇敢写这一封信，引起争论，这是一件大好事。但是我不能因为他过去的功劳而原谅他，在这个原则问题上，我是要和他斗争到底的。这种斗争不妨碍我尊重他的过去，也不妨碍我尊重他在将来再作出成绩。

对于毛泽东的激烈批评和指责，彭德怀是有抵触情绪的。7 月 23 日毛泽东在讲话后，在周恩来处开会时，他针对毛泽东的讲话，解释了自己写信的动机和考虑，表达了对受到错误批评的不满。在 23 日黄昏散步遇到聂荣臻时，对于聂荣臻的“今天上午主席的讲话，考虑好了没有”的问话，他也说了句：“是非曲直由人断，事久自然明吧”，表达了一种不太在乎的态度。聂荣臻耐心劝他：“主席午前讲话，从政治上、组织上、路线上，已经提到了高度原则，你应当考虑对党对人民如何有利的问题，写成书面发言”。这实际上是让他主动检讨，以取得毛泽东的谅解。彭德怀虽然在情感上一时难以转过这个大的弯子，但对老战友的一番好意，他还是理解的，在冷静下来后，他充分考虑并接受了这一建议。25 日，他一面向会议请假，闭门考虑怎样作检讨的问题；一面打电话给北京，让他的办公室主任和秘书上山，来帮助自己完成这个痛苦的任务。

在经过几天的认真考虑和准备后，7 月 26 日，彭德怀在小组上作了检讨。

他说：

由于我在思想方法有片面性，表现在信中对于如何肯定“大跃进”中的成绩和正确研究经验教训的看法是有错误的。

这封信，当时考虑只是供主席参考用的，信中不合逻辑、字句不妥之处甚多，提出了一些问题也没有交代清楚。如信中的“有失有得”、“由于比例失调而引起各方面紧张，是具有政治性的”、“小资产阶级狂热性”等提法，都是不妥的或错误的。

这次会议意义十分重大，对我教育很大。现在会议快要结束了，建议会后请中央办公厅收回我7月14日给毛主席的信，存入中央档案，作为我今后思想检查的资料。

7月26日，张闻天也在小组会上作了检讨，承认片面地强调了或夸大了缺点，使人得到印象是问题很多，成绩不大。事实上，许多已经解决，有的正在解决，有的正要去解决。主席说到立场问题、动摇问题，我是有这个问题的。我认为主席在这批评是完全正确的。最后，张闻天表示，愿意撤回在上次小组会上带有错误偏向的发言。

黄克诚也在26日作了检讨。他说，自己19日发言的缺点，还不在于多讲了已经过去了的缺点，而在于对当前党内思想的主要危险完全没有涉及，根本原因是嗅觉不灵。

周小舟则直到27日才作检讨性发言。他在发言中说对彭总的信，原说总的精神是好的，同意的，某些提法、语句可以斟酌。听了主席讲话，才认识到是方向问题，立场问题，才感到这封信是不对的。周小舟承认，上次发言是错误的。

至此，毛泽东批评、指责的几位主要对象，均已作了检讨，程度不同地承认了各自的“错误”。按理说，仅仅因为认识上与最高领导人存在分歧，在服输认错后，批评和斗争也就可以结束了。但遗憾的是，毛泽东对彭德怀等人问题的定性进一步严重升级，问题更加复杂化了。

对事也要对人

7月26日，在批示印发《彭德怀同志的意见书》整整10天后，毛泽东又向会议批示印发了《李云仲同志的意见书》，并写了题为《对一封信的评论》的长达2000余字的批语。

给毛泽东写信的李云仲原是国家计委基本建设局的副局长，写信时任东北协作区办公厅综合组组长。毛泽东在批语的一开头就写道：收到一封信，是一个有代表性的文件。信的作者在我们的经济工作中搜集了一些材料。这些材料专门属于缺点方面的。作者只对这一方面的材料有兴趣。而对另一方面的材料，成绩方面的材料，可以说根本不发生兴趣。他认为，从1958年第四季度以来，党的工作中，缺点错误是主流。因此作出结论说，党犯了“左”倾冒险主义、机会主义的错误，而其根源则是在1957年整风反右的斗争中没有“同时”反对“左”倾冒险主义的危险。作者李云仲同志的基本观点是错误的。他几乎否定一切。

毛泽东在批语中认定：现在党内党外出现了一种新的事物，就是右倾情绪、右倾思想、右倾活动已经增长，大有猖狂进攻之势。这种情况远没有达到1957年党内外右派猖狂进攻那种程度，但是苗头和趋势已经很显著，已经出现在地平线上了。这种情况是资产阶级性质。他还强调了所谓“中间派”的问题，说“他们在紧要关头不坚定，摇摇摆摆。我们不怕右派猖狂进攻，却怕这些同志的摇摆。”提出“我们的任务是团结他们，争取他们改变态度”。

毛的批语必然会迫使多数批彭言辞和缓者，尽快改变自己的“摇摆”状态，摆脱“中间派”的嫌疑。

7月26日，各小组的会议还传达了毛泽东的一条指示：事是人做的，不仅对事，也要对人。要划清界线，问题要讲清楚，不能含糊。这条指示与《对于一封信的评论》一起，使7月26日成了庐山会议的又一个关节点，此后，对彭德怀等人的批判达到了新的高度，批判的内容也由此前基本只限于信和发言本身，转为包括算历史旧帐在内的全面的揭发和批判。

有人在发言中说，彭德怀同志的意见书，不仅是个立场问题上的错误，而且还有个组织问题，其锋芒是指向毛主席和党中央的，是向主席和中央发出的一个挑战书，是想以他的思想观点来代替中央制定的总路线。还有人甚至说，对党的猖狂进攻已经到来，以彭总为主帅，张闻天同志为副帅，他们两个发言都是带有反党纲领性的。

有的人的批判工作做得很细，说让秘书作了一个统计：张闻天的发言分113个段落，9000余字。第一个问题表示赞成对成绩说够共270余字，其余10个问题共8300余字，都讲缺点错误。用了39个“但”字，只有一个“但”字是好“但”，其余38个都是坏“但”。“比例失调”13个，“生产紧张”12个，“很大损失”（或损失）108个。

有人说，彭德怀的信通篇只讲缺点，不讲成绩；只讲反面教训，不讲正面经验；只讲冷，不讲热，把局部暂时的东西说成是全面的长期性的东西，把几亿干部、群众的无产阶级革命热情说成是小资产阶级狂热性。还有人说，彭德怀的信定性（从分析形势到提出完整的一套右倾观点），张闻天的发言定量（夸大缺点、面面俱到，无所不包，冷嘲热讽）；彭德怀的信是纲，张闻天等人的发言是目，纲举目张，互相配合。

彭德怀在会议初期小组会上的发言和插话中有些比较敏感和刺激的说法，也被人揭发出来。如：党内批评就不可过分吗？前次华北会议骂了我 40 几天的娘，现在把问题提得过分点，为什么不可呢？什么都是"第一书记挂帅"，什么都是"全民"！你要挂帅，难道过去不是你挂帅？要下毛毛雨，但送了材料你又不看。搞 1070 万吨钢，没有好好讨论，等等。

根据"不仅对事，也要对人"的指示，在批判中开始清算彭德怀的历史旧账。有人说凡紧要关头彭德怀都是动摇的，总是站在错误路线方面。这次反对总路线，有其历史根源。有人重提延安华北问题座谈会对彭德怀的批评，说他拥护和执行第二次王明路线；从洛川会议到百团大战，在战略方针上与主席对立；对群众运动泼冷水；宣传资产阶级的所谓自由、平等、博爱；闹独立王国，不听党的话等。并进而谈到彭德怀的入党动机，说他是带着入股思想入党的。

在此形势下，那些在发言中曾说过彭德怀的一些好话的"中间派"，只能检讨自己"摇摆"的错误，赶紧向"左派"转变。有人说在主席讲话和写《评论》之前，自己在政治上害了感冒病，没有觉察到目前我们正处于内外夹攻的紧急关头，没有看出彭的信有严重的方向性错误，若不是主席及时敲起警钟，就有迷失方向的危险。有人说自己头脑里想的是"大跃进"、公社化运动中的具体问题，到庐山来很想作些研究，对已经出现在地平线上的"新事物"——右倾思想的发展和右倾机会主义向党进攻，没有看到和感到，这表明自己政治嗅觉不敏锐。还有人正式发表声明，表示要收回过去发言中"彭德怀同志是一个忠心耿耿，为党为国的好同志"的说法，重新对彭德怀作出评价：我看他不像张飞，倒有一点像魏延。

7 月 29 日，毛泽东召集大区负责人开会，宣布要召开八届八中全会。大区负责人会开完后，接着开大会，毛泽东又作了简短的讲话。他在讲话中说，正式中委已到者过半数，考虑召集一次中央委员会全体会议的问题。他提出八届八中全会的议程有两项：一是更改指标。向人大常委会建议通过；二是路线问题。究竟采取哪一条好？显然，毛泽东是打算由中央全会来对彭德怀等人的问题作出正式结论。

常委会的批判

7月31日和8月1日，在毛泽东住处连续召开了两天的中央政治局常委会，批判彭德怀。参加会议的有在山上的中央政治局常委毛泽东、刘少奇、周恩来、朱德、林彪和中央政治局委员彭德怀、彭真、贺龙，黄克诚、周小舟、周惠和李锐四人列席旁听。会议由毛泽东主持，并主要由他来讲话，彭德怀答话，其他参加者发言较少。这实际上是中央政治局常委集体参加、并有有关人员旁听的毛泽东与彭德怀的谈话会。

7月31日的会议，从上午10时50分开始，一直开到下午5时。毛泽东在会议开始时就提出现在是保护群众革命性问题，要反右倾机会主义。并说，总的估计是：胜败乃兵家常事，尤其是打败仗之后，要鼓励，不能泼冷水，否则官兵都不满。对于毛泽东的指责，彭德怀解释说，出乱子时担忧，信中所反映的是局部问题。

接着，毛泽东回顾了党的历史上几次路线斗争的情况，批评了彭德怀在这些斗争中的表现。彭德怀插话说，1934年1、2月间，我就已经转过来了，认为仍旧由老毛领导好。这是过去事实证明了的。这话同黄克诚说过。毛泽东又说，在几次路线斗争中你都摇摆，由于挨了整，心里恨得要死，今后也很难说。对此，彭德怀只说了一句：我61岁了。

毛泽东问彭德怀：我同你的关系，合作，不合作，三七开。融洽三成，搞不来七成。31年，是否如此？彭德怀回答：政治与感情，你结成一体，我还没有达到这个程度。你提得那么高，我还没有理解。跟不上，掉队远，这种分歧多。许多历史事件，我一生无笔记，文件全烧了。

毛泽东质问彭德怀：你说发表你的信你不高兴，不一定吧。写这信的目的就在于争取群众，组织队伍。多次重要时期，你从没有写过信，为什么这次要上万言书？彭德怀回答：过去在江西时，对中央也上过万言书。社会主义建设过程中，要有思想革命。我这次的事，同过去有联系，要搞通。群众起来之后，如何保护其积极性的问题，认识很不够。

在毛泽东谈到公社化问题时，彭德怀说，一定说我代表中农，难以接受。还是对3亿5农民，1亿5老贫农，9000万人上阵发生的问题，出了点乱子，不可避免的偏差、缺点等，看得过于严重。一定要站在保护的立场，采取保护的态度。这是教训。

庐山会议上批判彭德怀

8 月 1 日的会议，从上午 10 时开始，下午 5 时结束。会上第一个发言的是朱德，他讲的只是彭德怀信中的问题。未及讲完，毛泽东就将腿抬起，用手指搔了几下鞋面，说了句“隔靴搔痒”，使朱德不得不停止了发言。接下来林彪发言，林彪是在 1958 年 5 月的八届五中全会上被增选为中央政治局常委的，7 月 17 日被当作“救兵”召唤上山。他说，彭德怀是野心家、阴谋家、伪君子、冯玉祥。中国只有毛主席是大英雄，谁也不要想当英雄，林彪的话虽不多，但他定性很重。

毛泽东从哲学高度对彭德怀进行了评论。他说，你这个同志，世界观是经验主义，非马克思主义。你如果承认是经验主义，那就是同马克思主义敌对，是马克思主义的对立面。现在好像讲经验主义舒服点。

毛泽东又说，历来要用你的面目改造党、改造世界。有各种原因，未得到机会。这次从国际取了点经（不能断定）。首先是去年冬天郑州会议你未参加。武昌会议，乱子一出，出去考察，到了湖南。上海会议重心批李富春，捎了你一句。去年八大二次党代会讲过，准备对付分裂，是有所指的，就是指你。接着，毛泽东说出了他的担心和忧虑：我 66 岁，你 61 岁。我快死了。许多同志有恐慌感，难对付你。很多同志有此顾虑。

在毛泽东的长篇讲话后，彭德怀对以下两个问题作了解释：一是“从国际取了点经”问题。说他出国，实在不想去。国防部长也不想当。在访问期间，只与罗马尼亚国防部长谈过公社所有制和分配制度问题，与保加利亚国防部长谈过手施人畜肥问题，其他政策问题都没谈过，不存在从国外取经的问题。二是7月14日信的问题。说信中“小资产阶级狂热性”和有些问题“带有政治性”等提法，不成熟，没有把握，信的作用不好。但写信时，没有同任何人商量过。信是交给主席的，觉得会议就要结束了，写个信，请审阅、批示。写信原意是，有无参考价值，请斟酌。

但毛泽东不满彭德怀的解释。他说，此话不真实。张飞是我封的。你认为不好说的，你不交心。一个心交，一个心不交。人们只看到你简单、坦率、心直口快，初交只看到这一面。久了，就从现象看本质。弯弯曲曲，内心深处不见人。人们说你是伪君子，像冯玉祥。真伪有矛盾。不能说全部假，对敌斗争是真的。心中很严重的东西不拿出来。

接下来，毛泽东说彭德怀是右倾机会主义，有右倾活动。拉拉扯扯，一打一拉，要组织队伍。要瓦解党，这次是有计划、有组织、有准备，从右面向正确路线进攻。《简报》是中字报。今天谈这些，并非几天就能了解的，有的也许不适合你

彭德怀与黄克诚在庐山

的情况。我这不是个人意见，而是相当多同志的意见。甚至庐山会议后，你还可保留。批评不能接受，可以顶回。论点不能接受，就不接受。交头接耳，扎根串连，都可以。

经过将近两天的常委会批判，彭德怀不会不明白，他的问题已远不止是写了一封内容有“错误”的信，已大大复杂化了。仅靠检讨认错，看来也已不能完全解决问题，恐怕还会有组织上的措施。因而在8月1日的会议快要结束时，他主动地提出了辞职的问题。但毛泽东不知出于何种考虑，却说了一句：现在不谈此事，还是你干。

最后，彭德怀保证，不管对他作出什么样的处理，不会自杀，不会当反革命，可以种地参加劳动。

两次常委会结束后，毛泽东把黄克诚、周小舟、周惠、李锐四人留下，又谈了一阵。关于谈话的情况，黄克诚回忆：主席要我们别再受彭的影响。特别对周小舟寄以希望，要他“迷途知返”。这一连串的会议给我的感觉是，主席要教育和争取我们回头。虽然我被认为是彭的亲信，绝对脱不了身，但那时似还没有要定为“反党集团”的迹象。

在开常委会的过程中，各地的中委和候补中委已陆续上山，该做的准备也都已做完，全会可以开始了。

4 召开全会　猛追逼军事俱乐部
通过决议　彭黄张周蒙受冤屈

“机关枪”和“迫击炮”

8月2日，中共八届八中全会在庐山人民剧院正式开幕。出席会议的有中央委员会委员75人，中央委员会候补委员74人，另有14人列席了会议。

毛泽东在开幕时讲了话，他提出，会议的议程，是讨论两个问题：即修改指标和路线问题。

毛泽东说，总路线究竟正确不正确？是否需要修改，或者另换过一条，请大家讨论。因有同志怀疑。一上山，讲了三句话：成绩伟大，问题不少，前途光明。

后来问题就出在“问题不少”上，发生了问题。他们想改换一下题目是可以的，就是什么问题？现在叫右倾机会主义向党猖狂进攻问题，而不是别的。如刮“共产风”，三级所有制，落实指标等问题，还有没有？基本上不是这方面问题了，不是指标越落越低，越少越好，因为我们反了九个月“左”倾了。现在庐山会议，这个时候，不是反“左”的问题，而反右倾，是右倾机会主义向党的领导机关、向六亿人民的轰轰烈烈的社会主义事业猖狂进攻的问题，缺点错误确实多，已经改了，但那不算数。他们抓住那么些东西，来攻击总路线，想把结论引导到路线错误方面去。

毛泽东的这篇讲话，不但为全会规定了反右倾这一主题，而且，还将彭德怀等人的问题，上升到了路线斗争的高度，这就为全会开展批判彭德怀等人的斗争，定好了调子，指出了方向。

八届八中全会的大部分时间，是举行分组会议，由各个小组分别对彭德怀、黄克诚、张闻天、周小舟等人进行揭批。已开始指导有关人员起草会议决议等文件的毛泽东，照例不参加分组会议，他自有各种正式和非正式的渠道可以随时了解、掌握会议的情况。而对于会议的发展方向和进程，他除了在必要时召集大会发表讲话加以规定和指导外，主要靠不断批示印发文件、材料等进行影响。在准备和举行中央全会期间，毛泽东向会议指示印发了许多文件，写下了一系列重要指示，为全会揭发批判彭德怀等人，提供了“机关枪”和“迫击炮”，也对会外全党、全国的工作产生了重要影响。

1958年12月，曾希圣（左三）、张恺帆（左二）陪同叶剑英（左一）在合肥视察

7月31日，毛指示印发中共鞍山市委关于鞍钢当前生产和群众运动等情况的报告。毛泽东在批语中写道：反右倾，鼓干劲，现在是时候了。机不可失，时不再来。看不到这一点，是瞎子。在庐山会议上提出反冒进，大泼其冷水，简直是罪恶。

8月7日，毛还批发了中共中央关于反对右倾思想的指示，以中央名义正式下发的这一文件明确指出，现在右倾思想，已经成为工作中的主要危险。在一小部分干部中，右倾思想又开始抬头和滋长起来。并且以各色各样的形式，动摇军心，瓦解士气，妨碍人民公社的巩固和顺利发展，妨碍建设事业的跃进，妨碍总路线的贯彻执行。文件要求，各级党组织必须抓紧8、9两月，鼓足干劲，坚决反对右倾思想，厉行增产节约。在各级党的组织中，对右倾思想和右倾情绪，加以检查和克服。

8月10日，毛指示印发安徽省委关于张恺帆下令解散无为县食堂的报告。毛泽东在批语中对彭德怀等人的定性更加严厉，他说，右倾机会主义分子，中央委员会里有，即军事俱乐部的那些同志们；省级也有，例如安徽省委书记张恺帆。我怀疑这些人是混入党内的投机分子。他们在由资本主义到社会主义的过渡时期中，站在资产阶级立场，蓄谋破坏无产阶级专政，分裂共产党，在党内组织派别，散布他们的影响，涣散无产阶级先锋队，另立他们的机会主义的党。

8月12日，毛指示印发辽宁省委执行中央关于反对右倾思想指示的情况报告。毛泽东批语说：各省、市、自治区的情况如何？辽宁那样的反右倾、鼓干劲的部署，是否已经做了，效果如何？看来各地都有右倾情绪、右倾思想、右倾活动存在着，增长着。有各种不同程度的情况。有些地方存在着右倾机会主义分子向党猖狂进攻的形势。必须按照具体情况，加以分析，把这种歪风邪气打下去。辽宁做得很快，步骤也好，成效显著。他们取得了主动权，迫使右倾机会主义分子处于被动。这个经验，值得各地注意。

8月15日，毛指示印发一份题为《马克思主义者应当如何正确地对待革命的群众运动》的材料。这是在北京的中共中央书记处的一位领导与其身边的工作人员一起摘编的列宁和毛泽东的有关论述。毛泽东在批语中称摘编者们，算是找到了几挺机关枪，几门迫击炮，向着庐山会议中的右派朋友们，乒乒乓乓地发射了一大堆连珠炮弹。他严厉地责问：共产党内的分裂派，右得无可再右的那些朋友们，你们听见炮声了吗？打中了你们的要害没有呢？你们是不愿意听我的话的，我已“到了斯大林晚年”，又是“专横独断”，“偏听偏信”，又是“上有好者，下必有甚焉”，又是“错误一定要错到底才知道转弯子”，“一转弯就是180度”，“骗”了你们，把你们“当作大鱼钓出来”，而且“有些像铁托”，所有的人在我面前都不能讲话了，只有你们的领袖才有讲话的资格，简直黑暗极了，似乎只有你们出来才能收拾时局似的，如此等等，这是你们的连珠炮，把个庐山几乎轰掉了一半。

8月16日，毛泽东在《机关枪和迫击炮的来历及其他》一文中，把与彭德怀

中共八届八中全会会场

等人的斗争进一步定性为阶级斗争。他说，庐山出现的这一场斗争，是一场阶级斗争，是过去十年社会主义革命过程中资产阶级与无产阶级两大对抗阶级的生死斗争的继续。在中国，在我党，这一类斗争，看来还得斗下去，至少还要斗二十年，可能要斗半个世纪，总之要到阶级完全灭亡，斗争才会止息。

以上，就是八届八中全会准备和召开期间，毛泽东写给会议的主要指示。这一篇篇简短的文字，对于揭批彭德怀等人，不仅起了“机关枪”和“迫击炮”的作用，更重要的，是确定了调子，指出了方向。历时半个月的八届八中全会，就是在毛泽东的具体指导下，开展对彭、黄、张、周的揭批斗争，并进而对他们作出结论和组织处理的。

揭发批判和追逼“军事俱乐部”

从 8 月 3 日至 8 月 6 日，全会连续举行分组会议，与会人员被分为六个小组，分别对彭德怀、黄克诚、张闻天和周小舟等人进行揭发批判。为了让刚上山的人了解此前会议批判彭德怀等人的具体情况，根据毛泽东和中央政治局常委的意见，8 月 4 日晚刘少奇主持召开了一个通气会，由在山上的除毛泽东以外的其他几位中央政治局常委，向刚上山的人介绍7月初以来会议发展变化的情况，特别是7月31日和8月1日两天中央政治局常委会对彭德怀等人“错误”的认定。

8月4日晚的这次通气会，开了三个多小时，应该说，刘少奇、周恩来、朱德、林彪等几位常委们把全会开始前批判彭德怀等人的主要情况，基本都介绍给了刚上山的人们。如果此前有人真的是因为不明了会议的形势而发表不合时宜的言论的话，那么，在听完常委们的讲话后，恐怕就不会再不识时务了。

下面摘录的，就是批判发言中一些比较典型的言论：

彭德怀同志的信与张闻天同志的发言，是一个向总路线进攻的纲领，他们企图以这个纲领来代替党的中央和毛泽东同志的，其目的是企图分裂党的团结，实现他们的恶毒阴谋。

彭德怀同志这次向党进攻，是有计划、有准备、有组织、有目的的，有不可告人的秘密。是不是洋人的影响，对他有支持和促进的作用？在他出国期间，恰巧我们的外国朋友对公社有意见，对“大跃进”有怀疑，有的惋惜，这是值得研究的问题。

彭德怀同志否定总路线，就是否定中央领导。彭德怀的信上说一般不追究责任。意思就是特殊的还要追究责任。既然领导错了，路线错了，就得改组领导。不过这下半句他没有写出来罢了。如果他第一步成功，第二步他就会提出来的。

这次事件，彭德怀同志是主帅，黄克诚、张闻天两同志是两相，兴师动众，向着以毛泽东同志为首的党中央猖狂进攻，这是一次非常恶毒的篡党阴谋。如看不到篡党阴谋的危害性，不坚决揭露和粉碎这种阴谋，对重病不下重药，不改造这些个野心家和阴谋分子，而照样地把他们留在党内，留在党中央，并且让他们继续掌握军权，后患如何，就很值得警惕。

在如此严厉的批判之下，被批判者只有检讨，别无他法。而且，还不得不在检讨中对自己的“错误”上纲上线，以尽可能接近批判的调子。

彭德怀在8月6日的检讨中承认，他7月14日的那封信是路线性质的错误。不管主观愿望如何，实际上是从右的立场出发。实质上向广大干部泼了冷水，向几亿人民泼了冷水，对毛泽东同志作了错误的批评。他还承认在过去的几次路线斗争中犯有错误，其原因主要是旧思想没有得到彻底改造，无产阶级的宇宙观、无产阶级思想没有很好树立起来，资产阶级和小资产阶级思想仍然根深蒂固地盘踞在头脑里，使自己在革命的重要关头，往往不能站稳无产阶级的立场而发生动摇。

黄克诚、张闻天、周小舟、周惠和李锐等，也以较前为高的调子，对自己在会议前期发言中的“错误”进行了检讨。张闻天还于全会开幕的当天，在秘书的帮助下，写了一篇长达万言的检讨，承认自己犯了“政治性的严重错误”。8月3日，他在送出检讨的同时，还给毛泽东写了一封信。在信中，他说自己确是患了一场政治的急性寒热症，经7月23日当头一棒，才如梦初醒。

不过，在8月7日以前，彭德怀等人基本上还只是检讨自己在言论中及历史上的“错误”，承认其所造成的“危害”，分析思想认识上的根源，并没有承认在他们之间存在着一个有组织的“军事俱乐部”。这样的检讨，与毛泽东所定的调子有着较大的距离，自然不会为毛泽东和一些积极的批判者所满意。因此，还必须进一步追查出彭德怀等人在组织上的联系。只有这样，才能达到召开中央全会的既定目的。

为了便于追查“军事俱乐部”成员在会议期间及会议以前的交往等活动，8月7日，会议对原来的分组进行了调整，分别以第二组、第四组和第五组为基础，将六个小组合并成为三个“临时小组”，每组扩大为50人左右。第二组组长柯庆施，曾希圣代，副组长廖鲁言。第四组组长李井泉，副组长王任重、萧华。第五组组长张德生，副组长舒同、黄火青。组员也根据揭发批判的需要进行了调整，彭德怀在第四组，组员有一半是军队的干部。张闻天、周小舟在第二组，黄克诚在第五组。三个组分别对彭、黄、张、周等人的交往与联系进行追查，发现重要情况，则在组与组之间随时通气，以至让当事人当面对证。

彭德怀被认为是“军事俱乐部”的“主帅”，自然是会议追逼的主要对象。在8月7日以后几天的小组会上，批判者们追问最多的是以下两个问题：一是彭德怀在东欧访问期间的活动言论；二是7月14日信的写作经过。对于前一个问题，彭德怀不厌其烦地介绍了他在国外访问的情况，说在国外没有谈过什么公社问题，在阿尔巴尼亚见过两次赫鲁晓夫，只谈了些阿尔巴尼亚的重要性和建立基地问题。在罗马尼亚见过崔庸健，谈过10分钟，系拜会性质，在罗、保都谈过一些农业问题，他们都说要向中国学习。这些问题回来向常委会汇报了。对于后一个问题，彭德怀为了保护他人，一口咬定信是他自己写的，写好后只让参谋誊抄过，没给他人看过，写信前也没同任何人商量过。

这样的回答，当然不会使批判者们满意。他们不断地追逼，目的只有一个，就是要彭德怀承认，他在会议期间和会议之前、以及高岗、饶漱石事件时的一系列言论和行动，都是为了赶毛泽东下台，以使自己取而代之。在这一点上，彭德怀无论如何也不会让步。在 8 月 7 日下午的小组会上，他同批判者们发生了争吵。他质问批判者：现在如果把毛泽东赶走，我上台，你们能举手吗？还说，我说我是野心家，想把毛泽东赶下台，你们愿意听，我可不能那么讲。

由于黄克诚过去在红军时期就是彭德怀的部下，现在，一个总参谋长，一个国防部长，又共同领导、负责着人民解放军的工作，因此，在批判者看来，彭德怀为首的“反党集团”，黄克诚自然是必不可少的重要一员。既然在彭德怀身上难以取得实质性突破，那么，要想找到认定彭德怀等人为“反党集团”的证据，就只能够在黄克诚那里打主意。

会上的追逼和会下的劝说，给黄克诚造成了很大的压力。他在时过 20 多年以后说：我平生受过无数次斗争，感到最严重、使我难以支持的，还是庐山会议这一次，我一向有失眠症，经常吃安眠药，但最多不过两粒，这时每晚吃到六粒，还是不能入睡。

8 月 10 日上午第五组的会议，在追查“军事俱乐部”的活动方面，取得了重大突破。黄克诚对这一次会议的印象大概是十分深刻的，他在《自述》中作了比较具体的回忆。他说：

大约在 8 月 10 日，组里正在追问 7 月 23 日晚上周小舟、周惠、李锐到我那里到底谈论些什么。这时罗瑞卿带着李锐到我这组来参加会议，我马上紧张起来，心想一定是那天晚上他们说的话被揭露了。这里最关键问题是议论毛主席像“斯大林晚年”那句话。我深知他们当时很冲动，又都是一贯忠于革命事业的正直诚实的人，所以并不认为这话有什么了不起。但后来会议情况变得紧张、严重，我也明白这话必被误解。早些时，我曾劝过周小舟：23 日晚你们出门便碰见罗瑞卿，定会引起注意。你们说过的这句话很容易被认为是反对毛主席，最好你们自己先向主席坦白说明情况。小舟说：不行了，晚了，现在去说，只会惹出祸来。因此，我也只能保持缄默。但这件事在我心里是个疙瘩，说不得，说了会加害无辜；不说又是隐瞒，作为一个中央委员，也觉得良心上不安。而且，越拖越久，不是显得“心虚”，显得事情严重么？组里正在穷追此事，我想，人家指明问那天晚上的事，我是中央委员，怎么能对组织隐瞒，只好如实说了那晚的前后经过，并说明我认为说话人并无不良用心，只是一时的冲动失言。

这就像爆发了一颗炸弹，全组立时哗然。我的解说毫无用处。他们又追问是谁说的？我当时并没对这话特别在意，实在记不清哪一个讲的。这时看到李锐，以为他说了此事，心想以他的为人，一定会自己承担责任，于是就说：可能是李锐说的，但也记不准了。后来周小舟自己承认是他说的。

在此前的小组会上，周小舟也受到了多次审讯式的追逼。他交待了在会议期间和会议以前与彭德怀交往的一些情况，承认他向彭德怀讲过的一些话实际上起着给他提供材料的作用，与他的观点在某些方面也有共同之处，但不承认自己是彭德怀“军事俱乐部”的成员。但是，既然承认与人议论过“斯大林晚年”问题，不承认自己是“反党集团”成员也就无济于事了。

作为“军事俱乐部”“副帅”的张闻天，在严厉的追逼之下步步后退，最后也不得不将他与彭德怀的一些议论和盘托出。在张闻天交代后，8 月 10 日，彭德怀也只得证实，张闻天讲过主席是斯大林晚年的问题。

追查出彭、黄、张、周等人议论毛泽东像“斯大林晚年”一事，对与会者的影响是很大的，不少人感到十分震惊和不能容忍。在毛泽东的威望非常崇高、党内外对他的个人迷信日渐滋长的情况下，彭德怀等人居然将其与晚年的斯大林相提并论，自然会被许多人视为大逆不道，有政治野心。他们不能不表达自己对彭德怀等人的愤慨之情，对其进行严厉的谴责。即使是原来在批“右倾”时对彭德怀等人有一些同情之心的人，此时恐怕也改变了态度。因而，关于“斯大林晚年”的议论，对本来已经很激烈的批判会，起到了火上浇油的作用，使彭德怀等人受到了空前的孤立。

彭德怀等人的“非组织活动”被基本查出后，“反党集团”案也就可以定了。

毛泽东的结论和彭德怀等人的检讨

8 月 11 日下午，全会举行大会，毛泽东发表了一个他自己称之为“批判文章”的长篇讲话。在讲话中，他全面批判了彭德怀等人，提出了处理他们的问题的原则性意见。这篇结论性的讲话，直接指导了全会最后几天的定案工作。

他首先从世界观、人生观问题讲起。他说，彭德怀同志是世界观、人生观问题，是经验主义人生观、世界观问题。中央常委和几位犯错误的同志交换了意见，我们说了我们的观点。他们的世界观和方法论不是马克思主义的，而是同马克思主义相违反的，是主观唯心主义、经验主义，或唯我主义。他所以犯错误，是世界观有问题。我感觉他三十几年资产阶级立场没有改变过来。

接着，他分析了他认为的彭德怀等人的阶级属性。说他们不是马克思主义者，而是资产阶级民主主义者，以资产阶级民主主义者的资格参加共产党。资产阶级民主主义革命这个阶段，他们是参加的，他们是积极的，但在方法上他们也常常搞错，不“左”即右。是我们党内同盟者，挂共产主义者招牌，他们那个党员称号不合乎他们的实际。

毛泽东还把彭德怀等与高岗、饶漱石的问题联系在一起，说历史上他们参加过多次的分裂组织。彭在历史上最严重的是参加高岗集团。我们知道彭德怀是陷得相当深的，那时是保护过关。是高饶联盟，还是高彭联盟？好在搞得快，因此抢救了一些同志，再迟半年、年把，我看不晓得怎样了，就是要按高彭饶的面貌来改造党，改造世界，即中国这个世界。

毛泽东提出彭德怀等人的职务是否需要变动的问题。他说，德怀同志提出辞职，不干这个国防部、军委工作了。这个问题究竟怎么办？究竟彭德怀同志干不干国防部长？黄克诚同志干不干总参谋长？请同志们考虑。工作是要给的。究竟是照样不动好，还是改换工作好？还说，我也不赞成把他们开除出政治局，更不赞成开除出中央委员会，政治局有几个反对派，我看有好处，可惜太少了一点，只有一个半，一个政治局正式委员，一个候补委员。

关于全会要形成的文件，毛泽东说，现在我们搞三个决议、一个公报。三个决议，就是一个增产节约，公开发表的，鼓足干劲，增产节约，争取下半年完成任务。要反对右倾思想，不要松劲，要鼓干劲。第二个是党内的，叫“为保卫党的总路线，反对右倾机会主义而斗争”，这个不指名的，发到全党去讨论，分析现在党内的情况，也不具体指庐山有什么“俱乐部”。第三个就是关于彭德怀同志的错误，要作个决议。这个决议，大体上我先讲下方针：就是他犯了错误，允许他革命，我们要团结他，帮助他，批判从严，处理从宽。这个决议我们准备不要发广了，发到县一级、团一级干部，不在全党去讨论，只要有这样一个处置，就保障了我们的党没有危险。如果他们继续进行分裂活动，那一直发下去。再闹乱子，那么公开在报纸上发表。再一个公报，讲改变指标，以及形势、情况，无非是鼓足干劲，确有“大跃进”，人民公社很好。

根据毛泽东在 8 月 11 日讲话中宣布的中央政治局常委对会议日程的安排，8 月 12 日全会休会一天，以使彭德怀等人和其他有关人员为大会检讨和发言做准备。8 月 13、14、15 日三天，全会连续召开大会，由彭德怀等人检讨，其他人继续对他们进行批判。

首先在大会上作检讨的是张闻天。他在检讨中认为，在社会主义建设时期存在着两条路线的斗争。毛泽东提出的总路线是正确的，以彭德怀为代表的右倾机会主义路线是错误的。他承认，这个军事俱乐部是有目的，有组织，有准备，有活动的，自己陷入了军事俱乐部。对于这次犯错误的原因，他分析：一是思想上右倾，过分看重“大跃进”中不可避免的缺点。二是教条主义的老原虫复活。三是有宗派主义情绪。张闻天表示，毛泽东的路线是已经证明了的唯一正确的路线，不能有任何怀疑，庐山会议证明了谁不跟毛泽东走谁就会犯错误。今后要老老实实做毛泽东的学生，一定要站到中央、毛泽东方面来。

第二个作检讨的是彭德怀。他在检讨中说，我的右倾机会主义的言论，是从资产阶级立场出发，反对无产阶级事业的，我事实上成为资产阶级在党内的代言人，事实上是反对总路线，反对党中央和毛泽东的。这次错误的严重性，还因为这不是我一个人的偶然错误，而是一种有准备、有组织的行动，毛泽东所指出的军事俱乐部，就是发动这次进攻的司令部。他表示：要坚决地、全部地抛弃那封信的错误立场、观点，坚决抛弃对毛泽东的一切成见，坚决回到党的立场上来，脱胎换骨，重新做人。最后，彭德怀自请处分，请求撤销自己担任的国防部长和军委委员职务，另行分配党认为适宜的工作，并表示愿意接受党的任何处分。

第三个作检讨的是黄克诚。他承认，自己7月19日的发言是一个右倾机会主义的发言，发言中的观点与彭德怀信中的许多观点是一致的，不管主观愿望如何，实际上是配合彭德怀的信，向党的总路线、向毛泽东和党中央进攻。发言的主要错误在于，对“大跃进”的伟大成绩估计不足，对“大跃进”中暂时的局部的缺点和缺点所引起的后果看得过重，把人民公社和“共产风”混淆起来，把整顿后的人民公社和原来的高级合作社的性质等同起来。而之所以犯这些错误，成为右倾机会主义分子，成为庐山军事俱乐部的重要一员，绝不是偶然的，而是有着一贯右倾的思想根源。

周小舟没有在大会上作检讨。这大概与他不承认自己是“军事俱乐部”的成员有关。8月11日，可能是因为在当天的大会上被毛泽东批评为“不给你交心”，周小舟找毛泽东谈了一次。谈话的具体情况不得而知，但毛泽东在8月12日晨写给周小舟的信中，说昨谈甚快，要周小舟将昨日所谈全部情况和意见书面写出。因此，8月13日周小舟遵嘱写出，8月14日被印发给大会的给毛泽东的信，应该是反映了周小舟与毛泽东所谈的主要内容。在这封信中，周小舟汇报了他与彭德怀等人在会议期间和会议以前的交往、交谈等情况，这大概就是毛泽东感兴趣并要他写出来的主要东西。在信中，周小舟也检讨了自己的“右倾思想观点”和“发生严重动摇”等“错误”，但仍不承认是“军事俱乐部”的成员。

从以上摘引的一些材料看，彭德怀等人虽然在高压之下不得不违心地检讨了自己的“错误”，并在定性方面尽量接近批判者的调子，但还是有不同程度的保留，没有完全适应和满足批判者们的需要。特别是彭德怀不承认自己是野心家、伪君子，不承认自己采取阴谋手段分裂党，对于所谓反对党中央和毛泽东等，也只承认是自己的言论“事实上”起了这样的使用。因而，这样的检讨招致了诸如“避重就轻”、“蒙混过关”、“空空洞洞”之类的谴责和批判。不过，彭德怀等人毕竟已经基本承认了“右倾机会主义反党集团向党进攻”这一重要结论。下一步，就可以由全会正式作出关于他们“错误”的决议，并让其签字画押了。

全会决议及公报

8 月 16 日，全会举行闭幕大会。会议通过了《中国共产党八届八中会全关于以彭德怀同志为首的反党集团的错误的决议》《为保卫党的总路线反对右倾机会主义而斗争》的决议、《关于开展增产节约运动的决议》《中国共产党八届八中全会关于撤销黄克诚同志中央书记处书记的决定》和《中国共产党第八届中央委员会第八次全体会议公报》。

全会通过的最重要的文件，是《中国共产党八届八中全会关于以彭德怀同志为首的反党集团的错误的决议》。这份按毛泽东的要求发至县、团级以上干部的文件，集中了庐山会议揭发批判彭德怀等人的主要“成果”，对所谓“以彭德怀为首的反党集团的错误”作出了正式的结论。

关于彭德怀等人的“错误”及其性质，《决议》说：彭德怀同志把那些暂时的、局部的、早已克服了或者正在迅速克服中的缺点收集起来，并且加以极端夸大，把我国目前形势描写成为漆黑一团。他实质上否定总路线的胜利，否定“大跃进”的成绩，反对国民经济的高速度发展，反对农业战线上的高额丰产运动，反对群众大办钢铁运动，反对人民公社运动，反对经济建设中的群众运动，反对党对于社会主义建设事业的领导即“政治挂帅”。很明显，他所犯的错误不是个别性质的错误，而是具有反党、反人民、反社会主义性质的右倾机会主义路线的错误。

《决议》宣称，八届八中全会揭发出来的大量事实，包括彭德怀、黄克诚、张闻天、周小舟等同志所承认和他们的同谋者、追随者揭发的事实，证明以彭德怀同志为首的反党集团在庐山会议期间和庐山会议以前的活动，是有目的、有准备、有计划、有组织的活动。这一活动是高饶反党联盟事件的继续和发展。

《决议》还分析了彭德怀犯“错误”的社会、历史和思想根源，认为，彭德怀同志和他的同谋者、追随者，本质上是在民主革命中参加我们党的一部分资产阶级革命家的代表。他的世界观、人生观和思想方法是资产阶级的经验主义和唯我主义的世界观、人生观和思想方法。他带着“入股”的思想参加了党和党所领导的革命军队。他的反党活动，正是中国资产阶级反对无产阶级的社会主义革命、企图按照资产阶级面貌来改造党、改造军队、改造世界这样一种阶级斗争的反映。

最后，《决议》宣布了对彭德怀等人的处理：把彭德怀和黄克诚、张闻天、周小舟调离国防、外交、省委第一书记等工作岗位。但是他们的中央委员会委员、中央委员会候补委员、中央政治局委员、政治局候补委员的职务仍然可以保留，以观后效。

《为保卫党的总路线反对右倾机会主义而斗争》的决议，是准备发至全党学习讨论的，按照毛泽东的要求，没有点出彭德怀等人的名字，只是说在党内出现了一小撮右倾机会主义分子，在中央委员会内是四个人。这份文件，列举了“右倾机会主义分子”的“错误”和“罪状”，指出了他们犯“错误”的阶级根源，向全党提出了击退“右倾机会主义分子进攻”的任务。

《关于开展增产节约运动的决议》，是当时公开发表的一份文件，8 月 27 日即刊登于《人民日报》。这份《决议》在一开始就说，在 1958 年我国空前“大跃进”的基础上，1959 年上半年的国民经济又获得了新的巨大胜利。去年和今年的胜利充分证明，党的鼓足干劲、力争上游、多快好省地建设社会主义的总路线是完全正确的。为了说明 1959 年上半年的“新的巨大胜利”，《决议》还列举了工业、农业和商业等方面的一些具体数字。但尽管如此，《决议》也不得不对 1959 年 4 月中共八届七中全会确定、随后为第二届全国人民代表大会第一次会议批准的 1959 年工农业生产的主要指标进行调整。其中，钢产量指标由 1800 万吨降为 1200 万吨（包括土钢），煤由 3.8 亿吨降为 3.35 亿吨，粮食由 10500 亿斤降为 5500 亿斤，棉花由 1 亿担降为 4620 万担。这是 1958 年 11 月第一次郑州会议以来对“大跃进”指标的降低幅度最大的一次调整。

与《中国共产党八届八中全会关于以彭德怀同志为首的反党集团的错误的决议》一样，《中国共产党八届八中全会关于撤销黄克诚同志中央书记处书记的决定》当时也没有公布。直到 1962 年 9 月，《中国共产党第八届中央委员会第十次全体会议的公报》才宣布：全会“决定撤销黄克诚、谭政两同志的书记处书记的职务”。

因八届十中全会公报未加说明，以至有不少人以为，黄克诚的中央书记处书记职务是1962年9月中共八届十中全会才撤销的。

作为公开发表的文件，《中国共产党第八届中央委员会第八次全体会议公报》主要分析了当时的国内外形势，宣传了“大跃进”的“重大成就”，公布了调整后的工农业生产主要指标，提出了开展增产节约运动的任务，对于全会批判和处理彭、黄、张、周的情况，公报只字未提，只是笼统地提出了批判和克服“右倾机会主义思想”的要求。

上述文件，在会上是顺利通过的。彭德怀、黄克诚、张闻天不得不认可全会对自己“错误”的定性及处理，周小舟虽然一度不认帐，但最终也只好表现赞成。不仅要口头表示同意，而且还得签字承认。黄克诚追忆：“这字好难签，但我们已经是不得不签了”。

在全会的闭幕会上，毛泽东又发表讲话，对庐山上的这一场斗争作了总结。

对于庐山会议，毛泽东作出了高度评价。他说，这次会议是一次很大的成功。分两个侧面，第一个主要侧面，揭露了多年没有解决的矛盾，相当多的同志忧虑的一个问题，这次解决了。并且把当前形势搞清楚了，当前形势主要是反右倾，鼓干劲，把这个问题解决了。庐山180度大转弯，空气变了。第二个侧面，除了小舟，主要是彭、黄、张三位，对缺点错误有了认识。

对于彭德怀等人的定性和处理，毛泽东估计在党内传达后，会有不少人感到难以理解和接受。他说，有两种情况：在党内一宣布，觉得不好了，感到惊奇；觉得突如其来。这可以理解。高饶彭黄这个问题，带有复杂性，曲折性；昨日功臣，今天祸首。人们觉得不好懂，因为不了解历史变化。他们没有社会主义革命准备，难过关，彭德怀历史上犯过五次路线错误（民主革命时期三次，社会主义革命时期两次），过去没有宣布过，所以一般人感到突然。人们不明白历史曲折情况，自然感觉惊奇，这点要讲清楚，不足为怪。

最后，毛泽东引用林彪评价会议的两句话，结束了自己的讲话，说这次会议是一次很好的会，是一次胜利的会，避免了两个东西：第一，避免大马鞍形，如果彭德怀挂帅，天下就要大乱，泄掉干劲；第二，避免了党的分裂，及时阻止了党的分裂。犯错误的同志自己还得到了挽救。

八届八中全会结束后，8月17日，毛泽东又主持召开了为时一天的中共中央工作会议，研究人事安排和会议精神的传达问题，会议决定：撤销彭德怀的国防部部长和中央军委委员职务，任命林彪为中央军委副主席和国防部部长；撤销黄克诚的解放军总参谋长和中央军委秘书长职务，任命罗瑞卿为解放军总参谋长；撤销张闻天的外交部副部长职务，另行分配工作；撤销周小舟的中共湖南省委第一书记职务，任命张平化为中共湖南省委第一书记。

5 齐下庐山　彭黄张周又遭批判 大反右倾　“左”倾灾祸雪上加霜

军委扩大会和外事会

8 月 18 日，庐山会议刚刚结束，不少与会者尚未回到北京，以批判彭德怀、黄克诚为主旨的中共中央军委扩大会议便在北京开始举行。这次会议的通知是在 8 月 11 日毛泽东讲话后立即发出的。为了最大限度地消除彭、黄在军队的影响，会议扩大的范围空前广泛：大军区领导除留一人值班外全部参加，省军区和野战军的司令员、军长、政委全部参加，其他师以上单位各派两名正职领导参加。因此，会议的参加者多达 1061 人，另外还有 508 人列席。

军委扩大会议从 8 月 18 日开始，至 9 月 12 日结束，前后将近一个月时间。会议的大致经过是：8 月 18 日至 21 日，分 14 个小组传达和讨论庐山会议精神，阅读会议主要文件；8 月 22 日至 27 日，以小组为单位对彭德怀、黄克诚进行揭发批判；8 月 28 日至 9 月 4 日，将 14 个小组编为两个综合组，彭、黄各在一组，接受批判和追逼；9 月 5 日至 7 日，分 4 个小组对受彭、黄牵连的邓华、万毅、洪学智、钟伟等人进行批判；9 月 8 日至 12 日，召开大会对彭、黄等人进行批判。

除了继续清算彭德怀、黄克诚的历史旧账外，会议追逼最厉害的，是“军事俱乐部”的成员问题和彭德怀的所谓“里通外国”问题。

关于前一个问题的追逼情况，彭德怀后来回忆：在会议的发展过程中，我采取了要什么就给什么的态度，只要不损害党和人民的利益就行。我对自己的错误作了一些不合实际的夸大检讨。唯有所谓“军事俱乐部”的问题，我坚持了实事求是的原则。对于这个问题。在庐山会议期间，就存在逼迫现象，特别在军委扩大会议期间（8 月下旬至 9 月上旬），这种现象尤为严重。不供出所谓“军事俱乐部”的组织、纲领、目的、名单，就给加上不老实、不坦白、狡猾等罪名。有一次，我在军委扩大会议上作检讨时，有一小批同志大呼口号：“你快交代呀！”“不要再欺骗我们了！”逼得我气急了。我说，“开除我的党籍，拉我去枪毙了吧，你们哪一个是‘军事俱乐部’的成员，就自己来报名嘛！”

军委扩大会议时间，有人又进一步“揭发”，说彭德怀在出访期间单独会见过赫鲁晓夫，不知密谈了些什么。为了辩驳这一最严重的诬陷，彭德怀不得不详述他在东欧访问期间与赫鲁晓夫会面的经过。在这次访问中，彭德怀与赫鲁晓夫共有过三次会面，都是在阿尔巴尼亚，在三次盛大的宴会和群众集会上，见面和谈话时，都有陪同人员和翻译在场，根本不可能密谈什么。彭德怀气愤地申辩：“我根本不懂外语，同外国人任何谈话都要经过别人的翻译，要里通外国，我怎么去密谈？”由于完全是无中生有的诬陷，因此，会议期间，虽然经过向同时召开的以批判张闻天为主旨的第三次全国外事会议和驻外使馆多方查证，这一罪名仍然无法正式地加在彭德怀身上。

开如此规模的会议，用这样的方式批判，彭德怀深知，一定是要在军队中把他彻底搞臭，在此情况下，他只有继续检讨认罪这一条路可走。因此，9 月 9 日，他给毛泽东写了一封信，表示完全接受会议对他的批判。他还提出，请求中央考虑，在军委扩大会议结束以后，请允许我学习或离开北京到人民公社去，一边学习，一边参加劳动，以便在劳动人民集体生活中得到锻炼的思想改造。9 月 12 日，彭德怀又送上了给会议的一份书面检讨。

毛泽东在收到彭德怀信的当天，即指示将其印发给从中央到支部的各级党组织和军委、外事两个会议的全体参加者。他在批语中写道：我热烈地欢迎彭德怀同志的这封信，认为他的立场和观点是正确的，态度是诚恳的。倘从此彻底转变，不再有大的动摇（小的动摇是必不可免的），那就是“立地成佛”，立地变成一个马克思主义者了。

在此之前，8 月 22 日，黄克诚也在其夫人的催促下，送上了由夫人起草的给毛泽东的认罪悔过信。8 月 24 日，毛泽东给黄克诚复信，表示：很高兴，并说，你的那种态度很好。我表示热情的欢迎。错误并不可怕，只要能改就好了。错而能改，出以真诚老实，就能逐步地见信于人，变为一个好同志。

9 月 11 日，毛泽东在军委扩大会议和外事会议合并举行的大会上作了总结性的讲话，再一次论述了“同路人”的观点。他说：有几位同志，据我看，他们从来不是一个马克思主义者，一直到现在，他们从来就没有成为马克思主义者，是什么呢？是马克思主义的同路人。他们只是我们的同路人，他们只是资产阶级分子、投机分子混在我们的党内来。资产阶级的革命家进入了共产党，资产阶级的世界观，他们的立场没有改变，这样的同路人在各个紧要关头，不可能不犯错误。

9月12日，会议在通过《中共中央军事委员会扩大会议决议》后宣告结束。《决议》认定彭德怀、黄克诚“是十足的伪君子、野心家、阴谋家”，“篡军、篡党、篡国的阴谋由来已久”、“这次向党进攻完全是有目的、有准备、有计划、有组织的，是他们个人野心发展、利令智昏，不听党的劝告，无视党的纪律的必然结果”。要求全军“彻底肃清彭黄在军队中所散布的毒素和恶劣影响。”

会后不久，9月17日，国家主席刘少奇发布命令：根据中华人民共和国第二届全国人民代表大会常务委员会第九次会议的决定，任命林彪兼任国防部部长，免去彭德怀所兼的国防部部长职务；任命罗瑞卿兼任解放军总参谋长，免去黄克诚的解放军总参谋长职务。9月26日，中共中央军委发出《关于军委组成人员的通知》，宣布了中共中央政治局的决定：中共中央军委主席为毛泽东，副主席为林彪、贺龙、聂荣臻，中央军委常委为毛泽东、林彪、贺龙、聂荣臻、叶剑英、罗瑞卿、谭政。军委日常工作由林彪主持。

庐山会议后，在召开中央军委扩大会议，重点批判彭德怀和黄克诚的同时，也召开了全国外事会议，重点批判张闻天。与军委扩大会议一样，外事会议追逼最凶的，也是“军事俱乐部”的成员问题和所谓“里通外国”问题。连续不断的批斗和追逼，使张闻天的身心难以承受。先是血压骤然升高，头晕心悸。接着，在庐山上已经开始发作的前列腺肥大症又突然加剧。严重的病情，使批判者不得不允许张闻天住进医院，接受治疗，使他避开了猛烈风暴的袭击。但外交部的批张活动和反右倾斗争并未松懈，经过两个多月的斗争，外交部制造了一个“张闻天反党集团”，划了许多“右倾机会主义分子”。

周小舟庐山会议后，先到北京，写出了检讨认罪书。9月上旬，回湖南接受批斗。9月15日，中共湖南省委召开全委扩大会议，作出了《关于周小舟同志右倾反党活动的决议》。同月下旬，又决定让周小舟去浏阳县大瑶公社，担任党委副书记，接受改造。

此外，还有一些高层领导人受到了彭、黄等人的牵连。有的是因为发表了与他们的观点相近的看法，有的则仅仅因为曾是他们的部属，与他们有着较密切的工作或私人关系。如国家计委副主任贾拓夫、水利电力部副部长李锐、沈阳军区司令员邓华、总后勤部部长洪学智、国防科委副主任万毅、北京军区参谋长钟伟等，就在庐山会议后不久被撤销了职务，遭遇了许多不幸。

全国范围的“反右倾”

由于认为“右倾思想”、“右倾活动”在各地区、各部门都程度不同地存在着和增长着，已成为工作中的主要危险，因而，在揭发批斗“彭德怀右倾机会主义反党集团”的同时，1959 年下半年，还开展了一场以党内为主的全国范围的“反右倾”运动。

“反右倾”运动在初期，主要在党政军的中高级机关进行，重点是解决中高级干部的问题。10 月下旬，根据部分地区的经验，认为“右倾机会主义分子”在基层单位的一般党员干部中也有，基层单位也要开展“反右倾”的斗争，因而，运动的范围扩大。由于认为“这次挂帅、点火，反对总路线、人民公社、‘大跃进’的，主要是党内的右倾机会主义分子”，11 月 21 日，中共中央批转中央统战部《关于在民主党派、资产阶级分子和资产阶级知识分子中不进行反右倾斗争的整风运动的意见》，使民主党派和党外知识分子得以幸免了一场比 1957 年反右派斗争打击面还要大的政治运动的冲击。

党政机关的“反右倾”运动，主要方式是自我检查和群众性的揭发批判，斗争对象主要是党的领导干部。中共中央推荐的第二机械工业部的做法，反映了党政机关开展“反右倾”运动的一般情况。第二机械工业部的“反右倾”运动分以下三个阶段进行:（一）学习文件、酝酿准备阶段，约半个月;（二）一般交心和重点批判阶段，约一个半月。广大党员干部普遍进行自我检查、向党交心，在此基础上确定重点批判对象，进行彻底的批判和斗争;（三）专题辩论、系统提高阶段，约半个月。辩论的专题主要是坚决保卫“三面红旗”、正确认识社会主义建设时期的阶级斗争、正确对待革命的群众运动和正确理解阶级、政党和领袖的关系等。

在农村，主要开展以进行两条道路的斗争和社会主义教育为内容的整风整社运动，斗争的主要对象是一部分基层干部和富裕中农。当时，把他们对“共产风”等错误的正确批评，看成是反党反社会主义的猖狂进攻，是代表了农村的资本主义势力。认为如不打退这一进攻，人民公社就不能进一步巩固，农业的“大跃进”也无法实现。整风整社的办法，一般是召开三级干部大会和人民公社社员大会，放手发动鸣放，让大家把“糊涂思想”讲出来，然后再选择典型人物，在不同的范围内进行批判。

在工矿企业，“反右倾”运动的主要斗争对象，是负责生产和技术工作的基层干部。同时，也对一些所谓“忘本变质”的工人进行批斗。原因是他们反对在工业企业大搞群众运动，主张恢复正常秩序，加强企业管理，实行厂长负责制，依靠工程技术人员管理生产。这些主张，被视为反对党的领导，反对政治挂帅，提出和支持这些主张的基层干部，则被划为“右倾机会主义分子”和“反党分子”。

在学校，“反右倾”运动的矛头主要是指向所谓“浸透了资产阶级世界观的党内专家”。理由是他们“一方面以党员资格获取党内外的政治信任，另一方面又以专家资格同党分庭抗礼，他们坚持要走反党、反群众路线的道路”。“他们虽然为数不多，但是因为具有党员的称号，所以比那些党外的旧资产阶级专家更能迷惑人，危害性也更大”。北京大学有128名党员教师参加整风，其中27人受到重点批判，占21%。清华大学174名党员骨干教师，有17人被认为有严重资产阶级思想。

在部队，也开展了“反右倾”运动。仅一个多月时间，全军就重点批判了847名干部。到11月底，全军共划出“右倾机会主义分子”1848人，其中团以上干部195人，占10.5%。还有许多人被划为“中右”和“二类”、“三类”。

在“反右倾”运动开始后的一段时间内，中共中央虽然多次强调要坚决清查和批判“右倾机会主义分子”，但并没有制定出一个判定“右倾机会主义分子”的标准，因而，在运动中，各地区、各部门各行其是，普遍发生了打击面过宽的倾向。针对这一问题，中共中央于11月4日、11月27日和1960年1月20日，分别下发和转发《关于整社运动中掌握重点打击批判对象的问题的意见》、《关于划分右倾机会主义分子的标准和处理办法》以及《关于在反右整风运动和农村整党运动中对于犯错误的党员干部的处分面的通知》等文件，试图加以适当的约束和控制。文件规定：凡是党员干部，“公开散布系统性的右倾言论，从多方面攻击总路线、大跃进和人民公社的”，“积极支持以彭德怀同志为首的右倾机会主义反党集团的纲领，公开为反党集团辩护，攻击党中央和毛主席的”，“历史上多次犯错误，屡教不改，对党心怀不满，这次又借批评大跃进的缺点为名，猖狂向党进行攻击的”，“执行党的路线、政策一贯严重右倾，1958年大跃进以来又有严重的右倾言论和行动，而在学习八届八中全会文件后仍然执迷不悟，不主动作深刻检讨的”，情节又比较严重的，才可划为“右倾机会主义分子”；“戴右倾机会主义分子的帽子的人，应该限制在国家供给的、脱离生产的党员干部范围以内，不脱离生产的党员干部一律不戴帽子”；“右倾机会主义分子”的人数，农村重点批判对象的人数，应限制在党员干部总人数和农村总人口的1%以下。这些规定，虽然在一定程度上缩小了“反右倾”运动的打击面，但1%的比例仍然太高，仅按这一比例，受批判和打击的人数就会多得惊人。

在建国以后的历史上，“反右倾”运动错误打击干部和群众的规模是空前的。据1962年甄别平反时的统计，被重点批判和划为“右倾机会主义分子”的干部和党员有三百几十万人之多。加上被定为阶级异己分子等类名目的人数更大，据《中国共产党的七十年》一书的记载，到1962年8月的统计，全国得到平反的干部、党员和群众共有六百多万人。被定为“右倾机会主义分子”和“阶级异己分子”的干部，绝大多数受到了撤销职务，留党察看和开除党籍等各种党纪、政纪处分，被列为重点批判对象的群众也受到了围攻批判和其他形式的打击。

如果说，1957年的反右派斗争扩大化是对国家的民主和法制的一次严重破坏的话，那么，1959年庐山会议的转向及会后的“反右倾”运动，则主要是对党内民主的一次粗暴践踏。从党的高层领导直至普通党员，仅仅因为运用党章所赋予每一个党员的基本权利，发表了与党的最高领导人不尽相同的意见，就被定为“右倾机会主义分子”，受到从批判、撤职直到开除党籍的不公正对待，这不能不说是党的历史上的一场大悲剧。而这场悲剧的直接后果，只能是坚持原则、敢讲真话的人越来越少，本不健全的党内民主制度更加形同虚设，这就使党很难防止、抵制或者及时纠正后来发生的更大失误。

更大规模的“大跃进”

庐山会议转向和“反右倾”运动在经济建设方面的直接后果，是打断了1958年11月第一次郑州会议以来的纠“左”进程，导致1959年下半年特别是1960年的更大规模的大跃进，造成了国民经济的严重困难。

在庐山会议转向以前，毛泽东和中共中央虽然在总体上仍然坚持“大跃进”的指导思想，但毕竟察觉了不少问题，并作了一定程度的纠正。可以设想，如果没有庐山会议的转向，纠“左”的进程还可以继续下去，“大跃进”运动也不一定会持续三年之久。但庐山会议转向以后，情况发生了很大变化，不但停止了纠“左”的进程，而且，此前已经指出甚至已经纠正的一些错误又重新发展起来。为了回击“右倾机会主义分子”的“攻击”、“诬蔑”，无视国民经济比例关系严重失调的事实，硬说“国民经济中主要比例关系是协调的、正常的”；无视已经出现的严重经济困难和政治上的紧张状况，硬说“国家的政治经济状况极为良好”；1959年上半年因调低一些过高指标而导致的某些方面的生产下降，也被指责为“由于右倾机会主义分子兴风作浪”而制造的一个“小小马鞍形”。出于上述认识，为了表明“大跃进”的正确和“反右倾”对经济建设的促进，庐山会议后不久，即重新掀起了更大规模的“大跃进”。

在基本建设方面，9 月 24 日，国家计委和国家建委确定新上 230 个限额以上基建项目。11 月 22 日，又确定追加 13.6 亿元基建投资。由于层层加码，到年底，全国基本建设的实际投资高达 349.7 亿元，比 1958 年还多 90.7 亿元，增长 30% 以上。

在工交生产方面，10 月 16 日到 28 日在北京召开的全国工业生产会议制定了 1959 年第 4 季度的工业生产“跃进”计划。在第 4 季度内，工业总产值要完成 486 亿元，保证全年完成 1600 亿元，比上年增长 37%；钢完成 470 万吨，保证全年产量超过原计划产量 50 万吨；生铁完成 730 万吨，保证全年产量超过原计划产量 200 万吨；原煤完成 9700 万吨。

经过第 4 季度的蛮干、硬拼，到年底，1959 年的钢产量达到 1335 万吨，比上年增长 67%；生铁达到 2050 万吨，增长 115%；原煤达到 3.47 亿吨，增长 29%；工业总产值达到 1630 亿元，增长 39.3%。但是，在重工业生产大幅度增长的同时，农业和轻工业生产却急剧下降。1959 年粮食实际产量只有 3400 亿斤，仅完成计划的 62%，比上年减产 600 亿斤，下降 15%；棉花实际产量只有 3418 万担，仅完成计划的 74%，比上年减产 520 万担，下降 13.2%；农业总产值下降 13.6%。国民经济比例关系失调的问题进一步加重。

在继续“大跃进”的同时，人民公社化运动中的一些错误又重新发展起来。1959 年 10 月，各省、市、自治区党委书记会议提出了由基本队有制向基本社有制过渡的问题。1959 年 12 月，中共中央召开的浙、皖、苏、沪四省市座谈会提出，根据不同的经济条件，三到五年或者五年左右的时间就可以实现人民公社由基本队有制到基本社有制的过渡。由于认为实现这一过渡的基本条件是社有经济的充分发展、穷队赶上富队和社员人均年收入在 200 元以上，因此，相当一部分地区为了达到上述条件，又重新刮起了“共产风”。为了发展社有经济，普遍大办社有工业，大办养猪场，大办水利，大办交通，不但这些“大办”所需的劳力从大队和生产队无偿抽调，就连所需资金、物资也多是从大队、生产队甚至社员个人征收。为了扶持穷队赶上富队，在资金、劳力、生产资料等方面大搞“共产主义大协作”，甚至干脆将穷富队合并到一起，严重损害了富队社员的利益，挫伤了他们的积极性。

个人崇拜的滋长

庐山会议的又一方面重要影响，是使党内对毛泽东的个人崇拜以及“左”倾阶级斗争理论得到了恶性发展。

虽然早在1943年3月中共中央就作出过毛泽东有最后决定权的规定，但在其后的较长时间内，他基本上没有滥用这一权力，而是比较好地处理了个人与中央领导集体的关系，注意防止对他的个人迷信和崇拜。1956年2月苏共二十大揭露斯大林的个人崇拜问题后，中共中央吸取斯大林的经验教训，也提出要反对个人崇拜。在中共第八次全国代表大会上，邓小平作的《关于修改党的章程的报告》论述了反对个人崇拜的问题，指出我们的任务是，继续坚决地执行中央反对把个人突出、反对对个人歌功颂德的方针，真正巩固领导者同群众的联系，使党的民主原则和群众路线，在一切方面都得到贯彻执行，八大通过的新党章，根据这一精神，对健全党的民主集中制，加强各级党组织的集体领导作出了原则规定。

遗憾的是，中共八大关于反对个人崇拜的精神没有能够贯彻下去，八大通过的新党章也没能防止党内滋长对毛泽东的个人崇拜及毛泽东在此基础上的个人专断。1957年反右派斗争后，在此问题上即开始进入误区。毛泽东对中央集体决定的反冒进的多次严厉批评，既是他破坏中央集体领导的重要表现，也对滋长、强化党内高层对他的个人意志必须服从的观念起到了不容忽视的作用。在批评反冒进的过程中，毛泽东大概意识到，之所以有较多的高层领导人反对与他的"跃进"思想紧密相连的冒进，是由于国内外对于个人崇拜的反对损害了他的个人权威，因此，在1958年3月的成都会议上，他提出了要有"正确的"个人崇拜的观点。

如果说成都会议是毛泽东提倡个人崇拜的开端，那么，庐山会议则使党内对他的个人崇拜得到了恶性发展。彭德怀这样一位功劳卓著的开国元勋，仅仅因为按照党内的正常程序向最高领导人反映自己的一些不同意见，便被定性为反党反社会主义的"右倾机会主义分子"，而受到批判和撤职的打击，这一严酷的事实，再一次强化了党内高层人士对毛泽东的个人意志和权威只能顺从而不能提出异议的观念。更为严重的是，通过庐山会议的这一场斗争，党内形成了关于个人崇拜的错误理论，使制造和宣传对毛泽东的个人崇拜得以公开化和合法化。在此形势下，庐山会议期间因维护毛泽东的个人权威而获利颇丰的林彪，更加起劲地制造和宣传对毛泽东的个人崇拜，使个人崇拜愈演愈烈，直到发展到"文化大革命"中登峰造极的程度。

1959年11月27日，中共中央批示印发了解放军总政治部宣传部编写的《关于〈为保卫党的总路线反对右倾机会主义而斗争〉的学习提纲》。这份在党内、军内被广泛学习和讨论的文件，共讲了八个方面的问题：一、保卫党的总路线，拥护

“大跃进”和人民公社；二、马克思主义者应当怎样对待革命的群众运动；三、社会主义建设时期的阶级斗争；四、阶级、政党与领袖的关系，领袖的作用和意义；五、人民解放军是党和人民进行政治斗争的驯服工具；六、增强党的团结，反对资产阶级个人主义；七、树立辩证唯物主义的世界观，反对资产阶级的唯心主义世界观；八、国际主义和爱国主义。总政治部在写给中共中央的报告中说，这是为了在军队干部中贯彻八届八中全会和军委扩大会议决议的精神，提高他们的思想认识和理论水平而编写的。从上述八个部分的标题看，这份文件确实体现了八届八中全会和军委扩大会议的精神。

系统地论述个人崇拜问题的是这份文件的第四部分：阶级、政党与领袖的关系，领袖的作用和意义。在这部分内容中，文件虽然没有公开提出要搞对毛泽东的个人崇拜，但实际上却是在赤裸裸地提倡和制造这种个人崇拜。在一开始，文件就引用了列宁关于阶级、政党与领袖关系的一句名言，即“阶级通常是由政党来领导的，政党通常是由最有威信、最有影响、最有经验、被选出担任最负责职务而称为领袖的人们所组成的多少固定的集团来主持的”，用以论证无产阶级政党必须有自己的领袖。说“否认革命领袖的重大作用，是一种反马克思主义的无政府主义的观点。右倾机会主义反党集团借口反对所谓个人崇拜，来否认革命领袖的作用，实质上是企图破坏毛泽东同志的领导威信，妄想由他们自己窃取领袖的地位，从而破坏社会主义建设。”接着，文件偷换了列宁名言中领袖集团的概念，将中国共产党的领袖由集体变成了毛泽东个人，从六个方面论证了“毛泽东同志对中国革命和建设的领导是最好、最正确的领导”。这六个方面的主要内容是：1. 毛泽东同志思想的最主要特色，就是善于把马克思列宁主义的普遍真理同中国革命的具体实践结合起来；2. 毛泽东同志的领导，决定了中国民主革命的胜利；3. 毛泽东同志的领导，决定了我国社会主义革命的胜利和社会主义建设的胜利；4. 毛泽东同志是中国人民解放军的缔造者和最英明的统帅；5. 毛泽东同志最善于发现群众运动中的新问题和最迅速最坚决地纠正运动中的偏差；6. 毛泽东同志具有作为无产阶级革命领袖的一切优点。最后，文件得出结论：“革命是最有权威的。在革命队伍中，革命领袖的威信，和党的、阶级的威信是不可分离的。”“维护党中央和毛泽东同志的领导威信，就是维护党的、无产阶级的和全国人民的利益。毛泽东同志的威信是党和人民最宝贵的财产”。文件强调：“热爱党的领袖毛泽东同志，与热爱党、热爱共产主义事业是一致的。反对党的领袖，破坏党的领袖的威信，就是反党的罪恶行为。”

这样，在这份文件中，毛泽东被神化了。他被说成是具有一切优点的党的唯一领袖，他的领导是最好、最正确的领导，决定了中国革命和建设事业的胜利。维护他的威信，便是维护党、无产阶级和全国人民的利益；破坏他的威信，便是反党的罪恶行为。这样的理论一出，凡是与毛泽东的意见相左的人，便完全可以被打成各种反党分子，而毛泽东破坏集体领导的个人专断行为，倒很容易得到合理的解释。因此，全国人民对毛泽东的个人崇拜日渐膨胀起来，而毛泽东本人也还是在这一过程中获得了越来越多的为个人专断所需要的政治资源。

在制造和宣传对毛泽东的个人崇拜方面，林彪无疑是出力最多而获利也最大的一个。继庐山会议后期的“出色”表演之后，在中共中央军委扩大会议上，他又不失时机地鼓吹起了对毛泽东的个人崇拜。林彪在讲话中说：“毛泽东就是现在的马克思、现在的列宁。”“毛泽东思想‘站在现代思想的顶峰’。”“毛泽东同志全面地、创造性地发展了马克思列宁主义，综合了前人的成果，加上了新的内容。要好好学习毛泽东同志的著作，我们学毛泽东同志的著作，……是一本万利的事情。”“学习毛泽东著作，这是捷径。这并不是捧场，不是吹毛主席的。这是告诉你们一个学习的简便的窍门。”在主持中央军委工作后，林彪发表的第一篇文章，便是刊登在《红旗》杂志 1959 年第 19 期上的《高举党的总路线和毛泽东军事思想的红旗阔步前进》。

在庐山会议后几年的时间里，由于毛泽东需要和欣赏个人崇拜，林彪为了实现个人的政治目的制造和宣传个人崇拜，由于中国社会是一个小生产者占绝大多数的社会，这影响到中共党内也存在盛行个人崇拜的基础和条件，对毛泽东的个人崇拜和毛泽东在此基础上的个人专断，便急剧地发展起来，并最终成了“文化大革命”得以发动并持续 10 年之久的一个重要条件。

庐山会议在发展“左”倾阶级斗争理论方面的主要表现，是首次错误地将党内不同意见的争论等同于阶级斗争，并提出了“党的同路人”和“资产阶级民主派”的概念。以此为标志，党在阶级斗争问题上的“左”倾错误由阶级斗争扩大化发展到人为地在党内制造阶级斗争的阶段。

本来，1956 年 9 月举行的中共八大，对于社会主义改造基本完成后的阶级斗争和社会主要矛盾等问题，曾作出正确的分析和判断。认为，无产阶级同资产阶级的矛盾已经基本上解决，几千年来的阶级剥削制度的历史已经基本上结束，社会主义的社会制度在我国已经基本上建立起来了。国内的主要矛盾已经是人民对于建立先进的工业国的要求同落后的农业国的现实之间的矛盾，已经是人民对于经济文化迅速发展的需要同当前经济文化不能满足人民需要的状况之间的矛盾。因而，党和国家的主要任务，已经由解放生产力变为保护和发展生产力。但是，在仅仅一年以后，反右派斗争严重扩大化的错误就使毛泽东改变了八大关于国内主要矛盾的正确判断。他在 1957 年 10 月的中共八届三中全会上断言：“无产阶级和资产阶级的矛盾，社会主义道路和资本主义道路的矛盾，毫无疑问，这是当前我国社会的主要矛盾。”接着，他又改变了八大关于国内阶级状况的正确分析，提出了所谓中国还存在两个剥削阶级的错误观点。在 1958 年 3 月的成都会议上，毛泽东提出，我国现在有两个剥削阶级：一个是反对社会主义的资产阶级右派、被打倒了的地主买办阶级和其他反动派；另一个是民族资产阶级和它的知识分子。在这里，毛泽东把整个知识分子同民族资产阶级并列，等同于其他剥削阶级。1958 年 5 月，中共八大二次会议正式肯定了毛泽东对国内阶级状况和社会主要矛盾的错误分析和判断。

毛泽东之所以认为还存在两个剥削阶级，最重要的原因就在于，他在马克思主义的以人们与生产资料的关系作为划分阶级的标准之外，又提出了从政治思想上划分阶级的方法，认为还有一种“政治思想上的阶级”。他在 1958 年 11 月的武昌会议上说：消灭阶级问题，值得考虑。苏联是 1936 年宣布的。我们 16 年也许可能，今年 9 年，还有 7 年，但不要说死。作为经济剥削的阶级容易消灭，现在我们可以说已经消灭了；另一种是政治思想上的阶级，不易消灭，还没有消灭，这是去年整风才发现的。我看消灭阶级这个问题让它吊着，不忙宣布为好。对于毛泽东来说，既然可以从政治思想上划分阶级，根据政治思想来断定还存在两个剥削阶级，那么，对于社会各方面政治思想的表现，包括党内不同意见的争论，当然应当用阶级的观点去观察和分析，从而可以任意判定其属于或者代表哪一个阶级。因而就可以随意把不同意他的“左”倾思想的人戴上一顶“资产阶级”的帽子；而且可以人为地把阶级斗争扩大到党内。将庐山会议的争论定性为阶级斗争，就是用这种观点和方法观察、考虑问题的必然结果。

毛泽东认为，彭德怀等人本质上是民主革命中参加共产党的一部分资产阶级革命家的代表，即“党的同路人”和“资产阶级民主派”。他们在资产阶级民主革命中还是积极的，对于帝国主义及其走狗的斗争还是坚决的。但由于没有掌握马克思主义的世界观、人生观和思想方法，在民主革命中也是经常犯错误的。到了社会主义时期，情形就不同了。他们对于社会主义革命实际上没有精神准备。当社会主义真的到来，资产阶级和小资产阶级的生产资料私有制真的要结束的时候，他们的资产阶级思想就不能不起而反抗。特别是总路线和“大跃进”、人民公社化运动的胜利，决定了资本主义经济和个体经济的最后灭亡。在这样的条件下，他们就迫不及待地利用他们认为“有利”的时机向党发起进攻。

从上述分析中，毛泽东自然而然地得出这样的结论：“庐山出现的这一场斗争，是一场阶级斗争，是过去 10 年社会主义革命过程中资产阶级与无产阶级两大对抗阶级的生死斗争的继续。在中国，在我党，这一类斗争，看来还得斗下去，至少还要斗 20 年，可能要斗半个世纪，总之要到阶级完全灭亡，斗争才会止息。”这样，就将党内斗争直接等同于阶级斗争，把党内持不同意见的同志置于敌对阶级的阵营。从这一理论出发，就必然会在取得了反右派斗争这一所谓“政治思想战线上的社会主义革命”的“胜利”后，将阶级斗争的矛头主要指向党内，在党内人为地制造阶级斗争。因此，庐山会议使“左”倾阶级斗争理论与实践严重升级，继反右派斗争严重扩大化后，又迈出了走向“文化大革命”的重要一步。

6 热衷缓和　尼基塔暗责毛公“好斗”
坚持斗争　毛泽东明指赫氏“右倾”

赫氏热衷缓和，突然中止对中国核援助

庐山会议党内一场争论之后，中苏两党首脑之间又发生了一场激烈的交锋。

进入 1959 年，中苏之间表面上的“团结一致”依然维持着。周恩来率团出席了 1959 年 1 月召开的苏共二十一大。周恩来在贺词中对十月革命及苏联社会主义建设的榜样作用给予了高度评价。是年 4 月的全国人大会上，周恩来再次讲到“以苏联为首的社会主义阵营的国家，在我国的社会主义建设中给我们提供了全面的援助。”中国领导人不愿在共同的敌人面前公开中苏之间的分歧。

此时，尼基塔·赫鲁晓夫越来越热心于苏美缓和，积极寻找缓和的途径。1958 年 9 月，他亲自会见美国著名实业家、财政家伊顿。12 月，他又和美国参议员汉弗莱举行会谈。1959 年年初，又派部长会议副主席米高扬赴美，会晤艾森豪威尔和杜勒斯，讨论德国问题、柏林问题、裁军问题、禁止原子弹试验问题，以及安排赫鲁晓夫访美和艾森豪威尔访苏事宜。

6 月份，在纽约和莫斯科分别举行了苏联展览会和美国展览会。6 月底，美国副总统尼克松飞抵莫斯科参加美国展览会开幕式。美国一户独居的标准住宅，吸引

了赫鲁晓夫的目光。“我们应该建筑住宅，让我们子子孙孙都能够住居”，赫鲁晓夫说。

“但是我们的子子孙孙的爱好和需要可能和我们不同。”尼克松答道。

赫鲁晓夫说：“那就让他们改变家具，为什么要改变房子呢？”

美苏首脑著名的“厨房辩论”开始了。双方就美苏关系问题、两种制度谁优谁劣的问题发生了激烈争论。

然而，这也可能就是赫鲁晓夫讲的“和平竞赛”吧。它并不妨碍赫氏谋求美苏缓和。这一年，他正为首次以苏联政府首脑身份访问美国而激动。他希望所有社会主义国家都遵循他的缓和政策，踏着他的节拍行事。

在这种情况下，赫鲁晓夫把毛泽东关于现代战争的看法和对美国的强硬政策视为对他的缓和政策的挑战，决定放慢和收缩对中国的军事技术援助，企图把中国的对外政策纳入苏联全球战略的轨道。

1957年10月签署的秘密中苏技术协定，包括苏联帮助中国建立导弹和原子弹制造工厂，并向中国提供原子弹样品。但就在赫鲁晓夫访美之前，苏联政府于1959年6月20日单方面撕毁了上述协定。在苏共中央给中共中央的信中，提出了三条理由：（1）国际上正在进行禁止使用核武器谈判，在中国制造核武器会破坏谈判；（2）生产原子弹费用很高，是中国经济无力承受的负担；（3）苏联拥有足够数量的核武器，可以保证自己的安全和保卫兄弟国家。

苏共中央提出的理由并非出自真诚。其真实的担心是两个：一则担心向中国提供核技术，影响6月举行的日内瓦禁止核试验谈判和即将进行的苏美首脑会谈。二则有“养虎遗患”的担忧，企图以苏联提供核保护伞为砝码来约束中国的行动。

说到中苏秘密核协定，还有过一段鲜为人知的讨价还价的过程。

赫鲁晓夫1954年访华时，毛泽东谈到对原子弹核武器感兴趣，希望苏联给予援助。赫鲁晓夫说：搞核武器太费钱，我们这个大家庭有了核保护伞就行了，无须大家都来搞它。不过，他表示，愿帮助中国培训干部和建一个小型原子能反应堆。后经双方谈判，1955年4月签订了一个关于苏联在和平利用原子能方面给中国帮助的协定。使中国建起了第一个原子能反应堆和回旋加速器。

1957年，赫鲁晓夫日子不好过。外有波匈事件，虽然平息，影响重大，苏共权威大损。国内发生了一场未遂政变。以莫洛托夫为首的反对派在苏中央主席团会上，决定撤销赫鲁晓夫的职务，赫氏最终在中央委员们的支持下挫败了这场宫廷政变。

在困难时期，赫鲁晓夫希望得到中国的支持，尤其希望毛泽东能亲赴莫斯科，参加世界共产党会议，为他撑门面。于是松动了对华新技术援助。7月，聂荣臻元帅向苏联驻华总顾问阿尔希波夫提出，希望苏联在尖端武器研制方面给予援助。7月20日，就得到答复：苏联政府对中国政府的要求表示支持，同意中国派团赴苏面谈。9月，聂荣臻元帅、陈赓大将、宋任穷上将等率团赴苏。10月5日，在得到毛泽东即将赴会的承诺后，中苏国防新技术协定终于签字。

1958年6—7月间，苏联派了三个搞核武器的专家来华考察和工作，先考察了青海核武器研制，然而，由于“联合舰队”和炮击金门两件事，赫鲁晓夫的态度变了。原定1958年11月给的原子弹教学模型和技术资料，迟迟不予运来。中国一再催促，苏方支支吾吾。直到这次苏共中央正式复信，断然中止了核技术援助。

对于苏共中央的答复，中共中央的反应是沉默。但这促使中国领导人发愤要依靠自己的力量独立发展核武器。

中国很早就实行了依靠苏联援助和自力更生“两条腿”走路的方针。1955年10月，钱学森回国。周恩来立刻委托他起草《建立国防航空工业意见书》。开始了中国独立的导弹研制工作。1959年6月以后，完全地转到了自力更生的轨道。

当时负责原子弹研制的三机部部长宋任穷回忆说：“收到苏共中央复信后，请示总理要不要复信，总理说，中央研究过了，我们不理他那一套，他不给，我们自己动手，从头摸起，准备用八年时间搞出原子弹。”

“世界上有人怕鬼，也有人不怕鬼”

1959年5月6日，毛泽东会见苏联等11个社会主义国家的代表团和驻华使节，发表了一番“不怕鬼”的谈话。毛泽东说：

世界上有人怕鬼，也有人不怕鬼。鬼是怕它好呢，还是不怕它好？中国的小说里有一些不怕鬼的故事。我想你们的小说里也会有的。我想把不怕鬼的故事、小说编成一本小册子。经验证明鬼是怕不得的。越怕鬼就越有鬼，不怕鬼就没有鬼了。有狂生夜坐的故事。有一天晚上，狂生坐在屋子里。有一个鬼站在窗外，把头伸进窗内来，很难看，把舌头伸出来，头这么大，舌伸得这么长。狂生怎么办呢？他把墨涂在脸上，涂得像鬼一样，也伸出舌头，面向鬼望着，一小时，两小时，三小时，望着鬼，后来鬼就跑了。

今天世界上鬼不少。西方世界有一大群鬼，就是帝国主义。在亚洲、非洲、拉丁美洲也有一大群鬼，就是帝国主义的走狗、反动派。

毛泽东这番话，事出有因。直接的目的是向各“兄弟”国家说明西藏问题和中印边境问题的实质。

1959年3月10日，西藏上层分裂分子突然发动武装叛乱，高呼“赶走汉人”，“西藏独立”等口号，包围西藏军区司令部，不顾中央代表再三劝告，19日向解放军部队发动攻击。22日，人民解放军奉命，彻底平息了叛乱。随后大大加快了西藏废除农奴制的民主改革。

西藏平叛和民主改革，本是中国内政，然而，在印度却引起了激烈的反响。过去印度是英国的殖民地，英国殖民者势力曾侵入西藏。印度独立后，总希望继承它过去的宗主国在西藏获得的特权，尤其不愿意西藏成为社会主义的西藏，“最好成为一个缓冲地带”。因而，在西藏叛乱前后，印度出现了大量诽谤中国的言论，西藏局势基本稳定后，他们又把注意力转到中印边境上，总是要制造纠纷，企图干涉西藏的民主改革，终于在8月25日，酝酿成第一次中印边界武装冲突。

一时间，西藏平叛和中印边界冲突成了世界关注的一个热点，赫鲁晓夫对发生在他访美前夕的这次中印武装冲突，耿耿于怀，他想为访问制造一种缓和气氛，担心这一事件会给他访美之行带来不利影响，甚至认为毛泽东在有组织地掀起一场运动以破坏他的缓和事业。于是他不顾中国的多次解释和劝阻，拒绝接受中国关于苏联不发表声明的建议，迫不及待地发表了一个所谓“中立”的塔斯社声明，称“对于发生中印边界事件不能不表示遗憾”，“企图利用中印边界事件鼓吹冷战，破坏人民之间友谊，理应受到坚决的谴责。”

1959年3月10日，武装叛乱分子包围中共西藏工委机关大楼

如果说1958年中国炮击金门时，赫鲁晓夫只是在内部向中国发泄不满，表面上还对中国表示支持；那么，在中印边界冲突事件中，苏

联已经决定把它同中国的分歧公诸于世。在中国领导人看来，这无疑是对中苏条约义务的公开背弃和对盟友的背叛，是赫鲁晓夫访美向艾森豪威尔送去的一份见面礼。从骨子里讲，就是赫鲁晓夫“怕鬼”，害怕战争，一味向美国乞求缓和。毛泽东的强硬姿态，有没有教训赫鲁晓夫的用意呢？没有说。但他希望使亚非拉人民得到一次教育。则是明确的。他说：

西藏问题是很大的事，要大闹一场，要闹久些，闹半年也好，闹一年更好。可惜印度不敢干了。我们的策略是使亚洲、非洲、拉丁美洲的劳动人民得到一次教育，使这些国家的共产党也学会不怕鬼。

访美归来，赫氏大肆兜售戴维营精神

毛泽东并不一概拒绝苏联提出的缓和主张。在赫鲁晓夫访美之前，毛泽东曾写信祝他此行“在争取和缓国际紧张局势的斗争中获得新的、更大的成就。”但是对于赫鲁晓夫设计的苏美合作解决世界问题的蓝图，中国是不同意的。在毛泽东看来，这又是1945年雅尔塔会议大国主宰世界的翻版。国际事务不能听凭两个大国来主宰，中国外交更不允许被置于苏联的全球战略之下。不允许牺牲中国的主权利益来适应苏联的政策。

赫鲁晓夫太看重这次美国之行了。从他上台以后，一心想同美国总统平起平坐讨论世界的问题，这次终于如愿以偿。他把它看成苏联乃至他个人经历中的一件划时代的大事。

9月13日，苏联火箭“月球二号”登上月球，将苏联三角旗插到了月球表面。两天后，《真理报》登出一幅画，

1959年赫鲁晓夫访美时和美国老百姓在一起

这幅画在登月火箭和核动力破冰船的衬托下，展示了图 –114 飞机，飞机侧面写着大字标语：“莫斯科——华盛顿”和“N·S·赫鲁晓夫今天起程访问美国”。

赫鲁晓夫在美国的两周，大出了风头。美国、苏联及全世界都聚焦在这位苏联首脑的身上。他游览华盛顿，访问国会，举行首脑会议，访问纽约、洛杉矶、旧金山，到了好莱坞，他参观了工厂、商店、农场。显然，赫鲁晓夫被美国的现代技术和美国人的富裕生活深深地吸引。更使他难忘的是与美国总统艾森豪威尔在戴维营三天单独相处的日子。他似乎忘记了他相对的是最大的帝国主义头子，对艾森豪威尔印象很好，相信他是希望缓和的。

赫鲁晓夫为这次访问有些飘飘然。28 日飞回莫斯科，稍事休息，就在体育馆举行了一次规模庞大的会议，介绍他的美国之行。第二天，飞往东方，参加中华人民共和国成立 10 周年庆祝活动。

庐山会议上的一场斗争，中印边界上出现的阴云，都没有冲淡中国人民迎接国庆的喜悦心情。中国人的生日，重五和十。1959 年的国庆，正值共和国 10 周年大庆。北京面貌焕然一新。刚刚竣工的十大建筑，尤其是矗立在天安门广场西侧的人民大会堂，光耀夺目，为国庆增添了色彩。应邀前来参加中国人的庆典的，有来自世界各地 87 个国家的友人。

苏联代表团阵营最为庞大。苏联党政代表团的其他成员已于 27 日先期到达。他们是：苏共中央主席团委员、书记处书记苏斯洛夫，苏共候补中委、最高苏维埃主席团副主席塔谢涅夫，苏共中委、苏联部长会议国家安全委员会主席谢列平，全苏工会中央理事会书记尼古拉耶娃，乌克兰共产党中央委员会书记契尔沃年科，苏联部长会议国家对外经济关系委员会副主席阿尔希波夫，苏联飞机制造设计师图波列夫院士，苏共中央部长安德罗波夫以及苏联驻华临时代办安东诺夫。只有外交部部长葛罗米柯，陪同赫鲁晓夫于 30 日上午抵达北京。

毛泽东很重视赫鲁晓夫的来访，尽管双方已有很多分歧和不愉快。他破例到机场欢迎。而来参加庆典的其他国家的国家元首、党的首脑都是刘少奇、周恩来、朱德等迎送的。

欢迎的规格是最高的。国家主席刘少奇、全国人民代表大会常务委员会委员长朱德、国务院总理周恩来，副总理兼国防部长林彪，以及政治局委员林伯渠、彭真、罗荣桓、陈毅、刘伯承、贺龙、李先念、谭震林，政治局候补委员乌兰夫、陆定一、陈伯达、康生，中央书记处书记王稼祥、谭政、李雪峰、候补书记刘澜涛、杨尚昆等众多高级领导人组成的强大阵营，陪同毛泽东去机场迎接赫鲁晓夫。

中南海摄影师杜修贤回忆了当年毛泽东在机场等待的场景：

我们到机场后，看见毛主席、周总理等领导人已经站在跑道边了，可是许久也没有看见专机降落下来。毛泽东赶紧问周恩来时间，他们两位领导人还极认真地对了手表的时间。我反正也没有什么可拍的，就拍了他们对表的照片，现在看看，真有意思。

10 时 45 分，赫鲁晓夫的专机徐徐降落在北京机场。

赫鲁晓夫由毛泽东陪同，检阅了三军仪仗队，少年儿童向贵宾献了花。赫在机场发表了简短的友好的讲话。11 点 40 分，赫鲁晓夫由毛泽东等陪同前往宾馆。

当晚，周恩来在人民大会堂举行国庆招待会。周恩来在祝酒词中，祝贺赫鲁晓夫“作为和平使者访问美国所获得的成功”。

然而，赫鲁晓夫在答谢词中却不识时务地大讲缓和，大讲美国总统如何希望缓和。警告不要“用武力去试试资本主义制度的稳固性”。实际上在教训中国领导人。

他说：“现在，社会主义的力量已经十分强大，因此，有了排除以战争为解决国际争端的手段的可能性……现在，某些资本主义国家政府的领导人，开始表现出以现实主义态度来了解世界上既成形势的倾向。”

接着，赫鲁晓夫大谈起他在美国的观感，他说：“我刚从美国回来，在我同艾森豪威尔总统交谈的时候，我有了这样的印象，得到不少人支持的美国总统是明白必须缓和国际紧张局势的。……因此，我们这一方面也应该尽力排除作为解决争端的手段的战争，而用谈判来解决争端。……维护和平只有一条道路，这就是不同社会制度的国家的和平共处。”

赫鲁晓夫继续说：“社会主义国家拥有种种手段，对付帝国主义侵略者的阴谋，帝国主义侵略者企图通过干涉我们这些国家的内政把我们从社会主义的道路上拉开，并使我们回到资本主义的时代一去不复返了。但是，……这当然不是说，既然我们这么强大，就应该用武力去试试资本主义的制度的稳固性。这是不正确的，因为人民将不会理解，也不会支持那些想这么干的人。……甚至像社会主义这样一种崇高而进步的制度，如果人民不要它，也不能用武力强迫他们接受。因此……执行和平政策的社会主义国家集中精力来进行和平建设……至于哪一个国家什么时候走上社会主义道路的问题，这是由人民自己决定，这件事对我们是最最神圣的……”

毛泽东对赫鲁晓夫这一番讲话，心中十分不高兴。他的脸上已经失去五年前的热情，他时不时地沉下脸来。不过他尽量保持大国领袖的风度和东道主的礼貌，仍然把赫鲁晓夫安排在自己的身边。左手坐着越共主席胡志明——他总是毛泽东与赫鲁晓夫之间的调解人。

宴会席上，毛泽东往赫鲁晓夫的盘里夹菜，起身给赫鲁晓夫敬酒，却一脸严肃。有时也会哈哈大笑，在餐桌上戏剧性地变化着表情。赫鲁晓夫保持着矜持的笑容，宾主心中都有数，这丰盛的晚宴的背后，隐藏着日益增大的裂痕。胡志明不时起身敬酒，想缓和这种不快的气氛。

中苏首脑会谈成为一场激烈的交锋

10 月 2 日下午，在颐年堂举行中苏两党、两国的高级会谈。

中方参加的有毛泽东、刘少奇、周恩来、朱德、林彪、彭真、陈毅、王稼祥。苏方参加的有赫鲁晓夫、苏斯洛夫、葛罗米柯、安东诺夫。会谈一直连续到晚上，长达七小时。

首先由赫鲁晓夫介绍苏美会谈情况。他把苏美会谈的成果概括为戴维营精神。戴维营是美国已故总统罗斯福的别墅。赫与艾森豪威尔总统在这里举行了缓和东西方关系的和平会谈。赫鲁晓夫要求毛泽东同苏联制定共同路线，步调一致，创造条件，缓和国际紧张局势。他说：美国总统“也像人们一样在为保障和平而操心”，戴维营会谈“开创了人类历史的新纪元”，“没有战争的时代开始了”，1960 年要成为“没有武器、没有军队、没有战争的世界”的一年。

毛泽东静静地听着，慢条斯理地回了一句：“你们跟美国人谈，我们不反对，问题是你们有些观点，什么三无世界呀，戴维营精神呀，这怎么可能呢！事实也不是这样。”

赫的眼睛眯成了一条线，放低嗓音笑嘻嘻地说：“你们没接触不会知道，美国人还是很想缓和国际关系的。他们确实很富，我这次可是亲眼看到了，真的，我亲眼看到了美国的工人，很富，很富。”

毛泽东眉头锁起：“怎么？你只带回这些东西？”

赫鲁晓夫找不到共同语言，有些着急，空气凝结了几十秒钟。

赫鲁晓夫想起艾森豪威尔的委托。他说：“艾森豪威尔总统让我带口信，希望中国释放被击落的美国间谍飞机飞行员唐奈和费克吐。”赫说。

“将来可以放，现在不能放”，毛泽东一口回绝了。

唐奈和费克吐是驾机侵犯中国领空被击落下来的。放与不放完全是中国主权，怎能在美苏之间作交易！毛泽东的回绝把赫鲁晓夫噎住了。

在美苏会谈中，艾森豪威尔几次提到中国，赫鲁晓夫坚持不讨论第三国的问题。这是因为他知道他当不了中国的家。但美国不依，国务卿赫脱说：“只要苏联自称是共产主义集团的领导者，它就应当对中国的举动负有一定的责任。”想到这里，赫鲁晓夫不得不把美国人提到的所谓中国“妨碍世界和平”的几件事提出来：一是台湾问题，一是中印边境问题。其实，赫鲁晓夫本人对中国炮击金门和处理中印边境冲突的政策十分不满。这时不加掩饰地发泄了出来。

赫鲁晓夫说：“你们金门打炮，正当中国军队能够跨过海峡去占领那些岛屿的时候，你们又停止了攻势。结果整个仗等于白打了，以后又搞双日不打单日打，在国际上制造紧张局势。美国宣布支持蒋介石，我们宣布支持你们，这样就造成了大战前夕的气氛。如果不想把金门拿下来，就声明放弃对台湾使用武力。你们的做法我真不理解。”

毛泽东说：“我们只是想显示一下我们的力量。不是拿不下来，是不想拿下来。我们不想蒋介石退到离我们太远的地方，我们想让他们呆在我们够得着的地方，打打停停，这是中国的内战，不让美国插手。美国要我们放弃对台湾使用武力，就是不能听美国人的。”

“这真是奇怪的逻辑。”赫摇摇头。他甚至建议像两个德国、两个朝鲜、两个越南那样处理台湾问题。

这真是荒唐！毛泽东按捺着性子，严肃地指出：“中国问题与德国问题不同，不仅因为人口多少不同，而且因为中国在战时是个同盟国，战后是个战胜国，而德国是战败国。德国是用国际条约，即用波茨坦条约分开的。朝鲜三八线是在波茨坦会议上划定的，后来经过朝鲜战争，由金日成同志和我们志愿军同美国人谈判又重新划定了这条线。南越和北越是日内瓦会议决定的。而台湾和中国大陆的分裂，并无任何国际协定来规定，因此英国对于美国侵台并不满意，甚至就连美国国内也有人不满。”

外交部长陈毅元帅按捺不住了，呛了一句：“炮打金门马祖，这是我们的内政问题。赫鲁晓夫同志，你管这些干什么？你是不是想替国民党说话呀？”

赫鲁晓夫把话题转到中印边界冲突。“你们不该和印度打仗，为了那块无人烟的不毛之地，和尼赫鲁冲突起来，很不值得。尼赫鲁这个人还是反帝的，你们应该团结他，不该发生冲突。”

毛泽东说：“这可是个原则问题。”

陈毅接过话题：“中印边界的事件，不是冲突，而是印度军队的侵略。”

周恩来说：“印度人先进入我国国境，打了 12 个小时，怎么能说我们错了呢？”

赫鲁晓夫说：“我打过仗，不管谁先开枪，反正印度死人了。尼赫鲁是印度在共产党之外最进步首领。他奉行积极的中立政策。印度与巴基斯坦不同，它同美国未签订任何条约。如果尼赫鲁离去，请相信，执政的会是反动势力。因此，为什么要排斥尼赫鲁的地位呢？”

赫鲁晓夫根本不愿考虑中国的立场，不听中国对中印边界冲突的解释。

陈毅提高了嗓门：“既然中国和苏联都是社会主义国家，那么在同非社会主义国家印度发生冲突时，苏联就应该站在中国一边。”

陈毅接着说：“中国的西藏和印度之间的边界是英国在 1914 年用所谓麦克马洪线确定的，这块土地是中国的，是英国人从我们手里夺走的。印度是继承英帝国主义的遗产。你们为什么用塔斯社名义发表声明，站在印度一边？”

陈毅的质问似乎刺痛了赫鲁晓夫。他有些失态，脸胀得通红。“干什么？军衔你是元帅，我只是中将。但是在党内我是第一书记，是第一书记！”

“你是第一书记，没错，但你对的意见我们就会听，不对的，第一书记的意见也不行。”陈毅顶了回去。

赫鲁晓夫继续指责中国说：“中国和印度是在争夺高山上人烟稀少的领土，难道为了这些荒山可以去流血？”接着，他向中国领导人兜售苏联的经验，他说：“你们看到我们同土耳其和伊朗的关系了吗？把那些荒无人烟的地方让给他们不就完了嘛。”他转过脸来对周恩来说：“你是一个大外交家，你难道一点也不清楚？你们非要得罪尼赫鲁。得罪尼赫鲁就得罪了一大片。”

周恩来不温不火，巧妙地反问赫鲁晓夫：“如果苏联与芬兰发生了边界事件，苏方将采取什么对策？”周恩来暗指第二次世界大战前，苏芬发生边界冲突，苏军进入芬兰的卡雷里亚地区的历史。

赫鲁晓夫把话题岔开，转到西藏问题。“你们不应该让达赖逃走。达赖在西藏，印度就放心。西藏问题你们处理不慎重。”

毛泽东双臂摊开，说：“那么长的边界线我们怎么能看得住他呢？”

“你们就该看住么！”

“我们看不住，也不能像你想象的办法把达赖看住。”

周恩来接着说：“这不是看住看不住一个人的问题，这是一个爱国不爱国的问题。”

赫鲁晓夫说：“你们说社会主义阵营要以苏联为首，但我方提出的意见，你们一条也不接受。”

他的火不打一处出，又扯到1957年1月周恩来在莫斯科批评苏联大国沙文主义的问题。他对毛泽东说：“1957年，你们派周恩来给我们上课来了。”

周恩来回答说：“不是我们给你们上课，而是实事求是，有意见都摆在桌面上来谈。”

周恩来针对赫鲁晓夫挨个说兄弟党坏话的做法，提出了批评。赫鲁晓夫当面赖账，不承认讲过这些话。

毛泽东说：“你批评我们很多，没有看住达赖，金门不该打炮，‘大跃进’也不对，说我们是‘左倾’机会主义。我也送你一顶帽子：右倾机会主义。”

赫压制着自己的怒火，脸部肌肉一阵抽搐，然后说：“我明白，你们要标榜马克思主义的正统。”

赫鲁晓夫很沮丧，看来说服中国配合苏联的外交路线，发展戴维营精神，是缘木求鱼。赫鲁晓夫暗想：我给你经济援助，给你派来技术专家，你毛泽东羽毛未丰就标榜马克思主义的正统，批评我右倾机会主义，你的“大跃进”把国家搞得一塌糊涂，以为我不知道吗？赫鲁晓夫暗下了撤退苏联专家、中止对中国的经济援助的决心。但这时没有和盘托出，只露了一点口风。

他平静地说：“现在国际形势缓和了。苏美正就禁止武器进行谈判。苏联有原子弹就等于中国也有。关于这个生产原子弹，我们是不是把它们撤回去。”

他是要把派到中国来帮助中国研制原子弹的专家撤回。在这年6月他在去美国访问之前，下令停运已经装箱准备运往中国的原子弹样品。如今干脆提出撤回原子弹专家，他要用这个压中国屈服，压毛泽东屈服。

不料毛泽东冷冷地说：“我们可以自己试试，这对我们也是个锻炼。”稍顿，又补充一句：“我们说的话都要记住。我们需要是需要，撤回去也没什么大关系。如果技术上能帮助一下更好，不能帮助就是你们考虑的事了。”毛泽东话说得分寸适当，没有乞求，没有惊慌，也没有埋怨，还留有余地，不失大国领袖风度。

10月4日，毛泽东率领一大批高级官员为赫送行，让赫鲁晓夫风光地离开了中国。

回到中南海颐年堂，毛泽东把胸一挺，把头一侧，作顶天立地的姿势，对卫士说：“你越压我们越要顶。你们敢不敢顶？”

李银桥等依稀听到中苏首脑会谈不顺利，知道毛泽东说话的含义，就齐声回答：“敢顶。”

赫鲁晓夫乘兴而来，败兴而去。他无法说服毛泽东服从他的缓和战略。他甚至怀疑毛泽东“抱着某种病态的幻想”把苏联拉进中印边境冲突，破坏他的缓和政策。

赫鲁晓夫一回到苏联境内，10月6日就在苏联远东城市海参崴发表第一次公开讲话。讲话没有提到中苏争论的事，关于中国之行，他说中国的情况很好，中苏友谊、社会主义阵营各国的友谊正日益发展和巩固。但明眼人一听便知，他的讲话是回答中共对他的批评的。他强调说：今年9月的访美之行并没有改变他对美国的看法和对社会主义的信念。但他又再度赞扬了艾森豪威尔，在谈到对战争的态度时他引证了美国总统艾森豪威尔关于害怕战争的话，然后又说：“当然，如果把战争强加在人民头上，使他们被迫保卫自己的自由和独立免受侵略者危害的时候，那就是另一回事了。在这种情况下是不能害怕战争的。……但是向往着战争，像一只公鸡一样准备打架，这是不明智的。”

赫鲁晓夫说“向往着战争，像一只公鸡一样准备打架”，这是不指名地指责毛泽东。

在毛泽东看来，赫鲁晓夫此行是为美国做说客的，企图压服中国屈服于苏联战略。更为重要的是，毛泽东最近十分关注美国国务卿杜勒斯关于“和平演变”的讲话。杜勒斯讲希望苏联集团内部发生和平演变。赫鲁晓夫的一系列举动不是值得警惕吗？毛泽东批评赫鲁晓夫是右倾机会主义，“右倾机会主义”离“修正主义”不远了，或者说是“半修正主义”。中苏之间的分歧从此转向了意识形态。

也许，赫鲁晓夫感到了这次争论太过激烈，甚至有些失态，他后来向中共建议，烧毁10月2日中苏会谈记录。然而，这次会谈造成的巨大裂痕，已非烧毁记录所能弥合的。后来公布的苏联档案证明，赫鲁晓夫并没有烧毁这份记录。

责任编辑：吴　江
　　　　　申　宁
封面设计：周　晓
责任印制：段文超

一个充满希望和幻想的年代

一个艰苦创业、艰难探索的年代

一个成功与失败交织的年代

一个波澜跌宕、惊心动魄的年代

求索中国

——“文革”前十年史（下）

萧冬连　著

中共党史出版社

CHAPTER 7

第七章　跌入谷底

1 危机潜行　饥馑已浸中国
继续跃进　狂飙再起神州

饥馑已逼近中国老百姓

1959年底，几名休探亲假的警卫战士，奉命调查和汇报农村实情。他们带回来农民吃的糠菜窝头。一路上窝头已经捂馊，交到毛泽东手中时，毛泽东受到震动。他用颤抖的手掰开窝头分给身边的工作人员：“吃，这是农民的口粮，我们每个人都要吃……”

毛泽东的卫士长李银桥回忆：

我分了一小块，放进嘴里，嚼啊嚼，就是咽不下去。这窝头与河南吃的烤面包真是天地之差。

我想起了马维带来的那个窝头，想起了毛泽东讲的“要想个办法”……

毛泽东独自拿了一个整窝头，咬第一口，他眼圈红了，喉结上下抽动着，有些壅塞。咬第二口，泪花沾湿了睫毛。咬第三口，泪水已经哗哗地淌下来。

他哭了。无声的哭是最沉痛的哭。我相信，他想到的决不止是农民受了苦，他一定还想到了河南吃的烤面包，在铁路旁的村子里吃的红烧肉，想到了一个领导者的责任，想到了他的美好理想与严酷的现实……

李银桥说的马维从家乡带来的那个使毛泽东落泪的窝头，是在 1957 年秋。两年过去了，老百姓吃的仍然是无法下咽的窝头。毛泽东心事沉重。

不过，毛泽东还不知道，这时老百姓受的苦与 1957 年不可同日而语。他更难相信，这正是“大跃进”、人民公社化，尤其是庐山会议后全党反右倾带来的严重后果。充其量，他认为这只是局部的暂时的困难。在这种形势下，气可鼓不可泄，只要动员全国人民忍受暂时的困难。鼓足干劲继续“大跃进”，就能摆脱困境。战争年代，多少困境不都是这样挺过去了吗。

毛泽东说：

一不死人，二不使身体弱下去，并且逐步增强。这两条是基本的。有了这两条，其他的东西，有也可以，没有也可以。我们要教育人民，不是为了个人，而是为了集体，为了后代，为了社会前途，而努力奋斗。要使人民有这样的觉悟。……（1959 年 12 月至 1960 年 1 月读书笔记）

刘少奇也说：

农民说得好：“几年辛苦，万年幸福。”

如果群众觉悟提高，群众会说：宁愿少吃一点，多积累，多生产一些。那么速度就快了。积累多少？只要群众谅解，可以多积累。（1959 年 11 月 13 日讲话）

暂且不说“几年辛苦，万年幸福”的口号是否代表了农民的心声，那个年代什么口号都会制造出来。问题是这时，在许多农村，“一不死人，二不使身体弱下去”，这两条都保不住了，不是“少吃”，而是“没吃”，情况比领导人想象的严重得多。1959—1960 年冬春，饥馑已经逼近中国的老百姓。

顾准日记：一个落难思想者的实录

从留下的历史文献中，我们很难了解当时发生在农村的灾情。从各省市报来的情况，从每天的《人民日报》上看到的消息，形势一片大好。

幸亏，我们有《顾准日记》。

顾准，一个被打成右派的知识分子。原是学部经济所的经济学家。1959 年 10 月至 1960 年 1 月下放河南商城监督劳动。在这里，他时断时续地写下了一本“商城日记”。[①] 他本来是不让别人看的。在当时，如果真的示之于人，那于作者，只能是“罪上加罪”。正因为不打算示人，也就去掉了粉饰、矫情、造假的苦恼，给我们留下了一个时代的实录。

顾准

右派下放监督劳动，本来着重于思想改造，然而，这时，顾准首先接受的是饥饿的煎熬。正因为这样，顾准花了不少笔墨来记自己如何想办法搞东西吃。一条胡萝卜，成了“宝中之宝”。有几次他吃饱了，就高兴得大写“痛快之至”。其实那个时候，不少人都已到了生物本能的极限，按照生物本能活着。

在冀鲁豫时不能下咽的，这回全部吃完。尤其晚饭三百斤菜，七十五斤米的菜饭，加一盆红薯叶，居然吃完。饥饿是可怕的。（1959 年 11 月 21 日）

为食物的欲念所苦。想如何找杨陆何三人中的好对象得以早上喝一次菜汤。想如何搞一点红薯与胡萝卜吃。（1959 年 12 月 15 日）

劳动队的肿病一下子在一个月内从四十四人增加到七十多人。（1959 年 12 月 17 日）

为了果腹，他也去偷吃萝卜，他自问：“我是否变得卑鄙了？我偷吃东西，我偷东西吃，我不如青年人有献身精神等？不，没有。如法捷耶夫描写两个人在远东森林里打游击一样，我以后也要如实描写自己。”（1960 年 1 月 16 日）

劳动队虽然艰苦，但跟农村人民公社比起来，“劳动队还是天堂”，（1959 年

---

① 《顾准日记》经济日报出版社 1997 年 9 月版。

12月27日）顾准日记中不时出现农村灾民的形象和饿死人的消息。

民工队来买菜的人说，村里的红薯已经吃光了，刘引芝的父亲死了。肿病——劳动过度，营养不良。缝纫室的哥嫂同时死亡，也是肿病。1959年旱灾，1960年春夏，说还有多少人死亡呢？（1959年11月4日）

劳动队真是天堂。徐从周的孩子在这里吃了晚早二顿稀饭，欢喜得不得了。徐从周是在避难所里。我对他说，现若他仍在农村，目击心伤，如何过去？（1959年11月4日）

刨红薯，民工过路，歆慕不已，都到地头捡残屑，驱之不去。一个新发明，红薯藤磨粉。（1959后11月13日）

死人已知柳学冠之弟、杨文华之女、刘文惠之父。其他所听说的还不少。（1959年11月27日）

附近路倒尸二起。黄渤家中……十五人中死了五个。（1959年12月17日）

柳学冠家母弟同时死了，杨柔远母亲死了。夏伯卿家死了人，张保修家死了人。（1959年11月30日）

“饥饿—浮肿—死亡”的规律无法逃遁。饥馑正在农村肆虐。

《顾准日记》记录的实情，与决策者的估计，与公开的宣传，差距何其大也！假如最高层了解真情，会作何处置？假如不堵塞言路，路人皆知的灾情，能不上达吗？

毛泽东再次倡导全党读书

这时，毛泽东又向全党高级干部发出倡导读书，指定的书目是苏联《政治经济学教科书》（1959年1月第三版）。

早在1958年冬，毛泽东就倡导读书。当时“大跃进”和人民公社化运动正如火如荼，毛泽东在为“九个指头”的成就而欣喜的同时，也发现了属于“一个指头”的问题。为了解决这些问题，他多次倡导读书，希望通过读书“使自己获得一个清醒的头脑，以利指导我们伟大的经济工作”。1959年6月初上庐山时，毛泽东最初拟定的议程，第一项任务就是读书，他说：“不要整年整月事务主义，搞得很忙乱，使他们有时间想想问题。”后来，形势突变，庐山会议从纠“左”转向反右，毛泽东号召读书的事也就被搁置一边了。

庐山会议批判了彭德怀，庐山会议后全党反右倾。为了回答国内外的怀疑，也为了为总路线、大跃进、人民公社这一套做法寻求理论上的支持，毛泽东再次倡导读书。

当时，中国和苏联在如何认识和建设社会主义的问题上已经出现明显的分歧，为什么毛泽东还要求全党读这本书呢？他曾经这样回答：对社会主义的探索，在理论上成系统的东西还不多，除了斯大林的《苏联的社会主义的经济问题》外，只有这本书。他说：这本书“缺点有，但比较完整”。1960 年 1 月 17 日，毛泽东在上海会议上建议：中央各部门、各省、市、自治区都要以第一书记挂帅，组织读政治经济学的小组，先读这本书的下半部，五一节以后读上半部，读的方法是用批判的方法，不是用教条主义的方法。他说：“你不读，我们也不了解苏联，不了解他讲些什么事情，同时我们要写教科书，也没有比较。”

毛泽东本人从 1959 年 12 月 10 日到 1960 年 2 月 9 日，组织了一个读书小组，先后在杭州、上海、广州三地读苏联《政治经济学教科书》。参加读书小组的，有陈伯达、胡绳、邓力群、田家英等一批“秀才”。

在这之前，1959 年 11 月 2 日至 22 日，已有刘少奇在海南崖县（今三亚）组织了读书小组。经济学家王学文、薛暮桥，以及广东省委书记陶铸、书记林学明等参加读书小组。在这之后，周恩来于 1960 年 2 月 13 日至 3 月 2 日在广东从化组织了自己的读书会。参加的人员有李富春、陶铸、宋任穷、吴芝圃、胡绳、许涤新、薛暮桥、王鹤寿、吕正操、陈正人等人。

毛泽东在读苏联《政治经济学教科书》时，边读边议，议论风生，用中国革命和建设的经验，审视苏联教科书，发表了许多意见。参加读书的同志将这些谈话，整理成笔记，保存下来两种本子：一种是把毛泽东的谈话按问题归纳，加上小标题，一共列出 13 个问题。冠名为《读〈政治经济学教科书〉下册的笔记》；另一种是按章节顺序，记录了毛泽东的谈话，标题为《读苏联〈政治经济学教科书〉社会主义部分的谈话记录稿》这两份笔记为今天的人们记录下了当年毛泽东对社会主义认识的思想脉络。

毛泽东在这时，花上三个月时间坐下来读书，可见他对探寻中国社会主义发展道路的急切愿望，其中不乏有见地的思想。然而，这时，他的主导倾向是要维护总路线、大跃进、人民公社这“三面红旗”，这三件东西毛泽东视为至宝。但在国内外都遇到了非难，国内有“右倾机会主义者”的“进攻”，国外有赫鲁晓夫的指责、杜勒斯的讥讽、尼赫鲁的乘人之危。毛泽东发誓，这三个东西，要向全世界宣战：他要用实践来回击国内外的挑战。

毛泽东与赫鲁晓夫分歧的加深，也使毛泽东更多地着眼于“批判”而不是借鉴。急于写出自己的教科书。批判的武器是中国的经验。当时，中国只有十年的建设经验，前七年基本上是搬苏联，谈不上独创。1956年的认识和八大路线，毛泽东自己已经不重视。剩下来的只有三年“大跃进”的一套做法。今天来阅读毛泽东的读书笔记，仍然强烈地感受到他对1958年以来的路线的自信和维护。读书并没有如毛泽东自己所说：“使自己获得一个清醒的头脑。”

“我们就要这样干：‘开足马力奋勇前进’”

中国能不能大跃进？大跃进能不能持续下去？

毛泽东的回答是：能！他说：

人类历史一百万年中，资产阶级的三百年，是一个大跃进。无产阶级为什么不能大跃进？我们的任务是要争取把跃进继续下去，要把全国人民的干劲长期保持下去。重要的问题。是要把社会主义革命搞彻底，坚持反对资产阶级影响的斗争。

法国《快报》评论中说：“穷是中国跃进的动力。”“穷是动力”，这句话讲得很对。因为穷，就要干，要革命，要不断革命。富了，事情就不妙了。中国现在不富，将来富了，也一定会发生问题。在目前的情况下，越往西越富，革命也越困难。我们因为穷，人口那么多，东西那么少，这是一个矛盾。解决这个矛盾，就要有现在的这样一种干劲，这样一种朝气，而且一定要长久保持下去。

中国现在还处在被人看不起的地位，这是有理由的，因为我们还不行。这对我们有好处，逼着我们努力，逼着我们进步。

对我们1959年新闻公报，《纽约时报》的评论说：中国比苏联优越的地方有四条：一、中国可以得到社会主义国家的帮助，苏联那时没有这种帮助，它当时是唯一的社会主义国家；二、中国的合作化搞得快，没有造成损失；三、中国的劳动力多，而且用人民公社这种“集中营”的方法组织起来了，拿我们自己的话来说，就是人多，而且在人民公社这种组织形式下高度地组织起来了；四、中国是后进的国家，可以接受最先进、最现代化的科学技术，这是一切落后国家赶上先进国家的优越条件。这个评论比较客观，看起来同我们的想法差不多。我们的任务是经过一、二十年到几十年的努力，在主要产品产量方面首先超过英国，然后超过美国。

找一个国家来比赛，这个办法很有意义。这是政治鼓舞，不是物质刺激。我们提出赶英国，第一步按主要产品产量来赶，下一步按人口平均的产量来赶。造船业、汽车制造业，我们还比他们落后得很远，我们一定要争取赶过他们。日本这样小的国家，都有四百万吨商船，我们这么大的国家，没有强大的船队怎么能行。

资本主义各国，苏联，都是采用最先进的技术，来赶上最先进的国家，我国也要这样。拿汽车来说，我们这样的大国，最少应该有三、四个像长春汽车厂那样的制造厂。

这里，毛泽东从人类发展的历史进程中，找到了可以“大跃进”的根据，他对于国外评论“穷是中国跃进的动力”这句话尤其欣赏。对于外论中把人民公社组织形式比之为“集中营”并无愠色，反而称“这个评论比较客观”。他急切地希望中国“进步”。改变“被人看不起的地位。”他说：“我们现在就是要这样干：‘开足马力奋勇前进’”。他预言“经过 58—59 年大跃进，60 年将是生产大发展的一年。”

这时，全党在“反右倾、鼓干劲”的口号下，继续“大跃进”的“气”早已鼓起。各地的报告“形势喜人”。有的人甚至认为，如果早反右倾，困难就不会出现。《人民日报》浮夸虚幻之声不绝于耳。每天都有醒目的标题：“形势无限好，高潮日日高”“实现大跃进”“大办工业”“大办钢铁”“大办粮食”“大办食堂”“大搞副业”“大搞深翻”“大办文教卫生”“高速万岁”。接近岁末，又见丰收喜讯纷呈：欢呼《奇迹！奇迹！》。

毛泽东接过卫士从农村带来的馊窝头时的抑郁心情，已烟消云散，他又为全国的跃进形势而精神亢奋。

中共中央已经提出 1960 年经济建设总方针：“在 1958 年和 1959 年连续跃进的基础上，要争取 1960 年国民经济继续跃进。”

1960 年 1 月 1 日，《人民日报》发表社论：《展望 60 年代》，宣布已经实现了提前 3 年完成第二个五年计划的号召。说：“我们不但对于 1960 年的继续跃进和更好的跃进，充满了信心，而且对整个 60 年代的继续跃进，也充满了信心。”

1 月 2 日，《人民日报》再发社论：《开门红、满堂红、红到底》，单看标题，就已感到了“大跃进”的热浪袭人。

1 月初，中共中央政治局扩大会议在上海召开。1 月 9 日，毛泽东再次向与会者发问：“资产阶级都能够实现大跃进，无产阶级为什么不能实现大跃进？”他说：“现在，有些人不相信我们（的大跃进），是有理由的。你没有东西，他怎么能够相信呢？”“经过若干年，我们真正有了东西，而且经过多次反复，他们才会相信我们。”

1月23日，毛泽东又将一个文件批给其他领导人，他重重地批道：“看来，连续大跃进是可能的。”

上海会议批准了国家计委关于1960年国民经济计划，提出产钢1840万吨，产粮6000亿斤。会上还讨论了二五计划后三年设想和未来八年的初步设想。

三年设想是，提前五年实现赶上英国的口号，提前五年实现12年农业发展纲要，提前五年实现12年科学规划。

八年总要求是：以共产主义的雄心大志，尽可能地加快建设，保证工农业生产不断跃进，基本实现四个现代化。建立起完整的经济体系。同时，基本上完成集体所有制到社会主义全民所有制的过渡，在分配制度中要逐步增加共产主义的按需分配的因素。

这个三年、八年设想体现的，依然是要尽可能地赶上和超过美国，早日地过渡到社会主义全民所有制，为向共产主义过渡准备条件。领导人脑子里，充满着急于求成，急求过渡的思想。

上海会议后，各地再次掀起“大跃进”高潮，各种“大办”，一轰而起。3—4月召开的二届二次人大会议通过了1960年的“大跃进”计划。

周恩来对这种势头心有疑虑。年初，他在从化读书时委婉地提出：“今年又有‘左’的苗头”。“总不能天天跃进，总有波浪。”然而，在“大跃进”热浪再度席卷而来之时，周恩来的这种声音显得多么微弱。

“现在面临的问题是准备条件过渡”

从1958年起，“大跃进”总是同向共产主义过渡的伟大事业联系在一起的。“大跃进”速度放慢些，过渡的安排也推后一些；“大跃进”再度强调时，过渡问题重又成为当务之急。

庐山会议后，全党再次发动“大跃进”，从社会主义向共产主义过渡的问题，自然成了毛泽东乃至全党注视的焦点之一。毛泽东和刘少奇的读书笔记都以很大篇幅，饶有兴趣地谈到了这个问题。

毛泽东和刘少奇都认为，社会主义和共产主义是两个不同阶段，应当有两个过渡。毛泽东进而认为，社会主义阶段也可分为两个阶段，第一阶段是不发达的社会主义，第二阶段是比较发达的社会主义。然后再在物质产品、精神财富和人的共产主义觉悟极大提高的基础上进入共产主义。他又认为，在这两个阶段发展过程中，有一个所有制逐步发展的问题，即先由目前的基本队有制发展到基本社有制，再由公社的集体所有制发展到社会主义全民所有制，此后，就是社会主义全民所有制过渡到共产主义全民所有制。

毛泽东、刘少奇关于两个阶段的观点和多次过渡的观点，是一个有意义的思考，它对于径直向共产主义过渡的想法，客观上起到一定节制作用。阶段多了，时间也就自然延长了。

然而，毛泽东接下来又提出：当前面临的，是如何与继续“大跃进”相适应，来实现由基本队有制向基本社有制的过渡。又把过渡问题提到议事日程。

毛泽东对苏联教科书中关于“彻底巩固集体农庄制度”的提法特别反感。他说：“彻底巩固”四个字看了不舒服。社会主义制度要巩固，但不能强调过分，“任何东西都不能看成永恒的。两种所有制的并存，不能是永恒的。”刘少奇也说：“‘大力巩固’集体所有制的提法也是有问题的。”

毛泽东对列宁的一段经典论断“国家愈落后，过渡愈困难”，表示异议。他说：“这个说法现在看来不对，其实经济越落后，从资本主义过渡到社会主义愈容易，而不是越困难。人越穷，越要革命。”

谈到过渡的条件，毛泽东说：“人民公社由基本队有制转变到基本社有制的一个决定性的条件，是社有经济的收入占全社会总收入的一半以上。”“我们将来把社会主义集体所有制过渡到社会主义全民所有制，主要的步骤，将是在社有经济大发展的基础上，社有经济占到全社经济的一半以上，实现由基本队有到基本社有的转变。这样，再变为国有就好办了。”“将来我们的农村，不只是土地国有化，而是一切国有化。”那时，“全国将出现单一的全民所有制，这会大大促进生产力的发展，再经过一定的时间，才进而转变为单一的共产主义全民所有制。”

这里，毛泽东似乎强调了过渡的条件。然而，第一，基本取向还是要创造条件“过渡”，第二，这个条件说是不搞“一平二调”，而是发展社有经济。愿望或许很好，但事实上在当时强调发展社有经济，除了“空手套白狼”，平调生产队的人力和财物，便无从做起。

刘少奇在海南读书时也说：

应该在社会主义阶段做好过渡到共产主义的准备，否则到那时过渡不了——这些准备是：“物产极丰富、生产力高度发展，道德水平大大提高，人们不计较报酬，积极生产，三个差别消灭，按需分配，否则过渡不了。”

按需分配，是逐步实现的，有些能够满足。先从衣食的需要开始。让人们先满足吃、穿的需要，然后有什么东西，可以满足什么东西（例如手表就不是一下子就能满足了的）。也可以半供给、半发工资。

“按劳分配”万岁，是难以走到共产主义的。

从现在起就要为向共产主义过渡准备好条件，这个思想与毛泽东是相同的。当然，刘少奇也讲了另一面。他说，“生产关系跑到生产力的前头，没有基础了，就会破坏生产力（如刮‘共产风’的例子就是，会破坏生产力的）”然而，接下来，他话锋一转，又自我否定了：“今天我国的生产关系是跑到生产力的前头了吗？还是相适应的？是相适应的，不能说生产关系跑到前头了。”“它大大促进生产的发展，但物质基础有些不够。”这些话让人听起来，有模棱两可的感觉。

共产主义的情结支配着一代领导人的思想。

循着上述思路，1959 年 12 月举行的浙、皖、苏、沪四省市座谈会，讨论了人民公社由基本队有制到基本社有制的过渡问题。在此之前，华东协作区委员会议提出过分配给社员每人 200 元左右的过渡条件。座谈会同意这个条件，并认为，要每人分到 200 元，人民公社的总产值每人平均一般要达到 600 元到 800 元。这要经过一个相当长的时间，江苏全省人民公社总产值要在 1959 年 56 亿元的基础上提高三四倍，安徽要在 1959 年 57.36 亿元的基础上也提高三四倍，上海的现基础较各省要好，但提高的标准也高一些（平均每人总产值要求达到 1100 元到 1300 元），也要提高 3 倍多。这样，“从基本队有过渡到基本社有，上海的条件较好，大约要三年到五年的时间，其他各省大约要五年左右，或者更长一些时间才行。”会议提出，过渡的时间是一个大致的杠子，具体过渡起来，各公社要有先有后，各生产大队过渡条件的成熟程度有早有晚，“条件成熟了不过渡，就会带来一系列的问题，影响生产发展；条件不成熟，勉强过渡，也不利于生产的发展。因此一般公社的发展趋势，将是分批过渡，成熟一批过渡一批，有些公社，大队情况基本平衡，同时具备了过渡条件的，也可以一起过渡。”

为了创造条件过渡，座谈会提出要积极发展社有经济，特别是社办工业，实现公社工业化，要求采取措施扶持穷队翻身（上海打算在 1960 年基本达到，江苏打算在 1962 年基本达到）。

1960 年 4 月 6 日，谭震林在二届人大二次会议上阐明过渡问题。他说：“我们的前途是从队基本所有到社基本所有，然后再从社基本所有过渡到全民所有。”“就实现社基本所有制的条件来说，第一，全社的经济发展达到了每人年平均收入 150 元至 200 元的水平；第二，社有经济部分在全社经济中占有优势；第三，穷队赶上了富队；第四，农村的机械化和半机械化达到了一定程度。”

根据这种精神，各省开始了试点。为了快一些发展社有经济，大办社有工业，大办养猪场，大办水利，大办交通，各种“大办”一齐上；为了扶持穷队赶富队，在资金劳力、生产资料等方面搞“共产主义大协作”，“一平二调”的共产风、浮夸风和强迫命令风卷土重来、变本加厉，平调的范围很广，土地、房屋、粮食、生产工具、劳力、家具等无所不有，搞平调的单位，有的上至省市，下至小队，而以公社为多。共产风的重新刮起，使农业生产严重受损，社员的处境雪上加霜。一些地方大批人员浮肿——死亡——外逃。

坚守“社会主义阵地”

在继续“大跃进”和重新部署过渡时，强化人民公社的公共食堂制度，就成了必然的做法。

公共食堂何以成了必须坚守的“社会主义阵地”？

人民公社的公共食堂是在 1958 年“大跃进”运动和人民公社化运动中产生和推广的。它一开始就是服务于“大跃进”和向共产主义过渡的。当时认为，办公共食堂可以解放大批劳动力投身于“大跃进”，公共食堂实现了“生活集体化”，公共食堂实行供给制，正是具有共产主义因素的新生事物。因此，它一诞生，就备受青睐。

第一次郑州会议后，中共中央根据存在的问题和“大跃进”的需要，指示“要办好公共食堂，要保证所有社员吃得饱，吃得好”。

但是，严重的“五风”使得农民生活处于困难境地，食堂难以维持。第二次郑州会议解决了三级所有队为基础的体制后，中央便着手解决公共食堂问题。1959 年 5 月 26 日，中共中央指示：“要通过夏收，认真地整顿食堂。”强调积极办好，自愿参加，“既要使参加食堂的社员真正自愿，又不能采取放任自流的态度，把食堂一风吹散。”办法比过去也灵活了一些，可以办全体社员参加的，也可以办一部分社员参加的；可以是常年的，也可以是农忙的。范围过大的，可以适当缩小。特别是：“口粮应该分配到户，分配到社员，以人定量，在公共食堂吃饭的，粮食交给食堂，节约归个人；不在食堂吃饭的，粮食全部分给个人保管食用。”与此相适应，中央还指示分配给社员自留地，并允许社员私人喂养猪、羊、鸡、鸭、鹅、免等。

口粮分配到户的口子一开，农民们宁愿回到家里做饭、吃饭，而不愿继续在食堂吃饭。山西省参加公共食堂的人数“一度剩下的不到农村户口的20%”。有的人主张“家家起火，户户冒烟，拆散食堂，重建私灶”。有的食堂散伙了。甚至还出现过安徽省委书记处书记张恺帆下令解散无为县食堂的事，他提出“三还原、两开放”（吃饭还原，房屋还原，小块土地还原，自由市场开放，集体所有的渔塘开放），亲自帮助农民拆掉公共食堂的锅灶。该县共解散了4000多个公共食堂。

庐山会议上，公共食堂问题成为分歧的主要问题之一。彭德怀、周小舟等提出了异议，张闻天说得更直截了当：“现在有些人把供给制、公共食堂等同于社会主义、共产主义，怕取消供给制就不够进步，退出食堂就不是社会主义。其实，这完全是两回事，是两个不同的范畴。社会主义并不一定要采取供给制、公共食堂这种办法。”庐山会议后期，毛泽东接连对公共食堂问题写批语，批评解散食堂是“悲观主义思潮”，“是腐蚀党的，腐蚀人民的一种极坏的思潮”，说解散无为县食堂的张恺帆是“站在资产阶级立场，蓄谋破坏无产阶级专政，分裂共产党”。……在国际上，中国的公共食堂也是受攻击最多的问题之一。杜勒斯说，“公共食堂破坏家庭”。依据当时的逻辑，凡是敌人反对的就证明我们是正确的。公共食堂更增加了不可侵犯的“神圣”性。在各地反右倾中，是否坚持参加公共食堂吃饭，就成为是否坚持走社会主义道路的政治问题！各地纷纷整顿、恢复和普及公共食堂。

此时，由于1959年冬春的灾荒，许多农村公共食堂已难以为继，有的已经断粮断炊。有的已发生死人和外逃现象。

1960年2月16日至18日，贵州省委召集地、州、市委第一书记会议，讨论公共食堂问题。会后向中央报告了全省13万个食堂80%是巩固的、20%左右是不巩固的情况，以及整顿食堂的措施。省委报告反映：不固定的食堂有三种情况：一是虽然集体做饭，但做得不够吃，分给各户，推出了事；二是时办时停；三是各户单独起伙，食堂有名无实。在这些地方，个别的已发生外逃、肿病和死人现象。主要原因：一是基层组织有问题，有的被富裕中农把持，千方百计拖垮食堂，挖人民公社的墙脚。二是实际工作抓得不紧、不具体、不切实，听任食堂涣散下去。目前，当务之急是对不固定、不巩固的食堂立即加以整顿。省委的报告提出：“农村经过整风整社和社会主义教育之后，富裕中农同我们作斗争的主要矛头是针对食堂。去年贯彻八届八中全会精神之前，他们的主要活动，是闹土地下放，包产到户，牵牛拉马。现在千方百计扯垮食堂，这就是挖人民公社的墙脚。所以食堂也是

北京海淀人民公社青龙桥工作站第一连食堂的社员在吃饭

我们必须固守的社会主义阵地。失掉这个阵地，人民公社就不可能巩固，大跃进也就没有保证。”并提出了把社员自留地转交给食堂的问题。中共中央转发贵州省委的报告，并将口粮分配的原则改为“指标到户，实物到人，凭票吃饭，节约归己”。

毛泽东进一步指示道：贵州省委的报告写得很好，各地要“一律仿照执行，不应有例外”。并说，这篇报告“是一个科学总结，可以使我们在从社会主义向共产主义过渡的事业中，在五年至十年内，跃进一大步。因此，应当在全国仿行，不要例外”。

毛泽东以很大的热情关注着公共食堂的整顿工作。

3 月 5 日，黑龙江省委农村工作部向中央汇报农村公共食堂情况和经验。毛泽东在汇报记录上即兴写下了几句话：

加强领导，全民食堂，猪菜丰富，计划用粮，指标到户，粮食到堂，以人定量，凭票吃粮，节余归己，按月算帐，明明白白，帐单上墙，生产生活，两样都强，人心振奋……

3 月 15 日中共中央又转发了《八个省农村公共食堂情况》《河南省农村公共食堂情况》《1959 年年底全国农村公共食堂情况》等文件，毛泽东亲自为中共中央起草批示。批示说抓食堂是一个“极端重要”的问题，要求各地“在今年一年内，认真大抓两次，上半年一次，下半年一次，学贵州、河南等省那样作出科学的总结，普遍推行。”毛泽东写道：“就全国说来，能够争取占全体农村人口百分之八十的人到食堂吃饭，就很好了。像河南、湖南、四川、云南、贵州、上海、安徽七省市争取了百分之九十以上的人到食堂吃饭，当然更好。但其他各省、市、区，暂时达不到这个程度的也不要勉强，两三年内争取逐渐达到，是可以的。”

执行中央的指示，到1960年4月，据14个省市的统计，参加食堂的户数达到农村总户数的88.9%，人数占总人数的88.6%，河南省达99%。对这个所谓“社会主义阵地”的坚持，大大加重了农村的灾难。

城市人民公社“应一律挂牌，以一新耳目，振奋人心”

1960年的“大跃进”还有一个新插曲，即在全国各大中城市建立人民公社。

1958年的人民公社化运动，主要在农村进行。北戴河会议关于人民公社的决议，没有对城市提出要求。但在公社化浪潮中，郑州、哈尔滨等少数城市一些居民自发地成立了人民公社。其性质类似社区服务性组织。

1958年11—12月，中共中央八届六中全会通过的《关于人民公社若干问题的决议》，第一次正式提出城市人民公社问题。决议写道：“人民公社……在城市也在开始进行一些试验”，城市中的人民公社将来会成为旧城改造和新城建设的工具，“成为生产、交换、分配和人民生活福利的统一组织者”。

不过，此时中央的态度较为谨慎，考虑到城市与农村的诸种差别。《决议》要求“在城市中应继续试点，一般不忙大量兴办，在大城市中更要从缓，只作酝酿工作。要等到经验多了，原来思想不通的人也通了，再大量兴办起来。”

然而，1960年初，在反右倾，“大跃进”的口号下，城市人民公社“应运”而生。

1960年3月8日，毛泽东在中共中央拟发的关于城市人民公社问题的指示稿上批示：

看起来，以大工厂、以街道、以机关学校三种为中心，而又有各种所有制（国有制，社有集体制，社以下集体所有制）同时存在于一个公社内，是不可避免的，也是很好的。

毛泽东想通过兴办城市人民公社再一次地振奋一下人心。中央指示稿中有一段话：

在北京、上海、天津、武汉、广州五个大城市，也不要在一个时期满街挂上人民公社的牌子（过去已经挂上者不取消）。但是一切有关城市人民公社的实际工作，都应当放手发动群众去进行。

毛泽东显然感到没讲够。在后边加了几句话：

慢慢挂上公社牌子则是可以的。除这五个大城市外，其他一切城市则应一律挂牌子，以一新耳目，振奋人心。

他继续批示说：

最好有一位书记专管城市人民公社。中央希望今年上半年全国城市普遍试点，取得经验，下半年普遍推广。各城市应派一位书记率领几个干部到哈尔滨、天津、郑州等处去参观那里的人民公社。①

1960年3月9日，中共中央作出《关于城市人民公社问题的批示》，指出："中央认为对于城市人民公社的组织试验和推广，应当采取积极的态度。"这表明，中央在八届六中全会上主张稳妥试验的立场发生了转变。《批示》表现了一种想大

1960年2月，贵阳市区某街道庆祝城市人民公社成立

① 《建国以来毛泽东文稿》第9册，第54—55页。

干一场又难卜前景的心境，如，一方面肯定已经办的城市人民公社“都表现了它们的优越性”，能够大大改变城市的面貌，广大劳动人民的家庭妇女，对此有极大的热情；另一方面又承认“生活比较富裕的上层家庭的男女成员，则还有相当多的人对城市人民公社有不少的顾虑。”《指示》提出“今年一年内，城市人民公社还在试办阶段，各地报纸可以登载组织街道生产、组织集体生活福利事业和服务事业的消息以外，关于组织城市人民公社的消息都不要登报，也不要组织群众性的庆祝游行。”

上述指示还比较谨慎，然而到了3月30日，全国人大二届二次会议乐观地认为正在全国城市中大力兴办的人民公社将把城市人民更加广泛地组织起来，解放成千上万的家庭妇女，这不仅有利于生产建设的发展，而且有利于城市社会生活的彻底改造。

3月31日《人民日报》发表社论说：“事实已经证明，城市人民公社和农村人民公社一样，具有伟大的生命力，它的成长将是我们实现1960年以及今后的继续跃进的一个新的重大的积极因素。”

从4月1日开始到4月8日，新华社接连发表了系列报道，分别介绍了郑州、哈尔滨、北京、重庆等地的城市人民公社的典型事迹，中央和各地主要报刊都迅速转发了这些消息。这就大大突破了中央3月9日批示关于城市人民公社不要登报的精神。

4月9日，出席全国人大二届二次会议的北京、上海、天津、武汉、广州五大城市的市委书记作了题为《建立城市人民公社具有伟大历史意义》的联合发言，盛赞城市人民公社不仅能促进生产高速度的发展，而且还是彻底改造旧城市，使之适合于现阶段社会主义建设和未来共产主义理想的重要工具，并表示，大城市也必须逐步分批地实现人民公社化。引起毛泽东的很大兴趣。

全国人大二届二次会议以后，在全国迅猛地掀起了一个声势浩大的兴办城市人民公社的群众运动。据统计，截至1960年5月10日，在全国180多个大中城市、6900万人口中，已建立人民公社1039个，入社人口达3900万余，占全部城市人口的55.6%。公社兴办的工业生产单位达9万多个，兴建的服务站达10万多个，公共食堂9.2万多个，托儿所（幼儿园）达9.5万多个。

然而，与农村相比，城市在原有工矿企业和街道组织之上，叠床架屋，再建人民公社，更显得滑稽可笑。而且，城市人民公社化运动，其来势汹汹，却生不逢时，此时，“大跃进”已是强弩之末，后果日益暴露，1960年下半年中央工作的重点转入应付危机。城市人民公社也成虎头蛇尾。已有的公社组织，一部分即“逐渐解体，自行消亡”。由于命运短暂，以至今天人们很少有人谈及它。

“挂甲”元帅对时局的看法

正当“大跃进”的热浪再次席卷中国时，有一个人怀着焦灼的心情发出感叹：“人民将付出很大代价才能改正这个错误”。

这个人就是遭受错误批判、离群索居、“闭门思过”的彭德怀元帅。

1959年9月30日，新中国成立10周年庆典前夕，彭德怀举家迁出中南海永福堂，移居京西颐和园附近的挂甲屯吴家花园。行前，他把崭新的元帅服、狐皮军大衣、几件军装、几枚勋章、一幅何香凝老人绘赠的猛虎图，上交给了党中央。

三国时刘备的部下庞统，号雏凤。入蜀途中，命丧“落凤坡”。今天元帅挂甲，住进挂甲屯。挂甲屯的名字，是一种巧合，还是一种预兆？

10月13日清晨，毛泽东把电话打到吴家花园。约彭德怀中南海一晤。这是毛泽东最后一次争取彭德怀，希望他认错。汽车直驶中南海颐年堂，彭德怀步入室内，早有毛泽东、刘少奇、朱德、邓小平、陈毅、彭真、李富春、谭震林等在座。彭德怀落座，毛泽东从容地说：“我们一起来商量一下你今后一段时间的工作、学习问题。中央同意你9月9日的来信，读几年书极好。每年一段时间到工厂和农村去参观和调查研究也很好。你年纪大了，就不要去人民公社劳动了。”

彭：“同意主席的话。”

毛：“准备怎么学习？”

彭：“学习哲学、政治经济学。吴家花园离党校近，希望在

吴家花园彭德怀的住室

党校参加学习，准备学四年。”

毛泽东表示同意。又说：“不要学那么长时间，两年就够了。”彭答：“同意。”

毛泽东再没说下去，注视着彭德怀，似在等待什么，在座的人看出来，毛泽东是在等待彭德怀认错，以便有所表示，缓解气氛。

彭德怀默不作声。他并非没有察觉毛泽东的心思。此时认错，就能打开僵局。但他决心不再作违心的检讨。空气凝固起来，片刻，彭德怀告辞。

谅解的机会失去了。然而，彭德怀到党校学习的愿望却实现了。

读书，并没有把他心中的疑团消解、愤懑平慰。他对庐山会议的做法百思不得其解，更为庐山会后全党反右倾，“大跃进”继续向“左”的深渊滑行，忧心如焚。

彭德怀再也忍耐不住。心中酝酿几个月，1960 年 4 月至 5 月，他伏案疾书，写下五万字的笔记，毫无顾忌地谈出自己对八届八中全会决议和对当前形势的看法。[①]

彭德怀劈头发问：“《决议》究竟是什么？”

屈原曾经有《天问》。仰天长叹，诘问连篇。彭德怀则是自问自答。他说：

这个决议是脱离当时国内实际情况的，它违背了我党一贯坚持的实事求是的精神，避开实际情况，采用算旧账，进行人身攻击的办法，在政治上、思想上提高到离开现实的高度原则，加以推测而得出来的。

会后又在全国普遍开展反右倾运动，这就使得在当时本来已经存在着‘左’的东西更加严重，给社会主义建设事业带来更大的损失。

从 1958 年 8 月北戴河会议在经济建设上提出许多无根据的计划，就造成了严重损失。庐山会议没有重视这个问题，因而 1959 年农业减产已成定局。1960 年这种形势仍将继续。

庐山会议既不正视这一严重事实，又不悬崖勒马进行调整。反而想从反右倾机会主义打开一条出路，结果事与愿违，愈陷愈深。人民将付出很大代价才能改正这个错误。

从 1959 年下半年起，我国生产关系的变革远远地走在了生产力发展的前面，这是错误的。

---

① 引自《彭德怀传》，当代中国出版社 1993 年版第 659—662 页。

彭德怀批评当时盛行的许多口号和做法，如“三年苦战改变落后面貌”；“左比右好，左是方法问题，右是立场问题”；“矫枉必须过正”；各种“大办”“大搞”……他说：“这些全民大办并不是人民群众多数自觉的，而是严重的强迫命令、脱离群众的现象”，“这不是群众运动，而是运动群众”。“已经发展到了不可容忍的程度”。

彭德怀认为出现在报道中的工人劳动不计报酬，取消计时计件工资、商店无人售货、农村继续推行公共食堂、把富队与穷队拉平等作法都是“左的蛮干”，是“党的各级机关的有些领导同志一意孤行、脱离群众……企图跳进共产主义的问题”。

彭德怀列举了一些他认为不能容忍的现象。如：“在‘苦战三年、幸福万年’的号召下，不分昼夜寒暑，甚至在严寒季节命令社员脱掉衣服劳动，以至吊打、系绑等”。“因粮食不足……人们体质减弱，疾病丛生，积劳成疾，不少因而残废”，“死亡者有之”。对于彭德怀这些痛心疾首的忧国忧民之言，“文革”中的专案人员在旁边批了八个字：“造谣特等，极其恶毒！”

彭德怀想起1959年9月3日到11日新华社《内部参考》接连登载的三篇文章：《驳国民经济比例失调的谬论》《驳全民炼钢铁人民公社化造成市场紧张的谬论》《关于〈驳国民经济比例失调的谬论〉一文的讨论》，三篇文章异口同声否定国民经济比例失调，认为有也是个别的。其中第一篇是出自国家统计局之手，该文引用浮夸的数字，断言：“在1958年生产大跃进的基础上，国民收入，人民生活，积累均有很大的提高。”“特别是广大农民的生活水平提高得最快。”彭德怀曾在这篇文章上批道：“这篇文章除了蒙蔽真相，造成假象，继续扩大‘左倾’错误外，几乎没有其他参考价值。”彭德怀列举他亲自调查的结果，说明从1958年秋后农民生活逐步下降的情况。1960年1月，以产京西稻著名的挂甲屯，因为缺粮，居民把吴家花园墙外的榆树叶捋去充饥了。这个景象使得彭德怀整日愁眉不展。

彭德怀认为，因主张解散农村公共食堂而被撤职处分的安徽省委书记张恺帆和因给毛泽东写信反映问题而被批判的东北协作区办公室干部李云仲的意见，都是值得考虑的。他问道：“随便把这些提意见的同志，加以各种莫须有的、极严重的政治罪名，这样做对党、对人民事业究竟有什么好处？”

这时的彭德怀，已丢掉幻想，无所企求，因而这份《看法》，无所顾忌，直抒胸臆，针砭时政，入木三分。为我们今天感受当时的气氛留下了一份珍贵的材料。

2 再衰三竭 中央首议调整 十年总结 领袖初感迷茫

国家经委天天盯着生产日进度表

曹刿曰：“一鼓作气，再而衰，三而竭。”

进入1960年，“大跃进”已是第三个年头，其严重恶果已经越来越清楚地暴露出来。百姓疲惫不堪，却还要四鼓、五鼓。曹刿在世，又如何论战？

上半年的情景，一方面计划指标节节拔高，另一方面生产月月下降。

年初的计划已是明月高悬，可望不可及。但是人们仍不满意，5月份，又提出了工业生产、交通运输、基本建设计划的第二本账。工业总产值比原计划再增加380亿元，年增长速度由25%提高到47.6%；财政收入要比原计划增加79亿元。钢产量计划由1840万吨提高到2040万吨。还有第三本账：钢产量2200万吨。

这个2200万吨钢的指标是毛泽东亲自敲定的。

2月13日，国家经委党组向中央政治局提交口头汇报提纲，其中说到钢铁等主要产品要完成第一季度计划，并为全年争取完成2040万吨钢或者更多一点的目标而奋斗，任务还是很艰巨的。在文中“2000万吨钢或者更多一点的目标”一句下面，毛泽东加了看重号，并在旁边批道：“争取二千二百万吨钢。”钢指标由此再上台阶。5月30日，中共中央正式批准了这一计划。决定确保完成第二本账，争取实现第三本账，钢产量一变，冲乱了整个计划。在全国掀起保钢、保煤、保运输的高潮。已经绷得很紧的弦，绷得更紧了。

但事实上，第一季度的钢产量就已低于1959年第四季度，4、5月份生产继续下降，不仅第三本账，第二本账也实现不了。薄一波回忆说：

回忆当时的情况，不仅干部和群众焦虑不安，处于第一线的经济综合部门更是紧张。为了确保中央确定的各项生产指标得以实现，国家计委和国家经委领导干部集体办公的会议室里，都醒目地悬挂着工业主要产品的日进度表，如全国钢、铁、钢材、原煤、焦炭等的日产量，铁道日装车量等，我和李富春同志天天看，看到产量逐日增加，心里才踏实；看到严重下滑，就立即分析原因，采取措施解决。[①]

这种场景，使我们很容易联想到《大决战》等影片。像在作战图上指挥战争一样，指挥着全国的生产战役。统帅决心已定，参谋部只有组织实施的义务，绝无改变决心的权利。

农村“五风”再起，毛泽东下令整顿

农村的形势更令人焦虑不安。在继续“大跃进”和准备条件过渡的双重压力下，基层干部花样翻新，演绎出许多违法乱纪的悲剧来。庐山会议前一度有所收敛的共产风、瞎指挥、强迫命令风再次卷土重来，而且变本加厉。这种情况终于引起许多省市的重视，从 1960 年 2 月开始，先是广东后有山东、江苏、山西等省采取召开省、地、县、区、社、队等五级或六级干部大会的形式进行纠正。解决一些社队急于向公社所有制过渡和在发展社有经济中平调生产大队财物问题以及干部多占多吃、贪污浪费、官僚主义等作风问题。

由于把问题限于执行中的局部偏差和干部作风问题，这种纠偏与反右倾不矛盾，无风险，且易被领导人接受。广东、山东等省市的做法及其反映的问题，引起了中央和毛泽东本人的注意。中共中央先后转发了他们的经验。毛泽东为中央起草了一系列转发批示。

3 月 3 日，毛泽东代中央起草的转发广东省委文件的批示中说：“现在形势大好，缺点错误是部分的。但是一定要纠正，不使这五方面的现在还是部分性质的错误扩大开去。”毛泽东一方面认为基层干部水平还很低，一方面对于他们的干劲、热情，“要把中国变成一个伟大、强盛、繁荣、高尚的社会主义、共产主义国家的雄心大志”，爱护有加，认为“是很好的”。他希望各省市都召开六级干部会议，提高干部的觉悟水平。

3 月 23 日，毛泽东又代中央起草了转发山东省六级干部会议情况简报的批示。这个批示中对山东反映出来的干部违法乱纪行为很重视。态度也严厉多了。批示说：

在一些县、社中，去年三月郑州决议忘记了，去年四月上海会议十八个问题的

---

① 薄一波《若干重大决策与事件的回顾》下卷第 890—891 页。

规定也忘记了，共产风、浮夸风、命令风又都刮起来了。一些公社工作人员很狂妄，毫无纪律观点，敢于不得上级批准，一平二调。另外还有三风：贪污、浪费、官僚主义，又大发作，危害人民。什么叫做价值法则，等价交换，他们全不理会。所有以上这些，都是公社一级干的。范围多大，不很大，也不很小。是否有十分之一的社这样胡闹，要查清楚。对于那些最胡闹的，坚决撤掉，换上新人。平调方面的处理，一定要算帐，全部退还，不许不退。对于大贪污犯，一定要法办。对于少数县要实在不行的，也要坚决撤掉，换上新人。

3月30日，毛泽东为中央起草了《关于反对官僚主义的指示》。要求各省市在召开六级干部大会和县召开四级干部大会的时候，公开提出“三反”（即反贪污、反浪费、反官僚主义）的任务，立即号召整风。

上述这些措施，带有纠“左”性质，但我们可以发现，无论省市报告还是中央批示都避讳了“纠左”二字。都把问题看做基层干部作风和水平的问题，不触及指导思想。事实上，公社干部的错误，根源还是在于上层，在于继续“大跃进”和早日过渡的指导思想上。此时，百姓很累，很疲惫，食不饱腹，共产主义的狂热，大为消退，生产积极性下降，基层干部领受指令，要掀起“大跃进”高潮，搞各种“大办”，除了使用强力，别无他法。在过渡问题上，虽然中央讲，过渡要有条件，有先有后，但规定时间也就三五年，且正在进行试点。在这种情况下，公社干部产生趁早过渡和抢先过渡的想法是很自然的，一则争了先进，有名；二则揽了权力，有利；三则宁“左”勿右，保险。

江苏省委3月报告中说：公社干部多数有早过渡的想法，认为“早晚要过渡，晚过渡不如早过渡”，富队干部怕过渡，认为过渡就是“一平二调”，“穷队沾光，富队吃亏”；穷队干部盼过渡，认为“穷家难当，不如交给公社算了。”有人提出“一年铺路，二年试点，三年过渡”，“今年苦干，明年过渡”，“春夏准备、秋冬过渡”等口号。

在抢先过渡思想支配下，各地公社大办社有经济，急于达到过渡标准。于是，平调之风不可遏止。据4月10日中央批转山西省委报告，发展社有经济中平调的方法五花八门。无偿抽调、低价收买、不等价交换、有价无款、摊派发展社办企业基金、随意占用土地、随意抽调劳力。见什么好就调什么。有的调一带四，调一口猪带喂猪盆、猪圈门、700斤谷糠、200斤麦秸，调母畜专要已受胎的。引起生产大队的恐慌性破坏性抵制，或藏、或拆、或卖、或杀。生产力遭到再次破坏。

不纠正指导思想，专整公社干部作风，是难以奏效的。

当然，基层干部也有自己的账。4月4日和11日，中央批转的江苏省高淳县事件的通报和上海市奉贤县事件的报告，反映出来少数干部“胡作非为、残害百姓”的情况，令人发指。

江苏省委通报说：“高淳县在1958年和1959年春，发生了浮肿病、消瘦病、妇女子宫下垂病患者14000多人，非正常死亡6000多人，外流人口1万多人。”通报说，该县县委采取了对待敌人的方法对待劳动人民，提出“哪怕流血牺牲，也要保收3000斤水稻”，“深翻好像打仗，在战场上如有士兵临阵脱逃，可以就地正法！”等错误口号。造成部分基层干部严重强迫命令，采取吊、打、关、押、罚跪、停睡等手段，甚至发生逼死人命的事件。

上海市委的报告说：奉贤县自1958年春耕起到秋耕秋种，全县因干部强迫命令、违法乱纪而直接被逼死的群众156人。无辜被撤职、停职的干部660余人，各社和生产营，都设了“劳改队”，先后劳改了2866人，集训了2907人。对群众捆绑、吊打、乱斗、乱关、罚跪、游街、停餐等更为普遍。为了消灭红铃虫，被烧、拆民房1823间，仓库1345间，强迫集中居住又拆民房2147间，兴修水利拆房3188间……报告说：“站在高处看奉城，就像鬼子大扫荡后的情景一模一样”，“断瓦残壁，历历皆是，触目惊心，一片凄凉”。

这两份报告够大胆的，反映了真情。但都说的是1958年。似乎又有所隐讳。

这些报告上来，给予毛泽东的第一印象是，少数阶级敌人混进干部队伍搞破坏。因而要用阶级斗争的办法来解决。中央在高淳事件通报上指示说：“少数混入基层、党内的坏分子乘机兴风作浪。”关于奉贤县问题的批示说：“上海市奉贤县原县委书记王文忠、副书记李少峰和一些暗藏的特务分子、坏分子窃夺和把持县委和有些公社的领导权、胡作非为，残害群众。”

4月16日，中共中央批转了中央监察委员会的两个报告，要求“对坏人坏事彻底检查认真处理”，认为“这些都说明两个阶级、两条道路的斗争是相当复杂的。在某些地区和某些方面还是尖锐的”。

阶级斗争似乎能解释一切，“左”也阶级斗争，右也阶级斗争。

其实，总体上说，上述问题的出现是政治高压下的人性扭曲。

各地告急，总理充当粮食调运“总指挥”

作为一国总理，周恩来最着急的还是城乡几亿人的吃饭问题。

还在 1960 年初，周恩来就有些忧心忡忡。虽然详细情况尚不太明朗，但老百姓有困难是知道的。

2 月份，他收到江苏省委的报告，全省城市浮肿病患者共有 12.6 万人。另据镇江、扬州、徐州、淮阴四专区和南京市不完全统计，农村外流人口达 14.8 万余人。

周恩来能做的是与老百姓同甘共苦。3 月 6 日，周恩来在从化读书结束后回到北京，发现他的住所西花厅被装修了一下，周恩来一进门就愣住了，发了脾气：国家正面临着经济上的严重困难，怎么能带头为自己修房呢？他感到十分不安，当晚没有在那里住，住到了钓鱼台。周恩来对主管行政生活和警卫工作的秘书何谦说：“你跟我这么多年了，早就知道我这个人的脾气，我的心思。房子不是不能修，可是不能修得太好嘛！现在要我去住，我心里不好受，要是我总不回去住，你们心里又不好受。这样吧，你们把屋内陈设全换回原来的东西，我回去住。”这件事使何谦“既受教育，也受感动”。

3 月 29 日，周恩来收到习仲勋送来的一封群众来信。这封自称“一位不愿署名的政协委员”的来信。反映安徽和县铜城闸与无为县粮荒严重，曾发生饿死人事件，有些农民逃亡在外，有的抛弃儿女，干部作风恶劣。这时还在年初，尽管对情况的判断一时还没有把握，周恩来认为这封群众来信中反映的问题决不能忽视。他立即将这封信批给安徽省委第一书记曾希圣，周恩来批道：“转上一信，请阅后派人前往两县一查，也许确有其事，也许夸大其词。但这类个别现象各省都有，尤其去年遭灾省份，更值得注意。主席在批转山东省六级干部会议文件上，也曾着重指出这一点。请查明后复我一信。”

这时，许多严重情况还被掩盖着，容易被看做一时或局部的问题，薛暮桥回忆说：“1959 年农业大减产，情况极为严重。但是公社干部不敢反映农民的呼声。”

到了 1960 年夏天，全国性紧张局面暴露出来。

1959 年产量下降，1960 年的夏粮比上一年又大幅度减产。夏收之后收购不快，1 月至 7 月累计征购了 244 亿斤，比上年同期减少 26%。实际是农村早已卖了过头粮。库存减少，调拨不灵，5 月以后，各应调出粮食的省所调出的粮食仅完成计划的一半。而粮食销售量却大为增加。1957 年到 1958 年度销售粮食是 423 亿斤，1959 年到 1960 年度增到 590 亿斤，“而且现在粮食销售量增加的趋势还在继续发展。”

“大跃进”以来，工矿企业从农村大量招工，城镇人口猛增，1960 年比 1957

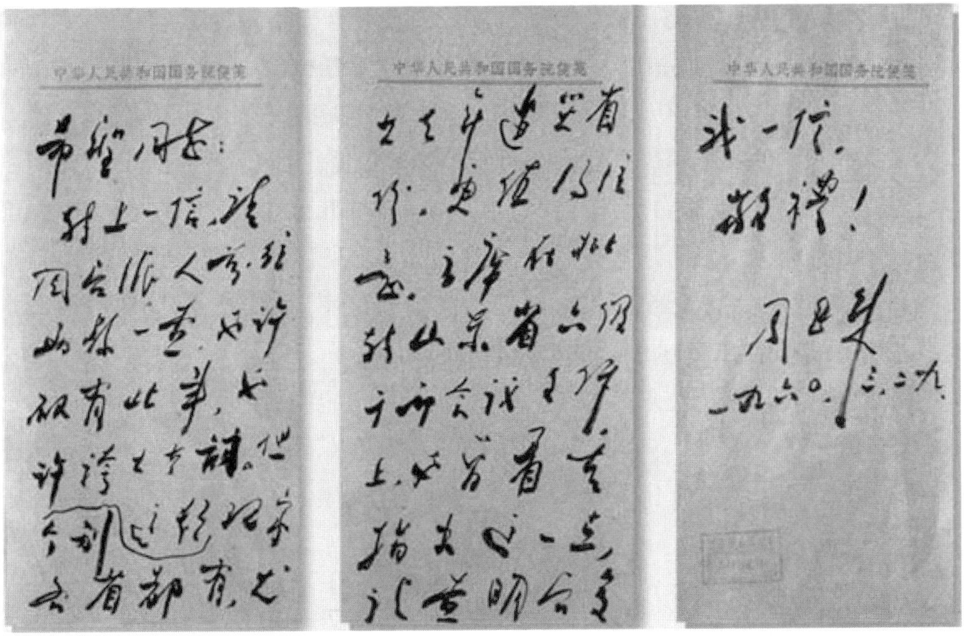

1960 年初，安徽和县、无为县出现灾荒，并发生饿死人事件。周恩来写信给安徽省委书记曾希圣，要求查明情况后函复

年增加 3124 万人，比 1951 年增加近一倍。这一方面大大减少了农村劳动力，另一方面需要向农村大大增加粮食征购，而粮食却没有那么多。5 月 28 日，中共中央发出《关于调运粮食的紧急指示》指出："近两个月来，北京、天津、上海和辽宁省调入的粮食都不够售，库已几乎挖空了，如果不马上突击赶运一批粮食去接济，就有脱销的危险。"6 月 6 日，中央又发出《关于为京、津、沪和辽宁调运粮食的紧急指示》。其中谈到：入夏以后，北京、天津、上海、辽宁等大城市和工业区的粮食库存非常薄弱，北京只能销 7 天，天津只能销 10 天，上海已经几乎没有大米库存，辽宁 10 个城市只能销八、九天。在最紧张的日子里，京津沪库存只剩几千万斤，甚至还不到，形势十分危险。一旦发生断粮，后果不堪设想。另外，1960 年粮食出口收购计划是 100 亿斤，而到 5 月底只能完成 30 多亿斤，在对外贸易方面也很被动。

如此严重的粮食危机，当时并没有向社会公开宣布，以免引起人心的普遍恐慌，造成国际影响。这副重担就压在国务院财贸委，尤其是周恩来总理的身上。当时国务院综合部委有两个办公室，一个是李富春、薄一波负责的计委经委办公室，一个是李先念负责的财贸委办公室，薄一波回忆说，他们这一边紧张，"李先念同志那里也不轻松，各地要粮的电话昼夜打来，不能不急事急办，只好采取‘挖东补西’、‘抽肥补瘦’等措施，紧急调运粮食，帮助断粮食地区渡难关！”周恩来的秘书李岩回忆：“各省市天天向中央告急，搞得总理吃不下饭，睡不好觉。”

在那段艰难的日子里，周恩来亲自指挥调运粮食，被称为“粮食调度的总指挥”。根据周恩来的工作台历记载，那时，他每周要几次约粮食部门的同志谈话。当年任粮食部党组书记的陈国栋回忆说：“去总理处，主要是谈粮食问题。他一般都是晚上找我们去，地点经常是他的办公室。有时是晚上九十点钟或深夜十一二点去，谈到第二天凌晨三四点钟；有时是凌晨两三点才去。”

各地缺粮食，粮从何来？还得从有余粮省调。在当时，这是件艰难的事。严格地说，并没有余粮省，各省都遇到了困难，只是程度不同而已。要求调入的省份“嗷嗷待哺”，调出省份面有难色。周恩来只得亲自出马，游说各路“诸侯”：急他人所难，为国家分忧。

凭周恩来的威望，尽可以下达命令。然而周恩来在党内，素来有民主作风，总是苦口婆心，循循善诱。

中央向黑龙江已下达调拨28亿斤粮食的任务，后来又增加2亿斤。省委书记杨易辰想不通，觉得实在困难太大，如果省内粮食出了问题无法向全省人民交代。他向周恩来陈述了困难。

“总理表现出高度民主的作风。他并不打断我的话，也没有强迫我执行命令，而是耐心地听我讲完，然后循循善诱地与我谈，要树立全局观念，服从大局。黑龙江有困难，但其他省份更困难，很多省死了不少人，国家要拿出粮食来帮助他们。在这种情况下，只有全国上下团结一致，同心同德，才能渡过难关。每一个党员干部，尤其是领导干部，一定要顾全大局，以党和人民的利益为重，坚决支持和执行中央的统一部署。总理的一席话，使我深受教育。思想通了，与全省人民一道完成了调粮30亿斤的任务。”

这样的工作，不是第一次，更不是唯一的一次。

有时，在谈笑之间，周恩来已经做通了地方大员的工作。

周恩来到江西视察，江西省委负责人杨尚奎、刘俊秀等请他吃饭。刘俊秀举杯向他敬酒。

周恩来笑着说：“江西对国家贡献是大的，特别是这几年暂时困难时期，又多支援了国家粮食，应该受到人民的表扬。俊秀同志，你要敬我一杯可以，但有个条件！”

刘俊秀问:“什么条件!”

周恩来说:“干一杯酒，要增加外调粮食一亿斤!我们干3杯，增加3亿斤好不好?”

刘俊秀说:“总理啊，国务院今年给我们的外调粮任务12亿斤，我们保证一粒不少，坚决完成，再增加3亿斤就是15亿斤了，怕有些困难啊……”

周恩来心中有数。他接着说:“我有调查，江西老表口粮水平比较高，还有储备粮，比严重缺粮的晋、冀、鲁、豫好多了。增加3亿斤虽有困难，还是可以的。”

听周恩来这么一说，刘俊秀痛快地答应了。

刘俊秀后来在回忆录中写道:“总理兴奋地拿起酒杯与我们干了3杯。后来经过省委研究，同意总理的意见，决定增加3亿斤外调粮，作为光荣的政治任务来完成。各地群众爱国热情很高，交售粮食很积极。当全省完成14亿6千万斤外调粮时，中央来了电报说，现在到了7月，新粮已上市了，另外4千万斤不再调了。”

并不是所有省市领导人都叫苦，也有死要面子活受罪的，当然是他治下的老百姓活受罪。“大跃进”以来这些人把牛皮吹到了天上，现在要戳破牛皮，面子上拉不下，死不肯承认粮食少了，还在浮夸。

周恩来听到这些汇报，明确表示：农业生产的情况如何可以各说各的，但全国粮食收支计划必须按粮食部门的数字安排。他同意和支持粮食部提出的对全国农业生产队的粮食实行够秤入仓的办法，通过这种办法大体摸清了全国粮食的底。大家的头脑也比较清醒了。

为了做到心中有数：周恩来设计了一种《中央粮食调拨计划表》，上面按期记载着各省市的粮食收购、库存、销售调拨数字，中央粮食收支情况等，看起来一目了然。这张表比较长，所以又被称为“哈达表”，周恩来总是看得很细，记得很牢。他通过这张表随时掌握动向，部署粮食工作，检查粮食政策的执行情况。

周恩来事必躬亲，殚精竭虑。行文至此，作者大为感慨。作为一个大国总理，日理万机，还要直接安排几亿人的吃喝，太辛苦了。劳心劳力，诸葛亮在世岂能与之相比。爱民之心，可昭日月。假如有一种制度，让老百姓自己安排自己的生计，如果放开手脚，藏粮于民，那该多好。如果有一种自然机制，如晴雨表，及时反映经济状况；如看不见的手，自发调节各地盈缺。不至于事到危急之时才如梦方醒，不至于临时救难，劳民伤财。这种机制是现成的，那就是市场机制，只可惜，我们长此以往，视之为异类。

写《十年总结》，毛泽东考虑转弯

尽管言路不畅，对于全国局势，毛泽东不会完全不知。这一年，毛泽东七个月没吃一口肉。常常是一盘马齿苋（一种野菜）便充一餐饭，一盘子炒菠菜就支撑着工作一天。卫士长李银桥替他按摩时，他脚背踝部的肌肤按下去就是一个坑，久久不能平复。这是浮肿。周恩来一次又一次来劝说：“主席，吃口猪肉吧，为全党全国人民吃一口吧！”毛泽东摇头：“你不是也不吃吗？大家都不吃。”

到1960年夏，毛泽东感到了压力。对他倡导的“大跃进”和人民公社化运动中的一些做法、口号，开始感到心中没底，自信心有些动摇。社会主义该怎么搞？他感到还有一个很大的未被认识的必然王国。

1960年6月14日至18日，中共中央在上海召开政治局扩大会议。讨论经济问题和国际问题。

6月14日，毛泽东在政治局扩大会议开幕时指出：“建设时间还太短，认识不足，要经常总结，使我们的认识更加全面一点。不要隐讳我们犯的错误，只有抓紧总结，才能及时指导。”他提出，在议论计划时“留有余地可以多一点，不要打得太满，中央和地方都不要打得太满”。谈到后三年的补充计划时，毛泽东说：“宁可打低一点，在年度中去超过。决不可以打得过高，以至于超不过。”

会议期间，毛泽东用短短两个小时，就写下了《十年总结》。6月18日印发与会同志。名曰十年总结，实为对三年“大跃进”的总结。

毛泽东写道：

前八年照抄外国经验。但从一九五六年提出十大关系起，开始找到自己的一条适合中国的路线。一九五七年反右整风斗争，是在社会主义革命过程中反映了客观规律，而前者则是开始反映中国客观经济规律。

一九五八年五月党大会制定了一个较为完整的总路线，并且提出了打破迷信、敢想敢说敢做的思想。这就开始了一九五八年的大跃进。是年八月发现人民公社是可行的。赫然挂在河南新乡县七里营的墙上的是这样几个字：“七里营人民公社”。我到襄城县、长葛县看了大规模的生产合作社。河南省委史向生同志，中央《红旗》编辑部李友九同志，同遂平县委、岈山乡常委会同在一起，起草了一个嵖岈山卫星人民公社章程。这个章程是基本正确的。八月在北戴河，中央起草了一个人民公社决议，九月发表。几个月内公社的架子就搭起来了。

但是乱子出得不少，与秋冬大办钢铁同时并举，乱子就更多了。于是乎有十一月的郑州会议，提出了一系列的问题，主要谈到价值法则、等价交换、自给生产、交换生产。又规定了劳逸结合，睡眠、休息、工作，一定要实行，生产、生活两样抓。十二月武昌会议，作出了人民公社的长篇决议，基本正确，但只解决了集体、国营两种所有制的界线问题，社会主义与共产主义的界线问题，一共解决两个外部的界线问题，还不认识公社内部的三级所有制问题。

一九五八年八月北戴河会议提出了三千吨钢在一九五九年一年完成的问题，一九五八年十二月武昌会议降至二千万吨。一九五九年一月北京会议是为了想再减一批而召开的，我和陈云同志对此都感到不安，但会议仍有很大的压力，不肯改。我也提不出一个恰当的指标来。一九五九年四月上海会议规定一个一六五〇万吨的指标，仍然不合实际。我在会上作了批评。这个批评之所以作，是在会议开会之前两日，还没有一个成文的盘子交出来，不但各省不晓得，连我也不晓得，不和我商量，独断专行，我生气了，提出了批评。我说：我要挂帅。这是大家都记得的。下月（五月）北京中央会议规定指标为一三〇〇万吨，这才完全反映了客观实际的可能性。

五、六、七月出现了一个小小马鞍形。七八两月在庐山基本上取得了主动。但在农业方面仍然被动，直至于今。管农业的同志，和管工业的同志、管商业的同志，在这一段时间内，思想方法有一些不对头，忘记了实事求是的原则，有一些片面思想（形而上学思想）。一九五九年夏季庐山会议，右倾机会主义猖狂进攻。他们教育了我们，使我们基本上清醒了。我们举行反击，获得胜利。

一九六〇年六月上海会议规定后三年的指标，仍然存在一个极大的危险，就是对于留余地，对于藏一手，对于实际可能性，还要打一个大大的折扣，当事人还不懂得。一九五六年周恩来同志主持制定的第二个五年计划，大部分指标，如钢等，替我们留了三年余地，多么好啊！农业方面则犯了错误，指标高了，以至不可能完成。要下决心改，在今年七月的党大会上一定要改过来。从此就完全主动了。

同志们，主动权是一个极端重要的事情。主动权，就是“高屋建瓴”、“势如破竹”。这件事来自实事求是，来自客观情况对于人们头脑的真实的反映，即人们对于客观外界的辩证法的认识过程。我们过去十年的社会主义革命和社会主义建设，就是这样一个过程。中间经过错误的认识，逐步改正这些错误，以归于正确。现在就全党同志来说，他们的思想并不都是正确的，有许多人并不懂得马列主义的立场、观点和方法。我们有责任帮助他们，特别是县、社、队的同志们。

我本人有过许多错误。有些是和当事人一同犯了的。例如，我在北戴河同意一九五九年完成三千万吨钢；十二月又在武昌同意了可以完成二千万吨，又在上海会议同意了一六五〇万吨。例如，一九五九年三月在第二次郑州会议上，主张对一平二调问题的账可以不算；到四月，因受浙江同志和湖北同志启发，才坚决主张一定要算账。如此等等。

看来，错误不可能不犯。如列宁所说，不犯错误的人从来没有。郑重的党在于重视错误，找出错误的原因，分析所以犯错误的主观和客观的原因，公开改正。我党的总路线是正确的，实际工作也是基本上做得好的。有一部分错误大概也是难于避免的。哪里有完全不犯错误、一次就完成了真理的所谓圣人呢？真理不是一次完成的，而是逐步完成的。我们是辩证唯物论的认识论者，不是形而上学的认识论者。自由是必然的认识和世界的改造。由必然王国到自由王国的飞跃，是在一个长期认识过程中逐步地完成的。对于我国的社会主义革命和建设，我们已经有了十年的经验了，已经懂得了不少的东西了。但是我们对于社会主义时期的革命和建设，还有一个很大的盲目性，还有一个很大的未被认识的必然王国。我们还不深刻地认识它。我们要以第二个十年时间去调查它，去研究它，从其中找出它的固有的规律，以便利用这些规律为社会主义的革命和建设服务。对中国如此，对整个世界也应当如此。

毛泽东最后写道：

我试图做出一个十年经验的总结。上述这些话，只是一个轮廓，而且是粗浅的，许多问题没有写进去，因为是两个钟头内写出的，以便在今天下午讲一下。

关于写这篇《十年总结》的意思，毛泽东在6月18日下午讲话时说：你们看怎么样，这是从历史说明问题。使我们认识事物，主动性多一点。主动是来源于对客观事物的准确性，要主动，就要对客观实际认识准确。要盲目性少一点，自由多一点，就是主动多一点，被动少一点。我写这篇文章的意思就是如此。

毛泽东用两个小时写成的文章，决非即兴之作，而是经过深思熟虑的。文章没有断行，一气呵成。上面引述中的断行，只是为了方便读者阅读。

《十年总结》是毛泽东首次，也是唯一一次系统回顾和总结三年“大跃进”的文字。因而显得特别珍贵。这也是他第一次承认自己在“大跃进”和人民公社运动中有错误，认识到在一段时间内，领导上的思想方法上有一些不对头，忘记了实事求是的原则，有一些片面思想（形而上学思想）的问题，表示自己也有过许多错误，是同当事人一同犯了的。并承认，自己和党对于社会主义革命和建设还有很大的盲目性，还有一个很大的未被认识的必然王国，要继续调查它、研究它，找出其固有的规律。他的这种态度，同他发动“大跃进”时信心十足的情形相比，已有很大的不同。

然而，在当时的情况下，毛泽东没有也不可能认识指导思想上的“左”的错误。仍然认为庐山会议反右倾是“胜利”，毛泽东在谈到自己的错误时，隐约有一种埋怨心理，批评下边“管农业的”“管工业的”“管商业的”思想方法不对头，忘了实事求是原则，批评“县、社、队的同志”，不懂得马列主义立场，观点和方法。毛泽东特别强调“错误难免”。

毛泽东的《十年总结》，明显地流露出他想转弯的思想。他要求后三年的计划要“留有余地”，“藏一手”。最引人注意的是，《十年总结》再没有提及 1958 年初大批“反冒进”的一桩公案。而是充满感情地说：“1956 年周恩来同志的第二个五年计划，大部分指标，如钢等，替我们留了三年余地，多么好啊！”二五计划正是周恩来根据反冒进的指导思想在党的八大提出来的。会后不久就受到毛泽东的批评，被认为“右倾保守”“消极平衡”等。1958 年初在大批“反冒进”中推翻了二五计划。现在承认二五计划是好的。是间接地撤销了对“反冒进”的批评，非正式地给周恩来“反冒进”问题平了反。这就发出了一个明显的信号：为调整开绿灯。毛泽东有这个态度至关重要。

抓住信号，周恩来提出调整

上海会议上，毛泽东请周恩来谈谈农业情况。

周恩来出访回国还不到半个月，但他对农业形势已经心中有数。他明确提出，这些年来由于高指标、高估产带来的严重后果。他说：

第一，1956 年八大上提出粮食 5 千亿斤左右、棉花 4800 万担左右、猪 3 亿头的计划，这三个数字基本上提得太高，很难达到。

第二，对这三年的产量都估高了，1958 年出现第一次被动，一直到去年庐山会议才改下来。今年一月把去年的产量又估高了，粮食报 5400 亿斤，实际上只有 4800 亿斤；棉花宣布 4820 万担，实际上只有 3800 万担，现在又被动了。

第三，因为去年估高了，今年的计划数字也高，就是在去年的数字上头增加 10%，即粮食 5940 亿斤，棉花 5300 万担，现在看今年是完不成的。今年能够保持去年的产量就了不起，就是很大胜利。现在，我们不但今年陷于被动，而且到

1962 年的计划也有完不成的危险。

他说：“两年灾荒之后，明年就很难保产了，要很大的人力去克服。所以估计 1962 年的计划，就要放在一个比较保险的可能的数字上，来争取实现或超过。”

毛泽东说：“一次把主动权拿过来。”

周恩来接过毛泽东的话，建议降低粮食、棉花和养猪的指标。他提醒大家：农业指标如果提高了，不仅直接影响人民生活，而且影响轻工业的原料，转而又间接影响到人民生活，所以它比重工业感觉更灵，这是三年农业被动得比工业感觉更厉害的原因，大家反映吃不饱，我们就不安。

毛泽东问：“那么究竟怎么来转这个弯子呢？”

周恩来说：既然不能完成，主席昨天也讲了要转入主动，必须在今年的党代会上埋伏一笔，使今年年底的实际数字到明年公布时能够得出为什么减产的结论来。他还说：不但要为今年着想，而且要为 1962 年着想，全部转入主动，就是 1962 年提的指标跟原来八大的建议差不多或者比八大的建议还少一点都可以，这才能转入真正的主动，不然还是不能主动，因此，后三年的补充计划，无论是农业指标还是工业指标，就要把它调低，其目的为使我们留有余地。

大家都赞成毛泽东的总结和周恩来的意见。

刘少奇说：“完全赞成指标这么改，毛主席这个总结很重要，已有的经验就需要学习。农业指标我们三年被动，能够在这一次转入主动就好了。”

邓小平也认为这次会议提出争取主动“是很大极大的好事”。他还强调：毛泽东的《十年总结》十分重要，“是提到认识论来解决这个问题，从思想方法上来解决这个问题。”他接着说：“真正决定问题的，就是我们在座的人。”

中央主要领导人开始统一了思想，就为下决心调整计划指标、争取主动、扭转困难初步奠定了基础。

上海会议结束不久，从罗马尼亚首都布加勒斯特传来消息，中苏两党发生正面交锋，国际斗争更加复杂化。

7 月 5 日至 8 月 10 日，中共中央在北戴河召开工作会议。整整用了一个月零五天时间，主要讨论国际形势、落实和安排国民经济计划。会议批准了李富春、薄一波提出的《1960 年第三季度工业交通生产中的主要措施》，通过了《关于全党动手，大办农业，大办粮食的指示》《关于开展以保粮保钢为中心的增产节约运动的指示》等文件。会议还决定以后计划不再搞两本账，只搞一本账，不搞计划外的东西。确定压缩基本建设战线，保证钢铁等工业生产，认真清理劳动力，加强农业第一线，保证农业生产。

会议期间，7 月 16 日，突然收到苏联政府照会，苏联提出撤走全部在华苏联专家。这对于处于严重困难的中国经济，无异于“雪上加霜”。许多重点建设项目因撤退苏联专家将陷于停顿或半停顿，打乱了中国国民经济计划的原有安排。而“大跃进”以来种种矛盾的积累，更导致国民经济比例严重失调，迫使中国必须对原有的计划进行大幅度的调整。

“调整、巩固、充实、提高”的八字方针，就是周恩来、李富春在这时提出来的。在北戴河会议初期讨论运输问题时，李富春曾根据前段时间的生产情况，提出应该对工业进行整顿、巩固、提高。但是，这个想法提出后，计委内部争论很大，有人认为没有必要这样做。8 月 30 日，李富春等到西花厅向周恩来汇报工作，周恩来支持李富春的意见，并将报告中提出的对 1961 年国民经济实行“整顿、巩固、提高”的方针增加了“充实”二字。9 月 5 日，他又将“整顿”改为“调整”，使它的含义更加明确。9 月 30 日，周恩来签发中共中央批转国家计委《1961 年国民经济计划控制数字的报告》，第一次正式并且完整地表述了这八字方针。

然而这时，由于赫鲁晓夫背信弃义，撤退专家、撕毁合同，激起了党内的义愤。大家憋着一口气，要为国争光，某种程度上妨碍了调整方针的落实。

1960 年对于中国百姓来说，不幸不仅来自国内全面紧张，而且来自国际斗争的形势转向恶化。

3 克服动摇　毛泽东反修担大任
撤退专家　尼基塔制华施强压

毛、赫矛盾在加深

1959 年 10 月，赫鲁晓夫最后一次访华，没能说服毛泽东接受他的“和平共处”路线。双方争吵很厉害，结果不欢而散。从此，中苏之间，或者说毛泽东与赫鲁晓夫之间的分歧和矛盾迅速加深。

分歧首先是战略上的。赫鲁晓夫要与美国搞缓和，平起平坐，必须有砝码，单有苏联的力量不够，还必须要各个社会主义国家支持他的路线。毛泽东反对纳入苏联的战略轨道，激怒了赫鲁晓夫。他要伺机报复，企图制服中共。毛泽东对赫鲁晓夫早已不感冒。他认为，赫鲁晓夫到中国来，是为美国做说客的。赫鲁晓夫不惜牺牲中国的利益，乞求美国的缓和，是“投降主义”。

在当时，中国与苏联所处的环境不同。中国仍然处于美国的孤立和封锁之下。美国顽固坚持不承认和敌视中国的政策。继续阻挠中国加入联合国。美国军事力量在日本、韩国、台湾、菲律宾、越南的存在，对中国是很大的威胁。在这种形势下，毛泽东很难相信美国有缓和的诚意。在毛看来，赫鲁晓夫超越中国同美国搞缓和，这是搞“越顶外交”，必然损害中国的利益。

另一个相互激怒的问题是关于中国的“大跃进”和人民公社化运动。对此，赫鲁晓夫早有批评。他对中国的做法一方面表示怀疑，另一方面视为对苏联模式的挑战。他担心东欧国家仿照中国，从而动摇苏联的地位。他在后来回忆说：

毛的目的很明显：他想如果他能够在五年内与英国并驾齐驱并且开始赶上美国，那他就能够把列宁的党远远地抛在后面并且超过苏联人民自十月革命以来所取得的全部进展。

说实在的，我们当时很害怕中国人的这套做法。

他们企图让我们采纳他们的口号和政策。……我们不得不起来反对。

我们获悉中国的宣传已经开始在保加利亚造成了影响，我们感到很担忧。

中国的“大跃进”遇到困难之后，赫鲁晓夫有些幸灾乐祸，并在各种场合进行批评讥讽、指责中国的国内政策是“实际上的反动”“冒险主义”“唯意志论”和“平均主义的共产主义”。认为中国的人民公社化运动，不过是俄国原始人民公社的翻版，是一种幼稚的空想。言下之意，中国连空想都是照搬苏联的，极力贬低毛泽东。这种对中国内政的干涉触动了中国政治的敏感点，触怒了毛泽东。

矛盾激化了。伍修权回忆说：“从此，我们许多人就成了中苏两党或毛泽东与赫鲁晓夫二人对弈争雄的棋盘上的‘兵卒’或‘士相’。”

裁军：“防止苏联代我们承担义务”

1960 年初，首先面临一个裁军和四国首脑会议问题。

1959 年苏美关系的改善，使苏联和西方国家之间出现了普遍的缓和气氛。法、苏、美、英四国商定于 1960 年 5 月 16 日举行首脑会议，继续讨论 1955 年日内瓦会议上提出的问题。

显然，赫鲁晓夫为他访美后造成的缓和形势而陶醉。1960年1月1日，他在给艾森豪威尔的电报中说：这次会晤将“保证”整个国际局势出现“会使各国人民免于新战争的恐惧的历史转折点”。苏联纪录片《赫鲁晓夫访美》解说词说：赫与艾的握手“开辟了国际关系新纪元”，“没有战争的时代开始了。”

年初以来，赫鲁晓夫就为实现裁军和缓和而四处奔波。为了推动缓和，他准备作出单方面承诺，裁军120万。他要做的一件事是在他动身去法国之前，首先在社会主义阵营内，尤其是华沙条约国会议上批准他的路线。

对于赫鲁晓夫来说，最感头痛的是中国的态度。他想再做努力，把中国纳入轨道。

1月8日，赫鲁晓夫给毛泽东来信，通知中国，苏联准备单方面宣布在一年半到两年内裁军120万。对于苏联的单方面裁军，中国没有理由不支持。但中国担心的是，苏联越俎代庖，代中国承担裁军义务。

1月10日，周恩来在外交部关于苏联就裁军问题同我国接洽情况的报告上批：为了防止苏联在裁军和首脑两个会议上代我们承担义务，拟于赫鲁晓夫本月14日在苏联最高苏维埃第四次会议上向各国议会提出裁军号召的建议后，我人大常委会作出决定，一方面赞成裁军，另一方面正式声明没有中国自己参加，不承担任何义务。①

1月13日，毛泽东让外交部副部长伍修权请苏联驻华大使转告赫鲁晓夫，表示中共中央“支持苏联采取这一有利于争取世界和平、反对帝国主义扩军备战的斗争步骤”。同时指出：“帝国主义阵营还远未放弃对社会主义国家发动战争的狂妄阴谋，因此必须继续大力加强社会主义阵营的防御，揭露帝国主义的战争阴谋，以高度警惕性来教育社会主义各国人民，巩固和发展社会主义各国之间的兄弟合作。”②

中国真正关注的是苏联可能与美国达成协议，来限制中国发展自己的核武器。赫鲁晓夫早就有限制中国发展核武器的打算。美苏两国都希望通过达成某种协议，保持各自的核垄断地位，分享世界霸权。

法国总统戴高乐回忆说：

---

① 《周恩来年谱》(1949—1976)中卷，第278页。

② 《建国以来毛泽东文稿》第9册，第8页。

他们（美国）其实只是想和苏联人在国际协议的招牌下直接订立协定正式承认超级大国的核垄断，以协议的形式限制他们自己疯狂地增加开支，并阻止任何一个还没有核武器的国家制造或者取得核武器。但是这种巩固两国分享世界霸权的企图，不符合我们的目的。[①]

戴高乐决不愿意把法国的命运掌握在他人手里，也不甘心在国际上扮演“跑龙套”的角色。他坚持独立发展自己的核武器。

毛泽东与戴高乐的心是相通的。自1959年6月，赫鲁晓夫单方面撕毁核合作协议以后，中国领导人就发愤，要依靠自己的力量独立发展核武器。中国的命运必须掌握在自己手里。

1960年2月4日，在莫斯科召开了东欧几国主要领导人参加的华沙条约国政治协商会议，事前，1月23日，赫鲁晓夫致信毛泽东，告知此事。毛泽东决定派康生（中共中央政治局候补委员）、刘晓（驻苏大使）和伍修权三人，以观察员身份出席会议，康生领队。当时，赫鲁晓夫正鼓吹实现“没有军队、没有武器、没有战争”的“三无世界”。在这次会上，苏联宣布，单方面裁军120万，华约各国也跟着宣布裁军，共裁军380万。会议通过的宣言，说裁军是当今世界的主要问题，苏联在联合国14届大会上提出的全面彻底裁军的建议，“反映了华约缔约国和所有社会主义国家的立场。”这就暗含包括中国。这实际上要把苏联的裁军主张强加于中国。

2月6日，康生代表中国党和政府在会上作了主题相反的发言。他遵照毛泽东的指示，提出国际形势的好转是“东风压倒西风”的结果。帝国主义性质不会改变，战争危险依然存在。康生声明：由于美国在国际关系中一直对我国采取排斥的态度，因此“没有中华人民共和国的正式参加和它的代表的签字，有关裁军的国际协议和其他一切国际协议，当然都不能对中国具有任何约束力。”2月6日，《人民日报》公开发表，晓之于世。

对这一声明的发表，赫鲁晓夫十分恼火。在招待会祝酒时，他就不指名地说，中国党在拆苏共的台，暗骂中国领袖是“应该扔到墙角去的破套鞋”。在其他场合，多次批评中共的主张，中国代表团立即报告国内，又奉命作出回答。一场影响深远的中苏论战和各国共产党之间的“论战”就此揭开了序幕。

---

① 戴高乐：《希望回忆录》，上海人民出版社1973年7月版，第216页。

是“中立”，还是偏袒印度？

1960年初，中印边界纠纷没有得到缓解，印度尼西亚也出现了反华排华活动。恰在这时，赫鲁晓夫却准备2月份访问这两个国家。毛泽东等中国领导人十分恼火，认为这是有意把中苏分歧公之于世人。

1月19日，周恩来召见苏联驻华大使契尔沃年科，让他转告苏共中央和赫鲁晓夫，指出，中印事件是印度挑起的，道理在我们方面。印方想迫使中苏两国公开表示在中印边界问题上的某些不同。如苏联领导访印时表示要过问，就会被印度资产阶级利用，我们也不得不表示不同的态度，这样就会把苏置于不利地位，对两党团结不利。对印尼排华的言论，苏联宜予以回击，否则不利于我们的团结。此外，日美修改安全条约，意味着日本军国主义的复活，所以在外交政策问题上，我们彼此应该交换意见。

1月22日，周恩来得到的回话是：苏共中央在中印边界问题上严守中立，反对第三国的干预，他们一直坚持这种立场今后也将坚持这种立场。说中国同志的担心使他们感到有些惊讶。

1月26日，周恩来、陈毅接见苏联驻华大使。对苏联关于在中印边界问题上“严守中立”的立场表示惊讶，申明在社会主义阵营里，一个兄弟国家在边界事件中受到了被资产阶级领导的国家的欺侮，而另一个兄弟国家却表示中立，这在国际共产主义关系中是个新的现象，这实质上是替印度辩护，是支持了民族主义国家的观点。

然而，赫鲁晓夫不顾中方的规劝，2月初，在访问印尼的途中，在印度停留了四天，同尼赫鲁举行两次会谈，还访问了几个城市。这个行动本身，向世人表示，在中印边界纠纷中，苏联同情印度。这使尼赫鲁受到鼓舞，态度更加转向强硬，增加了打破中印关系僵局的困难。1960年4月下旬，周恩来亲赴印度，同尼赫鲁会谈7次，毫无进展。周恩来失望地对记者说：“我无法说服尼赫鲁。”殊不知，此时印度正因为同中国闹矛盾，得到了美国和苏联双方的奖赏和援助。它并不希望解决问题。

《列宁主义万岁》：为了克服“半修正主义者”的动摇

所有这些问题的发生，在中国领导人看来，赫鲁晓夫是屈服于帝国主义的压力，由于害怕战争而害怕革命，由自己不想革命而反对别人革命。他们散布对美帝国主义的幻想，松懈世界人民的革命斗志，想由两个大国决定世界命运，完全背离了马列主义。

恰在这时，毛泽东开始警惕美国对社会主义国家实行“和平演变”的问题。

据毛泽东的秘书林克回忆说：“1959 年 11 月，毛泽东在杭州召开了一次小范围的会议，讨论当时的国际形势。在开会之前。他要我找出杜勒斯关于和平演变的一些讲话，送给他看。我选了三篇杜勒斯的有关讲话送给他。”“他和我谈了他对这几篇讲话的看法，随后他让我根据他的谈话内容，在杜勒斯的每篇讲话前拟一个批注送给他。于是我根据他的意见照办了。毛泽东即指示将批注连同杜勒斯三次讲话的全文印发给与会同志。”

毛泽东批示说：

这表明美帝国主义企图用腐蚀苏联的办法，阴谋使资本主义在苏联复辟，而达到美帝国主义用战争方法所达不到的侵略目的。杜勒斯在证词中虽然流露了怕打世界大战，但是，这并不意味着美国要搞和平共处。因为就在同一天，杜勒斯在众院外委会的另一次发言中叫喊：“决不能结束冷战”，否则帝国主义就要遭受失败。

美国在标榜希望和平的同时，正在加紧利用渗透、腐蚀、颠覆种种阴谋手段，来达到挽救帝国主义的颓势，实现它的侵略野心的目的。

11 月 12 日，毛泽东在杭州会议上进一步的分析说：

林克同志为我准备了三个材料——杜勒斯 1958、1959 年的三篇演讲。这三个材料都是关于杜勒斯讲对社会主义国家和平演变问题的。比如杜勒斯今年 1 月 28 日在众议院外交委员会作证时说：基本上我们希望鼓励苏联世界内部起变化。这个所谓苏联世界，并不是讲苏联一个国家，是社会主义阵营，是（希望）我们内部起变化。从而使苏联世界不再成为对世界的自由的威胁，只管他们自己的事情，而不去设想实行共产主义化的目标和野心。

在毛泽东看来，赫鲁晓夫鼓吹“和平共处”，“和平过渡”，鼓吹“三无世界”，不正是杜勒斯期望的“和平演变”吗？他认定，赫鲁晓夫已是“半修正主义”，必须起而斗争，捍卫列宁主义路线，阻止这股修正主义思潮。

1960 年 4 月，中共借纪念列宁诞辰 90 周年的机会，在《红旗》杂志第 8 期发表了《列宁主义万岁》的文章；4 月 22 日，《人民日报》发表了《沿着伟大列宁的道路前进》的文章，同日，陆定一在纪念列宁诞辰大会上作了《在列宁的革命旗帜下团结起来》的报告。文章按照毛泽东的观点和要求，对苏共的思想路线及其内外政策，引据马恩列之经典，进行了全面、系统和严厉的批判。全面阐述了自己对时代、战争与和平、和平共处等问题的观点。针对人们对现代战争毁灭性的恐惧，《列宁主义万岁》写道："帝国主义战争会给各国人民带来巨大的牺牲"，但"胜利的人民，他们在帝国主义死亡的废墟上，将会以极迅速的步伐创造出比资本主义制度高出千百倍的文明，创造起自己真正美好的将来"。

公开批判的对象是南斯拉夫"现代修正主义"集团，但谁都知道，其矛头是直指苏共及其领导人赫鲁晓夫的。当然，这时还留有余地，希望把赫鲁晓夫拉回来。1960 年，陈毅在一次内部报告中说：发表三篇文章的基本想法是：怎样把社会主义阵营团结起来，发展马克思主义，揭露修正主义并克服半修正主义的动摇，使社会主义阵营的分歧得到最高原则的解决。

然而，这种公开论战，不可能解决分歧，反而使矛盾陡然尖锐化。苏联不甘示弱。连续发表文章和讲话，进行反驳。4 月 22 日，苏共中央书记库西宁作报告，说："只是重复帝国主义具有侵略性这样一个老的真理是不够的，教条主义的立场是落后的立场。""新式的战争武器开始显示出有利于和平的压力。""帝国主义内部出现了头脑清醒的国际活动家，他们也意识到进行大规模毁灭性的战争是不理智的，这无疑对争取和平的胜利斗争是有意义的。"

毛泽东见到这个报告，指示："要写一篇《同库西宁同志商榷》的文章，有根据地有说服力地批评库西宁文章中错误观点。"双方你来我往，打起笔墨官司。

源于战略利益的分歧，进一步披上了意识形态外衣，变成了"主义"之争。

赫氏缓和受挫，毛泽东敦促"丢掉幻想"

从今天看，赫鲁晓夫谋求缓和，避免核战灾难无可厚非。但"冷战"决非美苏首脑一次会晤就能消解，赫氏借题发挥，大吹"戴维营精神"和"三无世界"，不是宣传策略，就是一厢情愿。

美国人并没有给赫鲁晓夫留面子。相反，美国从中苏分歧中看出赫氏的弱点，就在四国首脑会议召开前夕，美国继续派 U2 间谍飞机侵犯苏联领空。5 月 1 日被苏联导弹击落，生擒飞行员。苏联政府向美国政府提出正式抗议，要求美国人向苏联表示道歉，并保证下不为例。赫鲁晓夫本想，这样给苏联一个面子，让美国下个台阶。但美国政府拒绝道歉。美国国务卿赫脱甚至说飞行是必要的，因为“苏联过分保密”。这就给赫鲁晓夫出了难题。在这种情况下，再去谋求四国首脑会议达成协议，再邀艾森豪威尔访苏，这不真是“向帝国主义乞求和平”吗？不仅无法反驳中国的批评，也无法安抚国内强硬派，同时会在美国面前示弱，削弱自己的谈判地位。赫鲁晓夫带着外交部长葛罗米柯和国防部长马利诺夫斯基飞抵巴黎，5月14日，在四国首脑预备会上，赫鲁晓夫抢先发表声明，要求艾森豪威尔必须向苏联道歉、保证不允许再发生这种飞行，惩罚责任者，否则，他将不参加最高级会议，并将取消对艾森豪威尔访苏的邀请。艾氏拒绝道歉，只宣布暂停飞行，又提议“开放天空。”赫氏愤然离席。巴黎首脑会议流产。表面的缓和气氛顷刻又烟消云散。

毛泽东一直关注着事态发展，他公开表示支持苏联的立场，谴责美国对苏联的侵犯。5月9日，《人民日报》发表社论《对苏联的挑衅就是对整个社会主义阵营的挑衅》，5月20日在北京组织了320万人的浩大的游行示威。其用意一则显示反美姿态，一则敦促赫氏清醒，丢掉幻想。毛泽东说：U2事件，“进一步向全世界证明了这样的真理：对帝国主义不应当存有不切实际的幻想。曾经有些人把艾森豪威尔说成是一个十分爱好和平的人，我希望这些人能够从这样一些事实中觉悟起来。”①

关于首脑会议。毛泽东说：“我们支持首脑会议的召开，不管这种会议有无成就和成就的大小。但是世界和平的取得，主要应当依靠各国人民的坚决斗争。”②

1960年5月，U2飞机事件后，赫鲁晓夫和国防部长马利诺夫斯基、外长葛罗米柯参加巴黎首脑会议期间召开的记者招待会

① 《建国以来毛泽东文稿》第9册第188页。

② 《建国以来毛泽东文稿》第9册第188页。

为了抵消四国首脑会议的影响，毛泽东在5、6月，频繁地接见亚、非、拉各国访华代表团。5月3日，毛泽东接见拉丁美洲、非洲14国工会、妇女代表团，5月7日，接见非洲12国社会活动家、和平人士、工会等代表团，5月8日，接见拉丁美洲8国代表和著名人士，5月9日，接见伊拉克、伊朗、塞浦路斯3国代表团，5月14日，接见日本、古巴、巴西、阿根廷访华代表团。

毛泽东的这些举动，向世人表明，中国把和平希望寄托于亚非拉人民的反帝斗争而不是大国会议。希望把亚非拉革命力量团结在中国周围，结成反帝统一战线。四国首脑会议流产，在毛泽东看来，这正说明他的理论和估计正确。6月9日，毛泽东把一份《有关美国军事生产的一些资料》批转给赫鲁晓夫看。

亲爱的赫鲁晓夫同志：

此件送给你一看，值得严重注意。你是否注意到了这个问题呢？

毛泽东

1960年6月9日

祝你健康，我们两国永远团结万岁！①

5月20日，在北京召开支持苏联正义立场、反对美国破坏四国首脑会议的大会，邓小平发表讲话。

6月3日，刘少奇在欢迎阿尔巴尼亚议会主席列希的宴会上讲话。

6月6日，周恩来在招待世界工联理事会第11次会议各国工会代表的宴会上讲话。

这些讲话支持苏联的强硬立场，不指名地批评苏联的“缓和”路线，周恩来讲话中说：

向帝国主义乞求和平，是永远得不到和平的。帝国主义侵略和好战的本性是不可能改变的，但是只要全世界人民同它进行坚持不懈的斗争，帝国主义的战争和侵略活动是可以被击败的。②

毛泽东和中共领导人的这些活动，在赫鲁晓夫看来，是在向他施加压力，找

① 《建国以来毛泽东文稿》第9册第20页。

② 《新华半月刊》1960年第13号。

他的难看，向他提出挑战。他当然不会沉默不语。还在4月中共三篇文章发表之后，苏共就与各党通气，决定利用6月在布加勒斯特召开的罗马尼亚党代表大会之机，约集各国党领导人，讨论和解决中苏两党之间的严重分歧。

布加勒斯特会议：中苏交锋“打”了个平手

1960年6月20日至25日，罗马尼亚工人党召开第三次代表大会。

会前，苏共中央于6月2日致函中共中央，建议利用罗马尼亚共产党三大的机会，在布加勒斯特举行社会主义各国共产党和工人党代表会议。中共中央复函建议扩大成员，开世界各国共产党和工人党代表会议；但延期召开，以作充分的准备。6月7日，苏共中央复函同意，并建议在布加勒斯特一般地交换一下意见。

毛泽东决定由彭真带队、康生、伍修权、许建国（驻罗大使）等组成中共代表团赴会。行前，集中在钓鱼台学习领会毛泽东的有关指示，研究制定赴会的方针对策。

以彭真为团长的中共代表团在赴罗途中，6月17日在莫斯科同苏共中央书记科兹洛夫进行了会谈。科兹洛夫对于各国党代表会议召开的时间避而不谈，只说到布加勒斯特后再商讨。6月19日中共代表团抵达布加勒斯特，直至22日上午，赫鲁晓夫等都不提会议之事。22日下午，东道主罗马尼亚共产党总书记乔治乌·德治口头通知，24日开社会主义国家兄弟党会议，但不告以会议内容、开法及发表公报之事。22日晚，赫鲁晓夫对中共代表团说，会议怎么开，他也不知道。

中共代表团与51个国家的“兄弟党”代表一同参加了罗共大会。赫鲁晓夫亲率苏共代表团先期一天到达。他有备而来，不仅利用罗共大会在致词中不点名地指责了中共，更在当天向各国代表团散发了苏共中央致中共中央的“通知书”。6月23日下午，苏方交给中共代表团一份6月21日的《苏共致中共通知书》，中文译本长达84页。显然是在莫斯科就准备好了的。

6月24日，召开12个社会主义国家共产党和工人党会议，25日至26日，召开51国共产党和工人党代表会议。赫鲁晓夫和苏共领导人在“通知书”中和3天会议上发言，公开指责中共在时代问题上重复列宁的论述是“教条主义”；说中共“拒绝和平共处”“希望战争”“观火”“制造紧张局势”，是“左倾冒险主义”；说中共进行“托洛茨基式的分裂活动”，在国际群众组织（世界工联理事会）中采取“宗派主义立场”；说中共领导人同阿尔巴尼亚党负责人列希谈话是找反苏同盟；说康生在华沙条约国政治协商会议上的讲话的发表，是“向帝国主义送情报”，中共散发纪念列宁的三篇文章“是南斯拉夫式的分裂活动”，等等。

赫鲁晓夫还对中国国内政策如三面红旗、“双百”方针、政治挂帅、干部参加劳动、大办民兵、大炼钢铁等进行了批评。

赫鲁晓夫又发动各国党代表团利用各种机会围攻中共代表团。全面批驳中国《列宁主义万岁》等文章，一时中共代表团十分孤立。只剩下东欧最小的阿尔巴尼亚一家倾向和同情中共。

如果说公开争论，打笔墨官司，无助于问题的解决，那么，赫鲁晓夫采取围攻、对骂的方式，搞突然袭击，更使分歧尖锐化、复杂化了。本来只是中苏两党之争，经苏共的发动和策划，变成了中共与各国党之争。

中共绝对不会屈服于这种压力，现在不仅要为原则而战，而且要为自己的尊严和荣誉而战。

中共代表团迅速将事态报告了北京。中央马上给代表团发来写好的声明，让代表团立即译成外文发出去。声明中揭露苏共对中国党搞突然袭击，对各国党采取家长式的专横态度。表示中国党决不听从任何人的指挥棒，决不向任何错误的观点和做法屈服。

这份措辞强硬的声明，进一步激怒了赫鲁晓夫。26日会议的最后三小时，赫鲁晓夫做总结性的发言。他对中共作了全面、系统的攻击，说中国共产党是“疯子”，“要发动战争”，“把帝国主义垄断资产阶级的旗帜拿起来”，“纯粹的民族主义”，“托洛茨基方式”等。彭真即席发言，予以反击，言词同样尖锐而激烈，指出赫鲁晓夫的做法是为所欲为，听不得别人的意见，谁不听他的就组织对谁的围攻，还不准别人为自己辩护，这是“只许州官放火，不许百姓点灯”，这种行为完全破坏了国际准则。会上双方几乎到了对骂的程度。最后，中共代表团“为了顾全大局，仍然在会谈公报上签了字，以便缓和一下已经出现的严重分歧和对立”。这个“大局”主要是防止被帝国主义利用。

中共的声明和彭真的回击，打了赫鲁晓夫个措手不及，使赫鲁晓夫及其他围攻者反而慌不择言，甚至语无伦次。赫鲁晓夫本想利用这次机会压服中共，结果压而不服，充其量只“打”了个平手。赫氏的“领袖威风”也受到打击，岂肯就此罢休，他要采取更严厉的措施报复中共。

赫鲁晓夫撤走专家，毛泽东发愤图强

1960年7月16日，苏联政府突然照会中国外交部，不顾国际信义，提出撤走全部在华的苏联专家。7 月 25 日，苏联政府又通知中国政府，从 7 月 28 日至 9 月 1 日，将全部撤回在华专家 1390 人，停止派遣专家 900 多名，并撕毁 343 个专家合同和合同补充书。苏联政府的这种做法是把中苏两党之间的思想分歧扩大到国家关系方面。苏联专家分布在中国经济、国防、文化教育和科学研究等部门的 250 多个企业和事业单位，在技术设计、工程施工、设备安装、产品试制和科学研究等方面担负着重要的任务。

中国第一个五年计划以来，苏联援助的 304 个项目中还有 201 个项目正在建设中，其中许多项目是由苏联专家负责的，这些项目又直接或间接地牵动着 12 个方面的工作，所以撤走苏联专家完全打乱了中国国民经济建设的安排。

7 月 31 日，外交部复照苏联驻华大使馆，指出苏联撤回专家的行动违反中苏友好条约，违反社会主义国家之间友好关系的准则，表示希望苏联政府重新考虑并改变此决定。

苏联不予理睬，加紧了撤退专家的行动。

毛泽东愤怒地说：“还不如法国的资产阶级，他们还有一点商业道德观念。”

中国对给中国以帮助的苏联专家以礼相送。

8 月 16 日，周恩来为即将奉命回国的苏联专家举行告别宴会，对他们为中国的社会主义建设做出的巨大贡献表示诚挚的感谢。他动情地说：“我们分开了，但相信两国、两国人民的友谊是永恒的。”讲到最后，他说：“我的感情已经不允许我再讲下去了……”在座的苏联专家深受感动，有些人还流下了眼泪。

1960 年 7 月 16 日，苏联政府突然照会中国政府，单方面决定撤回苏联专家。图为 135 厂召开欢送苏联专家大会

赫鲁晓夫突然撤退专家、撕毁合同，对于正面临严重困难的中国经济、不啻雪上加霜。然而，赫鲁晓夫对中国人的伤害，不只在经济上，更在感情上。

1964 年，中共中

央在给苏共中央的信中，曾气愤地说："在中国遭到严重的自然灾害的时候，你们乘人之危，采取这样严重的步骤，完全违背了共产主义的道德。"

28 年后，现苏联《真理报》总编辑阿法纳西耶夫在一篇文章中说："苏中关系急剧恶化的原因是复杂的，是多种情况造成的"，"双方都有过错……但是，毫无疑问，赫鲁晓夫在之中起了非同小可的作用。中国人认为他批准了从中国紧急撤走苏联专家。召回苏联专家伤了中国人民的心和感情，使中国在经济上处于严重的境地"。[①]

赫鲁晓夫，人如其形，气壮如牛，办事鲁莽，不计后果。应用这种手段对付"兄弟党"，不只对中国一家，在这之前，他已从南斯拉夫撤退专家，停止了援助。在这之前，对于阿尔巴尼亚又如法炮制。在采取"实力政策"这一点上与美国并无二致。

然而，无论从哪方面说，赫鲁晓夫此举得到的太少，失去的太多。中苏关系的破裂已无可挽回。

赫鲁晓夫企图压中共屈服，他太不了解中国共产党的历史，太不了解毛泽东的性格。中共的历史特点之一就是独立自主，自力更生。毛泽东最不怕的是压力，最大的乐趣是迎接挑战。

苏联全部撤走专家虽然突然，中共并非完全没有思想准备。事实上，自从 4 月发表了三篇文章以后，中国驻苏大使馆已经明显地感到了苏联对中国政治上的冷淡气氛，苏联报刊已极少报道中国的消息。不让中国参加较机密的学术会议，对高技术控制愈来愈严。毛泽东在了解这些情况之后批示："态度有变化，正好迫使我们自力更生，坏事一定会变成好事。不是吗？"[②]

为了应付可能出现的变局，7 月 3 日，副总理兼国家科委和国防科委主任聂荣臻向中共中央和毛泽东写报告，提出三点建议。

一是"苏联在重要技术关键上卡我们，令人气愤，但气愤并没有用，一定要争口气。事情有可能这么一逼，反而会成为发展我国科学技术的动力，会使我们更加坚决地在科学技术上贯彻自力更生的方针，而不是指望外援。""在新的形势面前，我们继续坚持独立自主、自力更生的方针是可能的。"对此，周恩来在阅读"建议"时作旁批："独立自主、自力更生、立足国内。"

二是"今后科技往来采取新的做法。凡协议上有的项目，我们到时候就要询

① 阿法纳西耶夫：《在中国的两周》载 1988 年 6 月 6 日和 11 日苏联《真理报》。

② 《建国以来毛泽东文稿》第 9 册，第 252 页。

问，仍然要。但对方不给，绝不再催，挂上一笔账。协议以外的新要求就不提了。”“对苏联专家，要贯彻中央所指示的方针，坚持原则，坚持团结，多做工作。”

三是“独立自主，立足国内，绝不意味着自己封锁自己。”周恩来阅时作旁批：“关于科学技术，一要，十分必要的仍然要提，他们不给，不强求。二学，留学生、实习生、研究生，已经去的必须学好，不给学就不学。来我国的专家，必须派人向他们认真学习，不教就不学。三买，凡可以购买的重要技术资料，应从西方资本主义国家千方百计地买到。四钻，不管要到、学到、买到与否，或者多少，主要还要靠自己钻研、自己不钻，不仅不能有独特的创造发明，而且也不能把要到、学到、买到的用于实际和有所发展。”①

北戴河会议期间，周恩来受中共中央的委托，在7月14日和15日用了两天时间向各省、市、自治区党委书记作了关于共产国际和中国共产党的关系的报告。报告的中心意思是告诉大家，不要因为当前国际共运中出现的这些问题而灰心。他通过共产国际历史的回顾说明：“各国的革命和建设，要靠各国人民自己的实践。”“要靠各国党自己独立思考。”“要靠各国自己独立自主和自力更生。”

第二天，收到苏联的照会，使与会者陡增同仇敌忾、发愤图强的情绪。7月18日，毛泽东说：“要下决心，搞尖端技术。赫鲁晓夫不给我们尖端技术，极好！如果给了，这个账是很难还的。”毛泽东这里讲的“尖端技术”，主要指原子弹。

7月31日，周恩来发言指出：苏联撤退专家，影响了我们各方面的工作，想拿这个来压我们，这怎么能压得成呢？大家回去要好好准备，迎接困难，决不能掉以轻心。

4 “兄弟”阋墙　邓小平舌战莫城
共御其敌　刘少奇勉求和局

中苏争执被美国钻了空子

本来中共批评赫鲁晓夫，是想克服他的动摇，推动他一同反帝，谁想到赫鲁

① 《聂荣臻回忆录》（下），第807、808页。

晓夫“把我们当敌人，把美国当朋友”，把中国亮了出去。这就使中国的国际环境复杂起来，西方冷战的矛头集中转向中国。周恩来不无忧虑地说：中苏争执被帝国主义利用了。

此时的美国，一方面看不起中国，一方面又在研究中国。中苏分歧他们是注意到了。离间中苏本来是美国对华政策目标之一，但这时他们利用中苏分歧的基本倾向是拉苏联、孤立中国。美国认为，中国宣传中反美、支持世界革命、倡导武装斗争的调子很高，比苏联更“好战”，因此原子弹掌握在中国手中更危险。

赫鲁晓夫骂中共是“疯子”，美国说中国“好战”，这既有恶语中伤之意，也有偏见和曲解，西方人以恐惧的目光注视着中国。不澄清中国“好战”的歪曲宣传，中国的安全就会受到威胁。

中国并不希望打仗。中国强烈的反美活动在某种意义上说是美国逼出来的。冷峻的英国元帅蒙哥马利看出了这一点。5 月下旬，他在西方一片反华声中造访中国。

1960 年 5 月 25、26 日，周恩来会晤来访的蒙哥马利，他告诉客人：“（中美）敌视是美国开始的，它既然敌视我们，我们当然敌视它。”周恩来说，改善中美关系有两个原则：一是美承认台湾是中国的一部分，二是美军撤出台湾和台湾海峡。

5 月 27 日，毛泽东也会晤了蒙哥马利。他对蒙哥马利说：“我们是被侵略者，美国还占着我们的台湾。可是联合国却给我们一个称号，叫我们是‘侵略者’”。他告诉客人：“50 年以后，中国的命运还是 960 万平方公里。”

8 月 1 日，周恩来在瑞士使馆国庆招待会上，向美国发出倡议：中国愿同各国和平共处，主张亚太沿岸各国包括美国在内，签订一个互不侵犯的和平公约。当天，美国国务院发表声明，拒绝周恩来的和平倡议，并对中国进行诬蔑。

周恩来意识到，美国在利用中苏分歧。

8 月 14 日，周恩来在全国外事会上说：

> 现在新的问题是，社会主义阵营里面有了争执，敌人利用了，我们对敌人的造谣中伤、挑拨离间、威胁利诱都击破也得经过一个长时间较量、斗争才能证明我们正确，才能做出伟大的成绩。……从外交上说，是要采取各种的和平斗争，但也一定要准备另一手，警惕帝国主义战争的挑衅。

首先是准确地传递中国的信息。

毛泽东、周恩来分别会见美国记者埃德加·斯诺、安娜·路易斯·斯特朗，英国记者费力克斯·格林，周恩来对他（她）们说：中苏之间虽然有原则上的分歧，但是西方帝国主义国家不能破坏社会主义阵营的团结和统一。他说：中国不愿意同美国打仗。中国人民从来是愿意同美国人民友好的，我们希望在和平的环境中建设我们自己的国家。我们相信美国人民也不愿意同中国打仗。但是美国政府对中国一直推行着侵略政策。面对着这种战争威胁，中国人民不能不时刻保持警惕，加强自卫力量。周恩来提出中美之间可以达成两点协议：即和平解决争端；美军撤出台湾。他说，至于什么时候撤走，以及如何撤走是下一步的事情。

毛泽东告诉斯诺：“它（美国）不愿意放弃台湾，我们也不去打”，“因此，战争的危险是没有的，美国可以放心继续霸占台湾”。

斯诺说：“有些美国人认为，中国要得到原子能，那是遥远的将来的事。另一方面，他们又害怕中国一旦有了原子弹，就会马上不负责任地使用它。”

毛泽东说：“不会的，原子弹哪里能乱甩呢？如果我们有，也不能乱甩，乱甩就要犯罪。”“不管美国承认不承认我们，不管我们进不进联合国，世界和平的责任我们是要担负的。”

历史上不乏因敌方的错误判断而遭到打击的实例，中国不能不防范这一着。

“必须把它拉回到马列主义正确方向上来”

中美对抗的现实，限制着中苏争执的裂度。

1960 年 8 月 14 日，周恩来在全国外事会议上说：我们的外交战略方针，就是要团结社会主义阵营的力量，争取民族运动的力量，发展人民革命斗争力量，扩大和平运动的力量，集中主要目标搞垮帝国主义战争侵略势力。

他说，关于中苏争执的前途，要从最坏的方面想，争取最好的，估计有五种可能：宣传上的封锁、分裂、颠覆、威胁、帝国主义利用挑起战争。他特别告诫大家：我们的头脑要冷静，不能忘记帝国主义这个敌人。

中共中央决定把苏联领导的错误当人民内部矛盾处置，希望把它“拉回到马列主义的正确方向上来。”

但是，在原则问题上，毛泽东不准备作任何让步。

8 月 10 日，毛泽东对来访的胡志明说：

“我们惹祸，无非是为了保卫马克思列宁主义，反对修正主义。修正主义不反对，很危险。他们喊反对教条主义。好！反教条主义有两种……修正主义反教条主义，是假的。他们要反对的是马克思主义。”

毛泽东以调侃的语调告诉胡志明，原则问题决不妥协。

越共中央主席胡志明显然是想调解中苏矛盾，8 月 7 日抵达北戴河，先同周恩来、邓小平谈，后又见毛泽东。8 月 11 日飞赴莫斯科。

8 月 15 日，苏联驻华大使契尔沃年科晋见周恩来。转交苏共中央给中共中央的两封信。一封是对中共代表团在布加勒斯特散发声明的答复，另一封是建议在 1960 年 11 月莫斯科会议之前，中苏两党预先交换意见，举行两党会谈。大使说苏共中央写信的目的是解决我们之间的分歧，出发点是中苏两党之间的团结今后终究是要巩固和发展的。

周恩来表示同意大使所说的精神，把苏共中央的信递给了毛泽东。

此时，周恩来对解决分歧还抱有乐观态度。

8 月 28 日，周恩来在接见中共各省市统战部部长时说：关于苏共领导错误的性质问题，要有分析，要讲明白。赫鲁晓夫在某些原则性的问题上是半修正主义，右倾机会主义的，不能说苏联整个国家变坏了，他们还是反帝国主义，搞社会主义，讲国际主义的。两党两国的主要部分还是团结的。右倾机会主义是党内问题，人民内部问题，它对马列主义是部分性的修正。我们要承认赫鲁晓夫的错误是部分性质的。赫鲁晓夫和其他兄弟党有反华情绪甚至于说我们是“黄祸”，这当然是资产阶级的东西，我们当然是愤慨的，但不能造成反苏情绪，这决不允许。关于错误的影响，要强调不大也不小。一时看起来，黑云压城城欲摧，但不久就会雨过天晴，乌云总要过去的。关于前途问题，只能说到一定程度，有些事不能设想，边境挑衅是可能的，但不能设想动武。我们可以把坏事想足，但不能超过人民内部矛盾问题。

中国主动限制了中苏边界可能发生的冲突。8 月 31 日，中共中央发出《关于为全面谈判中苏边界问题做好准备工作的通知》。在这个通知中，周恩来加上一款：“对发生争议的地区，如果需要实地勘察，必须先向中央请示。不得中央批准，不准在中苏边界进行任何勘察工作。”后来，中共中央又于 10 月 26 日批转公安部党组的文件，要求从维护中苏团结和友谊出发，维护边境良好秩序。总的精神是现状不动，克制，顾全大局，忍耐，避免事端。

9 月 10 日，中共中央致函苏共中央，答复苏共中央 6 月 21 日的《通知书》。这封答复信是毛泽东亲自主持起草的，其中向苏共中央提出了解决分歧达到团结的五项建议：一是我们两党和所有兄弟党的团结必须以马列主义的根本原理和莫斯科宣言为基础，并且以此作为判断是非的准则。二是社会主义国家之间的关系、兄弟党之间的关系应遵守莫斯科宣言规定的平等、同志式的原则。三是对社会主义国家间、兄弟党之间的争论，根据莫斯科宣言，通过同志式讨论求得解决。中苏两国两党对于国际形势、国际共运等一切重大问题应充分协商讨论，采取一致步骤。四是对于共产党人来说，应分清敌我是非，最为重要的应珍惜友谊，共同对敌。五是经过充分准备协商，开好11月各国共产党和工人党代表会议，并在会议上制定一个共同遵循的、团结对敌的斗争纲领。

看来，中苏双方都有维持社会主义阵营的团结的要求，哪怕是表面的，这符合两国的战略需要。

然而，双方都不准备妥协，都希望对方认错，都想把对方拉回到自己的观点上来。即将召开的莫斯科会议，注定又是一个正面交锋的场所。

邓小平舌战赫鲁晓夫

1960年9月15日，中共代表团动身赴莫斯科，参加26国党起草委员会会议。为世界共产党会议起草文件，在这之前举行中苏两党会谈，以解决分歧，协调立场。

这是这年中共代表团第三次赴莫斯科了。第一次由康生带队，第二次以彭真为首，这次则由中共中央总书记邓小平率团赴会，成员有彭真、李井泉、陆定一，康生、王稼祥、杨尚昆、胡乔木、伍修权、刘晓等人。规格逐次提高、阵营逐次壮大，正反映出中苏论战的日益升级。

这年，邓小平56岁，精力充沛，深得毛泽东信任。1959年上海会议时，毛泽东说：“我要挂帅，总书记为副帅。”这一次毛泽东又指定邓小平率团出征，委以重任。当然坐镇指挥的还是毛泽东。

行前，9月13日，毛泽东主持中央政治局常委扩大会确定了赴苏代表团的工作方针。

邓小平一行飞抵莫斯科，受到了高规格的接待。17日开始举行中苏两党会谈，中方的主角是邓小平，苏方的主角是苏斯洛夫——一位意识形态专家。

表面的热情无法消除两党的深刻分歧。邓小平在会上严正指出，苏共以“老子党”，“老子国”自居，使党内思想分歧扩大到国家关系上，已造成了我国的损失。同时表示了在毛泽东领导下的中国党和中国人民，不怕困难，决不妥协的决心。他说：

中国共产党永远不会接受父子党父子国的关系。你们撤退专家使我们受到了损失……中国人民准备吞下这个损失，决心用自己双手的劳动来弥补这个损失，建设自己的国家。

苏共当然不会轻易认错。这次本想解决两党两国关系恶化问题的会谈。仅仅是“各自陈述了自己的观点”，什么问题也没有解决就散了会。唯一达成的协议是在10月召开的26国起草委员会和11月召开的共产党会议时，中共再派代表团来继续会谈。

赫鲁晓夫没有参加中苏两党会谈，他先于9月9日率领了一个庞大的代表团并且偕同东欧各国领导人赴纽约，参加第15届联合国大会。他别出心裁，不坐飞机，而是渡轮远航，19日才到达纽约。在联合国待了三周。10月14日才飞回莫斯科。

两党会谈已提早散会，26国党会议还未开始，邓小平在莫斯科无事可做，9月23日飞回北京，当晚，在毛泽东处向中央政治局常委扩大会议汇报了中苏会谈的情况。

10月1日，邓小平返回莫斯科，参加10月1日至22日举行的26国党起草委员会会议。

毛泽东一面指导着中共代表团的工作，一面注视着赫鲁晓夫在联合国的行动。

在联合国大会上，赫鲁晓夫可谓大出风头。9月23日，他发表《关于给予所有殖民地人民自由和独立，关于解决全面彻底裁军问题》的讲话，引起重大反响。然而，他的全面裁军的倡议遭到了美国及西方国家的冷遇和拒绝。在西班牙代表发言时，赫鲁晓夫竟不顾外交礼仪和大国领导人的身份，脱下皮鞋敲打桌子以示抗议，引起万人注目，受到各方谴责，苏联代表团也因此被罚款1万美元。此事至今仍传为笑谈。赫鲁晓夫之粗鲁，由此可见一斑。

在中国领导人眼里，赫鲁晓夫对美态度重新强硬起来，证明中苏两党还有战略利益上一致的一面。中国领导人希望赫鲁晓夫能回心转意，重新回到与中国和好轨道。

9月18日，中共中央批准的中央外事小组的报告中说：“为了顾全大局，我们仍然坚持把中苏争论约束在两党中央和兄弟党中央的范围之内。……在交谈中，我们不要点赫鲁晓夫的名，更不要涉及其他兄弟国家和兄弟党的领导人，不许批评兄弟国家的内政。”

26国起草委员会会议，实质上是中苏两党观点的交锋，邓小平在会上作了长篇发言，重申了9月10日中共中央给苏共中央答复信中提出的12个问题，指出：在布加勒斯特会议上，苏方搞突然袭击，接着撕毁两国签订的苏援华协定，撤走全部在华专家的事；赫鲁晓夫在会上把两党思想分歧扩大到国家领域；对中印边界纠纷问题偏袒印度，指责中国，苏方推行亚洲地理政治战略方针；美化美帝国主义，对美搞缓和方针，宣传“戴维营精神”，对中国施加压力；1955年9月阿登纳率联邦德国代表团访苏期间，赫鲁晓夫竟然向阿登纳提出请求，把中国说成是对苏最大的问题，请阿登纳帮助对付中国。①

起草委员会上的争论是激烈的，苏共要通过自己起草的81国会议声明草案，其中除了坚持把苏共二十大和二十一大路线，即关于和平共处、和平竞赛、和平过渡、全面裁军、缓和等内容写进声明外，更含有攻击中共“单干”、“民族利己主义”、“不采纳集体经验”等内容，表面上批判南斯拉夫，实际上是指桑骂槐，骂中共。中共代表团当然要予以反击，对声明草案提出许多重大原则性修改意见。双方进行了激烈辩论。

在这次对阵中，苏共虽然占上风，但已不是“一边倒”。据林彪10月20日讲话透露，会上支持中共的有7票，即阿尔巴尼亚、朝鲜、越南、日本、印尼、澳大利亚、巴西等共产党，连同中共自己共8票，站在苏共一边的是苏联、保加利亚、罗马尼亚、捷克、东德、西德、波兰、叙利亚、美国、英国、阿根廷等共产党共11票，处于中间地位的有蒙古、法国、意大利、匈牙利、芬兰、印度、古巴等7票。林彪说：“小平他们估计，这次搞决议，一个是搞个好的东西，一个是搞个坏的东西，一个是搞个中等的东西。搞个好的不容易；目前搞坏的，完全是他那一套也不行；大概是个中等的东西。大概这么个结果。”

10月14日，赫鲁晓夫回到莫斯科，很快加入了辩论。在著名的叶卡捷琳娜大厅，赫鲁晓夫为中共及其他兄弟党代表团举行隆重欢迎宴会，邓小平与赫鲁晓夫并肩进入大厅，又比肩而坐。双方论战开始了，赫鲁晓夫选择的靶子是阿尔巴尼亚。

“他们拿了我们的金子和粮食，可是反过来又骂我们。这不仅仅是苏共与阿共

---

① 据《阿登纳回忆录》谈，1955年9月10日，赫鲁晓夫在同阿登纳花园散步时提出说：“您想象一下，赤色中国现在已经有6亿以上的人口，每年还要增加1200万。这些人都靠一把米过活。这该发展到什么地步呢？”“我们能够解决这个问题。但是这是很困难的。因此，我请您帮助我。您帮助我对付赤色中国吧！”。

之间的分歧。”赫鲁晓夫脸涨得通红，口里骂着阿尔巴尼亚，心里在骂中共。

邓小平心中有数，毫不示弱，他说：“阿尔巴尼亚劳动党是个小党，能够坚持独立自主，你们应该更好地尊重人家，不应该施加压力，援助是为了实行无产阶级国际主义义务，而不是为了控制和干涉。”

邓小平此话一出，赫鲁晓夫心中更火，不再拐弯抹角，矛头直接对准了中共：“你们中国在斯大林问题上前后不一致。开始拥护我们，后来又反对我们。”

“我们党的态度是一贯的。拥护什么？反对什么？这个问题要说清楚哟。反对个人迷信，我们过去拥护，现在仍然坚持。在我们党的八大上，对这个问题已经明确表示了态度，少奇同志向尤金大使讲明了我们的态度，你问问米高扬，他到北京来时我们对他讲没讲？”

邓小平看看米高扬，米高扬默不作声。邓小平接着说：“我们赞成反对个人迷信。斯大林的功绩和错误，不仅关系到苏联国内，也关系到整个国际共运。错误当然要批，功绩也一定要肯定。我们反对的是全盘否定，尤其不能采取秘密报告的办法，恶毒攻击，这种作法带来的后果，你一直认识不足。”

赫：“我们比任何人对个人迷信的体会更深刻，受害也更深。”

邓：“要批判，但不能全盘否定，尤其不允许以反对个人迷信来影射攻击其他兄弟党。”

赫鲁晓夫不再纠缠“个人迷信”问题，话题一转说：“高岗是我们的朋友，你们清除了他，就是对我们的不友好，但他仍然是我们的朋友。”

这是在明目张胆地干涉中共内部事务。邓小平有些恼怒了，他说“这可是你说的话，你这个讲法要记录在案的。”

赫鲁晓夫不计后果，继续说：“你们不是喜欢莫洛托夫吗？你们把他请去好了，我把他送给你们。但高岗可是我们的朋友！”

“荒唐！完全是无稽之谈！”

邓小平大声反驳，引来众人的目光，赫鲁晓夫满脸通红。苏共中央主席团其他成员走过来，敬酒、碰杯、打圆场，一场饭桌上的论战停止了。

论战归论战，但无论中共还是苏共，都还想使共产党会议如期召开，都不愿使外界看到社会主义阵营就此破裂，中苏两党分道扬镳。因此，对于会议文件草案，双方都做了一定的妥协，起草委员会达成原则协议。但许多原则性分歧并未解决。

10 月 24 日，邓小平、彭真率团返回北京。

刘少奇率团赴会

1960年11月5日，邓小平三下莫斯科，来参加十月革命43周年庆典，出席81国世界共产党和工人党会议。不过这次他不是中共代表团团长，而是副团长，团长是中共第二号人物，国家主席刘少奇。团员有彭真、杨尚昆、陆定一、廖承志、刘宁一、康生、刘晓等。

一架插有中国国旗的苏制“图104”专机降落在莫斯科西南部机场，刘少奇、邓小平等走下舷梯时，早已等候在机场的苏联领导人勃列日涅夫、苏斯洛夫、赫鲁晓夫走上前去，同刘少奇、邓小平等握手、拥抱。或许为尊重刘少奇，这次让身份对等的勃列日涅夫站在第一位，赫鲁晓夫屈居其三，也可谓用心良苦。

在机场，刘少奇、勃列日涅夫分别发表了友好的讲话，双方盛赞中苏“兄弟友谊”，似乎此前什么事也没有发生过。

这只是做给外界看的。

钻进小轿车，赫鲁晓夫就恢复了主角身份。谈到世界共产党会议时，他向刘少奇试探：

“关于这次各国共产党会议，虽然经过了起草委员会协商讨论，仍然遗留了一些问题。我们坚持自己的观点，相信中国同志能够理解我们的立场。”

“小平同志讲过了我们的意见。希望在这次会议上，苏联同志还是从大局出发，尽量协商，取得一致，不要出现大的争论，使得会议不好进行。”刘少奇说。

“取决于我们的事我们都做了，现在就要看中国同志的了”，赫鲁晓夫把球踢给了刘少奇。

“我们是坚持团结的，这个立场早已讲过，也是这样做的，对尚存的几个原则问题，我们的立场是明确的。”刘少奇以不可置疑的口吻挡了回去。

双方都不会轻易让步，同时又都担心出现6月布加勒斯特会议上的僵局。

十月革命的庆典是隆重热烈的，气氛是喜庆祥和的。这毕竟是世界共产主义者的共同节日。

世界共产党会议于11月11日开幕，81个共产党和工人党代表出席，南共联盟未被邀请，会议在绝对秘密的条件下进行，但它的情况很快通过各国共产党透露出来。

会议一开始，一场新的争论也就开始，交锋主要在中苏两党之间，主角仍然是邓小平和苏斯洛夫。刘少奇虽坐在中方首席，却只偶尔插插话。

苏共早有准备，11月5日，也就是刘少奇飞抵莫斯科的当天，草拟了一份答中共中央9月10日复信的复信。中苏两党第一次会晤后，苏斯洛夫派人把这份长达六万字的复信送到中共代表团手里，其中对中共的观点进行了全面批驳。

11月14日，邓小平在会上作长篇发言，对苏共11月5日复信提出抗议，指出这封信歪曲了中共的观点，重申了中共在战争与和平、全面裁军、和平过渡以及殖民地人民革命等问题上的立场。邓小平特别强调，苏联共产党无权用其代表大会通过的决议来约束其他党。

阿尔巴尼亚劳动党领导人恩维尔·霍查站出来，坚决支持邓小平。他揭露，在布加勒斯特会议上，苏联领导人猛烈谴责中共，采用"无法忍受的压力"来迫使阿尔巴尼亚加入反对中国的集团。

西班牙共产党的代表伊巴露丽站出来猛烈地抨击霍查，把霍查比做"一条咬自己主人的恶狗"。

于是，以支持苏共政策的党为一方，以支持中共观点的党为另一方，展开了又一场斗争，甚至于对骂。

会议有破裂的危险。刘少奇电询毛泽东，请求方针。

11月17日，毛泽东授意复电刘少奇，对于公报的签字问题提出要坚持三条原则。第一是关于战争问题的论点，第二是反对写苏共20大和21大，第三是不能接受说我们进行"派别活动"的提法。如这三条不同意改，我们不签字。[①]

胡志明出面调解，刘少奇再作努力，他亲自出面，会晤赫鲁晓夫，希望81国共产党会议开成功，并由此改善中苏关系。接着，他又会下找苏共领导人米高扬、苏斯洛夫和科兹洛夫谈话，做缓和的工作。

苏共中央也不想闹得不可收场。此后中苏双方不再相互公开谴责，关于会议声明，双方各作出一定妥协。关于战争的观点，声明既写上了"帝国主义侵略本性没有改变"，战争危险仍然存在；又写上了"战争的注定不可避免性是不存在的"。中共不再坚持反对把苏共20大和平过渡观点写进声明，苏共不再坚持在声明中指责中共进行"派别活动"。双方共同点名批判了南斯拉夫"修正主义"，同时重申了兄弟党关于平等的观点。双方各有让步，但从总体上看，声明较多地体现了苏共的观点。这正反映中苏双方在会议上的力量对比。

刘少奇准备在声明上签字，再次电询毛泽东。

---

① 《周恩来年谱》（1949—1976）中卷，第370页。

1960年11月至12月，刘少奇、邓小平率中共代表团出席在莫斯科举行的81个共产党和工人党代表会议，会议通过了《莫斯科声明》。图为中共代表团团长刘少奇在声明上签字

11月28日，毛泽东、周恩来主持会议，讨论《中共中央关于在声明草案上签字问题给代表团的指示》，提出六条对策。把是否签字的最后处置权交给了刘少奇、邓小平，但又指示：“不论签字与否，我们必须发表声明，指出这次会议在赫鲁晓夫和苏共代表团的恶劣做法影响下，造成国际共产主义运动中又一次不可容忍的恶例。我们是坚持原则、坚持团结的。我们保留对二十大不正确部分的不同意见，并且也反对把不同意见强加于人。”①

12月1日，各国共产党终于签署了《莫斯科声明》和《告世界人民书》两份文件。刘少奇和赫鲁晓夫都松了一口气。一场激烈的论战终于有了一个妥协的结局。刘少奇在会上发表了一个和解的讲话，希望“消除分歧，停止攻击，反对共同敌人，发展共同事业”。

会议结束，邓小平等先期回国，刘少奇以国家主席的身份应邀访问苏联。苏方安排了不少隆重、热情的访问活动。

12月6日，莫斯科举行苏中友好群众大会，与会者12000人。勃列日涅夫在

① 《周恩来年谱》（1949—1976）中卷，第373页。

大会上说:“在争取全人类未来的斗争中，苏中人民肩负着特殊的责任。”刘少奇的讲话尤其感人:“伟大的苏联一直是中国的良师益友，中国永远同苏联站在一起。”当晚，刘少奇举行答谢宴会，勃列日涅夫承诺:“苏联人民将像保护眼珠一样保护苏中友谊。”

12 月 7 日《人民日报》发表社论:《胜利的旗帜，团结的旗帜！》，高度评价莫斯科会议和《莫斯科宣言》。

12 月 8 日，刘少奇同赫鲁晓夫话别，双方都表示愿采取实际措施来改善中苏关系。苏联表示愿对中国的援助作重新的调整。勃列日涅夫和科兹洛夫还接受了刘少奇的访华邀请，刘少奇交待刘晓大使，要促使他们访华能早日实现。

12 月 9 日，刘少奇率团回到北京，毛泽东、周恩来等到机场热烈迎接。10 日，《人民日报》为刘少奇访苏发表社论:《最亲密的兄弟，最伟大的友谊》。

两党关系出现了缓和的气氛。

然而，这多半是对外宣传的需要。《莫斯科宣言》这份双方妥协的文件，丝毫不能掩盖中苏两党分歧以及由此引起的国际共运的分裂状况。

5 应时而出 林彪大搞政治
厄运难逃 谭政不跟高调

康生出山如鱼得水

伴随着国内反右倾，国际反修斗争的升级，对毛泽东个人的宣传迅速升温，个人崇拜也急速地发展。

个人崇拜是一个古老的历史遗产，在一个小农经济占绝对优势、文盲众多、封建专制意识有着长期影响的国度，个人崇拜有着广泛的基础。

对毛泽东的崇拜，包含着人民群众对领袖的真诚爱戴和感激之情，也包括着第一代共产党人对毛泽东巨大的历史作用和思想感召力的折服。在领导层中，以毛泽东的是非为是非已成定势。

薄一波回忆说:

> 记得我的一位老领导和一位老战友曾不止一次告诫我：毛主席讲的话，如你觉得不对，千万不要讲，你回去想想，慢慢就会知道毛主席是正确的。长期以来，在我们的脑海里，的确形成了一个思想框框：毛主席说对，就对；说错，就错。人人都以毛主席的是非为是非。①

由于有这种基础，加之以阶级斗争的政治压力，领袖本人对“正确的个人崇拜”的赞赏和认同，敢于犯颜直谏者被无情批判，个人崇拜顺势膨胀起来。这时多少是真诚崇拜，多少是曲意逢迎，多少是迫于压力，就难以断定了。

在这场制造神话的运动中，有两个起了特殊作用的人物，一个是林彪，另一个是康生。

先说康生。

早在延安整风时期，康生负责审干，他发动“抢救失足者”运动，把大批干部投入狱中，在党内早已留下骂名。

全国解放后，党的重心转入建设，康生虽身为中央政治局委员，却未被重用。他托病不出，一养就是六年。党的八大本想东山再起，但选举结果，康生只得一个中央政治局候补委员，排在陈伯达之后。这比起原来的中央政治局委员来，显然降了一格，康生心中恼火，却忍隐不发。毕竟他争取到留在中央工作，只要能接近最高领导者，就有再一次走运的机会。

1960年6月，康生在罗马尼亚布加勒斯特

康生的主要精力，在于钻营逢迎之术，观察毛泽东的兴奋点，主动靠上去。

1955年，毛泽东放出话来，自己对理论感兴趣，提议重新成立中央政治研究室，并准备亲自带动一些省委书记读书和研究。康生得此消息，立即把自己的办公室设在中央政治研究室，他在中央政治研究室并无职务，却天天都去办公，而政治研究室主任陈伯达倒很少去

① 薄一波《若干重大决策与事件的回顾》下册，第881页。

办公。八大开过两个月，即1956年11月，康生就着手抓理论工作，1957年3月15日，被任命为中央文教小组副组长。1959年3月，中共中央决定成立《毛泽东选集》编委会，康生被任命为编委会副主任，开始插手《毛泽东选集》四卷的编辑工作，此时，康生在中央文教小组之下设立了一个“理论小组”，自任组长。1959年下半年，又受中央委托，兼管中央党校的工作，至此，康生真的掌握了理论工作大权。

康生抓理论工作，所做的一件事，就是突出宣传毛泽东，大讲毛泽东对马列主义的发展和贡献。

1957年3月13日，康生在全国宣传工作会议上讲话，说自1956年以来，随着社会的大变动，毛泽东对马列主义有了四个方面的“新的说明”，“新的发挥”和“新的发展”。“当前摆在我们面前的问题是如何学习它，研究它，说明它。”

1958年夏，康生作报告说：“毛泽东思想是马列主义的顶峰。”

1959年12月2日，康生跑到军事科学院和高等军事学院，就“发展”问题作了一个长篇报告。他标新立异，为毛泽东思想作出新的定义。他说：“毛泽东思想是世界上分成帝国主义阵营和社会主义阵营两大阵营，社会主义革命和社会主义建设进入一个新的历史时代的马克思列宁主义”。此定义的真实含义是：毛泽东思想不仅是中国党的指导思想，而且应当成为世界革命和国际共运的指导思想。他特意解释说：在各兄弟党中，对马克思主义的发展，“最明显的、最突出的、最全面的是毛泽东同志”。

1960年1月4日，康生又向中央党校负责人指示：毛泽东思想是“最高最后标准”。规定学员“必须先学毛著，后学马列著作”，这叫“先入为主”。

机会终于来了。

中苏关系日趋恶化，毛泽东的注意力转向国际反修。他终于看中了康生。1960年2月，康生首次被委以重任，带队出席华沙条约国政治协商会议，在会上，根据毛泽东的指示，发表了一篇惊动东西方的讲话。

从此，一发不可收。康生成了一名“反修斗士”。

自1960年2月起，中央成立了国际反修写作班子，设在钓鱼台，康生就是这个写作班子的头。他领受毛泽东的指示，体会毛泽东的观点，组织这个班子写出了一篇又一篇文风犀利的文章，痛斥“苏联修正主义”。他参加了此后几乎所有的中苏会谈，与“苏修”进行面对面的斗争。康生由此博得一顶“理论家”的头衔。不过他自己说：“君子动口不动手”，没有一篇文章出自他自己的手笔。

康生的策略获得了成功。自他复出到病死，其间20年。20年国内政治风云激荡，众多政治人物饱尝荣辱沉浮，康生却有如鱼得水，游刃有余，由中央政治局候补委员而政治局委员、政治局常委、中央副主席，步步高升。其妙诀有二：一曰高举反修大旗，一曰制造个人崇拜。

古人曰：我自讳过，安得有直友；我自喜谀，安得无佞人。

林彪大搞政治　高举紧跟

“枪杆子，笔杆子，革命靠这两杆子”。

康生虽可权称“笔杆子”，但与林彪相比，还不是一个量级的人物。

林彪是共和国元帅，曾经独当一面，战功显赫，军内有自己的山头，与毛泽东有深厚的历史渊源。新中国成立以后虽也长期养病，毛泽东始终没有忘怀，总把他视为“储将”随时可以听用。1956年八大增选副主席，林彪不是候选人，但选举结果，却出现一张林彪的票，原来那是毛泽东亲自投的一票。1957年夏，毛泽东到上海，听说林彪也在上海疗养，亲自登门看望。林彪喜出望外，立时精神焕发。毛泽东发现林彪红光满面，了无病态，才恍然大悟。林彪可用！

1958年5月，八届五中全会，毛泽东提议，林彪补选为中央副主席，进入常委。对于林彪的擢升，世间猜测甚多。或许毛泽东在发动“大跃进”时，需要增加一张支持票，或许此时已对彭德怀不太满意，有意用林彪加以节制。无论怎么解释，这种任用超乎常规。彭德怀身为国防部长，主持军委日常工作，还只一个中央政治局委员名分。林彪长期赋闲，却得此高位。

果然，1959年庐山会议，彭德怀被“罢官”，林彪取而代之，接任国防部长，主持军委日常工作。

庐山会议后，林彪主持军委扩大会议，向彭德怀发动猛攻：“让他交代，他是怎么组织军事俱乐部的？”与会者应声而起，其言词之激烈，上纲之高，火力之猛、比起庐山会议，有过之而无不及，彭德怀成了众矢之的，在军内彻底垮台。

林彪还不放心，他要搬掉一块更大的绊脚石，那就是德高望重，居元帅之首的朱德。朱德在批彭德怀时，态度较为“暧昧”，毛泽东当场批评：朱老总是隔靴搔痒。毛泽东的不满，正好是一个机会。在军委扩大会上，林彪当面斥责：“朱德是冒充总司令！”朱德遭到围攻。于是朱德写书面检查，毛泽东批发县团级以上干部。朱德检讨，全党愕然。林彪的目的已经达到。

然而，要真正稳固自己的地位，必须博得毛泽东的持久信任。彭德怀前车之覆，后车可鉴，林彪决意反其道而行。

林彪长期与毛泽东共事，毛泽东对他来说并没有神秘感。他本人与其说崇拜毛泽东，不如说善于琢磨毛泽东。

林彪作为一名战将，却对政治工作情有独钟，上台伊始，大搞政治，把政治工作抬到“君临一切”的地位。

林彪搞的政治，归结为一点，就是突出宣传毛泽东，制造对毛泽东的个人崇拜。

林彪在部队开始推行他一整套学习毛主席著作的做法，使它成为一场群众运动。

其一曰：“走捷径”。1959 年 9 月，林彪在军委扩大会上说：“我们学习马列主义怎样学呢？学什么马列主义呢？老实讲，我向同志们提议主要是学习毛主席著作，这是捷径。”他用贬低马列的手法来提高毛泽东。他说：马克思、列宁著作很多，是低级的，学马列同“读化学不一定找到发明化学的人，学几何不一定要找欧几里得”一样，“不一定都要读他们的原著”。“在最伟大的马列主义的导师中间还是我们毛主席”，“毛泽东同志全面地、创造性地发展了马克思列宁主义，综合了前人的成果，加上了新的内容”。学毛著“一本万利”。

其二曰：“背警句。”学毛著也不用系统地学。1960 年 2 月，林彪在军委扩大会上提出：“毛主席有许多警句要把它背下来，恩格斯的不要死背，但是我主张就是要背点东西。”“肚子里就是要背得那么几条”，“我们不要背那么多，要挑选最好的，背上那么几句，就差不多了，道理太多了也不需要，但是一点没有也不行。”

其三曰：“带着问题学。”1960 年 10 月，他在视察部队时说：“带着问题学习毛泽东同志的著作，这种方法是有的放矢。部队学理论就是要有什么问题学什么，需要什么学什么。”1961 年 1 月，他在《关于加强政治思想工作的指示》中，系统地提出了后来影响巨大，流传甚广的学毛著“21 字方针”：“带着问题学，活学活用，学用结合，急用先学，立竿见影。”

林彪还提出了一套部队政治工作的方针。最著名的是“三八作风”和“四个第一”。

他用编串子的方法，把毛泽东 1939 年对中国人民抗日军政大学的题词（即：“坚定正确的政治方向，艰苦朴素的工作作风，灵活机动的战略战术”，“团结、紧张、严肃、活泼”）起名为“三八作风”。既宣传、突出毛泽东，又借此树立自己。

林彪是一个善动脑子想问题的人，语言“生动”“简洁”，富有创造性。凡事都经过周密思考，不鸣则已，一鸣惊人。放在一般人身上，一次也只能提出一个“第一”，而经过冥思苦想的林彪，1960 年 9 月在军委扩大会上讲话，一次居然能提出“四个第一”。他说：“在人和武器的关系上，人的因素第一”；“在政治工作和其他各种工作的关系上，政治工作第一”；“在政治工作中，思想工作与事务性工作的关系上，思想工作第一”；“在思想工作中，书本思想和活的思想的关系上，活的思想第一”。

“四个第一”完全是一种似是而非的东西，它实际上把 50 年代后期党内形成的唯意志论和“精神万能论”推到了极致，却颇得毛泽东的赞赏。后来毛泽东说：“四个第一”是个创造，对林彪褒奖有加。

谭政“死板” 挡了林彪的道

林彪“紧跟”毛泽东，也要求别人紧跟他。他提倡“三八作风”，最喜欢“紧张”二字，就是说，他一讲，你马上就要动。这叫“雷厉风行”。

当时的总政治部主任谭政大将，却是“雷打不动”，没有紧跟林彪的观念。虽然不知道林彪的真实意图，但对他的一些做法和提法多有微词，在军队没有传达。

谭政等不同意只提“以毛泽东思想为指针”，只学毛著、背警句。他认为：有些理论是马克思发明的，毛主席没有发明，如政治经济学的资本主义部分；不断革命论也是马克思发明的，毛主席阐述了。谭政还说，对毛泽东思想“不能庸俗化”。在 1960 年 3、4 月份召开的全军政治工作会议上，谭政提出要“以马列主义、毛泽东思想为指针”，主持讨论拟定了三门政治理论课的教学大纲，要求“加强马列主义的系统的理论政治宣传和教育工作”。他还在人民解放军政治学院作了《理论还是要系统地学》的讲话，登载于《解放军报》。这些都与林彪的“指示”相抵触。

谭政也不同意“三八作风”的提法。他说：“是不是叫三八作风？这样提好不好？”“三八作风这句话怎么样？还有三八妇女节，会不会引起误解？”总政治部只将毛泽东原题词内容作为人民解放军光荣传统作风进行宣传，不称作“三八作风”，《解放军报》通知驻各地记者写稿时掌握。

谭政办事“死板”，指示总政宣传部直接请示毛泽东：是用“坚定不移的政治方向”呢？还是用“坚定正确的政治方向？”是用“艰苦朴素的工作作风”呢？还是用“艰苦奋斗的工作作风”？（着重号为引者所加）3、4 月份的全军政治工作会议上，总政治部也没有布置贯彻林彪提的“三八作风”。

总政治部从 1959 年起，执行经军委、毛泽东批准的文化教育 10 年规划，组织全军干部学习文化科学技术知识。林彪上台后对此大泼冷水，在1960年第八次全军院校工作会议上，提出要压缩，要减掉。谭政等不赞同，只在具体安排上作了必要调整。

谭政

谭政不紧跟林彪，并不偶然。谭政一直是毛泽东信任的军队政治工作领导者之一。1944年，他的一篇论政治工作的讲话，经毛泽东的修改，成为军队政治工作的经典之一。全国解放后，总政治部一直在毛泽东的直接关怀和罗荣桓元帅的领导下。1956年，罗荣桓亲笔写信向毛泽东和中共中央推荐，建议由谭政接任他的总政治部主任职务，得到批准。对林彪这套标新立异的东西不盲目执行，是理所当然的，但还不能说是有意识地抵制林彪。

林彪对于谭政和总政治部对他不盲从、不吹捧，对他的指示没有立即传达贯彻，恨之入骨，认为谭政挡了他的道，从而蓄意进行打击。

林彪上台后，总参和总后均已易人，彭德怀时期的军委班子唯独总政还没有动。按常规谭政的位子迟早也会被挪动。

1960年5月，林彪责问谭政：你知不知道政治机关与党委（实指自己）的关系？在林彪的压力下，总政治部的一位副主任于5月在谭政外出时，批发了一份《关于开展培养三八作风运动的指示》，表达林彪的观点，并说："近几年来我军的三八作风之所以没有得到应有的提倡，甚至在某些方面受到削弱，这是和彭、黄的资产阶级军事路线的影响分不开的"，"在部队中开展培养三八作风的运动，又是两条军事路线斗争在思想作风方面的继续"。暗示谭政执行了彭、黄路线。

林彪决意"彻底解决"谭政和总政治部的"问题"，4月全军政治工作会议刚开过，他又提出要召开军委扩大会议，专门讨论政治思想工作问题。于是，便有1960年9、10月份军委扩大会议的召开。

"抵制林彪同志，就是抵制毛主席"

军委扩大会议于1960年9月14日至10月20日，在北京召开。会议的目的是打击谭政、整总政治部的。但是，林彪却秘而不宣，只出了“讨论政治思想工作”的公开题目。会前，谭政还蒙在鼓里，他还认真地组织一批干部下部队调查，起草报告。

9月12上午，即开会的前一天，林彪突然在军委常委会议上讲话，谈所谓“政治工作领域中四个关系问题”，提出“四个第一”的观点。其用意是为会议批判谭政提供思想武器，指责谭政和总政治部“工作方向偏”。接着，林彪道出了他对谭政和总政的不满。他说：

上海会议提出反修正主义问题，广州会议提出的战略方针，提出三八作风，这些，政治工作会议都应该传达。对于三八作风还应该作出解释。……而且要号召、要发动、要检查，这是政治工作理所当然的事。但是政工会议没有解释和布置。

所谓“工作方向偏”，就是不紧跟林彪，贯彻他的一套，而去搞系统的马列主义、毛泽东思想理论教育和科学文化学习。

列席会议的总政宣传部长姜思毅解释说：文化教育的计划是经过军委集体讨论决定，并经毛泽东批准的。

林彪听后，大为不满。阴阳怪气地说：“大家注意呀，吃菜吃心儿呀，听话听音儿呀。”意思是总政的这些人仍在坚持“错误”。

林彪的这次讲话，给了谭政当头一棒。他无法理解，系统学理论学文化怎么就“方向偏”了呢？

14日正式会议开始，谭政和总政治部部分负责人很快就陷入挨攻的地位。既然整谭政，就不让他作报告吧，可是还要谭政作《关于加强政治思想工作的报告》。不几天，总政副主任又作了一个报告。一个会议两个主题报告，谭政的报告成了“他与军委和林彪同志‘唱对台戏’的证据。是对待高举毛泽东思想红旗的林彪同志的态度”问题。

9月22日，林彪决定“把问题彻底摆开”。经过20余天的连续“揭发”，谭政被指责为：在彭德怀主持军委工作时与彭“和平共处”；在反彭黄斗争中“态度暧昧”“表现消极”“不作任何揭发”，“对肃清彭黄军事影响毫无热情”，并说谭政在总政治部内“有个圈圈”。

10月20日，大会通过《关于谭政同志错误的决议》。

但是，事情并没完。1960年10月25日至1961年1月25日，总政治部召开了党委扩大会议，进行“整风”，进一步对谭政等“揭发批判”。

党内斗争夙有逐步升级的规律。“材料”越揭越多、调子越拔越高、火力越来越猛。

1961 年 1 月 30 日，总政党委扩大会议向毛主席、党中央和军委作的报告说：“谭政同志反党、反毛主席”，“反对毛泽东思想”，“他自己不打毛泽东思想旗帜，也不准别人打毛泽东思想旗帜”，他“反对以毛泽东思想为指针”，“在军队建设中，坚决执行了彭德怀的资产阶级军事路线，并在反彭黄后抗拒新军委和林彪同志的领导”，而“抵制新军委和林彪同志，实质上就是抵制党中央和毛主席”。并说谭政“结成反党宗派集团，把持总政领导”。

中共中央批准和转发了总政党委扩大会议的报告，并于 1961 年 2 月撤销了谭政的军委常委、军委办公会议成员职务，将其降为总政副主任。1962 年 9 月的八届十中全会上，谭政又被撤掉了中共中央书记处书记职务，然后被调离军队。“文化大革命”中被投入监狱。这位战场上出生入死的大将，在自己的监狱里蹲了整整 9 年。

林彪在 1960 年军委扩大会议上，不但以谭政为打击对象，达到了震慑他人、全面把持军队领导大权的目的，并且通过了一个贯彻林彪思想的决议。

军委扩大会议《关于加强军队政治思想工作的决议》，虽也反映了新中国成立以来军队政治工作建设上的许多有益经验，但是，它的实质是，通过决议的形式在全军推行个人崇拜，同时树立林彪的权威。

《决议》写道：

毛泽东同志是当代伟大的马克思列宁主义者。毛泽东思想是在帝国主义走向崩溃、社会主义走向胜利的时代……创造性地发展了的马克思列宁主义。

高高地举起毛泽东思想的红旗，进一步用毛泽东思想武装全体指战员的头脑，坚持在一切工作中用毛泽东思想挂帅这是我军政治思想工作的最根本的任务。

号召人人读毛主席的书，听毛主席的话，照毛主席的指示办事，做毛主席的好战士。

12 月 14 日、21 日，毛泽东亲自修改了这个《决议》，21 日中共中央批准了《决议》，并且给予了充分肯定和高度评价。

康生率先提出“顶峰论”，林彪则以《决议》的权威形式，以通俗的语言，把个人崇拜推向全军，掀起了一场学毛著，背语录的群众性的造神运动。他的那套“三八作风”“四个第一”“活学活用”“兴无灭资”等口号，影响所及，远非止于军队。林彪也因此捞取了“高举毛泽东思想伟大红旗”的政治资本，博取了毛泽东的信任。这一捧一打，稳固地掌握了军队大权。

“与其你崇拜赫鲁晓夫，不如崇拜毛泽东”

如果认为个人崇拜只是少数人的鼓吹，那也太过肤浅。

1960 年，在党内，在高层，有一点似乎达成了共识，国内外斗争形势，需要突出宣传毛泽东。一则为了反击“右倾机会主义者”，二则为了鼓舞全国士气，同心协力渡难关，三则为了国际反修斗争的需要。

长期以来毛泽东是一面旗帜、一个象征、一种凝聚力的源泉。老百姓肚子里没了食物，幸亏脑子里还有偶像。正因为如此，中国人面临灾难，但没有失去信心，更没有动乱。

更为重要的是，国际上出现了帝国主义，反动派和现代修正主义的“反华大合唱”，要反击这股逆流，尤其是反击修正主义的逆流，必须树立自己的旗帜。担当起指导世界革命的重任。

据师哲说，新中国成立前夕，斯大林曾对刘少奇说，依我看来，世界革命中心正在逐渐东移，中国将是未来的世界革命的中心，你们的毛泽东同志就是世界革命领袖。

斯大林的这个话，对毛泽东有过什么样的影响，不得而知。不过在斯大林去世以后，世界革命和国际共运，确实出现了谁是世界革命中心和领袖的问题。20 世纪 50 年代，毛泽东赞同社会主义阵营“以苏联为首”，是因为苏联力量最强，并非认同赫鲁晓夫的领袖地位。1960 年由于中苏分歧引发的国际共运的分裂，真正出现了争夺对世界革命和国际共运的影响力问题。

1960 年 9 月 1 日，毛泽东转发黑龙江省委传达北戴河会议精神的报告。这个报告说：

> 大家认为对现代修正主义者的斗争将是长期的、复杂的和艰巨的，但现代修正主义者是注定要失败的，他们不可能担当起指导国际革命运动的职责，革命的重心已移向亚非拉，革命的指导中心已移到中国，我党应把国际共产主义运动的领导责任担当起来。

“革命的指导中心已移到中国”，反映了当时党内的一种流行的说法。

10 月 21 日，一位老帅在军委扩大会议上的发言，讲得更加明白。他说，现在有这么一个问题，我们敢不敢提毛泽东思想，人家说我们搞个人崇拜。敢不敢提？现在是修正主义者，各种“左”右倾机会主义者，逼着我们提这个问题。现在这个《决议》非常及时，非常正确，就是要突出毛泽东思想。修正主义者（攻击）的目标集中在毛泽东同志个人，集中在毛泽东思想纲领这一方面，是为了便于他们修正马列主义，以至将来便于出卖。所以我们就必须要提，把他们顶住。因为这是真理。个人代表真理，崇拜也没有什么不对，与其你崇拜赫鲁晓夫，就不如崇拜毛泽东。《毛泽东选集》第四卷的出版，有极大的世界意义。

他说，现在世界局势这样混乱：有帝国主义，有和平中立主义，有修正主义、半修正主义。各种各样都要在这里争市场，争领导。尼赫鲁要争领导，铁托要争领导，艾森豪威尔的领导是不放的，赫鲁晓夫也要争领导。那么我们就可以不争吗？我们必须争。只有争到在毛泽东思想、在中国党的领导之下，国际共产主义运动才能有希望。

以天下为己任，当仁不让；领世界革命之航向，舍我其谁！

党内的认识，进入一个怪圈。个人崇拜被赋予了神圣的使命，在反修的大旗之下，党的集体更加失去了节制领袖个人意志和行动的力量。

6 “群”情激愤　苦保钢铁跃进
灾 情 弥 漫　力挽农村危局

“憋足一口气，10 年搞 1 亿吨钢，上天。”

“大跃进”已是强弩之末，全党还在踏着毛泽东的鼓点顽强苦撑。

7、8 月北戴河会议上，毛泽东是赞同调整的。但他坚持，其他方面可以调整，可以减速，钢铁指标不能降低。在他看来，钢铁指标是继续“大跃进”的基本的政治标志。更何况，赫鲁晓夫欺人太甚，6 月布加勒斯特会上整我们，使中国党空前孤立。7 月又撤走专家、撕毁合同，毛泽东甚为气恼，决心憋一口气，把钢铁搞上去。

7月中旬，毛泽东找李富春、薄一波、陈正人等谈话。他说：

办钢铁要大搞小土群、小洋群。浙江的情况只有4个钢铁厂，小洋群不够。各省都要布置一批小洋钢铁厂、小洋铁路。今冬可能动员7000万人来干。1962年搞到3500万吨，可能更多一些。今年可能搞到2200万吨，如果今年有2200万吨，后年可能达到3800万吨。第二个10年可能搞到1亿吨。

实力政策、实力地位，世界上没有不搞实力的，手中没有一把米，叫鸡都不来，我们处在被轻视的地位，就是钢铁不够。要继续跃进，不仅资本主义国家看不起我们，社会主义国家也不给技术，憋一口气有好处。10年搞1亿吨，上天。

毛泽东的号召全国大炼“争气钢”。

参加北戴河会议的各路“诸侯”把这个号召带了回去，把调整的议题置于脑后。

各省市的报告上来了，群情激愤，大家决心大炼“争气钢”，给毛主席争气，给国家争气。

在中国人心目中，“气”具有某种超自然的神秘力量。1958年号召“一鼓作气”，掀起了亿万人的“大跃进”和大炼钢铁运动；1959年庐山会议上说“气可鼓，不可泄，人而无气不知其可也”，有力地驳倒了“右倾机会主义”；现在又号召争“一口气”，与赫鲁晓夫一试高低。

人是要有点精神的，军队是要讲士气的。国家、民族要有“一股民族精神”。

毛泽东谙熟此道，他特别注重以此激励干部和群众发奋图强。

然而，对“气”的过分迷信，把我们带入了一个个误区。

经济建设不是一场战斗，决非憋一口气，一蹴而就就能拿下；经济规律不以人的意志为转移，来不得半点意气用事；国际社会的斗争历来以实力为基础，但国家实力的差距决非朝夕之功就能消除，赌气无济于事；进而言之，国家实力是个综合指标，决非钢铁一项。在其他都还十分落后的情况下，中国人搞一亿吨钢铁能当饭吃吗？当时并没有细想。

然而，形势并不容乐观。

尽管作了广泛发动，采取种种措施，钢铁生产的原计划指标难以完成，钢铁重要生产基地东北又遭受水灾，眼看着计划就要落空。

于是，中共中央一再发出督促令。

8月14日，中央发出了《关于开展以保粮、保钢为中心的增产节约运动的指示》，9月7日，中央又批转了国家经委党组《关于以保钢为中心的增产节约的紧急措施的报告》，把钢的产量指标由2040万吨降为1900万—1950万吨，发出了“工业交通战线上的全体同志必须紧急动员起来，为在今年完成1900万吨到1950万吨钢而奋斗”的号召，采取了全国保钢的各种措施。

10月8日，中央书记处又发出了狠抓钢铁生产的通知。

11月中旬，钢的平均日产量突破了6万吨。但下旬又跌了下来。同时铁、煤、运输也呈现逐日下降的趋势。

12月3日，中央再一次发出《关于保钢问题的紧急指示》，强调地指出：“今年能不能完成1860万吨钢的生产任务，是国内国外注目的一件大事，是一个政治性的问题”。“如果我们不立即抓紧时机，扭转生产下降的局面，那么，全年钢铁生产的任务就有完不成的危险。而一旦发生这种情况，对于我们目前国内外的政治斗争，对于明年争取国民经济的继续跃进，都是不利的。”

经过后四个月不顾一切的全力突击，勉强完成了1866万吨的计划。但是，国民经济的比例关系已完全失调，出现了极其严重的经济危机。

农村的危机逐渐反映上来

城市还在苦撑“跃进”局面，农村的灾荒已经弥漫全国。

对于农村的紧张局面，北戴河会议上已经初步清楚。中央作出保粮保钢的决定，如果说保钢是为了保面子，那么保粮则是为了保肚子。

为了检查贯彻执行中央关于大办农业，大办粮食的指示，谭震林主持，于9月20日至22日在京召开了晋、冀、鲁、豫、北京5省市农业书记会议。

会议要求安排好农村人民的生活，压低口粮标准，把12个月的口粮作13个月安排，大种蔬菜，搞代食品，办好公共食堂，实行冬春100天半日劳动半日休息制；要求确保把由基本建设战线压缩回农村的劳动力，80%用于农业生产，会议提出：“在今冬明春给广大群众以休生养息的机会。”10月7日，中共中央转发了这个会议的纪要，要求“彻底肃清‘共产风’、浮夸风、命令风和某些干部特殊化作风。”“以使广大群众心情舒畅，从而调动起更大的生产积极性，战胜目前的暂时困难，顺利地渡过灾荒，争取明年的丰收。”

各地整风中，发现1960年春再次刮起“共产风”的情况，比原来想象的严重得多。

9月18日，湖北省委书记处书记王延春向省委第一书记王任重写信，反映沔阳县通海口公社的情况。信中说：

这个公社的“共产风”，年年季季在刮，年年季季在处理，可是边处理边刮，一直刮到工作队进村的时候——9月4日，这一天有的生产队还在没收社员的自留地；刮“共产风”的单位，上自省级，下至小队，一杆到底，根深蒂固。县级直属机关和派出机关在这里刮“共产风”的有41个单位，公社的25个直属企业，没有不到生产队刮“共产风”的；刮“共产风”的范围，大至土地、粮食、房屋，小至镰刀、筷子、夜壶，什么都刮。全公社算了一笔账，共乱调劳动力349个，土地8020亩，房屋1512栋，资金（包括分配未兑现的）53万元，粮食53万斤，农具35040件，耕牛84头，木料等84万斤，砖瓦147万块，家具24906件。生产队以下的“共产风”，更是一阵接一阵，干一件什么事情，搞一个什么运动，就刮一次，就是一次大破坏。粮食上比较普遍的问题，是购过头粮，在粮食供应不上的时候，就没收社员的小杂粮、蔬菜，刮别队的“共产风”。

王任重把王延春的信呈送给了中央，引起了中共中央和毛泽东的重视。10月12日，中共中央转发了这个文件。再次发出整风指示。强调“纠正一平二调的‘共产风’，纠正强迫命令、浮夸和某些干部特殊化的作风”。

信阳事件“东窗事发”

情况还有比这更严重的。

1960年10月21日中共中央组织部、中央监察委员会四名干部把一份关于河南省信阳地区大量饿死人和干部严重违法乱纪等问题的调查材料，送给了李富春。10月24日，李富春又将这一调查材料报送毛泽东。

信阳事件终于“东窗事发”。

毛泽东看到这份材料，沉思两天，26日，他把材料批给刘少奇和周恩来：“请刘、周今日即看，下午谈一下处理办法。毛廿六日上午。”

从以后的言论中知道信阳事件确实使毛泽东震动很大，他虽然把这一事件看作阶级敌人的猖狂报复。但也由此看到，农村的问题确实到了无法容忍的地步。

单从中共中央批转的中共信阳地委1960年12月22日的报告披露的情况，信阳地区打人死人的情况，就够令人触目惊心的了。报告说：

正阳县原报去冬今春死一万八千多人，现初步揭发已达八万多人；新蔡县原报去冬今春死三万来人，现在增加到近十万人。过去认为较好的社队，现在揭发出来的问题很严重。西平县原来只发现二郎庙公社问题严重，现在全县十三个公社，除城关公社问题较轻外，其余十二个社问题都很严重。遂平县嵖岈山人民公社，过去只报死六百余人，现在揭发死人近四千人，占总人口百分之十，有的队人口死亡达百分之三十左右。各种惨绝人寰的反革命暴行，各个县、社几乎都有，从初步揭发的材料看，不仅农村严重，而且城市、工厂、机关、学校、商店、医院都很严重。光山县十二个中学，有八个中学校长有人命血债，城关的高中和初中两个学校，初步揭发，被打死、逼死的教员和学生即达二十八人，不论淮南、淮北广大群众在经济上都遭受到了极大的摧残，生活异常困难，真正是十室九空，家贫如洗。①

河南的悲剧早已酿成

信阳事件不过是河南悲剧的缩影，河南悲剧则是“大跃进”、反右倾酿成的恶果。

悲剧从 1957 年夏天就开始了。②

1957 年夏天，省长吴芝圃拿省委书记潘复生开刀，在党内大批以潘复生为首的右倾机会主义，把潘复生打下去，自己取而代之，当上了河南省委第一书记。此后，吴芝圃成了毛泽东召集的各种会议上的常客，地位显赫。

由于省长敢斗省委书记，于是上行下效，在全省的各级领导班子里，斗得更凶。以反右倾为中心的干部作风上的强迫命令和违法乱纪行为，便从那时起，在河南这块土地上司空见惯了

还是在 1958 年春季之时，省长吴芝圃就提出了全国最为激进的惊人口号：一年实现“四、五、八”、水利化、‘四无省’、绿化、消灭文盲等。吹牛浮夸之风达到了登峰造极的地步，为全国其他地方所望尘莫及。

1958 年，全省的粮食产量实际上只有 281 亿斤，而河南省委竟然把它吹估为 702 亿斤，最后导致了全省性的高征购。基层干部完不成征购任务，就一味地“反瞒产”。因向农民逼粮食而实行捆、绑、吊、打、捕等现象，屡见不鲜。

---

① 《农业集体化重要文件汇编》下册，中共中央党校出版社 1981 年 10 月版，第 421 页。

② 资料引自楚汉著《中国——1959—1961 三年自然灾害长篇纪实》，四川人民出版社 1996 年 3 月版。

1958年11月底，在河南的密县，就已经发生过饿死人的现象，1959年春天，豫东黄泛区内，浮肿病的泛滥和死人的事态便蔓延开来。

然而，省长吴芝圃还在热昏的状态之下，对这一切熟视无睹，在庐山会议上起劲地反右倾。

1959年8月中旬，他从庐山上下来，回到郑州之后便立即召开了三级干部会议，在全省内又一次掀起了反对右倾机会主义斗争的高潮。

1959年，河南遭逢水旱灾害，粮食和经济作物大幅度地减产，全年粮食的产量只有210亿斤，但是吴芝圃一手高举着高指标，硬是估产为450亿斤；一手托着“右倾”大帽子，压得人喘不过气来，党内人人自危，全省“恐右病”泛滥。

“共产风”再度刮起，夹带着疯狂的“反瞒产”。这一回可不比1958年，哪个基层干部完不成征购任务，就是“小彭德怀”，就得像在土改时期斗地主那样挨斗；而哪个农民若是交不够粮食，就会被捆起来，吊打追逼，关押拘留，拆毁房屋……

一时间，全省上下都笼罩在阴霾的恐怖气氛之中——

河南南部的信阳专区，地委书记路宪文以下全区打人成风，手段千奇百怪，骇人听闻，光山县委第一书记马龙山，带头斗争“右倾”的县委书记张福洪，亲自动手毒打，众人拳打脚踢，活活地将他整死。

这个县的另一个县委书记刘文彩，到一个公社去主持“反瞒产”运动，由于农民无粮上交，他便大打出手，一天竟连续拷打四十多个农民，一个体弱多病，身体骨瘦如柴的农民，被他当场活活地踢死；另有三位农民，尽管身体稍好，也被当场活活地打死；一位年青小伙子，由于火气旺盛，路见不平，上去劝阻了几句，刘文彩矛头一转，怒目而视，当即指挥在场的人员把这位小伙子，五花大绑，众人齐上，打的打，踢的踢，棍棒、皮带一齐上，一时间，只见这位小伙，头破血流，瘫软在地，一命呜呼。

据有关资料说明，整个光山县的公社一级干部，亲自主持和动手打人的竟占93%。

从1959年11月至1960年7月，信阳地区为追逼粮食，正式由公安机关逮捕的人数就达1774人，其中36人死于狱中；短期拘留的达10720人，死在拘留所的667人。

在后来河南省委向中央的检讨中，也称这个时期的信阳“一时间形成了一种恐怖世界，黑暗世界”。

如此凶狠的“反瞒产”，把农民的口粮，种子粮，甚至是喂牲口的饲料，尽数掠劫而去，到了1960年春天，整个信阳地区的公共食堂普遍断了炊，最严重的村子达80天没有一粒粮食，浮肿病大面积蔓延，农民也开始大量地外逃或者是饿死。

然而，就在农民大量地饿死或外逃之时，那位地委书记路宪文还在叱喝："不是没有粮食，而是粮食很多，百分之九十的人是因为思想问题。"

1959年11月间，当他从潢川县驱车返回地委，沿途亲眼见到倒毙在公路旁边的死人，拦车要粮的群众，被父母遗弃的孩子时，他不仅置若罔闻，还下令要地区的公安部门，"限期消灭人员的外流"；指示社队的干部民兵，封锁村庄，不准群众外出逃荒；指示城镇机关、工厂、企业单位一律不准收留农村来人；还要求各个县委做到"街头、交通要道没有一个流浪汉"等。饥民外逃，这不在丢他地委书记的人吗？老百姓连为求生存外逃要饭的权利，也被剥夺了。

这位路宪文书记之所以如此有恃无恐，骄横霸道，就因为他拥有一件最为得意的"功劳"：在他管辖下的遂平县嵖岈山卫星公社，在1958年4月，率先由27个小社合并为一个大社，成为全国第一个人民公社，他也因此受到过毛泽东的高度赞扬。有这样的一块金字招牌，他还害怕什么呢？

就在那些老实忠厚的河南人民，一批一批的倒毙下去之时，省委第一书记吴芝圃还在硬着头皮充好汉。死不承认河南缺粮。

1960年10月18日至26日，中共中央副主席、国务院副总理陈云到河南搞调查。河南领导人告诉他，河南粮食产量比去年翻了一番还要多，不但不需要国家调粮食，还可调出粮食。

陈云反复问河南有多少耕地？能够生产多少粮食，有多少农村人口？按最低限度农村人口要吃多少粮食？种子需要多少？饲料需要多少？全省吃商品粮人口多少？几笔账算下来，情况很清楚，粮食差得远。陈云说，我不希望你们调出粮食，你们农村能够征购的粮食，养活不了城市人口。

河南领导者还是不服，说河南城市人口粮食够吃，自己能够解决。

河南怎样解决城市人口吃粮的呢？靠高征购、"反瞒产"、"反私分"，靠政治强压从农民那里挖来的保命粮。震惊中外的"信阳事件"就是这样制造出来的！

吴芝圃这时还有一个梦寐以求的理想——让党中央在郑州开一次全国党代表大会。1958年底毛泽东两次在郑州召开中央工作会议，吴芝圃得了重彩，名声大噪。现在，他又突发奇想，靠着高征购、高积累聚敛起来的资金在郑州北郊的黄河岸边，兴建起了一座豪华的园林型的别墅群。别墅群内除了按当时中央委员和中央候补委员的人数，以每人一个套间盖的一幢大楼外，还别出心裁地按当时党的七位领袖，每人一幢别墅，从总书记到党中央主席，规格面积逐级递增，以主席的别墅最为宽大考究。不料建成之后，“信阳事件”案发，吴芝圃下台，中央再也没来郑州开会。

吴芝圃下台了，吃尽苦头的河南百姓，也特别厚道，后来提到吴芝圃的名字，也只是调侃一番，并不切齿。

然而历史应当记上这一笔，以告诫后来的父母官，为官一方，理当安境保民，造福百姓。切不可图虚名而招实祸，更不可为邀功行赏而不管老百姓死活。

天灾呼？人祸呼？

1959—1961 年“三年严重困难”，1960 年为最甚。中国农村的灾情弥漫范围有多大，非正常死亡的总数是多少，目前没有一份正式的研究报告。只有一个国家统计局公布的数字，仅 1960 年全国人口减少 1000 多万。如果加上自然出生人口，非正常死亡人口肯定大于此数。

凌志军在《历史不再徘徊》一书中，记录了不同的研究数据。

人们私下里的估计是在 2000 万到 3000 万人之间。中国科学院一份公开发表的报告认为，1959 年到 1961 年的 3 年间，“按保守的估计，因营养不良而死亡的约 1500 万人”。可是在一篇署名金辉的研究报告中得出的结论，竟是“低限值也在 4000 万人”。他的报告于 1993 年发表。这位研究者声称，他的结论全部是依据国家统计局发布的人口统计资料。他的研究至为精细，但是他有可能忽视了由于营养不良而导致的人口出生率的下降。这一问题后来由另外一位研究者林毅夫提出。他发表的论文说，在那三年里，农业危机导致死亡人数超过 3000 万人，另外还少出生了大约 3300 万人。①

凌志军还提醒人们，所有的研究者还忽视了另外一个问题，疾病在乡下蔓延并通过遗传祸延后代。他讲了一个真实的故事。

在一个叫作“武店”的公社，官员们居然有心将这一情况加以统计，结果发现 1034 人浮肿、929 人子宫下垂、3047 人闭经、1016 人干瘦，是为“四病”。官

① 《历史不再徘徊——人民公社在中国的兴起和失败》，人民出版社 1997 年 5 月版，第 81—82 页。

员们出于维护人民公社的名誉，决定对“四病”加以治疗，找来一个医生，名叫王善身。大约他要“独善其身”，不肯为公社矫饰。他说，只少一味药：粮食。结果官员当场将王逮捕，以攻击人民公社之罪交由群众大会批判。

造成“三年困难”，的确有天灾的因素。天不与人作美，“大跃进”发动之后，只有1958年一个风调雨顺的年成，却没有好好利用，浪费惊人。1959—1961年连续三年全国普遍遭灾。1959年这一年的灾荒所影响的还是农村的一部分地区，没有发展到全国规模，到1960年情况比1959年严重得多。

这年秋后，全国仅受旱面积就达到6亿多亩，水灾面积有1亿多亩，再加上虫、风、雹等灾害共约9亿多亩，占全国16亿亩耕地面积的一半以上。周恩来说：“这样大的灾害是我们开国11年所未有的，拿我们这个年龄的人来说，20世纪记事起，也没有听说过。”[①]

中国地域辽阔，南涝北旱、东风西雹，年年难免，这三年天灾的确非同常年，但如果政策对头，不至于出现如此大规模饥荒。薄一波30年后回顾这段历史，沉痛地说：

> 我国人民所经历的1959—1961年“三年困难时期”，主要是因为“大跃进”，人民公社化运动和反右倾斗争造成的。全国广大人民因食物缺乏、营养不良，相当普遍地发生浮肿病，不少农村因饥饿死亡增加，据统计，1960年全国总人口减少1000多万。在和平建设时期发生这种事情，我们作为共产党人实在是愧对百姓，应该永志不忘这沉痛的教训！

当读者看过上面有关信阳事件和河南悲剧的文字后，不用再作更多的解释了。

毛泽荣进京找“主席三哥”告状

危机同样发生在毛泽东的故乡韶山。但由于反右倾运动造成的巨大压力，干部群众都不敢讲话。毛泽东的两个亲戚站出来了，一个是毛泽东的堂弟毛泽荣，另一个是毛泽东的舅表弟文东仙。

毛泽荣说：现在干部群众都怕讲话，只有我们直接向主席三哥报告才行。文东仙也说：1954年1月我在北京见到主席，他找我了解农村情况，反复叮嘱我

① 《周恩来传》(1949—1976)(下)，第699—700页。

要讲真话；如今问题这样严重，只有直接向他汇报才行。

9月下旬，毛泽荣、文东仙二位老人一道进了京，当时正值国庆节前夕，进京已三天，毛泽荣没能见到毛泽东，便来到王季范家里（王季范是毛泽东的姨表兄，时任国务院参事室参事）。王季范把他反映的情况作了文字整理，说：“我愿意作你们的参谋，我们一起去面见主席。”

过了国庆节，他们催了一遍又一遍，毛泽东还是未接见。毛泽荣见毛泽东心切，再三催请主席秘书约见。

秘书见催急了，就说：“主席很忙，他现在确实没有时间接见你们。材料由我们带去，好不好？”“不行，不见主席三哥，我们不交材料。主席说过，乡里来了很多信他收不到”。毛泽荣语气很坚定，丝毫没有商量的余地。

又过了一段时间。一天，秘书来到毛泽荣、文东仙住的招待所，对他们说：“请两位老人体谅，主席还是没有时间接见你们。”“他没有时间，那我们自己找他去。”

等了这么些天未能如愿，脾气有些暴躁的毛泽荣已有些不耐烦，他说着站了起来，说走就走，拉着文东仙来到中南海警卫局，请接待室的同志打电话找毛泽东。毛泽东正在开会，闻讯嘱咐接待人员把两位老人先安排在中南海接待站住下等候。又过了几天，毛泽荣终于和文东仙、王季范一道见到了毛泽东。

毛泽荣讲话像开机关枪，他把两年以来家乡在“大跃进”和人民公社化运动中出现的问题作了如下汇报：

——公社和生产队干部向上虚报产量，又不按科学种田。为了多插一季稻，强令社员正月下种，结果烂了禾种，便砍社员们口粮。还盲目下令密植，结果减了产。

——不少干部作风不民主，有的作风恶劣，只能按他们讲的办，社员有意见不敢提，谁提谁就会被戴上大帽子“反党反红旗”。

——大办钢铁，大办水利，青壮年全都上了工地，家里只剩下婆婆老倌和细伢子，稻子掉在地里，红薯烂在土里，都不能及时收回。弄得大家口粮奇缺。

——大割“资本主义尾巴”，社员的鸡、鸭、猪等家畜家禽被一把没收，搞得鸡犬不宁，差不多都绝了种。

——公共食堂越办越糟，粮食越来越缺乏，现在不少人只能吃到米糠煮烂白菜，社员出工不出力，不少人因经常吃不饱，得了浮肿病，疗养院住了好多人，医药跟不上。……

根据王季范的整理，毛泽荣、文东仙两人一共向毛泽东反映了十个方面的问题。

湘潭老家的客人来北京时，毛泽东经常让“九哥”王季范（右二）作陪

最后，毛泽荣补充道：“主席，这些情况，干部都不敢给你汇报。你住北京城里，天高皇帝远，不知道。现在乱了套，会要饿死人，你得管一管呢！”

“主席，你知道我们韶山是湘潭、湘乡、宁乡三县交界的地方，三县情况都一样哩！你可以派人去调查。”文东仙跟着说。

“是啊，你可以派我每年到两个省视察，以调查了解一些真实情况。”王季范马上附和道。毛泽东听了汇报，心情沉重，他了解他们，绝不会撒谎。事实如此，能不相信吗。

“唉！华初（即毛华初，毛的侄子）到哪里去了，从有听他在这里讲起这些事”毛泽东叹口气说道。

“你们现在的口粮是怎么分吃的？”毛泽东关切地问。

“小孩每人三两，大人一斤。”毛泽荣答。

“老秤还是新秤？”老秤 16 两为一斤，新秤 10 两为一斤，老秤的八两相当于新秤的半斤。

“是新秤。”文东仙答。

王季范又敲起了“边鼓”，他激动地说：“莫说农村是这样，我的粮食也不够，每天只有七两米。”他的两个孙儿王海容和王启华在校读书，也吃不饱，经常回家把爷爷的饭吃个精光。他说起这件事，感叹道：“真是饿死老人，救活小人。”

毛泽荣进京“告状”，给毛泽东留下了很深的印象，就在毛泽荣“告状”一个月以后，中央发出了《关于农村人民公社当前政策问题的紧急指示信》。

毛泽东没能容忍彭德怀讲真话，但他希望从两类人中听到真话，一是他身边的工作人员，一是家乡亲属。在当时，毛泽荣的一次“告状”，比各地大员和中央其他领导人的汇报，更能打动毛泽东。

紧急挽救农村危机

无论认为是天灾还是人祸，到了 1960 年 10 月，中央领导已经普遍地感到了农村形势的严峻。

1960 年 10 月 21 日，陈毅在军委扩大会议上说：“今年已经有几个省开始缺粮，秋收以后就缺粮，寅吃卯粮，明年会更缺了，有个怎样渡过的问题。一个山东，一个河南，一个辽宁，一个河北，是最难过的，其次是山西，还有几个省。58 年，59 年几个大战役，把我们的存底挖空了，把我们的存粮箱箱柜柜都拿来吃光了，又来了连续两年的灾害，所以引起困难，明年春天又来了个灾害怎么办？人民确实相当地疲劳了，相当地困苦了，情绪也很不好，劳动热情普遍不高，大家外逃也不愿意搞生产，需要我们军队帮一帮。”

陈毅的话反映出领导人普遍的焦虑心情。

中共中央、国务院采取了一系列措施，挽救农村局面，克服粮食危机。

——坚决压缩水利等农村基本建设，从各方面挤出一切劳动力充实农业，首先是粮食战线。1960 年兴修水利从原计划 7000 万人压缩到 1000 万人。

中共中央在 10 月 27 日下发的指示中指出：“人是每天要吃饭的，不论办工业、办交通、搞基本建设，办任何一项事业，都离不开粮食。每个共产党员都不应当忘记这个最简单的、千真万确的道理。”

——实行“低标准、瓜菜代”方针。动员每人每年高于 360 斤原粮的地区降低标准，把余粮卖给国家。推广、采集和制造小球藻等各种粮食代用品。城市口粮标准也有所降低。

——动员干部和城市职工下乡或回乡劳动。10 月 17 日，周恩来亲自在中直机关、中央国家机关、北京市机关 17 级以上的党员干部和军队少校以上的党员干部会议上作精简机构、下放干部的动员报告。中央专门成立了精简干部和安排劳动力五人小组。截至 11 月 10 日，中央一级机关下放干部已达 10176 人，占机关干部总数 7.33%。

所有这些措施都是一时应急措施。稳定农村，症结所在：一是调整农村政策，从穷过渡退却下来；二是制止住农村干部的“五风”。

受毛泽东和中共中央委托，周恩来主持起草了《中共中央关于农村人民公社当前政策问题的紧急指示信》（简称《紧急指示信》），于 11 月 3 日发向全党全国。

指示信规定了 12 条政策：

一、三级所有，队为基础，是现阶段人民公社的根本制度。这一制度，从 1961 年算起，至少 7 年不变。

二、坚决反对和彻底纠正一平二调的错误。凡是平调的各种财物，都必须认真清理，坚决退还。

三、加强生产队的基本所有制。生产队是基本核算单位，绝不能削弱队有经济来发展社有经济。

四、坚持生产小队的小部分所有制。劳力、土地、耕畜、农具必须坚决实行“四固定”，固定给小队使用。生产队对生产小队实行包工、包产、包成本和超产奖励制度。三包必须落实，奖罚必须兑现。

五、允许社员经营少量的自留地和小规模的家庭副业。

六、少扣多分，尽量做到 90% 的社员增加收入。

七、坚持各尽所能、按劳分配的原则，供给部分和工资部分三七开。

八、从各方面节约劳动力，加强农业生产第一线。

九、安排好伙食，办好公共食堂。

十、有领导有计划地恢复农村集市，活跃农村经济。但都只许出卖自己生产的商品，不许倒手转卖。

十一、认真实行劳逸结合。必须坚决保证社员每天睡足 8 小时。可以实行男社员每月放假 2 天、女社员每月放假 4 天的制度。

十二、放手发动群众，整风整社。

中央紧急指示信（农民习惯称为 12 条）的下达，犹如久旱之甘霖，受到农民的普遍欢迎。有些干部们虽欠了债，后来挨了整，但多数却由于减轻了政治压力，反而松了一口气。这 12 条虽然还坚持公共食堂、部分供给制等政策，退赔也只是一句空话。但其他各项都简明扼要，易于贯彻，易于记忆。其中“三级所有，队为基础”、“三包一奖四固定”、自留地、家庭副业、集市贸易等，农民们耳熟能详，一时成为口头禅。作者家在农村，记得 12 条用粉笔写在我家的一块门板上，经久不去。后来我参军入伍，回去探亲，12 条字迹仍依稀可见，这已是 15—16 年时间了。真是入木三分。或许是顺应民心的缘故吧！

毛泽东说，“他是同一切愿意改正错误的同志同命运、共呼吸的”

毛泽东本人此时的确看到了问题的严重性。11 月 15 日毛泽东代中共中央起草了《关于彻底纠正“五风”问题的指示》，要求各级领导，首先是省委一级要下决心。他说：“现在是下决心纠正错误的时候了。”

此后毛泽东先后批转了甘肃、四川、浙江等省贯彻中央紧急指示信的报告。

影响最大的是毛泽东在批转甘肃省委报告时作的自我检讨。

甘肃省委贯彻《紧急指示信》，向中央作了多次报告。在第四次报告中，省委检查了执行中央政策的一些偏差，一是急于由基本队有制向基本社有制过渡。二是忽视小队小部分所有制和小队工作。三是过分强调发展社有经济，生产队所有制处于动荡不稳的状态。四是在收益分配政策上，扣留部分多，社员分配少，供给部分大，工资部分小。还曾规定普遍实行粮食供给制，条件好的地方实行伙食供给制。在自留地问题上也变动较多。总想使社有经济发展得快一些，共产主义因素多搞一点。“上面‘失之毫厘’，下面‘谬以千里’”。

11 月 28 日，毛泽东代中央起草了转发指示，指示中说：

> 甘肃省委在作自我批评了，看起来批评得还算切实、认真。看起来甘肃同志开始已经有了真正改正错误的决心了。毛泽东同志对这个报告看了两遍，他说还想看一遍，以便从中吸取教训和经验。他自己说，他是同一切愿意改正错误的同志同命运、共呼吸的。他说，他自己也曾犯了错误，一定要改正。

毛泽东列举了自己的错误。他说：

> 错误之一，在北戴河决议中写上了公社所有制转变过程的时间设想得过快了。在那个文件中有一段是他写的，那一段在原则上是正确的，规定由社会主义过渡到共产主义的原则和条件，是马列主义的。但是在那一段的开头几句规定过渡的时间是太快了。那一段开头说：“由集体所有制向全民所有制过渡，是一个过程，有些地方可能较快，3、4 年内就可以完成；有些地方可能较慢，需要 5、6 年或者更长的时间。”这种想法是不现实的。现在更正了，改为从现在起，至少（同志们注意，说是至少）7 年时间公社现行所有制不变。

毛泽东接着说：

即使将来变的时候，也是队共社的产，而不是社共队的产。又规定从现在起至少 20 年内社会主义制度（各尽所能，按劳付酬）坚决不变，20 年后是否能变，要看那时情况才能决定。所以说“至少”20 年不变。至于人民公社队为基础的三级所有制规定至少 7 年不变，也是这样。1967 年以后是否能变，要看那时情况才能决定，也许再加 7 年，成为 14 年后才能改变。总之，无论何时，队的产业永远归队所有或使用，永远不许一平二调。公共积累一定不能多，公共工程也一定不能过多。不是死规定几年改变农村面貌，而是依情况一步一步地改变农村面貌。

毛泽东对错误的认识虽有很大局限性，但看起来是真诚的。表明他已开始退却，放弃几年“过渡”，几年“改变面貌”的想法。

6 月写《十年总结》时只发给与会者，没有向下传达，这次，毛泽东的自我批评连同甘肃省委的报告一同下发全党，这对毛泽东来说是一次非同凡响的举措，表明他希望以此带动全党各级领导改正错误。在反右倾之后，如果没有毛泽东本人的明确表态，恐怕难以掉头。

毛泽东发动了“大跃进”、反右倾，但基层干部做出来的那些违法乱纪的事，出乎毛泽东的意料，着实使他震惊，由此产生一个认识，认为这是封建势力篡权，是“阶级斗争的激烈表现”。他提出：“要彻底完成民主革命的未了任务。”

11 月 15 日，毛泽东在关于中央机关抽调万名干部下放农村的报告上批示：

在讲大好形势、学习政策的过程中，要有一段时间大讲三分之一地区的不好形势，坏人当权，打人死人，粮食减产，吃不饱饭，民主革命尚未完成，封建势力大大作怪，对社会主义更加仇视，破坏社会主义的生产关系和生产力，农村工作极为艰苦。

毛泽东要求：

五个月内，一定要把全部形势都转变过来。共产党要有这样一种本领，五个月工作的转变，一定争取 1961 年的农业大丰收，一切坏人坏事都改过来，邪气下降，正气上升。

12月18日，河南省信阳地委的报告中说：“信阳事件的性质是反革命复辟，是民主革命不彻底，是内部肃反、社会镇反不彻底，是敌人利用我们工作中的错误，打着我们的招牌，进行大规模的最残酷的连续半年之久的阶级报复。”

在这里，又走进了另一个认识的误区。

不少地方在整风整社中，对饿死人的原因，不认为是“五风”的恶果，而认为是地、富、反、坏的破坏。于是进行民主革命补课，把公社的各级干部划成漏网地主、富农，或“反革命”、“坏分子”，批斗抄家，弄得干部都躺倒不干，无人领导。

CHAPTER 8

第八章 体察民愿

1 天道难违 "大跃进"戛然止步 真情苦塞 毛泽东高倡调研

毛泽东卧薪尝胆

1961 年初春，西伯利亚寒流疯狂地袭击着中国的大地。疲惫不堪、身体干瘦的中国老百姓迎来第三个困难年头。中国的国民经济持续恶化，已接近于崩溃。全国范围的粮食危机从农村蔓延到城市。城市市民的优越性已难保障，开始品尝农民兄弟已经饱尝过的饥饿之苦。农业、轻工业仍在急速下滑，1960 年苦苦支撑的重工业，包括钢铁、煤炭、铁路运输，过了新年之后，也不可遏止地跌落下来。天道难违。饥饿规律迫使"大跃进"的战车戛然止步，谁也没有力量再推动它了。

物极必反，否极泰来。

三年"大跃进"，带来的后果是大跃退。面对现实，从中央到地方，各级领导人昏热几年的头脑逐步冷静、清醒过来。开始怀疑、开始反思。寻找度过灾荒、走出困境的良策。

人们从公开的报章上广播中也可以体会到，"大跃进"的热浪在消退。

这些日子，毛泽东陷入了沉思和苦恼。

1960年12月26日，这是毛泽东67岁生日，本应是个吉祥喜庆的日子，然而，毛泽东面对全国纷至沓来的灾情报告，丝毫没有喜庆的感觉。

他的卫士长李银桥回忆起那天的情形说：

毛泽东点燃香烟，吸得很深，然后重新靠在沙发上。工夫不大，他便被一团弥漫的青烟笼罩了。

烟雾中，传出毛泽东一字一板的声音：“小封，你去把子龙、银桥、高智、敬先、林克和东兴同志叫来。今天在我这里吃饭。”

下午，我们7个人同毛泽东围在一张饭桌上吃饭，没有酒，没有肉，只是油多放了一些。毛泽东的竹筷子伸向菜盘，没等夹起菜忽然又放下了，用目光扫视我们7个人。于是，我们也放下了筷子。

“现在老百姓遭了灾。你们都去搞些调查研究。那里到底有什么问题啊？把情况反映上来。”毛泽东的声音沉重缓慢，停顿一下又说“人民公社，大办食堂，到底好不好？群众有什么意见都反映上来。”

我们都无声地点头，神情肃然。

毛泽东手指我和叶子龙：“你们下去，到山东去，广泛调查研究。”

夜里，封耀松替毛泽东做睡前按摩，毛泽东想着心事，泪水又哗哗地涌出来。毛泽东抚着封耀松的后背说：“小封，我不放心哪。他们许多事瞒着我。我出去到哪里，他们都能有准备。你们要下去，你们能看到真实情况要告诉我真实情况……”

毛泽东睡不着，起身，给即将下去的工作人员写了一封信。要他们“不去山东，改去信阳专区，那里开始好转，又有救济粮吃，对你（们）身体会要好些”。他写道：“你们如果很饥饿，我给你们送牛羊肉去。”信尾有这样一句话：“我今年已经是67岁了，老了，你们大有希望。12月26日是我的生日。毛泽东1960年12月26日”。

据正式发表的毛泽东这次生日家宴上的讲话，内容更多些。照样是谈古论今，照样幽默风趣。但与以往不同的是，在幽默之中，总透着一种沉重和伤感。他说：“人就是要压的，像榨油一样，你不压，是出不了油的。”他讲到自己历史上曾三次受压。他还说到有的同志，我稍微批评了他一下，“他就怀恨在心，大概要恨我几十年，一辈子吧。”他说现在下去很苦，“如果到你们真正活不下去了，不行了，快要死了，打一个电话来，我们来把你们接回来。”

毛泽东此时的心情是复杂的。他说自己走到哪里，都听不到真情，这千真万确。毛泽东已被神化，被一种无形的屏障把他与实际隔开。他与老百姓是那么近，又是那么遥远。自从新中国成立以后，尤其是50年代后期，毛泽东不能自由地走到人民中去。一旦出现在群众中，人们就会像潮水般涌来，“山呼万岁”，如痴如狂，追随不去。地方大员吧，总是重复着他自己的话：大讲形势大好，东风压倒西风，敌人一天天烂下去，我们一天天好起来。对于治下的问题不是隐瞒不报，就是避重就轻，挑着说。即使是中央其他领导人的汇报也要经过慎重选择，掌握着分寸。饿死人，他早有耳闻，但总认为只是局部发生的问题。如此全国性的大灾荒，还是从他的堂弟毛泽荣的“告状”中，从汪东兴汇报的身边警卫人员的思想动态中才感受到的。从这以后，各地的灾情报告就纷至沓来堆到了他的案头，他震惊了。这能怪谁的呢？毛泽东一方面想知道真情，但对不合心意的真话又不能相容。自从批判了彭、黄、张、周，自从在全国各级开展反右倾，几百万说了些真话的干部被打倒，被戴上了“右倾分子”的帽子，于是舆论一律，大家都说假话，层层欺骗，心照不宣，把毛泽东蒙在鼓里。

毛泽东是一个农民的儿子，又领导中国农民进行革命夺取了政权，对农民有着特殊的感情。他总想尽快改变中国的落后贫穷面貌，把农民带上富裕的道路。不久之前，他还满怀豪情地希望通过大跃进、人民公社化使中国农民以最快的速度进入共产主义天堂。结果却闯了一场大祸，把亿万农民投入了饥饿之乡。不能说他毫无内疚自责。他宣布不吃肉，要求降低自己的粮食供给，在中南海自己开荒种菜，以示与民同甘共苦。

使他更为苦恼的是，他所设计的社会主义模式，他提出的总路线、大跃进、人民公社这三面红旗，真正面临了挑战。这次的挑战，既不是来自赫鲁晓夫，也不是来自彭德怀，而是来自实践，来自饥饿。在这之前，1960年春，面对国际上的压力，他曾经发过誓：“我们工作有缺点，总的是好的。对总路线、大跃进、人民公社，决不动摇。”1960年夏天，他在另一次谈话中又说：

人民公社全世界很多人反对，说是不行，说是强迫劳动，说是拆散家庭。首先反对的是美国的杜勒斯，然后有铁托，然后还有社会主义国家的某些朋友，他们说人民公社不行，世界上无此前例。无前例的事多得很，巴黎公社就无前例，成功的十月革命也无前例，为什么人民公社就不好？

现在，毛泽东当然也不会轻易放弃他的理想，放弃他所追求的社会模式。政治上也没有退路。放弃了“三面红旗”，就等于在国内外反对派面前，宣布政治上的失败。然而，灾难已经降临。面对现实，他按照自己的方式寻找着原因和出路。克服暂时的困难，维护“三面红旗”。

“搞一个实事求是年”

1960 年 12 月 24 日至 1961 年 1 月 13 日，毛泽东在北京亲自主持中央工作会议，讨论 1961 年国民经济计划，总结各地整风整社试点的经验。紧接着从 14 日至 18 日，在北京举行了八届九中全会。中委和候补中委 170 人到会，还有 23 名高级干部列席会议。

这次会议是延期召开的，本来 1960 年准备开一次党的全国代表大会，也就是八大三次会议。由于形势恶化没有开成，这一年连中央全会也没有开。等到这次全会召开，议题变了，心境变了，不再是继续发动“大跃进”，而是收拾残局。

八届九中全会的议题，关键是批准了李富春和周恩来共同提出的“调整、巩固、充实、提高”八字方针。

关于调整，半年前北戴河会上就提出来了，八字方针的形成也有四个多月。然而，在一片“保钢”声中，八字方针无法落实。1960 年 10 月 10 日，周恩来在书记处会议上感叹地说：“北戴河说得很硬，做得稀松。”即使提出八字方针的国务院副总理、计委主任李富春，也是顾虑重重。11 月计委会议上李富春提出：“1961 年计划的方针，就是要在调整、巩固、充实、提高的基础上争取国民经济继续跃进。”既要进行调整，又不能放弃“跃进”，这是当时唯一能为党内接受的提法。

直到这次九中全会，党内总算统一了认识，把八字方针确定为 1961 年全党工作的指导方针。

1 月 3 日，李富春介绍计划工作，他的报告，当然不能遗漏对三年大跃进伟大成就的肯定。他指出，1960 年在前两年大跃进的基础上，全国人民高举总路线、大跃进、人民公社三面红旗，“取得了国民经济继续跃进的胜利。”在这个前提下，他谈到了计划工作的四个主要缺点。即忽视农业、指标偏高、权力下放偏多，检查不够。

毛泽东插话说：“不仅没有注意农业，而且挤了农业，挤了农业的人力、物力，工业战线过长，面过广。这三年都是指标高了后来退不下来了。1958 年北戴河会议后从 9 月份开始大搞，1959 年庐山会议反右倾后又大搞，1960 年又一年，这三年大炼钢铁，挤了农业。”

毛泽东还说：“现在看来，社会主义建设也不要那么十分急，过急了办不成，越急越办不成，要搞它半个世纪，要波浪式地向前发展。要搞几年慢腾腾，要搞扎实一点，不要务虚名而招实祸。今年、明年、后年，要做巩固工作，提高质量。”

1 月 13 日，中央工作会议最后一天，毛泽东发表讲话。

他说：做工作要有三条：情况明、决心大、方法对。情况明是第一条，是工作的基础，情况不明，一切无从谈起。他要求大家回去后“大兴调查研究之风，一切从实际出发”。他说：

今年搞个实事求是的一年。当然，不能讲我们过去根本一点不实事求是，也不能这么讲。但是解放以来，特别是最近几年，我们不摸底了。

毛泽东说 1961 年搞一个实事求是年，一个调查年，事实上承认了前几年没有搞实事求是，没有搞调查研究。他认为，造成这种情况，一方面是下面封锁，“他封锁你，你情况不明，有什么办法。”另一方面因为各级干部官做大了。他说：“我这个人就是官做大了。以前在江西那样的调查研究，现在做得少了。”

1 月 18 日，全会的最后一天，毛泽东再作讲话。又一次强调：“希望今年这一年，一九六一年成为一个调查年，大兴调查研究之风。”他说：“大家回去实事求是地干，不要老是搞计划、算账。要搞实际工作，调查研究，去督促，去实践。”

毛泽东讲“情况不明、决心不大、方法不对。”的确是实情。但还有另一面：情况不明决心大、经验不足气魄足，不愿听不同意见。毛泽东没有说。

毛泽东是军事家、政治家。指挥战争、搞阶级斗争得心应手。但绝对不能称之为经济专家。他对现代经济缺乏足够的知识。这本来是无可厚非的，不能要求毛泽东是无所不能的完人。

问题出在毛泽东不服输的性格。他曾经赌气说：陈云能管经济，我就不能管？从后台跑到前台，亲自作经济决策。加上他那特有的浪漫诗人气质、指挥千军万马的宏大气魄，对乌托邦理想的执着追求，随意发议论、发指示、批文件。那个年代，他的话等同圣旨，一言既出，全国都动，当然易出乱子。

现在，毛泽东如梦初醒，收敛了浪漫情怀和空想情结，回到了现实主义，他倡导实事求是，号召调查研究，他同意不要那么急，可以搞几年慢腾腾。这是付出了多么巨大的代价才得到的认识啊！这时的毛泽东，是四年来最冷静的时候。他的反省达到了这个时期的极点。这使他与中央第一线的领导人认识趋于一致，党内空气也较为宽松了。周恩来等得到授权，可以组织退却了。

发现一篇老文章

正在中央全会结束的时候，一篇题名《调查工作》的文章，出现在毛泽东面前。毛泽东非常高兴，这是他30年前写的一篇文章，早已丢失，多年来他一直念念不忘。

这篇文章是田家英亲自送给他的。

田家英这时还是毛泽东的政治秘书，兼着中央政治研究室的副主任。1959年庐山会议上，田家英与几个“秀才”议论毛泽东、同情彭德怀，在这次政治大潮中差点翻船。后来，他向毛泽东当面作了检讨，得到毛泽东的谅解。毛泽东对他说：“照样做你的秘书工作。”保他过了关。会议之后，毛泽东特地让田家英参加他所领导的苏联《政治经济学（教科书）》读书小组，历时两个月。但是毋庸讳言，他们之间在政治上已经开始出现裂痕。1960年，田家英倾心于《毛泽东选集》第四卷的编辑出版工作，以此为由适当拉开了距离，连八届九中全会也没有参加。这个时候，田家英确实感到，毛泽东已离开了他曾经全力提倡和实行的实事求是的原则，头脑已经不那么清醒了，听不得不同意见的情绪也越来越明显。田家英还多次向逄先知流露他的心情，感到已无回天之力了！

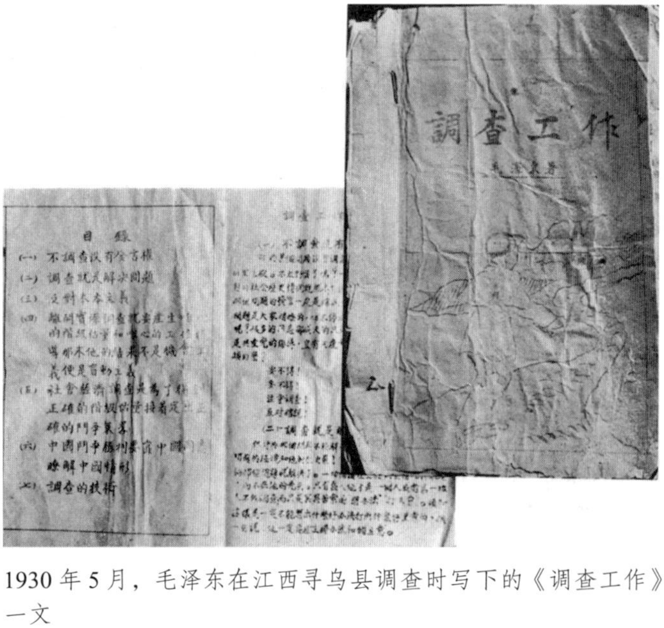

1930年5月，毛泽东在江西寻乌县调查时写下的《调查工作》一文

当八届九中全会毛泽东大讲实事求是、调查研究时，田家英重新燃起希望之火，立即把

这篇由中国革命博物馆在福建龙岩收集到的毛泽东佚文送给了毛泽东。

毛泽东喜出望外。这不仅是由于他自己珍爱的一篇文章的失而复得。而且，现在正逢其时，为推动全党大兴调查研究之风提供了思想武器，也可藉此改变一下自己的形象。

派出三个中央调查组

一旦毛泽东的思路变了，他就要求全党跟上他的步伐，决心尽快扭转“暂时困难”的局面。九中全会之后，他倾注主要的精力，推动全党各级领导干部下去搞调查。

无论是发动“大跃进”，还是纠“左”，毛泽东都掌握着主导权。他不允许别人走在他的前面，越过他的界限；也不允许别人落在后边，跟不上他的步伐。

九中全会后，毛泽东身体力行，派出并亲自指导三个调查小组下农村。

调查组分别由陈伯达、胡乔木、田家英带领。田去浙江，胡去湖南，陈去广东。毛泽东要求，调查一个最坏的生产队，一个最好的生产队。时间10天至15天。“然后去广东，三组同去，与我会合，向我作报告。”

陈伯达、胡乔木、田家英接到指示，雷厉风行，立即组成调查小组，共21人，每组7人。组员有邓力群、许立群、王力、张超、梅

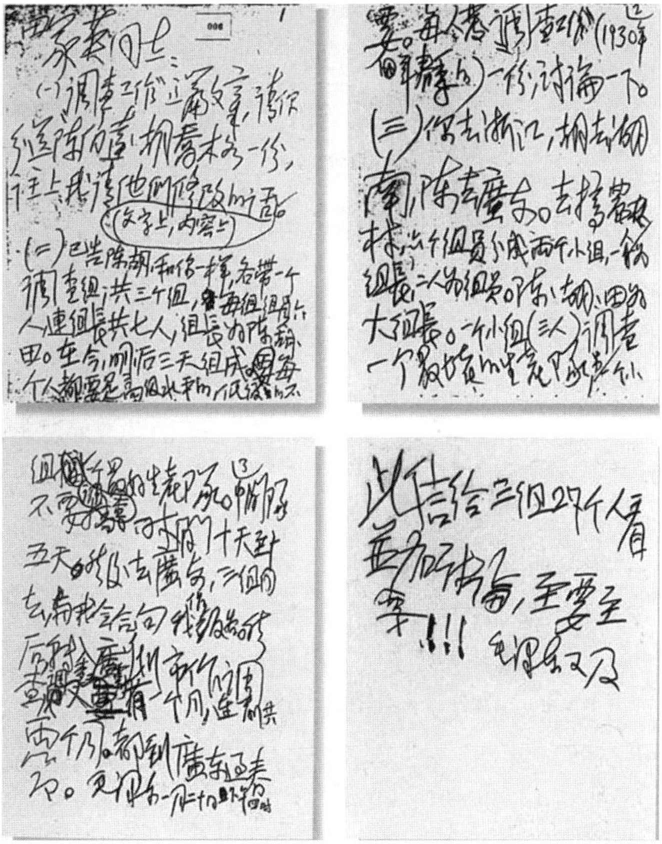

1961年1月20日，毛泽东关于组织调查事宜写给秘书田家英的信

行、王鲁、杨波、胡绩伟、逄先知、吴介民等，1月21日即离京赴农村。

田家英带领的小组到了浙江省嘉善县和富阳县，各选一个生产队。按照毛泽东的指示，嘉善县选了一个差的队，富阳县选了个好的队。华东局农委副主任董家邦、浙江省委副秘书长薛驹也参加了进来。

对“大跃进”以来的错误早有认识，对国家困难深为忧虑的田家英，此时此刻被委以重任，能为国家和人民奉献一点力量，自然感到高兴。他真希望通过这次调查能对毛泽东纠正错误发生影响。来到浙江，把个调查工作搞得有声有色，生动活泼。

毛泽东把陈、胡、田派出去后，1961年1月26日晚，他自己也带着急于了解农村真实情况的迫切心情，乘火车离开北京，经天津、济南、上海、杭州、南京、南昌、长沙，于2月24日到达广州。将近1个月的旅途，毛泽东沿途听取了河北、山东、浙江、江西、湖南和广东七省委和田家英、胡乔木、陈伯达三个调查组组长的汇报，并且向各地大员作调查研究的动员工作。

在毛泽东的专列上江渭清放胆讲实话

1961年2月6日至8日，毛泽东南下调查，到达杭州。他把六个大区书记和华东各省、市委第一书记找到一起，听取关于纠正“五风”问题的汇报。

这里要补叙一笔。本来各中央局在解放初期已经撤销，当时为了反对分散主义，加强中央集中领导，保留的协作区，不具有一级党组织性质。1960年9月，中央政治局决定，重新建立六个中央局。随后任命各大区第一书记，中南局是陶铸，东北局是宋任穷，西南局是李井泉，西北局是刘澜涛，华北局是李雪峰，华东局是柯庆施。

毛泽东的专列经常是他召集重要谈话的场所，他认为必要，一个电话就让各地大员从四面八方飞来。

这次汇报的一个问题是公共食堂问题。

本来情况是明摆着，公共食堂强行维持，早已难以为继，群众怨声载道，强烈要求解散。但在这时，主张维护食堂的人，包括一些高级负责人，包括一些调查组，还大有人在。过去有些人因食堂问题被打成“右倾机会主义分子”的事，人们记忆犹新；中央刚刚发出的“十二条”指示信明文规定，必须“坚持食堂”。指示：“安排好群众生活是一切工作的基础，办好食堂是安排好生活的基础。”食堂问题十分敏感。

在杭州到绍兴的专列上，毛泽东带着大家，听柯庆施讲食堂办得怎么好，吃食堂有多少好处，其他人也是一片赞扬，毛泽东听得眉飞色舞。

江苏省委书记江渭清坐在车上，眼望窗外，一言不发。

毛主席见大家议论风生，独江渭清沉默不语，说："渭清同志，他们都讲办食堂好，唯独你不讲话，这是什么道理？"

江回答说："我不好发言。"

毛听出了言外之意，就鼓励说："有什么意见都可以讲。不抓辫子，不打棍子，不戴帽子。"

江只好放开胆子说："大家都讲食堂怎么好。要我来讲，是怎么不好。"

毛笑了，"你是反对派嘛！就把你的'不好'讲给大家听嘛！"

接着，江具体讲了食堂有三个"不好"。他说：

"食堂耗粮特别大。本来，一家一户过日子，再穷也有个'糠菜半年粮'。您老人家也曾讲，要'平时吃稀，农忙吃干，老弱干轻活的吃稀，青壮年干重活的吃干'。大办食堂以后，不分老少，不管活轻活重，都在一个大锅里吃，一年吃了两年粮，全年口粮几个月就吃光了，吃不起。"

毛伸出一个手指，打着手势说："这是一。第二呢？"

"农民一家一户过日子，每户挖点野菜，剩汤剩饭什么的就能养一头猪，全国一亿多户农民，每户养一头猪就是一亿多头猪。现在办公共食堂，不许养鸡、养鸭、养猪、养羊，结果没有蛋吃，没有肉吃。"

毛伸出第二个手指："这是二。第三呢？"

20世纪60年代初的江渭清夫妇

“吃食堂浪费大得不得了！各家各户烧饭时，对锅灶碗盆，十分爱护。办了食堂，锅灶经常坏，碗筷随手丢。许多食堂要经常买锅添碗置灶具。还有，干部和他们的亲属借机搞特殊化，多吃多占，严重影响干群关系，这些问题还可以通过整风整社解决；更严重的还有个烧草问题。您老人家提倡种树绿化，现在办食堂缺烧草，就到处砍树。农村的树木砍得差不多了！”

江总结说：刚才大家讲食堂怎么好，有的还讲公共食堂给社员吃“四菜一汤”。我在江苏没见过。要我来讲，如果再搞下去，连“一汤”都要喝不上了！

毛听江这么讲，兴致稍退，但并不责怪。他说，调查以后，中央开会讨论食堂问题。如果渭清讲得对，就“一风吹”；不对再作别论。

田家英的汇报

1961 年 2 月 6 日，毛泽东听取了田家英的汇报。

田家英如实说了他对食堂问题的看法，公共食堂难以为继，应当解散。田还如实向毛泽东陈述，造成农业大幅度减产，饿死人的原因，既不是天灾，更不是民主革命不彻底、阶级敌人复辟，完全是“五风”造成的。他们调查的那个位于杭嘉湖平原鱼米之乡的和合生产队，水稻亩产通常是 600 多斤，1960 年竟只有 291 斤。这个数字深深地触动了毛泽东，他找来那个县委书记，深谈了一次，并批评了他。

1961 年 4 月，田家英（左一）在浙江考察期间同浙江省委负责人林乎加（右二）等在一起

关于造成困难的原因，在当时也是一个敏感的问题。关于天灾、关于阶级敌人复辟，这是不久前毛泽东亲自定的性，发的指示，并且写进了中央文件。各地正在布置进行民主革命补课，展开夺权斗争。

其实，这个问题不少人心中有数。田家英敢在毛泽东面前捅破这层窗户纸，再次显露他敢于直言的秉性。好在这时，毛泽东心境平和，还听得进去。

听完田家英的汇报，毛泽东说：

——问题主要是“五风”，瞎指挥。除自留地、蔬菜地以外，再留百分之三的土地归小队（按：即后来的生产队）机动使用，可以多种多样。

——退赔问题，要决心赔，谁决定的由谁退赔。要使干部懂得，剥夺农民是不行的。这种作法是反动的，是破坏社会主义而不是建设社会主义。

——自留地几放几收，都有道理。两个道理归根是一个道理——还是给农民自留地。

——规模问题。和合生产队太大了，是否分成三个，或者把小队当基本核算单位，生产队变大队，明升暗降。

——食堂问题。按群众要求办事，可以多种多样。单身汉、劳力强没有做饭的，要求办常年食堂，多数人要求办农忙食堂，少数人要求自己做饭。三十户中有五户要求办常年食堂的，那就要办。养猪的要求在家里做饭，是可以的。总之，要符合群众的要求，否则总是要垮台的。

——干部手脚不干净，百分之三四十的贪污面，百分之七八十的手脚不干净。统统撤掉不行。处理要按群众意见办，群众允许过关的就放过，不允许的就撤职。

这些，大体反映了毛泽东当时对农村政策问题的一些基本看法。有些已经明确，有些正在酝酿之中。显然，毛泽东的认识有较大深化。但他仍然希望听到一些好的消息。针对田家英报忧的汇报，毛泽东提醒田：调查时，看看坏的也看看好的，不然就要钻牛角尖。

“两个平均主义是极端严重的大问题”

1961 年 2 月 24 日，毛泽东到达广州，看了陈伯达带领的中央广东调查组 2 月 19 日的《调查纪要》。《纪要》中提到：“公社各级的关系，在解决了自上而下的‘共产风’问题后，似乎应当注意更适当地解决队与队之间、社员与社员之间在分配上的某些平均主义。”

毛泽东很重视这个《纪要》。联系到沿途了解的情况，他立即抓住了“两个平均主义”的问题。他觉察到，“12 条”只解决了“调”的问题，没有解决“平”的问题。解决“两个平均主义”问题成了起草公社条例的中心指导思想。

三个调查小组奉命集中，2 月 23 日会合广州，准备起草公社条例。3 月 5 日，毛泽东把刘少奇、周恩来、邓小平等召到广州，召开中央常委扩大会，讨论农村问题。毛泽东谈到了庐山会议后反右倾的后果，他虽然坚持“庐山会议是要反右的，也不得不反，不反对我们工作就不利”。但是他认识到，“接着在群众中间反右就坏事了。”他说：

在庐山会议之前，我们对实际情况的了解还是比较清楚的，但是在庐山会议之后就不大清楚了。因为庐山会议一反右，有人讲真实话、讲困难、讲存在的问题、讲客观实际等等，都被认为是右的东西，结果造成一种空气，不敢讲真情况了。

庐山会议反右是正确的，但是带来了高估产、高征购、高分配。这个教训是值得我们记取的。……庐山会议反右这股风把我们原来的反左割断了。

显然，毛泽东对在全国开展反右倾斗争有些后悔。他感叹地说：郑州会议后只反了四个月左，“如果继续反下去，那就好了。”

毛泽东的这个认识，对于解除大家的思想顾虑起了很大作用。

3 月 6 日，各常委飞回北京。分别召开南、北会议。

3 月 10 日，毛泽东主持的“三南”会议在广州开幕，参加会议的是中南、华东、西南三个大区的中央局书记和各省市自治区书记，主要讨论公社工作条例和农业问题。

3 月 11 日至 13 日，刘少奇在北京主持“三北”会议。与会者是华北、东北、西北三大区及其所属省、市、自治区的书记。同样是讨论农村工作问题。

3 月 13 日上午 8 时，毛泽东给刘少奇、周恩来、陈云、邓小平、彭真并“三北”会议各同志写了一封信。突出地提出要解决“两个平均主义”的问题。认为这是“两个极端严重的大问题”。接着他批评说：

我看你们对于上述两个平均主义问题，至今还是不甚了了。……省、地、市、县、社的第一书记大都也是如此，总之是不甚了了，一知半解。其原因是忙于事后工作，不作亲身的典型调查，满足于在会议上听地、县两级的报告，满足于看地、县两级的书面报告，或者满足于走马看花的调查。

毛泽东建议研究一下他 1930 年写的《调查工作》一文，“那里指出的问题是作者系统的亲自出马的调查，而不是老爷式的调查。”他说：“我希望同志们从此改正。我自己的毛病当然要坚决改正。”

信写完后，当天上午，毛泽东在“三南”会议上讲话。反复阐明要搞清两个平均主义问题，就要深入调查研究的道理。他将《调查工作》的文章印发给与会者，并且说道：

“找出了30年前我写的一篇关于调查工作的文章，我自己看看还有点道理，别人看怎样不知道。文章是自己的好。”他说：第一书记都亲自动手，作调查研究，那就好办了。他还说：“现在我要搞几个调查的基地，下去交一些朋友。对城市问题我没有发言权，想去调查几个工厂，此心早已有了。”

信写好后，毛泽东原想让陶铸送到北京去，并介绍“三南”会议的情况。当天，他又改变了主意：陶铸不去北京，请“三北”会议各同志移师广州，合开中央工作会议。

3月14日，中央各常委及“三北会议”诸同志飞赴广州。

3月15日，中央广州工作会议开幕，集中讨论《农村人民公社工作条例》（草案）。公社条例共10章60条，因此，习惯上称之为“农业60条”。

“农业60条”的由来

毛泽东何以想搞一个人民公社工作条例？

他说这是听了田家英的建议。“我是听了谁的话呢？就是听了田家英的话，他说搞条例比较好。我们在杭州的时候，就找了江华同志、林乎加同志、田家英同志，我们商量了一下，搞这个条例有必要。搞条例不是我创议的，是别人创议的，我抓住这个东西来搞。”

人民公社化后，高级合作社的章程自然作废了。人民公社一轰而起，几年来却始终没有一个完整的条例，有些文件规定、指示在下面得不到落实，其实中央指示也是相互矛盾，例如自留地，收了放，放了收。依毛泽东不断革命的思想，并不希望把一个体制固定下来，他批评过苏联教科书关于“彻底巩固”集体农庄的说法。急于过渡的思想支配着全党，“变”成了常态。然而，不把公社体制固定下来，农村生产关系变动不居，人心不稳，混乱就在所难免。毛泽东在“三南”会上讲：“可能搞个条例也不灵，但总得搞一个。”

这时，经过中央及地方常委的初步调查，大家都感到需要搞个条例，把迫切需要解决的问题固定下来。这些问题包括：

一、生产队和生产队之间，社员和社员之间分配上的平均主义现象；

二、公社和生产大队的规模在许多地方偏大；

三、公社对生产大队、生产大队对生产队管得太多太死；

四、公社各级民主制度不健全；

五、党委包办代替公社各级行政。

“农业 60 条”（草案）就是针对和为解决这些问题而制定的。

起草工作从 1961 年 2 月 26 日就开始了。毛泽东指定陶铸牵头，陈伯达为副，参加起草委员会有陈伯达、胡乔木、田家英、廖鲁言、赵紫阳（时任广东省委书记处书记）、邓力群、许立群、王力、王鲁等。具体由廖鲁言、田家英、王鲁、赵紫阳分别起草，胡乔木修改。毛泽东亲自主持起草工作。

广州会议开始后，吸收每个大区一至三人参加起草组。华北是陶鲁笳、西北是白治民、东北是冯纪新，中南是王延春，华东是林乎加、薛驹、魏文伯，西南是黄流。

“农业 60 条”经充分讨论，于 3 月 23 日通过，作为草案下发试行。后来称为“3 月草案”。

“农业 60 条”的“3 月草案”，在郑州会议、“12 条”的基础上，又解决了一些新问题。其中解决得比较到位的是社队规模问题和社员的家庭副业问题。

“一大二公”被认定为人民公社的主要特点，1958 年，把“一大”的好处说了一大堆。当年建立的 2.3 万多个人民公社，规模巨大。平均 4797 户一社，不少万户以上的大社。郑州会议后，社队规模有所缩小，1960 年春在反“右倾”、“创造条件过渡”的口号下，规模又扩大，“共产风”、瞎指挥风泛滥，都与社队规模太大有关。到“三南”、“三北”会议时，缩小社队规模，达成了共识。

辽宁省委第一书记黄火青说：“大队干部跑遍小队，得一年时间。将社队划小，是群众的迫切要求。”

华东组的同志说，公社化后，社队这么大，社员“看不到边，摸不到底”。

湖南省委第一书记张平化说：农民反映，社队规模大了“不是共同富裕，而是共同遭殃。”

于是，广州会议一锤定音。会后，各地划小社队规模，一分为二、为三，甚至更多，而且把原“生产队”改称“生产大队”，原“生产小队”改称“生产队”。到 1962 年，平均每社 9.4 个大队，每大队 7.9 个生产队，每个生产队平均 24.9 户。

1961年3月14日至23日，中共中央在广州举行工作会议，讨论和制定《农村人民公社工作条例（草案）》。条例对纠正人民公社内部存在的平均主义和管理体制等方面的问题作了规定。图为广州会议会场

比原来缩小了几倍。

再一个解决得较好的问题是家庭副业问题，把有关自留地、家庭副业、开放集市贸易等方面的政策，明确载入条例，在一定程度上消除和缓解了农民怕政策多变的恐惧心理。在这个问题上，变得太多了，农民整怕了。而在这时，恢复自留地，鼓励农民养鸡、鸭、猪、羊，搞生产自救，是把农民带出灾荒的一条捷径，毛泽东说："再反复，就是饿、病、逃、荒、死。"

然而，由于生产队变成了大队，生产小队变成了生产队，"农业60条"规定"三级所有、队为基础"，就成了以"大队为基础"，"基础"悬在腰上了。

还有，从"3月草案"可以看出，毛泽东和与会者中不少人对供给制和公共食堂，依然是恋眷不舍。尽管已经了解不少反对意见，"农业60条"草案仍规定分配上供给与工资相结合的制度，供给占三，工资占七；规定除特殊情况外，"都要办常年的或农忙的公共食堂"。这些规定，仍在保护"共产主义因素"、坚守"社会主义阵地"。

会议还通过了一封《中共中央关于讨论人民公社工作条例草案给全党同志的信》，连同"农业60条"草案一同下发。希望通过这种办法，一竿子插到底，与群众见面，防止中间梗阻，以稳定人心。

邓子恢受到“表扬”

1961年3月23日，广州会议结束的这一天，毛泽东在会上讲话，突然提到邓子恢的名字，引起与会者一阵兴奋。毛泽东对邓子恢下农村调查研究，大加赞扬。

毛泽东说：“邓子恢同志那个时候顽强得很。邓子恢同志，为了说服你，我跟你谈过多次话。现在我跟你统一了。我跟你没有矛盾了。”

他转向大家，说：“去年他在山西、石家庄、江苏南部作了一次调查，作得很好，他的观点很正确。农村工作后头犯的错误，是谭震林同志他们有份，他没有份的。你们看不起邓子恢同志那是不行的，人家现在正确了。”

毛泽东讲着讲着，忽然两眼向会场横扫了一遍，未见到邓子恢，就问：“邓老来了没有？”

这一天的会议，邓子恢到得稍迟一些，就坐在会场的后边。

大家不约而同用眼找邓子恢。有的看到邓子恢惊奇的样子竟笑了起来。邓子恢耳朵有些背，没有听到毛泽东的询问，就问坐在身旁的叶剑英：“他们笑什么？”叶剑英说：“笑你哩，毛主席表扬你了！”邓子恢开始认真地听毛主席讲话。

毛泽东说：“农村工作部找谁呵，还是邓老，他有很多意见是正确的。他同我谈过，我介绍他去跟总理谈。总理让他起草个文件，叫做人民公社的章程，首先创议的是总理。”

“是他给我说的。”周恩来插话说。

“啊！首先创议的是邓老，然后总理支持。”

对邓子恢的表扬，是毛泽东一次罕见的表示。自合作化后期起，邓子恢的意见总是与毛泽东拧着劲。在党内，也只有邓子恢同毛泽东当面吵过架，好在都是工作之争，并无个人芥蒂。1955年，毛泽东批评邓子恢是“小脚女人走路”，说“邓子恢的思想要用大炮轰。”1958年年初，毛泽东批周恩来反冒进“错误”时，捎带重提邓子恢，说“邓子恢完全是资产阶级民主派那一套。”随后又让邓子恢赋闲。中央农村工作部改由谭震林负责。因祸得福，邓也就省去了违心跟风的痛苦，没有刮“共产风”的账。1959年庐山会议时，他在大连养病，陈云也在大连。听了陈云的劝告，没有上庐山，又躲过一场风雨。

三年“大跃进”的热潮过后，农村陷入一场危机，实践证明邓子恢的许多意见是正确的。中共中央转向寻找度过困难的良策，刘少奇想起了邓子恢，想请他重新出山。

1960年9月初，刘少奇得知休养了一年多的邓子恢病情稍有好转，立即约见他，问了问病情，就向他提出：农村工作中的错误颇多，造成的后果很严重，中央正在考虑解决农村工作中的问题，赶快把农民情绪稳定下来。希望你到农村去作些调查，了解些真实情况，研究些切实可行的解决办法。邓子恢二话没说，当即应承了下来。

9月上旬，他带领工作组下乡，首站是山西省汾阳县万年青人民公社。在这个公社住了两个星期。之后，来到河北省石家庄市郊铜冶人民公社住了一个星期。他轻装简从，走家串户，同管理区、生产队干部、社员、党员、老农开座谈会，查看农田、养猪场、水利工程、食堂，接触了许多群众。

回到北京，同工作组的同志一起，对调查的情况进行分析研究。他认为，现在要改变反右，继续纠"左"。于是立即亲自动手，就调查所得向中央写了《山西、河北两个人民公社三个基本核算单位的调查》报告。

9月底，他又率工作组从北京直奔江苏无锡县。他在无锡县住了二十多天，深入到一个公社的几个基本核算单位。

在无锡调查过程中，他发现，从第二次郑州会议以来，中央发了好些文件，到了基层，有的没有同群众见面，有的执行不认真，有的执行打折扣，甚至走样。这一方面与某些具体规定不切合实际有关，另一方面与某些具体规定朝令夕改有关。

于是提出搞一个社章或者条例把政策固定下来。他立即同工作组的同志一起，草拟《农村人民公社内务条例》，并邀上海、江苏、浙江、山东、安徽、福建、江西等省市委农村工作部长到无锡，参加讨论。回到北京，再作修改。11月底，一份《农村人民公社内务条例（修改稿）》终于定稿。

《条例》分14章66条，1961年1月23日由中央农村工作部报送中央，周恩来看到了，很高兴。

毛泽东起初或许并不以为然。当他南下经过调查，萌生搞个人民公社工作条例的念头时，不能不信服邓子恢的先见之明。不得不承认，邓子恢的许多意见是对的，农村工作部还得找邓子恢。邓子恢的那个条例成为起草组的重要参考，也可以称之为"农业60条"的前身。

毛泽东3月23日的这一番话，事实上在为邓子恢恢复名誉。这使邓子恢的心气平顺多了。但他更庆幸的是，毛泽东又开始恢复实事求是，又从实际出发来看待农村的问题了，农民又有希望了。

再次疾呼调查研究

毛泽东赞扬邓子恢，也是借题发挥，敦促与会者都去作调查研究。广州会议期间，毛泽东除了具体指导“农业60条”的讨论外，逢会必讲调查研究。与会者对毛泽东的一封信和《调查工作》一文反应热烈，大家深有同感，认为切中要害，非常及时，立即印发给没有到会的各省、市、区党委常委，中央各部部长、中央国家机关党组成员学习。

刘少奇说：“1958年以来，在执行三面红旗的过程中，犯了不少的大大小小的错误。……有些是不可避免的，有的是可以避免的。如果作好了调查研究，……不致于陷于现在这样的被动。”

周恩来说：“所以如此不摸底，不落实……最根本的一个毛病就是没有依照毛主席的要求，深入厂矿农村，进行系统调查……便轻率从事，这就不可能做到‘情况明、决心大、方法对’了。”

根据中央意见，由胡乔木执笔起草了《中共中央关于认真进行调查工作给各中央局，各省、市、自治区党委的一封信》。这封指示信在3月23日通过，并附有《调查工作》一文，下发县、团级。信很长，无非强调调查研究如何必要。其中有一句关键的话：“在调查的时候，不要怕听言之有物的不同意见，更不要怕实践检验推翻了已经作出的判断和决定。”这就是说，要打破思想禁锢。因为许多错误的东西来自上面，来自中央文件，甚至来自最高领导人，不打破框框，调查也只能是视而不见，听而不闻。

3月23日，在通过这封指示信的时候，毛泽东把田家英请到主席台上，坐在他的旁边，田家英一面读，毛泽东一面解释。最后，毛泽东专门对《调查工作》一文作了说明、讲解和发挥。信稿不过800字，文章也较短。而毛泽东的解释记录却有上万字。

“又发了一封信，这封信得罪人很多。不过，我不是讲别的，只是讲对两个平均主义问题，不甚了了，一知半解。”

“这几年官做大了，已经做了八年了，就不做调查研究。”

“没有调查就没有政策，没有政策就不能解决问题。”

“这几年出现的高指标等问题，总的责任当然是我负，因为我是主席。我的责任在什么地方呢？为什么到现在才提倡调查工作呀？为什么不早提倡呢？而且我自己也没有下去，搞一个公社、一个工厂的调查。为补过起见，现在我来提倡一下。今年我在中央工作会议上讲过一次，九中全会上又讲了一次，这次会议还得讲一次，不然又说我没有讲。”

这时，毛泽东谈到他的一个心愿：沿着黄河而上，再由长江发源地而下，一个逆流而上，一个顺江而下，不坐火车、只走路骑马，到处做调查研究，那才真是快事。

毛泽东想走遍黄河、长江，那是突发奇想，不可能实现。他想到老百姓中交一些朋友，搞几个调查基地，也没有实现。这使他尽管大力倡导调查研究，还只能是听汇报，不能亲历其境，体察民情。

2 常委下乡 亲察民情感愧疚 百姓翘首 但求温饱盼松绑

刘少奇说：“看到乡亲们生活艰苦，对你们不起。”

3 月广州工作会议后，从中央到地方，各级领导人纷纷走出机关，深入农村，深入农户作调查。

毛泽东乘专列北上长沙，停留十数日，又转道上海，后住进杭州刘庄。他在长沙、上海和杭州或者在专列上用保密电话与各地调查组联络，批阅和转发由各地报来的调查报告，督促各地领导人下乡调查。

这时，中央常委除林彪外已全部转到农村调查。刘少奇在湖南、周恩来在河北、朱德在四川老家、邓小平与彭真在京郊。6 月至 7 月，陈云也回到上海青浦县老家。除了毛泽东派出的三个中央调查组返回原地以外，中央又派出了不少调查组。中央邯郸调查组由公安部长谢富治率领；中央辽宁海城调查组由团中央第一书记胡耀邦带队；中央河北徐水、安国调查组由中共中央办公厅主任杨尚昆带队；中央四川简阳调查组由农业机械部部长陈正人带队；中央农村工作部部长邓子恢、最高检察院院长张鼎丞这一对老搭档，在他们的老根据地、出生地福建省龙岩县不期而遇。各个中央局、各省市、自治区都派出了自己的调查组。许多第一书记响应号召，亲自下乡。

这是一次绝无仅有的调查运动！

广州会议之后，刘少奇回到湖南老家，作农村调查。

这些年来，刘少奇作为中央第一线领导人，主持中央工作。他一直尽力跟上毛泽东的步伐。“大跃进”中也说了许多过热的话。“大跃进”的错误不是毛泽东一个人犯的。

自从1959年当上国家主席以后，一些场合并排挂着毛主席和刘主席的像。他有些不安，始终注意突出毛泽东，谨防越位。庐山会议时，工作人员见了他，呼“刘主席！”他立即纠正：“叫少奇同志”。“主席”的称呼留给毛泽东最好。庐山会议后期，毛泽东摊了牌。刘少奇坚决维护了毛泽东，批判了彭德怀。

然而，从1960年下半年起，主持中央工作的刘少奇面对来自全国各地的灾情报告，他开始怀疑，开始反省。或许，他对问题的反思比毛泽东更早些，更深刻些。

1961年3月15日，在讨论毛泽东主持起草的“农业60条”草案时，他就对是否坚持供给制持否定态度，他说：“对‘五保户’实行部分供给制，实际上是社会保险，农民是赞成的。但其余的统统要按劳分配，多劳多得，多劳多吃。”他还说：“搞家庭副业、自留地，这是经济民主。”

由于毛泽东没松口，由于多数人主张保留“部分供给制”，由于自己的认识还不成熟。刘少奇没有坚持。

说实在的，这时刘少奇对农村的情况，对农民的心愿也还是“不甚了了”。

他想了解到真实情况。离广州前，他约见中南局书记陶铸、湖南省委书记张平化谈话，说这次去湖南乡下，我不住招待所，采取过去老苏区的办法，直接到老乡家，睡门板、铺禾草，不扰民，又可深入群众。人要少，一切轻装简行，想住就住，想走就走，一定要以普通劳动者的身份出现。

1961年4月1日到5月16日，刘少奇带着夫人王光美及一行工作人员，来到长沙县天华大队和宁乡县炭子冲大队等地蹲点调查。刘少奇走家串户，找干部、群众谈话，召开大、小座谈会，查看山林、水塘、屋场、食堂、病院、集市、水库、社队企业……；工作人员则进行家访，或参加田间劳动。前后44天。

这次调查，他想摸清三个问题：一是了解实行的政策是否正确，如粮食政策、供给制、公共食堂等，可能是正确的，也可能不正确；二是已实行的政策够不够；三是要根据发现的新问题，提出新政策。

本来下去调查，发现问题并不困难，实在是问题成山，俯拾即是。然而，当时人们的思想还被紧紧地束缚着，经过一次次的过火斗争，大家噤若寒蝉，不敢越雷池一步。一些基层干部对上面封锁消息，不让人讲真话。

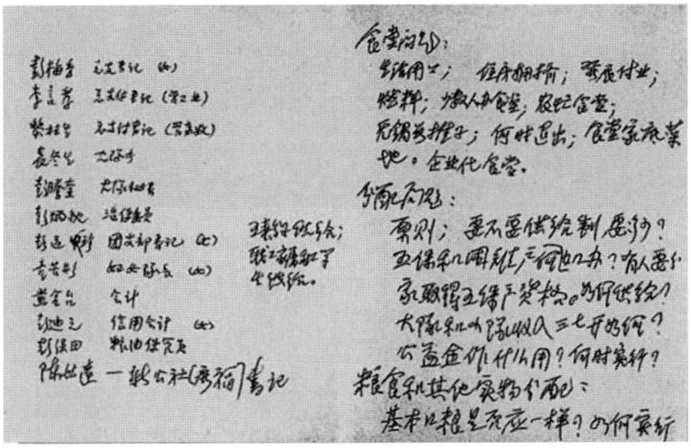

1961 年 4—5 月，刘少奇到湖南长沙、宁乡调研座谈时亲笔作的记录

刘少奇照样碰到了封锁消息的情况。王光美讲述了这样的情景：

常遇到这样的单位，负责人护短，特会来事，处处迎合上级的意图；有的怕上级发现他们的缺点，搞一套封锁消息的办法，或写报喜不报忧的假报告，或召集积极分子开会布置汇报口径，甚至把有意见、敢说真话的人事先调开。少奇同志在一个大队调查时，总支书记的汇报背得头头是道，……总之是“形势大好”。至于民情、实情、退赔……不是避而不谈，就是轻描淡写。说什么拆房不多，已安排好了，平调款也基本退赔完了。这位总支书记曾是劳动好手，很能干，报上只讲好，不讲缺点，她被吹得飘飘然，……当少奇同志找受过打击的干部谈话的时候，她急了，先到少奇同志住处门前闹，说：有人妨碍生产。继而又到公路上叫骂。少奇同志仍约她谈话，苦口婆心地教育她，摆事实，讲道理，劝她“不要图那个虚名”。最后，她终于心服口服，诚恳地作了自我批评，说出了她虚报了什么、隐瞒了什么。

刘少奇感慨地说：我身为党的副主席、国家主席，想了解点真实情况还这么难，想随便找人谈谈话，都要受到责难，想同普通群众和朋友通通信，也被扣留。可见了解真实情况不只是开个座谈会、听听汇报就能办到的。

在老百姓中，刘少奇没有个人崇拜，加上肚子里缺粮，心里有气，起初对刘少奇也是敬而远之，心存戒备。或笑脸，或苦脸，或鼓着眼睛、或眯着眼睛，或昂着头，或低着头。刘少奇并不介意，从中体察群众情绪。通过大大小小的调查会，个别谈话，群众渐渐消除了戒备心理，主动找他谈心，连母猪不下崽、鸡婆不生蛋这类家长里短，都想一吐为快。

5月3日，刘少奇回到阔别40年的家乡宁乡县花明楼公社炭子冲大队，住进旧居。他视察公共食堂、大队养猪场，找乡亲们谈话，开干部座谈会。他祭扫了母亲坟墓、看望了大姐刘绍德。久想回乡看看，回到家乡，物是人非。

把困难归咎于天灾，乡亲们不服。

湖南那两年，虽不是风调雨顺，但并没有发生严重的自然灾害。造成困难的原因，群众普遍认为是“三分天灾，七分人祸”。

炭子冲大队，15个生产队，190户，不到700人，1个劳动力1年才分得50元，欠债的将近1/5。有45户的房子拆掉了，有10多户的房子公共占用了。由于办公共食堂，鸡和猪几乎绝种，山林也砍光了。各县、社以至生产大队还搞什么“十大建筑”，废弃良田开鱼塘、修公路……好提前进入“共产主义”。任务和政策发生了矛盾，干部为了完成任务，就顾不了政策。群众对基层干部特别有气，埋怨坏事尽是他们干的。基层干部也是一肚子火。

“作为一个执政党的党员，绝不能脱离群众，如置群众的饥饱与生死于不顾，那就完全背离了我们革命的目的。我们会走向自己的反面。”

刘少奇感慨万千。他说，应当扎扎实实算一回损失账，“然后写个单子，某年某月，由于乱搞，损失东西多少，刻一块碑立在这里，子子孙孙传下去，以后再不犯这个错误。”

5月7日下午，刘少奇召开基层干部和社员座谈会。面对面黄肌瘦的乡亲父老，刘少奇深感愧疚。他说：

> 我将近40年没有回家乡了，很想回来看看，回来了，看到乡亲们的生活很苦，我们工作做得不好，对你们不起。恐怕旱有点影响，但不是主要的，主要是工作中犯了错误。我看不能完全怪基层干部，上边要负主要责任。县、省、中央都有一部分责任。有的是中央提倡的，如大办食堂，大办水利，大办万头猪场，因此，根子还在中央。

4月份，在长沙县天华大队群众大会上，从国家主席、省委书记、县委书记到基层干部，都作了自我批评，主动承担责任，报社记者也检查了报道失实的错误。真心诚意、深刻沉痛地向农民群众当面道歉。

有感于这几年新闻报道的严重失真，对错误做法推波助澜。刘少奇5月1日在长沙同《人民日报》副总编辑胡绩伟谈话，严厉批评《人民日报》。说：

你们《人民日报》上登的新闻，有多少是真的？你们天天用大字登头条新闻，今天说那里生产如何好，昨天说那里的公共食堂办得好，究竟有多少是真的？……你们报喜不报忧，只登好的，不登缺点、错误。我就不看你们那些头条新闻。

三年来，报纸在宣传生产建设成就方面的浮夸风，在推广先进经验方面的瞎指挥风，在政策宣传和理论宣传方面的片面性，这些，对实际工作造成了很大恶果。你们宣传了很多高指标，放卫星，在这个问题上使我们党在国际上陷于被动，报纸宣传大办万头猪场，结果是祸国殃民。

刘少奇批评《人民日报》报道的严重失真，这是事实。我曾翻阅了三年“大跃进”期间每天的《人民日报》，几乎每天都是昏话、大话、假话。正像刘少奇讲的，“报纸是斗争最尖锐的工具”，在批评反冒进、发动“大跃进”、开展反右倾中起了其他手段无法比拟的作用。然而，单单批评报纸，批评《人民日报》，也有失厚道。我们的报纸是党的喉舌，能不宣传党的路线、党的决议吗？能不为党的领袖亲自发动的运动摇旗呐喊吗？当时，全党上下，都在尽力跟上毛泽东的思路。精神都处在癫狂状态。岂独《人民日报》！

1961年年底，刘少奇在广州温泉附近山上的树林里捡毛栗子、橡子和苦桔子，寻求解决经济困难时期的代食品问题

不过，刘少奇提出了一个实质性的问题：就是报纸与党委的关系问题。他认为要纠正两种偏向，一种是不听党的话，一种是完全听党委的话。他也说：“听话，也不是；不听话，也不是。是难办。”对于

办报人来说，如何处理做党的喉舌与做人民的喉舌的关系，如何处理政治需要与实事求是的关系，如何处理鼓舞士气与揭露阴暗面的关系，的确是一个难以拿捏的问题。

掌握了大量第一手材料，刘少奇对一些急切解决的重大问题，头脑清晰起来。

——食堂是勉强搞起来的，极不得人心。我们蛮干了三年，一直不明白。这样的食堂早该垮台。以前我也不清楚，讲食堂有优越性，可以节省劳动力、解放妇女等。下来一看，不是那么回事：专人煮饭，专人炒菜，专人砍柴，专人担水，专人舂米，一个队的 1/3 的劳动力，甚至半数的人都做饭去了。烧硬柴砍树，不烧茅草，破坏山林。有人想在吃饭的问题上，把群众卡起来，那比捆绑还厉害。

——退赔得怎么样，我看还是差得远。基本上没有退赔。湖南省报告说退赔了 90%，这是省里根据县里的报告，县里根据公社的报告，公社根据大队的报告，大队根据小队的报告，就是没听社员的汇报。现在是社队拿社员的，社员也拿社队的，拿别人的。偷摸成风。“你拿得，我拿不得？”因此，必须坚决退赔，分清你我。巩固国家、集体、个人所有制。

——要不要供给制？这几年搞的这样苦，供给制不搞或少搞，只是困难户、五保户。

——讲点民主好不好？人都不敢讲话，那怎么能有个人心情舒畅，生动活泼的政治局面呢？

4 月 11 日，刘少奇同正在长沙的毛泽东交换了农村情况。5 月 11 日，致信毛泽东，汇报了湖南调查的情况和自己的看法。

同在湖南，毛泽东只能住在长沙的宾馆，刘少奇却可以睡在生产队的养猪场；毛泽东繁忙地批阅着来自中央和地方大员的调查报告，刘少奇直接面对着面黄肌瘦的农民。这可能就是两位主席的不同，对困难的估计，对百姓疾苦的感受，对错误的认识，分歧可能就是从这里萌发。毛泽东终归还是隔窗观景，看法易于变化；刘少奇对灾情与错误，刻骨铭心。

农民直言警告周恩来：“你要是糊弄我们，再过两三年，你也会饿死。”

周恩来着一身棉布的不合身的、皱巴巴的灰色中山装，戴一顶布质鸭舌帽，穿一双尖口布鞋，一副乡村干部打扮。他一屁股坐在河北农村一户农家的门槛上，与社员倾心交谈，门槛里面坐着一位憨厚的、五指像一把金钩的老农民。

中南海著名摄影师杜修贤抓拍了这个镜头。

这是那一年，中央领导人深入基层、体察民情的真实写照！

1961年，周恩来照例日理万机、事必躬亲。只是多了许多的焦灼和忧虑。新年伊始，内政外交，他马不停蹄。他同陈毅率领400人的庞大代表团访问缅甸，稳定四邻；他密切关注着由于美国的干预引起的老挝局势紧张，为参加老挝问题的日内瓦会议作准备；他密切关注着美国入侵猪猡湾后的古巴局势，致电支持卡斯特罗；他关心着西藏平叛后的民主改革和社会稳定，接见末代皇帝溥仪等首批特赦战犯，鼓励他们进入新社会；他还要组织城市和工业的生产和调整。……尽管如此，与全党一样，周恩来关注的重点依然是农村问题。他参加了毛泽东召集的所有解决农村问题的会议，并且抽出时间到农村作亲身调查。

4月底5月初，周恩来先到河北邯郸，听取河北省委负责人的汇报。5月3日至8日，下到武安县伯延公社调查。住在部队营房里，早晚回营房吃饭，中午在伯延村就餐。

邓颖超也带病和周恩来一同下去。总理一般出访不和夫人同行。这次到河北，邓颖超的病情好了一点，周恩来有意让她出来换换环境，顺便做一些调查研究。但在周恩来召开会议时，邓颖超一般都坐在外围的地方，她只用耳朵听而不插话讲话。周恩来讲过：夫人有时出面讲话，别人会当是我这个总理讲话，这样不利于工作。

周恩来这次到农村考察带着三个题目：食堂、供给制、包工包产。

到武安的第一天中午，总理提出到食堂就餐，食堂的人赶快叫社员们先打饭吃。等周恩来一行就餐时，不见一个社员的影子，桌上为他备了猪肉和鸡蛋。周恩来知道是在做假，硬是让工作人员端走了。

村干部以为周恩来不会再去食堂了。过了一天，他又悄悄来到另一个村的食堂，但还是去晚了，社员已经吃完回家。炊事员一见总理来，措手不及，连忙盖锅盖，说没有吃的东西了，随同的公社干部就叫总理回公社吃。周恩来也不说话，径直走到大锅前，揭开锅盖，见里面还剩些玉米糊糊，二话不说，拿碗就盛。这是周恩来来农村吃到真正的食堂饭。玉米糊糊下肚了，周恩来心里对食堂的情况也清楚了一半。

周恩来召集社员开会，黑压压挤了一大屋。周恩来坐在会场的主席台上。开始群众不敢说话，说话的人也只说食堂好，能吃饱。周恩来见有压力，笑着指指身后墙上的画像，“我叫周恩来，就是墙上的那个人。你们看像不像？这次我来是想听大家的心里话，有话只管说，说错了也不要紧。”

场子还是很静。周恩来见一个农民蹲在他身边，闷头吸烟，就问他，“你叫什么名字，怎么不说话？”别的人回答说叫“二廷”。

二廷见总理问，弹簧似的猛地跳起身，直着脖子：“总理，你叫说真话，还是假话？”

“当然是真话啦！”

“要说真话，刚才说的食堂好，全是假话。食堂吃不饱。”周恩来立即直起身子，神情异常认真：“为什么吃不饱？”

“总理你算算，一共几两指标？司务长、炊事员多吃一点，他们的老婆孩子爹娘老子再多吃一点，干部多吃一点，到我们社员嘴的才有三四两，能吃饱吗？要自己做，汤汤水水的总能糊饱肚子。别看我死了老婆，一人拉扯几个娃娃，我还是愿意自己做！”二廷的话像拉开闸，大家七嘴八舌诉说食堂的苦衷，有人竟然号啕大哭起来。

周恩来的心在下沉。“乡亲们，我的工作没有做好，我这个总理没有当好，让大家挨饿了。食堂办不好，就不办。”

二廷不相信地问：“不是糊弄我们？”

“不是！”周恩来斩钉截铁地回答。

“你要是糊弄我们，总理，再过两三年，你也会饿死的。”二廷愣冲冲地说了这么一句。

周恩来猛然一震，尴尬地望着二廷。会场顿时陷入沉寂。过了好一阵，周恩来突然拍了一下桌面，高声对二廷说：“好！你往下说，为什么两三年，连我也会饿死？”

二廷：“说就说！我们吃不饱，没劲干活，地里打不上粮……长那一点粮还不够咱生啃着吃呢！哪有粮食往上交？一年不交，有国库，两年不交，还有国库，三年不交呢？国库还有吗？你当总理也要吃饭，国库没粮，你能不挨饿？”

周恩来的眼眶潮了，激动地说：“二廷，你是我下来碰到的第一个敢讲真话的人，你批评得对，我很难过。上面不了解情况，乱指挥，搞得你们减了产，生活困难，我能不难过？”

周恩来站起身，拉住二廷的手，放在自己的胸口上：“我周恩来走南闯北，很少有人能说住我，今天算你行，说住了我。二廷，咱们交个朋友吧！”

第二天一早，天色蒙蒙亮，周恩来找到了二廷的家，面对和蔼可亲的国家总理，张二延如实地谈了许多情况。希望周恩来再来伯延。周表示有机会一定来，自己来不了，也一定会派人来。周没有失信，直到“文化大革命”前，他年年都派人到伯延，并代他看望这位敢说真话的农民朋友。

5 月 6 日，临离开伯延的时候，周恩来召集社员开会，亲口告诉大家一个决定——伯延村解散食堂。满满一院子群众，一听总理下命令啦，“呼啦啦”地往总理跟前挤，要和总理握个手。总理身不由己地被沸腾的群众簇拥着走出会场大院，拥着他往南走，南面还有好多群众等着和他握手告别，周恩来就索性绕着伯延的街

1961 年 4 月 28 日至 5 月 14 日，周恩来到河北邯郸地区调查。图为周恩来在调查期间记在台历上的工作日程安排

走了一个圈。

走到村东头，突然，从人群里挤出一个老汉，冲着总理，“扑通”双膝着地，磕了一个响头：“周大人……我给您请安……。”大家都被这一突如其来的磕头搞懵了，还是周恩来反应快，一把把泪流满面的老汉搀起来：“老乡，有话好好说……”

周恩来上车后，显得不安，叫身边的秘书留下来：“查一下老人为什么磕头？如果有特殊情况，我明天再来伯延。”

原来这个老汉是另一个村的单身汉，吃不饱，浮肿无力。有人撺掇他找总理反映情况，不吃食堂。他一早奔到伯延来，没想到总理正好在宣布解散食堂，一肚子苦水化为两行热泪和一个跪拜。

周恩来的秘书找到老汉，询问原委。老汉动气了：“总理就是宰相，宰相你懂不懂？”

伯延调查中，周恩来发现，社员最不放心的是多征购粮食，害怕挤掉他们的自留地。社员们要周恩来当场保证：“分下去的自留地再不要收回了，再不要拿自留地顶口粮指标了。”周恩来当着地委、县委、社委的同志说：“我可以保证。”社员们又要求周恩来以后能够每半年来一次他们才能放心。周恩来回答说：“自己能否半年来一次，还不能担保，有时可能忙于什么情况来不成，但是工作组总是要来的。”

通过对伯延公社的调查，周恩来掌握了大量第一手情况。5 月 7 日凌晨 3 点半，他请秘书孙岳挂通了保密电话，向正在上海的毛泽东汇报了调查的情况：

一、食堂问题。绝大多数甚至于全体社员包括妇女和单身汉在内都愿意回家做饭。我正在一个食堂搞试点，解决如何把食堂解散好和如何安排好社员回家吃饭的问题。

二、社员不赞成供给制，只赞成把五保户包下来和照顾困难户的办法。现在社员正在展开讨论。

三、社员群众迫切要求恢复到高级社时评工记分的办法，但是已有发展。办法是：包产到生产队，以产定分，包活到组。

四、邯郸专区旱灾严重。目前最主要的问题是恢复社员的体力和恢复畜力问题。

毛泽东批转了周恩来的报告。

周恩来没有回老家淮安去。百姓遭难，此时此刻，他涌起一股少有的思乡之情。6 月北京工作会议以后，他打算以淮安为基地进行农村调查，他满怀感情地说："我 50 年不回老家了"，"我回到家乡总可以发现一些情况，帮助解决一些问题。"但一则身体虚弱，二则国事繁忙，他未能如愿。后来，一次外出视察，飞经淮安时，他特意让飞机在家乡上空盘旋一周，流露出埋在心底的乡思。

邓小平说："吃食堂不吃食堂都叫社会主义"

毛泽东和常委们都在外地，邓小平要留守北京，处理中央书记处日常工作。彭真协助。这时，彭真虽不是中央常委，但他的位次仅在七常委之后，经常列席常委会议，事实上担任副总书记的角色。

邓小平和彭真一面处理日常工作，一面组织了五个调查小组赴京郊顺义和怀柔等地农村调查。并且抽空亲自到顺义和怀柔实地考察。

邓小平来到顺义县牛栏山公社。

原公社党委书记王志儒回忆说：

邓小平一来的时候，就是给我们解开思想疙瘩，怕我们有顾虑。先说，一开口就先说，你吃食堂，社会主义还是叫社会主义，你不吃食堂也叫社会主义，你吃食堂光荣，你不吃食堂也光荣。你猜怎么着，我那思想解放没有，没有。我的思想顾虑还大着呢，因在食堂问题上我尽挨批了。

邓小平到了张庄，见道边一块三角地，翻了一铁锹多深，旁边堆有五大堆粪。邓小平问王志儒：种十边地有没有好处？王志儒一时语塞。个人种十边地，不是单干吗？邓小平看出王的心思。他自己回答说：开展十边地有好处，你看看，地翻得这么深，粪堆这么大，你说它会不打粮食？打了粮食，就是不卖给国家，人吃了也省了国家供应。

经过半个多月的调查，邓小平对恢复农业生产形成了自己的看法。1961 年 5 月 10 日，他和彭真联名写信给毛泽东。

他们建议：

——现在实行三七开供给制，带有平均主义性质，害处很多。废除这种供给制，只对五保户和困难户补助部分实行供给，可以更好地贯彻按劳分配原则，调动社员的生产积极性。

——对包产的办法是不是可以采取对包产部分购九留一，对超产部分购四留六。鼓励社员像经营自留地一样，在集体经营的土地上精耕细作、积极施肥。

——关于食堂问题，这个问题比较复杂，不能像供给制一样一刀两断地下决心，要走群众路线，完全根据群众自愿。吃食堂，不吃食堂的都给予便利。

毛泽东对这封信很重视。当天批示：“此信发给各中央局，各省、市、区党委，供参考。”

邓小平、彭真的信根据北京郊区的情况，对公共食堂是否取消没有说死。朱德5月9日给毛泽东的信，说得更加肯定。他说：

在四川看到的是：社员吃饭“两道烟”（食堂打饭，自己回家做菜），浪费人力物力，到陕西，反映更强烈，说食堂有五点不好……

在常委中，朱德是一位德高望重的长者，分管的具体事务较少。庐山会议及军委扩大会议批判彭德怀，朱德也遭到攻击。庐山会后，朱德虽有不同意见，却难以继续公开表示。他以更多的时间到全国各地视察、疗养、调查。1960年先后到过上海、广东、湖北、北京、陕西、贵州、四川、河南、山东、浙江、安徽等，足迹遍布十余省。

这年3月，朱德回到家乡四川仪陇县新寺区。他问堂兄弟：“你们为啥都这么黄皮寡瘦，说话都吊不起气？”

堂兄弟直通通地说：“还不是因为肚子吃不饱！”

朱德听后，用拐杖猛敲了一下地面，摇摇头说：“我知道了。”

1961年一开春，他又南下，先到上海、浙江，后到福建、江西、广东，又到河南、四川、陕西、河北。把看到的了解到的情况，多次写信，向毛泽东反映……

邱老汉与毛泽东“谈心”

在毛泽东收到的大堆材料中，有一份材料引起了毛的特别兴趣。这是陈正人从四川简阳送来的，老贫农邱开银与调查组的谈话记录。陈正人给中央的信中说：“有个老贫农邱老汉的谈话，很有意思，值得很大重视，请中央同志参阅。”

邱开银，四川省简阳县平泉人民公社社员，58岁，贫农成分。听说工作组在

1961年3月至5月，朱德到四川、河南、陕西进行调查。图为1961年4月，朱德在四川农村调查时和干部群众座谈

宣讲“60条”，主动跑来反映情况。

“我听娃儿说北京来的工作组带来了毛主席的‘60条’，我两夜都睡不着。心头有些话想向你们说。”

老汉心境平和，语调平缓，没有怨言，娓娓道来。这番话尽管难免经过了润色，但从中仍可看出邱老汉的用心良苦。

“毛主席一心为人民，想叫穷人过好日子，过去的‘12条’就够好了，这次又来了个‘60条’比过去更好。”

“三年来人民公社办得好，就是步子跨得大了点。步子不稳，要栽筋斗，一下子把穷富扯平，‘相赢’了懒人。……再要平均主义，就硬要饿死人。”

“我赞成发展社员养猪，有猪才有粪，有粪才能有好庄稼。自古以来就是‘做官凭印，种庄稼靠粪’嘛。”

邱老汉的谈话总爱引经据典，颇有几分隐士风度。

“吴王夫差和越王勾践打仗，越王派了一个谋士到吴国，向吴王献‘策’，把种子蒸了再种，长不出粮食，越王趁机进攻，吴国因为没粮吃被打败。我们中国如果没有粮食，万一有事，就有失败的危险！”

邱老汉继续建议：

“生产队要有一定的权利，这一条规定得好，古代就是‘半由天子半由臣’嘛。啥子事都由上边硬卡，一定办不好。搞密植，拿尺子比，密得连脚都放不进，怎么施肥？……”

“集体是对的，毛主席的政策肯定是对的，……就是有一部分人思想不对头，作法有问题。大兵团作战，把人都调出去，……我想‘城内有动静，城外有救兵’，人调光了，需要的时候怎么办？”

“按劳分配，多劳多得就是好。‘人无利谁肯起早’？”

“把农业放在第一位是对的，要钢铁，又要农业。如果有外国来侵略，前方有‘家伙’，后方有‘粮草’。”

“脑袋那么小，帽子那么大，没有产那么多粮食，说那么多，怎么不挨饿？”

邱老汉说自己是“老牛筋”，不怕划右倾，不怕打鞭子。“希望把我的意见反映给毛主席，看看对不对？”

这是一个农民与领袖的一次不平常的心灵对话。他用不着担心划右倾，因为现在情况变了。他又是个贫农，是毛泽东在农村的主要依靠对象。而且他那种提问题的态度，最合毛泽东的心思。

邱老汉自己吃不饱肚子，想的却是国家的安危，每事必从打仗的眼光看问题，讲问题，总是说“毛主席肯定是对的”，只是下面乱搞；人民公社办得好，只是步子快。也就是说：经是好的，被歪嘴和尚念歪了，这就是中国的老百姓！邱老汉的忠言顺耳，毛泽东是乐意听到的。

5月6日，毛泽东对陈正人的来信及这个材料，倍加赞赏，表示“很高兴”，把它批转给其他人，并且希望各中央局，各省、市、区第一书记们也“发善心”，给他写信。

胡乔木的最后一次进言

1961年4、5月间，在毛泽东的许多批语中，有三件是关于胡乔木的。两件是批转胡乔木的来信和调查报告，一件是要胡乔木延期回京，多做几天调查。

毛泽东对胡乔木在自己的家乡韶山公社的调查工作是满意的，对胡乔木来说，这也许是他在毛泽东身边几十年，最有价值的一次进言。过去，他都是捉刀代笔，阐述毛泽东的思想，这次，他以自己独立的工作影响了毛泽东的决断。

两年前的庐山会议，田家英、李锐等“秀才”受批评，胡乔木也差点翻船。会议之初，他负责起草的《庐山会议诸问题的议定记录》，已经引起非难。他在上山途中说过一句话：“58年大跃进出了轨，翻了车”，也被人揭发出来，所幸转述他的话的李锐承挡了，不愿牵连到他。后来，他在会上作了一次长篇发言，以其惯有的逻辑力，批驳了“毛泽东像斯大林晚年”这句传言，从六个方面论证毛泽东与斯大林晚年如何不同，坚决地维护了自己的领袖，这才转被动为主动。毛泽东颇为满意，认为他是“我们自己的秀才。”

屈指算来，胡乔木在毛泽东身边已有18年，一直平稳渡过。他对毛泽东政治秘书一职胜任愉快，毛泽东的许多文章经过他的润色，许多讲话和中央文件出自他的手笔，间或与毛泽东还有诗词唱和应对。毛泽东对他很信任。

过关归过关。对于庐山会议的风云诡谲，胡乔木不可能没有触动，对于严重的灾害也不会无动于衷。所幸毛泽东终于冷静下来，号召调查研究。胡乔木也奉命下乡，倾心农村调查，从1961年1月到5月，除了参加广州会议，他一直待在湖南，协助毛泽东修改“农业60条”。

然而，他自己也没有想到，这是他与毛泽东的最后一次“合作”了。北京会议后，胡乔木心力交瘁，神经衰弱。8月17日，他给毛泽东写了一信，要求请长假，一星期之后，毛泽东复函一封表示同意。并十分体恤。信中说：“8月17日信收到，甚念。你须长期休养，不计时日，以愈为度。曹操诗云：盈缩之期，不独在天，养怡之福，可以永年。此诗宜读。”

从此，胡乔木离开毛泽东身边。离开“阶级斗争”，寄情山水，倾心词曲。没想到一养就是六年。直到“文化大革命”爆发，他被扫地出门，搬出中南海。

此是后话。

现在，胡乔木来到韶山公社，宣讲“农业60条”。一开始，调查组遇到的最突出的问题就是公共食堂问题。从群众的反映中，他得出结论，“大多数食堂目前实际上已经成了发展生产的障碍，成了党

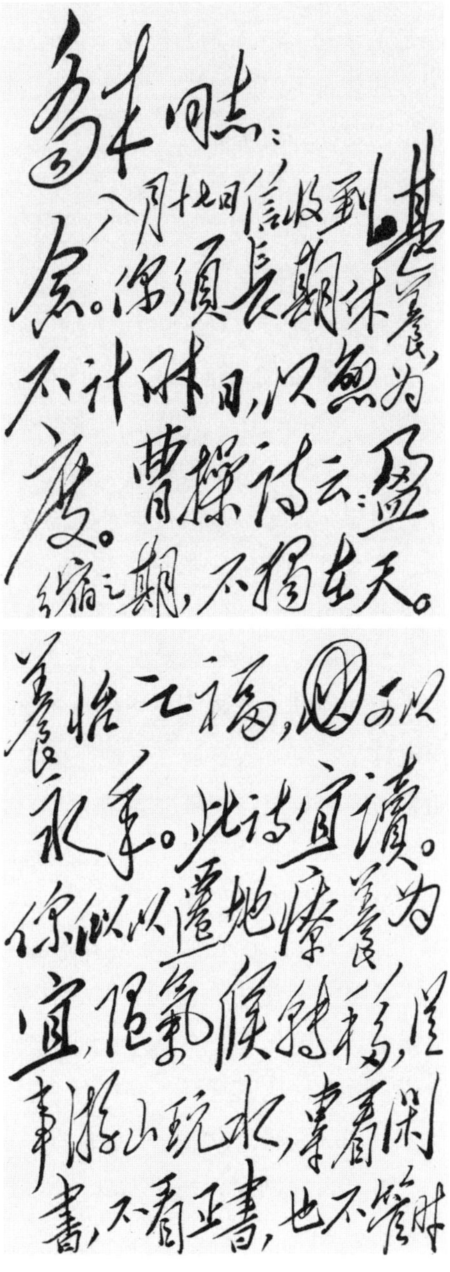
乔木同志：
八月十七日信收到，甚念。你须长期休养，不计时日，以愈为度。曹操诗云：盈缩之期，不独在天。养怡之福，可以永年。此诗宜读。你似以迁地疗养为宜，随气候转移，从事游山玩水，专看闲书，不看正书，也不管时

毛泽东写给胡乔木的信

群关系中的一个疙瘩。”

4 月 9 日晚，胡乔木到长沙当面向毛泽东作了汇报。4 月 14 日，胡乔木给毛泽东写信，并报送了四份材料：一是关于韶山公社解决食堂问题的报告。二是讨论“农业 60 条”的情况简报。三是韶西大队杨家生产队食堂散伙后的情况简报。四是毛华初（毛泽东的侄儿）访问茅塘生产队的调查材料。胡乔木建议：“群众要求散的食堂不但应该散，而且散得越快越好。我们认为，韶山公社解决旺冲生产队食堂问题的经验是好的，可以推广。”

第二天，即 4 月 15 日，毛泽东把胡乔木的报告转给了湖南省委第一书记张平化。嘱他立即印发三级干部会议讨论。随后，他又将报告批发给了各中央局，各省、市、自治区党委。

显然，毛泽东对食堂的态度开始改变。

湖南省委接到这封信，立即行动起来。在这之前，毛泽东对湖南省整风整社不得力，已有批评。并且让湖北省委第一书记王任重、书记王延春到湖南协助解决问题，等于将了湖南省委第一书记张平化一军。现在张平化摸清了毛泽东的明确态度，思想转过来，解散食堂态度很坚决。

省委和调查组一松口，韶山公社 3 天之内，原有的 112 个食堂解散了 106 个，剩下的 6 个“5 个不久以后都将不办”，“另一个恐怕也难持久。”

5 月 8 日，胡乔木再次致信毛泽东，反映了这个情况。他说：“对于在短短的三天时间内基本上解决全公社的食堂问题，群众反映的热烈程度难以想象，有的甚至说这是‘第二次解放’。”他还报告：湖南省委对解决食堂问题决心很大，预计最近即可在全省范围内解决。

胡乔木还提出了恢复农村供销合作社、恢复手工业生产合作社、解散城市公共食堂和城市人民公社等建议。

5 月 9 日，毛泽东再将胡乔木的调查来信批发各中央局、各省、市、区党委。

这时，毛泽东收到的报告，几乎众口一词：百姓强烈要求，解散食堂，取消供给制。张平化说：农民“听到食堂可以不办，认为是‘松了绑’”。谢富治说：群众说“食堂好比紧身袄，穿在身上怎么也不自在。”胡耀邦说：“青壮年、妇女、老年人、基层干部，没有一个说食堂好话的。”……

打开言路闸门，终于发现，所谓“共产主义因素”却原来完全违背了老百姓的意愿。

毛泽东终于松口：公共食堂办与不办，听从农民自愿。

3 聚首北京 再议农村体制 又上庐山 组织城市调整

刘少奇警告："再不回头，就要走到路线错误上去"

1961年5月21日至6月12日，在北京再次召开中央工作会议。按照毛泽东的意见，主要是继续广州会议尚未完成的工作：收集农民和干部的意见，修改"农业60条"和继续整顿"五风"。工业和城市问题留待下次会议讨论。这次会议原定5月15日就要开始。后来，毛泽东决定推迟一周，让大家多做几天调查，"向群众寻求真理"。过去的中央工作会议，大都是中央局和各省市第一书记参加，这次为了听到更多的不同意见，周恩来建议，除各省市第一书记外，再来一名书记。毛泽东同意了。

经过4、5两个月的深入农村调查，"向群众寻求真理"，大家的心境与3月广州会议时已经大不一样了。

其实，真理是明摆的，群众的疾苦，群众的呼声并不难掌握。然而，这几年，所有的信息都失真，所有信息手段都失灵，各级都从下一级的报告中了解情况，所有的报告都顺着上面的意图说假话，当然不会是原封不动，而是加油添醋。上头说乌鸦是白的，下面必定说乌鸦比天鹅还白。上面说成就和错误是九个指头与一个指头，下面说错误一指头都不到，基层干部跟着做了许多错事，说了许多昏话，怕整到自己头上，怕承认自己错了，于是封锁消息，报喜不报忧。下层大量的虚浮信息，又加强了上层的迷狂心态。按照现代信息论的观点，当时的体制缺乏信息反馈机制。而且，它还有一种自然的放大错误的功能。这在以后的时间里屡见不鲜。

这一次不同。在毛泽东的一再敦促下，中央、中央局、省、市区常委的"高官"们都亲自作第一手调查，终于看到了民间疾苦，倾听到百姓真话，摸清了农村的底，思想比较容易统一了。

5月31日，刘少奇在北京中央工作会议上讲话。他说：

这几年发生的问题，到底主要是由于天灾呢？还是由于我们工作中间的缺点错误呢？湖南农民有一句话，他们说是三分天灾，七分人祸。我也问了几个省委书记。我问过陶鲁笳同志：在你们山西，到底天灾是主要的，工作中的缺点错误是主要的？他说，工作中的缺点错误，是造成目前困难的主要原因。河北、山东、河南的同志也是这样说的。其他一些省我没有问。

造成困难的主要原因，这可是个敏感问题，毛泽东也认为有工作中的失误，但他强调的是特大天灾、苏联撤走专家、基层干部刮“五风”、阶级敌人报复，2月田家英汇报说不是阶级敌人报复，毛泽东并没有完全听进去。4月11日，他请王任重帮助湖南工作的批语中，还批评湖南“相当多的地区，政权还没有从敌人手上夺过来”。刘少奇在这里压根没有提到阶级敌人报复的问题。他到农村看了，根本不是什么阶级敌人报复。他还为基层干部说了公道话，错误也不完全在他们，根子在上面，在中央。

刘少奇说：“现在看来恐怕不只是一个指头的问题。总是九个指头、一个指头，这个比例关系不变，也不完全符合实际情况。我们在这个地方要实事求是，是怎么样就是怎么样。”刘少奇这个话，又触及了一个禁区。因为“九个指头与一个指头的关系”，是一条政治界线，彭德怀越了界，被打倒。

刘少奇接着说：“这样一些缺点错误，并不牵涉到总路线、人民公社和大跃进这三面红旗的本身。”而是执行中的缺点错误。

刘少奇讲这个话，是在维护三面红旗，也是在维护毛泽东。但他下面的话就相当尖锐了。他说：

好在我们现在能够回头，能够总结经验，能够改过来，还不是路线错误。但是，如果现在我们还不回头，还要坚持，那就不是路线错误也要走到路线错误上去。

刘少奇历来尖锐。过去他总是在跟毛泽东，这次也是在毛泽东出的题目下做文章，但他对时局已经有切肤之痛。他在警告：再别坚持错误了。他提到路线错误问题这事就非同小可。在党的历史上，一旦认定是路线错误，主要领导人就必须下台。毛泽东听到这话，会是什么感觉呢？

周恩来的讲话同样深刻，但语调平和多了。他说，“那时，就是有点革命，不能深思熟虑，不能冷静下来，‘欲速则不达’，跌了大跤。”

讲到这里，刘少奇插话说：“想要快一点，结果是跌了大跤，反而慢了。看来，搞社会主义光有好的道德、好的感情、好的干劲不行，还要适应客观规律。这一跤是要跌的，跌得越痛越好，跌得不痛就感受不深。”接着他又补了一句：“问题是跌痛了没有。”

周恩来说：“我是感到痛了。”

6 月 12 日，毛泽东作总结发言。他特别强调了训练干部的重要。他认为党内干部真正懂得马克思主义的不多。毛泽东指着河南省委书记吴芝圃说：“吴芝圃同志，我的工作没做好，你的工作也没做好。”他说，河南、甘肃省委没有一个人懂得马克思主义，山东省委只有一小部分懂得，大多数人不懂。他表扬了河南新乡地委第一书记耿其昌。耿其昌因反对公共食堂而被整为右倾机会主义分子，被撤职。这次毛泽东说，耿其昌有先见之明，过去提了许多意见，现在看来和 60 条差不多。要恢复名誉，官复原职，仍当第一书记。根据毛泽东的意见，北京会议作出两项规定，一是普遍地轮训干部，二是对最近几年受批判和处分的干部进行甄别平反。完全错了的恢复名誉，恢复职务；部分错了的部分改正。并且规定，今后不再在不脱产干部和群众中间反右倾，戴政治帽子。

“农业 60 条”的新突破

由于大家掌握了大量第一手材料，这次会议修改的“农业 60 条”，对几个争论不休的问题终于统一了认识。“农业 60 条”的“6 月草案”有以下几个突破：

一、关于食堂。将原草案规定公共食堂“应该积极办好”，改为“生产队办不办食堂，完全由社员讨论决定”，口粮分配办法改为“不论办不办食堂，都应该分配到户，由社员自己支配。”毛泽东在会上说：“过去说食堂是社会主义阵地，办不办食堂是两条道路的斗争，现在搞清楚了，这些说法是错误的，过去说食堂优越性的那一套，实际上不是那么回事。”这个认识得来不易！

现在把办不办食堂的权力交给社员，这个口一松，老百姓拍手称快，欢呼“第二次解放。”只是当时亿万农民进食堂，自己的锅、碗、瓢、盆或充公了，或砸烂炼铁了，由于搞居民点，许多家的房子被拆了。现在各地安排农民回家吃饭，又费了一番周折。尽管如此，老百姓终于有了个家，又像个过日子的样子了。公共食堂这一“新生事物”在 1961 年下半年，很快在全国农村消失。毛泽东听到这个消息，心情复杂。说：“这是一件大好事。”

二、关于供给制。这与食堂紧密联系。人民公社一成立，供给制、吃饭不要钱就被看成是“共产主义因素”。1961 年 3 月广州会议上，除了对这一“共产主义因素”依恋不舍外，还提出一个新理由，认为保留供给与工资三七开，有利于照顾贫下中农。5 月 13 日，邓小平和彭真给毛泽东的联名信中，根据他们在顺义调查到的情况，得出了相反的结论：供给制不仅不利于贫下中农，甚至有利于地富和上中农。这个论点相当有说服力，一项政策有利于地富，那就没有存在的理由。而其他报告都指出，供给制是平均主义，养了懒人。“6 月草案”终于把原草案中的内容全部删除。指出，包产收入或包产以外的收入，都“按劳动工分进行分配。”自此，人民公社的两项“共产主义因素”都被否定了。

公共食堂、供给制早已怨声载道，纠正起来何以如此困难？症结在于急于向共产主义过渡的空想情绪。作为一个共产党员，能不为“共产主义曙光”怦然心动吗？能不对“共产主义萌芽”百般呵护吗？其实，人们维护的是平均主义，而不是共产主义。平均主义与共产主义相差十万八千里。家庭虽不是物质生产单位，总还是人自身的生产单位，是一个消费单位，是社会的细胞。动摇了家庭组织，社会将无宁日。

三、关于山林问题。三月广州会议没有涉及。甚至 1959 年郑州会议以后从未有人提及。然而，4、5 月各调查组到农村后，不约而同地注意到，山林的毁坏触目惊心。成片的林木被剃了光头，大量房前屋后的几十年、上百年的树木，也都被砍下来，或者喂了炼钢的小土炉，或者喂了公共食堂的火灶。刘少奇调查的长沙天华大队，土改后的 55 亩大树林，公社化后一下砍掉 31 亩，剩下的还在被砍。70 亩竹林，现在一株竹子都没有了。临湘县十几万亩山林，两年多时间，差不多砍光。茶陵处于罗霄山脉西部，过去茂林修竹，延绵几十里，公社化后为了炼钢，全部砍光。其他省的情况也大同小异。

人民公社化和“大跃进”，不仅带来巨大的经济损失，而且造成了生态环境的严重破坏。其原因很简单，林权变动，无人负责、无法管理、无人心痛。

北京会议修改的“农业 60 条”增加了一条，明确了山林的所有权：归大队所有，包给生产队经营，实行计划采伐。“把小片的零星的山林和路旁的林木，分别划给生产队和社员所有。”“60 条”之外，中央还专门制定了一个《关于山林问题的规定》，希望立即止住林木的乱砍乱伐。

四、关于“党政干部三大纪律八项注意”。这是毛泽东的主意，他痛感“五风”的严重危害。当时许多干部骑虎难下，积重难返，不听中央的纠“左”号令。毛泽东想，能不能像红军一样，规定一个党政干部三大纪律八项注意，写进“60 条”，规范干部的言行，也便于群众监督。经过胡乔木的几易其稿，毛泽东反复斟酌，与会者的广泛讨论，终于形成以下内容：

三大纪律：

一、如实反映情况。二、正确执行政策。三、实行民主集中制。

八项注意：

一、参加劳动。二、以平等的态度对人。三、办事公道。四、不特殊化。五、工作要同群众商量。六、没有调查没有发言权。七、按照实际情况办事。八、提高政治水平。

6月15日，中央发出讨论和试行“农业60条”草案的通知。19日，又发出《关于坚持纠正错误，彻底退赔的决定》，这些政策下到农村，逐渐稳定了人心，稳定了农村。

陈云的度荒之策

北京会议重点是讨论“农业60条”，但反映到会上，大家感到最迫切的问题仍然是粮食危机。

5月31日，刘少奇讲话，一开始就说：

现在各方面的矛盾，工业、农业的矛盾，文教和其他方面的矛盾，集中表现在粮食问题上。总而言之，人人都要吃饭，城里人要吃饭，乡下人也要吃饭，读书人也要吃饭，我们“做官”的人也要吃饭。

原来还指望，农村政策一下去，农业能很快恢复，还可以从农民那里多挖一点粮食，以解城市之急。然而，下到农村，农户的空空如也，对农民的竭泽而渔，令许多人震惊。

5月31日，周恩来对与会者说了他在农村看到的情景：“除了树叶、咸菜、野菜以外，就没有东西了，硬是没有存粮。”他说：“粮食的形势，还没有好转，还在继续紧。”“1960年至1961年粮食紧张，城市重于农村，这是一个特点。”他还告诉大家，农业生产不可能很快恢复，而城市每年要供应500亿斤粮食，存在一个巨大缺口。

如何填补这个缺口？周恩来说，根本的方针是“从城市压人口下乡”，“三年压两千万人。”

精简职工，压缩城市人口下乡，这是陈云经过反复思考提出的一个重大对策，得到周恩来、邓小平等的支持。

5 月 31 日，陈云在周恩来讲话后，专门为这项牵动几千万人命运的重大建议作了详细的说明，题为《一项关系全局的重要工作》。

陈云说：“由于解决了一些政策问题，农民的积极性起来了，农村的情况逐渐好转。下一年度会比今年更好些。但是，现在看，国家掌握的粮食，明年度将比今年度还要紧张，因为库存减少了。”

陈云认为，要解决摆在面前的粮食紧张问题，需要采取四条措施：

第一条是继续调整党在农村的基本政策。他说：“大跃进”后，由于瞎指挥、浮夸风、一平二调、平均主义、高指标、高征购、搞公共食堂等胡作非为的错误，严重影响了农民生产积极性，这个时候不能不赶快解决。

第二条是工业要大力支援农业。但他认为这一条不可能短时间内见效。

第三条是进口粮食。

第四条是动员城市人口下乡，减少城市粮食的销量。

关于进口粮食，这是陈云 1960 年年底提出并且得到批准的一条应急措施。当时，粮食紧张情况加剧，浮肿病大范围出现，迅速蔓延。估计到下一年春青黄不接时，情况将更加严重。

眼看着人民陷于这样悲惨的境地，陈云心里异常难过。他向中央提出，挤出一部分外汇，进口粮食！

吃进口粮？可是个禁区！搞了三年“大跃进”，搞了人民公社，我们早已宣布解决了粮食问题，每年还出口粮食。现在突然要进口粮食，这在国际上会造成什么样的影响！

但是，不进口粮食，人民就要挨饿，无法渡过难关。中央和国务院接受了陈云的建议。

1961 年 1 月 2 日到 9 日，周恩来率团前往缅甸访问。行前，在飞机场，周恩来、陈云、叶季壮商定，进口粮食 150 万吨。

周恩来到昆明后，外贸部给随同访问的外贸部副部长雷任民打来电话，说中央决定进口 250 万吨了。雷任民当即报告周恩来。周恩来说，这件事我不知道。他马上打电话问陈云。

陈云在电话里说，粮食太紧张了，要进口这么多粮食才能渡过难关。

周恩来是了解陈云的。现在连他都主张增加粮食进口数量，足见国内粮食紧张达到什么程度。周恩来心里非常着急，拿着话筒很久没有说话。

访问结束，周恩来让雷任民不回北京，直接去香港安排粮食安全转运进口的事。

当时粮食进口工作，由李先念副总理抓，叶季壮、陈国栋、牛佩琮等协助。

不到两个月，1961 年 2 月，外贸部从澳大利亚进口的第一船粮食就到了天津港。

2 月 7 日至 11 日，陈云到天津塘沽港口，现场调查进口粮食卸船和接运情况。

1961 年 3 月中共中央召开的广州会议决定，增加粮食进口，数量达到 500 万吨。1961 年 6 月 30 日以前抢运到国内 215 万吨（43 亿斤），避免了京、津、沪、辽和重灾区粮食脱销的危险。

此后，每年进口粮食 500 万吨，直到 1965 年。

然而，进口粮食毕竟有限，只占全国粮食销量很小的比例。进口多了，外汇就成了问题。当时为了搞外汇，真是使尽了浑身解数。用李先念的话来说，除去吸毒、赌博、娼妓以外，凡是能增加外汇的办法都可以考虑。粮食问题的解决还得主要立足于国内。

陈云说："面前摆着两条路要我们选择：一个是继续挖农民的口粮；一个是城市人口下乡。两条路必须选一条，没有什么别的路可走。"

陈云以"二者必居其一"的坚决口吻来强调自己的建议。事实就是如此。紧接着他自己作出了选择："只能走压缩城市人口这条路。"

陈云不主张再挖农民的口粮了。农民口粮已经挖得很苦，再挖下去农业就没法恢复。如果粮食征购任务不减少，"12 条"和"60 条"就起不了应有的作用。

早在 1959 年 4 月，陈云就提出，"大跃进"后，招工太多，造成市场紧张，要认真精简，加强对增加城市劳动力的控制，但是在当时，大家都在热头上，谁也没有听进去。问题越积越多，越积越大。3 年招收职工 2500 多万人，城市人口大量增加，从 1957 年的 9900 万人，增加到了 1961 年 1.3 亿人。城镇人口迅猛增加，农业形势急剧恶化，粮食库存连年下降。危机终于出现。

陈云没有摆出先知先觉的姿态，没有抱怨和责怪任何人。他只是冷峻地阐明了一个道理："农村能有多少剩余产品拿到城市，工业建设以及城市的规模才能搞多大。其中关键是粮食。"

这其实是马克思早就说过的一句话。马克思说：

能够投于工商业上面而无须从事农业的劳动者人数……取决于农业劳动者在他们自身的消费额以外，能够生产多少的农产物。

中国古贤说过一句相似的话：“食之者众，生之者寡，国恒亡。”

马克思的论断和中国古人的这句话，引起与会者前所未有的共鸣。

主持会议的刘少奇支持这个决策。他说：“现在就是要下一个很大的决心，减少城市里面的人口。”

毛泽东赞同精简。

周恩来综合会议讨论的意见，连夜主持起草出《关于减少城镇人口和压缩城镇粮食销量的九条办法》。6 月 12 日会议最后一天通过。6 月 16 日中共中央批准下达。办法有：

一、城镇减人，必须迅速造成声势。

二、全国城镇只许减人，不许加人，特殊需要加人的必须得到中央和中央局的批准。

三、中央和地方共同核实城镇首先是大中城市的人口，清查黑人黑户，做到人粮相符。

四、今后三五年内，全国口粮一般地仍应实行低标准、瓜菜代的方针。

……

六、职工的升级、转正和工资的调整，推迟到今年下半年城镇人口减到一定程度以后再进行。

……

一场关系几千万人未来命运的人口下放运动，不动声色地在全国展开了。2000 多万城镇人民，听从党的号召，打点起行李，扶老携幼，回到他们祖祖辈辈生息繁衍的土地上。他们中间，或者抱着为国分忧的政治觉悟；或者怀有到老家的土地里刨出一点粮食来的现实动机；或者抱有形势好了再被召回城市的朦胧希望；或者无可奈何地被大潮卷去。几个月里，火车上挤得水泄不通，满眼望去全是举家搬迁的人们，这就是中国的老百姓。他们为 60 年代初国家渡过灾荒做出了巨大牺牲。

历史无情。当形势好转以后，人们早已淡忘这几千万为国分忧者。至今也没有谁考察过他们以后几十年的命运。

制定条例，克乱求治

“农业 60 条”（草案）下发后，中共中央着手恢复工业、商业、文教、科研等各个领域的秩序。先后出台了一系列条例，陆续下发试行。

6 月 19 日，下发“商业 40 条”。

同日，下发“手工业 35 条”。

7 月 19 日，下发“科研 14 条”。

9 月 15 日，下发“高教 60 条”，以后又有“中学 50 条”“小学 40 条”。

9 月 16 日，下发“工业 70 条”。

翌年 4 月 30 日，下发“文艺 8 条”。

这些条例的制定，是中央克乱求治，把各条战线拖出“大跃进”混乱局面的一次努力，也是探索中国式的管理制度的一次尝试。

“大跃进”和人民公社化运动，追求的是一种革命秩序。革命就是要“动”“乱”“变”“破”。号召解放思想、破除迷信，破除一切阻碍生产力的规章制度。要从旧的规章制度，传统习惯的束缚中解放出生产力来。其结果从工业到农业，从城市到农村，许多必不可少的规章制度，包括几千年经验积累的农业耕作制度，大工业固有的管理秩序，谁想破就破，造成了严重的无政府主义混乱状况，早已引起一些人的担忧和批评。

1959 年 9 月，在中央军委扩大会议上，为了批驳反对意见，为了证明目前“乱”得合理，刘少奇作了一篇《关于无产阶级的革命家对待革命群众运动的态度问题》的讲话。他说：“既要革命，就不能怕出乱子，”“革命本身就是乱子，毛主席说过，革命就叫造反，造反还不叫乱子？”

现在，刘少奇感到了“乱”带来的后果。群众运动并不都是合理的，更何况表面上轰轰烈烈的群众运动，其实是在运动群众。连毛泽东自己也想恢复秩序。6 月 12 日，毛泽东在谈到进行“农业 60 条”的教育时说：“城市也要搞几十条。”

副总理陈云、薄一波等主持制定了“商业 40 条”和“手工业 35 条”。

“商业 40 条”规定：

现阶段我国的商品流通应该有三条渠道：国营商业，供销合作社商业，农村集市贸易。国营商业是全民所有制经济，是商业的领导力量。供销合作社商业是集体所有制经济，是国营经济的有力助手。农村集市贸易是国营商业和供销合作社商业的必要补充。国营商业和合作社商业，是有计划有组织的市场，农村集市贸易是在国营商业和供销合作社领导和管理下的自由市场。

“手工业 35 条”规定：

我国的手工业，在整个社会主义阶段应该有三种所有制：全民所有制，集体所有制，社会主义经济领导下的个体所有制。在这三种所有制当中，集体所有制是主要的，它对于大多数手工业来说，最能适应生产力发展水平和手工业工人的觉悟程度。全民所有制只能是部分的、过多地过早地过渡到全民所有制，于生产反而不利。社会主义经济领导下的个体手工业，是社会主义经济的必要补充和助手。

这些思想在 1956 年党的“八大”周恩来和陈云的发言中都可以找到。转了一圈，回到原处。这两个条例的制定，其意义在于重新明确允许农村集市贸易和个体手工业存在的必要性。纠正了“大跃进”以来取缔农村集市贸易和把城市个体工商业者都搞光的错误，也制止了把集体性质的手工业和商业向全民过渡的错误。

副总理聂荣臻主持下制定的“科研 14 条”，纠正了科研工作中的浮夸风、瞎指挥和妨碍知识分子积极性发挥的极左政策。建议“以后不要把‘白专’作为批判用语”，“对于那些有特殊才能的、特别努力钻研的、有较大成就的人，采取重点培养、重点支持的办法和实行晋级、奖励制度。”不能“把个人钻研、承认个人作用、个人创造，同个人主义混淆起来”。批评“保密的项目越来越多，用人的圈子越来越小”。针对运动多、空谈多、劳动多的情况，规定今后“六分之五的研究工作时间必须确保，不得占作他用”。

副总理邓小平、陆定一等主持制定的“高教 60 条”以及“中学 50 条”、“小学 40 条”，使学校减少繁重的生产劳动和政治运动的干扰，让教育走上按部就班的正轨，宣布高校的领导体制是在校党委领导下的以校长为首的校务委员会负责制。

在所有这些条例中，“工业 70 条”是一个更重要的牵动全局的文件，它牵涉中国经济体制的主体部分。工业是“大跃进”中遭受无政府主义破坏严重的领域之一。新中国成立之初中国管理工业企业没有自己的经验，一切照搬苏联的。虽然同样弊病很多，毕竟有章可循。1958 年“大跃进”想创一套自己的办法，想法对，但方向错了。在“解放思想”、“打倒教条”的口号下，完全摒弃过去的一套，提出所谓一整套两条脚走路的方针，大搞群众运动，敢想敢说敢干、党的一元化领导、批判“白专道路”、“一长制”、破除“资产阶级法权”，批判“计件工资制”，批判“只算经济账，不算政治账”，反对综合平衡，加上高指标、浮夸风、瞎指挥，结果造成一片混乱，无章可循。经济核算制废弛，设备损坏严重，产品质量降低，成本上升。以厂长为首的生产行政指挥系统大多解体，第一书记说了算，外行当家，纪律废弛。

副总理邓小平提出工矿企业要治乱。早在1959年1月26日，他对各省、市区书记说:“工矿企业，在生产方面，同样还要提出加强经营管理，经济核算，责任制。规章制度，只能废除那些必须废除的，有的废除之后要新建，不能统统否定规章制度。”1961年年初，邓小平、薄一波就有搞个工业文件的动议，但是一则问题复杂，难写，二则担心发了以后也不管用，未形成结论。6月12日，毛泽东说了一句话:“城市也要搞几十条。”这句话成了制定工业条例的缘起。6月17日，邓小平主持中央书记处会议，敲定此事。随后，李富春、薄一波分头到华北、东北重点企业调查。组织起草班子，起草出初稿。8月11日至14日，邓小平主持中央书记处会议，详细讨论。8月15日，由邓小平、彭真、李富春、薄一波联名向毛泽东和常委写信，呈请审查，下发试行，征求意见。8月庐山会议上讨论通过。

“工业70条”规定国家与企业之间实行“五定”、“五保”；重申党委领导下的厂长负责制，限制了企业党组织对生产行政工作的过多干预；建立厂长、总工程师、总会计师的严格的责任制；确定企业实行职工代表大会制度；明确“技术人员和职员是工人阶级的一部分”，指出“不能把钻研技术、钻研业务看作‘走白专道路’”；规定企业必须实行全面经济核算、讲求经济效果；重申社会主义分配原则是按劳分配，肯定计件工资制和奖励制度的合法性。这样，在指令性计划的体制下，把国营企业的生产秩序稳定下来。

“工业70条”在诞生之际就存有争议，不管用了什么修饰词语，“工业70条”都是对“大跃进”一套的否定，对“一五”计划体制的修复，这就是个敏感问题。8月初稿下发试行时，就遇到了尖锐批评。8月庐山中央工作会议上讨论“70条”，又遇到批评。华东、华北、东北的负责人提出，初稿对“大跃进”经验总结不够，肯定太少；大搞群众运动不突出；政治是统帅不突出；只提尊重科学不提解放思想，破除迷信，敢想敢说敢干；党的领导不突出，偏重厂长负责制。中央书记处吸取意见，再作修改。但有的同志仍不表态。薄一波遇到疑难，去找“秀才”田家英，田总是能找到妥协的办法。果然，他提出，仿照“农业60条”，另写一封中央指示信，把“大跃进”的成就和“经验”写进去。如此，“工业70条”才得以通过。

“工业 70 条”的实行，对于恢复工业企业秩序起了积极作用，但也多遭非议，命运多舛。“文化大革命”中成了批判的靶子，被说成一棵修正主义的大毒草，刘少奇“复辟资本主义的黑纲领”。此是后话。

“现在问题成了堆，不动大手术是不行了”

1960 年上半年，全党围绕毛泽东的思路，集中精力于农村问题，大搞农村调查，制定农业政策，工业和城市的调整还没有提到中心位置。

6 月北京会议后，毛泽东决定在庐山召开一次中央工作会议，专门研究工业和城市调整问题。

当时，农村政策开始到位，工业调整则还停留在纸面上。这是因为对工业的情况，对整个国民经济状况，还不摸底，认识不统一。大家认为，所谓调整，只是把速度压下来就行了，既不再“大干快上”，也不想后退。

1961 年 1 月八届九中全会上确定的钢产量与 1960 年持平，为 1900 万吨，原煤计划产量比 1960 年还略高，基建投资略有减少。基本的思想是维持在 1960 年的水平上。

然而，实际生产是开春以来，逐月狂泻，财政收入下降 50%。商品奇缺、物价飞涨、货币急贬。这种形势，迫使国家计委不得不提出对 1961 年的计划再作调整。

要确定工业规模、基建规模、城市规模、关键是摸清农业的家底，粮食的家底。当时人们已认识到，工业和城市规模取决于农业的承受力。

于是，周恩来指示有关部门重新核实几年来农业的实际产量。其结果：

1958 年不是公布的 5000 亿斤，而只有 4000 亿斤；

1959 年不是公布的 5100 亿斤，而只有 3400 亿斤；

1960 年不是估计的 4100 亿斤，而只有 2870 亿斤；

1961 年估计全年粮食产量只有 2700 亿斤。

农业的情况见了底，工业上的问题也就全面地显露。工业规模过大、基建战线过长同农业落后的尖锐矛盾充分暴露。八届九中全会定的计划显然无法维持，既不是进，也不能站，而必须下决心退。

5 月 10 日，李富春在计委会上说：“如果不采取坚决措施把过高的生产建设计划落到实处，国民经济全面被动的局面就不能扭转过来。”

5、6月北京会议上，李富春提出把1961年的钢指标从1900万吨，调低到1100万吨。他说：“重工业这样下降，是一个惩罚，是没有按规律办事，重工业速度发展过快，基本建设拉长了，城市人口增多了，工农矛盾突出了，所以退也是应该的，你不退，有什么办法？”

周恩来焦虑地说：“问题已经成了堆，不动大手术是不行了。”“现在的问题集中表现在速度上，中心是三年内要放慢建设速度。”他斩钉截铁地指出：“现在光有冷静不行，还要有勇气。”

周恩来这里讲要有勇气“动大手术”，就是要下决心根据农业的承受力对工业作全面调整。

毛泽东表态说：“去年1850万吨钢，现在1100万吨，降下来750万吨，我看可以。无非是外国人骂中国人不行。”

在严峻的困难面前，再也顾不得别人说三道四。

1961年7月17日至8月12日，国家计委在北戴河召开全国计划工作会议，认为1961年钢至多只能完成850万吨。粮、煤、运输、基建计划都只能完成60%左右。

8月9日，邓小平主持中央书记处会议，听取计划会议汇报。他说：

去年北戴河会议提出八字方针，究竟怎样贯彻？一年多了还没有具体化，各部、各地区和计委都没有具体地安排。

去年钢完成了1840万吨，还是一马当先，影响了八字方针的贯彻，今年又是高指标，1800多万吨钢，基本建设规模过大，还是影响八字方针的贯彻。

明年的粮食比今年还困难，特别是城市。

八字方针的贯彻，至少要五年时间。

根据中央书记处会议议定的精神，李富春准备了一份《目前经济形势和调整任务》的发言稿，上了庐山。

“开一个心情舒畅的会”

庐山会议于1961年8月28日至9月16日召开。参加会议的仍然是中央各部部长、各中央局、各省市委负责人。

庐山，不知从什么时候开始，成了一块诡谲莫测之地。它整日云遮雾罩，风云变幻无穷，给人一种神秘感，看不透它的真面目。

宋代文豪苏轼有诗为证：

横看成岭侧成峰，
远近高低各不同。
不识庐山真面目，
只缘身在此山中。

庐山对于中国党来说，并不是一块吉祥之地。新中国成立以后毛泽东召集过三次庐山会议，两次发生了重大的政治斗争。一次是1959年批判彭德怀，一次是1970年毛林分歧。只有1961年8、9月这次庐山会议风平浪静。

毛泽东在上山之前，就对田家英说：“这次要开一个心情舒畅的会。”

要重上庐山，召开第二次庐山会议，毛泽东立即联想到第一次庐山会议。那次会议本来是要纠“左”的，结果大举反右。当时认为，通过全党“反右倾”，把怀疑、埋怨、泄气情绪压下去，把干劲鼓起来，悄悄地纠正工作中的错误，一年之内形势可以好转。当时有人在毛泽东耳边说：“逢单年不利，逢双年有利”，估计1960年会好起来。结果恰恰相反，“反右倾”以后，“共产风”刮得比1958年还厉害，天灾人祸一起来，遭到大灾难，这成了他一块心病。虽然谁也不敢指证毛泽东的错误，毛自己不会不知道。庐山会议彭德怀是失败者，难道毛泽东自己就是胜利者吗？他那至高无上的尊严，他那一贯正确的形象，受到了损害。

毛泽东对批判彭德怀从未后悔，但对因反彭德怀而打断纠“左”，则是痛定思痛，心里确实不是滋味。这种情绪他已表露过多次。6月12日，他在北京会议上又说：“庐山会议，彭、黄起而攻之，搞派别，他们实际上是高饶的漏网分子，想乘机整我们，应该反。”随后，毛泽东话锋一转，说：“我们的错误是不该传达到县以下，如果传到县级以上就好了，县以下继续贯彻郑州会议、上海会议精神，继续反‘左’就好了。”

这里毛泽东又是两分法：既不否定反彭、黄，又承认在县以下反右错了。他的想法，在县以上反右，在县以下反“左”，这可能吗？还有一点值得注意，这时毛泽东不再谈起彭德怀的意见书的内容，而是强调彭黄搞派别，是高饶的漏网分子。这是在为反彭德怀寻找新的根据。因为彭提的那些意见现在事实上被采纳了。毛泽东的心态复杂，心情抑郁。他决定二上庐山，想开一个心情舒畅的会，是不是也包含着想求得一种心理上的平衡呢？

毛泽东上了庐山，但兴趣不在工业方面，他说自己“对工业没有发言权”。庐山会议的主要议程是由刘少奇、邓小平等人主持的。但他这时，认同刘、周、邓等人的意见。会议期间，毛泽东听了关于会议的情况汇报，对中央常委说：“听说这次会议开得很好，心情很舒畅，不戴帽子，不打棍子，不抓辫子。有辩论，你辩过来，我辩过去，需要。”

的确如此，这次会议没有重蹈第一次庐山会议的覆辙。没有紧张的气氛，没有批判的场面，大家的心情平静而舒坦，比较敢于批评和议论工作中的问题和失误，又产生了几个好的文件，如《中共中央关于当前工业问题的指示》、“工业七十条”、“高教六十条”。

会议制定的《关于当前工业问题的指示》中大声疾呼：

我们已经丧失了一年的时机，现在再不能犹豫了，必须当机立断，该退的就坚决退下来，必须退够。切实地进行调整工作。如果不下这个决心，仍然坚持那些不切实际的指标，既不能上，又不愿下，我们的工业以至整个国民经济就会陷入更被动、更严重的局面。

毛泽东同意了所有会议形成的文件。

然而，毛泽东再次流露出来对困难估计不足的情绪。毛泽东说：“问题暴露出来了，走向反面，现在是退到山谷了，形势到了今天是一天天向上升了。这个上升与过去不同，认识接近实际，可以稳步上升了。”

他还说：“现在指标低，不要悲观，不会长期的，很快会发展起来。”

他甚至如此轻描淡写地谈到这几年的问题。他说：“错误就是那么一点，有什么了不得！人哪能不犯错误？人不犯错误，天诛地灭。”

毛泽东的这个话虽然有藐视困难的气度，有打气的成分，但也说明他对困难、对错误的认识似乎已经过了极点，即他所说的退到谷底了，不能再退了。

庐山会议快结束时，毛泽东为夫人江青所摄庐山仙人洞照片题写了一首七绝诗：

暮色苍茫看劲松，
乱云飞渡仍从容。

天生一个仙人洞，
无限风光在险峰。

9 月 16 日，毛泽东将李白庐山谣中的诗句书赠中央常委，诗曰：登高壮观天地间，大江茫茫去不还。黄云万里动风色，白波九道流雪山。毛泽东写道：“登庐山，望长江，书此以赠庐山常委诸同志。”

他渴望摆脱一年多来的抑郁沉重的心情，重新回到亢奋的状态，去迎接新的挑战。

这里潜伏着一种危机。毛的认识与实际情况有很大差距，与刘少奇、周恩来、邓小平、陈云等人的认识也有很大差距。

当时，农村政策虽然制定，但落实起来还需要时间，农村形势不可能立即好转。城市的问题刚刚暴露，还没有采取切实行动。不是已退到谷底，而是还没有退。

8 月 24 日，周恩来在会上作《各地贯彻农业 60 条的情况和问题的报告》。他说：农村形势有好转，但问题还存在。群众反映“千锤打锣，一锤定音”，“粮食问题不解决，条条是空的。”他说：今年的灾情比去年、前年都大。农业恢复要三至五年。他说：“现在看来，城市还没有发生问题，但是若不注意，可能发生难以预料的事情。”

毛泽东的话使田家英不安。逄先知回忆说：

当时毛泽东对国内经济形势的估计是已经到了“谷底”。田认为，在农业方面可

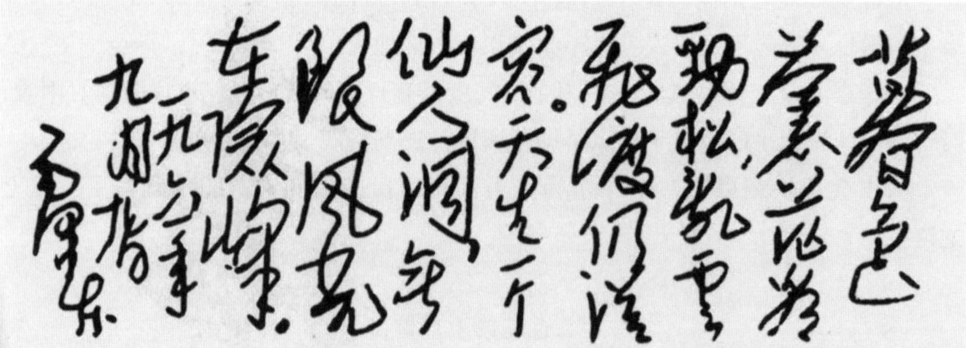

毛泽东手书《为李进同志题所摄庐山仙人洞照》

以这样说，在工业方面就不能这样说，因为工业生产仍在继续下降。他半夜里睡不着觉，便到梅行（当时参加起草《工业问题的指示》和“工业70条”）的卧室去讨论这个问题，直至天亮。

4 核算下放　人民公社尘埃落定 包产到户　百姓要求再退一步

毛泽东说：“我们过去过了六年之久的糊涂日子”

1961年8月23日，毛泽东在庐山会议上说：“讲到社会主义，我们则不甚了了。人民公社工作‘60条’讲的是所有制、分配和人与人的关系，都是讲如何搞社会主义。这个问题究竟解决得如何，你们说有了一套了，我还不大相信。不要迷信广州会议、北京会议搞出了一套，认为彻底解决问题了。我看还要碰三年，还要碰大钉子。”

毛泽东的注意力仍在农村。

庐山会议后，毛泽东下得山来，路经武汉。9月16日，湖北省委第一书记王任重向他报告了两个生产大队的材料，一个叫“大队委托生产队进行分配”，一个叫“扩大生产队核算。”实际做法是：取消“三包一奖”，生产队的收入除了完成国家征购任务和上交大队的公积金、公益金、管理费之外，其余全归生产队进行分配。这两个大队都不明说以生产队为基本核算单位，实质就是这样。试行效果很好，解决了生产队和生产大队的矛盾、瞒产私分的问题、穷队与富队间的“一平二调”问题。而且，简便易行，比年年吵“三包”、吵分配要省事得多。毛泽东听了，连连点头。

随后，湖北省委召开常委扩大会议，讨论以生产队为基本核算单位问题。结果毁誉参半，意见不一，省委向中央报告，请求批准进一步扩大试点。

关于这个问题的不同意见，毛泽东早就听到过。他在3月广州会议时，曾批发了两个材料。一个是山东省委农工部反映生产大队与生产队严重矛盾的情况；另一个是广东省南海县一个大队试行上调任务包干办法的情况。然而，当时意见不统一，情况也不甚明了。他的几大秘书在他面前发生了争论。这个问题没有展开讨论。3月广州会议和5、6月北京会议处理大队与生产队的关系都是“三包一奖”的办法：即“包工、包产、包成本和超产奖励”。生产队组织生产，生产大队组织分配。

现在，在解决了食堂、供给制两大问题之后，大队与生产队的分配关系就突出起来，这再次引起毛泽东的注意。

毛泽东从湖北北上，来到河北省邯郸市。9月27日，他在这里邀集河北、山东两省及河北五个地区的负责人谈话。参加座谈会的有刘子厚（河北省委代理第一书记）、王路明（省委候补书记，管农业）、康修民（石家庄地委书记）、庞均（邯郸地委书记）、胡开明（张家口地委书记）、刘琦（邢台地委书记）、李悦农（保定地委书记）、周兴（山东省委书记，管农业）、程怀仁（山东农村部副部长）。

座谈会上，反映的突出问题还是大队与生产队的经济关系问题。

河北省委根据在满城县的调查反映，推行“三包一奖”，仅在大队、生产队两级，春季搞三包，夏收搞预分、秋收搞结算，最少就要经历37道工序，49个百分比，算1928笔帐，光定额就有400多个。

基层干部说：“三包一奖有三愁：算帐、吵嘴、熬灯油。”

超产奖励无法调动超产的生产队的积极性。社员说：“这好比新出嫁的姑娘回娘家，带回来的东西少，拿走的东西多。”

“三包一奖”包得了数，包不了心，大队统一分配，生产队怕吃亏，互相观望，互相依靠，各打各的小算盘，出工不出力、瞒产私分。基层干部说俏皮话：“三包一奖好是好，就是投机取巧管不了。”

保定地区唐县峒龙公社，11个生产大队都实行“大包干”（群众叫“老包干”“砸估堆”），很受群众欢迎。“大包干”实际上就是以生产队为基本核算单位。这个公社被评为“右倾”，他们也不改。粮食年年增产，牲口比1957年还多，国家征购一年比一年增多。这个实例打动了毛泽东。

听了两省的汇报，毛泽东当即表示：“‘三包一奖’是个大问题，不以脚为基础，以腰为基础，闹平均主义，脚在生产，腰在分配。”

9月29日，毛泽东将他亲自作的《邯郸谈话会记录》转送中央政治局常委其他同志，同时附上河北深县五公公社耿长锁的一封信、山东省委1961年3月关于大小队矛盾问题座谈会材料、湖北省委9月25日的报告、以及河北的一批材料。毛泽东在给常委的信中写道：

农民说，“60条”就是缺了这一条。这一条是什么呢？就是生产权在小队，分配权却在大队，即所谓“三包一奖”的问题。这个问题不解决，农、林、牧、副、渔的大发展即仍然受束缚，群众的生产积极性仍然要受影响。

我的意见是：‘三级所有、队为基础’。即基本核算单位是队而不是大队。

我以为非走此路不可。在这个问题上，我们过去过了六年之久胡涂日子（1956年高级社成立时起），第七年应该醒过来了吧。

也不知是谁地谁人发明了这个“三包一奖”的胡涂办法，弄得大小队之间，干群之间，一年大吵几次，结果瞒产私分，并且永远闹不清。

邓子恢再次受“表扬”

在这个问题上，又不能不佩服邓子恢的“先见之明”。

邓子恢早在3月广州会议上就提出了这个问题。他在会上作了简短发言，中心意思是讲：把基础放在大队一级不行，放在生产队“最为恰当”。当时这个意见没被多数接受。

10月1日，在天安门城楼上，邓子恢见到了华北局第一书记李雪峰，谈起了河北试行“大包干”的情况。李雪峰说：“大包干好得很！”邓子恢说：“可以推广！”

10月3日，邓子恢受毛泽东的委托，在怀仁堂召开中央有关部门负责人的座谈会，座谈实行以生产队为基本核算单位的问题。10月6日，向毛泽东写报告说：“大家完全拥护主席所提人民公社所有权下放以生产队作为基本核算单位的指示。”

10月7日，毛泽东代中央起草指示信，正式向各中央局、省、地、县发出指示，要求在半月之内研究这个问题。

此后，全国各地展开了下放核算单位的试点工作。

10月22日，毛泽东约见邓子恢。

“你又要下去，下去干什么？”毛泽东问。

“下去搞基本核算单位下放试点。”邓子恢答。

“这个问题已经肯定了，不要试点了，就这样办。”毛泽东停了停，又说：“不过这样办了，还有些什么问题，需要去摸一摸就是了。”

邓子恢说：“现在有一种思想，以为把基本核算单位下放到生产队，是一种权宜之计。这种思想要不得。”接着，他又说：“我看，以生产队为基本核算单位，要几十年不变。即使几十年后要变到大队所有制，也不能是现在这样一种形式。”

毛泽东说：“大队基本核算问题，现在根本不考虑这件事。这是30年、50年以后的事情。”

邓子恢带领工作组离京南下，经郑州、南昌，最后再次到他的老根据地福建龙岩，组织下放核算试点。

经过10余天的调查。11月9日，邓子恢提笔向中央写了试点调查报告，反映“各级干部和群众一致拥护”下放核算。报告中还提出了试点中遇到的10个问题的解决办法。

（一）生产队规模。一般都按照1956年初级社规模作了调整，20户到30户左右，也有十几户的，群众认为这样调整合理。

（二）土地。有几种情况：有的生产队所领土地按照初级社时期未大变动，这样的队土地基本不动，个别调整；有的生产队所领土地几经变动，像这样的则按初级社时期各队所领土地归还原建制。

（三）耕畜、农具。牛随田走，农具跟牛转移。

（四）债务。新账重新起，旧账以后算。

（五）山林。有林山，一律归大队所有，划片分给生产队管理；荒山，完全划归生产队所有。

（六）果树。划归生产队所有，原树随人归队。

（七）新三包。即公积金、公益金、管理费上交问题，各队情况不同，上交多少也不一样。

（八）粮食分配。一般都采取基本口粮与劳动粮相结合的办法；也有实行按劳分配和社会照顾相结合的办法。后一种办法比较好。

（九）会计。一般一队一个，有的队无会计人选，可两个队共一个会计。

（十）生产大队权力。今后大队主要负担四个方面的工作：第一，政权方面的工作；第二，党与政治工作；第三，联村社的工作；第四，办好大队企业。

毛泽东十分重视邓子恢的这个报告。11月23日，他把这份报告批转全国。并起草了中央指示。指示说：

认真调查研究，对具体问题做出具体分析，而不是抽象的主观主义的分析，这是马克思主义的灵魂。建议在12月20日以前，各省委第一书记带若干工作组，采取邓子恢同志的方法，下乡去，做十天左右的调查研究工作。

邓子恢再次受到毛泽东的表扬，而且说他："掌握了马克思主义的灵魂。"邓子恢从来没有获得如此"殊荣"！

"至少30年不变"

12月13日至16日，毛泽东在无锡与当地负责同志作了多次谈话。当讲到以生产队为基本核算单位的问题时，毛泽东说：贯彻要快一点，一传下去可以调动积极性。当有人说到有一种意见认为这是倒退时，毛泽东说：这不是倒退，是前进。不是讲底子薄吗？主要是生产队底子薄，要使生产队薄变厚，要发展生产力，就要以生产队为核算单位。

毛泽东再次对田家英委以重任，要他为中央起草一个指示，把这个问题提到全党面前进行研究；派他下去专就这个问题进行调查。

田家英选定了山西长治地区的一个农村，作为调查地点。经过调查，他认为毛的意见完全正确，遂即带着几个人为中央起草《中共中央关于改变农村人民公社基本核算单位问题的指示》草案。

毛泽东对这个文件看得很细心，画了很多杠杠。

再次得到毛的欣赏，田家英孩子般高兴地拿给妻子董边看，说："我自己认为写得好的地方，主席都划了杠杠。"

1962年1月，毛泽东将文件提交给七千人大会讨论。

在讨论中间，毛泽东提出，要规定生产队为基本核算单位40年不变。有人建议将40年改为"至少20年内"，请毛斟酌。毛将"至少20年内"改为"至少30年内"，并且批了一段话："以改为'至少30年'为宜。苏联现在45年了，农业还未过关，我们也可能需要几十年，才能过关。"

从这个修改和批语中可以看到，此时毛泽东在农业问题上是比较冷静和谨慎的。从此以后，"30年不变"的提法，成了一个重要公式，经常出现在党中央的有关文件里。不管30年，还是40年，无非是表示：生产关系应当较长期地稳定，不能频繁地变动了，这表达了人心思定的愿望。

1962年2月13日，中共中央正式发出《关于改变农村人民公社基本核算单位问题的指示》。指示说：

基本核算单位下放，这是继“12条”、“60条”之后，调整我国农村生产关系的又一重要政策。意义是重大的，影响是深远的。把它简单地看作一项临时性的措施，一种权宜之计，都是不正确的。在我国绝大多数地区的农村人民公社，以生产队为基本核算单位，实行以生产队为基础的三级集体所有制，将不是短时期内的事情，而是在一个长时期内，例如至少30年，实行的根本制度，基本核算单位一经确定之后，就要稳定下来，不能任意变动。

由于基本核算单位的下放，“农业60条”必须再作修改。主要是减少了生产大队的权限，增加了生产队的条款。1962年9月29日，经中共八届十中全会正式通过。形成《农村人民公社工作条例（修正草案）》。虽然仍叫“修正草案”，但此后并未再作修改。

经过三年多沸沸扬扬的农村人民公社，到这里算是尘埃落定。此后，虽然仍不时出现“穷过渡”的政治压力，但鉴于“大跃进”时期的惨痛教训，就全国大部分农村来说，基本体制框架没有变动，一直延续到70年代末。

看来，随意改变生产关系，两度大刮“共产风”，造成严重损失，这个痛苦教训毛泽东是记取了。在“文化大革命”中，不管陈永贵怎么向他推荐大寨大队以大队为核算单位的经验，毛泽东始终未为所动。以生产队为基本核算单位的体制始终没有改变。

30年后的评说

从一定意义上说，经过一路的退却，1958年的那种人民公社已经名存实亡。它不再是“通向共产主义的桥梁”和“未来共产主义的基层组织形式”，人民公社“一大二公”的特点大大削弱；“共产主义萌芽”的供给制、吃饭不要钱和公共食堂被取消，代之以按劳分配；农民终于走出“共产主义”的居民点，回到自己的家，重新过正常的家庭生活；不再急于使“小私有”绝种，农民再次获得自留地，家庭副业和集市贸易的小自由；在所有制上，从社有制退到大队、再退到生产队为基本核算单位。单从一点说，它不仅是从公社化退到高级社，而且从高级社退到了初级社。现在不再急于向共产主义过渡，向全民所有制过渡，也不提向公社核算过渡。即使向生产大队核算过渡，也把它甩到30年以后去了。

这是理性的回归！

然而，人民公社的“名”被保留了。而且不只是名，还保留了人民公社的两大遗产：一是政社合一，一是“三级所有、队为基础”。

所谓“政社合一”，就是人民公社既是国家政权在农村的基层单位，又是农村合作经济组织。公社管理委员会在行政上就是乡政府，在经济上就是大“合作社”，社长就是乡长，统管社区内经济行政和社会事务。公社下面的大队同样兼有经济、行政和社会多重职能。所谓“三级所有、队为基础”指生产队、大队、公社是逐级隶属的三级经济组织，生产队是基本核算单位，但大队和公社却是一上级经济组织，同样拥有所有权。

政社不分，这是人民公社遗留下来的各种弊端的渊薮之一。既然公社手里握有行政权力，它就可以排斥一切经济手段，单纯用行政命令来管理经济。既然是“三级所有”，公社和大队就可以平调生产队的人力、物力来创办本级企业、或组织无偿的大规模“协作”。此后，“共产风”、命令风、瞎指挥风屡禁不止，原因就在这里。尽管政策规定从来都反对“一平二调”，由于人民公社“政社合一”的体制和赋予它的职能，平调和摊派始终不止，而且日趋严重。随意扣罚农民的钱粮和打骂群众的现象也屡禁不止。

人民公社体制最大的弊端还在于生产队内部的经营管理方式。这种方式可用17个字概括：“统一经营，集中劳动，评工记分，按工分分配”。这就是典型的集体化经营模式，它不是公社化后的创造。然而，这种方式始终无法解决社员与社员之间的平均主义问题。干活“大呼隆”、分配“大锅饭”，两大弊端伴随着人民公社的始终。

“自留地、家庭副业、集市贸易”，这是“60条”给农民的“小自由”。但是，农民的这点“小自由”总是被看作私有制的残余。每次政治趋向“左”倾时，它们就首当其冲。从1964年“四清”运动后，不断地在农村“割资本主义尾巴”，搞得农民“鸡犬不宁”。但“小自由”又最富生命力，无论怎么限制，“尾巴”都始终顽强地存在，而且农民把它经营得最精细。在集体经济长期徘徊，靠工分挣到的钱越来越少时，“自留地”真正成了农民的保命地。1978年，全国农民从家庭副业中得到的收入36元，竟占全部收入的27%。这也是“奇迹”！

它实际上表明，农民不满足农村体制退到生产队就戛然止步，农民希望再退一步。

包产到户的“幽灵”又在游荡

一百多年前，马克思写道：“一个幽灵，共产主义幽灵，在欧洲徘徊。旧欧洲的一切势力，……都为驱除这个幽灵而结成了神圣同盟。”

一百多年后，也有一个“幽灵”在中国大地游荡，它几经取缔，却拂之不去，一遇时机又卷土重来，这个“幽灵”就是“包产到户”。

第一次出现包产到户，是1956年下半年和1957年。几乎同农业合作社同步。1956年春，浙江省永嘉县有个年轻人，叫李云河，年仅24岁，却已当上了县委农业书记。当他下乡推行农业合作社时，他发现，并不像人们估计的农民社会主义积极性空前高涨。相反，农民对于一轰而起的高级社消极抵触情绪如此强烈。干部胡乱派活和农民怠工随处可见。出工时拖拖拉拉、干活时磨洋工、收工时一窝蜂。他认为，动摇农民个体利益的集体劳动，必然会导致农民的缺乏主动精神和粗耕滥作。李云河与他的伙伴戴洁天（时任县委农村工作队长）期望用“包产到户”的办法来医治合作社运动的先天不足。他终于说动上司，允其试验。1956年秋，李云河提出了关于包产到户的试验报告，召开“千人大会”进行宣传。结果，永嘉全县各地仿效，并且越出永嘉，向整个温州地区蔓延。到这年冬季，温州地区实行包产到户的合作社上千个，17.8万多农户，占入社农户的15%左右。

1957年年初，广东省佛山地区一些农业社闹退社，另一些社则实行了包产到户，要求包产到户的农民则更多，波及广东、江苏、河南、山西等许多省市。

好景不长。随着反右派运动的开展，包产到户受到了严厉的批判并被坚决取缔。李云河被划为右派分子，开除党籍，撤销职务，劳动改造；戴洁天成了右派和反革命双料罪犯，押回原籍管制，举家遣往农村。其他人等，或撤职、或降薪、或劳动教养。200多农民遭批判，20多人被判刑收监，其中一人死于狱中。

过了两年，包产到户1959年又在河南新乡地区沁阳县、洛阳地区临汝县的一些农村出现。庐山会议后，抓住这个典型，在全国展开了批判。是年11月2日，《人民日报》发文《揭穿“包产到户”的真面目》认为，“右倾机会主义者仍然顽固不化，他们用种种伪装，想种种‘理由’，为资产阶级和富裕中农及社会主义的私货寻找道路。”包产到户再次被压下去。

然而，包产到户屡踣屡起。1961年春卷土重来。这时，饥饿的农民个个有气无力，虽然有“12条”紧急指示信，虽然实行“三包一奖四固定”，把土地固定给生产小队使用。然而，历来视土地为生命的农民，望着土地也打不起精神，调动不起情绪，有的在确定土地时还直往外推，宁愿少种地。一些好大喜功的基层干部望着这种场景，也无能为力，他们把土地分给农民耕种，讲明收获多少听由自己获得，并且为这种办法起了一个恰如其分的名字，叫“救命田”。有的地方基层干部“大跃进”中行为过激，整风整社中受到批判，有的被划为漏网地主、富农、反革命分子。其他干部慑于政治反复无常，一时躺倒不干，无人管理，只好分田到户，各自谋生。

数年前李云河包产到户的幽灵再度复活，这次不在温州，而是起于安徽，接着就在各个省区徘徊荡漾，不久便形成不小的声势。据说安徽全省每十户农民当中即有八户参加包产到户。其余如甘肃临夏，以及浙江和四川的局部，十中有七。广西龙胜、福建连城和贵州全省，十中有四。广东、湖南、河北、辽宁、吉林、黑龙江，亦有大体同样的规模。

曾希圣保荐“责任田”

安徽是“大跃进”十分卖力的省份，农村灾荒也极为突出。省委第一书记曾希圣跟着做了不少错事。庆幸的是，他面对灾民的疾苦，对农民自发搞起的包产到户，给予肯定和引导。

还在1960年年初，正是反右倾继续“大跃进”的高潮时，安徽宿县一个农民向公社要求带着生病的儿子上山开荒种地和休养。父子俩开荒16亩，收获3300斤，扣除自用，上交粮食1800斤，现金60元。他汇报了自己的经验，并向有关领导建议，最好把田包给社员去种。

省委了解到这个建议，震动很大。曾希圣亲自向华东局书记柯庆施汇报，柯庆施只说，这个办法可以试验，不要推广。

1961年2月，柯庆施路过安徽全椒县古河镇，几个老农向他当面提出要求实行“责任田”，问他：“为什么不相信我们？”安徽省委派一个工作组搞的联产到户试点，也受到农民的欢迎。

3月6日，安徽省委讨论了试点情况，请示毛泽东，决定全面试行“责任田”的办法。

3月15—16日，广州会议期间，曾希圣当面向毛泽东汇报了这个问题，毛泽东表态说：“你们试验嘛！搞坏了检讨就是了。”

毛泽东没有明确表示反对，使曾希圣如释重负，他兴奋地打电话告诉安徽省委：“已经通天了，可以搞。”

然而，反对的意见从一开始就存在，他们认为，这种做法与集体化方向背道而驰。他们看的不是增产了多少，而是看“公”的程度，“大”的程度，“平”的程度，这种意见有很大市场。

还有一些人仅仅从一些片面现象出发，对包产到户持怀疑和否定态度，认为这是“单干”，会引起农村两极分化，对孤寡老弱不利，田家英的看法就是代表。

广州会议期间，田家英将一份安徽包产到户的材料送给毛泽东，并写一封信。他看到材料里反映一些缺乏劳动力的社员，特别是孤儿寡妇在生产生活上遇到的困难，无法控制自己的感情，含着眼泪写了这封信。信中写道：

寡妇们在无可奈何的情形下，只好互助求生，他们说：“如果实行包产到户，不带我们的话，要求给一条牛，一张犁，8 个寡妇互助，爬也爬到田里去。”看到这些，令人酸鼻。工作是我们做坏的，在困难时候，又实行什么包产到户，把一些生活没有依靠的群众丢开不管，作为共产党人来说，我认为，良心上是说不过去的。

信中还说，为了总结经验，包产到户作为一种试验是可以的，但是不能普遍推广，“依靠集体经济克服困难，发展生产，是我们不能动摇的方向。”

田家英在信里流露的情感，同毛泽东是相通的。毛立即将这份材料连同田的信批给政治局常委和几位大区书记。

中南局书记陶铸见到田家英说：“家英呀，我赞成你的意见。”

陈云不以为然。他说：“安徽搞包产到户，应该允许人家试验嘛！”

会上，田家英的观点代表了主流。曾希圣感到很大压力，不得不于 3 月 20 日，打电话回去，通知暂停推行，这时，全省已有 39.2% 的生产队实行“责任田”。

同日，曾希圣又给毛泽东并刘少奇、周恩来、邓小平、彭真、柯庆施写了一封信。信中说：“关于‘定产到田，责任到人’的办法，有些同志有误解，所以再作一些说明。”

他说，群众要求的办法实际上是“包产到户”。这种办法好处是改变了计工分只讲数量、不讲质量的缺点，堵塞了投机取巧、更好地体现按劳分配、提高每个社员的责任心。坏处是可能发生“各顾各”的危险、有些农活会争先恐后、自私自利思想可能发展、困难户得不到解决等。因此，他特别强调他们的办法是“定产到田，责任到人”（后来简称为“责任田”）与群众要求的包产到户不同。不同在那里？因为有“五个统一”（即计划统一、分配统一、大农活统一、用水管水统一、抗灾统一），其中尤其是“分配统一”和“大农活和技术性农活统一。”

曾希圣希望用这“五统一”来管住农民别滑向单干，也用这“五统一”来抵挡政治风险。

当时，毛泽东正在作调查研究，制定“农业 60 条”，他的农村政策还未定型，对安徽的做法未作定论。

这时正是农民饥饿最高潮和农民情绪最低落的时期，看来因为恢复生产的迫切需要，毛泽东不得不作出让步，暂缓大同理想的实施，对包产到户采取了暂时的宽容态度。

毛泽东一时的暧昧，使党内的认识出现了松动。地方官员们对身边发生的事情或者不摸底，或者知道了，也全都睁一只眼闭一只眼。只有安徽省委书记曾希圣由于安徽包产到户的面很广，影响很大，不得不起来为自己的行为进行辩护。

4 月 27 日，安徽省委再向中央和毛泽东写出报告，汇报“包工包产责任制”的情况。陈述了这种办法在实践中显示的好处。分辩说：“这个办法不是‘包产到户’更不是‘分田’，这和‘60 条’中所说的‘实行严格的田间管理责任制’，‘有的责任到组，有的责任到人’是完全一致的。”

虽然安徽省委主动停止了对“责任田”的推广试行。农民尝到了甜头，想刹车也不行了。由于示范效应，由于各级干部的默许，在夏收之后，又有不少生产队自动实行“责任田”。实行“责任田”的生产队的比例，一下子从 39.2% 上升到 65.5%。曾希圣和安徽省委看到，这种办法极受广大群众的欢迎，反而坚定了自己的看法。

1961 年 7 月，毛泽东路过蚌埠，曾希圣当面向毛汇报。毛说：你们认为没有毛病可以普遍推广。

毛身边的人回忆说，毛的态度至为勉强。

7 月 24 日，中共安徽省委再向中共中央和毛泽东写信。极力宣传“责任田”的好处。

1. 劳动力得到了充分利用，出勤率大大提高。原来不参加生产的老年人和十几岁的

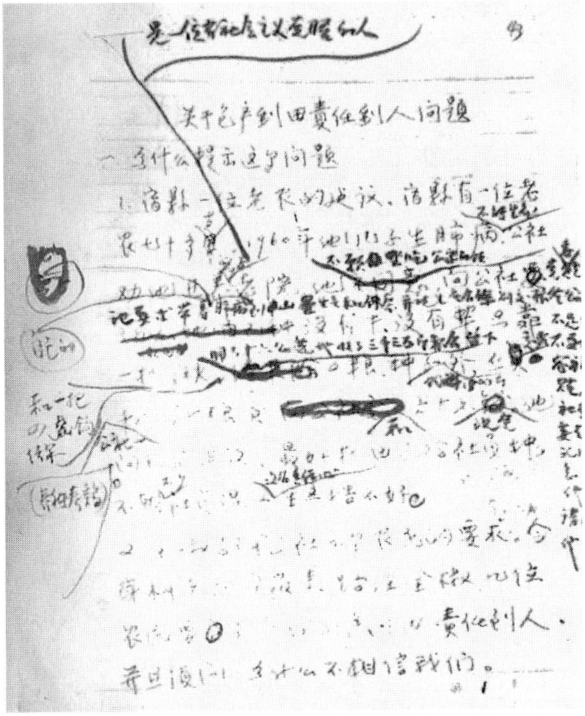
关于包产到田责任到人问题

曾希圣在责任田问题的起草文件上亲笔作的修改

小孩，现在也下田干活了。社员说：过去干活，队长吹炸了哨子，喊破了喉咙，还是七齐八不齐。尖头滑怪的，推拖躲磨，忠诚老实的出工不讨好。现在干活，不用队长催，好比“水湿麻绳自紧自”，全家男女老少一齐上。

2. 土地得到了充分利用，田埂地边都种上了庄稼，缺苗断垅的现象大大减少。社员说：“过去人不亲地，地不出粮，肥田变成了瘦田，小路踩成大路；定产到田，责任到人后，人人争取多种多收，超产得奖，所以大家都爱惜土地，一丝一毫也舍不得丢。”

3. 做活认真，农活质量显着提高。社员说：“过去犁田不到边甽，今年是甽到边齐。过去栽秧外密里稀，飘秧缺棵很多，今年栽秧满满实实，缺棵都已补上。过去耘田是猫盖屎，草不净，泥不烂”；今年耘田，草净泥烂，地也拉得平。

4. 积极积肥，基本上解决了大田和自留地用肥的矛盾。改变了过去那种“肥死菜园、瘦死大田”的现象。家家户户盖厕所、添粪缸、挖粪窖。

5. 加强了对庄稼的看管，减少了鸡猪糟塌和偷青吃青的现象。

6. 收打精细，减少了丢失、抛撒现象。社员一粒粮食也舍不得丢。

7. 生产队干部摆脱了琐碎事务，积极参加生产领导工作。

……

今天来读这份报告，仍然可以感受到当年安徽省委对责任田的热情，集体化千办法万办法无法解决的问题，“责任田”一招就解决了。它证明了一个既简单又深刻的真理：无论你对“政治挂帅”多么迷恋，无论你多么希望去掉人们的利己心，希望“六亿神州尽舜尧”，老百姓都成圣人，人们对于自身物质利益的关心，仍然是生产力发展的取之不竭的原动力。中国人多地少，技术落后，只有依靠农民自身的利益驱动、精耕细作，才能走出农业和粮食困境。可惜，这个简单的道理。30多年后，才被广泛接受。

安徽的报告还理直气壮地回答了对责任田的几种批评：

“这个办法是不是‘包产到户’，是不是单干？据我们看，这个办法不是‘包产到户’，不是单干。”

“这个办法是不是会造成两极分化？据我们看，这个办法是不会造成两极分化的。”

“这个办法是不是会加重社员的私心？据我们看，这个办法不会加重社员的私心。”

报告指出，安徽已经试行的要继续坚持；没有试行的，秋后是否实行由社员讨论决定；不愿实行的不勉强。事实上，安徽省委已决定在全省推行“责任田”。至 1961 年年底，全省实行“责任田”的生产队达到 85%。

8 月 26 日湖南省委发出通知，允许借一部分冬闲田给社员生产，种植冬菜和冬种春收作物。社员在冬闲田土里的收获，全归社员个人，不交征购，不抵口粮。省委通知指出：这是“为了尽可能多搞点吃的，是为了生产自救。”“决不是分田到户。”

中央各调查组下农村时，几乎都发现有些农村实行了包产到户，或者农民要求包产到户。少数人不赞成包产到户，但也采取了宽容的态度，并不把农民的要求视为阶级斗争的反映。

及至年底，毛泽东的农村政策已经定型。他认为退到以生产队为基本核算单位，已经到头了，不能再退了，再退就有单干的危险。1961 年 12 月，毛泽东在江苏无锡把曾希圣找去，用商量的口气说，生产恢复了，是否把“责任田”办法变过来。

曾没有附和。他对毛说，群众刚刚尝到甜头，是否让群众再搞一段时间。显然，他没有领会毛的想法。

1962 年 1 月七千人大会上，批评了安徽的“责任田”。曾希圣也由此被撤了职，丢了官。

然而，事情并没有完。1962 年，围绕“包产到户”问题，引发了一场重大争论。且待下章再说。

CHAPTER 9

第九章 走出困境

1 总结经验　七千人聚会京城 放开言路　众常委坦言得失

一次空前的盛会

1962年1月，北京的天气依然是寒气袭人，一场大雪过后，天地一统，白皑皑一片。然而，素来关心中国政治的北京市民，心中却荡起一阵暖意。人们看到，长安街上，车车衔尾，驶向天安门广场，驶向人民大会堂。在这里，中共中央正在召开一次极其重要的会议。

这是中共执政以来召开的一次空前规模的会议，在这之前，开过几次大会，最大最隆重的要算中共八大。然而，单论参加人数，这次会议超过八大好几倍，尽管没有那么大肆宣传，没有那么隆重热烈，充满喜气。

这是一次扩大的中央工作会议。往常的中央工作会议，只有中央局和省市级领导人参加，这次参加会议的有中央、中央局、省、地、县五级干部。全国两千多个县，每个县的县委书记和县长都来了。地委来3人，省委来4人。另外还有重要厂矿企业的领导人，军队的部分领导干部，到会正式人员达7118人，因此，人们习惯地称它为“七千人大会”。

这次大会从1962年1月11日至2月7日，开了28天。

1962年1月初，这七千人已从四面八方陆续汇聚到北京，加上他们的秘书班子，随行人员，把个北京城为数不多的有名的高级宾馆、饭店挤得满满的。冠盖云集，随员景从，极一时之盛。

这些地方官员怀着沉重而又迷惘的心情来到北京，他们希望在这里能见到伟大领袖毛主席，从他那里得到答案，得到指点，得到精神力量。

他叫王福彬。来自湘西土家族苗族自治州，龙山县的一位县委书记。他和他的同伴们第一次来到北京，第一次住进地板上打了蜡的友谊宾馆。一时象刘姥姥进了大观园，是处都那么新鲜。

然而，这一时的高兴，抹不去他们心中的疑团。王福彬回忆说：当时“干部和群众，党内和党外议论纷纷，思想很混乱。尤其是在党内，一种相互埋怨的腐蚀党的团结的情绪在滋长。不少干部对当时经济困难的形势看法很不一致，对‘大跃进’四年工作的评价也褒贬各异。”

他说：

我作为中共龙山县委主要负责人之一，思想上也陷入痛苦和迷惘之中。一方面，看到经济每况愈下，人民生活困难重重，一种高度的责任感和负疚感便重压在心头，有时简直压得喘不过气来；另一方面，路该怎么走，工作该如何干，在实践中也看出了不少问题，摸清了一些路子，但客观上‘大跃进’的气候还没有消失，主观上对有些问题还缺乏深刻认识，因此，工作上一时显得束手无策，思想上表现得焦虑不安。我们急需要听到党中央的声音，急需要听到毛主席的声音。

王福彬的回忆真实地反映了从各地来到北京的地方干部们的心情，反映了1961年年底党内的思想状态。经过三年“大跃进”和三年的饥荒，党内干部思想相当混乱。一些人还是不认输、不服气，在等待着形势好转重新“跃进”；一些人心有余悸，担心有朝一日形势逆转，再来一次反右倾把自己栽进去。因而对调整方针徘徊观望，不为人先。更多的人心气不顺，相互埋怨，信心不足，心中迷茫。这种种情况，导致中央虽然确定了调整方针，迟迟难以统一认识，贯彻执行，特别是工业战线，不愿退却，不愿关停并转。等待“大跃进”的气候依然存在。

这种状况将会拖延全国度过危机的时间。

还在5、6月北京会议时，刘少奇就以沉重的语气说：“我看在座的同志应该是有经验了吧！饿了两年饭还没有经验？”“回过头来考虑考虑，总结经验，我看是到时候了，再不能继续这样搞下去了。”在他看来，问题暴露得够充分了，然而，党内思想仍不统一，经验教训还没有好好总结，这样下去很危险。

刘少奇大声疾呼：“照这个趋势，不采取坚决的措施，拖下去要灭亡！”

显然，刘少奇，还有在一线工作的邓小平、周恩来等都支持召开这样一个大会，在全党范围内总结经验，统一认识，扭转被动局面。

为了给七千人大会做准备，邓小平征得毛泽东的同意，组织中央书记处对1958年北戴河会议以来的文件进行了一次系统的清理。然后编出两本册子。一本是毛泽东的讲话，一本是中央所发出的指示。在整理中，想必不难发现这几年从中央传出去的指示、方针、口号的错误，其中不少出自毛泽东之口。但在整理中，中央书记处有意回避了毛的这些讲话，只列出两次郑州会议、1960年下半年以后的历次较为冷静的讲话内容。12月16日，中央书记处向毛泽东和中央常委写出报告。认为前者（毛的讲话）没有错误，后者（中央指示）毛病很多。其用心良苦。唯有在维护毛泽东的前提下来纠正错误，才有可能行得通。邓小平在这个报告中确定了七千人大会的基调：正视困难、作自我批评、总结经验教训、全力进行调整。

毛泽东显然赞同召开一次大会来统一认识。然而，他对于形势的看法与其他人明显存在差异。

12月21日，在为七千人大会作准备的有100余人参加的中央工作会议上，邓小平传达了毛泽东的一些谈话内容。

毛泽东说，他感觉去年（1960年）前年（1959年）心情不那么很愉快，究竟国内形势怎样？做一个总分析，还是不错的。今年很高兴，因为我们的具体政策凡是搞了的都见效了。首先见效在农村。

毛泽东认为，过去几年，包括大跃进，三年总的来说，我们办的好事是基本的。有些缺点，我们也把它总结起来了。好的成功的、错误的统统总结起来了，就成了财富。

毛泽东还谈到责任问题。他说，有些问题是部门、地方出的主意，为什么中央听呢？他认为责任第一是中央，第二是省。毛泽东显然也原则谈到他自己应负的领导责任。邓小平没有在这个场合传达。

毛泽东讲，就是不断革命。一个任务完成了就要提出新任务，要不然灰溜溜的。他还提出：明年要抓工、农、兵、学、商、政、党七个方面，要大抓一年，几个方面都要理出个头绪来，都要“跃进”。

从邓小平传达的毛泽东的这些话来看，毛泽东已经摆脱了前一段时间的沉重心情，重新表露出乐观的情绪。他并不掩饰前几年存在的错误，但他认为成绩是主要的，办的好事是基本的。而且错误已经纠正，最困难时期已经过去。他在8月庐山会上就说过，形势已“退到谷底走向反面”，“是一天天向上升了。”他希望通过七千人大会鼓鼓气、使全党振作起来。用他的话说：大抓一年，以求全国各行各业都有一个“跃进”。

七千人大会就在这样一种情况下召开了。

预备会议的讨论就透出火药味来

按照原定议题，统一思想、总结经验，主要体现在一份文字报告中，这就是刘少奇即将在大会上代表中央作的总结报告。这个报告由刘少奇、邓小平共同主持起草。由于自1958年以来情况如此繁复，意见又如此莫衷一是，经验教训如此深刻，报告起草工作颇费时日，从1961年12月20日至1962年1月10日，首先召开了一个小型工作会议起草文件。

其他参加扩大工作会议的人员被安排参观首都的十大建筑：人民大会堂、历史博物馆、军事博物馆、北京展览馆、农业展览馆、民族文化宫、工人文化宫、首都体育馆、北京火车站、人民英雄纪念碑。这些雄伟壮观的建筑，都是在“大跃进”中建成的，它们是人们在付出了沉重代价后仅存的硕果，这使来自各地的干部们在困难时似乎看到了希望，一些人忧愁顿消，豪情倍增。

1962年1月11日，七千人大会正式开始。总结报告却刚拿出初稿，中央政治局来不及讨论，根据毛泽东的意见，一面印发到会的各组组织广泛讨论、一面由刘少奇牵头组织一个高级起草委员会继续进行修改。

书面报告根据毛泽东会前的谈话精神，确定了如下基调：“在党中央和毛泽东同志的领导下，在三面红旗的光辉照耀下，各方面的工作正在不断地改进。”“我们工作中的缺点和错误时期已经渡过了。”在这个基本估计下，报告列举了12条成绩、4条错误、16条经验教训。

报告是集体意志的产物。在当时情况下，显然难以把问题讲透，也不见得能真正反映刘少奇的思想。报告肯定了总路线、大跃进、人民公社这“三面红旗”。在讲到错误的责任时，表示：“首先要负责的是中央”，“当然也包括中央各部门和国务院及其所属各部门”，“其次要负责的是省一级领导机关”，没有涉及毛泽东和中央常委。

1月12日开始的第一阶段讨论，最初的议题限定在“反对分散主义，加强集中统一”。书面报告中也着重批评了分散主义，批评各级各部门一些干部说假话、不实事求是、强迫命令、脱离群众。这些都是事实。但是，问题的关键不是分散主义。参加会议的绝大多数人来自基层，他们目睹了“大跃进”以来由于指导思想发生错误，带给实际工作和人民生活的巨大困难，有切肤之痛，期望能在会上谈出自己的看法，对把错误说成主要是下面执行中的问题，心中也有不服。

与会代表一议论，就提出许多尖锐问题，焦点集中在三面红旗和庐山会议反右倾两个敏感问题上：为什么饿了两年饭？是大跃进，还是大跃退？是“三分天灾，七分人祸”，还是“七分天灾，三分人祸”？人民公社不办是否好一些？要不要客观条件？批“条件论”或“唯条件论”对不对？是不是“左”比右好？“左倾错误是方法问题，右倾错误是立场问题”的认识对不对？搞了那么多运动，那么多大办，还要不要实事求是、调查研究？能不能用具体指标、数字来确定“左”或右的问题？是不是说老实话的人吃亏，而说假话的人占便宜？一个个尖锐的问题像连珠炮一样反映到预备会议的简报上。

有人说：“‘三面红旗’抽象地说是正确的，到了具体问题就不好说了。”“跃进还是没有跃进以什么标准来衡量？”“如果说这几年大跃进了，为什么粮食、市场紧张？”“农业是国民经济的基础，粮食是基础的基础，粮食减产了，对大跃进怎样理解？”“高指标、大规划是不是执行路线的错误？”“路线是正确的，为什么有些错误和缺点会形成全国性的？”“现在工业调整，农业恢复，能不能说还在继续跃进？”。

有的说：“人民公社是不是办早了，办快了，当时生产力的发展，是否要求这样改变生产关系？”

一位代表诘问：“这几年实际工作中出的毛病，能不能说成主要是没有经验？抗美援朝、社会主义革命也都没有经验，都办得很好。第一个五年计划时期也没有经验，为什么单在这几年发生这么大的问题？党的优良传统为什么短时间就丢掉了？”

有代表指出：“这几年教训关键在于1959年庐山会议之后反右倾斗争上、几年来认为右是主要的危险，‘左’是革命的、右是立场问题，大家‘谈右色变’。”

有人认为，“庐山会议前，任务虽重，压力也有，但大家干得起劲，但反右倾以后，情况大变，干部心情沉重，看风驶船，摸上级的底，不按政策办事。”

"庐山会议前，究竟左倾是主要的，右倾是主要？要弄清楚。""反右倾后，许多干部挨整，受处分，长期得不到平反、甄别"。

有的还摆出一些省区的严重问题，涉及某些省委领导，甚至中央的民主作风问题。不少干部在反右倾中挨整，多数干部在高指标、拔白旗压力下一直喘不过气来，满肚子委屈，越说越有气，大会简报中反映了讨论中浓烈的火药气味。

各代表团也有另一种声音，一些人坚定地维护着"三面红旗"。他们认为，"三面红旗"是完全正确的，它的提出具有深刻的科学根据；硬说在"三面红旗"的光辉照耀下，取得了史无前例的伟大成绩；"三面红旗"是社会主义整个历史时代的旗帜。

有的人对报告草稿的低调很不满意。认为报告稿中指标讲得不响，不能反映跃进的速度，不能鼓舞人心，动员全民的干劲。他们指出，10 年赶上英国的号召一定要实现，农业发展纲要 40 条一定要实现，不允许碰到困难，就把主席的号召吹掉。有的人提出，根据毛主席的思想，跃进之后必有休整，休整之后必有跃进。他们认为经过调整，必将出现一个高速度的跃进局面。他们要求批判对"三面红旗"的各种"模糊认识"。不过这后一种意见已不占主流。

彭真直言："毛主席也不是什么错误都没有"

从大会预备会起，中央就提倡发挥民主，来自基层的尖锐批评触动了中央领导人。使起草委员会本来平静的气氛变得不平静起来。这个起草委员会决不是往常那种"秀才"班子，而是由刘少奇牵头、周恩来、邓小平、陈云、彭真、薄一波、李先念等中央常委和书记处书记们参加，各中央局的第一书记陶铸、柯庆施、李井泉、李雪峰、宋任穷、刘澜涛等都是它的正式成员。一共 21 人。当然少不了田家英、陈伯达等执笔者，事实上，它是除毛泽东之外中央的决策集体。

1 月 17 日，委员会举行第一次会议，结合各代表团提出的初步意见，对报告初稿进行修改。华东局书记柯庆施首先发言，对各代表团对"大跃进"提出质疑表示担忧。他说：《农业发展纲要 40 条》还要不要？ 15 年赶上英国还要不要？指标还要不要？干劲还要不要？用什么方法鼓干劲？他说，农业纲要 40 条，除几种地区之外，还是可以的。粮食总产量 6000 亿斤不行，5000 亿斤总还是可以的。他说，华东区到 1967 年可完成 4000 亿斤粮的指标，否则就越看越没有劲。

柯庆施被称为毛主席的好学生，他推行"大跃进"不遗余力，现在也不愿意放弃它，还在期望着鼓动跃进。

1962 年 1 月，彭真同周恩来、陈云、杨尚昆在七千人大会上

中央常委和中央书记处的多数成员并不这样想。他们从各代表团讨论中得到力量，用这个机会把对经验教训的总结推进一步。

1 月 18 日，彭真发言。他说：“会议和原来的设想不同了，实际上是要总结经验。60 年在杭州提出‘瓜菜代’，但对 1959 年的灾情估计不足，对城市人口增加估计不足，农业养不活这么多城市人口，农业上也有浮夸。1960 年提出八字方针是句空话……没有措施，指标下不来，调整不了……真正调整是去年庐山会议提出以调整为中心，迟了一年。”

讲到这里，刘少奇插话说：“关键是 1959 年庐山会议。”

就在不久前，刘少奇在 12 月中央工作会议上说过：庐山会议是个关键。那个时候搞调整就好了。庐山会议前半段是搞调整的。庐山会议的下半段否定了上半段。

“庐山会议是关键”，点到了问题的实质处。

彭真接下去的话更是有些犯忌。他说：“我们的错误首先是中央书记处负责。包括不包括主席、少奇和中央常委同志？该包括就包括，有多少错误就是多少错误，毛主席也不是什么错误都没有。三五年过渡，食堂都是毛主席提的。”

邓小平插话说：“我们到主席那儿去，主席说，你们的报告（即1961年12月16日给毛泽东和中央常委的报告）把我说成圣人，圣人是没有的，缺点错误人人都有，只有占多少的问题，不要怕说我的缺点，革命不是陈独秀、王明搞成的，是我和大家搞成的。”

彭真接着说：“我们对毛主席不是花岗岩也是水成岩。毛主席的威信不是珠穆朗玛峰也是大山，拿走几吨土还是那么高。”

尽管毛泽东说自己不是圣人，尽管彭真表示对毛泽东像花岗岩那样忠诚，但是直言指证“毛主席也有错误”，这在彭德怀之后是第一人，不能不使人感到吃惊。邓小平用毛泽东自己的话，巧妙地支持了彭真的发言。

1月19日，举行第三次会议，周恩来率先发言。他说：“我们是一步一步地退，是被迫调整。另外，许多超越阶段的东西没有批判，也不能很好调整。一个国家搞几个独立的工业体系，理论上站不住。”他坦率地说，指标、下放、独立体系我要负责，现在要批判。

谁都知道，要求各地都搞独立体系并不是周恩来的主张。周恩来把责任揽下来，是想澄清这种错误观点。

紧接着，陈伯达发言。他没有接过周恩来的话茬，却把话题转到昨天彭真的发言上面。他说：“彭真同志昨天关于毛主席的话，值得研究。我们做了许多乱七八糟的事情，是不是要毛主席负责？是不是要检查毛主席的工作？”他接着说：“现在的根本问题是中央不能集权。”陈伯达这后一句话有弦外之音，耐人琢磨。

陈伯达的发言，直指彭真，迫使彭真不得不马上起而答辩。他说：“关于毛主席的问题，要说清楚。似乎彭真讲毛主席可以批评，是不得人心的。我的意思是不要给人一个印象，别人都可以批评，就是毛主席不能批评，这不好。”

30年后，亲历其境的薄一波回忆这段情节时说：“他（彭真）当时敢于这样披肝沥胆直言，是很不简单的。30年过去了，经得起时间检验的是彭真同志的这些话。至于陈伯达的发言，当时貌似‘忠心’一片，而他后来的所作所为，人们已很清楚。忠奸之分，正邪之别，历史会做出最公正的评判。”

21日，起草委员会继续开会。刘少奇首先发言，他说：“（农业纲要40条）没有经过调查研究，可以修改。4、5、8（指《纲要》中规定粮食产量淮河以北亩产400斤，长江以北500斤，长江以南800斤）提法本身不大科学，农业方面确有人有意见，这个问题值得研究。”

薄一波说：“跃进的提法，不要随便提，正常情况不能跃进，只有在各种条件凑在一起时才能跃进。工业农业都是如此。”

邓小平说：“基数越大上去越困难，美国每年只能 2%，苏联 12% 就了不起啦，技术革命发生大变化才能跃进。”

彭真说：“总路线还好解释，‘大跃进’不好解释。”

刘少奇最后说：“还是要提跃进，‘三面红旗’少一面不好。但对‘大跃进’要有新的解释，要从历史时期看。”

刘少奇发言后，大家对问题的提法大致取得了共识。1958 年以来的教训太深刻太沉重，再去文过饰非，讳疾忌医，不痛不痒地总结经验，羞羞答答地承认错误，既不能服众，也不能保证改正错误，更不能保证今后不再重犯。要统一认识，必须把错误讲透，把教训讲够，得出一个客观的能为大家普遍接受的结论来。

经过 8 天修改，1 月 22 日拿出了报告第二稿，送毛泽东。24 日，毛泽东对报告稿中关于国际问题加了几段话。并加上他曾经强调的按劳分配和等价交换两个原则的内容。之后，毛泽东找刘少奇、邓小平谈话，表示“赞成这个方向”。

25 日，在中南海怀仁堂，刘少奇主持召开中央政治局第 102 次扩大会议，讨论《书面报告》第二稿，一致表示基本上赞成这个稿子，同意提交大会。1 月 27 日，《书面报告》修改稿发到七千个代表手里。

刘少奇讲话情理并重，引起七千人共鸣

1962 年 1 月 27 日上午，北京。

参加会议的七千个代表早早地就安坐在人民大会堂的中央大礼堂。怀着既兴奋又有些焦急难耐的心情在等待着。偌大的会场十分肃静。有人小声讲话就会立即受到他人的制止。

突然，有人喊了一声：“毛主席来了！”

全场响起春雷般的掌声。

毛泽东穿一身灰色中山装，魁梧伟岸，满脸笑容，出现在主席台的右边。他后面跟着刘少奇、朱德、周恩来、陈云、林彪、邓小平等中央首长。毛泽东和其他中央领导向台下代表鼓掌挥手致意，会场上掌声激荡，经久不息。来自各地的干部们就像一个个迷了路，历经磨难，遍体鳞伤的孩子见到了自己的父母，暖流通贯全身，眼睛也潮湿了。

好大一会儿，会场终于安静。

七千人大会的主席台

主席台上，是100多位中共中央委员、候补中央委员。中央政治局委员们坐在第一排，来自全国各地的干部坐满了一层大厅。

人民大会堂的中央大礼堂里，回响着刘少奇深沉清晰、带有浓重湖南口音的讲话声：

同志们：

我代表中央向这次扩大的中央工作会议提出了一个书面报告。现在，在这个书面报告的基础上，我再讲几个问题……

七千人大会，刘少奇唱的是主角。

自1956年党的八大以后，大凡重要会议的主报告都由刘少奇来作。但是，这一次有特殊的意义。1958年八大二次会议的主报告，那是在宣传毛泽东的路线；这一次担任的，却是纠正错误的角色，这个错误是毛泽东带着犯的。

从1960年下半年起，特别是1961年的亲身调查，刘少奇形成了对形势和问题的独立看法，在纠正错误中发挥着特殊的作用。

代表们原以为刘少奇会按常规，在大会上宣读一遍已经发到手里的书面报告。结果出人意料，刘少奇没有读，而是撇开书面报告，讲起来。这可忙坏了担任速记的秘书们。

刘少奇只准备了一个简要提纲，没有稿子，所以大家手上都是空空的，只是带耳朵听。人们脸上的表情显示出，这个讲话的内容非常重要。

刘少奇原来没有打算在这一天讲话。前一天，毛泽东提议，刘少奇的报告不要照念了，改为书面报告，大会上由刘少奇再放开讲一讲，对书面报告作补充和阐

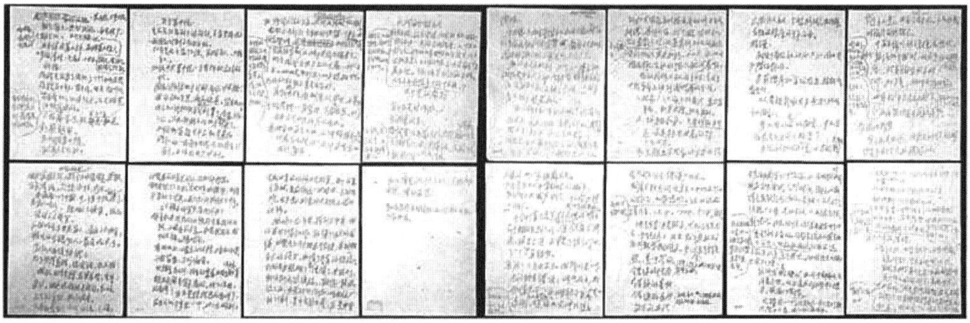

刘少奇在七千人大会上的讲话提纲手稿

述。根据毛泽东提议，刘少奇立即着手准备，连夜写了个口头讲话的提纲。在全体大会开始之前，毛泽东等中共中央政治局常委提前来到人民大会堂主席台休息室，传看刘少奇拟出的讲话提纲。毛泽东看完一页，就交给其他常委看，接力棒似的一页一页地传阅。好在总共只有十来张纸，字又写得很大，不多会儿就传看完了。

七千多名代表早已在会场内坐定。常委们传阅完刘少奇的讲话提纲，在一片掌声中走上主席台，毛泽东随即主持开会，宣布由刘少奇讲话。

虽然是临时动议讲话，刘少奇对问题的看法已烂熟于胸。他回答了代表们提出的几乎所有尖锐的问题。与书面报告相比，刘少奇的这篇口头报告观点更加鲜明，更加尖锐，更加深刻，反响也更大。

关于目前的国内形势，实事求是地说，我们在经济方面是有相当大的困难的。我们应该承认这一点。当前的困难表现在：人民吃的粮食不够，副食品不够，肉、油等东西不够；穿的也不够，布太少了；用的也不那么够。就是说，人民的吃、穿、用都不足，为什么不足？这是因为1959年、1960年、1961年这三年，我们的农业不是增产，而是减产了。减产的数量不是很小，而是相当大。工业生产在1961年也减产了，据统计，减产了百分之四十，或者还多一点。1962年的工业也难以上升。这就是说，去年和今年的工业生产都是减产的。由于农业生产、工业生产都减产，所以各方面的需要都感到不够。这种形势，对于许多同志来说，是出乎意料的。两三年以前，我们原来认为，在农业和工业方面，这几年会有大跃进的。在过去几年中，的确有一段时间是大跃进的。可是，现在不仅没有进，反而退了许多，出现了一个大的马鞍形。这种情况是不是应该承认呢？我想，要实事求是，应该承认事实就是这样。

刘少奇没有重复书面报告“最困难的时候已经过去”的基本估计，而是捡起它的后半句，实事求是地分析了当前面临的严重困难。

这些困难是怎么产生的呢？刘少奇接着说：

这种困难的形势是怎样出现的呢？为什么没有增产，吃、穿、用没有增加，而且减少了呢？……原因不外乎两条：一条是天灾。连续三年的自然灾害，使我们的农业和工业减产了。还有一条，就是从1958年以来，我们工作中的缺点和错误。这两个原因，那一个是主要的呢？到底天灾是主要原因呢？还是工作中缺点、错误是主要原因呢？各个地方的情况不一样。应该根据各个地方的具体情况，实事求是向群众加以说明。有些地方的农业和工业减产，主要原因是天灾。有些地方，减产的主要原因不是天灾，而是工作中的缺点和错误。

关于造成困难原因，刘少奇把苏联逼债一条取消了，讲了两条：天灾与人祸。而这两条中天灾是次要的，“人祸”即工作中缺点错误是主要的。

讲到成绩和错误的关系，刘少奇实事求是地突破了“一个指头和九个指头的关系”。他说：

刘少奇在七千人大会上讲话

过去我们经常把缺点、错误和成绩，比之于一个指头和九个指头的关系。现在恐怕不能到处这样套。……全国总起来讲，缺点和成绩的关系，就不能说是一个指头和九个指头的关系，恐怕是三个指头和七个指头的关系。还有些地区，缺点和错误不止是三个指头。如果说这些地方的缺点和错误只有三个指头，成绩还有七个指头，这是不符合实际情况的，是不能说服人的。我到湖南的一个地方，农民说是“三分天灾，七分人祸”。你不承认，人家就不服。全国有一部分地区可以说缺点和错误是主要的，成绩不是主要的。

代表们屏声静气地听，刘少奇的讲话句句打到了他们的心里。这几年来，自己脑子有许多框框，指导工作，判断形势，调查情况，不是从事实出发，而是先入为主，带着框框去搜罗某些事例来印证自己的观点，有时收集了一堆材料，还是不能判断什么真实的，致使不能及时改正缺点和纠正错误。例如：“成绩是主要的，缺点是次要的”，“分清九个指头与一个指头”。用这些框框来硬套，出了多大问题也只是“一个指头”，而且这一个坏指头一晃也成了好的，如此指导工作，怎能不出乱子。刘少奇的话刺到了痛处，也有一种思想解放茅塞顿开之感。

刘少奇的讲话回答了人民公社是不是办早了的问题。他说：

我和农民谈过话，农民对于初级社很高兴，谈起来眉飞色舞。可是谈到高级社就不那么高兴。……不办公社是不是更好一点？当时不办，也许可能好一点。问题是已经办起来了，还是应该逐步把它办好。……现在，人民公社只能搞这么多优点，再多的优点现在搞不成。

刘少奇也讲到，人民公社是有前途的，人民公社是建设社会主义的旗帜，将来向共产主义过渡，也会采取这种组织形式。刘少奇维护了“三面红旗”，这是中央规定的政治界限。他讲这几年犯的错误，“不是路线性质的错误，而是在执行总路线中的问题”。但是，他在给“三面红旗”作出总的评价时，却没有说得那么肯定。他说：

“三面红旗”，我们现在都不取消，都继续保持，继续为“三面红旗”而奋斗。现在，有些问题，还看得不那么清楚，但是再经过五年、十年以后，我们再来总结经验，那时候，就可以更进一步地作出结论。

刘少奇直言不讳地批评了这几年流行很广、影响恶劣的口号，譬如“人有多大胆、地有多大产”，譬如批判“条件论”或“唯条件论”，譬如用具体指标来确定左或右；再譬如一轰而起搞了许多运动。特别是对“‘左’比右好”的口号的批判引起了大家的共鸣。

还有一种“左”比右好的说法。有的同志说，犯“左”倾错误是方法问题，犯右倾错误是立场问题。我看这种说法，也是不正确的，是错误的。右不比“左”好，“左”也不比右好。……我们在党内的具体斗争中，应该有什么反什么。有“左”就反“左”，有右就反右，既没有“左”，也没有右，就什么也不要反。

刘少奇批评了在群众和干部中进行“错误的过火的斗争”，混淆是非，混淆敌我，压制民主，用对敌人专政的方法对待人民群众，使人不敢讲话，不敢讲真心话。他尖锐地指出：“党的组织、国家组织和群众组织中的民主生活，在某种程度上就受到了窒息。”他向全党发出警告：

如果在我们党内和我国人民中不按民主集中制办事，而是依靠强迫命令行事，那么，我们党会变成什么党呢？我们国家的政权会变成什么政权呢？我们党同国民党的区别又在哪里呢？我国的人民民主专政同资产阶级专政的区别又在哪里呢？这不会使我们党和国家政权有发生变质的危险吗？

刘少奇的口头报告在绝大多数与会者心中引起共鸣，认为它非常深刻透彻，把许多问题讲得一清二楚，解开了思想上很多疙瘩，感到心情舒畅，听得信服顺劲。这几年，党内生活不正常，弄得“逢人只说三分话，未可全抛一片心”。现在听到这样透彻入理的报告，感奋不已。

然而，也不是每个人的想法都一样。有的人心里非常佩服，却担心一些提法过于大胆、太刺激；也有的人认为刘少奇的讲话对缺点错误讲多讲重了，成绩讲得不够充分，却也难以辩驳。

林彪弹出不和谐音：“毛主席的思想总是正确的”

1月29日上午的大会，中央副主席、国防部长林彪讲话。

林彪的讲话是有准备的。军委办公厅专门组织了一个讲话稿的起草班子，林彪夫人叶群挂帅。起草中，叶群坚持要在讲话稿“毛泽东思想是集体智慧”一语后面加上“和天才的结合”六个字。一些人认为不妥，因为它有悖于马克思列宁主义关于党的学说，会产生不良影响。叶群立即将讨论情况通报了林彪。林支持叶的意见，竟说“不能提天才是修正主义观点”。

临上台讲话之前，林彪把讲话稿扔到纸篓里，按照老习惯，自己“拉条子”，写提纲。上台后，自由发挥下去。

这几天，林彪看了许多会议简报，注视着与会者提出的一个个尖锐而又刺激的问题。昨天，刘少奇发言，他坐在主席台上，面无表情。当刘少奇讲到尖锐处，他看看周恩来、朱德、陈云、邓小平，一个个表情严肃，再看看毛泽东，只见他镇静如常，面带微笑，不时附和着刘少奇插上几句话，毫无愠色。

然而，林彪善于揣摩。这几天大家提出那么多问题，尤其是刘少奇昨天讲的那些话，毛泽东心里会怎么想呢？虽然刘少奇讲话只字未提毛泽东的错误，但怀疑“三面红旗”，批评“‘左’比右好”的口号，否定“九个指头与一个指头”、批评公共食堂、供给制，批评庐山会议反右倾……这不都在某种程度上指向毛泽东吗？

在七千人大会上，林彪了解领袖的孤独、被动和忧虑，了解毛泽东允许纠正错误的最大限度和必须坚守的防线。“三面红旗”不能动，庐山会议批判彭德怀不能动。他认为，这时，与庐山会议的形势有些相似，是毛泽东最需要支持和维护的时候，是“需要有一点个人崇拜”的时候。

林彪拉长了他的尖尖的嗓子讲开了。他说：

我们党近几年内提出的三面红旗——总路线、大跃进、人民公社，是正确的，是现实生活的反映，是中国革命发展中的创造，人民的创造，党的创造。当然，三面红旗在开始提出时不那么完整。可是它在发展中逐渐完整起来，具体化起来，而且将会继续完整起来，具体化起来，继续发挥更大的作用。譬如说，鼓足干劲、力争上游，多快好省地建设社会主义这条总路线，毫无疑问是正确的。我们建设社会主义是需要多、需要快、需要好、需要省的，是能够多、能够快、能够好、能够省的。我们需要鼓足干劲，能够鼓足干劲；需要力争上游，能够力争上游。我们不能有相反的做法，不鼓足干劲的做法，不争上游的做法，少慢差费的做法。……这几年我们工作中产生的一些缺点，不是总路线本身的问题，而是执行中间的毛病。

大跃进，事实证明，可以大跃进，应当大跃进。去年、今年虽然生产数量不那么多，明年也不那么多，但是与我国各个历史时期比较起来，还是大跃进。大跃进与否，是比较来说的，同过去比，同客观事实比，就是大跃进。如与主观的过大过快的指标比，就不是大跃进。

人民公社，具有很多优越性。开始没有整套的经验，是自然的。但是它把初级化、高级化的优点都吸收过来，具有许多新的特点，它的效果日益显著，我们的确找到了一个建设社会主义，由社会主义向共产主义的道路。

林彪关于“三面红旗”的这一番讨论，的确言人之所未言，说出了毛泽东的心里话。

林彪接着对几年来造成的困难作出解释，他说，这种困难是多方面造成的，特大的自然灾害，给我们不可逃避的困难，工作中也有些错误，“可是这只是工作上的错误，而不是路线上的错误。”为什么会犯错误？他提出了“付学费”的说法：

我们这几年在物质方面有所减少，这种减少，就像学生们上学付学费一样，学出来以后，作用就很大了。一个小孩子，从上小学起，一直到大学毕业，十七八年的时间，他什么也没有生产出来，相反地，尽吃，尽穿。但是他学了以后，就会起很大的作用。如果没有付出那一点物质和时间，不让他学那么一下，他就不行。

林彪的讲话，更精彩的还在后头：

在困难的时候，我们更应该加强党的团结。我想，事情千千万万，项目多得很，而最大的，首要的，是党的团结。在困难的时候，我们应该更加依靠、更加相信党的领导，中央的领导，毛主席的领导，这样，我们才更容易克服困难。而且事实证明，这些困难，在某些方面，在某种程度上，恰恰是由于我们没有照着毛主席的指示、毛主席的警告、毛主席的思想去做。如果听毛主席的话，体会毛主席的精神，那么，弯路会少走得多，今天的困难会小得多。我感觉到，我们同志对待许多问题，实际上经常出现三种思想：一种是毛主席的思想，一种是“左”的思想，一种是右的思想。当时和事后都证明，毛主席的思想总是正确的……我个人几十年来体会到，毛主席的最突出的优点是实际。他总比较人家实际一些，总是八九不离十的。他总是在实际的周围，围绕着实际，不脱离实际……我深深感觉到，我们的工作搞得好一些的时候，是毛主席的思想能够顺利贯彻的时候，毛主席的思想不受干扰的时候。如果毛主席的意见受到不尊重，或者受到很大干扰的时候，事情就要出毛病。我们党的历史，就是这么一个历史。因此，在困难的时候，我们党更需要团结，更需要跟着毛主席走。

林彪说这几年犯错误都是因为“没有听毛泽东的话”，说“毛泽东的思想总是正确的”，这话不见得能使与会者人人信服。但林彪抓住一个“团结”的题目做文章，这足以使全党缄口，的确，党的团结是党的生命，它甚至比路线斗争更重要。谁怀疑“三面红旗”，谁怀疑毛泽东的正确领导，就是破坏党的团结，罪莫大矣！林彪还讲到中国在国际上肩负着反帝反修的重大责任，讲到战争不可避免，讲到如何准备打仗。讲到这些，更加突出了团结的重要性，突出了维护毛泽东的重要性。三年前庐山会议上，许多人心中赞同彭德怀的意见，因为怕党分裂，转而支持毛泽东。甚至噙着眼泪来劝彭德怀低头。林彪的这一番讲话，没有点任何人的名，语气也比较平和，都是正面阐述。然而林彪惯于拨弄弦外之音，谁敢承担破坏团结的责任，谁不愿跟毛泽东走？与会者心里蒙上了一层阴影。林彪讲话后，毛泽东带头鼓掌。林彪又一次得了重彩。

毛泽东的自我批评使与会者激动不已

1月30日下午，毛泽东在大会上作重要讲话。

这一天，人民大会堂里7000多名干部翘首以待。他们中多数人只从广播里听到过毛泽东的声音，今天终于能亲耳聆听领袖的讲话，个个都希望能早一刻听到领袖那启迪心扉、拨动乾坤的恢宏之论。

毛泽东偕刘少奇、周恩来、邓小平等中央领导人准时步上主席台。他步态轻松，面含微笑。瞬时，整个会堂中响起暴风雨般的掌声。

毛泽东讲话了，他从这次会议的开法讲起，接着转入主题。中心是讲民主集中制和认识客观世界的问题。毛泽东的讲话一仍其固有风格，谈古论今，引经据典，风趣幽默，其独特的语言魅力使与会者如沐春风，听到毛泽东的批评心中也是火辣辣的。

看起来，我们有些同志，对于马克思、列宁所说的民主集中制，还不理解。有些同志已经是老革命了，“三八式”的，或者别的什么式的，总之已经做了几十年的共产党员，但是他们还不懂得这个问题，他们怕群众讲话，怕群众批评。哪有马克思列宁主义者怕群众的道理？有了错误，自己不讲，又怕群众讲，越怕，就越有鬼。

不论党内党外，都要有充分的民主生活，就是说，都要认真实行民主集中制。要真正把问题敞开，让群众讲话，那怕是骂自己的话，也要让人家讲。骂的结果，无非是自己倒台，降到下级机关去工作……一个人为什么只能上升不能下降呢？……我认为这种下降和调动，不论正确与否，都是有益处的，可以锻炼革命意志，可以调查和研究许多新鲜情况，增加有益的知识。我自己就有这一方面的经验。

针对一些被错误处理的干部心有怨言的情况，毛泽东引用了司马迁的一段话：

司马迁说过："文王拘而演周易，仲尼厄而作春秋。屈原放逐，乃赋离骚。左丘失明，厥有国语。孙子膑脚，兵法修列。不韦迁蜀，世传吕览。韩非囚秦，说难孤愤。诗三百篇，大抵贤圣发愤之所为作也。"

司马迁讲的这些事情，除左丘失明一例以外，都是当时上级领导者对他们作了错误处理的，我们过去也错误地处理过一些干部，对这些人不论是全部处理错了，或者是部分处理错了的，都应当按照具体情况，加以甄别和平反。但是，一般地说，这种错误处理，让他下降，或者调动工作，对他们的革命意志总是一种锻炼。

他说，正确路线领导时期也可能处理错误，但与错误路线领导时不同，一经发现就能甄别、平反，赔礼道歉。而错误路线领导时不可能这样做，只能由代表正确路线的人起来纠正错误。

毛泽东这样一说，那些受过打击的干部心中的怨气似乎消了一大半。

毛泽东讲到党委的集体领导问题，批评一些省委、地委、县委第一书记说了算的现象。这时，毛泽东引用了刘邦礼贤下士和项羽"霸王别姬"的故事，说刘邦历来轻视儒生，儒生即今天的知识分子。刘邦见了儒生就骂粗口，甚至摘下儒生的高帽当尿壶用。儒生郦食其求见刘邦，刘邦坐在床上由两个女人帮着洗脚，客人来了，照洗不误，郦生长揖不拜，刘邦问："你是何人？"郦生说："我是高阳酒徒。足下要助秦攻打诸侯，还是率领诸侯攻打秦王朝？"刘邦骂道："竖儒！天下苦秦久矣，我怎么会帮助秦王朝？"刘邦求破秦计于郦生，郦生说："你洗脚见客，不是尊重长者的态度。"那时郦生六十余岁，刘邦正当壮年，故郦生自称长者，于是刘邦停止洗脚，整理衣冠，请郦生上座，表示了歉意，郦生就给他出主意破秦。因为刘邦得了批评意见，他得了天下。而楚霸王项羽，"力拔山兮气盖世"，却听不得批评意见，连忠心耿耿的亚父范增的意见也听不进去，最后演了出"霸王别姬"。

接着毛泽东语锋一转，批评道：今天我们一些领导干部也是听不得批评，你往那里一坐，本来很热闹的会场，马上没人说话。平时养成坏风气，你就别坐在那里了，让大家说话么！凡是这样的领导，如果不改，终有一天，他会“别姬”的。

毛泽东的话，引起会场一阵会意的笑声。

就在这时，引出了毛泽东的一段自我批评：

去年6月12日，在中央北京工作会议的最后一天，我讲了自己的缺点和错误。我说，请同志们传达到各省，各地方去。事后知道，许多地方没有传达。似乎我的错误就可以隐瞒，而且应当隐瞒，同志们，不能隐瞒。凡是中央犯的错误，直接的归我负责，间接的我也有份，因为我是中央主席。我不是要别人推卸责任，其他一些同志也有责任，但是第一个负责的应当是我。我们的省委书记，地委书记，县委书记直到区委书记，企业党委书记，既然做了第一书记，对于工作中的缺点错误，就要担起责任。不负责任，怕负责任，不许人讲话，老虎屁股摸不得，凡是采取这种态度的人，十个就有十个要失败。人家总是要讲的，你老虎屁股摸不得吗？偏要摸！

讲到这里，毛泽东伸开大手，有力地在空中一扫，作“摸”状，又引起大家轻松的笑声。

毛泽东作自我批评，说错误自己有份，应当承担领导责任，尽管他没有展开讲自己有哪些错误，这已使与会者感到震动。在党内，在人们心目中，毛泽东是正确路线的化身，是不会犯错误的。当时党里有这样的迷信：说毛泽东绝对正确，有些事办错了，也是歪嘴和尚念错了经，是下面的错。听到毛泽东这一段自我批评，在座的干部们被深深地触动，有的人当场落下泪来。

讲到犯错误的原因，毛泽东说：人们对客观世界的认识，要有一个过程。现在进行社会主义建设，也必须经过一个很长的过程，要翻过筋斗，碰了钉子，有了成功和失败的比较，才能比较主动、比较自由。恰恰在这个问题上，我们缺乏经验。社会主义经济，对于我们来说，还有许多未被认识的必然王国。接下来，毛泽东说了这样一段话：

拿我来说，经济建设工作中间的许多问题，还不懂得。工业、商业，我就不大懂，别人比我懂，少奇同志比我懂，恩来同志比我懂，小平同志比我懂。陈云同志，特别是他，懂得较多。……对于农业，我懂一点。但是也只是比较地懂得，还是懂得不多。……我注意得较多的是制度方面的问题，生产关系方面的问题，至于生产力方面，我的知识很少。

最近几年，我们不是干过许多蠢事吗？人家不骂，我们应当自己骂自己，从这些事来看，我们实在是太蠢了。

毛泽东如此诚恳、谦虚的一段话，在场的人听了，无不为之感动。可惜这段最能表达毛泽东诚恳和谦虚姿态的话，在修改印发时，改来改去，基本上改没了。毛泽东讲搞经济刘少奇、周恩来、邓小平，特别是陈云比他懂的话，全都去掉了。不过这些话给与会者留下了深刻的印象。

经过三年“大跃进”，三年困难，对社会主义建设的长期性，毛泽东也有了较深刻的认识。他说：“建设社会主义经济，在中国，50 年不行，会要 100 年，或者更多的时间。”“要赶上和超过世界上最先进的资本主义国家，没有 100 多年的时间，我看是不行的。”这比起他 1958 年在南宁会议、成都会议、八大二次会议的讲话，比起那些“苦战三年，基本改变面貌”、“十五年超英”、“七年超英”、甚至二年、三年“超英”的口号来，头脑的确要冷静多了。

“主席都检讨了，我们还有什么说的？”

毛泽东这篇关于民主集中制的经典式讲话，很可能是临时动议讲的。因为按照原定议题，大会在讨论和修改刘少奇的书面报告后就结束，安排 1 月 30 日或 31 日闭幕。31 日晚即可离京回家过春节。

可是，到 1 月 29 日下午，许多人反映，话还没有说完，还憋着一肚子气。有的组反映，会上还有人压制民主，不让讲话。本来会议议论很热烈，省委第一书记一进场，会场立即鸦雀无声。

毛泽东和常委们商量，决心让大家把话讲出来，把“气”出完。于是毛泽东提议延长会期，“在北京过一个革命化的春节。”1 月 29 日晚，毛泽东说：

为什么一定要回到你们家里过春节才算舒服？为什么我们在北京七千人一道过一个春节不好？我主张集体在北京过一个春节。有这么几天，我相信能够解决上下通气的问题。有一个省的办法是：白天“出气”，晚上看戏，两干一稀，大家满意。我建议让人家“出气”，不“出气”，统一不起来。没有民主，就不可能有正确的集中。因为“气”都没有出嘛！积极性怎么调动起来。到中央开会，还不敢讲话，回到地方就更不敢讲话。我们常委几个同志商量了一下，希望解决“出气”的问题。有什么“气”出什么“气”，有多少“气”，不管正确之“气”，还是错误之“气”，不挂帐，不打击，不报复。

毛泽东讲话后，当晚各中央局召开会议，迅速部署如何开好“出气会”。1月30日上午，各省召开动员会，号召大家打消顾虑，趁热打铁，把“气”出完，重点是对省委工作上提出批评。下午，毛泽东在大会上讲了上面那篇话，也可以说是全体代表的“出气”动员会。晚上，毛泽东在各中央局书记会上，对如何开好“出气会”作了指示。

中央常委分头参加各大代表团会议，刘少奇去安徽代表团，朱德去山东代表团，周恩来去福建代表团，陈云去陕西代表团。2月4日，毛泽东同大家一起看戏，5日，进行春节团拜活动，毛泽东和大家一起过春节。

1月31日至2月7日，各代表团召开“出气会”。省委书记、地委书记、县委书记们反应热烈，情绪激昂。他们说：“主席都检讨了，我们还有什么说的？”纷纷争着检讨，争着承担责任。与会人员都敞开了思想，指名道姓提出批评意见，把压在心头三四年的怨气都讲出来了。许多人说：“这次会议批评与自我批评的气氛，是反右以来所没有过的。”

县委书记们说：“中央把责任承担得太多了，工作没做好，在下边工作的同志应负主要责任。”原来有埋怨情绪的干部感到：“这样讲责任‘公平’，听了心情舒畅。”

县委书记和县长们在地方也是坐镇一方、说一不二的“大官”，在这次大会上却是基层干部。“大跃进”以来，他们被压得喘不过气来，说假话、放卫星、搞强迫命令、一平二调、瞎指挥、拆房、扒坟、砸锅、强迫老百姓进居民点、吃公共食堂……这些事都是他们亲自指挥干的，下面对他们有一肚子气，他们有责任。难道他们就没有气吗？难道不是上面压下来的吗？他们给地委领导提意见；地委干部也不服，给省委领导提意见；省委领导当然心中明白，许多做法是中央定的。是一次又一次中央会议的精神，能不贯彻吗？但他们给中央提意见就谨慎多了。责任自己承担起来，但也委婉地给中央书记处、给中央各部门、给中央（实际上是给毛泽东）提了一些意见，没有点名，只是讲到画框框定调子的一些著名论点。

随着讨论的深入，焦点集中到党内过火斗争问题。

2月3日，周恩来参加福建组的讨论，在听了大家的发言后，动气地说：“乱斗争行吗？不行，随便撤职，随便开除党籍，随便捕人、打人，都是不行的！”

同一天，朱德在山东组听到的，同样是对过火斗争的怨言。他在会上讲话说：这几年，党内斗争扩大化了，吃了一些亏，运动中打击面宽了，伤了人。

各中央局，各省市负责人站出来，主动承担了责任。

邓小平周恩来讲话分担责任，陈云没在大会上讲话

会议的最后两天，是朱德、邓小平、周恩来大会讲话。

2月6日，朱德在大会上讲了反对现代修正主义的问题。

当日下午，邓小平的讲话，中心是讲如何恢复党的优良传统、健全民主生活。

他从中央书记处工作的角度，对几年来工作中的缺点错误承担了责任：

> 关于这几年工作中的缺点和错误的责任，少奇同志的报告里已经讲明，中央首先负责，其次要负责的是省一级。而在中央，首先应由做具体工作的中央书记处负主要责任。中央书记处给毛主席和中央政治局常委写了一个报告，对这几年中央的文件，作了检查。当然，这个检查够不够，还要看。

2月7日上午，周恩来讲话。他从国务院工作的角度，对几年来工作中的缺点错误，承担了责任：

> 对于缺点和错误。在中央来说，国务院及其所属的各综合性的委员会、各综合口子和各部，要负很大责任。国家计划和具体政策、具体措施，有许多是由政府部门提请中央审核批准的。还有一些政策性的文件，没有经过中央审核批准，就由部门擅自发出，这更是无组织、无纪律的分散主义行为。

周恩来具体讲了自己犯错误的两个例子。一是1959年8月26日在人大常委会上规定跃进速度。农业增产超过10%是跃进，超过15%是大跃进，超过20%是特大跃进；工业增长超过20%是跃进，25%是大跃进，30%是特大跃进。当时本想降低一点增长速度，“可是提出的意见，是五十步对百步。”第二个例子他起草过一份中央关于权力下放的文件。轻工业下放98.5%，重工业下放76%。现在看权力下放过多，造成了分散主义。

“这是我的错，要交代”。周恩来说。

“交代一回也就好了。”毛泽东插话。

人们为周恩来勇于承担责任的坦荡胸怀和谦恭品格而感动。也有人对他过多地包揽责任，不以为然。因为“大跃进”中，周恩来是挨批的。

在会议期间，毛泽东几次请陈云在大会上讲话，陈云说：“在作工业调查，还没有调查完，现在还没有把握来讲话。”婉言谢绝了。

陈云历来头脑冷静，思考缜密，讲话谨慎，不到十分成熟的时候，不会拿出自己的意见。再者，陈云1958年与周恩来一起，因为“反冒进”受严厉批评，不好讲话。1959年庐山会议时，陈云在大连养病，未上庐山。庐山的风云变幻他有耳闻、在批彭会上，连彭德怀赞扬陈云懂经济的话，也有人搬出来批了。当有人提到彭德怀说过：“陈云关于经济工作是摸得熟的，”康生插话说：“他这话不是拿陈云比先念、一波，而是指毛泽东同志不行，这是挑拨。”庐山会议后反右倾，党内的过火斗争，陈云看在眼里，但无法说话。

这次七千人大会，能不能真正发扬民主，听得进批评意见，陈云也在看。毛泽东号召开“出气会”，在大会上当众讲：陈云管经济比他懂得多，这使陈云受到鼓舞。随后，各代表团放开言路，开展直言不讳的批评，这使他相信，这次大会的确与以往不同。七千人大会的真正成果就在发扬了民主。

2月8日，大会闭幕后，在陕西代表团召开的全体会议上，陈云终于讲了一番话。他说：“这几年我们党内生活不正常，‘逢人只说三分话，未可全抛一片心’，这种现象是非常危险的。”“在党内不怕说错误，就怕大家不说话。如果这样下去，我们的伟大事业就不能成功，肯定是要失败的”。

他对这次大会的评价非常高，他说：“这次大会取得了非常大的胜利，不要估计低了。只要有勇于开展批评和自我批评这一条，坚持真理，修正错误，我们共产党就将无敌于天下。”

这就是七千人大会，这就是七千人大会魅力之所在。很少有哪次会像这样可以畅所欲言、一吐胸中怨气；很少有哪种场合像七千人大会，可以指名道姓开展批评，甚至指陈顶头上司的错误；很少有过这样的情形：从中央主席到县委书记，人人作自我批评，承担责任。这种氛围给与会者留下了持久的深刻的记忆，再谨慎的人也相信：党内的风气以后会好了。那些来京时心事重重，怨言满腹的地委书记、县委书记们，现在放下了包袱，一身轻松离开了北京，回去抓工作、抓调整。

七千人大会为调整注入了动力。

七千人大会统一了认识吗?

然而，从今天看，当时人们对七千人大会或许估计高了。

七千人大会的确总结了经验，纠正了错误。但有一条不能逾越的界线："三面红旗"是正确的。路线没有错，只是执行中发生了错误。大家都小心翼翼地把握着这个大前提，不敢越雷池一步。这在当时，似乎很必要：既可以纠正错误，又不致引出分歧，甚至党内斗争。然而这样一来，纠错、总结经验不能不是初步的、浅层的。没有，也不可能从根本上否定"左"的指导思想——速成论和空想论。

毛泽东的讲话只字不提八大，总是从八大二次会议谈起，这是因为八大二次会议的路线，推翻了八大的路线。这次纠"左"，就其实质而言，是回到八大的正确路线。然而，毛泽东坚守八大二次会议的路线不退。在这个前提下，容许刘、周、陈、邓实行调整政策。

恰恰在"三面红旗"问题上，大会出现了微妙的分歧。与会者迂回曲折，对"三面红旗"提出了许多质疑和批评。在中央领导层，林彪发言对"三面红旗"的全面肯定与刘少奇有所保留的说法有很大差异。刘虽未明确否定"三面红旗"，但他不愿对此作最后定论，甚至说过五年、十年再作结论。这使毛泽东甚为不满，这不是"犹豫动摇"吗？为此，毛泽东在讲话中专门讲了一段。他说：

在1958年党的八大二次会议上，通过了"鼓足干劲，力争上游，多快好省地建设社会主义"的总路线，在那一年又办起了人民公社，提出了大跃进的口号。在提出社会主义建设总路线的一个相当长时间内，我们还没有来得及、也没有可能规定一套适合情况的具体的方针、政策和办法，因为经验还不足。在这种情形下，干部和群众，还得不到一整套的教材，得不到系统的政策教育，也就不可能有统一的认识和统一的行动。

这就是说："三面红旗"还是正确的，只是没有制定出具体方针、政策、办法来。因而下面干部没有统一的认识和行动。

不错，任何时期，一条正确路线制定以后，都有一个不断具体化不断完善的过程，都有一个制定具体方针、政策的过程。问题在于三年"大跃进"的错误不是具体政策上的错误，而是根本指导思想上的错误。只从具体政策、方针上作些调整，不对指导思想进行清理，其结果只是策略上的退却。一遇气候，错误东西又会卷土重来。

关于犯错误的原因，毛泽东反复强调是缺乏经验。从1960年的《十年总结》，到1961年的历次讲话，再到七千人大会的讲话，他始终把犯错误的主要原因限定在“缺乏经验”的认识论之上。甚至说错误难免，不犯错误，天诛地灭！这个“缺乏经验”说在七千人大会上引起很多非议，事实上很难服众。假如按照党的八大制定的路线稳步前进，假如按照周恩来、陈云的意见，既反保守又反冒进，假如按照邓子恢的意见在农村整顿高级社而不是一轰而起办人民公社，假如在庐山会议上听得进彭德怀忠言逆耳的劝告，假如不在全党开展反右倾斗争，那就不会有“大跃进”和人民公社化中的错误。有了错误也会及时纠正，不至于发生全国性的大灾难。

强调“缺乏经验”事实上模糊和转移了人们的视线，使人难以从更加深层原因上来认识错误，纠正错误。这个深层原因是：社会主义的空想模式以及党内民主生活的严重破坏。

毛泽东作的关于民主集中制的讲话，堪称经典。然而，毛泽东批评的主要锋芒是对着省、地、县三级党委负责人的。没有涉及中央领导层的民主集中制问题。事实上，党内民主生活不正常首先来自中央核心。1958年春批评“反冒进”，尤其1959年庐山会议使党内民主遭到严重破坏。对毛泽东的个人崇拜和毛泽东本人的个人专断的发展，正是问题的关键所在。对此，毛泽东没有任何反省。他甚至说：

> 拿中央常委和政治局来说，常常有这样的情况，我讲的话，不管是对的还是不对的，只要大家不赞成，我就得服从他们的意见，因为他们是多数。

七千人大会还有一个禁区：彭德怀问题。

大会的口径是：庐山会议后反右倾搞得不对，庐山会议批判彭德怀是正确的；下面可以甄别平反，彭、黄、张、周不能平反；彭德怀的问题不是他在庐山会上提了意见，而是他有反党小集团和里通外国。这种解释，堵塞了与会者的任何怀疑，大家都心照不宣，不去碰这个雷区。这就使七千人大会提倡民主集中制，实事求是，有错必纠的精神大打折扣。

在大会上，林彪的发言与刘少奇、邓小平、周恩来的发言，基调不和谐，明眼人一看就知道。问题还不在林彪怎样的与众不同，而在于林彪的发言是费尽心机的，他摸透了毛泽东的心思。

的确，毛泽东在大会上作了自我批评，使到会者感动。但是大会上如此多的干部提出如此尖锐的批评，尤其是刘少奇讲话中，用“一个大的马鞍形”来批评“大跃进”，还提出“三分天灾，七分人祸”等，这些话在当时听起来很刺激。毛、刘之间的分歧，毛对刘的不信任从此埋下了种子。1966年毛泽东在批判刘少奇的《炮打司令部》的大字报里，特别点到“1962年的右倾”。“文革”初期，江青说得更明白：“七千人大会憋了一口气，直到文化大革命才出了这口气。”

毛泽东对林彪的讲话十分赞赏，岂止赞赏，还带有几分感激。3月20日，毛泽东在外地给田家英、罗瑞卿写了一封信。信中说：

田家英、罗瑞卿二同志：

此件（林的讲话）通看三遍，是一篇很好、很有分量的文章，看了很高兴。

（一）是否应当送给林彪同志再看一遍，请瑞卿酌定。我意要送他看。如送，请瑞卿办理。

（二）同时送少奇、恩来、小平三同志看一遍，并征求他们的修改意见。如有修改，到北京最后酌定。

（三）我在第一个问题部分，有些小的修改，请你们酌定。

（四）此件没有什么特殊秘密，可以和别的同志的讲话一同发给那些人看或者读给另一些人听，这个问题向高级中级干部保守秘密，不让他们知道、好好想一想、早作精神和物质准备，是极为有害的。

1962年3月20日上午9时

毛泽东

周恩来、邓小平的讲话都批发下去了，但只有林彪的讲话得到毛泽东的赞誉，刘少奇的口头报告没有下发。

4月29日和30日，毛泽东在武汉梅园同罗瑞卿连续两次谈话。他问罗瑞卿：

“林彪同志在七千人大会上的讲话，你能不能讲出这样一篇来？”

“我怎么讲得出来？我水平差得远，恐怕永远也不可能讲出来。”罗瑞卿回答说。

毛泽东说：“讲不出来，可以学嘛！”

七千人大会使大家思想轻松了许多，毛泽东却一点也不轻松。他似乎感到自己的形象、自己的权威、自己的路线受到某种威胁，心事沉重起来。

一天，毛泽东把他的老卫士长李银桥叫到自己的卧室。他一只手握住李的手，一只手轻抚着李的背。

“唉”，毛轻轻叹息一声，“你跟我这么多年，人也长大了。……可是老跟着我怎么行啊？我死了你怎么办？”

李银桥泪水滚落下来。

七千人大会以后，毛泽东把调整国民经济的繁重任务，交给了刘少奇、周恩来、邓小平，自己到外地去了。这一走，毛泽东的主要注意力从此离开了经济建设；这一走，他与中央常委多数人的认识也拉开了距离。

2 少奇主政　疾呼“非常时期”
陈云受命　力主“伤筋动骨”

西楼会议上，刘少奇疾呼：“现在类似非常时期”

毛泽东离京南下，刘少奇在北京主持中共中央日常工作。

说到刘少奇主政，这里要说一个插曲。

还在 1961 年 9 月下旬，毛泽东突然两次讲到他的接班人问题，明确说，“以后两个主席都姓刘。”

那时，英国元帅蒙哥马利来访，外交部办公厅副主任熊向晖和总理办公室秘书浦寿昌负责接待。或许是客人出了题目，或许毛泽东有意放放空气。9 月 23 日，毛泽东同熊向晖和浦寿昌谈话，发了以下的一篇议论：

八大通过新党章，里头有一条：必要时中央委员会设名誉主席一人。为什么要有这一条呀？必要时谁当名誉主席呀？就是鄙人。鄙人当名誉主席，谁当主席呀？美国总统空缺，副总统当总统。我们的副主席有六人，排头的是谁呀？刘少奇。我们不叫第一副主席，他实际上就是第一副主席，主持一线工作。刘少奇不是马林科夫。前年，中华人民共和国主席改名换姓了，不再姓毛名泽东，换成姓刘名少奇，是全国人民代表大会选出来的。以前，两个主席都姓毛，现在，一个姓毛，一个姓刘。过一段时间，两个主席都姓刘。要是马克思不请我，我就当那个名誉主席。

第二天，毛泽东在武汉会见蒙哥马利。

蒙哥马利问：“你的继承人是谁？”

毛泽东答道：“很清楚，是刘少奇。他是我们党的第一副主席。我死后，就是他。”

“刘少奇之后是周恩来吗？”蒙哥马利又问。

毛泽东说：“刘少奇之后的事我不管。”

听到这里，使人联想起三国时诸葛亮临终前，刘禅五丈原问政的典故。

毛泽东在这种场合讲这番话，是随便一说，还是另有深意，颇让人寻味。从以后的事态发展看，毛泽东并没有引退之意。他对刘少奇这位“接班人”并不满意。

这件事至少可以证实一点，自从进入调整时期，刘少奇的影响明显上升了。七千人大会以后，这一点更加明显。然而，这时，毛泽东已对刘少奇产生了不满。刘少奇觉察到没有，不得而知。从他在七千人大会上的讲话看出，刘少奇感到，再也不能事事迁就，瞻前顾后了。必须下决心搞好调整，摆脱困境。

作为主持中央工作的“第一副主席”，他也没有其他选择。党、国事业，黎民生计，重任在身，不容稍有懈怠。

七千人大会出了题目，定了原则，具体如何调整法，没有切实研究。那么多人在一起，人多嘴杂，也没办法研究。这个责任便落到了刘少奇及周恩来、邓小平、陈云等常委们身上了。

刘少奇决定开一次中共中央政治局常委扩大会议研究这件事。七千人大会结束后两星期，1962年2月21日，常委扩大会议开始举行，连着开了三天。常委当中毛泽东、林彪离京外出没有到会，其余

中南海西楼

都参加了。因为人数不多，只有几十人，会议地点就放在了中南海西楼会议室。所以后来称它为“西楼会议”。就是这个西楼会议，“文化大革命”中受到猛烈攻击。

会议首先讨论国家计委和财政部提出的年度报告。核算下来，发现当年财政收支出现30亿元赤字，这是原先没预料到的。这在经济严重困难的情况下将十分危险。

其实，财政出现赤字，并非1962年开始，从1958年就有了。经过核实，1958年21.8亿，1959年为65.8亿，1960年为81.8亿，1961年为10.9亿。只是屈于政治压力，怕戴右倾的帽子，财经部门没敢报告。

刘少奇听后，十分生气。批评经济部门没有揭露矛盾和提出解决问题的办法，责成他们重新提出报告。

他说:“有赤字要提出来警告大家，采取措施来弥补。过去几年没有揭露赤字是不对的，搞不好，经济还要继续恶化。只要暴露了问题，才好解决问题。”

刘少奇大声疾呼：七千人大会“对困难情况透底不够，有问题不愿揭，怕说漆黑一团！还它个本来面目，怕什么？说漆黑一团，可以让人悲观，也可以激发人们向困难作斗争的勇气。”

“现在处于恢复时期，……是个不正常的时期，带有非常时期的性质，不能用平常的办法，要用非常的办法，把调整经济的措施贯彻下去。”

陈云拿出克服困难的对策

七千人大会上，陈云谢绝了毛泽东让他在大会发言的邀请，并不是他心中没底。通过这几年的冷静观察，深入摸底，加上上一年亲自回老家上海青浦县调查，他对当前的经济形势已了然于胸。七千人大会上，包括毛泽东在内，大家都作了自我批评，同意落实调整方针。陈云认为：想必不会有大的阻力了。是时候了，该拿出自己的对策了。

在西楼会上，陈云终于对当前形势和如何走出困境的看法和盘托出。

陈云认为，要下决心进行调整，必须对当前的困难有个清醒的认识。

陈云分析经济的困难，指出了五点：

“一、农业在近几年有很大的减产。1961年的产量同1957年相比，粮食大约减少800亿斤，棉花等经济作物和畜牧产品也减产很多。”

当前面临的最大困难是农业减产，粮食不够吃。

“我们都是干革命的，搞社会主义的，对于这样关系全国6亿多人民的大事，关系整个社会主义建设的大事，是不能不关心的。”陈云说。

这时，还有人为了维护“大跃进”的面子，还在闭目塞听，硬说“有的乡村，农民吃得好，鸡鸭成群”等昏话。陈云毫不客气地批驳说：“有这样的乡村，但这是极少数。全国大多数地区不是如此，大多数农民粮食不够吃。”

农业能很快恢复吗？对这个问题的不同估计，决定着经济决策的大局。如果一年半载就能恢复，那就用不着大调整。

陈云分析了农业生产的一些基本条件，如土地、耕畜、肥料、农具、种子、水利、机械，以及工业支援农业的可能性等，一一数来。有利与不利相抵，陈云得出结论：恐怕很难说目前的情况比一五计划时好。农业的恢复不会很快。“农业恢复能够多快，目前还不能肯定，需要再看一两年”。

“我们工作的基本点应该是：争取快，准备慢。”

“二、已经摆开的基本建设规模，超过了国家财力物力的可能性，同现在的工农业生产水平不相适应。”陈云说。

说到工业规模，分歧就更大了。工业高速度，尤其钢铁高速度，这是“大跃进”的主要目标。“大跃进”中搭起来的“架子”，都不愿把它拆掉。有人说：“大跃进”那几年建设规模是合适的，就是因为有灾荒才发生了问题。有人说：是农业拖了腿，不然就正好。在他们看来，好像是工业吃了农业的亏，工业本身没问题。

陈云不同意这种观点。

他说：最近几年工业建设的大发展，是建立在 1958 年生产 7000 亿斤粮食、7000 万担棉花的错误估计上的。当时认为粮食过关，可以去办工业，所以大量招工。又是根据钢产量很快可以达到 5000 万至 6000 万吨的设想来布置的。已经摆开的建设规模，不仅农业负担不了，也超过了工业的基础。不仅在灾荒年内负担不了，即使正常年景，也维持不了。

陈云列举的另外三个困难是：

钞票发得太多，通货膨胀。这几年挖了商业库存，涨了物价，动用了很大一部分黄金、白银和外汇的储备，在对外贸易上还欠了债，并且多发了 60 亿～ 70 亿元票子来弥补财政赤字，这些，都是通货膨胀的表现。照现在的情况看，在采取有力措施以前，恐怕还不能停止。我们必须坚决扭转通货膨胀的趋势。

城市的钞票大量向乡村转移，一部分农民手里的钞票很多，投机倒把在发展。

城市人民的生活水平下降。吃的、穿的、用的都不够，物价上涨，实际工资下降很多。

陈云认为：以上一、二两点是基本的，其他三点都是派生出来的。

怎么办？陈云提出了六条克服困难的对策：

一、把10年经济规划分为两个阶段。前一阶段是恢复阶段，后一阶段是发展阶段。恢复阶段从1960年起，大体上要5年。如果不是这样，笼统地要大家执行10年规划，又想发展，又要下马，又想扩大规模，又要“精兵简政”，就会彼此矛盾，举棋不定。分成两个阶段，基本建设和若干重工业生产的指标先下后上，任务就比较明确。

二、减少城市人口，“精兵简政”。如果现在不减，财政继续亏空，市场发生动乱，就会更加被动。对于减人，大家一定要下定决心，否则没有出路。

三、采取一切办法制止通货膨胀。严格管理现金，节约现金支出；尽可能增产人民需要的生活用品；增加几种高价商品。高价商品品种要少，回笼货币要多，只要基本生活资料不涨价，就不会出大问题；坚决同投机倒把活动作斗争。

四、尽力保证城市人民的最低生活需要。分几步做到城市每人每月供应3斤大豆；每年供应几千万双尼龙袜子；把全国各地价值约4000万到5000万元的山珍海味等高级副食品，用于高价馆子，价钱卖贵一点。既可以改善一部分人的生活，也可以回笼不少货币。

五、把一切可能的力量用于农业生产。除增加粮食外，重新考虑保证经济作物增产的办法；对不同的产粮区，研究出不同的增产办法；拨出一部分钢铁、木材，制造中小农具。

六、计划机关的主要注意力，应该从工业、交通方面，转移到农业增产和制止通货膨胀方面来，并且要在国家计划里得到体现。“增加农业生产，解决吃、穿问题，保证市场供应，制止通货膨胀，在目前是第一位的问题”。要“把这些事情摆到头等重要的位置”。

陈云的这篇讲话，对时局的分析鞭辟入里。既没有“形势大好”的套话，也没有顾及“已经走到谷底”、“最困难时期已经过去”的估计。他提出要用五年时间来进行调整，与毛泽东在七千人大会前提出1962年大抓一年，争取各行各业都“跃进”的想法大相径庭。他说建设规模超过了农业、工业所能负担的极限，使一些不愿退却的人沮丧。他关于存在通货膨胀的说法，也十分刺耳，社会主义还有通货膨胀吗？

然而，刘少奇、周恩来、邓小平都表示完全赞成。

刘少奇对陈云说:“光是你在这个会上讲我们赞成还不行，建议召开一次国务院的全体会议，更充分地讲一讲，让参加国务会议的全体成员都了解我们的经济情况，了解我们的方针政策。”

陈云接受了这个建议。

2 月 26 日，国务院各部委党组成员会议在北京召开。

在李富春、李先念讲话之后，陈云发表讲话，再次阐述了他在西楼会议上的意见。

全场静谧，全神贯注。陈云讲完，全场完全自发地长时间的热烈鼓掌。

很久没有听到过这样没有假话、套话、大话，完全实事求是的讲话了。陈云的分析透彻明了，不容置疑。在这之前，虽然也讲困难，总是犹抱琵琶半遮面，藏着掖着，这一次困难讲够了，办法也确实可行。大家心里有豁然开朗的感觉。

真是：山重水复疑无路，柳暗花明又一村。

会后，各部委纷纷要求传达。

中央书记处开会。邓小平说：全部传达，怎么讲就怎么传达。刘少奇同意用中央的名义转发全国。

这些天，刘少奇对不断揭发出来的问题心急如焚。

2 月 26 日，他看到财政部一个报告，反映北京钢厂由于超负荷生产，造成连年亏损，几乎把国家的投资全部赔光了，刘少奇批给彭真、刘仁阅处，严厉地指出：

> 国营工厂如果照这样办下去，结果会怎样呢？难道不会亡国吗？

刘少奇希望尽快地把陈云的意见发下去。

3 月 12 日、13 日，刘少奇主持中央政治局常委扩大会议。讨论转发陈云讲话的中央批语。刘少奇问:“对困难的估计，是有十分只讲八分好，还是有十分就讲十分好？”他的意思是要把困难估计够，工作才能主动。

会上通过了中央转发讲话的指示。刘少奇说:“我们这个会是通过了，毛泽东同志不在北京，我们要立即向他汇报。”

3 月 16 日，刘少奇偕周恩来、邓小平二人飞到武汉，向正在武汉东湖宾馆休假的毛泽东汇报了中常委的决定。刘对毛说:“我们同意陈云讲话，起草了一个指示，会议上是通过了，还要请主席看一看。”

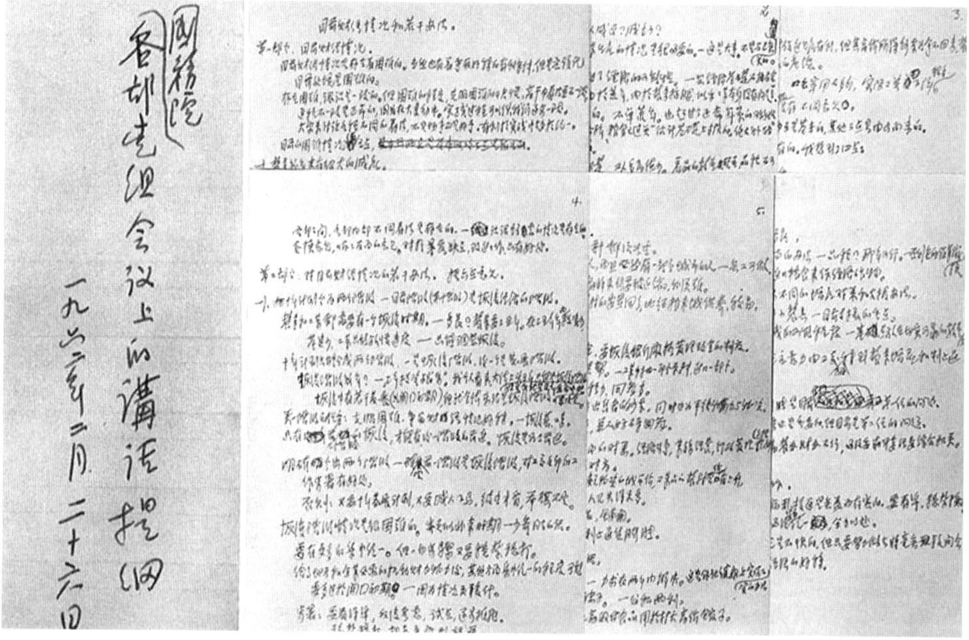

1962 年 2 月 26 日，陈云在国务院各部委党组会议上的讲话提纲手稿

刘接着说：“这个问题我也在会上讲了，如果主席同意，我们就发出去；如果主席不同意，我们重新开会议论。”

毛泽东看了看陈云讲话和中央转发讲话的指示，表示同意拟发省、军级参阅。

毛泽东曾经批评：“四时八节，强迫签字。”这次是不是“强迫签字”呢？毛泽东没有表露。

3 月 18 日，中共中央将陈云讲话加上按语转发到全国各省市和各部门，同时下发的还有李富春、李先念两个讲话。这个中央批语传达了西楼会议精神。写道：目前处在一个非常困难的时期，必须确定一个恢复时期，以农业为基础，全面地调整国民经济。

陈云临难受命，刘少奇说：“全力支持你，支持到底”。

西楼会议后，中央常委酝酿恢复中央财经小组，统管经济工作。

中央财经小组是 1958 年 6 月成立的，组长陈云，副组长李富春、李先念。后来“大跃进”浪潮呼啦啦掀起，一切常规被打乱，这个小组也就无形之中停止了工作。现在，国民经济调整工作如此繁重，迫切需要有一个全国统一的指挥部。刘少奇竭力主张把中央财经小组恢复起来，并且希望陈云继续担任组长。

陈云，中国共产党内最杰出的计划经济专家。自1949年初从东北调回中央后，一直主持财经工作，政务院成立后，任副总理兼财经委员会主任。他具体组织领导了建国初期经济战线上的“三大战役”，迅速稳定了动荡的经济形势，根除了国民党时期留下来的脱缰野马般的通货膨胀，发展了经济，支持了抗美援朝战争。紧接着又领导了资本主义工商业改造工作和“一五”计划的制定和经济建设工作，有着卓著的贡献。

毛泽东曾很赞赏地说，陈云同志所管的财经工作不是教条主义的，是按照中国情况办事的，有创造性的。党的八大，陈云被选入中常委，位列四个副主席之一。

然而，随着毛泽东急于求成指导思想的发展，陈云一贯实事求是、稳妥可靠的经济思想被弃之一边。陈云讲话，不仅于事无补，反而会招来非议，索性缄默不语。

经过三年“大跃进”和三年（1959年至1961年）严重经济困难，毛泽东领导经济闯了大乱子而难以收拾。大家回过来看看陈云当年的那些论点，真是金玉良言。由陈云出来重新主管财经工作，是众望所归。刘少奇、周恩来都劝陈云出山。

陈云一再推辞，说自己身体不好，当组长不合适，可以当成员，有意见时可以提。他说：相信财经小组会认真考虑他的意见。于是，会上确定李富春当组长，周恩来、陈云都是成员。

3月7日，在第一次中央财经小组会上，陈云再次讲话。他提出：“现在可以不搞10年规划，先搞5年计划。”因为“现在说发展，情况还摸不准”、“当前重要是恢复”。

“今年的年度计划，需要有一个相当大的调整，重新安排”，调整实际上是放慢工业生产和基本建设的速度，把重点放在农业和市场上。

“要准备对重工业、基本建设的指标伤筋动骨。”

“伤筋动骨”四个字形象地表达了陈云对大规模调整的决心。

“综合平衡”，这是陈云经济思想的核心，搞计划经济，不搞综合平衡，等于不要计划。就是这样一条基本规律，“大跃进”中被批得体无完肤。说综合平衡是消极平衡，是忽视了人民群众的积极性创造性。主张积极平衡，说平衡是相对的，不平衡是绝对的，事物的发展就是不断打破平衡。其结果可想而知，吃尽了苦头。

陈云讲话对“积极平衡”这个“大跃进”的理论基础大胆地给予了批驳。他说：“这个问题有很多争论，牵涉到积极平衡和消极平衡的提法。”

“我的看法是，综合平衡必须从现在开始，今年的年度计划就要搞综合平衡，开步走就要搞综合平衡。”

陈云尖锐地指出：“搞经济不讲综合平衡，就寸步难移。”

陈云接着说：“再说按什么‘线’搞综合平衡，无非是长线、短线。过去几年，基本上是按长线搞平衡。这样做，最大的教训就是不能平衡。”“按短线搞综合平衡，才能有真正的综合平衡”。

他说：“以后再不要只想到钢了。”

陈云的讲话真是一针见血。

刘少奇、周恩来十分赞同陈云的意见。周恩来当场用一副对联概括了陈云的思想：“上联是先抓吃穿用，下联是实现农轻重，横批是综合平衡。”

这个讲话记录，经陈云看过，在小范围内印发。

刘少奇仍然希望陈云出任中央财经小组组长。

在 3 月 13 日的中常委扩大会议上，刘少奇说：“有人向我建议，恢复后的中央财经小组请陈云当组长，李富春当副组长，是不是再议一下。”

李富春马上说：“陈云当组长最合适，我当助手。”

会议就这么定下来。这次会议陈云没有参加。

毛泽东同意中常委的意见。

刘少奇从武汉回到北京后，觉得陈云对经济工作的意见应该让更多的人了解。他要秘书邓力群组织几个人，把陈云几年来有关经济工作的言论收集起来，编辑印发。

在党内除了毛泽东的讲话外，汇编印发其他人的讲话，没有先例。而且陈云的经济思想与“大跃进”是两

1962 年 4 月 19 日，中共中央宣布陈云任中央财经小组组长，统管财经工作。图为陈云与李先念在一起

种不同的建设思路。陈云几次表示不同意。

刘少奇劝说道："可以不广泛印发，只发给中央财经小组成员和政治局常委、书记处的同志看看。"

陈云的经济言论很快编印了出来，并写了个内容提要。刘少奇特地给毛泽东写了封信，推荐这些论述：

主席：

最近，我要邓力群找陈云同志几年来有关经济工作的一些意见来看，他找来了，并搞了一个摘要。我只看了这个摘要。现特送上，请主席看看。此外，陈云同志在今年三月七日财经小组会议上的讲话，也提出了一些重要的意见，很值得一看。

以上几个文件，已要办公厅发给中央常委、书记处和中央财经小组各同志。是否还要发给其他同志？请主席阅后酌定，再征求陈云同志意见。

毛泽东收到材料，未置可否。不过，这份材料，直到八九月北戴河会议时，还摆在毛泽东的桌子旁边。由此看出，毛泽东对这件事是很重视的。

刘少奇从思想上、组织上、舆论上，尽力支持陈云。他深知，这是受命于危难之际，责任重大，工作艰巨，况且陈云的身体又一直不大好。陈云一再推辞。刘少奇亲自登门看望，促膝长谈，交换意见。他对陈云说："大家都同意你当，你就当。就我个人来说，全力支持你，支持到底。"

4 月 19 日，刘少奇签发中共中央通知，向全党宣布，陈云任中共中央财经小组组长，李富春、李先念为副组长，周恩来、谭震林、薄一波、罗瑞卿、程子华、谷牧、姚依林、薛暮桥等为成员。

这时，因为身体十分虚弱，根据医生意见，陈云已到华东休息。调整的主要工作由刘、周、邓负责。重大决策陈云参与意见。

五月会议下了"毒蛇噬臂、壮士断腕"的决心

1962 年 5 月 7 日至 11 日，中共中央政治局常委在北京举行工作会议，讨论中央财经小组提出的《关于讨论 1962 年调整计划的报告》。

出席会议的有在京的政治局常委刘少奇、周恩来、朱德、邓小平；中央政治局委员和书记处书记彭真、陈毅、李富春、贺龙、李先念、乌兰夫、陆定一、陈伯达、康生、谭震林、王稼祥、李雪峰、杨尚昆、罗瑞卿，还有中央局、中央各部门

负责人，国务院工交、农林、财贸、文教、科学各口的负责人，共105人。通称“五月会议。”

会议由刘少奇主持，毛泽东、林彪和陈云在外地，没有参加。

在这之前，各部委和各省市都传达学习了西楼会议精神，尤其陈云的讲话。4月26日，中央应各省市的纷纷要求，发出补充通知，将传达陈云讲话的范围扩大到地、市委级。各省和中央各部门在听了传达之后，普遍反映强烈，思想进一步解放，敢于暴露过去不敢暴露的问题。中央财经小组在3、4月广泛听了各部门的汇报后，着手大幅度调整1962年计划。草就了报告，随即由薛暮桥带往杭州，向正在那里疗养的陈云汇报，陈云同意后，4月下旬正式报送党中央。

五月会议对中央财经小组的报告进行了认真的讨论。在大会上，李富春讲了进一步压缩城镇人口、精减职工、缩短工业生产战线和贯彻农轻重方针的问题；李先念讲了粮食、外贸问题；邓子恢讲了进一步巩固人民公社制度的问题；谢富治讲了巩固人民民主专政的问题；林枫讲了教育问题。在最后一天的大会上，四名政治局常委讲话，周恩来讲了经济形势和方针任务以及粮食、外汇、市场、精简等问题；邓小平讲了当前的中心工作、甄别平反和加强各级党委领导核心的问题；朱德讲了农村工作问题；刘少奇讲了当前经济形势和工作中应注意的问题。

讨论的重点仍然围绕着对形势的估计。

由于有了这几个月的酝酿，这次中财小组提交给中央工作会议的报告，对于面临的经济困难讲得更加具体。

《报告》说，西楼会议揭露了财政收支有很大的赤字，商品供应量和社会购买力之间有很大的逆差，使我们对当前财政经济方面的困难的认识，比过去进了一步。

《报告》具体摆出了国民经济八个主要方面的困难情况：

一是粮食供应还很紧张，经济作物还在继续减产，整个农业战线的恢复不可能很快。全国粮食总产量要恢复到1957年的水平，需要三五年的时间，整个农村经济要恢复到1957年的水平，需要更多的时间。

二是工业生产要上去，没有农业的恢复不行，没有工业内部的大调整也不行。

三是基本建设规模缩小以后，必须踏步两三年，作好调整工作，才能创造条件，继续前进。

四是货物运输量减少了，铁路运输的紧张状况暂时缓和下来，目前突出的问题是短途运输能力严重不足。

五是职工人数大大超过了目前的经济水平，特别是农业的生产水平。

六是市场的供应情况，特别是吃的和穿的，在今后三五年内很难有大的改善。

七是对资本主义国家外汇的收入不可能再增加，支出的一半左右必须用于进口粮食。

八是财政政策亏空，货币发行过多，主要商品挖了库存，生产资料大量积压。许多企业严重亏损，目前算起来一共可能有250多亿元，或者更多一些。

报告总括说：上述国民经济八个方面的困难情况，集中反映为国民收入的显著下降。“1961年的国民收入总额为790亿元，比1957年的932亿元减少了142亿元。如果不扭转国民收入的这种下降趋势，我们就不可能增加积累基金来扩大再生产，也不可能增加消费基金来改善人民生活。”

中财小组的这份报告把当前的困难形势讲透了。

大家纷纷发言，表示赞同。

有人说：“现在困难很大，而调整进度却很慢，主要是因为大家对困难的深度和克服困难的艰巨性认识还不一致。比较普遍的情况是：还有些盲目乐观情绪和侥幸心理，似乎只要今年农业有个好收成，明年就可以万事大吉了。所以，大家都在观望、等待，硬撑着空架子，不肯收摊子减人，使以后恢复起来更加费劲，而且万一国际上有个‘风吹草动’，粮食进不了口，全局就不堪设想。”

有的反映：“现在还有些部门和地方对恢复农业的困难没有足够的认识，进行调整的决心不大，还是陈兵列马，以为只要有一两个好夏收秋收，就可以全部人马重新再上。这是同中央精神相违背的。”

有人大声疾呼：“要有‘毒蛇噬臂、壮士断腕’的决心，把一切人力、财力、物力集中用在刀口上，打歼灭战，同时忍痛割掉一些东西。”

“毒蛇噬臂、壮士断腕”，这八个字概括了五月会议的决心。

刘少奇讲了话。他说：“目前的经济形势到底怎么样？我看，应该说是一个很困难的形势。现在经济上来说，总的讲，不是大好形势，没有大好形势，而是一种困难的形势。”“这一点，我看要跟干部讲清楚。讲了这样多年的大好形势，现在讲没有大好形势，而是一种困难形势，这个话是很难讲。”

刘少奇转向中央局书记们，接着说：“我们这回切实这样讲一讲，你们回去跟省委书记讲一讲，然后大家才好讲。”

刘少奇直言不讳地改变了七千人大会关于“最困难的时期已经过去”的基本估计。他说：“恐怕应该说，有些地区困难的时期已经过去了，但在城市里面，在工业中间，最困难的时期还没有过去。”

这样讲会不会有危险？会不会使人泄气？会不会被动？

刘少奇说：“我看，对困难估计过分危险性不大，但是对困难估计不够就危险了。我们多少年是因为估计不够而陷于被动。”他强调说：现在的主要危险还是对困难估计不够，要准备着迎接困难，克服困难，再不能安慰自己。

周恩来的讲话，同样强调要充分估计困难。他认为调整恢复短期内难以完成，应该有一个独立的调整时期。这个阶段大约3—5年。他说：“前年经济调整的时候，觉得很快就调整过来了，去年经济调整也还是这样想。今年七千人大会之后，在西楼开会，陈云同志讲了话，少奇同志作了结论，毛泽东同志也同意，就是说，调整时期要成为一个阶段，主要内容就是恢复。”

他说：“现在看，这个调整时期要相当长。一般设想，第三个五年计划时期恐怕就是个调整阶段，甚至于还不够。恢复短期内难以实现。”为什么需要这么长时间？因为粮食生产恢复到1957年水平，“总要三五年，少的三年，多的五年，有一部分地区也许要超过五年。至于农业的全面恢复，包括经济作物，农、林、牧、副、渔，都要超过五年。”

之所以要一个独立的调整阶段，还因为“我们对新的发展，总的规模还没有完全摸清楚。”周恩来深有感触地说：“要承认自己不行”，“建设时期丝毫骄傲自满不得，丝毫大意不得”。

参加会议的人一致赞同中央对形势的分析。会议通过中财小组的报告，确定了3—5年时间专门用于调整。并且确定了大幅度调整的措施。这些措施概括地说：一曰“减人”，二曰“下马”，三曰恢复农业和稳定市场。每一项都“伤筋动骨。”

非常时期的非常措施

关于减人。这从1961年就开始了。

1960年全国城镇人口达到1.3亿多人，比1957年增加3124万人，增加了1/4。1961年确定精减职工和城镇人口的方针，当年减少城镇人口1000多万，其中精减职工873万人。

然而，到1961年年底，城镇人口还比1957年多出2758万人。经过七千人大会，西楼会议和国务院扩大会议讨论，认为城镇人口还是过多，粮、油、副食供应难以保证。五月会议决定，在 1962 年内再减城镇人口 1000 万，其中职工 850 万。

这是一项不得已而采取的非常措施。

这是一次人口的大迁徙。

周恩来说："这是一个中等国家搬家，这是史无前例的，世界上也没有的，也可能真是空前绝后。"

下这么个决心的确不容易。周恩来说："去年不可能，前年更不可能，现在下这个决心，其目的，就是要把我们的经济生活来一个大幅度的调整。使我们的经济生活在新的发展基础上来一个大改组。"

刘少奇说："我们下决心减少城市人口 2000 万，这也算一个勇气。搞这件事，我看应该是决心要大，行动要快，但是要有区别，有步骤地来进行，不能慌慌忙忙一股风。在向群众解释时，党政领导要负责向群众作自我批评，说我们这几年犯了一些错误，有很多缺点，因此把你们招来多了。现在只好请你们回去。要向他们请求，要求他们，要做普遍深入的群众工作，以便使我们的思想跟群众的思想能够统一起来，然后就能统一行动。"

大下放，会不会出乱子？

刘少奇说：要先保证"大城市不闹大事，尽可能不出乱子，少出乱子，不出大乱子。但是我们也还要准备出乱子"。

人民是顾全大局的。精减和下放工作进展得顺利，没有出大乱子。如此浩大的人口迁徙，到了 9 月份，就基本完成了。当年全国共减少职工 940 多万人，减少城镇人口 1048 万人。

毛泽东说起这件事，感慨地说："我们的人民好啊！几千万人招之即来，挥之即去。不是共产党哪个能办到？"

仅此一件事，可见当时共产党号召力和控制力有多大，可见当时中国人的组织性和纪律性有多强。然而，这种"招来挥去"的事绝不能多做，党的威望也是一种资本，透支了，就会失信于民。

1979—1980 年，邓小平几次谈到这件事。他说，过去遇到困难，党中央一句话，全国照办，非常顶事。"两千多万职工下放，走群众路线，讲清楚道理，大家并不埋怨。"他感叹说："现在就不那么容易了。"

关于"下马"，就是坚决降低工业生产指标，缩小基本建设的规模，对现有工业企业进行"关停并转"。

年初，计划1962年的基本建设投资额压缩为67亿元。这不但比1960年的384多亿元少310多亿元，而且比1961年的127亿元也少将近一半。但是，会议深入研究之后，决定再压低到46亿元。后来，追加到67.6亿元。施工项目减少2/3以上。大批新建项目砍掉了。大批在建项目也被迫下马停建。留下大批“克朗猪”，半拉子工程，的确是“伤筋动骨”。这一砍，使居高不下的积累率大幅度地降了下来，从1960年的39.6%，1961年的19.2%，降到1962年的10.4%。这是建国后几十年间，积累率最低的年份。

降低指标，重点是降低重工业指标。对原1962年计划指标，再分别降低5%到20%。其中煤从2.5亿吨降为2.39亿吨；钢从750万吨降为600万吨。钢产量指标从1960年的2000万吨降到1961年1000万吨，再降到1962年的600万吨，砍了70%。

现有工业企业的下马即关停并转，更是“壮士断腕”的重大举措。

1961年底全国共有61800多个国营企业，中央直属的基本建设单位共有849个。这样多的企业和建设单位，不但同目前的农业生产水平极不适应，而且同调整后的1962年工业生产建设任务也极不适应。

例如全国有食品企业2.1万多个，制糖、卷烟、罐头等行业的开工率只达到20%到30%；又如1962年棉纱的计划产量只有260多万件，最多只要保留500万到600万纱锭、100个以下的纺织厂，可当时共有近1000万纱锭、236个纺织厂，一半以上生产能力闲置。

又如按照调整计划，有50至60个机床厂开工就够了，但当时生产机床的专业工厂还有110多个。

总之，全国有许多企业生产任务不足或根本没有任务，但它们还要消耗很多燃料、电力和一部分原材料，国家要支付大量的工资和管理费用。

中央确定：下定决心，“有计划地保住一批工厂，缩小一批工厂，合并一批工厂，关掉一批工厂，并且改变一批工厂的生产任务。”

经过调整，全民所有制企业在1961年减少2.5万个的基础上，1962年又减少1.8万个，相当1960年末9.6万个企业的44.8%。冶金、建材、化工和机械工业企业的数目分别减少70.5%、50.7%、42.2%和31.6%。加强了煤炭、石油、化工等短线产品的生产能力。转产了110个机械工业企业约3万人、5500台机床到农业机械生产部门，也拨出了一些企业给军事部门加强军工生产和维修的能力。集体所有制企业也大批下马。农村社队办的企业基本上停办了。

大批基建项目和现有工业企业的大批下马，这是许多人难以接受的现实。自己辛辛苦苦搭起来的架子，谁都不愿被砍掉。下马成了以后受人诟病的把柄。然而，不退则不进，不砍掉一批企业，老是端着个大架子，就无法摆脱困局。

浙江绍兴县的公社社员在集市上出售农产品

减人，下马的目的，就是为了集中一切力量用于农业和市场的恢复。当时采取了许多应急性措施。包括恢复银行严格管理资金制度，控制货币发行；严格财政管理，各大区和各省市应得地方财政结余、地方预备费、地方投资，都由中央按年度按季度进行分配；严格物资管理，清仓核资，把一切积存物资都利用于市场；尽可能增产日用品，确定一批高价商品，以回笼货币，当时卖高价的商品有高档烟、酒、糖果、点心、自行车、缝纫机等。城市每人每月供应三斤大豆、半斤鱼，以保证市民最低生活需要等。

而一切措施的归结，就看农业能不能增产。邓小平在五月会议上讲：“我们有了粮食、棉花和其他东西，才翻得了身。这些都要靠生产队拿出来。”

然而，恰恰在恢复农业生产的措施上，引发了一场重大争论。

3 为民代言　舆论吁请包产到户 顺应民意　常委引为度荒之计

钱让能上书毛泽东力保责任田

曾希圣在1962年七千人大会上受到上下的批评，免去安徽省委第一书记职务，由李葆华继任。安徽省委改组。

新任省委书记李葆华上任之后，着手纠正“责任田”。

1962年3月20日，省委常委会通过了《关于改正“责任田”办法的决议》，承认责任田的办法“实际上就是包产到户”，“是错误的”，“是迎合农民资本主义自发倾向的办法”，其“严重恶果”是“出现了严重的单干倾向”；“产生两极分化的苗头”；“削弱和瓦解了集体经济”；“影响国家征购和生活安排”；“影响按劳分配原则的贯彻”；“对基层组织起了腐蚀和瓦解的作用”。并说“这个错误的责任，完全应当由以曾希圣同志为中心的省委来承担”。省委的决议要求坚决彻底地加以改正，在1962年内大部改过来，其余部分在1963年内改过来。

赞成和实行“包产到户”比较突出的地方，还有广西省。1962年2月中共中央发出指示，决定将基本核算单位下放到生产队（原小队）后，广西各县在训练干部的会议上，“暴露出很大一部分农村公社以下干部，有分田到户，包产到户”的思想。一般占到会干部总数的25%左右，“五风”和受灾减产严重的地区，占60%。“龙胜县共有1867个生产队，其中790个（占42.3%）已经包产到户。”中共广西省监委和中共中央监委都批评这是“闹单干”。

与公共食堂一哄而散的情形相反，1962年春的纠正“包产到户”却很困难，许多农民不愿意改，有的明改暗不改，形成顶牛。

没想到农民的反弹如此强烈！客观上存在的矛盾，在党内上下引起了一番大的讨论，同情和支持农民的舆论骤然兴起。

难能可贵！安徽省太湖县一名小干部，县委宣传部的钱让能，挺身而出，直接向毛泽东写了一封信，洋洋万言，力保责任田，反对省委3月20日关于改正责任田的决议，他不会不知道，省委正是贯彻中央的精神。但他为民请命，不惜冒险力陈。

钱让能写道："根据太湖县一年多来实行责任田的结果，我想作一保荐，不过与省委常委1962年3月20日关于改正责任田办法的决议，是相违背的。尽管如此，我总认为'责任田'的办法是农民的一个创举，是适应农村当前生产力发展的必然趋势，是'60条'和以生产队为基本核算单位的重要补充。有了它，当前的农业生产就如鱼得水，锦上添花。"

太湖县在1961年3月90%以上的地区推行了责任田，"真所谓它的一出现，就以它的显著的生命力吸引了人们（包括邻县邻省边界地区）广泛注意，迄今一年多的实践证明，尽管有人责难它'糟了''错了'，然而广大农民群众总认为是'好了''对了'，记得去年春，我在执行这一工作的过程中，农民群众的那股劲头是我10多年来（除土改外）的第一次见闻"。

"推行这一办法的结果，现在可以肯定地说，1961年是太湖人民在精神上、物资（质）上的一个新的根本性的转折。荒、逃、病、死，一瞬而基本变成熟（荒地变成了熟地）、健（体质健康了）、生（妇女怀孕了，江塘公社甘岭大队558个人，1962年怀孕的就有60个妇女）。""迅速转变，究竟是什么力量呢？拿农民的话说'就是责任田好'。"

钱让能举了这样一个生动的例子：太湖县徐桥实行了责任田，附近的宿松县没有实行。徐桥嫁到宿松县的姑娘们三五天跑回娘家一趟，为的是多吃几餐饱饭，回去还带些粮食走。做母亲的叹息道："你们宿松县不实行责任田，真急人。"

钱让能回顾历史说："从办高级社和人民公社以来，生产关系的变化，公社、大队、生产队组织形式的每一次调整，没有那一次不都说是适应。现在看来，其实并非如此。"1955年是太湖解放后农业生产力发展和群众生活水平最高的一年。之所以如此，除了国家对农民的支援外，"主要是有了土改后的连续三四年农民积极性所发展起来的物质基础，和初级社的生产关系还相适应的原因所致。"而现在的"责任田"，"它比1955年的初级社来说，其优越性可不言而喻，就是比起高级社来，它在制度上是更加合理，更加完备了，是具体贯彻'按劳分配'一个新的发展和进步。"他认为，多年来农业上的问题"主要就是责任没有到人"。

钱让能极不赞成省委关于改正责任田的决定，他写道："急急忙忙地收回责任田，吵吵闹闹的指责是'单干'，很可能因为一部分是好心同志不知底里。一部分还是以'本本主义'的观点害怕农民不跟我们走。"可是农民还是赞成责任田，"无论下乡也好，出差在轮船码头等车休息也好，许多农民有关责任田这方面的道理，与我在省听到的和文件上看到的道理，则完全相反。许多奇迹，见所未见，闻所未闻。所有不赞成‘责任田’的各种议论，我想请到这里一闻一见，是会有很大教益的。我很担心，省委决议 1962 年内就要大部分改过来。根据这里的情况，是不可能的。因为农民他不会相信空话的，你做不出样子，证明比他的办法优越，除掉强迫命令，我看是扭不过来。”

“据我们调查摸底，拥护责任田起码占 80% 以上，甚至于占 90% 以上。站在 90% 以上的人民大众这一边同呼吸，该不能算是尾巴主义吧！怕 80% 甚至 90% 以上的不跟我们走，这恐怕也不能算是马克思列宁主义！哪有马克思列宁主义者怕 90% 以上的人民大众的道理呢？”

最后，钱让能请求毛泽东直接派人前来调查，以达弄清是非。他甚至说：“像荒、逃、饿、病、死一字不漏地太湖县能够在一年内而且还是在那样大旱的情况下，基本上解决了吃的问题，那么其他有类似情况的地区也未始不可试行这个办法。”要把安徽的“责任田”推向其他省市。

不知深浅的“单干理论家”

为民代言的不仅钱让能一人。

在当时，政策限制与农民的愿望相抵触，与实际情况相背离。能增产的办法，上面说是资本主义，不让搞；不利生产的办法，上面说是社会主义，压着搞，农民想不通，许多干部也想不通。一些有血性、有头脑又不知深浅的小人物，对人民公社提出了挑战。

1961 年初冬，北京大学校长马寅初接到一封信件，内容长达一万字，每一句都在述说包产到户的必要以及它的好处。作者请求他把这封信转交给毛主席，还在信的最后写道：“为了党和国家的利益，我不能停止我的战斗。有人讲我这样下去很危险，一斗、二斗把自己的脑袋斗下去。我回答说，这是你们的说法，是你们的观点方法问题。我斗得对，我很站得住脚。”

这简直就是包产到户的宣言书！

马寅初与写信人素昧平生。但从信封上知道，这个人是浙江省嵊县人，他的同乡，名叫杨木水，乡下年轻的蚕桑技术员。他把他的“宣言”寄给马寅初的唯一动机，是他觉得他这位品学兼修的同乡有着上达民声的热情和威望。

他哪里知道，这时的马寅初，远非从前。自从毛泽东指责他的限制人口的理论，质问说这是马克思的还是马尔萨斯的以后，他的处境艰难，何能上达民声。

不过，马寅初的举动超乎杨木水的意料。他居然专程回乡去面晤杨木水。当他把杨木水邀进自己的房间之后，县委的官员们就惊慌不安起来，不断派出政府的代表前去敲门，希望加入进去，以此来阻止这一老一少的推心置腹。这令马老先生极为震怒，他拒绝任何人的参与，直到帮助杨木水把包产到户的“宣言书”修改一遍才开门出来。分手之时两位刚刚结成忘年之交的朋友面面相觑。老的说：“正确的意见不要轻易放弃，真理是批不倒的。”小的想说什么却什么也没有说，后来他对女友说：“说不定哪一天我就会被捕判刑，坐牢流放。我们分道扬镳吧。”

我们不需要知道这封包产到户“宣言书”是如何处置的。这已经足够了，从这段故事中，我们看到了一个著名学者的风骨和一个无名小辈的血性。

1962年4月21日，一个名叫冯志来的27岁的年轻人完成了他的文章，题为《半社会主义论》。

文章劈头就问：“什么是我们眼前的出路？包产到户！”

他直截了当地承认“这是单干”，他嘲笑那些把“单干等同于封建主义和资本主义的小生产的人”：“难道看到自己的父亲有鼻子，就认为有鼻子的人都是自己的父亲吗？”

马寅初与北京大学学生在一起

他直言不讳地批评人民公社："有人认为，人民公社是最完备的形式，可以容纳共产主义的生产力，真是荒唐透顶。想将胚胎预先取出当婴儿养是不行的，即使给他穿上美丽的衣服，还是解决不了问题。"

他凑了160元钱，搭上一列火车去了北京，把他的文章送给中共中央办公厅，又送了两份给《人民日报》和《红旗》杂志。他以为这样就可以引起政治局的注意，可是居然没人来理睬他。

回到家里，冯志来再接再厉，用了两个月，6月30日，他又写出一篇，叫做《怎么办？》，说是为了补充他的那篇《半社会主义论》。

他的新作是一篇讨伐人民公社的檄文。他笔锋犀利地直指农村里的悲惨局面，仰天长问："错在哪里？"人们都说是天灾造成的，可是"天灾是次要的，'五风'仅仅是表面现象，实质是'左'的错误……异想天开、创造狂、虚假浮夸，都得到鼓励，在高速的口号下，残酷地剥夺农民。大跃进变成大倒退，多快好省变成少慢差费。更不幸的是不承认这些事实。"

也许他真的没有自我保护的意识，不知道这将给自己带来什么样的后果，也许他不顾一切。1958年他因为口没遮拦被开除共产主义青年团。当时他大哭了一场。这一次他的心理准备要充分得多了。

上次赴京送文章，竟无人理睬，他觉得自己人微言轻，这一次把文章投递北京的时候，他借名人效应，自称自己是冯雪峰的族侄。果然如他所愿，北京的回信来了，可不是写给他的，是写给当地党的机关，要他们追查作者的后台是不是冯雪峰。差点给冯雪峰罪加一等，冯已在1957年被划右派。

然而，《人民日报》那时候收到的信，不仅仅是冯志来一个人写的。另外一个人，陈新宇，写得甚至更多。此人原在城里务商，因为向往人民公社的美好蓝图，高喊着"我爱农村"，就参加了建立人民公社的队伍。结果他看到农民对于公社根本没有兴趣，却对包产到户一往情深，就一气写了八封信，全部寄到《人民日报》。他告诉报纸编辑，他"原来是去纠正包产到户的，可是反而被群众和事实说服了，现在坚决主张包产到户"。这一回编辑居然大动恻隐之心，将他八封信中的六封刊登在一个叫做《读者来信》的不公开的刊物上，并且加上了一个标题：《重谈包产到户》。陈新宇说他"确信包产到户是终将出现的必然的现象，有非常坚定的胜利信心，决不放弃自己的主张。"像冯志来一样，他闭门拒友，坚持独身，打算一人做事一人当。

7月中旬，陈新宇接到了报社寄来的稿费，共计25元5角，这迹象多么让人觉得轻松。他将稿费买来一大堆桃子分给同事，一时间他的周围竟有了笑声。

他哪里知道，就在这时，风云突变。

事情传到中南海，毛泽东指着浙江省委书记说："浙江出了两个半单干理论家"，口气之严厉，令人心惊肉跳。

真正的暴风雨还在后头。

田家英夹在两个主席之间

冲突的导火索是由一个出乎意料的人点燃的。此人就是毛泽东的秘书田家英。他本来深悉毛泽东的心理，亦持有同样的反对包产到户的倾向。

1962 年 2 月 25 日，毛泽东把田家英叫去杭州。要田再组织一个调查组，到湖南韶山等地作调查。主要了解贯彻执行"60 条"的情况。

毛泽东给田家英指出了四个调查地点：湘潭的韶山（毛的家乡）、湘乡的唐家坨（毛的外祖家）、宁乡的炭子冲（刘少奇的家乡）、长沙的天华大队（刘 1961 年 3、4 月间蹲点的地方）。他特别嘱咐田家英，要向刘少奇报告一下，问他有什么指示，他那里有什么人要参加调查。

田家英回到北京向刘少奇作了汇报，刘除了表示同意外，还很关心调查组，说湖南 3 月份天气还很冷，可以向省委借些棉大衣给大家穿。

田家英组织了一个 17 人的调查组。

3 月 22 日，在武昌东湖招待所，毛泽东亲自接见了调查组全体成员。湖北省委第一书记王任重在座。毛先是一个一个地问每个人的名字，接着讲了一些当时流传的政治笑话，谈笑风生。

一到外地，毛泽东的心情就变得好起来。

最后，毛泽东向调查组提了几点希望：第一，要同当地干部，省、地、县、社各级干部相结合。第二，不要乱指挥。第三，头脑里不要带东西（指思想框框）下去，只带一件东西，就是马克思主义。第四，要做历史的调查，这是马克思主义的历史观点。第五，看到坏人坏事不要乱说，好的可以说。第六，参加点轻微的劳动。

"毛泽东当时亲切、温和而又轻松的谈话情景，至今还给我留下清晰的印象。"参加调查组的逄先知回忆说。

毛泽东对这次调查寄予厚望。有了前次成功的浙江调查，他相信田家英领导的这次调查同样会给他很大的帮助。毛所希望得到的结论，一是如何恢复农业生产，一是如何巩固人民公社集体经济。此时，他对不少地方仍在搞包产到户有所耳闻。

田家英的心情是愉快的，一则得到毛泽东的信任，一则与毛泽东的观点又一致了。他把这次调查的重点放在如何恢复农业生产这个问题上。当时，陈云正在组织人力调查和深入研究这个问题。这也是全党各级组织都在研究的一个题目。田计划在这次调查的基础上为中央起草一个《恢复农村经济的十大政策》的文件。

3 月底，调查组全部到达农村。分兵三路，一路去韶山大队，一路去大坪大队（唐家坨）、一路去炭子冲大队。天华大队没有去。田住在韶山。

田家英一行一进村，遇到了一个没有料到的情况：社员普遍要求包产到户和分田到户，而且呼声很高，尤以韶山、大坪为甚。炭子冲好一些，据说这是因为刘少奇 1961 年回家乡时曾批评过包产到户。

对这一情况，田家英没有精神准备，调查组其他人也没有精神准备。农民列举事实，讲了包产到户的许多好处，同时历数公社化以来集体经济的缺点和困难，有时同调查组的同志辩论到深夜。

田家英本不赞成包产到户，上年 3 月还曾有他含泪给毛泽东写信反对包产到户的事。然而，时隔一年，经过一段调查，田家英的思想起了变化。他认真听取和思考农民的意见，觉得很有道理。调查组内也有人主张包产到户。田组织全体组员讨论，鼓励畅所欲言，双方争论非常强烈，又都心平气和。田认真听取双方阐述的理由。当时不主张包产到户的意见占上风，但他仍鼓励少数几个人继续研究。

田家英陷入矛盾。从实际看，包产到户或分田到户明显对恢复生产有利。但此事重大，不能轻举妄动，特别是在此地更应谨慎。此地一动，势必影响全省。因此，尽管私下里已萌生赞成包产到户的想法，在公开场合，对农民和干部的要求丝毫不松口。

田家英就是带着这种矛盾的心情，同逄先知一起到上海向毛泽东汇报的。当时，陈云也在上海，他们将三个点的调查报告同时送给毛、陈两人。得到的反应迥然不同。陈云读后很称赞，说“观点鲜明”。

在这之前，田已将炭子冲大队的调查报告寄给了刘少奇，刘认真地看了，认为很好。

毛泽东却很冷漠，大概没有看，只听了田的口头汇报。毛对田说：“我们是要走群众路线的，但有的时候，也不能完全听群众的，比如要搞包产到户就不能听。”这是毛泽东对包产到户问题的又一次明确表态。

在上海期间，杨尚昆从北京打电话给田家英："总理要我问你一下，可不可以把农村的私有部分放宽一些？"田家英当即表示同意。

田家英从上海回到韶山，调查工作已接近尾声。田没有传达毛泽东的意见。此时，包产到户在全国呈现迅速发展之势，推行包产到户的呼声日益高涨，成了党内议论的重要话题。为了进一步弄清这个问题，田家英派出两人立即赶往安徽无为县，了解实行包产到户的情况。他们调查的结论大致是：包产到户对于解救已经遭到破坏的集体经济的危机，迅速恢复农业生产，肯定是有利的和有必要的；但是，将来要进一步发展农业经济，就可能要受到限制。

调查组回到北京已经是 6 月底。田家英立即向刘少奇作汇报。

汇报刚开了个头，就被刘打断了。刘说："现在情况已经明了了"，接着就提出关于实行包产到户的主张，并且详细讲了对当时形势的看法。

"少奇同志这些意见可不可以报告主席？"田家英问。

刘少奇说："可以。"稍顿，刘少奇又吩咐田家英把他的意见在"秀才"中间酝酿一下，听听反应。他为慎重起见，并且希望能够真正听到"秀才"们的真实意见，嘱咐田不要说是他的意见。

离开刘少奇处，紧接着田家英又向邓小平报告关于起草《恢复农村经济的十大政策》的设想。

邓的话不多，很干脆："赞成"。

田家英立即组织起草班子。他的指导思想就是：当前在全国农村应当实行多种多样的所有制形式，包括集体、半集体、包产到户、分田单干，以便迅速恢复和发展农业生产。与此同时，田家英还向其他几位中央领导人陈述了自己的观点和主张，得到一致赞同。

看来，事情进行得很顺利。原来，此时，北京已对包产到户问题有广泛议论。中央常委几乎所有人都赞成包产到户。不过中央是否确定推行包产到户，关键就看毛泽东的态度了。

邓子恢为何极力主张包产到户？

安徽的"责任田"受到批判，但广西、湖南、河南、贵州、陕西、甘肃等省农村分田到户的讯息不断传来，邓子恢急于了解农村的情况，在同廖鲁言、陈正人、王观澜商量之后，再带一个工作组去南方。

1962 年 2 月中旬离开北京，首先到了湖南长沙，他了解到湖南省一部分生产队于1961年春耕时出现“单干风”，秋收时再次兴起，1962年春又一次出现。连毛泽东的家乡湘潭、刘少奇的家乡宁乡，社员要求“分田到户”的呼声都很高。湖南省委不主张分田到户，正在着手研究解决改进生产经营管理、健全责任制的问题。

接着邓子恢到了广西南宁。在南宁停留的时间较长。

他到了武鸣县，深入到一些公社，同生产大队、生产队干部座谈。在座谈中同干部讨论的问题有：大活集体干，小活分开干；牲畜分户喂养，生下幼畜，三条腿归户，一条腿归集体；自留地、开荒地增加到总耕面积的15%～20%等，大家乐哈哈赞成。

他听取了广西壮族自治区党委领导人的汇报：很大一部分农村，公社以下干部有分田到户、包产到户的思想倾向，有不少生产队已经实行包产到户或分田到户。龙胜县50%多的生产队已经包产到户。为了防止滑向包产到户，自治区党委提倡实行临时作业组。

谈到龙胜县的包产到户，自治区党委领导同志感到压力很大。

邓子恢体谅他们的心情，说：“你就让他们单干怕什么，先把40%多的集体经济搞好，其他50%多的慢慢来，当然也不要公开承认他们单干。”

听了这些话，自治区党委领导人如释重负。他们请邓子恢向机关厅局以上干部作了关于农村工作的报告。

报告中，他集中地论述了农业生产责任制。他对集体经济和个体经济的优缺点做了比较。他提出，现在就是把集体和个体两者的优点结合起来，成为一个整体。如何结合？他说：其形式与方式就是在集体经济组织统一经营下，全面推行和建立包工、包产和超产奖励的生产责任制。这里虽然还没有点出包产到户，但它的精神已有了，只差一层薄纸没有捅破。

邓子恢总是把包产到户与单干区分开。单干，邓子恢一向不主张。

“这次回龙岩，有些老同志偷偷地对我说：‘子恢同志，最好是单干！’我说，我们党不主张单干。”“天有不测风云，人有旦夕祸福，水淹田，火烧屋，生老病死，就会垮下去，单干是长久不了的，组织起来才天长地久。”邓子恢这样说。

邓子恢到南宁，任务之一是参加全国农垦工作会议。会后，他同老战友张云逸一起来到桂林。桂林地委的领导人向他们汇报说：龙胜县有许多生产队“包产到户”了。听了地委的汇报，邓子恢和张云逸一起来到龙胜县。

龙胜是个山区，侗、苗、瑶、壮、汉多民族聚居，地少山多，居住分散。“大跃进”、人民公社化，迫使龙胜人民不顾客观条件，放弃以林为主的生产方针，实

1960年至1962年，邓子恢先后率领工作组前往福建、黑龙江、广东、广西、湖南、河南等省、自治区进行农村调查，并阐明在农村实行责任制的观点。图为邓子恢在福建龙岩地委干部会议上讲话

行以粮为纲的方针，加上高指标，高征购，群众生产生活极端困苦，对集体经济丧失信心，许多生产队从1961年冬开始实行包产到户，到1962年春上扩展到了半个县。县委急得不得了，部署扭转，但收效甚微。县社的干部忧心忡忡，愁眉不展。

邓子恢告诉他们：解决包产到户问题，要从有利生产，有利团结出发，要实事求是。可以包工到组，也可以包产到组，小村独户的也可以包产到户，不要怕说右倾，不要怕说单干。包产到户实际上并不是单干。

离开桂林，邓子恢与张云逸分手，直奔河南。首先到信阳看望中央农村工作部下放的干部。干部们向他反映：信阳地区生产凋敝、群众困苦。群众为了活命，要求借地种点红薯。可这里的领导干部都在等上边的指示。

“真是作孽！”邓子恢气愤地说，“中国老百姓是世界上最好的老百姓。”

邓子恢来到郑州，河南省委第一书记刘建勋向他汇报了河南实行借地度荒的情况。豫北、豫东相当一部分地区，土地盐碱化严重发展，农业生产破坏很厉害，人民生活极端困难。农民纷纷破产度荒，拿衣服和家具到邻省换粮食；生产秩序不稳定，人口大量外流；正常生产一时搞不起来。因此，经中南局同意，决定借给农民一部分土地，给一把铁锨，发一点种籽，让他们在集体的领导下生产自救。农民说这个办法是“救命政策”“拴人政策”。

邓子恢认为这个办法好，表示支持。

回北京的路上，在石家庄稍事停留，邓子恢请来河北省委第一书记刘子厚，听了河北农村情况的汇报。

回京后，他参加了5月7日至11日中央政治局常委在北京举行的工作会议。他在会议上就当前农村人民公社若干政策问题作了发言。他认为生产队的经营管理工作，要着重建立生产责任制，实行明确的分工合作，以提高社员的责任心，山区分散，三五户小村庄，农民不要集体，就让他单干，或者叫包产到户，这是社会主义的单干，他只要完成上缴任务，有什么不好。

对邓子恢提出的这些问题，会议上没有做出决定。刘少奇说：“邓子恢同志讲的这些问题，以后再来讨论。”

毛泽东不在北京，没有摸清毛的态度，不可能作出决定。

为了让毛泽东了解当前农村的情况和问题，并支持解决这些问题，邓子恢把他在会议上讲的问题，写成报告，于5月24日送给了毛泽东，也送给了中央。

正在这时，各地有关包产到户的信函和材料源源不断地递到邓子恢手里。

福建龙岩县委书记李根发来信，告诉他江山公社出现了单干，县委正在纠正。他立即回信，提出要分析单干的原因。建议派得力干部去帮助江山公社搞好一两个生产队，作为示范；有些三五户的小山庄，可允许包产到户；河南借地二三分种红薯的办法，可以仿行。

农民的渴望，各地干部的企求、自己的亲身调查，使邓子恢得出一个清醒的结论：包产到户或“责任田”是农民度荒、求生的一条出路。于是，他不顾个人安危，为民代言，宣传包产到户的好处。

6、7月间，他应邀先后到军委后勤部、解放军政治学院、中央直属机关下放干部大会、中央高级党校作报告，主要讲发展农业生产问题和巩固集体经济问题。

他痛心地说，大跃进以来，农业连年减产，农业生产力下降很多，1961年比之1957年，耕地减少2亿亩，大牲口减少1/4以上，农具减少40%，土地盐碱化扩大，山林破坏相当严重，农业劳动力减少2000万个。

他说，有天老爷同我们作对，但主要还是我们工作上的毛病。所有制变动大，分配上平均主义，生产上瞎指挥，经营管理没搞好，干部特殊化，工农业发展比例失调。他详细比较了个体经济和集体经济的优缺点，结论是集体经济的优越性大于个体经济优越性，但是，集体经济的优越性没有完全发挥出来，现在全国有20%的生产队单干。

怎样巩固集体经济。他主张首先要固定所有制；要贯彻按劳分配政策；要纠正干部特殊化作风；要发展小私有；要稳定征购任务，派购要等价交换；要恢复供销社，开放自由市场。其次要搞好生产队的经营管理。现在实行了以生产队为基本核算单位，但生产队的经营管理并没有搞出一套。下边反映，现在只是“大呼隆”变成了“小呼隆”，“大锅饭”变成了“小锅饭”。怎么办？要向社员放权，建立生产责任制。

必须包产，农业生产责任制不和产量结合是很难包的。有的地方包产到户，搞得很好，全家人起早摸黑都下地了。凡是包产到户的，大田和自留地一样。不能把作为田间管理责任制的包产到户认为是单干，因为土地、生产资料是集体所有。

会场异常活跃。听众不断递上条子，提出许多问题。

“人民公社是否办早了？”

“总路线是否正确？”

“这几年错误这么多，又这么长时间不能克服，是什么原因？”

邓子恢直言不讳，一一作答。

他的报告赢得了一阵阵的掌声，引起了强烈反响。

中央高级党校向中办简报：“邓老很接触实际，抓农业较稳妥、内行。我国农业如果让邓老抓，不会出那么多问题，中央应考虑启用邓老来抓农业……”

家里人却因此为他捏一把汗。他一生坎坷，如今年事已高，难以承受新的折磨，曾多次劝他少讲话，谨慎些。但他不以为然，说：“怕什么，实事求是嘛！我讲的都是事实，是站得住的，你们放心好了。”

邓小平说：“不管黄猫、黑猫，抓住老鼠就是好猫”

6月下旬，邓小平主持中央书记处开会，听取华东局农村办公室关于安徽“责任田”问题的汇报。安徽“责任田”问题是一个敏感问题。华东局认为安徽搞“责任田”就是单干，是方向性错误。会上赞成的和反对的各占一半。

邓子恢据理力争：“责任田”没有改变所有制性质，多数能做到“五统一”，怎么能说成是方向性错误呢！“责任田”就是社员劳动和产量直接结合起来，加强了社员责任心，是找到了搞好集体生产的一条出路。

此前，对安徽“责任田”问题，邓子恢专门作了调查。

安徽宿县符离集区委书记武念慈来信，对省委作出改正“责任田”的决议思想不通，恳请调查了解，弄清情况，予以解决。

看过这封信，邓子恢沉思良久。1961 年 3 月在中央广州工作会议期间和 5 月路经合肥，他都听曾希圣说过“责任田”是个好办法。可是，七千人大会上，曾希圣受批判，有“五风”问题，也有“责任田”问题；安徽省委改正“责任田”是毛泽东的意思。他感到问题棘手，过问吧，毛泽东面前怎么交待；不过问吧，下边的企盼要落空，与农民生死攸关的“责任田”要夭折。他不顾个人得失，下决心，派工作组去安徽调查“责任田”问题。由农村工作部副部长王观澜带领。

6 月 16 日，邓子恢看到了王观澜写的调查报告——《安徽省当涂县责任田情况调查》。报告说：当地 80% 生产队的责任田做到了“五统一”（即主要生产资料、生产计划、劳动力、分配和上缴任务统一于集体）。由于责任制和产量结合起来，农民个人利益与集体经济结合紧密了，社员的劳动热情空前高涨，对恢复生产起了积极作用。

奉邓子恢之命，工作组 6 月 27 日到了宿县，对王楼公社王楼大队和城关区刘合大队进行了调查，7 月 18 日向邓子恢写了两个大队实行包产到户责任田的情况调查报告。调查的结果与上次王观澜的调查一样，责任田做到了“五统一”。报告说：由于粮食显著增产，群众感到“包产到户责任田”越干越有奔头，最好一辈子不要再变；他们一再表示，我们一不怕蒋介石，二不怕自然灾害，就怕改变责任田。

邓子恢越想越感到，安徽的责任田有“五统一”，不是单干；不但不是单干，而且正是搞好集体生产，防止单干的好办法。对安徽的责任田应重新评价。

邓小平支持邓子恢的意见，他说：“在农民生活困难的地区，可以采取各种办法，安徽省的同志说，不管黑猫黄猫，能逮住老鼠就是好猫，这话有一定的道理。责任田是新生事物，可以试试看。”

会议结束时，刘少奇要求华东局转告安徽省委，对“责任田”不要下结论太早，可以由中南局搞一个包产到户的文件，将来在北戴河召开工作会议时再议。事实上，刘少奇赞成“责任田”。

7 月 7 日，邓小平在接见出席共青团三届七中全会全体同志的讲话中，主张使包产到户合法化。他说，关于包产到户，是个很大的问题，现在“百家争鸣”，“大家出主意，最后找出个办法来。”他说：

生产关系究竟以什么形式为最好，恐怕要采取这样一种态度，就是哪种形式在哪个地方能够比较容易比较快地恢复和发展农业生产，就采取哪种形式，不合法的使它合法起来。……刘伯承同志经常讲一句四川话："黄猫、黑猫，只要捉住老鼠就是好猫。"……现在要恢复农业生产，也要看情况，就是在生产关系上不能完全采取一种固定不变的形式，看用哪种形式能够调动群众的积极性就采用哪种形式。……现在要冷静地考虑这些问题。过去就是对这些问题考虑得不够，轻易地实行全国统一。有些做法应该充分地照顾不同地区的不同条件和特殊情况，我们没有照顾，太轻易下决心，太轻易普及。

1962 年春夏之交，陈云在上海、杭州。他看了安徽"责任田"的材料和田家英湖南韶山调查的材料。认为是非常时期必须采取的办法。他打算向毛主席进言。

显然，毛泽东对大跃进、人民公社化的思想和政策，虽同意调整，进行局部改变，但并未放弃，如提出"包产到户"，预料他是难以接受的。从以往的经验看，提出这类意见，政治风险很大。提出来，还是不提，实在是一个大难题。

陈云决定尽快回京同中央常委商量，向毛泽东直接陈述。有人曾经劝他再慎重考虑，不必急于提出，他说："我担负全国经济工作的领导任务，要对党负责，对人民负责。此事既然看准了，找到了办法，提与不提，变与不变，关系到党的声誉，关系到人心向背，怎能延误时机！"

6 月 24 日，陈云从上海回到北京，立即与刘少奇、邓小平等几位中央常委交换了意见，看法基本一致。

6 月底，田家英回到北京后，也立即向刘少奇、邓小平等讲了对包产到户的意见，得到了他们的赞同。

7 月 6 日，陈云给毛泽东写信说："对于农业恢复问题的办法，我想了一些意见，希望与你谈一谈，估计一小时够了。我可以走路了，可以到你处来。"

同时，田家英也下决心，冒险以秘书身份向毛泽东进言。那时毛泽东正在河北邯郸视察，他打长途电话要求面陈意见，那边传来电话说："主席说不要着急嘛！"这句话明显有些不耐烦的情绪。

预兆不好！

陈云、邓子恢、田家英当面陈情，毛泽东大为不满，分歧公开了

1962 年 7 月 9 日，毛泽东从河北邯郸回到北京，在中南海游泳池召见田家英。

田家英系统地陈述了自己的意见和主张。他说：现在全国各地已经实行包产到户和分田到户的农民，约占30%，而且还在继续发展。与其让农民自发地搞，不如有领导地搞。将来实行的结果，包产到户和分田单干的可能达到40%，另外60%是集体的和半集体的。现在搞包产到户和分田单干，是临时性的措施，是权宜之计，等到生产恢复了，再把他们重新引导到集体经济。

毛泽东静静地听着，一言不发。这种情况，同刘少奇性急地打断田家英的汇报，滔滔不绝、毫无保留地讲出自己的意见完全不同。最后，毛突然向田提出一个问题："你的主张是以集体经济为主，还是以个体经济为主？"一下子把田家英问住了。对于这突如其来的提问，他毫无准备。

毛接着又问："是你个人的意见，还是有其他人的意见？"田没有说与刘少奇、邓小平、陈云等人商量过，只回答："是我个人的意见。"当时，毛没有表示意见。没有表态，这就是一种态度。

田家英从游泳池回来，情绪不好。他说："主席真厉害。"意思是说，毛主席把问题提得很尖锐，使他当场不知如何回答是好。

当天夜里，毛泽东约陈云谈了一个多小时。陈云向毛泽东提出在农村实行分田到户，这个办法实质上就是包产到户。他主要阐述了个体经营与合作小组在我国农村相当长的一个时期内，还是要并存的，现在要发挥个体生产的积极性，以解决当前农业生产中的困难。当时，毛泽东同样没有明确表示意见。

到了第二天早上就传出，毛泽东认为陈云、田家英的建议是错误的，很生气，严厉批评说："分田单干"是瓦解农村集体经济，解散人民公社，是中国式的修正主义，是走哪一条道路的问题。问题提得如此之高，使闻者十分震惊。

这个消息很快传给了陈云，他听到后态度深沉、久久沉默不语。他向身边工作人员表示，"分田单干"，我还没有发展到那个程度。但是，他顾全大局，对批评所谓黑暗风、单干风未作解释。

毛泽东对邓子恢、田家英主张"包产到户"（他认为这就是"单干"）十分反感，对少奇、陈云、小平没有抵制甚至赞同也不满意。9、10、11日连续三天下午他分别把河南的刘建勋、耿其昌，山东的谭启龙，江西的刘俊秀召来北京商谈农村工作问题。针对各地出现"包产到户"，他提议以党中央名义起草一个关于巩固人民公社集体经济、发展农业生产的决定，改由陈伯达主持，不让田家英参与其事。毛泽东批评说："田家英回到北京不修改'60条'却搞什么包产到户，分田单干。"

邓子恢不会不知道毛泽东态度已然明朗，但他仍想说服毛泽东。7月17日，他应约去见毛泽东，向毛泽东谈了5月上旬向他报告的《关于当前农村人民公社若干政策问题的意见》的内容，谈了符离集区委全体同志《关于“责任田”汇报》的内容，陈述了自己对“责任田”的看法，明确说：“责任田”能做到“五统一”，不是单干；“责任田”是一种联产计酬的生产责任制，适应广大农村生产力的发展要求和广大农民的需要，有强大的生命力，广大农民不愿改变。

毛泽东静静地听着，一言不发，只是在邓子恢起身要走时才说了一声：把你给我的报告和符离集区委同志的汇报送来，我要看看。

很显然，毛泽东对邓子恢主张十分不满。这时他已经准备对“单干风”发动进攻了。

18日，邓子恢把毛泽东指名要的两个材料送走之后，又叫工作组把两个大队实行“责任田”的情况调查报告，再认真加工一下，打印送毛主席。还叫人组织力量继续收集全国各地实行包产到户的情况，整理成材料，供中央北戴河会议之用。

工作组的陈正人、王观澜、郝中士等农村工作部领导人，都劝他调查报告暂时不送了，中央北戴河会议快开了，看看情况再说。

邓子恢很生气说：“‘责任田’是于民有利的事情，等到北戴河开会，就晚了。于民有利，怕什么！你们怕，我不怕，不怕丢乌纱帽！”

7月22日把中央农村工作部工作组写的《安徽省宿县王楼公社王楼大队实行责任田的情况调查》《安徽省宿县城关区刘合大队实行包产到户责任田的情况调查》送给了毛泽东。这两个调查报告，后来成了北戴河中央工作会议的“参考”文件。

在了解了毛泽东的态度以后，大家不能不跟着转变态度。7月18日，刘少奇在对下放干部的讲话中，专门讲了巩固集体经济问题，批评包产到户，批评从高级干部到基层干部“对集体经济的信念有所丧失”。7月17日文件初稿拿出，7月19、20日，由陈伯达主持，在中南海怀仁堂召开有各大区书记参加的起草委员会会议，座谈关于巩固农村集体经济的问题。大家异口同声，对包产到户取否定态度。柯庆施发言说：现在看，单干不行，这个方向必须批判。刘澜涛发言介绍了西北局围绕“包产到户”展开争论的情况。陶铸、王任重曾到广西龙胜县调查座谈过包产到户问题，毛泽东对他们的“座谈记录”评价甚高，认为“分析是马克思主义的，分析之后所提出的意见也是马克思主义的”。

中央的决定发下去后，各省、市、自治区和各部委写出61篇讨论的“书面报告”，基调是批评包产到户。

包产到户这一顺乎天意、应乎民愿的政策，由此再一次夭折。这一次顶牛，农民又失败了。一亿农民的包产到户沦为非法。真理又一次与中国共产党人擦肩而过。当我们重新捡起包产到户这个法宝时，中国农民已在集体那口清汤寡水的“大锅”里搅和了20年。那些为民请命、敢冒风险的血性汉子，面临灭顶之灾。一场批判运动发动起来，据说受到牵连者多至四百万人。七千人大会讲民主集中制，可惜在中央领导核心，民主集中制早已名存实亡，多数人正确的意见再一次被推翻了，大家不得不违心地转变态度。

4 甄别平反 总书记主张一风吹 申屈辩诬 老元帅再上万言书

邓小平说：基层干部平反一揽子解决

关于甄别平反，在1961年五六月北京会议时就已经提出，毛泽东在这次会议上说过话。根据会议议定的精神，1961年6月15日，中共中央发出《关于讨论和试行农村人民公社工作条例修正草案的指示》，作过如下规定：

“为着发扬民主，有必要对于最近几年来，受过批判和处分的干部和党员，实事求是地加以甄别。”

“过去批判和处理完全错了的，要改正过来，恢复名誉，恢复职务；部分问题批判和处理错了的，就改正这一部分问题的结论。对于生产大队和生产队的干部的处分，应该交给群众审查。至于错误地对群众（包括富裕中农在内）进行的批判，应该在适当场合向他们道歉；如果作了错误处分的，还应该纠正。”

《指示》还规定：“今后在不脱产干部和社员群众中间，不许再开展反对右倾或者左倾的斗争，禁止给他们戴政治帽子。”

由此开始了从农村到各界各方面甄别平反的工作，重点是县以下农村。

一年过去了，问题应该解决了吧。其实不然。各地执行起来大不相同。有些地方执行不力，不重视，甚或有抵触情绪。这是可以想见的，在自己手里处理的干部，要平反，不是证明自己错了吗？有的虽给予平反，但总要留一个尾巴，以证明当时被整事出有因。

到1962年上半年，甄别平反工作，尤其是县以下农村干部的甄别平反工作显得十分迫切。调整和恢复，一切措施成败与否，都取决于农业能否增产。农业的恢复工作必须要有人去抓。然而，自 1958 年以来，县以下干部在多次运动中被整的人很多。当时估计有 1000 万，影响的人总有几千万。其中整人最多的有两次：一是庐山会议后反右倾运动被划为“右倾机会主义分子”，一次是 1960 年底整风整社运动被划为漏网地富分子或破坏分子。前者是反“左”的，后者是执行“左”的。都成了牺牲品。这一反一正，使农村干部无所适从，情绪低落。这种状况何以能领导农业的恢复工作呢？

为了推动这一工作的深入进行，邓小平主持中共中央书记处，于 1962 年 4 月 27 日制定和发出了《关于加速进行党员、干部甄别工作的通知》。要求“对于党员、干部的甄别平反工作，必须根据扩大的中央工作会议的精神，加强领导，加速进行”。

《通知》指出：“当前甄别工作的重点，是县级以下的农村基层干部。凡是在拔白旗、反右倾、整风整社、民主革命补课运动中批判和处分完全错了和基本错了的党员、干部，应当采取简便的办法，认真地、迅速地加以甄别平反。”

方法是“由上一级党委派负责同志，帮助所在组织摸清被错批判和错处分的党员、干部的情况，召集他们开会、谈话，然后召开干部大会或党员大会、群众大会，宣布一律平反。其中即使有的有些轻微错误，也不要留尾巴。有关领导干部应该当场向被错批判错处分的党员、干部进行道歉。上级党委应派人参加平反大会，说明错误的责任主要在上级，号召卸掉包袱，加强团结和搞好工作和生产”。

《通知》要求迅速解决基层干部和一般党员这批人的平反问题之后，“集中力量比较快地解决县以上一些人的甄别平反工作”。

这个《通知》与 1961 年的指示都把甄别平反工作重点放在农村，但 1962 年的精神有两点不同：一是甄别的范围扩大了。不仅包括 1958 年的“拔白旗”，1959 年的反右倾，而且包括了 1960 年底的整风整社和“民主革命补课”。二是宣布“一律平反”，不留尾巴。事实上就是一风吹，快刀斩乱麻。

为了说明这一新方针。邓小平在 1962 年 5 月中央常委工作会议上作了专门的讲话。

他提醒大家说：“请大家注意，最近中央发了一个关于甄别平反工作的文件。这个问题，对于调动干部的积极性，特别是调动农村县以下干部和群众的积极性很重要。”

他说：“最近军队搞得很好，就是一揽子解决。采取一揽子甄别平反方法的，比较主动，面貌也较好一些。因此，我们现在研究，大家都赞成这个办法，就是全国县以下，首先是农村，来一个一揽子解决。就是说，过去搞错了的，或者基本搞错了的，统统摘了帽子。"

刘少奇插话说："不要一个一个去甄别。"

邓小平解释说："因为县以下都是一些下级干部，问题只有那么多，右倾也是右倾到那个程度，左倾也只左倾到那个程度。这是一个很重要的工作，不要轻视这个工作。除了个别严重的个别处理外，一般的，包括基本上搞错了的，就是对有一点点还对的，都不要留尾巴，一次解决。上面的领导同志，要下去帮助他们承担责任，向群众当面公布，这实际上是我们承认的一个错误，是搞得不对。"

这个精神传达下去，甄别平反工作有了全面进展。到1962年8月，全国23个省市自治区已甄别党员、干部365万人，当时认定，原结论错了和部分错了的占70%。甄别了群众370多万人，都得到了平反。总共甄别平反了600多万党员、干部和群众。只可惜不久后重提阶级斗争，平反没能搞彻底，特别是在上层。

"我们欠民主人士一笔债，现在还了"

这几年过火的政治斗争，不仅使党内民主受到破坏，社会民主更受损害。党外人士，知识分子、民主党派，不敢讲话了。1959年反右倾后，党内的人，包括不少高级干部，也不敢讲真心话了。出现了"三看三不讲"的不正常状态，即看风向——上边风向不明不讲；看眼色——领导眼色不对不讲；看意图——领导意图不清不讲。还有，讲话"不离三、六、九"，即："三面红旗万岁""从六亿人民出发""九个指头与一个指头"。在这种心态下，难以同舟共济。因此，当时的问题，不只是经济上的调整，还有政治关系的调整，其实质是强调民主，首先是改善同民主党派的关系。

1957年反右派斗争，各民主党派尤其是民主同盟和农工民主党受到伤害。从那以后，民主党派基本上缄默不语，即使对三年严重困难也很少议论。只有在1960年下半年，要求资本家下放农村安家落户，使资本家及其子女们惶惶不可终日，有如世界末日。后来，毛泽东得知此事，亲自批示，资本家不下农村，"似以下放到城市企业为好"。结果虚惊一场，大家感激涕零。

然而，"大跃进"以来的失误，总是一笔帐。毛泽东在七千人大会上说：人家不骂，我们应该自己骂自己。周恩来说，应该在党外人士和人大代表中交代清楚，进行沟通。毛泽东同意。

1962年3月21日，刘少奇在中南海勤政殿召集第18次最高国务会议。刘少奇和周恩来就形势和工作中的主要问题作了非常坦诚的讲话。

最高国务会议制度，是当时在全国人民代表大会制度和全国政治协商会议制度之外的又一个重要国务活动制度。由国家主席根据情况不定期地召集。参加者是中国共产党和人民政府的主要领导人，各民主党派和人民团体的主要负责人，同时也就包括了全国人大和全国政协的主要领导人。会议通常是就一些重大问题进行事前商量，或者进行重要情况的通报。

"大跃进"以来，毛泽东主席召集过1958年1月的第14次最高国务会议，同年9月的第15次最高国务会议和1959年4月的第16次最高国务会议。1959年4月刘少奇当选为国家主席后，召集过1959年8月的第17次最高国务会议。此后，1960年和1961年中断。基本原因是国民经济发生严重困难，许多情况不透彻，一些话不好说，难于召开。

恢复召开最高国务会议，本身就是一个象征。

刘少奇和周恩来在讲话中，把中共七千人大会和2月西楼会议的基本内容作了清晰的介绍，对国民经济上的困难情况以及造成困难的原因，共产党所犯错误及其经验教训，作了坦率真诚的说明。刘少奇把他在七千人大会上口头讲话的内容和盘托出，甚至更加率直。关于犯错误的原因，他一口气讲了八条：经验不足；不够谦虚谨慎；违反实事求是；违反群众路线；违反民主集中制；依靠强迫命令办事；党内外过火斗争使人不敢讲话；党内不纯等等。

对于刘少奇如此坦率诚挚的讲话，出席会议的各民主党派和无党派民主人士无不表示很感动，认为中国共产党还是光明磊落的、郑重的、对国家和人民负责任的党。

张治中先生即席发言，表示"万分感动，万分钦佩"。他说：这可以充分证明共产党"对国家、对人民的忠诚态度和负责精神"。张说："我当过十几年国民党的中央常委，从来没有听到蒋介石讲过自己的缺点、错误。蒋介石无论在大会、小会上，都是骂这个、骂那个，从来不骂自己。"

按照惯例，全国人大会议和全国政协会议每年开会一次。但1960年3月开过全国人大二届二次会议，同时开过全国政协三届二次会议后，1961年没有开过这两种会议。

1962年3月27日至4月6日，二届全国人大三次会议在京举行。周恩来总理在政府工作报告中，全面地介绍了调整国民经济的情况和存在的困难，以及1962

年调整任务。4月28日，周恩来又在全国政协三届三次会议上作了《我国人民民主统一战线的新发展》的讲话。两篇讲话，同样实事求是地承认了党在工作中的失误。

周恩来对党外人士说：“敢于提出不同意见，敢于批评对方的短处的朋友，不是畏友，而是诤友。”他想倡导一种民主风气，倡导一种同舟共济，共渡难关的精神。

这次政协会议气氛融洽。会议开了20多天，200名委员发了言，提出了400多件提案。委员们广开言路，但绝无怨词。

毛泽东如释重负。他说：“我们欠民主人士一笔债，现在还了。”

调整统战、民族、宗教、侨务政策

在党内甄别平反的同时，中共中央也在党外人士中进行甄别平反和调整政策工作。

1962年4月23日至5月21日，中共中央统战部召开全国统战工作会议。统战部副部长徐冰主持会议并作总结报告，部长李维汉讲了话。中共中央书记处听取会议汇报，周恩来、邓小平等作了指示。5月28日，中央统战部向中央作了关于会议的报告。

1957年以来的几次全国统战工作会议，都存在“左”倾偏差，这一次会议，则是一个实实在在纠“左”的会议。

几乎与全国统战工作会议同时，4月21日至5月29日，国家民族事务委员会在北京召集全国民族工作会议，总结几年来民族工作的经验，讨论今后的工作方针和任务。

这一次会议比较全面地清理了1958年以后几年中发生的“左”倾错误，并且提出了改善民族、宗教工作的政策。中共中央批准了会议的报告。

5月25日，中共华侨事务委员会党组向中共中央作了专题报告，提出了解决问题的建议。

所有这些都属于统一战线的范畴。其基本精神是，“在今后一段时间内，我们必须认真调整同知识界、工商界、民主党派、民主人士、宗教界、少数民族、归国侨胞以及其他爱国人士的关系，切实解决存在的问题”。

如何调整关系？一是甄别平反，二是调整政策。

1958年“拔白旗”、1959年反右倾都波及党外。反地方主义、反民族主义斗争中，党外人士波及的更多。然而，涉及面最广和最为敏感的是 1957 年“反右派”斗争。

对此，中央批复的全国统战工作会议文件做了如此规定：

1962 年 2 月，国务院副总理兼秘书长习仲勋与中国佛教协会会长喜饶嘉措（中）、副会长赵朴初（右）亲切交谈

必须坚决地、迅速地进行甄别平反工作。凡是在交心运动中受到处分或被划为右派分子的，应一律平反；在拔白旗、反右倾运动中受到批判、斗争、处分或者戴了帽子的，凡是批判错了或者基本错了的都应该平反。凡是平反的，应该摘掉帽子，恢复原来的工作或者安排其他相当的职务。

对在 1958 年以来其他运动中受过重点批判、处分或者戴了帽子的党外人士，经过甄别，证明完全错了或者基本错了的，也应坚决予以平反，不要拖尾巴。

这里只提到对 1958 年交心运动中被划为右派分子的人给予平反，而对 1957 年被错定为右派的数十万人并不平反。因而 1957 年反右派扩大化的错误没有改正。

对其他右派分子的政策是逐批摘掉“右派分子”的帽子。“摘帽”是给出路的政策，与平反性质不同。

“摘帽”工作，从 1959 年 9 月开始，1959 年、1960 年，两批摘帽 9 万多人，1961 年摘帽 12.9 万人，合计已达 22 万余人。1962 年第四批摘帽，1964 年又进行了第五批摘帽。五批共摘帽 30 余万人。

当时，一些“右派”及其家属要求党给予甄别。中央统战部也曾几次提出“应该进行甄别”。1962 年 7 月 26 日，再次向中央写报告，提出这个问题。

中共中央不同意普遍甄别。8 月 17 日《中央关于右派分子工作的几个问题的复示》中，虽同意对“个别人”作甄别改正，但明示：“对右派分子不应当一般地提出甄别平反问题”。认为统战部的意见“是不妥当的”“这样做起来，实际上会搞成一种对资产阶级右派分子普遍的甄别，或者对许多右派分子进行甄别。这是没有必要的，也是对党和人民不利的”。

对于已经解除劳动教养和需要遣返其他城市的摘了右派帽子的人和右派分子的安置问题，中央作出如下规定：“应当暂留原地，设法维持他们的生活，等候处理。”“对已经遣返回城市的，应该准许他们报上户口。”

文件还规定：“对右派分子的家属和子女，应该根据中央原有的规定，按照他们本人的情况对待，不要称为‘右派子女’。在就学、就业、生活等方面，不要歧视。”

由于以后形势突变，这些政策没有真正落实。

1962年的大精减运动中，资本家及其家庭再次受到冲击。已经有些地区把一部分资产阶级工商业者和其他党外人士下放农村或精减回家，引起了他们很大的震动。中央及时加以纠正。指出：要切实贯彻“包下来，包到底”的政策，妥善安置，把他们稳定下来。对于在职的资产阶级工商业者（全国约76万人）和他们的家属（妻或夫），不要下放农村。除个别确系愿下乡的外；已经下放的，如非本人自愿，应该调回；对因关厂精减下来的，务使每个人都有着落，不能推出了事；对于县和县级以上的各级代表人物，不精减，不下放；对资产阶级子女的升学，不要歧视；对不能升学的子女，应当同劳动人民的子女同等对待，等等。

中共中央对已经交出自己的产业，接受改造的原资本主义工商业者，一般比较宽容。他们的处境也比右派分子好得多。

在1958年“大跃进”中，不但农民利益受损害，而且华侨在国内的家属的利益也受到“共产风”的侵害。有的地方强迫归侨和侨眷献金、存款“放卫星”，造成人心浮动，侨汇大大下降，华侨和侨眷在政治上因“海外关系复杂”受到歧视。

1961年以后，随着对“大跃进”和人民公社化运动中错误的纠正和退赔政策的逐步落实，华侨被迫献金的问题基本解决。但是，所谓“海外关系”问题一直是压在归侨和侨眷头上的一块石头。华侨受歧视现象相当严重。

据侨委1962年5月报告所说，不少地方和部门，不加分析地把归国华侨、侨眷、归侨学生在国外的家庭和亲友关系，一律作为‘资产阶级关系’或‘复杂的政治关系’看待，扣上‘海外关系’的帽子，而滥加怀疑和歧视。有的地方和部门规定，凡有‘海外关系’的人，一律不能入党入团，不能参加工会，不能当积极分子；有的学校对归侨学生的入学、实习限制很严，将政治、经济、外贸、财贸、新闻等系列为‘机密专业’，不准归侨学生报考。有的部门将归侨干部，当作精减下放的对象；归侨干部虽有优异的成绩也不准提拔重用；有的单位在历次运动和政治审查中，把那些和国外亲友有关系的人，列为批斗对象或追查的对象；有的单位甚至把华侨与五类分子并列。……

为解决这些问题，国家侨委党组提出了相应政策。

5月31日，中共中央批准国家侨委党组的报告，并在转发时加了一个批示。明确指出："所谓'海外关系'的提法，是模糊政策界线，混淆敌我关系的提法，是不妥当的，有害无益的。"要求有关单位，尤其是华侨、归侨、侨眷占人口相当比重的省和市对因所谓"海外关系"而引起的一系列问题有步骤地加以处理。

全国民族工作会议提出的问题也是相当尖锐的。

会议批评在有些地区和有些问题上，错误是很严重的，主要是不重视民族问题，忽视民族特点，忽视宗教问题的民族性、群众性和长期性，忽视少数民族地区的经济特点，忽视少数民族的平等权利和自治权利，对团结上层的工作也大大放松了，有的地方采取了严重违反政策的手段。大汉族主义的思想在一些地方有所滋长。

中共中央统战部和中央民委党组检查了自己的缺点错误，诸如1958年同意取消或合并了一些自治县，赞成少数民族地区"一步登天"搞人民公社化，以及在批判地方民族主义运动中和废除宗教压迫剥削制度过程中的"左"的错误。

会议把提出的重大问题，列了10项，提出了处理的意见，报请中央确定。

中共中央批准了会议的报告，强调指出："宗教问题，是一个具有广泛群众性的问题，在许多少数民族中，宗教问题同民族问题密切联系在一起，必须长期坚持宗教信仰自由政策。应该按照群众宗教生活的实际需要和意见，处理少数民族宗教上存在的问题，让群众的宗教活动恢复正常。"

在民族问题上贯彻"有错必纠"的政策，影响最大的是对1958年青海平叛扩大化错误的改正。1958年上半年，青海省局部地区少数上层分子，抗拒社会改革，发动了武装叛乱。军队奉命进行了平叛。平叛斗争是正义的，但是，在当时那种"左"的空气下，扩大化错误在所难免。

1959年3月10日，西藏上层反动集团发动武装叛乱。中共中央决定进行了平叛，并实行民主改革，废除封建农奴制。这是西藏社会进步和人民翻身的伟大革命。但是在后期，也出现了"左"的偏差。

1960年底，中共中央派民委副主任杨静仁赴西藏作过调查。1961年1月5日邓小平听取汇报后，明确指示：西藏民主改革要防左、防急，采取稳定发展、五年不办合作社的方针。1 月 24 日，周恩来也作了指示：“西藏的方针政策概括起来就是，土地所有制是农民个体所有制，这个制度要继续好多年，中心是增加生产，这条要坚定不移地执行下去。”

1961 年 7 月，中共中央统战部曾在兰州召集西北民族工作会议，在此之前青海省委还召开过三级干部会议，对青海平叛扩大化错误进行了许多纠正的工作，将在押人员宣布无罪释放或“教育释放”，平反了一批民族干部的冤假错案，恢复和新安置了 380 名宗教上层人士，恢复开放了一批寺院，重申了党的民族政策、统战政策和宗教信仰自由政策。

在这种纠“左”的空气下，1961 年 10 月起，班禅额尔德尼·确吉坚赞副委员长到青海、新疆等地调查，于 1962 年 5 月写成一份《关于西藏总的情况和具体情况以及西藏为主的藏族各地区的甘苦和今后希望要求的报告》(即《七万言书》)。系统地、直言不讳地提出了他对西藏及其他藏区工作的批评和建议。

周恩来接到报告后，非常重视，认为大部分意见和建议可以采纳，遂指定中共中央统战部部长李维汉主持，针对《七万言书》提出的问题，制定了四个重要文件，作出如下规定：

——“应当在党的领导下，进一步明确党政分工，加强政府工作”；

——“筹委和专署（包括所属业务部门）的行文必须使用两种文字，并逐步做到各级政府和业务部门的行文皆用藏汉两种文字”；

——“对寺庙和宗教职业者的要求和标准：爱国守法，走社会主义道路。不提过高的要求”；

——“细致地又稳又准地对现押案犯继续做好甄别清理工作”；

——“确实属于错捕、错判的案件，

党贯彻宗教信仰自由的政策，保护正常的宗教活动。1961 年 3 月，在西藏拉萨大昭寺举行的传召大会上，喇嘛们在听班禅额尔德尼·确吉坚赞讲经

应当一律平反”；

——“必须逐步创造条件，使各级政府的负责职务逐步由藏族干部担任”。

随后，西藏自治区成立四个小组，由班禅副委员长负责落实宗教政策，阿沛·阿旺晋美副委员长负责纠正平叛扩大化错误。如果不是八届十中全会重新强调抓阶级斗争，四个文件的贯彻将会对民族工作的改进起更大的作用。可惜，这一工作后来被迫中断了。

刘少奇批评滥施专政，呼吁健全法制

经过这几年的折腾，刘少奇对于在党内和群众中的过火斗争，伤害了如此多的人有所反省。不是要正确处理人民内部矛盾的吗？近几年恰恰用对敌斗争的手段来对付人民内部的不同意见。

还在 1960 年秋，刘少奇亲自处理过一件案件。

郴州鲤鱼江电厂有个 21 岁的女工回家探亲，见到父母患水肿病，还有不少乡亲患病无法医治而死去，她在一气之下写了 12 张“打倒、铲除、消灭人民公社”的标语，跑到北京中南海北门就贴，贴了还叫值勤的卫兵来看，并要求中央领导同志到下面去看看人民的生活情况。卫兵扭送公安部，经讯问，情况属实，又转送郴州。1960 年 9 月 27 日，郴州地区中级人民法院判处她有期徒刑五年。

刘少奇看了报告，说：“她还相信中央嘛，要中央领导下去看看嘛！这能说是反党反社会主义，是以反革命为目的吗？”他在报告上写了一段批语，应按人民内部矛盾处理，继续留原单位工作。

由于灾荒造成的社会问题，光抓人能解决吗？

1961 年 4 月，刘少奇到家乡调查，亲自了解到基层乱捕、乱打甚至整死人的现象。其他反映上来的情况更是触目惊心。这引发了他的反思。

七千人大会后，刘少奇关心的一个中心问题是如何恢复党内民主和社会民主，恢复法制的问题。

3 月 5 日刘少奇看到一份《青海省公安机关破坏法制违法乱纪情况十分严重》的材料，立即批给邓小平、彭真阅并交公安部长谢富治办。要求“中央公安部应派人到青海去会同省委严肃处理。青海公安机构违法乱纪情况，应引为教训”。

3 月 17 日，刘少奇在武汉（他是同周恩来、邓小平一道来向毛泽东汇报工作的）找罗瑞卿（前任公安部长、时任总参谋长）、王任重、谢富治谈话。刘说：“这四年的经验教训多得很，你们要好好总结，主要经验是混淆两类矛盾。混敌为我的也有，但主要是混我为敌。”

刘少奇不无愤慨地说：“下面不按照法律，县、公社甚至大队用长期拘留、劳改、劳教等办法，不知折磨死了多少人。”他要求政法机关要认真检查，彻底揭露、批判。

他说：“当然，揭露出来是不好看的，是很丑的，但是，有那个事实嘛，怕什么丑呢？今天不揭，明天还要揭：你自己不揭，别人要揭；活人不揭，死后下一代也要揭。”

谢富治、王任重谈到这几年政法机关经常被批评为“右倾”的情况。

刘说：“你们怕‘右倾’吗？无非是撤职。坚持真理，撤职也是好的，也光荣嘛！”

回到北京，中央政法委、公安部、最高法院开始清理和总结四年来的工作。4月28日最高人民法院院长谢觉哉、公安部部长谢富治向刘少奇汇报。刘少奇对加强无产阶级法制讲了一席颇为深刻的话。他说：

我们无产阶级的法律还没有成熟，还没有真正建立起来。现在的经验是两方面的，赫鲁晓夫不要专政，斯大林后期把肃反扩大化，我们也有混淆两类矛盾的经验。现在要纠正，要总结经验教训，要从理论上、方针原则上、机构分工上和具体办法上搞出一套来。检察院、法院要独立办事，党委不要干涉具体事务，党委什么都干涉不好。以后下面公检法向上面写报告要直接报，不要经党委批准，经过党委批准是错误的。要有对立面，唱对台戏，三机关互相制约也是对立面，也是唱对台戏。什么事情一个渠道是不行的，老百姓都能反映情况嘛。这几年犯的“左”的错误是在党委的绝对领导下犯的，这是一条重要的经验。

5月23日，刘少奇又约请中共中央政法小组成员，谈如何起草《关于1958年以来政法工作的总结报告》。

刘少奇说：“目前这个时期总的经验教训是混淆两类不同性质的矛盾，主要是误我为敌，打击面过宽。”

刘少奇尖锐地指出：“过去对矛盾性质认识错了的也有，但主要是错在用处理敌我矛盾的方法去处理人民内部矛盾。党和政府中的国民党作风，主要表现在这上面。用敌对手段处理人民内部问题，甚至党内问题，这样处理的结果，不仅不会解决矛盾，相反会使矛盾更加激化，甚至造成分裂。这个问题要好好讲一下。”

鉴于这几年乱捕乱打现象许多是撇开政法机关，在党委领导下干出来的，刘少奇提出了一些涉及制度体制的意见。摘其要者，有如：

——司法独立是不对的，法院独立审判是对的，是宪法规定了的，常委和政府不应该干涉他们判案子。要允许上诉。

——不要提政法机关绝对服从各级党委领导。如果地方党委的决定同法律、同中央的政策不一致，服从哪一个？在这种情况下，应该服从法律，服从中央的政策。

——非专政机关办劳改队是非法的。

——过去党委搞肃反小组，确定捕人，隔离反省，整了很多人，当时是对的，今后不能再多搞。

彭真插话说："我们不是没有法，还是有法的，当然还不完备。但这几年对有的法都不执行，你们自己搞乱了。"

刘少奇的上述谈话，反映出他反思的深度超出其他人，甚至也超出了他在七千人大会上的认识。他似乎感悟到我们的政治体制存在弊端。然而，他只看到下面违反法制的问题，没有触及高层。几年之后，正是从最高层发动，彻底地砸烂了公检法，法制荡然无存。他，皇皇一位大国元首，也被这"无法无天"的狂潮吞没而去。刘少奇呼唤的法制，终归未能保住他自己。悲哉斯人！

彭德怀上书：如查有里通外国，以叛国论罪，判处死刑无怨！

谁都无法超越历史的局限，刘少奇也不例外。他竭力主张甄别平反，但仍不敢碰一个雷区：彭德怀问题。

七千人大会上，又要纠正彭德怀早已指出的那些错误，又要维护对彭德怀的处理。这是一个难题，刘少奇是怎样解决这个难题的呢？我们不妨看他自己是怎么讲的。

刘少奇说：

"我们在庐山会议上进行了反对彭德怀同志的右倾机会主义反党集团的斗争。这场斗争是完全必要的。我们展开这场斗争是不是只是因为彭德怀同志写了这封信呢？不是的。仅仅从彭德怀同志的那封信的表面上来看，信中所说到的一些具体事情，不少还是符合事实的。一个政治局委员向中央的主席写一封信，即使信中有些意见是不对的，也并不算犯错误。庐山会议之所以要展开反对彭德怀同志的反党集团的斗争，是由于长期以来彭德怀同志在党内有一个小集团。他参加了高岗、饶漱石反党集团。在反对高、饶集团的时候，没有把他提出来。他是高、饶集团的余孽。”

毛泽东、周恩来插话：“是主要成员。”

刘说：“是这个集团的主要成员。所以，毛主席在庐山会议上说：到底是高、饶联盟呢，还是高、彭联盟呢？恐怕应当是彭、高联盟。”

毛说：“彭和高，实际上的领袖是彭。”

刘说：“更主要的不是高岗利用彭德怀，而是彭德怀利用高岗。他们两人都有国际背景，他们的反党活动，同某些人在中国搞颠覆活动有关。彭德怀同志除了在庐山写了那封信以外，还有很多其他的背后活动。他在党中央进行派别活动，他阴谋篡党。我们把隐藏在党内几十年的隐患揭发出来，把它清除，从长远来讲，对于我们党是有重大历史意义的。”

“彭德怀同志那封信上所指责的一些事情，是党中央早就讲过的，而彭德怀同志在庐山会议以前，却一直不讲。两次郑州会议，武昌会议，上海会议，他都是参加的，他都不讲。甚至庐山会议的初期，他也不讲。到庐山会议中间，他才把那封信拿出来，这是为什么呢？这是因为那个时候，我们已经讨论如何继续郑州会议的工作，进一步纠正我们工作中的缺点错误。在彭德怀同志看来，如果那个时候再不讲，以后就没有机会讲了。所以他急急忙忙地把那封信拿出来，企图利用我们工作中的缺点和错误，向党大举进攻，以便达到他个人和他的小集团的篡党的目的。彭德怀同志想篡党，这就是庐山会议要展开那场斗争的根本原因。”

刘少奇讲这番话的一个目的是把提过相同意见的人与彭德怀区别开来，得以解脱。他说：“有些同志也讲过一些同彭德怀同志讲过的差不多的话，例如什么大炼钢铁‘得不偿失’呀，什么食堂不好、供给制不好呀，人民公社办早了呀，等等。但是这些同志和彭德怀不一样，他们可以讲这些话，因为他们没有组织反党集团，没有篡党。”

讲到这里，毛泽东补充说：“没有国际背景。”

刘接着解释说：“彭德怀同志带领我国军事代表团在国外走了几个月，回来以后就急急忙忙写了那封信，是有阴谋的。当然，不了解情况的同志，是看不清楚的。在庐山会议的时候，有些同志也看不清楚，那不能怪他们。”①

显然，刘少奇的这番话是经过中央政治局常委讨论确定的口径。

---

① 从进：《曲折发展的岁月》第495—496页，河南人民出版社。

6月21日，毛泽东在同朝鲜最高人民议会代表团团长的谈话中，讲了相同内容的话："彭德怀在党内有个小团体"，同高岗"他们是联盟，有国际背景，是搞颠覆活动的"。这更明白证明，并非刘少奇的个人意见。

彭德怀被剥夺权利，没能出席七千人大会。会后他得知刘少奇说他是'高饶反党集团成员'、'有国际背景'、'阴谋篡党'后，大哭了一场。他不得不起而为自己辩护，进行申诉。经过几个月的艰苦写作，他于6月16日向中共中央和毛泽东主席以信的形式报送了一个长达八万字的申诉材料（后来被称为"八万言书"）。在报送时，他还给中央办公厅主任杨尚昆写了一封信：

尚昆同志：

我阅读了"扩大的中央工作会议"文件以后，实事求是的作了检讨，（对）不符合事实的我也作了说明。惟时间长、问题多、加以写得潦草，不便于中央同志审阅，请饬铅印多份送给中央领导同志为感！谨祝健康！

彭德怀

1962年6月16日

彭德怀的"八万言书"，共五个部分。第一部分，庐山会议前后的情况。第二部分，关于高饶联盟的问题。第三部分，我同外国人的接触过程。第四部分，我的历史过程及其几个问题。第五部分，关于军事路线。

对于说他在庐山会议之前几次会议和庐山会议初期有话都不讲，到会议中间才把信拿出来的指责，他"觉得与事实有出入，实在腹怀委曲"。列举事实作了说明。

对于指责他"背着中央进行派别活动，阴谋篡党"，他表示："这个罪名，我实在觉得委曲"。他辩驳说："在八中全会时，对我给主席的信以及我的一些言论都提到了高度原则上进行了分析，即'1959年7月14日写给毛泽东同志的意见书，和他在庐山会议期间的一些发言和谈话，是代表右倾机会主义分子向党进攻的纲领。'可是，这次少奇同志在扩大的中央工作会议的报告和讲话中说：'仅仅从彭德怀同志的那封信的表面来看，信中所说到的一些具体事情，不少还是符合事实的。'这就是说，那封信就不是什么'反党纲领'了。对那封信的这一估价，我是同意的。但是，少奇同志在报告和讲话中又提到，'他在党内背着中央进行派别活动，他阴谋篡党。'这种莫须有的罪名，我实在难以领受。"

关于他同黄克诚的关系，他摆事实辩白道：“是一种同志之间的工作关系，确实没有其他不可告人的什么秘密。”

关于他同高岗、饶漱石的关系，他详细说明了历来接触的情况，证明自己与高、饶没有什么“反党集团”性质的关系。

彭德怀不提毛泽东，只提到刘少奇的话。他愤愤然写道：

1962 年 1 月 27 日，少奇同志在扩大的中央工作会议上的讲话中说：“到底是高、饶联盟，还是高、彭联盟呢？恐怕是彭、高联盟。”我认为少奇同志这样来强调这个问题，未免有点过分。同时与事实也是有出入的。事实是最好的见证。

说彭德怀里通外国，搞颠覆活动，这使他感到莫大的冤屈和侮辱。他，一个坚贞的爱国者，“对私通外国搞颠覆活动的行为是深恶痛绝的”。

此为仅存的彭德怀在吴家花园居住期间的一张照片，摄于 1964 年，右为彭德怀弟媳龙国英和侄孙彭东。

彭德怀详述了自己从 1936 年以来为数不多的同外国人接触的情况，一个农民出身的将领，不懂外语，每次同外国人接触，都有人陪同，有翻译在场，怎么个“里通外国”呢？

他写道：“我承认在 1959 年出国访问时，只着重地解释了西藏叛乱的情况、炮击金门的意义，而没有着重宣传我国的总路线、大跃进和人民公社，这是一个缺点或者也可以说是错误。但是，我没有背着我党在外国人面前搞什么不利于我党的勾当来讨好外国人，更没有什么‘同某些外国人在中国搞颠覆活动有关’，我认为这种说法是没有事实根据的。”

彭德怀以决绝的口吻写说：

我诚恳地要求党中央根据一贯实事求是的原则，派专人彻底清查这一是非问题，如发现事实确据，按以叛国论罪，判处死刑无怨。

彭德怀写自己30几年历史情况，事实上是对所谓他历来同毛泽东“三分合作七分不合作”说法的澄清。此外，还澄清了对他历史上某些具体问题的指责，如所谓“反对唱《东方红》”等。

彭德怀在信的末尾表白道：“现在我们国内正处于困难的时候，克服这个困难还需要一定的时间。主席及中央各同志，正在紧张地进行国民经济的调整工作。我从庐山八届八中全会以后，快近三年来，未做任何工作。当我提出这些问题时，来烦扰中央同志，内心是非常不安和非常惭愧的！不提出来吧，又难抑制自己那种委曲和苦恼心情。恳希谅察。”

信送上去后，如泥牛入海，杳无音信。彭德怀于8月22日给中央写了一封短信，再次表达自己的心情和对中央的恳切希望。

彭德怀这封八万言辩诬信，在当时不可能改变他自己命运，却引来一场对“翻案风”的批判。不过它为后人留下了一份珍贵的材料，使我们能听到这位有一付铮铮铁骨的老元帅的心曲。

5 调整政策　文化领域骤雨初歇
脱帽加冕　知识分子又遇早春

知识分子的尴尬和怨望

要顺利地恢复和发展国民经济，离不开知识分子的积极参与。然而，此时，知识分子的心情是相当压抑的。几年来他们经受了双重磨难：肉体的和精神的。

党对知识分子的政策是分歧最多、反复最多的一个领域。单就知识分子的阶级属性来说，就没有取得举党一致前后一贯的认识。新中国成立之初，面对旧中国过来的知识分子与中国共产党领导的事业相互隔膜的情况，毛泽东提出了对知识分子“团结、教育、改造”的方针。这在当时是有道理的。但随后发动的各项运动中，知识分子屡受挫折，总是被视为阶级异己。1956 年初，中央调整知识分子政策，周恩来以一国总理身份郑重宣布：我国知识分子的绝大部分“已经是工人阶级的一部分”，提出社会主义建设要依靠“工人农民知识分子的联盟”。这个宣布表明，作为特定历史意义的对知识分子的“改造”至此应当结束，知识分子不应是异己力量而应当是依靠力量。

然而，这个结论从来没有得到一致的赞同，党内对知识分子的怀疑根深蒂固。毛泽东一度认为叫“小资产阶级知识分子”为好。然而，1956 年的波匈事件和 1957 年的反右派运动，改变了毛泽东的估计。他不但认为知识分子仍是一种异己力量，而且认为在资本主义和资本家臭了以后，知识分子是同无产阶级较量的主要力量，认定资产阶级知识分子是现存的“两个剥削阶级”的一部分。他们有 500 万，加上他们的家庭有 3000 万。这就不仅把旧社会过来的知识分子视为资产阶级知识分子，而且把新中国自己培养的知识分子也囊括在内。知识分子的处境更加艰难了。

1957 年反右，受伤害的主体是知识分子，对 55 万右派分子的处理相当重，或下放劳改，或遣返农村，或发配边疆。其影响所及不只是 55 万右派及其亲属，遭此一难，知识分子队伍大伤元气。许多人从此三缄其口，很少有人敢说话了。

1958 年开始的“大跃进”运动，其基本倾向是排拒知识和科学，直接诉诸于群众运动的一种发展模式。对知识、科学和知识分子的贬斥达到极点。“破坏迷信”变成破除科学和常识，“尊重实践”变成崇尚无知，“解放思想”变成唯意志论。在“插红旗、拔白旗”的“红专辩论”中，一批有独立见解的专家、教授被当做“白旗”拔掉，一些潜心学问和科学研究的知识分子被戴上“白专道路”的帽子。有的人认为，“知识分子既然是属于资产阶级范畴，就是革命对象”，“对知识分子象打鼓，不打不响”，“必须以斗争为主”，“知识分子三天不敲打就翘尾巴”。科学家的嘴被封住，他们面对违反科学，甚至违背常识的许多做法，瞠目结舌、不敢说话。

在“大跃进”的浪潮中，知识分子也被动员起来，科学技术和文学艺术也要“大跃进”。在工农业“放卫星”和风靡一时的新民歌运动的催促下，文艺界号召“放卫星”，要求快写、多写，命题作文，限期限量。一些文学家、艺术家奋力追赶潮流，写出标语口号式作品，讴歌“人间奇迹”和“人间天堂”，为“大跃进”和人民公社化运动加油添醋，推波助澜。更多的人对于这种外行干预、书记坐镇、命题作文的做法无所适从。

许多专业人员、学校教师、专家学者走出教室、书斋和研究室，投身于火热的群众运动，接受大潮的洗礼，经受筋骨的磨炼，实现灵魂的净化。

对于这种种过左做法，毛泽东本人也有所察觉。1958 年 12 月 22 日，毛泽东在中共中央宣传部内部刊物上看到一份反映清华大学一个党支部对待教师宁“左”勿右的材料后，给中央宣传部部长陆定一写了一封信，建议将这份材料印发全国一切大专学校、科研机关的党委、总支、支部阅读并讨论，以“端正方向，争取一切可能争取的教授、讲师、助教、研究人员为无产阶级的教育事业和文化科学事业服务”。

毛泽东认为“资产阶级”知识分子不是依靠对象，但毕竟是统战对象。他的方针是“团结、教育、改造”，为我所用。

有了这封信，周恩来立即在 28 日晚上召集宣传、文化、教育等部门负责人到西花厅开会。到会的有陆定一、康生、张际春、杨秀峰、周扬、钱俊瑞、张子意、胡乔木、刘芝明、夏衍、陈克寒、林默涵、徐运北、张凯、黄中、荣高棠、沙洪、邵荃麟、吴冷西、姚溱等。

周恩来以鲜明的态度批评各部门在执行知识分子政策上的“左”的错误。对教育部门，周恩来批评在大学教授中“拔白旗”是错误的，反对学校中把一切工作成绩归给学生而不是教师的做法。对卫生部门，他指出要尊重和保护医务界的老专家。对文艺部门，他批评过分夸大文艺的政治作用，指出精神产品不能“放卫星”、“人人写诗”、“人人作画”的口号是错误的。他要求与会者保持清醒的头脑，回去后“在研究知识分子问题，注意纠正在知识分子问题上‘左’的偏向。”

“有些同志开始思想不通，后来都愉快地接受了他的意见。这次会议，特别是周恩来同志的一番话，起到了‘降温’的作用。”参加会议的文化部副部长林默涵这样回忆。

1959 年 5 月 3 日，周恩来在中南海紫光阁又约见全国人大代表和政协委员中的部分文艺界代表和委员，以及北京的一部分文艺界人士座谈，进一步分析“大跃进”中对知识分子产生这些“左”的偏向的原因。周恩来提出了一系列“两条腿走路”的方针。他说：“我们一些同志总是强调某一方面，变成一条腿，而一条腿走路，难免就要跌跤。”

但是，由于当时全国仍处在继续“跃进”的形势下，周恩来的意见没有得到贯彻，有些省市甚至不让传达。周恩来后来说：“使我难过的是，讲了以后得不到反应，打入‘冷宫’，这就叫人不免有点情绪了。”

1959年庐山会议后，知识分子政策上的“左”的错误又有新的发展。文化思想界是反右倾运动的一个重要战场。一些文艺观点、文艺作品和文艺家以及学者及其学术观点受到批判。批判了李何林的“艺术即政治”、巴人（王任敬）的“人性论”、张庚的戏曲理论、郭小川的诗、刘真的小说、尚钺的历史分期说、马寅初的“新人口论”。直到1960年马寅初被迫辞去北京大学校长职务，持续三年的批判才结束。心理学、社会学、伦理学、遗传学、优生学等现代科学均被作为资产阶级伪科学予以批判和否定。反右倾运动主要在党内，但知识分子受冲击也不在少数。

知识分子处境尴尬，心情压抑，心怀怨望：

资产阶级知识分子这顶帽子什么时候才能摘？

对知识分子的改造何时是个头？

怎样才能“又红又专”？追求“红”可望不可及，追求“专”又有“白专”之嫌。

“百花齐放、百家争鸣”方针还灵不灵？在许多单位，“双百方针”变成了“五子登科”：“套框子、抓辫子、挖根子、戴帽子、打棍子”。

党如何领导文艺？“外行领导内行”是必然规律吗？

凡此种种，不一而足。这种状况，对于动员广大知识分子同舟共济、共渡难关十分不利。

新侨会议，周恩来给了赵丹“免斗牌”

伴随“大跃进”战车的戛然止步，文化领域的暴风骤雨也暂时消停下来。1961年初，中共中央集中力量于经济调整，阶级斗争的基调降到了几年来的低点。文化、教育、科技等部门开始纠正“左”的错误，着手制定做好知识分子工作的政策措施。

周恩来对此倾注了大量心血。五年前他的《知识分子报告》被实践所否定，两年前他关于文化领域降温的话也无人理睬。现在，气候变了，他决定振臂一呼，恢复文化领域的民主和自由空气。

借着毛泽东“大兴调查研究”之风，周恩来决定从他熟悉的文艺界入手，了解知识分子的苦衷，确定知识分子政策。

1961年6月，中宣部和文化部分别召开工作座谈会和故事片创作会议，检查几年来文艺工作中的问题，研究改进工作的措施。地点在北京市新侨饭店，故称“新侨会议”。

6月16日晚上，周恩来谁也没有通知，来到新侨饭店，碰巧遇上赵丹。又由赵丹引领来看望因病卧床的黄宗英。赵丹一路嚷着把周恩来带到黄宗英的房间：“宗英，快，快！总理来啦！总理来看你，看大家啦！”

周恩来笑盈盈进得屋来，端详着黄宗英那身打扮，觉得奇怪：素布衫裤、家制布鞋，有点乡下妇女的味道。他笑着问：“怎么？连花衣服也不敢穿啦？”黄宗英急忙解释：“常下乡……”周恩来赞许地说了一句：“好”。随后又说了一句，“改造，也不在外表”。

说话间，文化部副部长兼电影局局长陈荒煤，上海天马电影厂党委书记丁一、厂长陈鲤庭和沈浮等人闻风而至。小房内气氛融洽，笑声朗朗。新侨饭店的服务员纳闷：总理怎么与艺术家们这么熟，像老朋友似的！

周恩来冲着黄宗英摇摇头说：“更瘦啦！什么病？让医生仔细查查。”黄宗英赶紧解释：“总理，我没什么大病，一多半是急出来的。老完不成任务，白吃人民的饭。”

黄宗英的话，是有所指的。她长期当演员，1959年，她被任命为上海电影制片厂的专职编剧。这样的转行，来得太突然，“我一下子脑子涨得老大”。再加上当时文艺创作的政治性要求太强，任务压得太紧，领导层层审查关口太多。黄宗英当了一年的编剧，剧本绝少成活，一急之下，竟然病倒了。

黄宗英向周恩来诉说着一个“五个书记挂帅”的事情。不久前，她奉命创作电影剧本《好当家》，要求两个星期体验生活，一个星期交出创作提纲，一个星期交出剧本初稿。为保险起见，市委第一书记亲自关怀、过问，上海电影局第一书记、电影厂第一书记、公社第一书记（还加上县委负责人）层层挂帅，电影厂副书记亲自坐镇。这是一个塑造党的书记光辉形象的“重大题材”，偏偏这位黄宗英一辈子不认识几个书记，更没有当书记的体会。这样的阵容，这样的时限，这样的题材，把个创作组压得脑汁绞尽，灵感全无。艺术家们也有招，有一天晚上，趁坐镇创作组的电影厂副书记生病睡觉之机，黄宗英等人一口气搞了个通宵，把提纲顺了下来，交差了事。大家私下里称：五个书记挂帅，也养不出“胖娃娃”来。

书记挂帅、党委领导、命题作文者，由此可见一斑。

“总理，我们电影这一行，谁都有发言权，而艺术家本身的发言权……就难说了。我们是不怕文责自负、戏责自负的，老实说，历次运动也没人替我们负。我们的党——各级党委，究竟以什么方式、怎样来领导剧本创作，领导艺术生产，我们认为应该研究、讨论。”黄宗英一股脑儿地把自己的想法道了出来，在总理面前，她很少心理障碍。

黄宗英的话引开了大家的话匣，你一言我一语地向周恩来反映会上的情况和艺术家们的呼声。

代表们多次要求周恩来能到会上与大家谈一谈。

6 月 19 日，周恩来为这两个会议作了重要讲话。

周恩来开门见山地说：“现在有一种不好的风气，就是民主作风不够。我们本来要求解放思想，破除迷信，敢想敢说敢做。可只许一人言，不许众人言，岂不成了‘一言堂’么？‘一言堂’从何而来？是和领导有关的，所以，我们要造成一种民主风气。我首先声明，今天我的讲话允许大家思考、讨论、批判、否定、肯定……”

周恩来批评说：“几年来有一种做法，别人的话说出来，就给套框子、抓辫子、挖根子、戴帽子、打棍子”，“五子登科”。他说：“这种风气不好，现在要把这种风气改过来。”

这篇讲话，是根据前两天文艺工作者们反映的问题而准备的。周恩来说：“心有所感言之为快。”

周恩来一口气讲了“心有所感”的七大问题：物质生产与精神生产的问题、阶级斗争与统一战线问题、为谁服务的问题、文艺规律问题、遗产与创造问题、领导问题、话剧问题。这七大问题都是文艺界十分关心的政策问题。最为引人注意是他关于党对文艺工作的领导。他强调地说：“要造成一种风气，使大家敢于讲话。只要对社会主义有利，即使思想不一致，也要说出来。”

周恩来说：“要改变文艺界的作风，首先要改变干部的作风；改变干部的作风首先要改变领导干部的作风；改变领导干部的作风首先从我们几个人改起。”

周恩来最后说：“我今天所说的这些话不一定对，我是树个‘的’让大家来射，树个活靶子，让大家来攻攻。”

周恩来把自己的话树成活靶子，让大家来攻，给文艺界人士以极大的震撼。

“这是在一个长久时期的沉闷的政治空气中打了个惊雷。”一个与会者如是说。

赵丹坐在台下仔细地听着，太过瘾了。本来他这次从上海来是不想说话的。在来北京开会之前，上海市委某负责人曾告诫他们，去北京开会不要发言，上海的工作没有什么要检查的。因此，赵丹在开会的头几天，一句话也不说。主持会议的

20 世纪 60 年代赵丹、黄宗英和女儿在上海

陈荒煤很纳闷，问："阿丹，你为什么不发言？"赵丹心中有气，便信口回了一句："除非给我一块牌子，上面写着'此人说话不算数'，我才敢言。"

原来，赵丹一直在寻求"免斗牌"。

周恩来的讲话打消了赵丹的顾虑，情绪活跃起来，也忘了一位艺术家与一国总理的身份差别，竟为了一部由小说改编成的电影，究竟是小说好，还是电影好，与周恩来争论起来。这部电影叫《达吉和她的父亲》，由同名小说改编而来。

在周恩来与艺术家们游香山时，赵丹说："总理，我保留我的意见，觉得小说就是比电影好。"因为头一天，周在大会讲话说到电影比小说改得好。引出了赵丹的这句话。周恩来听完，略停脚步，偏过头来看着赵丹微笑。

"你完全可以保留你的意见，我可以坚持我的意见，你赵丹是一家之言，我周恩来也是一家之言嘛！"周恩来说完哈哈大笑，赵丹也嘿嘿地跟着笑，周围的人也被他们逗笑了。

这是一次无关宏旨的友善的争论，周恩来想借此活跃一下民主空气。

有人和赵丹开玩笑说：总理承认你赵丹是"一家之言"，你总算得到一块"免斗牌"了。

关于知识分子的两个条例

新侨会议前后，中央开始制订科研工作条例和文艺工作条例。其重点是对知识分子的政策。

首先出台的是聂荣臻主持起草的"科研 14 条"。

从 1956 年 10 月，聂荣臻受命为兼管科学技术工作的副总理以后，从此与科技界结下了终生之缘。老元帅的后半辈子主要同科学家们打交道。

从爱国主义走上共产主义的老一代革命者，都有一个强国梦。中国科技基础之落后，科技人才之匮乏与宏大的科技发展目标的矛盾，使聂元帅产生了紧迫感。尤其中苏两党翻脸，赫鲁晓夫撤走专家后，更显出自己为数不多的专家的宝贵。在聂的旗下，集中了当时中国最精华的一批科学家，如钱学森、钱三强、王淦昌、朱光亚、邓稼先等搞两弹的专家。他们中许多人放弃国外的优厚待遇，冲破阻力，毅然归来报效祖国，其拳拳之心可昭青史。这样的知识分子难道不能信任吗？

然而，情况并不如人们想象的那么好。这几年来，即使最受保护的科技界也难免受到干扰和冲击。科研单位同样存在浮夸风、瞎指挥风。党员干部自视高人一等，不尊重科研规律和科学家的事业，不务正业，让科研人员一半以上时间去干体力劳动、参加政治学习，轻率地、频繁地在科研所搞政治排队、批“白专道路”等。专家们顾虑重重，不能潜心于事业。

从1960年冬天起，聂荣臻开始组织人员调查了解科研院所的情况，提出政策。1961年7月6日，一份“科研14条”的文件提到中央政治局会议上。立即引起与会者共鸣。

李富春说：“对人的政策，主要是个红与专的问题，这方面有偏向，空洞地要求红。”

刘少奇插话说：“空谈革命是带引号的革命。”

邓小平说：“我看就是要老老实实当好勤务员，为科学家服务，替他们解决困难。”

彭真说：“干脆写明确，两三年内，各研究所不搞政治排队。”

刘少奇说：“现在有偏向，要承认，有偏就要纠。”

周恩来说：“这个文件财政、文教系统也可以发。”

毛泽东没有参加会议，会后，他批准了“科研14条”。

“科研14条”直接为了解决科技界的问题，但事实上是调整整个知识分子政策的第一个文件。6月19日，中央在下发“科研14条”的批示中指出：“文件精神对于一切知识分子工作的部门和单位，也都是适用的。”

与此同时，文化部和全国文联党组着手起草文艺工作条例。文艺条例的通过没有科研条例那么痛快，相对于科技界，文艺界历来是一个敏感区。1961年8月1日，中共中央将文艺工作条例印发各地征求意见，当时共计10条，称“文艺10条”。经过8个月的反复修改，压缩成8条，于1962年4月30日印发实行，改称“文艺8条”。

“文艺 8 条”批评了文艺工作领导中不执行双百方针、进行简单粗暴的批评、限制和干涉，妨碍艺术创作和学术自由探讨，忽视同党外作家艺术家合作，进行过火斗争，片面追求数量，文艺工作领导干部独断专行，自以为是等“左”的错误。规定要进一步贯彻百花齐放百家争鸣的方针，严格划分人民内部矛盾与敌我矛盾界限，正确划分政治问题、世界观问题、学术问题和艺术问题之间的界限。不许用对敌斗争的方法来解决人民内部问题。不许用行政命令、少数服从多数的方法来解决世界观、学术和艺术问题。也不应把学术、艺术问题随便引申为世界观问题等。

这些规定切中时弊，对文艺的复苏起到了积极作用。

广州会议：知识分子的春天

对于知识分子来说，1962 年 2—3 月的广州会议，是值得永久回忆的一次会议。“文化大革命”中，广州会议被批判为“黑会”，是“资产阶级文艺黑线专政”的祸源。一些在这个会上发表意见的领导干部和知识分子遭了殃。

所谓广州会议，其实是两个。一个是聂荣臻主持召开的全国科学技术工作会议。一个是文化部、中国戏剧家协会筹组的话剧、歌剧、儿童剧座谈会。

2 月 16 日，聂荣臻主持的科学工作会议，原本是想“借下发‘科技 14 条’以后的有利形势，搞出一个新的科学规划来。”310 名各个专业、学科的科学家集中到广州后，聂荣臻找一些科学家谈心，发现他们的顾虑很大。

有人问聂荣臻：“对资产阶级知识分子这个提法如何理解？”他们说：“一提到知识分子，就叫资产阶级的，叫做资产阶级知识分子，使子女也因此受到歧视，从没听到有人提谁是无产阶级知识分子。”

聂荣臻认为这个问题应该解决，报告了周恩来。这时周恩来、陈毅已在广州。周恩来当即表示：“知识分子就是知识分子，人民的知识分子。”

过去在国务院开会，关于知识分子的阶级属性总是争论不休。一次会上，聂荣臻说：“革命这么久了，大学为我们培养的都是知识分子，难道都是为资产阶级培养的？这不能理解嘛！”国务院副秘书长许明很激动。她说：“办那么多学校，都是培养资产阶级知识分子，我们干什么！那是不合乎逻辑。”

的确，共产党下大力发展教育和科学，培养出来的人都是“资产阶级的”，不能信任，那不是无产阶级为资产阶级培养接班人，为自己培养掘墓人吗？这是一个多么大的悖论啊！就象毛泽东一心想使中国尽快富强，却又担心富了以后不革命的悖论一样，这个悖论不仅围绕着知识分子，也一直困扰着毛泽东。

文化界的广州会议是周恩来亲自指导召开的。会前，周恩来要求主办单位进行充分的准备，对全国剧作家的情况及有关各级领导的思想情况做一次全面调查。从调查报告中，周恩来进一步体会到知识分子要求摘去“资产阶级”这顶帽子的心情多么急迫。

2 月 17 日，周恩来在中南海紫光阁会见了在北京的话剧、歌剧、儿童剧作家。他（她）们正准备赴广州参加会议。周恩来希望他们在创作上进一步破除迷信，解放思想，到广州去百花齐放、百家争鸣，把会开好。

这时，周恩来工作很忙，正在主持起草全国人大二届三次会议的政府工作报告。他本来不打算去广州，请陈毅去给这两个会议的代表讲话。但是，从广州传来了与会者要求摘掉“资产阶级”帽子强烈呼声，使他下决心亲自去一次，解决这个问题。

2 月 25 日，周恩来致信毛泽东汇报了政府工作报告起草的情况，并说：准备和陈毅一起去广州，“谈军队转业十万干部的安置问题和科学机构的精简问题。同时也准备同科学家见见面，听听他们意见”。

2 月 26 日，周恩来和陈毅一起飞抵广州。他看望了会议代表，听取了聂荣臻、郭沫若等的汇报。3 月 1 日，周恩来约集两个会议的党内负责人陶铸、聂荣臻、于光远、张劲夫、林默涵、范长江等座谈，着重讨论知识分子的阶级属性问题。

听完大家的议论，周恩来明确作出结论：从总体上讲，知识分子不能再说是资产阶级知识分子。

3 月 2 日，周恩来在广州羊城宾馆向参加两个会议的科学家们和作家艺术家们作《论知识分子问题》的报告。

周恩来说：“不论在解放前还是在解放后，我们历来都把知识分子放在革命联盟内，算在人民的队伍当中。”“12 年来，我国大多数知识分子已有了根本的转变和极大的进步。”为了强调他的观点，他重申了 1956 年 1 月他对知识分子状况的基本估计，重申刘少奇八大报告中关于“知识界已经改变了原来的面貌，组成了一支为社会主义服务的队伍”的论述。同时引用了列宁的一段话。指出：“列宁在对‘非无产阶级的劳动阶层’的说明中包括了知识分子”，“对于知识分子的估计要以这个为纲”，要在这个根本估计的基础上确定党和国家对知识分子的政策。报告中，周恩来批评了 1957 年以来对知识分子改造问题的片面理解，指出改造是长期的，方法要和风细雨，不能粗暴，这样气才能顺，心情才能舒畅。他说，知识分子最怕别人给他“上大课”，要促膝谈心。

周恩来的这场报告连同他 1951 年、1956 年两次关于知识分子的报告，成为建国以来党对知识分子的正确政策的代表作。周恩来因为工作太忙，无法等到会议结束，就于 3 月 4 日赶回北京。广州会议委之于陈毅。

陈毅向知识分子行脱帽礼

陈毅，一位外交部长，何以到广州会议上唱主角？却原来，陈毅除了外交，还一直兼管科学和文化工作，分管科学文化，也就是分管知识分子。陈毅素有儒将之称，秉性豪爽，文人气质，擅于诗词，嗜爱古籍，喜交名流。由他分管知识分子工作是合适的。

对于文化领域的“左”的做法，陈毅早有批评。上年 3 月 22 日，在中南海紫光阁召开的戏剧编导工作座谈会上，他就语出惊人：“我看到有些文章把古人骂得一塌糊涂”，“把李清照完全否定了”，“认为陶渊明的诗一无是处”。“不仅历史上的人物都有缺点，就是我们这个时代的人，也都有缺点，毛主席从来没讲过他没有缺点。”“我们今天不要把毛主席神化，凡是把毛主席神化的人是别有用意的。”

是年 8 月 10 日，陈毅在北京高校毕业生集会上，又大声疾呼：“前一个时期，有的单位把那些埋头搞业务，少参加一些政治活动的人，当作白色专家来进行批判。这是不对的，应该给予纠正。目前我们国家正需要大批专家的时候，他们能够埋头业务，对社会主义建设，对祖国，对人民作出更大的贡献，正是值得欢迎的。”他说：“从来没有空头的政治，政治都是通过业务来体现的。”

这次来到广州，在会上会下，听到科学家、剧作家倾诉几年来遭受迫害和歧视的痛苦：曾被“拔白旗”点名批判，乃至开除党籍遣送劳改的人数，竟占了与会者的大部分！陈毅惊骇激愤不已。3 月 5 日和 6 日，他在科技大会和剧作家座谈会上作了两次讲话。陈毅

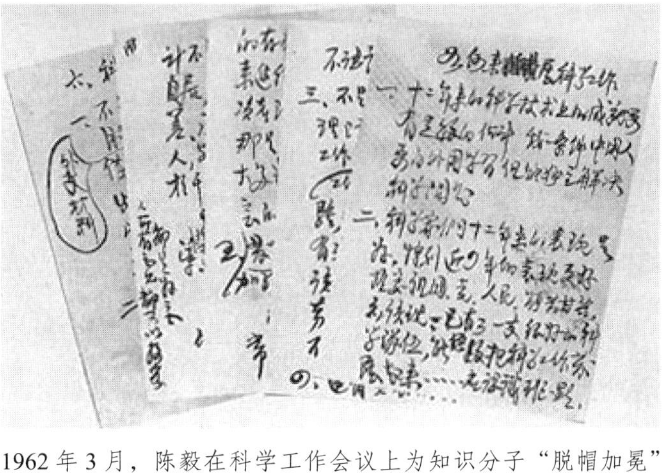

1962 年 3 月，陈毅在科学工作会议上为知识分子“脱帽加冕”的讲话提纲

说：“工人、农民、知识分子，是我们国家劳动人民中间三个组成部分，他们是主人翁。不能够经过了12年的改造、考验，还把资产阶级知识分子这顶帽子戴在所有知识分子的头上，因为那样做不合乎实际情况。”

陈毅说：“周总理前天动身回北京的时候，我把我讲话的大体意思跟他讲了一下，他赞成我这个讲话。”他说：“你们是人民的科学家、社会主义的科学家、无产阶级的科学家、是革命的知识分子”。他说：“加劳动人民知识分子之冕，应该脱资产阶级知识分子之帽，今天我们向你们行脱帽礼！”

说到此，陈毅站起，向全场知识分子深深地鞠了一躬。

会场掌声雷动。

陈毅动情地说：

12年的改造，12年的考验，尤其是这几年严重的自然灾害带来的考验，还是不抱怨，还是愿意跟着我们走，还是对共产党不丧失信心，这至少可以看出一个人的心。10年8年还不能考验一个人，10年8年还不能鉴别一个人，共产党也太没有眼光了。

今天我们团结的人不是多了，而是太少了！科学家是我们的国宝！真正有几个能替我们解决问题的人，一个抵几百个！……愚昧是个很大的敌人。

陈毅说到这几年有些党的领导机关和知识分子之间“产生了矛盾，伤了感情，伤了和气”，他直言不讳地指出是领导机关“错了”，“对的”是知识分子。为什么？就是某些领导干部缺乏民主作风，“太粗暴、太生硬”，搞得知识分子不敢讲话。科学家们见你亩产一万斤，也不敢说话；见你的大水库不合科学原理将来要造成灾难，也不敢提批评意见。“一批评就是反党，一批评就是反社会主义，就是资产阶级知识分子。”

讲到这里，陈毅悲愤交集。他说：“我是心所谓危，不敢不言，我垂涕而道：这个作风不改，危险得很！……严重到大家不写文章，严重到大家不讲话，严重到大家只能讲好，这不是好的兆头。将来只能养成一片颂扬之声……危险得很呢！”

陈毅还讲到，“无为而治”，“坐享其成”。党委领导业务，要通过党的专家来领导。“讲党领导一切，主要是指路线、方针、政策……至于专业问题，最好不要乱干涉。”

真是快人快语，出语惊人！陈毅讲“心所谓危”，说明他洞察下情，深知问题严重；讲“不敢不言”。说明他忠肝义胆，敢于直言。

科学家、文艺家听到这样的讲话，怎能不欢呼雀跃！当年的记录稿上注明，三万余言的讲话中，会场响起 60 多次掌声和笑声。

代表们普遍认为：“很全面、很透彻，感情充沛，听来亲切，使人深受感动，心悦诚服。”

历史学家周谷城听到为知识分子“脱帽加冕”的消息后说：“知识分子过去认为自己是资产阶级知识分子，觉得自己是被改造的，始终是做客的思想，积极性还没有发挥出来。”如今，“得到一个光荣称号，是劳动人民了，对这一点特别高兴。我对这一点也很兴奋。我觉得只要有这些感觉，精神就活跃起来了”。这肺腑之言，代表了广大知识分子的心声。

3 月 28 日，周恩来在三届二次人大会上作政府工作报告，将“脱帽加冕”的精神郑重地向全国人民宣告。

报告中说：

知识分子中的绝大多数，都是积极地为社会主义服务，接受中国共产党的领导，并且愿意继续进行自我改造的。毫无疑问，他们是属于劳动人民的知识分子。我们应该信任他们，关心他们，使他们很好地为社会主义服务。如果还把他们看做是资产阶级知识分子，显然是不对的。

应该创造条件，使他们能够心情舒畅地、自觉地、逐步地进行（改造），而不应该采取任何简单粗暴的方式。

对知识分子的改造要求过高过急，是不适当的；把某些学术问题当做政治问题来处理，更是错误的。

如果说广州会议，周恩来陈毅还只是在小范围内的个人讲话，那么政府工作报告则是经过中央常委讨论批准，并且由全国人大会议通过的郑重结论。应当更有分量，更具权威性。

早春天气乍暖还寒

1962 年，知识分子的又一个春天。知识分子的热情，尤其是科学家们的心情顺畅多了，积极性高涨。

聂荣臻回忆说：那时候“中国科学院、国防部五院、二机部等许多科研单位，晚上灯火通明，图书馆通宵开放，一片热气腾腾，我国真正出现了科学的春天。至今我还认为：如果没有那几年的实干，‘两弹’也就不会那么快地上天。我们常说，中国人民是很聪明的，并不比别的民族笨。事实证明了这一点。我们有些科学家的确很有才能，关键是怎样发挥他们的才干，要有正确的政策，要关心他们的生活。”

30年后，邓小平在他著名的南方谈话中，还深情地回忆说：“大家要记住那个年代，钱学森、李四光、钱三强那一批老科学家，在那么困难的条件下，把两弹一星和好多高科技搞起来。”

教育领域，“高教60条”等条例的贯彻，学校迅速走上了正轨。进入了教育史上的一个黄金时期，共和国各方面的人才，许多出自20世纪60年代初期。

春江水暖鸭先知。文艺领域对政治气候的反映，历来最为敏感。在1961年和1962年出现了一个短暂的活跃和繁荣的局面。无论小说、散文、诗歌，还是电影、戏剧、音乐、舞蹈、曲艺、美术，都出现了一大批优秀作品。

文化调整除了召开会议，制定条例，领导人讲话外，还为受过批判的作品和作家恢复名誉。广州会议重新肯定了受批判的话剧《洞箫横吹》《同甘共苦》《布谷

1963年7月，陈毅（右二）、聂荣臻（右一）、郭沫若（右三）参加中国科技大学首届毕业生毕业典礼

鸟又叫了》，同年 8 月，文化部又发通知，停止发行近 50 部颂扬浮夸风、共产风的影片。如《柳湖新颂》《春暖花开》等。一批优秀的传统剧目和民间舞蹈重新登台。近现代革命历史题材的作品更为兴旺。1961—1963 年摄制的故事片《暴风骤雨》《达吉和她的父亲》《五十一号兵站》《风雪大别山》《北大荒人》《北国江南》《李双双》《东进序曲》《甲午风云》《怒潮》《红日》和戏曲片《三打白骨精》、舞剧片《小刀会》、歌剧片《洪湖赤卫队》、话剧《杜鹃山》、《兵临城下》、京剧《谢瑶环》、《海瑞罢官》、昆曲《李慧娘》等，都是这个时期的优秀作品。还出现了《燕山夜话》《三家村札记》等针砭时弊、清新悦目、深受群众喜爱的散文、杂文。

社会科学和文艺理论方面，也出现了活跃空气。文化界为此欢欣鼓舞，期待着文艺繁荣、百花齐放、百家争鸣的局面的真正到来。

著名戏剧作家田汉在“广州会议”之后，作诗一首：

一时春满越王台，水暖山温聚俊才。
书记翩翩攻药石，将军侃侃发惊雷。
乌多喑哑缘风厉，花不齐开待鼓催。

电影《达吉和她的父亲》海报

电影《红日》海报

指日乾坤红紫遍，情深莫忘岭头梅。

然而，并非所有知识分子都如此乐观。与党内名流相比，党外知识分子却更显得心有余悸，疑虑重重。“科研 14 条”下达后，科学工作者一则为之兴奋，一则信心不足，担心不久“行情”又变了。教育部到北京大学征求对“高教 60 条”的意见时，有的知识分子说：“希望把这些条例刻在石碑上。”这句话准确地反映了当时知识分子喜忧参半的心情。

他们的担心和疑虑不是没有根据的。

当时的政策调整不仅有限，而且阻力很大，已经显露出种种大反复的预兆。

预兆在制定“文艺 8 条”中就已出现。这个条例从讨论初稿到定稿发出，经过了将近一年时间。1962 年 4 月 30 日中央正式批准的“文艺 8 条”与 1961 年 8 月 1 日下发征求意见的“文艺 10 条”相比，不是前进了。而是有所后退。

“10 条”讲制定文艺条例是为了“创造更多的好作品……丰富人民的文化生活，满足人民多方面的需要”。“8 条”则改成“为了我国社会主义文学艺术更好地发挥战斗作用，更有效地团结人民、教育人民、打击敌人、消灭敌人”。

“10 条”有“正确地认识政治和文艺的关系”，“8 条”抹掉了。

“10 条”有“正确地细致地划分政治问题和思想问题、艺术问题的界限”。“8 条”则改为“文艺批评应该鼓励香花、反对毒草”，强调了毛泽东的 6 条政治标准和对毒草的批评。

“10 条”有“加强团结，调动一切积极因素”一款，“8 条”却改成“加强团结，继续改造”，重点从调动一切积极因素，变为继续加强改造。

这些修改明显地增强了政治色彩，表明党内对知识分子和文艺领域的不放心。

即使这样，“科研 14 条”“高教 60 条”“文艺 8 条”的贯彻都遇到了一些党员干部的抵触。有人认为这是矫枉过正，怕“走老路”。

分歧主要还不在基层。周恩来、陈毅在广州会议上的讲话，在中央内部就有人不同意，甚至明确反对。柯庆施在上海竟不让传达陈毅的讲话，理由是防止知识分子“翘尾巴”。有人说：要不是看见文件上写明陈毅，还以为是“右派分子”的讲话呢！在周恩来要求毛泽东对这个问题表态时，毛泽东没有说话。

6 内紧外松　中苏论战忍而未发 困局当前　部长进言缓和之策

中苏和解出现了一线希望

1961—1962 年上半年，中苏争论出现了一个短暂的间歇期，公开的直接的论战停止了，中苏关系似乎有改善的趋向。

何以会出现这种“缓和”的局面？应从刘少奇访苏说起。

1960 年底刘少奇访苏，经过激烈的争论，达成了一个相互妥协的《莫斯科声明》，刘少奇与赫鲁晓夫会谈，双方都表示以后要停止争论，避免冲突，以协商的方式解决双方的分歧，以维护中苏两党及社会主义阵营的团结。

对于莫斯科会议的结果，毛泽东感到满意，这使他坚定了自己的一个信念，国际共运也同党内斗争，可以运用“团结——斗争——团结”的方式解决问题。1960 年 12 月 9 日，毛泽东亲率中央政治局成员前往机场欢迎刘少奇一行的访苏归来。《人民日报》发社论，肯定莫斯科会议，赞扬中苏友谊。

1961 年 1 月中旬，中共中央举行八届九中全会，邓小平在会上作了关于莫斯科会议的报告。毛泽东很满意，他说：“这次 81 党会议成绩很大，应该说取得了伟大的成果，基本上把赫鲁晓夫发动的反华浪潮打下去了。我们现在要讲团结，跟苏联、跟社会主义国家，跟兄弟党都要讲团结。就是骂过我们的党，也还是要和它讲团结。一定要采取这样的方针：团结——斗争——团结。”

刘少奇说：“经过这次斗争过后，最近一个时期的斗争可能会缓和一些。缓和对我们有利，对整个社会主义阵营和国际共运都有利，我们应该力争延长缓和的时间。”

中国正处于经济极端困难的时候，必须集中精力于国内。再不能像 1960 年那样，因中苏论战转移了视线。

中国主动为缓和关系作出了努力。2 月，中国派代表团参加了在莫斯科举行的庆祝中苏条约签订 11 周年活动。北京的庆祝活动也扩大了规模。2 月 13 日在人民大会堂举行万人大会。吴玉章、郭沫若主持和讲话，周恩来、彭真、陈毅、谭震林、薄一波、罗瑞卿、习仲勋等领导人出席。2月14日晚，陈毅主持1200余人的招待晚宴。陈毅讲话，周恩来祝酒。全国13个大城市举行了千人庆祝晚会。

3月11日，陈毅在中央统战部作报告，主题是强调社会主义阵营的团结。他说：“搞好中苏关系，这要提到第一位。去年12月莫斯科声明发表以后，中苏团结达到一个新的阶段。”他说：“最近苏联的一些负责人，很强调中国对他们的帮助，我们也要继续强调苏联对我们的帮助，对他们的帮助表示感谢。”

经过这一段的争论，中国领导总结了一条经验：“在解决兄弟党分歧的时候，坚持原则、坚持斗争、坚持团结，是完全必要的。”这条经验成为此后中苏论战中中方的一条重要策略原则。

一场争论的暂时平息，使赫鲁晓夫有时也感到有必要与中国搞好关系。1961年初，他做出一些姿态。包括局部恢复对中国的经贸关系。2月27日，赫鲁晓夫给毛泽东来信，提出苏方通过贷款形式供给中国100万吨粮食和50万吨古巴糖的建议。

3月11日，周恩来代毛泽东回答苏驻华大使契尔沃年科，话说得很婉转，周说：

我们面临粮食供应的暂时困难的时候，我们首先动员自己的内部力量，其次利用当前的国际条件，争取以延期付款形式从国际市场再多进口一些粮食，从而把苏联建议提供的粮食留做后备，只在从国际市场进口粮食发生困难的情况下，才向苏联提出粮食贷款的要求。至于以贷款方式进口50万吨古巴糖的问题，如果苏联国内市场不甚急需，我们拟同意接受这部分援助。

不冷不热，合情合理。中国并不想完全割断中苏经贸关系。中苏双方各派出政府贸易代表团，先在北京，后在莫斯科举行了会谈。4月7日在莫斯科签订了一个《中苏货物交换的协定》，中方接受了供应50万吨古巴糖的建议，苏方同意中方所欠债务“五年内分期偿还，不计利息”。6月19日，又在莫斯科签订了“中苏经济合作协定”和“科学技术合作协定”。8月，苏方又派出贸易代表团来华商谈1962年的中苏贸易问题。在北京，周恩来接见了苏方代表团。在莫斯科，赫鲁晓夫接见了中方代表团，双方领导人相互转达问候。

4月，苏联发射载人宇宙飞船成功。周恩来发电祝贺。6月，第二次发射成功。毛泽东、刘少奇、周恩来分别发电祝贺。

中苏关系似乎有转圜的机会。1961 年随苏中友协代表团访华的列・别・杰留辛回忆说："总之，给人留下这样一种印象：造成两党关系恶化的趋势已经停止，这使人们产生了一线希望，沉闷的乌云将散开，友谊的阳光……将重新照耀在苏中两国的大地上。"

"但生活辜负了人们的这些希望。"杰留辛感慨说。中苏经贸关系也没有预想的那样维持在一定水平上。赫鲁晓夫不会对他的鲁莽行为认错。中国再不愿把自己的对外贸易拴在一棵树上了。

说到这里，有必要回顾一下历史。

新中国成立之时，正遇东西方冷战白热化之际。中国长时间处于美国等西方世界的封锁、禁运之中。中国在政治上实行"一边倒"方针，在经济上也只有从苏联、东欧寻求援助和贸易伙伴。起初，苏联"老大哥"也真是慷慨解囊。这对中国来说，一则亦喜，一则亦忧。喜，不用解释。忧从何来？造成了经济上、贸易上、技术上过分依赖，未免受制于人。1959 年，中苏贸易占中国对外贸易 47.9%，如加上东欧五国，那么中国的对外贸易，有三分之二是与苏联集团做的。几乎百分之百的成套设备和技术资料都引自苏联东欧国家。结果，中苏之间一翻脸，苏联一撤退专家、撕毁合同，给中国以致命打击，造成巨大损失，中苏贸易额大幅度减少。中国决心勒紧裤带还债。到 1964 年，提前一年还清了苏联的全部贷款，本息共计 14 亿新卢布。

由于中苏关系恶化，迫使中国领导人另辟蹊径。本来，这种"一边倒"的贸易、技术格局，也并非完全由环境造成，从西方引进并不是根本不可能，西方人总是要赚钱的。1956 年，奥地利就主动向中国推销过氧气顶吹转炉炼钢的新技术，却被中国拒绝了。中国相信了斯大林的话：现在"存在两个平行的世界市场"。社会主义的世界市场可以解决一切问题，用不着去西方世界找技术。

现在，由于中苏贸易的路子越来越窄，中国向西方开了一个小口子，把贸易重点从苏联、东欧转向发达资本主义国家和亚非拉国家。首先是恢复了 1958 年中断的中日贸易。1960 年 8 月，周恩来向日本人提出了一个"贸易三原则"，对原来"政经不分"的原则作了一些变通，为恢复中日贸易开了绿灯。1962 年，用延期付款的方式从日本引进了第一项维尼纶成套设备。此后几年，以同样方式从法国、英国、联邦德国、瑞典、瑞士、荷兰、比利时、奥地利、日本等国引进了 65 项技术设备，用于冶金、石油、化工、机械、电子、轻纺等领导。这也算最早的一次利用外资（资本主义）吧。只是后来，"左"倾思潮再起，引进被迫中断。

关系改善原来只是表面的

再回到中苏关系。

中苏双方对缓和关系所作的努力，原来只具有表面和策略性质。双方都认为莫斯科宣言是自己观点的胜利，赫鲁晓夫以为有个《莫斯科宣言》就可能把中共管住，使其不再批评苏联的路线。他的缓和关系的上述表示同样出于这个目的。其实在分歧日益加深的情况下，一纸宣言对哪一方都不会有什么约束力。实际上赫氏自己就不愿受《莫斯科宣言》的约束。会议一结束，他就发表了与《莫斯科宣言》观点不同的讲话。

毛泽东并未改变他对苏联领导人已经变修的看法。1961 年 2 月出版了一本《不怕鬼的故事》。这是根据毛泽东 1959 年初的提议编辑的。过了两年，时过境迁，但反对“帝、修、反”的初衷并没有改变。毛泽东亲自修改，并加批语，所谓“鬼”，包括“帝国主义，反动派，修正主义，被打倒的阶级实行复辟或企图复辟，特大的天灾”等。他在序言中说：“难道我们越怕‘鬼’，‘鬼’就越喜爱我们，发出慈悲心，不害我们，……一切光昌流丽，春暖花开了吗？”这实际表明了毛泽东反对“帝修反”的不妥协的决心。

引起双方关系再度紧张的是，中苏双方都没有停止在社会主义阵营内争取支持者，这种争夺甚至发展到世界和平理事会、体育联盟等外围组织以及第三世界国家。其中南斯拉夫与阿尔巴尼亚两国扮演了特殊的角色。在这个时期，苏联人骂阿尔巴尼亚实际上在骂中国，中国批判南斯拉夫“现代修正主义”实指赫鲁晓夫。

阿尔巴尼亚，一个只有几百万人的小国小党，竟然敢太岁头上动土，反对赫鲁晓夫的路线，站在中共一边，赫鲁晓夫在他的回忆录中对此百思不得其解。其实这并不难理解。其一，赫鲁晓夫大反斯大林的个人迷信，同时暗示阿尔巴尼亚领导人是“斯大林分子”，这激怒了霍查等人，愤起防卫。其二，阿尔巴尼亚与南斯拉夫有世仇，它们对赫鲁晓夫与南斯拉夫调情十分警惕。其三，阿尔巴尼亚北方有南斯拉夫、东方有希腊，都是宿敌。西临大海，孤悬一隅，始终有被吞没的危机感，怎能跟随赫鲁晓夫大唱裁军高调呢？

赫鲁晓夫对阿尔巴尼亚这个弹丸小国的共产党桀骜不驯，恼羞成怒。他说：“他们整个军队都穿我们的包脚布，而他们还在骂我们。”不断向阿施压，撕毁合同，撤走专家，使阿的经济面临危局。阿尔巴尼亚转而向中国寻求援助，代表团常来中国。中国坚决地支持了阿党的立场，引为反修知己。在中国自己陷入严重困难之际，满足了阿尔巴尼亚的要求。1961 年 2 月签订贷款协定，向阿提供 11250 万卢布贷款。4 月，又签订了向阿供应成套设备和技术援助的议定书。中国专家取代苏联驻阿专家。毛泽东、周恩来、邓小平分别会见阿代表团。其意义远远超出纯经济援助。对此，赫鲁晓夫十分恼火。1961 年 5 月，苏联撤走了 8 艘驻扎在阿海岸的苏联潜艇，使阿国防暴露。1962 年又把阿从经互会和华沙条约组织中赶了出去。

另一方面，赫鲁晓夫背弃了莫斯科会议上中苏共同批判南共“现代的修正主义”的立场，加紧了苏南关系的改善。1961 年 3 月，两国签订了 5 年贸易协定，7 月，南外长访问了莫斯科。在中共看来，苏联恶化苏阿关系和改善苏南关系都是向中共施压和挑战。中国舆论继续开展对“铁托集团”的批判，在赫鲁晓夫看来，这是在骂他。

苏共二十二大赫鲁晓夫指桑骂槐

使中苏缓和成为泡影的事件是苏共二十二大。

1961 年 10 月 17 日至 31 日，苏共召开二十二大，照例邀请世界各国共产党派代表团参加。但引人注目地没有邀请阿尔巴尼亚劳动党。中国派团赴会，团长周恩来，副团长彭真。10 月 12 日，周恩来与同机赴会的越南代表团胡志明、黎笋会谈时指出：这次赴会，一则去祝贺，二则准备强调团结，强调反帝。显然周恩来是抱着诚意赴会的。

然而，赫鲁晓夫及苏共二十二大的一系列举动，使中共代表团大失所望。在会上，苏共进一步推出它的新路线，在苏共二十大“三和路线”的基础上，又提出

周恩来率中共代表团赴莫斯科参加苏共二十二大，刘少奇、朱德等到机场送行

“两全”路线，即认为苏联社会消除了阶级和阶级斗争，已经成为“全民的国家”，苏共已经成为“全民的党”。在中共看来，这是典型的修正主义纲领。按照马列主义的正统观点，国家只能是无产阶级专政的国家，党只能是无产阶级的先锋队。不过，中共代表团认为，只要苏共不强加于人，可以不去理它。

然而，赫鲁晓夫在会上发动了对斯大林个人崇拜的新批判，其激烈程度超过了1956年。会上决议把斯大林的遗体从红场列宁公墓中移出，并予以焚毁。同时再次批判了莫洛托夫“反党集团”，开除莫洛托夫、马林柯夫、卡冈诺维奇、布尔加宁等人的党籍。这虽然是苏共内部的事，但也有杀鸡给猴看的用意。因为莫洛托夫在维护斯大林和反对“三和”路线方面同中共立场相似。对斯大林“鞭尸”，也有影射中共领袖之意。这对毛泽东刺激很大，毛泽东后来十分警惕“埋藏在身边的赫鲁晓夫”。

更为严重的是，赫鲁晓夫竟率领数十个到会祝贺的兄弟党领导人，激烈地攻击了阿尔巴尼亚领导人。罪名是阿反对苏共二十大，不反斯大林、党内整肃亲苏分子、对苏不友好、不全文登载苏共二十二大纲领草案等。这种缺席围攻完全是指桑骂槐，利用阿尔巴尼亚这个靶子，向中国人发难。

据说，苏共二十二大筹备期间，在准备党纲报告和政治报告时，“决定不涉及中国问题，不触及中共的特殊立场”，由苏共中央主席团正式批准的报告稿中也没有提及阿尔巴尼亚问题。然而，赫鲁晓夫独自决定把批阿的内容加进报告，有意挑起争论。对赫鲁晓夫这一举动，连苏联人都感到吃惊。纷纷猜测赫鲁晓夫的动机。有人认为，赫鲁晓夫想检验一下毛泽东和霍查之间关系的稳固程度，也有人认为赫决定给中国人点厉害看看。也有人认为，赫想利用中国国内的局势，动摇毛泽东的地位。因为苏联人从秘密渠道得到情报说：中共内部对苏方针有分歧，毛的对内政策遭到失败，中央政治局产生了分裂，对毛的不满在增长。这种无法证实的情报，对赫来说，宁愿信其有，不愿信其无。

无论赫鲁晓夫出于什么动机，他指桑骂槐向中共发难，表明他并不重视中苏和好，仍在不顾后果实施他“以压促变”的手段，企图按他的条件建立中苏关系。

周恩来不得不起而反驳。10月19日，周首先宣读了毛泽东签署的贺词，这已经是例行公事了。紧接着，周发表了讲话。强调社会主义国家内部的团结。他说：

社会主义和国际共产主义运动的团结，是由共同理想和共同事业联结起来的，是在共同斗争中巩固和发展起来的。维护这种团结是我们共产党人的国际主义义务。

兄弟党、兄弟国家之间，如果不幸发生了争执和分歧，应该本着无产阶级国际主义的精神，平等和协商一致的原则，耐心地加以解决。

对任何一个兄弟党进行不公平的片面指责，无助于团结，无助于问题的解决。把兄弟党、兄弟国家之间争执公开暴露在敌人面前，不能认为是马克思列宁主义的郑重态度。这种态度只能亲者痛，仇者快。中国共产党真诚希望，有争执和分歧的兄弟党，将会在马克思列宁主义的基础上，在互相尊重独立和平等的基础上，重新团结起来。

周恩来的讲话虽有批评，但是和解性的，没有把问题全部捅破。周的讲话，赢得了全场多数人的掌声，但“赫鲁晓夫面红耳赤，表情沉重”，他和他的同事们没有鼓掌，“全场为之注目”。

会下，周恩来与胡志明、金日成等交换意见，提出党际关系三原则：（1）对敌斗争一致，互相支持；（2）兄弟党的内部事务，不能干涉；（3）保持内部团结，分歧不能向敌人暴露。

10月21日，周恩来率中共代表团拜谒列宁、斯大林陵墓并献花圈，以示对批斯大林不满。很快，苏方就把花圈撤走了。

10月22日，周恩来、彭真与赫鲁晓夫、科兹洛夫、米高扬、安德罗波夫等人进行了长达9小时的会谈，就苏阿关系、苏共二十大、评价斯大林、“反党集团”等问题详细地阐明了中方的立场。

10月23日，周恩来根据中共中央的决定，提前回国，由彭真代理中共代表团团长，继续留在苏联。周临行前，向赫鲁晓夫告别。他说：“目前，我们国内还很困难，去年遇到了那么大灾荒，这一年我的头发白了很多，这次一定要赶回去。”

周的告别理由既是实情，也有留有余地之意。

中共内紧外松保持克制

这时，中共已经认定，赫鲁晓夫修正主义已经不可回头了。1961年11月19日，周恩来在北京向中央及北京市机关一定级别的党内负责领导干部作了一次关于苏共二十二大的报告。指出赫鲁晓夫及其领导核心，不甘心1960年莫斯科斗争的失败，企图通过这次大会，以其二十大以来的观点，代替两次莫斯科会议的文件，并强加于兄弟党。苏共二十二大在政治上是显然的后退。赫鲁晓夫策略是“指桑骂槐”，桑即阿尔巴尼亚，斯大林、反党集团，槐即中国，是“杀鸡给猴看”，即通过反阿、排阿来威胁其他党，孤立和打击中国。赫在国际问题上的政策，是无条件的和平共处，和平过渡，不要革命，片面强调战争可以避免，乞求和平。其方针是一切为了大国首脑会议，大国协商解决世界问题。苏共纲领贯穿着和平主义的修正主义思想。

周的报告对修正主义的根源进行了分析。认为修正主义的国内根源是高薪阶层和农村富裕阶层。修正主义的本质是向资产阶级妥协，向帝国主义屈服，不革命。

中共的方针是坚持原则，坚持团结，反对分裂；人不犯我，我不犯人，人若犯我，我必犯人；后发制人，有理、有利、有节；坚决反对没有阿尔巴尼亚参加的国际会议，反对不了就拒绝出席。提出要对他们随时戒备，提高警惕，更不可信任，严防其突然袭击，或为了达到他们某种利益而笑脸相迎，要作两手准备。

显然，经过苏共二十二大，中苏之间的裂痕大大加深了，而且不可挽回。不过，这时，中共对苏共的估计，与苏共对中共的估计一样，都把它看成是少数人篡夺了领导权，而国家、党、人民没有变。周恩来说：苏联是列宁的故乡，演化到资本主义不容易，在国内必然会遭到人民越来越大的反对，国际上帝国主义也不会轻易买赫鲁晓夫的账，在相当长时间内苏联仍是美帝的主要对手，这种情况，赫不可能采取完全投靠美帝的方式，他要在对等的地位上同美帝妥协。周相信，“历史的发展，这种逆流迟早会被纠正”。

由于苏共二十二大在国际上引起重大反响，国内干部和群众间也议论纷纷。中共中央决定有步骤地在党内和群众中进行一次宣传，主要是由周恩来于 1961 年 11 月 19 日在北京向中央及北京市一定级别的干部作了一次报告，并将录音报告分送各省市，听录音的严格限制在县委书记以上的党内负责干部。对党内外干部群众，则进行口头宣传，转达中央的观点。《人民日报》有选择地公布了苏阿双方的材料，暂时不作评论。

显然，中共对中苏争执采取了克制的态度，控制了传达范围，暂时忍而不发。11 月 17 日，中共中央指示说：“两个体系谁战胜谁的问题还没有解决。大敌当前，必须加强团结。”25 日，又发出通知强调，“要避免发生一切可能被敌人利用来破坏中苏团结和社会主义各国团结的事情。”

1962 年 3 月 20 日，中共中央再次发出指示，及时纠正了各地超越中央限制的过激行为。强调，修正主义一定要反，团结也一定要加强。反修只是反对苏共某些同志的错误，而绝不是反对苏联、苏联党和苏联人民。同修正主义斗争也应采取有理有利有节的方针。要求在反修教育中，一律不点苏联、苏共和赫鲁晓夫的名，内部文件一律避免把修正主义同苏联、苏共和赫鲁晓夫联在一起，以免泄漏。

中共的这种节制具有策略性，但也与这一时期一种对外战略考虑联系在一起。其主要目的是团结反帝。而且中国必须集中注意力于国内调整，不能把注意力再次引向反修斗争。假若激愤情绪一起，党内别想保持冷静了。

王稼祥向中央进言献缓和之策

正是在这种背景下，引出了中共中央对外联络部部长王稼祥的一番建议。

说到王稼祥，人们不会陌生。他就是那位曾经跟随王明路线排斥过毛泽东，后来又幡然悔悟，支持毛泽东的著名领导人。经过延安整风，对“左”倾路线有过痛切反省。大凡遭到过大挫折的人，对人对事都会有一种他人不及的感悟和冷峻。张闻天如此，王稼祥也如此。

1962 年上半年，中国可以说处于内困外迫的局面。国内还没有真正走出困境，国际环境明显地恶化，两大阵营之间的冷战对峙在继续，美苏之间既对抗又在进行单独的大国政治和军事交易；中苏关系日益恶化；中印边境上的冲突与对抗在加剧；美国侵略越南的战火日益扩大；美国和蒋介石集团不时对大陆东南沿海进行骚扰，鼓噪反攻大陆；美国与日本有“安全条约”的关系，美国在南朝鲜驻有重兵。中国仍处于三面包围之中。当时中国采取的是一种“两条线”的战略，把“反对帝国主义、反对现代修正主义、反对各国一切反动派”作为自己的战略口号，其实质是既反美又反苏，不过还是以美为主要对手。在反帝和世界革命问题上实行激进政策。承担了在物质上和道义上支援亚、非、拉民族解放运动的重担。

王稼祥认为，面对国内外特殊形势，有必要调整对外政策，谋求某种缓和的局面。1962 年上半年，他在内部小范围中，几次谈了他对一些国际问题的看法和对调整对外方针的意见。2 月 27 日，他征得中联部党委的同意，联名给周恩来、邓小平、陈毅写了一封建议信。五月会议上，王稼祥又对国际问题作了发言。20 世纪 80 年代出版的《王稼祥选集》，收录了他 60 年代初的 6 篇文稿。其中尤以《略谈对某些国际问题的看法》《实事求是，量力而行》两篇提出了不随潮流的大胆的观点和主张。

在世界战争问题上，王稼祥在批判了赫鲁晓夫片面强调世界大战可以避免的观点的同时，也试图纠正中国党内片面认为世界战争注定不可避免的观点。他提出说：“不要说社会主义阵营同帝国主义阵营的根本矛盾必然导致发生世界战争；不要说必须在消灭美帝国主义以后，第三次世界大战才能避免；不要简单地说‘打不打第三次世界大战不取决于我们，而取决于帝国主义’；不要过分地强调世界战争的危险，而冲淡了防止世界战争的可能性；不要笼统地说，‘只要帝国主义存在，战争就是不可避免的’。因为就世界战争来说，存在着防止的可能性。”我们应该是“动员人民群众提高警惕，加强斗争，克服战争危险，争取实现持久和平”。

在和平共处问题上，王稼祥批评了中国党内存在的“左”的观点。他说：“那种认为‘在帝国主义存在的条件下，不可能有和平共处’，‘必须打倒帝国主义，才能有和平共处’，‘必须彻底消除帝国主义和殖民主义，才能实现和平共处和世界和平’等的说法，是错误的。”

在和平运动与民族解放运动问题上，他指出，和平运动“具有广泛性，包括不同阶级、不同民族、不同政治信仰和宗教信仰的爱好和平的人们，包括那些仅仅害怕战争灾难的普通的人们，和平运动是群众性的运动，应该根据不同地区、不同国家、不同群众的觉悟，采取为群众所能接受的各种方式来进行斗争。我们应该把和平运动的意义讲够”。对和平运动要予以适当的估价和支持，并进行某种合作。“和平运动应该同情和支持民族解放运动”，但又“不要只讲民族解放运动，不讲和平运动”，并且“在和平组织中，不要把民族解放运动讲得超过了和平运动”。

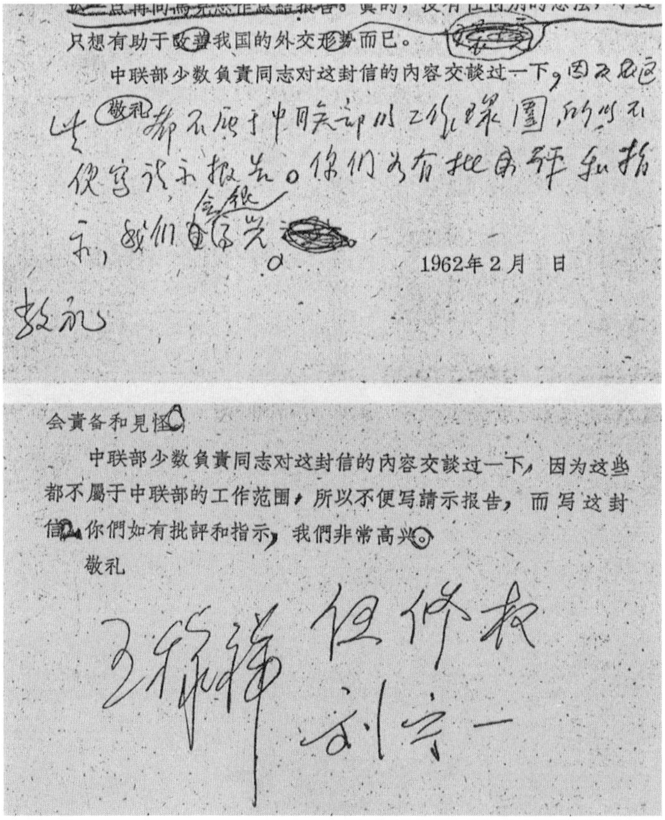
只想有助于改善我国的外交形势而已。
中联部少数負責同志对这封信的内容交談过一下，
1962年2月 日

会責备和見怪。
中联部少数負責同志对这封信的内容交談过一下，因为这些都不屬于中联部的工作范围，所以不便写請示报告，而写这封信。你們如有批評和指示，我們非常高兴。
敬礼
王稼祥 伍修权
刘宁一

1962年2月27日，王稼祥和刘宁一、伍修权给中央领导同志写信，提出处理若干国际关系的建议。图为王稼祥亲笔修改过的信件部分内容及签名

王稼祥向周恩来、邓小平、陈毅提出的建议，其主要观点有四条：

第一，发表一个全

面的对外关系的声明，正确地全面地阐明和确认我们的对外政策是和平政策。这种政策的任务是保证我们建设社会主义所必须的长期的和平国际环境，争取有利条件加快建设速度。

第二，为了争取时间，度过困难，加速完成我国社会主义建设，对外有必要采取缓和的方针，而不是采取加剧紧张的方针。

第三，在国际斗争中要小心谨慎，注意策略，发挥主观能动性，要有进有退，有攻有守，有争有让，有拖有解，而不能勇往直前一斗到底。在当前要注意避免把美帝国主义的锋芒全部集中到中国来；对中印边境问题，要设法打开僵局，尼赫鲁不是中华民族的敌人；对苏联的斗争，要高度警惕赫鲁晓夫居心不良和力图孤立中国，甚至不惜同我们分裂。

第四，关于我国的对外援助，必须根据自己的具体条件，“实事求是，量力而行”。特别是我国目前处于非常困难的时期和条件下，更要谨慎从事，“不要说过头，做过头，不要过分突出，不要乱开支持的支票，开出的支票要留有余地，不要满打满算，在某些地方甚至还要适当收缩，预见到将来我们办不到的事，要事先讲明，以免被动”。

这些言论和主张，在当时堪称空谷足音。这是又一次冒险陈词。王稼祥的上述思想显然在中联部管辖的群众团体外事活动中发生了影响。王稼祥明确地把《略谈对某些国际问题的看法》，作为中国出席国际群众团体会议时，在遇到有关国际问题的争论时的发言依据。

1962 年 7 月，由著名作家茅盾率领的中国代表团出席了在莫斯科召开的争取普遍裁军与和平世界大会。这是苏联主导的一个群众性国际会议。茅盾奉命在会上采取了同苏联完全一致的立场。7 月 9 日，茅盾在裁军大会上的发言，其口径依然是两句话，一句是中国支持裁军。一句是不要轻信美帝裁军的诚意，应当立足于斗争。但其基调则是强调第一句话。表达了中国希望和平和缓和的愿望。

他说:“两千多年以来中国就流行一句有名的格言:‘和为贵’。”

他说:“我们这一生对于和平生活的渴望，正像中国的一句成语:‘如大旱之望云霓’。”

他说：中国政府一贯奉行和平外交政策，始终坚持不同社会制度的国家和平共处的方针，坚决主张社会主义国家和资本主义制度的国家实行和平竞赛，各国之间实行和平共处五项原则。

他说：中国一贯主张通过谈判解决一切国际争端，不诉诸武力，愿意同美国人坐下来谈判。

他说：中国始终不渝地把中苏友好和社会主义国家友好合作，当作自己的最高国际义务等。

中国代表团采取的与以往迥然不同的做法，使得苏联人喜出望外，苏联控制的世界和平理事会，甚至为此特别提议授予中国代表团以金质奖章。

中央领导人赞同王稼祥的建议吗？

王稼祥的建议是否得到中央常委们的支持，还没有直接的材料证实。但可以肯定，像莫斯科裁军会议上的讲话，决不会是王稼祥或中联部的擅权。

1962年初，印尼、越南、英国、瑞典和新西兰等国共产党提出召开新的国际会议的建议。苏共中央2月22日给中共中央来信，表示支持这个建议，并且建议“放弃容易激化不能消除我们分歧的公开声明”。

4月7日，中共中央答复信中，建议结束公开争论。强调“我们的共同点是主要的”，“我们之间的分歧，毕竟是共产主义大家庭的内部问题”。中共中央主张首先进行党与党之间双边会谈和多边会谈，苏联应带头恢复与阿尔巴尼亚的正常关系，以此作为召开国际会议的初步措施。当时，双方虽然没有采取进一步的措施，但事实上，整个春夏中苏之间的公开争论停止了。

显然裁军会议上采取的做法，与4月中共中央复信有关。

事实上，中共的一些领导人如刘少奇已经看到，要团结反帝，要维护社会主义阵营团结，就不能不包括“修正主义者”。因为按当时的看法，没变修的党只有寥寥几个了。

6月27日，刘少奇与邓小平、彭真等会见阿尔巴尼亚党代表团团长卡博时，就表达了这种观点。他说：

> 我们要建立反对帝国主义的国际统一战线，其中包括真正的共产党员、革命者、殖民地国家的革命的资产阶级，也包括修正主义在内。目前国际共产主义运动的团结要完全建立在马克思列宁主义基础上，那就只能团结很少数的人。如果包括修正主义者，团结就不能完全建立在马克思列宁主义基础上。目前，国际共产主义运动的团结，如果要包括多数党，包括所有的党，就只能在某些重要问题上一致，不能在所有问题上一致。求同存异，不同意的就不写在文件上，实际上，目前国际共产主义运动的团结，带有某种程度的统一战线的性质。

说到缩小对外援助，这就涉及整个对外战略问题。事实上，在1956年中共八大会上，毛泽东就郑重承诺了对亚非拉人民民族解放斗争的支持。当时的主要目标是反帝反殖，把亚非拉人民的斗争看做社会主义阵营的同盟军。20世纪60年代，毛泽东逐渐形成了反帝反修战略。这时，对亚非拉民族解放斗争的支持，有了新的内容：主要对美，其次对苏，即与“修正主义者”争夺对世界革命的领导权。

所谓支持，不能只是说空话，还有物质援助。认为中国有国际义务，援助其他国家人民的革命斗争，这是举党一致的。但是，当时，实际许诺承担的义务，超出了中国的实际承受力。这不只是王稼祥有这种感受。

1962年初承诺的外援达69亿多元。中国的对外援助，一是对社会主义国家，占80%。主要是越南、朝鲜、蒙古、阿尔巴尼亚；一是对亚非拉国家，占20%，有柬埔寨、巴基斯坦、尼泊尔、埃及、锡兰、也门、印尼、阿尔及利亚、几内亚、古巴、缅甸、老挝、马里、加纳、叙利亚、索马里等国。其中主要有三个国家，一是阿尔巴尼亚，这是反修同志。二是越南，处在反美前线。直到1965年初之前，中国在援越抗美中始终处于主导地位；一是阿尔及利亚，长期进行抗法武装斗争。

1960年底，正当中国处于严重灾荒之时，中国还是紧急援助了阿尔巴尼亚5万吨粮食。1961年援阿的负担越来越重，中国正值最困难时期，周恩来都感到难以完全满足对方的要求。

12月25日，周恩来同来华的阿尔巴尼亚领导人凯莱齐谈援阿问题。他说：我们根据力所能及承担国际义务。但是，由于我国连续遇到三年灾荒，加上苏联撤退专家，所以遇到了极大困难。因此，援助不能像你们希望的那么多、快、大、好。

1962年2月6日，周恩来在七千人大会上的讲话中说：

> 国际义务必须承担，现在我们承担的国际义务一天比一天重起来了。……我们必须勇于承担国际义务，同时又要实事求是。勇于承担，当仁不让，见义勇为，这是我们的志气，我们的义务；实事求是，能做的做，不能做的要说清楚不能做或者以后做，不要使他们发生错觉，以为我们什么都行了。

由此，我们知道，王稼祥关于“不要乱开支票”的话，与周恩来七千人大会上讲话精神是一致的。或许他正是受到了周讲话的鼓励才提出了这条建议。

然而，王稼祥的建议在整体上难为当时多数人接受。在“帝修反联合反华”的形势下，提出“缓和”建议，这不是“动摇”吗？当毛泽东得知中国代表团在裁军会议上的表现后，十分吃惊和恼火：怎么会出现这条路线呢。北戴河会议上，王稼祥受到严厉批评，被概括为“三和一少”（即对帝国主义和、对修正主义和、对反动派和，对革命斗争支持少）的路线。从此，他实际上不再主持中联部工作了。

1988 年，张香山著文说：“野心家康生的鼻子是很灵的，当他嗅到王稼祥意见未被采纳的事情后，就乘机唆使和鼓动一些人公开进行反对。”他说，批“三和一少”是康生提出来的。其实在当时，在反帝反修问题上有一股同仇敌忾之气。“紧张”，而不是“缓和”，更能为党内所接受。当然，关键取决于毛泽东的态度。

1962 年赋闲在家的王稼祥

CHAPTER 10

第十章　风向突变

1　游历山川　毛泽东静观内外形势
扭转方向　北戴河重提阶级斗争

毛泽东感到的危险来自哪里?

1962 年七千人大会后至 7 月 16 日这半年时间，毛泽东一直呆在外地，从武汉到上海再到杭州，似乎在游历名山大川，因为他自己说："当了一回徐霞客。"

然而，毛泽东决非真的超然物外，寄情山水。他对经济建设失去兴趣之后，注意力转到了阶级斗争问题上，密切地关注着国内外阶级斗争的新动向。

1962 年上半年，国际环境的确出现了某种紧张状况。西边有印度尼赫鲁的边境肇事，东边有蒋介石集团反攻大陆的蠢动，北边中苏边境也不安宁。在毛泽东看来，出现了，"帝修反联合反华"的逆流。

对于这些外敌滋扰，毛泽东应付自如，并不感到有大的压力，他甚至认为这不无好处。5 月 31 日，毛泽东对罗瑞卿说："有点敌人捣乱比较好，孟子说：'生于忧患，死于安乐，无敌国外患者，国恒亡。'还有一说：'多难兴邦'。"

毛泽东更为关注的是"修正主义"。对于中苏之间的分歧，毛泽东一直把自己的观点视为捍卫马克思主义纯洁性、捍卫社会主义和世界革命利益的原则问题，决无妥协的余地。

1961 年 10 月苏共二十二大之后，中苏矛盾进一步加剧，毛泽东对苏联乃至国际上修正主义问题估计更加严重了。

诗言志。这个时期，毛泽东写了多首带有浓烈的反修色彩的诗词，以表达心迹。

1961 年 11 月 17 日，毛泽东和郭沫若七律一首：

一从大地起风雷，便有精生白骨堆。
僧是愚氓犹可训，妖为鬼蜮必成灾。
金猴奋起千钧棒，玉宇澄清万里埃。
今日欢呼孙大圣，只缘妖雾又重来。

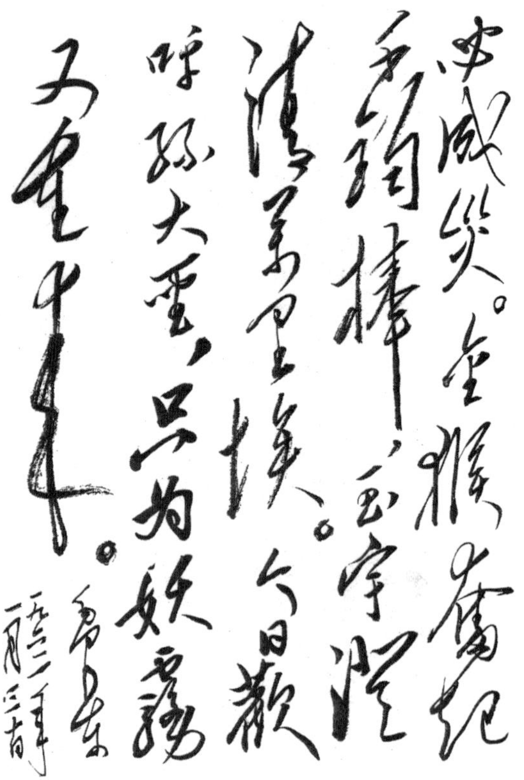
毛泽东手书《七律·和郭沫若同志》(局部)

12 月，毛泽东步宋代大诗人陆游原词，“反其意而用之”，作“卜算子·咏梅”一首，27 日，亲自批示内部印发。词曰：

风雨送春归，飞雪迎春到。已是悬崖百丈冰，犹有花枝俏。俏也不争春，只把春来报。待到山花烂漫时，她在丛中笑。

毛泽东渴望战斗，渴望有千钧之棒，澄清宇内，尽扫阴霾，他盼望严冬过后，尽绽春蕾。只是因为国内深陷困局，只有暂时隐忍不发。

尽管在当时几十个共产党中，中共的观点不被多数政党接受。毛泽东并不感到孤立。他抱有真理必胜的坚定信念。

七千人大会上，毛泽东说：

不论在中国，在世界各国，总而言之，百分之九十以上的人终究会拥护马克思列宁主义的。在世界上，现在还有许多人……他们还不觉悟。但是，他们总会逐步地觉悟过来，总会拥护马克思列宁主义。马克思列宁主义这个真理，是不可抗拒的。人民群众总是要革命的。世界革命总是要胜利的。

苏联是第一个社会主义国家，苏联共产党是列宁创造的党。虽然，苏联的党和国家的领导现在被修正主义者篡夺了，但是，我劝同志们坚决相信，苏联广大的人民、广大的党员和干部，是好的，是要革命的，修正主义的统治是不会长久的。

苏联变修了，苏联党和国家的领导被修正主义篡夺了，那么中国呢？有没有这种危险。毛泽东七千人大会上只是点了一个题目："苏联的坏人坏事，苏联的修正主义者，我们应当看做反面教员，从他们那里吸取教训。"

后来 1967 年 2 月 3 日，毛泽东同阿尔巴尼亚的卡博和巴卢库谈起这一次讲话时说："1962 年七千人大会，那时我讲了一篇话，我说修正主义要推翻我们，如果我们不斗争，少则几年，多则十几年或几十年，中国就可能变颜色。这篇讲话没有发表，不过那时已看出一些问题。"

查毛泽东七千人大会的讲话，并没有他同卡博讲的这段话。也许记忆混淆了，但警告之意却是明显的。只是当时大家的心思都用到纠正错误上了，没有注意毛泽东的暗示。反修问题并不是七千人大会的主题。

从国际上反对"修正主义"，到国内防止"修正主义"，这似乎是顺理成章和不可避免的延伸。

早在 1960 年 5 月 28 日，毛泽东在上海接见丹麦共产党主席耶斯佩森的谈话中就说："我国也有修正主义者，以政治局委员彭德怀为首的修正主义者，去年夏季向党进攻。我们批评了他，他失败了。跟他走的有七个中央委员和候补中央委员，连他自己八个。"从此把所谓"右倾机会主义者"同"修正主义者"等同了起来。

七千人大会时，毛泽东看出什么问题呢？我们只知道，对形势和困难的估计，对三面红旗的评价，都出现了微妙的分歧。毛泽东是带着满腹狐疑离开京城的。

然而，从西楼会议到五月会议，刘少奇、陈云、周恩来、邓小平等一线常委们对形势的估计比七千人大会更严重了。刘少奇甚至说现在是非常时期，不要怕讲漆黑一团。周恩来讲农业恢复至少五年。陈云讲五年内只能讲调整，不能讲发展。这还有什么希望呢，还有什么总路线、大跃进呢？

究竟是光明，还是黑暗？毛泽东在周游"列国"时，频繁地把各路诸侯找来谈话，向他们提出了这个题目。各省市负责人、各大区负责人都对毛泽东说：去年比前年好，今年比去年好。地方官员说这话时，有的也许是顺着毛泽东的话说，有的发自内心。他们感到讲困难没有劲，有些人总是等待出现新跃进，对于地方所属企业的“关停并转”难以割舍。对调整措施还存在一股抵触情绪。

毛泽东从外地得到支持，更加强了他对中央一线的不满。

如果单是对困难形势的不同估计，那只是工作上的分歧，问题是毛泽东从中看出了政治问题。他后来说：“现在不赞成总路线、‘三面红旗’的人，把形势说成一片黑暗。”（8 月 11 日）他说：“说压力，那你先压我嘛！你压了我几年了嘛！你们黑暗讲了几年了嘛！越讲越没有前途了。说集体没有优越性了，这不是压我？压力总是有的。”（8 月 9 日）

还有包产到户，毛泽东从来把它等同于单干。农民和基层干部中有主张“单干”的并不可怕，可怕的是在党内有一股“单干风”，越到上层越厉害。邓子恢、田家英、陈云都主张包产到户，刘少奇竟然不加阻止，毛泽东甚为不满，这不是遇到困难就动摇，丧失信心吗？

问题还不止这些，还有平反。彭德怀竟写了八万言的信，这封信由杨尚昆转给了邓小平。毛泽东刚回北京，邓小平就转给毛泽东，并将此事报告了刘少奇和周恩来，提出彭德怀问题是否应该给予甄别处理。刘少奇和周恩来当时都没有表态。

在一次领导人会面时，刘少奇、周恩来向毛泽东说到彭德怀问题，毛泽东显得很不高兴。他说：“洋洋八万言书，我看了，已请中央办公厅打印，在京政治局委员人手一份。”刘少奇和周恩来一见此状，不便多言。毛泽东认为，彭德怀要翻案！

毛泽东感到了压力，感到了挑战，感到了威胁，不仅是对他本人，也是对他的路线，对他的社会主义模式。现在，国内最困难的时期真的过去了，经济形势出现了明显好转，他要发动反击，扭转这种局面了。困难时期潜伏的分歧迅速公开化。

薄一波回忆说：

> 毛泽东是同意进行调整的，但前提是：必须首先肯定 1958 年以来提出的路线、方针、政策的正确性，不容许有什么触动；对前几年所犯错误的分析，对困难的分析和克服困难的办法，必须与之合拍。西楼会议、五月中央工作会议使调整工作大大深入了一步，在某些方面触动了这个大前提。因而，毛泽东就要出来干预和纠正了。

北戴河会议形势急转直下

1962年有两个会议给历史留下深刻痕迹：一个是年初的七千人大会，另一个是秋天的八届十中全会。两次会议恰好代表了共和国建设史上两种不同的发展趋向。前者继承了中共八大的稳健的路线，它以刘少奇、周恩来、邓小平、陈云等人唱主角，毛泽东在一定程度上也是赞同的。后者继续着反右派、"大跃进"、反右倾的一种"左"倾趋向。它以毛泽东重提阶级斗争为转折，刘少奇等人虽有不同观点，也不得不放弃己见，跟上毛的思路。

所谓八届十中全会，其实是由一连串会议组成。

7月25日至8月24日，在北戴河召开中央工作会议；

8月26日至9月23日，在北京召开八届十中全会预备会议；

9月24日至27日，在北京召开八届十中全会。

三个会议前后一贯，所以，毛泽东在全会第一天说，这次会议实际上已经开了两个月。

转折是在7—8月北戴河会议上出现的。

要召开一次中央工作会议，是5月份就确定了的。当时确定会议是研究调整和恢复问题。7月11日中共中央发出的通知确定了四项议题：农村工作问题；粮食问题；商业问题；国家支援农业问题。周恩来等正是根据这些议题准备文件的。包括《关于进一步巩固人民公社集体经济、发展农业生产的决定（草案）》《农村人民公社工作条例修正草案》《关于商业工作问题的决定》等。

7月25日，中央工作会议在避暑胜地北戴河召开。20世纪50年代以来，北戴河成为中共中央夏季召开会议的常选地点。这次北戴河会议开始的10天，按原定计划讨论上述三个文件。大家并没有感到有什么异常。尽管涉及"包产到户"问题，并不把它看得很严重。

毛泽东开始是批文件，"甩石头"。8月2日，他把安徽太湖县钱让能保荐责任田的信印发大会。同日，他又将两份反映南斯拉夫经济混乱的报道批给到会者，他写道："请大家讨论一下，走南斯拉夫的道路好，还是走马克思列宁主义道路好。"

8月5日，毛泽东先到华东组、华中组会议上吹风。他说："我周游了全国，从中南到西南，找各大区的同志谈话，每个省都说去年比前年好，今年比去年好，看来并非一片黑暗。有的同志把情况估计得过分黑暗了。"

8月6日，毛泽东在大会讲话。一上来就撇开工作问题，专讲阶级、形势、矛盾，给大会出题目。

关于阶级问题，他说：社会主义国家，究竟存在不存在阶级？在外国有人讲，没有阶级了，因此党是全民的，不是阶级的工具、无产阶级的党了，无产阶级专政不存在了，全民专政没有对象了，只有对外矛盾了，像我们的国家是否也适应？

关于形势问题，他说：究竟这二年如何？有什么经验？有些同志过去曾经认为是一片光明，现在是一片黑暗，没有光明了，引得一些同志思想混乱、丧失前途、丧失信心了。

关于矛盾问题，他说：如果承认国内阶级还存在，就应该承认社会主义与资本主义的矛盾是存在的。阶级的残余是长期的，矛盾也是长期存在的。不是几十年，我想是几百年。又说：现在有一部分农民闹单干，究竟走社会主义道路还是走资本主义道路？农业合作化要不要？“包产到户”还是集体化？现在就有单干之风，越到上层越大。闹单干的是富裕阶层，中农阶层，地富残余，资产阶级争夺小资产阶级搞单干。如果无产阶级不注意领导，不做工作，就无法巩固集体经济，就可能搞资本主义。

毛泽东这篇讲话一出，会议气氛顿时紧张起来。他关于对“一片黑暗”的批评，对“包产到户”的批评，明显是针对西楼会议和五月会议的，是针对中央常委们的。而且他把党内分歧有意与苏共的“两全”路线联系起来，把“包产到户”与走资本主义道路联系起来，这就使对方难以分辨了。

随后，毛泽东又在 8 月 9、11、13、15、17、20 日的六次中心小组会上多次插话，继续阐发他讲话中的观点。

所谓中心小组，是会议开始时由刘少奇提议成立的，便于集中讨论和决策。中心小组由毛泽东、刘少奇、周恩来、朱德、陈云、林彪、邓小平、彭真、李富春、李先念、谭震林、陈伯达、陆定一、罗瑞卿、谢富治、谷牧、陈毅、杨尚昆、柯庆施、李井泉、宋任穷、陶铸、李雪峰、刘澜涛组成，共 24 人。

林彪没有到会。陈云到了北戴河，因为腹泻，写信给邓小平并转毛泽东，说明身体状况不好，向中央请假，得到毛泽东同意。中心小组实际上只有 22 人。

8 月 9 日毛泽东说：“1960 年下半年以来，大家只讲黑暗，不讲光明，已经有两年了。”“这两年讲困难讲黑暗合法，讲光明不合法了。这次会上就是要解决这个问题”。

毛泽东多次批评以后，刘少奇不得不就 5 月中央工作会议对困难估计的说法进行解释和自我批评。

8月11日，刘少奇说："五月会议我对困难有两点估计过分了，一是说1962年夏收减产已成定局，一是说单干在全国估计已占20%。"毛泽东插话"农业恢复要五年、八年，讲得那样长，就没有希望了。如果那样讲，就是说我们的政策如60条、70条、精减两千万人、减少征购等都不灵，或者说，这些政策要长期才能见效，那就需要另搞一套。"

8月15日，李富春发言解释说："五月会议提出争取快、准备慢，问题是有些同志把重点放在准备慢上了。"毛泽东插话说："'争取快、准备慢'，哪一方面也适用。快了，头一句灵；慢了，后一句灵。"

8月17日，周恩来发言说："过去一个时期，我们把困难说得多了一些，这对党内发生消极影响。虽然我们采取了正确措施，但使人看问题容易看成漆黑一团。"然而，他同时例举了大量事例，说明自七千人大会以来取得的成就。他说：中央各部委同志工作都很努力，没有泄气，想方设法完成中央提出的任务，而且措施得力，见效也快，效果比预期的好。要肯定成绩。

周恩来实际上委婉地回答了对"黑暗风"的批评。

然而，毛泽东的话得到了一些人的附和。8月13日中心小组会上，一位负责人说："农业恢复的时间越说越长，工业指标也越讲越少，我们一辈子没有希望了，还有什么搞头。"

谭震林也不赞成说农业的恢复要五年。他说："实际上，'五风'纠正了，搞了'12条''60条'，恢复就会很快，只要两年就达到1957年3700亿斤的水平。"毛泽东插话说："恐怕再有两年差不多，主要是今明两年，64年扫尾。"

有人在小组会上说："大跃进的形势，肯定会要很快重新到来的。"并认为，这是社会主义建设发展的客观规律。

有人说："现在整个国民经济的中心不是恢复问题，工业、农业、交通运输业都不是个恢复问题。"

有的说："'三面红旗'究竟打不打？现在似乎理不直、气不壮了。"

有的说："大跃进似乎很难开口了，简直就不好提了。"

有的说："现在似乎总路线不好讲了，大跃进也不能讲了，成绩不能讲了，一讲成绩就受讽刺。""说光明就感到有压力。"

有人批评说："现在是越低越好，越少越好，越慢越好，越黑暗越好，把大跃进说得越不像话越好，越松劲、越单干越好"。

与七千人大会完全相反，会议迅速左转，大家很快跟上了毛泽东。

形势刚刚有所好转，许多人又按捺不住，跃跃欲试了。

邓子恢再次成为众矢之的

所谓“黑暗风”带来的“后果”，“证据”之一是造成人们对人民公社集体经济丧失信心，主张“单干”。会议一开始，毛泽东就为大家描述了一幅“单干”引起两极分化的可怕图景。

8月5日，毛泽东说：“一搞包产到户，一搞单干，半年的时间就看出农村阶级分化很厉害。有人很穷，没法生活。有卖地的，有买地的，有放高利贷的，有娶小老婆的。”

8月9日，毛泽东说：“单干从何而来？在我们党内有相当数量的小资产阶级成分，包括许多农民，其中大部分是贫农和下中农，有一部分富裕中农家庭出身的，或者本人就是富裕中农，也有地富家庭出身的，也有些知识分子家庭，是城市小资产阶级出身，或者是资产阶级子弟。另外，还有封建官僚反动阶级出身的。党内有些人变坏了，贪污腐化，讨小老婆，搞单干，招牌还是共产党，而且是支部书记。这些人很明显，把群众当奴隶。有些同志马克思主义化了，化的程度不一样，有的化得不够。我们党内有相当多的同志，对社会主义革命缺乏精神准备。”

1963年春，邓子恢在广州兰圃调研留影

批判“单干风”，邓子恢成了批判重点。会上他夏天的几次报告成了批判的靶子。白纸黑字，证据如山！邓子恢只好检讨。8月11日他在中心小组会上声明：最近几天，已经觉得自己的包产到户主张是不正确的。然而，邓子恢的这个声明并不能抵挡来势凶猛的批评浪潮。

8月12日，毛泽东在一个文件上写下长篇按语，印发大会。他写道：

中央农村工作部部长邓子恢同志

就动摇了，对形势的看法几乎是一片黑暗，对包产到户大力提倡。这是与他在1955年夏季会议以前一贯不愿搞合作社；对于搞起来的合作社，下令砍掉几十万个，毫无爱惜之心；而在这以前则竭力提倡四大自由，所谓“好行小惠，言不及义”，是相联系的。我们欢迎邓子恢同志在1962年8月11日核心小组会议上所作的声明。他说，他在最近几天，已经觉得自己的单干主张是不正确的了，这是值得欢迎的。但他没有联系1950年至1955年他自己还是站在一个资产阶级民主主义者的立场上，因而犯了反对建立社会主义集体农业经济的错误。

邓子恢上年获得的两次表扬一笔勾销了。老账新账一起算，邓子恢又成了一个“资产阶级民主主义者”。会上一边倒，原来赞成或容忍过包产到户的人转变立场，参加到对包产到户的讨伐之中。这场批判一直延续到移师北京的预备会议和八届十中全会。所有人都表态批评了邓子恢。

9月25日，董必武在全会讲话中说到“单干风”时，毛泽东又插话：“邓子恢同志曾当面和我谈过保荐责任田，我跟他谈了一个半钟头的话，我就受了一个半钟头的训，不是什么谈话，是受他的训”。他批评说：“中央农村工作部搞资本主义，邓子恢同志是‘资本主义农业专家’。”

随后，中央撤销了邓子恢领导的中央农村工作部，邓子恢调任国家计委副主任，事实上不再任用。

会上，毛泽东问：“邓子恢同志还跟别的同志谈了没有？”这是在将刘少奇的军。刘少奇、周恩来不得不进行解释。

毛泽东反复讲：“建议可以，但不能采纳。”话中隐含着对刘少奇没有抵制包产到户的不满。幸好，他还不知道刘少奇曾让田家英转告他赞成包产到户的意见。在会上，毛泽东点名批评田家英60%的包产到户、40%搞集体的主张。田独自承担了这个压力。

批“单干风”，也含有批陈云之意。更何况批“黑暗风”陈云更是“在责难逃”。但会上毛泽东始终没有点陈云的名。或许他认为这样做动作太大；或者他对陈云的经济才干不愿一棍打死。会后他这样说：“陈云的意见是错误的，但他有组织观念，守纪律，是向中央常委陈述的，没有对外宣传”。尽管如此，八届十中全会后，认为陈云“一贯右倾”“机会主义”在党内几乎成了定论。他的政治处境日益困难，从此被打入冷宫，不再重用。直到“文化大革命”结束。

批“翻案风”引出一个“反党集团”

北戴河会议期间，毛泽东就多次讲话、插话，批评彭德怀要翻案。8月5日，他同柯庆施等人谈话。柯庆施说：“《海瑞罢官》影射毛泽东罢了彭德怀的官，彭德怀不服气，要翻案。”毛泽东说：“59年反右倾斗争，大多数是搞错了。彭德怀要翻案、要求平反，我看59年反右倾不能一风吹。”

接着，他又说：“我对彭德怀这个人比较清楚，不能给彭德怀平反。”

在这之前，毛泽东的夫人江青早就嗅出《海瑞罢官》中的“阴谋”，当面向毛泽东告状，要批判《海瑞罢官》，毛未置可否。但对党内外有人要为彭德怀鸣不平越发警觉起来。

8月11日，毛泽东在中心小组会上说：“不是东风压倒西风，就是西风压倒东风，彭德怀写信，把过去说的统统推翻”。

8月13日，毛又说：“我们只坚决反对背后捣鬼的，不怕搞阳谋的”。

这时，大会的注意力集中到批邓子恢身上了，批彭还未形成高潮。

谁想到彭德怀自己的第二封信，恰好提供了批判的靶子。

彭德怀没有参加北戴河会议，也许还不知道北戴河会议的风向已转，他对1962年的全面平反还抱有一线希望。

8月22日，北戴河会议结束前两天，他再次给毛泽东和党中央写信，重申不存在反党小集团篡党和同国外人在中国搞颠覆活动的问题。

他写道：“我带着苦闷的沉重的心情，再次请求对我所犯的错误，进行全面的审查，作出正确的处理，泣伏呈辞，恳希鉴察”。

彭的这封信递上去，引来了与会者激烈的声讨。一些人立即提出：这是逼着中央全会来讨论他的问题，是向中央挑战。

这时北戴河会议即将结束，多数与会者移师北京继续参加八届十中全会预备会议。

8月26日，预备会议开始，9月3日，毛泽东召集小范围会议，布置要把彭德怀的两封信拿到全会各小组会上讨论。此后，一次新的批彭浪潮掀起。只是与1959年庐山会议不同，这次是背靠背批判，彭德怀接到通知，不准其参加八届十中全会，也不准其国庆节上天安门。

批判一直到全会结束，大组发言、小组发言都充满了火药味，其声势不亚于1959年。我们且从陈伯达的一篇发言中感受一下会议的气氛。

陈伯达说："今年6月间，彭德怀又来了一封八万字的不知羞耻自我吹嘘的长信，在信中对他自己和以他为首的反党集团的活动，里通外国的活动，全部翻案，全部猖狂进攻。到了8月22日，他又来了一封卑鄙下流的信，总之，他是要来干扰我们的，不来干扰他是不甘心的"。

陈伯达从"理论"高度论证："在社会主义制度下，也会出现张邦昌、石敬瑭"。

陈伯达骂彭德怀"不知羞耻"，"卑鄙下流"。于是，批判堕落为谩骂，活脱脱地折射出陈伯达自己趋炎附势的阴暗心理。然而，这种非理性的跟风，不讲理的批判，决非陈伯达一人。

彭德怀被戴上了哪些新罪名呢？

说彭写此信是1962年夏天刮的"翻案"阴风，是配合"三尼"（当时把肯尼迪、尼基塔·赫鲁晓夫、尼赫鲁和铁托简称为"三尼一铁"公司）反华，利用我们暂时的困难，向党发起新的进攻，一百多页信纸里面埋的是"炸弹"，是反党纲领；彭一贯反对毛泽东，一贯支持、执行错误路线，是"野心家、阴谋家"；

说不但是彭、高联盟，而且在六届五中全会，彭就被选为中央委员，认识了王明，因而，中国的反党集团，不是一个小集团，而是大集团；

说彭参加革命是来"入股"，是资产阶级民主派，极端个人主义，用资产阶级世界观改造党，在历史上屡犯错误；

说彭是"里通外国"，是"国际反动别动队"。

就这样，发言者都把"信"上升到敌对分子搞篡党夺权阴谋的高度去批判。

受彭德怀案牵连的黄克诚、张闻天、周小舟、谭政、邓华、甘泗淇、洪学智等，也都一一检讨和受到批评。

恰在这时，党内意识形态的"监察官"康生从一篇小说中发现了一个反党"大阴谋"：说小说《刘志丹》为高岗翻案。

《刘志丹》是一部歌颂陕北根据地创建者之一刘志丹的历史小说。作者李建彤，是刘志丹之弟刘景范的夫人。作者1956年应工人出版社之约而写。

小说初稿写出来以后，作者请国务院副总理习仲勋审阅。习当年担任过陕北苏维埃政府主席，刘志丹的战友。习认为小说没有写好，于1960年春天，两次约作者谈话。指出：要把刘志丹放到大革命整个一个时代去写，要体现毛泽东领导革命的正确思想。习特别提醒：不要写高岗。

1962年夏，作者改出小说上部，工人出版社准备出版，一面印成送审样书送审，一面交《工人日报》于 1962 年 7 月 28 日至 8 月 4 日连载发表,《中国青年》杂志也予刊载。

小说得到了一些陕北老干部的支持。但同为陕北老人，时任云南省委第一书记的阎红彦，或者出于历史上的恩怨，或者出于对政治斗争的敏锐，反对出版这本书。北戴河会议期间，他看到有些报刊已开始连载部分章节，一面打电话提出停止连载，一面报告康生。

康生如获至宝，立即要中宣部通知各报刊不准发表。8 月 24 日，康生给杨尚昆写信，说他没有看过这部小说，但他断定:“这不是一个单纯的文艺的写作问题，看来是带有政治倾向性的。”要求中央书记处处理这个问题。

1962 年 9 月 8 日，预备会议上各组已开始批彭两三天，阎红彦在西南组会上首先提出小说问题，他说：在当前国内国外的气候下，各路人马都借机出动闹“翻案”，小说《刘志丹》是习仲勋同志“主持”写的（后来又说是“第一作者”),“是利用宣传刘志丹来宣传高岗”。

康生接着提出:“现在的中心问题，为什么要在这个时候来宣传高岗？”

他们的发言在全会“总 72 号”简报上登出，引起了爆炸性轰动。于是，批判“翻案风”又多了一个靶子。

9 月中旬开始，各组在批彭的过程中，对小说《刘志丹》展开了批判。在批判中，把习仲勋、贾拓夫、刘景范等打成“反党集团”，而且还升级为“彭、高、习反党集团”“西北反党集团”，说小说就是他们的“反党纲领”。

按当时的逻辑，写刘志丹就是写陕北，写陕北就是写高岗，而高岗与彭德怀早已结成反党联盟，习仲勋又是西北野战军的政委，彭德怀的老搭档。如此这般，“彭、高、习反党集团”“西北反党集团”就成立了。

从一本小说中发现蛛丝马迹，抓出一个“反党集团”，康生延安整风时捕风捉影罗织罪名的熟练手段又派上了用场，而且这仅仅是开始。

9 月 24 日，毛泽东在八届十中全会上讲话时，康生递了一张条子说:“利用小说进行反党活动，是一大发明。”

毛泽东在会上念了这张条子，接着说:“近来出现了好些利用文艺作品进行反革命活动的事。用写小说来反党反人民，这是一大发明。凡是要推翻一个政权，总要先造成舆论，总要先做意识形态方面的工作。不论革命、反革命，都是如此。”

9 月 27 日，中共中央决定成立审查彭德怀和习仲勋两个专案组。习仲勋专案组由 20 人组成，康生任主任。从此，开始了对小说《刘志丹》案的先定性、后求证的漫长的审查过程。一大批原西北根据地的干部和与小说《刘志丹》有些瓜葛的人在劫难逃，“文革”中饱受牢狱之苦。后来，斗争焦点几经转移，习案早已淡化。1974 年 12 月 21 日，毛泽东亲自指示：“此案审查已久，不必再拖了，建议宣布释放，免予追究。”刘景范等人才得以走出牢狱。然而结论仍旧。直到 1980 年 2 月，中共中央发出通知，才为习仲勋等人彻底平了反。

因文艺作品而获罪，《刘志丹》不是第一部。然而，自从“利用小说反党”的观点一出，文化领域的大劫难从此开始了。

毛泽东敲响了反修防修的警钟

会议的气氛越来越热，涉及的问题也越来越多。

王稼祥的“三和一少”问题提出来了。9 月 14 日，陈毅在华东组发言。陈毅说：现在有一股风，叫“三面和一面少”。意思是说我们对美国斗得过分了，对修正主义斗得过分了，对尼赫鲁斗得过分了，要和缓一点。一少，是指我们对亚洲、非洲、拉丁美洲支持太多了，要少一点。这种“三和一少”的思想是错误的。大量的事实说明我们同肯尼迪、赫鲁晓夫、尼赫鲁联合战线的斗争是躲不掉的，是非常必要的，但是我们的斗争又都是有分寸、有约束的，不能说已经斗过分了。对于民族解放运动，随着我们力量的不断增长和技术的提高，我们还应当给他们以更多的支持。在这个问题上，我们不能目光短浅，不能打小算盘，要打大算盘，不能只算经济帐，要算政治帐。所以吹起了“三和一少”那样的一股歪风，主要是三年的暂时困难，把一些马列主义意志不坚定的人吓昏了。①

毛泽东十分赞同陈毅的发言，把登有这篇讲话的简报批给江青阅：“可看，很好。”

陈毅批评了王稼祥的观点，然而，他自己和周恩来关于知识分子的讲话也受到了攻击。

8 月 9 日，有人就在北戴河会议中心小组会上质问：“摘掉资产阶级知识分子的帽子是否合适？”毛泽东说：“资产阶级知识分子有些阳魂过来了，但是阴魂未散，有的连阳魂也没有过来”。

8 月 13 日，又有人说：“资产阶级知识分子还是有的，不能资产阶级还存在，就没有资产阶级知识分子了。”毛泽东插话：“从意识形态来说，资产阶级知识分子

① 《建国以来毛泽东文稿》第 10 册第 188 页。

还存在”。

9月11日，陈毅在预备会议对他在广州会议上的讲话作解释。邓小平接过话茬，说：“陈总讲的是对的”。毛泽东不同意，他对陈毅说：“人家请你讲话总是有目的的，总要沾点光，没有利益他不干。我对总司令讲过，你到处讲话要注意。”

毛泽东的这些插话，联系到他关于“好些利用文艺作品进行反革命活动”的话，表露出他对知识界的高度警戒。

问题还不在对知识分子的不放心，问题在于怎么会有这样的政策呢？

8月10日和12日，毛泽东连续写了两个批语，批评“封锁消息”“搞独立王国”。

8月10日的批语严厉地批评：“许多领导机关封锁消息，不作论证性的报告，事前不请示，事后不报告，实行独立王国”，“如果再不改，那就只有执行‘纪律的一条路了。’”8月12日，他又批评：“中央组织部从来不向中央作报告，以致中央同志对组织部同志们的活动一无所知，全部封锁，成了一个独立王国。”

联系到毛泽东的一系列讲话，使人们强烈感到，这里讲的“封锁消息”、“独立王国”决不只是指中组部、外交部等具体部门。

不过，经过从北戴河会议到预备会议，终于扭转了方向，扭转了形势。旗帜就是阶级斗争，反修防修。

9月24日，八届十中全会开会的第一天，毛泽东从容地阐述了他的阶级斗争理论和路线。

他说：“在社会主义国家，要承认阶级和阶级斗争的存在，老干部要好好研究，要在中层干部、基层干部、特别是青年人中进行教育，我们必须从现在就讲起，年年讲，月月讲，开一次中央全会就讲，开一次大会就讲，使全党提高警惕，使我们有一条比较清醒的马克思列宁主义的路线”。

毛泽东讲的阶级斗争，虽然包括社会上的阶级斗争，包括“地富反坏”、资产阶级等等，但他的主要注意力显然不在这里。他认为：反革命有是有，已不很多，无非是“一个游鱼三个浪”。他把主要注意力放在党内，甚至放在上层出修正主义问题上。

8月13日，他就提出了这个问题。他说：“在中国一定不出修正主义？这也难说。儿子不出，孙子出，不过不要紧，孙子出了修正主义，孙子的孙子一定会出马列主义。按辩证法，事物总是要走向它的反面，我们也不一定不走向它的反面。”

9月24日，毛泽东说：“我们除了在国际上同‘帝、修、反’的矛盾外，在国内也还有人民群众同修正主义的矛盾。我们过去叫它做右倾机会主义，现在看，恐怕以改一个名字为好，叫中国的修正主义。”

薄一波回忆说：“实际上，他在这里所说的修正主义，在很大程度上，是冲着1962年上半年的“三风”（即党内认识分歧）说的。”

毛泽东关于阶级斗争的观点，经过他反复修改，写进了八届十中全会公报，从而形成了全党的路线。

公报说：

在无产阶级革命和无产阶级专政的整个历史时期，在由资本主义过渡到共产主义的整个历史时期（这个时期需要几十年，甚至更多的时间），存在着无产阶级和资产阶级之间的阶级斗争，存在着社会主义和资本主义这两条道路的斗争。被推翻的反动统治阶级不甘心于灭亡，他们总是企图复辟。同时，社会上还存在着资产阶级的影响和旧社会的习惯势力，存在着一部分小生产者自发的资本主义倾向，因此，在人民中，还有一些没有受到社会主义改造的人，他们人数不多，只占人口的百分之几，但一有机会，就会企图离开社会主义道路，走资本主义道路，在这种情况下，阶级斗争是不可避免的。这是马克思列宁主义早就阐明了的一条历史规律，我们千万不要忘记。这种阶级斗争是错综复杂的、曲折的、时起时伏的，有时甚至是很激烈的。这种阶级斗争，不可避免地要反映到党内来。国外帝国主义的压力和国内资产阶级影响的存在，是党内产生修正主义思想的社会根源。在对国内外阶级敌人斗争的同时，我们必须及时警惕和坚决反对党内各种机会主义的思想倾向。

阶级斗争的弦重新绷紧，“反修”的警钟从此敲响。中国从此走上了通向“文化大革命”的不归路。

刘少奇紧跟毛泽东已觉力不从心

北戴河会议重提阶级斗争，批判“三风”，刘少奇、周恩来、陈云、邓小平等处在一线的中央常委都脱不了干系。尤其是刘少奇。他在七千人大会上的一些话就已使人感到刺激。后来主持中央工作，又出现了“三风”。还有，他1939年在延安发表的《论共产党员的修养》也于1962年8月1日由《人民日报》重新发表。这是经过他亲自补充和修订的。9月，人民出版社出版单行本，每个共产党员人手一册，发行量竟超过了《毛泽东选集》。一段时间《修养》对共产党员的影响竟可与毛泽东的“老三篇”相媲美。也许有感于“大跃进”以来党员干部水平低下，希望以此来增强党员的自身修养。但此时此地重新发行，难道不怕树大招风吗?

还有,《论共产党员的修养》中有这样一段话:“这种人根本不懂得马克思列宁主义。而只是胡诌一些马克思列宁主义的术语，自以为是‘中国的马克思、列宁’，装作马克思、列宁的姿态在党内出现，并且毫不知耻地要求我们的党员象尊重马克思、列宁那样去尊重他，拥护他为‘领袖’，报答他的衷心和热情。”但凡了解一点历史的人都知道，这段话当年是针对王明的。从刘少奇的思想和修养而言，他决不可能有其他用意。然而，在那种敏感时期，很难不引起一些人的联想，以后的事态表明,《论共产党员的修养》最终没有逃脱“左派”们鹰一般的眼睛。

不过，在北戴河会议和八届十中全会上，毛泽东始终没有点名批评刘少奇，也没有点其他常委的名。显然毛泽东虽有不满，但还不认为问题有那么严重。全会在人事上只动了一个不算太大的手术。刘少奇和中央常委们作自我批评，尽力跟上毛泽东的思路，在这个前提下谋求对阶级斗争作一些约束，使正在进行的调整工作得以继续。八届十中全会上，毛泽东讲话后，陈伯达、李先念、董必武、薄一波、朱德、刘少奇、邓小平、周恩来、柯庆施、刘澜涛、李富春、彭真等先后在会上发言，表明自己的态度。

9月26日，全会最后一天，刘少奇的讲话和毛泽东的大段大段的插话，给人一个印象：似乎两个主席的认识又取得了一致。

刘少奇说:“赞成主席的讲话。我们党在革命胜利以后，在毛主席领导下，一直是比较顺利的，但到1959年、1960年，因为受到天灾和我们工作中有错误，算是遇到一些比较大的困难。问题是采取什么态度。我们在困难面前有3种态度：第一种，是坚持社会主义道路，坚持克服困难，坚持毛主席、党中央革命的道路，继续胜利前进。这是大多数同志的态度。”

“第二种，在困难面前被吓倒，放弃社会主义道路，向后倒退、单干，这是邓子恢同志的态度……”

毛泽东插话道:“名义上没有放弃社会主义道路，说是经营方式，实际上就是单干。”

刘说:“除邓以外，还有许多人向中央写信，主张单干，邓是代表。”

刘回避了陈云等人的意见。接着，刘又说:“第三种，利用我们暂时的困难，向党发起进攻，企图推翻党中央和毛主席的马列主义领导，这就是彭德怀、习仲勋的态度。第一种是正确的；第二种是动摇，不坚定，丧失信心，不懂马列主义；第三种是敌对的态度。”

毛插话道：“第二种是不懂马列主义，是属于认识上的，过几年一看好些，就改了，他当时没有想到全局和前途，没有想到国际国内关系。民主革命胜利以后，是搞社会主义还是搞资本主义？四大自由，巩固新民主主义秩序，‘群居终日，言不及义，好行小惠，难矣哉！’当时在颐年堂就批评过邓老。”

刘说：“单干是没有出路的，只有社会主义大农业才能使农民免于贫困和破产，农业才能过关。邓老主张单干，就是违背了最重要的两条，因此是香花还是毒草，是很清楚的，是一枝毒草。”

毛插话说：“可以建议，但不能采纳，有的地方开一次会赞成单干，但在执行半年以后，开一次辩论会，过去如何，将来如何，四属五保户如何，没有可能一家一头牛，就又不赞成单干。”

刘说：“宣传单干优越性，肯定是毒草。如果党领导单干，党就要变质了，就不是共产党。”

刘少奇讲到这里，又回到对困难的认识。他说：“现在我们的困难到底有多大？就是如此而已。大家都经过了的，最困难的时期已经过去了，现在已经开始好转，应该继续前进，要坚持革命的道路，但宣传还要注意一点，还要讲有困难的。”

刘说：“今年 5 月会议对困难估计多了一些。如果采取第一种态度，把困难估计得多一点，就没有什么问题，如果采取第二种态度，估计困难太多，就会动摇社会主义的信心，丧失前途，那就有很大的坏的影响。农村集体经济可以巩固，单干风大，实际单干不多，并不严重，只有安徽、甘肃多一些。已经单干了的，可以重新组织起来的。这股单干风要打下去。”

毛说：“有 1 家就 1 家，几家就几家，10 家有 3 家、5 家、7 家愿意的就组织起来。不愿意来的就不来，也不要骂他们是走台湾的道路，但要说他们方向是不正确的。将来要来还可以来，现在不要闻风而来。散的很多地方，如安徽，分 2 年、3 年、分期分批组织起来，先说服愿意的组织起来，一年增加一些。”

刘接着说：“第三种态度，利用我们暂时的困难向党进攻的是反动的。他们希望我们犯错误，对我们的困难幸灾乐祸。彭、高、习是无原则的阴谋反党集团，没有什么纲领，有时也提出纲领，如庐山会议彭德怀的意见书仍是反党纲领，这次八万言的信也是纲领。在七千人大会上，我说彭的信从表面上看来有些是符合事实的，他就说不是反党纲领。是纲领，纲领不能一点事实也没有呀！有部分是符合事实的，才能迷惑人。这次信也是迷惑人，开始有些人认为问题没有那么大。”

毛说：“提出与蒋介石一样的纲领，不会拿出来。”

刘说：“《刘志丹》80万言书也是纲领。”

毛说：“布哈林只有一句话——发财吧！”

接着，刘少奇的讲话转到阶级斗争的反修理论问题上。他引用了毛泽东在1957年《正解处理内部矛盾的问题》报告中讲到社会主义和资本主义之间谁胜谁负问题还没有真正解决的一段话。接着批评了斯大林在1935年说已经解决的话，“这是不正确的，同列宁讲的不符合”。

毛插话说：“与列宁说的相反。”

刘接着说：“两条道路的问题未最后解决，需要相当长的时间才能解决。”

毛插话说：“苏联几十年没有解决，又出了赫鲁晓夫。现在看起来，需要几十年，甚至几百年时间，我经常这样想，要经过反复。”

刘说：“斯大林在集体化以后讲谁战胜谁的问题国内解决了，国际未解决。在这里还是主席讲得对。”

毛插话说：“我是根据列宁的说法。列宁有预见，他是在1924年死的，革命胜利后他有七年的实际经验。”

刘说：“斯大林不对，麻痹了自己。”

毛插话说：“后头又出了反革命，惊惶失措，杀了很多人，有些应该杀，有些不该杀，如布哈林、季诺维也夫等。”

刘说：“谁胜谁负要经过长时期才能解决，苏联、南斯拉夫、东欧的经验都证明了，我们要接受教训。我国如果彭、高、习的阴谋实现了，也要复辟，实际上回到了半封建、半殖民地的老路上，性质与蒋介石一样，形式上可能不同了。”

毛插话说：“彭上台也会打着社会主义旗帜骗人的。”

刘说：“谁胜谁负问题还未最后解决，……”

毛插话说：“至少几十年，甚至几百年。”

刘少奇：“要准备资本主义复辟。”

毛泽东：“我们要准备五代到十代，我们算第一代，共100年到200年。”

刘少奇的思想又回到了毛泽东的轨道上，回到了阶级斗争的思维定势上。

全党都接受了毛泽东对阶级斗争的解释和对反修防修的警告。

大家都讲阶级斗争，都讲反修防修。然而，阶级斗争这把达摩克利斯利剑究竟会落在谁的头上呢？

屡遭挫折的田家英，书生的忧患重上心头。梅行回忆说：

在北戴河会议期间，有天晚上，我到他的住所去，一直谈到天色微明。他忧虑重重，深怕又出现第一次庐山会议的局面，使全国的经济和政治再一次掉进深渊。我们谈到群众生活面临的苦难，谈到党内政治生活的不正常，也谈到毛泽东同志的思想有时变幻莫测，令人心悸。

聊以宽慰的是，毛泽东赞同刘少奇的建议：阶级斗争不要影响工作。

刘少奇说："我们这次会议揭发了彭、习反党阴谋，是我们党的一个伟大胜利。反党集团实际上是几支反党别动队，人数不多，用不着全党去对付，我们工作不要受干扰，由少数人对付他们。对国际修正主义也要组织少数人去斗争，大多数人做好工作，我行我素。对全党干部进行教育，讨论一下是必须的。庐山会议上过当。"

毛泽东说："高级干部十几万人，17 级以上讨论一下，不要卷入这个斗争。"

毕竟殷鉴不远。1959 年庐山会议后，全国一轰而起反右倾，结果闹出一个全国性的大饥荒。毛泽东曾为之后悔不迭。这时老百姓刚刚吃上几顿饱饭，如果再来一次一轰而起，后果将不堪设想。

毛泽东自己在 9 月 24 日的讲话中也讲到：要分开一个工作问题，一个阶级斗争问题，决不要因为对付阶级斗争而妨碍了我们的工作。要把工作放在第一，阶级斗争和它平行，不要放在很严重的地位。当天下午，在陈伯达发言时，毛又插话说：庐山会议以后，又有国外修正主义的干扰，以至于 1959 年下半年，1960 年差不多整了一年，我们的精力就是对付那方面去了。这一次，不管国际国内发生什么事，我们要任凭风浪起，稳坐钓鱼船。国内也好，国际也好，只有那么大的事，没有什么好大的事。

阶级斗争不能干扰工作，这是刘少奇、周恩来、邓小平共同商定的。前一天（9 月 25 日）周恩来在大会讲话，明确地说：阶级斗争，如彭、习两案，已有专案组审理，调整工作不要受干扰；反右必须防"左"，不要搞到一般干部和群众中去，不要搞运动，这是庐山会议的教训。他说：还有大量调整工作要做，要抓紧时机，机不可失，时不再来。

这就使调整方针在会后继续实行。会上还通过了几个好的文件。即《关于进一步巩固人民公社集体经济，发展农业生产的决定》《农村人民公社工作条例（修正草案）》《关于商业工作问题的决定》《关于粮食问题的决定》《关于有计划地交流各级党政主要领导干部的决定》《关于加强党的监察机关的决定》。大部分调整措施得以继续贯彻并实际发挥着作用，这才有 60 年代前几年经济全面复苏的局面。

2 相互激怒　共运战烽烟再起 豪情勃发　毛泽东准备反攻

毛、赫相互激怒的事件频出

1962年秋，中苏之间、中共与其他共产党之间关于国际共产主义运动的论战再次激烈起来。

事实上，这年上半年中苏之争的间歇只是表面的。两党之间的争论通过相互之间的信函仍在继续着。只是在公开场合各自保持了某种克制。

然而，正是这一时期，中苏两党，或者说毛泽东与赫鲁晓夫之间相互激怒的事件频繁发生。其中又有四件大事：一是中国新疆边民外逃事件；二是苏联与南斯拉夫的进一步接近；三是苏联在中印边境冲突中的“中立”立场；四是古巴导弹危机及中国的批评。

在这些事件的分歧中，国家利益和意识形态总是纠缠在一起。究竟是由于国家利益的矛盾加深了意识形态冲突？还是意识形态分歧恶化了国家利益的矛盾？或许兼而有之。

1962年5月16日，赫鲁晓夫访问保加利亚时，在瓦尔纳发表讲话称，苏联必须全力以赴地与南斯拉夫合作，并以此帮助南斯拉夫加强其社会主义地位。此后，批评南斯拉夫的论战在苏联新闻界销声匿迹了。9月24日至10月4日，勃列日涅夫以苏联国家元首的身份正式访问了南斯拉夫。他强调：苏联对南斯拉夫的政策是建立在赫鲁晓夫瓦尔纳讲话所规定的原则基础之上的。

苏共与南共的进一步接近，表明赫鲁晓夫在国际共运的论战中，最终放弃了两面作战的策略（即在反对中共“教条主义”的同时，也表明与南斯拉夫修正主义划清界线），决心公开与南斯拉夫站在一起对付中共。在毛泽东看来，这标志着赫鲁晓夫修正主义已不可回头。6月21日，毛泽东接见朝鲜劳动党代表时公开断言：“修正主义不会改了。”

引起毛泽东下这个断语的还有中苏边境事件。1962年4月22日至6月，中国新疆伊犁和塔城地区发生了少数民族边民集体逃亡事件，据说逃往苏联境内的边民达六万七千余人。这一方面是由于严重的经济困难，另一方面也与中苏分歧有关。中苏双方为此再度展开了相互指责。中国外交部照会苏联，指出这是“苏联当局搞颠覆活动”，对苏联当局收留越境者提出抗议。4月29日，苏联政府复照中国政府，指责中国政府没有采取相应措施阻止大规模越界。8月30日，中国外交部再次照会苏联，指出，苏方“策划和组织了这次大规模越界”，中国新疆地区处于“苏联严重的颠覆活动的”威胁之下。中苏边界骤然紧张起来。与此同时，一些欧洲国家的党开始致信中共中央，尖锐地批评中国党的路线和政策，更加引起毛泽东的强烈反感。

引起中共强烈不满的还有，苏联在中印边界冲突中的立场。苏共及欧洲国家共产党几乎都对中国在中印边界问题上的正当防卫立场表示不理解甚至批评。这就不只是意识形态之争，而且关系到国家主权。

如果说60年代初有些冲突难以避免，中印边境一战就是一例。应当说，中印关系恶化，边境冲突的出现，不是中方造成的，也不是中国领导人愿意看到的。无论从毛泽东反帝统一战线战略来说，还是从周恩来安定四邻、睦邻友好的方针来说，中国都不希望中印关系陷入僵局。

自从1959年第一次中印边境冲突以来，周恩来为说服印度尼赫鲁坐下来，和平协商解决边界纷争，做了许多努力。1960年4月周恩来亲赴印度，与尼赫鲁进行了七次会谈。为了挫败西方的挑拨和化解周边国家的疑惧，中国以快刀斩乱麻的方式，签订了中缅边界条约，随后又同尼泊尔、蒙古国、巴基斯坦、阿富汗等国签订了边界条约。以昭示中国致力于周边友好的诚意。

唯独中印边界僵局无法打破。原因何在？1960年10月，周恩来与斯诺谈话中分析了印度的动机。他说：印度并不想解决边界问题，他们心里的真正意图是想把中国的西藏地区变成一个缓冲地带。他们不希望西藏成为一个社会主义的西藏。

1961年，印度军队趁中国忙于解决国内困难，先后派兵进入中国军队后撤地区，建立了43个据点。直到1962年上半年，中方才发现印军侵入的情况。中国政府多次交涉，印军拒不退出。中方不得不恢复巡逻，边境局势日趋紧张。7月以后，中方三次建议中印双方举行边界谈判，又遭印方拒绝。10月12日，尼赫鲁反而进行全国总动员，下令“清除”中国军队。10月20日，印军从中印边界东西两段同时发动了进攻。

1963年3月15日，陈毅外长在回答瑞典记者时说：“这首先是由于中国一再忍让，印度政府得到一个错觉，以为中国不会进行反击，同时，印度政府错误地认为中国国内的经济情况很困难，在国际上很孤立，因此妄图用武力来迫使中国屈服。”

这样一来，中印边境一战是躲不开了。这个决心毛泽东很晚才下。直到 1962 年 10 月之前，他并不把印度的骚扰看得多么严重。他的注意力一直放在东南沿海，主要目标是对付美蒋。这时，蒋介石正蠢蠢欲动，要“反攻大陆”。

5 月 29 日和 31 日，毛泽东在上海和杭州两次召见总参谋长罗瑞卿。他说：“要准备蒋介石集团 40 万人秋后登陆，不要为西面把我们的注意力吸引过去。我们的战略方向还是东面，这是我们的要害。”

按照毛泽东的部署，一方面从各地向福建集结部队，先是秘密开进，到达后公开活动，让蒋介石知道大陆已有准备，迟滞他的行动；另一方面展开政治攻势，在外交上确定以美制台的方针。周恩来召见中美华沙会谈的中方代表王炳南，指示他尽快回华沙，了解美方的态度。6 月 23 日，王炳南约见美方代表卡伯特，强调指出：中国认为美在蒋背后起作用，蒋的冒险行动要由美国来负完全责任。卡伯特当场表明：美决不会支持蒋进攻大陆，他甚至透露美国愿与中国联合起来制止蒋介石。

台湾海峡局势再度紧张也引起美国关注。此时，美国政府认为，大陆虽有困难，远未达到蒋介石说的“一触即发”的地步，也不相信蒋介石可以一举“统一中国”。如果美国卷入其中，势必陷入与中国的长期战争。因此，美国也正急于向中国表明：美既不支持蒋反攻大陆，也不会放弃台湾。6 月 27 日，美国总统肯尼迪公开表示，美在台海地区的政策是“和平和防御性的”，在未获得美国同意之前，国民党将不采取“反攻大陆”的行动。

经过中、美、蒋三方的幕后活动，各自都摸到了对方的底。美国不支持，大陆有准备，蒋介石“反攻大陆”的冒险行动胎死腹中。

然而，印度尼赫鲁仍然有恃无恐。10 月 12 日，当尼赫鲁实行全国总动员扬言要把中国军队清除掉之时，毛泽东最后下决心打一仗。10 月 20 日，中国军队进行了大规模自卫反击作战。

印军根本没有料到中国会大规模反击。一交手，印军就溃不成军，毫无斗志。两次反击，第一次俘虏 900 多名印军，第二次俘虏更多。而印军宣布，他们连一个中国俘虏也没有抓到。中国很快收复了印军越过 1959 年 11 月 7 日实际控制线以北的中国地区，并且推进到“麦克马洪线”以南地区。

正当国际社会沸沸扬扬，周边国家忧心忡忡之时，11 月 21 日，周恩来突然单方面宣布全线停火，并分阶段从1959年“实际控制线”后撤20公里。这一宣布引起世界舆论巨大轰动。它表明中国并不想与印度大打，只是为了维持国家主权恢复边境平静。中国政府处理中印边界冲突是有理有节的。

我边防部队追击入侵的印军

然而，中印边境冲突对于毛泽东的形势判断，对于中苏关系的进一步恶化起了不小的作用。毛泽东和中国领导人认为，苏联不仅随时准备与中国决裂，而且有与美、印联手对付中国的战略意图，所谓“三尼一铁公司”联合反华的说法在党内流行起来。所以中印自卫反击战具有反对帝、修、反三重意义。

南斯拉夫铁托是另一种分歧，暂且不说。说美、苏两国都有利用中印边境冲突的意图，不是没有根据的。

正当中印交战之时，美国国务院情报与研究中心代理主任托马斯·休斯敦给总统肯尼迪的报告，道出了美国的战略意图：

……边界的持续冲突实际上对美国有利，它将使我们在解决印度——巴基斯坦问题时发挥影响，使中国的入侵处于一种最不利的环境，使我们赢得印度的支持，使国际政治历史发展方向得到重新确立，并使苏联处于一种进退两难的境地之中。

苏联不仅继续奉行所谓“中立”立场，事实上早就有意识地利用这一事态，加紧了对印度的拉拢，逐步与印度建立了军事关系。

1961年4月，苏联卖给印度8架军用运输机，接着又提供了能爬高17000米的直升飞机。1962年夏天，苏联又与印度签署协定，向印度提供米格式战斗机和特许在印度建立一座制造这种飞机的工厂。同时，苏联增加了对印度的经济援助。

苏联人辩解说，苏联供给印度的飞机对中印边境事件没有影响，但尼赫鲁所以有恃无恐，很大程度上就是摸到了美苏的态度。并且中国边防军很快发现印度在使用这批苏联的飞机。

10 月 8 日，周恩来召见苏联驻华大使契尔沃年科，通报了中印边境形势，指出印军可能发动一场大规模进攻，中国将“坚决自卫”。在这次谈话中同时提到：“他们（印度）利用了苏制米式直升飞机在西段和东段进行空投，运送军需，有时还用苏制运输机，印度使用苏制飞机进行挑衅，对我们前方战士有影响。”

这里，周恩来只是通报了情况，并未表现出如 1960 年苏联撤退专家时的那种愤慨。而且说：“我们只是通知，对苏方没有任何要求。”这正好反映中苏分歧已经太深，中国对苏联已不抱幻想，因而也无所谓“要求”。然而，这件事肯定强化了中国领导人对苏联领导人的恶感。10 月 21 日，周恩来访问朝鲜，在平壤同金日成谈话，又提到这件事：“战士们看到苏联造的飞机非常生气。”

古巴导弹危机成了中苏重开论战的导火线

正在中印边界冲突之时，苏美之间正陷入一场空前危险的核对峙之中。

1962 年 7 月至 9 月，苏联向古巴派去了 100 艘舰船，秘密地将中程导弹和可载核弹的“伊尔 28”轰炸机运进了古巴。然而纸里包不住火，何况如此规模的跨洲部署。苏联的秘密行动很快被美国的 U2 侦察机发现。美国肯尼迪政府惊恐万状，作出强烈反应。以封锁古巴海域迫苏撤退。由此，引发了战后以来美苏之间最严重的核军事对峙，差点把世界拖进一场真正的核战争。两个核大国“眼珠对眼珠地瞪了一下”，最后时刻，肯尼迪和赫鲁晓夫都在巨大的核恐惧面前后退了。双方达成妥协，苏联从古巴撤走导弹核武器，美国承诺不入侵古巴，并相应从希腊和土耳其撤走核武器。

对于古巴抵御美国入侵的斗争，中国在道义上给予了坚决支持。但对赫鲁晓夫导演的这场危险的闹剧，持严厉的批评态度。中国领导人认为，赫鲁晓夫以冒险主义开始，以投降主义结束，以牺牲古巴主权利益为代价谋求与美国的妥协。

中国批评赫鲁晓夫以冒险主义开始，不是没有道理的。为什么在美国的鼻子底下部署导弹核武器？赫鲁晓夫当时以及后来始终说是为了保卫古巴。这话并不可信。

赫鲁晓夫的一位高级顾问费奥多尔·布尔拉茨基透露：“古巴领导人从未提出

美国空中侦察系统拍摄的苏联布置在古巴圣克里斯托瓦的导弹基地

过在岛上部署带核弹头的火箭问题。他们深知，部署这种火箭对古巴人民来说具有极大的冒险性。”“他们坚信，他们同意部署火箭，不是为了自己的利益，而是为了巩固苏联和其他社会主义国家的国防。”

把导弹部署到古巴去！这种想法来自赫鲁晓夫一次对保加利亚的访问。

一天，赫鲁晓夫同国防部长马利诺夫斯基在黑海边散步，马指着大海，对赫说：“对岸的土耳其有美国一个火箭核基地。从这个基地发射出来的火箭，可以在6—7分钟之内摧毁位于我国南部的乌克兰和俄罗斯的一些大中城市。”

“为什么苏联无权做美国做的事情呢？为什么不能，比方说，把我们的火箭部署到古巴去？”赫鲁晓夫愤愤地说。

一个冒险计划从此萌生。不过，赫鲁晓夫从来没有想过要与美国打一场核战争。他的这一行动是要展示一下苏联的威慑力，希望美国承认苏联的核大国对等地位，改变苏美之间力量的战略平衡。

自1959年以来，赫鲁晓夫一直在寻求与美国的平等地位，谋求大国协商主宰世界事务的格局。具体的战略目标是希望苏美法英达成协议，永久确定战后雅尔塔体制划定的欧洲边界，承认两个德国的合法性。然而，使赫鲁晓夫十分恼火的是，美国似乎无视苏联的对等实力地位，拒不承认欧洲边界和德国“一分为二”。赫早就想显示一下苏联的威力。1961 年赫以封锁西柏林通道相威胁，没有成功，随后，苏联宣布恢复核试验，并且连续生产出上亿吨甚至几亿吨的巨型原子弹，引发了美苏之间新一轮核竞赛。古巴导弹危机不过是这场核竞赛的一个恶果。

古巴导弹危机成了美苏之间走向某种缓和的契机，经过这场惊心动魄的意志力的较量，肯尼迪和赫鲁晓夫都意识到，在原子时代，玩弄核游戏等于自取灭亡。这种相同的恐惧感使他们很快从过去的死敌变成伙伴。1963 年 1 月 5 日，赫鲁晓夫放弃单独同东德缔结和约的打算，使德国和柏林危机宣告结束。同年 6 月，白宫和克里姆林宫之间建立了总统“热线”，使两国领导人可以在必要时绝对保密地直接进行磋商。7 月 2 日，美、英、苏在莫斯科签订了禁止在大气层、外层空间和水下进行核武器试验条约。赫鲁晓夫希望得到的美苏对等地位和共管核武器的目的，在一定意义上达到了。

说来也怪，美苏古巴导弹危机却成了苏联及其影响下的各国共产党与中共重开论战的导火线。正当美苏对峙并寻求妥协之时，中国展开了一场声势浩大的宣传运动。10 月 25 日，中国政府发表支持古巴反对美国战争挑衅的声明。10 月 27 日美苏达成妥协。10 月 28 日，北京举行了有一万多人参加的支持古巴反对美帝国主义战争挑衅大会。周恩来、邓小平等党和国家领导人，共和国元帅和将军们参加大会。彭真等发表讲话，大会发出致卡斯特罗的电文。电文说：伟大的古巴革命是压不下去的，被压迫人民的革命意志和革命团结是世界上最伟大最可靠的力量，它是任何武器都摧毁不了的。电文还说：“六亿五千万中国人民永远是古巴人民最可靠、最忠实的战友，永远和古巴人民同甘苦，共患难”。11 月 1 日，陈毅外长复照古巴驻华大使佩德罗苏，支持卡斯特罗的五项声明，指出美国承诺不入侵古巴是虚伪的，麻痹古巴人民斗志的“两手策略”。并且指出“古巴的命运掌握在古巴人民手中，而不是在任何其他国家手中”。“古巴的独立和主权决不能谈判，古巴的自由和权利决不能拿来交易”。

中国的这些舆论，既是反美的，也是针对苏联的“投降主义”的。从当时的情况看，中国批评“投降主义”，并不是想阻挠苏联从古巴撤退导弹。中国认为苏联以牺牲古巴革命和主权利益为代价，与美国讨价还价，出卖世界革命，谋求美苏共管。当时中共领导人的理念，并不否定核战争的破坏性后果，但并不相信核战争真的会打起来，反对渲染核恐怖而惧怕革命。

中国的批评再次激怒赫鲁晓夫。费奥多尔·布尔拉茨基回忆当时赫鲁晓夫被激怒的情形。他说:“可以看得出,他们(中国)的批评深深触动了他的心。他恼火、委屈、气愤。他觉得,对所发生的事情作出这样的反应,是试图利用几乎导致发生的核灾难的事件来积累政治资本,他觉得,毛泽东再次表现出想把苏美推向决死一斗,而自己却站在一旁,正像中国谚语所说的,坐山观虎斗,这是非常危险的。”

中国的强硬反应也引发了世界各国共产党的一致指责。在当时,无论东方还是西方,都为美苏核竞赛和核对峙的恐怖的阴云笼罩着,很自然地,对美苏妥协和缓和抱有特别的期望。他们庆幸自己免于一场核灾难,因而,对于中国的反应极为不理解,似乎挑起这场危机的不是赫鲁晓夫和肯尼迪而是毛泽东。

四党会上的“反华大合唱”

论战首先发生在1962年底的保加利亚、匈牙利、意大利、捷克斯洛伐克四党代表大会上。与以往一样,各国的党代会都邀请世界各国党派代表参加,这次与会的有60余个党的代表,但与以往不同的是阿尔巴尼亚被革出门庭,南斯拉夫的代表却重新回到“大家庭”。这再明显不过地反映出社会主义阵营的“分化和改组”。

中共中央应邀派出代表赴会,保、匈、捷三党会议由伍修权带队,意大利党代会由赵毅敏(另一位中联部副部长)带队。

11月5日至14日举行的保加利亚党代会上,日夫科夫的讲话直接谴责了阿尔巴尼亚领导人。批评阿党的,在64个与会党代表中有20个。到11月20日至24日举行的匈牙利党代会上,谴责阿尔巴尼亚的国家代表增加到30个。卡达尔的报告、库西宁(苏共领导人)的致词和各国代表的发言中,都有意影射攻击中共,还有6个外国代表指名批评中共。墨西哥代表言词最为尖锐,他说:“中国同志和阿尔巴尼亚同志歪曲了马列主义原则,伪造历史事实,企图以此来证实自己的保卫斯大林个人迷信的立场和机会主义、教条主义、宗派主义的政策。”

在中共看来,这不过是苏共指挥下有计划地对中共的围攻。“是修正主义者发动反华运动的一个新步骤”。中共中央立即指示伍修权,“抓住祸首,进行回击”,对于仆从国不予纠缠。指出苏阿关系恶化的责任在苏共,揭露反华大合唱,抓团结和召开兄弟党会议的旗帜。

11月24日,伍修权遵照指示,利用闭幕酒会的机会,发表讲话,回击了大会上对阿党的谴责和对中共的影射攻击。不过这次会议,中共与苏共都没有完全撕破面子,双方都没有点对方的名。

然而，在 12 月 2 日至 8 日举行的意大利党代会上，分歧完全公开了。

11 月 30 日，赵毅敏率团抵达罗马，当晚，意共领导人巴叶塔兄弟向赵提出：大会将公开讨论某些分歧问题，将直接涉及与中国的分歧；大会未邀请阿尔巴尼亚，邀请了南斯拉夫。赵当即表示反对。特别是对公开分歧的事，请他们慎重考虑。巴叶塔兄弟报告意共总书记陶里亚蒂，陶坚持原意。他的理由是，意共党员和群众都关心分歧问题，意共领导需要公开说明自己的立场。并且说：“有礼貌地表示与中国不同意见，不是批评，更谈不上攻击。”他说：“象我们这样的一个党不需要指桑骂槐。”

12 月 2 日，陶里亚蒂在开幕会上的总报告中，指名道姓地批评了中共和毛泽东的主要观点。他强调说：“核武器的出现，改变了战争的性质。”核战争将意味着文明的毁灭，是“人类的自杀”。他呼吁“必须不惜任何代价来避免战争”。

他批评毛泽东关于“帝国主义和一切反动派都是纸老虎”的观点。他强调说：“肯定说帝国主义是一只简单的纸老虎，用肩膀一推就倒，是错误的”。

他称赞古巴危机期间苏联的政策捍卫了古巴的独立，批评中印武装冲突是“没有道理的和荒唐的”。

他对阿尔巴尼亚的“诬蔑和攻击行径”和中共与阿党“保持了不可容忍的团结”表示痛惜。他还警告中共代表团：“当你们说资本主义已经在南斯拉夫复辟时，大家却知道这不是真的——就没有人相信你说的其余一切了。”

他主张，通过“和平共处”，“革新全世界的结构”，建立一种“新的国际秩序”和创立一个“没有战争的世界”；他认为“和平过渡”已经“成为工人运动和共产主义运动的世界战略原则”。

参加这次会议的有 33 个党的代表，其中反阿又反华的有 15 个，反阿但不反华的有 6 个。再次形成围攻之势。赵毅敏等中共代表顽强地顶住压力。陶里亚蒂报告指名批评中共时，“采取不起立，不鼓掌，不理睬的办法，表示异议”，陶谈到苏联在古巴危机期间的政策，全场起立鼓掌，“唯有我们安坐不动，引起全场震动”。（赵毅敏语）12 月 4 日，赵毅敏向大会致词，进行反批评。会场上发出嘘声。赵发言后，西共领导人伊巴露丽上台发言，在讲台上挥舞着拳头，大声喊叫。次日，巴叶塔作专题发言，再次批评中共。苏共代表在幕后，发言不突出。米兰晚邮报评论说：“中国代表们在会场上所有眼光注视下显得那么倔强。”

这种情形同时在捷共党代会上发生。会上捷共和其他党的代表给中共戴了五顶帽子：“冒险主义”、“宗派主义”、“分裂主义”、“民族主义”和“教条主义”。指责中国在古巴问题上反对“明智的妥协”，要把全世界“拖入热核战争”；指责中国在中印边境闯祸。伍修权参加了12月4日至8日的捷党会议。会议最后一天，他在大会发言中回击了对中共的指责，并向大会提交了一封信；建议召开“一次所有共产主义政党协商会议”，来讨论各党之间的分歧。

12月12日，赫鲁晓夫在苏联最高苏维埃会议上发表对外政策的讲话，为他的古巴危机期间的政策进行辩护，依然是明批阿尔巴尼亚，暗指中共。他说：“在古巴冲突的和平调停期间，大家可以听到那些自称自己是马克思列宁主义者的人们不满的尖厉声音。”他在评价中印边境冲突时，再一次偏袒印度。他说：我们完全没有这种想法，即印度想同中国打仗。中国单方面停火、后撤，当然很好，但是，中国部队当时不从原有阵地前进，岂不更好？暗示中印边境战争是由中国引发的。他公开地为南斯拉夫辩护，并且指出“正是那些采取了和正在采取教条主义立场的人们出现了主要危险”。

毛泽东准备展开全面反攻

四党会上的分歧，使毛泽东组织国际“反修”斗争找到了突破口。中共八届十中全会，毛泽东重新强调阶级斗争，党内“左”倾思潮再次占据主导地位。毛泽东对于在中苏分歧中采取忍让策略早已不满。他认定对国际修正主义如果不展开反击，不仅会使世界革命和国际共产主义运动走入歧途，而且会对国内产生严重影响，助长“修正主义”思潮的发展，就很难保证中国不出修正主义。因此，八届十中全会，毛泽东就已经把国际反修与国内防修作为一种战略的两个部分联系起来了。而在国际斗争中又把反帝、反修和反对各国反动派的斗争相联系。利用中印边境冲突和古巴导弹危机两个事件同时揭露“现代修正主义”真面目。这次四党会上的争论，尤其是意共总书记陶里亚蒂直接指名批评中共，使毛泽东感到：再也不能忍让，必须高屋建瓴、势如破竹进行反击。他在接见日共中央领导人时明确表示：陶里亚蒂做了一件好事，如果他不公开攻击我们，我们就不好公开回答。现在是非回答不可了。

这样不是树敌太多？不是，擒贼先擒王。

我们是不是孤立了？没有。在一个时期，我们形式上是少数，实际上是多数？只要路线正确，坚决执行，就会胜利。

毛泽东以睥睨的目光看待各国共产党的“反华大合唱”和帝修反的“反华大合唱。”

1962年12月26日，毛泽东在杭州度过他69岁生日。这一天，他豪情勃发，思绪万千。写下一首七律。诗曰：

雪压冬云白絮飞，万花纷谢一时稀。
高天滚滚寒流急，大地微微暖气吹。
独有英雄驱虎豹，更无豪杰怕熊罴。
梅花欢喜漫天雪，冻死苍蝇未足奇。

其反修旨趣，斗士风格，溢于言表，无须赘言。

1963年1月9日，毛泽东书赠周恩来《满江红》词，用意更为直白。其词曰：

小小寰球，有几个苍蝇碰壁。嗡嗡叫，几声凄厉，几声抽泣。欲学鲲鹏无大翼，蚍蜉撼树谈何易。正西风落叶下长安，飞鸣镝。千万事，从来急；天地转，光阴迫。一万年太久，只争朝夕。革命精神翻四海，工农踊跃抽长戟。要扫除一切害人虫，全无敌。①

毛泽东已经发出战斗的响箭，他自喻为驱逐虎豹熊罴的英雄豪杰，万花纷谢独傲冰雪的梅花。他渴望革命精神翻江倒海，"扫除一切害人虫，全无敌"。

刘晓（驻苏大使）、伍修权、赵毅敏回国后，毛泽东把他们叫去杭州汇报情况。听完汇报，毛泽东对前方"战士"给予鼓励和慰问，并且连续吟诗自励。

紧跟毛泽东，高举"反修"大旗的康生，此时也附庸风雅，卖弄文才，以伍修权和赵毅敏出国遭遇为题材，诌出几句打油诗来。其中两句道："伍泰然四闯恶狗村，赵再见独战骡马国"。

伍修权后来解释说："'恶狗村'是诬指我刚去的东欧四国，'赵再见'是因为'赵'是意大利语'再见'的意思，'骡马'则是罗马的谐音。康生在党内常常血口喷人，对别国也如此任意侮辱他人，暴露了此人的品德恶劣和趣味低下。只是他骗取了毛泽东的信任和赏识，使其有恃无恐地到处疯狗咬人。"

毛泽东的反修诗与康生的打油诗，高下之分，判若朱墨，却也反映出当时党内"世人皆修我独马"，作中流之砥柱，挽狂澜于既倒舍我其谁的普遍心态。"反

① 这首词公开发表时作了修改。

毛泽东手书《满江红·和郭沫若同志》

修”大旗一树，全党立即紧张起来，国内政策分歧暂时置于脑后，大家都团结在毛泽东的旗帜下，同仇敌忾，一致对外。

钓鱼台国宾馆里，集合着一群笔杆子，彻夜不眠，意气风发，使命神圣，搜集着马克思、恩格斯、列宁、斯大林的有关论述，撰写论战文章。毛泽东或在外地，或在北京，亲自掌握，审阅批改。对各国共产党的批评进行回击。

1962 年 12 月 25 日，《人民日报》发表《全世界无产者联合起来反对我们的共同敌人》的社论，答复了赫鲁晓夫 12 月 12 日讲话，批评利用一个党的代表大会攻击另一个党的错误做法，这只能加深分歧、制造分裂，为亲者痛，仇者快。指出这种“恶劣的表现”起源于 1961 年苏共二十二大。（这是文章中唯一直接涉及苏联的地方）文章回答外国党对毛泽东的“帝国主义是纸老虎”的观点的批评时，坚决主张共产党人应“在战略上蔑视敌人，在战术上重视敌人”。同时不指名地批评了赫鲁晓夫的“冒险主义”和“投降主义”。文章说：“我们既没有要求把核武器运进古巴，也没有阻挠把所谓的‘进攻性’核武器撤出古巴，所以对我们来说，根本说不上什么‘冒险主义’，更说不上要把全世界‘拖入热核战争’。”

12 月 31 日，《人民日报》发表《陶里亚蒂同志同我们的分歧》的社论，重复了上述许多争论，批评了陶里亚蒂的“资产阶级和平主义”的观点；关于古巴危机，文章指出，中共从不主张玩弄核武器，从不认为避免核战争是“慕尼黑”，但坚决反对“用牺牲别国主权的办法，去换取帝国主义的妥协”。

1963年第一期《红旗》杂志发表社论《列宁主义和现代修正主义》。指出，列宁主义“目前空前厉害地遭受现代的修正主义者的攻击、歪曲和糟塌”。现代修正主义者竭力掩盖资本主义、帝国主义的矛盾，把后者描写成“和平的”“民主的”“超帝国主义”；在争取世界和平，争取和平共处问题上把列宁主义庸俗化到极点；以反对教条主义为借口攻击马列主义；故意散布谎言，不许被压迫人民和民族进行革命，“只要能够浑浑噩噩、糊里糊涂地活下去就行”，文章指出：“修正主义是麻痹人民的鸦片，是安慰奴隶的靡靡之音。”当前的主要危险是修正主义。

1963年1月6日，中共中央发出党内通知，认为“国际共产主义运动中两条路线的斗争进入了一个新的阶段”，我们应充分利用有利形势，在国际共运中争取左派和中间状态的同志，对于右派分子的挑衅，不能再像过去那样“不予纠缠”，而是同他们作针锋相对的斗争，绝不退让。

1月11日，彭真向党外人士作反修报告，回答了大家对中苏会不会分裂的疑问。他说：要准备对付修正主义者的一切挑衅和进攻，包括准备对付分裂。他阐明了中苏分歧的根本点在于：（1）革命不革命？（2）反帝不反帝？关键是反美不反美？（3）对民族解放运动是不是真正支持？（4）维护世界和平、防止世界战争，是依靠美帝头子的明智和两大国首脑的明智，还是依靠四种力量的联合斗争？（5）社会主义国家对外政策总路线是不是和平共处？（6）兄弟国家、兄弟党的关系是父子关系，还是独立、平等的兄弟关系。1月29日，中央转发了彭真的报告。

中共中央的通知和彭真的报告，表明中共已做好了中苏分裂的最坏准备。

苏联和欧洲各党领导人纷纷发表文章和讲话，反驳中共。1月7日，苏联《真理报》发表长达万言的文章，再次批判“纸老虎”的观点，谴责阿尔巴尼亚，为苏南关系和好作辩护。

1月15日至21日，在东德党代会上，气氛恶化到了极点。赫鲁晓夫亲自赴会并作了长篇发言，他的发言虽未直接提到中国，并且呼吁“停止共产党之间的攻击”，但其矛头指向中国，起了动员作用。中共代表伍修权在大会发言，欢迎停止相互攻击的建议，建议早日召开世界共产党会议。然而，与会的各国代表失去了耐心和理智，伍修权的讲话不断地被“呸”声所淹没。当伍提到苏方时，台下有意起哄，拍桌子、吹口哨、跺地板，一片混乱，企图打断伍修权的发言。大会执行主席一再阻止伍继续致词。伍致辞后，大会执行主席竟然提出抗议，表示“最坚决地拒绝”中共代表对南斯拉夫的批判。

伍硬着头皮顶住。他回忆说:“我当时心里虽然不免尴尬，表面上却还镇静，我想自己正代表着一个伟大的党，执行着自己领袖的指示，作为一个客人来到这里，主人不能也不应该对我无礼，就像毛主席诗中说‘我自岿然不动’地硬着头皮顶住了。有的记者形容我当时能‘泰然自若’，因而称我为‘伍泰然’。”

阵线更加分明：一方是苏联影响下的欧美各主要政党的联合阵域，另一方是中共的孤军作战。还有阿尔巴尼亚的会外帮腔。意共、法共、美共等 40 多个党纷纷发表决议、声明和文章。谴责中共。尤其是谴责中共在古巴导弹危机中的强硬立场。1 月 9 日美国共产党的声明，指责中共是“导致热核战争的政策”，甚至说中共假左派的路线同最冒险的美帝国主义者路线相吻合。

中共中央决定奋起回击，1 月 27 日，《人民日报》发表社论:《在莫斯科宣言和莫斯科声明的基础上团结起来》，着重回答了在东德党代会上对中共代表的围攻。从 2 月 20 日起，《人民日报》全文刊载赫鲁晓夫两篇讲话以及苏共、法共、意共攻击中共的材料。准备逐一加以批驳。这时在策略上留了一手，避免点苏共领导的名，而以意共、法共等领导人为批评对象。

3 两党会谈　中苏破裂覆水难收
全面反攻　反修大战势如破竹

赫鲁晓夫突然提议举行两党会谈

赫鲁晓夫掌握着多数党，处于有利地位。他总是让其他“兄弟党”领导人撕破脸皮，自己避免直接点中共领导的名，仍旧是“指桑骂槐”的一套。造成围攻中共之势时，却又呼吁停止公开论战。

1963 年 2 月 21 日，中共中央突然收到苏共中央致中共中央和毛泽东的信，表达对“正在动摇兄弟党的团结的公开的持久的激烈争论”的关心。建议停止公开论战，召开中苏两党会议，为召开世界共产党会议做准备。

这时，一些处于反帝斗争前线的党对国际共运论战忧心忡忡。尤其是越共领导人，他们亟须中苏两国的共同支援。在以往的争论中，越共虽有不同观点，但总是倾向于中共一边。现在也开始犹豫起来。胡志明与诺沃提尼发表联合声明，呼吁停止争论，加强团结。胡还在中苏之间进行调和，这使中共领导人十分不满，认为他们“不分是非，只讲团结，不讲原则”，但是认为越共对中国基本上是友好的，反帝是坚决的，因此以团结为主，并作“善意的”批评。

2 月 23 日，毛泽东接见苏驻华大使契尔沃年科，讲了一大篇话。他告诉对方：赫鲁晓夫一面说要停止公开论战，一面自己又公开批评中国党。最近你们批评中国党的文章有四篇，赫鲁晓夫本人的就有两篇。我们从 20 日起登你们的这些文章，今天登完。对于所有这些批评，我们都得回答，有来有往，你们可以骂人，我们也可以回骂。现在已经有几十个党公开指名攻击我们了。毛泽东说：你们说我们是教条主义、托洛茨基主义、专讲空话、假革命、民族主义，你们放手批评好了。契大使说：这样下去不得了。毛泽东说：现在不过是打笔墨官司，是所谓意识形态斗争，有什么了不起？第一，天不会塌下来；第二，山上草木照样长；第三，女人照样生孩子；第四，河里的鱼照样游。

开弓没有回头箭。在正式答复苏共之前，中共加强了攻势。1963 年《红旗》杂志第 3、4 期连载长文《再论陶里亚蒂同志同我们的分歧——关于列宁主义在当代的若干重大问题》。各大报刊转载，《人民日报》从 3 月 1 日至 4 日连载四天。随即出版了单行本。这篇文章洋洋十万余言，可谓一颗重磅炮弹。文章阐述了中共与“现代修正主义者”之间存在的主要原则分歧。文章嘲笑苏共领导人害怕在苏联报刊上发表中国的文章和干扰中国的电台广播，批判陶里亚蒂的“修正主义”和“资产阶级社会主义”，尤其批判他是“议会迷”。

3 月 8 日，《人民日报》发表《评美国共产党声明》。

在做了这些之后，3 月 9 日，中共中央复信苏共中央，重申了 1962 年 4 月 7 日信中提出的建议。表示欢迎举行中苏两党会谈的建议，为创造良好气氛，中共暂停公开答辩，但保留对公开攻击答复的权力。

3 月 30 日，苏共中央再次致函中共中央，表示苏共有许多理由答复中共的攻击，但不愿中苏论战让敌人感到高兴。语调似乎很调和，但信中系统地阐述了国际共运总路线问题，并为中苏会谈规定了五点讨论范围。有先声夺人，为会谈定基调之意。这次信函中，苏共中央还邀请毛泽东访问苏联。这是苏联最后一次向毛泽东发出邀请。这种形势下，毛泽东怎会去苏联？ 4 月 2 日，周恩来受毛泽东委托，召见苏驻华大使契尔沃年科，答复说：毛泽东因健康原因不能赴苏会谈。

中共领导人认为，苏共领导人要把苏共二十二大纲领当成国际共产党人的共同纲领。为了不让苏共乘机封住中共的口，必须在两党会谈之前对苏共纲领亮明自己的观点。4月4日，中共中央将苏共中央3月30日来信全文发表，同时组织起草答复文件。先由陈伯达等人起草了一份关于对苏共纲领的意见《备忘录》，似乎分量还嫌不足，未发出。4月17日，毛泽东让秘书林克通知邓小平、康生、陆定一、陈伯达去杭州，“讨论对苏复信”。随后组织人马起草中共中央《关于国际共产主义运动总路线的建议》，作为中共中央对苏共中央来信的答复。文件起草之始，毛泽东就确定了两个方针：一是要公开发表，二是要锋芒毕露。文件起草过程中，分别向在京的和路过北京的兄弟党有关人士征求意见，争取支持。5月22日，毛泽东同专程赴杭州晋见毛泽东的新西兰共产党总书记威尔科克思谈话，系统地介绍了中苏分歧的由来。表示要采取针锋相对，寸步不让的方针。

会谈未开火药味扑鼻而来

经双方多次交谈，中苏两党会谈定于1963年7月6日至20日在莫斯科举行。然而，会谈还未举行，论争的气氛已经升级。

6月14日，中共中央向苏共中央发出《关于国际共产主义运动总路线的建议》的复信，（简称25条）并于6月17日公开发表，这份由毛泽东亲自定题定稿的复信，更加全面地批判驳斥了苏共的观点。并且通知苏共中央，中共中央将派出以邓小平为团长、彭真为副团长的代表团前往莫斯科进行双边会谈。“25条”的发表实际上使中苏论争达到了又一高峰。

苏共哪能认输。赫鲁晓夫更是恼羞成怒。他在6月18日的苏共中央全会上，严辞抨击中共中央使中苏分歧“尖锐化到极点”，并且断然拒绝接受中方的建议。当天，苏共中央发表声明，指责中共中央6月14日的复信“歪曲了莫斯科宣言和声明”。6月21日，发表苏共中央全会就即将举行的中苏两党会谈作出的决议：“责成苏共中央主席团在即将举行的同中共中央代表的会谈中”，“坚定地执行”苏共二十大、二十一大、二十二大的路线，并“断然拒绝中共中央对我党和其他共产党，对苏共第二十次、第二十一次和第二十二次代表大会的决定，对……苏共领导的攻击”。

7月1日，中共中央发表声明，公布参加会谈的代表团名单，并指出苏共对中共6月14日的信的指责是没有道理的。但表示：“鉴于中苏两党会谈即将举行，中共中央对于苏共中央和苏共领导人对我党的攻击，暂时不作答复，但是保留答复的权利。”

7月4日，苏共中央发表声明，公布参加会谈的苏共代表团成员名单。并对中共中央7月1日声明进行反击。

7月5日，中共中央再发声明，表示“不能同意苏共中央在（7月4日）声明中对中共7月1日声明的歪曲指责和攻击。”“责成代表团在（中苏两党）会谈中对苏共中央的歪曲、指责和攻击给予必要的评论。”

在此期间，还发生了苏联驱逐中国使馆工作人员和留学生的事件。毛泽东对中苏论战有高层建筑的气势，他总是在己方的报刊上全文公布双方的批评文章和来往信件，尽可能把争论公开化，以教育人民。但苏共对中共的文章不予转载。于是自年初以来，中方利用驻外使馆和新华社驻外分社开始向各驻在国散发材料，争取支持力量。

中共中央6月14日信发表后，苏共以公开发表会导致论战激化为由，拒绝在苏联发表。中共认为这是封锁，是有意向苏联人民“隐瞒”中共观点。于是通过驻苏使馆人员和留学生在莫斯科和其他城市散发6月14日复信的俄文版，引起冲突。6月27日，苏联外交部照会中国使馆，宣布三名使馆工作人员和两名留学生为“不受欢迎”，驱逐回国。

6月30日，被驱逐人员抵达北京，中国举行了隆重的欢迎仪式。7月7日，北京召开大会，支持我方人员的行动。7月9日，苏共中央为此发表声明，指责中国领导人这种行为会给苏中友谊带来危险。7月10日，中共中央发表声明予以反驳，说“这是一种正常的对等的活动”。因为苏联驻华人员也在中国散发过苏共中央3月30日的信，苏联“采取‘只许州官放火，不许百姓点灯’的态度，是不能达到真正团结的。”

这一连串的声明和反声明，驳斥与反驳斥，表明双方已经毫无缩小分歧的打算。据中方统计，在苏共中央全会后不长时间，仅苏联境内发表的指责攻击中国党的文章和材料就有三百篇之多。其他党的攻击文章还不在其内。双方都要在会谈之前造成先声夺人之势。中苏两党会谈就在这种气氛中开场。

两党会谈不过是一场“聋子对话”

1963年7月5日，邓小平、彭真率中共代表团抵达莫斯科，成员有康生、杨尚昆、刘宁一、伍修权、潘自力（驻苏大使），顾问吴冷西、范若愚、张香山、姚溱、王力、余湛。

苏共代表团团长仍是苏斯洛夫。团员有格里申、安德罗波夫、伊利切夫、波诺马廖夫、萨丘科夫、契尔沃年科。

会谈从7月6日开始，一直持续到20日。一共举行了九次会议。

这是一次被称为“聋子对话”的独特的会谈。会议之始，根据苏斯洛夫的建议，就会议开法，达成五点协议，规定两团交替发言，对方发言时不要打断，会议结束前，双方不发表任何关于会谈的消息。

一场各自陈词、相互辩驳的会谈开始了。其日程开列如下：

第一次（7 月 6 日），苏斯洛夫发言。

第二次（7 月 8 日），邓小平发言。

第三次（7 月 10 日），苏斯洛夫发言。

第四次（7 月 12 日），邓小平发言。

第五次（7 月 13 日），波诺马廖夫发言。

第六次（7 月 15 日），彭真发言。

第七次（7 月 17 日），安德罗波夫发言。

第八次（7 月 19 日），康生发言。

第九次（7 月 20 日），苏斯洛夫发言，邓小平发言。

引述中苏双方各次发言的内容，会不胜其烦。无非是各自陈述自己已经多少次公开表明的观点，批驳对方的观点。值得说明的是，中方的行动一切都在毛泽东的指挥之下，代表团每天及时将会谈情况和内容报告北京，中央向毛泽东报告请示后，又立即给代表团发来指示。所以，会外反而比会内忙。

开始，这种“聋子对话”式的会谈还能持续，然而，会谈期间，苏共中央按捺不住了，违背了双方达成的会谈结束前不发布会谈消息的协议，于 7 月 14 日公开发表了《给苏联各级党组织和全体共产党员的公开信》。

关于这封《公开信》，当年的起草人费・布尔拉茨基回忆说：“在列宁山的印馆里举行会谈期间，苏斯洛夫跟苏联其他领导人召集我们开会。他说必须赶快在一天之内准备好一份表明苏共同中国领导人争论的立场的文件，并当场把这称为《公开信》。然而特别引起我注意的是苏斯洛夫当时说‘给他们出其不意的打击’时的脸部表情，他同时发出甜而又甜、轻而又轻的笑声……但第二天他又提出怀疑：当会议还没有结束时该不该就这样做？后来我明白了，这是苏斯洛夫个人特有的作风。”

苏共中央的《公开信》，对中共中央“25 条”建议信进行了全面反驳和回击，这就使开始那种各说各的“聋子对话”也对不下去了。在第八次会谈中，康生发言严厉批评苏共歪曲和攻击中共代表团的立场，并且破坏君子协定，单方面发布消息。他十分激烈地批判了苏共否定斯大林和实行“全民党”“全民国家”的路线。

康生发言后，苏斯洛夫立即提出“坚决抗议”。他说：“抗议你们对我们党的领导、对赫鲁晓夫同志，对我党几次代表大会决议的歪曲、捏造和诽谤”，声称“中共领导要对这一切行为承担全部责任”。

“你提什么抗议”，邓小平接着发言说，“如果说要抗议的话，我们可以提出更多的抗议”。

会谈开不下去了。根据北京的指示，邓小平建议，这次会谈暂告一段落，双方可以在另一时间继续举行会议，时间和地点由两党中央另行商定。

7月20日，第九次会议讨论会谈公报。苏斯洛夫说：苏共曾准备继续会谈，但因中国同志建议暂停，苏共愿响应。他为苏共《公开信》辩护说，发表的原因是因为中共没有接受停止论战的建议。他再次提出建议停止论战。邓小平发言说，我党历来主张不把分歧公开在敌人面前，但既然公开争论已被挑起，就应在平等基础上进行。我们从来是出于被迫的，从来没有首先攻击过任何别的党，我们受到公开攻击，就不能不作答复。苏共《公开信》，苏共和其他党对我党进行了大量的攻击，我们还没有回答。他说，待作了必要的答复之后，看你们是否言行一致，再来讨论停止公开论战的问题。

会议毫无结果，唯一达成的协议是另择时间继续会谈，未把路全部堵死。当天下午，苏共中央主席团宴请中共代表团。宴会上，邓小平重申邀请苏共代表团到北京举行会谈的希望。赫鲁晓夫表示愿意接受这个邀请，下次会谈时派代表团去北京。当晚，中共代表团乘专机回国。

邓小平启程回国时，毛泽东令代表团成员分乘两架飞机，以防不测，对苏联的戒备已极深。7月21日下午，邓小平一行回到北京时，毛泽东偕刘少奇、周恩来、朱德、董必武等几乎所有党和国家主要领导人亲赴西郊机场，欢迎凯旋归来的“反修战士”。

机场上聚集了五千多人的欢迎队伍，还有各国使节和国际友人，锣鼓喧天，“反修”口号震耳欲聋，到处是红旗、彩旗和标语横幅。代表团走下舷梯，毛泽东领头迎上去，与代表团一一握手问好，少先队员献上鲜花，全体合影留念。代表团绕场一圈，全场一片雷鸣般的欢呼声、掌声。中外记者将这一盛大而又热烈的场面摄入镜头。第二天各大报刊突出报道。

伍修权作为当事人之一，回忆起来感慨良多。他说：“对这场破格破例的欢迎仪式，我们都明白这并不是冲着我们这几个人，而是借题发挥地对外国‘帝修反’特别是苏共‘修正主义集团’组织的一次规模宏大的政治示威，我们这些人只不过是按毛泽东‘总导演’调使的走上国际舞台的一些尽职尽心的‘演员’。”

欢迎仪式结束，毛泽东破例没有让代表团各自回家休息，车队集体奉命紧跟毛泽东的车开进了中南海。毛泽东坐下来，就让邓小平、彭真作详细汇报。邓、彭汇报时，毛泽东、刘少奇、周恩来等专心静气地倾听，不时地点头称是，毛泽东有时还插上几句话，说几句笑话。显然他为这第一回合的胜利而兴奋。

本来希望弥合分歧的中苏会谈，反而成了中苏两党走向彻底破裂的分水岭。会谈后，毛泽东断言：我们现在与苏联的分歧是敌对性质的矛盾了，只是我们现在还是用处理人民内部矛盾的方式来解决。

美英苏“三家条约”企图联手约束中国

使毛泽东断定中苏分歧已是敌对性质的，不只是中苏会谈的破裂。赫鲁晓夫就在中苏会谈之际，在莫斯科与美、英谈判部分核禁试条约。中共领导人认为，赫鲁晓夫把事情做绝了，终于走上了美苏联手约束中国的道路。

20 世纪 50 年代后期起，苏美两国就不时提出过裁军和核禁试建议，但都为对方拒绝。伴随禁试建议的是核竞赛的升级，核门槛越垒越高。然而，到了 1962 年秋，美苏双方重新获得了推动核禁试谈判的动力。一方面双方都从古巴导弹危机中感受到了核恐怖。另一方面双方在防止核扩散，制止非核国家拥有核武器上找到了战略上的共同点。在当时美苏想限制的，一个是法国，一个是中国。

1961 年，美国得到情报，中国正在依靠自己的力量研制核武器，估计两三年内就可以制造出来。肯尼迪上台伊始，就在考虑如何阻止中国成为核大国。1962 年古巴导弹危机之后，中苏重开论战，裂痕不可弥合，肯尼迪政府认为，这是一次前所未有的机会。美国的基本看法是，赫鲁晓夫反美调子低，对打开苏美关系表现主动。中国在宣传中强烈反美，支持世界革命，倡导武装斗争，比苏联更“好战”。美国的策略是拉苏联打中国。通过美苏缓和支持赫鲁晓夫反对中共的观点，通过加强对中国的压力增加中国的威胁感。

1963 年 1 月，肯尼迪在白宫的一次会上说：“如果一次禁试条约只涉及美苏两家，就意义不大，如果能影响中国，价值就很大了，特别是今年比去年更重要。”这个话表明，肯尼迪估计中国研制核武器即将成功。因而他急切要加快美苏条约谈判，通过苏联管束中国。他猜想赫鲁晓夫会有相同的考虑。

肯尼迪的猜测不是无根据的。但赫鲁晓夫想控制中国已是有其心无其力。1962 年 8 月，苏联正式通知中国说，他们已接受美国国务卿腊斯克关于签订一项核禁试条约的建议。说这项建议提出，核大国禁止向无核国家转让核技术、制止核扩散，无核国家也应同意不拥有核武器。苏联通知虽然没有要求中国要做什么，其用意已在不言中。

中国政府于9月和10月两次向苏联政府提交备忘录，明确表示，苏联向美国承担义务，是苏联自己的事，但中国希望苏联不要破坏中国的主权，代替中国承担义务。

然而苏联不予理睬，宣称它的强大“火箭——核盾牌”不仅保障着苏联的安全，而且保障着一切社会主义国家，包括中国的安全。在中国领导人看，这完全是核垄断。中国的安全能够寄托于日益走向敌对的“盟友”的核保护吗？

1963年6月6日，中国政府再次向苏联政府发出备忘录，尖锐指出：苏联的那一套是要“保护自己在社会主义国家中的领导地位”，“只许你们一家干，不许别的兄弟国家同你们一道干”，“要大家服从你一人，你一人控制大家”。备忘录明确表示：“中国人民决不承认某一个或者某几个大国垄断世界核力量，对别的国家任意发号施令的特权。”

中国的本意是劝阻赫鲁晓夫不要签署条约。然而，赫不仅听不进，而且在不同场合攻击中国。7月2日，他在柏林讲话，对肯尼迪表示赞赏。7月4日的讲话更是影射毛泽东，说“只有疯子”才指望用战争来摧毁资本主义制度。他煞有介事地说：“每消灭一个资本家，就会有100万工人陪着送命……有些人不那么看，随他们去吧。历史会教训他们的”。7月25日，苏联终于同美、英在莫斯科签订了《关于禁止在大气层、外层空间和水下进行核试验的条约》，这个条约不包括禁止地下核试验。在中共领导看来条约并不能约束美苏自己，而只是想剥夺中国也包括法国进行一般核试验的权利。

赫鲁晓夫选择这个时间来谈判签约，也极具挑衅性。这时，中苏会谈已告失败，中共代表团还未离开莫斯科，美国代表团就已到达。其象征意义昭昭然。美国代表团团长哈里曼对记者说：“这次能够达成协议，第一个原因是目前的中苏分歧，赫鲁晓夫在这个时候非常想有这么一个条约。”他在内部讲话说得更加透彻：“赫鲁晓夫选择这个日子，很可能说明他要用美国来作打手或杠杆，逼中国让步。”

不过，肯尼迪和赫鲁晓夫都清楚，他们谁也没有办法压毛泽东接受条约的约束。签约时，哈里曼一再追问赫鲁晓夫：“你们能使中国签字吗？”赫鲁晓夫避而不答。他只表示：对于这样一种发展“并不过分不安”，因为“自1960年以来，苏联不肯向中国提供任何工业性质的技术援助”，他断言：“中国缺乏发展核能力——包括核武器和运载系统——的工业基础。”

“三家条约”一草签，立即受到中国政府的强烈反对。7 月 31 日，中国政府发表声明，揭露了这个条约的歧视性，指出，其目的在于巩固核大国的垄断地位，束缚别人的手脚，而它们自己可以继续制造、储存和使用核武器。声明提出了全面、彻底、干净、坚决地禁止和销毁核武器的主张，并且倡议召开世界首脑会议来讨论这个问题。

8 月 2 日，周恩来以总理身份给世界各国政府首脑写信，转达中国政府的声明，希望得到各国政府的有利考虑和积极响应。同日，《人民日报》发社论，8 月 10 日又发“观察员”文章，对条约全面痛加驳斥，提出反对核霸权、核垄断、核讹诈的口号，认为三国条约，有害无益，适足以麻痹世界人民斗志，方便了帝国主义。文章表面矛头指向美国，实质上针对美苏两家。

此时，肯尼迪政府考虑对中国采取行动，摧毁中国制造核武器的能力，并且一再摸苏方的意图。7 月 15 日，美国国务院给正在莫斯科的哈里曼发去密电，指示他“就限制或防止中国的核发展探询赫鲁晓夫的意见，并探询他是否愿意针对这一方向由苏联采取行动，或接受美国的行动”。据报道，苏方对美国希望与苏联合作摧毁中国的核计划是了解的。但苏联始终没有响应。赫鲁晓夫不想走得那么远，毕竟他还是共产党的头。

不管中国当时知道不知道这些内幕，毛泽东和中国领导人决不会屈服于这种压力。这只会促使中国加紧研制自己的核武器。

自从赫鲁晓夫拒绝提供原子弹样品以后，尤其是 1960 年撤退专家之后，中国领导人就下定了决心，依靠自己的力量发展核武器。当时中国正陷入严重的经济困难。陈毅元帅说：“脱了裤子当当，也要把它们搞上去。否则我这个外交部部长的腰杆子就不硬。”1961 年以后实行经济调整，大批企业下马，但原子弹和导弹研制不仅没有下马，而且加强了力度，国务院设立国防工业办公室。为了集中领导，协调攻关，1962 年 11 月，中共中央又成立了一个 15 人的“两弹”专门委员会。周恩来亲任主任，成员有贺龙、李富春、李先念、聂荣臻、薄一波、陆定一、罗瑞卿七个副总理和赵尔陆、张爱萍、王鹤寿、刘杰、孙志远、段君毅、高扬七个部长。核研制正取得突破性进展。毛泽东岂会受制于“三家条约”，屈服于美苏的核讹诈。这只能强化他对赫鲁晓夫的恶感和鄙视，强化他回应挑战的信心。

毛泽东转入反攻“有大闹天宫的势头”

6 月 14 日中共中央“25 条”建议信的发表，7 月 14 日苏共中央《公开信》的发表，使中苏分歧和论战完全公之于世了。过去遮遮掩掩、照顾面子的考虑都显得多余。毛泽东决定发动全面反攻。中共中央认为，这对中共有利。公开论战将使世界各国马列主义革命队伍迅速壮大，将在全世界掀起一个反对修正主义、研究毛泽东思想的高潮。

7 月 20 日，就在邓小平率团回到北京的当天，中共中央决定将苏共中央《公开信》作为反面教材全文发表。同时再次发表中共中央“25 条”建议信。随后，在党内传达了中苏两党会谈情况，并将《中苏两党会谈记录》发给 17 级以上党员干部阅读。

9 月 6 日，《人民日报》和《红旗》杂志开始陆续发表评苏共中央公开信的系列论战文章。即“九评”。开列如下：

《苏共领导同我们分歧的由来和发展》(“一评”，1963 年 9 月 6 日)；

《关于斯大林问题》(“二评”，9 月 13 日)；

《南斯拉夫是社会主义国家吗？》(“三评”，9 月 26 日)；

《新殖民主义的辩护士》(“四评”，10 月 22 日)；

《在战争与和平问题上的两条路线》(“五评”，11 月 19 日)；

《两种根本对立的和平共处政策》(“六评”，12 月 12 日)；

《苏共领导是当代最大的分裂主义者》(“七评”，1964 年 2 月 4 日)；

《无产阶级革命和赫鲁晓夫修正主义》(“八评”，3 月 31 日)；

《关于赫鲁晓夫的假共产主义及其在世界历史上的教训》(“九评”，7 月 14 日)。

“九评”由“中央反修领导小组”撰写。全组 7 ～ 8 人，康生为组长，吴冷西为副组长。中央由邓小平负责，每篇文章均由中央书记处讨论通过，毛泽东最后审阅定稿。

这九篇文章大量地披露了中苏分歧的内幕，全面批判了苏共纲领，指名道姓地批判了苏共领导人。

苏共以同样的方式应战。据中方统计，从苏共《公开信》发表，到 10 月的 3 个月内，苏联报刊广播就发表和转载了有反华内容的文章、资料计 1100 多篇。其中有的公然煽动中国党内和国内的“健康力量”起来反对中共中央的领导。毛、刘、邓都受到指名批评，但矛头集中指向毛泽东，刘少奇次之。参与批判中共的其他“兄弟党”不在少数。

一场空前规模的关于国际共产主义运动问题的公开大论战展开了。这一阶段论战，与此前不同。中苏双方都抛弃了指桑骂槐的迂回策略，再也不用拿第三者当垫背了。而是直呼其名，因而也就更难有缓和的余地。

毛泽东说，反修斗争要高层建筑、势如破竹。

1964 年 1 月 17 日，毛泽东同斯特朗等外国友人谈话时说：“从苏共二十大到去年七月，我们比较被动。现在我们转入了反攻，有大闹天宫的势头，打破了他们的清规戒律。”

4 挖掉修根　毛泽东发动四清五反
减少冲击　周恩来勉力继续调整

从国际反修到国内防修

中共八届十中全会闭幕后，毛泽东开始在两个方向转入反攻，一方面在国际上反对现代修正主义，一方面在国内开展四清五反运动，目的是“挖修根”。他得心应手地同时导演着两部历史大剧，刘少奇、周恩来、邓小平等中央领导人一步步跟上了毛泽东的思路。全党乃至全国人民都被动员起来，不同程度地加入了这场历史剧的演出。

关于对农民和农村干部进行社会主义教育，这一直是毛泽东及他的战友们关心的一个大问题。毛泽东有一句名言：“严重的问题在于教育农民”。农民虽然是中国革命的主力军，为中国革命作出了重大贡献，但农民毕竟不同于工人，他们是小私有者，有自发倾向，必须不断地向他们灌输社会主义思想，才可能引导他们走向社会主义。1957 年反右之后，他就指示要向全体农村人口进行一次社会主义教育。1959 年庐山会议反右倾之后，再次提出在农村进行社教，1960 年上半年，在农村开展了“三反”（反贪污、反浪费、反官僚主义）运动，年底，又开展了整风整社运动。1961 年 11 月，中央又一次发出农村社教的指示。农村社教几乎成了全党经常性的课题。因此，当八届十中全会上毛泽东再次提出农村社教时，恐怕党内不会有人提出异议，不过这次教育的重点不是农民，而是干部。

党内易于认同阶级斗争，还在于对官僚主义的痛恶和对修正主义的担心。官僚主义本是许多社会的一种通病，它只有通过民主和法制的不断健全才可能遏制。然而，按照传统社会主义观念，官僚主义只能是社会主义社会肌体上的资产阶级

“寄生虫”，社会主义社会一旦出现官僚主义，那就是蜕化变质，就是阶级斗争。

开国伊始，毛泽东和中共中央就时时警惕干部队伍的官僚化和蜕化。然而，高度集权的体制和运动式的发展模式，偏偏助长了官僚主义的发展，共产风、浮夸风、瞎指挥、强迫命令、多吃多占等所谓“五风”泛滥，正是“大跃进”的一个后果。接踵而来的饥荒又引发了“贪污、盗窃、投机倒把”等现象。饱暖思淫欲，饥寒起盗心。对这种种现象，毛泽东一开始就认定为阶级斗争了。前面已经提到，他甚至在1960年秋冬就断定“三分之一的社队领导权不在我们手中”了，说是“坏人当权、打死人，粮食减产，吃不饱饭，民主革命尚未完成，封建势力大大作怪，对社会主义更加仇视，破坏社会主义的生产关系和生产力……”“显然是封建势力在地方上篡夺领导，实行绝望性的破坏性的报复，‘借尸还魂’，篡夺领导，实行复辟和疯狂挣扎”。要求依靠贫下中农进行整风整社，“彻底孤立和打倒反革命复辟”，在三类社队开展夺权斗争。只是当时正处于经济最困难和群众情绪最低落的时期，毛泽东不想在这时再发动一场大规模阶级斗争，事实上也难以通过阶级斗争摆脱危机。然而，这种形势估计在党内已发生影响。

当认定苏联变修后，人们很自然地找寻这个列宁制造的大党何以变修的原因。1961年11月19日，周恩来在关于苏共二十二大的报告中说：“它的根源是高薪阶层和农村富裕阶层”。这个判断是代表中共中央作的。“高薪阶层和农村富裕阶层”，苏联有，中国就没有吗？反观自身，人们很自然地把种种真实的或虚幻的问题看成了修正主义。

1962年7月1日，邓子恢在中共中央高级党校作报告说过的一段话，很具代表性。他说：

干部的特殊化，这是最脱离群众的，老百姓很不满意，……这是非常危险的，如果这一批干部不改变，将是修正主义的基础，20年以后，中国也要出现修正主义，你不要认为我们不会出现修正主义。老一辈都死了，这些家伙今后还不当赫鲁晓夫吗？苏联集体农庄的主席收入很高，也是特殊阶层，怕打仗，怕战争，要与美国肯尼迪求和妥协。我们不解决这个问题，20年以后也要产生修正主义，危险之至，因此，无论如何要解决这个问题。

邓子恢对“修正主义”何等的担忧！对防止特殊阶层的出现何等的急切！他做梦也想不到，自己不久却成了“资产阶级民主分子”，再以后又成了鼓吹“三自一包”的修正主义者。可以想见，邓子恢对批判他的农村政策主张可能想不通，但对毛泽东发动反修防修决不会有心理障碍。

这就是党内普遍的心态。

还有刘少奇，他对党内官僚主义的痛恶溢于言表。七千人大会上讲话指出了官僚主义的种种表现。八届十中全会以后，把这些现象作出阶级斗争的解释并不困难。1962 年 11 月 12 日，刘少奇给中央组织部负责人谈话时说：“十中全会提出这样一个问题：我们党将来是不是有人搞修正主义？现在有人要搞，高岗、彭德怀就是。……从苏联、南斯拉夫的经验来看，搞社会主义、有些曲折，不是什么奇怪现象。从打倒资产阶级，消灭剥削制度，建设社会主义，直到共产主义，中间经过几个曲折，是合乎情理的。”

大家都在警惕修正主义，但什么是修正主义？各人心中所指可能大不相同。如何防止修正主义，刘少奇说：“党的民主集中制，是一种保证，国家的民主集中制，也是一种保证，最基本的制度，就是这个。”他总结苏联的教训，认为斯大林对敌斗争坚决，但破坏了民主集中制，一切个人说了算，一切光荣归于斯大林。赫鲁晓夫利用了这点，他自己也搞这一套。

刘少奇找出的病根和开列的药方是否符合毛泽东的想法呢？

不管怎样，由于国际反修斗争的同仇敌忾，由于对国内出修正主义的共同担忧。八届十中全会以后，反修大旗一举，全党就动员起来了，紧张起来了。

“跑了 11 个省，只有延春、子厚滔滔不绝讲社教”

八届十中全会后不久，毛泽东就外出周游视察，跑了 11 个省。令他失望的是，他提出开展社会主义教育运动的问题，还没有引起全党的重视。只有湖南省委王延春、河北省委刘子厚分别在长沙、邯郸向他汇报了这个问题。

八届十中全会后，各省市先后召开会议，传达贯彻全会精神。但各地负责人领会有深有浅，见事有快有慢。不少省份把对农村的社会主义教育，限制在落实“农业 60 条”修正草案的范围内，着重于纠正包产到户做法，落实各项政策，巩固集体经济。并不刻意把它同阶级斗争挂钩。

江渭清回忆了当时江苏省委的思想状况。

1962 年 11 月 15 日至 12 月 15 日，江苏省委召开代表大会。贯彻八届十中全会精神，中心是传达毛泽东关于阶级斗争的讲话，华东局第一书记柯庆施坐镇督促。12 月 15 日，会议闭幕那天，毛泽东抵达南京，接见全体与会者。会后，江苏省委对全省农村社会主义教育运动作出部署。尽管八届十中全会上毛泽东已把阶级斗争提到了尖锐的程度，尽管柯庆施到会给江苏省委施加压力，江渭清回忆说：“我同省委书记处的其他几位同志商量，大家感到这几年农村运动不断，干部已经折腾得够了，生产形势才开始好转，经不起再折腾了，决定把农村社教的重点放在巩固发展集体经济上面。所以省委在关于农村开展社会主义教育的指示中，没有突出强调批判斗争，而是强调以正面教育为主”。到 1963 年 2 月，省委转发试点经验时，仍然明确要求：“农村社会主义教育必须以全面贯彻《农村人民公社工作条例（修正草案）》为中心，着重解决三个问题：一是广泛进行社会主义方向的教育；二是切实整顿社队干部的思想作风；三是划清若干具体政策界限，特别是不能把正当的家庭副业、正当的集市贸易和政策规定范围内的自留地，当作“资本主义”，以免造成混乱”。

江苏省委的做法反映了最初人们对社会主义教育的理解。这在毛泽东看来，有点文不对题，对阶级斗争不敏感。

只有湖南省委和河北省委对形势的看法引起了毛泽东的兴趣。1962 年 10 月 23 日，中共中央批转湖南省委关于纠正“单干风”的报告，就把“单干风”与阶级斗争联系起来。报告说：“闹单干的，有地、富分子，有富裕中农，也有贫农。在我们党内和干部队伍中也有一少部分人主张分户单干”。“从根本性质上看，‘单干风’与反对‘单干风’是阶级斗争，是社会主义和资本主义两条道路的斗争”。“产生单干风的根本原因是地、富、反、坏分子捣乱，一部分富裕中农的自发资本主义倾向作怪”。

1963 年 2 月 8 日，湖南省委的报告，更是描述了一幅惊心动魄的阶级斗争画面：

> 各方面的情况表明，当前的阶级斗争是激烈的，一股反革命“黑风”刮得很大，资本主义和封建主义势力企图复辟，“牛鬼蛇神”纷纷出笼，从各方面威胁着集体经济和社会主义建设事业。

河北省委的报告对形势的估计如出一辙：

> 在 90 个县三级干部会议上，揭发出许多阶级斗争情况。投机倒把活动有 10 万起，“千字号”的上万，“万字号”的上千；反革命集团活动有 1300 多起，地富反攻

倒算有26000多起，反动会道门活动有8000起，巫婆神汉、阴阳先生有5万多人；特别严重的是一些党员、干部带头参加了封建迷信活动。

在这里再次出现了“上有所好，下必甚焉”的正反馈现象。无论是出自阶级斗争的思维定势，还是曲意迎合毛泽东的思想，这些报告都把问题扩大化了。群众的小偷小摸、宗教迷信、巫婆神汉、投机倒把种种阴暗面都归结为阶级斗争。显然混淆了矛盾。即使这种种现象，大都没有经过核实。

这两个省委的做法是用阶级斗争和整风整社的方式来进行社教。

湖南的经验是：先是把注意力集中到纠正“单干风”上，继而把“单干风”与“牛鬼蛇神”（地富反坏右的统称）“紧紧相连”，于1962年12月起重点强调“彻底揭开当前阶级斗争的盖子，针锋相对地展开斗争，教育干部，发动群众，大张旗鼓地刮‘东风’，打击敌人，遏制‘黑风’”。以此“把敌人和‘黑风’整住”。

河北的经验是：先是“克服了自发单干倾向，遏制了单干风”，继而于1963年2月中旬开展了“普遍进行清账、清库、清工、清财”的“四清”工作。“四清”在检查纠正基层干部中存在的铺张浪费、挪用公款、多吃多占，以及贪污盗窃行为，整顿干部作风，贯彻勤俭办社、民主办社方针上，有积极意义，因而受到农民的普遍欢迎。保定地委还总结了学习文件、发动群众、检举揭发、干部检讨交代、查证清理、进行退赔、建立制度、巩固成果、检查验收等步骤方法。

毛泽东十分赞赏他们的经验。后来，他在1963年5月说：“我跑了11个省，只有子厚、延春滔滔不绝地讲社会主义教育，其他人都不讲。”

在全国各地走了一圈后，毛泽东感到有必要专门召开一次会议，督促和布置各地进行社会主义教育。

“现在就要搞一个阶级斗争”：五反四清

1963年2月11日至28日，在北京召开中央工作会议。从1月15日周恩来代中央起草关于召开中央工作会议通知中看，这次会议的四项议题都是工作问题，甚至没有提到四清五反。然而后来的会议，重点讨论的却是农村社会主义教育运动和城市“五反”运动问题。为了引起与会者的重视，毛泽东接连将湖南、河北省委关于社教和整风整社的报告批印会议讨论。在会上，他多次引用了这两个报告的内容和结论，以此敦促其他省市抓紧进行社会主义教育运动。向各地敲警钟。

刘少奇主持了这次中央工作会议，来贯彻毛泽东的意图。12日在彭真作关于

“五反”运动的报告后，刘少奇说：八届十中全会讲阶级、阶级斗争，现在就要正式部署一个行动，搞一个阶级斗争。对象是投机倒把、贪污盗窃，还有一些严重的铺张浪费，严重的蜕化变质、违法乱纪，严重的分散主义。总是口里讲阶级斗争，不办事情，不好。

2月25日，刘少奇作《关于反对现代修正主义的斗争问题》的报告。毛泽东插话说：“我国出不出修正主义，一种可能，一种不可能。现在有的人三斤猪肉，几包纸烟，就被收买。在农村进行社会主义教育，就可以挖掉修正主义根子”。2月28日，会议最后一天，毛泽东在会上又强调：“要把社会主义教育好好抓一下。社会主义教育，干部教育、群众教育，一抓就灵”。“打击疯狂向我们进攻的刮‘黑风’的恶风邪气，牛鬼蛇神”。毛泽东的这些话大家都很拥护，这时国际上的反修斗争正日益激烈，国内的反修防修斗争的空气自然升温。

会议决定在农村开展“四清”运动，在城市开展“五反”运动。不过，这时确定的“四清”“五反”内容比较具体，对象比较明确，农村“四清”即清账目、清库存、清工分、清财务；城市“五反”即反贪污盗窃、反投机倒把、反铺张浪费、反分散主义、反官僚主义，大抵重点集中在基层干部作风问题的范畴，未涉及路线和政策分歧，但要用阶级斗争的方法进行“四清”“五反”，这个思想已相当明确了，目的就是挖掉修正主义的社会基础。中共中央关于开展“五反”运动的指示也强调地指出：开展这一运动是“为了健全制度，改进思想作风，克服和防止资本主义、修正主义的腐蚀，保证我国社会主义建设事业的顺利发展”。

指示规定，“五反”运动只在县（团）级上上党政军民机关、国营和合作社营企事业单位、物资管理部门、文教部门中进行。根据中央部署、中央各部和各省、市、自治区机关立即在今后开展“五反”运动。城市的运动尚为温和，叫领导干部“洗手洗澡”。在农村开始社会主义教育的试点。

毛泽东更关心农村“四清”，注意发现和推广各地的经验。3月23日批发山西昔阳县干部参加生产劳动的材料。并亲拟标题“山西省昔阳县，县、社、大队、生产队四级干部全体参加生产劳动的伟大范例”。4月，毛泽东又开始外出巡视。4月8日，他听取河北省委汇报时插话说：“我们的支部书记是否靠得住呀？有的也靠不住”。他很赞同河北省委蹲点调查研究的办法。上次（2月）他同林铁和刘子厚就说过：“要扎根串连，要贫雇农团结起来”。

4月9日，毛泽东到达山东，听取山东省委书记白如冰的汇报。他插话说：“如果我们不整风，那些县都要出修正主义”。

经过2月会议的发动，各地的阶级斗争的“敏感性”迅速增强，纷纷向中央写出报告，反映本地阶级斗争情况和进行阶级斗争的做法。毛泽东首先发现了东北局宋任穷4月10日写来的报告。接着又发现河南省委的报告，河北保定地委关于“四清”的报告，邢台地委关于建立贫下中农组织的报告，十分重视。4月25日，毛泽东在上海对周恩来说：“这几个文件值得注意”。不久，他又让彭真赶到上海，代中央起草转发这些文件的批语。5月2日，彭真起草了对东北、河南两个报告的批语。毛泽东亲自修改定稿，指出：“社会主义教育是一件大事”。向各地提出要求：

检查一下自己在这方面的认识和工作，检查一下是不是抓住了要点和采取的方法是否适当，查一查是否还有很多的地、县、社没有抓住这方面的工作。如果有的话（看来一定是有的），应当在农忙间隙，在不误生产的条件下，抓紧进行。

特别要注意分步骤的方法、试点的方法和团结大多数、孤立极少数的政策。

毛泽东历来发动运动的办法是通过抓典型，推广局部的经验指导全局、推动运动。现在，他的思想发展得很快、全党又像1958年，有些跟不上了。例如江苏省委第一书记江渭清和书记刘顺元听完2月中央工作会上毛泽东的讲话，都感觉到“按照毛主席的意思，显然是要用阶级斗争的方法来搞社教了”。他们仍顾虑重重，认为搞得不好，很容易混淆两类矛盾，还是稳妥一点为好。回南京后，在向省委常委传达中央工作会议精神时，讲出了他们的看法，常委们也都赞成搞稳妥一点。2月底，江苏省委向中央作了《关于社会主义教育运动的情况报告》，仍然规定全省农村社教要把重点放在阶级教育方面，主要解决农村两条道路斗争问题；坚持先上后下，先党内后党外，层层培训骨干，进行正面教育；教育的内容要结合当地实际，完整地宣传和贯彻中央的方针、政策及各项有关规定。与当时中央批发的其他省的一些典型材料相比，江苏省委的这些要求被认为“对两条道路的斗争抓了，对阶级斗争这个纲没有高高举起”。后来，江渭清不得不作自我批评。

这种求稳怕乱的思想不会是个别的。在5月的中央工作会议期间，彭真就谈到：大家感到从北戴河会议以来跟不上主席的思想，跟不上下边那些先进单位。其他一些中央领导人也表示，北戴河会议后，大家认识不一致，至少是认识深浅不同，所以大家要求每两三个月在主席处开一次会。

虽然跟不上，但大家都认真地在跟，这时运动的对象主要在基层，要解决干部中的阴暗面大家的意见是一致的。

一份社会主义教育运动纲领的形成

1963 年 5 月，毛泽东到了杭州。在这里，他亲自主持作了两篇大文章。一篇是中共中央给苏共中央的答复信，即《关于国际共产主义运动总路线的建议》，向赫鲁晓夫发出一支林中响箭。一篇是主持制定了《中共中央关于目前农村工作中若干问题的决定（草案）》，一共 10 条，后来把它称为“前 10 条”，再次显示出他的大手笔。邓小平和彭真协助毛泽东，分别具体组织前后两个文件的起草工作。

5 月 2 日以后，毛泽东把各中央局书记召集到杭州，举行包括部分中央政治局委员参加的小型会议，研究制定农村社教的文件。部分省委书记也应召到会。

会前，彭真奉命已主持写出第一稿，5 月 2 日各大区书记到后，彭真又同他们讨论修改了两次。毛泽东看后，觉得不够尖锐。没有提到马列主义理论的高度。

5 月 7 日，毛泽东在会上讲话。他说：“可以不要那么长，短些，严肃些，要写些这样的问题，如认识不一致问题”，“要点就是阶级、阶级斗争，社会主义教育，依靠贫下中农，四清，干部参加劳动这样一套”。他说，“生产的形势，一年比一年好，阶级斗争的形势是严重的，尖锐的”。他根据地方报来的材料，列举了农村阶级斗争的种种表现。

5 月 8 日，毛泽东连续批印了湖南省委的两个报告和原载《中南通讯》的河南、湖北、湖南的四个文件。他批道：“这几个文件很好，看到了问题，抓起了工作。……可以作为各省、地、县、社进行社会主义教育工作的光辉的材料”。

在会上，他又讲了认识问题。批评说：“不光是外国的修正主义者和国内的资产阶级不承认有阶级和阶级斗争存在，我们有许多干部、党员对敌情的严重性也是认识不足的，甚至熟视无睹的”。他说：“资产阶级右派和中农分子把希望寄托在自留地、自由市场、自负盈亏和包产到户这‘三自一包’上面”。我们搞“五反”“四清”，“就是挖资产阶级的社会基础，挖资本主义的根子，挖修正主义的根子”。

5 月 9 日，毛泽东又批了浙江省七个关于干部参加劳动的材料，并写下了很长的批语，他向全党发出严重的警告：

阶级斗争、生产斗争和科学实验，是建设社会主义强大国家的三项伟大革命运动，是使共产党人免除官僚主义、避免修正主义和教条主义，永远立于不败之地的确实保证，是使无产阶级和广大劳动群众联合起来，实行民主专政的可靠保证。不然的话，让地、富、反、坏，牛鬼蛇神一齐跑了出来，而我们的干部则不闻不问，有许多人甚至敌我不分，互相勾结，被敌人腐蚀侵袭，分化瓦解，拉出去，打进来，许多工人、农民和知识分子也被敌人软硬兼施，照此办理，那就不要很多时间，少则几年、十几年、多则几十年，就不可避免地要出现全国性的反革命复辟，马列主义的党就一定会变成修正主义的党，变成法西斯党，整个中国就要改变颜色了。请同志们想一想，这是一种多么危险的情景啊！

毛泽东把问题提到如此尖锐的程度，向人们描述了如此一幅令人警觉、担忧、可怕的危险情景，不由得不使人汗颜警怵。

陈伯达执笔根据毛泽东的上述意见，将文件再作修改。5 月 10 日，毛泽东亲自修改定稿，毛泽东关于浙江省七个材料的批语和他批示过的 20 件材料，作为文件的附件。

毛泽东看到大家的认识已被唤醒，便于 5 月 11 日晚发表讲话，着重强调不要性急，要搞稳一点，不要伤人过多，一定要搞试点。他说："今年搞不完，明年；明年搞不完，后年。"

最后，他又回到主题。他说："不唱天来不唱地，只唱一本《香山记》，……天和地都不唱，单唱《香山记》，就是抓阶级斗争。"

周恩来 5 月 10 日才到杭州，他是为当面向毛泽东报告"跃进号"货轮遇难事件的处理情况来到杭州的。10 日和 11 日，出席了毛泽东主持的小型会议。对于"前 10 条"他只提出了一条建议，即把"团结百分之九十几"的干部和群众，改为"团结百分之九十五以上"。毛泽东表示同意。这一改是为了把打击面限制在 5% 以内。

周恩来回到北京，根据毛泽东的委托，于 5 月 18 日主持中央政治局会议。会议经过讨论，对文件作了一些无关大旨的修改，20 日下发全党。

"前 10 条"是毛泽东指导社教运动的纲领性文件。10 条题目如下：

（一）形势问题；

（二）在社会主义社会中是否还有阶级、阶级矛盾和阶级斗争存在的问题；

（三）当前中国社会出现了严重的尖锐的阶级斗争情况；

（四）我们的同志对于敌情的严重性是否认识清楚了的问题；

（五）依靠谁的问题；

（六）目前农村中正确地进行社会主义教育运动的政策和方法问题；

（七）怎样组织革命的阶级队伍的问题；

（八）“四清”问题；

（九）干部参加集体生产劳动问题；

（十）用马克思主义的科学方法进行调查研究的问题。

其内容基本上是毛泽东的各次批语和讲话的汇集，许多段落是原文照搬。

为了证明毛泽东关于阶级斗争的论断正确，“前10条”列举了9种“当前中国社会中出现了严重的尖锐的阶级斗争情况”的表现：

（1）被推翻的剥削阶级，地主富农，总是企图复辟，伺机反攻倒算，进行阶级报复，打击贫下中农；

（2）被推翻的地主富农分子，千方百计拉拢腐蚀干部，篡夺领导权。有些社、队的领导权，实际上落在他们手里，其他机关的有些环节，也有他们的代理人；

（3）地主富农分子进行恢复封建的宗族统治的活动，进行反革命宣传，发展反革命组织；

（4）地主富农分子和反革命分子利用宗教和反动会道门欺骗群众，进行罪恶活动；

（5）反动分子的各种破坏活动，例如：破坏公共财产，盗窃情报，甚至杀人放火，多处发现；

（6）在商业上投机倒把的活动很严重，有些地方，这种活动是很猖狂的；

（7）雇工剥削、放高利贷、买卖土地的现象也发生了；

（8）在社会上，除了那些继续搞投机倒把的资产阶级分子以外，还出现了新的资产阶级分子，靠投机、剥削大发其财；

（9）在机关中和集体经济中出现了一批贪污盗窃分子，投机倒把分子、蜕化变质分子，同地主富农分子勾结一起，为非做歹。这些分子是新的资产阶级分子的一部分，或者是他们的同盟军。

文件引用湖南省委一个报告的话说：“政治上和平共处，组织上稀里糊涂，经济上马马虎虎，怎么能建设社会主义？”进而得出结论说：开展社会主义教育运动，“进行阶级斗争，进行两条道路的斗争，这是决定我们社会主义事业成败的根本问题。”

这里，对农村阶级斗争情况的估计，已经严重地脱离了现实。然而，毛泽东却认为已经获得了正确认识。这个认识是经过了建国后13年的实践，特别是近3年的实践才得到的。就在“前10条”的前言中，他写下了一篇著名的哲学文章：《人的正确思想是从哪里来的？》这是一种讽刺，还是一幕悲剧呢！

“前10条”还强调“依靠贫农、下中农，是党要长期实行的阶级路线”，并且“在整个社会主义历史阶段，一直到进入共产主义以前”都如此，强调要“组织革命的阶级队伍”，即建立贫下中农组织，开展“四清”同社会主义教育相结合的大规模的群众运动，“打击和粉碎资本主义势力的猖狂进攻”。

刘少奇没有参加5月小型会议。他同夫人王光美在副总理兼外交部长陈毅的陪同下，于4月12日至5月16日访问了印度尼西亚、缅甸、柬埔寨和越南四国。5月12日小型会议结束时，他还在国外。他回到昆明后，看到“前10条”文件，很赞成文件的内容。他认为三年经济困难之后，出现许多不良的现象，脱离群众，官僚主义，贪污腐化等，对此不能熟视无睹，应该解决。

八届十中全会时周恩来说“不要搞运动”、刘少奇说只用少数人对付“反动别动队”的想法不能实现了。四清五反运动逐渐发动起来，谁也无法提出反对意见，由于在反修问题上的共同认识以及对克服官僚主义的共同关心，不能说刘、周、邓等人只是被动地跟，只不过对这场运动所要解决的问题，各自会有不同看法。周恩来一直把它看作一次反官僚主义的运动。

1963年5月29日、6月13日，周恩来在中央和国务院直属机关负责干部会议上，分两次作了《一次反对官僚主义的运动》的长篇报告，报告中列举了官僚主义的20种表现。这个报告，是笔者迄今见到的最为形象深刻地刻画官僚主义脸谱的一份珍贵文献，堪称奇文。可见他对官僚主义现象感受之深和痛恶之绝。只因篇幅过长，不能在此一一引述。周恩来指出：“我们绝不能容许官僚主义继续发展下去”。他要求领导干部要过好思想、政治、社会、亲属、生活这“五关”。

企图约束过火行为的“后10条”

1963年初在各地逐步开展的农村“四清”运动，大都比过去的运动来得稳当些。然而，任何运动一旦纳入阶级斗争的轨道，就具有了对敌斗争的性质，难免发生过火行为。事实上，在运动搞得积极的地区，如湖南、湖北等地，年初就已发生乱打乱斗的现象。1月14日，中共中央专门发出了一份严禁运动中打人的通知，其中附录了湖南常德地区、湖北麻城县发生乱斗、打人、乱“搜查”、重点“集训”、乱扣帽子、乱立“罚规”等现象的材料。

2月25日，中央书记处会议议论到湖南、河南农村搞“四清”太急的问题。周恩来说：“已向主席反映，主席说要试点，不能急。”3月15日，帅孟奇向中央写了一份湖南农村社教的报告。其中反映有些地方已发生自杀、逃跑事件。到2月底，全省已死人76人（王延春报告说有97人）。

杭州会议后，彭真到河北、江西、湖南、广西、云南、贵州、四川、陕西等八省视察，历时一个月。同样发现打击面过宽，混淆政策界限的偏向。7月4日他向毛泽东和中央写报告，提出：要防止急躁情绪；对于上中农、工作人员中的地富和资本家子女，犯错误的干部要正确对待，防止出偏差；对贪污盗窃、投机倒把分子，要在不损害严肃性原则下尽可能从宽处理，他主张除领导权被地富篡夺的、蜕化变质的，或情况混乱、领导无力的社队，应派工作队外，一般应基本依靠基层干部进行运动。“不要重复老区土改整风时‘搬石头’、‘跳圈子’的错误”。

有鉴于试点中出现的问题，中央认为有必要作出一些具体政策规定。在9月中央工作会议期间讨论了这些问题。由邓小平、谭震林主持，田家英执笔起草《关于农村社会主义教育运动中的一些具体政策问题》即（“后10条”）草案。

因为社教本身是“以阶级斗争为纲”的产物，“后10条”不能不与“前10条”相衔接。因此它不可能跳出阶级斗争的大的框框。

“后10条”高度评价“前10条”“是一个伟大的具有纲领性的文件”，强调开展农村社教运动，“对于打退曾经嚣张一时的资本主义势力和封建势力的猖狂进攻，对于巩固农村社会主义阵地和无产阶级专政，对于铲除发生修正主义的社会基础，对于巩固集体经济、发展农业生产，都有着极重大的作用”。规定运动的五个要点，“阶级斗争是最基本的。”基本的方针则是“以阶级斗争为纲”。

但是，起草这个文件的目的，是着眼于防“左”，规定具体政策界限，力求缩小打击面、约束过火斗争，减轻对经济生活的消极影响。其中最主要的是对团结“两个95%以上”做了许多政策规定。

关于团结95%以上的干部，文件认为，这是团结95%以上群众的一个前提条件。应该“依靠基层组织和基层干部”，“工作队的任务，主要是给基层干部当‘参谋’，出主意，进行指导帮助”，决不能包办代替。对基层干部要以教育为主，处分面要严格控制。

关于团结95%以上群众，强调正确处理两类矛盾。尤其讲到正确对待中农和上中农，正确对待地、富、反、坏分子，正确对待地富子女。文件特别讲到一般不重划阶级，不进行清查漏划地主、富农分子工作。

在中央工作会议最后一天大会上，邓小平向全体与会者宣布："这个文件大体上比较好"。10月5日，报送毛泽东。

然而，"后10条"（草案）一出来，就听到有人说右了。其中某些地方高级领导人也这样议论，这对执笔起草者田家英形成了一种无形压力。这时田的处境困难。5月杭州会议，起草"前10条"，就没有通知田家英。以往这类工作少不了他。后来，对"前10条"中的一段话："依靠贫农、下中农，是党要长期实行的阶级路线，在整个社会主义历史阶段，一直到进入共产主义之前"，田家英不以为然，他说这个话不通，"难道阶级成分也能遗传吗？"谁知这话被传出去了，很快受到批评。现在有人又说"后10条右了"，他着实有些不安。

正在这时，从武汉传来毛泽东亲自为中共中央起草的关于在全国宣讲前后两个"10条"的指示。田家英等看到这份指示，心中一块石头落了地。这表明毛泽东认可了"后10条"。时在10月下旬。

根据毛泽东的意见，10月31日，刘少奇主持中央政治局会议，原则通过了"后10条"（草案），11月1日，刘少奇到上海向毛泽东汇报；后又由邓小平主持再作修改。11月4日，由田家英再赴上海，送交毛泽东。11月14日，刘少奇主持中央政治局扩大会议，最后通过这个文件。随即由毛泽东批准下发全党。

"后10条"能防止过火行为吗？面对澎湃而来的阶级斗争大潮，这些具体政策规定显得苍白无力。毛泽东赞同这些规定，但他更关心的是如何把阶级斗争搞彻底。5月杭州会议后，他多次讲到"三分之一"的领导权被篡夺的问题。许多地方领导人都赞同或者附和这种估计。

6月14日，毛泽东在邯郸同河北省委林铁谈话时说："你们跟湖北差不多，湖北同志讲他们是占三分之一，有的土改就不彻底，有的后来变了，有的富裕中农当权"……湖北同志说地主有心，我们无意，现在清醒了。

8月4日，毛泽东在中南海会见日共领导人藏厚雄人时，说得更明确："现在在农村还有三分之一的生产队掌握在敌人及其同盟者的手里"。

9月9日，毛泽东同新（西兰）共主席威廉斯谈话时说："对于新的资产阶级分子，单靠中央和少数党委本身解决不了问题，必须发动群众上下夹攻"。他说，我们一定要有一个基本的依靠队伍。在农村依靠比较穷的农民，在机关依靠多数工作人员，下层干部。

10月2日，毛泽东会见阿尔巴尼亚巴卢库时说，和平时期必然要出修正主义，我们现在又碰到这种情况，党内不纯，部分组织已经被敌人占领了，所以如果我们再不搞，再过10年，中国也会出修正主义。

按照这种估计，在农村，至少在三分之一的社队就不是“团结95%以上的干部”和“依靠基层干部”的问题，而是发动群众夺回领导权的问题。毛泽东11月15日，亲自代中央写指示，要求在全党全国宣讲“双10条”。12月14日，他又给林彪写信，要求在部队宣讲这两个文件，并且要求部队抽调干部到地方工厂、农村作宣讲工作。

1964年3月22日，中共中央相继发出《关于在全党组织干部宣讲队伍，把全党全民的社会主义教育运动进行到底的指示》和《关于继续抓紧进行“五反”运动的指示》。

前一个指示是毛泽东亲自起草的，他明确提出全党全民的社会主义教育，至少需要三至四年完成。要求从中央委员到县级党委委员，除年老体弱者以外，一律要“充当宣读员，至少一至两次。避免不去的，叫做消极怠工分子”。

从3月底到4月底，毛泽东外出视察，先后在邯郸、汉口、杭州等地，听取了河北、山西、河南、陕西、安徽、湖北、江西、浙江等省委，西北局和河北、河南一些地委领导的汇报。反复强调领导干部要下去宣讲两个文件。

3月28日，毛泽东在邯郸召集四清座谈会。他插话说：“我们有10年没有搞阶级斗争了，52年搞了一次，57年搞了一次，那只是在机关、学校，这一次要把农村社会主义教育运动搞好”。他用赞许的口气说：“说这是第二次土改，有道理”。他批评城市五反指示没有谈阶级斗争，批评有人主张学大庆、学解放军代替“四清”，“那是代表不搞阶级斗争的那一派”。毛泽东尖锐地说。

在这里，毛泽东第一次把不搞阶级斗争的人看成一个派别。

4月2日，毛泽东来到汉口。他问王任重：“你是不是向群众宣讲过？”王任重答复：省委、地委、县委的负责同志都下去宣讲了，自己还未下去。毛泽东大为不快，尖锐批评说：“你为什么不去，你又不老，也没有病，也不是右派，应当亲自向群众去宣讲两个10条。”毛泽东反复强调：运动要搞深搞透，不要走过场。

毛泽东反复督促各级领导干部下去宣讲双10条，其主要用意不在帮助人们“掌握政策”，而在于唤醒全民的阶级斗争意识，使更多的人参与到这场反修防修斗争中来。正因为如此，伴随“双10条”全民宣讲的，是更加猛烈的阶级斗争大潮的兴起。

周恩来顶住压力维护调整方针

1963 年这一年，尽管阶级斗争越来越热，国民经济调整和工农业生产依然保持了正常秩序。毕竟从国务院到各级政府部门在正常运作，四清五反还在试点阶段，也没有搞到工人农民中间去。再则，八届十中全会、毛、刘、周、邓达成了一个共识：阶级斗争不要影响工作。毛泽东甚至说过：要把工作放在第一。刘少奇说，只用少数人去对付反动别动队，多数人抓工作。

然而，干扰不可能没有。事实上从八届十中全会以后，已经逐步走上了“以阶级斗争为纲”的轨道。毛泽东本人的注意力几乎完全被国内外反修防修占据了。各级领导干部很大部分精力也都被吸引到这个方面来了。在 1962 年 8 月到 1963 年 7 月，将近一年左右时间里，是否需要继续贯彻调整方针，发生了摇摆。其原因不言自明：一则由于调整初见成效，经济形势有所好转。这使人们产生了错觉，以为问题基本解决，不必再花那么长时间调整了。二则由于批判了“黑暗风”，使党内抵触调整的意见得到了支持，而主张调整的意见受到了指责。代替陈云主持调整的周恩来首当其冲。

还在 1962 年北戴河会议期间，同时召开了城市工作会议，落实调整措施。北戴河会议上大批“黑暗风”的情况传到城市工作会上，会议的空气立刻变了，不少人认为中央财经小组对形势估计过于严重，把困难说得过多。对于中央决定的减人、压缩基建、企业“关停并转”三大措施阻力很大。许多地方和部门向中央讨价还价，纷纷要求少减人，少下马一些，少关停并转一些。态度最差的甚至断然拒绝。有的乘批“黑暗风”之机，责备中央领导人，特别是主持中财小组工作的周恩来，只差没有公开点名，人们一听便知是针对谁的。有的在 2 月西楼会议和 5 月会议上赞同中央决策的人，现在也反悔埋怨，甚至影射周恩来，话说得十分难听。

周恩来派去听会的吴冷西和田家英听到这些意见，愤愤不平，打电话给周恩来秘书许明，要求面见周。周把他们叫去，吴、田向周诉说城市工作会议上的不正常空气，情绪激动，说着说着就流泪，不仅为总理鸣不平，更为中央决策落实不了而担心。“这些同志对国家大事如此轻妄，怎么得了！”吴冷西、田家英说。

周恩来一面安慰吴、田两人不要激动，一面严肃指出：非常措施是中央会议决定并经毛主席同意的，必须坚决贯彻执行。他深有感慨地说：1959 年春调整时，我身为一国总理，竟然连调 1000 吨钢也做不到。现在又遇到这么大的阻力，可见实行民主集中制、加强集中统一不容易，现在证明七千人大会十分必要，但只靠一次大会，虽然开了一个多月，还不能完全解决问题。他说：你们可以相信，中央是坚持原则的，议而有决，决则必行。我已同少奇同志和小平同志谈过，抓阶级斗争不能影响调整工作，毛主席也表示赞成。

吴冷西回忆说：“这次谈话一直到深夜，我们在门口向总理告别时，田家英还热泪盈眶”。

在城市工作会议上，周恩来苦口婆心进行解释，他说：中央决定减人、下马、关停并转这三项措施，确是“伤筋动骨”，砍那么多基建项目，关停那么多工厂企业，每砍一刀都是血淋淋的呀！这些都是用人民血汗钱建设起来的呀！中央就那么忍心，就那么狠心？这是从全局着想，迫不得已的呀！否则，整个国民经济就会被压垮，我国将会日甚一日、年甚一年地衰败下去。不调整，不采取非常措施，犹豫拖延，就会坐失良机，拖垮我们的国家，别的出路是没有的。

在党内空气迅速“左”转之时，周恩来的态度坚定，保住了既定的调整方针。1962 年 10 月 6 日，周恩来与邓小平共同签发了《关于当前城市工作若干问题的指示》文件作出 12 条规定，贯彻调整方针。

一场大灾统一了大家的认识

然而，分歧依然存在。1963 年 1 月 18 日，国家计委的一份报告中提到：“最近有过一段时间，有些同志对于经济形势的好转程度估计得过高了一些，要求在 1963 年过多地增加基本建设投资，过多地增加职工”。有些地方、部门、单位，放松了减人，甚至随便招收职工。1963 年第一季度，工农业生产出现良好增长势头，财政结余 10 亿余。这就使从中央到地方部分人乐观情绪更加抬头，3 月 1 日，中央发出的一份指示认为，国民经济将会“以比较快的速度向前发展”，“进入一个新的高涨时期”。各地将 1963 年当作“三五”计划的头一年，纷纷喊出打好第一仗，夺取开门红的口号。年初国家计委和有关部门已拟定了从 1963 年起开始“三五”计划的初步方案，不过按周恩来的想法，整个“三五”计划五年都用于调整。

究竟是继续调整，还是开始新的“大跃进”？在 6 月 1 日至 15 日的全国年度计划工作座谈会上，两种意见争持不下。一些人认为“八字方针”不要再提了，另一些人坚持还要进一步贯彻“八字方针”。7 月 1 日，李富春把分歧意见提到中央政治局会议上。毛泽东拍板：再用三年作为调整年份。

7 月 30 日，邓小平在工业问题座谈会上传达中央的指示：“还要进行三年调整，重点巩固、充实、提高，创造条件，为第三个五年计划做好准备”。8 月 6 日，薄一波在国务院各部委负责人会上说："毛主席最近指示，1963 年、1964 年、1965 年仍然是作为调整的年代。我们原来打算，今年是第三个五年计划开始。现在不搞了。1963 年、1964 年、1965 年调整三年，1966 年开始第三个五年计划"。

一段时间的决策摇摆被克服了。

是什么原因使一些人的头脑冷却下来了呢？是天灾。

1963 年中国又发生了严重自然灾害，北涝南旱。北方的河北、河南、山东、苏北、皖北和辽宁部分地区，突降暴雨，造成大涝；南方的广西、湖南、云南、贵州及江西、广东部分地区则久旱无雨。农业收成损失严重，尤其是粮食产量的恢复眼见不会有大的起色，要恢复到 1957 年的 3901 亿斤的水平，估计还要两三年时间。依当时中央领导人的认识，调整到位的主要标准是看粮食能否恢复到 1957 年水平。

旱涝灾荒，农业歉收，这倒给了决策者一贴清醒剂，分歧减少了。9 月 19 日，周恩来在中央工作会议上说到灾荒时说：国内现在遇到的困难，是一种插曲，也是考验我们。形势好了一些，就常常容易发生错觉，以为很好了，很容易脑筋有点热。脑筋热了，拿冷水洗一下好。中国的国民经济发展是不平衡的，我们还相当落后，相当贫穷，好转以后，要上去，还需要时间，速度不能估计太快了。周恩来还讲到，再用三年调整，还有一个原因，即用这段时间还清欠苏联的外债。无债一身轻，到 1966 年开始"三五"计划。

继续调整的方针就这样定下来了。不过后三年调整与前两年的侧重点不同。到 1963 年上半年，减人下放、基建下马和企业关停并转这三项"伤筋动骨"的措施基本完成。三年调整的重点转到充实、巩固、提高，填平补亏，成龙配套。8 月 6 日薄一波说："归纳起来，吃穿用第一，基础工业第二，兼顾国防第三。这是发展工业的方向，也是国民经济计划的方向。在三年之内，调整就是这样摆法"。

CHAPTER 11

第十一章 反修迷误

1 论战升级 毛泽东意在壮大队伍 赫氏下台 周恩来赴苏谋和未果

一场关于“停止论战”的论战

毛泽东有高屋建瓴、势如破竹的气势，赫鲁晓夫却有些招架不住了。他似乎感到长此对骂下去将会削弱自己在国内外的地位，使他控制的各国共产党发生分裂。因此，多次向中共建议停止公开论战，重开两党会谈和共产党国际会议。

1963 年 10 月 25 日，中国党的“四评”文章发表以后，赫鲁晓夫呼吁停止公开论战，他说：“就让时间来检验谁的观点更正确”。苏联报刊发表了许多共产党倡议召开国际会议的声明。11 月 29 日，苏共中央致函中共中央，说对公开论战争论问题的范围越来越大，“感到严重的忧虑”，要求“停止发展下去”，“把分歧放一放”，还提出恢复中苏贸易、重新派遣专家、谈判中苏边界等问题。

历史是有趣的。1963 年初，中共呼吁召开世界共产党会议时，赫鲁晓夫以目前召开会议可能引起分裂为由，拒绝了中共的建议。时过半年，赫鲁晓夫呼吁召开国际会议，又轮到中共以同样的理由拒绝了。

中共中央对苏共中央11月29日来函未予理睬。此时中共中央正在组织扩大国际反修斗争，从更多的方面展开批判。1963年12月18日，中共中央发出通知，要把批判的内容，从政治理论方面，逐步扩展到整个哲学社会科学和文学艺术方面，要组织更多的党内外理论学术工作者和干部，参加到这个斗争中来。认为扩大反修斗争，有利于锻炼队伍、教育群众。为此，决定成立了由廖承志、周扬为正副组长的中央国际研究指导小组，成员有刘守一、孔原、赵毅敏、蒋南翔、刘少文、李一氓、张彦、冯铉、熊复、姚溱、于光远、孟用潜、乔冠华、宦乡、卢绪章、吴冷西、朱穆之、徐光霄、陈忠经等21人。并且决定建立苏联东欧、美国、西欧、日本、印度、东南亚、西亚非洲、拉丁美洲、国际关系、外国文学、国际行情、工人运动等一大批国际问题研究所。分别由中联部、外交部、中调部、中宣部、文化部、外贸部、全国总工会等部门直接负责。各重点高校分别成立了相应的研究所和院系，以加强国际问题研究，全面开展反修斗争。

毛泽东不仅认为苏联被修正主义篡夺了领导权，也对欧洲的党的现领导失去了信任。但他始终相信，修正主义者是少数，他们不会长久。他的目标是通过论战，使苏共和各国党内“马列主义者”的队伍壮大起来，并使更多的国家摆脱苏联的控制。

毛泽东从苏共、保共、匈共、捷共不断换人的现象中得到鼓舞。1964年1月17日，毛泽东对外宾说：“苏共内部不稳定”，“赫鲁晓夫的日子不好过。”

爱德华说：“看来主席在反修斗争中是很愉快的，是不是？”毛泽东说：“是呀！没有别的办法嘛！”

毛泽东坚决拒绝了赫鲁晓夫停止论战的建议。他说：“停止争论不是一方说了就算，而必须达成双方都能接受的公开协议。双方不止是两个党，而是几十个国家的党。因此，争论很难停下来。”

从1963年12月至1964年2月，中共又连续发表了“六评”“七评”。事实上，中共的论战文章的确吸引了一些国家共产党中的“左派”，成为他们的理论来源。在这些党内已经出现了一些冠以“共产党（马列）”名称的小组织。这是赫鲁晓夫十分恼火的事情。

苏共并没有停止行动。举“停止论战、召开国际会议”的旗帜，对赫鲁晓夫来说，也只是一种策略。1963年底，苏共中央向党内基层传达的一份文件中，系统地批判了中共观点，并说：“毛泽东的个人迷信在压制着中国共产党的生活和活动。”在1964年2月4日中共发表“七评”之后，苏共放弃了调和的表象，2月

12 日，背着中共，向各国共产党发出一封信。号召采取“集体措施”，对中共实行“反击”，并且告知，苏共中央即将召开全会讨论中共的活动。

2 月 14 日，苏共中央举行了有 6000 多名积极分子参加的中央全会。苏共中央书记苏斯洛夫向全会作了一份长篇报告，对中共领导进行了迄今最为全面的指责。其中尤其指控中共“采取了分裂各国共产党、建立敌视马克思列宁主义的派别和小组的方针”，指责中共“企图把对毛泽东的个人迷信扩大到整个世界共产主义运动”。苏共全会决定要“公开地、坚决地反击中共领导的不正确观点和危险的行动”。这等于宣布苏共要恢复公开论战了。只是应罗马尼亚党的要求，苏斯洛夫的报告暂时未予公开发表。

中共中央很快知道了这些情况。2 月 18 日，彭真奉命召见苏驻华大使，口头通知契尔沃年科。20 日，中共中央复信苏共中央，揭露此事。并且说：你们说攻就攻，叫停就停，“充分暴露了你们的顽固的大国沙文主义和‘老子党’的恶习。”“明目张胆地进行宗派的活动、派列活动和分裂活动”，采取“恶劣的两面派做法。”

2 月 22 日，苏共中央复信，承认有此一信，辩解说 2 月 12 日信所以不给中共，是因为中共一直没有对苏共中央 1963 年 11 月 29 日建议作出答复。

2 月 27 日，中共中央复信，提出了一个有趣的建议：两党订立一个协定，双方在自己的报刊上，对等地发表批评自己和自己批评对方的已经公布和将要公布的文件、文章和材料。

2 月 29 日，中共中央致函苏共中央，终于答复了苏共中央 1963 年 11 月 29 日的信，表示愿意就边界问题达成谈判协议。但拒绝了苏联提供经济援助的建议，再次谈到在援助和贸易问题上苏联领导人损害中国利益的一系列事实。关于论战，复信指出，这是苏共二十二大挑起的，“现在，公开大论战已经全面展开，真理越辩越明，马克思列宁主义越辩越发展，坏事开始变成了好事。”明确告诉对方：中共对苏共公开信的答复还没有完。

最后，中共中央提出四点建议：

（一）停止公开论战，必须经过中苏两党和其他有关兄弟党，进行各种双边的和多边的会谈，通过协商，找出一个能为各方所接受的公开合理的办法，达成共同的协议。

（二）中国共产党一贯主张并且积极支持召开世界各国共产党和工人党代表会

议。在举行这次会议之前，应当做好准备工作，克服困难和障碍。

（三）中苏两党继续举行会谈，是开好兄弟党会议的必要准备步骤。我们提议，1964 年 10 月 10 日到 25 日在北京继续举行中苏两党会议。

（四）在中苏会谈之后，举行阿尔巴尼亚、保加利亚、匈牙利、越南、德意志民主共和国、中国、朝鲜、古巴、蒙古、波兰、罗马尼亚、苏联、捷克斯洛伐克及印度尼西亚、日本、意大利、法国 17 个国家的兄弟党代表会议，以便为各国兄弟党代表会议作进一步的准备。

苏共中央于 1964 年 3 月 7 日复信，说中共中央建议 10 月举行中苏两党会谈是“拖延时间”，表示不同意由 17 国党筹备国际会议，提出了由 1960 年会议的起草委员会 26 国党参加筹备的方案。苏共中央建议：（一）1964 年 5 月，在北京继续举行苏中两党代表的会议。（二）26 个兄弟党代表的筹备会议，在 1964 年 6、7 月召开。（三）同兄弟党协商于 1964 年秋举行国际会议。并以必须停止公开论战作为条件。这就是说，苏方坚持：先停止论战再举行会谈，中方坚持：只有达成了协议才停止论战。

罗马尼亚党在这场论战中，扮演了调停者的角色。他们一面劝阻苏共中央不要发表苏斯洛夫的报告，一面要求中共停止公开论战。3 月 2 日至 11 日，由总理毛雷尔率领的罗共代表团来到北京，同刘少奇率领的中共代表团进行了秘密会谈，但收效甚微。中方坚持，只有在双边或多边会谈达成协议之后，才能停止论战。3 月 25 日，罗共再作尝试，罗总统乔治乌·德治分别给中、苏驻罗大使一个草案，建议由苏、中、罗各派代表组成一个联合委员会，为国际会议作准备。这个建议未得到响应。罗共自己也引起了赫鲁晓夫越来越大的不满，到后来苏罗两家也吵起来了。

3 月 31 日，中共发表了“八评”，即《无产阶级革命与赫鲁晓夫修正主义》。“八评”把批判的矛头直接指向赫鲁晓夫，集中批判了他的“总的错误”即和平过渡的理论。坚持认为：“实现向社会主义过渡，无产阶级必须进行武装斗争，打碎旧的国家机器，建立无产阶级专政。”这就是说，中共放弃了在 1957 年和 1960 年出于策略考虑接受的“和平过渡”和“非和平过渡”两种可能性的折中观点。文章批判赫鲁晓夫是“继承托洛茨基的历史上最大的投降主义者”的衣钵，使苏联退到了资本主义。文章奉劝苏共“领导同志”把赫鲁晓夫扔进“历史的垃圾堆”。

3 月底到 4 月上旬，赫鲁晓夫在访问匈牙利期间，对中国领导人进行猛烈的回击。反诬中共是“托洛茨基主义和大国沙文主义”。谴责中共领导人“不负责任地拿千百万人的生命来进行赌博”。苏共中央决定发表了2月14日的决议和苏斯洛夫的报告，给予回击。

毛泽东为赫鲁晓夫的被动而高兴。4月25日，毛泽东接见澳大利亚共产党（马列）主席希尔时，不无得意地说：“现在是我们在指挥赫鲁晓夫，叫他跳他就跳，叫他笑他就笑。赫鲁晓夫这个人是可以挑起来的。”他说赫鲁晓夫本来不想发表2月14日的决议和以苏斯洛夫名义作的报告，我们却要他发表，办法是发表“八评”。“这样就逼得他把那个决议和报告发表了。”

5月7日，中共中央复信苏共中央。信中说：你们在2月背着我们向兄弟党发出反华信件，又在中央全会上决定“公开地、坚决地反击中共领导”之后，提出今年5月举行中苏会谈，以“尽快地调整现存的分歧”，是十足的伪善。

关于中苏会谈时间，毛泽东在信中亲自加了一段：

“照目前的情况看来，不仅今年5月举行中苏两党会谈是不可能的，就是今年10月举行也太早了，以推迟到明年5月较为适宜，到时如果两党任何一方认为时机不成熟，还可以继续推迟。”

信中说：全世界各国党的代表会议的筹备会议什么时候举行，要看中苏两党会谈的结果而定。参加会议的党仍以17国的党为宜。不同意由17党扩大为26党的建议。至于全世界所有共产党的代表会议，在目前情况下，迟开比早开好，甚至不开比开好。准备时间也许需要四五年或者还要长一些的时间。

毛泽东在信中警告说：如果苏共中央一意孤行，一定要召集部分党开会，“你们就必须承担分裂的责任”。

6月15日，苏共中央致函中共中央，援引1957年莫斯科会议决议关于“委托苏联共产党和各兄弟党协商的条件下负责召集共产党和工人党会议”的文字，坚持要在最短的时间内召开26党筹备会议。

中共给予的公开回答是在苏共中央公开信发表一周年，即7月14日，发表了“九评”苏共中央公开信的论战文章，题为《关于赫鲁晓夫的假共产主义及其在世界历史上的教训》。这篇文章有对赫鲁晓夫盖棺论定的性质。

7月28日，中共中央再次复信苏共中央，集中批驳了苏共中央援引1957年宣言自称有召集会议的权利的说法。按毛泽东的话说，要“驳（剥）夺他的什么召集权”。复信说共产国际解散以后十多年没有国际会议，各国革命却胜利了。为什么现在要这样急急忙忙开会呢？毛泽东在信中加了以下的话：苏共要召集的会议，

“只是一个为资产阶级服务的反共、反人民、反革命的极其渺小的会议。”他嘲笑苏共领导现在处在欲开不成、欲罢不能、骑虎难下的窘境。他写道：“我们坚信，你们的所谓大会召开之日，就是你们进入坟墓之时”。

毛泽东估计苏联开不成这个会，“因为大多数党都怕开分裂的会，实际上苏共领导自己也怕开这种会”。

然而赫鲁晓夫看来真要一意孤行了。

7月30日，苏共中央又致函中共中央，硬性下通知说：仍以26国党组成筹备国际会议的起草委员会，这些党的代表在1964年12月15日前到达莫斯科，如果其中任何一个党不派代表参加，委员会也要开始工作；国际会议于1965年年中举行，这个党或那个党拒绝参加的话，也不拖延。苏共中央要中共中央报告参加26国会议的代表团成员名单。同时向其他25国党发出了邀请。这表明苏共决心不顾中共的反对，要单方面采取行动了。

8月30日，中共中央复信，坚决反对苏共领导非法召集分裂会议，声明决不参加非法的分裂会议。

两党的关系完全陷入了僵局。

这场关于停止论战、召开国际会议的争论，表面看，分歧只在时间和程序问题上，赫鲁晓夫急不可耐，毛泽东有意推迟；赫鲁晓夫坚持先停止论战后开会，毛泽东坚持在双边和多边达成协议之前不能停止论战；赫鲁晓夫坚持筹备会仍由原来26国党组成，毛泽东坚持筹备会只能由17国党参加；赫鲁晓夫坚持国际会议仍由81国党参加，毛泽东坚持应当包括“重建的和新成立的兄弟党”[如澳大利亚、比利时、巴西、锡兰、印度、英国“共产党（马列）”]。其实质是，双方都要争夺国际共产主义运动的领导权。毛泽东的目标是要打乱赫鲁晓夫的章法，挫败他挟国际会议以自重的企图，剥夺他的国际会议的召集权。毛泽东认为时间对中共有利。事实上，毛泽东与赫鲁晓夫已毫无共同语言，硬要开会也只能是吵闹一场，走向最终分裂。

边界纷争增加了中苏论战的火药味

边界争端总是接壤国家之间关系的晴雨表，中苏关系也不例外。中苏边界长达7300多公里，在中苏友好的20世纪50年代，这条世界上最长的国境线上，曾经是一片安宁祥和的气氛，中俄之间的不平等条约及沙俄占领中国领土问题，也作为历史搁置不提。中苏边界勘定工作一直未作。然而，到了60年代，边界安宁不复存在，边境冲突频频发生。1960 年 8 月 22 日和 9 月 2 日，中国曾向苏联建议通过谈判来解决边界问题，苏联未予响应。

1962 年 12 月 12 日赫鲁晓夫讲话，指责中国为什么没有兴趣收回澳门和香港，而与印度纠缠，他还以印度收回果阿为反证，讽刺中国。他说：“来自这些地区（指港澳）的气味决不比果阿地区的殖民主义所释放出来的气味芳香。”1963 年 1 月 9 日，美国共产党发表声明，也批评中国容忍台湾、香港、澳门问题存在，却鼓吹别人采取冒险政策。

为了回答赫鲁晓夫的挑逗，1963 年 3 月 8 日人民日报《评美国共产党声明》的文章中，提到了旧中国政府被迫签订的 9 个不平等条约，其中包括中俄《瑷珲条约》和中俄《北京条约》。文章质问：“你们指出这一类问题，是不是要把所有不平等条约问题通通翻出来，进行一次清算呢？”“这对你们究竟有什么好处呢？”

这里提到中俄不平等条约，本来只是为了回击赫鲁晓夫的反唇相讥，却触动了苏联的一根敏感的神经，被认为这是中国在暗示：保留要求将来归还被沙皇占领领土的权利。

9 月 27 日，中国外交部照会苏联政府，正式提出了不平等条约问题。11 月 19 日，外交部再次照会，指出“整个中苏边界有很多问题需要讨论”。双方商定，举行边界谈判。

1964 年 2 月 25 日，边界谈判在北京举行。但没有取得任何进展，就于 8 月中止了。中方坚持苏方应当承认《瑷珲条约》和《北京条约》是不平等条约，在这个前提下，中国愿以这些条约为基础，来确定两国边界的全部走向，不要求收回沙皇俄国从清政府手里攫取的 150 多万平方公里的土地。苏方拒不承认那些条约是不平等条约。苏联人硬说中国对 150 万平方公里的领土提出了主权要求，只是目前不坚持这种要求而已。双方立场对立，谈判无果而散。

7 月 10 日，毛泽东的一番谈话，更使赫鲁晓夫的神经陡然紧张起来。毛泽东在接见日本社会党人士佐佐木更三等人时说“大约一百年前，贝加尔湖以东地区才成为俄国领土，于是，海参崴、伯力、堪察加等地就是苏联的领土了。这笔账我们还没有算。”毛泽东还对苏联陈兵边境，有窥视我新疆之心表示了警惕。

这是中国最高领导人首次提到中苏不平等条约问题。讲话在日本见报后，立即引起国际社会重大反响，有人认为中国要向苏联索回被占领土。苏联反应更加强烈，9 月 2 日，《真理报》转载了日本报刊关于毛泽东谈话的内容，并配有社论，称坚持中国的领土要求的任何企图都会发生“最危险的结果”。

9月15日，赫鲁晓夫在与日本议员谈话时说："苏联的领土是历史形成的"，"苏联的边界是神圣的"，"谁胆敢破坏它，就会遭到苏联各族人民的最坚决的反击"。赫还说："中国的历代皇帝是不次于俄国沙皇的掠夺者。"

毛泽东的话引起了普遍误解。9月10日，毛泽东本人在同法国客人的谈话中，作出说明，说这并不是一定要苏联把100多万平方公里土地归还中国，只是说这是不平等条约。

10月间，毛泽东分别会见朝鲜崔庸健和阿尔巴尼亚巴卢库时，再次提到这件事，他说：中国现在是"采取攻势，说些空话"，使赫鲁晓夫"紧张一下"，"其目的是达到一个合理的边界状态，边界条约"。

毛泽东提出边界问题不是孤立的，这与他对苏联在边境上的军事压力日益增强的警惕性密切相关。他对金日成、崔庸健、巴卢库等人说，苏联在压中国屈服的各种措施都不能奏效之后，"还有打仗"这一条。他说："赫鲁晓夫会不会打我们？""派兵占领新疆、黑龙江、打进来，甚至内蒙古"，"有可能没有可能？"对此"我们要准备"。至此，中苏两党论战出现了走上对抗的预兆。毛泽东此时作出准备打仗和加强三线建设的决策，不只是对美，同时也有防苏的因素。既然毛泽东决心与苏共争论下去，他就不会不想到这最坏的一局棋。

赫鲁晓夫下台　周恩来赴苏谋和

反修大战战犹酣。中共原本计划连发"十评"文章，哪知才发了第九评，赫鲁晓夫突然被迫下台，论战失去了对手，"九评"由此成了定数。毛泽东后来若有所失地说：赫鲁晓夫下台"使我们丧失了一个写文章批评的对象"。

赫鲁晓夫隆重庆祝他70寿辰后不久，即前往风景秀丽、气候宜人的黑海度假胜地过起假期生活。但风云骤变，他的克里姆林宫的同事突然派专机将他接回莫斯科，并解除了他的一切党政职务，1957年夏季帮助赫鲁晓夫挫败莫洛托夫"宫廷政变"的朋友们，今天又把赫鲁晓夫赶下了台。

决定是10月14日作出的。当晚苏联驻华大使契尔沃年科打电话给中共中央办公厅，要通报重要事情。中共中央联络部副部长伍修权第一个听取了苏联的通报。契尔沃年科说：鉴于赫鲁晓夫"年迈和健康状况恶化"，解除他苏共中央第一书记、苏共中央主席团委员和苏联部长会议主席的职务，选举勃列日涅夫为苏共中央第一书记，任命柯西金为部长会议主席。

伍修权立即将情况报告了杨尚昆，杨马上报告了毛泽东。

赫鲁晓夫和勃列日涅夫（右）、苏斯洛夫在一起，后两人是“宫廷政变”的重要参与者

10月16日，是具有戏剧性的一天。这一天，苏联塔斯社发表苏共中央全体会议和苏联最高苏维埃主席团公报，宣布赫鲁晓夫下台的消息。同一天，中国新华社宣布：中国成功地爆炸了第一颗原子弹。一个上天（原子弹），一个下台（赫鲁晓夫），两条震撼世界的爆炸性新闻，同一天公之于世，这是一个巧合？还是刻意安排？

伍修权说：这是毛泽东导演的又一幕极其精彩的国际话剧。他说：“原来我国的原子弹试验早就一切就绪，但是毛主席非要等一个最有利的时机。赫鲁晓夫一下台，毛主席当机立断，立即下令‘起爆！’于是不仅把世界公众的视线牵到了中国，更把我国的这一胜利和赫鲁晓夫垮台巧妙地联系到了一起，形象地说明‘苏修’的失败和我们的成功”。

余湛的回忆则是另一种说法：“这完全是偶然的巧合。有人却说，我们选在这天进行核爆炸，意在向苏联显示实力。这当然纯属瞎猜。报道前毛泽东还担心不实，请周总理核实后再公布，怎么可能想炸就炸呢？”

无论是刻意“导演”，还是偶然巧合，丝毫不影响它们的戏剧效果和象征意义。赫氏下台，本来只是苏共内部的一次“宫廷政变”，但中国许多人都相信是“九评”把他轰下台的。原子弹爆炸成功更使人们群情振奋。

毛泽东连续召开政治局会议。此时虽然对赫氏下台的真实原因及勃列日涅夫的政策趋向还不摸底，毛泽东还是决定打出一张牌：利用十月革命 47 周年的时机，派出周恩来为首的庞大代表团，去苏联祝贺节日，摸摸苏共新领导的政治意向，寻求避免中苏彻底决裂的新途径。

中共中央以各种方式向苏联发出了重修于好的信息，毛泽东、刘少奇、朱德、周恩来联名给苏共新领导勃列日涅夫、柯西金、米高扬发去贺电，并公开见报。中国报刊暂时停止了论战，并正面介绍苏联新的建设成就。11 月 5 日，毛、刘、朱、周再次联名发去节日贺电。11 月 6 日，北京各界举行庆祝十月革命 47 周年大会。11 月 7 日，刘少奇、邓小平出席了苏联驻华大使馆的国庆招待会。同日，《人民日报》发表《在伟大十月革命旗帜下团结起来》的社论。11 月 8 日，《人民日报》全文刊登勃列日涅夫在十月革命庆祝大会上的讲话。考虑到在这之前双方还在对骂，这些姿态在国际上格外引人注目。

中共对苏共领导人更迭，采取什么态度？周恩来 11 月 1 日告诉全体国务委员：我们的态度，第一，欢迎，拍贺电支持。第二，做工作，推动苏联的变化。第三，要观察一个时期。第四，在一些国际会议上，必要时还要同苏联争一争，该反对、该弃权的我们还要反对、弃权。看得出，这次行动的出发点是推动苏联新领导改弦更张，放弃“赫鲁晓夫修正主义路线”，尽管没抱太大希望。当时对苏联新领导也有三种估计：一是换汤不换药；二是汤换了药也会有所不同；三是可能比赫鲁晓夫更难打交道。据说，赫鲁晓夫对自己的政策表现“把握不定”，“想寻找出路”。苏斯洛夫等人对现行路线表现坚定不移，可能由于怕赫鲁晓夫动摇而将他撤职。要了解

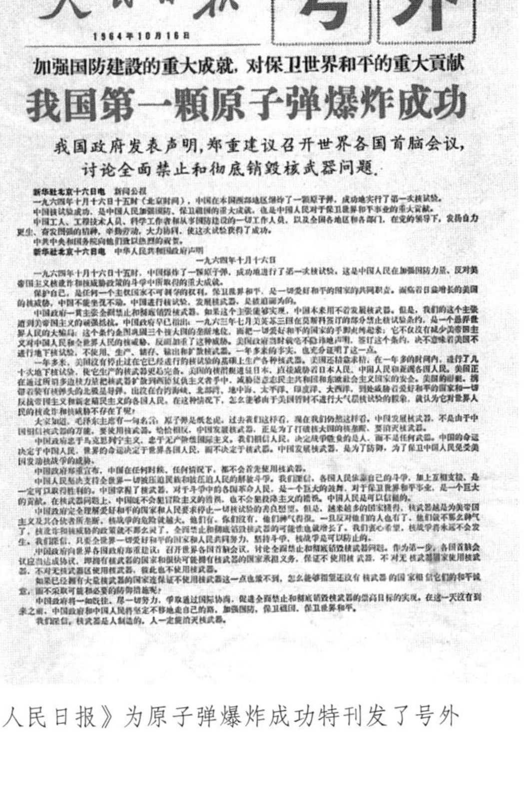
人民日报 号外

1964年10月16日

加强国防建設的重大成就，对保卫世界和平的重大貢献

我国第一颗原子弹爆炸成功

我国政府发表声明，郑重建议召开世界各国首脑会议，讨论全面禁止和彻底销毁核武器问题。

新华社北京十六日电 新闻公报

一九六四年十月十六日十五时（北京时间），中国在本国西部地区爆炸了一颗原子弹，成功地实行了第一次核试验。

中国核试验成功，是中国人民加强国防、保卫祖国的重大成就，也是中国人民对于保卫世界和平事业的重大贡献。

中国工人、工程技术人员、科学工作者和从事国防建设的一切工作人员，以及全国各地区和各部门，在党的领导下，发扬自力更生、奋发图强的精神，辛勤劳动，大力协同，使这次试验获得了成功。

中共中央和国务院向他们致以热烈的祝贺。

新华社北京十六日电 中华人民共和国政府声明

一九六四年十月十六日

一九六四年十月十六日十五时，中国爆炸了一颗原子弹，成功地进行了第一次核试验。这是中国人民在加强国防力量、反对美帝国主义核讹诈和核威胁政策的斗争中所取得的重大成就。

保护自己，是任何一个主权国家不可剥夺的权利。保卫世界和平，是一切爱好和平的国家的共同职责。面临着日益增长的美国的核威胁，中国不能坐视不动。中国进行核试验，发展核武器，是被迫而为的。

中国政府一贯主张全面禁止和彻底销毁核武器。如果这个主张能够实现，中国本来用不着发展核武器。但是，我们的这个主张遭到美帝国主义的顽强抵抗。中国政府早已指出：一九六三年七月美英苏三国在莫斯科签订的部分禁止核试验条约，是一个愚弄世界人民的大骗局；这个条约企图巩固三个核大国的垄断地位，而把一切爱好和平的国家的手脚束缚起来；它不仅没有减少美帝国主义对中国人民和全世界人民的核威胁，反而加重了这种威胁。美国政府当时就毫不隐讳地声明，签订这个条约，决不意味着美国不进行地下核试验，不使用、生产、储存、输出和扩散核武器。一年多来的事实，也充分证明了这一点。

一年多来，美国没有停止过在它已经进行的核试验的基础上生产各种核武器。美国还精益求精，在一年多的时间内，进行了几十次地下核试验，使它生产的核武器更趋完备。美国的核潜艇进驻日本，直接威胁着日本人民、中国人民和亚洲各国人民。美国正在通过所谓多边核力量把核武器扩散到西德复仇主义者手中，威胁德意志民主共和国和东欧社会主义国家的安全。美国的潜艇，携带着装有核弹头的北极星导弹，出没在台湾海峡、北部湾、地中海、太平洋、印度洋、大西洋，到处威胁着爱好和平的国家和一切反抗帝国主义和新老殖民主义的各国人民。在这种情况下，怎么能够由于美国暂时不进行大气层核试验的假象，就认为它对世界人民的核讹诈和核威胁不存在了呢？

大家知道，毛泽东主席有一句名言：原子弹是纸老虎。过去我们这样看，现在我们仍然这样看。中国发展核武器，不是由于中国相信核武器的万能，要使用核武器。恰恰相反，中国发展核武器，正是为了打破核大国的核垄断，要消灭核武器。

中国政府忠于马克思列宁主义，忠于无产阶级国际主义。我们相信人民。决定战争胜负的是人，而不是任何武器。中国的命运决定于中国人民，世界的命运决定于世界各国人民，而不决定于核武器。中国发展核武器，是为了防御，为了保卫中国人民免受美国发动核战争的威胁。

中国政府郑重宣布，中国在任何时候、任何情况下，都不会首先使用核武器。

中国人民坚决支持全世界一切被压迫民族和被压迫人民的解放斗争。我们深信，各国人民依靠自己的斗争，加上互相支援，是一定可以取得胜利的。中国掌握了核武器，对于斗争中的各国革命人民，是一个巨大的鼓舞，对于保卫世界和平事业，是一个巨大的贡献。在核武器问题上，中国既不会犯冒险主义的错误，也不会犯投降主义的错误。中国人民是可以信赖的。

中国政府完全理解爱好和平的国家和人民要求停止一切核试验的善良愿望。但是，越来越多的国家懂得，核武器越是为美帝国主义及其合伙者所垄断，核战争的危险就越大。他们有，你们没有，他们神气得很。一旦反对他们的人也有了，他们就不那么神气了，核讹诈和核威胁的政策就不那么灵了，全面禁止和彻底销毁核武器的可能性也就增长了。我们衷心希望，核战争将永远不会发生。我们深信，只要全世界一切爱好和平的国家和人民共同努力，坚持斗争，核战争是可以防止的。

中国政府向世界各国政府郑重建议：召开世界各国首脑会议，讨论全面禁止和彻底销毁核武器问题。作为第一步，各国首脑会议应当达成协议，即拥有核武器的国家和很快可能拥有核武器的国家承担义务，保证不使用核武器，不对无核武器国家使用核武器，不对无核武器区使用核武器，彼此也不使用核武器。

如果已经拥有大量核武器的国家连保证不使用核武器这一点也做不到，怎么能够指望还没有核武器的国家相信它们的和平诚意，而不采取可能和必要的防御措施呢？

中国政府将一如既往，尽一切努力，争取通过国际协商，促进全面禁止和彻底销毁核武器的崇高目标的实现。在这一天没有到来之前，中国政府和中国人民将坚定不移地走自己的路，加强国防，保卫祖国，保卫世界和平。

我们深信，核武器是人制造的，人一定能消灭核武器。

《人民日报》为原子弹爆炸成功特刊发了号外

事件真相，唯有直接同苏联新领导接触。

周恩来赴苏前，召见苏联驻华大使契尔沃年科，转达了中共中央派团赴苏的意见，同时建议苏邀请 12 国党也派代表同赴苏，以便相互接触和沟通。周同时召见各有关国家驻华大使，告知此事。苏联很快发出了邀请，除阿尔巴尼亚外，越、罗、古、朝、保、匈、捷、波、蒙等 11 国积极响应并派团赴苏。

11 月 5 日，周恩来、贺龙、伍修权、刘晓、潘自力、乔冠华、姚溱、王力、余湛等一行党政代表团抵达莫斯科，受到柯西金等欢迎，下榻列宁山政府别墅。此处对中国代表团并不陌生，然而此次重来，见庭院依旧，却换了主人，大家不免有些感慨，余湛回忆起一件趣事：“有人想起唐代诗人刘禹锡的七言绝句《再游玄都观》：‘百亩园中半是苔，桃花净尽菜花开。种桃道士归何处？前度刘郎今又来。’并将诗中的‘刘郎’改作‘周郎’，奉赠周总理。回国后，和毛主席谈及此事，有人认为称周总理为‘周郎’有些不恭。毛泽东不以为然，他说，还是‘周郎’好。”

周恩来稍事休息，立即开始紧张活动。对苏联各位新领导和各国代表团进行礼节性拜访，接受他们的回访，参加节日的各种活动，利用一切机会同苏联领导人和各国代表团接触，进行非正式交谈和正式会谈，了解他们的想法，阐明我团结对敌的愿望。活动情况每晚向中央请示报告。

马利诺夫斯基酒后狂言：“把毛泽东搞下台”

周恩来改善中苏关系、推动苏联变化的愿望，却原来只是一厢情愿。苏方仅仅撤掉了赫鲁晓夫，并没有否定苏共 20 大以来的思想和路线，新领导人仍然坚持其既定方针，相反还企图使中共改变方针。

苏共的意图很快由鲁莽的马利诺夫斯基元帅泄露了。

11 月 7 日十月革命节阅兵后的晚宴上，周恩来同苏联领导交谈后，便向苏联元帅们聚集的地方走去，准备找他们交谈。此时，迎面走来苏联国防部长马利诺夫斯基，他见到周恩来便说：“不要让赫鲁晓夫和毛泽东妨碍我们。”

“你胡说什么？”周恩来立即正颜厉色地顶了他一句，随即转身拂袖而去。

马利诺夫斯基仍在胡言乱语：“我们已把赫鲁晓夫搞下台，现在该你们把毛泽东搞下台了”。

他见周恩来已经走开，又走向正在同崔可夫元帅谈话的贺龙副总理，对贺说：“不要让任何毛泽东、赫鲁晓夫们来妨碍我们”，“我们现在已经把赫鲁晓夫搞掉了，你们也应该仿效我们的榜样，把毛泽东也搞下台去。这样我们就能和好。”

贺龙当场顶回了他的挑衅，并报告了周恩来。代表团的同志听说后，都极为气愤，迅即离开了宴会大厅。

周恩来回到我驻苏使馆，仔细核实和分析了马利诺夫斯基挑衅的全部情况，考虑到苏联颠覆兄弟党的历史记录，认为决非偶然事件。这是公然煽动要推翻我党和国家的领袖，必须严肃对待。

11 月 8 日，美国、法国、英国的通讯社从莫斯科发出消息，说这里的权威人士说，苏共已和中共达成协议，要毛泽东下台，由周恩来当中共中央主席。这使问题更加严重化复杂化了。

当天上午，勃列日涅夫、柯西金、米高扬、安德罗波夫、葛罗米柯回拜中共代表团。稍事寒暄，周恩来便就马利诺夫斯基挑衅事件向他们提出最强烈的抗议。周要求澄清："苏共欢迎我们来的目的之一是不是要当众向我们挑衅？是不是期待中国也撤换毛泽东的领导？"

勃列日涅夫解释说，他们是事后得知的，感到不安和愤怒，马利诺夫斯基是酒后胡言，他不是主席团成员，不代表苏共中央，他已受到中央委员会的谴责，现向中国同志表示道歉。

周恩来义正词严地指出：马利诺夫斯基并非酒后胡言，而是酒后吐真言。不是简单的偶然的个人行动，而是反映苏联领导中仍有人继续赫鲁晓夫那一套，即对中国进行颠覆活动，以老子党自居的倾向依然存在。当众对中国党政代表团侮辱中国人民和中国党的领袖毛泽东同志，这是连赫鲁晓夫在位时也未曾采用过的恶劣手段。

勃列日涅夫说：我们以中央委员会的名义向你们道歉，这是比马利诺夫斯基的道歉还要高级的道歉。波德戈尔内说：我们和马利诺夫斯基划清界线。他们说：这个问题已经结束。

周恩来坚持说："问题没有结束，我们还要研究，要报告中央。"

勃列日涅夫连连说："那当然，那当然！"

中苏两党会谈还未开始，气氛已完全恶化。马利诺夫斯基的公然挑衅，不仅为中苏重修于好设置了极严重的障碍，给中苏关系造成了长期难以治愈的创伤，而且给中国政治带来了难以言明的深刻影响。

事实上不只是马利诺夫斯基的酒后狂言。在周恩来看来，中苏能否重修于好，就看苏共领导愿不愿向中共代表团透露赫鲁晓夫下台的真实原因，是否改变赫鲁晓夫的路线。然而，从 11 月 5 日到达莫斯科，到 11 月 9 日正式会谈前，无论周恩来如何多方探询，苏方始终守口如瓶，讳莫如深。

11月9日第一次正式会谈，周恩来正式提出这个问题。勃列日涅夫仍然搪塞，说可以在下次再谈，这不会妨碍我们研究改善中苏关系的建设性办法。他紧接着提出建议，开始讨论停止公开论战，并围绕这个问题寻找其他步骤。

勃氏执意不谈赫氏下台的原因，周恩来只好暂时搁置一边。但周恩来没有接过勃列日涅夫的议题，同他们讨论停止公开论战，而是提出关于召开国际共运会议的问题，以便从中寻找苏联新领导究竟和赫鲁晓夫有多少差别。

周恩来说：“勃列日涅夫同志在十月革命庆祝会上的讲话中说，召开兄弟党会议的条件成熟了，依我们看，条件并未成熟，还要创造。”

勃列日涅夫说：“只有开会才能消除分歧，别无他途。”

周恩来问：“你们是否不再提你们过去决定在今年12月15日召开的那个起草委员会？”

勃列日涅夫回答得很坚决：“不！我们讲的就是这个委员会。”

周恩来说：“如果把兄弟党会议同赫鲁晓夫下命令开的那个起草委员会联在一起，就没有谈判余地了。所以这个问题还是回到赫鲁晓夫问题上来了。”无论周恩来怎样劝说，勃列日涅夫都执意不改。周恩来建议另辟途径，通过双边和多边协商，开个团结的会，他们坚决不干，决不妥协也不讲任何道理。

倒是米高扬比较坦率，他最后吐出真言，说在同中共的分歧问题上，他们同赫鲁晓夫是完全一致的，甚至没有细微的差别。

周恩来不愧谈判高手，从召开兄弟党会议这个具体问题上，逼出了苏联新领导的真言：他们和赫鲁晓夫在对华政策上完全一致。勃列日涅夫和米高扬的发言堵死了此次寻求中苏团结反帝新途径的大门。

周恩来得出结论：“情况比原来预计的更坏。”

11月11日，在第二次会议中，周恩来正式表示了三点意见：

第一点，在我们党和国家领导人的贺词和我的书面祝词中所表示的愿望，我们坚决不变。

第二点，你们党所设想的兄弟党国际会议，即要在12月15日召开的非法会议，我们决不参加。如果你们要开，你们有你们的自由。不过，我们要奉劝你们，不要走绝路，要悬崖勒马。

第三点，在你们继续执行赫鲁晓夫那一套不变，中苏两党，各兄弟党的原则分歧基本解决前，谈不到停止公开论战。

11 月 12 日，最后一次会谈，由勃列日涅夫介绍赫鲁晓夫下台的原因。不出所料，没有谈出什么新内容。

11 月 13 日，周恩来率团回国。去机场送行途中，柯西金在汽车上对周说，我们和赫鲁晓夫还是有所不同，不然为什么要解除他的职务呢？周恩来问：区别何在？柯西金却又闪烁其词，避不直言。

代表团来时颇有劲头，回国时不免有点失望，甚感败兴。

哪知毛泽东利用这一机会，再次导演了一场精彩话剧。专机在北京机场徐徐降落，上年 7 月那盛大场面再度出现。毛泽东再次领着刘少奇、朱德、邓小平等所有在京的中央领导人，和数千各界群众，为代表团举行热烈的欢迎仪式，仍旧是欢呼声、锣鼓声，依旧是握手、献花、照相、绕场一周。只是主角由邓小平换成了周恩来。

毛泽东这次举动包含更多的意义。他要向外界显示中国党和人民的团结一致和对他本人的拥戴，表明苏共妄想赶他下台的图谋永不会得逞，也宣告与“苏修”斗争到底的决心。

中苏关系完全隔断了

改善中苏关系最后一次机会，两党领导人都没有抓住，中苏关系不仅没有好转，结怨更深了。马利诺夫斯基的挑衅，肯定地说，加深了中共，特别是毛泽东的警觉，因为苏联不乏颠覆其他党的领导的历史记录。

过去，赫鲁晓夫那光秃的脑袋总在毛泽东脑子里晃动，现在又多了一个勃列日涅夫。1965 年 1 月 9 日，毛泽东同斯诺谈话。斯诺说：“在俄国有人说中国有个人迷信”。毛泽东说：“恐怕有一点。……赫鲁晓夫倒台了，大概就是因为他没有个人迷信。”

1964 年 11 月 21 日，新华社播发了《红旗》杂志社论:《赫鲁晓夫是怎样下台的》一文。社论说赫鲁晓夫之所以垮台，“是由于他推行修正主义总路线和对内对外的一系列错误政策的结果。”

笔墨官司重新开战。

1964 年 11 月 24 日，苏共中央给中共中央信件，说 26 个党中主张召集会议的有 19 个，这些党有权进行会议的实际准备工作。并通知会期推迟到 1965 年 3 月 1 日。

12 月 12 日，苏联《真理报》发表了《关于召开筹备共产党和工人党国际会议起草委员会的通告》。

12月11日至16日，以古巴的罗德里格斯为首的9国党代表团到达北京，建议停止公开论战。毛泽东接见他们并回答说：“不行，要争论一万年。”

1965年2月，柯西金去越南民主共和国途经北京，与周恩来和毛泽东会谈。柯西金希望中国共产党参加3月国际会议。

柯西金说：3月会议改为协商会晤，多边会谈，日期、名称、内容都变了，希望中国共产党参加。

周恩来说：3月会议是根据1964年7月30日一个党的命令决定于12月开的会议而推迟的，我们不参加。

毛泽东说：我们不参加3月会议，不停止争论，不停止支持左派。要停止，你们收回公开信，收回苏斯洛夫攻击我党的报告，取消二十大和二十二大路线。否则，要争论一万年。

柯西金说：“不要那么久。”

毛泽东说：“那就减少一千年，剩九千年，这是最大的让步，一让步就是一千年。”

不过，中国领导人不想把两党意识形态论战引向国家关系的破裂。周恩来对柯西金说：国家关系应该发展，两国之间可做的事情还不少。他具体提出公开庆祝中苏条约签订15周年、发展贸易、进行文化合作、旅行、互派留学生、继续完成未完成项目等6项内容。柯西金表示赞同。

1965年3月1日至5日，苏共领导召开的国际会议起草委员会会议在莫斯科举行。参加会议的有19个党，美国共产党以观察员身份出席。拒绝参加的有阿尔巴尼亚、越南、印度尼西亚、中国、朝鲜、罗马尼亚、日本等7个党。与会各党担心从此全面决裂。苏共中央不得不将“起草委员会”会议改称为“协商会晤”。

3月23日，《人民日报》、《红旗》杂志发表《评莫斯科3月会议》的文章，批评它是一个制造分裂的会议，驳斥了会议对停止公开论战的呼吁。

在此之后，中国共产党不再承认存在一个“社会主义阵营”。1966年3月，苏共举行第二十三次全国代表大会。中共中央决定不派代表团参加，不发贺电。从此中苏两党关系完全中断，长达23年之久。

中苏两党的唇枪舌剑、笔墨官司不能不导致国家关系的全面恶化。勃列日涅夫比赫鲁晓夫走得更远，他更注重于诉诸实力政策。20世纪60年代中期以后，不断增兵远东、驻兵蒙古，逼近中国。中苏边境日趋紧张，昔日盟友变成了敌国。到

60 年代末，两国的军事对峙使中苏两国走到了战争的边缘。直到 80 年代末，两党两国才打破坚冰，重归于好。双方都为近 30 年间的对抗方针承受着巨大的压力，付出了沉重的代价，耽误了发展的历史机会。

30 年后说当年

关于这场争论，1989 年 5 月，邓小平会见苏联的后任领导人戈尔巴乔夫时，有过一段精彩的对话。

邓小平说："从 1957 年第一次莫斯科会谈，到 60 年代前半期，中苏两党展开了激烈的争论。我算是那场争论的当事人之一，扮演了不是无足轻重的角色。经过 20 多年的实践，回过头来看，双方都讲了许多空话。"字里行间透出对当年论战中的教条主义的反思。

比邓小平年轻 27 岁的戈尔巴乔夫可以对此置身事外。他说："我的年龄比你小，那场争论我们不想对此作出评价，而是指望你来作出评价，我同意你的基本想法。"

邓小平接着说："从 60 年代中期起，我们的关系恶化了，基本上隔断了。这不是指意识形态争论的那些问题，这方面现在我们也不认为自己当时说的都是对的。真正的实质问题是不平等，中国人感到受屈辱。"

斗转星移、时移势异。以今天的眼光观之，60 年代中苏两党那场视同水火的争论，真正有实质意义的内容，是反对大国主义和大党主义，维护自身的独立和尊严。至于那些意识形态的你是我非，按邓小平的说法，不过是双方说了一大堆空话。

然而，历史没有空白。今天视之为"空话"的那些东西，恰恰是那一代共产党人对社会主义的执着认识。由于社会主义运动的国际性，由于一国国内政局和内外政策的变化都会涉及他国，由于当时人们还没有学会用多样化的观点对待各国的社会主义实践，因而，形成了一个中心、一种战略、一种模式的普遍观念。中苏双方都在相当程度上延续了原有国际共运的组织理念，又在一系列重大问题上存在深刻的分歧。各自都想使自己的战略策略变成国际共运的总路线，规范各党的行动。联盟越是强求一致，就越易于走向瓦解。在这里，意识形态不再是联盟的粘合剂，反而成了腐蚀剂。任何分歧一旦变成"主义"之争，就无法弥合了。

苏共领导从斯大林到赫鲁晓夫都有大国主义和大党主义倾向，曾经多次干涉过中国党的内部事务，多次批评指责中共的方针政策，这在毛泽东和中共党内产生了强烈屈辱感。毛泽东表现出来的不妥协态度和咄咄逼人的攻势，与这种历史情节有关。然而，到后来，中共也对其他党，尤其是南斯拉夫和苏联国内外政策，进行了严厉的批判和全盘否定，基于一些传统的社会主义观念，对于南斯拉夫率先冲破斯大林模式，对于苏联东欧国家刚刚露出来的改革趋向，对于西欧共产党寻求非暴力的社会主义道路的尝试进行了猛烈的抨击，视之为“修正主义”。直到1978年，中共才为南斯拉夫“平了反”。随后全面恢复了与意共法共等“修正主义”党的关系。1980年，邓小平意味深长地说：

一个党评论外国兄弟党的是非，往往根据的是已有的公式或者某些定型的方案，事实证明这是行不通的。

各国党的国内方针、路线是对还是错，应该由本国党和本国人民去判断，……但是，一个党和由它领导的国家的对外政策，如果是干涉别国内政，侵略、颠覆别的国家，那么，任何党都可以发表意见进行指责。

我们反对人家对我们发号施令，我们也决不能对人家发号施令。这应该成为一条原则。

从中方来说，当年对南斯拉夫和苏联国内政策的批判，影响所及，不只是在国际方面，而且是在国内方面。

假如读者有充分的耐性，详细地对比阅读中苏双方论战的主要观点，不会是一件无益的事情。在这里我们不可能做到这一点，只是要强调一点，在中苏大论战中，中国党方面在理论观点上的最重大失误，是错误地认为南斯拉夫和苏联国内存在着一个“官僚资产阶级”或“资产阶级”。

“三评”文章即《南斯拉夫是社会主义国家吗？》一文，说南斯拉夫是“资本主义复辟了的国家”。对南斯拉夫在斯大林高压下，于1948年后采取的一些冲破了苏联模式的经济措施，如借了数亿美元的外债，解散了许多强办的农业合作社，工厂实行工人自治，城市中有相当大数量的个体手工业，宪法允许有少量雇工等，都视作证据，批判说南斯拉夫城市“私人资本主义发展”，“资本主义在农村泛滥”，“社会主义全民所有制经济蜕化为资本主义经济”，并且认为：“归根结底，是由于南斯拉夫党和政权性质的蜕变”所致。认为南斯拉夫有个“官僚资产阶级”。其和平演变过程是：“政权性质的蜕变，导致了社会主义经济制度的破坏，资本主义经济制度的复辟。当资本主义经济制度以新的形式重新建立起来，新型的官僚买办资产阶级逐步形成以后，他们就要求进一步强化资产阶级专政，进一步发展同资本主义经济制度相适应的政治制度，以巩固自己的统治地位”。

“九评”文章即《关于赫鲁晓夫的假共产主义及其在世界历史上的教训》一文，认为在苏联，不仅被推翻的资产阶级在政治、经济、思想和文化教育方面还相当有力量，“而且在苏联党、政领导干部中，国营企业和集体农庄的负责人中，文化、艺术和科学技术等部门的高级知识分子中，产生出大批的新生资产阶级分子。”他们“形成苏联社会上的特权阶层”，“是目前苏联资产阶级的主要组成部分，是赫鲁晓夫修正主义集团主要的社会基础。赫鲁晓夫修正主义集团，就是苏联资产阶级特别是这个阶级中的特权阶层的政治代表。”

国际上怎样“反修”，国内就怎样“防修”。自己制造出来的批判修正主义的这面“风月宝鉴”，反照中国社会，似乎同样存在修正主义的社会基础，一种莫名的危机感弥漫起来。“文化大革命”的理论基础，已在“九评”中形成。中苏大论战把中国党引向了反修防修的迷雾之中而难以自已。

2 主席紧弦　警惕中央出赫鲁晓夫
少奇挂帅　集中力量大打歼灭战

一个扎根串连的典型和两个夺权的样板

1963 年秋冬，各地开始组织大批工作队，下农村展开第二批“四清”试点。

伴随双 10 条的全民宣讲，运动中的火药味越来越浓了。过火斗争有增无减，自杀事件屡有发生。如湖北省第一批试点死了 2000 多人，第二批试点开始后，仅襄阳在 25 天内就死了 74 人。广东省在这年秋冬，发生自杀案件 602 起，死亡 503 人。

这时，中央主要领导人对形势的估计越来越严重。上上下下关心的问题，是如何把运动搞彻底，而不是运动中的偏差。

基于严重的“敌情”估计和社教运动要依靠贫、下中农的规定，“四清”工作队便搞起了“访贫问苦、扎根串连”等神秘化做法。

1963 年 11 月至 1964 年 4 月，王光美根据刘少奇要她下去锻炼的指示，作为

王光美“四清”时劳动之余在地头和老乡休息

工作队员参加了唐山专区宁县卢王庄公社桃园大队的四清试点。化名董朴。

临行前，她请示刘少奇，应注意点什么。刘说：“要有马列主义立场、观点和方法，要理解党中央的基本政策，除此以外，不要先有框框，一切从实际出发。”

然而，说不带框框，“双 10 条”对形势的估计就是框框。1980 年王光美回顾说：当时“我是真心真意接受‘以阶级斗争为纲’指导思想的”。

桃园大队本来是个一类队，一类支部，生产好，征购任务完成也好。支部书记吴臣是贫农，自认为没什么问题。“磨了米、砍了肉”准备接待“四清”工作队。

但工作队不信这些。基于大队的领导权不知是否在搞复辟的敌人手里的考虑，进村便搞起“访贫问苦、扎根串连”来，把民主革命时期开辟新区的做法搬用过来，开始了背靠背揭发斗争。

其实“扎根串连”的做法，并非始自“四清”运动。最早出现于 1960 年和 1961 年。

1961 年初，广东省坦州整社工作团总结他们的中山县坦州公社进行整风运动的基本经验说：“怎样才能把群众真正的发动起来？坦州的经验证明，必须采取扎根串连的办法，首先组织起一个贫下中农的核心队伍，这可以说是继土改、合作化以后的第三次‘组织起来’。工作团进村以后，经过短短的几天的工作，立即证明了扎根串连是深入发动群众的唯一办法，不管是三类队，还是一、二类队都必须如此。”

对于坦州工作团总结的经验，中共中央中南局和中共中央都曾给予肯定，说这是“一个指导文件”，要求各地“斟酌仿照办理”。

1963年2月，毛泽东要发动“四清”运动时，便对林铁、刘子厚说：“你们有多少三类队？要扎根串连，要贫雇农团结起来。”

桃园工作队就沿用了这个做法。经过扎根串连，背靠背发动，终于发现了支部书记吴臣搞小买卖、跑单帮、吃喝赌博、打骂群众等问题，决定撤了吴臣的职。形势急转直下，紧接着挖出了几个“贪污盗窃、多吃多占”的“大案”来，并且查出漏划地主5户，富农2户。随后又顺藤摸瓜，追查吴臣在县、区、乡的支持者。挖出了一个蜕化变质的副区长苏长吉，挖出了县委办公室一个主任，县人委办公室一个副主任，县水利科的一位科长。

由此得出结论：四不清即有下面的根子（地主富农），还有上面的根子，上面有靠山，有人保护。上面的根子要不要追查？问题提了出来。

王光美春节回京，向毛泽东汇报。毛泽东赞同她的分析，他说：“根子在上面。”

刘少奇也非常重视王光美反映的情况。1964年春节期间，他同王光美谈话说：“犯严重四不清的错误的根子在哪里？我们说根子是封建势力和资本主义势力的腐蚀和影响，如一般所说的‘错在干部，根子在地、富’。这是下边的根子，这是基本的根子’，“上面的根子有没有？要不要挖？应该切实查一下上面的根子（上面的根子，包括上级机关的蜕化变质分子和一般干部的不好作风的影响）”，“犯严重四不清错误的基层干部，在公社、区、县和地委有根子”，“封建势力、资本主义势力或者反革命势力复辟了，就是因为这些干部，有下面的根子，也有上面的根子。”他强调地说：“可以挖上面的根子，……单单注意下面的根子，不注意上面的根子是不行的。”

工作队的做法引起了吴臣等挨整干部的强烈反弹，这进一步证明了“阶级斗争”何等的激烈。1964年3月27日，刘少奇给王光美写信，得出结论：“吴臣的一伙要复辟，以便彻底推翻四清的成果。”“宗派活动如果达到了这种程度，是否已经是一种严重的反党活动，是一种实际上的反革命活动？”“吴臣领导的桃园支部，基本上不是共产党。”

一个贫农书记领导的一类生产队，何以变成了一个“复辟”的典型呢？

农村干部的作风问题和干群关系的问题是一个永远说不清道不明的社会问题。记得陈云说过：我们的基层干部就像维吾尔族姑娘，辫子很多（大意如此）。如果俯下身去找蚂蚁，遍地都是蚂蚁。教育和整顿都是必要的，但能统统归结为阶级斗争吗？至于把由于过火斗争激化的矛盾，又当作“反革命”，当作“复辟”，这就使认识步入了自我论证的恶性循环。阶级斗争就这样制造出来了。

运动迅速地向“左”转。各地不断地发现“复辟”的典型，报上来展开夺权斗争的经验。

天津小站，那是一个生产津门贡米的地方。

小站的社教运动自1964年1月开始。3月起，市委抽调大批干部加强了工作组的力量。《红旗》杂志社编辑部派出十余人去帮助工作，周扬在一个村蹲点，陈伯达在小站蹲点。运动开始是从“四清”入手，但在相当长的时间内清不出什么来。工作队发出疑问：“这里是我们的天下还不是我们的，或者在很大程度上不是我们的？”于是转入夺权的政治斗争，并处分了区委和公社的一些领导人，终于打开了局面，充分发动了群众。经过一番斗争，在这里打了三个“反革命集团”（为首的一个是原水稻专家，一个女劳动模范，一个是小站镇的总支书记）。

这种夺权斗争也在城市出现。震动最大的是甘肃白银厂的夺权斗争。

白银厂，即白银有色金属公司，50年代开始兴建、1962年部分建成投入生产，是一个有11000多人的大型铜、硫生产联合基地。

白银厂的问题在运动开始前就反映出来了，据薄一波回忆：“白银厂的工作是有问题的，但有关单位向上反映时夸大了，以致造成那里的问题非常严重的假象。”

在接到甘肃省委的报告后，1963年2月20日主管工业的副总理薄一波与冶金部、中组部、西北局、甘肃省委有关领导会商，决定由高扬文（冶金部副部长）带领20人的强有力的工作组，迅速进驻白银厂整顿处理。

2月25日，薄一波给毛泽东和中共中央的请示中认为白银公司“实质上已为资产阶级所篡夺”。“其错误性质是属于敌我矛盾的。必须采取革命手段，改组领导班子，才能保证从根本上解决问题。”3月7日，周恩来批示同意。

3月，高扬文率领由冶金部和甘肃省派出的工作组。其规模不是20人，而是50多人。进厂伊始，就“以阶级斗争为纲”，放手发动群众，展开夺权斗争。一名原党委书记，一名党委第一书记，两名副书记及其他一些人，分别受到党内处分，有的被判了刑。这一案子，还与“高岗手下的红人”、原省领导人张仲良相联系，成为当时轰动全党的大案。

1966年6月，中共甘肃省委、冶金部党组向中央写出报告，认为这个公司“被地主、资产阶级分子篡夺了领导权，使无产阶级的国营企业演变为地主、资产阶级集团统治的企业，使国家财产受到很大的损失”，“全民所有制的财产遭到严

1964年10月，小站公社召开的“社教”运动宣判处理大会

重的破坏”，“营私舞弊、贪污盗窃、投机倒把成风”，“领导集团成员生活极端腐化”，“社会风尚败坏”，“反革命活动猖獗”，“抗拒中央指示，打击和陷害好人”。说这里“成了一个地主、资产阶级分子统治的世界，即挂着共产党招牌的国民党统治的世界。”

6月23日，中共中央把这份报告批转全党。中共中央的批语说：

一个刚建设起来的社会主义全民所有制的大型联合企业——白银有色金属公司，没有多久，很快就被地主、资产阶级集团篡夺了企业的领导大权，变成为地主、资产阶级集团统治的独立王国。这样一个严重的事件，很值得大家深思。

白银有色金属公司事件，绝不是一种偶然现象，它是社会阶级斗争的反映。被推翻了的地主、资产阶级是死不甘休的，他们总是千方百计地采取各种隐蔽的方式，打入社会主义企业，企图篡夺领导权，从而破坏社会主义所有制，把它演变为地主、资产阶级所有制，这是同党内出了修正主义分子分不开的。

白银有色金属公司事件，最根本的教训就是，在我们一些领导机关、领导干部中，硬是忘了忽视了社会上还存在着阶级和阶级斗争这一客观事实，这里再一次提醒同志们注意，我们千万不要以为社会主义的江山是铁打的。如果我们对过渡时期的阶级、阶级矛盾和阶级斗争问题认识不足，那么，就会对资本主义、封建主义和修正主义的侵蚀和进攻失去警惕，不加防范，地主、资产阶级的复辟阴谋随时就有可能得逞。

15年后，小站事件和白银厂事件都给予了平反。冶金部和甘肃省委关于“白银厂事件”的复查报告说：这是一起重大的冤案。夺权报告中列举的所谓“地主、资产阶级分子统治”的结论是错误的，不符合事实，许多的罪名颠倒了黑白。天津市委复查结果，小站的三个所谓“反革命集团”案，也纯属子虚乌有，给予彻底平反。

今天看，说这些单位当年完全没有问题，也难以使人相信，但当作“复辟”的典型，肯定是错误的。然而在1964年，这两个夺权的样板经验的推广，不但加重了社教运动中的“左”倾错误，而且使全党造成了风声鹤唳的气氛。自己制造出来的敌人，证明了自己提出的理论，又蒙住了自己的眼睛。

毛泽东的注意力仍在上层

毛泽东发动四清五反运动，是为了从基层做起，挖掉修根、清除所谓修正主义的“社会基础”。然而，在他心目中，修正主义归根结底发生在上层，发生在中央。如小站、白银厂，篡夺了地方的领导权固然会引起他的警觉，但他真正关注的是，修正主义者篡夺党和国家的领导权。

一个突出的表现是，毛泽东一方面督促自己的干部下去搞运动，另一方面同外国党的领导人频繁谈到1962年上半年的“右倾动摇”。而且调子越来越高，批评越来越严厉。

1963年5月22日，毛泽东在武汉同新西兰共产党总书记威尔科克斯夫人谈话说：我们党内有些人主张三和一少：对帝国主义和气一点，对反动派和气一点，对修正主义和气一点，对亚非拉人民斗争的援助少一些。这就是修正主义的路线。

1964年2月9日，毛泽东在人民大会堂再次会见威尔科克斯夫人，谈国际反修和国内防修问题。

毛泽东说：“中国社会是一分为二的，谁也不能说中国是不能分的。”

威尔科克斯夫人问：“你的意思是不是说，在取得了政权以后，还需要有反对派？”

毛说：“不是需要，而是事实上必然出现各种反动派。”

威说：“我现在的确越来越年轻。”威夫人看来是毛泽东的理论的信奉者。她为毛泽东的谈话而兴奋。

毛说：“我也是这样。现在很高兴。前几年不那么高兴，这有一个过程，一斗就高兴了。”

紧接着，他谈到国内。

他说：我们党内有少数人主张三和一少。三和就是对帝国主义和、对修正主义和、对各国反动派和，一少就是少援助反对帝国主义国家和党。这实质上就是修正主义的思想。他们联络部（按：指中共中央联络部）里就有少数这样的人。另一个是统战部，它是同国内资产阶级打交道的，但是里面却有人不讲阶级斗争，要把资产阶级的政党变成社会主义的政党。每个部都找得出这样的人。例如农村工作部里面就有一个邓子恢，也是中央委员，还是副总理，却主张单干，实际上不要社会主义农业，主张“三自一包”。从国外来说，被美帝国主义和苏联修正主义吓倒了，在国内由于天灾人祸，经济受到损失，于是修正主义就露头了。有一阵子可猖狂啦。毛泽东还说：针对三和一少，我们的方针就是三斗一多，这就是对帝国主义要斗、对修正主义要斗、对各国反动派要斗，要多援助反对帝国主义的、革命的和马列主义的政党和马列主义派别。三和一少是赫鲁晓夫的口号，三斗一多是我们的口号。

毛泽东在这里点名批评的有王稼祥、邓子恢，实际上还有一个部长，就是统战部部长李维汉。王、邓的问题已经谈过，那么李维汉又是什么问题呢?

李维汉这位建党时期的老党员，建国以后一直掌管着中央统战部，同民主党派和资本家们打交道，肩负着对资本家和民主党派知识分子的团结和改造责任。既然是改造，总得要见成效。于是，从 1956 年起，李维汉研究统战工作理论政策，提出了一个“五社一短”的改造目标：把民主党派根本改造成社会主义政党，使人民民主统一战线变成社会主义统一战线，各民族成为社会主义民族，宗教成为社会主义的宗教，并且在短期内消灭资产阶级。无论怎样，提出这个目标表现出李维汉的进取意识。

李维汉的这些思想在 1962 年 4 月召开的全国统战工作会议上得到体现。然而，八届十中全会后，很快受到批评。从 1962 年 10 月开始，在统战部内开了 40 多次批判会，历时半年多。罪名就是“修正主义”和“投降主义”。

1964 年 2 月金日成到中国来，毛泽东同他进行了更深一层的谈话。

毛泽东说：“天下大事分则必合，合则必分。一个党也是如此。我们同高岗、彭德怀也是如此，他们是我们的敌人，也是你们的敌人。”

“你们也有过分裂主义者吗？”毛泽东问。

金日成说：“我们也有过。”

毛泽东接着说：“动摇分子总是会有的。1962 年上半年我们党内有些人主张三和一少。……这是修正主义的路线。”毛泽东又说：“这些人在国内也主张三自一包。三自是：自留地、自由市场、自负盈亏；一包是包产到户。目的是要解散社会主义的农村集体经济，要搞垮社会主义制度。三和一少是他们的国际纲领，三自一包是国内纲领。这些人中有中央委员、书记处书记，还有副总理。他们在1962年上半年到处宣传。夏季我们开了一个会议，是工作会议，中央委员、省委书记都来参加，把这些问题都抖搂出来了。然后，又开了中央全会，开了两个月——8月到9月。”

毛泽东继续说：“这个会议开过以后，这些犯错误的同志都检讨了，说自己不对了。有一个同志是主张三自一包的，就是邓子恢，他是长期搞农村工作的，是农村工作部长，是副总理。除此以外，每个部都有，每个省都有，支部书记里头更多。所以说‘天下太平’，没有这么回事。我说不太平是正常的。清一色，也是不会有的。所以，要有意识的保持对立面。例如王明和赫鲁晓夫一样，彭德怀是赫鲁晓夫的人，是我们党的中央委员、政治局委员、副总理，现在仍然保持原有职务。但是王明不同。这种政策将来可能危害我们，也可能危害你们。”

说到这里，毛泽东道出了他最深层的担心。他说：“彭德怀像赫鲁晓夫那样掌握了党、军队和政权，那么，今天我们就可能和莫洛托夫、马林科夫、卡岗诺维奇他们的处境一样，也可能被杀掉了。这些人总是想复辟的。所以要提高警惕。”

“中国变成修正主义，你们怎么办？”毛泽东问金日成。

金日成答道：“那我们就更困难了。”

毛泽东说：“总会比阿尔巴尼亚好一些。这些话我和好多人都讲过，如日本的宫本，新西兰的威尔科克斯，还有印尼的同志，但还没有得到机会同越南同志讲。如果中国变成修正主义，天就黑暗了，你们怎么办？要作思想准备，要高举马列主义的旗帜反对中国的修正主义，这样中国人民是会感谢你们的。”

号召其他共产党起来反对中国的修正主义，可见毛泽东对中国的前途何等的担心！不过，他把希望寄托在解放军。他说：“假如中国出现了修正主义，也是搞不久的，最多也不过是几年。中国地方大、人多、解放军觉悟高，就是他们掌握了一部分军队，也不要紧。”

金日成不解地问：“你不是说防止五代不出修正主义吗？”

毛泽东回答说：“是打了预防针。向全体人民进行了反对修正主义的教育，要反对新的资产阶级，新出来的资产阶级分子，他们进行贪污盗窃、投机倒把，这号人虽然为数不多，但很厉害，神通广大，他们能够从广州弄到自行车用飞机运到河北高价出卖，这个人还是一个县的农村工作部长。在座有不少朝鲜的年青同志，你们不要把中国的一切都看成是好的，这样就不对了。中国有光明的一面，这是主要的一面，同时还有黑暗的一面，搞‘地下工作’的大约有1000万人。我计算了一下，在6亿5000万人口中，这种人就占1/65，就是65个人中有一个。如果现在不加以注意，他们就会泛滥起来，苏联现在不就泛滥起来了吗？”

3月23日，毛泽东在北京同日本共产党访华代表团袴田里见等人谈话，也讲了中国党内的问题。

之后，毛泽东去了武汉。觉得言犹未尽。4月8日给秘书林克写信说：“日本代表团，何日经武汉去越南？我想同他们在武昌谈一次话，在（再）问明白为要。”

4月10日，毛泽东在武汉再次同袴田里见等作了一次交谈，话题仍然是国内外反修防修问题，重点却在国内。他说：“就在那年（1962年）8月，我们讨论了整个路线，包括国内的和国际的，开了一次十中全会，发表了十中全会公报。当时我们党内有一部分同志同赫鲁晓夫的调子一样，即强调三和一少。在国内问题上提出三自一包。即强调自由市场、自留地，把集体经济、社会主义市场放在第二位，把私有经济放在第一位，农民的自留地放在第一位。第三就是自负盈亏、小商人做生意要自负盈亏，就是发展资本主义。这就是三自。还有一包是主张把土地包到各家去种，不搞集体。当时是一股风，1962年很猖狂。”

毛泽东接着说：“中央联络部部长就主张三和一少。他本来害病，那年春季，他突然积极起来了。此外还有统战部，一部分人主张把几个资产阶级政党在几年内改变为无产阶级的政党。这只是两个例子，其他还不止。中央各部，每个部都不是太平的。每个部都可以一分为二。地方上也不是太平的。我们的中央委员、中央候补委员中，就有十几个是修正主义者。”

从毛泽东的这些谈话，可以感觉到，他不仅认为在国内要防修，而且认为事实上存在修正主义，它主要不在基层，而在领导层，甚至在中央。他说，中国可以一分为二，中央每个部都可以一分为二，地方也不太平。那么中央政治局、中央常委呢？从他对1962年上半年的一系列措施的耿耿于怀中，从他号召外国党起来反对中国的修正主义的谈话中，很容易感到，他心目中的对立面，绝对不仅仅停留在中央委员和省部一级。仅仅一个统战部、一个农村工作部、一个中联部能出赫鲁晓夫吗？能有杀头的危险吗？由此，我们知道，国际反修与国内反修是一盘棋。毛泽东坚决拒绝赫鲁晓夫停止论战的建议，目的之一就是要通过论战在国内外动员群众，壮大力量。

4月25日，毛泽东在杭州会见澳共（马列）主席希尔时说：“过去，我们的干部、党员和人民不知道中国共产党和苏联共产党有什么不同，公开争论开展以后，大家才知道有两种共产主义，有两种共产党。”

“中国出了修正主义中央，各省要顶住”

问题终于提到了中央工作会议上。

1964年5月15日到6月17日，在北京召开了中央工作会议。会议一开始，与会者的发言就与“后10条”的精神大不一样，会上印发了甘肃省委和冶金部党组关于白银厂夺权的报告，介绍了天津小站夺权情况。不少人提出了许多极左建议，有的提出要在农村社教中“搬石头”，要在城市“五反”中划阶级等等。

6月2日，刘少奇讲话，提出“和平演变”已经演变到高级机关中的某些人了，省委、市委都有他们的人。他不再强调依靠基层干部了，认为有些地方四不清干部对工作队的办法是“喂、顶、拖、混”，要想办法摆脱他们。他说：“他们抵抗四清就是‘反党’，破坏就是‘反革命’，要开除党籍。所以没有充分发动起来以前，不能强调团结95%以上干部、依靠基层组织。”

刘少奇对形势的估计已经够严重的了，他显然受到桃园大队社教经验的影响。

然而，更令人震动的是，6月8日毛泽东亲自主持了部分中央政治局委员和各大局第一书记参加的小型会议。毛泽东讲话提出了中央出修正主义怎么办的问题。

毛主席出了题目，刘少奇又要做文章了。6月11日，刘少奇在中央工作会议上作反修报告，阐述毛泽东的观点。毛泽东又作了大篇插话。

刘少奇说：“要想一想，我们会不会出修正主义。”

毛泽东说：“已经出了嘛！像白银厂，还有陈伯达同志调查的天津小站公社，不是有了吗？我们国家，我看三分之一或者还少一点，权力不掌握在我们手里，在坏人手里。”

刘说：“列宁的故乡出了修正主义，才引起我们严重注意。”

毛插话：“有了修正主义，才有列宁主义万岁。可能出修正主义，准备出，不注意一定出，如果注意了可能不出，也可能出。出了怎么办？要想一想。出了也没有什么了不起，他脱离群众，无非是闹几年，几十年，还要垮，又走向反面。”

刘说：“一切社会主义国家，无产阶级取得政权以后，都可能产生修正主义。”

康生插话：“这是一条规律。社会主义国家不注意要出修正主义，注意也要出修正主义，关键在于他能不能掌握领导。”

刘少奇说："反修斗争材料，正反两面的东西都要印给党内看看，如彭德怀、习仲勋写的东西，小说《刘志丹》、吴自立的《平江革命斗争史》。"

毛说："要把蒋介石选集印出来，看他是怎样骂我们的。"

毛说："我看中国搞赫鲁晓夫那一套修正主义比较难一些。我们七亿人口，工业不发达，比较落后，但比苏联民主。"

刘说："中国是七亿人口的大国，搞修正主义，统一很难。搞起来，各省会独立。"

毛泽东要表达的意思先从刘少奇口里说出来了，他接过刘少奇的话茬，道出了他的核心思想。他说："要把这个意思向各省、地、县传下去。中国出了赫鲁晓夫修正主义怎么办？中国出了赫鲁晓夫修正主义中央，各省委要顶住！"

刘少奇紧跟着附合了一句："一个省可以造反，可以独立。"

刘少奇再次强调要追上面的根子，他说"朝中有人""危险在上面""四不清"不只下面有根子，上面也有根子。

毛泽东说："工业、农业、商业都要划阶级，学校、机关、军队、文化团体也要划阶级。此外，街道、小市镇也要划阶级。"

他说："坏人虽然是少数，但是他们占据了我们的要害部门，当了权，也不得了。"

毛泽东还说："例如冶金部是否划？中央各部门是否也要划，阶级出身和本人表现，要加以区别，重在表现。"

彭真说："要集中整官僚主义。"

周恩来说："官僚主义是滋长修正主义的根源之一。"

会后，中央下达了《中华人民共和国贫下中农协会组织条例（草案）》，提出了对过去划错了阶级成分都应该认真审查并改正过来。关于城市划阶级问题，要在各大区进行试点。

大家都在讲出修正主义，但是我们发现在毛泽东与刘少奇和其他领导人之间，有一个明显的区别：刘少奇指证的"修正主义""和平演变"主要还是指蜕化变质分子，周恩来更加明确指官僚主义。他们很少谈到路线之争，尤其不谈 1962 年上半年。毛泽东讲修正主义当然也包含干部的蜕化变质、官僚主义种种阴暗面，但在他心目中，更主要的是路线之争，是"三和一少""三自一包"和"五社一短"之类。

刘少奇和毛泽东都讲修正主义不注意也可能出，注意也可能出，而且要出在中央，都讲中央出了修正主义，各省要顶住，要独立，要造反。那么，中央不就是由毛、刘、周、朱、陈、林、邓等组成吗？参加“最后晚餐”的，究竟谁是出卖耶稣的人呢？“中央出修正主义怎么办？”这个问题一提出，可以想见，大家的神经都不可能不紧张起来。

会议期间，贺龙元帅向毛泽东汇报了北京军区杨林军事表演的情况。毛泽东听了很高兴：“有这样的事情为什么不告诉我也去看看？”

毛泽东要视察军事表演。贺龙、罗瑞卿紧张忙碌。

6月15日下午4时，毛泽东偕刘少奇、董必武、朱德、周恩来、邓小平、彭真、陈毅、贺龙、聂荣臻、李先念、李井泉、谭震林、乌兰夫、陆定一、康生、薄一波、李雪峰、刘澜涛、杨尚昆、肖劲光、许光达以及各中央局、各省市区和中央各部委负责人，阵营浩大，云集西郊射击场。两个主席兴趣盎然地观看了表演。

6月16日，毛泽东又把原班人马带上十三陵水库。他首先在大坝边的小楼里接见了参加中央工作会议的所有人员，作了关于培养接班人五个条件的讲话。再次发出号召：“要警惕像赫鲁晓夫那样的个人野心家和阴谋家，防止这样的坏人篡夺党和国家的各级领导权。”毛泽东还提出：“大区书记要抓军队，不能只要钱不要枪。”这再次表明，在北京与地方之间，他更信任地方大员，寄希望于地方组织。

在使大家紧张起来以后，毛泽东需要轻松一下。文武之道，一张一弛。

下午3时40分，毛泽东、刘少奇等在罗瑞卿、杨勇以及体育学院许多男女学生陪同下双双下水库游泳。刘少奇夫人王光美、罗瑞卿夫人郝治平也陪同游泳。她们是毛泽东亲自点名让她们来的。江青不会游泳，只得在岸边眼见这男男女女簇拥着毛泽东。

毛泽东一到水中，又进入了他海阔天空的自由世界，在同学们的簇拥下或侧泳，或仰泳，或仰卧水面，一动不动，任水载浮。这一场景被制成纪录片，很快在全国上映，人们看到自己的伟大领袖虽年逾古稀，却能畅游水库，挑战自然，随心所欲，无不为之激动。

毛泽东的每一个行动，似乎都有它的政治意义。

刘少奇外出一路大发脾气

中央工作会议后，中央决定由刘少奇挂帅，指导全国的运动。

不知是真的感到形势严峻，还是竭力跟上毛泽东的思路。五六月会后，刘少奇的思想进一步“左”转。

6月底到7月，刘少奇外出视察。先到天津，再到济南、合肥、南京、上海、郑州。这次外出，除了解运动情况外，就是为了贯彻中央工作会议精神。

刘少奇在天津、济南、南京等地先后都召集了军队系统干部座谈会，了解政治工作、军事训练和战备工作。这或许是为了落实五月会议上毛泽东关于准备打仗的思想。作为主持中央工作的党的第一副主席、国家主席，过问军队的事本是极正常的。然而，党内历来有严格分工，过去除了陪同毛泽东，刘少奇很少单独召集军队干部会议。因此，这次原本正常的活动就显得抢眼。

刘少奇历来严厉。但这次外出，不仅严厉，还显得很急躁。脾气很大。

刘少奇从天津到济南时，华东局就派魏文伯专程前往迎接，然后陪他到安徽。刘少奇一行抵达合肥后，魏文伯就用电话给江渭清和江苏省委打招呼。刘少奇对前一段“四清”运动很不满意。魏文伯在电话里说：“渭清同志，你要小心！这次少奇同志脾气大得很。他在山东已经发了脾气，到合肥发了大脾气。”提醒江渭清要有思想准备，在刘少奇到南京后“注意”。

7月14日，刘少奇到了南京。他不住招待所，而是在省委办公大楼的办公室里临时搭了个铺。当天下午，江渭清和李士英、彭冲等省委负责人向他汇报工作。刘少奇亲临省委四届四次扩大会议，分别于7月15日和17日作了两个下午的讲话。刘少奇讲话，有些是谈工作问题，如阐述两种劳动制度、两种教育制度，提出各级党委都要重视培养接班人，大胆选拔年轻干部，包括知识分子干部等。但讲话的中心是阐述为什么要搞社会主义教育。几次讲话中对当时城乡社会主义教育，包括江苏的“四清”运动，提出了批评。归结起来，集中在三个估计上：

一是对“大约三分之一领导权不在我们手里”的估计，他认为，“也许不止三分之一”，有些地（市）、县领导说没有那么多，这是对“和平演变”、“资本主义复辟”警惕性不高，是很危险的。

二是对干部队伍状况的估计。他认为，“真正有严重问题的”、“四不清”的，占基层干部的多数，不是少数；没有多少问题的、可靠的、团结了95%群众的干部很少，不是多数；对基层干部“靠得住就靠，不可靠就不靠”，“要等基层干部改变了，再来依靠”。

三是对运动情况的估计，他认为，社会主义教育已经搞了一年多，“农村、城市都没有搞好”。这个革命运动比土改、合作化、公私合营更广泛、更深刻、更复杂，因此没有充分时间不行。

刘少奇在讲话中向大家透风，“后10条”要修改。他反复强调只有团结95%

群众，才能团结 95% 干部。他指出：“四清”不只清经济，还要清政治、清思想、清组织。

他再次强调，要“追根子”，认为生产队有严重问题，一定是大队有人保护。大队有严重问题，一定是公社有人保护。公社有严重问题，一定是县委、地委有人保护。地委有严重问题，一定是省里、中央有人。工厂、机关也一样。处长有严重问题，一定有部长保护。“四不清”的根子在上面，不可不追。

刘少奇严厉批评了许多领导干部浮在上面，不蹲点，他反复强调，农村“四清”、城市“五反”，各级领导都要蹲点。有了两个大队、两个工厂的经验，才有资格当省委书记、地（市）委书记、县委书记。

刘少奇的这些思想是他从天津到济南、合肥一路反复强调的。这几个省市领导听到批评，没当面表示异议。然而到了江苏，江渭清却与刘少奇发生了“顶撞”。

刘少奇讲话后，江渭清对刘少奇讲：“说社教都没搞好，江苏不是这个情况。”

刘少奇说：去年一年多，“小四清”打了败仗嘛！

江坚持说：不能这么讲，我们了解，已经开展社教的社队，60% 打了胜仗。

江说：江苏基层干部多数是好的，比较好的。

刘说：你这是没有下去，讲的还是三年前老情况。

江说：我经常下去，对情况还是知道的。毛主席也说干部的大多数是好的，比较好的。

刘打断了江的话。转而问江：你赞成不赞成王光美同志报告？

原来，王光美先期到了南京，在省委四届四次扩大会议上作了“桃园经验”的报告。江渭清竟没有到会。江渭清想，可能刘少奇认为这是对“桃园经验”不重视。

江说：从江苏的实际出发，学习精神实质。符合江苏情况的，就学习运用；如果不符合江苏情况，就不照搬。

刘说：那你们江苏就不执行了？

江说：不盲目执行。

刘没有作声。

第二天晚上，刘少奇离开南京前，江渭清偕夫人去看望刘少奇和王光美。刘与江个别交谈，严肃地说：“你昨天讲的那三个意见（即农村‘四清’、城市‘五反’是有成绩的，基层干部多数是好的，对王光美同志的报告不能盲目执行），是不对的。”

江执意坚持。刘发了脾气。

7 月 25 日，刘少奇回到北京。他感到党内存在严重的右倾，向毛泽东汇报。毛说："不要怕'左'，半年总结一次"。于是 8 月 1 日，在中共中央召集的在京党政军机关和群众团体主要负责干部大会上，刘少奇作社教运动和两种劳动制度、两种教育制度的报告。后来他说，这个报告不戴"右"的帽子，实际上全是反"右"。

集中力量在基层打歼灭战

8 月 5 日，中共中央书记处会议决定，"后 10 条"的修改由刘少奇亲自主持。根据陈伯达的提议，中央决定成立"四清""五反"指挥部，由刘少奇挂帅。

当天，刘少奇又离开北京。经武汉、长沙抵达广州。这次南下，除了具体督促各地社教外，主要任务是修改"后 10 条"。因此，刘少奇要田家英同他一道南下。

田感到非常为难，他本不赞成对农村形势和基层干部的过左估计和"扎根串连""搬石头"等"左"的做法，但又很尊重刘少奇，也不能不服从组织，只能勉为其难。

临行前，田家英报告了毛泽东，请求指示。毛交代两条：第一，不要把基层干部看得漆黑一团；第二，不要把大量工作队员集中在一个点上。在飞机上，田将毛泽东的两点意见转告了刘少奇。

到达广州，刘少奇亲自主持修改"后 10 条"，加进了一些十分尖锐的内容和语言。在做法上，与毛泽东对田家英讲的意见相反，刘少奇主张集中兵力"打歼灭战"。

8 月 16 日，刘少奇写信给毛泽东，提出了"关于集中力量进行城镇五反和农村社会主义教育运动的建议"。信中说：各个县分别搞时，一是缺少办法，一个是县委同下边犯错误干部有牵连。因此，建议把各县工作队集中到地委，在省地委领导下集中搞一个县。一个县可集中工作队员上万人，声势浩大。省地机关派工作队，上下左右同时清理。建议中央机关也要抽出人组织工作队有一万至几万人。他说："力量集中，领导加强，便于打歼灭战，便于掌握运动的火候。"

8 月 18 日，毛泽东批复刘少奇的信说："少奇同志：觉得很好，完全赞成，今天（18 日）即与中央各同志商意（议），照此办理，迅速实行。"

毛泽东本不赞成这样搞，何以作这样的批复呢？

两天之后，8 月 20 日在北戴河，毛泽东找李雪峰和华北各省、市委书记谈话，李雪峰等人不赞成这样部署。他们说：每个县派一万多人的工作队下去，倾盆大雨，是不是径流太大？河北 141 个县，按这个进度，五年才能搞一半，时间搞得很久。

毛泽东说：“少奇同志信我已经批了，中央同志讨论了，你们不赞成，怎么办？”

毛泽东还谈到，据说有的人对王光美的报告有保留。

所谓“王光美的报告”，即是 7 月 5 日王光美在河北省委工作会议上所作《关于一个大队的社会主义教育运动的经验总结》的报告。这个报告后来人们简称作“桃园经验”。

据王光美 1980 年说：毛泽东“看了‘桃园经验’很欣赏，推荐给江青看，毛主席多次鼓励表扬我，还在中央会议上表扬了刘少奇，鼓励我到各地去讲”，“毛主席要少奇同志根据桃园经验修改‘后 10 条’（草案）。”

于是王光美在河北省讲了以后，又到其他省市作报告。

刘少奇似乎对“桃园经验”特别的珍爱。8 月 19 日，即毛泽东在北戴河找李雪峰谈话的头一天，刘少奇从广州给毛泽东和中共中央写了一封信，建议由中央批转王光美的报告。信中说：“王光美同志的这个报告，陈伯达同志极力主张发给各地党委和所有工作队的同志们。”

刘少奇还代中央起草了一份批语。批语中说，这个报告“是在农村进行社会主义教育的一个比较完全、比较细致的典型经验总结，”“是有普遍意义的。”

同一天，刘少奇将“后 10 条”修改稿让田家英带回北京，并致信毛泽东和中央，建议先给各中央局、省、地、县征求意见，在 10 月会议时定稿。

随后，刘少奇离开广州，去了南宁和昆明，8 月 26 日回京。

毛泽东收到刘少奇的信，搁置了一星期。

8 月 27 日，即刘回京第二天，毛泽东就刘少奇两封信所提之事作了批示。关于“后 10 条”修正草案，毛没有同意立即下发省地县，而只批示“此件请印发各大区书记及少数参加会议的同志，加上中央参加会议的同志，越快越好，请他们研究，并提意见，再作修改。”

至于王光美的报告，毛泽东批道：“此件先印发此次到会各同志讨论一下，如果大家同意，再发到全国去。我是同意陈伯达和少奇同志意见的。”并“请小平同志办”。

这时，中央正在召开一个小型座谈会，有各大局第一书记和江苏等 8 个省委第一书记参加，讨论“后 10 条”修正草案和社教部署，刘少奇主持了会议。

刘少奇说：“这次运动要上下左右一道解决，所有根子都要挖出来，所以要彻底革命，非集中力量打歼灭战不可。”

刘提到“反右倾”。他说：“这次运动，我们有些同志怕干部躺倒不干，怕影响生产，东也怕，西也怕，就是不怕‘修正主义’，不怕‘和平演变’，不怕脱离群众。这是个什么问题？本质是什么？他又说：前几年‘宁左勿右’，现在又‘宁右勿左’，这对运动的阻碍相当大。”

刘少奇的批评是针对江渭清的，又不仅仅是针对一人，他特别提到在南京时听到涟水县高沟公社社队干部对“四清”骨干“打击报复”“反攻倒算”的情况。

7 月 29 日，王光美打电话给江渭清，传达刘少奇对“高沟事件”的指示：这是一起“反党、反人民、反社会主义性质的现行反革命事件。”刘少奇之所以在这个会上重申对“高沟事件”要作“现行反革命处理”，是要以此为典型追上面的“根子”。

就在此时，刘少奇找江渭清个别谈话，说他看到江苏的一个通知，要“学习江渭清同志的讲话”，问江：“为什么不学中央、毛主席的指示，要学江渭清的？”

问题严重了。江渭清回答说，不晓得有这样一个文件，待我请省委查一查。正在北京开会的华东局第一书记柯庆施，连打三个电话给江渭清，要江非作检讨不可。后来，江渭清让省委办公厅作了一个检查。

9 月 8 日，江渭清以个人名义向刘少奇写信检查了错误。9 月 30 日，刘少奇写了一封《给江渭清同志的信》，严厉批评各地干部脱离实际，脱离群众。这封信经毛泽东同意，印发全党，成为“四清”运动中的一份影响颇大的文件。江渭清“顶撞”刘少奇，成为四清运动中上层的一段公案。

“后 10 条”经过中央工作会议修改，再经毛泽东、周恩来、邓小平、彭真等审阅，9 月 18 日由刘少奇签发给县以上党委和工作队。这个修正草案，后称“后 10 条”修正草案，以区别于 1963 年 11 月下发的草案。

“后 10 条”修正草案，对原草案作了许多重要修改。

一是增加了毛泽东提出的衡量社教运动搞得好还是不好的六条主要标准；

二是规定领导人员必须亲自蹲点；

三是把放手发动群众放在第一位；

四是先解决干部中的问题，团结 95% 以上的群众是团结 95% 以上的干部基础；

五是“整个运动都由工作队领导。”对基层组织和基层干部，要在扎根串连、调查研究以后，采取实事求是的态度，“可以依靠的就依靠，不可以依靠的就不能依靠”；

六是“民主革命不彻底的地区要认真进行补课工作”；

七是整个运动，大体分两个阶段，分别解决四不清和敌我问题、组织建设问题。

这七点中，第五点是最重要的变化。这样一来，所有进行社教运动的基层组织和干部，都靠边站了，由工作队取而代之。

在“后10条”修正草案下发前后，刘少奇还采取了一系列措施，加剧了运动向“左”转。

9月1日，以中央名义转发了王光美的“桃园经验”，向全党推广扎根串连的做法。

10月12日，刘少奇代中央起草了《批转李雪峰同志给刘少奇同志的信》的批示。同意李雪峰信中提出的“反对右倾”的意见，强调要及时提出反对“怕左不怕右、宁右勿左的问题”。提出对已烂掉的地委、县委、区委、公社、大队和厂矿企业及其他机构，应进行夺权斗争，迅速加以解决。

10月24日，刘少奇又起草了《中央关于社会主义教育运动夺权问题的指示》，转发由陈伯达亲自搞的《关于小站地区夺权斗争的报告》。

11月12日，刘少奇起草了《中央关于在问题严重的地区由贫协行使权力的批示》，提出基层干部躺倒不干的，可由贫协组织取而代之。

11月13日，中央印发了《关于农村社会主义教育运动中工作团的领导权限的规定（草案）》。规定凡工作团集中进行运动的地方，当地县委和县人委即由工作团领导。

在这些文件中，影响最大的是“桃园经验”和“小站夺权经验”。

这些文件倾盆大雨下去后，各地紧张动员起来，从各行业、各部门抽调大批干部组织工作团、工作队和工作组。一些在校大学生和一直视为改造对象的知识分子，这次当了一回革别人命的人。

要了解1964年9月10日后工作团的声势，看看江渭清的回忆。他说：

为要“集中力量打歼灭战”，必须组织强大的工作队。全省组织一支六万人左右的农村社会主义教育工作队和一支二万人左右的城市社会主义教育工作队，以后随运动的深入发展，逐步壮大这支队伍。要求机关干部除老弱病残和其他不适宜参加工作队的人员以外，区以上机关按三分之一、公社按五分之一、企事业单位按10%—15%的比例抽调。另外，选拔一批优秀的农村知识青年、复员军人、回乡职工以及城市企事业工人和不脱产干部参加工作队。工作队要以开展运动的县、市为单位建立团部，由所在地区的地委书记担任团长。与此同时，省委决定成立“农村社会主义教育运动办公室”和“城市社会主义教育运动办公室”，协助省委掌握运动情况，研究有关政策，处理日常工作。

动乱的前奏曲已经奏响

每个地区集中上万人搞一县，大兵团压境，大揭阶级斗争盖子。结果发现，这里也“烂掉了”，那里也“烂掉了”，基层干部大多数都是敌对阶级分子。许多地方开展了夺权斗争。无法掌握自己命运的基层干部们，惶惶然如热锅里的蚂蚁，其中不少人走上了“自绝于党，自绝于人民”的道路。

山东省曲阜县东郊大队是一个名副其实的红旗单位。支部书记郭守明是全省著名劳模，在他领导下，大队发生巨大变化，群众生活大有提高。然而工作队进村，不问青红皂白，发动群众整干部，将全大队干部隔离审查，郭守明全家被斗。

青海省一个公社，工作队认为要撤职处分的干部占47%，其中认定为地富反坏的占21%，蜕化变质的占26%。

许多地方发生打人、捆人现象，自杀、逃跑事件频频发生。北京郊区通县，2万多工作队员进县，110多个工作队打了人，自杀70多起，死50多人。

贵州省委认为全省一半以上地区民主革命不彻底，需要重划阶级，甚至审查社员成分，清洗混入的敌人。

点上的“左”倾很快影响到面上的“四清”。山东烟台地委提出干部退赔指标。乳山县连开18天三级干部会，限3天退完。县委动员说：“如果不立即退赔，就要考虑地主、富农、反革命分子、坏分子和新生资产阶级分子这五顶帽子，哪一顶给你戴。”不少干部怕戴帽子，只好卖掉口粮、房子、衣服、被褥来退赔。

山东菏泽专区成武县，有些单位以“参观”的名义串到干部家搜查，有的连身上穿的棉裤也被迫脱下退赔，只剩下一条单裤；有的全部家当都上交了，床上只剩下一片席。

这种风很快蔓延到城市社教运动。上海市向133个单位派驻了15000人的工作队，有的单位发生打人、罚站、挂牌游行、经济搜查现象，甚至使用录音诱供、

社教运动中的夺权斗争大会

监视侦查等方法。[1]

这还是通过不同渠道反映上来的情况。实际情况甚至比这还严重。让我们跟随一名亲历者的回忆，去感受一下“四清”运动那颠乾倒坤的火热情景。

他叫杨克现，新华社年轻记者，类属知识分子。几经争取，成为一名社教工作队员，下到陕西长安县。在当年，这是何等的荣光。在一般基层干部看来，“四清”工作队员又是何等威风！

他本是怀着知识分子净化自己灵魂的心情来参加社教的。据长辈说知识分子只有到基层去，到火热的群众运动中去经受锻炼，接受教育，才能得到脱骨换胎的改造。但报名那天，社教总团办公室负责人见他来自新华社，便以革命需要为由，强留他在总团机关筹办《长安社教报》。

杨克现回忆说：

进入社队阵地前，我们报社的编辑和“四清”工作队员们一起，全都去聆听了有关长安阶级斗争形势的报告，以提高斗志。作报告的是中共西安市委副书记、长安社教工作总团张国声副团长，报告列举了种种事实说明长安阶级斗争的严重性。他强调说，整个西北地区土地改革很不彻底，长安县更不彻底，漏划了大量地主与富农，贫下中农“尚未彻底翻身”；又说，长安曾经是胡宗南和国民党陆军军官学校第七分校大本营，国民党残渣余孽不少，他们混入革命队伍，还在残害贫下中农；又说，长安县靠近西安大城市，城乡资本主义势力勾结一起，正在向社会主义农村

① 见薄一波《若干重大决策与事件的回顾》下卷，第1124—1126页。

猖狂进攻。听了他的报告，给队员们留下了深刻的印象：长安县满眼都是敌情，贫下中农处于水深火热之中。有的队员说："听了张书记的报告，好似大家要去解放西藏一样。"

敌情描述得如此严重，张书记还口口声声说自己"右"。

《长安社教报》虽是总团机关报，总团又直属西北局领导，据说中央书记处、中共西北局都有领导在长安蹲点，但都隐姓埋名，地点保密，不准采访。这样，《长安社教报》处于关门办报的状态。每期稿件，几乎全是工作总团团长李登瀛的批件，和工作总团办公室筛选出来的报告，无一不在说明，长安县的阶级斗争形势比预料的更为严重。

其中最令人吃惊的当推总团团长批来的、王曲分团团长、宝鸡地委书记张方海同志的文章。文章认为，工作队进村后，大揭阶级斗争盖子的结果，发现整个王曲的基层干部百分之七八十都是敌对阶级分子，或是漏划的地富，或是国民党的残渣余孽，或是新生的资产阶级分子，或者兼而有之。这些人里里外外，上上下下勾结在一起，专了贫下中农的政，贫下中农怎么能够翻身！

王曲离县城不远，是著名作家柳青一直体验生活的地方。他在那里写出力作《创业史》，向人们展现了王曲轰轰烈烈的土改和合作化运动场景。怎么现在基层干部全部都成了敌对分子呢？柳青《创业史》中带领农民奔集体化的英雄人物梁生宝的原型王家斌也挨了斗。

杨克现找到王曲"四清"工作队长，宝鸡地区的一位县委书记。杨说明来意，单刀直入地问："你们分团长不是说，你们王曲分团所在这一带地方，农村百分之七八十的干部都是敌我性质的矛盾吗！？"

工作队长先是一愣，稍一镇定，便下炕去关了房门，生怕被人偷听去似的压低了声音：

"百分之七八十的敌我矛盾！？"

沉默了片刻。"说实话，够上敌我矛盾的，恐怕连百分之三四十也没有！"

杨克现也是一愣。忽然觉得这竟是此行的重要发现：上下级之间，对形势的数量估计，相差一倍。况且，谁敢担保，这百分之三四十的数量分析合乎实际吗？

"那你为什么不向社教总团反映？"

“唉，这种时候，谁敢？”

县委书记声音变得更小了，甚至有点悲惨，愁锁眉尖。他说，他参加过多次运动，知道阶级斗争到党内就是路线斗争。一个人不能白白地作为路线斗争的牺牲品！

长安农村敌情严重得无以复加。如何打退阶级敌人猖狂进攻，西北局领导秘密蹲点的细柳分团创造了一个新经验叫“小战斗”。

“小战斗”就是对“四不清干部”先不开大的斗争会，而是要他们按照工作队的指挥行动，创造条件使他们犯错误，培养反面教员，以训练积极分子。

杨克现回忆说：

右，右倾机会主义，要知道，多少年来这都是一个可怕的词儿，大家都像躲避瘟疫一般地躲避着它。自从批斗“四不清坏干部”的“小战斗”打响以后，总团一个个“小战斗”都打得“十分漂亮”，“战果辉煌”。奇怪的是，工作总团几乎每天都接到“四不清”干部自杀的报告。不到3个月，自杀人数竟超过了500人，有人背后说，这是土改、合作化以来自杀人数最高的纪录。

自杀，是不能登我们的《长安社教报》的。自杀，按作家的说法，这是一个人丝毫看不到生的希望的悲剧。但我们总团的领导不是作家，他们一直在大抓阶级斗争，并且坚决认为，从阶级斗争的观点看来，自杀正是长安县“四不清”干部顽固对抗社教运动、阶级斗争严重尖锐的具体表现。因此要求每个工作队碰到这种问题，都必须就地批判消毒，以重振工作队的威力。此时此刻，纵使有怜惜自杀者的队员，若不是噤若寒蝉，也许都在加强学习后，以革命不是请客吃饭，不是绣花，不能那样雅致和温良恭俭让而“弄通了思想”，调整了心理上的不平衡。

阶级斗争，反修防修就像一根魔杖，一段咒语，它使人们失去理智、失去判断力，甚至失去同情心。

对敌斗争，争先恐后。斗争对象一旦被视为敌对阶级，决不能发怜悯恻隐之心，甚而为红色恐怖而亢奋。大家宁“左”勿右，对“右”，避之如瘟疫；对“左”，趋之若鹜。这也难怪。“左”：为国为民，忠心可嘉，即使过界，追究起来也只是方法问题。“右”就不同了，轻则立场不稳定、旗帜不鲜明，重则将被归入异类。稍有不慎，就会乾坤颠倒，革别人命的人忽然变成被革命的人。右倾机会主义、投降主义、修正主义、阶级异己分子、资产阶级，每一顶帽子戴上，就会陷入万劫不复的地步。社教运动到了1964年下半年，动乱的端倪已经出现，只不过它是有组织有领导的。

令人百思不解的是，1964年的刘少奇，何以如此偏激？想起他1960年亲自过问为写“反标”的湖南妇女平反，他1961年回乡为基层干部说公道话，他在七千人大会上对混淆敌我的“错误的过火斗争”的严厉批评，他在1962年上半年对民主和法制的呼唤，时间只不过过了两年，他对形势的判断，对基层干部的态度，变化何其大也，简直判若两人。有一位老人说过，假如真有一条刘少奇路线就好了。此言说得太深刻。如果社教运动按照1964年下半年的办法搞下去，又会是一种什么结局呢？当然，历史无法假设和重来。

3 两个批示　知识界又遇厄运
文化批判　大动乱初露端倪

江青批鬼戏　打响文化批判第一炮

八届十中全会后，毛泽东在国内的“反修”斗争，首先注重的是农村“四清”和城市“五反”。但他始终没有放松对文化领域的警惕性。

1962年12月21日，毛泽东巡视各地，来到上海，在同华东的省市委书记谈话中，就提出了“帝王将相、才子佳人”问题。他说：“对资本主义要有一些人专门研究，宣传部门应多读点书，也包括看戏，有害的戏少，好戏也少，两头小中间大。帝王将相、才子佳人多起来，有点西风压倒东风。东风要占优势。梁山伯不出粮食，采茶灯不采茶，旧的剧团多了些，北京的京剧团就不少。过去的文工团只有几个人，反映现代生活，不错。”

毛泽东对戏剧界的不满，由来已久。毛泽东历来认为，历史由劳动人民创造，他们应是历史主角，但在旧戏中，帝王将相、老爷太太、少爷小姐们成了主角，劳动人民只是配角。因而，早在延安时期，他就有意改造旧戏。然而，在各种文艺形式中，戏剧最具程式化，改造谈何容易。1961年以后，由于文艺政策的放宽，传统剧目的上演多了起来。其中也有一些未加整理，格调低下，解放后一直禁演的剧目。问题并不难解决。然而，当毛泽东重新强调阶级斗争以后，他就把这些同修正主义联系起来了。他对柯庆施等人说：“对修正主义有办法没有？要有一些人专门研究。宣传部门应多读点书，也包括看戏。”

毛泽东得到的文化界首先是戏剧界的信息，许多是由江青提供的。

江青，原名李云鹤，山东诸城县人，30 年代在上海参加左翼文艺活动，以蓝苹名。后被捕，写了悔过书，出狱，为蒋介石寿诞做过演出。时值青春少女，本不足怪。1937 年到了延安，隐瞒了这段历史，凭借青春丽质，并经康生（诸城同乡，江青母亲曾在康生家当过佣人，因而相识）撮合，1938 年秋与毛泽东结婚，时年 24 岁。鉴于江青历史不清，一些中央领导人不同意这桩婚事，后对江青约法三章，其中有不得参与党政工作，不得抛头露面，照顾好毛泽东的生活。江青照此办理，隐忍不出，一过 20 年。挂名中宣部文艺处副处长、文化部电影艺术局顾问。平日为毛泽东收集整理些资料。

江青曾写诗一首，表露心迹：

江上有奇峰，
锁在烟雾中，
寻常看不见，
偶尔露峥嵘。

嗜好表演的秉性，由特殊身份激发起来的政治欲望，怎耐得这等寂寞。“文革”中江青愤愤地说：“刘少奇他们专了我十多年的政，不让我参加党的活动。”

更使她妒火中烧的是，王光美以“第一夫人”身份，与刘少奇同时出现在接待外宾的场合，照片显赫登在报上。她当了近十年“第一夫人”，却从未与毛泽东同时公开亮相。江青大为不快。1962 年 9 月，终于得到毛泽东的允许，第一次以毛泽东夫人身份，参加会见印尼总统苏加诺和夫人。毛泽东、江青和苏加诺夫妇的照片，醒目地登在《人民日报》第一版。这“偶尔露峥嵘”，发出了一个重要讯号：江青不甘于“约法三章”的约束，将从幕后走向前台了。

1967 年 4 月 12 日，江青在军委扩大会议上说：

我是一个普通的共产党员，多年来都是给毛主席作秘书，主要是研究一点国际问题。在文教方面我算一个流动的哨兵。就是订着若干刊物报纸，这样翻着看，把凡是我认为比较值得注意的东西，包括正面的，反面的材料，送给主席参考。

江青虽“研究一点国际问题”，但对外交政策她没有发言权。然而在文艺方面，她在上海演过京剧，有点老本。她的眼睛首先盯着戏剧界，并不奇怪。干什么？发现敌情，“回去报告”。她自称是“一个流动的哨兵”，这比喻，再恰当不过。

江青的出山是得到毛泽东允许的。毛泽东曾对胡乔木说过，江青不会做什么工作，你们也不要用她。但后来，他改变了看法，对周扬说：江青看问题很尖锐。

据“文革”中红卫兵印的《文化革命的伟大旗手》说，江青在60年代初的几年里“审查了1300多个京剧剧目”，得出结论：“目前剧目混乱，毒草丛生。”

说江青审查了1300多个京剧剧目，有夸大之词。说她完全为了“审查”而看戏也不可信。至少在八届十中全会之前，她在北京看戏，在杭州看戏，大都为了消遣，进行“文化疗法”。1962年上半年，江青在杭州养病，康生陪伴她，一连看了两个月的旧戏，包括未加整理的解放后一直禁演的旧戏。

然而，江青不仅有特殊身份，而且有特殊的政治嗅觉。1962年7月6日，她观看了吴晗编剧的新编历史剧《海瑞罢官》，立即发现有“严重政治问题”，向毛泽东报告，要批判。当时毛泽东没有在意。

八届十中全会期间，江青约见文化部长齐燕铭，指出“舞台上牛鬼蛇神甚多，文化部要注意。”齐燕铭不以为然，不知此话来历。不久，江青又召见中宣部、文化部四位正副部长陆定一、周扬、齐燕铭、林默涵，向他们提出：“舞台上、银幕上帝王将相、才子佳人、牛鬼蛇神泛滥成灾。”部长们依然是无动于衷。这次他们太不敏感。江青的话传达了毛泽东对文化界的不满。江青决心拿昆曲《李慧娘》做突破口。昆曲《李慧娘》，是老剧作家孟超由《红梅记》改编而成的，描写南宋一个贪赃枉法、卖国求荣的宰相贾似道，一日与其妾（良家妇女，逼迫为妾）李慧娘游西湖，偶见一少年，当面怒斥贾似道。李慧娘不禁发出两声“美哉！少年”“壮哉！少年”的感叹，心有所系，就被贾似道推入湖中，含冤而死。李慧娘冤魂不散，变成鬼，用头撞死贾似道。

1961年夏，昆曲《李慧娘》在京上演，后到各省巡回演出，颇受好评，也得到周恩来的赞许。孟超的好友，北京市统战部部长廖沫沙观看此剧后，写了一篇剧评:《有鬼无害论》，登在1961年8月31日《北京晚报》上，署名“繁星”。其意思是说:《李慧娘》中写了鬼，但是个好鬼，有鬼无害。

江青先找了中宣部、文化部四位正副部长谈话，说《李慧娘》有政治问题，有鬼魂形象，要批判，部长们对她的意见未予置理。康生知道了，立即支持江青。

康生对旧戏其实十分迷恋。“大跃进”失败，灾害降临，他突然转移兴趣，到

昆曲《李慧娘》剧照

处游山玩水，搜罗文房四宝，点看旧戏，其中许多是禁演的。如《花田八错》《辛安驿》《十八扯》《宝蟾送酒》《柴市节》《战绵竹》《八阳》等。演员心有余悸，他跑到后台，给演员打气：“你放手演，出了问题算我的。”1961年3月22日，康生还到戏曲编导工作座谈会上讲话，号召“把剧目搞宽一点，”“不要太窄了”。此话一传，在北京、上海先后上演了一批未整理剧目。

康生对昆曲《李慧娘》也特别热心。剧作者孟超是康生同乡，改编过程中多次征询康生意见。康生发话：“《李慧娘》一定要出鬼魂，不出鬼魂我就不看。”彩排期间，康生亲自将叠句“美哉！少年”的后一句改为“壮哉！少年！”正式公演后，康生又亲临观看，看后甚为满意。特写信给作者：“祝贺该剧演出成功。”称赞孟超“这回做了一件大好事”，指示“北昆今后照此发展，不要再搞什么现代戏。”

然而，康生的是非标准完全由政治风向决定。当听到毛泽东对戏剧不满，听到江青要批《李慧娘》后，康生立即翻脸，来了个180度的大转弯，狠狠地批评中宣部、文化部“右倾”，要追查“鬼戏泛滥”的责任。

江青的话可以不听，康生乃主管意识形态的中央政治局委员，他的话不能不执行。1963年3月16日，以中共文化部党组名义向中宣部及中共中央写了《关于停演“鬼戏”的请示报告》，报告在批评有鬼魂形象的戏演出渐增的问题时，突出地批评说：“更为严重的是新编的剧本（如《李慧娘》）亦大肆渲染鬼魂，而评论界又大加赞美，并且提出‘有鬼无害论’，来为演出‘鬼戏’辩护”。3月29日，中共中央批转了这个报告。

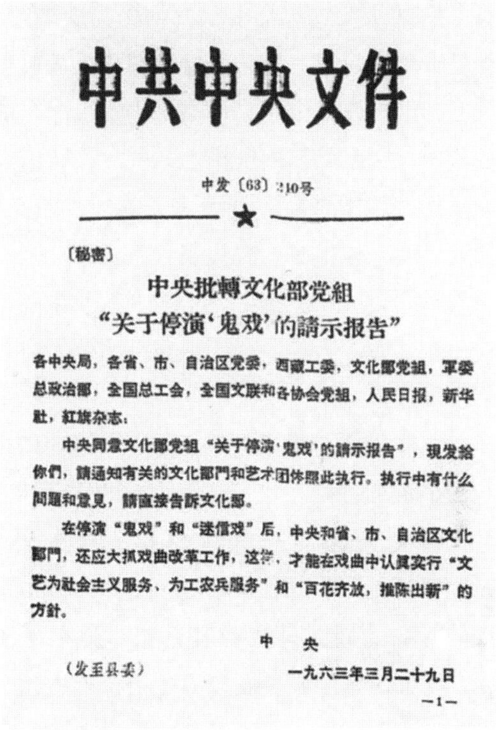
中共中央文件

中发〔63〕210号

〔秘密〕

中央批轉文化部党組
“关于停演‘鬼戏’的請示报告”

各中央局，各省、市、自治区党委，西藏工委，文化部党組，軍委总政治部，全国总工会，全国文联和各协会党組，人民日报，新华社，紅旗杂志：

中央同意文化部党组“关于停演‘鬼戏’的請示报告”，現发給你們，請通知有关的文化部門和艺术团体照此执行。执行中有什么問題和意見，請直接告訴文化部。

在停演“鬼戏”和“迷信戏”后，中央和省、市、自治区文化部門，还应大抓戏曲改革工作，这样，才能在戏曲中认真实行“文艺为社会主义服务、为工农兵服务”和“百花齐放，推陈出新”的方針。

中　央

（发至县委）　一九六三年三月二十九日

—1—

1963年3月29日，中共中央批转文化部党组《关于停演“鬼戏”的请示报告》。从此停止演出有鬼魂出现的戏剧

江青看到这份报告，仍不满意，认为是“官样文章”。她要“冲破传统”，“争取到批评的权利。”1963年3月下上海，找到了柯庆施。柯庆施把任务交给华东局宣传部长俞铭璜。俞铭璜人称“苏中才子”，据说并非“左”派。百般无奈，奉命写就一篇批判文章：《“有鬼无害”论》，1963年5月6日，登在上海《文汇报》上。署名“梁壁辉”。“梁壁辉”者，“两笔挥”也。文章使用索隐的手法，说《李慧娘》剧作者是影射攻击共产党，贾似道是共产党的总理，李慧娘反对贾似道就意味着人变成鬼也要向共产党复仇。可见江青对“鬼戏”的批判，关键不在于它有鬼魂形象，而在于神经质地认为这些鬼魂形象影射攻击了“大跃进”及其后果。

《“有鬼无害”论》作者俞铭璜，半年之后就病逝了，年仅47岁。他没有预料到，自己捉刀代笔的这篇文章，开启了文化批判的序幕。从此，全国戏剧界开始大批“鬼戏”。江青后来说：“第一篇真正有分量的批评‘有鬼无害’论的文章，是在上海柯庆施同志的支持下，由他组织人写的。”

毛泽东支持对“有鬼无害论”的批判。5月8日，在杭州会议期间，毛泽东说：“有鬼无害论”是农村、城市阶级斗争的反映。

围绕“大写十三年”的争论

江青下上海，寻求柯庆施的支持，不是偶然的契合。

柯庆施1920年入团，1922年入党，是位资深的中共领导人。1958年后，政治生涯如日中天。这年春发表“乘风破浪”的讲话，鼓吹“大跃进”，颇得毛泽东的赏识，在毛泽东对周恩来反冒进大为不满时，曾动过由柯庆施取代总理职位的念

头。中共八大二次会上，柯增选为中央政治局委员，1960年成立中央局时，他被委任为华东局第一书记，继续兼任上海市委第一书记、上海市长，是响当当的华东“第一人”。在6个中央局书记中，毛泽东最为信任和赏识的有两个，一个是中南局的陶铸，一个就是柯庆施。

柯庆施本来就对周恩来、陈毅主持调整文艺政策有抵触。1961年6月“新侨会议”时，他指令上海代表“只要带耳朵，不要带嘴巴，上海的路线是正确的，用不着检讨。”周恩来讲话批评“五子登科”，柯不准在上海传达周的讲话。批评赵丹、张瑞芳等人是“通天演员。”1962年“广州会议”周恩来、陈毅的讲话，上海市不准宣传。

八届十中全会毛泽东重新强调意识形态领域的阶级斗争。当听到毛泽东关于戏剧中帝王将相、才子佳人太多的讲话后，1963年2月12日，柯庆施在春节团拜会上讲话，提出了“大写13年”的口号。即写建国以后13年。他说：“因为没有人提倡写13年，所以我来提倡。”“只要是写13年的，我就带老婆孩子买票来看；不是写13年的，请我看也不看。”随后，在柯庆施的支持下，在同月召开的中央工作会议上，华东代表发言强调：电影、戏剧中现代的、革命的题材太少了，而帝王将相、才子佳人、妖魔鬼怪的题材太多了，外国的、香港的也不少，已经有“喧宾夺主”，“泛滥成灾”的味道，应该解决的措施。

对于柯庆施所提“大写13年”的口号，人们有不同的意见。在同年4月中共中央宣传部在新侨饭店召开的文艺工作会议上，展开了激烈争论。张春桥在发言中进行辩解，讲了“写13年有十大好处”，他甚至宣称：“只有写13年，写社会主义革命和社会主义建设的，才是社会主义文艺。”

周扬、林默涵、邵荃麟发言都指出：“写13年”这个口号有片面性，他们尤其批评了只有写社会主义时期的生活才是社会主义文艺的论点。

提倡写反映现实生活的作品，无可厚非。然而“大写13年”作为口号提出，具有极大的片面性。柯庆施是在发挥毛泽东的思想，但似乎比毛走得更远。毛只是讲帝王将相、才子佳人太多，有西风压倒东风的味道，他并没有完全否定旧戏。就在上年12月21日的那次谈话中，他还说：“《杨门女将》《罢宴》还是好的，搞清一色也不行。要去分析，不分析就说服不了他们。”而“大写13年”的口号，只有写13年才是社会主义文艺的论点，不仅一概否定了传统题材，也否定了建国前28年的革命题材。这无异于以题材决定扼杀文艺创作。

“大跃进”中提出“写中心”、“画中心”、“唱中心”，要求文艺为鼓吹“三面红旗”服务，严重束缚了文艺家的手脚，带来文艺萧条。鉴于此，调整时期，周恩来指出：

至于题材，完全可以允许作者自由选择。古代，没有社会主义，但有中国人民优良的传统，人民创造了许多理想的人物，如武松、穆桂英等，还有不少神话，都可以写。

他又说：

演现代剧可以表现时代精神，演历史剧也可以表现时代精神。……如果只是把现实生活搬上舞台，那有什么看头。

陈毅更是快人快语。他说：

要写的东西很多，中国近百年的历史，几千年的历史都可以写，近 40 年的革命实践也可以写，12 年来已经成熟的东西也可以写，为什么要逼迫我们的作家忙于去写一些不成熟的东西，糟踏精力，糟踏劳动力，这不好。

显然，全党都在投入毛泽东领导的“反修防修”斗争。在这种形势下，这种对台戏，越激进就越占据上风。

当时文艺界的领导人，是对“大写 13 年”口号有些异议，但从总体上接受并执行了毛泽东关于在文艺战线反对“修正主义”的指导思想。1963 年 4 月，全国文联在北京召开第三届全国委员会第二次会议，周扬作了《加强文艺战线，反对修正主义》的报告，把反对“修正主义”特别是苏联文艺上的“修正主义”作为当前的战斗任务。

“两个批示”毛泽东的不满与日俱增

毛泽东本人的注意力越来越转向知识界和文化界，对文艺界尤其是戏剧的不满与日俱增。

1963 年 9 月 27 日，毛泽东在中央工作会议上说：“我们搞 10 条，搞四清，城市搞五反，实际上是国内反修正主义”，“反修也要包括意识形态方面的问题。文学、艺术、戏剧、电影、艺术等等都应该抓一下。”“要‘推陈出新’，‘陈’就是封建主义，要把封建主义、资本主义推出去，出社会主义。”他说，“不要推陈出陈，光唱帝王将相、才子佳人和他们的丫头保镖之类。”

同年 11 月，毛泽东两次尖锐批评《戏剧报》和文化部。他说：“一个时期《戏剧报》尽宣传牛鬼蛇神。文化部不管文化，封建主义的、帝王将相的、才子佳人的东西很多。文化部不管。要好好检查一下，认真改正，如不改变，就改名‘帝王将相部’、‘才子佳人部’、或者‘外国死人部’。”

1963 年 12 月 12 日，中宣部编印的一封《文艺情况汇报》送到毛泽东的案头，这份材料登载了《柯庆施同志抓曲艺工作》的文章。介绍上海抓评弹的长编新书目建设和培养农村故事员的做法。毛泽东看后，想用上海来促北京，促全国。他把此件批给北京市委的彭真、刘仁。并写了一段批语。他写道：

此件可一看。各种艺术形式——戏剧，曲艺，音乐，美术，舞蹈，电影，诗和文学等等，问题不少，人数很多，社会主义改造在许多部门中，至今收效甚微。许多部门至今还是“死人”统治着。不能低估电影，新诗，民歌，美术，小说的成绩，但其中的问题也不少。至于戏剧等部门，问题就更大了。社会主义经济基础已经改变了，为这个基础服务的上层建筑之一的艺术部门，至今还是大问题。这需要从调查研究着手，认真地抓起来。

许多共产党人热心提倡封建主义和资本主义的艺术，却不热心提倡社会主义的艺术，岂非咄咄怪事。

这个批示很大程度上依据的是柯庆施提供的材料。反过来，柯庆施得悉毛泽东的这个批示后，立即紧跟。在 12 月 25 日华东话剧会演的开幕式上，柯庆施发表讲话，大讲“大写 13 年”的主张，并且严厉批评指责文艺界。他说：

我们的戏剧工作和社会主义经济基础还很不相适应……对于反映社会主义现实生活和斗争，15 年来成绩寥寥，不知干了些什么事。他们热衷于资产阶级、封建主义的戏剧，热衷于提倡洋的东西、古的东西，大演“死人”、鬼戏，……所有这些，深刻地反映了我们戏剧界、文艺界存在着两条道路、两种方向的斗争。

全国文联副主席、中国戏剧家协会主席田汉赶来参加这次会演。中国青年人别的人可以不知道，不应该不知道田汉，他就是国歌的词作者。能填出如此感情热烈的歌词的作家，很难想象会迷恋封建主义。然而，批评戏剧界，田汉首当其冲，因为他是剧协主席。当然还不止这个。田汉到了上海遭到冷遇。新年除夕晚宴主宾席没有他的座位，元旦柯庆施以主人身份接见演出人员，田汉坐在边屋，远离大厅，竟见不到主人。大会即将结束，秘书处传来消息，闭幕会主席台上没有田汉的座位。为避免尴尬，田汉悄然离开了上海。这时，一般人还不知道有毛泽东的批示，但已听到风声，文艺界有事了。

毛泽东把批件批给彭真、刘仁，表明他对北京戏剧界的不满。但并非只是对北京市的批评。中央第一线不能不行动起来。

彭真看到指示后很紧张，打电话给周扬和林默涵，让他们去看指示，这个问题要认真处理，要向政治局写报告，请少奇同志来抓。

1964 年 1 月 3 日，刘少奇召集中宣部和文化艺术界 30 余人举行座谈会，由周扬传达和阐述了毛泽东的上述文艺批示。邓小平、彭真等参加并都讲了话。看来，大家都认同毛泽东对文艺界问题的看法，都认为见事迟、抓得慢了。当周扬讲到停演鬼戏时，刘少奇插话。他说："我看过《李慧娘》这个戏的剧本，他是写鬼，要鼓励今天的人来反对贾似道那些人，贾似道是谁呢？就是共产党。……《李慧娘》是有反党动机的，不只是一个演鬼戏的问题。"紧接着，他提出田汉编剧的京剧《谢瑶环》的问题。他说："我在昆明看了那个戏，恐怕也是影射反对我们的。武三思的儿子瞎胡闹，替武则天修别墅，也是影射的。"

彭真说："主席这个信是写给我和刘仁同志的。主席为什么写这个信？他就是觉得北京这个文艺队伍是相当的鸦鸦乌。在文艺这个战线上，我们的革命搞得比较差，可以说比较落后，也可以说最落后的。""文艺战线上的革命所以落后，首先是我们领导方面有责任。拿我来讲，……在整个文艺上我没有注意。……我看，你们要振作精神，深入地搞一下这方面的工作。这个问题可不能忽视。有很多知识分子参加革命，是因为看了小说，看了文艺作品。匈牙利事变的时候，并不是将军组织了司令部，而是裴多菲俱乐部。现在我们让一些资本主义的东西、封建主义的东西在那里泛滥，连我在内，我也是让人家泛滥的一个，咱们大家分担责任。我看，主席现在提出这个问题很及时，再不搞要吃亏，包括我们的子女，都要让人家挖了墙脚。"

邓小平说："现在看来可以说有三句话：第一句话，统一认识；第二句话，拟定规划；第三句话：组织队伍。"

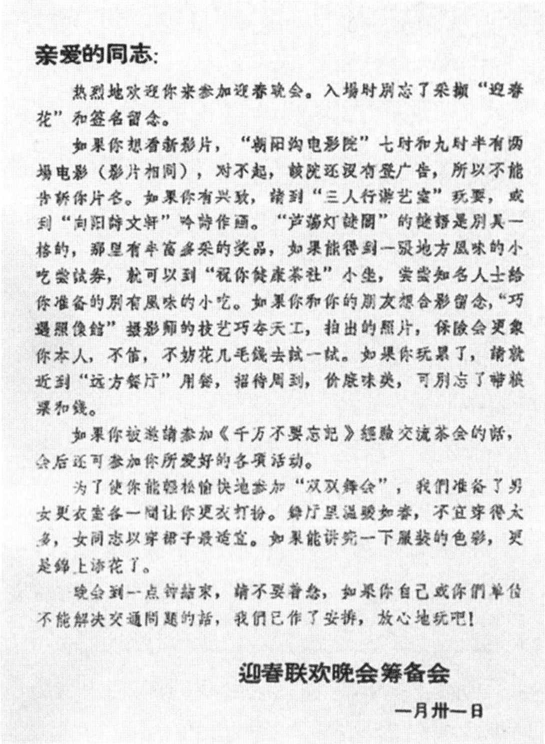

亲爱的同志：

热烈地欢迎你来参加迎春晚会。入場时别忘了采撷“迎春花”和签名留念。

如果你想看新影片，“朝阳沟电影院”七时和九时半有两場电影（影片相同），对不起，该院还没有登广告，所以不能告诉你片名。如果你有兴致，請到“三人行游艺室”玩耍，或到“向阳诗文轩”吟诗作画。“芦荡灯谜阁”的谜语是别具一格的，那里有丰富多采的奖品，如果能得到一张地方風味的小吃尝试券，就可以到“祝你健康茶社”小坐，尝尝知名人士給你准备的别有風味的小吃。如果你和你的朋友想合影留念，“巧遇照像館”摄影师的技艺巧夺天工，拍出的照片，保險会更象你本人，不信，不妨花几毛錢去試一試。如果你玩累了，請就近到“远方餐厅”用餐，招待周到，价廉味美，可别忘了带粮票和钱。

如果你被邀請参加《千万不要忘记》經驗交流茶会的話，会后还可参加你所爱好的各项活动。

为了使你能輕松愉快地参加“双双舞会”，我們准备了男女更衣室各一間让你更衣打扮。舞厅里温暖如春，不宜穿得太多，女同志以穿裙子最适宜。如果能讲究一下服装的色彩，更是錦上添花了。

晚会到一点钟結束，請不要着急，如果你自己或你們单位不能解决交通問題的話，我們已作了安排，放心地玩吧！

迎春联欢晚会筹备会

一月卅一日

1964年2月3日，中国戏剧家协会举办迎春晚会，演出的节目被指责为“庸俗低级，趣味恶劣”。随后文艺界开始整风运动。图为迎春晚会的请柬

正当中央着手整顿戏剧界之时，戏剧界又发生了“迎春晚会”事件。1964年2月3日，中国戏剧家协会在政协礼堂举行春节晚会，北京和外地的戏剧工作者2000多人参加。据说晚会“着重的是吃喝玩乐，部分演员节目庸俗低级，趣味恶劣”。这真是雪上加霜。陆定一对此进行了严厉批评，指出“剧协的一部分人已经腐败；所有各协会工作人员都应该轮流下放锻炼和加强政治学习。”

中宣部立即向剧协党组织作了传达，责成作出检查。

3月下旬，中宣部召集文联各协会党组成员、总支书记和支部书记50余人，连续开会三次，进行讨论。会议认为：“这件事的发生不是偶然的，是当前阶级斗争在文艺队伍中的反映，是剧协领导资产阶级思想暴露”，并认为“类似‘迎春晚会’这种事和由此而暴露出来的问题，在其他协会中也程度不同地存在着”，因此，“有必要在文联和各协会全体干部中，进行一次整风学习，吸取教训，使坏事变成好事。”

此后，全国文联及各协会开始了整风。参加整风的有全国文联、作家协会、戏剧家协会、音乐协会、美术协会、电影工作者协会、曲艺工作者协会、舞蹈工作者协会、民间文艺研究会和摄影学会等10个单位全体干部。

经过20多天的集中整顿学习，5月8日，中宣部文艺处写出了一份《关于全国文联和各协会整风情况的报告》（草稿）。这个报告草稿认为文艺界中存在着严重的问题：（一）没有坚决贯彻执行党的文艺方向。在八届十中全会前，各协会方向模糊，对阶级斗争形势认识不清。（二）文艺理论批评旗帜不鲜明，战斗性不强。（三）对文艺队伍的进步一面看得多，落后一面看得少，忽视了对他们的思想改造

工作。

各协会负责人纷纷认错，中宣部据此报告。报告还未定稿，自称“流动哨兵”的江青借口个人要看，私自将这份草稿送交毛泽东，进一步加深了毛泽东对文艺界的恶感。6 月 11 日，在中央工作会议上，把高薪文学家、高薪教授、高薪科学家视为修正主义的社会基础的一部分。

6 月 27 日，毛泽东在这份报告草稿上写下了第二个批示：

> 这些协会和他们所掌握的刊物的大多数（据说有少数几个好的），15 年来，基本上（不是一切人）不执行党的政策，做官当老爷，不去接近工农兵，不去反映社会主义的革命和建设。最近几年，竟然跌到了修正主义的边缘，如不认真改造，势必在将来的某一天，要变成象匈牙利裴多菲俱乐部那样的团体。

这个批示对问题估计更加严重了。文艺界已“跌到了修正主义的边缘。”再走一步，就变成“裴多菲俱乐部”，那就是策动反革命政变了。这个批示一出，文艺界为之震惊，显然它严重地违背事实。1980 年中共中央在一份文件中指出：“1963 年和 1964 年关于文艺问题的两个‘批示’中对文艺工作的指责，不符合实际情况，并且被后来的《部队文艺工作座谈会纪要》所利用，产生了严重的后果。”

《谈京剧革命》，江青当“旗手”

1964 年 6 月 5 日到 7 月 31 日，文化部在北京举行了全国京剧现代戏观摩演出大会。

参加观摩演出的有 19 个省、市、自治区 28 个剧团，2000 多人。演出了《芦荡火种》（即《沙家浜》的原剧）《红灯记》《奇袭白虎团》《节振国》《红嫂》《红色娘子军》《草原英雄小姊妹》《黛诺》《六号门》《智取威虎山》《杜鹃山》《洪湖赤卫队》《红岩》《革命自有后来人》《朝阳沟》《李双双》等剧目 37 个。

这次会演是在周恩来、彭真的亲自关心下举行的。这一批京剧现代戏是京剧界响应毛泽东的号召，勉力京剧改革的成果的荟萃。当时周恩来亲自抓了大型音乐舞蹈史诗《东方红》的编导和排练。

文化部副部长主持开幕式。主席台上坐着陆定一、康生、郭沫若等领导人，还有名极一时的京剧艺术家萧长华、盖叫天、周信芳、姜妙香、马连良、尚小云、荀慧生等。出席开幕式的有 5000 余人。可谓文化界的一桩盛事。

文化部部长沈雁冰在开幕词中说：“今天这样多的京剧团集中北京演出，舞台上既没有帝王将相，也没有才子佳人，都是新时代的工农兵形象，这在京剧历史上是没有过的，也是戏曲历史上所没有的。”

陆定一讲话说：我们要立定志向，努力工作，保证我们的后代不出修正主义，保证资本主义在我国永远不能复辟。

周信芳讲话说：我们要有坚定不移的信心和决心，把京剧这一武器拿到无产阶级手里，根据社会主义的原则加以改造，使其更好地为社会主义服务。

毛泽东观看了《智取威虎山》等剧。

全国京剧现代戏会演为江青登上政治舞台提供了绝好的机会。江青早就想把京剧改革拿到自己手里，充当京剧革命乃至文化革命的“旗手”。她的办法是两手抓，一手抓“批判”，一手抓“创作”，用她的话说，这叫“大破大立”。她首先插手《红灯记》的创作，继而又把《沙家浜》和《智取威虎山》抓在自己手里，后来又抓了《奇袭白虎团》、《龙江颂》和《海港》，以及芭蕾舞《红色娘子军》和《白毛女》，树为八个“样板”。后来，在几乎所有文艺作品都被抹杀之后，这八个“样板”曾红极一时，唱演十余年，出现了十亿人民八台戏的局面。一批本应潜心艺术的艺术家们被拴在江青的战车上，卷入政治旋涡，荣辱沉浮，身不由己，在政治大舞台上演出了一幕人生悲喜剧。

1964 年 6 月 23 日，周恩来召集部分演出人员座谈会，江青公开出席，发表了《谈京剧革命》的演说，江青掌握了毛泽东的批示精神，底气十足，一派“旗手”口吻。她说：

> 我对这次演出表示祝贺………
>
> 对京剧演革命现代戏这件事的信心要坚定。在共产党领导的社会主义祖国舞台上占主要地位的不是工农兵，……那是不能设想的事……，在方向不清楚的时候，要好好辨明方向。

江青煞有介事地提出一个令人“惊心动魄”的数字。她说：

> 全国的剧团有 3000 个，其中 90 个左右是职业话剧团，80 多个是文工团，其余 2800 多个是戏曲剧团。在戏曲舞台上，都是帝王将相，才子佳人，还有牛鬼蛇神。

《红灯记》中铁梅和李奶奶高举号志灯 《沙家浜》中“智斗”一场

那90几个话剧团，也不一定都是表现工农兵的，也是“一大，二洋，三古”，可以说话剧舞台也被中外古人占据了。剧场本是教育人民的场所，如今舞台上都是帝王将相、才子佳人，是封建主义的一套，是资产阶级的一套。这种情况，不能保护我们的经济基础，而会对我们的经济基础起破坏作用。

引人注意的是，江青三次表扬上海，却一句不提北京。表扬上海，也就是表扬柯庆施。

6月26日，毛泽东对江青的这次讲话批示道：“讲得好。”在对现状日益不满的情况下，毛泽东越来越倾向让自己的夫人出面，来转达自己的想法。

康生心领神会，与江青一唱一和。7月31日，在全国京剧现代戏观摩演出的总结会上，周扬作了总结报告后，康生登台讲话了。点名批判了大串电影戏剧作品：《北国江南》《舞台姐妹》《逆风千里》《林家铺子》《早春二月》《不夜城》，还有京剧《谢瑶环》、昆曲《李慧娘》，说都是“大毒草”，公开点名批判田汉。

文艺界的批判迅速升温

毛泽东的第二个批示在全国京剧现代戏会演期间传达下来，整个文艺界为之震动。文化部更是首当其冲。

毛泽东亲自召开了一次会，有彭真、陆定一、康生等人参加，毛泽东批评文化部，也批评了中宣部和周扬，提出要彻底整顿文化部。指定由陆定一、彭真、周扬三人组成领导小组，由陆定一主持，陆当场表示自己“见事迟”，不宜由他主持，建议由彭真挂帅。毛表示同意，接着又点名康生和吴冷西也参加小组工作。

7 月 7 日，中央书记处开会，彭真传达了毛泽东的意见。会议决定：根据毛泽东的提名，组成由彭真、陆定一、康生、周扬、吴冷西组成的五人小组，以彭真为组长，负责“贯彻中央和主席关于文学艺术和哲学社会科学问题的批示”。后来，这个小组称为“文化革命五人小组”。

1964 年 11 月 26 日，毛泽东在听取三线建设工作汇报时插话说：“整个文化部系统不在我们手里。究竟有多少在我们手里？ 20%？ 30%？或者是一半，还是大部分不在我们手里？我看至少一半不在我们手里。”

说着，毛泽东转向周恩来，说：“齐燕铭也不好，听说他是你的秘书长。这个人不能当秘书长。你还不如到解放军找一个头脑清醒的人。整个文化部都垮了。”

在文化部整风的同时，公开报刊对文艺作品的批判范围日益扩大。8 月 14 日，中宣部向中央书记处写了《关于公开放映和批判〈北国江南〉、〈早春二月〉的请示报告》。毛泽东阅后批示：“不但在几个大城市放映，而且应在几十个至一百多个中等城市放映，使这些修正主义材料公之于众。可能不只这两部影片，还有别的，都需要批判。”

一部部电影、小说、戏剧作品被揪出来示众。先后被公开批判的影片有：《北国江南》（阳翰笙编剧，沈浮导演）、《早春二月》（谢铁骊编剧、导演）、《舞台姐妹》（林保等编剧，谢晋导演）、《红日》（瞿白音编剧，汤晓丹导演）、《兵临城下》（白刃、林农编剧，林农导演）、《革命家庭》（夏衍、水华编剧，水华导演）、《林家铺子》（夏衍编剧，水华导演）、《聂耳》（于伶等编剧、郑君里导演）、《怒潮》（吴自立等编剧，史文炽导演）、《不夜城》（1958 年 7 月即已开始被批判）、《两家人》、《球迷》、《逆风千里》、《抓壮丁》等。被批判的戏剧有《李慧娘》《谢瑶环》。

被批判的小说更多，据人民大学戴知贤教授统计，有 65 部之多。其罪名大约归为六类：一曰反党反毛主席，为高岗、彭德怀树碑立传；二曰歌颂错误路线，攻击毛主席革命路线；三曰歪曲阶级斗争，宣扬阶级调和论、人性论、和平主义；四曰歪曲社会主义革命和建设；五曰丑化工农兵，歌颂美化敌人；六曰大写“中间人物”，反对塑造工农兵美好形象。被批判的作家达 55 位，包括杨沫、梁斌、欧阳山、丁玲、王愿坚、周而复、秦兆阳、沙汀、艾芜、茹志鹃、周立波、曲波、马识途、

电影《早春二月》剧照

电影《北国江南》剧照

电影《不夜城》剧照

电影《舞台姐妹》剧照

赵树理、陈翔鹤、李准、康濯、马烽等几乎所有优秀小说家。这些作家到“文化大革命”后，遭遇更惨，或伤，或残，或关牛棚，或入牢狱，有的被迫害致死，如赵树理、周立波、陈翔鹤。

批判扩大到一些文艺理论观点。如电影界，批判了瞿白音的《关于电影创新问题的独白》，文艺界批判了周谷城的“时代精神汇合论”，特别突出的，是批判了“写中间人物论”和“现实主义深化论”。

1962 年 8 月 2 日至 16 日，中国作家协会在大连召开农村题材短篇小说创作座谈会。作协书记处书记邵荃麟（也是作协党组书记）主持，茅盾、周扬作了报告。邵荃麟在讲话中，针对几年来文艺创作主题狭窄、方法简单化、模式化和教条主义偏向，提出文艺题材和创作方法要多样化。不但要写正面人物、反面人物，还要写中间人物，要向现实生活突进一步。

这些论点，后来被说成是主张写“中间人物”，来“反对写英雄人物”；是要

“在文艺创作上，同革命英雄人物争地盘”，是“资产阶级的文学主张”，是“同毛泽东文艺思想针锋相对的现代修正主义的文学主张。”邵荃麟则被指斥为“资产阶级中间抵抗社会主义革命力量在党的文艺领导机构中的代言人。”

在“文化大革命”期间，江青等人把这次大连座谈会诬为“为反革命复辟制造舆论的黑会”，邵荃麟则被作为“黑帮分子”“叛徒”“反革命”批斗，1971 年 6 月 10 日被迫害致死。

毛泽东说过，凡有人群的地方都有左、中、右。这话不错，知识界也不例外。文化批判确实培养了一批“左派”，他们或从这种批判中找到了快感；或希望通过批判名家出人头地；也有虔诚的信奉者以参加一场“圣战”而感到神圣。因而，文化批判有不可遏制的势头，无产阶级快没有自己的作家和作品了，剩下的只有擅写批判文章的“棍子”。这使主持宣传文化工作的领导者有大水冲了龙王庙的感觉，他们试图控制局面。

1965 年 2 月 23 日，周扬召集各协会和主要报刊负责人会议，提出写批判文章不要“打空炮”“乱猜”“乱扣帽子”，要防止“片面性和绝对化”，不能搞“教条主义”；并强调对夏衍、田汉等“要有历史观点”，“要一分为二”，“政治与学术要分开”。

1965 年 3 月 2 日，中共中央书记处会议上，邓小平说：现在有人不敢写文章了，新华社每天只收到两篇稿子，戏台上只演兵，只演打仗的，电影哪有那么完善？这个不让演，那个不让演。那些“革命派”想靠批判别人出名，踩着别人的肩膀上台。他提出要赶快刹车。

1965 年 4 月，文化部、全国文联和各协会的整风结束。4 月 7 日，中共中央发出《关于调整文化部领导问题的批复》，免去了齐燕铭、夏衍等文化部副部长职务。5 月，改组了文化部领导，成立了以肖望东（原南京军区副政委）为书记，石西民、颜金生（军队红军老干部）为副书记的新党组。一年以后，这个新党组也被打烂了。

邓小平讲话和整风结束，文化部改组，有使文化批判降温的用意。然而，到这时，已经欲罢不能了。对毛泽东来说，事情还没有开始。

“理论权威”康生与学术批判

文艺界的批判，很快扩展到了哲学、经济学、历史学、教育学、医药卫生界等各个学术领域。

把反修斗争扩大到各个学术领域，这首先是从国际反修斗争提出来的。1963年10月到11月，中国科学院哲学社会科学部委员会召开第四次扩大会，专门贯彻在哲学社会科学领域反对现代修正主义问题。10月26日，周扬在会上作《哲学社会科学工作者的战斗任务》的报告，系统地论述了在意识形态领域里反对“现代修正主义”的任务。11月13日，刘少奇也到会作反修报告，他肯定提出在哲学、社会科学各个战线上反对现代修正主义的斗争的任务，“这是很正确的，很有必要的，很及时的。”12月18日，中共中央正式发通知，要把国际反修的批判领域扩大到整个哲学社会科学和文学艺术方面。为此专门成立了反修指导小组，并且先后在哲学和社会科学领域成立了反修小组。

反修斗争的搜寻雷达从国际扫向国内，这是顺理成章的事情。这当中，“理论权威”康生起了不小的作用。他亲手制造的一场学术围剿，是对杨献珍“合二而一”论的批判。

杨献珍也算一位资深的革命者、马克思主义哲学家，时任中共中央党校副校长。1953年正当展开社会主义改造时，杨献珍不同意过渡时期的经济基础是单一的社会主义经济，认为仍然是多种经济成分并存，结果被概括为“综合经济基础论”受到批判。1958年哲学界发生“思维和存在的同一性”的争论，杨献珍不同意把“同一性”视为“等同”。康生报告毛泽东，毛说：“思维和存在有同一性”，康生散布出来，杨献珍“反毛主席”，结果杨受到批判。

强调思维与存在的同一性，实际上是为当时“不怕做不到，就怕想不到”的唯意志论提供理论支持的。而杨献珍恰恰对这种主观唯心主义进行了严厉谴责。

杨献珍在学习

1958年11月，他对学员说：“大跃进”中一些人冲昏了头脑。

1959年6月，杨献珍对地方党校来访者谈话，尖锐批评了“大跃进”中各地弄虚作假的恶劣作风。7月，他又在一次报告中批评一些地方“大跃进”“现实主义百分之一，浪漫主义百分之九十九。”

这些情报都反映到康生那里，庐山会议后，康生布置在中央党校展开对杨献珍的批判斗争，达8—9个月，罪名是“反对三面红旗”。杨被迫写了《向党低头认罪》的检讨书，康生才暂时放过，杨的职务由中央党校校长降为副校长。

然而，时间不过两年，杨献珍又面临了一场更大的灾难。大祸是由一个哲学命题引起的。

“一分为二”是毛泽东对列宁关于对立统一规律的通俗概括。1964年4月杨献珍在一次讲课中却提出“一分为二”和“合二而一”都是对立统一的表达方法。听到杨的阐述，党校教员艾恒武、林青山心有所感，写了一篇《“一分为二”与“合二为一”》的文章，5月29日登在《光明日报》上。

《光明日报》在艾、林的文章刊出前，将清样送给了康生。

这时，康生直接领导着一个“反修哲学写作小组”，专门炮制“反修文章”，主要成员有关锋、林聿时、吴传启、林杰、张恩慈等。他们正在搜寻批判对象，看到艾、林的文章，如获至宝。康生“一看有问题”，艾、林“是杨献珍的代言人”。关锋看到清样后说：“这可是一条大鱼，应当捉住，不能让它缩回去。”“反修哲学写作小组”根据康生批示写了《“合二为一”不是辩证法》一文。6月5日，登在《光明日报》上，署名项晴。文章说：“‘一分为二’同‘合二而一’是对立的”，“‘合二而一’必然调和矛盾”。

康生利用全国京剧会演大会开会之机，把艾、林的文章与项晴的文章交给江青，请她“送主席看”。康生一惯的办法是先拿到“尚方宝剑”，再展开批判。

6月8日，毛泽东在中央常委会上发话：“‘一分为二’是辩证法，‘合二而一’恐怕是修正主义阶级调和的吧？”号召展开对“合二而一”的批判。

毛泽东如此动怒，不只是“合二而一”的提法触犯了他的权威，更因为他认为这与他的路线唱反调。他在国际国内正在采取全面反攻的方针，强调斗争、矛盾，树立对立面、反对帝修反、世界革命、强调国际共运可以一分为二，党内也可以一分为二，突然冒出一个“合二而一”，这不是修正主义是什么？

毛泽东一发话，康生有了“尚方宝剑”，于是展开了对“合二而一”和杨献珍的批判。

康生采取了“引蛇出洞”的策略。即登一些赞成“合二而一”或虽不赞成但是进行学术讨论的文章，钓更多的人上钩，然后再反击和批判。1966年10月5日康生不无得意地说："1964 年'合二而一'的斗争，开始像是学术斗争，我们有意识地搞一下，是引起大家讲话。以后点了杨献珍的名，提到政治方面，这个斗争一来，杨献珍就垮了。"

这场批判声势浩大。从 1964 年 6 月至 9 月康生先后 9 次亲自召开会议布置"战斗"，组织批判文章。《人民日报》、《红旗》杂志、《光明日报》点名批判杨献珍。到 1964 年底，几个月内，中央和各地主要报刊发表文章达 500 篇之多，整个哲学界都动员起来不在话下，还开了工农兵写哲学批判文章的先例。

经过一场批判斗争，1965 年 3 月 1 日，中共中央高级党校校委会向中央作了《关于杨献珍问题的报告》。《报告》说：杨献珍"是资产阶级在党内的代言人，是彭德怀一伙，是个小赫鲁晓夫。他把高级党校搞成独立王国，干了许多坏事。"其"主要错误"是："一、反对毛泽东思想。""二、制造反对社会主义的'理论'。""三、攻击社会主义建设总路线、大跃进、人民公社。""四、鼓吹资本主义复辟，大刮单干风。""五、攻击历次政治运动，大闹翻案风。""六、同彭德怀一道反党。""七、站在赫鲁晓夫一边。""八、包庇、安插恶霸地主反革命分子。""九、把高级党校变成独立王国，进行宗派活动。""十、企图抓全国党校领导权，并且伸手到许多方面去。"

9 月 24 日，中央批转了高级党校的报告，撤销杨献珍的职务。

杨献珍在"文化大革命"中受到严重的迫害，并从 1967 年 9 月至 1975 年 5 月，被送监狱"监护审查"达 8 年之久。受这一冤案牵连，有两人（孙定国、黎明）遭迫害致死，党校受批判者达 150 余人，社会上受到牵连者难以统计。

受到严重批判的还有北京大学教授、哲学家冯定的两本书《平凡的真理》和《共产主义人生观》。冯定的这两本通俗哲学读本，在青年人中影响很大，发行量很大。然而，康生作出批示，认定它为修正主义的毒草。两本宣扬共产主义人生观的好书何以在一夜之间变成"毒草"呢？原来他们发现，书中说了两句话："不能夸大个人的作用"，"不应该将领袖神化"，这就成了攻击"伟大领袖"的罪证。几个月内，全国各种报刊发表批判文章数百篇。

1964 年下半年，康生、陈伯达在围攻杨献珍、冯定的同时，开始组织围攻经济学家孙冶方。

孙冶方本姓薛。1924 年入党，1925 年赴莫斯科学习，1930 年回国，也算是一位老革命。只是他不恋官场，而是醉心学问，因而归入知识分子之列。

50 年代末和 60 年代初，孙冶方针对中国经济体制及运行机制上的弊病提出：

孙冶方（前排左一）和中国科学院经济研究所的同事合影

要提高经济效果是发展社会主义经济的关键；在计划经济中要重视价值规律的作用；要正确运用经济杠杆，提高利润指标在经济管理中的地位；要扩大并适当规定经营管理的权限，正确处理国家集中领导和企业独立经营的关系；要提高固定资金折旧率，加强对现有企业的技术改造，等等。在 1961 年中共中央宣传部召开的一次理论会上，孙冶方对价值规律、利润、奖金和企业的自主权等问题发表了鲜明的看法。

这些观点无疑是纠“左”的，同时也是对改革传统体制的宝贵探索。康生把孙冶方的观点作为“修正主义”思想报告了毛泽东，说孙冶方比苏联的利别尔曼还利别尔曼。1964 年下半年，孙冶方受到围剿批判。康生、陈伯达说他是“中国最大的修正主义者”，在“文革”中，孙冶方被关进监狱达七八年之久。

然而，孙冶方其人，兼有学者的刚直不阿和革命者的坚韧不屈的秉性，凛然应战，决不认错。在狱中一遍又一遍地在心中默写他的政治经济学。1975 年 4 月 10 日，孙冶方获释出狱。他下车就对接他的人说：“我是一不改志，二不改行，三不改变观点。”

“文化大革命”如果单指文化领域的“革命”、“革文化的命”，那是从 1963—1964 年就开始了。

4 “一线二线”　毛刘之间分歧显露
“大权旁落”　主席暗下倒刘决心

“一线”与“二线”

国际反修、农村四清、城市五反、文化批判，这一系列的斗争，使气氛越来越紧张，反修斗争不仅使农村基层干部惶惶然，使文化界人人自危，而且使党本身乃至中央内部的关系极不正常起来。毛泽东对中央第一线，尤其是主持中央第一线工作的刘少奇的不满急剧地发展。

说到“一线、二线”体制，这其实是毛泽东本人的主意。1966 年 10 月 25 日，毛泽东谈到“一线、二线”问题，他说：

> 想要使国家安全，鉴于斯大林一死，马林科夫挡不住，发生了问题，出了修正主义，就搞了一个一线、二线。现在看起来，不那么好。我处在第二线，别的同志处在第一线，结果很分散。一进城就不那么集中了。搞了一线、二线，出了相当多的独立王国。

这虽然是毛泽东后来的说法。但没有根据怀疑毛泽东的为了“国家安全”搞“一线、二线”的考虑。但 50 年代后期毛泽东力排众议，坚决辞去国家主席一职，还有一条理由，是要摆脱“杂事”，“以便集中精力研究一些重要问题。”毛泽东不满足当“政治领袖”，更希望当“精神领袖”。战争年代精力充沛，正如他年轻时所说，既有“圣贤传教”的一面，又有“豪杰办事”的一面。正是这“两面”奠定了他在中国革命中无人可以替代的地位。现在，国际共产主义运动、国内社会主义建设需要研究的重要问题很多，国家主席一职迎来送往的繁文缛节不胜其烦。毕竟年事渐高，体力不支，他想摆脱“杂务”，专注于研究，这符合毛泽东的性格。毛泽东退居二线，刘少奇、周恩来、陈云、邓小平、彭真等处于一线。而且毛泽东事实上指定刘少奇为自己的接班人，1959 年 4 月刘少奇接任国家主席，1961 年 9 月，毛泽东又讲，以后“两个主席都姓刘”。

然而，这种“一线、二线”体制和个人指定接班人的制度，最难处理的问题是“一线二线”的关系。什么需要呈报“二线”决断，什么可由“一线”处理，全凭信任。毛泽东退居二线，专注理论，但他决不是书斋理论家，他希望自己的理论付诸实践，指导实践。起初，他自信不当国家主席，“个人威信不会……有所减损”，“在必要时，我仍可以作主题报告。”然而，正是他退居二线之时，发生了庐山会议、三年困难这一连串的事变，他自感威信受到了减损，而且越来越感到自己被冷落、被架空。

尤其是当他认定 1962 年上半年的政策是“右倾”“动摇”，“是压我的”以后，产生了对第一线尤其对刘少奇的不满。1962 年召开北戴河会议和八届十中全会，把问题“抖出来”，是对第一线的一次严重警告。

1964 年，从反修防修出发，毛泽东一再号召各级领导干部都要下去蹲点，却迟迟推不动，就是有些人不下去。为了落实毛的指示，刘少奇叫中央组织部长具体安排，并且说：“不下去的不能当中央委员，不能当省委书记、地委书记、县委书记，连公社书记也不能当。”这样一来，全党闻风而动。只北京中央机关和国务院机关，司局长以上干部就下去了一千多个。这给毛泽东深深的触动，大权旁落了。在这之后，又发生了赫鲁晓夫被赶下去，马利诺夫斯基挑衅事件，这不能不对毛泽东发生影响。在 11 月底的一次会议上，毛泽东说：“还是少奇挂帅，四清、五反、经济工作，统统由你管，我是主席，你是第一副主席，天有不测风云，不然一旦我死了你接不上。现在就交班，你就做主席，做秦始皇。我有我的弱点，我骂娘没有用，不灵了，你厉害，你就挂个骂娘的帅，你抓小平，总理。”

不知刘少奇是否听出了弦外之音，他只是就事论事回答说：“我搞不来这么多，‘四清’我管，‘五反’富治、彭真多管，经济工作由小平、总理管。”

毛泽东说：“还是你挂帅，小平做秘书长，他们这些人很忙，否则哪个也统不起来。”

恰在这时，毛泽东与刘少奇之间，在社教运动问题上发生了严重分歧。关于运动的搞法，毛泽东实际上不赞成集中力量搞“大兵团作战”，不赞成运动主要依靠工作队扎根串连、而不是放手发动群众。从他多次批复刘少奇的做法的批示中，可以体会到，“同意”是很勉强的。1964 年 12 月在北京召开三届全国人大一次会议。会上各地代表反映了“四清”运动中“左”的做法，就连毛泽东赞扬的大寨的领头人陈永贵也受到了冲击，还是周恩来亲自发话，保陈过关的。这很容易引起毛泽东对刘少奇的不满。

不过，毛泽东并不认为刘少奇“左”，而认为他是“形左而实右”，即没有弄清主要矛盾和运动的性质。关于主要矛盾和运动性质，刘少奇认为是“四清”与“四不清”的矛盾，或者人民内部矛盾与敌我矛盾交织在一起。毛泽东对问题的性质看得严重得多。1964 年 12 月 12 日，毛泽东看了薄一波转报的陈正人在洛阳拖拉机厂蹲点的报告，批示道：

我也同意这种意见，官僚主义者阶级与工人阶级和贫下中农是两个尖锐对立的阶级……这些走资本主义道路的领导人，是已经变成或者正在变成吸工人血的资产阶级分子，他们对社会主义革命的必要性怎么会认识足呢？这些人是斗争对象，革命对象，社教运动绝对不能依靠他们，我们能依靠的，只有那些同工人没有仇恨而又有革命精神的干部。

同一天，毛泽东在中国驻罗马尼亚大使宴请罗代表团的报告上批示道：

他们看我们的干群关系不准确，我们国内严重的尖锐的阶级斗争，他们不感觉，我们的大批官僚资产阶级坏干部在他们看来正是好人。

“官僚主义者阶级”“走资本主义道路的领导人”“官僚资产阶级坏干部”，从这些提法中，可以看出，毛泽东对党内特别是党的干部队伍中的“阶级斗争”看得十分严重了，已经不是少数“分子”，而是形成了一个“阶级”。他心目中的革命对象，也不是一般干部，主要是领导干部。事实上是要对党本身进行一次“革命”了，只不过这些批示还没有公开。但凡看到这两条批示的人，无不感到震动。

12 月 15 日，中共中央政治局在北京召开工作会议，原想乘三届人大会议期间，请各地与会的领导人讨论一下社教问题，带有工作性质。会议由刘少奇主持，邓小平认为一般工作汇报，不必惊动毛泽东。他在向毛泽东报告此事后说：如果工作忙，可以不必参加了。在一次会上，毛泽东在刘少奇讲话时插话，刘不知毛有很多话要讲，毛只讲了几句，就被刘打断了，这两件事使毛大为恼火。

会议没开几天，毛泽东没有出面就结束了。毛泽东忍无可忍，终于爆发了。会后，江青请陶铸、曾志夫妇在人民大会堂“小礼堂”看《红灯记》。毛泽东在休息室问陶铸：“你们的会开完了吗？我还没参加就散会啦？有人就是往我的头上拉屎！我虽退到二线，还是可以讲讲话的么！”

陶铸、曾志愕然，谁敢在主席“头上拉屎”？曾志回忆说：“我和陶铸，已隐约感觉到了，主席说的‘有人’二字，这个‘人’恐怕是指少奇，但是我们不敢相信，也不愿相信。”

毛泽东又问陶铸：“你们开会的人是不是都已经走了？”

“有的走了。”陶答。

“告诉他们走了的赶快回来！”毛泽东斩钉截铁地命令道。

参加中央工作会议的各省书记们，又都被召回来，继续开会。

两个主席当面冲撞起来

1964年12月20日，毛泽东来到中央政治局工作会议上。毛泽东与刘少奇的对话，使分歧公开了。这次公开冲突成了毛刘分歧的转折点。争论的焦点是社教运动的重点应当指向哪里。

毛泽东主张重点要整那些“走资本主义道路的当权派”。他说：“地、富是后台老板，前台是四不清干部，四不清干部是当权派。你只搞地、富，贫下中农是通不过的，迫切的是干部。那些地富已经搞过一次分土地，他们臭了，至于当权派，没有搞过，没有搞臭。他是当权派，上面又听他的，他又给定工分，他又是共产党员。”

刘少奇这一次没有附和毛的话。他主张一切从实际出发，有什么矛盾解决什么矛盾。他说：“有三种人：漏划的地主、新生的资产阶级、烂掉了的干部。有的干部出身好，犯有四不清错误，同地富反坏勾结在一起。有的地富反坏操纵；也有漏划地富当了权的。”

毛泽东说：“不要管什么阶级、阶层，只管这些当权派，共产党当权派。发动群众就是整我们这个党。中心是整党。不然无法，不整党就没有希望。”

毛泽东说：“无非是左、中、右。利用矛盾争取多数，反对少数，各个击破，有打有拉，这套策略，我看现在还用得着，现在这个党内就是国共合作嘛！也有统一战线。”“还有少数烂掉了，省委也有烂掉了的，你安徽不是烂掉了！你青海不是烂掉了！贵州不是烂掉了！甘肃不是烂掉了！云南还是‘个别’的，不够。河南吴芝圃‘左’的很嘛！”毛泽东接着讲下去：

“先搞豺狼，后搞狐狸，这就抓到了问题，你不从当权派着手不行。”

李先念插话说：“不整当权派，最后就整到贫下中农头上。”

毛泽东肯定地说：“根本问题就在这里！”他念了杜甫的四句诗：挽弓当挽强，

用箭当用长，射人先射马，擒贼先擒王。接着说：“大的搞了，其他狐狸慢慢地清嘛！我们对冶金部也是擒贼先擒王，擒王鹤寿嘛！”

刘少奇说：“恐怕不能太绝对了。现在是党内外矛盾，敌我矛盾，四清四不清的矛盾，各种矛盾交叉。”

毛泽东说：“首先抓敌我矛盾性质的问题，重点整党内走资本主义道路的当权派。”

刘少奇坚持说：“还是有什么问题解决什么问题。不是到处都有敌我矛盾。煤炭部、冶金部，哪个是走资本主义道路的当权派？”

毛泽东脱口而出：“张霖之就是。”张霖之是煤炭部部长。这一句脱口而出的定性，“文革”初期被红卫兵奉为圣旨，把张霖之活活打死。

与会的常委们面面相觑。会场有些僵持不下。

毛泽东转换话题，批评社教运动中的做法。他说：“挤牙膏，挤那样干净？宽大处理嘛！退赔从严对，要合情合理，不必讲彻底。”毛泽东说：“有的地方只有 18 户，没有虱子，一定要捉虱？”“一不可太宽，不可打击面过宽，二不可泼冷水，不要下去泼！现在还在反右”。“要把那些几十块钱、一百块钱、一百几十块钱的大多数四不清干部先解放。”

毛泽东既强调“打击面不要太宽”，一方面又强调“不要泼冷水”，他这样解释自己的想法。他说：“我提这个问题有点‘右’。我就是怕搞得太多了，搞出那么多地主、富农、国民党、反革命、和平演变、划成百分之十几二十，如果二十，七亿人口就是一亿四，那恐怕会要发生一个‘左’的潮流。结果树敌太多，最后不利于人民。”

从这些话可以看出，毛泽东一则担心把运动搞到一般群众中去，二则担心纠缠一般干部的四不清问题忽视了重点：走资派。在他看来，危险就在这里。

20 日的会议使常委们的心情格外沉重起来。

然而，毛泽东余愠未消。

12 月 26 日，是毛泽东 71 岁寿辰。汪东兴和江青操办了寿宴，寿宴就摆在中南海毛泽东的住所，请了一些参加会议的领导人吃饭。一共三桌。有刘少奇、周恩来、邓小平、李富春夫妇、胡耀邦及陶铸夫妇、李井泉、李雪峰、刘澜涛、宋任穷等。还请了钱学森、陈永贵、董加耕、邢燕子等各界模范人物。毛泽东自己的儿女，一个也没来。小女儿李讷响应号召，下乡未回，大女儿李敏来祝寿，毛泽东硬是不让她参加。

客人们陆续来到。陶铸曾志夫妇、李井泉、李雪峰、刘澜涛、宋任穷等是最早一批来到主席处。不一会，毛泽东走了进来，环视了一下四周，招呼各路“诸侯”，“坐么，大家都坐么。”毛泽东说：“今天是我的生日，过了年就71岁了。我老了，也许不久就要去见马克思，所以今天请大家来吃饭……”

一丝悲凉和伤感，大家无言以对。

刘少奇、周恩来、邓小平、胡耀邦及钱学森、陈永贵、董加耕、邢燕子也陆续来到。

毛泽东提高了嗓门：“今天李敏回来了。我问，你回来干什么？李敏说：给您祝生日，我说：你没资格。因为你不下乡！”

“脱离人民群众，脱离基层生活。官作大了，骄娇之气。拒绝到农村去，城市里生活舒适哟，不出修正主义才见鬼！”毛泽东大声说着，谁都知道，这不是在说李敏。

李富春和蔡畅夫妇来到了。他们与毛泽东是世家友好，关系与众不同。

“富春啊，”毛泽东扭过头来大声地对李富春说：“你们什么事情都不同我讲，啊，什么话都不同我说。现在什么事情我都不知道，你们是搞独立王国，尾巴翘得很高。”

这没头没脑的责备，使李富春先是一怔，接着又笑了一笑，不作解释，只是大口地吸烟。他心里明白，毛泽东不是冲他来的，只是拿他当话由，发泄而已。

大家心里也明白，“搞独立王国”虽然是面对李富春说的，但决不只是批评李富春。

刘少奇、邓小平同样一言不发地大口吸烟。

幸好江青走过来招呼大家入席。钱学森、陈永贵、董加耕、邢燕子被安排在毛泽东的左右，陶铸夫妇和罗瑞卿分在主席这一桌。刘少奇、邓小平、周恩来、胡耀邦及各大区书记及江青本人，则分坐在另外两桌。

这种安排是毛泽东亲自嘱咐的。“大官”们只有陶铸夫妇有与主席坐在一桌的殊荣，表明此时毛泽东对陶铸的信任非同一般。

席间，毛泽东一边喝酒，一边说话，话说得格外多，很多话是“话中有话”，其他人都默不作声。参与者只记得毛泽东大声地赞扬钱学森：“钱学森不要稿费，私事不坐公车，这很好。”钱学森为不久之前第一颗原子弹爆炸成功作出了重大贡献。毛泽东并没有提到这件事，只是表扬他不要稿费，私事不坐公车。他这时所关心的是“反修防修”而不是原子弹。

毛泽东大声地批评社教运动中“只靠工作队，搞神秘主义，打击面过宽”的问题。他说：“一个县、一个公社、一个大队，谁更了解那里的情况？只有群众。”说到这里，他伸出胳膊用力地一划：“我是要坐在群众一边的。”

这一划，在党政军领导者与群众之间划出了一条界线，也在毛泽东自己与各级“当权派”之间划了一道界限。当然这是想象中的一道界限。但这一划，确使参加宴会者心里一惊。

曾志回忆说：“那晚丝毫没有寿宴的气氛，个个都紧张而困惑，主席这是怎么了？室内一点声音都没有，安静得瘆人，只听主席一个人在那里嬉笑斥责，根本不敢去作任何的猜想。陶铸后来说：‘我们那时哪敢往少奇身上想啊！’不幸的是，主席矛头所指，恰恰就是少奇。”

12 月 28 日，毛泽东又来到会场。他带来两本书放在桌子上，一本是《党章》，一本是《宪法》。然后发言。再次提出社教运动的性质问题。他还联系到 1962 年的“包产到户”和“单干风”，说：“要搞阶级斗争，要搞社会主义，不要搞那个资本主义”。毛泽东说：“请你们回去也找《党章》和《宪法》看一下，那是讲民主自由的。不要犯法呀，自己通过的，又不遵守。”

毛接着说：“我们这些人算不算中华人民共和国的公民？如果算的话，那么有没有言论自由？准不准许我们和你们讲几句话？”

毛泽东说：“我是党员，我是公民，你们一个不让我参加党的会议，违反党章，一个不让我发言，违反宪法。”“据我看，我们这个党至少有两派，一个社会主义派，一个资本主义派。”

毛泽东讲这些话，许多人摸不着头脑，不知指谁。刘少奇、邓小平沉默不语。会场的空气近乎凝固了，瘆人的寂静。

撤销“17 条”，制定“23 条”

中央政治局会议上的分歧，在会外很少人知道。但各省市也感觉得到一些迹象。因为刚发到手的“17 条”突然又接到通知收回销毁。

原来在会议前半段，由刘少奇主持起草了一个关于社教运动的文件，内容比较简单，只 16 条。根据会上讨论意见，又反复修改为 17 条。12 月 24 日和 27 日，毛泽东批示“照办”“照发”。12 月 28 日，由彭真批转，以中央 811 号文件发出。

“17 条”根据毛泽东 12 月 20 日讲话，已经加进了关于运动性质是“社会主义和资本主义的矛盾”和“重点整那些走资本主义道路（包括贪污盗窃，投机倒把）

的当权派”的提法。

文件发出后，12 月 30 日，毛泽东又授意陈伯达在“17 条”关于走资本主义道路的当权派的一段话中作了如下修改：“这些当权派有在幕前的、有在幕后的。在幕后的，有在下面的，有在上面的。在下面的，有已经划了的地主、富农、反革命分子和其他坏分子，也有漏划了的地主、富农、反革命分子和其他坏分子。”

12 月 31 日，毛泽东批示：“照改的第二页倒数三行文字，重印。请少奇同志阅后交机要室办。这是伯达同志建议的，我同意。如你也同意，则请交办。”经刘少奇同意，中央办公厅发文“停止执行”中央 811 号文件。说这个文件“中央尚在修改中，请停止下发，并自行销毁。”

毛泽东的三大政治秘书，胡乔木在养病，田家英已被冷落，只剩下陈伯达。陈伯达在政治旋涡中善于投机，随时准备把砝码投向优胜者一方。1964 年，他曾对刘少奇表现得很尊重。“桃园经验”的推广下发，让刘少奇挂帅，统管农村“四清”和城市“五反”，都是他积极建议的。

然而，当看到毛泽东对刘少奇不满，陈伯达迅速调整情绪，紧跟毛泽东。他 12 月 27 日会上的发言，顺着毛的话，从“理论”上批评刘少奇的两个提法。他说：“所谓清不清，历代就有这个问题，不能说明矛盾的性质；国民党也说有党内外矛盾的交叉，因而人民内部矛盾与敌我矛盾交叉也不能概括矛盾的性质。所以主席的概括是正确的，性质不清楚，就会迷失方向的。”

陈的发言，深得毛的赞赏。后来毛泽东修改文件时，特别把这个意见写了进去。停发“17 条”，也是陈伯达建议的。这使毛刘之间的分歧更加明朗化。

由于“17 条”停发，会议又继续开了下去。

1965 年 1 月 3 日，三届人大选举刘少奇连任国家主席。当天，毛泽东在一个小型会议上，不点名地批评刘少奇。他说：“四清”工作队集中大批人员，是搞“人海战术”，学习文件 40 天不进村，是搞“繁琐哲学”。刘少奇解释说：“工作队集中学习文件是为了反右倾”，毛泽东严厉地说：“越学越蠢，反人家的右倾，结果自己右倾”。不依靠群众，扎根串连，结果“冷冷清清”。第二个“10 条”“太长了，太繁了。”毛泽东提出：四清运动“一是不要读文件；二是不要人多；三是不要那样扎根串连”，要依靠群众，清少数人。“有则清清，无则不清。没有虱子就不要硬找。”

1 月 14 日，毛泽东对各大区书记说：“1963 年 5 月杭州会议写的第一个 10 条，为什么过了三个月，9 月北京又搞出个 10 条，只有三个月，有那么多经验？！”

毛泽东批评北京有两个“独立王国”，一个是指书记处，一个是指国家计划委员会。

根据毛泽东的讲话精神，对文件作了大的修改，内容从 17 条变为 23 条。改为《农村社会主义教育运动中目前提出的一些问题》。1 月 14 日会议讨论通过，由彭真送毛泽东审阅后，正式发出。会议也就此结束。

毛泽东在修改 23 条时，加进了严厉批评“四清与四不清的矛盾”和“党内外矛盾的交叉”提法的话。他写道：“这两种提法”“不说是什么社会里四清四不清矛盾，也不说是什么党的内外矛盾交叉。从字面上看来，所谓四清四不清，过去历史上什么社会里也能用；所谓党内外矛盾交叉，什么党派也能用；都没有说明今天矛盾的性质，因此不是马克思列宁主义的。”

这段话虽然没有点刘少奇的名，但毛刘的争论事实上半公开化了。知情的中上层干部忧心忡忡，毛刘之间的分歧不同于毛泽东与彭德怀之间的分歧，这意味着党可能发生分裂。会议期间，朱德、贺龙等人找刘少奇，希望他顾全大局，要谨慎，要尊重毛泽东。会后，中组部部长安子文受政治局和书记处多数人的委托，面见刘少奇进言：“你们两位主席发生矛盾，下边就乱了，无论如何不能和毛主席发生矛盾啊！”

刘接受大家的意见，主动找毛泽东谈话作自我批评，以后，又在自己的家里连续举行有部分中央领导人参加的党内生活会，刘少奇检讨了不尊重主席的错误，常委们批评了刘少奇。然而，两个主席之间的裂痕，已难以弥合了。在此后一年多时间里，刘少奇表面上仍主持中央一线工作，但毛泽东已不再同刘少奇和书记处通气了。

正是这次的分歧，使毛泽东下了在政治上搞掉刘少奇的决心。正如薄一波回忆说：毛刘分歧“埋下了发动‘文化大革命’的种子。”1966 年 8 月 5 日，毛泽东《炮打司令部》的大字报里，提到“1964 年形‘左’实‘右’的错误倾向。”10 月 25 日，毛泽东在中央工作会上讲：“引起我警觉，还是‘23 条’那个时候。”1970 年 12 月 18 日，毛会见斯诺。斯诺问：毛主席从什么时候明显感觉到必须把刘少奇从政治上搞掉？毛答：“那就早啰。1965 年 1 月‘23 条’发表。‘23 条’中间第一条是说四清的目标是整党内走资本主义道路的当权派，当场刘少奇就反对。”有一点是明白无误了，毛泽东多次讲“身边的赫鲁晓夫”，原来就是刘少奇。

高层的分歧，下面并不知道。“23 条”关于“重点整党内走资本主义道路当权派”的提法，当时也没有引起人们特别的注意，倒是“23 条”关于纠正“左”的偏差的规定，如尽早解放一批干部、退赔可以减缓免、严禁打人、防止逼、供、信

1965 年冬刘少奇在北京

等，在实际中发生了影响。1965 年 1 月 25 日，彭真在北京通县召开了一个 10 万人广播大会。彭真讲话调子比较温和，特别强调要团结 95% 以上的干部和群众，以及抓紧生产斗争问题。彭真的讲话录音由刘少奇、邓小平批转全国各地，起了降温的作用。“23 条”下达后，各地纠正了“四清”运动中一些“左”的做法，解放了一大批干部。运动向平稳方面发展。在整个运动中，工农业生产一直是向前发展的。

各地“四清”运动在抓紧进行，毛泽东本人却对这场运动不太感兴趣了。他认为“四清”运动、文化战线的批判，都不能解决根本问题，因而转向酝酿和发动“文化大革命”。到 1966 年上半年，全国结束“四清”运动的有 694 个县、市，占总数 32%，正当各地部署第三批“四清”时，“文化大革命”运动兴起，“四清”运动实际上不了了之。

从“吃穿用”计划到“大三线”建设

毛泽东至少有三次，在谈到党内斗争时，同时提到要准备打仗。一次是 1958 年 5 月八大二次会议时，毛泽东突然提出：“要准备最后灾难。”“赤地千里，无非是大旱大涝，还要准备打大仗。”“还要准备党搞的不好，要分裂。”

一次是 1973 年 12 月，毛泽东在中央政治局会议让批评“政治局不议政，军委不议军”之后，又突然提出“准备打仗，内战外战都来！我还可以打几仗。”“一打下来就可以分清，谁是真正愿意打的，谁是勾结外国人，希望自己做皇帝的。”

再一次就是 1964 年 6 月，中央工作会议上，毛泽东在提出“中央出了赫鲁晓夫修正主义怎么办”之后，再次提出要准备打仗。

不过1958年和1973年那两次是说说而已，并没有认真，诉诸行动。1964年这一次不同。准备打仗的思想演变为一次影响深远的经济战略布局的调整。首先是改变了第三个五年计划的制定。

关于“三五计划”，1963年初，李富春领导国家计委就提出了一个初步设想，其基本目标是“集中力量解决吃穿用。”不过当时讲“三五计划”时期是1963—1967年这五年。到了8月，中央决定再用三年（1963—1965）进行调整。“三五计划”时期就推到1966—1970年。计划目标不得不作重新考虑。拟定三大任务：一是大力发展农业，基本解决吃穿用问题；二是适当加强国防建设；三是加强与农业与国防有关的基础工业。虽然作了这些调整，仍然是一个“吃穿用计划。”

1964年4月25日，军委总参作战部向中央提了一份报告，认为我国经济建设在防备敌人突然袭击方面存在严重问题。一是工业过于集中；二是大城市人口多；三是主要铁路枢纽、桥梁和港口码头多在大城市附近；四是所有水库的紧急泄水能力都很小。所有这些一旦遭到突然袭击，将酿成大灾难。报告建议国务院组织一个专家小组，研究可行性措施。

这份报告引起毛泽东高度重视。1964年5月11日，毛泽东听取计划领导小组“三五”计划汇报。毛泽东概括地讲了他的想法：国民经济有两个拳头、一个屁股。农业是一个拳头，国防工业是一个拳头，基础工业是屁股。要集中精力打歼灭战，留有余地。这“两个拳头、一个屁股”的说法，也还是形象地肯定了李富春提出的三大任务。

6月6日，毛泽东在中央工作会议上讲话。在谈到要改变计划方式之后，毛泽东提出要进行备战。他说：“只要帝国主义存在，就有战争的危险。我们不是帝国主义的参谋长，不晓得它什么时候要打仗。”随后，他提了要搞三线工业基地。一、二线也要搞点军事工业。各省都要有军事工地，要自己造步枪、冲锋枪、轻重机枪、迫击炮、子弹、炸药。有了这些东西，就放心了。“攀枝花钢铁工业基地的建设要快，攀枝花搞不起来，睡不着觉。”毛泽东风趣地说：“你们不搞攀枝花，我就骑着毛驴子去那里开会；没有钱，拿我的稿费去搞。”

所谓一、二、三线，是对中国地理区域作的战略划分。沿海地区为一线；中部地区为二线；后方内陆地区为三线。三线有两片：一是云、贵、川、湘西、鄂西为西南三线；二是陕、甘、宁、青、豫西、晋西为西北三线。这两片统称“大三线”。在“大三线”之外，还有“小三线”，那就是沿海和中部省份的腹地山区。国家集中力量加强“大三线”建设，各省区负责“小三线”。

当时面临的国际环境的确比较严峻。美国在越南不断搞战争升级，把战火扩大到北越，逼近中国南大门，中美之间又一次走到战争边缘。蒋介石反攻大陆计划失败后，转而不断对大陆进行骚扰。中印边境自卫反击战之后，两国边境对峙并未缓和下来，由于中苏关系恶化，北方边境变得紧张起来。面对这种现实，提出加强战备是必要的。作为战略家的毛泽东，总是居安思危，重视有备无患。在他脑子里有两根弦是始终不松的，一是阶级斗争，一是战争。

毛泽东关于准备打仗和加强三线建设的话，引起了党内的共鸣。大家都感到领袖的深谋远虑，一致拥护加强战备，并且具体落实到三五计划的编制中。

毛泽东关于三线建设的思想，还引起了人们对改变中国经济发展不平衡格局的想象力。周恩来就是从这方面考虑问题的。1964 年 5 月 28 日，周恩来在中央常委扩大会上说：

> 我觉得，主席提出这个战略思想，我们从中可以引申出许多认识来，中国过去是半封建半殖民地，中国的人口也不平衡，经济发展更不平衡，以后就是要逐步走向平衡……要走向平衡，那是一个大的经济斗争。

“三线”建设时期的攀枝花钢铁厂

周恩来为三线建设和以备战为中心编制三五计划倾注了很大的热情。

从以后的发展看来，当时对世界革命形势和战争危险的估计都过头了。然而很难测算，中美之间、中苏之间没有爆发战争，在多大程度上是因为中国有了准备。不过，有一点是确实的。三线建设的战略部署，使中国获得了一个意外的结果，即用国家的力量在一个较短时间内，使中国的经济格局发生了很大改变。严重倾斜的金字塔稍稍得以扶正。

传统体制的优势或许就在于它能集全国之力，干一些市场经济条件下难以想象的事情。三线建设的展开，有两个字：一是建，二是搬。关于建，三五计划新建项目大都摆在三线，并且按照“分散、靠山、隐蔽（林彪进而提出‘进洞’）”的方针布点。据统计 1964 年下半年到 1965 年在三线新建和扩建的大中型项目达 300 余项。关于搬，就是把一线的重要工厂和重点高等院校、科研机构，全部或者部分搬到三线。这可能是空前绝后的一次工厂大搬家。一年半时间从上海等地迁入三线的第一批工厂就有 49 个。后来“文化大革命”爆发，但三线建设并没有停止。经过这次经济战略的大转移，在大西南和大西北那些落后的甚至是荒漠的穷乡僻壤，陆续出现了一批工业、科研、国防基地和城市，如攀枝花钢铁基地、酒泉航空基地、十堰汽车城等等。

三线建设中的消费、损失，效益的下降，机会成本的增加，过分的分散、选址的失当种种，经济上的利弊得失，非本书所能断定。

CHAPTER 12

第十二章　风满危楼

1　重上井冈　主席运筹二次“革命”
二下上海　江青拉开“文革”序幕

日益好转的经济与日益紧张的政治

本章题为“风满危楼”。然而，上个世纪60年代中期，中国真的有如一座风雨中的危楼吗？很难简单地回答“是”或“不是”。从一方面看，当时中国社会稳定，经济全面恢复，社会风气良好。当时的老百姓思想单纯，人们生活在理想之中，视物欲为邪恶，以奉献为崇高。当时的吏治也较廉明，虽然难免官僚主义，但绝无时下的腐败之风。社会主义制度和中国共产党的领导地位坚如磐石，国际环境虽比较复杂，也很难危及中国的稳定。因此，“危楼”只是一种幻影，一种臆想。

我们叙述了国际反修、农村“四清”、城市“五反”、意识形态领域批判斗争，人们或许会造成一种错觉：中国的老百姓都在搞运动。其实不然。这一时期的运动与“文化大革命”最大的不同，是老百姓的生活秩序、生产秩序、政府的工作秩序没有打乱，乱也是局部的。

单从经济发展看，除了“一五”计划时期，调整五年算是发展较快又较为平稳的时期，虽然带有恢复性质。中国经济真正走出了由于“大跃进”造成的大谷底。对于走出灾荒的老百姓来说，最重要的是农业的恢复，粮食的恢复。到1965年，农业总产值590亿，略高于1957年水平，粮食总产量略低于1957年。由于人口的增长，全国人均粮食及农副产品消费水平都不及1957年水平，但比起1959—1961年的困难时期，已经有了很大改善，大部分老百姓开始吃饱了肚子。

逄先知回忆1965年12月初与田家英重回1961年调查过的嘉兴地区。看到“今日的杭嘉湖农村呈现一片欣欣向荣的景象，同1961年那衰败破落的情景，形成鲜明对比。农民家里，稻谷满仓，鸡鸭成群，全嘉兴地区有90%以上的农田实行了电力排灌，看了实在令人高兴。”

从国家角度看，这一时期的经济和科技、文化成就，也有许多可圈可点之处。经过调整，保留下了“大跃进”时期大量投入的部分成果。同时建立起一批电子、石油化工、原子能、宇航工业等新兴工业部门，最值得中国人骄傲的莫过于原子弹爆炸成功和实现石油全部自给。第一颗原子弹爆炸成功集中地反映了中国科技发展的新进展。而摘掉一顶“贫油国”的帽子，实现石油全部自给，同样激发了中国人的爱国热情。从1960年最困难时期开始的大庆石油大会战，真正体现了中国工人阶级的艰苦创业精神。大庆，连同农业方面的大寨，不愧为那个时代的榜样。

1964年12月，周恩来在三届全国人大一次会议上宣布：调整基本结束。根据当时的设想，经过1965年的准备，1966年开始进入第三个五年计划建设时期。周预料，中国的经济“将要进入一个新的发展时期”。在这次会议上，周恩来提出了中国实现四个现代化的历史任务，即“在不太长的历史时期内，把我国建设成为一个具有现代农业、现代工业、现代国防和现代科学技术的社会主义强国”。这段话中的“在不太长的历史时期内”一句是毛泽东加上去的。如果照这个计划发展下去，中国必会取得可观的成就。

在周恩来的政府工作报告中，毛泽东加上了一段鼓舞人心的话。他说：“我们不能走世界各国技术发展的老路，跟在别人后面一步一步地爬行。我们必须打破常规，尽量采用先进技术，在一个不太长的历史时期内，把我国建设成为一个社会主义的现代化的强国。我们所说的大跃进，就是这个意思。难道这是做不到的吗？是吹牛皮，放大炮吗？不，是做得到的。既不是吹牛皮，也不是放大炮。”“为什么西方资产阶级能够做到的事，东方无产阶级就不能够做到呢？”

这段话表明毛泽东没有放弃对现代化的追求，但更明白的是为了批驳对“大跃进”方针的怀疑和否定。他也绝对无心在此时再发动一次经济“大跃进”，而是在酝酿另一领域的“大革命”。

中国社会正跟随毛泽东一步一步地走向这场“大革命”。此时，在上层，分歧日益深刻和明朗化，在下层，经过几年的倾盆大雨般的宣传，对毛泽东的个人崇拜日益升温，阶级斗争、反修防修的理论已经掌握着全党和全国人民。人们都感到到处有阶级斗争，都为“党变修、国变色”而担忧，都自觉地或不自觉地投身到反修防修的斗争之中。只是不像民主革命，也不像土改，有点像堂吉诃德与风车作战，革命对象有些捉摸不定。也正因为如此，人人有些自危而又危人，都争当革命者，避免变成了革命对象。这就造成了紧张得透不过气来的气氛。从政治上、意识形态上和社会心理上看，中国真像一座危楼，正面临一场暴风雨。

感到压力最为直接的要数被毛泽东点名批判的那些高层领导人。他们纷纷检查，以求减轻“罪过”。1964 年下半年，中央统战部部长李维汉再次被批判，与 1963 年那次比，罪加一等，名曰“反党反中央反毛主席”。年底，中央决定撤掉了他的部长职务，随后又被撤销全国人大副委员长和全国政协副主席职。李维汉被迫承认犯了“反党反中央反毛主席”的错误。他后来回忆说：“当时我觉得自己已是快 70 岁的人了，如果硬顶着不检查，被开除党籍，再为党做工作的机会就没有了。”

陈云原本以沉默相应对。然而，毛泽东不断地批“三自一包”，后又与刘少奇发生正面冲突，这使陈云感到不检讨已过不了关。1965 年 6 月 18 日，陈云给毛泽东送了一封自我批评的信，其中说：在 1962 年，我对农业恢复速度的估计：粮食方面，每年只能增长 2% ～ 3%，因此，要由 2800 亿斤粮食恢复到 3600 余亿斤，需要八年时间，经济作物的恢复更要迟些。现在事实上三年就恢复了。这完全证明了我的估计是错误的。1962 年 7 月初，我曾经向你提出，同时也向中央常委中有几位同志谈过，用重新分田的办法，来刺激农民的生产积极性，以便恢复农业产量。这个意见是错误的，性质是严重的，它关系到农业方向集体经济与小个体经济、社会主义与资本主义两条道路的问题。现在用加强集体经济的办法，三年就恢复了农业，如果用分田的办法，可以想是资本主义会大发展，后患不堪设想。思想根源，在于没有把人与物的关系搞准，没有人的因素第一这种思想。这是右倾错误。

陈云的自我批评，向毛泽东交了一笔“账”。但还是没有躲过毛泽东的点名批评。

1965 年 8 月 11 日，毛泽东更明确地批评说：“修正主义是一种瘟疫。1962 年在国际上在外交上，主张三和一少是王稼祥，在国内主张三自一包是陈云，而且对我们讲，不仅要包产到户，还要分田到户。说这样四年才会恢复，解放军也会拥护。邓子恢到处乱窜，刮单干风。陈云还守纪律，但是最厉害。”不过，此后，毛泽东对陈云再也没有深究了。在他看来，主要危险并不是来自陈云。

毛泽东运筹第二次“革命”

1965 年 1 月 9 日，毛泽东会见来访的美国友人斯诺。他再次提到了“死”。斯诺问：中美关系改善有没有希望？毛答：“我看有希望，不过需要时间，也许我这辈子没有希望了，我快见上帝了”，他转向在座的邓小平，“也许你们有希望”。

毛泽东说到死，但决无退隐之意。其实，这时，毛泽东正如曹孟德诗所说：烈士暮年，壮心未已。在他心中，正在酝酿一个重大的行动。这个行动，后来关系到对他一生的评价，累及一世盛名。

毛泽东的性格最大的特点就是挑战。他以向大自然挑战，向国内外敌人挑战，向生命极限挑战为最大的乐事。他说过：与天奋斗，其乐无穷；与地奋斗，其乐无穷；与人奋斗，其乐无穷。面对压力越大挑战的欲望越强烈。

1965 年 5 月，毛泽东南下，来到武汉。他以 72 岁的高龄再一次畅游长江。他对陪同他游长江的青年人说：“长江，别人都说很大，其实，大，并不可怕。美帝国主义不是很大吗？我们顶了他一下，也没有啥。”“大风大浪也不可怕。人类社会就是从大风大浪中发展起来的。”他正要创造一场政治大风暴，让亿万中国人在其中得到“锻炼”和“考验”。

游完长江，毛泽东重新登上他阔别 38 年的井冈山。这里是中国革命的摇篮，这里是毛泽东之路的出发地。38 年过后，重上井冈山，他感慨万千，连续写下两首词。一首调寄“水调歌头”，一首调寄“念奴娇”，抒发胸襟。其词曰：“可上九天揽月，可下五洋捉鳖，谈笑凯歌还。世上无难事，只要肯登攀。”又曰：“独有豪情，天际悬明月，风雷磅礴。一声鸡唱，万怪烟消云落。”

此时重上井冈山，绝不只是故地寻踪。他要找回的是当年风雷激动、旌旗奋起的豪情，去迎接新的战斗。他的《重上井冈山》词，具有强烈的现实背景，有如一声战斗前的号角。不过这号角，暂时只在他自己胸中激荡。

这年，毛泽东虽然有时与刘少奇同时出现在公开场合，但已很少思想沟通。这年夏天，法国文化部长安得烈·罗尔罗斯来访，他按照外交礼仪，向中国的国家主席刘少奇递交了戴高乐总统的一封亲笔信，中国官员顺序站在刘少奇之后。然而，向刘少奇递交信件只是形式。毛泽东另外站在附近，他才是真正的主角。递交信件后，开始谈话，始终是毛泽东讲话，刘少奇等“只是一群缄默的证人”，罗尔罗斯回忆道，“毛泽东低语道：我是独自和群众在一起的……”

这年，毛泽东很少待在北京，他长时间在外地巡视。找各中央局、各省市委、各大军区领导人谈话，打招呼。一个主要话题，就是“中央出修正主义怎么办”。

9月18日至10月12日，在北京召开了中央工作会议。会议主要是讨论1966年国民经济计划和长远规划。9月18日会议一开始，毛泽东到会讲话，先讲国际形势，美帝、苏修亡我之心不死，蒋介石一直在叫反攻大陆，越战升级。现在不单是加强战备，战争实际上在越南打起来了，问题在于我们要准备大打，准备美帝投原子弹，打世界大战。他提出要“诱敌深入”“关起门来打狗”，主动大撤退，全民皆兵。

毛泽东关于战争的一番论述，使与会者都思想准备不足。遵照毛的指示，9月19日，刘少奇、周恩来、邓小平、罗瑞卿等立即行动起来，召集军委座谈会，研究国内外形势及可能的战争前景和战略方针问题。

1965年，越战升级。美军一面大举轰炸北越，一面大规模增兵南越，介入地面作战，对中国构成严重威胁，这当然不能坐视不理。中国政府一面向美国发出警告，一面加大援越力度。1965年4月2日，周恩来通过巴基斯坦总统向美国转达中国政府的立场：（1）中国不会主动挑起对美国的战争；（2）中国人说话是算数的，中国所承担（援越抗美）的国际义务要履行；（3）中国已经做好了准备。

4月14日，中共中央发出加强战备工作的指示，同时决定派遣防空、工程、铁道、后勤等支援部队赴越南。国内战备的空气日益浓烈。

然而，使国内政治空气变得紧张而又捉摸不定的，还不在于战备，而在于这种战备的火药味与反修防修的火药味的掺和。毛泽东真的相信战争已迫在眉睫了，要准备早打、大打、打核战争了吗？如果这样，他又怎么敢于在不久之后发动一场史无前例的自乱阵脚的政治运动呢？我们看到，毛泽东总是把准备打仗与防止修正主义篡夺领导权相联系。

1965年9—10月的中央工作会议上，毛泽东提问：“中央出了修正主义，怎么办？”“很可能出，这是最危险的。”1964年5—6月提出中央出修正主义怎么办？还只是一种或然性，现在说得很肯定了。彭真不懂这话的实在含义。10月12日，在会上随着说：“中央出了，你们地方不出，不要紧。中央几个大人，把他一革，就完了。至于地方出了，中央照样出，那就不好了。”10月10日，毛泽东同中央局第一书记们谈话时说：如果出了赫鲁晓夫，我们搞的小三线就好造反。中国人好造反，我们这些人还不是造反，跟宋江差不多。

在这之前，毛泽东作出一个决定，把彭德怀、黄克诚、张闻天等外放任职。彭德怀去西南三线任副总指挥，黄克诚去山西任副省长。有人解释说，这表明毛泽东在反省自己，从大局出发，捐弃前嫌，重新安排彭、黄、张的工作。

其实，没有证据表明此时毛泽东有反省之意，相反，由康生主持的彭德怀、习仲勋的专案组正加紧工作，写出报告，认定“彭德怀和黄克诚这些人是反革命、阶级敌人。”真实考虑很可能是：正当战备紧锣密鼓、国内“反修”斗争酝酿大行动之时，毛泽东认为彭德怀、黄克诚等人不宜留在首都，必须分配到外地。一个有力的证据是，这时毛泽东正授意江青组织撰写批判《海瑞罢官》的文章，批《海瑞罢官》，就是批为彭德怀翻案。正是彭德怀到达三线的当天，《文汇报》发表了姚文元批《海瑞罢官》的文章。

江青二下上海寻求支持

前面已谈到，要批《海瑞罢官》，江青早在1962年7月就有此意。只是当时毛泽东没表态，也许他认为不到时候。

1964年江青对林默涵说，《海瑞罢官》剧本很坏，主张分田，同单干风有联系，当时还没有提出罢官问题。她又找周扬谈了这件事。周扬左右为难。他在中宣部一次会上说：在《海瑞罢官》问题上，我们欠了一笔债，怎么办？下半年，江青就在北京找了李希凡，要他写批判《海瑞罢官》的文章，李希凡没接受。于是，1965年2月，江青到上海再次寻找柯庆施的支持。

江青这次的行动，是得到毛泽东的同意的，但瞒过了中央政治局的所有人。

1967年4月12日，江青在军委扩大会议上专门说过这件事：

批判《海瑞罢官》也是柯庆施同志支持的。张春桥同志、姚文元同志为了这个担了很大的风险啊，还搞了保密。我在革命现代京剧会演以前，作了些调查研究，并且参与了艺术实践，感觉到文艺评论也是有问题的。我那儿有一些材料，因为怕主席太累，没有给主席看。有一天，一个同志，把吴晗写的《朱元璋传》拿给主席。我说：别，主席累得很，他不过是要稿费嘛，要名嘛，给他出版，出版以后批评。我还要批评他的《海瑞罢官》哪！当时彭真拼命保护吴晗，主席心里是很清楚的，但就是不明说。因为主席允许，我才敢于去组织这篇文章，对外保密，保密了7、8个月，改了不知多少次。春桥同志每来北京一次，就有人探听，有个反革命分子判断说，一定和批判吴晗有关。那是有点关系，但也是搞戏，听录音带，修改音乐。但是却也在暗中藏着评《海瑞罢官》这篇文章。因为一叫他们知道，他们就要扼杀这篇文章了。

1965年5月，毛泽东自己在同阿尔巴尼亚军事代表团的谈话中，也谈到这件事的经过。他说：

那个时候，我们这个国家在某些部门、某些地方被修正主义把持了。真是水泼不进，针插不进。当时我建议江青同志组织一下文章批判《海瑞罢官》，但就在这个红色城市无能为力，无奈只好到上海去组织，最后文章写好了，我看了三遍，认为基本可以，让江青同志回去发表，我建议再让中央领导同志看一下。但江青建议：文章就这样发表的好，我看不用叫恩来同志，康生同志看了。

从毛泽东这段话看，他不只是“同意”，而且是“建议”。

江青1963年批《李慧娘》曾得到过柯庆施的支持。那时，上海有同北京唱对台戏的味道，或者说是毛泽东利用上海来攻北京，要打破北京这“水泼不进，针插不进”的“独立王国”。江青再次求助柯庆施，柯庆施把任务交给了张春桥，张时任上海市委宣传部部长，1964年受江青之托修改京剧《奇袭白虎团》，与江青已有密切来往。张春桥本人就是一个写批判文章的高手，1957年《解放日报》上发表的许多批“右派”的文章，都出自张春桥之手，用了各种化名。1958年，一篇《破除资产阶级法权》，深得毛泽东的赞誉，从此引起注意。本来他自己完全胜任江青托付的重任。然而，张春桥其人，深藏不露，城府极深，他知道此事来头不小，触动颇深。他宁愿退居幕后，向江青推荐了上海一位“青年文艺评论家”。此人就是姚文元。

对于姚文元，江青早有耳闻。姚文元是姚蓬子之子，姚蓬子是一位文化名人、出版家、左翼作家联盟成员，只是有1933年被捕叛变，1934年发表脱离共产党宣言的污点，解放后赋闲在家。姚文元也算“名人”之后，1948年加入中共，此人擅长“批判”，文风霸道，人称“姚棍子”，1955年批胡风，1957年反“右派”，姚曾大出风头。1957年2月16日，毛泽东在一次谈话中提到，“最近姚蓬子的儿子叫姚文元，写了一篇文章。我看是不错的”。不久，姚于1957年6月10日《文汇报》上发表《录以备考》，又引起毛泽东注意，令《人民日报》于6月14日转载。毛专为《人民日报》写了《〈文汇报〉在一个时间内的资产阶级方向》的社论，社

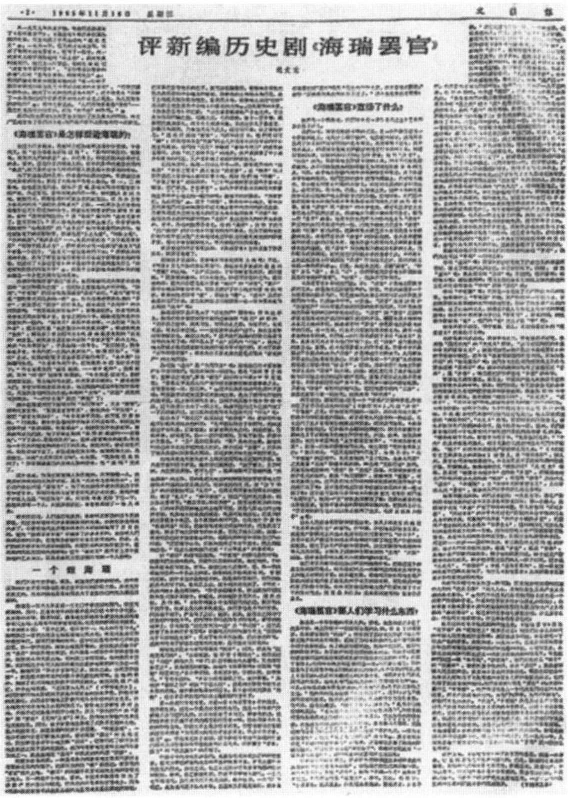
评新编历史剧《海瑞罢官》

1965 年 11 月 10 日，上海《文汇报》发表姚文元的文章《评新编历史剧〈海瑞罢官〉》，从此揭开了“文化大革命”的序幕

论称赞了姚文元的文章。姚文元遂名声大噪。其时年仅 26 岁。

过了八年，姚文元虽有“青年文艺评论家”的虚名，但还未发迹，只是个《解放日报》编委兼文艺部主任。权力有限，正仰仗张春桥的提携，对张言听计从。张春桥引荐，江青召见，姚文元应声而至。地点在上海锦江饭店锦江俱乐部。首次召见，姚文元是骑着一辆旧自行车而来的。当下，江青交下“大批判”的任务，姚文元慨然应下。张与姚都没有看过京剧《海瑞罢官》，只是听江青说是“毒草”。两人“没有碰过明史”，不得不从“埋头读书”开始，从 1965 年 2 月开始准备，到 10 月拿出成稿，历时 8 个月，改了 10 稿。

其间，从成都传来噩耗，柯庆施病逝。江青失去一位强有力的支持者，幸得已与张春桥、姚文元建立了密切的信任的关系。每次修改稿由张春桥把它夹在《智取威虎山》内，坐飞机送到北京，与江青一次次讨论，修改。成稿后送给毛泽东，毛看了三遍，认为可以，遂让江青拿去交张春桥，张春桥交上海《文汇报》发表。题为《评新编历史剧〈海瑞罢官〉》，署名姚文元，时间是 1965 年 11 月 10 日。

京剧《海瑞罢官》，是明史专家、北京市副市长吴晗创作的。其产生原由其实有一段历史佳话。

早在 1959 年 3—4 月上海会议期间，毛泽东有感于党内无人敢向他提意见，连刘少奇等多年的战友，“在我面前都不敢讲话”，导致大跃进和公社化运动中出现许多问题而不能及时察觉。毛泽东在观看湘剧《生死牌》后说，现在应该提倡学习海瑞刚直不阿、敢于直言的精神。他还讲了一段海瑞骂皇帝的故事。海瑞骂皇帝很厉害，但对皇帝又忠心耿耿，闻嘉靖皇帝死讯，在牢中大哭，把吃的东西都吐出来了。毛泽东要胡乔木找几位历史学家写海瑞的文章。胡乔木找到明史专家吴晗，吴晗慨然命笔，写了《海瑞骂皇帝》一文，发表在 1959 年 6 月。他余兴未消，9 月 21 日，又发表了《论海瑞》一文。《论海瑞》写出来时，已是庐山会议刚开过，吴晗也算敏感，怕遭文祸，在文章末尾写上了一段批判“右倾机会主义”的话，以示此文与彭德怀无关。

马连良在《海瑞罢官》中饰演海瑞

后来吴晗应京剧表演艺术家、北京京剧团团长马连良先生之约，写了《海瑞》一剧。友人蔡希陶见剧本并不是写海瑞一生，而只写其二三事，且末尾有海瑞不满庸官，挂印弃官而去的情节，遂大笔一挥，在《海瑞》剧名中加上“罢官”二字，改为《海瑞罢官》。1961 年 1 月发表于《北京文艺》，并由北京京剧团上演，马连良饰海瑞，裘盛荣饰徐阶，李多奎饰海瑞母亲。

北京出版社于 1961 年出版的剧本《海瑞罢官》，作者吴晗

《海》剧是写明朝大臣海瑞在任应天府巡抚期间，敢于将曾任宰相的徐阶的第三个儿子徐瑛（强占民田、强抢民女的恶霸）处死，并通令缙绅退田等的故事，宣扬了海瑞刚直不阿、不畏强暴、敢于斗争的精神。据说此剧上演后，毛主席很高兴，在家里接见了演海

瑞的演员马连良。

岁月流转，风云变幻。毛泽东对文艺界不满、对北京市委不满、对中央一线不满，江青当然心领神会，遂选择《海瑞罢官》作为突破口。

姚文元文章的发表点燃了导火线

姚文元《评新编历史剧〈海瑞罢官〉》一文武断地指责《海瑞罢官》塑造了一个假海瑞。其核心的部分是捕风捉影，认定《海瑞罢官》影射现实。他写道：

“《海瑞罢官》这张‘大字报’的‘现实意义’究竟是什么？对我们社会主义时代的中国人民究竟起什么作用？要回答这个问题，就要研究一下作品产生的背景。大家知道，1961 年，正是我国因为连续 3 年自然灾害而遇到的暂时的经济困难的时候，在帝国主义、各国反动派和现代修正主义一再发动反华高潮的情况下，牛鬼蛇神们刮过一阵‘单干风’、‘翻案风’。他们鼓吹什么‘单干’的‘优越性’，要求恢复个体经济，要求‘退田’，就是要拆掉人民公社的台，恢复地主富农的罪恶统治。那些在旧社会中为劳动人民制造了无数冤狱的帝国主义和地富反坏右，他们失掉了制造冤狱的权利，他们觉得被打倒是‘冤枉’的，大肆叫嚣什么‘平冤狱’，他们希望有那么一个代表他们利益的人物出来，同无产阶级专政对抗，为他们抱不平，为他们‘翻案’，使他们再上台执政。‘退田’、‘平冤狱’就是当时资产阶级专政和社会主义革命的斗争焦点”，“《海瑞罢官》就是这种阶级斗争的一种形式的反映”，“是一株毒草。”

姚文的发表，使文化领域的批判进入了一个新阶段。此前的批判，也带有浓厚的政治色彩，但基本上限于文学艺术和哲学社会科学领域，对《海瑞罢官》的批判，就把批判从文化领域引向了政治领域。

然而，一开始，姚文的背景，它与毛泽东的关系，不仅中宣部的陆定一不知道，北京市委的彭真不知道，连中央常委刘少奇、周恩来、邓小平等人也都不知道。彭真只知道毛泽东在 10 月中央工作会议上问过他：“吴晗可不可以批判？”他回答“有的问题可以批判”。毛泽东指的是政治上的批判，彭真指的是学术上的批判。彭真更想不到一个月后姚文元的文章与毛泽东有什么关系。

但姚文毕竟来头不小，又直指北京市副市长，北京市领导很紧张，打电话询问中宣部。林默涵回话“不知道”，一句也不多说。因为他猜到，这是江青搞的。

11月13日，北京市委书记邓拓、市委宣传部部长李琪、北京日报总编辑范瑾专门开会研究转载问题，决定先向《文汇报》了解情况，如果姚文元的文章是毛主席定的，《北京日报》就登，否则就不登。由于张春桥严令向北京也向中央封锁消息，《文汇报》不予透底，北京市委、北京日报、人民日报的询问均无所获。在此情况下，邓拓决定即请示在外地的彭真，彭答暂不转载，待他回京后再定。

当时，全国各地报刊先后都转载了，就是北京没有转载。江青十分恼火，从上海打电话给林默涵。问：“看到姚文元的文章没有？”林答：“看到了”。江青又问：“怎么样？”林默涵由此证实了自己的判断：“事情就是江青等搞起来的”。江青报告了毛泽东，毛泽东说：“出小册子。”他1967年5月所说的：“全国大多数的报纸都刊登了，但就是北京、湖南不登。后来我建议出小册子，也受到抵制，没有行得通”。毛泽东更增加了对中宣部、对北京、对中央的不满。似乎更加证明了中央出了“修正主义”，北京“针插不进、水泼不进”，他的意见在北京行不通了。

1965年11月下旬，彭真返京。在听取《红旗》杂志的汇报后说，吴晗性质不属于敌我矛盾，对姚文元文章错误的地方也要批判。

彭真找中宣部周扬、林默涵、许立群到人民大会堂开会，商量转载问题，林默涵告知，江青已打电话来，不转载恐怕是不行了。彭真不得不同意转载，但要加一个按语，说明学术问题，可以讨论。彭真很慎重，把按语草稿送给周恩来阅，周恩来很策略，在按语中加了毛泽东的两句话：“即使是反马克思主义的问题，也是可以讨论的。”

11月29日，《北京日报》转载了姚文元的文章，按语中强调“有不同意见应该展开讨论”，“实事求是地弄清是非。”11月30日《人民日报》转载，按语说：“我们希望，通过这次辩论，能够进一步发展各种意见之间的相互争论和相互批评。我们的方针是：既容许批评的自由，也容许反批评的自由；对于错误的意见，我们也采取说理的方法，实事求是，以理服人。”《人民日报》将姚文元的文章放在第5版“学术讨论”专栏，以表示把讨论限定在学术范畴。

根据彭真的指示，12月12日，《北京日报》《前线》杂志发表了邓拓署名向阳生的文章：《从〈海瑞罢官〉谈到“道德继承论”》，12月29日，《人民日报》发表了中宣部组织的、署名方求的文章：《〈海瑞罢官〉代表一种什么社会思潮》。12月27日《北京日报》发表了吴晗《关于〈海瑞罢官〉的自我批评》，12月30日，《人民日报》转载。力图把对《海瑞罢官》的政治批判拉回到学术批判，并保吴晗过关。这更激起了毛泽东的不满。江青在上海遵毛泽东意，把姚文印成小册子送往北京。

姚文元文章的发表，在不知内情的学术界引起重大反响。元史专家翁独健愤然地说："姚文元给吴晗下'反党反社会主义'结论，这是莫须有的罪，和秦桧陷害岳飞时的理由一样。"著名历史学家北大副校长翦伯赞说："吴晗和我是朋友，我了解他。难道吴晗要退田？"江青、张春桥有意"引蛇出洞"，把地下的意见"引到上面来"，结果使许多为吴晗抱不平的知识分子落入文网。

然而，康生旗下的"左"派关锋和戚本禹看到姚文后拍手称好。关锋说："要干起来，我们一定支持姚文元。"戚本禹说："若有人攻姚，我们就出来反驳"。关锋、戚本禹的鲜明态度，使江青甚为高兴，立即召二人去上海，与张春桥、姚文元直接磋商，返京后又向康生作了详细汇报。康生授意，戚本禹操笔，立时写成《为革命而研究历史》，载在 12 月 8 日出版的《红旗》杂志上。不点名地批判翦伯赞、吴晗的"资产阶级历史观"，与上海相呼应。

毛泽东认定《海瑞罢官》"要害是罢官"

1965 年 11 月 13 日，也就是姚文见报的第 3 天，毛泽东坐专列离京外巡。先到山东，又去安徽、江苏，19 日抵达上海。随后到杭州，下榻西子湖畔的刘庄别墅。12 月 8 日至 15 日，在上海主持召开了中央政治局常委扩大会议，解决罗瑞卿的问题。此次外巡，一待就是半年多。直到 1966 年夏，北京已经闹得天翻地覆后，他才从外地起程回京。

毛泽东授意撰写批《海瑞罢官》的文章，决非率意而为，而是一个重大的试探性行动。

1967 年毛泽东说："姚文元的文章不过是无产阶级文化大革命的信号。"发出信号是为了观察。他要通过批吴晗来观察北京的动静，分清阵线，通过批吴晗来攻北京市委。后来江青得意地说："一个吴晗挖出来，以后就是一堆啊！"林彪在中共九大政治报告中说得更明白：批《海瑞罢官》，"锋芒所向，直指修正主义集团的巢穴——刘少奇控制下的那个针插不进、水泼不进的'独立王国'，即旧北京市委。"

不过，这都是后话。在当时，恐怕连康生、江青等人也不完全知底。以至于江青费了 8 个月搞出来的文章，只联系了"单干风"，没有抓住"罢官"的"要害"。

大局初步明朗，12 月 21 日，毛泽东在杭州召见陈伯达、艾思奇、胡绳、关锋、田家英，作了一次长时间谈话。陈伯达等人是为给几部马列经典著作写序之事，应召来到杭州的。但这次谈话，毛泽东很少谈写序之事，却讲了一大篇哲学问题。而最引人注目的是关于姚文元、戚本禹等人文章的话。毛泽东说：

戚本禹的文章很好，我看了三遍，缺点是没有点名。姚文元的文章也很好，点了名，对戏剧界、历史界、哲学界震动很大，但是没有打中要害。要害问题是“罢官”。嘉靖皇帝罢了海瑞的官，1959 年我们罢了彭德怀的官。彭德怀也是海瑞。庐山会议是讨论工作的，原来打算开半个月，会议快结束了，彭德怀跳出来。他说：你们在延安骂了我四十天的娘，我骂你们二十天的娘还不行！他就是要骂娘。

毛泽东这段话，把《海瑞罢官》与庐山会议罢彭德怀的官联系起来，问题陡然升级。

第二天，12 月 22 日，毛泽东又向专来杭州的彭真指出:《海瑞罢官》的要害是“罢官”。彭真不同意这种看法，他对毛说：根据调查，吴晗同彭德怀没有联系，《海瑞罢官》同庐山会议没有关系。由于彭坚持，毛只好说：吴晗的问题两个月之后再作结论。12 月 26 日，彭真由杭州返回上海，向张春桥等人转达了毛泽东的这个意思。

江青得知毛泽东有这么一段谈话，欢欣鼓舞，嘱令整理谈话记录。艾思奇、关锋花了一通宵，写出《毛主席 1965 年 12 月 21 日同陈伯达等同志的谈话记录》，交给田家英。田家英提出，不要把这段“要害是罢官”的话写进去，因为它不符合事实,《海瑞罢官》与彭德怀问题没有关系。田敢删去这段话，还因为有毛泽东同彭真谈话精神。这个意见首先得到胡绳的支持，艾思奇也表示同意，唯有关锋不表态。回到北京，关锋纠缠不休，非要把那段话写进去不可，经过一番周折，只得恢复。谈话记录于 1966 年 1 月 9 日经彭真批发印出。

“要害是罢官”，此言一出，政治批判的分量更加增强。这场从文艺问题开始的批判，逐渐演变成为以 1958 年“大跃进”以来包括庐山会议、七千人大会、西楼会议和“四清”运动中的分歧问题为内容的批判，人们感觉到了斗争的严重性和尖锐性。但是人们普遍意识不到，一场史无前例的“文化大革命”的序幕开始了。

城门失火，殃及池鱼。在杭州田家英删去毛泽东讲“要害”的那段话的事，关锋向江青告了密，江青要追查责任者，田家英被加上了一条“篡改毛主席谈话记录”的罪名。从 1962 年以后，由于包产到户的分歧，毛泽东对田逐渐疏远，陈伯达落井下石，乘机向毛泽东说了许多坏话。田家英不愿趋炎附势，从不掩饰对江青的鄙视，江青不会没有察觉，现在江青又抓到田的把柄。1966 年 5 月后，江青、陈伯达受到重用，5 月 20 日，田家英被停职反省。田心感绝望，于 5 月 23 日上午在中南海永福堂自杀身亡，年仅 44 岁，继邓拓之后成了“文化大革命”第二个殉难者。

2 叶群告状　毛泽东听信一面之词
林彪发难　罗瑞卿遭受突然袭击

突兀其来的事件

1965 年底的中国政坛，可谓诡谲莫测，风波迭起。批《海瑞罢官》一波未平，罗瑞卿问题一波又起。1965 年 12 月 8 日到 15 日，毛泽东在上海亲自主持召开了中共中央政治局常委扩大会议，对罗瑞卿进行了背靠背的揭发批判。林彪、叶群、吴法宪、李作鹏在会上攻击罗瑞卿“反对突出政治”，“篡军反党”。

这次会开得很突然、很神秘。会议开始之前，常委中除了毛泽东、林彪外，谁都不知道会议是什么内容，要解决什么问题。与会人员被分批召到上海，到开会时才知道是为了整罗瑞卿。会议给与会者每人发了一袋材料，这是叶群送来的。会上最活跃的是连中央委员都不是的叶群，她作了三次发言，足足讲了十个小时。她说：

罗掌握了军队大权，又掌握了公安大权，一旦有事，损失太大。

罗的个人主义已发展到野心家的地步，除非林彪同志把国防部长的位置让给他。他当了国防部长又会要求更高的地位，这是无底洞。

她说：1964 年罗即逼林退位。其中最要害的“证据”是刘亚楼的“四条”。叶群揭发说：1965 年 2 月，罗瑞卿和刘亚楼两个人躺在床上，密谈一直到天黑，说罗要刘转告叶群四条意见：

第一，一个人早晚要出政治舞台，不以个人的意志为转移，不出也要出，林总将来也要退出政治舞台的；

第二，要好好保护林总身体，这一点就靠你们了；

第三，今后林总再不要多管军队的事情了，由他们去管好了，军队什么都有了，主要是落实问题，不要再去管了；

第四，一切交给罗去管，对他多尊重，要放手要他们去管。

叶群讲得天花乱坠，林彪又叫吴法宪（已接任空军司令员）在会上发言，帮腔，一口咬定罗瑞卿对刘亚楼说的那四条，刘又告诉了吴法宪。但这是死无对证。因为刘亚楼（空军司令员）已于5月病逝。与会人员感到既惊讶又怀疑。刘少奇、周恩来、邓小平说话都很少，很谨慎。刘少奇会前听了叶群的汇报，随口说了一句：“难以置信”。邓小平说了四个字：“死无对证”。

在与会者中，可能只有贺龙会前有些预感。因为在这之前，根据林彪的安排，军委直属机关就批判了军委办公厅主任肖向荣。会议主持人来告诉贺龙说：“肖的后台是罗瑞卿”。贺龙当即表示：“罗是扛大旗的，是拥护毛主席，拥护林总的。”“我可以担保罗不是反革命，他绝不会反党。”

当接到赴上海参加中央会议的通知时，贺龙敏感地感到，这次会议非同寻常，可能牵连到自己。

会议第一天晚上，刘少奇偕夫人王光美造访贺龙，恰好李井泉在座。刘对贺说：“事情真有些突然。贺老总，你是管军委日常工作的，这件事你事先知道吗？”贺龙说：“我也是刚知道。”刘又问李井泉：“你呢？事先知道吗？”李说：“我也不知道。”刘沉默了一会，说：“这么说，咱们大家事先都不知道喽！”

上海召开会议之时，罗瑞卿正在云南视察工作，一无所知。12月10日，中央要他马上回来，到上海开会。罗完全没有思想准备，接到通知就飞往上海。一下飞机，由上海市委书记陈丕显和空军司令员吴法宪迎接，将他送到一个地方，警卫森严，实际上是软禁。罗瑞卿长期搞保卫公安工作，马上意识到自己失去了自由，非常生气，又莫名其妙。稍许，周恩来和邓小平召他谈话。说明了上海会议的情况及叶群代表林彪对他的指责。罗一听，不啻晴天霹雳，他立即起而争辩：“我没有反对林副主席、没有伸手、没有反对突出政治，杀了我的头也不承认这些。”罗要求面见林彪。周恩来立即制止说：“你怎么这样天真，这样幼稚？”的确，按党内斗争规律，此时再申辩，长一百张嘴也说不清。罗也是老革命了，何以如此“天真”。其实不怪。想必罗过去经过无数党内斗争，但角色不同，临到自己头上，就当局者迷了。

罗瑞卿"篡军反党"，这的确使最高领导层感到突兀其来、惊惑不已。会后，朱德来到杭州，心情沉重，对夫人康克清说："肃反肃到我们党的内部核心。是真的？是假的？弄不清楚。……说他（罗瑞卿）篡军反党，无法让人相信。"

罗"篡军反党"难以置信，不仅因为来得突然，而且谁都知道，罗是听毛泽东话的，和毛、林关系从来都不错。

罗瑞卿是1959年9月同林彪一起走上领导中央军委工作岗位的。林彪任主持军委日常工作的副主席，罗瑞卿任军委秘书长和总参谋长。在历史上，罗与林也有历史渊源。从井冈山时期到长征途中，罗瑞卿一直是林的部属，任红四军团保工局长。到延安后，林任红军大学校长，罗任教育长。二人相处融洽，过往甚密。解放战争时期不在一个战场，但平津战役后，罗曾提出随林彪南下的请求，因毛泽东决定让罗出任公安部部长而作罢。到庐山会议后，林又成了罗的顶头上司。

罗对林是尊重的。林彪强调学习毛著，从原则上讲同罗瑞卿是合拍的。因为罗瑞卿对毛泽东不仅十分崇拜，而且忠心不二。谁都知道，公安部部长"罗长子"

1965年12月，罗瑞卿到云南边防地区视察，随后接到通知赴上海参加中央政治局扩大会议。一场突然袭击即将来到，罗瑞卿还懵懂不知

是毛泽东的大“卫士长”。新中国成立以后，毛泽东的一切外出活动的保卫都由罗亲自安排，事必躬亲，形影不离。毛泽东说过：“罗长子往我身边一站，我就感到十分放心。”

毛泽东每到一地，都要到江河湖海游泳，罗瑞卿总是先行试水，或派人试水。做到万无一失。罗原本不会游泳，为了保卫毛泽东，年过五旬还是刻苦学会了游泳。罗瑞卿唯一“反对”过毛泽东的事情，是他经常劝阻毛泽东到危险水域游泳。1957年7月，毛泽东视察长江三峡，突然提出要畅游三峡，并向中央和罗瑞卿写了信。这可吓坏了罗瑞卿，他想阻止，又无法说服。于是亲赴三峡视察水情，只见漩涡翻滚，浪涛拍岸，真如古人描述的：“卷起千堆雪”，使人不寒而栗。罗勘察半月，让人绘了水情图，回京向中央和毛泽东作了汇报，证明从三峡到武汉水段不宜游泳，中央常委不同意毛泽东去游，毛也只好作罢。凡此种种，足显罗对毛的忠诚。毛泽东的生日家宴上，总有罗瑞卿和汪东兴，毛心绪不好时，可对罗瑞卿、汪东兴发怒，让他们从房子里滚出去。但事情过后，雨过天晴，毫无芥蒂。毛对罗的信任和亲近也可见一斑。

如此这般，罗瑞卿怎么会“篡军反党”呢？为什么林彪下决心扳倒罗瑞卿，而又说服了毛泽东呢？解开这个谜，得从林彪和毛泽东两方面来说。

林彪为什么要搞掉罗瑞卿

一位严肃的老学者说：林表面忠于毛，但阴蓄异志，他用的助手必须是绝对忠于他的人，而不是绝对忠于毛的人。这是林罗龃龉的根本原因。这段话可谓一针见血。

刚接管军委工作时，林彪与罗瑞卿相处很好，但从1961年起就有了矛盾。不过，那还是因为林彪与总政主任罗荣桓元帅发生了矛盾，而迁怒于罗瑞卿的。

1962年秋，林彪夫人叶群向中央反映，林彪指挥部队入闽，累病了，需要休息。毛泽东决定，在林彪养病期间，由贺龙元帅主持军委日常工作。毛多次告诉罗瑞卿，要多向贺请示工作。此后，到1964年，报纸上经常见到罗瑞卿同贺龙一道活动的报导，林彪的不满由此产生。

林彪从建国以来，一直在养病。林彪的病始终是个谜，很怪，怕见阳光，怕见水，怕吹风，怕见人，一见人就出汗。因为怕见水，长年不洗澡。他在北京的住所毛家湾就像一座密不透风的地堡，到外地也是远水而居。医生检查，又查不出器质性毛病。林彪的病症与精神因素有关，而且与吸吗啡有关，林彪吸吗啡，这在高层成了公开的秘密，但窗户纸谁也不愿捅破，因林是毛泽东的爱将，要委以重任。保健医生卫生部部长傅连暲壮着胆，将检查结果报告了毛泽东。毛泽东给林彪写了一封信，信中抄录了曹操一首名诗《龟虽寿》，委婉地提醒林彪戒毒。毛泽东批评彭德怀时就说过林彪："别的事都是马列主义，就是对他自己的病的看法是唯心主义。"这成了林彪的一块心病。60年代，毛泽东对林彪厚望有加，但林彪总是疑神疑鬼。

1963年5、6月，林彪两次让秘书或夫人叶群给罗瑞卿打电话，说林彪身体一直不好，不能过问军委的事，让第一线的人放手工作，"日常工作要各总部挡，较大的事办公会议讨论，再大的事军委常委讨论，更大的事情直接报告主席、中央。"

林彪的这些话切不可当真。他说重大的事情直接报告主席，这是反话。林彪最不满的就是这种"越级"报告。林还不满罗与贺龙接触多，向他请示少。一次他从外地回京，立即要见罗瑞卿，罗正参加一个重要会议，回电话说："会散了就去。"林一听火冒三丈，拍了桌子，随即写下几句没头没脑的话："大捧别人，大跟别人，回京后根本不来见面。……让他做绝——……当作又一彭黄也——"林彪的思维总是跳跃式的，林彪的笔记总是语录式的。

1963年12月，罗瑞卿和叶剑英元帅总结推广了南京军区某军连长郭兴福的练兵方法，主要是干部以身作则，会讲会作，让战士带着敌情练兵，从严从难要求，大大提高了练兵质量和练兵热情。1964年1月3日，军委转发叶剑英的报告，总政治部也发出了《关于宣传推广郭兴福教学方法的指示》。随后，全军各部队掀起了学习的热潮。在此基础上，经军委决定，在全军举行了一次全面的比武活动。1964年6月15日、16日，毛泽东、周恩来、刘少奇、朱德、董必武、邓小平等党和国家领导人，检阅了北京部队和济南部队的比武表演。毛泽东极感兴趣，给予了高度评价，并指示要在全军普及"尖子"经验。7月和8月，全军分18个比武区举行了比武大会，参加表演的部队和民兵13700余人。军内干部45000余人、地方干部42000余人观看了比武表演。

林彪对于大练兵和比武，开始表现沉默。以其身经百战的军事生涯，他不会不明白练兵对军队的重要性。此前，他也曾就军事训练作过多次指示，要求军队要打得准、开得动、联得上。但林彪心里有一本账：现在军队打的主要是政治仗，而不是军事仗，尽管备战的呼声很高。因而，他一上台就提出了一套政治建军的思路。而罗瑞卿在他的建军思路之外，与其他老帅们搞在一起，另搞一套大练兵和大比武，而且轰轰烈烈，惊动了毛泽东和所有中央领导人，得到赞扬和肯定，毛泽东

1964 年 1 月，在全军推广郭兴福教学法过程中，罗瑞卿在现场会上与郭兴福交谈

一次讲话还否定了林彪上台后提出的战略防御方针。林彪在昆明养病，完全成了局外人。他认为自己的军权不落实。

1964 年 8 月，毛泽东让贺龙、罗瑞卿一道去北戴河，向他汇报军队高级干部减薪问题，以防止干部“变修”。讨论中，贺龙建议：“是不是连军衔一齐取消算了？”毛泽东立即回答：“取消！搞掉那块牌牌！我早就想搞掉它。”回京后，罗瑞卿电告林彪秘书，但林迟迟不表态，两天后才回话“林总同意”。林迟迟不表态，决非对取消军衔有异议，不满的是如此重大的问题，贺龙、罗瑞卿“越位”直接去见毛泽东，把他撇在了一边。

有一件意外的事传到了林彪的耳朵里，在一次公开场合，刘少奇说：“我们的国防部长的接班人是罗瑞卿。”刘讲这个话也是有原因的。当时毛泽东从反修防修出发，提出了培养接班人问题。要求“每个人都要准备接班人，还要有三线接班人”。刘可能由此而发。一位邀功取宠者立即报告了林彪，林顿时大惊失色，这不是要夺我的军权吗？

罗瑞卿就干部新老接替工作向林彪汇报时，也曾讲过有些老干部应该主动“让贤”。生性多疑的林彪听了，认定是要他让贤、让权，更对罗瑞卿恨之入骨，遂决意要把罗瑞卿打下去。

这种心里话当然不能摆到桌面上来。林彪抓了一个原则问题：政治与军事的关系。1964 年 11 月 30 日，林彪借全军组织工作会议召开之机，提出要“突出政治”。他说：“各级党委一定要把政治思想工作放在首要地位，一定要突出政治”。根据林彪的意见，叶群带着工作组到了基层连队找素材，抓住有些单位比武中有锦标主义、形式主义、拼凑尖子的问题，大作文章，整理了四份调查报告。说：“部队军事冒尖，政治不浓，脱离了毛主席的建军路线。”12 月 28 日，林彪在广州紧急召见总政领导人，对他们说：“今年的比武把政治工作冲垮了。”“四个第一不落实”。而且说这“是带有全军性的问题”。强调要“突出政治”。这次谈话内容整理出来，后来以中央军委《关于当前部队工作的指示》的名义下发全军。这是林彪赫赫有名的“突出政治”的最初版本。

本来，关于政治工作的重要性，毛泽东早有多种表述，如灵魂、统帅、生命线等。然而，一个题目，做来做去，都是老话，就没有新鲜感。林彪的确富于“创造”，提出一个“突出政治”的口号。他说的所谓突出政治，就是在军事训练、生产等与政治工作发生矛盾时，要给政治工作让路；时间上谁让谁要确定一个原则：让给政治；军训、生产不应冲击政治。相反，“政治可以冲击其他”。

林彪大讲“突出政治”可谓一石双鸟。一则迎合了毛泽东的思想，此时，他正不遗余力地强调政治挂帅；一则给了罗瑞卿一顶大帽子，冲击了“政治”，那就不是工作偏差而是“建军路线”的错误了。

对于林彪对大比武的批评，罗瑞卿无法接受。他说：“1964 年军事训练工作是建国以来最好的一年”，“去年是不是冲击了政治，冲击了学毛著？主要的不是。”他说：“政治也不能乱冲一气”。1965 年 1 月 6 日至 9 日，召开第八次军委办公会议，传达林彪的指示，各军区的将军们虽原则表示“拥护林总指示”，但大都不赞成否定 1964 年的大练兵和大比武。会后，罗瑞卿说：“如果单纯把政治搞好，别的都不好，垮下来，这种政治恐怕不能算政治好，是空头政治，哪里有这种政治！”“军事训练搞不好，浪费事小，打起仗来就要亡党亡国。”罗瑞卿这些话后来成了反对林彪和反对“突出政治”的罪证。

此后，林彪采取了一系列弹压罗瑞卿的举动。4 月 22 日，林彪与路过苏州的毛泽东会面，征得毛的同意，决定增加杨成武为军委第一副秘书长，有节制罗瑞卿之意。5 月底，军委作战会议结束。罗瑞卿作总结发言，林彪提出“不准任何个人以总结的名义讲话”，下令撤销罗的总结讲话。林彪知道，单一个反对“突出政治”，不足以扳倒罗瑞卿，于是指使叶群私下搜集罗瑞卿的材料，罪名是罗要“篡军反党”。一共整理了11份材料。

1965年11月30日，林彪写信给毛泽东，说“有重要情况需要向你报告”，“先派叶群呈送材料，并向主席作初步口头汇报”。这时林彪在苏州，毛泽东在杭州。当天，叶群携带了林的信和吴法宪、李作鹏等人写的“揭发材料”，乘飞机到杭州向毛泽东告状。

叶群到了杭州，也不容易见到毛泽东，毛也不知道她有什么事，让她等。叶群就和毛的秘书徐业夫谈了谈。她从杭州打电话请示林彪，想给主席写个东西送上去。林彪批评她：“你糊涂！真蠢！”意思是必须向毛泽东本人讲。叶群又去，写了个条子，要求面谈。这样才见到毛泽东。

据说叶群向毛泽东讲了足足五个小时，毛听了五个小时，毛泽东问得很仔细，但一直未表态。后来显然听信了叶群的话，毛让把材料留下，叫叶不要在杭州停留，立即返回，并派汪东兴乘专列送叶回苏州，以防“不测”。

10月2日，毛泽东在叶群送来的材料上批示道：“那些不相信突出政治、对突出政治表示阳奉阴违，而自己另外散布一套折中主义（即机会主义）的人们，大家应当有所警惕。”他认为：“哲学上的折中主义，必然导致政治上的机会主义、修正主义。”

林彪告状告准了。12月8日，毛泽东亲赴上海，坐镇召集中央常委扩大会议。在会上，他说：“罗的思想同我们有距离”，“罗把林彪同志实际上当作敌人看待”，“罗是野心家”。不过他又对林彪说：“罗瑞卿反对你，还没有反对我嘛！他反对我游泳，那也是好意。”

毛泽东选择了林彪

1973年12月21日，毛泽东曾作自我批评，说他听了林彪的一面之词，错整了罗瑞卿。

毛泽东的确是听了一面之词。然而，以他的睿智和敏察，何以会听信一面之词呢？很难相信，毛泽东会怀疑罗瑞卿对他的忠诚。作为军队统帅，他当然知道军队练兵是天经地义的事，况且他在检阅大比武时表了态。合理的解释只能是，在他下决心发动“文化大革命”，扳倒刘少奇时，需要林彪的坚决支持。因而在林彪与罗瑞卿之间，自然地选择了林彪。

自七千人大会以后，尤其是八届十中全会后，毛泽东对中央一线的不满加深，林彪的分量就更加重了。毛泽东对林彪的四个第一、三八作风、四好连队、五好战士一套政治工作十分赞赏，并且把这一套做法推广到地方。1963 年 10 月 16 日，毛泽东批示：现在全国学解放军、学大庆，学校也要学解放军。解放军好是政治思想好。他要求国家工业部门从部到厂矿都学解放军，设政治部、政治处和政治指导员，实行四个第一、三八作风。11 月 16 日，毛泽东又专门为此事给林彪、贺龙、聂荣臻、肖华等人写信，指出地方政治干部的来源可由四种方法解决：一是从军队抽调；二是地方派人到部队学习；三是派到军队政治学院当学生，毕业后回去工作；四是自己按解放军政工条例抓起来。在这封信中，毛泽东赞扬林彪说：

> 解放军的思想政治工作和军事工作，经林彪同志提出四个第一、三八作风之后，比较过去有了一个很大的发展，更具体化又更理论化了。

经毛泽东的号召，全国工业系统从部到工矿企业纷纷建立起政治部政治处和政治工作制度。林彪提倡的一套做法迅速普及到地方。

1965 年 1 月 15 日，毛泽东在军委贯彻林彪关于突出政治指示的通知上批示："完全同意，照此办事执行。"这是对林彪与罗瑞卿分歧的第一次表态。2 月 22 日，毛泽东接见海军干部工作会议《解放军报》编辑记者会议时，再次表示对林彪的支持。他说：

> 四个第一好。我们以前也未想到过什么四个第一，这是个创造。谁说我们中国人没有发明创造？四个第一就是创造，是个发现。我们以前是靠解放军的，以后仍然要靠解放军。

毛泽东对林彪突出政治的一套所以情有独钟，是因为林的这一套原本就是迎合了毛的思想，毛强调反修防修、防止资本主义复辟，关键是"人心改造"，林的突出政治为"人心改造"创造了具体形式。还有一层，毛泽东在感到"大权旁落"之后，他认为需要有点个人崇拜，尽管这时个人崇拜已很严重了。林的突出政治，实质上就是突出对毛泽东的个人崇拜。林彪在部队掀起的学毛著运动，创造了许多鲜活的形式。这个运动通过"全国学人民解放军"推广到地方，产生了未曾预料到的覆盖效果。后来在全国形成红色海洋，并越出了国界的那本"红宝书"——《毛主席语录》就是在这个运动中诞生的。

1961年4月，林彪指示《解放军报》应经常选登毛主席的有关语录。于是毛泽东的著作和言论被分门别类，制成语录，每天一条，见诸报端。部队反应热烈，林彪自鸣得意。1964年，总政将语录集辑成册，编出一本《毛主席语录》，林彪为《毛主席语录》题词：“读毛主席的书，听毛主席的话，照毛主席的指示办事，做毛主席的好战士”。并指示“要像武器一样发给每个战士”。这样，全军人手一册。

《语录》下发后，地方轰动，纷纷求索，也引起毛泽东极大兴趣。《毛主席语录》从此走向全国，走出国门，据报载仅“文革”几年内，国内外就出版了用50多种文字印成的500多种版本，总印数为50多亿册。按当时的全球30多亿人口算，男女老幼人均1.5册。被国际上公认为“是20世纪世界上最流行的书”，“是世界上读者最多的书”。“红宝书”有如此魔力，不仅中国人，许多外国人也对此顶礼膜拜，不能说不得益于林彪提倡的背警句、摘格言、活学活用、学用结合、急用先学、立竿见影的经验。人们就像背诵信条一样，简明易懂、耳熟能详、老少咸宜、妇孺皆知。

在这个“红海洋”运动中，毛泽东越来越被神化，越来越高居于中央集体之上。对毛泽东个人的忠诚成了人们的精神追求，其他中央领导人也越来越要仰视，林彪的“旗手”地位牢牢地确立，影响急剧上升。在某种意义上，这是毛泽东期望的。1965年11月26日，罗瑞卿告诉毛泽东，他准备去苏州看望林彪，毛点点头说：“去看看好。要他好好保养，要保养得像七千人大会的时候一样，能够做三个钟头的报告”。毛泽东对林彪的期望之殷切，溢于言表。在这种情况下，毛泽东不能容许任何人对林彪构成挑战。

然而，毛泽东是不是对林彪就完全信任呢？当时的华北局第一书记李雪峰回忆时，说过一段话，耐人琢磨。他说：

搞掉罗瑞卿，不等于说毛主席就十分信任林彪。主席考察干部是反复的、长期的……

本来，把罗瑞卿搞下去，林彪就突出了，但主席对林也不完全放心，自己一直牢牢掌握着军队。不然为什么定了一条：“文革”期间不准调动军队，调一个排也要军委主席签字，就是必须由毛主席签字。可见毛还是不完全放心，不让林有权调动军队。

罗瑞卿以死抗争

上海会议上，罗瑞卿被调离军队领导岗位，由杨成武代理总参谋长。但毛泽东的口气似乎还不想把罗瑞卿彻底搞倒，他还要观察一段。会后，周恩来、邓小平受毛泽东委托，找罗第二次谈话。传达毛泽东的话：如果没有这三条（指反对林彪、伸手、反对突出政治），可以把问题先挂起来。但罗急切希望澄清是非，回京后给毛泽东和中央写信，请求调离军队的一切职务，很快获准。罗多次申诉没有三个问题。随后成立了一个“中央工作小组”，对罗进行审查。

林彪也不希望把罗的问题挂起来。会后，为搜索罪证，叶群出主意，让吴法宪连吓带诱逼刘亚楼的遗孀、俄籍妻子翟云英，翟云英说：“没听刘亚楼说过四条，只见他去世前伸出了四个指头……”秘书记下来，叫翟云英签上名，这就成了旁证材料，要置罗于死地。1966 年 3 月 4 日至 4 月 8 日，在北京开会，对罗进行揭发批判。

第一阶段，3 月 4 日至 16 日，参加会议的有军队各总部、公安部的负责人 42 人对罗进行“面对面”的斗争。中央指定邓小平、彭真、叶剑英主持会议。邓小平主持了一次“开幕式”后，为避开处理罗的问题，到西南三线视察去了。彭真也很少与会。这时，不仅认定罗瑞卿有上海会议指证的“三条”，而且加了一条：“反对毛主席、反对毛泽东思想。”罗瑞卿问题已上升为敌我矛盾。京西宾馆会场完全成了批斗会。与会者、过去的战友、部下和同事，几月不见都成了路人乃至仇敌。有的信以为真，有的迫于形势，有的趋炎附势，大家撕破脸皮，纷纷与罗划清界限，全部是敌视的眼光。“野心家”“阴谋家”“伪君子”“农奴主”“定时炸弹”“帝修反的应声虫”“地富反坏的代理人”，如此一顶顶帽子铺天盖地而来。罗回忆说：“我实在忍受不了，头脑快要爆炸似的比受什么罪都苦啊！”

罗瑞卿检讨，招来更加激烈的攻击。他决定以死抗争。3 月 18 日，他留一张纸条给妻子郝治平：“治平：会议的事没有告诉你，为了要守纪律……，永别了，要叫孩子们永远听党的话，听毛主席的话！我们的党永远是光荣的、正确的、伟大的，你要继续改造自己，永远革命！”然后毅然跳楼。但是，却只跌断一条腿。

罗瑞卿以死抗争，招来更严厉的批判。3 月 22 日至 4 月 8 日，会议进入第二阶段，95 人参加（增加 53 人），对罗进行缺席批判斗争。

会议最后作出《关于罗瑞卿同志错误问题的报告》。罪名有：“敌视和反对毛泽东思想，诽谤和攻击毛泽东同志”；“推行资产阶级军事路线，反对毛主席军事路线，擅自决定全军大比武，反对突出政治”；“搞独立王国”；“公开向党伸手，逼迫林彪同志‘让贤’、让权，进行篡军反党的阴谋活动”等，说罗是“妄图夺取兵权，达到他篡军反党的罪恶目的”，“打着红旗造反”的“埋藏在我们党内军内的‘定时炸弹’。”

3 节制运动 彭真主持制定《汇报提纲》
发动攻势 江青秘密炮制《座谈纪要》

彭真主持制定《汇报提纲》希望节制运动

“要害是罢官”的话传出后，对吴晗的公开批判进一步升级，1月13日，《人民日报》发表王若水赶写的《接受吴晗同志的挑战》，化名思彤。此文首次公开提及《海瑞罢官》的要害是罢官，提到庐山会议。

如果说王若水的文章是为潮流所驱使，那么关锋、戚本禹等人则是有内线的。毛泽东12月21日谈话后，戚本禹、吴传启等后来红极一时的“左”派都到上海进行串连摸底。1966年1月13日和17日，戚本禹赶写的《〈海瑞骂皇帝〉和〈海瑞罢官〉的反动实质》、关锋赶写的《〈海瑞骂皇帝〉和〈海瑞罢官〉是反党反社会主义的大毒草》，两篇批“要害”的文章送给中宣部，要求发表。下旬，通过张春桥安排，江青在上海接见关锋，向他交代说：“批判《海瑞罢官》不单是学术问题，而是反击彭德怀的翻案”，“姚文元的文章，北京不转载，不发行，是黑线专政的一例。”

关锋、戚本禹的两篇文章被中宣部压下了。中宣部压下的批“要害”的文章还不只这两篇。

这时，中宣部周扬因癌症住院治疗，学术批判由许立群接管。当时彭真要求中宣部把北京报刊的学术批判管起来。一件件棘手的事情，使许束手无策。对吴晗的政治批判，必须跟，但批要害的文章发多少？怎么发？什么时候发？实在犯难。批了吴晗牵出了翦伯赞，批了吴、翦又牵出宁可、冯友兰、朱光潜……连中国科学院院长郭沫若和著名历史学家范文澜都有人要求发表文章批判了。由此下去会越牵连越多，如何控制局面？许立群认为必须向中央文化革命五人小组反映情况，请示方针。

1月17日，许立群召集了一个六大报刊负责人座谈会。《人民日报》的王绯、

《北京日报》的范瑾、《光明日报》的穆欣、《红旗》杂志的杜敬、《前线》杂志（北京市委的理论刊物）的李筠、《新建设》杂志（中科院社科学部的学术刊物）的吉伟青参加。1 月 18 日，许立群向五人小组送上了座谈会简报，随后，许立群陆续呈送了另外六份材料。其中包括关锋、戚本禹批“要害”文章的摘录，请示何时发表。还有一份关锋 1962 年写的杂文《从陈贾说起》，这篇杂文在道德继承问题上的观点与吴晗的观点很相似，证明关锋这些人对别人无限上纲，其实过去在这类问题上也不那么高明。

许立群送上的材料中，还有一份《关于郭沫若同志的一封信的汇报》。郭沫若可能得知有人主张批判他的《武则天》和《蔡文姬》，感到压力很大，遂向中宣部写了一封辞职信。信中说：自己耳聋，近来视力也很衰退，对于科学院的工作一直没有尽职。怀惭抱愧，每每坐立不安。因此，早就有意辞去有关科学院的一切职务。务请加以考虑，并转呈领导上批准。

在汇总 7 份材料时，许立群向彭真等写了一封长信。表示了对当前学术界点名批判牵扯过多的担心。许立群以许多人要把郭沫若、范文澜也提出来公开批判的事实，证明问题的严重和紧急。信中还提到，关锋等人 1962 年也发表过用影射方法骂中央的杂文，如果只批评别人，不在党内清理一下自己，就很被动。

2 月 1 日，彭真把许立群的信连同 7 份附件材料送给毛泽东、刘少奇、周恩来、邓小平、陆定一、康生、吴冷西。彭写了一个注说：“拟于后日召开五人小组讨论后向中央提出意见。”2 月 5 日，毛泽东批给江青：“这批材料阅后，暂存你处。”

2 月 3 日，彭真召集文化革命五人小组会议。除了周扬因住院缺席外，陆定一、康生、吴冷西都参加，列席会议的有许立群、胡绳、姚溱、范若愚、刘仁、郑天翔、王力等 7 人。会上印发了中宣部报送的 7 份材料。彭真提出了“放”的方针，他说：已经查明，吴晗同彭德怀没有关系，因此不要提庐山会议，不要谈《海瑞罢官》的政治问题。彭真还说：像郭（沫若）老这样的人都很紧张了，学术批判不要过头，要慎重。彭真提出：左派也要整风，不要当“学阀”。

刘仁（北京市委第二书记）、郑天翔（北京市委书记）发言证实，邓拓（北京市委书记）是拥护三面红旗的，长期以来是坚定的。他们所以说到邓拓，是因为已有人批判邓拓 1962 年发表的杂文有影射攻击之嫌。许立群送上的材料中就有邓拓《专治健忘症》一篇。

许立群会上发言谈到关锋 1962 年写的几篇杂文也有错误，应该批评。

会后，彭真要许立群、姚溱二人起草给中央的《汇报提纲》。许、姚二人连日赶写出来，彭真修改定稿，题为《文化革命五人小组关于当前学术讨论的汇报提纲》。

在当时形势下，《汇报提纲》难免带有“左”的提法，但它的基本指导思想是要把批判运动限定为“学术批判”，避免发展成为严重的政治斗争，造成更大的社会混乱和恐慌。诸如强调：

学术争论要“用摆事实、讲道理的方法”，“要坚持实事求是，在真理面前人人平等的原则，要以理服人，不要像学阀一样武断和以势压人”；

“要有破有立（没有立，就不可能达到真正、彻底的破）”；

“要准许和欢迎犯错误的人和学术观点反动的人自己改正错误”，“对于吴晗这样用资产阶级世界观对待历史和犯有政治错误的人，在报刊上的讨论不要局限于政治问题，要把涉及各种学术理论的问题，充分地展开讨论”；

“报刊上公开点名作重要批判要慎重，有的人要经过有关领导机关批准。”

《汇报提纲》还提出“左”派也要“整风”的问题。说：“即使是坚定的左派”，也犯过大大小小的错误，也要在适当时机，用内部整风的方法，清理一下，弄清是非。

显然彭真希望通过“放”，泛化学术批判，以淡化对吴晗的政治批判，同时提出“左”派也要整风，以弹压关锋、姚文元等人咄咄逼人的气势。

对于这场由批《海瑞罢官》发动的批判运动，刘少奇始终是局外人，许多内情都不知道，更不知道毛泽东的底牌，因而处于被动的境地。2月5日，刘少奇在自己的住所福禄居主持中央政治局常委扩大会议，讨论彭真提交的《汇报提纲》。周恩来、邓小平及彭真、陆定一、康生、吴冷西、许立群、胡绳、姚溱等参加了会议。《汇报提纲》已在开会前分送各位常委，所以，会上没有照念稿子，只是由彭真和许立群作了口头说明。刘少奇、周恩来、邓小平询问了一些情况。彭真再次强调，根据调查，吴晗同彭德怀没有联系，《海瑞罢官》同庐山会议没有关系。常委们经过讨论，表示同意，刘最后说：我也没有什么意见了，请五人小组的同志快去武汉向毛泽东主席当面汇报。

东湖之行没有摸透毛泽东的态度

2月8日，彭真偕同陆定一、康生、吴冷西、许立群、胡绳、田家英等飞赴武汉，向在东湖宾馆的毛泽东汇报，随行人员还有逄先知、龚育之等人。

飞机在武汉机场降落，王任重到机场迎接，并立即带彭真一行到毛泽东那里汇报。这时的王任重颇得毛泽东赏识。王任重 1 月 24 日在湖北省委常委会上有一个讲话，讲政治挂帅。他认为现在农村许多地方是工分挂帅，许多工厂和商业系统是奖金挂帅，其实质是物质刺激。苏联搞修正主义的物质刺激，结果出了高薪阶层。他主张取消奖金制度，今后只搞精神鼓励，不搞物质刺激。毛泽东十分赞同这个讲话,2 月 25 日，毛泽东给刘少奇写信，说："此件请你看看，是讲政治挂帅的"。27 日，刘少奇批给其他领导人。4 月 10 日，以中共中央名义批发了王任重关于政治挂帅问题的意见。对王任重的信任，也许是毛泽东移居武汉的原因。

因为前一天（7 日）已将《汇报提纲》发送毛泽东，东湖汇报，仍然是彭真和许立群作了口头说明。不管心里怎么想，毛泽东当时没有表示不同意，只是连问了两次：吴晗能不能算是反社会主义？彭真回答说：吴晗当然有政治错误，但据查，他和彭德怀是没有牵连的。毛泽东说：吴晗不罢官了，还照当他的市长。这样，就不至于形成紧张局势，就可以"放"了吧。（据传，毛泽东曾说过：吴晗当市长不行，也许下去当个县长好一些。意思是吴晗要罢官。）

在谈到"左派"也要整风时，毛泽东说：这样的问题，三年以后再说。当许立群谈到关锋的杂文时，毛泽东说：写点杂文讽刺一下也可以嘛。何明（即关锋）的文章我早就看过，还不错。明显的有保护"左派"之意。

对于《汇报提纲》，毛泽东只提出两点意见。一点是关于两个月以后做政治结论，毛说，两个月以后也做不了结论。一点是关于不要批评郭沫若和范文澜，毛说：他们两个还要在学术界工作，表示一点主动，做一点自我批评好。

汇报后，给大家一个印象：毛泽东的精神是宽，对两边都是宽,《汇报提纲》毛泽东同意了。一直精神紧张，左右为难的许立群，显出一副轻松、潇洒的样子。其他人也轻松了许多。龚育之回忆说："在东湖的这几天，饭前饭后，三三两两，沿着湖边散步，顺着话头漫谈，海阔天空，无边无际。谁也没有再为《海瑞罢官》批判的事情操心。"大家的主要精力转到整理毛泽东七千人大会讲话稿上去了。

回北京后，彭真让许立群代中央起草一个批语，2 月 12 日，由邓小平批转，以中共中央名义批转了《汇报提纲》。由于是二月制定的，后来称为《二月提纲》。

根据这个文件规定，中央文化革命五人小组之下，设立学术批判办公室，由许立群、胡绳、吴冷西、姚溱、王力、范若愚等组成，许为主任，胡负责主持学术方面的工作。

文件下达后，2 月 18 日，许立群和胡绳召集北京学术界和各报刊负责人开会，组织传达和贯彻《汇报提纲》。当时许立群和胡绳都感到,《汇报提纲》毛泽东同意并下发了，围绕《海瑞罢官》批判的争论的问题已经解决，学术批判有章可循了。因此，会议开了两天，许和胡讲了一番话之后，就于20日随彭真去参观三线了。28日才返回北京。

许、胡走后，会议分组讨论。会议期间，龚育之根据各组讨论的情况，整理出一份《学术批判问题座谈会讨论简况》。其中称《汇报提纲》是“思想斗争的23条”。意思是《汇报提纲》像上年毛泽东主持制定的“23条”一样，是一个纠正偏差、稳定局势，使运动走上正轨的文件。

然而，事情并没有这么简单。《汇报提纲》是纠“左”的，“左派”们当然不会认输。尤其《汇报提纲》中提出的“左派整风”“警惕左派走上学阀的道路”的敏感话题，更使“左派”，尤其受到直接批评的关锋不满。在座谈会上，关锋仍然要求发表他批《海瑞罢官》要害问题的文章。他质问：前一段的政治批判是不是有问题？政治批判还让不让搞？能不能联系庐山会议和右倾机会主义分子？要求学术批判办公室作回答。

3月1日，许立群说：肯定不能联系庐山会议，这是主席当面点头同意了的。

胡绳说：关锋应该好好想一想，为什么主席上一次谈话，说吴晗要罢官，这一次谈话，重新考虑，又说吴晗不罢官了？主席这样站得高。关锋这个同志，思想太偏狭。胡绳的话很有分量，因为他是亲自听到毛泽东两次谈话的人。胡绳还说：按武汉谈话精神，那四篇送审的文章，都得彻底改写。

3月3日，许立群召开座谈会召集人会。会上，关锋批评许立群关于“放”不是钓鱼的说法。许大声说：我讲的话，可能不只有一个指头的错误，讲得不对的可以批驳。如果听到一点不同意见就蹦起来，那不是“学阀”吗？许的话，话中有话。

3月8日，关锋又找林涧青，再次要求发表他的文章，他说，他的文章是根据毛泽东的南方谈话写的。

林涧青报告许立群。许说：他有一个“南方谈话”，我也有一个“南方谈话”！我那个“南方谈话”还在他那个“南方谈话”的后头！许说：关锋自以为通天，自以为一贯正确。哪里有什么一贯正确，你关锋一贯正确？你有个《从陈贾说起》……把关锋挡了回去。

许立群、胡绳满以为有东湖之行毛泽东谈话精神，问题解决了。其实他们并没有摸透毛泽东的态度。这时，毛泽东正准备另一份针锋相对的文件。

江青赴苏州见林彪，“请尊神”

1966 年春，中国政坛真有点南北对峙的味道。刘少奇、周恩来、邓小平、彭真等在北京主持中央日常工作。而毛泽东在南方一直不回北京，也不向中央常委们透露真实想法，而是利用江青、康生等人向北京发动一次次攻势。其中一个重要步骤，就是后来以中央名义发出的《林彪同志委托江青同志召开的部队文艺工作座谈会纪要》。

江青组织批《海瑞罢官》的文章，遇到未曾预料的阻力。江青感到“震惊”，“不知道会触动这么深”，“更不知道彭真会这样坚决反对。”江青在“气愤”之余，感到“攻也攻不动啊！”“我的话更没有人听。”于是想到解放军中请“尊神”，请“无产阶级专政的‘尊神’来攻他们，攻那些混进党内的资产阶级代表人物，那些资产阶级反动‘权威’。”

1965 年 11 月下旬，江青曾向路过上海的罗瑞卿总参谋长提问：姚文元的文章北京没有转载，《解放军报》为什么也不转载？罗瑞卿当即打电话给总政治部副主任刘志坚，通知转载。《军报》于 11 月 29 日全文转载，并且加了点“政治实质”的按语，说是“大毒草”在北京“领了先”。但对江青提出要到部队开文艺座谈会的事，罗瑞卿没有表态。

上海会议罗瑞卿挨整，给江青提供了机会，转而寻找林彪的支持。1966 年 1 月 21 日，还是大年初一，江青从上海去苏州，专程向林彪拜年，告以想在部队开文艺工作座谈会。这时，江青想借助林彪的影响，来抬高自己的地位。

这时的林彪，可谓权倾一时。伴随突出政治的运动，其社会影响迅速上升。毛泽东发动“文化大革命”只向少数几个人交过底，林彪可能是最早的一个。在毛泽东支持林彪整倒罗瑞卿时，毛泽东得到了林彪对自己的坚决支持。1966 年 5 月 18 日，林彪在中央政治局扩大会议上说：“毛主席最近几个月，特别注意防止反革命政变，采取了很多措施。罗瑞卿问题发生后，谈过这个问题。这次彭真问题发生后，毛主席又找人谈这个问题。调兵遣将，防止反革命政变，防止他们占领我们的要害部位、电台、广播电台。军队和公安系统都作了布置。毛主席这几个月就是做这个文章。……毛主席为了这件事，多少天没有睡好觉。”“现在毛主席注意这个问题，把我们一向不注意的问题提出来了，多次找负责同志谈防止反革命政变问题。”

林彪讲的是否准确地摸透了毛泽东的想法，难以断定。但从中可以推想，毛泽东是向林彪交了“底”的，甚至向他透露了自己对北京发生政变的担心，并依靠林彪采取防范措施。

1965 年 11 月 18 日，也就是上海会议后的第三天，林彪就提出了一个“突出政治的五项原则”，经毛泽东批准，作为全军各项工作的总方针和总任务。其中第一项原则就是活学活用毛主席著作，特别要在“用”字上狠下功夫，要把毛主席的书当作我们全军各项工作的最高指示。林彪说：

毛泽东思想是当代马克思列宁主义的顶峰，是最高最活的马克思列宁主义，毛主席的书，是我们全军各项工作的最高指示。毛主席的话，水平最高、威信最高、威力最大，句句是真理，一句顶一万句。

林彪“突出政治五原则”不仅仅是突出毛泽东的个人崇拜，而且，事实上也是政治表态：他指挥的军队对毛泽东的绝对忠诚和坚决支持。这个“实质”在 1966 年 1 月 12 日结束的全军政治工作会议上说得更加明白。

会议指出，突出政治就是突出毛泽东思想，就是把毛主席的书当作全军各项工作的最高指示，就是用毛泽东思想统帅一切。不管什么事情，都要以毛主席指示为标准。不论在任何时候，对毛泽东思想，都要坚信不疑。凡是毛主席指示的，就要坚决拥护，坚决照办，上刀山下火海也要保证完成，凡是违背毛主席指示的，就要坚决抵制，坚决反对。

从 2 月 3 日到 4 月 5 日，《解放军报》连发七篇论突出政治的社论。大造舆论，把“突出政治”引向神学，以致强调“突出政治要落实业务”也被批判为反对突出政治的谬论。

正是这种背景，江青要请林彪这座尊神，就在情势之中了。

1 月下旬，林彪让叶群打电话给总政副主任刘志坚。说：江青要找几个部队搞文艺工作的、管文艺工作的同志谈谈部队文艺工作的问题。参加的人不要太多，只要四五个人，最好肖华去。刘志坚报告总政主任肖华。二人商定由刘志坚带队，有文化部长谢镗忠、副部长陈亚丁、宣传部部长李曼村等四个参加。肖华还根据他对江青的了解，特意交代说：江青同志是个病人，她对部队文艺工作有什么批评，你们不要当面辩解，你们就是“带耳朵听”，少发表意见，江青这个人疑心大、脾气也大，对她的话，要多听少说，不要和她争，要尊重她，有什么意见带回来汇报。对地方文艺工作情况，不要随便表态。

1月底，在赴上海之前，叶群给刘志坚打来电话，说林彪有几句话，要转达给江青。接着一字一句念了林彪的话。

林彪说：江青同志昨天到苏州来，和我谈了话。她对文艺工作方面在政治上很强，在艺术上也是内行，她有很多宝贵的意见，你们要很好重视，并且要把江青同志的意见在思想上、组织上认真落实。今后部队关于文艺方面的文件，要送给她看，有什么消息，随时可以同她联系，使她了解部队文艺工作情况，征求她的意见，使部队文艺工作能够有所改进。部队文艺工作，无论思想性和艺术性方面都不能满足现状，都要更加提高。

林彪的这段话，向江青开了支票，使江青召开这次座谈会“名正言顺”，这就是“林彪同志委托”的由来。刘志坚将林彪的话一字一句地记下。2月2日上午，刘志坚一行六人（包括秘书刘景涛、编辑黎明）飞往上海。便衣行装，住进延安饭店。

下午5时，江青即派张春桥将刘志坚一行接到江青住处。

刘志坚向江青报到后，原原本本地转达了林彪的那段话，江青微微一笑。说：“哦，终于把解放军这座‘尊神’请来了！我的处境很困难，所以我去苏州求助于林总。现在，林总终于给了我支持。”

江青说：“请你们来，不是开什么会，主要是看电影，在看电影中讲一点意见。”然后宣布几个不准：“不准记录、不准外传”，特别“不准让北京知道”，还查问带窃听器没有。

接着，江青就对文艺界的状况发泄不满。她说：“我们的文艺界不像样，让帝王将相、才子佳人、古人死人统治舞台”，“有一条与毛主席思想相对立的反党反社会主义的黑线专了我们的政。现在该是我们专他们的政的时候了。”“现在的论战，还只是前哨战，决战时机尚未到来。”

江青开宗明义，点明了这次座谈会的主题：要向文艺界全面发难了。

座谈会就这样开始了。这是彭真在北京召开五人小组会议制定《汇报提纲》的前一天。

从2月2日下午开始，到20日结束，座谈会分前后两段，2日至9日为一段。

16日至20日为一段。其中10日至15日没开会，江青说她有事回京。

座谈会干了四件事：一是看电影、戏剧。先后看了30多部电影和三场戏。全部由江青点放。二是江青找人个别交谈或集体座谈。三是阅读有关文件和材料。四是江青接见《南海长城》导演、摄制、演员。

所谓座谈会，其实是江青一人谈，根据刘志坚事后追记，江青对文艺界及其领导人几乎是一概骂倒。

江青说，自己进京后给主席当秘书，管“外参”，这几年主席让她当“文艺哨兵”，说她如何戴着大口罩到戏院看戏，如何发现文艺界到处是牛鬼蛇神，一塌糊涂。她报告了主席，“主席才有了两个批示”。

江青说：毛主席在24年前的《讲话》，“一直贯彻不下去”。“毛主席多次批评，他们就是不听”，“为什么会这样呢？我想了很久，想通了，这是在文艺方面，有与毛主席思想相对立的反党反社会主义的黑线专了我们的政，建国17年来，他们一直在专我们的政。”“再也不能这样下去了。”

《抓壮丁》海报

江青一路指责下来。她说，前年根据毛主席指示，我召开了一次音乐座谈会，提出中西合璧，有人说是非驴非马，文化部把它封锁起来，不传达，周总理另外又开了民族音乐座谈会，又讲了要先分后合。江青说：“这是错误的，不符合毛主席思想的，他是应该作检讨的。”江青指责北京市委不支持文艺改革，不给好剧团，好演员。专了她的政。主席的话都不听。江青批评“罗瑞卿说部队文艺方向已经解决了，是错误的。”说部队也不是真空，八一厂出了《抓壮丁》这样的坏片子。文艺界基本上不听主席的，听周扬、林默涵、夏衍这些人的，这些人有的原来就是特务，有的叛变了，有的烂掉了，有的掉队了。“夏衍这班家伙主张‘离经叛道’……完全是反对毛主席的。”

江青对电影作品几乎一概否定，说：有的是不写正确路线，未写错误路线；有的美化敌人，歌颂叛徒；有的丑化劳动人民和军队；有的颂扬战争苦难；有的宣传和平主义；有的写谈情说爱，低级趣味；有的不写英雄人物专写中间人物；有的写英雄，写一个死一个，看了几十部电影，没有一部满意的。《东方红》（周恩来亲自抓的）问题不少，《南征北战》也有问题，《平原游击队》勉强可以。《兵临城下》应当批判。江青扯到了30年代文艺，说“国防文学”的口号是资产阶级的；“大众文学”好一点，是鲁迅的，“左”翼文艺运动是王明路线。对一些外国电影，江青也横加指责，说《静静的顿河》非常糟糕。

刘志坚、李曼村、谢镗忠、陈亚丁四人恪守“多听少说”“不争论”的原则。

然而，按江青的说法，洪洞县里没好人了。中国没有好电影好戏，电影院应当关门了，戏院该关闭了。刘志坚等私下议论，认为江青对建国后文艺工作“否定过多”，对周总理、对文化部领导太不尊重，对江青指责八一厂“组织不强”“部队文艺方向上也有问题”也有意见。10月10日，刘志坚趁江青有事休会时间，回北京向总政主任肖华作了汇报，谈了上述看法，肖劲光在座。“二肖”表示赞同刘的看法，但肖华说：“你们还是多听她说。”

2月20日，座谈会结束，江青东拉西扯，讲了这么多，回京后向总政汇报，总得有个提纲，于是，刘志坚等人根据记忆和陈亚丁的“追记”，逐段讨论，由黎明记录，陈亚丁修改，整理出一个3000字的汇报提纲。题为《江青同志召集的部队文艺工作座谈会纪要》，当晚由上海警备区打印30份。

送不送江青？刘志坚有些犯难。考虑的结果，还是于2月21日送给江青一份。22日下午，刘志坚一行六人乘飞机到济南，给住在南山宾馆的林彪送去一份《提纲》，刘简要汇报了座谈情况，林彪听后说：“这个材料搞得不错，是个重要成果。这次座谈在江青主持下，方向对头，路线正确，回去后要迅速传达，好好学习，认真贯彻。”23日上午，刘志坚一行由济南回到北京。

刚到北京机场，就接到江青秘书从上海打来的电话，说这个材料“根本不行，歪曲了她的本意。”“没有能够反映她的意思”，“给她闯了大祸”，要求刘“现在不要传达，不要下发。”并要刘派人来上海，帮助她修改。电话还说，江青已告诉了毛主席，毛主席要陈伯达、张春桥、姚文元来参加修改。

刘志坚当即向肖华汇报。肖、刘二人商议，派部队的笔杆子陈亚丁带原稿返回上海，参加修改。肖交代：江青要怎么改，就怎么改。2 月 25 日，陈亚丁奉命重返上海。

“毛主席无产阶级司令部发出的革命号令”

江青到部队召开座谈会，并不是有意抓部队文艺工作，只是借重林彪、借重解放军，搞出一个纲领性的文件来。这就要让“大秀才”把她的意思上升为“理论”。

2 月 26 日，张春桥带陈亚丁到江青处，不久陈伯达也来了。他按江青事先关照，掏出几张纸，谈了两点修改意见：第一，“17 年文艺黑线专政的问题，这很重要，但只是这样提，没头没尾。”要讲清它的来源，“它是 30 年代上海地下党执行王明右倾机会主义路线的继续。”第二，“要讲一段文艺方面的成绩。”“江青亲自领导的戏剧革命……真正是我们无产阶级的东西。”

林彪同志给中央军委常委的信

林　彪

一九六六年三月二十二日

林彪同志委托江青同志召开的部队文艺工作座谈会纪要

（一）

（二）

1966 年 2 月 2 日至 20 日，江青于上海召开部队文艺工作座谈会。在座谈会纪要中，诬蔑建国以来文艺界被一条“反党反社会主义的黑线”专了政

江青听后，甚是高兴。说：“伯达的意思很好，使我们提高了，击中了要害，很厉害，很厉害。”

27 日晚，江青又召张、陈二人谈意见。其中特别提到，不同意把《东方红》列入优秀剧目中，说“主席不会同意的”。

这次修改将文字从 3000 字增加到 5000 字。陈亚丁带稿回京。江青却把稿子铅印出来，送给了毛泽东审阅。毛泽东很重视，对《纪要》作了 11 处修改。其中最重要的是在《纪要》

标题中加上了“林彪同志委托”6个字。标题成了《林彪同志委托江青同志召开的部队文艺工作座谈会纪要》。这6个字一加，使《纪要》的分量陡然增加。

在“彻底搞掉这条黑线”之后，毛泽东加了“搞掉这条黑线之后，还会有将来的黑线，还得再斗争。”在这之后，毛泽东单独增加了一段话：

过去十几年的教训：我们抓迟了。毛主席说，他只抓过一些个别问题，没有全盘地系统地抓起来，而要是我们不抓，很多阵地就只好听任黑线去占领，这是一条严重的教训。1962年十中全会作出要在全国进行阶级斗争这个决定之后，文化方面的兴无灭资的斗争也就一步一步地开展起来了。

3月8日，江青电话通知刘志坚和陈亚丁再去上海，看毛泽东改动的地方。10日刘、陈抵沪。从10至14日，在陈伯达的参加下，江青、张春桥、陈亚丁对《纪要》逐条进行修改。而刘志坚认为稿子既然主席改过了，也就可以了，因此没有参加。14日修改完成的《纪要》，内容改动很多。全文从5000字增加到10000字。

3月14日，江青“又送主席审阅，主席再次作了修改”。毛泽东第二次修改，在十几个地方作了内容增删和文字修改。在稿子最后加了一句：“以上整个座谈记录所说内容，仅供领导同志们参考。”

修改完毕。3月17日，毛泽东给江青写信说：“此件看了两遍，觉得可以了。我又改了一点，请你们斟酌。此件建议用军委名义，分送中央一些负责同志征求意见，请他们指出错误，以便修改。当然首先要征求军委各同志的意见。”

3月18日，江青又电召刘志坚、谢镗忠、李曼村去上海。19日，刘、谢、李三人抵沪后即赴江青处。张春桥、陈亚丁已在座。大家看了毛泽东的修改稿，都表示没有意见了。《纪要》就此定稿。

江青交代大家说：“斗争很复杂，周扬在苏州养病，听说我在同你们座谈文艺问题，好紧张，跑到上海来看春桥，打听消息，春桥没有告诉他。你们回去后，没有正式传达前，不许外传，要保密，这是一条纪律。”

当天，江青指定陈亚丁代为起草了一封给林彪的信。信中写明了《纪要》形成的过程及毛泽东审阅修改的情况，转达了毛泽东关于以军委名义分送中央负责人的意见。

林彪此时已从苏州移居上海。收到江青的信及《纪要》，知道经毛泽东亲自审定，不置一辞，欣然同意。他把刘志坚找去，代林彪给贺龙等中央军委常委们写了一封信。信中说：这个《纪要》“是一个很好的文件，用毛泽东思想回答了社会主义时期文化革命的许多重大问题，不仅有极大的现实意义，而且有深远的历史意义。”3月22日晚，林彪修改审定后，交待刘志坚：把信和《纪要》“分别送给军委各位常委，看常委有什么意见，如果没有意见就送给中央，由中央来批转。”耐人寻味的是，林彪虽然默认了“委托”的说法，但他在给贺龙等人的信中，并没说座谈是他委托的。

3月23日，刘志坚等带着《纪要》定稿和林彪的信返回北京。按林的交代，分送军委各常委。

此时，江青将定稿送毛泽东。毛泽东又对《纪要》作了第三次修改。3月24日退给江青。

军委常委们都划了圈。3月30日，刘志坚与陈亚丁起草修改了以军委名义给中共中央和毛泽东写的请示，并将《纪要》、江青给林彪的信、林彪给军委的信，一并上报中央。

报送中央，本应送给中央书记处总书记邓小平，由于邓已到三线视察，3月31日送到了彭真手里。

彭真不敢拖延，让总政替中央起草了一个简短的转发《纪要》的批语。4月1日，以传文形式，将《纪要》和批语送毛泽东、周恩来、朱德、邓小平等中央常委核阅。当日，毛泽东在杭州指示：已阅，同意。4月10日，中央将《纪要》批发给全党。

《座谈纪要》，后来被称为是“以毛主席为代表的无产阶级司令部发出的革命号令。”这个话很能说明这份文件的分量。虽然江青始终没有说召集这个座谈、搞这个《纪要》是毛泽东授意，还是她自己动议，但是毛泽东想用这个《纪要》发出“文化大革命”的号召，是确定无疑的。毛泽东亲自作了三次字斟句酌的修改，他在许多地方删去了过份歌颂自己的词句，但却保留了“文艺黑线专政”论的内容。他不但同意建国以来有一条与他的路线相对立的“文艺黑线”的基本判断，同意要“坚决进行一场文化战线上的社会主义大革命，彻底搞掉这条黑线”，而且进一步发挥认为“搞掉这条黑线以后，还会有将来的黑线，还得再斗争。”这里已经有了他后来反复讲的“文化大革命”要搞多次，过七八年又搞一次的思想的萌芽。更为严重的是，毛泽东心中的目标，并不限于文化领域，文化界只是突破口。

1966年2、3月间，毛泽东同意了彭真主持制定的《二月提纲》，也修改批准了江青搞的这个文艺座谈会纪要。但真正反映和代表他思想的，是他审阅、修改三遍的这个纪要。

毛泽东对文化领域阶级斗争形势估计得更加严重，直接原因之一，是《二月提纲》发出后，上海张春桥（背后是江青）同北京彭真和中央部门之间矛盾斗争的加剧。

“电话事件”使毛泽东大为恼火

1966 年 2 月 12 日，《汇报提纲》批发的当天，彭真就向上海打招呼：《汇报提纲》常委讨论过，毛主席同意了的，问题都解决了。13 日，彭真又让胡绳告诉张春桥：不要讲吴晗反党反社会主义，不要联系庐山会议。

《二月提纲》发向全国后，学术批判的空气上升，政治批判被抑制。张春桥意识到：《提纲》“不动声色地束缚了我们的手脚，硬把运动拉向右转，弄得很多文章不能发表。姚文元、关锋写好了的讲要害的文章都压下了”。但《提纲》是经政治局常委讨论通过，向毛泽东汇报后以中央名义发出的，因此张春桥虽然极不满意，但不敢轻易动作，遂于 3 月初派上海市委宣传部部长杨永直到北京“摸底”。

杨到京后，许立群、胡绳先后与他谈话。许重申了《汇报提纲》的精神。杨根据张春桥的要求，一再提出：“学阀”是否有所指？双方分歧很大，几次谈话不得要领。3 月 11 日晚，杨永直返沪前，许立群将谈话内容报告了彭真，并请示如何答复。

许：杨永直问，学阀有没有具体对象，指的是谁？

彭：学阀没有具体指什么人，是阿 Q，谁头上有疤就是谁。

许：杨永直问，上海要批判一批坏影片，包括《女跳水队员》，行不行……因为有大腿。

彭：你去问张春桥、杨永直，他们游过泳没有？

许：杨永直问，重要的学术批判文章要不要送中宣部审查？

彭：过去上海发姚文元的文章，连个招呼都不打，上海市委的党性哪里去了？

当夜，许立群将彭真的答复电话告诉了杨永直。杨永直即赶回上海汇报。张春桥听了汇报说：“现在有把握了，这个电话说明中宣部和北京市委是反对姚文元文章的，《二月提纲》的矛头是指向姚文元的，也就是指向毛主席……”

这一电话事件由江青报告了毛泽东。5 月张春桥在中央政治局扩大会议上说：“所谓学阀，不是指姚文元，也不是指上海市委，而是针对毛泽东同志的；所谓武断，还不是指毛主席把《海瑞罢官》同政治问题、庐山会议联系起来，说要害是罢官；所谓‘以势压人’还不是说毛主席以势压人，上海市委以势压人……”

经江青、张春桥加油添醋的推理，彭真关于“学阀”的批评，就与反对毛泽东联系起来了。这促使毛泽东最终下决心打倒彭真。

林默涵回忆说：“在1966年5月通过《五·一六通知》的政治局会议上，康生讲话时说到，江青曾向主席告状，说彭真压制她，欺负她。主席回答江青说：彭真算什么，我一个小指头就可以把他打倒。康生说，他当时在场，康生还说，主席曾对他说：告诉江青、张春桥不要着急，没有什么了不起。”

4 令牌连发 统帅坐镇杭州遥指北京
狂飙迭起 “文革”序幕结束正剧开场

周恩来预感到要发生什么

1966年初，作为国务院总理，周恩来与往年一样忙碌。1966年是实行三五计划的头一年，按照毛泽东“备战、备荒、为人民”的指导思想，周恩来着重关注的是三件事，一是援越抗美斗争，这时中国已对越南承担着重大的义务。周恩来一面组织对越南的军事援助，一面又频繁地会见来访的外宾，说服第三世界的朋友。戳穿美国的和谈阴谋。二是布置和检查三线建设和战备工作。三是抓农业，尤其是北方八省市的抗旱。从年初的日历看，周恩来似乎对农业问题倾注了更多的关心。1月24日，在天津听取河北省林铁等人汇报抗旱和农业生产情况；28日，听取天津市委领导汇报农业、开荒、绿化情况；2月1日，主持召开北京、河北、内蒙古、山西、陕西、山东、河南、辽宁八省市抗旱会议；2月3日约谭震林、李先念、余秋里等人谈西北、西南农业问题。4日、5日又约有关人员谈农业、水利……

春节过后，周恩来忙里偷闲，来到玉泉山小憩。

一天清早，摄影师杜修贤早起散步，看见周恩来独自站在门前空地上，迎着朝阳，手搭凉篷，凝神远望，面带忧愁和疑惑。杜修贤按动快门，抓拍了这一情景。

“你刚才看什么呢？”

“没看什么。好像远处有群羊，白白的，看看又好像是浮云，老是看不清楚。”

杜赶紧顺总理指的方向看，没有什么东西，只有荒秃秃的山坡和一簇簇干枯的树木。周恩来没说什么转向另一方向。

杜修贤看着这张周恩来与以往不同的凝重、忧郁而且有些焦虑的照片，回忆说：“以后很多年，我都疑惑，那时的总理内心是否有所预感，否则他为什么要愁眉紧锁远眺，而且视力所及处，留给他的却是模糊的场景？”

果然，周恩来从玉泉山回到中南海不久，3 月 8 日凌晨 5 点，大地一阵颤抖，把周恩来从睡梦中惊醒，他立即意识到，发生地震了。很快他得到报告，地震发生在河北邢台地区，面积大、烈度大。后来查明，地震 6.8 级，死 8000 人，伤 4 万人，受灾 560 万人口，损失惨重。周恩来立即命北京军区和当地驻军赶赴灾区救灾，当晚主持国务院紧急会议，研究进行救护、救灾工作。会后，亲自向中央和毛泽东写报告。9 日下午，周恩来乘飞机亲赴灾区，当他赶赴地震中心——隆尧县时已是深夜 1 点多，此时狂风大作，余震未消，时常发出残垣断壁倒塌声。周镇定自若，听取汇报，作出指示。第二天，周赶赴重灾区慰问灾民。人们见“周总理来了”，心情激动。暂时放下失去亲人和家园的悲伤，拥上街头，听取周总理“发展经济、重建家园”的讲话。

3 月 10 日，周恩来从河北回到北京，两天后，又赶赴天津参加华北局会议，讨论备战、粮食、农业等问题。他在会上说：“从全国说，我们一穷二白的落后状态未摆脱，工业、农业都比较落后，甚至不能不承认，我们社会主义国家比资本主义国家落后。”

他说：“光学习毛主席著作，不联系这个（实际）不行。”

他说：“现在老区，尤其是山区连余粮都没有，对这一点，我很不安心。”

周恩来的这番话是针对日益浓烈的“突出政治”的火药味而发的。

中国人信奉天人感应的哲学。“文化大革命”十年一头一尾发生了两次大地震：1966 年邢台大地震，1976 年唐山大地震，这是一种巧合，还是一种征兆呢？

作为无神论者，周恩来不可能预感到自然的大地震的发生，但他预感到一场“政治大地震”将要到来，却不会是人们的臆测。从他这一系列活动和上述讲话中，我们可以体会到，周恩来希望能避免这场“政治大地震”，专注于老百姓的衣食大计。受他和邓小平讲话影响，4 月 6 日至 22 日，吴冷西组织《人民日报》连续发表了三篇关于突出政治的社论，发出“突出政治要落实到业务”的微弱呼声，与《解放军报》唱对台戏。

然而，周恩来无法扭转大势。

本来，周恩来准备到河北、北京各地调查一个月，集中研究农业问题。但华北会议刚结束，周就接到通知，毛泽东在杭州召开中央政治局扩大会议。只得立即飞赴杭州。

第一次杭州会议毛泽东只是点了题

3月18日至20日，在毛泽东住地刘庄开会。参加会议的有中央政治局成员加上六大区书记。刘少奇、周恩来、彭真、康生、陈伯达都到会。邓小平到三线视察而缺席，他是为了躲开处理罗瑞卿的事而外出的。吴冷西列席会议。

会议议题事先没有通知，只在开会时说要讨论是否派代表团参加苏共二十三大，还有什么其他问题也可以谈谈。其实这都不是正题，正题是关于文化批判问题。

会开得很自由，没有正式报告。主要是听毛泽东讲。毛先是扯些闲话，很随便的。谈到计划体制要下放，中央只管虚，不管实，或少管点实。等等。

然后，言归正传。毛泽东讲到文化革命。

毛泽东说：“我们在解放以后，对知识分子实行包下来的政策，有利也有弊。现在学术界和教育界事实上是资产阶级、小资产阶级掌握实权。社会主义革命越深入，他们就越抵抗，就越暴露出他们的反党反社会主义的面目。”毛泽东接着说：“吴晗和翦伯赞等人是共产党员，也反共，实际上是国民党，现在许多地方对于这个问题认识还很差，学术批判还没有开展起来，各地都要注意学校、报纸、刊物、出版社掌握在什么人的手里，要对资产阶级的学术权威进行切实的批判。”

说着，毛泽东渐渐点出他的主题。他说：“我们要培养自己年青的学术权威，不怕青年人犯‘王法’，不要扣压他们的稿子”。他警告说：“中宣部不要成为农村工作部”！（注：中央农村工作部1962年被解散）毛泽东谈话中除点了吴晗外，还点了邓拓、廖沫沙的名。他说：“《前线》也是吴晗、廖沫沙、邓拓的，是反党反社会主义的”。

这些话明显地指向中宣部和北京市委，只是游龙见首不见尾，没有把问题讲透。会上主要点了杨尚昆、陆定一的事。杨尚昆原任中央办公厅主任，1965年11月被突然调离中央办公厅的岗位，理由是怀疑他在毛泽东住所放窃听器。陆定一的问题与中宣部扣压“左”派稿件有关，但主要是说他的妻子严慰冰写匿名信“辱骂”林彪妻子叶群，认定陆定一与严慰冰“反革命案件”有关。会上还揭发批判了罗瑞卿，一边倒，群情激愤。

18日下午，毛泽东开了一个小会，有刘少奇、周恩来、彭真、康生、陈伯达、吴冷西参加。会议结束前，毛泽东突然批评吴冷西："人民日报登过不少乌七八糟的东西，提倡鬼戏，捧海瑞，犯了错误"。他说："我看你们只是半个马列主义者，半个三民主义，你们自己做结论，算不算马列主义？"毛泽东还点了胡乔木的名，尽管胡没有出席会议。

大家也听出来不只是批评胡乔木、吴冷西几个人的。

从会议厅出来，吴冷西对周恩来说："主席这次批评很重，我要好好检讨。"周说："不光批评你，也是对我们说的。"

吴又向彭真谈及此事。彭也说："主席的批评不仅对你，也是对我们说的。"

尽管有周、彭二人的宽慰，吴冷西仍然隐约感到，"一场暴风雨即将来临。"

一次会议中间，彭真去接电话，回来后说罗瑞卿（3月18日）跳楼自杀，把腿摔坏了。这时毛泽东有些惊讶的样子，问："为什么跳楼？"然后说了一句："真没出息！"

参加会议的李雪峰回忆说："听起来那意思是，官司刚开始打，就跳楼，官司还在后头呢。我想主席还在观察，从事后的事态发展也可以看出，主席为什么讲这句话，因为中央还未做结论嘛。主席还在考虑还可能牵扯到什么人。"

三月杭州会议点了罗、陆、杨的问题。彭真的"问题"没被点破，但呼之欲出。

"大家听着，哑口无声，谁也不能表态。陶铸是勇敢的，敢讲话，这次也很谨慎。参加会议的人相互之间也不敢多说话，又都想试探一下，了解情况，但是谁也不主动，也不敢主动。"李雪峰如此回忆当时的气氛。

"打倒阎王，解放小鬼"

3月28日至30日，毛泽东在上海连续找康生单独谈了两次话，又找康生、赵毅敏、魏文伯、江青、张春桥等谈了一次话，批判五人小组的汇报提纲，批判彭真和中宣部。他说："《提纲》是不分是非的，中宣部、彭真、北京市委包庇坏人，要是再包庇坏人，中宣部要解散，北京市委要解散，五人小组要解散。"

毛泽东针对"电话事件"，尖锐地批评说："八届十中全会做出了进行阶级斗争的决议，为什么吴晗写了那么多反动文章，中宣部都不要打招呼，而发表姚文元的文章偏偏要跟中宣部打招呼，难道中央的决议不算数吗？什么叫学阀？那些包庇反共知识分子的人就是学阀，包庇吴晗、翦伯赞那些'中学阀'的人是'大学阀'，中宣部是阎王殿，要打倒阎王，解放小鬼。”

毛泽东说：“北京市针插不进、水泼不进”，“邓拓、吴晗、廖沫沙写的《三家村札记》和邓拓写的《燕山夜话》是反党反社会主义的大毒草。”

毛泽东说：“我历来主张，凡中央机关做坏事，就要号召地方造反，向中央进攻。各地要多出些‘孙悟空’，大闹天宫。去年九月会议，我就问各地同志，中央出了‘修正主义’，你们怎么办？很可能出，这是最危险的。”

毛泽东说：“我们面临着文化大革命，中央机关还有保皇党。要支持左派，建立队伍，走群众路线。必须进行这场文化大革命。”

毛泽东让康生转告彭真，要对许立群打电话给杨永直的事，向上海市委道歉。

毛泽东这几次谈话，把杭州会议没有点透的问题彻底摊开了。他已下决心批判彭真、陆定一，彻底解决北京市委、中宣部和五人小组的“问题”，由此发动“文化大革命”。

这次，毛泽东启用康生为主将。

康生本是五人小组成员，参加了二月《汇报提纲》的会议，到武汉向毛泽东汇报也有他。可以肯定他是反对《汇报提纲》的。但当时康生明确表示了反对吗？现在有两种说法。

一种是《五一六通知》附件《大事记》中说：2 月 3 日五人小组会上，康生发表了根本不同的意见。指出“同吴晗的斗争，是两个阶级、两条道路的斗争，要分清阶级界限，要保护关锋等左派同志，依靠他们组织我们的学术批判队伍，要把斗争的矛头针对吴晗，要揭露吴晗的政治问题、要害问题，要联系庐山会议的阶级斗争背景来谈。康生同志批评许立群同志不收集吴晗的材料，专门收集左派的材料。”《大事记》说，“《汇报提纲》是背着康生搞的。”

薄一波的回忆录中也是这样说的，不知是基于此，还是另有来源。

然而，另一种说法是，在 2 月 3 日的五人小组会上，康生一直沉默不语。2 月 5 日，刘少奇主持中央常委扩大会议讨论《汇报提纲》时，康生仍然是一言不发，2 月 8 日，五人小组赴武汉向毛泽东汇报时，康生也没有对《提纲》提出任何反对意见。汇报中毛泽东说：《海瑞罢官》的要害是罢官，“是康生的发明权”，康生连忙否认：“不，不是我的发明权，是毛主席的发明权。”毛泽东再次肯定是“康生的发明权”时，康生才没有吭声。

按逻辑推断，后一种说法更为可信。假如康生在 2 月 3 日会上已明确表示了反对意见，那么他在 2 月 5 日中常委会上为什么不说呢？ 2 月 5 日不说，2 月 8 日在毛泽东处总该亮明自己的态度吧。康生之所以“沉默不语”，是因为他还没有摸准毛泽东的态度，不敢冒然下赌注。但凡阴谋家，总是会在不明朗时两面下注，为自己留下退路的。

一位学者说：“康生其人，战场上披坚执锐，和平时期治国安民，他百无一能，唯独有搞阴谋权术的天赋。”真是一针见血。

毛泽东找康生两次单独密谈，显然向他交了“底”，康生从来没有像现在这样，在毛泽东那里占据如此重要的地位。于是回到北京，开始煽风点火，挑起了发动“文化大革命”的“大任”。

3 月 31 日，康生回到北京，向周恩来、彭真详细传达了毛泽东的上海谈话内容。这时，河北邢台发生第二次强烈地震，灾情比上一次更加严重。周恩来听完康生的传达后，当晚，迅速飞往地震灾区。4 月 1 日这一天走访了五个重灾社队。在 1 日至 6 日这一周，周恩来视察了石家庄、宁冀、冀县、邯郸、魏县、大名、临渠、磁县等灾区。一天工作十几小时，直升飞机几次起落，余震频繁，全然不顾，心系灾区百姓。回京后，两次约见有关科研人员，讨论地震预报问题。4 月 2 日，周恩来在邯郸给毛泽东写信，打算长期在河北抓抗旱和救灾，“拟每隔 10 天回北京一次。如有急事，当由彭真同志告我赶回。”此时，周恩来还没有估计到彭真“问题”的严重性。

然而，周恩来的计划再次被打破。自然地震警报刚刚解除，政治地震的风暴突起，形势急转直下，不允许他待在地方。在上海，4 月 1 日，张春桥便拿出了一份《对〈文化革命五人小组关于当前学术讨论汇报提纲〉的几点意见》，攻击《二月提纲》。在北京，4 月 2 日，《人民日报》和《光明日报》同时发表了戚本禹那篇一直没有让发表的攻要害的文章。4 月 5 日，《红旗》杂志发表了关锋、林杰那篇一直没让发表的攻要害的文章。文末都署为 1 月写作，显示文章被扣押了 3 个月。

报刊上再次掀起批判高潮，其部署和组织，完全把中宣部撇在了一边。中宣部许立群为争取主动，与吴冷西商量，4 月 7 日在《人民日报》发表了方求（中宣部组织的）批要害的文章。然而这已无济于事。这时，许立群已听到毛泽东 3 月 28 日和 30 日谈话的一些精神。康生还指名批评许立群专整左派的材料，不整吴晗的材料。许立群立即行动，把整吴晗的材料登在一份简报上，送给康生，康生说，“你这是抗拒批评！”许精神恍惚，不知所措。

康生从北京打电话给正在陕西的邓小平：“主席要你赶紧回北京，主持会议，下达撤销《二月提纲》的通知。”邓小平飞回北京。4 月 9 日至 12 日，中共中央书记处在北京开会。周恩来、邓小平主持了会议。会上，康生传达了毛泽东对彭真及《汇报提纲》的批评。彭真表示了自己的态度。会上对彭真进行批评，康生系统地批评彭真在这次学术批判中的“严重错误”，陈伯达则从民主革命和社会主义革命问题上，从政治路线方面批评彭真的“严重错误”。会议决定：第一，起草一个撤销并彻底批判《二月提纲》的通知（即后来的《五·一六通知》）；第二，成立文化革命文件起草小组（即后来的中央文化革命小组）。就在会议期间（4月10日），以中央名义转发了“林彪委托”江青搞的那份《座谈纪要》。

文化界一时紧张异常。历史学界大概只有郭沫若、范文澜有人打过招呼“检讨过关”。于是4月14日，郭沫若在全国人大常委会上发言，一反常态自我否定说：“我是一个文化人，甚至于好些人都说我是一个作家，还是一个诗人，又是一个什么历史学家。几十年来，一直拿着笔杆子在写东西，也翻译了一些东西。按字数来讲，恐怕有几百万字了。但是，拿今天的标准来讲，我以为所写的东西，严格地说，应该全部把它烧掉，没有一点价值。”

范文澜也惶惶然写出了检讨。其他“学术权威”就只好生死由命了。

由于毛泽东两次点名批判了邓拓、吴晗、廖沫沙的《三家村札记》和邓拓的《燕山夜话》。4月10日至15日，彭真连续召开北京市委常委会议，研究如何对“三家村”问题进行自我批判，争取主动。4月16日，在《北京日报》上以三个版的篇幅发表了《关于“三家村”和“燕山夜话”的批判》材料和《前线》、《北京日报》按语。按语是由彭真亲自修改定稿的，对“三家村”和“燕山夜话”的“问题”有所检查。

编者按说：“本刊、本报过去发表了这些文章又没有及时地批判，这是错误的。其原因是我们没有实行无产阶级政治挂帅，头脑中又有着资产阶级、封建阶级思想的影响，以致在这一场严重的斗争中丧失立场或者丧失警惕。”并说是“放松了文化学术战线上的阶级斗争”。

当天，中央人民广播电台广播了这篇按语，新华社发了通稿。

配合这个按语发表的《〈燕山夜话〉究竟宣扬了什么？》一文，几个部分的标题是：“歪曲党的百花齐放、百家争鸣的方针，主张让资产阶级思想泛滥”，“全面美化封建社会制度”，“借封建古人之尸，还资产阶级之魂”，“宣扬剥削阶级没落的人生哲学”，“以古讽今，旁敲侧击”。

这篇文章虽然上了“阶级斗争”的纲，但仍限制于学术批判范围内，没有提到“影射”毛泽东和“反党反社会主义”的政治高度。而这才是抓“三家村”的要害。

《三家村札记》和《燕山夜话》，即使没有毛泽东点名，也难逃厄运。因为这时文化革命已不屑于学术批判，而单抓一个要害："影射"。《三家村札记》和《燕山夜话》无论从它产生的背景还是它讽喻时弊的杂文形式，以及它的来自北京市的三位作家的身份，注定难逃文网了。

1961 年 3 月，北京市委书记邓拓应约为《北京晚报》定期写知识性杂文。从此以"马南邨"笔名开设了《燕山夜话》专栏，至 1962 年 9 月止，共发表 150 余篇。在此期间（1961 年 10 月起），《前线》杂志（中共北京市委理论刊物，邓拓主编）开辟了《三家村札记》杂文专栏，由吴晗、邓拓和廖沫沙（北京市委统战部部长），以"吴南星"（星即"繁星"）的笔名供稿，先后发表了杂文 50 余篇。这些文章，"都是谈所见所闻所感"，从读书治学，待人接物，到生产建设，领导方法等，或评论历史人物，或赞扬新人新事，旁征博引，议论横生，把知识和思想熔于一炉，引人入胜，发人深省。由于受到群众的欢迎，《燕山夜话》曾编辑出版了合集。

除知识性外，还有一些批判性和讽喻性的文章。诸如《一个鸡蛋的家当》《王道和霸道》《伟大的空话》《专治"健忘症"》等。

《一个鸡蛋的家当》引用一个故事：一个盲人拾得一个鸡蛋，浮想联翩："鸡生蛋，蛋生鸡，辗转生利，又放高利贷，遂成巨富，于是手之舞之，足之蹈之，结果"叭"的一声，鸡蛋落地，完事大吉。文尾邓拓淡淡地道出：只有老老实实，"才能摒除一切想入非非的发财思想"。

《说大话的故事》《伟大的空话》，旨趣相同。

吴晗

邓拓

廖沫沙

《智能是可靠的吗？》《放下即实地》《专治“健忘症”》等几篇短文，以隐喻的方式告诉人们：一、不要一味自以为是天纵之圣，一切都可任意逞能，作出惊天动地的决定；二、如果事实证明决定错了，就不要一味硬撑，坚持到底；三、错了就认账，不要一股脑儿全推给别人。文章的确寓意深刻，发人深省。

不用讳言，文章是批评当时流行的“左”倾思潮和假、大、空作风的。尽管1961—1962年上半年政治空气有些松动，但对时弊的批评，也只能采取这种伊索寓言式的方式。无论作者是否想到批评毛泽东，绝对是善意的讽喻和劝诫，绝无“反党反毛主席”的政治阴谋。假如党内民主和国家民主健全，对错误的批评就不必采取曲笔了。

假如听得进不同意见，许多灾难就不会发生了。

1962年八届十中全会后，风声渐紧，邓拓等人就搁笔不写了。邓拓在10月中旬写了《告别读者》，言不由衷地说：“近来由于把业余活动的注意力转到其他方面，我已经不写《燕山夜话》了”。这是托词，是脱身之术。他写过一篇《三十六计》，“三十六计走为上”，然而，邓拓终究没有“走”脱灭顶之灾，只是晚来了四年。

北京市委自我批判《三家村札记》和《燕山夜话》，无法使自己过关。反而被认为是假批判、真包庇、混淆视听，加快了对彭真的处理。

4月16日当晚，新华社通知各地撤销所发通稿。4月19日，中央书记处通知首都各单位及要求各报刊不要转载《北京日报》16日按语和材料，“停止执行北京市委布置的那种制造混乱的措施。”

4月18日，《解放军报》发表社论《高举毛泽东思想伟大红旗，积极参加社会主义文化大革命》。第二天，全国各大报刊转载。这篇社论率先将林彪委托江青召开的部队文艺工作座谈会纪要的精神公之于众，并且首次公开提出了“文化大革命”的口号。

在南方，毛泽东已下令召开第二次杭州会议。

第二次杭州会议彭真“出事了”

这半个多月的急剧变故，刘少奇完全不知。因为他3月20日参加第一次杭州会议回京后，就准备出国。3月26日至4月19日，刘少奇和夫人王光美，在陈毅和夫人张茜的陪同下，应邀访问巴基斯坦、阿富汗、缅甸三国。

3 月 22 日，刘少奇一行离京飞往乌鲁木齐时，除毛泽东、林彪外的中央国家领导人全部到机场送行。他没有想到，这是他有生最后一次国事访问，更不会想到这次访问是他政治生命的终结。但是，刘少奇显然已感到了政治的飘忽不定和难以揣测。

在飞往乌鲁木齐的机舱里，刘少奇不仅表现出他惯有的严肃，而且面带忧郁、心事重重。随访的摄影师杜修贤看到，刘少奇拉开布帘，从前舱走出来，用疲倦的目光看了大家一眼，与外交部几位司长点了点头，一句话也不说，快步走向陈毅坐的后舱，迅速拉拢布帘。过了许久，刘少奇从后舱走出来，仍然心事重重，一言不发，进了前舱，又拉上了布帘。后舱的陈毅似睡非睡眯着眼，仰倚着椅背，也一副忧郁神态。这在以往很少见到。

刘少奇在新疆待了四天。26 日离开乌鲁木齐飞往巴基斯坦，自治区领导和新疆群众仍以对国家主席的尊重欢送刘少奇上机远行。刘少奇正想登机，突然转过身，退着步子朝欢送的人们挥手，面带伤感，依依惜别。

刘少奇在国外访问了 25 天，4 月 19 日回到昆明。

当晚，周恩来从北京打电话给陈毅，说北京没什么事，要老总陪刘主席在春城休息几天。然而，第二天清早，刘少奇、陈毅突然接到电话通知，让他们不要回京，立即去杭州参加会议，上海将派飞机到昆明接，会议内容不得而知。刘、陈二人费劲猜测。陈毅马上想到，是不是边境发生了战争？刘少奇想到可能是国内政局有什么大的变动。

当刘少奇、陈毅走进杭州刘庄毛泽东主持的会议会场时，才知道，又是一场严重的政治斗争，解决彭真问题。

这次仍叫中央政治局常委扩大会，与会者是陆续到达的。

其他与会者，多数也同刘少奇一样，事先不知道开什么会。

李雪峰回忆说：

我于 14 日从邯郸返京，15 日飞上海，从上海到杭州，当时来的人比较少，就安排在西泠宾馆（八层楼）。

彭真来得晚，我们还换了一下房子，住在同一层。

叶帅也来得晚，来了就问我："这个会议是干什么，三月不是刚开了会？"

我说："我也不知道。"

叶帅说："送彭真上飞机时，彭真和我讲了两句话，说现在又出事了，他出事了。”

彭真到杭州后，要求和毛主席见面谈话。彭真和徐业夫讲时我正在旁边。彭说：“我要求和主席见面，只讲20分钟。请你转告。”徐业夫会转告的，可是主席没有见彭真。这样我们就知道事情大了。

会还没有开，18日关于彭真问题的材料就发下来。其中之一就是4月16日《北京日报》批吴晗、邓拓、廖沫沙“三家村”的文章及按语，康生讲这是假批判，真包庇，假装自我批评。

19日会议开始。20日刘少奇赶到杭州，主持会议。因为他半个多月不在国内，情况不明，会议实际由周恩来主持。

20日、22日、24日、25日在毛泽东处开了几次会，听毛泽东的谈话。毛泽东谈得活跃、语气和缓，但问题提得很尖锐了。

22日下午，毛泽东讲话说：我不相信只是吴晗的问题，这是触及灵魂的斗争，意识形态的，触及的很广泛。吴晗问题之所以严重，是因为“朝里有人”，中央有，各区、各省、市都有，军队也有，出修正主义，不只文化出，党政军也要出，主要是党、军。真正有代表性的，省、市都要批一二个。

针对《二月提纲》关于“有破有立”的观点，毛泽东说：先破后立，不破不立，破中有立，破就要讲道理，讲道理就是立，要彻底地破。

毛泽东的插话就说得更重了，他说：“北京的空气很沉闷，我不愿在那里住，愿到上海来。”

西泠宾馆的空气才真是十分沉闷。大区书记们饭后散布，没有一个敢和彭真并行，也不和他讲话。因李雪峰曾是彭真的老部下，关系不错，还和彭真讲话，但也只能讲些“天热了……”之类的废话，双方谁也不敢讲正题。

王任重说：主席讲得很好，很重要，是否将毛主席的讲话整理成一个文件下发全党。陈伯达说：那你根据你的记录写一下。王整理了一个文件送了上去。

其实，文件早在起草过程中。

4月12日中央书记处会议后，陈伯达就草就了一份撤销《二月提纲》的通知草稿，内容简单，属技术性的，由周恩来报送杭州的毛泽东。毛泽东不满意，14日，亲自作了修改。并分别给江青和周恩来、邓小平、彭真写了两封信，要求康生、陈伯达及其他起草小组人员即日去上海，同在上海的江青、张春桥等人修改定稿。

这时，毛泽东提议，成立了一个文件起草小组，并提名陈伯达为组长，小组成员 10 人，即康生、江青、张春桥、王力、关锋、戚本禹、吴冷西、尹达、穆欣、陈亚丁。这些人后来成了中央文革的主要班底。

起草小组在上海每完成一稿，当即由张春桥派人送往杭州，直送毛泽东。毛亲自修改，改毕，又派人直送上海。所有尖锐的政治性论断都是毛泽东亲自增写的，从 4 月 14 日至月底，毛亲自修改 7 次。把关于撤销《二月提纲》的简单通知变成了一份发动“文化大革命”的纲领性文件。

4 月 24 日，杭州会议基本通过了《通知》修改稿。

会议结束，中央指定李雪峰和宋任穷二人与彭真一道乘飞机回北京，“明是陪送，实是押送。”从此，彭真失去了自由。

文件起草还在紧张进行。4 月 28 日和 29 日，毛泽东又讲了两次话，对彭真和北京市委提出更加严厉的批评。毛泽东说：

> 北京市一根针也插不进去，一滴水也泼不进去，彭真要按他的世界观改造党，事物是向他的反面发展的，他自己为自己准备了垮台条件，对他的错误要彻底攻。历史教训并不是人人都引以为戒的。这是阶级斗争规律，是不以人们的意志为转移的。凡是有人在中央搞鬼，我就号召地方起来反他们，叫孙悟空大闹天宫，并要搞那些保玉皇大帝的人。现象是看得见的，本质是隐蔽的，本质也会通过现象表现出来的。彭的本质隐蔽了 30 年。

至此，彭的被打倒，“文化大革命”的全面发动，已是无可挽回了。北京的空气十分紧张，都在打听消息，在高层，谁都知道，揭出彭、罗、陆、杨，只是个开始。但包括刘少奇在内，谁都不知道下一步将如何发展。

刘少奇主持了旨在打倒自己的会议

1966 年 5 月 4 日至 26 日，北京召开了中央政治局扩大会议。毛泽东仍坐镇杭州，没有出席会议，但会议完全按毛泽东在杭州的部署进行。会议由刘少奇主持，却由康生负责向毛泽东汇报请示。与会者 76 人，有在京的政治局委员、候补委员以及有关方面负责人。而各中央局、各省市区负责人都没有参加。显然，毛泽东是预作了两手打算。

5 月会议集中揭发和批判彭真、陆定一、罗瑞卿、杨尚昆四人的“问题”，作出了撤销四人职务的决定。5 月 16 日，通过了毛泽东作了八次修改的《通知》。习惯上称为《五・一六通知》。这个通知宣布：撤销《二月提纲》和原来的文化革命五人小组，宣布文化革命要彻底揭露反党反社会主义的“学术权威”，批判学术界、教育界、新闻界、文艺界、出版界的资产阶级反动思想，夺取这些文化领域中的领导权。

然而，《五・一六通知》的核心目标不在文化各界。《通知》中，毛泽东增写的几段话说得明明白白。

> 中央和中央各机关，各省、市、自治区，都有这样一批资产阶级代表人物。
>
> 混进党里、政府里、军队里和各种文化界的资产阶级代表人物，是一批反革命的修正主义分子，一旦时机成熟，他们就会要夺取政权，由无产阶级专政变为资产阶级专政。这些人，有些已被我们识破了，有些则还未被识破，有些正在受到我们信用，被培养为我们的接班人，例如赫鲁晓夫那样的人物，他们现在正睡在我们身旁，各级党委必须充分注意这一点。

毛泽东所指的资产阶级分子，不只是文化界，更主要的是“党里、政府里、军队里”，不只是局部现象，而是从中央到各省市都有一批资产阶级代表人物，他们随时准备夺取政权。因此，毛泽东要发动的批判和夺权斗争，不再限于文化领域，而要扩大到党、政、军各个方面。

打倒彭罗陆杨，就是一次不小的夺权斗争。因为彭罗陆杨都是中央书记处书记，实际上是协助刘少奇、邓小平主持中央第一线工作的重要人物，罗瑞卿主管军队工作，陆定一主管宣传意识形态，杨尚昆主管中央办公厅。而彭真，则是协助邓小平处理中央书记处日常工作的常务书记，在“海内”（指在中南海范围内），人们习惯地称彭真为常委。一下子打倒四位书记处书记，确是一个不小的行动。然而，在毛泽东看来，这只是一个突破口。

《五・一六通知》中所指的正在培养为接班人的睡在我们身旁的赫鲁晓夫，其实就是指的刘少奇。不过，这个“底”，这时只有林彪、康生、江青、陈伯达数人知道。刘少奇、周恩来、邓小平等人都不知道，他们都举了手，投了赞成票。《通知》通过后的第三天，刘少奇、周恩来、邓小平在京西玉泉山会见胡志明时，都认为“中国党内的赫鲁晓夫、修正主义者”已经挖出来了。

更令人毛骨悚然的是林彪 5 月 18 日在会上的讲话。林彪大讲古今中外的政变。杀气腾腾，说我们社会主义国家也会有。他煞有介事地说："最近有很多鬼事，鬼现象，要引起注意，可能发生反革命政变，要杀人，要篡夺政权，要搞资产阶级复辟"，"罗瑞卿是掌军权的。彭真在中央书记处抓去了很多权"，"文化战线、思想战线的一个指挥官是陆定一，搞机要、情报、联络的是杨尚昆"。"文武相配合，抓舆论，又抓枪杆子，他们就能搞反革命政变。"林彪透露说，毛泽东最近几个月特别注意防止反革命政变，调兵遣将。

李雪峰回忆说："他没有点名，但大家都知道是指刘少奇。刘没有讲什么。"

由此，我们推断，刘少奇对毛泽东的真实意图，不可能全然不知，只是不愿深想而已，客观上也无力回天。

于是，刘少奇主持会议，通过了旨在打倒自己的纲领。

根据毛泽东的指示，"成立了新的中央文化革命小组，隶属于中央政治局常委之下"。组成人员如下：

组长：陈伯达

顾问：康生

副组长：江青、王任重、刘志坚、张春桥

组员：谢镗忠、尹达、王力、关锋、戚本禹、穆欣、姚文元

中央文革的核心人物是江青。陈伯达不过是无独立人格，依附于江青的御用文人。康生早就是江青的私人顾问了。以后几经淘汰，王任重、刘志坚、谢镗忠、尹达、穆欣等江青看着不顺眼的人全被排斥出中央文革。剩下的人员完全成了江青的私人班底。正是这一班佞幸之徒呼风唤雨，推波助澜，大闹乾坤。

序幕结束　正剧开场

在会外，进入 5 月以后文化批判掀起狂澜，首先展开的是对"三家村"的围剿。

5 月 8 日，《解放军报》发表高炬的文章《向反党反社会主义的黑线开火》。

同日，《光明日报》登出何明（即关锋）的《擦亮眼睛，辨别真假》。

事隔两天，5 月 10 日，上海《解放日报》和《文汇报》同时登出姚文元的《评"三家村"——〈燕山夜话〉〈三家村札记〉的反动本质》一文，洋洋两万言。第二天全国各大报刊转载。一时间，全国上下各种宣传机器一起开动，万炮齐轰"三家村"。

5 月 16 日，戚本禹发表《评〈前线〉〈北京日报〉的资产阶级立场》一文，诬陷邓拓"是一个叛徒"。同日，北京市委通知邓拓停职反省，把邓拓逼上了绝路。

宁为玉碎，不为瓦全。面对这泰山压顶的形势和有口难辩的诬陷，邓拓，这位毕生忠诚的无产阶级战士和才华横溢的知识分子出身的老党员，5 月 17 日夜自杀身亡。

死前，他给北京市委写了一封信，依然表白自己对党对领袖对共产主义矢志不渝的忠诚。信中说：

作为一个共产党员，我本应该在这一场大革命中经得起严峻的考验。遗憾的是我近来旧病都发作了，再拖下去徒然给党和人民增加负担。但是，我的这一颗心，永远是向着敬爱的党，向着敬爱的毛主席。我要离开你们的时候，让我再一次高呼：伟大、光荣、正确的中国共产党万岁！我们敬爱的领袖毛主席万岁！伟大的毛泽东思想胜利万岁！社会主义和共产主义的伟大事业在全世界的胜利万岁！

他同时给妻子丁一岚留下了几行字。他说：“盼望你们永远做党的好儿女，做毛主席的好学生，高举毛泽东思想的伟大红旗，为社会主义和共产主义的伟大事业奋斗到底！”同时，凄苦地要求妻子儿女“你们永远不要想起我，永远忘掉我吧。我害得你够苦了，今后你们永远解除了我所给予你们的精神创伤。永别了，亲爱的。”

邓拓，成为大兴文字狱的第一个牺牲者。

“三家村”的另一成员吴晗受到的凌辱更大更久。在妻子离去之后吴晗也于 1969 年 10 月 11 日被迫害致死。

“三家村”的最后一个成员廖沫沙经受了无法想象的长期煎熬，顽强地活到了“文革”结束，在追悼邓拓之时，用血泪之笔写下一首诗。其中两句曰：

岂有文章倾社稷，
从来佞幸覆乾坤。

文章招祸，佞幸乱国，这中国几千年来的悲剧，竟会在当代空前规模的重演，令人悲叹莫名！然而，“文革”的悲剧，岂止“佞幸乱国”所能说明。

1980 年 7 月，廖沫沙为《忆邓拓》一书作序时写道：

所谓“三家村”的冤狱和邓拓、吴晗同志的牺牲，不过是一场历史大悲剧的序

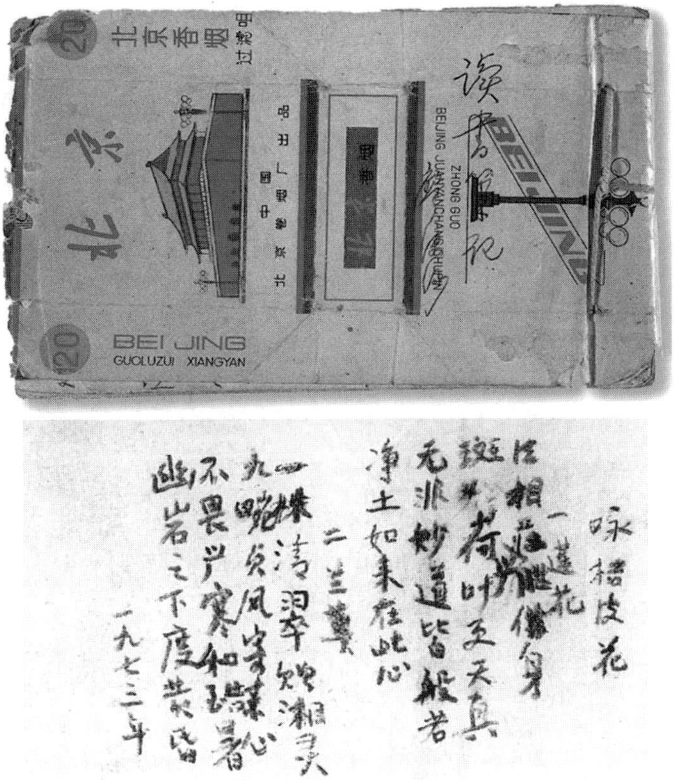

廖沫沙于“文革”期间被监禁时写于烟盒背面的诗

幕而已；值得我们感情激动的，并不是这场悲剧的序幕，而是我们一切抱有宏图大志的历史科学家踊跃前驱，去寻找和发现我们这个九亿人口的大国为什么产生这场历史大悲剧的真正原因。

但愿此公斯言，能砥砺学人（不止是历史学家），犯难前驱，担起“寻找和发现”的责任。

但愿社会给予这种探寻以更多的鼓励和更大的宽容！

结束语　从历史寻找智慧

（一）

历史是一面镜子。它虽不能设计未来，但它至少告诉人们：人类依靠当前能力能做到什么，做不到什么。在经历了重大历史失误之后，它告诫人们：此路不通，应另择新路，人们不应重犯同样或类似的错误。

“文化大革命”前10年历史告诉我们些什么呢？它对于中国人今天的生活和明天的走向，有些什么启示呢？

我们还是先听听一位伟人的思考吧！

在中国的领导人中间，有一位领导人，他既是第一代领导集体的重要成员，又是第二代领导集体的核心。他在当年的历史活动中曾扮演过并非无足轻重的角色，却又开辟了一个改革开放的新时代。他就是邓小平。

作为一位年逾古稀的革命老人，邓小平的思路为什么会产生如此巨大的跨越？这最初的动因，来源于他对历史的彻悟，对历史经验的全面反思和总结。

邓小平指出，从新中国成立到十一届三中全会，这30年成绩很大，但做的事情不能说都是成功的。建国头八年，发展是很健康的，形势非常好，以后就出问题了，从1958年到1978年，耽误了整整20年的时间，这期间经济建设也在逐步发展，做了许多工作，也取得了一些重大成就，比如搞了原子弹、氢弹、导弹等，“但就整个政治局面来说，是一个混乱状态，就整个经济情况来说，实际上是处于缓慢发展和停滞状态。”人民生活没有多大改善。

邓小平的这个评价，并没有否定新中国成立后20年尤其是“文革”前10年的成绩。他所列举的原子弹、氢弹和导弹，都是在前10年搞成的或奠定基础的。当然不只这些，其中最显著的变化是初步建立起了一个工业体系。但是邓小平认为，这10年20年总体上处于“停滞状态”。我理解，这是讲这一时期的发展与人民群众付出的劳动相比是不成比例的，它也没有达到按照客观条件可能达到的水平。

造成这种情况的原因是多方面的，邓小平指出：最根本的原因是“左”，没有搞清楚“什么是社会主义，怎样建设社会主义”，搞了封闭和僵化的政策和体制，特别是长期搞“以阶级斗争为纲”，忽视发展生产力。这就是说，我们过去选择的发展社会主义的具体道路并不成功。老路走不通了，必须寻找新路，这就是邓小平倡导改革开放的历史动因。循着邓小平的思路，我们试图对“前 10 年”的历史经验作一点理性的思考。

（二）

社会主义的根本任务是发展生产力，这是马克思主义的基本原理，本来是十分清楚的。1956 年中共八大正是根据这一原理，在社会主义改造基本完成后，作出了把全党工作重点转到经济建设上来的正确决策。然而，这一正确认识很快被抛弃，后来竟走到了它的反面，人为地夸大了阶级斗争的严重程度。从 1957 年 9 月八届三中全会到 1958 年 5 月八大二次会议，提出社会主义社会的主要矛盾是无产阶级和资产阶级的矛盾，改变了八大的正确判断。1962 年 9 月八届十中全会，明确提出“以阶级斗争为纲”，发展生产力被置于次要的从属的地位。

仔细分析起来，起初的失误，或许并不是失之于忽视发展生产力，而是失之于对发展生产力过于急切。

1956 年，毛泽东多次向全党发出“球籍”问题的警告。他说，如果中国 50 年内不能赶上和超过美国，那就要被开除球籍，他提出要调动一切积极因素，“向自然界开战。”这种赶超意识，在当年的中共党内和中国人中间，具有普遍的心理认同。作为一个古老的东方大国，中国的沉沦太久了，中国人做了一个多世纪的强国之梦，现在终于有希望成为现实。战后东西方冷战格局和中国被封锁被包围的国际环境，也强化了中国人尽快赶上去的紧迫感。赶超之心无可厚非，问题出在“做好事的心太大”，远远超出了客观条件的许可和主观能力的极限。应了民主人士张奚若的话：“好大喜功、急功近利。”这就不能完全用“民族愿望”作出解释了，而是来自于对主观能动性的特殊的盲目的自信，来自对历史主动性的过分夸大。这种心理偏差，产生于 1955 年农业合作化的高潮之中，1956 年苏共二十大揭露了斯大林的错误，既使毛泽东头脑清醒，又使他解除了仅有的精神顾忌，认为中国可以比苏联干得更快更好。一段时间赫鲁晓夫对毛泽东的借重，更助长了毛泽东的骄傲情绪。他目标远大，以天下为己任，希望中国对世界革命承担更大的责任，然而，中国这种人口大国、经济小国的状态，使他寝食不安。这种急于求成的情绪日益发展，并且通过批判“反冒进”，强烈地感染着党的高级干部，发动了一场“大跃进”运动。希望出现“一天等于 20 年”的奇迹，一举改变中国的贫穷落后的面貌。

马克思主义确实说过，历史发展有一天等于 20 年的时刻，但这只是历史一瞬，是历史进程中的非常态。历史的常态是渐进。尤其是生产力的发展，是一个漫长的历史过程。革命可能在一夜之内改变历史的方向和政权的性质，但它不可能在一天之内创造经济奇迹。然而，1958 年，中国人太希望这种奇迹出现了，无限度地夸大主观能动性，闹出了许多笑话，接踵而来的便是灾难。

正是由于“大跃进”的失败，导致了党内的严重分歧。一次在 1959 年庐山会议上，一次在 1962 年北戴河会议上。今天来看当年彭德怀等人对毛泽东提出的批评和建议，丝毫没有挑战毛泽东的动机。然而，毛泽东以及紧跟毛泽东积极推行“大跃进”的干部们，认为出现了动摇毛泽东领导地位，否定毛泽东的路线的政治危机，于是不惜中断初见成效的纠“左”，转而在全党发动反右倾。结果使经济形势雪上加霜，灾荒弥漫全国。

在严重的灾荒面前，毛泽东亲自组织了退却，倡导实事求是、调查研究，纠正了许多具体错误。然而，很快就表明，这种退却是策略性的、有限的。当他感到 1962 年的调整的深入有危及他的路线的危险时，毛泽东发动了反击，重新强调阶级斗争，批判“三风”，接着在国际上展开反修斗争，在国内开展旨在挖掉“修根”的“四清”“五反”运动和文化批判运动，走上了通向“文化大革命”的不归路。恩格斯说过，一个运动是另一个运动的原因。在某种意义上说，“文化大革命”不过是“大跃进”运动及其后果的符合逻辑的延伸。到了“文革”，“左”发展到极左，“宁要贫穷的社会主义，不要富裕的资本主义”的荒谬理论一出，发展生产力不仅被忽视，而且似乎成了社会主义的对立物。

中国人的思想被弄糊涂了，连起码的生活常识都发生了动摇。三中全会以后，邓小平不得不反复强调属于常识范畴的基本道理。他说，贫穷不是社会主义，更不是共产主义。首先要摆脱贫困，找出一条较快的发展道路。这才是真正的马克思主义，真正的社会主义，

到 20 世纪 70 年代末，中国与世界先进水平的差距拉大了。中国人感受到的危机感和紧迫感更甚于 50 年代。然而，鉴于以往的教训，中国再没有提“超英赶美”的口号，而是把中国现代化的时间放在 100 年内的较长时段，提出了分三步走的发展战略：先消除贫困，再实现小康，进而达到中等发达国家水平。这个战略构

想来源于对历史的深刻理解。它使中国人的心态放平了，不再作那种“一天等于20年”的梦。中国的发展反而加快了。

（三）

邓小平认为，20年的停滞，不只是因为忽视了发展生产力，而且因为实行了“封闭和僵化的政策和体制”。封闭与僵化，一说对外政策体制，一说国内政策体制。

先说僵化。这触及对“什么是社会主义，怎样建设社会主义”的基本认识。毛泽东曾经独创性地提出过一个新民主主义理论，有过一个10—20年新民主主义社会的设想，如果按照这个思路发展下去，让多种经济成分并存和发展，同时依靠国家投资壮大国有经济，中国的发展会是另一种景象。但是，这个设想没有贯彻到底。1953年开始转向立即向社会主义过渡。向什么样的社会主义过渡？当时的具象模式就是斯大林时期形成的苏联模式。它在经济上的主要特征就是单一的公有制和高度中央集权的计划经济体制。新中国成立之初，毛泽东首倡“向苏联学习”，这既出于“一边倒”外交战略的需要，也出于一种信念和国内要求。“苏联的今天就是我们的明天”，这是人们普遍的信念。苏联模式不仅是当时唯一可资借鉴的社会主义模式，而且是利用国家的力量加快推进优先发展重工业的工业化的唯一范例。选择加快优先发展重工业的战略，几乎必然地要选择全盘集体化和国有化以及中央计划经济体制。这种体制为国家短期内集全国之力投向于选定的工业部门提供了强有力的手段，它有利于工业化的起步。而它内在的缺陷被革命后的热情、纪律性等政治优势所弥补，因而，中国的建设事业有一个良好的开端。

然而，当中国刚刚接受了传统社会主义体制模式时，这种模式在它的母国苏联及东欧国家却充分暴露出它的弊端。这种体制的致命性弊病在于缺乏效率、运行僵化、动力不足。它或许可以有效地动员资源，但不能有效地利用资源，尤其对新技术革命缺乏最有力的吸纳机制，因而导致一系列经济和社会后果。1956年毛泽东等中共领导人的“以苏为鉴”，提出了许多很有见地的思想和设想。例如毛泽东提出“消灭资本主义，又搞资本主义”的观点，陈云提出“大计划小自由”的设想等。但总体说，这种思考没有深入，而且只是一掠而过，很快中止了。其原因，一是中国的经济体制刚刚建立，实践很难让中国领导人接受这种体制存在致命性缺陷的结论。二则因为苏共二十大以后，由于批判斯大林错误引发了社会主义国家的思想混乱，这促使毛泽东从“以苏为鉴”转向维护斯大林主义。这在当时似乎有其政治需要，但这一转也就限制了对社会主义的反思和探索的深入。

毛泽东弥补计划经济缺陷的思路是实行中央与地方分权，更多地发挥地方的积极性，同时用群众运动的方法来突破计划的平衡和填补资金的缺口，创造高速度。他还片面地理解了生产关系变革对生产力的促进作用，以为公有程度越高、规模越大就越能促进生产力的发展。所以，搞“大跃进”，就一定要搞“人民公社”。这是一而二，二而一的事情。

当然1958年的人民公社化运动，有它自身的社会理想，那就是急于向共产主义过渡。邓小平说：“我们都是搞革命的，搞革命的人最容易犯急性病。我们的用心是好的，想早一点进入共产主义。这往往使我们不能冷静地分析主客观方面的情况，从而违反客观世界发展的规律。”想早点进入共产主义的情结，这是多少代共产党人屡犯错误的根源之一。从列宁、斯大林到赫鲁晓夫都把进入共产主义看成是十几年几十年指日可待的事情。1958年的毛泽东和其他许多中国领导人心情更是急切，似乎感到共产主义的脚步已经咚咚作响了。当时对共产主义蓝图的描述，其思想来源十分驳杂。从马克思的论述到空想社会主义的想法，从中国古代的大同理想、三国时张鲁的五斗米道、晋人陶渊明的世外桃源到近代康有为的《大同书》，都拿来以资借鉴，津津乐道，孜孜以求。马克思讲实现共产主义有两个基本条件，一是物质的极大丰富，一是人们的共产主义觉悟普遍提高。然而在毛泽东的思想上，忽视了第一条，突出地强调第二条。他相信在一张一穷二白的白纸上能画出最新最美的图画，相信在经济文化都还十分落后的现实基础上能建立起共产主义的天国。这种信念部分来自长期的军事共产主义的生活经历。在战争年代那种物质极端匮乏的情况下能够实现平均主义的供给制，现在条件好多了为什么不能依靠提高人民群众的觉悟，来扩大共产主义的因素呢？他希望通过“破除资产阶级法权”，实行政治挂帅来提升人们的觉悟。一个时期，他被在政治压力和政治鼓动下人们表现出来的表面的热情所激动，高赞“六亿神州尽舜尧”；一个时期他又为人们中间表现出来的利己动机而忧虑，尤其对物质刺激持强烈的批判态度，认为它将引发人们的利己心。毛泽东晚年政治思考中的一个基点是追求社会平等，他最为关切的是处在社会最底层的人们的命运，因而对任何他认为可能导致差别扩大甚至“两极分化”的做法，不管它多么适应于现实生产力，他都会毫不迟疑地加以否定。人民公社的失败迫使中国必须从“一大二公”退却，这是毛泽东允许的而且是他亲自领导的。然而，在他看来，退到“三级所有，队为基础”，就到底了，再退就是方向、道路问题。包产到户这种形式既是农民的愿望，又有利于恢复农业生产，这些，毛泽东都清楚，但他还是坚决制止了，而且发动了对“单干风”的批判，原因就在这里。出于同样的理由，对于苏联及其他社会主义国家的改革趋向，一概视之为修正主义和复辟资本主义。为防止资本主义复辟，在国内展开了清理“旧基地”的斗争。农村集市贸易、农民自留地、计件工资、利润、奖金都受到了批判或取缔，甚至商品货币、八级工资制、按劳分配等等都被视为不得已而保留但必须加以限制的“资产阶级法权”。正当人们满以为正在奔向共产主义的人间天堂时，事实上中国的体制陷入了僵化，经济陷于停滞，中国人越搞越穷了，中国与外界的差距拉大了。陈云说：“建国快 30 年了，现在还有要饭的，怎么行呢？”邓小平说：“这种情况不改革行吗？”中国的改革，它的本质，就是放弃了离开生产力发展建立纯粹社会主义的空想，回到了现实的社会主义初级阶段的基地上。

（四）

邓小平说：“斯大林严重破坏社会主义法制，毛泽东就说过，这样的事件在英、法、美这样的西方国家不可能发生。他虽然认识到这一点，但是由于没有在实际上解决领导制度问题以及其他一些原因，仍然导致了‘文化大革命’的十年浩劫。这个教训是极其深刻的。”

这段话是邓小平历史反思意识中十分深刻耀眼的一部分。

如果不是邓小平说出来，人们绝对不会相信毛泽东会说这种话。社会主义民主不是高出资产阶级民主千百倍吗？怎么说斯大林破坏法制的事在英、法、美等西方国家不可能发生呢？然而，事实上，毛泽东说了，而且说得比这更多，思考得比这更深。

那是在 1956 年苏共二十大以后。当时胡乔木就向他人讲述了毛泽东的心情：“苏联揭露的斯大林的统治，其黑暗不下于历史上任何最专制暴虐的统治。毛主席日思夜想走出一条比苏联好的新路子来。”在这个时期，毛泽东、周恩来、刘少奇先后都谈到借鉴西方民主制度的某些形式的问题。毛泽东说：“我们恨美国那个帝国主义……但它搞成这么一个发展的国家总是有一些原因。它的政治制度是可以研究的。”周恩来说：“资本主义国家的制度我们不能学，那是剥削阶级专政的制度。但是，西方议会的某些形式和方法还是可以学的，这能够使我们从不同方面来发现问题。”刘少奇说：“资产阶级革命初期所采用的一些民主比我们现在的一些民主办法甚至更进步一些。我们比那个时候不是更进步了，而是更退步了。”他甚至以美国开国总统华盛顿功成身退为例，说“这样的办法，我们是不是可以参考一下，也可以退为平民呢？”这些论述，在今天读起来依然振聋发聩。

然而，这些认识还只停留在原则上，没有进一步引导出政治体制的改革。《一论》和《再论》都触到体制问题，但只是擦边而过，没有深入探讨。后来由于波匈事件，由于国际上的反共浪潮，毛泽东把一切对于斯大林主义的制度的批评都视之为危险的倾向，加以拒绝。人们还不能把社会主义基本制度和具体体制区别开来，把社会主义制度与斯大林模式区别开来。从维护社会主义制度出发，堵塞了批判斯大林领导体制的言路。这种体制的基本特征是个人集权制、领导职务终身制和个人指定接班人制以及党政不分、以党代政的制度。这种体制衍生的必然结果是个人崇拜和个人专断的盛行。斯大林体制对中国产生了很深的影响。中国的个人集权制、领导职务终身制、指定接班人制和以党代政制的形成，有自己的历史原因，但明显受到了斯大林的影响。战后所有社会主义国家都实行了相同的体制。与苏联不同的是，斯大林主要依赖于国家机构的运作，来贯彻自己的意志，毛泽东则更多地直接诉诸于群众运动。

毛泽东提出分一线二线的领导体制，提出让出国家主席一职（这实现了），甚至在必要时让出党中央主席一职，只当名誉主席（这没有实现），有分权的意思，然而并不成功。正是在他宣布退居二线之时，却从后台跑到前台亲自领导经济建设，大展其“大跃进”宏图之际，政府的权力进一步向党中央集中，强调第一书记挂帅，大权独揽，肯定甚至鼓励个人崇拜，使权力进一步集中于个人，地方则集中于第一书记。一线二线之分，使毛泽东名正言顺地凌驾于中央集体之上，可以不参加中央政治局会议，一线成了传达和贯彻二线旨意的办事机构。这就使毛泽东本人置于缺少回旋余地，一旦失败就很难转圜的境地，党和国家领导体制缺乏弹性，一旦发生原则分歧就有分裂的恐惧感。这是庐山会议悲剧的体制原因。在这之后，毛泽东更是依赖巨大的个人权威，依靠日益炽烈的个人崇拜，一次次地改变集体的决定，扭转政治方向。其他人只能或主动或被动，或自觉或违心跟着毛泽东的决策走。到最后，“文化大革命”发动，谁也没有力量阻止。这是党的不幸，也是毛泽东的不幸。邓小平说：我们过去发生的各种错误，固然与某些领导人思想、作风有关，但制度更重要，制度好可以使坏人无法任意横行，制度不好，可以使好人无法充分做好事甚至会走向反面，即使像毛泽东这样伟大的人物，也受到一些不好的制度的影响，以至对党对国家对他个人都造成了很大的不幸。这话说得多么深刻！然而往者已矣，来者可追。正是从历史的教训出发，邓小平提出了政治体制改革的深刻思想，并且成为今日中国孜孜以求的长远目标。

（五）

民主不只是让人说话，但民主首先应让人有说话的机会，有发表自己意见的权利。斯大林时期，搞得无论党内还是党外都噤若寒蝉，鸦雀无声。八大期间，毛泽东会见兄弟党领导人，尖锐地说道：苏联以前思想控制很严，深过封建统治，甚至有些君主也比他开明些。毛泽东说：社会主义必须想些办法，避免这种现象。没有集中和统一不行，但缺点是使人不敢讲话。因此，要使人有机会。

为了使人有机会，为了创造自由空气，1956 年至 1957 年初，毛泽东和中共中央的确想了许多办法。在文化学术领域号召“百花齐放，百家争鸣”，不只出于经济文化目的，同时也有政治含义。当时的领导人以春秋战国时期的百家争鸣、欧洲文艺复兴时期的思想解放运动自励，提出共产党与各民主党派“长期共存，互相监督”的方针，其用意也在于使执政党身边有人批评和监督，避免共产党的干部们无所顾忌。八大提出了反对个人崇拜加强集体领导，扩大社会主义民主的问题。尤其提到治国方式应当从诉诸群众的直接行动转到完备的法制的轨道。董必武甚至提出要坚决克服因革命而养成的“仇恨一切法制”的观念。刘少奇说，要使全国每个人明了和确信，只要他没有违反法律，他的公民权利就有保护而不受任何机关任何人的侵犯。

然而，这种法制和民主的思路没有得到贯彻。1957 年初毛泽东提出了关于正确处理人民内部矛盾的理论。这相对于斯大林把一切矛盾都看作阶级斗争，用对敌斗争的办法消灭一切党内反对派的观点和做法，是一个历史性的进步。它的提出，是要教会从阶级斗争中走出来的执政党的干部们用新的民主的方法而不是用旧的对敌斗争的方法来处理日益增多日益复杂的人民内部矛盾。这在社会主义政治发展史上有重大意义。只可惜，就在这个理论提出不久，就发生了混我为敌的反右派扩大化的严重错误。此后 20 年间，这种错误愈演愈烈，受伤害的群体越来越多。“正处”诞生以后却始终没有做到“正处”。是理论的缺陷？还是另有原因？

当然，不能归结于“正处”理论的缺陷。“正处”理论作为一种指导思想可行，但它不能取代，不能越过法律，不能代替体制和制度的设计。它自身的模糊性和不确定性不可忽视。

“正处”与法治是不相同的。“正处”的主体是党和政府，民主是领导者手中的方法。法治的主体在民，民主是公民的权利；“正处”以把公民分为敌我两类为前提，在认定的敌人与人民之间权利是不相等的。法治用法律规范行动，主张公民在法律面前人人平等，公民有普遍平等的权利；以法律为准绳，阵线鲜明，违法受到制止和制裁，守法则受到保护。以敌我为准绳，则阵线十分模糊，随时都可以将任何人划入敌人的范畴，这为阶级斗争扩大化留下了一个缺口。

这个理论的缺陷在随后的整风和反右中很快地反映了出来。1957 年夏季出现了某种紧张的局势和某些越轨言论是确实的，然而这种局势的出现并非必然，在很大程度上正是那种非程序化非制度化的动员式民主或“大民主”造成的。动员式民主有不断升级不断激化的自身规律。而当认定性质变化，右派进攻之后，采取了“引蛇出洞”的策略进一步人为地加剧了矛盾。考察 1957 年的运动，“引蛇出洞”不是事先的预谋，而是一段时间内采取的策略，同时也有事后掩饰的味道。一旦认定是“敌我矛盾”，“正处”所阐述的所有方针方法都失去意义，对敌斗争的手段和策略就成为合理和必要。而“引蛇出洞”，先充分暴露和激化矛盾，再聚而全歼的策略，造成了巨大的社会伤痕。55 万人（主要是知识分子）被打成右派，从此，知识分子三缄其口不敢说话了。这时，毛泽东还真诚地希望运用这种“大民主”“造成一个又有集中又有民主，又有纪律又有自由，又有统一意志，又有个人心情舒畅、生动活泼，那样一种政治局面。”这已经具有讽刺意义了。

把这种“大民主”的运动推进的方法运用于经济建设，造成的后果更为严重。1958 年反复号召解放思想，破除迷信，敢想敢说敢干。这对于那些小人物立志奋斗确是一种精神动力。一位年纪稍长的朋友告诉我，当年听到毛泽东的这些讲话的传达，精神振奋，很受鼓舞，而且影响他一生的奋斗。然而，在当年，在不断批判反冒进，批判怀疑派、秋后算账派，鼓动“大跃进”的政治压力下，解放思想变成了唯意志论的代名词。敢想敢说敢干不过是一种声音的无限放大，这种声音如此强大，使任何不同声音都噤若寒蝉。“大跃进”中干部中的“五风”，就成了这种政治压力、运动推进的发展模式苦涩的回报。当年李达以其特殊身份当面批评毛泽东的唯意志论而得到海涵，这是绝无仅有的特例。其他人，地位之高如中央副主席陈云通过胡乔木向毛泽东提建议，胡都不敢转达，理由是为了保护陈云。庐山会议错误批判了彭德怀和会后全国反右倾，几百万讲了些真话的干部都被打成“右倾机会主义者”，之后，全国更是鸦雀无声。说话只讲“三、六、九”，“逢人只说三分话，不敢全抛一片心”。

当大灾荒降临时，毛泽东也感到震撼，抱怨“他们许多事瞒着我”，了解不到真实情况。刘少奇曾严厉地批评《人民日报》在“大跃进”中搞造假运动，大肆宣传浮夸风，“祸国殃民”。1961 年刘少奇亲自下乡，还有干部阻挠人们反映真实情况，他大为感慨。毛泽东高呼调查研究，实事求是，敦促各级领导干部下去作实地调查，中央常委全部下到农村，体察民情。形成了一个调查研究的运动，推动了20世纪60年代初以渡过灾荒为中心目标的调整。批评的精神在党内和文化界也开始恢复起来。照这个势头，本来可以走上一个比较健康的发展轨道。

然而，突然强调阶级斗争，继而展开反修防修，一方面是声势浩大的一边倒的政治批判。那些有意的劝诫或无意的触犯的文艺作品，都被戴上“影射攻击”“反党反毛主席”的帽子横遭批判；一方面是不断升温的突出政治和学毛著运动，人们陷入“左”倾教条主义和个人崇拜的狂热之中，失去独立思考，“读毛主席的书，听毛主席的话，按毛主席的指示办事，做毛主席的好战士”，这四句话成为全民的思想和行为模式。不同意见只存在于“腹议”之中，就绝大多数人来说，恐怕连“腹议”都形不成。这种政治文化和社会心理，带来的最严重的后果，是社会失去制动纠错机制和批判创新能力。著名学者顾准曾指出：资本主义所以还有生命力，就在于它不限制反而发展了批判，使它不断得到改良。他说，假如下令禁止一切异端思想，凯恩斯主义出不来，资本主义早就在20世纪30年代的恐慌时期完蛋了。“文化大革命”前“舆论一律”的结果，导致了阶级斗争错误信息的不断放大，有领导的政治动荡不断加剧，“左”倾错误就像脱了缰的野马，刹车失灵的奔驰中的列车，谁也阻挡不了。只有等待主要领导人的过世，来一次“大反思”，才使中国的社会主义获得了新的生机。邓小平曾大声疾呼：“一个党，一个国家，一个民族，如果一切从本本出发，思想僵化，迷信盛行，那它就不能前进，它的生机就停止了，就要亡党亡国。”

突破停滞机制，首先必须冲破思想牢笼。如果说最近30年中国的巨大发展，起源于一场以反对个人崇拜和“左”倾教条主义为内容的思想解放运动，并不为过。所有变化都来源于社会的批判力的恢复，来源于一个民族潜在的巨大的创造力的空前释放。这种释放是以政治民主和思想自由的历史进步为保障的。中国人应当珍惜这种进步！

（六）

停滞，源于僵化，也源于封闭。封闭是“左”倾错误和个人迷信滋长最适宜的环境。胡乔木也说过，“‘左’倾错误通常都是某种封闭状态的产物。”

客观地说，封闭首先是外力加给中国的。新中国成立伊始处于东西方冷战对峙的国际环境中，而且成为以美国为首的西方阵营“遏制共产主义”战略在亚洲的主要目标。美国对中国的封锁、包围和军事威胁，美国支持下的台湾反攻大陆的企图，使中国长时期内存在危机感。主要由于美国的阻挠，中国被排除于联合国之外达 20 余年，中国为拓展自己的外交空间进行了长期不懈的努力，但始终没能进入国际主流社会。20 世纪 50 年代末 60 年代初中苏关系恶化以后，更使中国感觉帝修反都在企图围困和扼杀中国这块革命圣地。这种日益恶化的国际环境和对环境的过激反应，很容易产生激进主义的民族情绪和内外政策，强化了两种制度不是你死就是我活的观念，容易把战争的危机和革命的形势估计过头，以支持世界革命、捍卫马克思主义纯洁性为己任，在国际上承担了重大的革命义务，确立以我为中心的世界革命斗争论的国际战略。中苏两党在世界革命战略上的分歧，今天看来并非谁“左”谁右，而是谁更“左”一些。当年中国党把苏联及西欧各国党的“和平过渡”策略视为修正主义，坚定地维护马克思的暴力革命论和列宁的十月革命道路。其实战后发达资本主义国家既缺乏暴力革命的形势，也没有通过议会斗争和平过渡到社会主义的可能。说赫鲁晓夫右，并不完全对，他更主要的是“左”，对于苏联向共产主义过渡和通过和平竞赛在世界范围内战胜资本主义都表现了盲目的乐观。美国人看出了这一点，他们认为中苏关于国际共运总路线的分歧，不过是采用什么方式最终埋葬资本主义的分歧。战后第三世界国家的非殖民化运动和民族解放斗争，的确风起云涌，然而，尽管共产党人都把它看作世界无产阶级革命的一部分，但毕竟性质不同，这些国家基本不具备由民族革命转变到社会主义革命的条件。一些国家独立后仿效苏联模式强制推行社会主义政策，结果无一例外地失败了，走上了贫穷和专制的道路。1980 年 4 月，邓小平会见阿尔及利亚客人时说：“要研究一下，为什么好多非洲国家搞社会主义越搞越穷。不是因为有社会主义的名字就光荣，就好。”

20 世纪 50—60 年代东西方冷战的确存在着世界战争的危险，中国也面临着战争的威胁，预作某种准备是必要的。但也有反应过激的偏向，这使中国长时期内处于战备或准战备状态。先是为抢时间而急于求成，超越现实可能追求高速度；既而又把经济建设放在服从战备的地位，搞大小“三线”，这都扰乱了中国的建设步伐，造成巨大损失。为巩固中国这个世界革命的最后堡垒，必须使国内高度革命化。复杂的国际环境也使国内党内斗争染上了扑朔迷离的复杂背景。这又成为中国走上纯洁社会主义生产关系，纯洁国家权力和意识形态的不断革命道路的重要原因。

封闭限制了中国领导人的眼界，即使伟大人物如毛泽东也不例外。毛泽东除了两次到苏联，与斯大林一样，从不出国，尽管他极为关注世界局势，但封闭的处境使他不能就近观察战后资本主义的变化，这对他固守列宁的结论不无关系。这种眼界的局限尤其表现在对现代化趋势的了解上。与国内关注阶级斗争相一致，中国人对世界局势的观察也聚焦在战争和革命问题上，对新技术革命引导的现代化以及与此适应的现代管理经验知之甚少。而战后世界发展趋势最为深刻之处恰恰就在后者，它最终决定了世界战略力量的消长。要说中国领导人对世界新技术革命茫然不知，也不是事实，1956 年 1 月周恩来就说过："世界科学在最近二三十年中，有了特别巨大和迅速的进步，这些进步把我们抛在科学发展的后面很远。现代科学技术正在一日千里地突飞猛进。"然而，这种紧迫感没有形成全党共识，中国亲身感受现代化的人毕竟很少。赫鲁晓夫与斯大林、毛泽东不同，他热衷于到世界各国游历演说，尽管浮光掠影，但现代化的飞速发展和西方人的富裕曾使他很受震动，1959 年 10 月到中国来，情不自禁地向毛泽东讲美国人如何如何富。毛泽东不无讥讽地说："你带回来的就是这些东西。"这既表现出他对赫鲁晓夫热衷于苏美缓和不满，也表明他对西方的发展并不在意。恰恰就在中国关起门来搞斗争搞运动，闹得天翻地覆，中国人满以为正在为世界人民作出表率，为解救世界三分之二人民于水深火热之中而斗争之时，世界进入了一个快速发展的时期，中国与世界的差距在迅速拉大。这不能不说是封闭的后果。

封闭本身就造成停滞。现代化是一个统一的世界进程，闭关自守、自给自足建不成现代化，也建不成社会主义。战后新技术革命的兴起及其推动的经济一体化进程，更把自我封闭的国家抛在后面。中国 20 世纪 50 年代只对社会主义国家开放，这是因为帝国主义的封锁禁运，同时，也受到斯大林关于"两个平行的世界市场"理论的影响。20 世纪 60 年代中苏关系破裂，半边开放也中断了，中国真正进入了近乎全封闭的状态。高扬自力更生精神就成了民族自立自强的精神力量。不强调自力更生又怎么办？当然也有主观原因。并非完全没有机会，可是"左"倾错误的发展，日益自我封闭起来，以自给自足和"既无外债又无内债"而自得，失去了本来可能争取的机会。这种自我封闭倾向到了"文革"尤为强烈。国内缺乏技术创新机制，国外又没有技术引进的政策，只能在封闭环境下复制古董了。当 20 世纪 70 年代末重新打开国门看世界时，惊讶地发现中国远远被抛在后头。对外开放政策同样来自于对历史的反思。邓小平说："总结历史经验，中国长期处于停滞和落后状态的一个重要原因是闭关自守"。"经验证明，关起门来搞建设是不能成功的，中国的发展离不开世界。"

参考书目

（1）《建国以来毛泽东文稿》第 1、2、3、4、5、6、7、8、9、10、11、12 册。中央文献出版社。
（2）《毛泽东外交文选》中央文献、世界知识出版社。
（3）顾龙生《毛泽东经济年谱》中央党校出版社。
（4）逄先知《毛泽东和他的秘书田家英》中央文献出版社。
（5）郑谦、韩钢《毛泽东之路·晚年岁月》中国青年出版社。
（6）《周恩来传》中央文献出版社。
（7）《周恩来年谱》中央文献出版社。
（8）《周恩来外交活动大事记》世界知识出版社。
（9）《周恩来选集》下卷，人民出版社。
（10）《周恩来外交文选》中央文献出版社。
（11）力平:《开国总理周恩来》中央文献出版社。
（12）韩素音《周恩来与他的世纪 1898—1998》中央文献出版社。
（13）萧延中:《晚年毛泽东》春秋出版社。
（14）李锐:《毛泽东的早年和晚年》贵州人民出版社。
（15）杨明伟、陈扬勇《周恩来外交风云》解放军文艺出版社。
（16）《刘少奇选集》下卷，人民出版社。
（17）《刘少奇传》中央文献出版社。
（18）《刘少奇年谱》中央文献出版社。
（19）《邓小平文选》第 1 卷，人民出版社。
（20）《陈云文选》人民出版社。
（21）《张闻天选集》人民出版社。
（22）《朱德选集》人民出版社。
（23）薄一波:《若干重大决策和事件的回顾》上、下卷，中央党校出版社。

（24）吴冷西:《忆毛主席》新华出版社。
（25）丛进:《曲折发展的岁月》河南人民出版社。
（26）《朱德传》中央文献出版社。
（27）《陈毅传》当代中国出版社。
（28）《贺龙传》当代中国出版社。
（29）《彭德怀传》当代中国出版社。
（30）《彭德怀自述》人民出版社。
（31）马铬:《国防部长浮沉记》昆仑出版社。
（32）《聂荣臻回忆录》解放军出版社。
（33）《宋任穷回忆录》解放军出版社。
（34）《江渭清回忆录》江苏人民出版社。
（35）李君如:《毛泽东与当代中国》福建人民出版社。
（36）陈晋:《毛泽东之魂》中央文献出版社。
（37）陈晋:《毛泽东与文艺传统》中央文献出版社。
（38）石仲泉:《毛泽东的艰辛开拓》中共党史出版社。
（39）《邓子恢传》人民出版社。
（40）《罗瑞卿传》当代中国出版社。
（41）孙业礼、熊亮华:《共和国经济风云中的陈云》中央文献出版社。
（42）陈晋:《毛泽东的文化性格》中国青年出版社。
（43）权延赤:《卫士长谈毛泽东》北京出版社。
（44）（美）R. 特里尔:《毛泽东传》河北人民出版社。
（45）（美）莫里斯·迈斯纳,《毛泽东的中国及后毛泽东的中国》四川人民出版社。
（46）《当代中国外交》当代中国出版社。
（47）《研究周恩来——外交思想与实践》世界知识出版社。
（48）（加）罗纳德:《周恩来的外交生涯》中央党校出版社。
（49）张植荣:《邓小平外交》海南出版社。
（50）龚育之等:《毛泽东的读书生活》三联出版社。
（51）《汪东兴日记》中国社会出版社。
（52）江波:《林彪 1959 年以后》四川人民出版社。
（53）韦力:《1965 年前的林彪》西藏人民出版社。
（54）仲侃:《康生评传》红旗出版社。

（55）《我与毛泽东的交往》山西人民出版社。
（56）（美）爱德华·E. 赖斯:《毛泽东之路》北京出版社。
（57）李维汉:《回忆与研究》中共党史资料出版社。
（58）《陈云与新中国经济建设》中央文献出版社。
（59）戴知贤:《山雨欲来风满楼》河南人民出版社。
（60）苏双碧、王宏志:《吴晗传》北京出版社。
（61）邓拓:《燕山夜话》中国社会科学出版社。
（62）权延赤:《陶铸在"文化大革命"中》中央党校出版社。
（63）顾准:《顾准日记》经济日报出版社。
（64）周明:《历史在这里沉思》华夏出版社。
（65）凌志军:《历史不再徘徊——人民公社在中国的兴起和失败》人民出版社。
（66）楚汉:《中国——1959—1961 年自然灾难长篇纪实》四川人民出版社。
（67）李锐:《庐山会议实录》春秋出版社。
（68）谢春涛:《大跃进狂澜》河南人民出版社。
（69）（苏）鲍里李夫等:《苏中关系》三联出版社。
（70）（苏）普罗霍罗夫:《关于苏中边界问题》商务印书馆。
（71）（英）凯维尔:《中苏关系内幕》中国经济出版社。
（72）《赫鲁晓夫回忆录》东方出版社。
（73）赫鲁晓夫:《最后的遗言》东方出版社。
（74）（苏）罗伊·麦德维杰夫:《赫鲁晓夫》天津人民出版社。
（75）林蕴晖主编:《风雨兼程——新中国 40 年发展战略的演变》海天出版社。
（76）顾保孜、杜修贤:《红镜头——中南海摄影师眼中的国事风云》辽宁人民出版社。
（77）齐力编:《"左派"理论家浮沉录》团结出版社。
（78）穆欣:《办〈光明日报〉十年自述》中央党校出版社。
（79）《新中国外交风云——中国外交官回忆录》第 1—4 辑，世界知识出版社。
（80）英子:《中国外交秘闻》团结出版社。
（81）曹英:《神秘之门：共和国外交实录》团结出版社。
（82）（苏）费奥多尔·布尔拉茨基:《赫鲁晓夫和他的时代》中央党校出版社。
（83）邱石编:《共和国重大事件决策实录》经济日报出版社。
（84）石仲泉等:《中共八大史》人民出版社。
（85）陈志斌、孙晓:《冰点下的对峙——1962—1969 中苏边界之战实录》国际文化出版公司。
（86）《黄克诚自述》人民出版社。
（87）《陆定一文集》人民出版社。
（88）程中原：《张闻天传》当代中国出版社。
（89）《回忆张闻天》湖南人民出版社。
（90）李锐：《怀念廿篇》生活、读书、新知三联书店。
（91）王春才：《彭德怀在三线》四川人民出版社。
（92）《在彭总身边（1950—1960）》四川人民出版社。
（93）《罗荣桓传》当代中国出版社。
（94）水静：《特殊的交往——省委第一书记夫人的回忆》江苏文艺出版社。
（95）柳随年、吴群敢：《"大跃进"和调整时期的国民经济》黑龙江人民出版社。
（96）《中华人民共和国国民经济和社会发展大事缉要》红旗出版社。
（97）《中共党史参考资料》第21、22、23、24册，国防大学党史教研室编。
（98）《人民手册》（1960—1965年）大公报社。
（99）《新华半月刊》（1955—1959年）。
（100）《农业集体化重要文件汇编——1958—1981》中央党校出版社。
（101）《党的文献》中央文献研究室。
（102）《文献与研究》中央文献研究室。
（103）《中共党史研究》中央党史研究室。
（104）《百年潮》中国中共党史学会。
（105）《当代中国史研究》当代中国研究所。
（106）《国外中共党史研究动态》中央党史研究室。
（107）《党史研究资料》中国革命博物馆。

后　记

《求索中国——“文革”前十年史》于1999年首次出版。原本计划由我与从进合作撰写，由于从进突然身体不佳，无法写作。谢春涛、朱地、乔继宁应约撰写了部分章节，使本书得以按时、顺利出版。

本书上册的前言、第一章、第四章第五节、第六章第六节由萧冬连撰写；第二章由朱地撰写；第三章、第五章由乔继宁撰写，第四章第一至四节、第六章第一至五节由谢春涛撰写。萧冬连改写了部分章节，并对全书修改定稿。

本书下册由萧冬连独立撰写。

本书出版后，获得较多读者，包括专业以外的读者，不时有来信索书的。然而，本人并不想急于再版重印，因为近十多年来披露的资料较撰写本书时要丰富得多，充分利用这些资料将颇费时日。中共党史出版社吴江先生对重印本书很热心，也有信心，认为迄今为止本书仍是阐述“文革”前十年史最为详实的一本书，有它的读者群。为了出版顺利，出版方还建议尽量保持原貌，不作大的改动。考虑到这本书本来就是为大众读者撰写的，基本史实和整体史感无讹错，我还是同意了。这次重印在基本维持原貌的基础上，作了认真校勘，少量文字作了修改。出版社增加了许多页内插图，增色不少。

本书首次出版时，韩钢教授、李向前教授提出了很好的修改意见，孙启泰先生为本书的报批、出版作了很多努力。这次再版重印，张化教授也提了很好的意见，吴江先生在出版方面做了很多工作。在此一并感谢！

萧冬连

2011年8月6日